현대를 위한 **구약윤리**

크리스토퍼 라이트

OLD TESTAMENT ETHICS FOR THE PEOPLE OF GOD

Ivp

IVP(InterVarsity Press)는
캠퍼스와 세상 속의 하나님 나라 운동을 지향하는
IVF(InterVarsity Christian Fellowship)의 출판부로
생각하는 그리스도인을 위한 문서 운동을 실천합니다.

Originally published by InterVarsity Press
as *Old Testament Ethics for the People of God*
ⓒ 2004 by Christopher J. H. Wright
This translation is published by arrangement with InterVarsity Press
London, England, United Kingdom
through rMaeng2, Seoul, Republic of Korea.
All rights reserved.

Korean Edition ⓒ 2006 by Korea InterVarsity Press
156-10 Donggyo-ro, Mapo-gu, Seoul 04031, Republic of Korea

이 한국어판의 저작권은 알맹2를 통하여
IVP UK와 독점 계약한 IVP에 있습니다.
신 저작권법에 의하여 한국 내에서 보호받는 저작물이므로
무단 전재와 무단 복제를 금합니다.

OLD TESTAMENT ETHICS

FOR THE **PEOPLE OF GOD**

CHRISTOPHER J. H. WRIGHT

리즈와

캐서린과 앤디

팀과 비앙카

조니와 엠마와 헬레나

그리고 수지에게

차례

초판 서문 ··· 9
서문 ·· 13
서론 ·· 17

제1부 구약 윤리의 구조 ·· 23
제1장 ■ 신학적 각 ·· 25
제2장 ■ 사회적 각 ·· 63
제3장 ■ 경제적 각 ·· 103

제2부 구약 윤리의 주제들 ·· 137
제4장 ■ 생태학과 지구 ·· 139
제5장 ■ 경제학과 가난한 자들 ···································· 201
제6장 ■ 땅과 기독교 윤리 ·· 251
제7장 ■ 정치와 열방 ·· 293
제8장 ■ 정의와 공의 ·· 351

제9장 ■ 율법과 사법 체계 ··· 389
　제10장 ■ 문화와 가족 ··· 455
　제11장 ■ 개인의 길 ·· 507

제3부 구약 윤리 연구 ·· 537
　제12장 ■ 역사상 여러 접근 방법에 대한 개관 ·········· 539
　제13장 ■ 현대 학계: 참고 문헌에 대한 에세이 ········ 579
　제14장 ■ 구약 윤리에서의 해석학과 권위 ··············· 617

부록　가나안 족속은 어떻게 되는가? ····················· 663

참고 문헌 ··· 675
인명 색인 ··· 697
주제 색인 ··· 703
성구 색인 ··· 711

초판 서문

자신이 쓰고 있는 주제에 대한 문헌에 또 한 권을 보태는 데 대한 변호나 정당화로 자기 작품의 서문을 장식하는 저자들이 있다. 최소한 나는 그런 의무에서 면제되었다는 느낌이 든다. 구약 윤리라는 주제에는 보탤 문헌이 별로 없기 때문이다. 물론 참고 문헌이 보여 주고 있듯이, 구약의 윤리적 의의와 연관성을 지니고 있는 학술적인 글들과 특별한 연구들은 많이 있다. 그러나 최근에 그 주제 전체에 대한 개관을 제시하려는 노력은 내가 아는 한 거의 없었다. 그래서 그 주제를 깊이 있게 혹은 자세하게 규명한 척하지 않으면서, 나는 구약 윤리를 체계화하고 이해할 수 있는 종합적인 틀을 제공해 보려고 시도했다. 이 분야를 공부하고자 하는 학생은 참고 문헌에서 더 깊고 더 폭넓은 차원들을 연구하기에 충분한 자료들을 찾을 수 있을 것이다.

나는 일반 독자들을 염두에 두고, 가능한 한 전문적인 어휘와 촘촘한 각주를 사용하지 않았다. 내가 의식적으로 사용한 유일한 전문 용어는 '패러다임'과 그 파생어인 '패러다임적'(paradigmatic)이다. 나는 구약을 이해하고 적용하는 방법에 관하여 내가 지적하고자 하는 요점들을 표현하는 데 이보다 더 간단한 용어를 찾을 수 없었다. 그 용어는 제2장에 등장하며, 거기서 곧바로 충분히 규정되고 설명된다. 마찬가지로, 좀더 친숙한 한두 가지 신학적 어휘도 등장할 때마다 설명해 놓았다.

다른 두 가지 점을 언급할 필요가 있겠다. 첫째, 목차를 훑어보면, 대부분의 내용이 구약 윤리의 사회적 측면에 관심을 기울이고 있음을 알 수 있을 것이다. 마지막 장에서만 개인 윤리를 살피고 있다. 이 점은 다소 불균형하다고 느껴질 수 있다. 말할 필요도 없이, 구약을 토대로 할 때 개인에 대한 윤리적 요구들에 대해 훨씬 더 많은 말을 할 수 있기 때문이다. 그럼에도 불구하고 그 강조는 상당히 의도적이며, 구약의 **일차적인** 윤리적 취지는 사실상 사회적인 것이라는 확신에 기초하고 있다. 구약은 한 백성―하나님의 백성―에 대한 이야기다. 그리고 도덕적으로 기억할 만한 개개인의 이야기들은 모두 더 광범위한 그 이야기의 일부이다. 하나님은 '자신이 소유하신 백성'이 되어, 땅의 여러 나라 가운데서 하나님 앞에서 살아가도록 한 사회 전체를 부르셨다. 그리하여, 이 책의 제목(Living as the People of God)이 암시하고 있듯이, 구약은 살아 계신 하나님의 살아 있는 백성이 된다는 것이 무슨 뜻인가에 지대한 관심을 기울이고 있다.

둘째는 제2부에 있는 소제목들과 장들에 관련된 것이다. 나는 구약이 정경 전체의 일부로 바르게 이해되고 적용될 때 우리의 윤리적 관심사 전 영역과 극히 중대한 관련성을 지니게 된다고 확신한다. 이 책에서 내가 가지고 있는 목표는 구약이 타당하게 적용될 수 있는 길과 그러한 적용의 방향을 제시하는 것이지, 그러한 방향을 끝까지 추구해서 각 영역별로 자세한 결론에 도달하는 것이 아니다. 나는 경제학자가 아니며 정치가나 법률가나 사회학자도 아니다. 그리고 이러한 분야들에 대한 특별한 전문성도 전혀 주장하지 않는다. 그러나 나의 바람은 이러한 분야들과 여타의 분야에서 일하고 있는 그리스도인들이 여기에 제시된 내용으로 인해 자극을 받아 그들 자신의 특수 분야에 성경 신학과 성경 윤리를 좀더 일관성 있게, 그리고 효과적으로 적용하게 되는 것이다.

이 책에 있는 많은 생각은 샤프츠베리 프로젝트(Shaftesbury Project)에 속한 다양한 연구 그룹에서 처음 발표되었으며, 그들의 적절한 비판을 받으며 그 가운데서 나누었던 것들이다. 지난 몇 년에 걸쳐 자극을 준 일에 대해 그 그룹의 멤버들에게 심심한 감사를 드린다. 그리고 원래 소논문으로 출간되었던 자료들을 수정하고 개정할 수 있도록 허락해 준 샤프츠베리 프로젝트에도 감사를 드린다.

또한 원고를 타이핑해 준 톤브리지(Tonbridge)의 친절한 숙녀들인 쉴라 암스트롱(Sheila Amstrong), 수 블레이든(Sue Bladon), 캐티 포틀록(Kathie Portlock)과 프란시스 웰러(Francis Weller)에게 고마움을 표한다. 브라이언과 메건 아담스(Brian and Megan Adams), 케네스와 마가렛 구빈스(Kenneth and Margaret Gubbins), 로렌스와 마가렛 포우프(Lawrence and Margaret Pope), 그리고 데이비드와 클레어 웬함(David and Clare Wenham)에게도 감사를 전한다. 이 분들은 이 책을 쓰는 동안 내게 여러 가지 친절을 베풀어 주었다. 초고를 읽고서 매우 유익한 많은 지적을 해준 데이비드 필드(David Field) 목사와 고든 웬함(Gordon Wenham) 박사에게 꼼꼼하게 검토해 주신 데 대해 깊은 감사를 드린다. 이 분들의 제안 덕분에 나는 여러 가지 면에서 내가 말하려는 바를 더욱 명료하게 하거나 개선하는 데 도움을 받았다. 이 책의 색인은 올네이션스(All Nations) 대학의 내 학생들 몇몇의 수고에 빚지고 있다.

책 한 권을 쓰는 부담을 모조리 나누어 짊어지는 사람들은 그 저자의 가족뿐이다. 그러나 우리 가족은 그렇게 참아주는 것을 넘어서 구약 윤리의 더욱 따스한 원칙들 몇 가지를 생활 가운데서 경험하는 큰 기쁨을 안겨 주었다. 그래서 감사와 사랑을 담아 그들 모두에게 이 책을 바친다.

크리스토퍼 라이트(Christopher J. H. Wright)

서문

1983년 「현대를 위한 구약 윤리」(*Living as the People of God*, IVP 역간)가 나왔을 때는 구약 윤리에 대한 관심(학문적으로나 대중적으로나)의 수준이 매우 낮아서, 감히 이 책이 20년 동안이나 살아남고 개정판으로 다시 등장하게 되리라고 예상했던 사람은 거의 없었다(특히 저자가). 구약의 윤리 문제를 다루는 일은 오랜 기근에 시달렸다. 1956년, 시릴 로드(Cyril Rodd)는 그 분야에 장래성이 전혀 없다는 이유로 구약 윤리의 주제에 대한 어떠한 관심도 단념하라는 말을 들었다고 이야기한다.[1] 1970년에 나는 케임브리지 대학교에 있는 나의 이전 학부 신학 지도 교수였던 존 스터디(John Sturdy)에게 구약 윤리가 박사 논문으로 좋은 주제인지 여부를 묻는 편지를 썼다. 그는 지난 50년 동안 영국에서 그 주제에 대해 논문을 쓴 사람이 아무도 없었기 때문에 좋을 수도 있다는 답을 주었다. 1973년 내가 그 주제에 대한 논문에 착수하기 위한 발판을 마련하려고 고군분투하고 있을 때, 독일의 저명한 교수 한 사람이 내가 봉착해 있는 어려움들은 그리 놀라운 일이 아니라고 말해 주었다. '그 주제가 존재하지 않기' 때문이다. 이 지적은 내가 그 주제를 연구 조사하겠다는 결심을 굳히는 데 거의 도움을 주지 못했다.

---

1) Rodd, *Glimpses*, p. ix.

그런데, 1956년에는 전혀 장래성이 없었으며, 1970년에는 전례가 없었고, 1973년에는 그 존재조차 없었던 분야치고는, 구약 윤리는 지금 놀랍게도 좋은 상태다. 그 주제에 대해서 내가 처음으로 기여했던 책²'의 서문에 쓴, 그 분야에 '덧붙일 만한 문헌이 거의 없다'는 관찰은 그 당시 영국 학계에서는 분명 맞는 말이었지만, 2003년에는 놀랍도록 시대오적인 말이 되어 버렸다. 지난 40년 동안 학술 논문과 심포지엄과 기고문과 심지어 학위 논문들이 풍성하게 등장하는 것을 목도하게 되었다. 1993년에 발표한 한 기고문에서, 나는 (신약 윤리에 대한 자료와 더불어서) 1980년대의 문헌들 약간을 개관했다.³' 이 책의 제13장에, 나는 그 때 제시했던 개관에 더하여 1990년대와 21세기 초 몇 년 동안의 참고 문헌들에 대해 분량이 훨씬 더 늘어난 개관을 제시해 놓았다. 이 분야에 대한 관심이 이처럼 증대되어서, 개정된 이 최신판의 참고 문헌에 있는 4백여 개의 제목 가운데서 거의 75%가 1983년에서 현재까지의 날짜로 되어 있을 정도다.

「현대를 위한 구약 윤리」를 출간한 뒤에, 나는 계속해서 그 주제에 대해 고찰하고 글을 써 왔다. 특정 주제들에 대해 구약의 관점에서 말하거나 글을 써 달라는 요청을 받으면서 나는 끊임없는 도전과 자극을 받았으며, 1983년에 내가 다소 시험적으로 그리고 직관적으로 내세웠던 '삼각'(triangular) 구조와 패러다임 방법은 그 점에 대해 더 많은 생각을 하게 되면서 검증되고 세련되어졌다. 그 결과, 후속작으로 「여호와의 길로 행하기」(*Walking in the Ways of the Lord*, 1995)가 나오게 되었다. 이것은 이전에 다른 곳에서 발표되었던 소논문들을 모아 놓은 것이다. 그 책은 이제 거의 절판되었기 때문에, 이 책 안에 그 목차의 상당 부분을 (또한 완전히 개정해서) 포함시키는 것에 동의해 준 데 대하여 [이 개정판을 끈기 있게 기다려 준 필립 듀스(Philip Duce)를 통하여] IVP에 감사드린다. 이번 책이 첫 번째 책보다 상당히 두꺼워진 개정판이 된 한 가지 요인이 거기 있다. 다른 요인은 내가 몇몇 장을 확대시켰고, 또한 「현대를

---

2) C. J. H. Wright, *Living*, p. 9. 이것은 나의 박사학위 논문이 아니다. 논문은 1990년에 *God's People in God's Land*로 출간되었다.
3) Christopher J. H. Wright, 'Biblical Ethics Survey.'

위한 구약 윤리」에서는 거의 다루지 않았던 주제들(이를테면, 환경 윤리)을 포함시켰다는 것이다.

그 책은 원래 (그리고 아직도) 일반 독자들이 접근할 수 있도록 하겠다는 의도로 쓰였지만, 세계 여러 지역의 신학 대학에서 구약 신학과 구약 윤리 과목을 위한 교재로 자리잡게 되었던 것 같다. 이 개정판을 준비하면서 나는 이 사실을 여러 면에서 고려했다. 첫째, 나는 여전히 이 책을 공식적인 신학 훈련을 받지 않은 독자들이 충분히 읽을 수 있을 것이라고 믿지만, 각주와 참고 문헌들을 더 포함시키고 다루어진 주제들을 둘러싸고 벌어졌던 학문적 토론들을 약간 언급했다. 세세한 내용들은 각 장 끝에 있는 참고 도서 목록을 보면 될 것이다. 둘째, 각 장 끝에 (제13장은 제외) 더 읽을 수 있는 참고 도서 목록을 덧붙였는데, 이는 공부하고자 하는 이들이 스스로 더 심도 있게 그 주제를 연구할 수 있도록 한 것이다. 그리고 셋째, 마지막 항목으로 제3부를 포함시켰는데, 이것은 구약 윤리에 대한 기본적인 오리엔테이션을 원하는 사람들을 위해서 구약 윤리의 좀더 학문적인 측면들을 다루고 있다.

그러므로, 어떤 독자들은 역사적으로 현재 학계에 대한 개관을 하고 있는 제3부를 먼저 읽을 수도 있고, 아예 무시할 수도 있을 것이다. 그러나 마지막 장은 구약 윤리의 양면적인 중심 문제를 파헤쳐 보려는 저자의 개인적인 시도다. 즉, 구약 윤리에 대해 저술하는 과업에 어떤 방법론과 전제들이 적합한가? 그리고 어떤 의미, 어떤 기초에서 우리가 그리스도인들을 위한 구약 성경의 윤리적 권위에 대해 말할 수 있는가?

부록 '가나안 족속은 어떻게 되는가?'라는 글은 단지 내가 그 질문을 하도 자주 받아서 포함시킨 것이다. '구약 윤리'라는 말을 듣거나 읽게 되면, 언제나 사람들의 생각 속에는 자기들이 보기에 이 텍스트의 **비윤리적** 차원들이 떠오르는 것 같다. 그러나 이 책은 결코 (우리가 인식하고 있는) '구약 성경의 윤리적 **문제점들**'에 대한 책으로 의도된 것이 아니다. 그것은 상당히 큰 도전으로서, 만일 그 문제를 지혜롭게 잘 다루고자 한다면, 또 하나의 두꺼운 책이 필요할 것이다. 그러나 성가신 질문은 아예 무시했다는 비판을 피하기 위해서 나는 (그것이 부적절하다는 점을 잘 인식하면서) 그 문제에 대해 내가 유익하다고 보았던 몇몇 관점을 간략하게 개관하고 관련된 참고 문헌을 몇 권 제시했다. 안타깝게도, 다음 책들은 내가 늦게 접하게 되어 이 작업에 포함되지 못했다.

Brown, William P. (ed.), *Character and Scripture: Moral Formation, Community, and Interpretation of Scripture*(Grand Rapids: Eerdmans, 2002).
Goldingay, John, *Old Testament Theology: Israel's Gospel*(Downers Grove: InterVarysity Press, 2003).
Lalleman, Hetty, *Celebrating the Law? Rethinking Old Testament Ethics*(Carlisle: Paternoster, 2004).
Parry, Robin, *Old Testament Story and Christian Ethics: The Rape of Dinah as a Case Study*(Carlisle: Paternoster, 2004).

감사하고 축복하면서 이 책을 다시금 우리 가족에게 바친다. 그들의 사랑과 격려는 측량할 길 없이 풍성하다. 「현대를 위한 구약 윤리」는 다음과 같은 말로 그들에게 헌정되었다.

> (잠언 31:28-31의 정신으로 사는)
> 아내 엘리자베스(Elisabeth)와
> 캐서린(Catharine), 티모시(Timothy), 조나단(Jonathan),
> 그리고 이 책과 함께 삶을 시작한
> 수잔나(Suzannah)에게
> 이 책을 바칩니다.

그 사이에 우리 가족은 대부분 이름을 줄여서 쓰게 되었고, 셋이 결혼을 하여 손녀(Helena)가 태어났다. 그런 동안 태어나서 첫 해를 함께 지냈던 이 책처럼 수지는 이제 스물한 살의 성년이 되었다. 그러나 이 책과 달리, 수지는 개정하거나 보완할 필요가 전혀 없이 잘 성장했다.

크리스토퍼 라이트(Christopher J. H. Wright)

서론

윤리적 각

그냥 성경에 쑥 들어가서 무엇이든지 우리 자신의 윤리적 의제(ethical agenda)와 관련이 있어 보이는 것을 끄집어내는 것은 구약 성경을 이해하고 윤리적으로 적용하는 최선의 방법이 아니다. 사람들이 흔히 바로 그런 식으로, 즉 거의 마구잡이로 증거 본문들을 인용하지만, 그것은 대개 본문의 역사적·문학적·문화적·맥락과 상관없이 본문들을 취하는 것을 의미한다. 사람들이 구약 성경 전체가 서로 맞물려 있는 방식을 무시하면서 쉽게 반대되는 본문들을 인용할 수 있기 때문에, 그런 방식으로는 거의 어떠한 일치점에도 이를 수가 없다. 우리가 시도해야 할 일은, 우리 자신을 이스라엘의 입장에 두고 이스라엘이 하나님과 자신들의 관계를 어떻게 파악하고 경험했는지 그리고 그 경험이 그들의 윤리적 이상과 실제 하나의 공동체로 살아가는 데 어떤 영향을 미쳤는지를 이해하는 것이다.

성경에서 신학과 윤리는 따로 떼어놓을 수 없다. 이스라엘 백성들이나 그리스도인들이 믿었던 것을 어떻게 그리고 왜 믿었는지 알기 전까지는 그들이 어떻게 그리고 왜 그처럼 살았는지 설명할 수 없다. 그래서 이 부분에서의 나의 목적은, 구약 성경의 풍부한 법률과 권면의 배후에 놓여 있는 세계관뿐만 아니라 내러티브와 예배와 예언에 암시적으로나 명시적으로 들어 있는 도덕적 가치들에 대하여 폭넓은 윤곽을 그려 보는 것이다. 구약 윤리는 이스라엘의 세계관에 근거해서 세워져 있다.

세계관은 인간이 어디에서나 부닥치게 되는 여러 근본적인 물음에 대답함에 있어 한 사람이나 한 문화가 가지고 있는 종합적인 전제들이다.[1] 이러한 근본적인 물음은 다음을 포함한다.

1. **우리는 어디에서 살고 있는가?** (우리가 살아가고 있는 우주와 이 지구의 성격은 무엇인가? 우리가 어떻게 여기에 존재하게 되었으며, 미래는 어떻게 될 것인가?)
2. **우리는 누구인가?** (사람됨이란 무엇인가? 그리고 만일 구별이 있다면, 우리는 함께 살아가고 있는 나머지 생물들과 어떻게 구별되는가?)
3. **무엇이 잘못되어 있는가?** (우리가 본능적으로 느끼고 있듯이 의당 그래서는 안 되는 방식으로 사물들이 존재하고 있는 원인은 무엇인가? 왜 우리가 그러한 혼란의 도가니 속에 살게 되었는가?)
4. **해결책은 무엇인가?** (이 상태를 바로잡기 위해서 뭔가 할 수 있는 일이 있다면, 무슨 일이 이루어져야 하는가? 장래에 대한 소망은 있는가? 있다면, 무엇에 혹은 누구에게 소망을 두어야 하며 언제까지 그래야 하는가?)

구약 시대 이스라엘의 세계관은 이러한 물음들 각각에 대해서 대략 다음과 같이 대답했다.

1. 이 세계는 우리가 여호와(Lord)[2]로 알고 있는 유일하신 살아 계신 하나님

---

[1] 이 네 가지 '세계관 물음'은 J. Richard Middleton and Brian J. Walsh, *Truth Is Stranger*에 표현되어 있다. 구약 성경 전체에 영향을 주고 있을 뿐만 아니라 예수님에 대한 (그리고 실로 예수님의 자기 이해에 대한) 신약 성경의 이해에 영향을 주고 있는 이스라엘의 세계관에 대한 더욱 종합적인 논의를 보려면, N. T. Wright, *People of God*을 보라. 「신약성서와 하나님의 백성」(크리스챤다이제스트).

[2] 제1장 주1을 보라.

의 선한 창조 세계의 일부다. 이 세계는 전적으로 이 하나님께 속해 있다 (어느 한 부분도 다른 신들에게 속한 것이 없다). 그리고 여호와는 '위로 하늘과 아래로 땅과 땅 아래에' 존재하고 있는 모든 것에 대해서 주권적이다.
2. 폭넓은 의미에서 '우리'는 창조주 하나님의 형상대로 지음을 받았으며, 하나님과 그리고 서로가 관계를 맺도록 지음을 받은 사람들이다.
3. 잘못된 점은, 우리 인간 존재가 창조주 하나님께 대항하여 반역을 일으켜 도덕적으로나 영적으로 불순종 상태에 있다는 것이다. 그리고 이 일은 개인의 인성과 사람들 서로에 대한 그리고 우리의 물리적 환경과 하나님과의 관계를 포함한 인간 생활의 모든 측면에 악한 결과들을 초래했다.
4. 해결책은 우리 민족 이스라엘의 조상 아브라함을 선택하신 일을 시작으로 역사적인 구속 계획을 가지고 인류 모든 나라의 문제를 해결하고자 하신 바로 그 창조주 하나님께 있다. 이 일은 마침내 모든 나라의 복과 새 창조를 포함시키는 데까지 확장될 것이다.

좁은 의미에서의 '우리'는, 그러므로 (구약의 이스라엘 백성이 설명했을) 우리 언약의 하나님이요 열방의 보편적 하나님이신 여호와와 독특한 관계를 맺고 있는 선택된 백성이다. 민족을 건져낸 위대한 역사적인 행위(출애굽)를 통해서, 시내 산에서 맺은 언약을 통해서, 그리고 우리가 살아가고 있는 땅을 선물로 주심을 통해서, 여호와는 우리를 자신의 백성으로 삼으셨다. 그러나 아브라함과 맺으신 언약은 하나님이 우리를 선택해서서 모든 민족에게 복을 주실 수단이 되는 사명을 주셨다는 사실을 우리에게 일깨워 준다. 일상 생활에서, 우리는 정결 규례, 정한 것과 부정한 것을 구별하는 범주들을 준수한다. 그 구별은 열방으로부터 구별되었음을 드러내는 것으로 여호와의 거룩하심과 같이 거룩하라는 소명을 받은 백성에게 요구되는 것이라고 우리는 믿는다. 행위에서 우리는 일단의 관습과 법규와 권고의 지배를 받고 있다. 그것은 우리의 '지침' (Guidance, 즉 *tôrâ*)으로서 우리 언약의 주인이신 여호와에 대한 우리의 응답을 나타낸다. 예배에서, 우리는 오직 여호와만을 이스라엘을 다스리는 왕으로서만이 아니라 궁극적으로 온 땅과 열방과 모든 창조 세계의 왕으로 인정한다.

이것이 바로 가장 간략한 형태의 구약 신학, 즉 그들의 믿음과 이야기와 예배 가운데 표현된 이스라엘의 세계관이다. 오직 이 전제들의 모체 안에서만 구약 윤리는 이해될 수 있다. 그리고 오직 이 세계관을 신약 성경—예수님을 따랐던 첫 제자들이 (지금 우리가 구약 성경이라고 말하는) 그들의 성경에 비추어서 예수님을 이해했던—안에서의 발전과 연결지을 때만, 우리는 타당하게 구약 윤리를 기독교 윤리학에 받아들여 활용할 수 있다.

이리하여 이처럼 폭넓은 자기 이해의 모판 안에서 우리는 세 가지 주요 초점을 지적할 수 있을 것이다.

- 이스라엘의 하나님으로서의 여호와
- 여호와와 독특한 관계를 맺고 있는 선민으로서의 이스라엘
- 여호와께서 약속하셨고, 자신들에게 주셨다고 이스라엘이 믿었던 그 땅

하나님, 이스라엘, 그리고 땅. 이상은 이스라엘 세계관의 세 기둥이며 그들의 신학과 윤리학의 주요 요소들이다. 우리는 이 세 가지를 삼각 관계로 개념화할 수 있을 것이다. 그 각각의 관계는 다른 둘과의 관계에 영향을 미치며 서로 작용했다. 그리고 다시 이 삼각형의 각 '각'을 하나씩 취해서 신학적 각(하나님), 사회적 각(이스라엘), 그리고 경제적 각(땅)으로 구약의 윤리적 가르침을 검토할 수 있다. 이것이 제1부에 있는 세 장의 틀이 될 것이다.

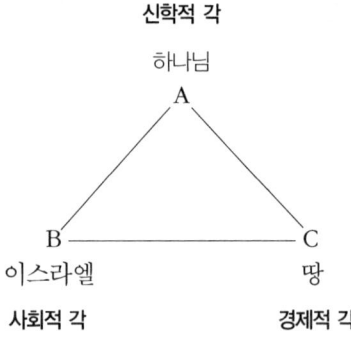

이러한 도식에 어떤 인위적인 요소가 있음은 부인할 수 없다. 그러나 그 도식은 비교적 간단하고 종합적인, 그러면서도 구약 정경의 형태 및 구약 신학의 언약적 기초와 양립되는 하나의 틀 가운데서 구약의 복잡다단함을 파악하려고 시도할 때 유익을 줄 수 있다.[3]

---

3) Cyril Rodd는 나의 접근 방식에 대해 공정하게 요약하고 있지만, 이 틀이 다른 모든 틀과 마찬가지로 윤리학을 '윤리학 그 자체를 왜곡시키고 있는 체계적인 틀 안에서' 제시하려 한다는 불만을 토로한다. 그가 말한 대로 쓰자면, 그것은 내가 구약 윤리에 '부과하고'(imposed) 있는 패턴이다(*Glimpses*, pp. 2, 316). 분명 관계의 삼각형에 대한 나의 유비는 구약 성경 어느 곳에도 명시적으로 나와 있지 않다. 그러나 심지어 정경 자체도 하나의 체계나 패턴 가운데서 무척이나 다양한 문헌을 제시하고자 하는 하나의 시도였다. 그 체계나 패턴은 어떤 의미에서 그 정경이 탄생하게 된 이유들을 알려 주는 신학적 확신을 분명하게 가시적으로 밝혀 주기 위해 '부과된' 것이었다. 매우 주관적인 입장에서 나 자신을 변호하자면, 만일 내가 이스라엘의 예언자들 가운데 한 사람이나 시편 기자들 혹은 역사가들 중 한 사람과 대화를 할 수 있어서 그들에게 여호와와 이스라엘과 땅 사이의 관계에 대해 내가 제시한 삼각도를 보여 줄 수 있다면, 그것들이 그들의 믿음과 전통의 본질적인 기둥들에서 그다지 멀지 않다고 인정할 것이라고 상상하고 싶다는 것이다.

제1부

구약 윤리의 구조

A STRUCTURE FOR THE OLD TESTAMENT ETHICS

제1장 ■ 신학적 각

유럽의 법제들을 비교 연구하는 한 역사가가 한번은, 여러 다른 민족의 문화 가운데서 법률과 윤리에 대한 그들의 접근 태도에 관해 그가 관찰한 근본적인 차이점을 간단히 요약해 달라는 부탁을 받은 적이 있었다. "그것은 간단합니다." 그 역사가가 말했다. "독일에서는 허용되는 것을 제외한 모든 것이 금지되어 있습니다. 프랑스에서는 금지되어 있는 것을 제외한 모든 것이 허용되어 있습니다. 러시아에서는 허용되는 것을 포함한 모든 것이 금지되어 있습니다. 그리고 이탈리아에서는 금지되어 있는 것을 포함한 모든 것이 허용되어 있습니다."

윤리 체계들 역시 역사와 문화에 따라서 이와 유사한 다양성을 보여 주고 있다. 그러한 다양성은 해당 윤리 체계의 출발점으로 취해지는 근본적인 공리나 전제와 관련해서 바라볼 수 있다. 예를 들어, 아리스토텔레스는 '중용'(Golden Mean)에 대해 말했다. 중용은 일반적으로 '모든 것의 중도'(all things in moderation)라고 요약된다. 공리주의는 '최대 다수의 최대 선'(the greatest good of the greatest number)이라는 원리를 옹호한다. 상황 윤리는 사랑을, 주어진 어떤 상황에서도 우리의 선택과 행위를 안내해 주기에 충분한 지배적 원리로 간주한다. 이 원리는 좀더 포스트모던적인 옷을 입으면서 '해를 끼치지 않는다'는 기준으로 축약되었다 – '다른 누구도 다치지 않는다면 그대가 하는 일이 무엇이든 상관없다.'

그러나 성경 전체에서와 마찬가지로 구약 성경에서 윤리는 근본적으로 **신학적**이다. 다시 말해, 윤리적 쟁점들은 모든 점에서 하나님과—하나님의 성품, 하나님의 뜻, 하나님이 행하시는 활동들과 그분의 목적에—연결되어 있다. 그래서 구약 성경 윤리를 다루는 방법을 찾으면서 우리가 가장 먼저 탐구해야 할 것은 신학적 각이다. 하나님에 대한 구약 성경의 설명이 구약 성경의 윤리적 가르침에 어떤 영향을 주고 있는가?

하나님의 정체

성경 윤리가 하나님으로부터 출발한다고 말하는 것은 명백한 사실이지만, 그 이상의 것을 우리에게 제공해 주지는 않는다. 종교적인 토대를 가지고 있는 많은 윤리 체계 역시 똑같은 말을 할 것이다. 그래서 무엇보다도 '하나님'이라는 말에 대해서 좀더 구체적일 필요가 있다. 어느 신(god)인가? 그리고 이 신은 어떻게 알려졌는가? 그리스도인으로서 우리는 앵글로 색슨 단음절 단어인 'god'이라는 말을 사용하고 그 말에 성경을 통해 알려진 믿음의 내용을 집어넣어 사용하는 데 너무나 익숙해 있다. 그 결과 그 단어의 첫 글자를 한 단계 올려 대문자로 'God'이라고 할 때 그 말 안에 우리가 얼마나 많은 것을 포함시키고 있는지 깨닫지 못하고 있다. 혹은 반대로, 성경의 이야기와 세계관을 받아들이지 않는 사람들은 그 말 속에 얼마나 많은 것을 포함시키지 **않고** 있는지 의식하지 못하고 있다. '신'(god)이라는 단어는 그저 보통 명사에 불과하다. 어원상으로 단수라기보다는 대개가 복수형(gods)이었다. 본래 그 단어는 북부 유럽 부족들의 다양한 신들을 일컫는 말이었다. 그래서 예를 들어 "당신은 하나님(God)을 믿습니까?"라는 질문은, 그 하나님(God)이라는 말이 객관적으로 무엇을 가리키는지를 특정화하지 않는 한 별 의미가 없는 물음이다(그러한 질문에 대해서 주어지는 어떠한 대답도 그렇게 의미가 없기는 마찬가지다). 그 질문에 대해서 긍정적으로 대답할 많은 사람이 만일 성경의 하나님(God)과 진정으로 맞닥뜨리게 된다면 놀라움을 금치 못할 것이다. 그리고 "아니오, 나는 하나님(God)을 믿지 않습니다"라고 대답할 많은 사람은 성경적인 그리스도인들 역시 그러한 무신론자들이 거부하는 그 '하나님'(God)을 믿지 않는다는 사실을 알고 깜짝 놀랄 것이다.

이스라엘에 대한 그분의 자기 계시 가운데서 살아 계신 하나님은 전혀 그러한 위험을 감수하지 않으셨다. 때때로 유일신론은 이스라엘이 세상에 물려준 믿음의 가장 핵심적인 특징이라고 언급되어 왔다. 이스라엘 민족이 그들의 역사 가운데서 일어난 하나님의 크신 행위들로부터 배워야 했던 것은 무엇이었는가? 출애굽 후에 그리고 시내 산에서 모세는 그들에게 "너희가 이런 일들을 목도하게 된 것은 너희로 오직 유일하신 한 분 하나님이 계실 뿐임을 알게 하려는 것이다"라고 말하지 않았는가? 만일 신성의 단일성(the singularity of deity)이 이스라엘 백성들이 내려야 할 결론의 전부였다면, 그들은 야고보가 말했듯이 귀신들도 벌써 알고 있는 사실 그 이상으로 나가지 못했을 것이다(약 2:19). 그러나 그렇지 않다. 이스라엘 백성들이 그들의 역사에서 도출해야 했던 추론은 훨씬 더 구체적이고 특정한 것이었다. "이것을 네게 나타내심은 **여호와**는 하나님이시요 그 외에는 다른 신이 없음을 네게 알게 하려 하심이니라."…그런즉 너는 오늘날 상천하지에 오직 **여호와**는 하나님이시요 다른 신이 없는 줄을 알아 명심하라"(신 4:35, 39, 강조는 저자의 것).

---

1) 대부분의 성경 영역판에 나오는 'the Lord'라는 단어는 하나님을 가리키는 개인적인 히브리어 이름을 번역한 것이다. 원래 히브리어 본문상으로 이 이름은 네 개의 자음 YHWH로 이루어져 있었다. 이 이름의 성스러움 때문에 후대의 유대인들은 관습적으로 그 '네 글자'(tetragrammaton)를 발음하지 않고, 그 대신 본문을 큰 소리로 읽어나갈 때에 히브리어상의 칭호인 adonay(Lord)로 대체하기로 했다. adonay의 모음 표시는 YHWH라는 자음에 덧붙여져서 이 관행을 가리키는 것이 되었다. 바로 이 결합에서 조금 오래된 몇몇 역본이 사용했던 Jehovah라는 라틴어 형태가 등장하게 된 것이다. 히브리어 성경의 초기 헬라어 역본인 칠십인역은 그리스도 이전 200여 년 전에 번역된 것으로 히브리어 본문을 읽을 때 '아도나이'를 가지고서 YHWH를 대체하는 전통을 따랐으며, 히브리어상 하나님의 이름인 YHWH를 헬라어상으로 ho kyrios(the Lord)로 번역했다. 성경 학계에서, 최소한 그리스도인 학자들 가운데서 현대적인 관례는 그 하나님의 이름을 Yahweh라고 발음하는 경향이 있다. (물론 그 이름이 원래 어떤 식으로 발음되었는지는 누구도 확실히 알 수 없다.) 그러나 성경 영역본들의 지배적인 추세는 초기의 전통을 따라서 그 하나님의 이름을 'the Lord'로 번역하는 것이다. 이 책에서 나는 개인적인 이름이 갖는 구별성이 중요한 곳에서는 YHWH를 사용하지만, 이러한 강력한 역사적 전통과 일관해서 종종 '여호와'라는 표현도 사용한다(본서에서는 YHWH를 구분하지 않는다―편집자 주). 우리가 기억해야 할 중요한 사실은 '여호와'는 단순히 '하나님'(God)에 대한 하나의 별칭이 아니라 개인

이 하나님 여호와의 행위들은 누가 참으로 하나님이었는지를 입증했다. 그 참 하나님은 애굽인들이나 가나안인들의 신이 아니었다. 그 참 하나님은 하나님으로서 독특하게 그리고 이스라엘을 위하여 유일무이하게 홀로 이 모든 일을 행하셨던 여호와였다. 그렇게 볼 때, 여기에서 강조되고 있는 쟁점은 신이 몇이냐(한 신이냐 아니면 많은 신이냐) 하는 수적 문제가 아니었다. 물론 그것이 중요하고 여호와의 단일성이 다른 곳에서 강하게 천명되어 있기는 하지만(이를테면, 신 6:4-5). 중요한 것은 그들의 역사 가운데서 이러한 엄청난 일들을 이루어내신 그 하나님의 **정체와 성품**이었다. 구약 성경의 윤리적 교훈을 다룰 때 이 점은 대단히 중요하다. 정확히 바로 이 하나님의 정체에 구약 성경의 윤리적 교훈이 기초하고 있기 때문이다. (신명기와 다른 역사서들에서 가장 흔히 사용되었던 어구를 사용하자면) 이스라엘이 다른 신들을 따라갔을 때, 그 파급 효과는 단지 종교적인 것만이 아니라 윤리적인 것이기도 했다. 아니 오히려 '비윤리적'인 것이었다고 말하는 것이 나을 것이다. 예언자들이 분명하게 보았듯이, 이는 우상 숭배가 항상 재앙을 초래하는 사회적이고 윤리적인 파급 효과를 지니기 때문이다. 우리가 어떻게 행동하느냐는 우리가 무엇을 혹은 누구를 숭배하느냐에 달려 있다. 이것은 그 때나 지금이나 마찬가지다. 그러므로 이스라엘에게 윤리적 행동은, 이 하나님, 그들의 하나님, 여호와, '주 우리 하나님', 이스라엘의 거룩하신 자의 정체에 의해 규정되었다.

하나님의 행위

하나님은 먼저 행동하시고 그 다음에 사람들에게 응답하라고 촉구하신다. 이것이 구약 성경의 도덕적 교훈의 출발점이다. 하나님은 은혜로 먼저 주도적으로 행하여 구속하는 행동을 하시고, 그 다음에 그 행동에 비추어서 윤리적

적인 이름을 표현하고 있으며, 그렇게 해서 일컬어지는 그 하나님의 성품을 표현하고 있다는 점이다. 그래서 만일 우리가 '여호와'라는 이름을 사용하거나 읽을 때, 그 이름은 고대의 한 민족이 믿었던 낯선 부족신이 아니라 그 하나님의 옛 백성 이스라엘에 의해 사용되었던 살아 계신 하나님의 개인적인 이름이며, 또한 성경 전체의 하나님, 우리 주 예수 그리스도의 하나님이자 아버지의 이름이다.

요구를 하신다. 그러므로 윤리는 규칙들에 대한 맹목적인 순종이나 시간을 초월한 원리들에 대한 충성이 아니라, 인격적인 관계 가운데 이루어지는 응답과 감사의 문제가 된다. 우리가 구약 성경의 율법 그 자체만을 읽을 때에는 이것이 항상 그렇게 보이지는 않을 것이다. 레위기나 신명기의 전형적인 장 하나를 펼쳐서 읽어 보면, 율법에 대한 복종이 가장 중요한 것처럼 보일 것이다. 그러나 우리가 서론에서 보았다시피, '펼쳐서 읽는 것'은 언제나 성경 본문을 다루는 미심쩍은 방식이다. 그 구약 성경의 율법들이 자리잡고 있는 내러티브의 틀에 주목하는 것이 지극히 중요하다.

실제로 구약 성경의 율법에 대한 집착 때문에 구약 성경 전체의 윤리적 가치 및 가치들에 대한 기독교적 이해가 왜곡되어 왔다는 인식이 점차로 증대되고 있다. 'The Law'(율법)라는 영어 표현이 오경을 가리키는 히브리어 용어인 '토라'(tôrâ)를 번역하는 데 쓰이게 되었다는 것이 다소 불행한 일이다. 토라는 분명 구약 성경 전체의 (그리고 실로 성경 전체의) 근본 토대를 이룬다. 그러나 토라가 율법 그 이상의 것이며 심지어 토라 안에 있는 율법들도 현대 사법적 의미에서의 '법규' 이상의 것이라는 사실도 마찬가지로 명백하다. 맨 처음에 토라를 열면, 여러분은 단독적인 '법전'을 만나게 되기까지 창세기라는 책 한 권과 그 다음 출애굽기의 절반에 이르는 내러티브 속으로 들어가게 된다. 그리고 그 내러티브의 틀은 오경 전체를 통해 유지되고 있다. 율법은 하나의 이야기라는 문맥 가운데 주어져 있다. 그 이야기에서 우리는 창조주이시며 구속주이신 하나님을 만난다. 우리는 창조의 경이에 대해서, 인간 반역의 비극에 대해서, 아브라함과 그의 백성을 부르신 일에 대해서 읽는다. 우리는 그 민족에 대한 그리고 그들을 통하여 나머지 인류에 대한 하나님의 의도를 배운다. 우리는 조마조마하고 위험한 많은 순간을 지나며 마음을 죄고, 그들 역사의 여정 가운데서 그들과 엮인 이 하나님의 긍휼과 인내와 진노와 심판과 목적들 앞에서 이스라엘과 함께 경탄한다.

(곧 살펴보게 되겠지만) 율법이 자리잡고 있는 내러티브를 살펴보는 것이 중요하며, 또한 구약 성경의 윤리를 서술해 나가면서 그처럼 많은 구약 성경의 거의 절반이 또한 내러티브라는 사실을 제시할 필요가 있다. 거기에서 우리는

여러 이야기를 만나는데, 이 이야기들을 통해서 이스라엘은 자신들과 자신들의 하나님을 이해했던 것이다. 그리고 바로 이 이야기들을 통해서 그들은 배웠으며, 계시와 경험, 전통과 도전, 빛나는 모범들과 엄청난 실패들이 축적되어 있는 창고를 물려주었다. 그러한 것들이 구약 성경의 윤리적 태피스트리를 이루고 있다. 이스라엘은 기억과 기대(hope)의 공동체였다. 이스라엘은 바로 대부분 자신들의 과거에 대한 기억과 재진술을 통해서, 그리고 이 일이 미래에 대해서 갖게 했던 기대를 통해서 그 자신의 정체성과 사명의 내용을 배우고 그에 합당한 삶의 윤리적 속성을 배웠다. "그 공동체는…내러티브가 역사적 시공간에서 이루어진 하나님과의 만남을 증거해 주고 있다는 신념에 의해 형성된다-그 만남이 공동체를 형성하는 만남이었다.…이스라엘의 성품은 이스라엘을 위해 행하신 하나님의 이전 행위들을 기억하고 재해석함으로써 형성되었다."[2]

그러므로, 구약 율법의 기원에 대한 토대를 이루는 이야기, 즉 출애굽기 1-24장에 기술되어 있는 출애굽과 시내 산 사건들을 살펴보도록 하자. 우리가 발견하게 되는 것은 애굽에서 압제당하면서 노예가 되어 있는 이스라엘 백성들이 견딜 수 없는 상황 가운데서 부르짖는 모습이다. 그들의 부르짖음이 하나님께 상달되고(2:23-25), 하나님은 행동을 취하신다. 일련의 강력한 행동들을 통해서 하나님은 그들을 애굽에서 건져내시고(구속하시고, 3-15장), 그들을 시내 산으로 이끌어 주시고(16-19장), 그들에게 자신의 법을 주시고(20-23장), 그들과 한 가지 언약을 맺으신다(24장). 그리고 이 하나님의 모든 것은 그분 자신의 성품과 그 민족의 조상들에게 그분이 하셨던 약속(2:24; 3:6-8)에 대한 신실함에서 나온다.

---

2) Birch, 'Moral Agency', p. 27. 윤리에서의 성품의 중요성과, 성경 윤리에서 성품이 형성되는 주요 수단으로서 내러티브의 중요성은 각별히 다음 책에서 Stanley Hauerwas의 초점이 되었다. Stanley Hauerwas, *Community of Character* 및 *Peaceable Kingdom* 그리고 Waldemar Janzen, *Ethics* 역시 구약 윤리에 대한 접근 방법을 세워 나갈 때 율법보다는 내러티브의 우선성을 주장하고 있다.

이제 애굽 사람이 종을 삼은 이스라엘 자손의 신음 소리를 내가 듣고 나의 언약을 기억하노라.

그러므로 이스라엘 자손에게 말하기를 나는 여호와라. 내가 애굽 사람의 무거운 짐 밑에서 너희를 빼내며, 그들의 노역에서 너희를 건지며, 편 팔과 여러 큰 심판들로써 너희를 속량하여 너희를 내 백성으로 삼고 나는 너희의 하나님 되리니, 나는 애굽 사람의 무거운 짐 밑에서 너희를 빼낸 너희의 하나님 여호와인 줄 너희가 알지라. 내가 아브라함과 이삭과 야곱에게 주기로 맹세한 땅으로 너희를 인도하고 그 땅을 너희에게 주어 기업을 삼게 하리라. 나는 여호와라 하셨다 하라(출 6:5-8).[3]

성경 이야기에 있는 사건들이 이어지는 순서는 매우 중요하다. 하나님은 불붙은 시내 산의 가시떨기 나무에서 모세를 처음 만났을 때, 거기에서 모세에게 자신의 법을 계시하지 않으셨다. 그리고 "이것이 하나님의 법이다. 만일 지금부터 너희가 이 법을 충분히 지키면 하나님이 너희들을 이 노예 상태에서 구출해 내실 것이다"라는 메시지를 가지고 애굽으로 내려가라고 그를 파견하지 않으셨다. 이스라엘은 그들이 그 법을 지킬 만한 자격이 있다거나 그 법을 지킴으로써 그들 자신의 구원을 재촉할 수 있을 것이라는 이야기를 듣지 않았다. 그것이 아니라, 하나님이 **먼저** 행동하셨다. 하나님은 먼저 그들을 그들의 속박에서 구속해 내셨으며, 그 다음에 그들과 언약을 맺으셨다. 그 언약에서 그들이 해야 하는 일은 자신들을 구원하시는 하나님께 감사로 드리는 순종의 응답으로서 하나님의 법을 지키는 일이었다.

출애굽기 19장 첫 부분을 보면, 이스라엘이 시내 산에 도착하자마자 바로 이 점이 지적되어 있다. 행동하시는 하나님의 구원을 기록한 장들이 이미 열여덟 장이나 전개되었다. 20장에 있는 율법 수여에는 아직 이르지 않았다. 무엇보

---

[3] 하나님 자신의 정체성과 성품이 여기에서 그분이 앞서 약술하고 있는 사건들과 어떻게 엮여 있는지를 주목하라. '나는 여호와라.' 이스라엘은 다가올 사건들 가운데서 건짐을 받게 될 뿐만 아니라 그와 같은 **사건들**에 대해 적합한 윤리적 반응을 해야 할 것이다. 그들은 또한 여호와를 알게 될 것이다. 이것이 구약 윤리의 토대다.

다 먼저 하나님은 그 책 전체의 지렛대, 즉 구속의 이야기와 율법 수여 사이를 연결해 주는 경첩과 같은 역할을 하는 본문에서 그 백성들에게 말씀을 건네신다. "내가 애굽 사람에게 어떻게 행했음과 내가 어떻게 독수리 날개로 너희를 업어 내게로 인도했음을 너희가 보았느니라. 세계가 다 내게 속했나니, 너희가 내 말을 잘 듣고 내 언약을 지키면 너희는 모든 민족 중에서 내 소유가 되겠고…"(출 19:4-5).

하나님은 이전에 행하셨던 자신의 행동에 주목하라고 촉구하신다. 석 달 전 그들은 애굽에서 노예로 있었지만 이제는 그렇지 않다. 그리고 그 이유는 하나님의 긍휼히 여기심과 자신의 약속에 대한 신실하심, 그리고 바로에 대한 심판이라는 사건들의 결합에서만 찾을 수 있었다. 이스라엘 백성들은 하나님이 그들을 구원하셔서 하나님의 백성이 될 수 있도록 율법을 지키라는 명령을 받은 것이 아니다. 하나님은 이미 그들을 구원하셨으며, 그들은 이미 하나님의 백성이었다. 하나님은 그들을 건져내셔서 자기 백성으로 삼으셨고, **그런 다음** 그들에게 하나님의 법을 지키라고 요청하셨다. 윤리적인 순종은 하나님의 은혜를 얻는 수단이 아니라 하나님의 은혜에 대한 반응이다.

심지어 십계명 자체도 곧바로 첫 계명에서부터 시작하지 않는다. 십계명에는 "나는 너를 애굽 땅, 종 되었던 집에서 인도하여 낸 네 하나님 여호와니라"(출 20:2)라는 지극히 중요한 서언이 있다. 그 말씀을 통해 하나님은 자신의 정체("나는…여호와니라")와 구속 활동("나는 너를…인도하여 냈다")을 밝히시고, 이어서 "너는 나 외에는 다른 신들을 네게 두지 말라"(3절)고 말씀하신다. 그 명령이 앞의 진술에 **뒤따라 나온다**. 그리고 그 둘 사이에 '그러므로'라는 암시적인 연결이 존재하고 있다.

하나님의 명령과 이스라엘을 위해 행하신 하나님의 이전 행위들 사이의 관계는 신명기에서 훨씬 더 명확하게 드러난다. 신명기를 보면, 전체적인 역사적 서문인 1-4장이 5장에 있는 십계명 앞에 나와 있다. 또한 학자들은 신명기의 주요 법규 항목인 12-26장은 대체로 신학적인 단락인 1-11장을 의도적으로 반영하고 있다고 주장한다. 여호와에 대한 이스라엘의 반응은 폭넓은 사회적 맥락에서 이스라엘을 향한 여호와 자신의 행동을 (거울처럼) 비추어 내는 것이어야 했다.[4] 확실히, 신명기 6:20-25을 보면, 한 이스라엘인의 자녀가 아버지에게 자기 가족이 준수하고 있는 모든 법의 의미나 이유에 대해 물어 볼 때,[5] 그 대답은 '하나님이 그렇게 명령하셨으니까'라는 퉁명스런 말이 아니었다. 오히려 그 아버지는 여호와와 그분의 행동하시는 사랑의 옛날 이야기, 즉 출애굽 이야기를 말해 주어야 했다. 그 법의 의미는 '복음'에서, 즉 구속의 역사적 사건들에서 발견해야 했던 것이다.

그러므로, 이스라엘이 하나님의 법을 지키는 일은 그 출발에서부터 하나님이 이미 행하신 일에 대한 응답이 되도록 의도되었던 것이다. 이것이 구약 윤리의 토대일 뿐만 아니라 실로 성경 전체의 도덕적 가르침에 흐르고 있는 원칙이다. 똑같은 순서를 신약 성경에서도 볼 수 있다. "**내가 너희를 사랑한 것같이 너희도 서로 사랑하라**"(요 15:12, 강조는 저자의 것), "우리가 사랑함은 **그가 먼저 우리를 사랑하셨음이라**"(요일 4:19, 강조는 저자의 것; 참고. 롬 12:1). 이 점에서 신약과 구약 사이에는 근본적인 통일성이 있다. 구약은 구원이 율법을 준수함으로써 임한다고 가르쳤고, 신약은 구원이 은혜로 말미암아 임한다고 가르친 것이 신약과 구약의 차이점이라고 말하는 것은 잘못이다. 정확히 바로 그것이 바울이 맞서 싸웠던 성경에 대한 **왜곡**이다. 그가 예리하게 드러내 보여 주었다시피, 은혜는 성경 전체에 걸친 우리 구원의 토대이자 윤리의 토대다. 하나님의 은혜가 먼저 임하고 인간의 응답은 그 다음이다.

출애굽기의 이야기로 더 깊이 들어가면, 이스라엘이 하나님과 맺은 관계가 하나님의 **구속하시는** 은혜에 토대를 두고 있을 뿐만 아니라 하나님의 **용서하시는** 은혜로 말미암아 그 관계가 유지되었음을 발견하게 된다. 이것이 32-34장에 있는 놀랍고 심원한 내러티브의 요점이다. 모세가 산 위에 있는 동안, 이스

---

4) 다음을 보라. J. Gordon McConville, *Law and Theology*.
5) 이 질문은 여러 가지 뉘앙스를 가질 수 있다. 히브리어상으로는 간단하게 '이 모든 규정은 **무엇입니까**?…'로 되어 있다. 그것은, '그 규정들이 존재하는 이유가 무엇입니까? 무엇을 위한 것입니까? 무슨 의미가 있습니까? 왜 우리가 그것을 지켜야 합니까? 그것의 요점은 무엇입니까?' 등을 의미할 수 있다. 아버지의 대답은 아들이 근본적인 이유나 동기를 묻고 있다는 것을 시사해 주고 있는 것으로 보인다. 왜냐하면, 아버지가 제공하는 대답은 '이것이 바로 우리가 이 율법들을 행하고 지켜야 하는 이유다'라는 것이기 때문이다.

라엘은 반역을 저지르고 금송아지 우상을 만든다. 하나님은 그들을 완전히 멸망시켜 버리겠다고 선언하신다. 그러나 모세가 중간에 개입하여 그 백성들을 위해 하나님께 간청한다. 무엇보다도 모세는 하나님께 하나님 자신의 명성에 관해 상기시켜 드린다. 만일 자신이 구출해 낸 이스라엘을 자신이 멸망시킨다면 하나님은 그 명성을 잃게 될 것이었다. 사람들은 여호와께서 어떠한 종류의 하나님이었다고 생각하겠는가? "어찌하여 애굽 사람들이 이르기를…하게 하시려 하시나이까?"(32:12) 그런 다음에 모세는 하나님이 아브라함에게 하셨던 이전의 약속을 상기시켜 드린다(32:13). 그 시점에서 하나님은 다소 누그러지시고 자신이 그 특별한 약속을 지킬 것이라고 말씀하신다. 이스라엘은 가서 그 땅을 소유하게 되겠지만, 하나님은 그들과 함께 가지 않으실 것이다(33:3). 그러나 모세는 그 말씀으로 만족하지 않았다. 그는 하나님께 더 압박을 가하고 바로 전 시내 산에서 하나님이 맺으셨던 언약을 상기시킨다. 그 언약 가운데서 여호와는 이스라엘의 하나님이 되사, 그들을 자신의 백성으로 취하시겠다고 약속하셨다. "이 민족이 **당신의** 백성들임을 기억하소서"(NIV 직역, 33:13, 강조는 저자의 것; 개역 성경은 "이 족속을 주의 백성으로 여기소서"). 그러나 여호와께서 그들과 함께 가시지 않는다면, 어느 누가 이 유일무이하신 여호와와 관련된 이스라엘의 정체성을 알게 되겠는가?(33:16) 그 기도는 하나님의 마음에 곧장 상달된다. 하나님은 자비로 그 백성을 용서하신다. 그리하여 34장에서 그 언약이 다시 세워진다.

이처럼 간단한 개요가 이 본문(출 32-34장)의 깊이를 제대로 다룬 것은 전혀 아니지만, 한 가지 중점적인 사항은 확실하게 지적해 준다. 곧, 그와 같은 출발점에서부터 이스라엘은, 여호와와 그들의 관계가 존속되는 길은 그들이 율법을 성공적으로 지켜내는 데 달려 있지 않고, 여호와 자신의 성품과 약속에 대한 여호와 자신의 신실함과 성실함에 전적으로 달려 있음을 알고 있었다는 것이다. 이 본문에서 우리는 성경에서 말하고 있는 여호와로서의 하나님에 대한 가장 명확한 정의들 가운데 하나를 발견하게 된다. 그 정의는 다른 여러 문맥에서 반복되고 있는 정의인데, 이는 그것이 그 여호와의 본성과 성품과 우선 순위에 대해 매우 중요한 말을 하고 있기 때문이다. 출애굽기 34:6-7, 이것이 바로 우리가 되돌아가게 될 본문이다.

> 여호와라, 여호와라, 자비롭고 은혜롭고 노하기를 더디하고 인자와 진실이 많은 하나님이라. 인자를 천대까지 베풀며 악과 과실과 죄를 용서하나, 벌을 면제하지는 아니하고 아버지의 악행을 자손 삼사 대까지 보응하리라.

하나님의 말씀

윤리적인 면에서 이스라엘은 그들의 하나님 여호와께서 그들의 역사 가운데 행하셨던 일에 대해서만 응답하는 것이 아니었다. 그 반응은 또한 그들이 받았던 계시의 말씀을 통하여 하나님이 말씀하신 바에 대한 것이었다. 하나님이 이스라엘에 개입하신 이 이중적인 방식, 즉 행위와 말씀은 우리가 시작했던 본문인 신명기 4:32-40에 부각되어 있다. 그래서 그 본문을 좀더 자세히 살펴볼 가치가 있다. 그 본문은 수사학적인 도전적 질문으로 시작한다. 그 질문은 이스라엘이 최근 하나님에 대해 경험했던 바는 역사상 전례가 없는 일이었으며, 세계의 나머지 지역에서도 유례가 없었다는 의미에서 독특하다는 점을 지적해 주고 있다. 하나님이 그들을 위해 행하신 일들은 다른 어느 곳에서도 혹은 다른 어떤 때에도 행하신 적이 없는 일이었다.

> 네가 있기 전 하나님이 사람을 세상에 창조하신 날부터 지금까지 지나간 날을 상고하여 보라. 하늘 이 끝에서 저 끝까지 이런 큰 일이 있었느냐? 이런 일을 들은 적이 있었느냐? 어떤 국민이 불 가운데에서 말씀하시는 하나님의 음성을 너처럼 듣고 생존했느냐? 어떤 신이 와서 시험과 이적과 기사와 전쟁과 강한 손과 편 팔과 크게 두려운 일로 한 민족을 다른 민족에게서 인도하여 낸 일이 있느냐? 이는 다 너희의 하나님 여호와께서 애굽에서 너희를 위하여 너희의 목전에서 행하신 일이라(신 4:32-34).

이 구절의 후반부("한 민족을 다른 민족에게서")는 분명 출애굽을 가리키고 있다. 그러나 앞부분("불 가운데에서 말씀하시는 하나님의 음성")은 분명 그 위대한 시내 산 경험을 가리키고 있다(출 19-24장; 신 5장). 그 곳에서 이스라엘은 살아 계신 하나님을 말씀하시는 하나님으로 조우했던 것이다. 시내 산은 일종의 기념비적인 시청각적 경험이었다. 그러나 중요한 것은 청각적인 것이었다. "네가 불 가운데서 나오는 그 말씀을 듣게 하셨느니라"(신 4:36). 사실, 이 동일한 장에서, 이스라엘은 하나님의 어떤 **형상**도 보지 못했다고 강조한다(그리하여 그들은 하나님의 우상을 만들려는 유혹을 받지 않았다). 대신 그들은 하나님의 **음성**을 들었다. "너희에게 말씀하시되 음성뿐이므로 너희가 그 말소리만 듣고 형상은 보지 못하였느니라"(신 4:12). 그것조차도 그들이 견디기에는 너무 힘든 것이었다. 그래서 그들은 모세를 세워 그들 대신 하나님께 가서 그 하시는 말씀을 듣게 하고, 이후 그들의 역사를 볼 때 매우 아이러니하게도, 모세가 다시 돌아와 보고해 주는 것은 무엇이든지 그대로 하겠다고 약속했다(5:23-29).

그리고 모세가 다시 돌아와 보고한 것은, 물론 말씀, 정확히 말해서 열 개의 말씀(Ten Words)이었다. 그것이 바로 십계명 즉 데칼로그(Decalogue)를 의미하는 히브리어 표현이다. 율법의 나머지 부분과 더불어서, 이 열 개의 말씀은 하나님이 계시해 주신 것으로 간주되었기에, 기록하여 조심스럽게 유의해서 보존하고, 보관하고, 읽고, 준수해야 하는 것으로 여겨졌다. 신명기에서는 하나님이 하신 말씀, 때때로 포괄적인 단수형으로 표현되는 '이 모든 계명'에 대한 반응으로서 이스라엘의 윤리적인 반응을 지속적으로 강조하고 있다. 그들은 그 말씀에 덧붙이거나 빼내어도 안 되고(4:2), 그 말씀을 지도나 길처럼 사용해야 하며, 그 말씀으로부터 떠나서는 안 되었다(5:32-33). 그들은 아침부터 저녁까지, 개인적으로나 가정에서나 공공 장소에서 일상 생활에 그 메시지가 영향을 미치도록 해야 했다(6:6-9). 이는 여러 나라 가운데서 독특하게 이스라엘이 하나님 자신의 말씀, 즉 하나님의 법에 대한 계시를 삶에 대한 지침으로 받는 헤아릴 수 없는 특권을 가지고 있었기 때문이다(시 147:19-20).

이러한 이해가 이스라엘에게 미쳤던 주목할 만한 한 가지 효과는, 모든 보통 사람이 미칠 수 있는 범위 안에 윤리적인 삶을 두었다는 것이다. 신명기는 하나님의 계명이 지키기에 너무나 먼 것이어서, 즉 저 하늘 높이 있거나 바다 건너편에 있어서 특별한 엘리트들만 손에 넣을 수 있는 것이라는 생각에 거세게 반대하는 주장을 편다. 하나님의 말씀은 특권을 가진 소수들만, 즉 하늘에서 내려온 특별한 환상을 보았다고 주장하는 사람들이나 그 말씀을 발견하기 위해 열심히 순례의 길을 가고 있다고 주장하는 사람들만 가까이 할 수 있는 것이 아니다. "오직 그 말씀이 네게 매우 가까워서 네 입에 있으며 네 마음에 있은즉 네가 이를 행할 수 있느니라"(신 30:11-14). 하나님의 계시는 비법을 전수받은 자에게만 제공되는 신비스런 비밀이 아니라, 하나님의 공동체에 속한 모든 구성원을 안내해 주는 빛이었다. 이처럼, 법은 일반 모든 가정의 일상 생활에서 그 일부분이 되어야 했으며, 7년마다 있는 대절기에서 그 법이 낭독될 때 공동체의 모든 구성원, 즉 남녀 노소, 이스라엘 백성과 이민자 모두 그 앞에 참석해야 했다(신 31:10-13). 모든 사람이 순종하라는 요청을 받았으며, 모든 사람이 순종할 수 있다고 여겨졌기 때문이다.

구약 성경에서 윤리의 계시적 측면은, 성경 다른 곳에서는 즐거워해야 하며 또한 책망해야 할 문제로서 선포되고 있다. 시편 기자들이 하나님의 법에 대해 생각했을 때 그들의 분위기는 분명 기쁨이다. 시편 19편은 그 법을 하나님의 크신 '선포'로서 창조 자체와 나란히 두고 있다. 하늘이 하나님의 영광을 선포하듯이, 그 법은 하나님의 생각(mind)을 선포한다. 그러므로, 하나님의 계시된 법을 배우고 순종하는 사람은 생명과 지혜를 얻고(7절), 기쁨과 광명을 얻으며(8절), 가치와 만족을 얻고(10절), 경고와 보상을(11절) 얻는다. 마찬가지로 그러나 훨씬 더 확대해서, 시편 119편은 하나님의 말씀에 대해 여섯 개의 다른 단어(법, 율법, 증거, 계명, 법도, 율례 등—이에 해당하는 히브리어 단어들은 다양하게 번역되어 있다)를 사용하고 있다. 시편 기자는 하나님의 말씀이 "내 발에 등이요, 내 길에 빛"(119:105)임을 발견한다. 이것은 강한 윤리적 은유다. 그러나 하나님의 말씀은 하나님 자신으로부터 나온 초월적 특성을 가지고 있기 때문에 이처럼 매우 인격적이며 특별한 적절성과 권위를 갖는다.

여호와여, 주의 말씀은 영원하오며,

하늘에 굳게 섰나이다(89절, NIV 직역).

바로 그러한 특성이 (시 119편이 하나님의 말씀에 관하여 거듭 천명하고 있는 것들 가운데 단 몇 개만 강조하자면) 하나님의 말씀을 참되고, 믿을 만하고, 의롭고, 생명을 주는 것으로 만드는 것이다.

좀더 질책하는 방식으로, 미가는 유다 백성들에게 그들이 하나님을 기쁘시게 하는 방식으로 살지 않은 것에 대해서 도무지 변명할 여지가 없음을 상기시켰다. 확실히 무지했다고 변명할 수 없다. 사회 윤리와 개인 윤리에 이르는 길은 그들이 스스로 애쓰고 노력해서 만들어 내야 하는 것이 아니었다. 또한 의식을 거행하고 희생 제사들을 드리는 종교적 노력을 배가함으로써, 그 길을 가지 않아도 되는 면제부를 살 수 있는 것도 아니었다. 그 문제는 너무나도 뻔한 것이었다. 하나님이 이미 그 길을 계시하여 주셨기 때문이다. 그리고 그 길은 다음과 같이 간단하게 요약할 수 있었다.

> 사람아 주께서 선한 것이 무엇임을 네게 보이셨나니,
> 　여호와께서 네게 구하시는 것은
> 오직 정의를 행하며 인자를 사랑하며
> 　겸손하게 네 하나님과 함께 행하는 것이 아니냐?(미 6:8)

그러므로, 구약 윤리가 하나님께로부터 온 계시를 통해 임한 말씀에만 순종하는 문제가 아니라는 것은 분명하지만, 마찬가지로 그 차원을 포함하고 있는 것도 분명하다. 하나님은 행동하셨고 또한 말씀하셨다. 그래서 이스라엘은 윤리적 측면에서 응답할 때 이 두 가지를 모두 고려할 필요가 있었다.

물론 어떤 학자들과 신학자들에게는 계시 개념이 문젯거리가 되고 있다. 그들은 어느 수준에서도 그 개념을 어렵다고 보며, 우리가 믿고 순종해야 하는 초월적 진리와 법을 계시하는 하나님이라는 생각은 그들의 세계관이나 하나님이 역사 가운데서 인류에게 개입하셨거나 개입하시는 방식이라고 그들이 믿고 있는 가정들에 부합되지 않는다는 것을 발견한다. 어떤 학자들은 윤리에 대한

계시적이며 따라서 권위적인 어떤 기초를 전혀 받아들이지 못한다. 그들은 그러한 기초가 인간의 윤리적 자율성이나 적어도 인격적 성숙에 제약을 가한다고 주장한다(이를테면, Rodd, *Glimpses*). 또 다른 어떤 학자들은 구약 성경을 진지하게 다루는 과정에서 우리가 부닥치게 되는 도덕적 난점들 때문에, 특히 구약 성경의 맥락에서 계시를 말하는 데 난색을 표명한다. 만일 하나님이 이 모든 것을 계시하셨다면, 그것은 도대체 하나님에 대해서 무엇을 말하고 있는가? 그것은 매우 다른 상황 가운데 처해 있는 현재의 우리들에게 무슨 함의를 지니는가? 신약 성경 역시 하나님으로부터 임한 계시임에도 분명히 어떤 부분들에서 구약을 무효화시키고 있다면, 신약 성경은 어떤 차이를 만들어 내고 있는 것인가? 이러한 질문들에 대해서는 제14장에서 좀더 심도 있게 다루게 될 것이다. 지금 당장 중요한 점은 구약 시대 이스라엘 백성이 그들의 윤리적 의무와 기쁨이, 단순히 여호와의 행동에 의해서만이 아니라 그분의 계시된 말씀에 의해서도 지배를 받는다고 분명히 믿었다는 것이다.

하나님의 목적

지금까지 우리는 구약 윤리의 원동력이 주로 이스라엘의 신앙이 **역사적으로** 발생하고 터를 잡고 유지되어 왔던 방식에 기인하고 있음을 살펴보았다. 이스라엘의 하나님 여호와는 역사 가운데서 행하셨으며, 계속해서 활동하시는 것으로 믿어졌다. 그러므로, 사건들과 그 사건들이 일어나는 순서는 도덕적인 의의를 지니게 되었다. 이것이 이스라엘 안에서 그처럼 생생하게 살아 있는 확신이었기 때문에, 우리가 지금은 너무나 친숙해서 당연히 여기는 경향이 있는 문학 장르, 즉 예언적 역사 내러티브(prophetic historical narrative)가 발전했다. 여기에 해당되는 책이 여호수아서, 사사기, 사무엘서, 열왕기다. [이 책들은 신명기의 신학적·윤리적 관심사들을 반영하고 있기 때문에, 때로 신명기적 역사 (Deuteronomic History)로 알려져 있다.]

구약의 역사가들은 일종의 경멸로서 때로 '도덕주의적'이라고 불린다. 그렇지만, 구약의 역사가들이 쌓아놓은 업적이 지닌 윤리적 의의는 엄청난 것이다.

그들은 일관성 있는 신학적·윤리적 기준과 평가를 통하여 이스라엘의 과거 이야기들을—수백 년에 해당하는 그 과거를—수집하고 선별하고 편집하고 논평하는 작업을 수행했다. 그들은 사건들과 인물들의 윤리적 의의를 확인시켜 주면서 사건들과 인물들을 담대하게 평가할 태세를 갖추고 있었다. 그들은 여러 세기에 대해서 일관된 자세로 진술했으며, 주제들을 선별하고 지향하는 방향 감각과 목적 의식을 가지고 원인과 결과의 맥락에서 사건들을 설명하려고 시도했다. 어떤 학자들은 문학의 한 범주로서 역사를 발명해 낸 일에 대한 상은 그리스인들이 아니라 히브리인들에게 돌아가야 한다고 믿고 있다.

이 책들에 대해 히브리 정경이 사용하고 있는 명칭은 '전예언서'(The Former Prophets)였다('후예언서'는 이사야, 예레미야, 에스겔 및 열두 소예언서였다). 무명의 이 저자들을 예언자에 속하는 것으로 보았다는 사실은 이들 역사가들이 신적 관점에서 글을 작성하고 있는 것으로 간주되었음을 보여 준다. 그들이 내리는 윤리적 평가들은 그들이 진술하는 사건에 대한 '하나님의 관점'이라고 주장되었다. 그들은 끊임없이 '도덕적으로 고찰하고' 있는 것이 아니다. 도리어 그것과는 거리가 멀다. 진실로, 히브리 역사가들의 기술은 흔히 이야기를 제시하면서 논평을 **자제**함으로써 독자들로 하여금 그들 나름의 윤리적 결론을 이끌어 내도록 하는 감질나는 방식에 있다(어떤 방법으로든 그것이 항상 쉬운 일은 아니다). 그러나 윤리적 파급 효과는 남는다. 그것은 바로 하나님이—사건들을 촉발시키거나, 사건들에 반대하거나, 사건들을 주도해 가거나, 사건들에 응답하시면서 그 장면의 전면 혹은 배후에서—그 진술되고 있는 이야기 가운데서 역사하고 계시기 때문이다.

여호와께서 사건들을 전반적으로 통제하고 계셨다는 이 확신을 굳게 유지하면서도, 이들 이스라엘 역사가들은 양극단을 피하는 데 성공했다. 한편으로, 그들은 인간의 윤리적 자유와 책임을 제거시켜 버릴 수 있는 하나님의 주권에 대해 기계적인 견해를 가지고 있지 않았다. 요셉 이야기가 말하는 긴 세월은 이 점에 대한 가장 좋은 예를 제시해 준다. 실로, 하나님의 주권과 인간의 도덕적 결정이라는 바로 이 수수께끼를 탐구하려는 것이 내레이터가 가진 목적의 일부였는지도 모른다. 인간의 관점에서 볼 때, 그 전체 이야기는, 악한 선택도 있었고 선한 선택도 있었던 자유로운 선택의 이야기다. 어느 한 순간도 어느 한 사람도 자신의 선택에 따라 자유로운 행위자로서 행동하지 않은 적이 없다. 바로 이 점은 그 이야기에 등장하는 모든 사람―야곱, 요셉과 그의 형제들, 보디발과 그의 아내, 바로, 요셉과 함께 옥에 갇혔던 죄수들―에게 적용되는 점이다. 그렇지만, 끝에 가서 요셉은 하나님의 주권적인 통제를 인정한다. 그분의 구속적인 목적이 전체 이야기를 지배했다는 것이다. "당신들은 나를 해하려 했으나, 하나님은 그것을 선으로 바꾸사, 오늘과 같이 많은 백성의 생명을 구원하게 하시려 하셨나니"(창 50:20). 이 말은 하나님의 주권과 인간의 자유라는 역설(paradox)에 대한 탁월한 진술이다. 요셉의 형제들이 스스로의 책임 하에 자유롭게 행한 행위들은 윤리적으로 악한 것이었으며, 해치고자 하는 의도를 가지고 있었다. 하나님이 "그것을 선으로 바꾸셨다"(intended it for good)는 사실이 그들의 행위 자체를 어떤 의미에서도 '선한' 것으로 만들어 주지는 않는다. 또한 사건들이 잇달아 발생한 전체적인 과정 가운데 하나님의 궁극적인 목적이 들어 있다 할지라도, 요셉 형제들의 도덕적인 책임을 면제시켜 주지는 않는다. 그러나 그들의 모든 음모와 애굽에서 요셉에게 닥쳤던 모든 불행도 그 현장의 배후에서 역사하고 계시는 하나님의 목적을 좌절시키지는 못했다. 또한 우리가 그 이야기를 읽어 가면서 진술된 내용의 끝 부분에 가서야 비로소 발견하게 되는 사실, 즉 하나님이 언제나 그 모든 일 가운데서 선을 위해 역사하고 계셨다는 사실이 요셉이 행한 모든 행위를 소급해서 살펴볼 때 아무런 윤리적 검토를 받을 필요가 없는 행위였음을 의미하는 것도 아니다. 요셉이 보디발의 아내에게 저항했던 일에 대해서는 찬사를 보낸다. 그렇지만, 그 땅 거민들을 바로의 종으로 전락시킴으로써 애굽을 구원했던 그 과정에 대해서는 어떻게 평가해야 할 것인가? 그가 생명을 살려낸 일은 좋은 일이었다. 그러나 그렇게 하는 수단은 결국 강압적이지 않았는가? 진술되어 있는 이야기는 우리에게 간단한 사실들만을 제공할 뿐, 윤리적인 논평은 삼가고 있다.

다른 한편으로, 이 이스라엘 역사가들이 인간의 윤리적 자유와 책임에 대해 가지고 있던 신념은, 마치 모든 일이 지침을 제공하는 객관적 원리나 선행하는 원리도 전혀 없이 당면한 상황에 따라서 결정되는 윤리적 상대주의로 이어지지 않았다. 그들은 발생하는 상황과 우리가 그 상황들 가운데 끌어들이는 원리 원칙들 사이에 있을 수 있는 긴장들을 보여 주는 이야기를 작성할 수 있었다. 동굴 속에서 다윗이 사울과 맞부딪쳤던 이야기가 이 점을 예시해 준다(삼상 24장). 그 정황을 보면 다윗은 사울을 죽일 수 있는 완벽한 기회를 가지고 있었다. 다윗은 이미 자신이 차기 왕으로 기름부음 받았음을 알고 있었다. 그리고 다윗의 부하들은 그 상황이 바로 사울을 왕좌에서 끌어내릴 목적으로 하나님이 마련해 주신 기회라고 다윗을 강력히 설득했다(4절). 부하들의 주장은 그럴듯한 신학을 갖추고 있었으며, 매우 유혹적이었음이 분명하다. 그렇지만, 다윗은 사울을 죽이는 일을 자제했다. 다윗은 적이든 아니든, 여호와께서 기름부으신 자는 존엄하다는 더 높은 원칙으로 스스로를 견제했다(6-7절). 상황을 보면 하나님이 마련해 주신 것이라고 인정할 수 있다 할지라도, 상황 그 자체만으로는 충분하지 않았다(10, 18절). 상황 자체가 다윗으로 하여금 행동을 취하도록 강요하지 않았으며, 부하들의 말처럼 그렇게 명확하지도 않았다. 다윗이 최종적으로 내렸던 도덕적 결정은 하나님의 과거 행위에서 나온, 선행하는 원리의 지도를 받은 것이었다.

이스라엘의 역사 의식에서 가장 심오한 윤리적 의의를 지녔던 두 가지 차원은 과거와 미래, 혹은 앞서 언급한 대로, 기억과 기대의 공동체로서 그들의 실존성이었다. 신학적 언어로는 이 차원들을 이스라엘 역사의 구속적 차원과 종말론적 차원이라고 말할 수 있을 것이다.

구속적 측면은 과거에 하나님이 자신의 백성을 구출해 내시고 대적들을 심판하시는 강력한 역사를 행하셨다는 믿음이었다. 우리는 이미 구약 성경의 이 측면에 대해서 살펴보았다. 그리하여 그 측면이 감사와 순종의 응답을 자극함으로써 어떻게 윤리에 영향을 주고 있는지에 주목했다.

종말론적 측면은 그러한 구속적 행위들 가운데서 하나님이 장기적으로 먼 장래를 위한 계속되는 목적을 가지고 계신다는 믿음이었다. 이스라엘은 그냥 저절로 '부상'한 것이 아니었다. 이스라엘은 아브라함에게 주신 하나님의 약속에 근거해서 존재하도록 '부르심을 받은' 것이었다. 그리고 그 약속은 그 밑바탕에 땅 위의 모든 나라에게 복을 주시려는 하나님의 의도를 지니고 있었다.

이것은 또한 이스라엘 신앙의 사명적 차원(the missional dimension)이라고 부를 수 있을 것이다.[6] 이 차원이 바로 구약 윤리에 **목적론적** 차원(teleological dimension)을 발생시킨다. 목적론은 목적, 결말, 혹은 목표에 대한 연구를 말한다. 분명 이스라엘은 행동하시는 하나님을 믿었다. 여호와는 그 출발에서부터 목적을 가지고 계신 하나님으로 자신을 계시하신다. 모세에게 주셨던 자신의 정체에 대한 그 계시가 바로 그분의 원대한 구속 계획을 출범시킨다. 그 계획은 먼저 선포되고 그 다음에 실현되는 그러한 계획이다. 제2장에서 '이스라엘의 독특성'이라는 제목 하에 이스라엘의 윤리적 사명이라는 차원과 그 함의들을 살펴보게 될 것이다(그 사명은 다시 말해서 열방에게 빛이 되는 사명이다). 우선 당분간은, 이스라엘 백성들은 그들이 응답해야 했던 **과거**(이스라엘을 애굽에서 건져내신 하나님의 구속)와 그들이 부분적으로 준비하고 있던 **미래**(열방에 대한 하나님의 복)가 있다는 것, 그리고 그 모든 것이 하나님이신 여호와의 주권적인 목적 아래 있다는 신념을 바탕으로 윤리적 결정을 내리고 윤리적 성찰과 비판을 실천했다는 사실을 관찰하는 것으로 충분할 것이다. 나중에 몇몇 예언자의 비전을 보면, 그 미래는 궁극적으로 전쟁과 압제와 같은 현재의 악을 종결시키고, 사람들 사이에서 그리고 사람과 하나님 사이에서, 또한 창조 세계 안에서 평화와 정의와 조화의 시대를 출발시킬 것이다. 구약의 종말론—미래에 대한 구약의 비전—에 견고한 윤리적 핵심이 들어 있다는 점은 충격적이다. 이처럼 역사에 근거해 있으며 갱신된 창조 세계에 엮여 있는 구약 윤리는 은혜와 영광 사이에 마치 해먹처럼 매달려 있다.

이스라엘의 역사적 신앙의 두 축, 즉 과거와 미래의 결합은 현재에 엄청나

---

6) 여기서는 '**선교적** 목적'(missionary purpose)이라는 용어의 사용을 피한다. 그 용어는 이제 '선교사들을 파송한다'는 생각과 거의 돌이킬 수 없을 정도로 연결되어 버렸기 때문이다. 이스라엘은 부활하신 예수님이 사도들에게 주신 대위임령(Great Commission)의 맥락에서 '열방으로 파송되지' 않았다. 그러나 그들에게는 하나의 사명(mission)—인류와 창조 세계를 향하신 하나님의 전반적인 계획 안에서의 정체성과 목적—이 있었다고 말할 수 있을 것이다. 그 '사명'은 근본적으로 나머지 인류에게 '복이 되라'는 것이었다. 어떻게 그럴 수 있는가는 여기에서 거론할 수 없을 만큼 커다란 쟁점이다. 그러나 그것은 이스라엘의 존재에 하나의 목적이 있었다는 의미다. 여기에서 '사명적'(missional)이라는 용어를 쓴 데는 그러한 의미가 의도되어 있다.

게 큰 윤리적 중요성을 부여했다. 이스라엘 백성의 한 사람이라면, 이렇게 생각했을 수 있다. '지금 여기에서 내가 행하는 것은 과거에 여호와께서 행하신 일과 앞으로 여호와께서 행하실 일 때문에 정말 중요하다. 나는 여호와께서 구출해 주시고 한량없이 복을 주신 백성의 한 사람이다. 그러므로, 나의 행위는 나의 감사를 드러내야 한다(신 26장). 그러나 나는 또한 다른 무엇보다도 열방의 호기심과 논평을 자극하도록 살아감으로써 열방에게 복이 되라고 부름받은 백성의 한 사람이다(신 4:6-8). 공평과 정의는 나의 당면한 현실에 대한 요구이기만 한 것이 아니라 하나님이 아브라함에게 약속하셨던 열방의 복을 아브라함을 위해 실현하실 수단이기도 하다(창 18:19-20). 우리의 거룩함은 하나님을 향한 수직적인 의무만이 아니라 열방 가운데서 여호와의 제사장이 되는 것이 의미하는 바의 일부이기도 하다(출 19:4-6). 그리고 나는 나 자신이 의인들 가운데서 발견되기를 원할 뿐만 아니라 하나님의 구원에 대한 열방의 찬송을 예상하면서 여호와 하나님이 최종적으로 개입하실 그 "날"을 고대한다(시 67편).'

하나님의 길

이스라엘의 반응은 어떤 형태여야 했을까? 그들의 윤리적 행위의 내용과 실질은 어떠한 것이어야 했을까? 여기에서 다시금, 그 답변은 철저히 신학적이다. 즉, 다름 아닌 하나님 자신의 성품을 반영하는 것 그 이상도 이하도 아니다. 하나님이 어떤 분이신가는 하나님이 행하시는 일이나 지금까지 이루어 놓으신 일에서 드러난다. 그것이 바로 여호와 하나님의 자기 계시에 관하여 이스라엘이 가지고 있던 신념의 원칙이었다. 물론 그것은 뒤집어 말할 수도 있었다. 즉, 여호와로서 하나님이 행하신 바는 바로 여호와 자신의 정체와 성품에 대한 계시였으며, 그러한 계시로 의도된 것이었다. 바로 그러한 이유 때문에 **하나님을 아는 것**(knowing God)이 구약 성경에서 그처럼 중요한 주제인 것이다. 그 앎은 단순히 하나님이 행하신 일(이야기들)을 아는 것이나 하나님이 말씀하신 바(교훈들)를 아는 것 이상을 의미한다. 그것은 여호와를 살아 계신 분으로서 인격적으로 아는 것이며, 여호와께서 가진 가치와 관심사와 우선 순위가 무엇인 지를 아는 것이며, 무엇이 하나님을 기쁘시게 하며 무엇이 하나님을 분노하게 만드는지 아는 것을 의미한다. 그리고 이제는 그러한 지식에 비추어 살아가는 것을 의미할 것이다.

예레미야서에는 이 점에 대해 매우 시사적인 두 본문이 있다. 9:23-24에서, 예언자는 하나님이 주시는 가장 좋은 선물 몇 가지(지혜, 힘, 부)를 여호와 하나님을 실제로 아는 것과 대조하고 있다. 첫 번째 트리오는 자랑할 만한 가치가 없는 것이다.

> 자랑하는 자는 이것으로 자랑할지니,
>   곧 명철하여 나를 아는 것과
> 나 여호와는 사랑과 정의와 공의를 땅에 행하는 자인 줄 깨닫는 것이라.
>   나는 이 일을 기뻐하노라.
>   여호와의 말씀이니라.

그렇다면, 여호와를 알고 여호와 하나님이 사랑과 정의와 공의를 즐거워하 신다는 사실을 알고 있는 사람은 어떻게 행동해야 하는가? 본문이 명시적으로 그렇게 말하고 있지는 않지만, 의도는 분명하다. 이러한 성품을 드러내시는 하 나님을 알고 있다고 자랑하는 사람이라면 신중하게 그분과 똑같은 성품을 모 방하면서 살기를 원할 것이라는 점이다.

이 짧은 말씀이 함의하는 바는 예레미야가 불경건하고 사악한 왕인 여호야 김을 그의 모범적인 아버지 요시야 왕과 대조할 때에 아주 명확히 드러난다. 요시야 왕에 대해서 예레미야는 이렇게 쓰고 있다.

> 네 아버지가⋯정의와 공의를 행하지 아니했느냐?
> 그 때에 그가 형통했었느니라.
> 그는 가난한 자와 궁핍한 자를 변호하고 형통했나니,
> **이것이 나를 앎이 아니냐?** 여호와의 말씀이니라(렘 22:15-16, 강조는 저자의 것).

그러므로, 이 두 본문을 결합하면, 하나님을 안다는 것은 정의와 공의를 행하는 것을 의미한다. 그러나 또한 하나님을 안다는 것은 바로 이러한 일들을 **하나님**이 기뻐하신다는 사실을 아는 것을 의미한다. 따라서, 윤리적 기준들을 각별히 이렇게 시행하는 것이 바로 여호와 하나님 자신의 성품을 직접적으로 반영하는 것이다.

구약 윤리의 바로 이 차원에 대해서 '하나님 닮기' 즉 '이미타치오 데이'(*imitatio Dei*)라는 말이 점차 더 많이 사용되고 있다. 그러나 이 말은 어떤 제한을 두고 사용할 필요가 있으며, 적어도 한 사람의 학자는 구약 윤리에 그 용어를 사용하는 것이 적절하거나 정확한 일인가 의문을 제기한다.[7] 분명 단순히 흉내 내기의 차원에서, 즉 여호와 하나님이 행하셨거나 행하시는 것은 **무엇이든지** 자신도 행하려고 시도하는 맥락에서 생각하는 것은 그릇된 태도일 것이다. 하나님의 활동 가운데는 사람이 그대로 흉내 낼 수도 없고, 그러하기에 적합하지도 않은 광범위한 영역이 분명히 존재하기 때문이다. 또한 그 용어는 그리스도 닮기에 대한 단순한 유비로 쓰일 수도 없다. 성육신은 실제로 세상 속에서 한 사람의 도덕적 행위자로 우리처럼 살고 활동하셨던, 그럼으로써 우리가 좀더 직접적으로 닮아갈 수 있는 한 인간을 예수 안에서 보는 것이라는 의미이기 때문이다. 그럼에도 불구하고, 그리스도에 대한 유비가 간접적인 도움을 줄 수 있다. 왜냐하면, 우리가 기독교의 제자도를 '그리스도처럼 되는 것'(Christlikeness)이라고 말할 때, 1세기에 갈릴리에서 사셨던 예수님의 지상 생활을 모든 면에서 일일이 모방해야 한다는 뜻이 아니기 때문이다. 종종 우리는 예수님에 대한 이야기로부터 그분의 성품, 태도, 우선 순위, 가치, 반응 그리고 목표에 대한 종합적인 모습을 다시 찾아내려는 노력을 한다. 그런 다음 **우리는** 자신의 생활에서 선택과 행위와 반응을 할 때 우리가 알고 있는 바, **예수님께**

---

7) Rodd, *Glimpses*는 구약 성경에서 '하나님 닮기'를 말하는 것은 잘못임을 주장하는데 한 장을 할애하고 있다. 이 점에서 그는 Barnabas Lindas, 'Imitation'의 경고를 따르고 있는데, Lindas는 일찍이 하나님 닮기가 실제로는 신약 시대 이전까지 유대 사상 가운데 등장하지 않았으며, 신약 시대에도 단지 주변적으로만 나타났을 뿐이라고 주장했다. Lindas는 하나님 닮기를 그리스도 닮기라는 신약의 개념과 동일시할 수 없다고 말한다. 물론 신약의 그 개념은 성육신에 근거하고 있기 때문이다.

적용되는 것이 무엇인가를 숙고함으로써 '그리스도처럼' 되기를 추구한다. 빌립보서 2장에서 바울은 겸손과 다른 사람들을 우선적으로 돌아볼 필요성을 제기하기 위해 바로 이런 식의 논의를 높은 수준에서 진행시키고 있다. "너희 안에 이 마음을 품으라. 곧 그리스도 예수의 마음이니"[Your attitude should be the same as that of Christ, 여러분의 태도는 바로 그리스도 예수의 태도와 똑같아야 합니다(빌 2:5)]. '예수님이라면 어떻게 하실까?'라는 표현은 좀 단순화된 질문이기는 하지만, 어떤 점에서 타당한 윤리적 자세를 표현하는 것이다. 물론 우리가 살고 있는 매우 모호한 상황들 속에서는 대개의 경우 힘을 기울여서 많이 생각하고 실천해야 할 필요가 있기는 하지만 말이다(그리고 대부분의 사람이 그렇게 하겠다고 마음먹고 있는 것보다는 더 많은 생각과 노력이 필요하다). 마찬가지로, 우리가 그 용어를 사용한다면, 여호와를 닮는 것은 이스라엘 백성이 하나님의 성품과 우선 순위에 대해 자신들이 알고 있는 내용으로부터 어떤 주어진 상황에 하나님이 원하실 것이라고 그들이 가정할 수 있는 바를 이끌어 내야 한다는 의미였을 것이다. 그리고 어떤 의미에서는 그들 자신의 역사가 여호와의 '성육신'이었다. 왜냐하면, 그들의 역사 가운데서 여호와 하나님이 자신의 정체성과 성품과 윤리적 가치들을 분명하게 계시하셨기 때문이다. 바로 이런 이유 때문에, 하나님 닮기에 대해 말하는 것보다 **하나님의 성품 반영하기**에 대해 말하는 것이 더 나을 수도 있다. 하나님 닮기라는 말이 단순히 하나님의 행위를 모사한다는 것과 혼동될 수 있다면 말이다.[8]

예를 들어, 하나님은 자신의 사랑과 긍휼과 성실함의 증거로 이스라엘을 노예 상태에서 자유케 하셨다. 그러므로 바로 그러한 하나님의 공의와 자비하심이 이스라엘 사회에서 이스라엘 자신이 노예와 다른 취약한 사람들을 대할 때 반영되어야 했다. "너는 이방 나그네를 압제하지 말라. 너희가 애굽 땅에서 나그네 되었었은즉 나그네의 사정을 아느니라"(출 23:9; 참고. 출 21:2-11, 20-21, 26-27; 신 15:15). 이것은 그저 여호와의 특정한 **행위**를 따라하는 것이 아

---

8) 구약 윤리에서 이 주제의 윤리적 중요성에 대해 논했던 학자들로는 다음과 같은 이들이 포함된다. John Barton, 'Basis of Ethics', *Ethics*; Bruce Birch, 'Moral Agency'; Harry P. Nasuti, 'Identity'; Eryl W. Davies, 'Walking.'

니었다. 오히려 그 행위(출애굽)는 하나님이신 여호와의 성품적 특성을 드러내는 것이었다. 즉, 여호와는 "나그네(이방인)를 사랑하시는"(신 10:18) 하나님이다. 실로 여호와께서 이스라엘을 애굽에서 건져내신 일은 단순히 그분의 성품이 표출된 것이었다고 말할 수 있을 것이다. 신명기 7:7-8은 실제로 그렇게까지 말하고 있다. 여호와는 사랑으로 그 일을 행하셨다. 이는 그분이 사랑하기를 좋아하시는 하나님이기 때문이며, 그분을 여호와로 규정해 주는 것이 바로 그것이라는 사실을 이스라엘이 알 필요가 있었기 때문이다(신 7:9은 구약 성경에서 '하나님은 사랑이시다'라는 말에 가장 근접하는 절이다).

이 원칙(하나님 닮기 혹은 반영하기)에 대한 가장 간명한 표현은 레위기에서 발견된다. "너희는 거룩하라. 이는 나 여호와 너희의 하나님이 거룩함이니라"(레 19:2).

다시 말하지만, 이것은 하나님을 모방하라는 요구가 아니라 성품상 하나님처럼 되라는 요구다. 그렇다면, 그렇게 반영해야 할 거룩함은 이스라엘에게 무엇을 의미했을까? 여호와의 거룩하심을 반영할 수 있도록 거룩하게 산다는 것은 이 세상에서, 즉 역사적이며 문화적인 그들의 상황에서 무엇을 의미했을까? 우리는 '거룩함'을 개인적인 경건의 문제로 혹은 구약적인 맥락에서는 의식법상의 정결이나 제대로 된 희생 제사나 정한 음식과 부정한 음식 등의 문제로 생각하는 경향이 있다. 분명 레위기 19장의 나머지 부분은 이스라엘의 종교 생활에서 이러한 차원들을 약간 포함하고 있다. 그러나 19장의 주된 내용은 하나님 자신의 거룩하심을 반영하는 종류의 거룩함이란 철저히 실제적인 것임을 우리에게 보여 준다. 19장은 추수 때에 가난한 사람들에게 관대할 것, 일꾼들에게 공정할 것, 법 집행에 오점이 없을 것, 다른 사람(특히 장애우들)에게 사려 깊게 처신할 것, 거류민들에 대해서도 법 앞에서 공평할 것, 그리고 정직하게 거래할 것과 여타의 매우 '땅에 속하는' 사회적인 문제들을 포함하고 있다. 그리고 여러 장 내내 "나는 여호와이니라"라는 후렴이 계속해서 나오고 있다. 이것은 마치 '**너희의** 삶의 질은 **나의** 성품의 핵심을 반영해야 한다. 이것이 바로 **너희에게** 내가 요구하는 것이다. 이것이 바로 **나를** 반영하는 것이기 때문이다'라고 말하는 것 같다. '거룩함'이란 하나님의 본질 자체를 가리키는 성경적 약칭이다. 거룩함은 '하나님의 하나님다움'이라고 불린다. 이 사실 때문에 레위기 19:2의 명령은 우리 가슴을 아주 벅차게 만든다. 물론 이 절을 제자들에게 적용하신 예수님의 말씀도 그와 마찬가지로 벅찬 것이었다. "그러므로 하늘에 계신 너희 아버지의 온전하심과 같이 너희도 온전하라"(마 5:48).

이스라엘 윤리의 이러한 측면을 기술하는 데 구약에서 가장 애용되는 은유는 '여호와의 도를 행한다'(walking in the way of the Lord)는 것이다. 그것은 다른 신들의 길이나 열방의 길, 혹은 자신의 길이나 죄인들의 길과는 구별되는 **여호와의 도**를 행한다는 것이다. 이것은 특히 신명기와 신명기적 역사서(여호수아서에서부터 열왕기) 그리고 몇 개의 시편 가운데 아주 보편적으로 나타나는 표현이다. 하나의 은유로서 그 말은 두 개의 그림을 염두에 두고 있는 것 같다.

하나는 길을 가면서 다른 누군가의 발걸음을 주시하며 조심스레 같은 길을 따라가는 모습이다.

> 그러한 심상은, 이스라엘 백성은 그들이 따라야 할 안내자와 모범으로서 하나님이 앞장 서서 인도해 가시는 여정을 따라 여행해야 했음을 함의한다. 또한 그 심상은 하나님이 요구하시는 도덕적 요구 사항들은 그분이 자신의 백성을 다루시면서 직접 모범적으로 보여 주셨던 것들이었음을 시사한다. 하나님의 활동을 거울처럼 비추어 냄으로써, 백성들은 자신들이 경배하는 그 하나님의 본성과 성품을 열방에 비추는 가시적인 예가 되어야 했다(신 4:5-9).[9]

그러한 의미에서, 그 은유는 '하나님 닮기'라는 개념을 일부 가지고 있을 수 있다. 즉, 그들은 여호와께서 어떻게 행하시는지 관찰하고 그에 알맞게 따라가려고 시도한다. 예수님을 따라가는 일에 대해 한 찬송가 가사가 말하고 있듯이,

---

9) E. W. Davies, 'Walking', p. 103. 흥미롭게도, Davies는 여기에서 이스라엘의 '사명적' 의의에 관해 의미심장한 측면을 건드리고 있다. 이스라엘 생활의 윤리적 특질은 열방 가운데서 여호와의 반사체가 됨으로써 열방에게 '증거'하는 일의 일부분이었다. 또한 다음을 보라. C. J. H. Wright, *Deuteronomy*, pp. 11-14. 여기에 이스라엘 사명의 바로 이 윤리적 측면이 논의되어 있다.

'오, 나로 주의 발자취를 보고, 그 발걸음대로 따라가게 하소서.'

또 하나의 모습은, 누군가가 여러분에게 가르쳐 준 대로 길을 떠나는 모습이다. 만일 이렇게 말하는 것이 고대 이스라엘에 대해서 지나치게 시대착오적인 것이 아니라면, 그것은 간단히 그려 준 약도나 여러분이 잘못된 길로 빠져서 막다른 곳이나 위험한 곳에 이르는 일이 없이 올바른 길에서 벗어나지 않고 계속해서 나아갈 수 있게 해주는 일련의 지침일 수 있다. 로드에 따르면, 이 두 번째 이미지가 구약 성경에서 그 은유를 사용하는 방식과 훨씬 더 잘 부합한다고 한다. 이는 '여호와의 도(들)를 행한다'는 표현이 하나님 자신을 모방한다는 것이기보다는, 대부분의 경우 하나님의 명령에 순종하는 것과 연결되어 있기 때문이다. 여호와의 도란 단지 인생 여정을 위한 여호와의 지침 세트인 하나님의 법 혹은 하나님의 명령을 의미하는 또 하나의 표현일 뿐이라는 것이다. 그 은유의 현저한 용법에 대한 로드의 분석은 말할 필요도 없이 정확하다.[10] 그러나 나는 그가 그 표현에서 하나님 닮기라는 개념을 너무 엄격하게 배제시키고 있다고 생각한다. 하나님의 명령들은 자율적인 규칙이나 자의적인 법규들이 아니라 흔히 하나님의 성품이나 가치나 하나님이 원하시는 것들과 연결되어 있다. 그러므로, 하나님의 명령에 순종한다는 것은 인간 생활 가운데서 하나님을 반영하는 것이다. 법에 대한 순종과 하나님 닮기는 상호 배제하는 범주들이 아니라 한쪽이 다른 쪽의 표현인 것이다.

이 점을 가장 분명히 보여 주는 구절들 가운데 하나가 신명기 10:12-19이다. 그 구절은 미가 6:8과 같이 수사적인 미사여구로 시작하면서, 율법 전체를 경외, 행함, 사랑, 섬김 그리고 순종이라는 다섯 개의 음표를 가진 하나의 화음으로 종합하고 있다(이 중에서 가장 관계적이며 인격적인 사랑이 그 다섯 가지의 중심에 있음을 주목하라). "이스라엘아, 네 하나님 여호와께서 네게 요구하시는 것이 무엇이냐? 곧 네 하나님 여호와를 경외하여 **그의 모든 도를 행하고**(to walk in all his ways), 그를 사랑하며, 마음을 다하고 뜻을 다하여 네 하나님 여

---

10) Rodd는 여호와 다른 신들과 '함께, 따라서, 혹은 그 앞에서 걸어 나간다'는 은유의 용례에 대한 매우 유익한 조사를 제공하고 있다(*Glimpses*, pp. 330-333).

호와를 섬기고, 내가 오늘 네 행복을 위하여 네게 명하는 여호와의 명령과 규례를 지킬 것이 아니냐?"(강조는 저자의 것)

그렇다면, 이스라엘이 행해야 하는 여호와의 도는 무엇인가? 그에 대한 답변은 우선 광범위한 맥락에서 주어진다. 여호와의 도는 하나님이 주시는 복의 특별한 매개체가 되도록 아브라함과 그의 후손들을 선택하신 일에서 보여 주신 대로 자기를 낮추는 사랑의 도였다. "하늘과 모든 하늘의 하늘과 땅과 그 위의 만물은 본래 네 하나님 여호와께 속한 것이로되, 여호와께서 오직 네 조상들을 기뻐하시고 그들을 사랑하사 그들의 후손인 너희를 만민 중에서 택하셨음이 오늘과 같으니라"(14-15절).

그리고 그 도는 그에 대한 응답으로서 사랑과 겸손의 반응을 요구했다. "그러므로 너희는 마음에 할례를 행하고 다시는 목을 곧게 하지 말라"(16절). 그러나 무엇이 **구체적으로** 여호와의 "길(들)"인가? 마침내 그 구절은 구체적인 내용에 이른다. "너희의 하나님 여호와는 신 가운데 신이시며, 주 가운데 주시요, 크고 능하시며 두려우신 하나님이시라. 사람을 외모로 보지 아니하시며, 뇌물을 받지 아니하시고, 고아와 과부를 위하여 정의를 행하시며, 나그네를 사랑하여 그에게 떡과 옷을 주시나니, **너희는 나그네를 사랑하라**. 전에 너희도 애굽 땅에서 나그네 되었음이니라"(17-19절, 강조는 저자의 것). 이 구절의 결론 부분은 닮기의 윤리를 분명하게 표현하고 있다.

우리가 하나님 성품의 반영이 구약 윤리의 한 측면이라는 사실을 율법에서만 발견하는 것은 아니다. 시편은 단순히 예배를 가르치려는 것만이 아니라 예배를 받으시는 하나님을 반영해 주는 윤리적 삶의 특질을 가르치려는 분명한 의도를 가지고 끊임없이 여호와의 성품과 도를 찬양한다. 진정 하나님의 순전하심과 긍휼하심과 순결하심을 반영하는 사람들만이 정당하게 예배할 수 있다(시 15편과 24편). 때로 시편 기자는 하나님의 도와 길로 합당하게 행할 수 있도록 하나님의 도와 길을 가르쳐 달라고 하나님께 간구한다(시 25편). 때로 그 기도는 왕을 위한 기도처럼 제3자를 위한 기도일 수 있다. 그리고 그 기도는 왕의 다스림이 여호와 그분의 다스림을 본받을 수 있도록 '주의 공의'(your justice)와 '주의 정의'(your righteousness)를 부여해 달라고 분명하게 간구한다

(시 72:1, 4, 12-14). 그러나 반영 윤리(reflective ethics)의 가장 명백한 예는 시편 111편과 112편의 결합이다. 이 두 시편은 모두 아크로스틱 시(acrostic psalm, 히브리어의 알파벳 순서에 따라 절들을 배열해 놓은 시편들)이다. 시편 111편은 여호와의 다양한 행위와 특성을 묘사하고 있다. 그런 다음에 시편 112편은 "여호와를 경외하는 자"를 묘사하는 상응 구절들에 그러한 특성들을 많이 반영하고 있다. 따라서 여호와를 경외하는 사람 역시 공의롭고(3절), 자비롭고 긍휼이 많으며(4절), 은혜를 베푼다(5절). 이 두 시편은 느슨하게 서로를 비추면서 나란히 읽히도록 의도된 것이 분명하다.

마찬가지로 지혜 문학의 경우, 만일 잠언의 모토가 "여호와를 경외하는 것이 지혜의 근본(혹은 근원)"(잠 9:10; 참고. 1:7 등)이라면, '여호와 닮기는 지혜의 적용이다'라는 말을 덧붙이는 것이 적절할 것이다. 이 점은 잠언에서 추천하는 수많은 자잘한 구체적 행위가 실로 하나님 그분의 성품을 반영하는 것이라는 사실로 드러난다. 그 안에서 신실함, 친절, 수고, 특히 가난하고 억눌린 사람들에 대한 긍휼과 사회 정의, 관대함, 치우치지 않음, 진실함과 순전함 등의 덕목들이 강조되어 있다. 이 모든 덕목은 여호와 하나님의 성품과 관심사를 반영한다.

마지막으로, 동일한 요소가 구약의 내러티브들에서 작용하고 있는 것을 볼 수 있다. 가장 칭송을 받는 인물들은 하나님과 가까이하고 하나님께 순종함으로써 (적어도 어느 정도의 시기 동안) 그들의 행동과 태도에 하나님의 본성을 반영하고 있는 인물들이다(이 내러티브들은 동일한 인물들이 훨씬 더 타협적인 자세로 서 있는 모습들도 솔직하게 보여 준다). 예를 들면, 아브라함과 모세는 사악한 소돔(창 18:20-33)과 반역을 저지른 이스라엘(출 32:11-14)을 위하여 중보하는 가운데 "한 사람의 죄인이 죽는 것도 원치 아니하시는" 하나님의 긍휼하신 사랑을 반영하고 있는데, 말하자면 그 사랑은 그들의 중보 가운데서 다시 하나님께로 돌아간다. 혹은 사무엘의 타협할 줄 모르는 의로운 모습(그러나 슬프게도 사무엘의 아들들은 아버지의 길이나 여호와의 길로 행하지 않고 그것을 본받지 못했다, 삼상 8:1-5), 다윗이 베풀었던 "하나님의 은총"(삼하 9:3), 룻이 했던 신실한 사랑(룻 2:11-12; 3:10), 아비가일의 지혜(삼상 25:32-

34)를 들 수 있을 것이다.

하나님의 선하심

하나님이 행하신 일, 하나님이 하신 말씀, 하나님이 계획하신 것, 하나님의 어떠하심, 이 모든 것은 우리가 이미 살펴본 대로 구약 성경의 윤리적 세계관을 뒷받침해 준다. 그러나 거기에는 또 하나의 고려 사항이 있는데, 그것은 훨씬 더 인격적인 것이다. 이스라엘에서 윤리적인 생활을 해야 하는 한 가지 주요 동기는 하나님의 선하심과 복을 실제 인격적으로 경험한 것이었다. 그것은 단순히 '이것이 바로 여호와께서 민족의 역사 가운데서 행하신 것이다. 그러므로 그에 합당하게 반응하라'는 것이 아니다. 혹은 '이것이 바로 여호와의 모습이다. 그러므로, 그의 모범을 따르라'는 것도 아니다. 오히려 몇몇 본문이 강조하는 바는 '이것이 바로 여호와께서 **너희를 위해** 행하신 일이다. 그러므로, 감사함으로 너희는 다른 사람들에게 이와 동일하게 행해야 한다'는 것이다. 혹은 몇몇 시편에 표현되어 있듯이, '이것이 바로 여호와께서 그분의 선하심과 자비하심으로 **나를 위해** 행하신 일 혹은 **나를 위해** 여호와께서 행해 주시기를 내가 기도하고 있는 것이다. 그래서 이것은 내가 여호와의 뜻과 말씀에 순종해서 살아가고자 하는 방식이 된다'(이를테면, 시 119편). 하나님의 선하심에 대한 인격적인 경험이 감사와 사랑으로 그분께 반응하는 윤리적인 행동을 위한 동기로 바뀌고 있다.

우리는 이미 출애굽기에 기록된 노예법의 내용이 노예 상태로부터 건짐을 받은 이스라엘의 역사적 경험에 의해 어떤 식으로 동기 부여를 받고 있는지 살펴보았다. 그러나 레위기와 신명기에 기록된 관련 법규에서는 그 동기가—각 세대가 하나님이 예속 상태에서 건져내신 '너'(you)라고 불리고 있다는 의미에서—훨씬 더 명확하게 개인의 문제로 나타난다. 레위기 25:35-55은 다양한 빈곤의 수준에 관련된 규정들과 잘 사는 친척이 취해야 할 단계적인 조처들을 기술하고 있다. 세 차례 이상이나, 더 부유한 형제가 더 가난한 형제를 공정하게 대해야 하는 동기로서 출애굽 사실을 상기시킨다(38, 42, 55절; 참고. 26:13).

마찬가지로, 신명기 15장은 이스라엘의 지주에게 6년 동안 섬긴 후에 풀려나는 종을 후덕하게 대하라고 강하게 촉구한다. 왜? 매우 친숙한 민족적이며 역사적인 이유가 이렇게 제시된다. "너는 애굽 땅에서 종 되었던 것과 네 하나님 여호와께서 너를 속하셨음을 기억하라. 그것으로 말미암아 내가 오늘 이같이 네게 명하노라"(신 15:15). 그러나 마치 예수님의 입에서나 흘러나올 수 있을 법한 말씀에서 이보다 더 따스하고 더 직접적인 인격적 언급을 듣게 된다. "네 하나님 여호와께서 네게 복을 주신 대로 그에게 줄지니라"(신 15:14). 이스라엘 백성이라면, '하나님은 내게 그분의 선하심을 다른 사람들에게 보여 주라고 요구하신다'는 윤리적 결론을 되새기지 않고서는, "좋으신 하나님, 좋으신 하나님, 참 좋으신 나의 하나님"이라는 친숙한 노래를 부를 수 없었을 것이다(비록 이 가사가 시편에서 따온 것이긴 하지만 말이다). 신명기 26장을 보면, 실제로 노래로든지 낭송 가운데서든지, 이스라엘 백성들이 정확히 바로 그렇게 행했다. 추수기에 이스라엘 농부는 하나님의 존전에 들어가 야곱 이래의 그 백성의 역사에 대해서뿐만 아니라 그 역사를 완전히 개인적인 것으로 만들어서, "오 여호와여, 이제 내가 주께서 **내게** 주신 토지"(신 26:1-11)의 소산에 대해 감사를 드렸다. 그러나 하나님의 선하심에 대한 이 감사의 표현에 곧 이어서, 예배하는 자들은 자신들이 하나님의 법을, 특히 십일조의 법을 지켰노라고 선언할 것을 요구받았다. 그리고, 제3년에 내는 십일조는 가난한 자들과 궁핍한 자들, 땅 없는 자들과 가정이 없는 자들을 위한 복지 기금으로 저장해 두어야 했다(신 26:12-13). 하나님의 선하심에 대한 수직적 감사는 곤핍한 자들에 대한 수평적 실천과 짝을 이루어야만 했다. 나에 대한 하나님의 선하심에 대해 드리는 감사는, 하나님이 나를 위해 행하신 대로 다른 사람들을 위해 행하겠다는 결심과 짝을 이루게 될 때에야 비로소 그분이 받으실 만한 것이 되는 것이다.

하나님의 법에 순종하는 것에 대한 이처럼 직접적이고 종종 인격적인 동기부여는 신명기의 매우 특징적인 면모 가운데 하나다. 신명기 전체가 여호와께 충성하고 그분과 맺은 언약 관계의 약조들을 준수하도록 이스라엘을 권하고 설득하고 있다. 실제로, 여러 학자가 관찰하고 연구한 바와 같이,[11] 법률에 동기를 부여하는 구절들을 첨부하는 것이 고대 이스라엘 율법의 일반적 특징 가운데 하나다. 여호와께서 이스라엘의 위대한 왕이며 언약의 여호와로 여겨졌던 세계관 가운데서는 그 사실 하나만으로도 순종을 요구하기에 충분하다고 생각할 수 있을 것이다. 하지만, 실제로 매우 많은 율법에 어째서 그것을 준수해야 하는지에 대한 이유를 제공하는 부가 구절들이 있다. 그 이유로는, 이미 살펴보았듯이, 하나님의 성품과 하신 일들, 장래 그 백성들의 안녕, 그 땅에서의 안정된 생활, 여타 범법할 가능성이 있는 사람들에 대한 억제, 혹은 다른 나라들이 주시하고 있다는 사실이 언급되기도 한다. 하지만 여기에서, 한 가지 주요 동기는 아마도 하나님의 선하심에 대해 그분께 드리는 가장 단순하고 인격적인 감사였을 것이다.

이 동기 부여의 힘은 하나님의 크신 행위들을 **망각**하는 것에 대한 경고들에서도 느낄 수 있다. 인격적인 관계 안에서, 망각이란 모욕적이거나 무례하게 감사를 잊어버린 표시다. 그것은 (단순히 다른 사람의 이름을 잊는다거나 얼굴을 기억하지 못하는 일처럼) 인지적인 기억 상실을 말하는 것이 아니라 그 관계 가운데서 **인격적인 의미**(personal significance)를 상실하는 것을 말한다. 어떤 사람이 "너는 나를 잊어버렸어!"라고 말한다면, 그 말은 "내가 너에게 더 이상 아무런 의미를 갖지 못하는구나. 우리 사이에는 더 이상 사랑이나 감사의 끈이 연결되어 있지 않아. 우리가 함께 나눈 시간들은 더 이상 너에게 중요하지 않구나"라고 풀어서 말할 수 있을 것이다. 이런 강력한 인격적 의미에서, 만일 이스라엘이 그들을 위해 여호와께서 행하셨던 모든 일을 보지 못함으로 '여호와를 잊어버렸다'고 한다면, 그것은 필연적으로 여호와의 법에 순종하지 못하게 만들 것이다. 이스라엘은 그 모델(여호와의 성품에 대한 지식)과 동기(여호와의 은혜에 대한 감사) 둘 다를 상실하게 되는 것이다. 그래서 신명기는 그 내용의 처음 3분의 1을 계속해서 역사를 상기시키는 내용과 잊지 말라는 반복되는 경고에 할애하고 있다. 신명기 8장은 그 이유를 이렇게 제시한다.

네 하나님 여호와께서 이 사십 년 동안에 네게 광야 길을 걷게 하신 것을 기억하

---

11) 이를테면, B. Gemser, 'Motive Clause'; Greg Chirichigno, 'Motivation.'

라…(2절)

… 네 하나님 여호와를 잊어버리지 않도록 삼갈지어다(11절).

네가 먹어서 배부르고 아름다운 집을 짓고 거주하게 되며… 네 소유가 다 풍부하게 될 때에, 네 마음이 교만하여 네 하나님 여호와를 잊어버릴까 염려하노라. 여호와는 너를 애굽 땅 종 되었던 집에서 이끌어내시고…(12-14절).

예언자들은 나중에 이스라엘이 도덕적으로 몰락하고 노골적으로 불순종하게 된 일을 바로 이 잘못 탓으로 돌렸다. 즉, 그들은 여호와를 잊어버렸고 더 이상 자신들의 역사가 가지고 있는 윤리적 함의로부터 동기를 부여받지 않게 되었다는 것이다. 예언자들의 마음에 그처럼 아픔을 주고 분노를 일으켰던 것은 반역적이었던 이스라엘의 반항적인 길이 보여 준 배은망덕과 모순이었다. 다음 예들에서, 우리는 하나님이 과거에 이스라엘을 위해 행하신 모든 일을 예언자들이 어떻게 지적하고 있는지, 그리고 바로 그것 때문에, 이스라엘의 배은망덕하고 윤리적으로 저급한 반응이 얼마나 충격적인 것이었는지 볼 수 있을 것이다.

내가 너희를 애굽 땅에서 이끌어내어,
  사십 년 동안 광야에서 인도하고
  아모리 사람의 땅을 너희가 차지하게 했고(암 2:10).

그러나 애굽 땅에 있을 때부터,
  나는 네 하나님 여호와라…
내가 광야 마른 땅에서 너를 알았거늘,
그들이 먹여 준 대로 배가 불렀고,
  배가 부르니 그들의 마음이 교만하며,
  이로 말미암아 나를 잊었느니라(호 13:4-6).

내 백성아 내가 무엇을 네게 행했으며,

    무슨 일로 너를 괴롭게 했느냐? 너는 내게 증언하라.

내가 너를 애굽 땅에서 인도해 내어

    종노릇 하는 집에서 속량했고…

싯딤에서부터 길갈까지의 일을 기억하라.[12]

    그리하면 나 여호와가 공의롭게 행한 일을 알리라(미 6:3-5).

감사를 모르는 것이 윤리적 불순종을 낳는다는 동일한 주제는 이사야 1:2-4; 5:1-7; 예레미야 2:1-13; 7:21-26; 에스겔 16장; 20장에서도 찾아볼 수 있다.

하지만, 우리는 긍정적인 말로 이 장을 끝맺어야 할 것이다. 만일 구약 윤리의 일차적 각이 신학적(하나님 중심의) 각이라면, 이스라엘의 **예배**로 결론을 내리는 것이 가장 적합할 것이다. 이스라엘의 다른 부분에서도 마찬가지지만, 바로 여기 예배에서 이스라엘 백성의 가장 깊은 확신이 체계적인 교리나 윤리적 형태가 아니라 예배 언어인 송영의 형태로 발견된다. 바로 이 점에서 다음 세 가지 측면을 언급할 필요가 있다.

첫째, 이스라엘의 예배는 이스라엘의 윤리와 마찬가지의 원동력을 보여 준다. 말하자면, 이스라엘의 예배 역시 하나님이 행하신 이전 행위에 기초하고 있다. 하나님은 이미 복 주시는 일을 행하셨다. 그러므로, 이스라엘은 그 일을 예배와 찬양으로 기념해야 했다. 우리는 이러한 생각에 너무 익숙해 있어서, 이것이 실제로 얼마나 독특한 것인지 보지 못할 수도 있다. 신명기에는 그 백성들에게 해마다 큰 절기를 지키고 기쁨으로 잔치를 벌이기 위해 여호와 앞에 나아오라고 권고하는 말씀이 있다. 그 이유는 항상 당연하게 여겨진다. 즉, **여호와 너희 하나님이 이미 너희에게 복 주셨다**. 예배는 일차적으로 협상이 아니라 응답으로 제시되어 있다. 즉, 이스라엘에게 예배란 하나님이 자신들에게 복을 주시도록 그분을 달래거나 부추기기 위해 행했던 일이 아니다. 예배는 하나님이 이미 축복하셨다는 사실에 대한 감사의 응답이다. 일반적으로 이스라엘의 절기

---

12) 이것은 가나안 땅 정복에 앞서 요단 강을 건넌 일을 가리킨다.

와 예배가 갖는 이 특징은,

> 비이스라엘 백성들의 예배와 뚜렷이 대조되었다. 비이스라엘 백성들의 예배는 신이 예배하는 자들에게 축복하도록 신의 총애를 얻는 방편이었지만, 이스라엘의 예배는 신으로 하여금 복을 주시도록 부추기는 것이 아니었다. 대부분의 경우, 예배는 그러한 축복이 여호와께 달려 있다는 인식을 계속해서 키워 줌으로써 축복의 보전과 영구화에 기여한다.[13]

둘째, 위에 언급한 것처럼, 이스라엘의 예배는 수평적인 수준에서 윤리적 응답에 대한 심화된 헌신이라는 특징을 갖고 있어야 했다. 그 예배에는 사회적으로 모든 계층의 사람이 다 포함되어야 했다(가난한 자, 가정이 없는 자 및 이민자들이 특히 포함되어야 했다. 신 16:11, 14). 그리고 또한 이스라엘의 예배는 인도주의적인 함의들을 지니고 있어야 했다. 하나님이 주신 축복에 대한 반응은 진심어린 기쁨과 축하를 요청하고 있을 뿐만 아니라, "흘러 넘쳐서 예배하는 자들의 일상 생활 속으로 흘러 들어간다.…특히, 예배하는 자들은 자기들에게 의존하고 있는 자의 필요를 공급해 주는 일에서 여호와께서 그들의 필요를 공급해 주시는 방식을 모방하는 것을 통해 자신들이 받은 복을 '기념'해야 했다."[14]

셋째, 예배를 드릴 때에 여호와 앞에 나아오는 것까지도 윤리적 기준에 종속되었다. 여하튼, 이것이 바로 시편이 예배를 바라보는 방식이다. 시편 15편과 24편은, (여호와의 장막에 머무는 것, 그분의 성산에 사는 것,[15] 혹은 그분의 거룩한 곳에 서는 것으로 요약되는) 여호와에 대한 예배는 삶의 모든 행동에서

---

13) T. M. Willis, 'Worship', p. 285.
14) 앞의 책, p. 292.
15) Clements는 이 구절들이 예배하러 성전에 들어가는 일에 대해 말하고 있을 뿐만 아니라 여호와의 땅에서 살아가는 삶이라는 좀더 폭넓은 실제를 상징하고 있다는 것을 보여 주었다. (성산과 성전은 여호와의 땅에 대한 상징들이다.) 다음을 보라. R. E. Clements, *God and Temple*. 그러므로, 본문은 단순히 예배라는 특별한 경우와 관련해서만이 아니라 그 땅에서 살아가는 삶 전체에서 이스라엘에게 주는 광범위한 윤리적 함의를 가지고 있다.

그들이 경배하고 있다고 말하는 그 하나님의 윤리적 기준을 반영하는 사람들이 드리는 경우에만—간단히 말해서 깨끗한 손과 청결한 마음을 가지고 있는 사람들이 드리는 경우에만—받아들여지는 것임을 명확히 하고 있다. 시편 15편을 사용해서, 이스라엘 백성은 "자신들이 여호와 하나님을 충심으로 예배하는 자들의 집단임을 확인하고, 양심적이고 사회적으로 책임 있는 행동 기준을 함께 수용한다는 의미에서 자신들의 유대를 선언한다.…이러한 공명하는 천명 가운데서 충성스런 유대 공동체는, 여호와 하나님의 **토라**에 대하여 온 마음을 다해 존경을 표하는 생활 방식에 개별적으로 헌신할 것을 선언하고 있다."[16] 불행하게도, 예언자들은 많은 이스라엘의 예배자가 이 이상에 미치지 못했음을 보았고, 종교적 의식을 수행하는 것이 사회적인 잘못을 보상해 주거나 그런 잘못과 공존할 수 있다고 상상했던 사람들을 질타했다(이를테면, 사 1:10-17; 렘 7:1-11; 암 5:22-24).

그럼 이제 이 첫 장에서 살펴보았던 것을 정리해 보도록 하자. 구약의 윤리적 가르침은 무엇보다도 하나님 중심적이다. 그 가르침은 성경 계시의 살아 계신 하나님인 여호와의 정체성에 기초한다. 그것은 은혜와 구속에서 하나님의 주도권을 전제하고 있다. 그것은 이스라엘의 문화적 정황 가운데 계시된 하나님의 말씀으로부터 그 내용을 취하고 있다. 그것은 하나님의 목적에 의해 틀이 짜였다. 그 하나님은 역사 가운데서 지금까지 행하신 일과 앞으로 행하실 일에서 주권적인 분이시다. 그리고 그것은 하나님의 방식과 성품에 의해 그 형태를 지니게 되었다. 그리고 그것은 하나님이 그분의 백성들을 대하고 다루실 때 선하시다는 사실에 대한 개인적이고 인격적인 경험에 의해 동기가 부여된다. 이것으로부터 두 가지 결론을 내릴 수 있다.

첫째, 이 사실은 우리에게 첫 번째 계명의 중요성을 강조해 준다. "너는 나 외에는 **다른** 신들을 네게 두지 말라." 이는 어떤 '다른 신'은 다른 윤리를 초래하게 될 것이기 때문이다. 이스라엘은 그들이 바알을 따라갔을 때 이 사실을

---

16) Clements, 'Worship and Ethics', pp. 85, 90.

알게 되었다. 그들은 정말로 이세벨의 윤리에 기초한 사회를 원했을까? 그렇지 않고, 그들이 갈멜 산에서 엘리야에게 외쳤던 대로 "여호와, 그는 하나님이시로다!"라고 진정으로 믿었다면, 그들은 여호와의 정의를 반영하는 사회를 만들기 위해 노력해야 했다.

둘째, 이 사실은 윤리적 교훈을 구약 성경 **전체**에서 도출해 내는 것이 중요함을 가르쳐 준다. 율법들은 그 자체만으로는 언제나 충분한 것이 아님을 살펴보았다. 율법들이 작동하는 원리를 이해하고자 한다면 그 율법들이 자리잡고 있는 내러티브를 필요로 한다. 그리고 그 율법들이 그 민족의 생활에 어떤 식으로 받아들여졌는지를 살펴보려면, 후대의 내러티브들 즉 예언서, 시편과 지혜 문학을 살펴볼 필요가 있다. 하나님은 '여러 다양한 방식으로' 모든 성경에서 말씀하셨다. 그래서 우리는 그 모든 것을 사용하여 하나님의 성품과 행위와 목적에 대해 파악하고 윤곽을 그려야 하며, 그에 합당하게 우리의 윤리적 책임을 실천해야 한다.

참고 도서

Bailey Wells, Jo, *God's Holy People: A Theme in Biblical Theology*, JSOT Supplement Series, vol. 305 (Sheffield: Sheffield Academic Press, 2000).
Barton, John, 'The Basis of Ethics in the Hebrew Bible', *Semeia* 66(1994), pp. 11-22.
_____, *Ethics and the Old Testament* (London: SCM, 1998).
Birch, Bruce C., 'Divine Character and the Formation of Moral Community in the Book of Exodus', in Rogerson, Davies and Carroll, *Bible in Ethics*, pp. 119-135.
_____, 'Moral Agency, Community, and the Character of God in the Hebrew Bible', *Semeia* 66(1994), pp. 23-41.
Chirichigno, Greg, 'A Theological Investigation of Motivation in Old Testament Law', *Journal of the Evangelical Theological Society* 24(1981), pp. 303-313.
Clements, R. E., 'Worship and Ethics: A Re-examination of Psalm 15', in Graham, Marrs, and McKenzie, *Worship and the Hebrew Bible*, pp. 78-94.

Davies, Eryl W., 'Walking in God's Ways: The Concept of *Imitatio Dei* in the Old Testament', in Ball, *True Wisdom*, pp. 99-115.

Gemser, B., 'The Importance of the Motive Clause in Old Testament Law', in *Congress Volume in Memoriam Aage Bentzen*, Supplements to *Vetus Testamentum*, vol. 1, Leiden: Brill, 1953, pp. 50-66.

Lindars, Barnabas, 'Imitation of God and Imitation of Christ', *Theology* 76 (1973), pp. 394-402.

Mills, Mary E. *Images of God in the Old Testament* (Collegeville: Liturgical Press, Cassells, 1998).

Muilenburg, J., *The Way of Israel: Biblical Faith and Ethics* (New York: Harper, 1961). 「이스라엘의 길」(컨콜디아사).

Nasuti, Harry P., 'Identity, Identification, and Imitation: The Narrative Hermeneutics of Biblical Law', *Journal of Law and Religion* 4 (1986), pp. 9-23.

Patrick, Dale, *The Rendering of God in the Old Testament*, Overtures to Biblical Theology, vol. 10 (Philadelphia: Fortress, 1981).

Willis, Timothy M., '"Eat and Rejoice before the Lord": The Optimism of Worship in the Deuteronomic Code', in Graham, Marrs and McKenzie, pp. 276-294.

제2장 ■ 사회적 각

이미 살펴보았듯이, 성경 윤리는 하나님의 실재성으로부터 흘러나온다. 하지만, 그 윤리는 개개인의 의식 속으로 직접 흘러 들어가지 않았다. 또한 그 윤리는 완전한 하나의 전체로, 구술하는 대로 받아 적은 단일하고 획일적인 규칙서로 흘러 들어간 것도 아니다. 하나님은 훨씬 더 간접적인 길을 택하셨다. 그 길은 역사라는 길로, 엄청나게 다양한 전망이 줄을 지어 늘어서 있으며 전적으로 인간이 범하는 오류의 가능성을 가진 사람들이 걸어간 길이었다. 그 길은 위험으로 가득 찬 길이었다. 하나님은 한 백성을 창조하시고 그들과 관계를 맺으셨다. 이 사실은 구약 윤리가 결코 무시간적이며 보편적인 추상적 원리의 문제일 수 없음을 의미한다. 오히려 구약 윤리는 이 백성, 이 공동체, 이 사회, 이 '이스라엘의 집'이라는 역사적이고 문화적인 특수성 안에서 정해졌음을 의미한다. 그러므로 이제 삼각 구도의 두 번째 각인 사회적 각을 살펴봐야 할 것이다.

구속의 사회적 차원

창세기의 처음 몇 장은 인류가 반역과 불순종 그리고 죄를 선택한 비극을 전해 준다. 그 결과로 인한 재앙에 직면해서, 만일 내가 이런 식으로 표현할 수도 있다면, 하나님은 다양한 대안을 가지고 계셨다. 하나님은 인류를 멸망시키고 그분의 창조 계획 전체를 포기해 버리실 수도 있었다. 창세기 본문은 하나님이 이 가능성을 고려했다는 힌트를 제공해 준다(창 6:6-7). 그러나 하나님은 멸망시키거나 포기하지 않으셨다. 그 대신, 하나님은 구속하고 회복시키기로 하셨다.

또 우리는, 하나님이 사람들을 개별적으로 구속하시는 모습을 상상해 볼 수 있을 것이다. 즉, 여기서 한 영혼, 저기서 한 영혼을 구원해서 그들을 직접 천국으로 데려가시는 모습이다. 그러나 하나님은 그렇게 하시지도 않았다. 하나님은 인류의 나머지 역사 전체를 포괄하며 그 역사의 일부로서 한 민족 전체를 선택하고 만들어 내고 빚으시는 것을 포함하는 구속 계획을 작동시키기로 결심하셨다. 의심할 여지도 없이, 하나님은 그처럼 장기적이며 광대한 계획에 개재되어 있는 위험을 인식하고 계셨다. 그 엄청난 계획이 드러났을 때 하늘의 군대들 사이에서 거친 심호흡이 일어났으리란 것을 상상할 수 있을 것이다.

항상 그렇듯이, 구약 이야기의 전개 순서에 주목해야 한다. 창세기 11장은 바벨탑 이야기를 전하면서, 타락 이후 인류에 관한 이야기의 정점으로 우리를 인도한다. 하나님에 대한 연합된 반역을 막기 위해 열방은 흩어지고 나뉘게 되었다. 이제 죄의 결과는 '전 세계적으로' 미치게 되었다. 하나님이 다음으로 하실 수 있는 일은 무엇일까? 바로 이러한 배경에서, 창세기 12장에서 구속 이야기가 시작된다. 하나님은 아브라함을 부르시고, 그에게 땅을 주시고, 그의 자손들로 한 민족을 만들어서, 그들을 통해 지구상의 모든 민족이 복을 받게 하실 것이라고 약속하신다. 바벨에서의 저주와 아브라함에게 주신 약속 사이의 비교 및 대조는 매우 인상적이다.

> 또 말하되, 자, 성읍과 탑을 건설하여 그 탑 꼭대기를 하늘에 닿게 하여 우리 이름을 내고 온 지면에 흩어짐을 면하자 했더니…그러므로 그 이름을 바벨이라 하니, 이는 여호와께서 거기서 온 땅의 언어를 혼잡하게 하셨음이니라. 여호와께서 거기서 그들을 온 지면에 흩으셨더라(창 11:4, 9).

> 내가 네게 보여 줄 땅으로 가라.

내가 너로 큰 민족을 이루고
　네게 복을 주어
네 이름을 창대하게 하리니
　너는 복이 될지라…
땅의 모든 족속이
　너로 말미암아 복을 얻을 것이라(창 12:1-3).

바벨 땅으로부터 혼란과 흩어짐의 저주가 퍼져나가 온 세상에 영향을 미치게 되었다. 그러나 축복이, 아브라함에게 주어지는 땅으로부터 그리고 그로 말미암아 이루어질 민족을 통해서 똑같이 전 세계적으로 퍼져나가게 될 것이다. 죄로 말미암은 국제적 황폐에 대한 하나님의 답변은 국제적 복을 가지고 있는 새로운 공동체, 구속의 패턴과 모델이 될 그리고 구속의 복이 마침내 나머지 인류를 포용하게 만드는 도구가 될 한 민족이었다.

그러므로, 이처럼 구약 윤리의 사회적 각은 아브라함의 자손이 아브라함처럼 복을 받게 될 뿐만 아니라 열방에게 복이 될 것임을 천명하고 있다. 그리고 그 역할과 사명에 대한 열쇠는 그들의 윤리적 독특성이 될 것이었다. 이스라엘의 윤리적 역할과 사명적 역할의 결합을 가장 선명하게 보여 주는 것이 창세기 18:19이다. 거기에서 하나님은 아브라함에 대해 이야기하면서 이렇게 말씀하신다. "내가 그로 그 자식과 권속에게 명하여 여호와의 도를 지켜 의와 공도를 행하게 하려고 그를 택하였나니, 이는 나 여호와가 아브라함에 대하여 말한 일을 이루려 함이니라."

19절은 소돔과 고모라 성에 닥쳐온 하나님의 임박한 심판을 배경으로 하고 있다. 사실 그것은 하나님과 아브라함 사이에 있었던 대화의 일부분이다. 그리고 하나님은 두 천사와 함께, 말하자면 이 두 도시의 실상을 파악하고 그에 따라 행하시기 위해 그 도시로 내려가시는 중이었다. 이 사실은 이 절의 윤리적 핵심을 훨씬 더 뚜렷하게 만들어 주고 있다. 소돔으로 특징지어지는—그 도성의 악이 **부르짖음**(20-21절, 히브리 단어는 *ṣeʿaqâ*, 이 단어는 압제와 잔학함 때문에 고통받는 사람들이 부르짖는 소리를 의미하는 전문 용어다)을 야기하는—세상에서, 하나님은 하나님 자신의 가치와 우선 순위 즉 **의로움**(ṣedāqâ, 그 점이 확연하게 나타나 있는 사 5:7의 경우에서처럼, 매우 비슷하게 발음되는 이 두 단어 사이에 언어 유희가 의도되어 있는 것이 아닌가 생각된다)과 **정의**로 특징지어지는 공동체를 원하신다. 구약의 윤리적 가치에 대한 요약으로 가장 많이 사용되는 상위 다섯 절에 포함되는 '여호와의 도'와 '의와 공도를 행함'이라는 두 표현이 여기 이 족장 내러티브들 가운데 들어 있다는 사실은, 구별된 윤리 공동체로서 이스라엘의 정체성이 시내 산 언약과 모세 율법 훨씬 이전에 등장하고 있음을 보여 준다. 이스라엘이 소돔과는 도덕적으로 달라야 하며, 성경에서 소돔이 대표하는 모든 것과 달라야 한다는 요구는 이스라엘 족속의 유전자 코드 가운데 새겨져 있는 것, 즉 그들이 아직 아브라함의 허리춤에 있을 때 새겨진 것이었다. 실제로, 그러한 윤리적 독특성이 아브라함을 선택하신 바로 그 이유라고 하나님 자신이 여기에서 제시하신다. "내가 그로…**행하게 하려고** 그를 택했나니…." 이 절에는 목적 의식이 매우 강하게 표현되어 있다. 선택은 소돔 성과 같은 여러 도성으로 이루어진 부패한 세상 가운데서 어떤 **윤리적인** 의제를 행하도록 택하신 것을 의미한다.

그러나 그 윤리적 의제는 여전히 더욱 광범위한 목적의 일부분일 따름이다. 19절은 목적을 말해 주는 세 번째 절(clause)로 진행해 나간다. "이는 나 여호와가 아브라함에게 대하여 말한(promised) 일을 **이루려 함이니라**." 앞 절에 비춰볼 때, 그것은 아브라함의 후손들을 통해서 열방에게 복을 가져다주시겠다는 하나님의 궁극적인 의도를 가리키는 것이 분명하다. 그것이 바로 하나님의 사명이며, 하나님의 보편적 의제다. 그것은 또한 아브라함을 선택하신 이유이기도 했다. 19절의 신학과 마찬가지로 그 구조 가운데서, 윤리는 선택과 사명 사이에 중간 용어로 사용된다. 하나님 백성의 독특한 윤리적 특질('여호와의 도를 지키는 것', '의와 공도를 행하는 것')은 한편으로는 선택의 목적이며, 다른 한편으로는 사명을 이루기 위한 수단이기도 하다. 그것은 19절의 받침점이며 맥박이다.

그러므로 이스라엘 민족이 아직 존재하기도 전에, 이스라엘의 구속적 의의와 그들의 윤리적 의의에 대한 언질이 주어진다. 구약 윤리는 사회적 차원을 갖게 될 것이다. 구약 윤리는 단순히 개인들이 하나님 앞에서 개인적으로 고결한 삶을 사는 것을 가능하게 해주는 도덕 교훈 해설집이 아니다. 물론, 지금 이 말은 구약이 개인의 도덕적 선택과 행위에 대해서 깊은 관심을 가지고 있음을 부인하는 것이 아니다. 이 점에 대해서는 제11장에서 다루게 될 것이다. 십계명을 포함한, 많은 구약 율법은 개인을 향해 말하는 2인칭 단수로 되어 있다. 그러나 그 율법들은 공동체의 한 부분으로서 개인을 향해 말하는 것이며, 그 목적은 개개인의 고결함에만 있는 것이 아니라 공동체 전체의 도덕적이며 영적인 건강에 있다. 이미 살펴보았듯이, 하나님의 목적은 의로운 개인들을 생산해 내는 작업소를 만드는 데 있는 것이 아니라, 그들의 사회 생활 가운데서 하나님 자신의 성품을 반영하는 의와 평화와 정의와 사랑이라는 속성을 구현하는 사람들로 이루어진 새로운 공동체를 만들어 내는 데 있었다. 의와 평화, 정의와 사랑은 인류에 대한 하나님의 원래 목적이었다.

그러므로, 우리가 제시하는 '사회적 각'의 적실성은 구약 본문을 윤리적으로 해석하고자 할 때 '이 본문이 나에게 무엇을 말하고 있는가?'라는 질문에 그쳐서는 안 된다는 것을 함의한다. 사실 우리는 그 질문으로 **출발해서도** 안 된다. 먼저 이 본문이 이스라엘의 사회 생활과 윤리 생활에 대한 우리의 이해에 어떻게 기여하고 있는가를 물으면서, 구약의 이스라엘이 처한 사회적 정황 안에서 그 구절을 연구해야 한다. 그 사회의 총체적 형태 가운데서 그 본문의 위치는 무엇인가를 물어야 한다. 그런 다음에 그 본문이 오늘날 하나님 백성의 공동체 가운데서 무엇을 말하고자 하는지 질문하면서 다음 단계로 진행할 수 있을 것이다. 그런 다음에 더 나아가서, 다시 그 본문이 광범위한 인간 사회에서 지닐 수 있는 사회적 함의들이 무엇인지 물을 수 있을 것이다. 월터 브루그만(Walter Brueggemann)은 교회와 세상 모두에 대해서 구약 신앙의 언약적 성격이 적실하다는 점을 우리가 알도록 (즉, 성경 윤리가 갖는 이 사회적 각의 중요성을 인식하도록) 끊임없이 도전한다.

우리는 세상을 향해 우리의 언약적 소망을 재천명할 수 있을 것이다. 이 전복적인 패러다임[언약]이 하나님과 교회에게 유지되는 한, 우리는 충분히 안전하다. 그 언약이 신앙 공동체를 넘어서 세상과 연결될 때 그 충격적이며 위협적인 성격은 명확해진다. 언약적 패러다임은 우리가 섬기며 돌보고 있는 세상이 아직 해방 되어야 할 세상임을 확인해 준다. 언약 맺기의 신학은 그것이 사명을 향한 에너지와 용기로 이끌어 주지 않는다면, 가치가 없는 것이다.…다음 세 가지는 서로 긴밀하게 연결되어 있다. 상대를 향해 나아감으로써 언약을 맺으시는 **하나님**(히 2:14, 18-20), 새로운 형태의 토라와 지식과 용서를 통해서 언약을 실천하는 **공동체**(렘 31:31-34), 그리고 제국의 실상을 허물어뜨림으로써 언약 맺는 일을 향하여 변모해 나아가야 할 **세상**(사 42:6-7; 49:6).[1]

만일 우리에게 남아 있는 에너지가 있다면, 우리는 다음과 같은 도전에 부닥치지 않을 수 없을 것이다. '만일 나의 삶이 하나님의 목적에 대한 비전에 의해 틀을 갖추고 그러한 비전과 일치되어야 한다면, **나는** 어떤 종류의 사람이 되어야 하며 **나에게** 어떤 종류의 행위가 요구되는 것인가?'

이스라엘의 독특성

이야기는 창세기 내내 힘들게 진행되어 간다. 한 민족을 탄생시키는 일은 고사하고 아브라함과 사라가 과연 아들을 가질 수 있을 것인지에 대해 조바심을 치고 난 이후에도, 불과 몇 세대 후에 온 가족에게 기근의 위협이 닥쳐오고, 그 작은 공동체는 애굽에서 한 무리의 피난민 신세로 겨우 살아 남으며, 그런 다음에야 큰 민족으로 성장해 간다(출 1:6). 출애굽이라는 결정적인 사건들 이후에(이 점에 대해서는 나중에 다시 살펴보게 될 것이다) 그 민족은 시내 산에서 여호와와 언약을 체결하고 그들 역사의 다음 단계가 펼쳐지게 될 가나안 땅을 향해서 출발한다.

---

1) Brueggemann, *Social Reading*, pp. 50, 53(강조는 그의 것).

이스라엘의 독특한 경험

그 당시 이스라엘은 여러 민족 중의 한 민족이었다. 그러나 동시에 그들은 나머지 민족들과 다르다는 점을 의식하고 있었다. 발람이 마지못해 선포했던 신탁들이 보여 주듯이, 다른 민족들마저도 그들에 관해서 이 점을 인식했다. "내가…그들을 바라보니, 이 백성은 홀로 살 것이라(live apart). 그를 여러 민족 중의 하나로 여기지 않으리로다"(민 23:9).

독특성에 대한 이 인식은 가나안 땅으로 건너갈 찰나에 있는 이스라엘을 향한 모세의 연설에 대한 신명기 묘사에 수사적으로 포착되어 있다(신 4:32-40). 신명기 묘사는, 그들의 독특한 역사가 그들에게 부과한 책임을 진지하게 받아들이라는 도전이자 격려로 이해된다.

> 네가 있기 전 하나님이 사람을 세상에 창조하신 날부터 지금까지 지나간 날을 상고하여 보라. 하늘 이 끝에서 저 끝까지 이런 큰 일이 있었느냐? 이런 일을 들은 적이 있었느냐? 어떤 국민이 불 가운데에서 말씀하시는 하나님의 음성을 너처럼 듣고 생존했느냐? 어떤 신이 와서 시험과 이적과 기사와 전쟁과 강한 손과 편 팔과 크게 두려운 일로 한 민족을 다른 민족에게서 인도하여 낸 일이 있느냐? 이는 다 너희의 하나님 여호와께서 애굽에서 너희를 위하여 너희의 목전에서 행하신 일이라(신 4:32-34).

이 수사적인 질문에 대해 예상된 답변은 '아니오!'다. 다른 어떤 때에도 다른 어떤 곳에서도 하나님이 근일에 이스라엘 역사 가운데서 행하셨던 식으로 행하신 적은 없었다. 물론 기술된 사건들은 출애굽과 시내 산 경험이다. 그리고 본문의 주장은 이스라엘을 대신하여 행하신 여호와의 행위라는 이 사건들은 전례가 없으며(이전에는 그러한 사건들이 일어난 적이 없는) 비길 데가 없다는 (다른 어느 곳에서도 일어난 적이 없는) 것이다. 이스라엘이 역사적으로 여호와를 경험한 그 경험은 독특한 것이었다. 그들은 다른 어떤 민족도 받지 못했던 계시를 받았으며,[2] 다른 어떤 민족도 받지 못했던 구속을 받았다.[3] 여기서 우리는, 이 말이 여호와께서 다른 민족들의 일에 개입하지도 않으시고, 관심을 갖지도 않으셨다는 뜻이 아니라는 점을 조심스럽게 지적할 필요가 있다. 신명기는 실제로 여호와 하나님이 다른 민족들의 일에 대해서도 관심을 갖고 개입하셨음을 천명하고 있다(신 2:9-12, 16-23). 요점은 오직 이스라엘 안에서만 그리고 이스라엘을 위해서만 하나님이 명백하게 구속적 목적을 가지고 행하셨다는 것이며, 그 구속적 목적이 여호와와 이스라엘 민족 사이의 언약 관계를 만들어 냈다는 것이다.

하지만, 이 독특한 역사적 경험이 더할 나위 없이 흥겹고 멋진 것만은 아니었다. 그것은 강력한 교훈적 목적을 가지고 있었다. 그것은 우주적 교육이었다. 이스라엘은 그 경험으로부터 두 가지 지극히 중요한 사실을 배워야 했다. 그것은 누가 진짜 하나님(여호와)인가와 이제는 그들이 어떻게 살아야 하는가(순종하면서)였다. 다시 말해서 그들의 역사에는 신학적 함의와 윤리적 함의가 개재되어 있었다. 우리의 본문은 계속해서 다음과 같이 말한다.

> 이것을 네게 나타내심은 여호와는 하나님이시요, 그 외에는 다른 신이 없음을 네게 **알게 하려 하심이니라.**…
> 그런즉 너는 오늘 위로 하늘에나 아래로 땅에 오직 여호와는 하나님이시요 다른 신이 없는 줄을 알아 명심하고, 오늘 내가 네게 명령하는 여호와의 규례와 명령을 지키라…(신 4:35, 39-40; 강조는 저자의 것).

첫 번째로 신학적 함의에 대해서는 제1장에서 이미 살펴보았다. 이스라엘은 이제 관계를 맺어야만 하는 그 하나님의 참된 정체성을 아는 것이 지극히 중요했다. 실로 그것은 출애굽 자체가 가진 목적의 일부였다. "…나는 애굽 사람의 무거운 짐 밑에서 너희를 빼낸 너희의 하나님 여호와인 줄 너희가 알지라"(출 6:7). 이는 그들이 참되고 살아 계신 하나님에 대한 지식을 보전해야만, 자신들이 어떻게 살아야 할지 그리하여 어떻게 주변 열방의 눈길을 끄는 관심사가 될

---

2) 시 147:19-20에 같은 점이 지적되어 있다.
3) 암 3:2에 같은 점이 지적되어 있다.

수 있을지 알게 될 것이기 때문이었다(신 4:5-8).

두 번째로 윤리적 함의는 지금 우리가 다루고 있는 것이다. 신명기 4:40에서 성경 본문이 얼마나 매끈하게 그 윤리적 함의로 진행해 가고 있는지 주목해 보라. 만일 하나님이 진짜 어떤 분인지를 알고 그 사실을 마음에 둔다면, 어떻게 살아야 할지를 알게 될 것이다. 즉, 하나님의 뜻과 도에 반응하며 감사하는 순종 가운데 살게 될 것이다.

그러므로, 이 풍성한 본문(신 4:32-40)이 보여 주는 사고의 흐름은, 무엇보다도 먼저, 이스라엘이 하나님의 계시와 구속에 대한 **독특한 경험**을 했다는 것이다. 두 번째로, 이 결과의 하나로 그들이 하나님으로서 여호와의 정체성에 대한 **독특한 인식**을 갖게 된다는 것이다. 그 사실은 다시, 세 번째로, 이제 그들은 그들 자신의 행위 가운데서 그들 자신의 유익을 위해 하나님이 주신 명령들에 표현되어 있는 대로 여호와의 윤리적 성격을 반영하는 방식으로 열방 가운데서 살아갈 **독특한 책임**을 갖게 되었다는 것이다. 이처럼 구약 윤리의 뚜렷한 성격은 어떤 뛰어난 철학이나 더 지고한 의식 상태가 아니다. 그 뚜렷한 독특성은, 하나님의 손길을 보았던 독특한 역사적 사건들에 대한 공동체 전체의 윤리적 반응이라는 독특성이다. 그리고 그것은 그들이 열방 가운데서 스스로 감당해야 할 역할과 증거의 일부라고 간주했던 독특성이다.

이스라엘의 사회적 독특성

그러나, 이스라엘은 실제로 주변 민족들이나 문화와 얼마나 구별되었는가? 이것은 거창한 질문이다. 그리고 즉시 다른 의문들을 파생시킨다. 구약 역사의 어떤 시기에 속하며, 어떤 다른 민족과 관계를 맺고 있는 어떤 이스라엘인가? 이것은 수세기에 이르는 구약 시대 동안 이스라엘 사회사에 대한 충분하고 자세한 설명이 요구되는 문제일 것이다. 그러나 이 책은 그러한 설명을 제공할 만한 곳이 아니다.[4] 어떤 측면에서 보면 이스라엘은 특별히 다르지 않았다. 고

---

4) 이 분야에 대한 최근의 학문적 업적과 참고 문헌에 대한 조사는 다음 책들에서 찾을 수 있을 것이다. R. E. Clements, *World of Ancient Israel*; David J. Charlcraft (ed.), *Social-Scientific Old Testament Criticism*; V. P. Long, D. W. Baker and G. J. Wenham (eds.), *Windows into Old*

대 근동에서 가나안 문화나 여타의 문화들과 나란히 이스라엘을 비교 문화적으로 연구해 보면, 그와 같은 광범위한 거시 문화에서 예상할 수 있는 대로, 그 민족들이 많은 것을 공유하고 있었다는 사실이 드러난다. 이 점에 대해서는 제10장에서 살펴보고자 한다. 그러나 이스라엘이 그들을 둘러싸고 있던 민족들과 현저하게 달랐거나 팔레스틴의 지배적인 문화로서 그들보다 앞섰던 중요한 점들이 있었다.

물론 가장 분명한 차이는 종교적인 것이었다. 이스라엘은 오로지 여호와만을 예배했다(혹은 예배해야 했다[5]). 그리고 그들은 형상들이나 조각상들 없이 예배를 드렸다. 그러나, 유일신론을 단지 생각과 신념(현대적 상황에서 종교적 차이에 대한 논의는 흔히 이러한 틀 안에서 이뤄진다)이라는 검증할 수 없는 영역에서 우리가 선호하는 멋들어진 종교적 기호의 문제라고 생각한다면(우리가 단지 많은 신을 택하기보다 한 신만을 선호하게 된 것이라고 본다면), 대단히 잘못일 것이다. 이스라엘에게 있어, 유일신으로서 여호와에 대한 배타적 헌신은 그들의 사회적, 경제적, 사법적, 정치적 실존의 모든 차원에 영향을 주었던 언약적 구조를 가진 삶의 일부였다. 그리고 그렇게 함으로써 그 헌신은 이스라엘을 진실로 구별되게 만들었다. 이것이 고대 이스라엘에 대한 사회학적 연구의 결론이었다. 그 연구들은 이스라엘이 역사에 등장한 아주 초기 단계에서부터 신중하게 표명된 민족적 독특성에 대한 의식을 가지고 있었음을 보여주었다. 그리고 그 독특한 민족 의식은 단순히 그들의 종교에서만이 아니라 이

Testament History.

5) 이스라엘이 가지고 있던 유일신 신앙의 역사적 기원에 대해서와, 한편으로 구약 본문들의 정경이 인정하는 소위 '공식적' 신앙이라고 일컬을 수 있는 것과, 다른 한편으로 구약 역사의 어느 시기에서든지 이스라엘 대중들이 가지고 있었던 종교적인 신념들 사이의 긴장에 대해서는 아직도 의견이 분분하다. 이 점에 대한 비평 학계와 참고 문헌에 대한 1997년 조사로는 Robert Karl Gnuse, *No Other Gods*를 보라. Bernard Lang, *Hebrew God*은 신에 대한 다른 고대 근동의 묘사들과, 그 묘사들이 여호와에 대한 구약의 설명에 미친 영향에 대한 연구 결과를 제시하고 있다. Lang의 조사는 비교 종교 인류학적 접근 방법에 의존하고 있지만, 책 서문에서 다음과 같은 주목할 만한 진술을 하고 있다. "히브리 하나님은 인간 역사에 기록되어 있는 가장 독특한 신으로 손꼽힌다.…다른 어떠한 신도 히브리 하나님의 전기(傳記)에 비교될 만한 전기를 내세울 수 없다"(p. viii).

스라엘 백성의 사회 생활 전 영역에서 표현되었다. 아니, 그들의 종교는 그 전체적인 사회적 목적을 통합하고 지탱시켜 주는 부분이었다.[6]

예를 들어, 이스라엘 이전의 가나안 사회는 '봉건적' 노선을 따라 조직되어 있었다. 그리고 작은 도시 국가들이었던 가나안 왕국들 각각에서 지극히 계층화된 사회적 피라미드의 맨 꼭대기에 있는 엘리트층에 권력이 집중되어 있었다. 이와는 대조적으로 이스라엘은 '지파' 사회(tribal society)였다. 이스라엘은 지파(tribes)와 씨족(clans)과 가구들(households)로 삼등분된 친족 구조를 가지고 있었다(제10장을 보라). 세 번째 층은 토지를 소유하고 있는 많은 수의 '확대 가족'으로 이루어져 있었다. 경제적으로 주로 자급자족했던 이 단위들은 이스라엘의 마을과 지역에서 사회적으로 중요한 대부분의 사법적, 경제적, 종교적, 군사적 기능을 수행했다. 그러므로, 괄목할 만한 자율성과 사회적 자유를 누리던 그 같은 견고한 단위들이 모인 구조물로서 초기 이스라엘 사회는 사회적으로 분권화되어 있었으며, 위계적이지 않았다. 그 사회는 '최고위층'의 부와 특권이나 권력에 맞추어 움직였던 것이 아니라, '최하위' 계층들의 사회적 안녕과 경제적 생존에 맞추어 작용했다.

토지 보유 형태로 나타나는 경제 생활에서도 동일한 대조가 드러난다. 가나안의 도시 국가에서, 왕은 모든 토지를 소유하고 있었으며 그 땅에서 세금을 납부하는 소작농으로 살면서 일하는 자들과 봉건적 협정을 맺고 있었다. 이스라엘에서는 토지가 확대 가족에 의해 가능한 한 널리 다중의 소유권(multiple ownership)을 갖도록 분배되었다. 여호수아서에 기록되어 있는 땅의 분배는

---

6) 이스라엘의 단일한 여호와 중심적 신앙과 그들의 사회적 열망들 사이의 밀접한 상호 관련성에 대한 이 인식은 Norman K. Gottwald, *Tribes of Yahweh*에 매우 충분히 전개되어 있다. Gottwald의 작품은 많은 비평을 불러일으켰다. 나는 그가 제공하고 있는 이스라엘의 역사적 등장에 대한 재구성(불만을 품은 가나안 농민들의 내부 반란)이나 그가 자신의 사회적인 논평에 적용시키고 있는 강한 유물론적/마르크스주의적 이론은 받아들이지 않는다. 하지만, 나는 그가 이스라엘 사회가 다른 고대 근동 문화들과는 근본적으로 구별되는 어떤 측면들을 가지고 있었다는 사실을 광범위하게 사회적이며 경제적인, 정치적이며 종교적인 요소들을 통해서 적절하게 입증했다고 본다. 또한 그는 이러한 사회적 특징들이 여호와에 대한 그들의 신앙을 드러내는 이스라엘의 종교적 특징들과 분리할 수 없는 것임을 보여 주었다. 또한 다음 책을 보라. Paul D. Hanson, *People Called*.

토지 소유와 사용이 가능한 한 폭넓게 친족 체제 전체에 두루 배분될 것을 의도하고 있는 것이 분명하다. 지파가 소유한 영역은 "그들의 씨족에 따라서"(수 15:1 등, 개역개정은 "그들의 가족대로") 할당되었다. 이 체제를 유지하기 위해 토지는 상업적으로 매매될 수 없었고, 혈연 집단들 내에서 보유되어야 했다(레 25장). 또한 토지 사용에 대한 구약의 많은 율법과 제도들(제5장을 보라)은 토지와 관련해서 가족들 사이에 비교적 동등한 이 상태를 보전하려는 지대한 관심을 보여 준다. 그리하여 경제 제도 역시 제도적으로나 원칙적으로, 토지에 관해서 여러 가족이 넓게 보아 동등하고 자급자족할 수 있는 상태를 보전해 주고, 또한 토지를 많이 소유하고 있는 부유한 소수 엘리트층의 이해보다는 가장 약하고, 가장 가난하고, 위협에 처해 있는 자들을 보호하는 데 맞추어져 있었다. 이스라엘 법률의 이 현저한 경제적 특징은 이스라엘 신앙의 실천적 내용을 보여 주는 각별히 중요한 사회적 지표다. 이스라엘 법률의 이러한 특징에 대해 언급하면서, 갓월드(Gottwald)는 이렇게 말한다.

> 이 실천적 내용은 이스라엘 종교에 관한 사회학을 구성할 때 측량할 수 없는 가치를 지닌 것이다. 이는 그 내용이 특별히 평등주의적 사회 제도를 가진 종교로서의 여호와 종교에 대해 착오가 생길 수 없는 골격 구조를 제공해 주기 때문이다. 여호와를 예배한다는 것, 한 사람의 이스라엘인이 된다는 것은, 다른 무엇보다도 고대 근동 전역에서 전적으로 바람직한 것은 아니지만 불가피한 것으로 간주되어 왔고, 오랜 시간에 걸쳐 확립된 생활 방식과 동떨어진 그리고 노골적으로 반대하는 특수한 생활 방식을 실천한다는 의미였다.[7]

솔로몬 이후로 왕정 국가와 그 수혜자들의 침입을 통하여 이 구별된 사회 경제 체제가 부식되었던 일은, 나중에 이스라엘 가운데서 예언자들의 항변을 불러일으켰던 주요 요인들 가운데 하나였다.

이스라엘의 정치 생활(이 점에 대해서는 제7장에서 좀더 자세하게 검토할

---

7) Gottwald, *Tribes of Yahweh*, p. 59.

것이다)로 눈을 돌려 보면, 구약의 정치 활동과 권력 유형들은 이스라엘 사회의 친족 유형을 따르고 있었음을 보게 된다. 그 유형은 분산되고 분권화되어 있었다. 공동체 안에서 의사 결정권, 특히 사법 문제의 결정권은 장로들의 네트워크에 주어져 있었다. 장로들은 전체 구약 기간 내내 가장 광범위한 수준에서 이스라엘 백성들의 사회 정치적 삶의 대들보였다.[8] 왕정 이전 기간 동안 이 복수적이고 합동적인 리더십(plural and corporate leadership)은 군대가 필요한 시기에는 '카리스마적인' 지도자들에 의해 보완되었다. 이 '사사들'은 하나님이 일으키신 것으로 여겨졌으며, 백성들은 그들이 하나님의 통치를 매개해 주는 것으로 받아들였다. 그러나, 기드온과 아비멜렉의 이야기(삿 8:22-9:57)는 통치 영역의 범위를 더 넓히거나 좀더 영구적인 사사, 왕조를 통한 통치를 제안 받았거나 그것을 추구했던 사사라면 그 누구라도 직면해야 했던 어려움을 시사해 주고 있다. 이스라엘에서 중앙 집권화된 권력은 블레셋 족속들이 가한 외부적 위협 때문에 하는 수 없이 받아들여지기까지 강력하게 저지되었던 것 같다. 그러한 중앙 집권화된 '족장의 지위'는 지역의 가구들이라는 기본 구조에 권력을 부여하고자 했던 이스라엘의 기본 취지에 직접적으로 반하는 것으로 여겨졌던 듯하다. 왕정이 확립된 후에도 촌락 수준에서는 지역 장로들의 체제가 존속했으며, 위계적이며 중앙 집권화된 정부에 저항했다. 여호사밧은 사법 개혁을 통해 왕이 임명하는 재판장들을 세웠으나, 이 개혁은 요새화된 성읍들에만 적용되었다(대하 19:4-11). 마을과 촌락 공동체에서 그 지역의 장로들이 정의를 시행했던 일은 아마도 이러한 왕의 임명에 영향을 받지 않고 계속되었을 것이다. 비록 다윗의 정권과 특히 솔로몬의 정권과 그 다음에 이어졌던 수백 년 동안의 계승자들이 여러 방식으로 권력을 중앙 집권화시켰지만, 역사 내러티브들과 예언서들을 보면, 그와 같은 정비를 이스라엘의 언약적 사회 구조에 대한 좀더 전통적인 이해와 상충되는 것으로 보았던 꾸준한 저항이 있었

---

8) 고대 이스라엘에서 장로들의 정체성과 역할 및 그들이 구약 역사의 여러 다른 시기에 수행했던 다양한 역할에 대한 매우 철저한 조사로는 다음을 보라. Hanoch Reviv, *Elders*. 또한 다음 글도 참고하라. J. L. McKenzie, 'Elders in the Old Testament'; C. J. H. Wright, *God's Land*, pp. 78-81 및 그 곳에 인용되어 있는 참고 문헌 목록.

음을 알 수 있다. 이처럼 이스라엘은 중앙 집권화된 권력에 저항하고 다양하고 참여적인 정치를 선호했다. 그러한 선호가 있었기 때문에 예언자들의 비판과 반대의 목소리가 관용되었으며, 실로 추구되기도 했다. 물론 어떤 예언자들은 엄중한 대가를 치렀다. 그같이 분권화된 권력은 지극히 계층화되고 피라미드식의 정치 경제 구조를 가지고 있었던 동시대의 고대 근동 국가들과 뚜렷한 대조를 이룬다.

이스라엘 사회의 윤곽을 일부 알려 주는 이 매우 간략한 개략은 비록 자세한 역사 분석이라는 측면에서 부족한 점이 있기는 하지만, 이스라엘이 주변 민족들로부터, 특히 가나안 족속으로부터, 단순히 종교적 측면에서뿐만 아니라 사회 체제 전반에서 스스로를 의식적으로 구별했음을 보여 주기에 충분하다. 이스라엘이 여호와께 배타적으로 헌신하면서 종교적 '다름'(거룩함)을 단호히 주장한 것은 실로 사회, 경제, 정치 영역에서 품었던 열망들과 그들이 이루었던 어느 정도의 성취와 연결되어 있었다. 사회적 각은 신학적 각과 불가분 연결되어 있었다. 그들은 다른 종류의 사회가 되어야 했다. 이는 여호와께서 확실히 다른 하나님(a different God)이셨기 때문이다.

그것이 중요했는가?

이스라엘이 그들의 사회 체제를 종교적 신앙과 어떤 식으로 연결시켰는지를 살펴보는 것은 흥미로운 일이겠지만, 그 연결이 진정 본질적인 연결이었을까? 그 연결이 진짜로 중요했을까? 하나님이 열방에게 복과 구속의 매개체가 되도록 선택하시고 부르신 백성인 '이스라엘'이 된다는 의미에서, 이 독특한 사회 형태가 본질적인 부분이었을까? 그들이 고대 세계에서 어떠한 종류의 사회가 되었든지 여전히 여호와에 대한 예배를 내세우고 그들을 통하여 인류에게 주시는 여호와의 약속을 전달할 수 있지 않았을까? 확실히 그렇지 않다.

여호와에 대한 예배를 유지하는 동시에 어떠한 종류의 사회도 될 수 있을 것이라고 생각하는 것의 문제는 이스라엘이 실제 그렇게 하려고 시도했고, 급속히 망하게 되었다는 점이다. 이스라엘의 내러티브 역사가들과 예언자들이 내린 평결은 한편으로는, 만일 그들이 여호와를 잊고 다른 신들을 좇아간다면,

사회가 급속히 해체되어 불의와 압제에 빠지게 되리라는 것이었다. 그리고 다른 한편으로는, 만일 사회가 실제로 그러한 사회악들이 만연하는 방향으로 진행해 갔다면, 그 백성들이 아무리 자신들은 아낌없는 마음으로 기꺼이 하나님을 예배하고 있다고 열렬히 항의한다 하더라도, 그것은 그들이 여호와를 잊어버렸다는 명백한 증거라는 것이다. 다시 말해서, 이스라엘이 어떤 종류의 사회였는가(혹은 어떤 종류의 사회여야 했는가)와 그들이 예배했던 하나님이 어떤 분인가 사이에는 뗄 수 없는 연결이 존재했다.

그들이 가나안 땅에 등장한 이래로 이스라엘 사회에서 일어났던 가장 혁명적인 변화는 지파들의 느슨한 연합으로부터 왕정 국가로 이행했다는 것이다. 그 과정은 사무엘상의 내러티브들에 상당히 모호하게 기술되어 있다. 그 내러티브에는 상당히 미묘한 점이 있다. 그것은 사무엘의 아들들이 그 아비의 청렴함과 진실성을 본받지 못한 비참한 실패를 이야기하는 8장에서 시작하고 있다. 그 아들들은 그들이 받들도록 임명받았던 바로 그 대상을, 말하자면 정의를 (3절) 왜곡하고 있었다. 따라서, 왕을 달라는 장로들의 요청은 얼핏 볼 때 고대 세계에서 공적 리더십의 주요 기능들 가운데 하나였던 정의 시행을 달성할 강력한 인물을 갖겠다는 칭찬할 만한 소원으로 보인다. 그러나 그들의 동기는 그들의 요청 말미에 좀더 명확하게 드러나 있다. "**모든 나라와 같이** 우리에게 왕을 세워 우리를 다스리게 하소서"(5절, 강조는 저자의 것). 사무엘은 그 자신의 리더십을 인격적으로 경멸한 것 때문에 기분이 상했을 수 있다. 그러나 하나님은 사무엘에게 그 문제의 진짜 핵심이 무엇인지를 보여 주셨다. 왕을 구하는 이스라엘의 소원은 통치자로서의 여호와 그분에 대한 배척이었다. 그래서 하나님은 사무엘에게 그 백성들이 지금 추진하고 있는 그 단계가 지닌 함의에 대해 그들에게 경고하도록 지시를 내리신다. 그러나 의미심장하게도 사무엘은 여호와에 대한 그 백성들의 배척을 부각시키면서 '종교적으로' 그들을 향해 열변을 토하지 않는다. 사무엘은 그와 같은 암묵적인 배도가 가져오게 될 사회적이고 경제적인 결과에 집중한다. 그들이 다른 민족들처럼 되기를 원하는가? 그들은 자신들이 열방과는 달라야 한다는 사실을 기억하지 못하고 있는가?" 그들은 이전의 문화와 주변 문화들 가운데서 왕정이 어떤 의미를 지녀 왔는지 그리고 그것이 이스라엘에 도입될 경우 어떤 의미가 있을 것인지에 대해 인식하지 못하고 있는가? 사무엘은 만일 그 백성이 왕을 갖게 됨으로써 다른 민족들처럼 된다면, 다른 민족들처럼 값비싼 대가를 치르는 왕정이 가지고 있는 모든 사회적 부담—군대 징집, 강제 노역, 토지 압수, 왕권 확립을 지지하기 위한 과세, 약탈을 일삼는 정부—을 감당하게 될 것임을 하나하나 보여 준다.

> 사무엘이 왕을 요구하는 백성에게 여호와의 모든 말씀을 말하여 이르되, 너희를 다스릴 왕의 제도는 이러하니라. 그가 너희의 아들들을 데려다가 그의 병거와 말을 어거하게 하리니, 그들이 그 병거 앞에서 달릴 것이며, 그가 또 너희의 아들들을 천부장과 오십부장을 삼을 것이며, 자기 밭을 갈게 하고 자기 추수를 하게 할 것이며, 자기 무기와 병거의 장비도 만들게 할 것이며, 그가 또 너희의 딸들을 데려다가 향료 만드는 자와 요리하는 자와 떡 굽는 자로 삼을 것이며, 그가 또 너희의 밭과 포도원과 감람원에서 제일 좋은 것을 가져다가 자기의 신하들에게 줄 것이며, 그가 또 너희의 곡식과 포도원 소산의 십일조를 취하여 자기의 관리와 신하에게 줄 것이며, 그가 또 너희의 노비와 가장 아름다운 소년과 나귀들을 끌어다가 자기 일을 시킬 것이며, 너희의 양 떼의 십분 일을 거두어 가리니, 너희가 그의 종이 될 것이라. 그 날에 너희가 너희 택한 왕으로 말미암아 부르짖되, 그 날에 여호와께서 너희에게 응답하지 아니하시리라(삼상 8:10-18).

여기 기록된 왕정에 대한 사무엘의 진술은 그 당시 이스라엘 외부의 왕정에 대한 기술로서나 실제로 이스라엘의 왕정이 솔로몬의 재위로부터 그 후에 점차적으로 진행해 간 모습에 대한 예견으로서나 공히 명백하고 정확하다. "[그러나] 백성이 사무엘의 말 듣기를 거절하여 이르되, '아니로소이다. 우리도 우리 왕이 있어야 하리니, 우리도 다른 나라들같이 되어 우리의 왕이 우리를 다스리며 우리 앞에 나가서 우리의 싸움을 싸워야 할 것이니이다'"(19-20절). 이리하여 여호와의 신정 통치에 대한 백성들의 암묵적인 배척과 더불어서 그들

---

9) 이를테면, 레 18:1-3에 반영되어 있는 전통에서와 같이.

의 **사회적** 독특성의 한 면이 타협하게 되었다.

200년이 지나 아합과 이세벨의 재위 기간 동안 북 왕국 이스라엘에서 벌어진 엘리야와 바알 사이의 큰 싸움은 바로 그와 같은 결합을 중심으로 일어난 것이다. 북 왕국 이스라엘에서 발생한 위기는 종교의 위기(예배를 받아야 할 대상인 하나님이 여호와인가 바알인가?)였으며 동시에 사회의 위기(이스라엘은 나봇과 같은 사람들이 안전하게 살아갈 수 있는 땅이었는가, 아니면 왕과 왕후들이 살인을 저지르는 불의를 통해서 자기들이 원하는 것을 취하는 땅이었는가?)였다. 엘리야는 열왕기상 18-19장에서 이 두 문제를 모두 제기했다. 그 문제는 단순히 어느 신이 예배의 대상이 되어야 하느냐의 문제가 아니었다. 그것은 서로 상충되는 토지 보유 체제, 즉 (토지의 소유주이자 제공자이며 이스라엘 백성의 가족들에게 그들이 물려줄 수 있는 재산권을 보장해 주는 분인 여호와께서 승인하신) 이스라엘식 체제 대 (바알이 승인했으며, 왕족들에게 거래 가능한 품목에 대한 자유로운 권한을 제공하고 있는) 가나안식 체제의 싸움이었다. 잘못된 신을 선택하면 잘못된 사회를 얻게 된다. 이스라엘은 수백 년을 더 지나면서 계속해서 이 점을 입증했다.

물론 그들이 여호와에 대한 예배를 중단할 필요는 없었으며, 그렇게 한 것 같지도 않다. 엄청난 혼합주의와 배도의 시기가 있었다. 그러나 그런 때에도 보통 사람들은 자기들이 여전히 여호와를 공적으로 인정해 줌으로써 여호와 하나님을 공정하게 대하고 있다고 생각했던 것 같다. 그러나 많은 예언자는 만일 이스라엘이 불의와 압제와 탐욕, 성적 폭력과 물리적인 폭력 및 모든 의로움과 동정심의 상실로 점철된 사회가 되도록 허용한다면, 그들이 무엇을 혹은 누구를 예배하고 있다고 생각하든지 그 예배의 대상은 여호와 하나님이 아니라고 지적했다. 외적으로는 아무리 정통적이고 열정적이라 할지라도, 그러한 사람들이 드리는 예배는 여호와께서 열납하지 않으실 것이다.[10] 성스러운 의식들이 사회적 잘못을 면책할 수는 없다.

이러한 이중적 실상, 이 동전의 양면성(한편으로는 하나님으로서의 여호와

---

10) 또한, 이를테면, 사 1:10-17; 렘 7:1-11; 호 6:6; 암 5:21-24; 미 6:6-8을 보라.

의 성품과 다른 한편으로는 그 하나님이 요구하시는 사회의 특질)은 구약 신앙의 언약적 중심에 대한 근본 토대다. 실제로 그것은 그 언약을 체결하는 데까지 이끌어 주었던 이스라엘의 해방에 대한 내러티브들에 짜여 들어가 있다. 출애굽기 1-15장에 대해 주석하면서 월터 브루그만은 이렇게 말한다.

> 여호와는 그 내러티브 안에서 핵심적이며 결정적인 행위자시다. 이 내러티브가 여호와께서 정의로운 대안 공동체를 불러내고 정당화하시는 신학적 보고서라는 사실은 의심할 바가 없다.…이스라엘 각 세대는 정의의 문제, 즉 사회 권력, 사회 재화, 사회적 기회라는 주제들을 공동체의 주요 쟁점으로 삼고, 이스라엘 하나님의 주요 관심사가 되도록 사회의 실상을 읽으라는 가르침을 받는다. 이렇게 해서 이스라엘은 정의에 관한 쟁점들을 하나님에 대한 내러티브의 중심으로 삼고 있다.[11]

마찬가지로, 폴 핸슨(Paul Hanson)은 여호와의 본성에 대한 계시를 출애굽을 통해 그려지고 창조된 새로운 종류의 공동체가 갖는 혁명적 성격과 결합시킨다.

> 본질적으로 이 사건에는 여호와 하나님의 본성과 그 본성이 함의하고 있던 신앙 공동체의 성격 모두가 이미 계시되어 있었다.…애굽의 예속으로부터 구출되면서, 이스라엘은 그 본성 면에서 그리고 그에 상응하는 현실 계획 면에서 바로의 신들과 정반대에 서 있던 하나님과 조우했다… 이리하여 새로운 공동체 개념이 출애굽과 더불어 생겨났다. 그 새로운 공동체 개념을 타협하거나 거부하면 이스라엘은 자신의 본질적 존재를 타협하거나 거부하는 것이 되며, 실제 이스라엘은 거듭 그렇게 행했다. 그들 자신의 본질적 존재란 하나님에 의해 부름받은 백성, 그리고 어떤 계급에게는 안락한 삶을 제공하는 반면 다른 계급에게는 끊임없는 박탈과 고난을 주는 피라미드 구조의 사회 계층을 영원히 금지해야 하는 해방된 노예들의 공동체를 의미했다.[12]

---

11) 'Covenant and Social Possibilty', in Brueggemann, *Social Reading*, p. 59.

노르베르트 로핑크(Norbert Lohfink)는 출애굽의 의의에 대해 해설하고 출애굽기 19:3-6과 신명기 4:6-8과 같은 본문들에 대해 고찰하면서, 여호와께서 의도하신 '대조 사회'(contrast-society)로서의 이스라엘에 관하여 유사한 점을 지적하고 있다.

여호와는 이스라엘이 더 이상 가난이 없는 형제자매들의 나라가 되도록 의도하신다(참고. 신 15:4). 성경에 따르면, 본질적으로 이 사실은 애굽의 가난한 자들이 출애굽을 통해서 신의 의지로 이루어진 일종의 대조 사회(contrast-society)가 될 것임을 명확히 해준다.…사실상 여호와께서 출애굽을 통해 가난한 히브리인들 가운데 창조하시는 새로운 사회는 그들이 뒤로 하고 떠났던 애굽 사회와 대조적일 뿐만 아니라 그것을 넘어서서 그들의 세상 가운데 존재하고 있는 다른 모든 사회와 대조적이다(그러므로, 그것은 단순히 이스라엘만의 유익이 아니라 전 인류의 유익을 향해 나아갈 과제다).[13]

다시 말해서, 이스라엘은 여호와께서 바로 그러한 하나님이시기 때문에 그와 같은 성격의 사회가 된 것이다.[14] 정확히 이것이 바로 신명기 10:12 이하에 그려져 있는 여호와의 성품과 이스라엘의 사회적 성격의 관계다. 거기에서 '여

---

12) Hanson, *People Called*, pp. 21, 23.
13) Lohfink, *Option for the Poor*, p. 45.
14) Gottwald는 물론 그런 식으로 설명함으로써 내가 종교적 관념론(이것은 Gottwald의 사회학에서 용서할 수 없는 죄에 가까운 것이다)에 빠져들었다고 불평할 것이다. Gottwald라면 아마도 다른 식으로 둘러서 설명했을 것이다. 말하자면, 여호와가 이스라엘의 총체적 사회 체제의 상징이자 그 자체를 드러내고 유지하고자 하는 이스라엘의 노력에 대한 종교적 상징이기 때문에 어떤 특정 종류의 신으로 인식되었던 것이라고 말했을 것이다. Gottwald에게 여호와는, 단지 일종의 "사회적 자율 조정 메커니즘"(social servomechanism, *Tribes of Yahweh*, p. 704), "지속적인 인간 프로젝트에 대한 이스라엘의 암호"(p. 706)였다. 분명히 해야 할 것은, 나는 하나님으로서 여호와의 본성과 이스라엘의 사회적 '실험'이 갖는 성격 사이의 밀접한 구조적 연결에 대한 Gottwald의 관찰에는 동의하지만, 그 연결 고리를 설명하는 그의 유물론적이며 환원주의적인 방식에는 전혀 동의하지 않는다는 점이다. Gottwald가 보기에, (경험적 실체로서) 이스라엘의 사회학은 (일종의 관념적 구성물로서의) 여호와에 대해 그들이 가지고 있던 그림을 설명해 주는 것이다. 나에게는 (물론 구약 자체에서는) 여호와의 실재가 이스라엘이 구현하고자 노력했던 사회적 이상들을 설명해 주는 것이다.

호와의 모든 도를 행한다'는 것은 '편파성을 전혀 보이지 않으며, 뇌물을 전혀 받지 않으며, 아비 없는 자들의 명분을 변호하시는…' 하나님으로서의 여호와를 닮아가는 것을 의미한다. 여호와께서 원하시고 명하시는 종류의 사회는 명확히 하나님 자신이 어떠한 종류의 하나님이신가에 근거한다. 이 사실은 율법 문헌과 예언 문헌과 지혜 문헌이 광범위하게 지지하고 있으며, 상세한 사회학적 연구에 의해 검증되고 있다.

지금 그것이 중요한가?

그리하여 우리는, 이스라엘의 사회 생활이 비물질적이었거나 그 신학적 의의가 우연적이었기는커녕, 실제로 그 사회 생활에 대한 면밀한 관찰과 연구를 통해서 하나님의 자기 계시의 주요 부분이 식별될 수 있다고 결론내릴 수 있을 것이다. 이 점은 우리가 이스라엘에 대한 사회적 연구를 올바르게 하는 것이 지극히 중요하다는 점을 일깨워 준다. 우리가 좀더 주의 깊게 이스라엘을 이해한다면, 성경의 하나님에 대한 이해가 더욱 '다채로워질' 것이다. 갓월드는 이렇게 지적한다. "여호와의 일차적인 현시가 바로 이스라엘이기 때문에, 이스라엘에 대한 어떠한 식의 그릇된 구성도 여호와에 대한 그릇된 구성을 낳기 마련이다."[15]

이 점에서 의문이 생길 수 있다. "좋다, 그러나 이 사실은 구약 윤리라는 과제에서 우리를 어느 지점에 이르게 하는가?" 이스라엘과 다른 민족들 사이의 사회적 차이점들을 지적하는 것은 옛것을 알아본다는 점에서는 흥미로울 수 있을 것이다. 하지만, 진정 그런 작업은 **구약 본문 자체**의 메시지를 찾아내어 우리의 상황에 적용하는 일과 아무런 상관이 없지 않은가? 분명 우리가 권위를 인정하는 것은 '성경이 말하고 있는 것'이지, '이스라엘의 과거 모습'이 아니지 않은가? 진정 그렇다. 하지만 이미 살펴보았다시피, 구약 성경은 (위에 약술해 놓은 이유들 때문에) 정확히 '과거 이스라엘이 어떤 성격이었는가'에 대해서 두루 엄청난 관심을 기울이고 있다. 분명 그 점은 실로 매우 중요했다. 이스라

---

15) Gottwald, *Tribes of Yahweh*, p. 688.

엘의 사회 형태는 고대 역사의 우연한 변종이 아니었다. 또한 그것은 단순히 이스라엘의 영적 메시지가 낳은 일시적이고 물질적인 부산물이 아니었다. 우리는 구약의 사회적 차원을 영구적인 영적 진리라는 알맹이를 추출한 후 버리는 일종의 껍데기로 치부해 버릴 수 없다. 오히려, 이스라엘 사회라는 실체는 하나님이 영구적인 영적 진리를 위해 존재하도록 불러내신 내용의 본질적 부분이었다. 신학적으로 말해서, 이스라엘의 실존 목적은 하나님의 계시를 위한 그리고 동시에 인류의 복을 위한 매개체가 되는 것이었다. 그들은 구속의 담지자들이었을 뿐만 아니라 구속함을 받은 공동체가 하나님의 뜻에 순종하여 살아가면서 어떤 모습이 되어야 하는지에 대한 모델이어야 했다. 그들의 사회 구조와 열망과 원칙과 정책들은 여호와에 대한 그들의 언약 신앙과 대단히 유기적으로 연결되어 있는 것으로서, 그 계시 내용의 일부, 구속 패턴의 일부이기도 했다. 이스라엘을 통한 구속이라는 하나님의 메시지는 단지 언어로만 주어진 것이 아니라 볼 수 있고 만질 수도 있는 것이었다. 매개체인 그들 자체가 그 메시지의 일부였다. 단순히 존재함으로써, 또한 여호와의 언약법에 순종함으로써, 그들은 여러 민족 사이에서 이스라엘 하나님의 본성에 관하여, 그리고 그 공동체의 사회 정의에 관하여 의문을 불러일으킬 것이었다.

너희는 지켜 행하라. 이것이 여러 민족 앞에서 너희의 지혜요, 너희의 지식이라. 그들이 이 모든 규례를 듣고 이르기를, "이 큰 나라 사람은 과연 지혜와 지식이 있는 백성이로다" 하리라. 우리 하나님 여호와께서 우리가 그에게 기도할 때마다 우리에게 가까이하심과 같이 그 신이 가까이함을 얻은 큰 나라가 어디 있느냐? 오늘 내가 너희에게 선포하는 이 율법과 같이 그 규례와 법도가 공의로운 큰 나라가 어디 있느냐?(신 4:6-8)

하나님의 패러다임으로서의 이스라엘

그러나, 그것은 그 때였고 우리는 현재를 살고 있다. 어떻게 우리가 거기에서부터 여기에 도달할 수 있는가? 신앙과 사회가 통합된 이스라엘 세계에 대한 관찰로부터 어떻게 우리가 현재 처한 세계 속으로 넘어 들어오고 또 그 간격을 넘어 무엇인가를 우리에게 가져올 수 있는가? 내게는 두 가지 대안이 닫힌 문으로 여겨진다. 한 가지 대안은 구약의 율법들을 문자적으로 철저하게 고수하는 어떤 프로그램을 통해서 우리 시대에 이스라엘 사회를 그대로 복제하려고 시도하는 것이다. 그러한 문자적 모방은 실제적으로 불가능하다. 왜냐하면, 우리는 고대 근동 지방의 농업 경제와 부족 문화의 세계 속에 살고 있지 않기 때문이다. 뿐만 아니라 그런 일은 신학적으로도 불가능하다. 왜냐하면, 교회도 그렇고 어떠한 현대 국가도 구약에서 이스라엘이 하나님과 맺고 있던 관계와 똑같은 관계를 갖고 있지 않기 때문이다. 오늘날 우리가 처해 있는 매우 다른 형편들 가운데서 그처럼 철저한 문자적 모방을 주장하는 것은, 하나님이 역사와 문화를 매우 심각하게 취급하시며 이스라엘에 대한 그분의 윤리적 요구들을 이스라엘의 특수한 상황 가운데 매우 특수하게 새겨 넣으셨다는 것을 고려하지 못한 것이다.[16] 그리고 그 주장은 구약 윤리를 법전과 그 명령 및 처벌과 다소 배타적으로 동일시하는 우를 범하는 것이다. 그와는 달리, 이미 살펴보았듯이, 구약의 내러티브들과 나머지 모든 부분 역시 똑같은 중요성을 지니고 있다. 그래서 우리는 또 한 차례의 수고를 하지 않고서 '이스라엘이 했듯이' 그저 행할 수 없으며, 이스라엘의 법률들을 그저 기록된 대로 문자적으로 우리에게 적용되는 것으로 받아들일 수 없다.

다른 대안은(내가 볼 때, 우리에게 개방된 대안은 아니다) '이스라엘이 무엇을 했든지' 전혀 개의치 않는 것이다. 즉, 구약 성경을 윤리적으로 전혀 상관이 없는 것으로 치부해 버리는 것이다. 어떤 사람들은 구약이 그리스도 안에서 모두 성취되었다든지, 은혜로 대체되었다든지, 혹은 이제는 아주 먼 과거의 제도가 되어 버렸다는 것을 근거로 이런 식으로 구약을 무시한다. 어떤 사람들은

---

16) 제12장은 '신율주의'(theonomism)라고 알려져 있는 입장에 대한 간략한 개요와 비판을 포함하고 있다. 신율주의는 구약의 율법이 진정 영구적으로 타당하다고 믿고 있으며, 현대 교회와 또한 현대 국가도 모두 그 두 영역 안에서 그 율법을 구현시켜서 집행하기를 추구하지 않는 잘못을 범하고 있다고 믿고 있다. 즉, 신율주의자들은 구약 율법들이 현대 법률 제정을 통해서 재적용되어야 한다고 주장한다.

구약에서 발견하는 것에 대해 매우 편향된 시각을 가지고 있기 때문에 그렇게 한다. 즉, (그들이 보기에) 그처럼 원시적인 윤리는 고대 역사책의 양 겉표지 사이에 남겨 두는 것이 최선이다. 다른 사람들은 어떤 다른 것을 행하는 것이 너무나도 힘든 일처럼 보이기 때문에 구약을 무시한다. 윤리적 목적 면에서 구약을 그런 식으로 무시하는 모든 태도는, 예수님이 율법과 예언자들의 지속적인 타당성을 권위적으로 인증하셨던 일이나(마 5:17-20), 바울이 모든 성경(구약을 의미함)은 하나님의 감동을 받았을 뿐만 아니라 윤리적 지침에도 유익하고 우리의 교훈을 위해 쓰였다고 천명했던 것(딤후 3:16-17; 고전 10:1-13)과도 조화를 이룰 수 없다. 만일 이스라엘이 '열국에게 빛'이 되어야 했다면, 그 빛은 비치도록 허용되어야 한다. 우리는 구약의 이스라엘이라는 빛이 수백 년을 관통해서 우리 세계를 조명해 줄 수 있게 하는 어떤 길을 찾아야 한다.

잠재적으로 가장 가능성이 있는 듯 보이는 길은, 이스라엘 사회와 법률들을 하나의 **패러다임**으로 간주하는 것이다. 패러다임이란 하나의 모델이나 패턴으로서, 지배적 원리에 대한 어떤 하나의 개념이나 세트를 수단으로 다른 많은 그리고 다양한 상황을 설명하거나 비판할 수 있게 해주는 것이다. 패러다임을 활용하기 위해, 이미 알고 있는 특정한 실재(패러다임)를 더 넓은 상황이나 다른 상황에 유비한다. 바로 그 상황 속에 해결해야 할 문제들이나, 발견해야 할 답변들, 또는 선택해야 할 것들이 있다. 혹은 패러다임은 일련의 상황이나 기획을 긍정적 혹은 부정적으로 평가하고 비판할 수 있는 기준을 제공해 줄 수 있다. 그래서 패러다임은 설명하거나 처방하거나 비판하는 기능을 수행할 수 있다. 윤리에 관해서 구약을 이처럼 패러다임으로 다룬다는 것이 무엇을 의미하는지 더 설명하기에 앞서, 이 방향에 암시를 주는 듯 보이는 핵심적인 본문(출 19:4-6)을 다시금 살펴보도록 하자.

모든 민족 가운데서의 하나님의 제사장직

내가 애굽 사람에게 어떻게 행했음과 내가 어떻게 독수리 날개로 너희를 업어 내게로 인도했음을 너희가 보았느니라. 세계가 다 내게 속했나니 너희가 내 말을 잘

들고 내 언약을 지키면 너희는 모든 민족 중에서 내 소유가 되겠고, 너희가 내게 대하여 제사장 나라가 되며 거룩한 백성이 되리라. 너는 이 말을 이스라엘 자손에게 전할지니라(출 19:4-6).

출애굽 자체(1-18장)와 실제로 율법을 수여하고 언약을 체결한 일(20-24장)을 이어 주는 지점에 이르러, 이스라엘을 향한 하나님의 이 말씀은 일종의 프로그램과 같은 것으로서 과거를 회고하고 앞날을 전망한다. 첫째, 이 말씀은 뒤를 돌아보며 율법에 순종해야 하는 본질적 맥락으로 하나님이 주도적으로 행하신 구속의 은혜("내가 어떻게…했음을 너희가 보았느니라")를 지적한다(십계명의 경우에도 마찬가지다). 그런 다음에 둘째로, 그 말씀은 여호와께 속해 있는 "세계"의 "모든 민족" 가운데서 **제사장** 백성이자 **거룩한** 백성이라는 정체성과 역할을 이스라엘에게 부여하고 있다. 그러므로 언약법에 대한 순종은 그 백성들을 거룩할 수 있게, 즉 모든 민족**으로부터** 구별되게 만드는 것이었다. 그러나 동시에, 제사장으로서, 그들은 모든 민족을 **위한** 교사와 모델과 중보자가 되어야 했다. 그러므로, 율법을 지키는 것이 이스라엘에게는 본질적으로 끝이 아니었으며, 그들의 존재 이유인 모든 민족에 대한 하나님의 관심과 연결되어 있었다. 이미 살펴보았듯이, 신명기 4:5-8은 동일한 맥락, 즉 세상 모든 민족이라는 공적 무대에서의 이스라엘의 사회적 의(social righteousness)를 설정하고 있다.

그렇다면, 과연 율법은 이스라엘이 여호와와 맺은 언약 관계 가운데서 이스라엘에게만 독특하게 적합하도록 특별히 주어진 것인지 아니면 다른 모든 민족(마침내는 우리 자신을 포함해서)에게도 적용되도록 하려는 의도를 가지고 있었는지 묻는다면, 그 대답은 '둘 다'이다. 그러나 이 대답은 즉각적인 유보 조건을 필요로 한다. 그 율법은 모든 민족에게 명시적으로나 의식적으로나 적용되지 않았다. (시 147:19-20이 말하고 있듯이, 하나님은 이스라엘에게 율법을 주신 것처럼 다른 나라들에게 그것을 주지는 않으셨다.) 그러나 그 말은 이스라엘의 율법이 다른 나라들과는 무관했다는 의미가 아니다. 오히려 그 율법은 이스라엘이 모든 민족의 빛으로서 하나의 모델로 살아갈 수 있도록 하기 위해서 이스라엘에게 주어졌던 것이다. 이 계획의 예상되었던 결과는 예언자들의 비전 가운데 드러나 있듯이, 율법이 모든 민족에게로 '뻗어나가는' 것 혹은 모든 민족이 율법을 배우기 위해 '올라오는' 것이었다. 여호와의 율법과 정의가 당장은 이스라엘과 연결되어 있었지만, 모든 민족은 그것을 '고대'하고 있었다 (사 42:4). 이스라엘은 '모든 민족에게 빛'이 되어야 했다.

모든 민족에 대한 하나님의 목적과 관련해서 이스라엘의 역할을 고려해 볼 때, 그리고 이스라엘의 그 사명과 관련해서 율법의 기능을 고려해 볼 때, 율법은 (조금 전에 살펴보았듯이 이스라엘의 사회적 실질의 다른 모든 측면과 더불어) 그들 자신의 역사적이며 문화적인 정황 안에서 명확하게 규정된 특정한 방향으로 이스라엘을 형성하고 틀을 제공하도록 설계된 것이었음을 알 수 있다. 따라서, 그 모든 법률적이며 제도적인 구조와 윤리적인 규범 및 신학적 바탕을 가지고 있는 전반적인 사회 형태가, 모든 민족을 위한 제사장으로서 이스라엘이 제공해 주는 모델이자 패러다임이 되는 것이다. 그리고 더 나아가 그것은 이스라엘 자체의 지정학적, 역사적, 문화적 경계를 넘어서 적실성을 갖도록 그리고 적용되도록 의도된 패러다임이었다. 클레멘츠(R. E. Clements)는, 비록 '패러다임적'이라는 말을 사용하고 있지는 않지만, 구약 율법의 이 폭넓은 응용성에 주목하고 있으며, 그것은 실제로 내가 지적하고 있는 점과 유사하다.

> 놀라운 점은 실제로 구약 성경이 **토라**-가르침-의 체계를 제공하는 방식이다. 토라의 체계는 인류의 광범위한 사회 체제들과 정치 체제들에 탁월하게 응용될 수 있음을 입증해 왔다. 엄청나게 다른 경제, 정치, 문화 유형을 가지고 있는 사회들이 구약 성경 안에서 사회적, 도덕적 가르침의 풍성한 원천을 발견해 왔던 것이다.[17]

그러므로, 이스라엘의 독특성은 보편적 적용을 가로막는 장애가 아니라 오히려 실질적으로 보편적인 적용에 기여하는 것이다. 패러다임이란 그 자체의 성격상 그 나름의 특수성을 넘어서 더 광범위한 관련성 혹은 적용 가능성을 지

---

17) Clements, 'Christian Ethics', p. 22.

니는 특수하고, 독특하며, 구체적인 사례이다.

여기에서 내가 말하고자 하는 요점은, 이스라엘의 이 패러다임적 성격은 단순히 우리가 고안한 해석학적 수단도 아니고, 과거를 돌아보면서 따라서 시대착오적으로 구약 성경에 부과한 것도 아니다. 오히려 신학적으로 말해서, 그러한 패러다임적 기능은 최우선적으로 이스라엘을 창조하고 형성해 가는 하나님의 설계의 일부였다. 우리 자신의 시대적 상황에 고대 이스라엘이 어떤 윤리적 적실성을 지니는가를 탐문해 갈 때에, 이스라엘의 성경이 오늘날 우리 세계에 어떤 빛을 비추어 주는지 알아보려고 시도할 때에, **우리는 하나님이 마땅히 일어나도록 의도하신 일을 하고 있는 것**이다. 그것이 바로 우리가 성경을 소유하고 있는 이유다. 성경은, 단일 문화 가운데서 그리고 역사의 한 단편 가운데서, 하나님이 인간 생활에서 일반적으로 찾고 계시는 종류의 사회적 가치들에 대한 패러다임을 우리에게 전해 준다.

패러다임이 어떤 식으로 작용하는지에 대한 예를 몇 가지 더 살펴보는 것이 유익할 것이다.

문법에 나오는 패러다임

새로운 언어를 배울 때, 우리는 흔히 패러다임이 되는 단어들을 배운다. 예를 들면, *parler*라는 단어는 프랑스어를 배울 때에 흔히 하나의 패러다임으로 사용된다. 만일 그 단어의 모든 어미 변화를 다 익힌다면, 우리는 프랑스어에서 그 유형에 속하는 다른 동사들, 즉 어미가 -*er*로 끝나는 모든 규칙 동사에 대한 패러다임을 갖게 되는 것이다. 일단 우리가 그 패러다임 동사의 형태와 패턴을, 그 특정 실례를 알게 되기만 한다면, 그 패러다임을 거의 무한정 다양하게 다른 동사에 적용할 수 있으며, 심지어 그 어미를 가지고 새로운 동사를 만들어 낼 수도 있다. 그것들도 여전히 그 패러다임의 규칙을 따를 것이다. 하지만, 역으로 *Nous arrivez*로 시작하는 문장을 쓴다면, 우리는 틀렸다는 표시를 받게 될 것이다. 그 문장은 패러다임에 맞지 않기 때문이다. 패러다임을 알면 잘못된 문법을 판단할 수 있으며, 알맞은 문법대로 말하고 쓸 수 있다. 그러므로 일정한 수의 패러다임 단어들(동사, 명사 등)을 익힘으로써, 우리가 그 언어를 사용하면서 새로운 상황에 접했을 때 폭넓은 범위의 어휘를 다룰 수 있는 매우 융통성 있는 능력을 얻게 된다.

이스라엘을 하나의 패러다임으로 활용함으로써, 우리는 그 알려진 사례로부터 거의 무한정으로 달라지게 될 다양한 여러 상황으로 옮겨가서, 구약 성경으로부터 (그리고 물론 성경적 그리스도인들로서 성경 전체가 제공해 주는 더 넓은 패러다임으로부터) 배운 패러다임에 부합하는 원리 원칙들을 발견하거나 적용할 수 있게 된다. 그리고 또한 우리는, 하나님이 이스라엘 안에 창조해 놓으신 패러다임의 형태에 대해서 우리가 알고 있는 것에 비추어, 그 여러 상황이나 계획이 어느 정도로 부합하지 **않는지를** 그 패러다임을 사용해 비판할 수 있게 될 것이다. 그런 식으로 그 패러다임은 적극적인 면에서는 윤리적 표현을 할 수 있도록 도와주며, 소극적인 면에서는 윤리적 비판을 할 수 있도록 도움을 준다.

과학에서의 패러다임들

1970년, 토마스 쿤(Thomas Kuhn)은 과학 혁명에 관한 한 권의 책을 저술했다. 그 책은 지금 우리가 과학의 진보에 대해 생각하는 방식을 완전히 바꿔 놓았다.[18] 쿤에 따르면, 실제로 과학은 증거를 더 깊고 깊이 파고드는 작업에 근거하여 이론들을 집적해 가는 꾸준한 진화라는 고전적 신화를 따르지 않았다. 오히려, 때로 수백 년을 대변해 왔을 수도 있는 하나의 패러다임이 부적절하다는 사실이 발견되고 완전히 무너져 다른 패러다임으로 대체되면서 과학은 커다란 전환을 이루어 왔다. 그 새로운 패러다임 역시 부적절하다는 것이 발견되어 대체되기까지, 그 이후의 모든 새로운 실험 작업은 이 새로운 이해 패러다임 가운데서 이루어진다. 그와 같은 패러다임 전환은 그리 자주 있는 것이 아니다. 왜냐하면, 그러한 전환이 발생할 때, 불가피하게 분열과 알력이 일어나기 때문이다.

---

18) Thomas S. Kuhn, *Structure of Scientific Revolutions*.

특정한 문제점들에 대한 연구 조사는 언제나 기존의 과학이 만들어 낸 가정과 확신을 토대로 이루어졌다. 성숙한 과학에서, 이 토대는 '패러다임'의 형태, 즉 연구 조사와 표본 조사 결과를 위한 일군의 신념, 이론, 가치, 표준이라는 형태를 취했다. 그러한 패러다임은 한 분야 전체 내에서 과학적 진보를 위한 틀을 제공해 주었다.[19]

쿤은 '패러다임'이라는 단어를 두 가지 의미로 사용하고 있다. 한편으로, 그 단어는 "특정 공동체 구성원들이 공유하고 있는 신념, 가치, 기술 등의 총체"를 가리킬 수 있다. 다른 한편으로, 그 단어는 "구체적인 문제-해결책들" 즉 아직 해결되지 못한 상당수의 문제에 대하여 문제 해결 방식을 제시함으로써 또 다른 연구 조사를 위해 효력 있는 모델을 제공해 주는 실제적인 실험 결과들을 가리킨다. 쿤의 주장에 대해 논평하면서, 베른 포이트레스(Vern Poythress)는 첫 번째 의미에 대해서는 '규제적 기반'(disciplinary matrix)이라는 말을 사용하고 두 번째 의미에 대해서는 '범례'(exemplar)라는 말을 사용함으로써 이 두 의미를 유익하게 구분하고 있다. 내가 볼 때, 이 과학의 장에서 '패러다임'이라는 단어의 두 가지 의미(한편으로는 신념의 기반으로서, 그리고 다른 한편으로는 구체적인 모델과 범례로서)는 구약 성경이 어떻게 지금 우리들에게 하나의 윤리적 패러다임으로 기능할 수 있는가를 이해하는 데 의미 있게 사용될 수 있을 것이다.

우선 이스라엘의 등장은 고대 근동 세계에 신념과 가치에 대한 새로운 패러다임을 소개했다(여기에서는 패러다임이라는 말을 신념의 전반적인 기반이라는 좀더 광범위한 의미로 사용하고 있다). 이 말은 이스라엘이 그 주변 환경 가운데서 아무런 종교적, 문화적 연결 고리들이 없이 어떤 식으로든 이국적이었음을 말하는 것이 아니다. 엄청난 양의 비교 연구 결과는, 우리가 예상할 수 있듯이, 이스라엘과 그 당시 세계 사이에 어느 정도의 상호 작용이 있었음을 보여 준다. 그럼에도, 우리는 이미 위에서 특정한 핵심 분야에서는 이스라엘이 의식적으로 그리고 의도적으로 **달랐다는 것을** 살펴보았다. 그리고 이 차이점에는

---

19) Poythress, *Science and Hermeneutics*, p. 43.

그들의 총체적 세계관, 즉 그들의 사회적이며 종교적인 자기 이해와 조직을 지배했던 신념과 가정의 기반이 포함되어 있었다. 이 혁명적 세계관—이 패러다임—의 특징에 최소한 다음과 같은 것들을 포함할 수 있을 것이다.

- 이스라엘의 유일신 신앙. 아마도 처음에는 한 분이신 여호와에 대한 신앙으로 등장했으나, 여호와의 독특함에 대해서뿐만 아니라 그분의 유일 신성에 대한 충분히 성장한 헌신으로 발전했음이 분명하다.
- 하나님으로서 여호와의 특성들(즉, 창조의 여호와이시며 또한 역사 가운데서 활동하시는 이). 이미 위에서 설명했다.
- 역사 속에서의 여호와의 활동을 통해 표현되었고, 출애굽을 통해 명백해졌으며, 그 다음에 이스라엘 자신의 법률에 통합된 가치들—언약하고 압제받는 자들에 대한 관심, 정의에 대한 투철한 헌신, 우상 숭배 및 거기에 연결되어 있는 사회악들에 대한 배격.
- 정치 영역에 현저한 영향을 미치는 사회 구조에 대한 언약적 개념. 특히 여호와께서 자신들의 왕이라는 그들의 신념을 실제로 수백 년 동안 인간 왕을 배격함으로써 실천에 옮긴 일과, 왕정이 등장했을 때 왕의 권력에 대한 이론적 제약으로 삼았던 방식.
- 토지의 신적 소유에 대한 신념. 이 신념은 경제 정의를 추구하는 추진력을 낳았으며, 토지 소유권에 대한 지배적 패턴을 뒤집어 놓았다.
- 자연 질서의 창조주이자 유지자로서의 여호와에 대한 신앙. 이 신앙은 성(sexuality)과 출산(땅과 가축과 아내들의)과 심지어 죽음과 같은, 삶의 전 영역을 탈신격화시켰다.

이러한 것들이 그 패러다임의 윤곽을 형성하는 일부다. 이것은 역사적 이스라엘을 형성시킨 신념, 가치, 전제의 포괄적 기반이었다.

둘째로, 이스라엘 자체는 쿤이 사용했던 두 번째 좀더 협소한 의미에서의 패러다임이었다. 즉, 이스라엘 백성들은 그들이 구현했던 신념에 대한 하나의 구체적인 모델, 실제적이며, 문화적으로 특수하고, 실험적인 범례를 이루었다.

지금은 누구도 히브리 성경 자체가 명백히 밝히고 있는 내용을 부정하려 하지 않을 것이다. 말하자면 그것은, 이스라엘이 그들 자신의 언약과 법률과 사회 제도라는 측면에서 부르심을 받았다고 믿었던 모든 것을 이루는 데 실패했다는 것이다. 그럼에도 불구하고, 고대 팔레스틴 지역에서 청동기 시대에서 철기 시대로 이행하는 전환기에 사회, 경제, 정치 생활에서 매우 근본적으로 다른 양식을 가진 놀라운 사회가 등장했으며, 그 모든 양식이 매우 독특한 종교적 신념과 총체적으로 연결되어 있었다는 것은 명백한 역사적 사실이다. 그들은 자신들을 '이스라엘'이라고 불렀으며, '여호와의 백성'이라고 불렀다. 그리고 그들은, 예를 들어, 신정 정치가 인간 왕이 없이도 실제로 작동할 수 있다는 것과, 토지를 단순히 절대 소유를 통하여 매매하거나 수탈하는 상업적 자산으로 취급하지 않으면서도 소유하고 누릴 수 있다는 것과, 가난과 빚과 노예 제도의 방지 혹은 구제에 대한 내재적 메커니즘을 지닌 가족 제도의 광범위한 형평성이 유지될 수 있다는 것과, 지극히 소비적이며 토지를 보유한 사제 엘리트 집단이 없이도 백성들의 영적 필요들이 채워질 수 있다는 것을 수백 년 동안 입증하는 데 성공했다. 역사 속에서 그들의 전반적인 구체적 실존은 패러다임적이다. 물론 역사가 진행되면서, 이 역사적 실험은 자체적으로 수많은 변화를 통과했다. 아브라함에서 시작해 유배지로부터의 귀환에 이르기까지 하나님 백성은 몇 차례 커다란 변화를 겪었다. 그러나 각 시기마다 일정하게 변하지 않은 것들이 있었다. 그것은 이스라엘이라는 것이 무엇인가에 대한, 이스라엘에서 무엇이 '이루어졌으며' '이루어지지 않았는지'에 대한 기저에 깔려 있는 근본적 이상들이었다.[20] 다시 말해서, 이스라엘은 그들 자신의 '본질적 구조' (constitution)라는 패러다임에 비추어 계속해서 스스로를 점검해 나가도록 요청을 받고 있었던 것이다.

과학에서의 패러다임에 대한 이 두 번째 의미는 구약 윤리에 패러다임을 적용하는 데 시사하는 바가 있다. 과학의 연구 조사에서, 과학 실험의 결과를 통

---

20) 다음을 보라. Goldingay, *Theological Diversity*, 특히 제3장, "A Contextualizing Study of 'the People of God' in the Old Testament." 또한 이 책의 제7장도 참고하라.「구약의 권위와 신학적 다양성」(크리스챤다이제스트).

해 제공되는 '구체적인 범례'는 다른 문제들을 해결하는 하나의 모델로 기능한다. 즉, 어떤 '분과 기반'(첫 번째 의미의 패러다임) 가운데서 작업을 하는 과학자들은 한 가지 문제를 성공적으로 해결하는 어떤 한 모델(두 번째 의미의 패러다임)이 그 동일한 일반적 분야에서 다른 문제에 적용될 경우에도 마찬가지 결과를 낳을 것이라고 가정한다. 이것이 구약의 이스라엘을 하나의 패러다임으로 다룬다는 것이 의미하는 바를 바라보는 또 하나의 방식이다. 원리상으로나 실천에서나 인류에게 공통적인 문제점과 쟁점들을 **그들이 그들의** 문화와 역사적 정황에서 어떻게 헤쳐 나갔는지를 살펴봄으로써, **우리가** 처해 있는 다른 정황에서 직면하는 윤리적 도전들을 (비록 언제나 해결하는 것은 아니지만) 헤쳐 나가는 데 도움을 받게 된다. 패러다임은 문제 해결 능력을 가지고 있다. 역사적 이스라엘은 그들 시대의 폭넓은 경제적, 사회적, 정치적 쟁점들에 대해 종합적인 공동의 반응을 명백히 표현했다. 그들이 인류의 모든 문제를 해결하지 않았다고 우리가 그들을 꾸짖을 수는 없다. 그런 것은 패러다임의 목적이 아니다. 어떤 '문제 해결책'의 전체 요점은 그 특수하며 구체적인 성격에 있다. 존 골딩게이(John Goldingay)는 구약 율법과 제도가 갖는 구체적인 특수성의 중요성을 강조한다. 그 율법과 제도는 우리가 추상적인 일반론에 만족하지 않도록 예방해 준다.

그러므로, 성경의 진술들은 우리에게 어떻게 살아야 하는가를 말해 준다. 혹은 (그 진술들이 그것을 말해 주지 않을 경우) 이 실질적인 진술들은 우리가 어떻게 살아야 하는가를 진술하려는 우리의 시도를 위한 모델이자 척도가 된다. 이것은 우리가 성경의 명령들이 갖는 특수성을 무시하지 않는다는 뜻이다(그래서 그 명령들을 영구적이고 보편적인 것으로 우리 시대에 적용하지 않는다는 뜻이다). 또한 우리는 그 진술들의 특수성 때문에 경직되지 않는다(그래서 그 진술들이 우리 시대에는 전혀 적용될 수 없는 것으로 보지 않는다). 그 진술들의 특수성이 그들의 상황 가운데서 어떻게 하나님의 뜻이 표현되었는가를 보여 주기 때문에 우리는 그 특수성을 즐거워한다. 그리고 그 진술들을 우리 자신의 윤리 구성을 위한 우리의 패러다임으로 삼는다.[21]

패러다임으로서의 사건과 이야기

패러다임 개념을 통해 구약 성경에 접근하는 또 하나의 방식은 1986년에 폴 핸슨이 말했다.[22] 그는 구약 성경 자체의 특정 사건들과 내러티브들이 그와 같은 계시적 성격을 지니고 있어서 하나님이 장래에 어떻게 행동하실지 예상할 수 있게 해주며, 또한 이스라엘이 어떻게 응답해야 하는지에 대한 패러다임의 성격을 띠고 있었다고 지적했다. 출애굽이 그 명백한 예다. 내러티브와 시와 율법과 예언 가운데서 출애굽은 여호와의 신실하심과 정의로우심과 긍휼이 많으심을 보여 주는 패러다임의 역할을 하며, 마찬가지로 여러 차원에서 이스라엘의 사회 생활을 위한 패러다임의 역할을 한다. 이를 확대시켜서, 구약의 이스라엘 안에서 패러다임적이었던 것은 또한 신약에서 바로 이 동일한 하나님의 공동체인 교회에게도, 그리고 오늘날 우리에게도 패러다임적이라고 핸슨은 주장한다.

월디마 잰젠(Waldemar Janzen)은 구약 내러티브의 이러한 패러다임적 성격을 조금 더 확대시킨다.[23] 단지 출애굽이라는 위대한 민족적 서사(epic)만이 아니라 그보다 작은 수많은 다른 내러티브 역시 이스라엘의 의식 내부에서 특정 상황에서 행위의 패러다임을 발생시키는 기능을 수행했다. 이 의미에서 '패러다임'은, 다른 사회적 상황들 가운데서 훌륭한 이스라엘 백성이 된다는 것이 무슨 뜻인지 여러 이야기를 거듭해서 말함으로써 세워진 일종의 정신적 구성물에 더 가깝다. 유사한 방식으로, 우리 자신의 윤리적 행위의 많은 부분은, '훌륭한 아버지'나 '훌륭한 운전자', 혹은 '좋은 친구'가 된다는 것이 무슨 뜻인지에 대한 정신적 패러다임들의 지배를 무의식적으로 받는다. 이러한 것들 역시 우리가 어렸을 적부터 들어 왔던 실제 이야기들이든 일반적인 인생 경험의 이야기들이든, 수많은 '이야기'를 통해 형성된 것들이다. 이처럼 이스라엘에게

---

21) Goldingay, *Approaches*, p. 55. 구약 본문이 보여 주는 특수성의 중요성은 또한 다음에서도 논의되어 있다. J. Barton, *Ethics*, pp. 1-18. Barton은 마찬가지로 많은 사람이 구약 윤리의 약점(구약 윤리의 엄청난 상세함과 다양성)이라고 주장하는 것이 실제로는 그 강점이라고 주장한다.
22) Paul D. Hanson, *People Called*.
23) Waldemar Janzen, *Ethics*.

도, 행위의 패러다임은 내러티브를 토대로 해서 내면화된 윤리적 모델이었다. 잰젠은 구약에 나오는 그러한 몇 가지 주요 패러다임을 제사장 패러다임, 왕 패러다임, 예언자 패러다임, 지혜 패러다임 등으로 기술하고 있다. 그러나 그는 생활과 토지와 손대접이라는 주요 구성 요소들을 가지고 있는 가족 패러다임에 우선권을 준다. 각 행위 모델, 기대와 덕목과 관계와 우선 순위의 꾸러미들은 이스라엘 내의 광범위한 내러티브와 율법과 지혜와 예배 전승으로부터 형성되었다.

따라서 패러다임이라는 아이디어가 활용되는 데는 다양한 방식이 있다. 나는 어느 것이 다른 것보다 더 중요한 방식이라고 보지 않는다. 내가 보기에 각 방식은 구약의 이스라엘을 하나의 패러다임으로 취급하거나 구약 윤리를 분명히 하기 위해 패러다임적 방법론을 사용한다고 말할 때 내가 의미하는 바에 유익한 차원을 더해 주는 것 같다.

패러다임인가, 원리인가?

내가 여기에서 주장하고 있는 패러다임 방법과 친숙한 생각, 즉 우리가 구약 율법의 세부적인 사항들을 끄집어내어 그것을 현대의 정황에 적용할 수 없는 것은 분명하기 때문에, 우리가 해야 하는 일은 그러한 율법의 바탕을 이루고 있는 '원리들을 추출해 내어' 그 원리들을 적용하는 것이라는 생각 사이에는 어떤 차이가 있는가? 어떤 의미에서, 커다란 차이는 없다. 패러다임을 사용해서, 여러분은 그 패러다임이 구현하고 있는 원리를 찾아 진술하고 그런 다음에 그것들이 다른 어떤 정황에서 다시금 구체화될 수 있을지 살펴보아야 한다. 그러나 '원리 찾아내기' 방식이 독자적으로 가지고 있는 문제점은 이것이다. 그 방식은 마침내 구약 본문의 특수한 실상들, 이스라엘의 구체적이고 생생한 역사, 선한 것, 나쁜 것, 추악한 것을 폐기시켜 버리게끔 이끌어갈 수가 있다. 일단 원리를 손에 넣었는데 포장지를 가지고 있을 필요가 어디 있겠는가? 슬프게도, 많은 사람이 바로 이런 방식으로 구약을 다루어 (혹은 잘못 다루어) 왔다.

그렇지만, 하나님이 우리에게 분류 수집된 원리들을 주지 않으시고 성경을 주셨다는 점은 분명하다. 하나님이 우리에게 주신 것은 수많은 세대를 거치면서 한 백성에 대해 놀랍도록 각별히 묘사한 것이다. 이 묘사는 그 백성들의 내러티브와 율법과 지혜와 예배와 환상과 그들의 기억과 기대, 그들의 업적과 실패를 통해서 우리에게 다가온다. 그 묘사는 다른 여러 민족 가운데서, 수많은 세대에 걸쳐, 매우 복잡한 개개인들에 대한 상당히 어수선하고 믿을 수 없으리 만큼 복잡한 내용으로 우리에게 다가온다. 이 모든 대단한 텍스트 전집을 단순히 우리가 훨씬 더 간단하고 간편하게 표현할 수 있는 독립적이고 보편적인 원리들을 담고 있는 소모성 그릇으로만 취급하는 것은 하나님이 우리에게 주신 대로의 성경이 갖는 성격을 부인하는 것이며, 심지어 성경을 읽는 것을 시간 낭비로 만들어 버릴 수도 있다. 이스라엘에 관한 성경 본문들을 우리에게 하나의 패러다임을 제공해 주는 것으로 생각하는 방식은, 그 본문의 역사적 특수성을 보전시켜 주며, 그 본문 가운데 있는 결코 축소시켜 버릴 수 없는 온갖 모난 부분과, 서로 맞지 않아서 덜거덕거리는 긴장들과, 세속적인 현실이 가지고 있는 골치 아픈 구석들을 구석구석 관찰하도록 요구한다.

만일 우리가 그 전체 패러다임을 확실하게 파악하고 우리에게 그 패러다임을 제공하는 본문들에 면밀하게 집중한다면, 당연히 우리는 그 속에 형성되어 있는 원리들을 표출해 낼 수 있다. 그러므로 기반이라는 **좀더 광범위한** 의미에서 패러다임을 취함으로써, 그 패러다임의 구성 원리에 대해 분명히 말할 수 있을 것이다. 그러나 중요한 것은 그러한 모든 원리가 하나의 일관된 세계관으로 서로 엮여 있는지를 보는 것이다. 그 세계관은 이스라엘의 신앙과 구약 정경 안에 포함되어 있는 세계관이다. 그리고 실용적인 모델이라는 **좀더 좁은** 의미에서 패러다임이라는 말을 취함으로써, 우리는 어떤 특정한 법률이나 제도 안에 구현되어 있다고 믿는 원리나 목적을 분명히 표현할 수 있다. 그러나 그렇게 할 때에는, 반드시 사회적으로, 경제적으로, 정치적으로, 국제적으로, 그리고 종교적으로, 이스라엘이 된다는 것이 무슨 의미였는지에 대한 전체 내용과 관련해서 해야 한다. 그렇게 될 때, 그 패러다임은 우리가 그 원리들을 서로 연결시키는 방식, 우선 순위를 매기는 방식, 그리고 그 원리의 전반적인 방향이나 취지를 지배하게 될 것이다.

그러므로, 패러다임이라는 개념이 원리를 추출하고 표현하는 것을 포함하지만, 그것만으로 축소될 수는 없다는 것이 나의 주장이다. 이스라엘과 구약 성경을 하나의 윤리적 패러다임으로 간주하는 것은, 그와 똑같이 엄연한 우리의 현실로 되돌아와서 상상을 통해 그 패러다임이 어떻게 우리의 윤리적 반응에 도전하는지를 발견하기에 앞서서, 성경 본문 자체에 주어져 있는 엄연한 실상으로 끊임없이 되돌아가 그들의 세계에서 상상을 통해 이스라엘과 더불어 살아가도록 만든다.

결론적으로 말해서, 여기 제안된 이 패러다임 방법은 전혀 새로운 것이라고 주장할 수 없다. 내가 볼 때, 그것은 윤리적 주장이나 도전에 대한 특정한 사례의 경우에 성경에서 우리가 발견하는 것과 매우 유사한 것 같다. 구약에서 우리는 출애굽을 통한 해방이라는 이스라엘의 경험이 그들에게 주어졌던 매우 다양한 사회적, 윤리적 책무들에 대한 하나의 패러다임으로 기능하고 있음을 거듭 관찰해 왔다. 심지어 고대 이스라엘 자체에서도 이것은 문자적 모방이나 복사의 문제가 아니었다. 즉, 이스라엘은 그들이 맞닥뜨리게 되었던 온갖 곤핍이나 불의한 사회적 정황에 대해서, '바다와 모든 것을 가르는 출애굽'을 재창조해 낼 수 없었다. 그러나 출애굽은 확실히 하나의 패러다임이었다. 출애굽은 다양한 상황 가운데서, 압제와 억압에 대하여, 출애굽의 역사적 특수성이 여호와에 대해 보여 주었던 바를 반영하는 특정한 반응 패턴을 요청하고 있었다.

아니면, 다윗에 대한 나단의 비유(삼하 12:1-10)를 생각해 보라. 나단의 수사(rhetoric)의 힘은 다윗으로 하여금 진짜 절도 사건을 재판하고 있다고 믿게 만든 데 있다. 다윗은 알려져 있는 법률에 기초해서 대답한다. 즉, 그 절도범은 절도한 것에 대해서 네 배를 변상해야 한다는 것이다(출 22:1). (물론 다윗은 그 절도범이 했던 일은 간악하기 때문에 죽어야 마땅하다고 외치고 있지만 말이다.) 그러나 그 때 나단은 패러다임적 충격을 정곡으로 가한다. '만일 그것이 이 사건에 대해 법률에 근거해서 당신 자신이 하는 말이라면, 똑같은 관점에서 보았을 때 당신 자신의 행동은 얼마나 더 심한 판결을 받아야 하는 것이겠습니까? 만일 왕으로서 당신이 양 한 마리를 절취한 그 자가 죽어 마땅하다고 생각한다면, 아내를 훔쳐낸 자는 얼마나 벌을 받아야 마땅하다고 생각하십니까?'

창작된 것들 가운데서 가장 강력한 내러티브 패러다임의 하나인 선한 사마리아인에 대한 예수님의 비유(눅 10:30-39)를 생각해 보라. 그 패러다임은 그리스도인들의 윤리 의식만이 아니라 복음서 내러티브에 영향을 받은 전체 문화의 윤리 의식 속으로 들어갔다. 그러나 두 가지 점이 흥미롭다. 첫째, 예수님은 특정 율법이 가지고 있는 온전한 의의를 모델로 삼는 방식으로 그 이야기를 하셨다. 그 법은 예수님께 제기되었던 질문의 주제였는데, 바로 "네 이웃을 네 자신같이 사랑하라"(27절)는 법규였다. 그러므로 비록 허구이기는 하지만, 그 내러티브는 그 법규를 패러다임적인 사례 가운데 구현하고 있다. 그러나 두 번째로, 예수님은 그 대화를 "가서 너도 **이와 같이** 하라"(37절, 강조는 저자의 것)는 시사적인 어구로 마무리하신다. 내가 볼 때는 이것이 바로 패러다임적 접근 방식을 통해 내가 의도하고 있는 바의 핵심이라고 여겨진다. 분명 예수님의 말씀은 자신에게 질문을 던졌던 그 젊은 율법사가 나귀를 마련하고, 약간의 붕대와 기름과 포도주를 구입하고, 친절한 여관 주인에게 건네 줄 돈도 조금씩 마련하여서 즉시로 강도 만난 희생자를 찾아 여리고 길로 나서라는 의미가 아니었다. 예수님의 말씀은 '가서 너도 **정확히 똑같이 하라**'는 뜻이 아니었다. 그 말씀은 '너는 가서 내 이야기가 예시하는 것처럼 값을 치르고 경계를 넘어서 이웃과 관계를 맺는 방식으로 너의 삶을 살라. 바로 그러한 삶이 그 율법에 순종한다는 것이 의미하는 바일 것이다'라는 뜻이었다.

그리고 그리스도인인 우리에게, 예수님의 삶에 대한 복음서 기록들 역시 비교적 패러다임 방식으로 기능한다. 복음서들은 예수님이 그분의 사역 활동에 대한 복음서의 기록에 묘사되어 있는 방식대로 사셨고, 행동하셨고, 말씀하셨고, 여행하셨고, 가르치셨던 진짜 사람이었다는 사실을 아주 심각하게 다룬다. 예수님은 제자들에게 "나를 따르라"고 촉구하셨다. 그리고 우리는 예수님의 삶을 모델로 삼아서 우리의 삶을 살아가라는 권면을, 신약 성경에서 다양한 방식으로 받는다(이를테면, 엡 5:2; 빌 2:5; 벧전 2:21 이하). 그러나 기독교 윤리 사상사 가운데서 그 말이 세세한 부분에 이르기까지 문자적으로 모방한다는 의미로(말하자면, 모하메드의 삶과 습관들이 세세한 점들까지 그를 따르는 추종자들에게 의무가 되었던 것과 같은 방식으로) 받아들여진 적은 거의 없었다. 우리는 목수 일을 해야 한다거나, 통옷을 입어야 한다거나, 여기저기 떠돌아 다니면서 거처 없는 생활 방식을 추구해야 한다거나, 혹은 배 위에서 설교해야 할 의무감을 느끼지 않는다. 그러한 것들은 그 자체로는 어떤 것도 신약 성경이 '그리스도를 닮는다'는 말에서 의미하는 바를 구성하지 않는다.

그렇지만 다른 한편으로, 우리는 오직 예수님의 가르침에만 주목하면서(혹은 더 좋지 않게는, 예수님이 인류에게 남겨주려 했다고 주장되는 영구적인 윤리적 원리들에만 주목하면서), 우리 마음대로 예수님의 삶에 대한 복음서 기사들을 윤리적 관련성이 없는 것으로 취급해도 안 된다. 이는 부분적으로 예수님의 삶의 질이 그분의 가르침을 입증해 주었고, 그분의 대적들을 무찔렀으며, 예수님에 대한 처형이 정의를 희롱한 것이었기 때문이다. 오히려 우리는 무의식적으로나 의식적으로나 윤리적 결정을 내려야 할 때, 우리가 아는 바 예수님이 **행하셨던 것**에서부터 변화된 우리의 상황에서 예수님이라면 **하셨을 것**이라고 합리적으로 가정할 수 있는 내용을 찾으면서, 예수님의 예를 패러다임적으로 사용하는 경향이 있다. 예수님의 대답과 비유와 다른 가르침들과 마찬가지로, 그분의 행위와 태도와 관계로 구성되어 있는 그분의 삶의 전반적인 양상과 특징은 우리 자신의 삶에서 우리의 패턴 혹은 패러다임이 된다. 우리는 이 패러다임을 근거로 동일한 부분들이 '그리스도를 닮은 모습'을 보이는지 검증한다. 한 학자는 예수님의 삶에 대한 이 윤리적 응답을 '구체적 보편'(concrete universal)이라고 기술했다.[24] 그는 유비를 사용해서 한 가지 주장을 발전시킨다. 그것은 내가 패러다임이라는 말로 의미하는 바와 매우 유사하다.

> 종교 원전에 독특하게 배치되어 있는 요소들은 새로운 상황에서 그리스도인들의 행위와 성향에 대한 패러다임과 범례, 모형과 선례가 된다. 성경의 패턴들은 확정된 바 없고 자유롭게 열려 있는 차원을 안정적인 핵심과 결합하고 있기 때문에, 도덕적 반응은 창조적인 동시에 성실한 것이 될 수 있다. 우리는 **유비**를 통해서 패턴을 확대시킨다. 첫 경우에서 확인할 수 있는 형태로부터 특정한 제약을 받는 범위 내에서 새로운 상황으로 진행하기 때문이다.····유비적인 상상력은 창조적인 이행

---

24) Spohn, *Scripture and Ethics*, pp. 98-102.

을 요구한다. 왜냐하면, 출애굽과 포로기와 마찬가지로, 복음서 사건들과 교훈들은 **신화적 원형**이 아니라 **역사적 원형**이기 때문이다. 패러다임은 본질적 구조에 대한 규범적 범례다. 하지만, 그것은 언제나 확정되지 않고 자유롭게 열려 있는 차원을 가지고 있다.[25]

마지막으로, 서신서에는 구약의 본문을 패러다임적으로 전용한 예들이 있다. 이를테면, 바울은 광야에서 먹었던 만나의 한 측면을 그리스도인들 사이에서 형평과 나눔을 권고하는 방법으로 사용할 수 있다(고후 8:13-15). 또 그는 일하는 소를 건강하게 제대로 돌보는 일을 규정하고 있는 율법을, 일하는 목회자들과 선교사들이 적절하게 필요를 공급받아야 한다는 자신의 요구를 뒷받침하는 데 사용할 수 있다(고전 9:8-12).

자, 이제 구약 윤리의 사회적 각이 갖는 중요성에 대하여 이 장에서 배운 것을 정리하도록 하자. 인류가 하나님을 배반하고 불순종과 오만과 싸움과 폭력에 빠져드는 선택을 했을 때, 하나님의 대응은 단순히 각 개인들을 구원하셔서 저주받은 행성으로부터 안전한 거리에 떨어진 곳에서 육신 없는 존재로 살아가게 하신 것이 아니었다. 오히려 하나님은, 지상에 그리고 역사 가운데 하나의 공동체를 존재케 하기로 선택하셨다. 하나님은 그 공동체가 구별되는 공동체가 되고 마침내 그들을 통해서 인류 전체에게 구속의 복을 주시고자 했다. 심지어 창세기를 보면 그 시원에서조차 이 공동체는 윤리적 의제를 부여받았다. 소돔의 길로 행하고 있는 세상 가운데서, 그들은 공평과 정의를 시행함으로써 여호와의 길로 행해야 했다. 여호와의 길은 그들의 역사 가운데 나타난 여호와의 크신 행위들, 특히 출애굽을 통하여 그들에게 명백히 드러나게 되었다. 이 공동체는 다시 시내 산에서 하나님이 그들에게 주셨던 율법에 의해 그리고 그들 신앙의 또 다른 위대한 전승들—예언자, 지혜서 저자, 시편 기자, 역사가 등—에 의해 형성되었다. 이 모든 것의 목적은 단순히 이스라엘만을 위한 것이

---

25) 앞의 책, p. 100(강조는 그의 것).

아니었으며, 혹은 그저 하나님을 계속해서 기쁘시게 하기 위한 것만도 아니었다. 오히려 한 사회로서 이스라엘은 그 출발에서부터 열국을 위한 하나의 패러다임이나 모델이 되도록, 하나님이 인류 전체 사회가 작동하기를 고대하는 방식에 대한 하나의 전시물이 되도록 의도되었다. 그러므로, 우리는 그저 의롭다 여김을 받을 뿐만 아니라 실로 구약 이스라엘의 사회적 패턴과 구조와 율법을 활용해서 우리가 살고 있는 세상의 사회 윤리의 영역에서 우리가 생각하고 선택하는 데 도움을 받으라는 요구를 받고 있는 것이다.

참고도서

Brueggemann, Walter, *The Prophetic Imagination*(Philadelphia: Fortress, 1978). 「예언자적 상상력」(대한기독교서회).

_____, *A Social Reading of the Old Testament: Prophetic Approaches to Israel's Communal Life*, ed. Patrick D. Miller(Minneapolis: Fortress, 1994).

Clements, R. E. (ed.), *The World of Ancient Israel: Sociological, Anthropological, and Political Perspectives*(Cambridge: Cambridge University Press, 1989).

Davidson, Robert, 'Some Aspects of the Old Testament Contribution to the Pattern of Christian Ethics', *Scottish Journal of Theology* 12(1959), pp. 373-387.

Freedman, D. N. 'Divine Commitment and Human Obligation: The Covenant Theme', *Interpretation* 18(1964), pp. 419-431.

Gnuse, Robert Karl, *No Other Gods: Emergent Monotheism in Israel*, JSOT Supplement Series, vol. 241(Sheffield: Sheffield Academy Press, 1997).

Gottwald, Norman K., *The Tribes of Yahweh: A Sociology of the Religion of Liberated Israel 1250-1050* BCE (Maryknoll: Orbis; London: SCM, 1979).

Hanson, Paul D., *The People Called: The Growth of Community in the Bible*(San Francisco: Harper & Row, 1986).

Hauerwas, Stanley, *A Commentary of Character: Toward a Constructive Christian Social Ethic*(Notre Dame: University of Notre Dame Press, 1981).

Janzen, Waldemar, *Old Testament Ethics: A Paradigmatic Approach*(Louisville, KY: Westminster/John Knox, 1994).

McKenzie, J. L., 'The Elders in the Old Testament', *Biblica* 40(1959), pp., 522-540.

Meeks, Wayne, *The Moral World of the First Christians*(Philadelphia: Westminster; London: SPCK, 1986).

Pleins, J. David, *The Social Visions of the Hebrew Bible: A Theological Introduction*(Louisville, KY: Westminster/John Knox, 2001).

Reviv, Hanoch, *The Elders in Ancient Israel: A Study of a Biblical Institution*(Jerusalem: Magnes, 1989).

Waldow, H. E. von, 'Social Responsibility and Social Structure in Early Israel', *Catholic Biblical Quarterly* 32(1970), pp. 182-204.

Weinfeld, W., 'The Origin of Humanism in Deuteronomy', *Journal of Biblical Literature* 80(1961), pp. 241-249.

Wilson, Robert R., 'Ethics in Conflict: Sociological Aspects of Ancient Israelite Ethics', in Susan Niditch (ed.), *Text and Tradition: The Hebrew Bible and Folklore*(Atlanta: Scholars Press, 1990), pp. 193-205.

제3장 ■ 경제적 각

지금까지 우리는 구약 윤리에 존재하는 관계의 삼각 구도를 살펴보면서 가장 먼저 **신학적** 각을 들여다보고, 이스라엘의 하나님 여호와의 정체와 성격 및 그분의 '전기'(biography)를 명확히 이해하는 것이 얼마나 중요한가를 살펴보았다. 그 다음에 우리는 **사회적** 각으로 진행하여 열방 가운데 자리잡은 하나의 민족으로서 여호와와 관계를 맺고 있는 공동체인 이스라엘의 자기 이해를 탐구했다. 이제 우리 여행의 세 번째 지점인 **경제적** 각에 이르게 되었다.

    구약 시대에 이스라엘이 살았던 땅은 하나님과 그들의 관계상 커다란 중요성을 지니고 있는 실체였다. 그 땅은 단순히 그들이 우연히 살게 된 장소가 아니었다. 그 땅은 농업을 하면서 살아가는 데 본질적인 경제적 자산도 아니었다. 더군다나 그 땅은 상업적으로 매매될 수 있는 부동산이나 재산으로 간주되지 않았으며, 그렇게 취급되지도 않았다. 이스라엘에게, 그 땅은 신학적이며 윤리적인 중요성을 지닌 핵심 문제였다. 따라서 구약 윤리에 대한 진술이라면 반드시 이 각도를 진지하게 다루어야만 한다. 이 점은 각별히 그리스도인 해석자들이 주의해야 할 점이다. 우리의 신앙은 장소를 중심으로 하지 않고 인물을 중심으로 하고 있다. 즉, 거룩한 땅이나 거룩한 성읍이 아니라 예수 그리스도를 중심으로 한 것이다. 그리고 그 기반 위에서, 우리는 그리스도를 통하여 이루어지는 우리의 구원이나 하나님과 우리의 관계에 근본적인 것으로 여겨지는 어떤 하나의 땅 덩어리에 대해서도 전혀 본질적으로 매이지 않으면서, 온 지상에 두루 퍼져나가는 다국적 공동체라고 의식하고 있다. 그 결과, 그리스도인들이 구약 성경을 다룰 때 많은 경우 이 본문과 전승에서 토지가 가지고 있는 신학적 중심성을 간과해 왔다. 혹은 땅을 우리 성경책의 뒤표지에 실린 천연색 지도들을 이루고 있는 '배경' 역할이나 성경 백과사전들의 그림 설명 항목으로 격하시켜 왔다.[1]

우선 먼저 구약 시대 이스라엘의 긴 내러티브 가운데서 땅의 위치에 대해 개관하고자 한다. 그 내러티브는 때때로 땅이 그 플롯 안에서 거의 하나의 인물과 같은 역할을 하고 있는 그러한 내러티브다. 그런 다음에, 이스라엘이 그들의 땅에 대해 가지고 있는 신학 가운데서 서로 보완적인 두 가지 주요 주제, 즉 하나님의 선물이자 하나님의 소유물이라는 주제를 살펴볼 것이다. 한편으로, 땅은 여호와의 약속과 언약의 선물을 통해서 그들의 것이었으나, 다른 한편에서 볼 때, 땅은 여전히 여호와의 것이었다. 그래서 여호와는 땅이 어떻게 사용되어야 하는가에 대해 도덕적 권리들을 주장하셨다. 마지막으로, 나는 땅이 어떻게 어느 특정 시기의 이스라엘이 하나님과 맺고 있는 관계를 측정해 주는 일종의 언약 지표로서 기능하는지 지적하고자 한다. 그러므로, 경제적 각에서 볼 때, 땅은 다른 두 각도—하나의 사회로서 이스라엘의 삶과 그들이 하나님과 맺고 있는 관계—에서 무슨 일들이 진행되고 있는가를 보여 주는 측정기로 기능한다.

이스라엘 이야기에서의 땅

성경이 말하고 있는 구속의 이야기는 아브라함에 대한 하나님의 약속과 더

---

1) 이 점에 대한 한 가지 예외이자, 구약 시대 전체를 관통하여 땅에 대해서 훌륭한 개관을 제시하고, 오늘날 토지와 신앙의 관련성에 대해 많은 성찰을 자극하고 있는 책으로서 Walter Brueggemann, Land(「성경이 말하는 땅」, CLC)가 있다. 또한 여호와와 이스라엘의 언약 관계 안에서 토지의 기능에 대한 저자의 분석을 참고하라. 거기에는 가족의 중심적 성격에 대해 각별히 강조하고 있다. Christopher J. H. Wright, God's Land, 특히 1-3장.

불어 시작되지만, 하나님의 구속 의도에 대한 예상은 물론 훨씬 이전에 나타난다. 창세기 3:15에 있는 소위 **원 복음**(*proto-evangelium*, 복음에 대한 첫 선언)은 인류(그 여인의 후손)가 결국은 역사 가운데 스며들어 온 악한 자(그 뱀의 후손)에게 승리하게 될 것을 약속하고 있다. 이 약속은 그리스도인들이 전통적으로 인간 예수를 통해 성취된 것으로 보는 약속이다. 예수님은 한 사람(그 여인의 후손)으로서 사탄(그 뱀의 후손)의 권세를 무찌르셨다. 홍수 내러티브 역시 인간의 사악함에 대한 하나님의 심판을 제시하며, 또한 노아와 방주를 통한 하나님의 구속 은혜를 제시하고 있다. 신학적으로 말해서, 홍수는 저주받은 세상에 대한 하나님의 대응의 양 측면, 즉 멸망과 갱신의 모형이다. 죄악된 옛 세상은 멸망했다. 노아의 식구들과 동물들이 아라랏 산 위로 걸어 나오면서 새로운 세상이 시작되었다. 창조 내러티브의 메아리는 창세기 8:15-17에서 강하게 울려나오고 있다. 물론 그 세상은 여전히 옛 세상이었다. 즉, 그 내러티브가 신속히 보여 주다시피, 그 죄를 아직은 깨끗이 씻어내지 못한 세상이었다. 그러나 전체 이야기는 세상이 지속하는 동안 그 지상의 생명에 대한 하나님의 헌신을 보여 주는 표지일 뿐만 아니라, 동시에 다가올 마지막 심판과 갱신 즉 새 창조(벧후 3:3-13)의 표지다.

그러므로, 역사 가운데서 실질적으로 구속 사역을 출범시킨 아브라함에 대한 언약적 약속에 그 약속의 근본 구성 요소로서 땅이 포함되었던 것은 결코 놀라운 일이 아니다(창 12:7; 15:7, 18-21; 17:8 등). 실제로, 순전히 통계적인 면에서 본다 해도, 땅은 조상 대대로 내려오는 약속 가운데서 분명 주요한 위치를 차지하는 요소다. 창세기에서부터 사사기에 이르기까지 본문 전체에 나오는 약속에 대한 46회의 언급 가운데에서, 7회만 땅에 대한 언급이 없으며, 29회는 오로지 땅에 대해서만 언급하고 있다(예를 들어, 창 28:4에서, "아브라함에게 허락하신 복"은 단순히 그 땅에 대한 소유를 의미하고 있다).[2] 그러므로, 땅은 구약 이야기 전체의 진행상 가장 현저한 특징들 가운데 하나가 된다.

다시 한 번 말하지만, 우리가 구약 성경을 읽을 때 본문을 무작위로 이곳저

---

2) 그 자료에 대한 상세한 조사는 von Rad, 'Promised Land', pp, 79-93에 나와 있다.

곳 단편적으로 살피지 않고, 하나의 **내러티브**로서 본문이 우리에게 말하도록 하는 것이 중요하다. 우리가 그렇게 할 때에 즉시로 명확해지는 사실은, 모세오경에서 시작하여 여호수아서와 사사기를 통과해서 다윗 왕국의 영토 확보에 이르는 대역사를 아우르는 무엇보다 중요한 주제가 그 땅에 대한 약속과 소유라는 점이다. 반대로, 삭막한 왕국 시대를 통과하는 내러티브 본문들과 예언 본문들은 바벨론 유배로 귀결되는 그 땅에 대한 충격적 상실을 맞이하도록 우리를 준비시켜 준다. 그리고 구약 정경의 후대 본문들에서는, 예언적 비전과 역사적 기술 가운데서, 유배 이후 그 땅으로의 귀환과 재정착이 주도적인 주제가 되고 있다.

약속과 지속적인 긴장감

모세오경은 그 땅에 관한 엄청난 긴장감을 만들어 내고 있다. 데이비드 클라인즈(David Clines)는 그 땅에 대한 약속을 아브라함에게 주어진 약속의 3대 요소[후손(혹은 자손), 복 그리고 땅] 중의 세 번째 것으로 보고 있다. 오경 전체의 개략적 주제를 제시하면서, 클라인즈는 이 3대 요소 가운데서 첫 번째 요소(후손-큰 민족이 될 자손들)가 출애굽기에 접어들 무렵 어떻게 성취되고 있는가를 관찰한다. 그 때 아브라함의 자손들은 약속대로 큰 민족이 되었다. 두 번째 요소(여호와와의 언약 관계를 통해 임하는 복)는 출애굽에서 예고되고 시내 산에서 강화된다. 그러나 세 번째 요소(땅, 땅에 대한 약속과 소유)는 오경 자체 내에서는 결코 도달하지 못하고 있다. 그리하여, 클라인즈는 모세오경을 지배하고 있는 주제가 아브라함에게 주어진 약속의 부분적인 성취와 부분적인 미성취라고 주장한다. 그 약속은 과거에 이루어진 일인 동시에, 아직도 여전히 그 백성들의 앞에 놓여 있다. 그리고 이것이 바로 하나님의 백성들이 바벨론 유수가 끝날 때 발견했던 자신들의 형편이며, 진실로 하나님과 함께했던 그들의 순례 여정 매시점에서 그들이 발견한 자신들의 모습이다.³⁾

창세기는 공을 들여 장지(葬地)를 매입한 일(창 23장)을 제외하고는 전혀 안정된 터전도 갖지 못한 채 그 땅에서 방랑하고 있는 족장들(혹, 성별을 규정하지 않는 방식으로 말하자면, 조상들)을 기록하고 있으며, 그 온 가족이 애굽에 내려가 정착하는 것으로 끝맺고 있다. 그러나 그 땅은 잊혀지지 않았다. 창세기가 하나님의 약속을 떠올리면서 그 약속의 성취를 신뢰하는 요셉의 유언으로 끝을 맺고 있기 때문이다.

출애굽기는 그 약속을 지키시겠다는 하나님의 의도를 기억하는 것과 더불어 시작된다(출 2:24; 3:8, 17; 6:2-8). 출애굽기의 처음 열아홉 장에 기록된 중차대한 사건들이 일어나는 과정에서, 이스라엘이 자유케 되었으며, 동원되고, 조직되고, 시내 산 언약을 통해 하나님께 결속되었을 때, 독자들은 그 땅에 대한 점유(아브라함에게 하신 약속의 세 번째 요소)가 바로 한 걸음밖에 남지 않았다고 생각할 것이다. 그러나, 가장 먼저 우리가 파악해야 할 것은 성막과 그 기구들에 대한 자세한 묘사다. 그것도 한 번도 아니고, 두 번씩이나! 그 교훈은 출애굽기 33:15-16에 있는 모세의 기도만큼이나 분명했다. 자신의 백성 가운데 거하시는 여호와의 임재가 그 땅이라는 선물보다 훨씬 더 중요했다. 그 임재하심이 없다면, 그들은 그대로 있는 것이 차라리 나았을 것이다. 그래서 출애굽기는 회막(Tent of Meeting) 위에 임하여서, 앞으로 있을 모든 여정 가운데 이스라엘 백성들과 동행할 하나님의 임재의 영광과 더불어 끝을 맺는다(출 40:34-38). 그러나, 이스라엘은 아직도 약속의 땅에 있지 않다.

레위기는 세세한 법규를 제공하면서 이야기를 여전히 더 지연시킨다. 그러나 종종 성결 법전(Holiness Code)이라고 일컬어지는 그 책의 후반부에서, 초점은 다시 땅에 맞추어진다. 정복 이후 그 땅에서 이루어질 삶이라는 관점으로부터 틀이 만들어진 많은 율법이 그 곳에 있기 때문이다. 실로, 그 땅은 그 땅의 거민들을 그들의 악한 길들 때문에 "토해 낸다"고 묘사되고, 만일 이스라엘 백성들이 그들의 악한 길을 모방한다면 그들에 대해서도 똑같은 행위를 반복할

---

3) David Clines, *Theme of the Pentateuch*. 이 책의 제2판(1997)에서, Clines는 마지막 장을 덧붙이고 있는데, 이 장에서 그는 자신의 이전 입장을 해체하면서, 이제는 더 이상 모세오경과 같이 복잡한 본문의 '주제'에 대해서, 적어도 객관적으로 어떤 내재적 구조를 가진 것으로 말하기를 원치 않는다고 고백한다. 하지만, 내 견해로는, 그의 책 제1판(1978)은 독자들로 하여금, 모세오경 자체의 중심적이며 지배적인 범주로 여겨지는 바를 통하여 모세오경에 대한 전반적인 파악을 할 수 있게 하는 데 엄청난 도움을 주었다. 모세오경의 주요 주제들을 다루는 또 하나의 탁월한 개론서로는 T. D. Alexander, *Paradise to Promised Land*가 있다.

수 있는 것으로 묘사될 정도로, 하나님의 축복의 대행자 혹은 저주의 대행자로서 의인화된다(레 18:24-28; 20:22-24). 레위기 26장은 이스라엘에 대한 그와 같은 축출이 예견되어 있기까지 하지만, 동시에 족장들에게 주어졌던 약속의 영구성을 다시 한 번 결론적으로 재천명해 준다(26:42-45). 그리고 레위기에 기록된 최종적인 약속 안에서, 우리는 어떻게 그 땅이 아브라함과 맺으신 하나님의 언약에 대한 그분의 기억과, 출애굽 세대와 맺은 그분의 언약 사이를 매개하는 중간 개념으로서의 역할을 수행하는지 지적하고자 한다.

민수기는 첩자들의 이야기와, 담력 면에서의 그 백성들의 실패, 무산된 첫 번째 공격 그리고 한 세대 전체를 광야에서 보낸 황량한 세월(13-14장)에 대한 이야기들과 더불어서 그 긴장감을 극대화하고 있다. 이 백성들이 과연 가나안을 함락시킬 수 있기는 할까? 아브라함에게 하신 약속은 과연 실현될 수 있을까? 그러나 마침내, 그 지파들이 모압 평원에 진을 치고 요단 강을 건너는 일만 남게 되면서 적대적인 영토들을 통과해 가는 고통스런 여정은 끝이 나게 된다. 발람의 신탁은 하나님의 호의적인 목적에 대해 독자들에게 다시금 확신을 준다(23-24장). 그러나 그 때 르우벤 지파와 갓 지파 사람들의 행위는 다시금 긴장을 불러일으킨다(32장). 과연 그들은 요단 강을 사이에 두고 잘못된 쪽에서 살아가는 삶을 받아들이도록 온 백성을 유혹하게 될 것인가? 그 위협은 외교적으로 무마된다. 그리고 민수기는 승리한 이스라엘 백성들을 수용하기 위해 이미 다시 작성되기 시작한 가나안 지도와 더불어서 낙관적으로 끝을 맺는다. 그러나 그들은 실제로는 여전히 그 약속된 땅을 소유하고 있지 않다.

그렇다면, 진정 모세오경의 마지막 책은 틀림없이 우리를 그 땅으로 데려다 주는가? 그러나, 아니다! 신명기는 모압에서 시작해서 모압에서 끝난다. 실로 신명기는 실패에서 시작하고 실패에서 끝이 난다고, 즉 과거의 실패를 언급하고 미래의 실패를 예견하면서 끝이 난다고 말할 수 있을 것이다. 언약에 순종하는 믿음을 가지라는 지속적인 권고와 더불어서 지금까지의 이야기가 세세하게 반복된다(1-11장). 그런 다음 그 책의 주요부가 등장하는데, 이는 율법에 할애되어 있다. 어떤 법은 옛 것을 개정한 것이며, 새로 도입된 법들도 있지만(12-26장), 모든 법은 그들이 아직 점령해야 하는 그 땅에서의 생활에 기반을 둔 것이었다. 레위기의 말미에서와 마찬가지로 그 땅 자체는 그 백성들의 순종 여부에 따라서 하나님의 복이나 저주의 무대이자 대행자가 될 것이다(28-30장). 마침내, 모세의 노래와 축도 다음에, 신명기는 모세오경의 웅대한 전 구조를 모세의 죽음에 대한 감동적인 기술로 종결짓는다. 모세는 그의 백성들을 약속의 땅에 하루만 행진해 들어가면 되는 곳까지 인도해 주었지만, 그 자신은 그 땅에 한 발도 들여놓지 못할 것이었다(34장). 그렇게 해서 오경에서 하나님 백성들의 이야기는 처음 시작했을 때처럼 아브라함에게 주신 그 땅에 대한 약속, 그러나 아직은 성취되지 못한 그 약속과 더불어 끝이 난다(34:4). 해리 올린스키(Harry Orlinsky)는 모세오경에서 그 땅의 중심적 성격을 이와 같이 요약하고 있다.

> 출애굽기에서부터 계속해서, 시내 산에서의 신현(神顯)을 포함해서 (그 작성과 편집 연대가 어떠하든지 간에) 그리고 신현과 관련되어 있는 모든 율법을 포함해서, 강조점은 약속된 땅에 도달하고 그 땅에 들어가는 일과 그 곳에 어떠한 종류의 사회가 세워질 것이냐에 있다. 출애굽기 21장 이후에 선포되어 있는 율법들과 성막 및 그 부속 설비들에 대한 공사(출 25장 이후), 의식 및 제사장에 관한 율법들(레위기와 민수기의 많은 부분), 신명기의 우선적인 목적 등 이 모든 것은—그것들의 역사적 무대와 작성 연대와는 무관하게—그 저자들, 수집가들 및 편집자들이 보기에, 하나님이 그 백성들을 그들의 조상들이 나그네로 살았던 그 땅에 정착시키겠다는 자신의 맹세를 성취하신 이후의 이스라엘 공동체의 구조와 특성에 관련된 것이었다.[4]

정착 및 투쟁

여호수아서는 독자들이 과연 앞으로 듣게나 될지 궁금해하기 시작했던 말로 시작한다. "이제 너는…일어나 이 요단을 건너…가라"(1:2). 그런 다음에 여호수아서의 나머지는 그 땅을 주요 주제로—그 땅에 진입하는 일, 정복하는 일,

---

4) Orlinsky, 'Land of Israel', p. 18.

그리고 분배하는 일―삼는다. 여호수아서는 신명기와 동일한 방식으로 언약을 갱신하면서 끝난다(23-24장). 하지만, 그 언약의 약속들 가운데 한 가지는 더 이상 미래의 소망이 아니라 성취된 사실이다. 이제 이스라엘은 그 땅을 소유하게 되었다.

그러나 사사기는 초기 정복이 얼마나 불완전하게 수행되었는지를 보여 주고 있다. 약속의 땅은 투쟁의 땅이 된다. 그 곳에서 장기간 패배를 경험했으며, 이따금씩 힘겹게 그러나 얼마 가지 못하는 승리의 순간들이 있었다. 우리는 다시금 어떤 긴장감에 사로잡힌다. 더 이상 그 백성들이 그 땅에 **들어가게** 될 것인지에 대해서가 아니라 그 땅에서 그들이 **존속**할 수 있을 것인가에 대해서.

사무엘서에서는, 블레셋 사람들의 맹공격뿐만 아니라 그 땅을 전부 완전하게 장악하지 못하도록 가로막고 있는 장애물들이 도저히 극복할 수 없는 것처럼 보인다. 마지막 사사이자 가장 위대한 사사였던 사무엘은 그가 친히 다스리던 기간 동안에 블레셋 사람들을 해변에 묶어 두는 성과를 올린다(삼상 7장). 그러나 그 블레셋 사람들에게 저항하기 위해 이스라엘을 지휘하도록 할 목적으로 임명되었던 이스라엘의 첫 번째 왕(삼상 8:20)은, 자신이 죽는 순간에 그 블레셋 사람들이 사실상 이스라엘 땅의 절반을 잘라 먹으면서 가나안 땅으로 가장 깊숙이 침략해 들어오는 것을 목격한다(삼상 31장). 약속되었던 그 땅의 안정된 경계선은 어떻게 된 것인가?(창 15:18-19; 출 23:31; 민 34:1-12) 다윗의 계속적인 승리와 오랜 통치에 이르러서야, 이스라엘은 마침내 실제로 약속되었던 영토를 포괄하는 안정된 국경선 안에서 평화를 누리며 살게 된다(삼하 8장; 10장). 마침내 그 약속이 명백하게 그리고 효과적으로 달성되었던 것이다.

남용과 상실

그러나 이후, 땅은 계속 이어지는 구약 성경 이야기에서 사라지지 않는다. 사무엘이 예견하고 앞서 경고했던 대로(삼상 8:10-18), 그 민족 안에 누적된 압제와 불의의 짐이 솔로몬 재위 기간 동안 시작되어 솔로몬의 아들 르호보암의 국가 정책 도구가 되었고, 그 과정에서 왕국을 두 쪽으로 갈라놓고 말았다(왕상 12장).

솔로몬 이후 수세기 동안, 땅은 한편으로는 강탈과 탐욕과 수탈과 약탈의 세력들 사이에 끊임없는 갈등의 초점이 되었으며, 다른 한편으로는 예언자들의 항변의 초점이 되었다. 엘리야는 주전 9세기에 나봇에게 자행했던 아합과 이세벨의 만행을 공박했다(왕상 21장). 그러나 8세기에 아모스는 이전 예언자들에게서는 보이지 않던 위협을 가함으로써, 북왕국 이스라엘에게 충격을 주었다. 여호와께서 그 땅에서 자신의 백성들을 뽑아내어 그들과 그들의 왕을 유배시켜 버리실 것이다(암 5:1-6; 6:7; 7:10-17). 아모스가 했던 이러한 경고는 주전 721년 북왕국 이스라엘이 앗시리아 군대에게 멸망당함으로써 4반세기 안에 성취되었다. 북쪽 열 지파의 백성은 사방팔방으로 흩어지게 되었으며, 그들은 결국 그 곳으로부터 모두 다 귀환하지 못했다. 그 다음 150년 동안 남왕국 유다의 예언자들—미가, 이사야, 예레미야—은 똑같은 위협을 제기했다. 여호와는 심지어 예루살렘까지도 멸망시키실 수 있으며, 그리 하실 것이다. 예레미야는 아주 담대하게 심지어 성전 안에서까지도 이 위험을 경고했다(렘 7:1-15). 그리고 그러한 일을 하실 수 있는 하나님의 능력을 보여 주는 증거로서 이전에 실로에 있던 성소가 무너진 역사를 인용했다. 그 땅이 하나님의 약속이며 하나님의 선물이라는 사실에 대한 이스라엘 신앙의 핵심에 저촉되었던 그러한 위협들은, 사회를 전복시키는 반역의 소리처럼 들렸을 것이 분명하다. 그리고 실제로 예레미야는 예루살렘의 기성층 일부에게 반역자로 여겨졌다. 그렇지만 그 위협들은, 예언자들을 변호해 주었던 최고의 사건인 주전 587년의 예루살렘 멸망과 유다 왕국의 바벨론 유수에 이르기까지, 포로기 이전 예언자들의 메시지에 항상 나타나는 특징으로 남아 있었다.

이 사건으로 율법의 경고들(레 26장; 신 28장)과 예언자들의 위협적인 메시지들이 실현되었다. 그리고 그 결과, 이스라엘 백성의 다음 세대는 하나님의 징치의 손길 아래에서, 그들 자신의 땅이 없이 살아가는 것이 어떤 것인지를 배웠다. 유배 경험의 고통은 시편 137편과 예레미야애가와 같은 구절들에서 느낄 수 있다. 땅이 없는 삶은 거의 하나님 백성으로서의 삶일 수가 없었다. 사실상 그것은 죽음과도 같은 것이었다. 예루살렘으로부터 바벨론으로 유배되었던 첫 세대와 더불어 그 곳에서 살았던 에스겔은 "우리의 뼈들이 말랐고, 우리의 소망이 없어졌으니, 우리는 다 멸절되었다"(겔 37:11)고 기록함으로써, 그들이 했던 말을 옮겨 주었다. 그들은 마치 무덤 속에 있는 자처럼, 혹은 살육당하여 희게 바랜 뼈만 남은 군대—하나님의 진노 아래 묻히지도 못한 채 널부러져 있는 시체들—처럼 느꼈다. 그러했기 때문에 에스겔이 그들의 미래에 관하여 숨막힐 정도로 낙관적일 뿐만 아니라 그들의 현재 상태에 대해서 너무나도 생생한 환상—에스겔 37:1-14에 기록된 마른 뼈들로 가득 찬 골짜기에 대한 환상—을 가지고서 그들에게 설교했던 것이다.

소망과 회복

그렇지만, 여전히 이스라엘은 여호와의 백성이었고, 비록 그들이 당장은 언약에 기록되어 있던 저주의 중압을 온몸으로 겪고 있었지만, 여호와는 그들을 저버리시지 않았다. 심판과 땅의 상실에 대해 말했던 바로 그 본문들이 또한 장래의 회복에 대해서, 즉 그 백성들이 그들의 하나님과 그들의 땅으로 회복될 것을 말했다. 여호와는 아브라함에게 했던 자신의 약속을 저버리시지 않았으며, 그 땅에 대한 자신의 권리 주장을 철회하시지도 않았다.

이 소망을 다시금 강화시킨 일은 이 각박한 시기에 활동했던 예언자들의, 특히 예레미야와 에스겔의 위대한 업적이었다. 두 경우 모두 그 땅에 대해 구체적으로 언급했다. 예언자가 했던 매우 두드러지는 용감한 행위들 가운데 하나는, 자신이 한 예언 말씀에 대한 믿음을 실질적으로 증명하는 행위로서 예레미야가 자기 친족 하나멜로부터 땅을 구입한 일이었다. 예레미야는 예루살렘이 마지막 포위 공격으로 인해 최후의 숨을 헐떡이고 있던 때에 (친족으로서 기업 무를 자의 의무를 행사해서) 이 밭을 샀다. 그리고 그 때 예레미야 자신은 구덩이 속에 감금되어 있었다(렘 32장). 예레미야 자신은 그 밭에 발도 들여놓지 못할 것이었다. 그는 결혼하지 않았기 때문에, 그에게는 그 밭을 물려줄 상속자가 아무도 없었다. 그러나 그가 작은 땅뙈기를 법적으로 구입한 일은 하나의 예언적 행위였다. 그것은 그가 하나님의 약속을 믿는다는 표지였으며, 만질 수 있는 증거였다. 하나님은 유배의 심판 이후에, "너희가 말하기를 '황폐하여 사람이나 짐승이 없으며 갈대아인의 손에 넘긴 바 되었다' 하는 이 땅에서 사람들이 밭을 사되…이는 내가 그들의 포로를 돌아오게 함이니라. 여호와의 말이니라"(렘 32:43-44)라고 약속하셨다. 그리고 그분은 그렇게 하셨다. 여호와 하나님과 그분의 백성 사이의 관계 회복은 여호와의 백성들을 그들의 땅으로 회복시켜 주는 일로 확인되었다. 이 일은 새 출애굽이라는 비전의 언어로 기술되어 있다(사 43:16-21; 렘 23:7-8). 운명의 수레바퀴가 완전히 한 바퀴를 돌았다.

구약 이야기를 이렇게 빠르게 살펴본 목적은 그 땅이 그 이야기에서 무엇보다 중요한 주제들 가운데 하나라는 점을 보여 주려는 것이었다. 그 땅은 단지 드라마가 전개되는 중립적인 무대가 **아니었다**. 그 땅은 약속과 정복과 공동 소유, 활용과 남용, 상실과 회복이라는 그 모든 차원에서 근본적으로 신학적인 실체였다. 이스라엘의 이야기는 구속의 이야기다. 그리고 우리는 이스라엘의 **사회** 형태가 구속이라는 목적과 모형의 일부였음을 살펴보았다. 이스라엘에 대한 구약 이야기에서의 그 땅의 **경제적** 역할에 대해서도 이제는 동일한 말을 할 수 있다.[5] 그 땅은 또한 구속 모형의 일부였다. 이스라엘의 사회 형태가 그 땅의 분배와 소유와 활용이라는 경제적 쟁점들과 밀접하게 연결되어 있었기 때문이다. 그 땅처럼 이스라엘의 신학에 매우 중요한 것이라면 무엇이든지 의당 구약 윤리에 중요한 것일 수밖에 없다. 앞으로 우리가 찾아 나가게 될 때, 이 점이 진짜 그렇다는 사실이 드러나게 될 것이다.

---

5) Harry Orlinsky는 그 땅이 히브리 성경에서 하나님과 이스라엘 사이의 전체 언약 관계를 구성하는 **가장 중요한** 일차적 모티브라고 주장한다. 아브라함과 이삭과 야곱에게 하신 약속에 관해 말하면서, Orlinsky는 "하나님과 이스라엘의 조상들 각 사람이 자발적으로 맺었던 독점적인 계약의 핵심, 그 주춧돌은 '그 땅'(ha'arets)이다"라고 말하고 있다(Orlinsky, 'Land of Israel', p. 34). 그리고 다시 "그 다음으로, 이스라엘이 가나안을 점령한 일은 단지 하나의 요소, 하나의 중요한 요소를 구성하고 성취한 것이 아니라, 하나님과 그 세 족장 각자 사이에 맺었던 그리고 최종적으로는 항상 이스라엘 백성과 맺고 있던 그 언약의 핵심을 구성하고 성취한 것이었다"(p. 41)라고 말하고 있다.

나는 언약과 땅을 그런 식으로 배타적으로 연결하고 싶지 않다. 이는 구약 성경 자체 안에서 조차 이스라엘의 비전이 영토로서의 그 땅에 훨씬 더 느슨하게 자리잡고 있다는 것을 보여 주는 근거들이 있다고 믿기 때문이다. 물론 기독교적 이해는 신약 성경에 비추어 볼 때, 이 쟁점에 대한 Orlinsky의 유대 신학적 관점과는 다를 수밖에 없을 것이다. 이 점에 대해서는 제6장에서 좀더 자세하게 살펴볼 것이다.

일찍이 1943년,[6] 게르하르트 폰 라트(Gerhard von Rad)는 이스라엘의 신앙 문헌들 가운데 나타나는 그 땅에 대한 두 가지 주요 개념을 구분했다. 그는 이 개념들을 '역사적'(historical) 개념과 '제의적'(cultic) 개념이라고 불렀다. 첫 번째는 토라와 내러티브들에 나오는 주로 역사적인 견해였다. 즉, 여호와께서 그 땅을 이스라엘에게 약속하셨고 그들의 역사의 과정 가운데서 그들에게 주어졌다는 것이다. 우리가 이미 살펴본 바대로, 이 이해는 족장 시기에 이르기까지 거슬러 올라간다. 두 번째는 폰 라트가 제의적 개념[7]이라고 불렀던 것으로서 그 땅이 여호와의 땅이었다는 것, 즉 여호와가 하나님으로서 그 땅의 진정한 소유자였다는 것이다. 그리하여 폰 라드는 그의 논문 제목이 시사하고 있듯이, '여호와의 땅'과 '약속된 땅'을 구분했다. 여호와의 소유권에 대한 가장 명백한 표현은 레위기 25:23, "토지를 영구히 팔지 말 것은 토지는 다 내 것임이니라"에 있다. 이 천명의 배경은 안식년과 희년에 대한 규례들이다. 그 해들은 그 땅에 대한 여호와 단독의 참 소유권이 인정되는 해이다. 폰 라드는 추수의 첫 열매, 십일조, 가난한 자들을 위한 이삭 줍기 등에 관한 다른 모든 법규를 땅에 대한 이 제의적 개념 안에 포함시켰다. 그는 이 모든 것이 "여호와께서 그 땅의 실질적인 소유주이시기 때문에, 따라서 사람들이 그분의 소유권을 인정할 것을 주장하고 있다는 신념에 비추어서 해석해야 하는 것이 분명하다"고 말했다.[8]

이스라엘의 땅의 신학이 갖는 이 이중적인 성격(하나님의 선물이자 하나님의 소유)은 구약 윤리에 영향을 주었던 몇 가지 기본 원리를 분류하는 데 유익한 방법을 제공해 주고 있다.[9] 다음 두 장에서 우리는 그 실질적인 함의 몇 가지를 좀더 깊이 살펴보게 될 것이다. 여기에서 우리가 관심을 갖는 것은 구약

---

6) 이 연도는 영어로는 'The Promised Land and Yahweh's Land'라고 번역된 독일어 원본 에세이의 연도다.
7) '제의적'이라는 말은 여기에서 종교 신앙의 외적 표현, 즉 종교 공동체에 참여하기 위하여 사람들이 관여하는 의식과 실천이라는 전문적인 의미로 사용되고 있다.
8) Von Rad, 'Promised Land', p. 79.
9) Von Rad는 그 두 개념이 이스라엘의 전통과 문헌들 가운데서 완전히 분리된 기원과 역사를 가지고 있다고 주장한다. 그러나 이 견해는 거의 배격되었다. 이 점에 대한 충분한 논의와 참고 문헌을 위해서는, C. J. H. Wright, *God's Land*, pp. 5-43를 보라.

전체에서 발견되는 그 땅에 대한 폭넓은 **신학적** 관점이다. **사회학적**이나 **이데올로기적** 관점이라는 맥락에서 볼 때, 변모하는 수백 년 이스라엘의 역사 동안 이스라엘 사회 내부에서 많은 것이 아주 복잡했음은 두말 할 필요도 없다. 노르만 하벨(Norman C. Habel)은 구약 본문들 가운데서 땅에 대한 여섯 개 이상의 이데올로기를 확인할 수 있으며, 그 이데올로기들 사이에 상당한 갈등을 확인했다고 생각하고 있다. 그는 서로 다른 신학적 단언들과 내러티브들을 이스라엘 사회 내의 특정 집단들이 애지중지했다고 여긴다. 왜냐하면 그 단언들과 내러티브들이 땅과 관련한 그들의 당파적 권리 주장에 대해 이데올로기적 '헌장' 역할을 했기 때문이라는 것이다. 그러나 그러한 차이점들은 과장될 가능성이 있다.[10] 여전히 우리는, 신학적으로 그리고 윤리적으로, 구약 정경의 많은 층과 구약 역사의 모든 시대를 통틀어서 하나님의 선물과 하나님의 소유라는 두드러진 이중성이 주요한 영향력을 행사하고 있음을 식별할 수 있다. 그러므로 이제 이 두 개의 서로 연결되어 있는 주제를 살펴보도록 하자.

하나님의 선물로서의 그 땅

앞서 간략히 개관하며 살펴보았듯이, 이스라엘 조상들에게 주어졌던 땅에 대한 약속과, 그들의 후손에게 그 땅이 선물로 주어짐으로써 그 약속이 역사적으로 성취된 일은 공히 모세오경과 초기 역사서들의 주요 주제였다. 이스라엘은 아주 간단히 말해서 여호와 하나님이 그 땅을 그들에게 주셨기 때문에 들어

---

10) Norman C. Habel, *Land Is Mind*. 앞으로 이어지는 장들에서 나는 서로 다른 땅 이데올로기들에 대한 Habel의 흥미롭고 미묘한 분석들을 활용할 것이다. 그러나, 내 생각에 Habel은 그가 제시하고 있는 서로 다른 이데올로기들이 갈등 관계에 있는 정도를 지나치게 강조하고 있다. 때때로 이것은 모든 본문이 권력을 잡으려고 경합하고 있는 이데올로기적 의제를 가지고 있다는 그의 가정에 기인하며, 때로는 특정 본문들은 그 본문 자체의 정경적 맥락 안에서 비판 받고 있음을(이를테면, 솔로몬의 왕권 확보에 대한 보도들이 그것들을 에워싸고 있는 신명기적 역사서의 전반적인 관점 가운데 자리잡고 있음을) 인정하지 않으려는 태도에 기인한다. 내가 볼 때, 종종 하벨은 특정 본문들을 산출했을 것으로 확인되는 사람들이나 당파들의 정체성에 근거해서 그 본문들 속에 이데올로기적 의도를 집어넣어서 읽는 것 같다. 그렇지만, 그러한 식의 정체 확인은 때때로 좀 사변적이다.

가 살 땅을 갖게 되었다. 이 선물로 주어진 땅이라는 강력한 전통은 구약의 사고와 실천에 광범위한 함의를 지니고 있었다.

이스라엘의 의존성

우선, 그 땅이 하나님의 선물이라는 것은 **이스라엘의 의존성에 대한 선언**이었다. 애시당초 아브람은 그의 고향 땅을 떠나서, 마침내 그가 그 곳에 도착하게 될 때까지 아직 구체적으로 적시되지 않았던 한 지역으로 가라는 소명을 받았다. 족장 내러티브들은 이스라엘의 이 조상들이 경험한 이방인의 상태, 나그네의 상태를 강조한다. "내 조상은 방랑하는 아람 사람이었다"라고 이스라엘 농부는 선언한다. 이 말은 아마도 야곱을 의미하는 것 같다(신 26:5). 실로 그들이 역사 내내 '이방인이며 객'으로 그들의 여정을 시작했고 지속했다는 사실은 이스라엘의 자의식 안에 계속해서 변함없는 맥을 형성해 주었다.[11] 그러므로, 이스라엘은 그들의 땅에 대해 토착민으로서 자연스러운 주장을 전혀 할 수 없었다. 그들은 '그 땅의 아들들'이 아니었다. 그들이 그 땅을 소유할 수 있었던 것은 오로지 아브라함에 대한 하나님의 선택, 그리고 아브라함에게 하신 하나님의 약속으로 인한 것이었다. 마찬가지로 실로 그들은 하나의 민족으로서 그들의 실존 자체가 바로 이 동일한 두 사실 때문이었다. 이러한 점들은 신명기에 기록된 정복 준비 과정에서 이스라엘에게 강력하게 그리고 가감없이 각인되었다.[12] 그들은 자기들을 위해서 여호와께서 행하신 일에 대해 어떠한 권리도 가지고 있다고 생각해서는 안 되었다. 그들은 여호와의 사랑과 신실하심에 전적으로 의존하고 있었으며, 항상 그러할 것이었다. 만일 그들이 그들의 땅 자

---

11) 참고. 창 23:4; 레 25:23; 신 23:7; 26:5. 그와 동일한 자기 인식이 기독교 신앙 가운데 있는 순례자 의식의 성향에 스며들어 있다. 이를테면, 벧전 1:1; 2:11-12.
12) 선물로서의 땅이라는 주제는 신명기에 특히 현저하게 나타나고 있다. 신명기에서 그 주제의 의의에 대한 자료 조사로는 P. D. Miller Jr., 'Gift of God'을 보라. 그는 이렇게 쓰고 있다. "여기에 있는 그 땅에 대한 주요한 신학적 천명은 그 땅이 이스라엘에게 주신 하나님의 선물이라는 것이다. 그 땅에 대한, 그 땅과 이스라엘의 관계에 대한, 그리고 그 땅 안에서 이스라엘의 삶에 대한 모든 기술은 이 근본적인 전제에서 나온다.…이스라엘의 민족적 실존, 하나의 백성으로서 이스라엘의 존재는 이 땅과 하나님의 은혜에 의존하고 있다"(p. 453).

체를 여호와의 은혜로우신 약속과 선물로 인해 받은 것이라면, 그 땅에 의존하고 있는 다른 모든 것은 얼마나 더 그 동일한 원천으로 인한 것이겠는가? 그러므로, 그들은 어떠한 종류의 우월함이나 우선적 권리도 자랑해서는 안 되는 것이었다.

그들은 수적인 우세도 결코 자랑할 수 없었다. "여호와께서 너희를 기뻐하시고, 너희를 택하심은 너희가 다른 민족보다 수효가 많기 때문이 아니니라. 너희는 오히려 모든 민족 중에 가장 적으니라. 여호와께서 다만 너희를 사랑하심으로 말미암아, 또는 너희의 조상들에게 하신 맹세를 지키려 하심으로…"(신 7:7-8). 그들은 스스로 이룩한 부에 대해서도 자랑할 수가 없었으며, 따라서 경제적 우월성에 대해서도 주장할 수 없었다. "그러나 네가 마음에 이르기를, '내 능력과 내 손의 힘으로 내가 이 재물을 얻었다' 말할 것이라. 네 하나님 여호와를 기억하라. 그가 네게 재물 얻을 능력을 주셨음이라. 이같이 하심은 네 조상들에게 맹세하신 언약을 오늘과 같이 이루려 하심이니라"(신 8:17-18). 그 무엇보다 그들이 가장 할 수 없었던 일은, 어떠한 도덕적 우월성을 자랑하는 일이었을 것이다. "네가 가서 그 땅을 차지함은 네 공의로 말미암음도 아니며, 네 마음이 정직함으로 말미암음도 아니요, 이 민족들이 악함으로 말미암아 네 하나님 여호와께서 그들을 네 앞에서 쫓아내심이라. 여호와께서 이같이 하심은 네 조상 아브라함과 이삭과 야곱에게 하신 맹세를 이루려 하심이니라"(신 9:5).

그리하여, 그 땅이 주어진 것이라는 신념이 이스라엘이 그들의 하나님과 맺고 있는 관계에 대한 올바른 관점을 보전시켜 주었다. 여호와는 다른 민족의 신들처럼 그들 자신의 민족주의를 지탱하는 명목상의 우두머리나, 그들의 군사적인 혹은 영역적인 권리 주장에 대한 단순히 기능적인 보호자로 여겨질 수 없었다. 오히려 그 반대였다. 여호와가 없이는 그들이 결코 한 민족을 이룰 수 없었을 것이며 아무런 땅도 얻지 못했을 것이다. 그들과 그들의 땅은 전적으로 그들의 하나님이신 여호와께 의존하고 있었다. 앞으로 그들이 발견하게 되듯이, 만일 여호와의 좀더 폭넓은 구속의 목적이 요지부동이지 않았다면, 그들의 도덕적인 불순종으로 인해 여호와 하나님은 그들의 민족과 땅 둘 다를 멸절시켜 버리실 수 있었다.

의지할 만한 하나님

그러나 그 같은 의존성은 의지할 만한 하나님께 근거한 것이었기 때문에 괜찮았다. 따라서 두 번째로, 선물로 주어진 땅은 **여호와가 의지할 만한 분이라는 선언**이었다. 이스라엘은 추수를 할 때마다 이 점을 다시 기억했다. 그들이 지금 누리고 있는 소산을 내는 이 땅이 언제나 그들의 것이었던 것은 아니다. 광야에서 그들이 쏟아냈던 불평에 대한 전승들이 그들에게 고통스럽게 일깨워 주듯이, 그들이 항상 그 땅을 바랐던 것도 아니다. 그러나 여기에 그 땅이 있었다. 여호와는 그들의 반항에도 불구하고, 그 조상들에게 했던 자신의 약속을 지키셨다. 의지할 바가 되실 수 있는 여호와의 그 성품은 전혀 한계를 몰랐다. "그 인자하심이 영원함이로다"(시 136편).

증명된 이 신앙 내용에 대한 강렬한 표현은, 예배에서만이 아니라 자신이 추수한 첫 열매들을 성소에 가져오는 농부의 입술에 주어진 거의 신조라 할 만한 진술에서도 드러나 있다. 이 '신조'는 충분히 맛볼 가치가 있다. 추수한 열매를 담은 바구니를 제단 앞에 두라는 지시를 받으면서, 농부는 이런 말씀을 듣는다.

> 너는 또 네 하나님 여호와 앞에 아뢰기를 내 조상은 방랑하는 아람 사람으로서 애굽에 내려가 거기에서 소수로 거류했더니 거기에서 크고 강하고 번성한 민족이 되었는데, 애굽 사람이 우리를 학대하며 우리를 괴롭히며 우리에게 중노동을 시키므로 우리가 우리 조상의 하나님 여호와께 부르짖었더니, 여호와께서 우리 음성을 들으시고 우리의 고통과 신고와 압제를 보시고 여호와께서 강한 손과 편 팔과 큰 위엄과 이적과 기사로 우리를 애굽에서 인도하여 내시고 이 곳으로 인도하사 이 땅 곧 젖과 꿀이 흐르는 땅을 주셨나이다. 여호와여, 이제 내가 주께서 내게 주신 토지 소산의 맏물을 가져왔나이다(신 26:5-10).

이 선언에서 주목할 만한 점은 비록 그 계기가 **자연**의 결실에서 드러난 하나님의 선하심이지만, 전체적으로 강조하는 바는 **역사**를 통제하시는 하나님의 신실하심과 권능에 있다는 것이다. 그리고 이 암송문의 초점과 절정은 그 땅이라는 선물이다. 이는 그 땅이 의지할 만한 여호와의 성품을 드러내는 기념비적이며 손으로 만질 수 있는 증거였기 때문이다. 여기 이 간결한 몇 절로, 이스라엘 농부는 수세기를 아우르고 여러 민족적 문화적 영역을 통과해 온 역사를 다시 꼽아볼 수 있었으며, 그러면서도 그는 이제 막 거둔 수확을 통해서 완벽하게 자기 시대의 현실로 돌아올 수 있었다. 그리고 그는 그 땅을 선물로 주심으로 하나님의 약속이 성취되었다는 이 하나의 주제 아래서, 이 역사와 추수의 모든 것을 통일시킬 수 있었다. 이스라엘 하나님의 특질에 대해서 이보다 더 확연한 증명은 있을 수 없었다. (오늘날 우리 그리스도인들의 추수 감사절이 역사에 대해서와 하나님의 구속 목적의 신실하심에 대해서 그 같은 어떤 인식이라도 있었으면 좋겠다!) 도덕적으로 말해서, 그렇기 때문에, 여호와는 우리가 순종할 만한 **가치가 있는** 하나님이었다. 인간 행위에 대한 여호와의 응답은 마음 내키는 대로가 아닌, 일관성 있으며 의지할 만한 것이다. 그 하나님은 어르고 달래 드려야 할 분이 아니라 기쁘게 해 드릴 수 있는 분이었다. 이스라엘 모든 역사의 배경으로서 그 땅의 존재 자체가, 여호와께서 자신의 약속을 지킨 하나님이셨다는 매일의 선언이었다. 여호와는 의지할 만한 믿음직스런 분이시며, 신실하신 하나님이셨다. 윤리는 그러한 세계관을 배경으로 엄청난 안정성을 담보한다.

관계에 대한 증명

셋째로, 이상 두 사항의 결합 가운데서, 선물로서의 땅은 **하나님과 이스라엘의 관계에 대한 증명**의 역할을 한다. 이스라엘은 여호와께서 자신들에게 그분의 땅을 주셨기 때문에 여호와의 백성임을 알았다. 그리고 그 선물은 아브라함과 맺은 언약 및 시내 산에서 그 온 백성과 함께 맺은 언약에 새겨진 관계를 재가해 주었다. 해리 올린스키가 지적하고 있듯이, 그 땅은 "하나님과 이스라엘 사이에 맺어진 언약의 주춧돌"이었다.[13]

이 관계를 표현하는 또 다른 방식은, 그 땅을 **기업**(inheritance)이라는 말을 사용해서 표현한 것이었다. 그 히브리어는 nḥl이라는 동사의 어근에서 파생한 '나할라'(naḥălâ)이다. 그것은 정당한 몫이나 받을 권리에 해당하는 것이면 무엇에든지 사용된다. 즉, 법적으로 그리고 고유하게 한 사람이 자신의 것으로 소유한 것을 의미한다. 구약에서, 그 용어는 여호와와 이스라엘과 그 땅을 포함하고 있는 일종의 삼각 관계 구도 가운데서 쓰이고 있다. 따라서 (가장 흔하게는) 그 땅은 이스라엘의 기업이다(시 105:11). 그러나, 그래서 때때로 그 땅은 여호와의 기업이다(출 15:17; 삼상 26:19; 렘 3:19). 이스라엘 역시 여호와의 기업이다(신 32:8-9, 시 33:12). 그리고 경우에 따라서는, 놀랄 만한 역전으로서, 여호와께서 이스라엘의 기업이 되신다(렘 10:16; 애 3:24).[14]

가족 관계의 맥락에서, 이 용어는 아비가 자기 아들이나 아들들에게 물려주는 유업을 말한다. 따라서 그 땅을 이스라엘의 기업이라고 말하는 것은 은유적으로 이스라엘과 하나님 사이에 아들과 아버지의 관계가 있음을 암시하고 있다. 출애굽기 내러티브에서 하나님이 이스라엘을 "내 장자"(출 4:22)라고 언급하시면서 그를 약속의 땅으로 데리고 갈 의도로 노예 상태에서 풀어줄 것을 요구하고 있다는 점은 흥미롭다. 애굽에서의 상황은 참을 수 없는 것이었다. 여호와의 장자가 누릴 기업이 그를 기다리고 있는데, 그가 외국 땅에서 비참하게 지내고 있다는 것이 웬일인가? 기업이라는 단어가 출애굽기에서는 자주 등장하지 않지만(참고. 15:17; 32:13), 신명기에서는 전면에 부상한다. '…을 소유로 삼다' 혹은 '…에게 소유로 주다'라고 번역되는 단어가 보통 기업과 관련해서 사용되었다. 몇몇 절에서는 그 땅이 명백하게 기업이라고 일컬어지고 있다(이를테면, 4:21; 4:38; 12:9; 15:4; 19:10; 26:1). 그리고 다른 절들에서는 이스라엘이 하나님의 아들 혹은 하나님의 소생으로 일컬어지고 있다(14:1;

---

13) Orlinsky, 'Land of Israel', 그의 논문 제목에서 따옴.
14) 그 용어의 이 차원들에 대한 간단한 조사로는 Christopher J. H. Wright, nḥl을 보라. 또한 Habel, *Land Is Mine*, pp. 33-35를 보라. Habel은 'inheritance'라는 일반적인 번역이 비록 가족이라는 맥락 안에서는 적합하지만, 지나치게 제한적이지 않은지 질문한다. "그 일차적인 의미에서 '나할라'는 단순히 한 세대에서 다음 세대로 물려지게 되는 어떤 것이 아니라 인정된 사회적 관습과 법적 절차 혹은 신적 헌장에 의해서 정당성을 인정받은 한 당파의 받을 권리 혹은 정당한 재산권이다"(p. 35).

32:5-6, 18-19; 그리고 은유적으로, 8:5). 그 관계는 강하다.

    그 땅을 선물로 주신 것이 하나님의 행위이며 이스라엘의 위대함이나 공적으로 인한 것이 아니듯이, 이스라엘의 아들됨도 그러했다. 이스라엘은 그들이 여호와를 선택했기 때문이 아니라 여호와께서 그들을 낳았기 때문에(신 32:6, 18) 여호와께 속했던 것이다.

    분명한 것은 이스라엘이 여호와의 아들이라는 사실이 이스라엘의 선택이나 행위로 말미암지 않았다는 것이며, 또한 거기에 포함되어 있는 지위와 특권 역시 어떠한 의미에서도 이스라엘 자신의 행위나 공적에서 나오지 않았다는 것이다.… 이스라엘이 여호와의 맏아들이 된 것은, 여호와께서 그들을 하나의 민족으로 존재하게 하셨다는 것 이외에 다른 어떠한 이유도 없었다. 그것은 마치 그들이 여호와의 백성이 된 것이, 그분이 그들을 "기뻐하시고" 스스로 그들을 선택하셨다는 사실(신 7:6-7) 이외에 다른 어느 이유도 없었던 것과 마찬가지다.[15]

    이스라엘의 땅의 신학(경제적 각)과 그들이 하나님과 맺고 있는 독특한 관계(신학적 각) 사이의 결합이 여기에서 가장 밀접하게 드러난다. 말하자면, 하나는 다른 하나에 대해 실체적인 표현이다.

재산권

    넷째, 이스라엘에서 **재산권**을 만든 것은 그 역사적 선물로서의 땅에 대한 전승이었다. 우리는 이미 앞서 인용했던 추수 선언문 가운데서 이 점을 살짝 엿보았다. 이스라엘 농부는 "여호와여, 이제 내가 주께서 **내게** 주신 토지 소산의 맏물"이라고 말하고 있다. '우리에게'가 아니라 '내게'다. 이스라엘 농부는 그 민족 전체에게 주어진 땅 전체의 맥락에서만 생각하지 않았다(물론 그가 민족의 영토에 대해서 언급할 경우에는 그렇게 생각할 수 있었을 것이다; 이를테

---

15) C. J. H. Wright, *God's Land*, pp. 17-18. 그 다음 페이지들은 이스라엘의 아들됨이 지니고 있는 윤리적 함의들을 강조하고 있다.

면, 신 19:3; 겔 35:15). 민족의 영토라는 개념은 그 민족의 입장에서 말하자면, 가나안 체제에서와 같이 그들의 대표로서 왕 한 사람이 토지 전체를 장악하는 것과 비교할 수 있었을 것이다. 왕은 자신이 다스리는 소규모 도시 국가의 땅을 소유했다. 그러나 이스라엘 백성들 사이에서는 그러한 개념에 대한 강력한 저항이 있었다. 땅이라는 선물은, 말하자면, 사회의 가장 낮은 차원까지 전해져 내려와서 각각의 개별 가구들이 자신들이 소유하고 있는 땅에 대한 권한이 여호와 그분에 의해 보장되었다고 주장할 수 있었을 정도였다. 이처럼 기업/받을 권리라는 용어는 지파들 전체의 영토에 대해서나 그 민족 전체에 대해서만이 아니라 작은 땅뙈기가 각 가구에게 속해 있다는 말로도 사용되었다. 이처럼 소규모의 가족 권리 역시 하나님의 선물로 여겨졌다.

이것이 바로 그 땅의 분배를 기술하는 민수기 26장과 34장, 여호수아 13-19장 배후에 깔려 있는 원칙이다. 이 분배는 '그 종족들에 따라'(according to their clans) 이루어지는 것이라고 거듭해서 이야기하고 있다. 즉, 지파라는 더 큰 단위 안에 있는 하부 집단인 일족들을 말한다. 우리가 보기에 땅 할당에 대한 이 상세한 목록이 지루하고 장황하게 여겨질 수도 있겠지만, 이스라엘에게 그 목록은 땅이 평등하게 분배되어 모든 가구가 각각 그 민족적 기업 가운데서 자기 지분을 소유하도록 의도되었다는 근본적인 원칙을 간직하게 하는 것이었다. 여호와께서 그분의 백성들에게 주신 땅이라는 선물은 이스라엘 가구들이 소유하는 가운데 안정된 재산으로 유지됨으로써 그 모든 백성이 다같이 누려야 했던 것이다. 그러므로, 재산권은 자연법이나 상업상의 거래나 완력에 기반을 두지 않았다. 재산권은 땅이 선물이라는 강력한 신학에 근거해 있었다. 땅의 보유는 하나님이 제공해 주시는 할당된 몫이었으므로 하나님이 위탁하셔서 보유하게 된 것이었다.

이 믿음의 힘은 아합 왕의 제안에 대한 나봇의 반응에서 드러난다. 아합의 제안은 언뜻 보기에 우리에게는 충분히 순수하게 보인다. 아합 왕은 자기가 나봇의 포도원을 매입하든지 그 땅을 다른 땅과 교환해야겠다고 제안했다. 그러나 나봇의 대답은 완강했다. "내 열조의 유산을 왕에게 주기를 여호와께서 금하실지로다"(왕상 21:3). 그 외침은 한마디 한마디 정확한 것이었다. 과연 여호와는 그 일을 금하셨다. 이 땅 조각은 실제로 나봇이 다른 사람에게 주거나 팔거나 교환할 수 있는 나봇의 것이 아니었다. 나봇은 자기 가족의 유익을 위해 여호와로부터 위탁을 받아서 그 땅을 보유하고 있었던 것이다. 그것은 '인권'이나 '자연적인 정의'의 문제가 아니었다. 그 민족적 기업 가운데서 여호와께서 나봇 개인의 가구에 할당하신 지분을 유지한다는 것은, 여호와의 백성의 일원으로서 갖고 있는 권리를 확고히 보존하는 것이었다. 의미심장하게도, 아합이 그 포도밭을 손에 넣을 수 있는 유일한 길은 나봇이 하나님을 모독했다는 죄를 거짓으로 뒤집어씌우는 수밖에 없었다. 그 범죄는 나봇으로 하여금 하나님의 백성에 속하는 권리를 상실하게 만드는 범죄였다. 그리하여 나봇은 돌로 쳐 죽임을 당하고 그의 땅은 몰수되었다(왕상 21:11-16). 그 전체 사건은, 한편으로는 그 땅 지분의 소유와 다른 한편으로는 하나님과의 언약 관계 가운데 개인이 속하는 일이 서로 얼마나 밀접하게 연결되어 있었는가를 보여 준다.

예언자들의 분노

다섯 번째로, 그 땅이 여호와의 선물이었다는 확신의 힘은 또한 **경제적 수탈에 대해 예언자들이 보인 지대한 관심**의 배후에 놓여 있다. 방금 언급한 나봇 사건의 후일담 역시 이 점을 예시해 준다. 아합이 그릇된 방법으로 얻은 소유를 조사하면서 엘리야가 아합에게 압박을 가하기 전까지, 나봇을 돌로 쳐 죽인 사건의 잔재는 처리되지 않았다. 엘리야의 메시지는 예리하고 단순했다. 즉, 하나님이 그의 복합적인 범죄에 화가 나셔서 나봇과 동일한 방식으로 그를 처벌하시리라는 것이다(왕상 21:17-22). 여호와는 나봇과 같은 농부들이 안정적으로 살아갈 수 있는 곳이 되도록 이스라엘에게 땅을 주셨던 하나님이셨다. 아합과 이세벨은 나봇을 짓밟음으로써 그 원칙을 짓밟아 버렸으며, 군주는 자기가 원하는 것을 가져갈 수 있었던 가나안식 정서로 대체해 버린 것이다. 그러나 나봇의 운명은 그 다음 세기 대다수의 보통 사람에게 일어났던 일의 전형이 되었다. 사무엘이 예고했듯이(삼상 8:10-18), 왕들은 땅을 몰수하여 그 땅을 자기 부하들에게 주었던 것이다. 부유한 왕가가 부상하게 되었고, 그들은 계속해서 점차 이스라엘의 양도할 수 없는 전통적 가족 토지 보유 제도를 침식해 들어갔다. 더욱더 많은 사람이 자기 조상의 땅을 빼앗겼으며, 빚에 매이거나 다른 수단에 의해서 과거 자기들의 것이었으나 이제는 부유하고 권력 있는 소수의 손에 들어가게 된 땅에서 사실상 농노의 상태로 전락하지 않을 수 없었다. 그러한 사람들을 변호하면서 가차없이 자행되던 수탈과 부패를 폭로한 사람들이 바로 예언자들이었다. 예언자들은 우선적으로, 그 땅을 주셨던 하나님 여호와의 이름으로 말했다는 것을 기억하라.

> 침상에서 죄를 꾀하며 악을 꾸미고…
>   그것을 행하는 자는 화 있을진저.
> 밭들을 탐하여 빼앗고,
>   집들을 탐하여 차지하니
> 그들이 남자와 그의 집과
>   사람과 그의 산업을 강탈하도다(미 2:1-2).

> 가옥에 가옥을 이으며
>   전토에 전토를 더하여
> 빈 틈이 없도록 하고
>   이 땅 가운데에서 홀로 거주하려 하는
> 자들은 화 있을진저(사 5:8).

예언서들을 들여다보면, 곳곳에서 경제적 불의에 대한 이 맹렬한 분노가 명백하게 혹은 표면에서 그리 멀지 않게 드러나 있는 것을 보게 된다. 앞에서 개략적으로 말한 원리에 비추어 볼 때, 예언 메시지의 이 측면은 인권에 대한 일반적 관심에서 비롯된 것이 아니었음을 알 수 있다. 물론 그 당시에 일어나고 있던 일이 대단히 불공평하고 사악한 것이었다는 점은 어느 누구에게나 명백하겠지만 말이다. 그것은 단순히 경제적인 문제만도 아니라, 깊은 영적 문제였다. 경제적인 측면에서 한 집안의 생계 유지를 위협하거나 그들이 여호와의 땅에 대한 지분을 안정되게 보유하지 못하도록 몰아내는 어떤 일도, 그 가구가 확실한 언약 백성의 일원이라는 사실에 대한 위협이었다. 한 사람이 자신의 토지를 잃어버린다는 것은 경제적인 재난 훨씬 이상의 것이었다. 그것은 그 사람이 하나님과 맺고 있는 관계 그 자체를 공격하는 것이었다.[16]

그리고 이 사실을 더욱 악화시키고 예언자들을 더욱 분노하게 만들었던 것은, 그처럼 사악하게 자기 동료 이스라엘 백성들을 압제하던 자들이 이스라엘 백성이었다는 사실, 그리고 그들이 이스라엘 백성 모두에 대한 하나님의 일반적인 축복을 보여 주는 가장 위대한 표시인 그 땅을 압제에 사용했다는 사실이었다. 실로 여기에 끔찍한 왜곡이 존재하고 있었다. 여호와의 백성 가운데서 한 쪽 사람들이 다른 쪽 사람들에게서 여호와의 선물이자 모든 이스라엘 개개인의 권리인 자유와 땅을 박탈했던 것이다. 그러한 내부적 수탈은 하나님의 자유케 된 노예들로서 모든 이스라엘 백성은 평등하다는 근거 위에 법으로 금지되어 있었다(레 25:42-43, 53-55). 그러나 지금 스스로를 방어할 수 없는 자들을 **내부의** 적이 삼키고 있었다.

> 근래에 내 백성이
> 　원수같이 일어나서…
> 내 백성의 부녀들을
> 　그들의 즐거운 집에서 쫓아내고
> 그들의 어린 자녀에게서
> 　나의 영광을 영원히 빼앗는도다(미 2:8-9).

경제적 수탈은, (잠언이 그렇게 하고 있듯이, 잠 14:31; 17:5) 함께 창조된 인간이라는 폭넓은 기반 위에서도 정죄될 수 있는 도덕적인 악이다. 그러나 그 수탈을 자행하는 자들과 희생자들이 하나님 백성의 일원들일 때, 그리고 그 수탈의 수단이 하나님이 그분의 백성에게 주신 최고의 선물일 때, 그 악은 완전

---

16) 땅의 소유와 한 가족의 일원으로서 갖는 자격과 언약 공동체에 대한 소속 사이의 연관성 및 이스라엘 사회의 다양한 층위에 미치는 실질적인 함의들에 대한 자세한 검토에 대해서는 다음을 보라. C. J. H. Wright, *God's Land*, pp. 71-109.

히 비정상적인 왜곡으로 보인다. 예언자들의 탄핵하는 말이 그토록 맹렬한 이유를 제대로 이해할 수 있다.

하나님의 소유권 아래에서의 그 땅

냉소적인 사람은, 만일 진짜로 그 땅이 이스라엘에게 선물로 주어진 것이라면, 이스라엘 사람들이 자기들 마음대로 제대로 활용하든 남용하든 그들의 자유가 아니겠느냐고 말하면서 예언자들의 그러한 분노를 물리쳐 버리고 싶은 유혹을 받을 수도 있을 것이다. 이에 대해서는 두 가지 대답을 할 수 있다.

언약 아래서 주어진 원조 물자

첫째, 그 선물이 주어진 맥락, 즉 언약 관계와 그 상호간의 헌신이라는 배경을 고려하지 않는다면, 여호와가 '그 땅을 이스라엘에게 주셨다'고 말하는 것만으로는 충분하지 않다. 그 땅은 이스라엘에 대한 여호와의 신실하심을 보여주는 핵심 부분일 뿐만 아니라 여호와에 대해 이스라엘이 지는 언약상의 책무에서 핵심 부분이기도 했다. 해리 올린스키는 이 점을 다음과 같이 강조하고 있다(비록 그가 언약에 대해서 '계약'이라는 용어를 사용함으로써 유익하지 못한 몇 가지 차원을 끌어들이고 있긴 하지만 말이다).

하나님은 각 족장들과, 그리고 이스라엘 백성들과 맺은 언약에 따라서—쌍방은 그 계약을 이행하겠다는 맹세를 했다—이스라엘에게 가나안 땅을 주셨다. 이것은 선물, 즉 '자발적으로 그리고 보상이 없이 주어지는 어떤 것, 선사품'이 아니다.…히브리 성경은 그 언약을 계약 당사자 쌍방이 책무와 보상을 상호 교환해야 하는 전적으로 법적이며 구속력 있는 거래로 간주했다. 만일 하나님이 이스라엘의 신이 되시고 다른 어떤 민족의 신도 되시지 않는다면, 그리고 만일 하나님이 가나안 땅을 이스라엘에게는 주시고 다른 어떤 민족에게도 주시지 않는다면, 이스라엘은 그에 대한 보답으로 오직 하나님만을 받아들이고 예배해야 했으며, 그 당시에 번성했던 그토록 많은 신이 강력하고 매력적으로 보인다 할지라도 다른 어떤 신도 받아들이거나 숭배하지 않아야 했다. 하나님과 이스라엘이 맺은 이 엄숙한 약조는 아무런 조건도 붙어 있지 않은 선물이 결코 아니었다. 하나님의 편에서도 아니었고, 족장들의 편에서나 이스라엘의 편에서도 아니었다. 그와는 반대로, 그것은 두 당사자가 자발적으로 돌입하는 모든 종류의 계약에 공통적 요소인 주고 받음이 있는 정상적이며 타당한 사례였다.[17]

또한, 올린스키는 대개 '주다'라고 번역되어 있는 '나탄'(*nātan*)이라는 동사가 땅과 결합될 때에 종종 '양도, 증서, 이전, 전달'이라는 좀더 전문적인 의미를 갖는다고 주장한다. 하나님은 가나안 땅을 이스라엘에게 양도해 주셨는데, 그것은 아브라함과 맺은 언약 및 그 다음에 시내 산에서 이스라엘과 맺은 언약을 통해 세워진, 거의 법적 성격을 가진 이스라엘과의 협정의 일부였다. 그것은 단순히 임의적이며 무조건적인 선물이 아니라, 그 이후에 올 총체적인 관계의 일부를 이루고 있었던 원조 물자였다. 그러므로, 이스라엘이 하나님의 언약으로 주어진 **선물**(gift)을 향유하는 데는, 언약을 맺은 **제공자**(giver)에 대한 상호적인 책무가 요구되었던 것이다.

여호와의 땅

둘째로, 이스라엘은 그 땅이라는 선물을 그것을 남용할 수 있는 허가장으로 취급할 수 없었다. 이는 **그 땅이 여전히 여호와의 땅**이었기 때문이다. 여호와께서 최종 소유권 증서를 보유하고 계셨으며, 또한 그 땅을 활용하는 방식을 규제하는 도덕적 권위에 대한 궁극적인 권리도 보유하고 계셨다. 가나안 땅에 대한 이 신적 소유권은 이스라엘의 시 가운데 가장 초기의 것들 중 하나인 출애굽기 15장에 기록된 모세의 노래에 암시되어 있다. 그 노래는 출애굽의 기적을 찬양하면서 그 땅에 진입할 일을 대망하고 있다. 그 일은 (하나님께 말을 건네는 식으로) "주의 거룩한 처소"(13절), "주의 기업의 산"(17절), 그리고 "주의

---

17) Orlinsky, 'Land of Israel', p. 42. Orlinsky는 수 24장; 렘 3:10이하; 호 2:20-25; 암 2:10-12를 자신이 주장하는 요점의 실례로 들고 있다.

처소를 삼으시려고 예비하신 것"(17절)이라고 묘사되어 있다. 다시 말해서, 여호와께서 이스라엘을 데리고 들어가시려는 그 가나안 땅은 이미 (그 곳에 거주하고 있던 민족의 신들이 아니라) 여호와께 속한 것이었다. 또 하나의 초기 시는 그 땅에 대한 여호와의 소유권을 표현하면서 '그분의 땅과 백성'을 언급하고 있다(신 32:43).

하지만 하나님의 소유권에 대한 가장 명백한 진술은 레위기 25:23에 나온다. 거기에서 여호와는 "토지는 다 내 것임이라. 너희는 거류민이요, 동거하는 자로서 나와 함께 있느니라"고 주장하신다. 23절에서, 그 땅과 관련해 이스라엘 백성들이 하나님과 맺고 있는 관계를 묘사한 부분이 흥미롭다. 정상적인 경제 담론에서 '거주하고 있는 외국인들과 임차인들'(gerîm wětôšabîm)이라는 용어는, 이스라엘 사회에서 옛 가나안 주민의 후손들이거나 이주해 들어온 일꾼들이어서 땅을 전혀 소유하지 않았던 계층을 가리켰다. 그처럼 땅 없는 사람들은 땅을 소유하고 있는 이스라엘 가구 가운데 정주하기 위해 전적으로 의존적일 수밖에 없는 사람들이었다. 그 주인 일족이 땅을 보유하면서 경제적으로 생계를 유지할 수 있어야만, 의지하면서 살아가던 이 사람들의 자리가 안정될 수 있었다. 그러나 그러한 보호가 없다면, 그런 사람들은 참으로 취약한 처지에 놓였다. 바로 그러한 이유 때문에 그들은 종종 율법에서 특별한 배려와 동정을 베푸는 정의를 필요로 하는 사람들로 언급되는 것이다.

레위기 25:23에서 일어나고 있는 일은, 여호와 하나님이 자기 자신은 지주 역(役)을 맡으시고 이스라엘 백성들을 그분께 의존해서 살아가는 임차인 역을 맡기시는 것이다. 그들의 관계가 유지되고 여호와의 보호가 제공되는 한, 그들은 안전했다. 그러나 만일 그들이 여호와의 권위에 저항한다면, 그래서 여호와께서 그분의 보호를 철회하신다면, 그들은 그 결과를 감당해야 하는 것이었다. 즉, 그들은 다시 땅이 없는 나그네가 될 수 있었다. 그 함의는 명확했다. '내 땅 위에서 그리고 내 땅을 가지고 너희가 무엇을 하는지 주의하라.' 이처럼 (이스라엘 가구들 안에서 의존하여 살아가고 있는 일꾼들이라는) 하나의 **사회경제적** 현상이 (임차인들로서의 이스라엘과 지주로서의 여호와 사이라는) **신학적** 관계를 비유적으로 기술하기 위해 사용되었다. 그리고 이 방식은 그 윤리적인 함의를 다시금 사회 경제적 영역에 적용시킬 수 있었다. 여호와는 신으로서 토지의 주인이시다. 그리고 모든 이스라엘 백성은 그분의 소작인들이다. 그들은 그 땅을 **차지하고** 있다(possess, 그들이 그 땅을 점유하고 사용한다). 그러나 여호와께서는 그 땅을 **소유하신다**(owns). 그러므로, 모든 임차인과 마찬가지로 이스라엘 백성들도 궁극적으로는 여호와의 재산이었던 것을 적절하게 다루었는지에 대해 그들의 땅 주인이신 하나님께 책임을 져야 했던 것이다.

그 땅에 대한 신적 소유권 주장을 바라보는 또 하나의 방식은, 그 당시 몇몇 문화가 유지하고 있던 토지 보유 체제들과 비교해 보는 것이다. 예를 들면, 이스라엘 이전의 가나안에서는 왕이 그의 땅 전체에 대한 권리를 소유했다. 그의 신복들은 왕에게 의존하는 소작인들로서, 대개는 과중한 세금을 부담하면서 그 땅에서 살았고 그 땅을 경작했다(참고. 사무엘의 묘사, 삼상 8:11-17). 권세 잡은 인간에게 속했던 전반적인 요구는, 이제 불평등과 압제를 초래하게 된 어떤 인간 개인이나 집단이 도달할 수 있는 범위 바깥으로 옮겨지고, 오직 하나님에 의해서만 주장된다. 그 땅 전체가 여호와께 속하며 여호와만이 자신의 백성에게 의존성을 요구할 수 있는 권리를 가지고 계신다. 땅을 소유하고 있는 인간 왕 아래에서는 사람들이 똑같이 압제를 당하며 살아간다. 땅을 소유하고 계시는 그들의 하나님 아래에서 이스라엘은 똑같이 자유를 누리며 살아간다.[18]

재산에 대한 책임

이제는 하나님의 종이 된 구속함을 받은 형제들의 이러한 평등성이 레위기 25장 전체에 진술되어 있다. 만일 여호와만이 궁극적으로 그 땅을 소유하신다

---

18) 이스라엘 백성의 믿음과 사회가 보여 준 이와 같은 평등적 특징은 다른 사회적 상황 가운데서도 발견된다. 여호와는 이스라엘의 진정한 왕이시다. 따라서, 인간 왕들의 권력은 축소되며 제한되고 있다. 여호와는 최상의 재판장이시다. 따라서 인간 재판관들은 단지 여호와의 정의를 전한다. 여호와는 이스라엘 군대의 최고 지휘자이시다. 그래서 인간 사령관들은 여호와의 계획에 따라서 싸워야 한다. Norman K. Gottwald는 이것을 이스라엘의 사회적 평등주의의 한 기능으로 보고 있다. 권위를 가지고 있는 모든 핵심 기능이 여호와께 할당되어 있기 때문에, 인간 권위들은 이에 상응하게 상대화되고 내려앉게 되었다(그의 책을 보라. Gottwald, *Tribes of Yahweh*).

면, 어떤 이스라엘 백성도 그 땅을 자기가 원하는 대로 마음대로 취급할 수 있다는 의미에서 그 땅을 '소유'한 듯이 자기 땅을 대할 권리를 가지고 있지 않다. 또한 상속법과 친족법에 따른 경우를 제외하고는, 어떤 다른 이스라엘 백성의 땅에 대해서도 권리를 주장할 수 없다. 심지어 왕이라 할지라도 그저 여호와의 땅에서 살아가고 있는 임차인의 한 사람일 뿐이다! 아합 왕은 농부 나봇과 똑같은 한 사람의 동료 임차인일 뿐이다.

그래서 한편으로 하나님의 **선물**로서의 땅 개념이 그 민족과 개인들에게 공히 강력한 **권리**를 발생시켰듯이, 계속되는 하나님의 **소유권** 아래 있는 땅이라는 개념은 폭넓은 범위의 **책임**을 발생시킨 것으로 드러난다. 이 책임들은 크게 세 가지, 즉 하나님에 대한 직접적인 책임, 가족에 대한 책임, 이웃에 대한 책임으로 분류할 수 있다. 그 땅에 대해서 하나님께 지는 책임은 십일조와 추수의 첫 소산, 다른 추수 관련 법규들 및 그 땅에 영향을 주었던 휴경년, 빚에 대한 면제, 희년과 같은 안식에 관한 법규 등을 포함했다. 가족에 대한 책임은 양도 불가능을 규정하고 있는 근본적인 법을 포함했다. 즉, 그 땅은 상업적으로 매매되어서는 안 되는 것이며, 친족이라는 테두리 안에서 보전되어야 했다. 이 원칙은 땅과 직간접으로 연결되어 있는 친족들의 다른 책임들—속전을 내어 주는 절차들, 상속 법규들 및 계대 결혼—에 의해서 강화되었다. 이웃을 향한 책임에는 상해나 재산에 대한 과실, 안전에 대한 경고, 지계표를 정직하게 고수할 것, 추수 때의 이삭 줍기에 대한 관대함, 피고용인들에 대한 그리고 일하는 가축들에 대한 공정한 대접을 규정하는 민법과 자선을 권고하는 내용이 포함되었다. 앞으로 이 율법들과 그 율법들이 기독교 윤리에 던져 주는 몇 가지 함의를 제5장에서 좀더 상세하게 살펴볼 것이다.[19]

그러므로, 율법에 대한 많은 상세한 지침은 그 땅과 관련된 책임이라는 범주에 포함되는 것이기 때문에, 땅에 관한 책임은 율법을 지배하고 있는 윤리적이며 신학적인 원칙들 중에서 어렵잖게 가장 포괄적인 것이 된다. 구약 윤리가

---

19) 이스라엘에서 경제적 책임이 가지고 있는 이 차원들에 대한 또 다른 그리고 좀더 전문적인 논술은 C. J. H. Wright, *God's Land*, ch. 5, 'Property Owners' Responsibilities'에서 찾아볼 수 있다.

갖는 말 그대로 지상적 성격(earthiness)을 낳는 것은 **여호와께서 그 땅을 소유하고 계시며, (자기의 소작인들로부터) 그 땅의 활용에 대한 책임감을 요구하신다**는 믿음이다. 하나님의 도덕적 심사의 영역 바깥으로 벗어나서 그 땅 안에서, 그 땅 위에서 혹은 그 땅을 가지고서 할 수 있는 일은 아무것도 없다. 민족의 영토를 방어하는 큰 문제들에서부터 과일 나무의 가지를 치는 방법에 이르기까지, 삶의 모든 영역이 포함된다. 그처럼 간단히 진술된 그와 같은 원칙(그 땅은 여호와께 속한다)에 근거해서, 구약 윤리는 종합적인 동시에 여전히 참으로 실천적이고 구체적일 수 있다. 다시 이 사실은 구약 본문들의 이 차원에 패러다임으로서의 엄청난 힘을 제공해 준다.

언약상의 측정기로서의 땅

지금까지 구약 성경이 보여 주는 땅의 신학의 주요 특징들을 간략히 살펴보았다. 이제 그 신학이 우리의 기본적인 삼각 구도 안에서 수행하는 기능을 정리해 보도록 하자. 구약 윤리에 대한 우리의 전반적인 이해 가운데서 이 '경제적 각'은 어떤 역할을 하는가? 그 기능은 다른 두 각도의 효율성을 재는 척도 혹은 측정기라고 말할 수 있을 것이다. 말하자면, 경제 영역은 하나님과 이스라엘 사이에 맺어진 신학적 관계(각 A)의 온도와 이스라엘이 하나님의 구속된 백성으로서의 신분에 맞게 그들에게 요구되었던 사회 형태에 얼마나 부응하고 있는지(각 B)를 보여 주는 온도계와 같은 것이다.

땅과 하나님

이 각들 중에 첫 번째인 신학적 각에서는, 그들의 구속 역사에서 승리의 하나님이신 여호와께서 토지의 사용과 비, 다산, 곡물과 가축 떼의 문제에도 전적으로 유능하신 분이었음을 이스라엘 사람들이 깨닫게 되기까지 초기 이스라엘에서 기나긴 싸움이 있었던 것 같다. 그 땅의 이전 거주민들이 믿었던 바알을 경제 영역에서 '상품을 생산해 내는 데' 더 능력이 있는 것으로 여기는 경향은 정복 시대에서부터 포로기까지 근절되지 못했던 것 같다.

호세아는 이 문제점을 솔직하게 다루고 있다. 비록 호세아를 엘리야만큼 초기로 볼 수도 있고, 예레미야만큼 후대로 볼 수도 있기는 하지만 말이다. 이스라엘 백성들이 바알의 '연인'으로서 스스로 몸을 파는 일에 대해 말하면서, 그리고 이스라엘 백성들이 실제로는 여호와로부터 받았던 선물을 가나안 족속의 신들에게 받은 것으로 돌리는 일을 정죄하면서 호세아는 이렇게 선언한다.

> 이는 그가 이르기를 '나는 나를 사랑하는 자들을 따르리니
> 그들이 내 떡과 내 물과 내 양털과
> 내 삼과 내 기름과 내 술들을 내게 준다' 했음이라…
> 곡식과 새 포도주와 기름은…
> 내가 그에게 더하여 준 것이거늘 그가 알지 못하도다(호 2:5, 8).

이것이 여호와에 대한 불성실임을 이스라엘이 인식하지 못한 것 같다는 사실이 아이러니였다. 이스라엘 백성들은 여호와께서 정해 주신 절기들과 안식일 등을 전부 다 지키면서 여전히 여호와를 예배하고 있지 않았는가?(11절) 그러나 그러한 예배는 공허한 것이었다. 실로 그런 예배는 하나님께 혐오스런 것이었다. 여호와는 단지 역사의 하나님, 절기의 하나님이 되는 것으로 '만족'하시지 않았다. 여호와는 그 땅과 그 땅과 더불어 진행되었던 모든 것의 하나님이셨다. 그러므로, 자신들에 대한 하나님의 권위를 그 백성이 얼마나 신실하고 정직하게 받아들이는지를 보여 주는 척도는 그들이 **종교** 영역에서만이 아니라 **경제** 영역에서도 하나님의 주권을 어느 정도 인정하느냐였다. 도형의 기하학이라는 맥락에서 바라볼 때, '신학적 각'은 AC와 AB 두 선이 여호와의 유일한 권위 아래 수렴되지 않는다면 완성되지 않는 것이었다. 물질 영역에서 하나님을 영화롭게 하지 못하는 것이 영적인 영역에서 보여 주는 종교성으로 채워질 수는 없었다. 언약적 성실함은 제단 앞에서만이 아니라 땅 위에서, 농장에서 살아가는 인간 생활 전 영역에 걸친 순복을 요구했다.

경제적인 면에서 하나님께 그렇게 순종하는 것이 쉽다는 환상은 구약 성경에서 결코 찾아볼 수 없는 것이었다. **과거의** 역사에서 하나님이 베푸신 승리를

찬양하는 일과 **앞으로** 곡물을 생산해 주실 하나님의 능력을 신뢰하는 것은 별개의 일이었다. 그리고 휴경년이나 안식년의 법에 순종해서 곡물을 거두지 않았을 경우 한 해 동안, 혹은 희년을 맞아 두 해 동안 휴경함으로써 두 해 동안이나(레 25:18-22) 우리와 우리의 가족들이 생계를 유지할 수 있도록 해주실 수 있는 하나님의 능력을 신뢰하는 것 역시 별개의 일이었다. 농업을 하는 데 고정 자산인 종을 6년이 지난 후에, 더군다나 우리의 재산과 동물과 채소를 듬뿍 주면서까지 자유를 주어 내보낼 수 있겠는가?(신 15:12-18) 자기 밭과 포도원에서 다른 사람들을 위해 귀한 것들을 남겨두지 않고 최대한 수확할 권리가 우리에게 있지 않은가?(신 24:19-22) 어떻게 6년이 지나면 빚을 말소시켜 줄 수 있단 말인가?(신 15:1-11) 만일 어떤 무능한 친척을 위해서 땅이나 사람을 돈을 물어주고 되사고 돌보아 주어야 한다면, 우리의 가족이 망하지 않겠는가?(레 25:35-43)

구약에 기록된 경제적 요구 사항들 전체는, 자연을 다스리는 하나님의 섭리적 주권에 대한 신뢰와, 앞에서 제기한 종류의 의문들(이에 대해서는 구약 성경도 잘 의식하고 있었다; 레 25:20; 신 15:9)에도 불구하고 하나님께 기꺼이 순종할 것을 요구하고 있었다.

땅과 백성들

두 번째 각인 이스라엘의 사회 형태에 관해서는, 그 특징이 경제적 측면에서 가장 뚜렷하게 드러날 수 있다. 앞 장에서 우리는 왕정 제도가 도입됨으로써 그 독특성을 타협하게 되었다는 사실을 살펴보았다. 그러나 왕이 계속해서 하나님의 법에 의해 살아갈 수 있고, 그 법 아래서 행하면서 하나님의 의로운 길 가운데로 그 민족을 이끌어갈 수 있는 한, 왕정 제도 그 자체가 전적으로 양립할 수 없는 것은 아니었다. 그것이 바로 예레미야와 같은 예언자가 후기의 왕정 시대에도 다윗 왕실을 향해 계속 제기할 수 있었던 도전이었다(렘 22:1-5). 게다가, 신학적으로 말해서 왕정 제도가 그 인간적인 기원들 때문에 죄와 배도로 물든 것 같지만, 여호와의 백성들과 그분이 왕으로서 맺으시는 관계와 그들을 위해 미래에 성취하실 여호와의 메시아적 목적에 관한 새로운 생각들과 기대를 가져오는 도구가 되었다(제7장을 보라). 이스라엘의 독특한 사회 형태에 아주 위험스런 위협을 가했던 것은, 사무엘이 그처럼 예리하게 예견했고, 그 이후 수백 년 동안 그처럼 파괴적으로 실현되었듯이, 바로 왕정 제도가 **경제** 영역에 끼친 파괴적인 영향들이었다.

우리는 이미 그 경제적인 결과들 몇 가지와 그 영향에 대한 예언자들의 대응을 살펴보았다. 예언자들은 그 상황을 하나님의 입장에서 바라보면서, 하나님의 백성들에게 일어나던 비극을 깨달았다. 그 주변에 있는 민족들과 똑같은 경제적 악에 굴복한 민족이 '열방에 대한 빛'으로서의 역할을 감당할 수는 없었다. 그 민족이 하나님의 언약과 율법이라는 혜택을 전혀 갖지 못했던 열국과 똑같은 모습이었다고 한다면, 그것은 결단코 속량함을 받은 백성들의 사회 형태를 보여 주는 패러다임이 아니었다. 설상가상으로, 그 민족은 사악함의 패러다임인 소돔과 고모라의 수준 이하로 떨어져 내림으로써, 모든 도덕적 신용을 상실했다. 여러 예언자들이 비교해서 보여 주었던 모습이 바로 그것이었다. 에스겔은 유다와 소돔을 같은 가족에 속한 자매라고 말하면서 이렇게 말하고 있다. "네 아우(sister) 소돔의 죄악은 이러하니, 그와 그의 딸들에게 교만함과 음식물의 풍족함과 태평함이 있음이며, 또 그가 가난하고 궁핍한 자를 도와 주지 아니하며…"(겔 16:49). 이것은 전적으로 **사회 경제적** 분석이다. 그런 다음에 에스겔은 숨 막히게도 유다에 대해 이렇게 말한다. "네가 그들보다 가증한 일을 심히 행하였으므로, 네 모든 가증한 행위로 네 형과 아우를 의롭게 했느니라"(51절). 기억하라, 형과 아우에 **소돔**이 포함된다는 것을!

이상으로 우리는, 큰 척도에서 '경제적 각'의 내용은 하나님이 이스라엘로 하여금 존재하게 하신 목적인 구속의 사회적 패러다임을 따르는 데 이스라엘이 순종했는지를 측량하는 검증 도구로서 작용했음을 살펴보았다. 예언자들은 이스라엘이 언약 관계에 따르는 사회 경제적 요구들은 무시하는 한편, 자신들의 사회에 대한 언약적 축복과 보호만을 주장하면서 빠져나가는 것을 허용하려 들지 않았다(참고. 렘 7:1-11).

이제 이 장에서 내가 말한 내용을 정리해 보도록 하자. 구약에 기록된 구원

이야기는 영적이거나, 신화적이거나 추상적인 것이 아니다. 애초에 하나님이 사람들을 지상에서 살아가도록 창조하셨듯이, 하나님은 자신의 백성 이스라엘이 인류에게 복을 주신다는 약속의 도구로 한 땅에서 살아갈 것을 의도하셨다. 그리하여 땅은 구약 이스라엘의 전체 이야기에서 매우 중요한 역할을 감당하고 있다. 실로 구약에서 이스라엘의 역사는 그 땅의 이야기, 즉 그 땅에 대한 약속, 선물로 주심, 남용과 상실과 회복의 이야기다. 우리는 이스라엘이 그들의 땅에 대한 두 가지 근본적인 확신을 유지하고 있음을 살펴보았다. 그 확신들은 땅이 하나님의 선물이며 하나님의 소유라는 것이었다. 한편으로 땅은 그들에게 주신 여호와의 선물이었다. 그래서 그들은 여호와와의 언약 관계를 유지하는 한 그 땅을 안전하게 유지했다. 그러나 다른 한편에서, 그 땅은 여전히 여호와의 땅이었다. 그래서 여호와는 그들이 그 땅을 활용할 때 도덕적으로 책임질 것을 요구하셨다. 그리하여 이스라엘 경제 생활의 전체 영역은 하나님의 언약적 요구들에 대한 그들의 신실함(이나 그 반대)을 측량하는 척도나 측정기의 역할을 한다. 그래서 구약 윤리를 대하는 우리의 접근 방식에 경제적 각이 있는 것이다.

참고 도서

Brueggemann, Walter, *The Land*(Philadelphia: Fortress, 1977). 「성경이 말하는 땅」(CLC).

Habel, Norman C., *The Land Is Mine: Six Biblical Land Ideologies* (Philadelphia: Fortress, 1995). 「땅의 신학」(한국신학연구소).

Janzen, Waldemar, 'Land', in Freeman, *Anchor Bible Dictionary*, vol. 4, pp. 144-154.

Johnston, P., and Walker, P. (eds.), *The Land of Promise: Biblical, Theological and Contemporary Perspectives*(Leicester: IVP; Downers Grove: Inter-Varsity Press, 2000).

Miller Jr., Patrick D., 'The Gift of God: The Deuteronomic Theology of the Land', *Interpretation* 23(1969), pp. 454-465.

Orlinsky, Harry M., 'The Biblical Concept of the Land of Israel: Cornerstone of the Covenant between God and Israel', in L. A. Huffman (ed.), *The Land of Israel: Jewish Perspectives*(Notre Dame: Notre Dame University Press, 1986), pp. 27-64.

Rad, G. von, 'Promised Land and Yahweh's Land', in *The Problem of the Hexateuch and Other Essays*(New York: McGraw Hill; London: SCM, 1966), pp. 79-93.

Weinfeld, Moshe, *The Promise of the Land: The Inheritance of the Land of Canaan by the Israelites*(Berkeley: University of California Press, 1993).

Wright, Christopher J. H., *God's People in God's Land: Family, Land and Property in the Old Testament*(Grand Rapids: Eerdmans, 1990; Carlisle: Paternoster, rev. ed., 1996).

_____, ''ereṣ', in VanGemeren, *New International Dictionary of Old Testament Theology and Exegesis*, vol. 1, pp. 518-524.

_____, 'nḥl', in VanGemeren, *New International Dictionary of Old Testament Theology and Exegesis*, vol. 3, pp. 77-81.

제2부

구약 윤리의 주제들

THEMES IN OLD TESTAMENT ETHICS

제4장 ■ 생태학과 지구

제3장에서 우리는 이스라엘이 그들의 땅을 자기들 마음 내키는 대로 취급해서는 안 됨을 보았다. 비록 그들의 하나님 여호와께서 그 땅을 그들에게 주셨지만, 그 땅은 여전히 여호와의 땅으로 남아 있었다. 여호와 하나님은 땅의 궁극적인 주인이셨으며, 이스라엘은 그분의 소작인들이었다. 하나님과 백성들 사이의 이 호혜적인 관계는, 그 땅에 거하는 이스라엘의 실존과 관련하여 경제 영역에서 의미심장한 권리와 책임을 낳았다. 하나님의 소유권 그리고 하나님의 선물이라는 주장은 그들의 땅에 대한 이스라엘의 이해를 지배했던 두 개의 근본적인 신학적 단언이다.

이제 이 책에서 우리가 발전시켜 가고 있는 구약에 대한 패러다임적 이해는 우리에게 그 전망을 확대하라고 초청하고 있다. 그 이해는 이스라엘을 넘어서 더 큰 인류의 세계를 바라보고, 이스라엘 땅을 넘어서 지구 전체를 바라보라고 요청하고 있다. 그러므로, 하나님, 이스라엘, 그들의 땅이라는 구속의 삼각형은 더 넓은 창조의 삼각형, 즉 하나님, 인류, 지구라는 삼각형의 맥락에서 바라보아야 한다. 두 삼각형에서 우리가 동일하게 발견하는 매력적인 사항은, 이스라엘의 땅에 대해서 언급되고 있는 것들과 똑같은 두 가지 천명이 지구 자체에 대해서도 언급되고 있다는 점이다. 즉, **신적 소유권**(땅은 하나님께 속한다, 시 24:1)과 **하나님의 선물**(땅은 하나님이 인류에게 선물로 주신 것이다, 시

115:16)이다. 그러므로, (하나님이 땅을 소유하고 계시며, 하나님이 땅을 인간에게 주셨다는) 이 이중적인 주장은 우리가 이 장에서 구약 윤리의 **생태학적 차원**(ecological dimension)을 성찰하는 토대임에 틀림없다.

그러나, 실제로 그러한 차원이 있는가? 환경에 대한 관심은, 우리가 현재 대규모 오염과 오존층 파괴, 탄산 가스 방출, 지구의 온난화, 서식지와 종들의 멸절, 삼림 벌채, 땅의 침식이 가져온 끔찍한 결과들 및 자연 환경에 대한 인간의 파괴가 가져오는 다른 모든 무시무시한 효과에 직면하고 있기 때문에, 현 시대의 윤리적 의제에서 높은 자리를 차지하고 있음이 분명하다. 그러한 대규모 피해는 고대 이스라엘 세계에서는 전혀 알지 못했던 것이다. 그렇다면, 구약 성경은 하나의 윤리적 쟁점으로서의 생태학에 대해서 무언가 말할 수 있는 내용을 가지고 있는가? 성경적으로 사고하는 그리스도인들은 그렇다고 긍정하고 싶을 것이다. 그러나 시릴 로드에 따르면, 이런 것은 우리가 얼마나 쉽게 우리 자신의 윤리적 의제들을 거꾸로 구약에 집어넣어서 그것을 왜곡하고 개연성이 없는 방식으로 읽어내고 있는가를 보여 주는 또 하나의 예일 뿐이다.

로드는 성경의 가르침, 특히 구약 성경의 가르침에 비추어서 생태학적 위기에 관해 깊이 생각해 왔던 저자들에 대한 탁월한 개관을 제공하고 있다.[1] 그는 환경 보호라는 명분에 대한 그 저자들의 열정과 헌신적인 노력에 감탄한다. 그리고 실로 그는 자신이 그 점을 공유하고 있다고 주장한다. 그러나 그는 그들이 구약 성경 자체를 정당하게 다루고 있다고는 생각하지 않는다. 로드에 따르면, 생태 환경에 대한 그런 관심이 고대 이스라엘 사람들 사이에는 간단히 말해서 있지도 않았다는 것이다.

> 이 연구들은 거의 모두가…구약 저자들을 20세기 후반의 환경론자들로 바꾸어 놓으려는 시도를 했다. 그들은 환경론자들이 아니었다. **생태 환경을 보호하는 문제는**

---

[1] 다음과 같은 저자들이 여기 포함되어 있다. James Barr, 'Man and Nature'; Walter Houston, 'Let Them Have Dominion'; Sean McDonagh, *Greening of the Church*; Robert Murray, *Cosmic Covenant*; Ronald A. Simkins, *Creator and Creation*; John W. Rogerson, 'Old Testament View of Nature.'

그들의 생각 속에 들어오지 않았다는 사실을 가능한 한 강력하게 주장할 필요가 있다. 이렇게 말한다고 해서, 구약 성경 안에 자연 세계의 아름다움과 경이에 대한 예리한 인식이 있다는 점을, 혹은 그것이 하나님의 세계로 여겨지고 있었다는 점을, 혹은 약속된 땅의 풍요가 비록 이상주의적이긴 하지만 하나님의 선하심에 직접적으로 기인하고 있다고 여겨졌다는 점을 부인하는 것은 아니다. 내가 주장하는 바는 환경을 **돌보라는 명시적인** 요구가 전혀 없다는 것이다. 왜냐하면 그러한 호소를 한다는 것은 고대 이스라엘 안에 있던 어느 누구의 생각에도 떠오르지 않았던 것이기 때문이다. 그러한 요구가 창조 내러티브들 가운데 그리고 '우주적 언약'(cosmic covenant) 가운데 암시되어 있을 수는 있다. 하지만, 구약에는 자연을 보전하기 위해 적극적인 조처를 취하라는 권고가 거의 없다.[2]

그러나, 그 점은 땅을 정복하고(창 1장) 지키는 일(창 2장)이 함께 결합되어 있는 창조 내러티브들 가운데 암시적으로가 아니라 명시적으로 나타나 있다. 농경을 위해서 땅을 개간하고, 관개를 통해서 물을 공급하고, 사나운 짐승들을 해변가로 몰아내는 일이 분명 이스라엘 농부들의 마음을 사로잡고 있었으리라는 점에 한해서, 그 강조점이 땅을 정복하는 일에 있음을 인정할 수 있다. 하지만, 창조 세계와 그 안에서의 인간의 역할을 찬양하고 있는 자료의 양은, 로드의 매우 부정적인 평가가 지나치게 극단적이라는 것을 보여 주고 있다. 이 사실은 더 나아가 '우리가 구약 성경을 윤리적으로 활용하는 것이 오로지 옛 이스라엘 백성들이 직접적인 지식을 가지고 있었거나 능동적인 관심을 표명하고 있는 것들에만 제한되어야 하는가'라는 해석학적 문제를 제기한다. 아니면 시간이 경과하면서 우리에게 중요하게 떠오른 문제들을 취해서, 이스라엘 백성들에게 중요했던 문제들에 대한 그들의 윤리적 대응을 분명하게 지배하던 도

---

2) Rodd, *Glimpses*, p. 249(강조는 그의 것). 나는 Rodd가 고대 이스라엘의 문화적 윤리를 이해할 수 있는 우리의 능력에 관해 지나치게 과신하고 있는 태도들에 대해서 빈번히 경고하면서도, 그 자신은 '그들의 사고 속에 들어가 있지 않았던' 것이나 '고대 이스라엘의 어느 누구도 생각조차 못했던' 일에 대해서 선험적 선언들을 아무런 주저 없이 신속하게 하고 있다는 사실에서 다소 아이러니한 점을 발견한다. 그는 어떻게 아는가?

덕 규범과 가치와 목표들을 통해 우리의 문제에 어떤 조명을 받을 수 있을지를 묻는 것이 정당한가? 만일 우리가 구약 성경의 지속적인 윤리적 관련성과 권위를 확신한다면, 이 땅을 지키는 일을 택해야 할 것 같다.[3]

그럼 이제 우리의 두 가지 광범위한 원리가 생태학적 문제에 대해 무슨 말을 하는지 살펴보도록 하자. 땅이 이스라엘의 하나님 여호와께 속했음을 인정하는 것이 무슨 의미가 있는가? 그리고 어떤 의미에서는 이 창조주 하나님이 그 땅을 인간의 손에 넘겨 주었다는 천명에 비추어 볼 때, 창조 세계 안에서 인간의 책임은 무엇인가? 그리고 셋째로, 우리는 자연의 영역에서 일어난 타락의 영향들과 하나님, 인간, 지구 사이의 삼각 관계에 끼친 타락의 결과에 대해 생각해 볼 것이다. 그리고 마지막으로, 구약 자체의 시선을 따라가면서 창조 세계의 미래를 바라보고, 구약의 종말론에 대해 성찰해 볼 것이다. 창조 세계는 어디에서 끝이 날 것인가?

하나님의 땅 지구: 신적 소유권

하늘과 모든 하늘의 하늘과 땅과 그 위의 만물은 본래 네 하나님 여호와께 속한 것이로되(신 10:14).

---

3) Rodd는 그러한 접근 방식을 허용하면서도 그것이 독자의 주관적 입장의 문제라고 생각한다. "이것[창조와 관련된 본문들의 환경과 관련된 암시적인 메시지]을 구약 저자들이 자신이 알고 있던 것보다 더 많은 것을 말했다는 것을 보여 주는 것으로 간주해야 하는지, 아니면 그 반대의 견해, 즉 진짜 환경과 관련된 교훈은 전혀 포함하고 있지 않다는 견해를 취해야 하는지는 아마도 독자의 기질에 따라 다를 것이다"(p. 249). 그러나 우리는 성경 저자들이 "자신이 알고 있던 것보다 더 많은 것을 말"하고 있다고 주장해서는 안 된다. 오히려 우리는 구약 성경의 저자들은 단지 그들이 알고 있던 것에 대해서만 말을 했지만, 그들은 자신들이 알고 있던 것을 넘어서는 지속적으로 바뀌는 상황들 가운데 살고 있는 사람들에게도 윤리적으로 타당한 주장들을 내포하고 있는 확신과 규범을 기반으로 해서 그렇게 말했다고 가정할 수 있다. 장수를 누리며 (그 규범은 특정 본문이 작성되었던 그 역사적 정황보다 더 오래 간다) 생산 능력이 있는 (그 규범은 원래의 정황에서 거론될 수도 없었고, 예견될 수도 없었던 신선한 쟁점들과 관련해서 결실을 맺으며 적절성을 지닌다) 그러한 규범들에 대한 가정이 없이는 모든 윤리 담론은 실로 매우 제한된 기간만 유지될 것이다. 우리는 대부분 우리 자신에게 말하는 것으로 제한을 받을 것이며, 다른 모든 정황은 실로 '이방 땅'이 되어 버릴 것이다. Rodd의 전체적 접근 방식이 갖는 이러한 약점은 앞으로 제14장에서 다시 논의하게 될 것이다.

이스라엘의 하나님 여호와께서 전 우주를 소유하고 계시다는 이 대담한 주장은 시편 24:1, "땅과 거기 충만한 것과…다 여호와의 것이로다"라는 친숙한 주장에서 울려 퍼진다. 그리고 좀 덜 익숙하기는 하지만, 자신이 행하신 모든 창조 사역에 대한 거대한 진술이라는 맥락에서 욥에게 말씀하신 하나님 자신의 주장을 보면 이렇게 되어 있다. "온 천하에 있는 것이 다 내 것이니라"(욥 41:11). 그러므로 지구는 하나님께 속한다. 하나님이 그것을 만드셨기 때문이다. 이 강력한 창조 신앙의 여러 차원은 의미심장한 윤리적 함의들을 지닌 것이라고 말할 수 있다.

창조 세계의 선함

창조 세계가 선하다는 사실은 그 말이 반복되고 있는 것에 비추어 볼 때 창세기 1장과 2장의 가장 분명한 요점 중 하나다.[4] 그 내러티브에서 여섯 번씩이나 하나님은 자신의 작품이 "보시기에 좋았다"고 선언하시고 있다. 감탄을 금치 못하는 손님들 앞에 다양한 코스로 음식을 내어놓는 최고의 요리사처럼, 하나님은 그분의 창조의 작업장에서부터 새로운 진미를 가져올 때마다 손가락을 쪽쪽 빨아가며 맛을 보시고, 드디어 주식(主食)이 나온 후에, 지금까지 이루어진 그 일 전체에 대하여 마지막 일곱 번째 평가를 내리시면서, "보시기에 심히 좋았다"고 선언하신다. 그 훌륭한 식사는 요리사의 솜씨와 기술의 개가였다.[5] 이 되풀이되는 간단한 천명에 담겨 있는 함의들에 대해서 몇 가지를 말할 수 있을 것이다.

첫째, 선한 창조 세계는 선하신 하나님의 작품일 수밖에 없다. 이 사실은 고대 근동의 다른 창조 기사들과는 대조적인 히브리인들의 창조 기사에 들어 있는 내용이다. 고대 근동의 다른 창조 기사들은 자연 세계의 권세와 신들이 그 정도에서는 다양하지만 어느 정도는 악하다고 묘사하고 있다. 그리고 자연 질

---

4) Ron Elsdon은 그의 책 *Green House Theology*에서 이 쟁점에 대한 신구약 성경 안의 자료에 대해 조사하면서 창조 세계의 선함이라는 주제를 논의의 줄기로 삼고 있다.
5) 나는 요리와 관련된 이 은유를 Huw Spanner, 'Tyrants, Stewards—or Just Kings?' p. 218에서 얻었다.

서 가운데 몇 가지 측면을 그 악의 결과로 설명하고 있다. 구약 성경에서, 자연 질서는 오로지 선하신 여호와 하나님의 작품으로서 근본적으로 그리고 그 기원에서 선하다. 성경에서 창조 세계의 선함이 의미하는 바의 일부는, 창조 세계가 그것을 만드신 창조주의 성품의 어떤 점을 비추어 냄으로써 그분에 대해서 증거하고 있다는 것이다(이를테면, 욥 12:7-9; 시 19편; 29편; 50:6; 65편; 104편; 148편; 행 14:17; 17:27; 롬 1:20). 그럴 경우, "가난한 사람을 학대하는 자는 그를 지으신 이를 멸시하는 자"(잠 14:31; 참고. 17:5 —가난한 사람도 그를 지으신 창조주의 형상대로 지음을 받은 사람이기 때문이다)라는 본문을 가지고서 "지구를 파괴하거나 손상시키는 자는 (지구는 하나님 자신의 선하심을 드러내는 창조 세계의 일부이기 때문에) 그것을 만드신 조물주를 반영하고 있는 증표를 더럽히는 자다"라는 유비를 만들어 내는 것이 지나친 일은 아닐 것이다.

둘째로, 창조 세계는 그 안에 있는 우리 인간의 존재나 창조 세계를 관찰하는 우리의 능력과 무관하게 선하다. 창조 내러티브들 가운데 있는 "보시기에 좋았더라"라는 단언은 아담과 하와가 한 것이 아니라 하나님 자신이 하신 것이다. 그러므로, 창조 세계의 선함은[이는 창조 세계의 미(美)를 포함한다] 신학적으로 그리고 시간 순서상으로 인간의 관찰에 앞선 것이다. 그 선함은 사람이 그것을 둘러보기 전에 하나님이 보고 인정하신 것이다. 따라서 창조 세계의 선함은 그저 어느 햇살 좋은 날 유쾌한 기분으로 흡족하게 바라본 정경에 대한 인간의 반응이 아니다. 또한 그것은 인간을 뺀 나머지 창조 세계가 우리 인간의 유익을 위해서 존재하고 있기 때문에 선한 것이라는 의미에서의 도구적 선함도 아니다. 오히려, 창조의 선함에 대한 이 천명은—첫 번째 있었던 빛의 창조(창 1:4)에서부터, 바다에서 대륙들이 떠오른 일(1:10), 식물이 성장한 일(1:13), 날과 계절을 구분해 주는 해와 달의 기능(1:18), 어류와 조류의 등장(1:21), 육지 동물의 등장(1:25)에 이르기까지—창조의 단계마다 전 우주에 대해서 **하나님이** 인증하신 날인이다. 이 모든 것은 인간이 이르기 전에 이미 하나님께로부터 선하다는 인정을 받은 상태였다. 그러므로, 우리의 행성인 지구를 포함해서 창조된 질서는 본래적 가치를 지니고 있다. 다시 말해서, 창조 질서는 모든 가치의 근원이신 하나님에 의해 가치 있는 것으로 평가된 것이다. 그 가치는 단순히 우리 인간들이 지구에 부여하는 가치의 문제가 아니다. 그와는 반대로, 인간으로서 우리 자신의 가치는 우리가 하나님이 이미 가치를 두셨으며 좋다고 선언하신 전체 창조 세계의 일부라는 사실로부터 시작된다. 사람의 생명에 대해서는 좀더 할 말이 많지만, 그 출발점은 우리가 창조 세계로부터 우리의 가치를 부여받는 것이지 창조 세계가 우리에게 그 가치를 인정받는 것이 아니라는 사실이다.

 셋째로, 창조 세계는 그에 대한 하나님의 목적과 관련해서 선하다. 그 목적에는 인간의 역사뿐만 아니라 '자연의 역사'상의 발전과 성장과 변화가 분명하게 포함되어 있다. 물론, '선하다'는 의미에는 창조 세계가 거대한 예술과 장인 정신의 산물로서 아름답다는 미적 의미가 포함된다. 그러나 거기에는 기능적 의미도 있다. 즉, 그 창조 세계가 계획에 따라서 작용하고, 원래 설계된 대로 역동적으로 작동할 때에 아름답다는 의미다. 이 관점에서 볼 때, 우리는 창조 세계의 선함을 원래적이며, 시간과 무관하고, 변화하지 않는 완벽함의 일종으로 여겨서는 안 될 것이다. 시간과 변화가 창조된 실재의 구조 자체에 내장되어 있다. 따라서 거기에 쇠퇴와 죽음도 있다. 우리가 인간으로서 경험하는 그 가장 온전한 의미에서 어떤 방식으로든 죽음이 죄의 결과라는 성경의 주장을 표명하기를 원한다 해도, 동물과 식물의 영역에서 더 광범위한 생물학적 의미의 죽음이 시작부터 이 지구상에 존재하는 생명의 일부였다는 사실은 이론(異論)의 여지가 없는 것 같다. 채집하거나 잡아서 먹고 먹히는 섭생 관계는 애초부터 그렇게 되도록 창조된 듯하며, 지구상에서 과거에는 그렇지 않았다는 증거도 전혀 없다. 우리 지구가 움직여 나가는 방식에서 정서적으로나 심지어 도덕적으로 당혹스럽게 보이는 많은 다른 측면과 더불어, 이 점도 창조 세계의 선함에 대한 우리의 신학 안에 포함되어야 하는 것이다. 이것이 바로 하나님이 단호하게 선하다고 평가하신 세계의 있는 그대로의 모습이기 때문이다.

 이처럼 생태 영역(실로 우주)은—진화와 생태의 역학에 내재해 있는 먹이 포획과 허비라는 부분을 포함하고, 아름다움과 추함이 서로 분리될 수 없을 만큼 엮여 있는 것을 포함하고, 홍수와 지진으로 말미암는 파괴와 건설을 포함하고, 생태 체계의 구조 안에 자리잡고 있는 질서 있는 혼돈을 포함하고, 일반적으로 예견할 수 있는 과정들 가운데 구조화되어 있는 창조적 우연의 요소들을 가진 '의도적인 임의성'(purposive randomness)을 포함하는—그 모든 도덕적 모호성 가운데서 가치의 원천이신 분에 의해 가치를 인정받았다. 그러나 하나님은 신비스런 목적을 가지고 계신다. 그래서 하나님은 그 모호한 상태에 있는 창조 세계를 가치 있는 것으로 보신다. 이는 창조 세계가 그 목적에 기여하기 때문이다.[6]

그러므로 넷째로, 창조 세계의 선함은 종말론적 차원을 가지고 있다. 타락의 영향은 별개로 여긴다 할지라도, 창조 세계는 하나님이 계획하셨던 최고의 상태에 아직은 이르지 않았다. 하나님은 생육을 위한 엄청난 능력을, 즉 복제와 다산과 다양성의 다함없는 원천들을 창조 세계 안에 집어넣으셨다. 물론 우리가 겪고 있다시피, 세상은 또한 인간이 저지른 죄악의 영향을 감당하고 있으며, 그 영향으로부터 해방되기를 간절히 바라고 있다(롬 8:19-21). 그래서 사도 바울은 하나님의 영광과 뜻과 성령에, 인간의 구속과 우주적 해방이라는 이중적인 소망을 두고 있다.

창조 세계의 선함에 대한 인정은 하나님의 선하심에 대한 궁극적인 확신의 표현이다. 현재 세계는 중간기의 선함을 가지고 있다. 그러한 선함은 멸시되거나 배척되거나 초월되어서는 안 된다. 그 선함은 하나님의 선하심에 대한 표현으로 올바르게 인식하고 소중히 여겨야 한다. 이 세계는 한동안은 경이로움으로 흘러넘치며 다양한 형태의 생명을 유지한다. 그렇지만, 이 세계는 또한 전체적으로 소외된 세계다. 이 세계 가운데서 모든 생명은 잠정적이며, 또한 다른 생명에 대해서 파괴적이다. 창조 세계는 해방과 화해를 필요로 한다. 니케아 신조에 나온 대로 "만물이 그리스도를 통하여 지음받았음"을 고백하는 것은 창조 세계 전체가 태초부터 구속의 목적을 지니고 있음을 인정하는 것이다. 궁극적으로, 이 창조 세계는 완전하게

---

6) Nash, *Loving Nature*, pp. 98-99.

될 것이다. 이 세계는 선하신 하나님이 완성시켜 주실 것이기 때문에 매우 선하다.[7]

이러한 종말론적 비전에 대해서는 마지막 부분에서 다시 살펴보고자 한다.

창조 세계는 하나님과 구별되지만 하나님께 의존한다

"태초에 하나님이 천지를 창조하시니라"라고 천명하면서, 성경의 첫 절은 창조주로서의 하나님과 창조된 다른 모든 것 사이에 근본적인 존재론적 구별이 있음을 암시하고 있다.[8] 하늘과 땅은 시작이 있었다. 하나님은 그 시작 전에 거기 계셨다. 그 둘(하나님과 우주)은 서로 다른 존재 질서이다. 창조주와 피조물 사이의 이 **이원성**(duality)은 모든 성경적 사고와 기독교적 세계관에서 본질적이다. 그것은 **일원론**(monism, 모든 실재는 궁극적으로 단 하나라는 신념)과 다르며, **범신론**(pantheism, 하나님이 어떤 식으로든 우주 전체와 동일하다고 보거나 아예 모든 것이 하나님이라고 보는 신념)과도 다르다. 그러므로, 창조 세계에 대한 성경의 가르침은 뉴에이지 영성과 뚜렷하게 대조되며 반대되는 것이다. 뉴에이지 영성은 넓게 봐서 일원론이나 범신론적 세계관을 채택하고 있다.

이처럼, 창조 세계는 그 창조주이신 하나님과 구별된다. 그러나 창조 세계는 전적으로 하나님께 의존하고 있다. 창조 세계는 독립적이지도 영원하지도 않다. 오히려, 하나님이 거시적인 차원에서 그리고 미시적인 차원에서 창조 세계의 존재와 그 기능들을 활발하게 끊임없이 유지시켜 주고 계신다(시 33:6-9; 65:9-13; 104편). 성경의 가르침에 의하면, 세계는 **자가** 유지적인 생태계(self sustaining biosystem)가 아니다. 애초에 제임스 러브록(James E. Lovelock)이 제시했던 '가이아 가설'(Gaia hypothesis)은 생물계 전체의 상호 연결성에 대한 가설이다.[9] 러브록 자신은 지구가 하나의 유기체, 즉 하나의 거대한 생명체처

---

7) 앞의 책, p. 100.
8) '존재론'은 존재 혹은 실재의 본성, 사물의 본질, 어떤 것의 '본래적인'(in itself) 것에 대한 것이다. 그러므로, 내 말은 하나님의 존재 혹은 본질이 전적으로 우주의 존재 혹은 본질과 구별된다는 뜻이다. 하나님은 창조주이시며, 다른 모든 것은 피조물이다.

럼 움직이는 것 같다고 말했지만, 자연을 인격화하지는 않았다. 즉, 그는 생물계 전체를 어떠한 **신적** 존재자라고 말하기는커녕, 지각하거나 **의식을 가지고 있는** 존재자라고도 말하지 않았다. 러브록은, 가이아 가설이 지구는 살아 있는 실체라는 고대의 신념에 대한 과학적 인정을 제공하고 있다는 식의, 자기의 작업에 대한 대중적인 종교적 변형들을 배격했다. 가이아의 자기 조절 성향은 가이아가 살아 있다는 것, 지구의 과정과 통로 가운데 존재하는 일종의 내재적 마음임을 의미한다. 그것은 하나님이 우주 생명의 유지자라는 전통적인 사상에 기능적으로 비교될 수 있는 것이다. 물론 러브록은 자기 가설에 대한 어떠한 유신론적 해석들도 배격하고 있다.[10] 그럼에도 불구하고, 가이아 개념은 (가이아는 헬라어로 '땅'을 의미하며, 또한 그리스 신화에서 그 이름을 가진 여신을 가리킨다) 분명 뉴에이지 사상을 표현하는 대중적인 방식들에서 그러한 식으로 이해되고 있다. 지구 그 자체가 권능과 지성과 설계를 가지고 있는 여신으로 간주된다. 가이아는 자기 자신을 보전하는 일에 맹렬하게 헌신한다. 그리고 (영원히는 아니지만) 현재는 우리 인간의 파괴적인 무례함들을 참아 주고 있다. 그러나 성경은 우주 전체를 하나님과 **구별되는** 것으로 그리고 있다(우주의 존재는 하나님 존재의 일부분이 아니다). 그러나 성경은 그럼에도 불구하고 우주가 그 존재와 유지를 위해 **하나님을 의지하고** 있는 것으로 그리고 있다. 하나님은 궁극적이며, 지음을 받지 않으셨다. 우주는 지음을 받았으며, 우연적(contingent; 철학과 논리학에서 필연적이 아닌 것을 표현할 때 사용하는 말로, 우유적, 우연적, 의존적, 조건적 등을 의미한다. 궁극적인 필연에 속하지 않는다는 뜻-역주)이다. 이 말은 하나님이 지구 안에 갱신과 회복, 균형과 적응이라는 놀라운 능력을 집어넣으셨다는 것을 부인하는 말이 아니다. 이 놀라운 지구의 회복 능력에 대한 러브록의 경험적 관찰은 부인할 수 없는 사실이다. 그러나 이 모든 체계가 작용하고 상호 연결되어 있는 방식 그 자체가 하나님이

---

9) James E. Lovelock, *Gaia*. 뉴에이지 환경관들과 기독교 사상에 끼친 그 관점의 영향에 대한 조사와 비판으로는, 다음을 보라. Wilkinson(ed.), *Earthkeeping in the Nineties*, pp. 181-199 및 Loren Wilkinson, 'New Age.'

10) Northcott, *Environment and Christian Ethics*, pp. 110-111.

계획하신 것이며, 유지하고 계시는 것이다.

탈신성화된 창조 세계

하나님과 창조 세계의 구별성은 일원론을 배제하고 있을 뿐만 아니라 자연의 **범신론**도 배제하고 있다. 이 범신론은 과거 이스라엘의 문화적, 종교적 환경에서 훨씬 더 편만했던 사상이었다. 다양한 여러 자연의 힘이 신으로 여겨졌다. 그리고 많은 종교 의식의 기능은 이러한 자연신들이나 여신들을 달래고 얼러서 농업에 유익한 행동을 하게 만드는 것이었다. 그러나 이스라엘의 신앙에서는, 그것이 힘이든, 현상이든, 대상물들이든, 커다란 자연 세계의 실제는 아무런 고유한 **신적** 존재를 가지고 있지 않았다. 그와 같은 자연의 실제가 갖는 힘은 말할 필요도 없이 아주 대단한 것이었지만, 전적으로 여호와 하나님의 역사였으며, 그 하나님의 명령 아래 있는 것이었다. 그러므로 한편으로, 가나안의 다산 제의들(fertility cults)은 배격되었다. 왜냐하면, 이스라엘은 여호와 하나님이 이스라엘을 위해서 직접 자연의 풍요로움을 제공해 주신다고 배웠기 때문이었다(이를테면, 호 2:8이하). 다른 한편으로, 엄청나게 강력하고 영향력 있는 바벨론의 별 신들은 단지 여호와의 권위 아래 놓여 있는 피조된 물체에 불과한 것으로 정체를 드러냈다(사 40:26). 다산과 점성술 두 경우에서, 창조 세계에 대한 이스라엘의 독특한 신앙은 문화적, 정치적으로 주변 세계와 심각한 충돌을 불러일으켰다. 그러므로, 히브리 성경은 사람 이외의 창조 세계에 대한 존중과 보살핌을 확실하게 가르치는 한편, 동시에 그 자연 질서를 신성화하거나 인격화하거나 자연 질서에 인격을 지니신 창조주와는 독립적인 어떠한 힘을 부여하는 경향에 저항하고 그 경향을 뒤엎어 버린다.

의인화(personalizing)와 **인격화**(personifying)를 구별하는 것이 중요하다. 구약 성경은 좀더 큰 효과를 위해서 수사학적인 방책으로, 일종의 비유법으로서 자주 자연을 의인화하고 있다. 이것은 자연이 **마치 사람처럼** 말하는 문학적인 방법이다. 예를 들어서, 하늘과 땅은 자기 백성들에게 하나님이 하시는 말씀에 대해서 증거하라는 명령을 받는다(이를테면, 신 30:19; 32:1; 사 1:2; 시 50:1-6). 그것들은 하나님의 영광을 선포한다(시 19장). 그리고 하나님의 심판을 즐거워한다(시 96:11-13; 98:7-9). 아주 생생한 표현으로, 땅 자체가 이전 거민들을 그들의 사악함 때문에 '토해 낸다.' 그리고 이스라엘 백성들이 그 행위를 똑같이 따랐을 때, 그 땅은 이스라엘 백성들에게도 똑같이 했다(레 18:25-28). 그러나 자연을 의인화하는 이 수사학적 방식의 핵심은 자연을 창조하고 자연 가운데서, 자연을 통해서 활동하시는 하나님의 인격적 특성을 강조하는 것이기도 하며, 또한 인간이 하나님에 대해 갖고 있는 관계의 인격적이며 도덕적인 특성을 표현하기 위한 것이기도 하다. 그러한 문학적 용법은 자연이나 자연의 힘들 그 자체에 어떠한 인격성이나 인격적 능력을 귀속시키는 것이 아니다. 사실상 자연을 그러한 식으로(자연 자체에 존재론적인 인격적 지위를 부가하여) 인격화하는 것은 하나님을 탈인격화하고, 인간과 하나님 사이의 관계를 탈도덕화하는 결과를 낳는다. 물론 현재는 뉴에이지 운동들이 새로운 특징을 가진 21세기의 옷을 입고 있지만, 창조 세계에 대해서 오직 하나님께만 합당한 (혹은 파생적으로 하나님의 형상을 지니고 있는 인간들에게만 합당한) 인격적 지위와 영예를 부여하는 것은 타락 자체만큼이나 오래된 우상 숭배의 한 형태다(참고. 롬 1:21-25).

20세기 초반에서부터 중반에 이르기까지, 많은 학자가 이스라엘 신앙의 역사적 성격을 강조했다. 이 강조는 고대 근동에 널리 퍼져 있던 창조 신화들을 이스라엘이 '탈신화화했다'는 점에 대한 천명을 포함하고 있었다. 그들은 이스라엘이 자연보다 역사에 특권을 부여했다고 주장했다. 여호와는 주변의 자연 신들과는 대조적으로 역사의 하나님이었다. 따라서 (예를 들어, 폰 라드에 따르면) 이스라엘은 자연에 대해서 전혀 독립적인 이론을 갖고 있지 않았다. 모든 것은 여호와와 이스라엘의 무엇보다 중요한 구속적 역사 전승 안에 포섭되어 버렸다. 이스라엘과 고대 근동 지방 다른 민족들 사이를 이렇게 비교하는 것은 모든 것을 고려해 본다면 타당하지만, 그것을 극단적으로 대조시키면 증거와 부합하지 않게 된다. 고대 근동의 다른 문명들도 그들의 신들이 인간의 역사 안에서 활동한다고 믿었으며, 그들의 신들이 모두 단지 자연력을 신격화한 것이었다고 말하는 것은 적절하지 않다는 사실이 현재는 잘 확인되어 있다. 그리고 역으로, 우리가 시편과 예언서들 가운데서 발견하는 모든 창조 언어와 은유와 신화적 상징을 단지 역사에 대해 말하고 있는 한 방식일 뿐이라고 간주하는 것은 이스라엘 신앙을 극단적으로 왜곡하는 것이다. 여호와는 의문의 여지도 없이 이스라엘 역사의 하나님일 뿐만 아니라 창조된 질서의 하나님이시다. 그러나, 이전의 입장은 성경이 자연을 '탈신성화했다'(desacralized)는 대중적 견해를 낳는 불행한 부작용을 일으켰다. 이 견해는 이스라엘이 창조된 질서의 신성함에 대해 전혀 의식이 없었기 때문에 자연을 단순히 인간의 유익을 위해 이용되어야 할 대상으로만 간주했다는 의미를 내포했다. 그리하여 다시, 바로 인간을 제외한 창조 세계 전체에 대한 과학적, 기술적, 도구적인 태도를 성경이 보장해 준다고 주장되었다. 자연에 대한 그와 같은 세속화된 견해는 여기에서 말하고 있는 자연에 대한 탈신격화(dedivinizing)가 의미하는 바가 전혀 아니다.[11]

그러나 창조 세계를 **성스러운**(sacred) 것으로 대하는 것과 **신적**(divine)인 것으로 대하는 것 사이에는 근본적인 차이가 있다. (마치 인간 생명의 존엄성에 대해 말하는 것과 누구든 인간을 신처럼 간주하는 것 사이에는 범주상의 차이가 있는 것과 같다.) 구약 성경은 창조 세계를 지속적으로 **하나님과의 관계 가운데서** 다룬다. 창조된 질서는 하나님께 순종하며, 하나님의 명령에 따르며, 하나님의 영광을 드러내며, 하나님이 유지시켜 주시고 제공해 주시는 것으로부터 은덕을 입으며, 하나님의 목적에 기여한다. 그 목적에는 인간에게 필요한 것들을 공급해 주시는 목적이 포함되며(거기에만 제한되는 것은 아니지만), 인간에 대한 하나님의 심판 도구로서의 역할도 포함한다. 그러므로, 인간 이외의 자연 질서에는 어떤 성스러움이 있으며, 우리는 이스라엘의 율법과 예배와 예언이 말할 필요도 없이 그렇게 하고 있는 것처럼 그 성스러움을 존중하라는 요청을 받고 있다. 그러나 그 어떠한 표현으로도 자연을 **예배하는 것**은 창조주를 피조

---

11) 구약 신학에서 이러한 왜곡의 영향에 대한 유익한 논의로는, 다음 책을 보라. Simkins, *Creator and Creation*, pp. 82-88. Simkins는 구약에서 창조 세계가 구속사에 종속되기는커녕, 창조 세계 안에서 하나님의 활동들이 실제로 이스라엘 역사 안에서 하나님의 궁휼과 정의와 신실하심의 패러다임을 제공해 주며, 뿐만 아니라 그것을 통해 이스라엘 전체와 개인들이 축복을 경험한 많은 은유를 제공하고 있음을 보여 준다.

물과 바꾸는 것이다. 그리고 그것은 이스라엘이 거듭해서 경고를 받았던 우상 숭배의 한 형태다(이를테면, 신 4:15-20; 참고. 욥 31:26-28). 그리고 사도 바울은 그 우상 숭배에 인류의 고의적인 반역과 사회적인 악이라는 전체 비극을 연결시키고 있다(롬 1:25 및 그 주변 문맥). 다른 모든 자연의 신 혹은 자연 가운데 있는 신들과 자신들을 대립적 관계로 설정했던 이스라엘의 급진적 유일신론(radical monotheism)은, 자연이 하나님과 관련해서 지니고 있는 성스러움과 의의를 자연으로부터 박탈하지 않았다.

> 창조 교리 가운데서 급진적 유일신론이라는 관점에서 볼 때, 좀더 작은 신들이란 전혀 존재하지 않는다. 해와 달도 아니며(창 1:14-18은 이것을 예배하는 것에 대해 반발한다), 금송아지와 다른 "새긴 조각상들"도 아니며, 성스러운 수풀이나 오래된 나무도 아니며, 위압적인 산이나 화산도 아니며, 무시무시한 야수나 마귀들도 아니며, 로마의 황제나 애굽의 바로나 영웅들도 아니며, 또한 가이아 혹은 대지(Mother Earth)도 아니다. 이 견해에서 볼 때, 다신론, 애니미즘, 점성술, 토테미즘, 여타의 자연 숭배 형태는 우상 숭배일 뿐만 아니라, 예언자들이 꾸준히 제시했듯이 허망하고 어리석은 일이다(참고. 사 40:12-28; 44:9-20; 46:1-11; 행 14:15). 오직 창조주만이 예배 받으시기에 합당하다.···그럼에도 불구하고, 하나님의 모든 피조물은 하나님이 할당해 주신 가치의 표지로서, 그리고 실제로 하나님에 대한 예배의 한 표현으로서 도덕적으로 고려할 만한 가치를 가지고 있다. 창조 세계에 대한 유일신론적 교리는 자연을 탈신성화하지 않는다. 자연은 하나님이 창조하신 것이기에 여전히 성스러우며, 선하다고 선언되며, 궁극적인 하나님의 주권 아래 자리잡는다.[12]

하나님의 영광과 찬양

웨스트민스터 소요리 문답의 첫 질문은 "인간의 제일 되는 목적이 무엇인가?"이다. 그런 다음에 그 첫 대답은 멋진 성경적 단순성을 가지고서, "사람의 제일 되는 목적은 하나님을 영화롭게 하고, 영원토록 그를 즐거워하는 것입니

---

12) Nash, *Loving Nature*, p. 96.

다"라고 말한다. 전체 창조 세계에 대해서도 동일한 질문을 하고 동일한 목적론적 답변을 하는 것이 똑같이 성경적일 것이다.[13] 그러나 창조 세계의 끝이나 목적에 대해서 묻는 것이, 특히 현대 서구인들의 마음에는 기이하게 여겨질 수도 있을 것이다. 이는 목적이나 설계가 지성을 전제로 하고 있으며, 다시 지성은 어떤 종류의 이성적인 혹은 인격적인 존재자를 상정하고 있기 때문이다. 그리고 우리는 우주의 존재 방식을 설명하는 우리의 창고에 그와 같은 인격적 합리성이 전혀 없이도 지낼 수 있다고 오랫동안 생각해 왔던 것이다. 스티븐 호킹(Stephen Hawking)은 "존재하고 있음에 대해서 온 우주가 왜들 온통 난리법석인가?"라고 물었지만, 아무런 설득력 있는 답변도 제공해 주지 않는다.[14] 그리고 "아무것도 없지 않고 어째서 무엇인가가 있는가?"라고 철학자(아리스토텔레스)는 묻는다.

　물론 '왜?'는 모든 아이가 어렸을 적부터 하는 아주 기본적인 질문이다. 하지만, 그 질문은 우주 자체에 대한 과학적 관점의 틀 안에서는 대답될 수 없다. 그러므로, 근대성의 표준들 안에서 발전된 환원주의적 형태 가운데서, 과학은 일반적으로 목적론을 혐오한다. 즉, 사물의 **목적**을 추구하는 일을 싫어한다. 과학은 최선의 경우 원인을 찾고 어떻게 해서 사물들이 현재의 모습대로 존재하게 되었는가를 물으면서 그 반대 방향에서 작업을 하고 있을 뿐이다. 우리는 계속해서 더욱 성공적으로 모든 사물의 기원과 과정을 향해 거슬러 올라가면서, 거대한 인과 관계에 대한 지식을 완성하려고 노력한다. 그러나 우리는 감히 사물의 '끝'을 향해서 감히 앞으로 나아가려 하지 않으며, 우주가 무엇을 **위해**

---

13) '목적론'이란 말은 헬라어 *telos*에서 나왔다. 이 말은 목적이나 지향점이라는 의미에서의 **끝**을 의미한다. 그러므로, 어떤 것에 대한 목적론적 견해는 그것이 존재하고 있는 끝 혹은 목적에 관하여 탐구한다는 것이다.

14) Hawking, *Brief History of Time*, p. 174. 「짧고 쉽게 쓴 '시간의 역사'」(까치글방). 그의 견해에서 볼 때, 철학이 '왜?'라는 질문에 대해 대답한다는 것은 불가능하기 때문에, 우리가 우주에서 발견하는 모든 힘을 설명해 줄 어떤 최종적인 거대 우주 물리 이론을 발견하는 데 호킹의 모든 소망이 놓여 있다. 그런 다음에, 호킹은 다음의 유명한 결론을 내린다. "우리는 하나님의 정신을 알게 될 것이다"(아마도 일종의 비유법일 것이다). 이것이 내가 보기에 마치 화폭과 물감의 물리적 속성들에 대해 종합적으로 기술함으로써 '이 그림이 왜 존재하고 있는가?'라는 물음에 대답할 수 있기를 소망하고 있는 것 같다.

서 존재하고 있는지 측량해 보겠다고 공언하지 않는다. 그러나, 사물들이 **어떻게** 현재 그런 식으로 작용하고 있는지를 찾고 설명하는 데는 놀라울 정도로 탁월하면서도 **왜** 사물들이 현재 그렇게 작용하고 있는지 혹은 가장 우선적으로 어째서 사물들이 현재 그렇게 존재하고 있는지에 대해서는 전혀 할 말이 없는 세계관에는 특별히 한쪽으로 기울어진 기형적인 면이 분명히 있다. 설상가상으로, 나중의 물음에 대해 제공된 대답들에 대해서 그 중 어떤 것도 정당한 지식의 영역에서는 평가할 수 없는 것이라고 선언하고 있는 세계관(서구의 과학)의 경우는 더욱 그러하다. 익숙한 유비를 다시 사용하자면, 그것은 마치 손목시계의 작동 원리와 동력학에 대해서는 빠짐없이 깡그리 정확하게 설명하면서도, 그 시계가 무엇을 위해 존재하는 것인지에 대해서는 어떠한 견해도 표명하기를 거절하면서 그것이 하루의 시간을 표시해 주려는 목적을 가지고 누군가가 실제로 설계해서 만든 것이라는 고색창연한 생각을 고수하는 사람들을 조롱하는 사람과 같다.

> 근대 과학의 규범들로 교육을 받은 우리들이 보기에는, 인간 이외의 세계에 어떤 '텔로스'(*telos*)와 목적이 있음을 부인하는 근대의 사상이 얼마나 새롭고 특이한 것인지 상상하기가 어렵다. 지금까지 살았던 거의 모든 사람과 서구 문화의 세속화 영향에 저항하는 종교적이며 문화적인 전통들 가운데 살아가고 있는 오늘날 대부분의 사람들은, 자연이 심히 도덕적이며, 사회적이며, 영적인 의의를 지닌, 목적 있는 질서와 평형의 특징을 가지고 있다고 믿고 있다.[15]

성경은 창조 세계에 대한 목적론적 견해에 관하여 그처럼 침묵하고 있지 않다. 창조 세계는 창조주 하나님에 대한 찬송과 그분의 영광을 위해 존재한다. 피조물로서, 우리 인간들도 바로 그러한 존재 이유를 공유하고 있다. 우리의 "제일 되는 목적"은 하나님께 영광을 돌리는 것이며, 우리는 하나님을 즐거워하기 때문에 그분께 영광을 돌리면서 우리 자신을 즐거워하는 것이다. 그러나

---

15) Northcott, *Environment and Christian Ethics*, pp. 165-166.

인생의 이 목표는 나머지 창조 세계와 별개로 동떨어져 있는 것이 아니다. 오히려, 그것은 우리가 나머지 창조 세계와 공유하고 있는 목적, 즉 하나님을 영화롭게 하는 것이다. 유일한 차이점은 우리가 하나님의 형상으로 지음을 받은 유일한 피조물이라는 독특한 신분에 걸맞는 독특한 인간적인 방식들을 통해서 우리 창조주 하나님을 영화롭게 해야 한다는 점이다.

그러므로, 모든 창조 세계는 하나님을 이미 찬양하고 있으며, 그렇게 하도록 (거듭해서) 명령을 받을 수 있다(이를테면, 시 145:10, 21; 148편; 150:6). 하나님의 관대한 은덕을 입는 수혜자들로서 인간에게 적합한 감사의 응답이 있을 뿐만 아니라, 인간이 아닌 피조물들이 하는 감사의 응답도 있다(이를테면, 시 104:27-28).

이 감사의 반응은 지구상의 모든 피조물, 사람과 동물, 풍경, 바다와 산들, 땅과 바람과 불과 비가 다 공유하고 있는, 피조물로서 존재하는 근본적인 특징이다. 시편 기자는 창조주를 경배하고 찬양하는 것이 창조 세계의 첫째 되는 도덕적 의무라고 만물에게 권고한다. 히브리적 관점에서, 인류와 우주는 도덕적 의의를 지니고 있다. 그리고 둘 다 창조주에게 도덕적으로 응답할 것을 요구받는다. 그 응답은 하나님의 영광을 반영하고, 감사와 찬양과 예배를 돌려드리는, 하나님에 대한 응답이다(시 150편).[16]

마침내 창조 세계 전체가, 주님께서 왕으로 임하여 모든 것을 바로잡으실 때(땅을 심판하실 때), 주님과 함께 임할 기쁨과 감사에 동참하게 될 것이다(시

---

16) 앞의 책, pp. 180-181. 이미 말했듯이, 인류는 하나님의 형상대로 지음을 받은 이성적이며 도덕적이며 영적인 피조물이라는 우리의 신분에 맞게 독특하고 구별된 방식으로 하나님을 찬양하라는 부름을 받고 있다. 나머지 피조물들이 하나님을 찬양한다고 말하는 것이 무엇을 의미하든지 간에, 그것은 인간의 찬양과 똑같은 질서에 속한 것이 아니다. 그럼에도 불구하고, 나는 창조 세계가 하나님을 찬양하고 있다는 성경의 풍부한 천명들을 단순히 인간의 찬양만을 가리키고 있는 비유법의 하나(의인법)로만 격하시켜 버릴 자유가 우리에게 있다고 생각하지 않는다. 어떻게 피조 세계가 찬양을 표현하는지, 하나님이 그 찬양을 어떻게 받으시는지에 대해서는 이해할 수 없다 할지라도, 성경이 반복해서 천명하고 있는 바 즉 창조 세계가 창조주를 찬양한다는 사실을 부인할 하등의 이유가 없다.

96:10-13; 98:7-9).

더 나아가, 하나님께 영광을 돌리는 임무에 대해 고려해 볼 때, 몇 개의 의미심장한 본문이 하나님의 영광을 땅의 **충만함**에, 즉 생물계 전체와 바다와 하늘의 장엄할 정도로 다양한 풍부함에 연결시키고 있다는 사실에 주목할 만한 가치가 있다. 충만함에 대한 언급은 창조 기사의 특징 가운데 하나다. 텅 빈 공허함에서부터 이야기는 반복해서 '채우는 일'을 통해 전진해 나간다. 그리하여, 일단 물과 하늘이 분리된 후에, 다섯째 날에는 하나님의 복 주심과 명령에 따라서, 그 물에 고기 떼가 무리를 지어 다니고 하늘에는 새들이 날고 있는 것을 볼 수 있다(창 1:20-22). 마찬가지로, 여섯째 날에는, 땅의 나머지 짐승들이 창조된 후에 인간이 복을 받고 '땅을 채우라'는 명령을 받는다. 그러므로, 시편 104:24이 "주께서 지으신 것들이 땅에 가득하니이다"라고 인정할 수 있는 것은 전혀 놀라운 일이 아니다. 그리고 시편 24:1은 피조물들의 이 풍부함을 "땅과 거기에 충만한 것"이라고 간단하게 기술하고 있다. 마찬가지로 시편 50:12도, 삼림의 짐승들과, 무수한 산의 언덕들 위에 있는 가축 떼와, 산중의 새들과 벌판의 피조물들을 포함하여 예시적인 목록을 제시한 후에, "세계와 거기에 충만한 것이 내 것임이로다"라고 선언한다. 마찬가지로, "땅과 거기에 충만한 것"이라는 말은 때로는 국지적으로 때로는 우주적으로 전체 환경에 대해서 말하는 특징적인 방식이 되었다(이를테면, 신 33:16; 시 89:12; 사 34:1; 렘 47:2; 겔 30:12; 미 1:2).

이러한 용법은 이사야의 성전 환상에 나오는 스랍들의 유명한 노래의 충분한 의의를 파악할 수 있도록 도와준다. "거룩하다, 거룩하다, 거룩하다, 만군의 여호와여, 온 땅의 충만이 (곧) 그의 영광이로다"(사 6:3; 저자의 사역). 우리가 관례적인 번역대로 이 노래를 "그의 영광이 온 땅에 충만하도다"라고 읽으면, 마치 1절에 나오는 하나님의 옷자락으로 가득 차 있는[17] 성전과 같이, 땅은 단순히 하나님의 영광이 가득 차는 일이 벌어지게 되는 일종의 수용물로 생각하

---

17) 그러나 1절에는 이사야가 보았던 것을 기술하고 있는 동사의 분사 형태가 있다. 말하자면, "그의 옷자락은 성전에 가득했고"가 있다. 3절에서는 그것이 "온 땅의 충만[이] 그의 영광"이라는 부정사구로 되어 있다.

기 쉽다. 그런 식으로 받아들일 때, 단지 **땅**과 **영광**은 동사에 의해 서로 연결되는 명사들일 뿐이다. 그러나 이미 살펴보았듯이, "땅의 충만"은 창조된 질서 특히 인간을 제외한 창조 세계의 전체적인 풍요로움에 대해서 언급하는 한 가지 방식이다(사람들을 염두에 둘 때는 시 24:1에서처럼 종종 그 말에 "땅과…그 가운데에 사는 자들은"라는 표현이 덧붙여진다). 그러므로, 스랍들이 찬양하고 있는 것은, 땅의 충만함 **가운데 있는** 하나님의 영광에 대한 인식이다. 하나님의 영광을 드러내 주는 것, 하나님의 '무게' 혹은 하나님의 실질이나 실체를 보여주는 것은, 그분의 창조 세계에 가득 찬 풍요로움이다. 땅은 하나님의 영광으로 가득 차 있다. 이는 땅을 가득 채우고 있는 것이 하나님의 영광을 구성하고 있기 때문이다. 마찬가지로, 시편 104:31은 하나님의 영광과 하나님의 창조 사역들을 평행법으로 배열한다.

> 여호와의 영광이 영원히 계속할지며,
> 여호와는 자신께서 행하시는 일들로 말미암아 즐거워하시리로다.

물론 우리는, 하나님의 영광이 또한 창조 세계를 뛰어넘으며, 창조 세계에 앞서고 동시에 그 세계를 능가한다는 점을 덧붙여야 할 것이다. 시편 8:1이 일깨워 주고 있듯이, 하나님은 '하늘 **위에**'(above the heavens) 자신의 영광을 두셨다. 그러나 창조 세계는 하나님의 영광을 선포(시 19:1)만 하고 있는 것이 아니다. 창조 세계의 충만함은 또한 하나님 영광의 본질적인 부분이기도 하다. 동일한 점이 에스겔이 보았던 하나님의 영광에 대한 약간 다른 환상에 암시되어 있다. 그 환상은 반투명한 하나님의 단과 번쩍이는 보좌뿐만 아니라 네 생물도 포함하고 있는데, 이 네 생물의 머리는 살아 있는 모든 생물체의 대표로서 그 가운데 사람도 포함되어 있다(겔 1장). 창조 세계를 상징적으로 포함하고 있는 이 환상 전체를 가리켜 때때로 에스겔은 간단하게 "여호와(하나님)의 영광"(3:23; 8:4; 10:4 등)이라고 말한다. 우리들 대부분은 에스겔이나 이사야가 경험했던 것처럼 하나님의 영광을 경험하지 않았다는 사실에 안도감을 느낀다. 그러나, 땅의 충만함(지구상의 모든 피조된 생명체 전체)과 하나님의 영광 사이에 놓인 연결성을 인식한다는 것은, 사도 바울이 일깨워 주듯이, 사람들이 단순히 지구상에 거주하는 것을 통해 매일 하나님의 실체와 대면하고 있음을 의미한다(롬 1:19-20). 물론, 그런 경험을 하면서 우리가 어떻게 하느냐는 다른 문제지만 말이다.

이 단락을 종결지으면서, 땅이 하나님께 속한다는 천명에서 어떤 생태학적 도전들이 떠오르는가? 하나님의 소유권은 어디에서 우리의 윤리적 선택에 영향을 주는가? 진정 창조 질서가 하나님께 갖는 가치 때문에 그 자체로 선한 것으로 여기는 태도에는 생태학적 함의가 있는가? 창조 질서는 우리가 우리 자신의 목적을 위해서 상품화하고, 소모하고, 사용하고, 남용할 수 있는 중립적인 '것'이 아니다. 더 나아가, 전체 창조 질서의 일부분으로서 우리 인간은 하나님을 찬양하고 영화롭게 하기 위해 존재하고 있을 뿐만 아니라 나머지 창조 세계도 그렇게 하도록 도와야 한다. 그리고 가장 큰 계명이 우리가 하나님을 사랑해야 하는 것이라면, 그것은 우리가 하나님께 속한 것을 존중하고, 보살피고, 귀하게 여겨야 한다는 의미를 내포하는 것이 분명하다. 이 점은 어떠한 인간 관계에도 해당되는 말일 것이다. 우리가 누군가를 사랑한다면, 우리는 그들에게 속한 것을 아끼고 보살핀다. 하나님을 사랑한다는 것(그리고 예레미야가 9:24에서 덧붙이고 있듯이, 진정 하나님을 안다는 것)은 하나님이 가치 있게 여기시는 것을 가치 있게 여기는 것을 의미한다. 그러므로 역으로, 자연 질서의 오용과 오염과 파괴에 기여하거나 공모하는 것은 창조 세계 안에 반영되어 있는 하나님의 선하심을 짓밟는 것이다. 그것은 하나님이 가치 있게 여기시는 것을 무가치하게 여기는 것이며, 하나님에 대한 찬양을 가로막는 것이고, 하나님의 영광을 감소시키는 것이다.

우리의 땅 지구: 하나님의 선물이자 인간의 책임

지극히 높은 하늘은 여호와께 속하고,
　땅(earth)은 그가 아담의 아들들/인류에게 주셨도다.
(시 115:16, 저자의 사역; 개역개정은 "하늘은 여호와의 하늘이라도 땅은 사람에

게 주셨도다")

이미 살펴보았듯이, 하늘이 하나님께 속했듯 땅도 하나님께 속했다. 그러나 하늘과 달리 땅은 인간의 거주지다. 이는 하나님이 땅을 우리에게 주셨기 때문이다. 물론 현재 땅은, 시편 104편이 환기시켜 주면서 찬양하고 있듯이, 하나님이 지으신 인간이 아닌 다른 모든 피조물도 거주하고 있는 곳이다. 그렇지만, 땅은 인류에게 주어져 있는 것과 똑같이 다른 피조물들에게 '주어졌다'고 전해진 적이 결코 없다. 독특한 의미에서 하나님이 우리 인간에게 땅을 주셨다고 할 때, 우리를 그런 특별한 종으로 만들어 주는 것은 인간의 어떤 부분인가?

인간이 더 뛰어나며, 특별하며, 독특하다고 말하기는 쉽다. 틀림없이 그렇다.[18] 그러나 성경의 처음 몇 장은 인간의 독특성을 즉시로 강조하고 있지는 않다. 그와 반대로, 성경은 우리가 나머지 다른 생물들과 구별되기보다는 공통점이 더 많다는 사실을 우리에게 조목조목 전해 주고 있는 것 같다. (조류와 어류와 곤충들을 포함한) 나머지 동물들과 마찬가지로, 우리도 번성하여 땅을 채우라는 축복과 지시를 받고 있다(창 1:22, 28). 실로 그 생물들은 우리 인간이 이르기 전에 축복을 받았고 땅을 채우는 일로 바빴다. 인류는 또한 따로 분리된 날에 창조된 것도 아니다. 우리는 다른 생축들과 들짐승들과 기어 다니는 것들과 함께 여섯째 날에 지음을 받았다. 하나님은 사람을 만드신 것처럼, 그 때와

---

18) 그렇지만, 우리는 다른 종들과 대조적으로 인간이라는 종이 부여받은 **독특한** 자질이라고 주장할 수 있는 것에 대해 주의할 필요가 있다. 점점 더, 생물학적 조사 연구는 다른 종들이 가지고 있는 놀라운 능력들을 시사해 주고 있다. 그 능력에 대해서는 우리가 이제 겨우 이해하기 시작한 단계이다. 거기에는 도구의 사용, 소통과 '언어' 능력, 놀고 유머를 할 수 있는 능력, 심지어 어떤 설명에 따르면 점잖음과 이타심의 능력도 포함된다. 이러한 통찰에 대한 신학적이며 윤리학적인 의의에 대한 논의를 보려면, 다음을 보라. Spanner, 'Tyrants, Stewards-or Just Kings?' pp. 219-221. 내가 볼 때는 그러한 지식에 의해 위협을 느낄 필요는 전혀 없다. 우리 인간들과 다른 동물들 사이에서 발견되는 모든 공통점은 사실상 동일한 창조주를 공유하고 있다는 사실에 그 기원을 두고 있다. 인간으로서 우리의 독특성은 인간에게 독특한 능력이라고 주장되는 이러저러한 능력이나 그러한 능력의 목록에 있는 것이 아니다. 그 독특성은 사실상 근본적으로 우리의 생물학적 사실에 있지 않다. 성경적으로 말해서, 우리 인간의 독특성은 우리가 하나님의 형상이 되도록 하나님에 의해 지음받았으며, 그리하여 하나님의 나머지 피조물들을 다스리도록 지음받았다는 신학적인 사실에 자리잡고 있다.

정확히 똑같은 말을 사용하여(2:7) 흙으로(from the ground) 짐승과 새를 만드신다(2:19). 유일한 차이점은 사람이 **땅의 흙으로**(from the dust of the ground) 형성되었다는 점이다. 이 차이점은 "사람을 더 뛰어나게 만들어 주는 구별이 아님이 분명"하다![19] 사람이나 동물이나 마찬가지로 생명의 호흡을 공유하고 있다(창 1:30; 6:17; 7:15, 22; 참고. 시 104:29-30). 우리 인간의 경우에 그 호흡이 하나님이 우리의 콧속으로 숨을 불어넣어 주신 것이었다면(창 2:7), 그것은 아마도 인간과 동물들 사이의 존재론적 구별이 아니라 인간과 하나님 사이의 친밀한 관계성에 대해 말하고 있을 것이다(참고. 7:22).

더욱이 창세기 2:7을 나머지 동물들은 소유하지 못한 어떤 것이라는 의미에서 인간 '영혼'의 기원으로 간주하는 것은 진부한 오해다. 7절의 결론부인 "사람이 생령이 되니라"는 표현은, 다른 살아 있는 존재자들 모두에 대해 반복적으로 사용되고 있는 동일한 단어(nepeš)를 사용하고 있다(1:20, 24, 28; 6:19).[20] 나머지 모든 동물 가운데 속한 동물의 한 종으로서의 우리의 본질적 성격은, 우리 인간의 창조에 대한 멋진 말들이 있음에도 불구하고, 하나님이 나머지 동물들에게도 우리와 똑같은 음식을 제공해 주신다는 사실에 의해 강조되어 있다(1:29-30). 나머지 피조물들과 우리가 가지고 있는 공통점은 염려할 문제가 아니라 시편 104편에서 경이와 감사의 거리가 되고 있다. 이는 우리가 다른 모든 동물과 나란히, 똑같이 먹을 것과 마실 물과 자고 쉴 곳에 대한 기본적인 필요를 가지고 있기 때문이다. 그리고 창조주는 그분의 차별 없는 너그러움의 한 부분으로서 그들에게도 그리고 우리에게도 이러한 생활상의 필수품들을 풍부하게 공급해 주신다(시 104:10-30). 그러므로, 우리는 동물 중의 동물이

---

19) 앞의 책, p. 217.
20) NIV가 이 절들에서, 일관된 번역을 사용함으로써 창세기 2:7을 하나님이 숨을 불어넣으신 '살아 있는 영혼'(living soul)에 대한 주장과 관련된 절로 취하는 것이 주해상 불가능하다는 사실을 보여 줄 수 있는 기회로 삼지 않은 것은 한탄스럽다. 그 대신에, NIV는 계속해서 똑같은 히브리어 어구에 대해 다른 영어 단어들을 사용하고 있다. 즉, 인간이 아닌 동물들에 대해서는 '살아 있는 피조물들'(living creatures)을, 사람에 대해서는 '살아 있는 존재'(living being)라는 표현을 사용하고 있다. 그러나 두 경우 모두 그 단어는 nepeš다. 그 단어는 인간만 소유하고 있고 동물들은 소유하고 있지 않은 '영혼'(soul)일 수 없다. 이는 그 단어가 둘 모두에게 사용되고 있기 때문이다.

다. 우리는 피조물이며, 땅으로부터 나온 '아다마'(*ādāmâ*), 땅의 피조물 '아담' (*Adam*), 혹은 썩을 흙으로부터 나온 사람들(humans from the humus)이다. 그 래서, 물론 우리는, 하나님의 영광인 지구의 충만함을 이루는 일부이기도 하다. 지음받았다는 것은 수치가 아니라 영광이며, 우리의 수치는 다른 곳에 있다.

하나님의 형상과 지배권

그렇다면 이 모든 공통점 가운데서, 우리 인간의 독특한 점은 어디에 있는 것일까? 다른 피조물들에 대해서는 언급되지 않으면서 인간에 대해 언급되고 있는 것이 단 두 가지가 있다. 하나는 하나님이 우리를 하나님 자신의 형상대 로 만드시기로 선택하셨다는 것이며, 다른 하나는 하나님이 우리에게 나머지 피조물들을 다스리라고 지시하셨다는 사실이다. "하나님이 이르시되 우리의 형상을 따라 우리의 모양대로 우리가 사람을 만들고 그들로 바다의 물고기와 하늘의 새와 가축과 온 땅과 땅에 기는 모든 것을 다스리게 하자 하시고" (1:26). 그리고 그렇게 한 다음에, 하나님은 복을 주시고 생육하고 번성하여 충 만하라는 말씀(이미 다른 피조물들에게도 하셨던 말씀)에 "바다의 물고기와 하늘의 새와 땅에 움직이는 모든 생물을 다스리라"(1:28)는 독특한 명령을 덧 붙이신다.

어떤 수준에서 볼 때, 이 말은 사람이라는 종(種)이 지구상에서 지배적인 종 이라는 명백한 사실에 대한 신학적 표현이다. 우리는 지구의 거대한 땅덩이를 거의 다 식민지화했으며, 우리가 부딪치는 거의 모든 환경을 통제하고 활용하 는 방법들을 찾아냈다. 그러나 본문은 이것이 단순히 생물학적 사실이거나 진 화로 말미암아 우연히 생겨난 일 훨씬 이상의 것이라고 천명한다. 오히려 나머 지 창조된 질서 안에서 우리가 차지하는 지위는 하나님의 목적과 명령에 의해 주어진 것이다. 하나님은 우리가 그러한 자리를 차지하게 하려는 의도를 가지 고 인간이라는 종을 창조하셨다. 그리고 하나님은 우리를 그분의 형상과 모양 대로 만드심으로써 그런 일을 할 수 있도록 구비시켜 주셨다. 이 두 가지 천명 은 그 본문 안에서 아주 밀접하게 연결되어 있어서, 그 둘이 서로 연결되도 록 의도되어 있다는 것을 의심할 이유가 전혀 없다. 인간은 하나님처럼 되도록,

즉 나머지 창조 세계를 다스리도록 지음받은 것이다.

이 두 사실을 완전히 동일시하는 것은 지나친 것이다. 즉, 자연에 대한 우리의 지배권이 실제로 인간 안의 하나님 형상의 모든 것이라고 주장하는 것은 지나친 일이다. 왜냐하면 인간은 환경을 다스리는 일에 포함되어 있는 모든 것 훨씬 이상의 존재이며, 훨씬 더 많은 것을 행하기 때문이다. 우리 안에 있는 하나님 형상의 본질이라고 확인할 수 있는 것이 정확히 인간의 어떤 점인가를 규정하려는 노력으로 많은 신학적 논의가 있어 왔다. 우리 안에 있는 하나님의 형상은 우리의 합리성인가? 도덕 의식인가? 관계 맺는 능력인가? 하나님에 대한 우리의 책임 의식인가? 심지어 우리 인간의 직립 보행과 얼굴 표정의 풍부함조차도 인간 안에 있는 하나님 형상이 드러나는 부분이라는 논의가 있어 왔다. 성경은 어디에서도 그 용어를 규정해 주고 있지 않기 때문에, 그것을 정확히 규정해 보려는 노력은 헛된 시도가 될 것이다. 어쨌든, 우리는 하나님의 형상을 어찌되었든지 간에 우리가 소유하고 있는 독립된 어떤 '것'이라고 생각해서는 안 된다. 하나님은 인간에게 하나님의 형상을 **주신** 것이 아니었다. 오히려 그것은 우리의 창조 그 자체의 한 차원이다. "우리의 형상대로(개역개정은 '모양대로')"라는 표현은 형용사구(마치 우리가 소유하고 있는 어떤 자질을 단순히 설명하는 것처럼)가 아니라 부사구(하나님이 우리를 만드신 방식을 설명하는)이다. 하나님의 형상은 우리가 **소유하고 있는** 어떤 것(something we possess)이 아니라 **우리 존재의 성격**(what we are)이다. 사람이 된다는 것은 곧 하나님의 형상이 된다는 것이다. 그것은 우리 인간이라는 종에게 부가적으로 덧붙여진 여분의 것이 아니다. 그것은 바로 인간이라는 것이 의미하는 바를 규정하는 것이다.

그 점을 지적했으니, 이제 앞의 주제로 돌아가 보기로 하자. 나머지 창조 세계에 대한 지배권을 갖는 것이 하나님의 형상 **그 자체**가 아니라면, 그것은 분명 하나님의 형상됨이 **할 수 있게끔 해주는** 것이다. 하나님의 형상으로 지음받았다는 사실이 지니고 있는 여러 함의 가운데서, 창세기가 전면에 내세우는 것이 바로 이 점이다. 하나님에 의해서 하나님 자신의 형상대로 만들어짐으로써 인간은 지배권을 행사하도록 지시받고, 그렇게 할 수 있도록 구비된다. 혹은 달리 말해서, 하나님이 이 마지막으로 지음받은 인간이라는 종이 그분의 나머지 피조물들에 대한 지배권을 행사하도록 **의도하셨다는** 그 뚜렷한 이유 때문에, 하나님은 의도적으로 이 종만을 자신의 형상대로 만드셨다.[21]

그렇게 해서 하나님은 인간이라는 종에게 지구를 채울 뿐만 아니라(이것은 이미 말했듯이 다른 피조물들에게도 주어진 지시다) 지구를 정복하고 나머지 피조물들을 다스리라고 지시하신다. '카바쉬'(kābaš)와 '라다'(rādâ)라는 단어는 종종 힘을 행사하거나 노력하는 일, 또는 다른 피조물에게 자신의 의지를 부과하는 일을 의미하는 강한 단어로 사용되고 있다. 그러나, 그 단어들은 현대의 생태학적 신화론이 풍자하기를 좋아하듯, 폭력이나 남용을 함의하고 있는 단어가 아니다. 현재의 환경 위기에 대한 주요 책임은, 창세기 1:28에 뿌리를 두고 있는, 자연에 대한 도구적 견해를 가지고 있는 기독교에 있다는 생각이 광범위하게 퍼져 있다. 그러한 생각의 원천은 1967년에 쓴 린 화이트(Lynn White)의 기고문, "생태 위기"(Ecologic Crisis)로 거슬러 올라가는데, 그의 글은 자주 재생되고 많이 인용된다. 그 이후 많은 다른 학자가 그의 글에 대해 답변을 해 왔으며, 그것은 창세기의 히브리어 본문에 대한 잘못된 이해에 근거하고 있음을 보여 주었다. 예를 들어, 제임스 바(James Barr)는 1972년에 다음의 사실을 보여 주었다.

인간의 '지배권'은 뚜렷한 수탈적 측면을 전혀 포함하고 있지 않다. 그것은 잘 알려져 있는 목자 왕(Shepherd King)에 대한 동양 사상에 가깝다.…그러므로 창조에

---

21) 주해상으로, 두 개의 '간접 명령' 절(clause)이('무슨 일을 만들자'거나 '무슨 일을 하자'와 같은 구절들) 간단한 접속사를 통해 서로 이어서 나올 때, 그 전체 의미는 두 번째 절을 첫 번째 절의 의도된 결과로 만들거나 그 두 번째 절이 일어날 수 있도록 첫 번째 절이 만들어 내는 것일 수 있다. 말하자면, 우리는 "제인을 대학에 보내어 좋은 교육을 받게 합시다, 그래서 제인이 보수를 잘 받는 직업을 갖게 합시다"라고 말할 수 있다. 대학 교육에는 단순히 좋은 직업을 잡는 일 이상의 것이 있다. 그러나 대학 교육은 좋은 직업을 잡을 수 있도록 구비시켜 준다. 마찬가지로, 하나님이 말씀하신 이 두 진술의 취지를 '우리가 우리 자신의 형상과 모양대로 사람들을 만들자. 그렇게 해서 그들이 나머지 창조 세계에 대해서 지배권을 행사할 수 있게 하자'는 말로 받아들일 수 있다. 이 두 진술은 동일한 진술은 아니지만, 첫 번째가 의도적으로 두 번째 일을 할 수 있게끔 해준다.

대한 유대-기독교적 가르침은, 린 화이트의 주장과 같은 논의들이 제시하는 생태 위기에 거의 아무런 책임이 없다. 반대로, 창조 교리에 대한 성경적 토대들은 그 반대 방향으로, 수탈할 수 있는 면허장과는 거리가 먼 존중하고 보호할 의무를 향하고 있는 것으로 보인다.[22]

'카바쉬'와 '라다'가 난폭한 남용과 수탈을 함축할 수 있다는 생각과, 그러므로 기독교가 본래적으로 생태에 적대적인 종교라는 비난은 비교적 최근에 일어난 일이다. 그 때까지 수백 년 동안 유대 전통과 기독교 전통에서 이 두 단어에 대한 지배적인 해석은, 그 두 단어가 인간의 위탁 관리에 맡겨진 나머지 창조 세계에 대한 호의적 보살핌을 함의하고 있다는 것이었다.[23] 어떤 면에서, '카바쉬'는 사람들이 땅 위의 다른 모든 종이 하고 있는 일, 즉 살아가고 존속하기 위해서 그 환경을 활용하는 일을 하도록 권한을 준다. 이러 저러한 방식으로 모든 종은 그 자신이 번성하는 데 필수적인 만큼 다양하게 "땅을 정복"하고 있다. 그것이 지구상에서 살아가는 생명의 성격이다. 28절에서 그 단어가 인간에게 적용되었을 때, 그 말은 단지 농경 일을 암시했을 것이다. 인간이 인간의 유익을 위해 인간 나름대로 땅을 '정복'하는 형태를 찾으려고 도구와 기술을 개발해 왔다는 사실은 다른 종들이 하고 있는 것과 원칙적으로 조금도 다르지 않다. 물론 전체 생태계에 미치는 영향과 정도에 분명 큰 차이가 있긴 하지만 말이다.

'라다'라는 말은 더욱 독특하다. 그 말은 다른 종들에게는 전혀 맡겨지지 않은 인간의 역할과 기능, 다스리는 기능이나 지배권을 행사하는 기능을 설명한다. 여기에서 하나님은 분명히 창조 세계 전체에 대한 자신의 왕적 권위를 위임의 형태로 인간의 손에 넘기고 계시는 듯 보인다. 흔히 지적되듯이, 고대의 왕들과 황제들은 (그리고 심지어 근대의 독재자들까지도) 그 영토와 주민들에 대한 자신의 주권을 표시하기 위해 그들 영역의 먼 구석구석까지 자신들의 형

---

22. Barr, 'Man and Nature', pp. 22, 30.
23) 기독교 역사에서 이 견해에 대한 대표적인 표현들에 대한 조사로는 다음을 보라. Nash, *Loving Nature*, ch. 3, 'The Ecological Complaint against Christianity.'

상을 세워 놓았다. 그 상은 진짜 왕의 권위를 대변하는 것이었다. 마찬가지로, 하나님은 땅의 창조주이시며 소유주이신 하나님께 속하는 권위에 대한 상으로서 인간이라는 종을 창조 세계 안에 세워 두신다고 말할 수 있다.

그 유비와는 별개로, 창세기는 '왕'이라는 단어를 사용하지도 않으면서 하나님의 일을 왕과 관련된 맥락에서 기술하고 있다. 하나님의 창조 작업은 계획에서의 지혜와 실행에서의 능력과 완성에서의 선함이 넘쳐난다. 이러한 것들은 바로 시편 145편이 하나님의 모든 창조 업적과 관련하여 "왕이신 나의 하나님"에 대해 찬양하며 언급하는 특성들이다. 하나님이 만드신 모든 것을 향하여 행사되는 왕이신 하나님의 권능에는 의로움과 자비가 내재해 있다. "물론 이것들은 왕의 자질들이다. 왕이라는 단어를 사용하지 않으면서, 창세기 1장의 저자는—참으로 시편 93편과 95-100편이 왕이신 하나님을 창조주로 칭송하고 있듯이—이상적인 왕에 속하는 모든 자질에서 최고가 되시는 **왕**이신 창조주를 찬양하고 있다."[24] 그러므로, 이 하나님의 형상대로 만들어진 피조물이라면 위임받은 지배권이라는 명령을 실행해 나갈 때 이것과 동일한 자질들을 반영하게 될 것이라고 가정하는 것은 자연스럽다. 인간이 발휘하는 이 지배권이 어떤 식으로 행사되든지 간에, 그 행사는 반드시 하나님 자신의 왕권이 갖는 성격과 가치들을 반영해야 한다. "그 '형상'은 왕의 모형이며, 하나님이 인류에게 위탁하신 통치의 종류는 이상적인 왕권에 합당한 것이어야 한다. 그것은 남용이나 나태가 아니라 **이상**(ideals)이다. 전제 정치나 아랫사람들에 대한 자의적인 조종이나 수탈이 아닌, 정의와 자비와 모두의 안녕에 대한 참된 관심에 의한 통치다."[25]

그러므로, 나머지 창조 세계에 대한 인간의 지배권은 하나님의 왕권을 반영하는 왕권 행사가 되어야 한다. 하나님의 형상은 거만한 패권에 근거한 남용의 면허장이 아니라, 하나님의 성품을 겸손히 반영하는 데 몰두하도록 만드는 하나의 모형이다.

---

24) Murray, *Cosmic Covenant*, p. 98(강조는 그의 것).
25) 앞의 책.

이 이해는 우리의 우월주의를 뒤집어엎는다. 우리가 지배권을 소유하고 있다는 점에서 하나님을 닮았다면, 우리는 그 지배권을 발휘하는 방식에서 틀림없이 "하나님을 본받는 자"(엡 5:1)가 되도록 부름받았기 때문이다. 실로 '이마고 데이'(*imago dei*, 하나님의 형상)는 땅을 마음대로 하도록 처분권을 준다기보다는 오히려 우리를 제약한다. 우리는 전제 군주가 아니라 왕이 되어야 한다. 우리가 전제 군주가 된다면, 우리 안에 있는 그 형상을 부정하고 심지어 파괴하는 것이다. 그렇다면, 하나님은 어떻게 지배권을 행사하시는가? 시편 145편은 하나님이 인류에게만이 아니라 "그가 만드신 모든 것"에 대해 은혜롭고, 긍휼이 많으시고, 선하시고, 신실하시며, 사랑이 많으시고, 관대하시며, 보호하신다고 말한다. 하나님의 특징적인 행위는 복을 주시는 것이다. 그리고 그것은 가축들과 사자들과 심지어 새들까지도 먹이를 먹고 물을 마실 수 있게끔 보장해 주시는 하나님의 지속적인 보살핌이다(시 104; 마 5:26).[26]

섬기는 왕권

구약 성경은 창조 세계에 대한 인간 지배권 발휘의 모델로서 어떠한 종류의 왕권을 우리 앞에 제시하고 있는가? 그 이상에 대한 가장 간명하게 진술은, 아마도 젊은 르호보암 왕이 즉위하고 북부 지역 백성들이 그의 아비 솔로몬의 억압 정책을 완화해 달라고 요구했을 때, 늙고 지혜로운 왕의 조언자들이 해준 말에서 얻을 수 있을 것이다. 그들은 르호보암에게 왕이 된다는 것은 바로 이런 것이라고 말했다. "왕이 만일 오늘 이 백성을 섬기는 자가 되어 그들을 섬기고 좋은 말로 대답하여 이르시면, 그들이 영원히 왕의 종이 되리이다"(왕상 12:7). 그 이상은 상호 섬김이었다. 물론 왕을 섬기고 순종하는 것은 백성들의 의무였다. 그러나 왕의 일차적인 의무는 백성들을 섬기고, 그들의 필요를 보살펴 주고, 정의와 보호를 제공해 주고, 압제와 폭력과 수탈을 피하는 것이었다. 왕이 자기 백성의 유익을 위해 존재하는 것이지, 백성이 왕을 위해 존재하는 것이 아니다. 이 점을 표현해 주었던 은유, 그리고 단지 이스라엘에서만이 아니

---

26) Spanner, 'Tyrants, Stewards—or Just Kings?' p. 222.

라 고대 근동 전역에서 왕의 통치에 대한 은유로서 공통적으로 사용되었던 것이 바로 **목자**의 은유다. 왕은 그 백성들의 목자였다. 양들은 그들의 목자를 따를 필요가 있다. 그러나 목자들이 해야 할 일차적인 책임은 양들을 수탈하거나 남용하고 학대하는 것이 아니라 그들을 보살펴 주는 것이다. '목자'라는 말 자체가 권한이나 권력보다는 책임에 대해 더 많이 말하고 있다. 그래서, 에스겔은 이스라엘의 과거 왕들을 맹렬한 탄핵하면서 그들을 동정심이나 양심도 없이 자기 양 떼를 수탈했던 목자들이라고 묘사하고 있다. 그 과정에서 에스겔은 참된 왕은 어떠한 모습이어야 하는가에 대해 탁월한 은유적 묘사를 하면서, 궁극적으로 하나님만이 그리고 하나님이 임명하시는 다윗 계열의 왕만이 그러한 참된 왕직을 수행할 자격을 갖추었을 것이라고 말한다(겔 34장).

그러므로, 창조 세계 안에서 인간의 지배권은 비록 그것이 왕권의 형태이긴 하지만 이러한 성경적 패턴을 모델로 삼아야 한다.

> 만일 우리가 하나님의 다른 피조물들에 대해 지배권을 가지고 있다면, 우리는 선한 목자이자 겸손한 종으로서 그 피조물들과 더불어 평화롭게 살아가도록 부름을 받은 것이다. 우리가 하나님의 형상으로 지음을 받았다고 말하면서, 하나님은 도무지 행하시지 않을, 다른 종들을 학대하고 소홀히 하고 심지어 멸시하기 위한 구실로 그것을 사용해서는 안 된다. 우리는 왕된 자들로서 다른 피조물들에 대한 생사여탈권을 가지고 있으며, 정의와 자비의 원칙에 맞게 그것을 행사할 권리를 가지고 있다. 그리고, 우리는 하나님에 대해서만이 아니라 그들에 대해서도, 사랑하고 보호해 주어야 할 유사한 의무를 가지고 있다.[27]

나머지 창조 세계를 향한 우리 인간의 적절한 입장으로서, 좀더 빈번하게 사용되고 있는 '청지기' 모델보다 섬기는 왕이라는 이 개념이 더 선호할 만한 것이라는 점에 주목할 가치가 있다. 우리가 '창조 세계에 대한 청지기'가 되어야 한다는 가르침은 매우 널리 퍼져 있으며 인기가 있다. 그리고 물론 그것은

---

27) 앞의 책, p. 224.

다소간 근본적인 성경적 진리를 포함하고 있는 것이기도 하다. 무엇보다도 그 사상은 우리가 지구의 소유자가 아니라는 사실을 지적한다. 오히려, 지구는 그것을 진정으로 소유하고 계신 분이 우리에게 보살피라고 **위탁하신** 것이다. 그러나 청지기 개념은 몇 가지 오해와 남용에 취약하다. 가장 적은 피해를 들자면, 어떤 문화적 상황에서는 기독교계에서 '청지기직'이라는 말이 일반적으로 오직 금전에 대한 호소('청지기 캠페인' 등과 같이 모금을 위한 표어로 사용되는 경우)를 함의하는 용어로만 사용되고 있다는 사실이다. 더욱 큰 피해로는 그 단어가 때때로 비기독교계에서 천연 자원들을 거리낌 없이 비양심적으로 수탈하는 것에 대한 도덕적 분위기를 제공해 주기 위해 사용되고 있다는 점이다. 청지기 직분이라는 단어는 보살피는 관계보다는 물건들에 대한 관리를 말할 때 사용하는 용어다.

> 문제는 이 모델[청지기직]이 환원주의적인 우리 과학의 지배적 정신에 대해서 그리고 수탈적인 우리의 테크놀로지 정신에 대해서 사실상 도전하고 있지 않다는 것이다. 이 모델은 단지 세계와 그 안에 거하는 인간 아닌 모든 것이 우리 인간의 쓸 것을 위한 자원이라는 근대적 사상을 완화시켜 줄 뿐이다. 그렇다. 그것은 자원이다. 그러나 그것은 하나님께 속한 것이다. 그렇다. 우리가 그것을 쓸 수가 있다. 그러나 우리는 보살피면서 사용해야 한다. 또한 그 모델은 우리의 우월주의에 대해서도 도전하지 않는다. 우리는 청지기를 그 사람이 관리하는 재산과는 다르며 더 우월한 존재라고 생각한다. 반면에, 왕은 물건을 관리하는 것이 아니다. 왕은 살아 있는 존재들을 다스린다. 왕 또한 하나님께 책임을 져야 한다. 그러나 또한 자기 백성에 대해서도 책무를 지고 있다.[28]

그러므로, 창조 명령이 지구를 지키는 청지기가 되라는 것이 아니라 다른

---

28) 앞의 책, p. 222. Jim Ball은 '청지기 직분'의 의미에 대한 여러 다른 복음주의적 접근 방법을 보여 주는 유익한 도표를 제공해 준다. 그것은 나머지 창조 세계를 단지 인간들이 최대한으로 착취할 수 있는 자원에 불과한 것으로 보는 입장에서부터 여기에서 논의된 섬김의 모델을 강조하고 있는 입장에까지 이른다. 그의 글을 보라. J. Ball, 'Ecological Crisis', p. 230.

피조물들을 '다스리라'는 것이었음을 되새기도록 하자. 그러므로, 적절하고 성경적으로 인정된 우리의 모델은 왕직 모델이다. 단, 왕이 자신이 다스리는 자의 종으로서 어떤 성격의 사람이 되어 무엇을 해야 했는지에 대한 온전한 성경적 가르침을 진지하게 받아들이는 것을 조건으로 한다.

왕직이라는 구약적 개념이 갖는 또 하나의 차원은 왕권이 특별히 약자와 권력 없는 자들을 위해 행사되어야 한다는 것이었다. 시편 72편은 하나님이 왕에게 정의를 부여하셔서 그가 고난당하는 자들과 곤핍한 자들을 변호할 수 있게 해 달라고 기도하고 있다. 구약에서 이해된 정의의 본질적 성격은 맹목적으로 불편부당한 것이 아니라, 일을 바로잡기 위해 개입해서 피해를 입은 사람들을 변호하고, 압제당하는 사람들을 건져 주며, 연약하고 취약하게 노출되어 있는 사람들의 목소리를 듣고 그들의 사정을 살피는 것이다. 예레미야 21:11-22:5은 예루살렘 왕정이 하나님의 눈앞에 서느냐 넘어지느냐 하는 기준으로서 이 이상들을 제시한다. 솔로몬은 좀더 낙관적으로 그가 왕정을 시작하는 시점에서, 나라를 잘 다스리기 위해 가장 시급히 필요한 것으로서 정의를 시행할 수 있는 지혜를 달라고 하나님께 간구했다(왕상 3:5-12). 계속해서 내레이터는 두 창녀와 그들의 아기에 관련된 사례 가운데 드러나는 솔로몬의 지혜에 대한 이야기—가장 취약하게 노출되어 있는 사람들을 위해 일하는 왕의 권력에 대한 이야기—를 통하여 솔로몬의 기도에 하나님이 얼마나 효과적으로 응답하셨는지를 보여 준다. 이 지혜의 이야기는 "하나님의 지혜가 그의 속에 있어 판결"했다고 사람들에게 인정받았다(왕상 3:16-28). 그리고 잠언의 절정에 이르는 장에서 르무엘 왕의 어머니가 말하는 지혜는 왕직이 감당해야 할 본질적인 직분을 다음과 같이 제시하고 있다.

> 너는 입을 열지니라.
>   말 못하는 자와 모든 고독한 자의 송사를 위하여
> 너는 입을 열어 공의로 재판하여
>   곤고한 자와 궁핍한 자를 신원할지니라(잠 31:8-9).

따라서, 왕으로서 나머지 창조 세계를 다스리고 왕이신 하나님의 형상으로서 행동한다는 것은, 인간이 아닌 창조물들과 관련하여 성경의 정의를 시행하는 것이다. 그리고 정의를 시행한다는 것은 약자와 스스로를 변호할 수 없는 자들에 대한 각별한 관심을 반드시 포함해야 한다. '벙어리처럼 할 말을 못하는 사람들을 위해 입을 여는 것'이 인간으로서 왕이 된 자의 과업이다. 그리고 이것은 통치자의 신민들에 대해서만이 아니라 나머지 피조 세계를 향한 우리의 책임에 대해서도 적절하게 기술해 주는 말일 수 있다.[29] 목소리를 내지 못하는 자들의 목소리가 되는 것이 환경 문제를 위해 행동하고, 여러 종들과 그 서식지를 보호하고, 생태계를 보호하는 등의 일에 그리스도인이 참여하는 동기의 한 부분임이 분명하다.

진실로, 그와 같은 긍휼의 정의는 구약 성경에 등장하는 왕들만이 아니라 모든 인간의 윤리적 행위를 특징짓는 표지가 되어야 한다. 그리고 적어도 한 개의 본문은 그러한 윤리적 의무의 범위를 인간 관계를 넘어서 동물들에게까지 구체적으로 확대하고 있다.

의인은 자기의 가축의 생명(*nepeš*)을 돌보나 악인의 긍휼은 잔인이니라(잠 12:10).

'네페쉬'(*nepeš*)는 여기에서 (사람들에게 해당될 수 있듯이) 동물들이 가진 내면의, 말 못하는 느낌과 필요를 의미할 수 있다. 그리고 동료 인간들에게 하는 것과 마찬가지로, 동물의 '네페쉬'에 주목하고 보살펴 주는 것이 성경이 말하는 의로움의 표지다. 반대로 악인(어떤 식으로도 정의에 대해서 관심을 기울이지 않는 사람, 잠 29:7)은 긍휼을 잔인함으로 바꾸어 버린다.

이 경구는 심원한 의미를 내포하고 있다. 히브리 덕목들 가운데서, 인간을 대하는 하나님께 사용되고 서로를 대하는 인간에게 사용되고 있는 가장 포용적이며(*ṣedeq*, 정의, 공의) 가장 깊이 느껴졌던(*raḥămîm*, 긍휼, 동정심) 것이 여기에서 동물들을

---

29) 이 점에 대해 좀더 충분한 도덕적이며 성경적인 사례를 보기 위해서는 다음을 보라. Linzey, *Animal Theology*, ch. 2, 'The Moral Priority of the Weak.'

향한 올바른 태도와 잘못된 태도에 대해 말하는 데 사용되고 있다. 이렇게 해서, 동물들이 인간 윤리의 영역 안으로 들어오고 있다.[30]

마지막으로 구약 성경을 넘어서 살펴볼 때, 창조 세계 안에서 우리 인간의 역할을 종으로서의 섬김을 통해 발휘되는 왕직이라고 간주하는 것은 정확히 주 예수 그리스도께서 우리를 위해 확립해 놓으신 모형을 반영하는 것이다. 물론 이것은 거의 놀라운 사실이 아니다. 우리는 창조 세계 안에서 하나님의 형상으로 행동하라는 부르심을 받고 있다. 그리고 그리스도는 완전한 하나님의 형상이시다. 그러므로, 우리는 주권에 대한 예수님의 모델이 종으로서의 섬김을 통해 표현되었음을 발견한다. 그리고 예수님께 종으로서의 섬김은, 자신이 섬기기 위하여 오셨던 대상들을 위해 베풀어 주신 관대한 사랑과 값비싼 자기 희생을 의미했다. 물론 우리는 그리스도를 닮은 모습으로 동료 인간들을 섬길 때 따라야 할 모형으로서 이 점에 익숙하다. 그리고 자연 세계에 대해 우리가 그리스도를 닮은 책임을 발휘할 때도 이 모형을 적용하지 못할 이유를 전혀 발견할 수 없다. 자연 세계 역시 그리스도를 통하여 그리고 그리스도를 위하여 지음받은 것이다. 구약 성경은 이미 자신의 모든 피조물에 대한 하나님의 관대하시고 사랑이 넘치는 보살핌에 관해 많은 가르침을 제공하고 있다(시 104편과 시 145편은 고전적인 해설들이다). 예수님까지도 아버지의 그 특징을 너무나 자명한 전제로 사용하셔서 그 위에 다른 가르침을 세워 나갈 수 있는 것으로 보셨다(마 6:25-34).[31] 그러므로 우리는 그리스도적인 생태 윤리/환경 윤리 개론을 만들어 나갈 수 있는 성경적 자료를 풍성히 가지고 있다. 앤드류 린지(Andrew Linzey)는 아낌 없이 자기를 후하게 내어 주시는 그리스도의 모델에 각별히 초점을 맞춘다. 빌립보서 2:5-9과 마태복음 25:35-37과 같은 핵심적인 '범례' 본문들에 대해 상기시키면서, 린지는 우리와 동물들의 관계를 추론하고 있다.

---

30) Murray, *Cosmic Covenant*, p. 113.
31) 동물들과 관련된 예수님의 가르침과 행동에 대한 자세한 조사로는 다음을 보라. Richard J. Bauckham, 'Jesus and Animals.'

도덕적인 관대한 반응을 강화시켜 주며 강제하는 것은 바로 동물들의 취약성과 무력함, 그에 상응하여 동물들에 대해 우리 인간이 가지고 있는 절대적인 권력이다. 나는 우리 인간이 그리스도께서 우리에게 자신을 나타내신 것처럼 창조 세계에 우리를 나타내야 한다고 제안한다. 우리가 인간의 우월성에 대해 말할 때, 그리스도를 닮은 주권(lordship)에 대해서뿐만 아니라 그리스도를 닮은 섬김에 대해서도 말할 때에만 우리는 그 문제에 대해 적절하게 말하고 있는 것이다. 섬김이 없는 주권은 있을 수 없으며, 주권이 없는 섬김도 있을 수 없다. 창조 세계 안에서 우리의 특별한 가치는 다른 피조물들에 대해서 갖는 특별한 가치로 이루어지는 것이다.[32]

실제로 린지는 나중에 인간이라는 종으로서 우리가 가진 독특함이란 바로 여기, 즉 모든 종 가운데서 유독 우리 인간만이 하나님 자신이 행하시는 모습을 반영하면서 다른 피조물들을 돌아보는 일에 자신을 투자할 수 있는 능력을 가지고 있다는 점에서 발견돼야 한다고 주장한다. 린지는 거기에 어떤 제사장적인 면이 있다고까지 주장한다. 즉, 그 일을 통해서 우리가 창조 세계를 구속하는 일에 그리스도와 동참할 수 있게 된다는 것이다. 그러한 제안이 성경의 명백한 확언을 넘어서는 것이든 그렇지 않든 간에(나는 좀 넘어선다고 생각한다), 분명 다른 여러 가지 점 가운데서 "인간의 독특성은 섬기는 종(種)이 될 수 있는 능력으로 이루어진다"[33]고 말하는 것은 타당한 지적이라고 여겨진다. 그리고 그러한 종됨이 창조 세계 안에서 우리의 왕직이 가지고 있는 적절한 성경적 차원이다.

이제 토대를 이루고 있는 창조 기사들로 복귀하면서 우리가 지금까지 논의해 왔던 사실의 저변에 깔려 있는 균형에 주목하는 것이 인상에 남을 것이다. 한편으로, 창세기 1장에서 동물 창조의 정점으로 창조된 인류는 하나님의 형상으로서 피조물들 가운데서 나머지 피조물들에 대해 지배권을 발휘하는 데 필수적인 능력을 부여받았다. 다른 한편으로, 창세기 2장에서 그를 둘러싸고 있

---

32) Linzey, *Animal Theology*, pp. 32-33.
33) 앞의 책, p. 57.

는 땅과 그 필요들이라는 맥락에서 사람을 지으신 하나님은 '그것을 섬기고 지키도록' 그를 에덴 동산에 두신다.[34] 지배권(창 1장)이 종됨(창 2장)을 통해 행사되었다. 그것이 생태계에 대한 우리의 책임과 관련하여 말하고 있는 성경적 균형이다.[35]

인간의 우선권

창세기 1-2장에서 인간이 하나님 창조의 절정이었다고 말하는 것은 정확히 맞는 말이 아니다. 진짜 절정은 하나님이 자신이 만드신 '참 좋은' 창조 세계를 흡족히 누리는 상태에 들어가셨을 때, 하나님 자신의 안식과 더불어 이루어졌다. 창조 세계는 하나님을 위해 존재한다. 우리가 이미 살펴보았듯이 하나님의 찬송과 영광을 위해서 그리고 하나님의 기쁨을 위해서 존재한다. 그 모든 것이 **우리를 위해** 존재하고 있다고 생각하는 것은 얼토당토않은 자만이다. 그러한 상상은 우리에게 주어져 있는 역할, 즉 나머지 창조 세계를 다스리는 것에서 추론할 수 있는 것이 아니다. 그 역할은 다시금 우리 자신에게 왕직을 바라보는 성경적 관점을 일깨워 준다. 이스라엘의 왕들은 그 백성들을 '소유'하지 않았으며, 그들이 다스렸던 땅도 소유하지 않았다. 그 백성들과 땅은 모두 여호와 하나님께 속해 있었다. 그러므로, 왕이 백성들과 땅을 자신의 사유 재산처럼 여기고 자신의 부유함을 위해 그것들을 수탈하는 일은 예언자들에게 많은 비난을 받았던 남용이었다. 이것이 바로 왕정 통치 가운데 자리잡고 있던 부패 성향에 대해 예리한 설명을 하면서 사무엘이 이스라엘에게 경고했던 것이다(삼상 8:10-18). 그러므로, 온 세상이 오로지 인간의 유익을 위해서만 존재하고 있다고 상상하는 것은 인간의 지배권에 대한 전적으로 잘못된 견해다. "창세기

---

34) 이것이 두 동사 'ābad와 šāmar에 대한 문자적이며 가장 단도직입적인 의미다. 첫 단어는 노동을 포함하고 있으며, 말할 필요도 없이 우선적으로 땅을 경작하는 일을 가리킨다. 그러나 그 동사는 여전히 일차적으로 섬김을 가리키는 말이다.
35) 아마도 동일한 패턴이 결혼 생활에서의 머리됨과 교회 안에서의 목회적 리더십의 의미에서 발견된다는 점, 그리고 그 둘 모두 동일한 기독론적 토대 위에 서 있다는 점(엡 5:22-33; 벧전 5:1-4)에 주목하는 것이 의미 있을 것이다. 이 두 영역에서도, 그리스도의 패턴을 가장 잘 반영하는 것은 섬기는 마음과 자기를 내어 주는 태도와 실천들을 통해 발휘되는 책임이다.

1:26, 28은 인간에게 세상을 다스리는 지배자라는 신분을 부여한다. 하지만, 지배자들을 위해 백성들이 존재하고 있다는 것은 정권을 바라보는 성경적 관점이 아니다! 오히려, 그 역이 맞는 말이다(참고. 마 20:25-28)."[36]

이렇듯 창조 세계는 **오직** 인간의 유익만을 위해 존재하고 있는 것이 아님이 확실하다. 구약 성경은 창조 세계를 하나님과 직접적으로 관련지어서, 하나님을 영화롭게 하고 하나님께 기쁨을 가져다 드리는 일을 가치 있게 본다. 시편과 지혜서들은 창조 세계 가운데서 인간의 유익을 위한 용도는 고사하고 인간들이 거의 목격조차 할 수 없는 부분들을 찬양하고 있다(이를테면, 욥 38-41장). 그리고 하나님이 인간을 먹이시고 쉴 곳을 주기 위해 땅의 자원들을 제공해 주셨다고 말하는 것조차도, 하나님이 나머지 짐승들과 새들과 물고기들을 위해 해주시는 것(시 104편)을 우리 인간을 위해서도 똑같이 해주신다고 말하는 것 그 이상이 아니다.

선교학적으로, 여기에는 또한 두 가지 한층 더 중요한 점이 있다. 한편으로, 만일 창조 세계가 우선적으로 하나님의 영광과 즐거움을 위해서가 아니라 인간의 유익만을 위해 존재하는 것이라면, 창조 세계에 대한 보살핌은 인간 이기주의의 또 다른 형태에 불과하다는 비난을 면치 못할 수 있다. 물론 우리가 창조 세계를 보살피는 일 가운데서 궁극적으로는 우리 인간에게 가장 좋은 최선의 것을 한다는 것은 **사실이다**. 그러나 그 과업은 그 자체로도 타당성을 가지고 있다. 우리는 창조 세계가 속해 있는 그 하나님을 사랑하기 때문에, 그리고 창조 세계를 통해 하나님의 영광이 증대되는 것과 우리가 사랑으로 보살피는 것을 통해 섬김을 받는 창조 세계 안에서 하나님이 기뻐하시는 것을 보고자 열망하기 때문에 창조 세계를 돌본다. 그 과업은 단순히 우리 자신의 필요를 채우는 한 가지 방식으로서만이 아니라 그 자체로 타당성을 지니고 있다.

다른 한편으로, 일부 그리스도인들은 환경과 관련된 실천은 오직 그에 따른 결과로서 사람에게 어떤—가능하다면 복음 전도의 성격을 지닌 어떤—유익이 있는 경우에만 기독교 선교의 한 형태로서 타당성을 지닌다고 말할지도 모른

---

36) Bauckham, 'Theology of Nature', p. 234.

다. 다시 밝히지만, 우리는 그리스도인들이 환경 문제에 개입하는 일이 강력한 복음 전도의 결과를 낳을 수 있다는 것에 대해 의문을 가질 필요가 없다. 그러나 창조 세계에 대한 보살핌은 인간과 관련해서 그와 같은 결과를 가져올 때에만 정당화되는 것이 아니다. 그 보살핌은 그 자체의 임무와 타당성을 가지고 있다. 우리는 하나님이 자신에게 창조 세계가 가치 있다고 선언하셨기 때문에, 그리고 하나님의 형상대로 지음받은 종으로서 우리가 행하는 왕직 기능의 일부로서 그렇게 하도록 지시를 받았기 때문에 창조 세계를 보살핀다. 창조 세계에 대한 보살핌은 우리 인류의 근본적인 차원이지, 기독교에게만 해당하는 선택적 차원이 아니다. 다른 경우에도 마찬가지지만, 이 경우에 그리스도인이 된다는 것은 **더욱** 아름답게 되라는 요청을 받는 것이지 마치 하나님이 인류에게 주신 첫 번째 큰 책임이 어떻게 해서인지 우리 그리스도인들에게는 적용되지 않는다는 듯이 처신하는 것이 아니다.

그렇지만 지금까지 했던 모든 말에도 불구하고, 성경이 인간의 독특성을 인정하고 있다는 사실은 명백하다. 적어도 세 가지 면에서 그렇다. 첫째, 하나님은 모든 피조물 가운데 오직 사람만을 하나님 자신의 형상대로 지으셨다. 둘째, 다른 모든 피조물은 천사들(혹은 하나님)보다 약간 낮은 그리고 영광과 존귀로 관이 씌워진(시 8:5-6) 피조물인 '그의 발 아래' 놓여 있다. 그리고 셋째, 모든 생명은 하나님께 중요하다는 일반적 원칙의 범위 내에서, 하나님은 사람의 생명이 각별한 존엄성을 갖는다고 선언하신다(창 9:4-6). 그러한 본문들과 그 본문들이 말하는 전제들 위에서, 예수님은 우리가 다른 피조물들보다 더 가치 있다는 사실에 근거하여 우리 하늘 아버지를 신뢰하라는 익숙한 권면들을 하실 수 있었다(마 6:26; 10:31; 12:12; 눅 12:7, 24). "물론 그러한 말씀들은 다른 피조물들이 전혀 가치가 없다는 의미가 아니다. 오히려 그 말씀이 갖는 전체적인 영향력은 동물들이 하나님께 본래적인 가치를 지니고 있다는 사실에 의지하고 있다. 그렇지 않다면, 사람들이 (다른 피조물보다) 더 가치 있다고 말하는 것은 아무런 의미가 없을 것이다."[37]

창세기 1장과 2장에 기록된 두 창조 기사는 모두 하나님의 선하시며 가치 있는 나머지 창조 세계 안에서의 인간의 우선성 혹은 탁월성을 지적하고 있다.

순서에 따라 기록된 창세기 1장의 기사는 그 일련의 날들의 최절정으로서 하나님 자신의 형상대로 인간을 창조하시겠다는 그분의 결정에까지 이른다. 창세기 2장은 그 전체 전경의 중앙에 인간이라는 피조물을 두고, 인간의 물질적·관계적 성격과 관련해서 다른 모든 피조물을 논하고 있다. 이 두 본문이 주는 메시지는 전체 창조 세계의 맥락 안에서 인간 생명이 하나님께 지극히 중요하다 (정점이며 중심적이다)는 것임에 분명한 듯하다. 창조 세계는 인간이라는 이 종 가운데서 그 목표를 발견하며, 참된 머리를 발견한다. (이 점은 그리스도가 우주 전체의 머리라는 신약 성경의 주장과 모순되지 않는다. 히브리서 2장이 강력하게 일깨워 주듯이, 그분의 행함을 통해 시편 8편을 성취하면서 머리의 역할을 담당하고 있는 이는 **사람이신** 예수다.)

실로, 과학에는 '인간 원리'(the anthropic principle; 인간이 이렇게 존재하고 있는 것은 인간이 우연이 아닌 필연으로 존재하기 때문이라는 명제를 갖는 우주론—편집자 주)라고 알려져 있는 견해가 있다. 이 원리의 주창자들은 우주의 기원에 대한 빅뱅 이론에 근거해서, 이 특정한 은하계 안의 이 특정한 태양계에 속한 지구라는 행성 위에 인간 생명이 존재 가능하게 된 비교적 최근의 조건들을 낳기 위해서는 우주의 맨 처음에서부터 애초의 조건이 정확히 그렇게 정해졌어야 한다는 점을 지적하고 있다. 우리 자신에 대해서뿐만 아니라 우주 자체의 기원에 대해서 성찰할 수 있는 놀라운 능력을 가진 지성적 종으로서 우리 인간이 여기에 있다는 사실은 그 출발에서부터 아주, 아주 잘 된 조율의 산물이다. 대충 거칠게 말해서, 맨 마지막에 인류를 만들기를 원한다면, 처음부터 우주를 어떤 식으로 출범시킬 것인지에 대해 아주 특별히 신경을 써야만 한다는 것이다. 언제라도 어느 방향으로라도 틈이 생기는 것을 허용한다면, 현존하는 우주는 존재하지도 않았을 것이다. 별들도 없고, 행성들도 없고, 생명을 위한 조건들도 없고, 인류도 전혀 존재하지 못하게 되었을 것이다. 그 사실은 우리에게 무엇을 말해 주는가? 성경적인 그리스도인은 그 원리가 우리가 이미 창조 기사로부터 알고 있었던 것이나 추측할 수 있었던 것, 즉 하나님이 태초

---

37) Bauckham, 'Jesus and Animals', p. 46.

에 "빛이 있으라"고 말씀하셨을 때 우리를 의중에 두고 계셨다는 것 이상을 이야기해 주지 않는다고 말할 것이다. 우주에 대한 그와 같은 목적론적 견해를 부인하는 과학자는 그와 같은 인간 중심적인 설명을 믿을 수 없다.[38]

우리는 이 '인간 원리'를 창조 세계 안에 있는 다른 모든 것을 아무런 제약 없이 처분할 수 있는 것으로 여기는, 그리하여 우리에게 자연 환경을 남용하고 무시하고 능욕하고 파괴할 수 있는 면허장을 제공하고 있는 인간 중심주의(anthropocentrism)의 일종으로 조롱해서는 안 된다. 그 원리는 피조된 질서 안에서의 인간의 우선성에 대한 성경적 천명과 잘 조응된다. 몇몇 전면적 생태 보호 운동가들(Deep Ecologists)은 '종차별주의'(speciesism)라고 배격했지만, 인간의 우선성이라는 이 개념은 환경 문제들과 동물의 권리에 대한 감정에 호소하는 질문들과 관련해서 기독교 윤리학이 민감하게 주장해야 하는 개념이다. 하나님의 형상대로 지음을 받았다는 그 결정적 특성에서 나오는 인간의 독특성은, 어느 곳에서든지 창조 세계의 다른 생물들 혹은 무생물들의 필요와 인간의 필요 사이에 갈등이 존재할 경우 인간이 우선적임을 의미한다(**그러나 인간과 나머지 피조물의 필요를 동시에 채워 주는 것으로는 만족스럽게 해소될 수 없는 갈등이 존재하는 경우에 한해서만**). 물론 이상적으로는, 좀더 총체적이며 유지 가능한 체제가 작동할 수 있는 상황, 환경적으로 땅과 물에 대한 우호적 관리 형태가 인간의 번영에 기여할 수 있는 상황, 그리고 인간의 유익이 나머지 동료 피조물들의 유익과 조화를 이루도록 추구되는 상황을 향해 노력해야 한다. 앞으로 살펴보겠지만, 그것이 바로 장래에 대한 종말론적 비전의 일부다. 그러나 그것은 또한 현재 우리의 생태 윤리와 목표를 지도해 줄 수도 있다.

---

38) Hawking, *Brief History of Time*, p. 124이하는 그 인간 원리에 대한 다양한 해석을 논하고 있다. (물론 그는 그 해석들에 동의하지 않는다.) 간단히 말해서, 그 원리는 좀 순환논리적으로, 우리가 존재하기 때문에 우주가 이처럼 존재한다는 것이다. 만일 어떤 식으로든 달랐다면, 인간이 여기에서 그 점을 관찰하면서 존재할 수 없었을 것이다. 이 원리는 우주가 궁극적으로 우주 안에 인간의 도래를 준비할 수 있는 방식으로 지어졌다는 신학적 천명을 표현하는 비신학적이고 비목적론적인 방식이다.

저주받은 땅 지구: 인간의 죄와 생태 파괴

자연과 저주

인간이 그들의 창조주에게 저항하여 반역하려 했을 때, 그들의 불순종과 타락은 그들이 처한 물리적 환경 전체에 영향을 주었다. 이 사실은 하나님이 아담에게 주신 "땅이 너로 말미암아 저주를 받고"(창 3:17)라는 말씀에 직접적으로 명확하게 나타나 있다. 이 말씀에 대해서는 나중에 살펴볼 것이다. 그러나 인간과 나머지 창조 세계 사이의 연관성을 생각해 볼 때, 그럴 수밖에 없었을 것이다. 보캄(Bauckham)은 그 불가피한 파급 효과들을 잘 표현하고 있다.

> 타락은 자연에 어떤 영향을 미치고 있는가? 그것은 하나님의 창조 역사가 붕괴되어 구속 사역이 불가피하게 된 인간의 역사 안에서만 영향을 미치는가? 나머지 자연계 안에서는 창조 세계가 타락에 의해 영향을 받지 않고 지속되고 있는가? 이것은 그렇지 않을 것이다. 왜냐하면 인류는 서로 의존하고 있는 전체 자연의 일부이기 때문이다. 그러므로 인간 역사 가운데서의 붕괴는 자연을 붕괴시킬 수밖에 없다. 그리고 인류는 지구상에서 지배적인 종이기 때문에, 인간의 죄는 자연 전체에 광범위한 영향을 줄 수밖에 없다. 타락은 인간과 자연의 조화로운 관계를 무너뜨렸으며, 우리를 자연으로부터 소외시켰다. 그리하여 우리는 지금 자연을 적대적으로 경험하고 있으며, 자연의 관계 안에 싸움과 폭력의 요소들을 끌어들였다(창 3:15, 17-19; 9:2).[39]

이 모든 것은 분명 지구 안에서 생존하고 번영하려는 우리 자신의 노력과 관련해서 자연에 대해 우리가 몸소 겪고 있는 경험의 일부다. 그러나 더 깊은 질문이 있다. 그것은 신학적 사고를 어지럽히며, 복잡하기만 하고 매우 만족스럽지 못한 답변들만을 얻게 되는 문제다. 창조 세계 자체가 타락했는가? 사람들의 마음과 사회 안에 명백하게 드러나 있듯이, 인간이 아닌 창조 질서의 과

---

39) Bauckham, 'Theology of Nature', p. 240.

정들 내부에서도 작용하고 있는 도덕적 악이 있는가? 이 질문을 다른 방식으로 표현하자면, 지구에 대한 하나님의 저주는 존재론적인가(즉, 현재 있는 모습대로의 지구라는 행성이 갖는 성격 자체에 영향을 끼치는가), 아니면 기능적인가?(즉, 오직 땅과 우리 인간과의 관계에만 영향을 끼치는가)

전자(타락이 자연계에 미치는 영향에 대한 존재론적 이해)를 주장하는 몇몇 학자는 지진과 같이 파괴적인 자연 현상들을 땅에 대한 저주의 탓으로 돌린다. 이러한 주장은, 그러한 사건들의 자연적 원인들이 인간이라는 종이 도래하기 훨씬 이전의 일로 추정된다는 연대기적 문제를 불러일으킨다. 확실히, 지질학과 고생물학은 인간이 거주한 이후보다는 이전에 지구가 훨씬 더 불안정하고 위협적인 환경이었다고 주장할 것이다. 다른 학자들은 육식을 하는 종들과 포식 현상이 편만해 있는 현실과 같이 우리 인간들이 '불쾌하게' 여기는 자연의 그러한 특징들 역시 도덕적으로 악한 것이며 타락의 결과라고 주장할지 모르겠다. 다시 말하자면, 난점은 그러한 자연 현상들은 인간이 범죄한 이후는 말할 것도 없고, 인간이 존재하기도 훨씬 전부터 언제나 지구상의 '그랬던 상태'의 일부였던 것 같다는 것이다. 창세기 1:30을 보면, 비록 하나님이 사람들에게만이 아니라 동물들에게도 채소 먹는 것을 허락하셨다고 기록하고 있지만, 동물들이 '호모 사피엔스'(*Homo sapiens*)가 존재하고 있는 시간대 안에서만 그리고 그 피조물이 하나님께 저항하여 도덕적이며 영적으로 반역한 결과로서만 서로를 잡아먹기 시작했다는 견해를 유지하는 데는 어려움이 있다.

나 자신의 생각이 기울어지는 입장은 자연 질서의 그러한 특징들을 죄와 악의 증상으로 보지 않는, 혹은 어쨌든지 간에 (악이 인간의 삶에 들어오기 전에 어떤 형태론가 창조 세계 안에 함께하고 있었음을 성경이 암시하고 있다는 사실에 비추어 보아) 인간 죄의 직접적인 결과로 보지 않고 오히려 하나님의 선하신 창조 세계의 불완전함 혹은 아직 완벽하지 못한 성격의 일부로 보는 학자들의 의견에 동의하는 것이다.

자연 그 자체는 타락한 상태인가? 다시 말해서 자연에 악이 있는가? 자연의 타락성은 자연 자체에 있는 잔인함과 무정함, 그리고 오직 고통스런 질병을 가함으로써

만 살아가는 박테리아와 같은 형태들이나 지진과 같은 파괴적인 자연적 사건들 가운데서 보이는 인간에 대한 자연의 적대성을 설명하는 데 사용되곤 했던 개념이다. 고양이가 쥐 한 마리를 놓고서 가하는 전혀 까닭 없는 잔인함을 관찰한 사람치고 자연이 인간의 영향을 받지 않는다면 아주 선할 수 있다고 만족스럽게 믿을 수 있는 사람은 아무도 없을 것이다. 만일 우리가 자연의 그러한 국면들을 비도덕적이라기보다 무도덕적인 것이라고 해석할 수 있다면, 우리는 그러한 면들을 하나님의 창조의 목적으로부터 이탈한 것이라기보다는 불완전함으로, 지금까지 창조 과정의 불완전함에 대한 징표인 것으로 볼 수 있을 것이다.[40]

창조 세계는 그 시작부터 정태적(static)이며 결코 완전한 낙원이 되도록 의도된 것이 아니다. 다만, 언제나 미래의 완전함을 향해 전진해 나가도록 의도된 것이다. 에덴에 있는 동산이 지구 전체는 아니었다. 그 동산은 하나님이 첫 사람들을 두신 곳으로서, 지구 안에서 안전하게 에워싸여 있는 환경이었다. 에덴이라는 이 제한된 장소와 애초에 그 안에 사람들을 둔 일이 지니고 있는 함의는, 지구를 정복하는 과업이 거기에서 시작하여 아직은 정복되려면 먼 세상으로까지 바깥으로 확대되어 나가는 것이었던 듯하다. 그러므로, 인간 역사의 여명기에 지구 전체가 완벽한 낙원 상태였으리라고 생각하는 것이나 현재 우리를 위협하고 있거나 불쾌하게 만드는 자연의 모든 힘이 인간의 죄와 하나님이 내린 저주의 결과인 것처럼 생각하는 것은 사실 성경적이지 않다. 또한 우리는 하나님의 저주가 특정하게 '땅'을 향했다는 사실에 주목해야 한다. 그에 해당하는 단어는 '아다마'(*ădāmâ*)인데, 그 단어는 보통 지구 전체를 의미하지 않고 대개 지구의 표면—인간이 거주하는 곳, 흙 자체—을 가리킨다.[41] (지구 전체에 대해서 더 흔하게 쓰인 단어는 '*ereṣ*였다. 그것이 현재 우리가 '지구'라고

---

40) 앞의 책, pp. 240-241.
41) 다음을 보라. Christopher J. H. Wright, '*ereṣ*.' 인간의 타락과 창조 세계 안에 있는 악의 관계에 대한 문제에 대해서는 다음 글을 보라. Stephen Bishop, 'Green Theology and Deep Ecology.' 그리고 그에 대한 답변 글도 보라. Michael Roberts, 'What on Earth Was the Result of the Fall?' *Themelios* 17.1 (1991), p. 16.

일컫는 것에 해당할 것이다.) 곧 잇달아 나오는 "가시덤불과 엉겅퀴" 및 "얼굴에 땀"이라고 표현되어 있는 그 저주에 대한 설명과 더불어서 이것은 주로 기능적인 저주를 가리킨다. 즉, 땅으로부터 자기 존재를 영위하기 위해 애쓰는 인간 실존의 분투 가운데서 인간의 죄의 결과가 느껴지게 된다는 것이다. 아담은 자신이 그 곳으로부터 취해진 그 '아다마'와 반목하게 되었다. 이것이 바로 노아의 아버지 라멕의 지친 갈망에 담긴 의미이기도 하다(창 5:29).

우주적 언약

그러나, 지면에 대한 하나님의 구체적인 저주라는 본질적으로 기능적인 견해를 선호한다 할지라도, 인간의 죄(및 실로 인간의 모든 행위)와 나머지 자연 질서 사이의 더 폭넓은 우주적 연관성들을 배제시켜서는 안 될 것이다. 성경에는 때때로 우리가 단지 은유적으로나 상징적인 의미로만 취하는 경향이 있는 광범위한 자료가 들어 있는데, 이 자료들은 소위 하나님과 인간과 인간 이외 창조 세계 사이에 상호 연관되어 있는 복잡다단한 연결망을 묘사하고 있다. 로버트 머리(Robert Murray)는 이 성경 주제에 대해서 '우주적 언약'(the cosmic covenant)이라는 말을 만들어 냈으며, 그것을 제목으로 하는 자신의 책에서 그 주제에 대해 광범위하게 논의하고 있다. 그는 구약 성경에서 다음과 같은 신념에 대한 증거를 찾을 수 있다고 주장한다.

> 그 신념은 고대 이스라엘이 이웃하고 있는 문화들과 공유하던 것인데, 특히 이집트와 메소포타미아 지방에서 잘 문서화되어 있는 신념인 신이 의도하신 질서가 있어서 하늘과 땅을 조화롭게 연결시키고 있다는 신념이다. 이스라엘의 전통 안에서, 이 질서는 창조 때 우주의 기본 원리들이 질서를 유지시켜 나가도록 확정되고 확립되었을 때 성립되었다. 그러나 그 조화는 하나님과 인류에게 적대적인 무질서하고 초자연적인 존재들과 세력들에 의해 깨어졌으며 영구적으로 위협받았다.…모든 피조물과 맺은 자신의 '우주적 언약'에 대한 [하나님의 약속]은 우주의 조화가 여호와의 뜻이었다는 신념을 표출했다. 그러나 이스라엘만을 위해서가 아니라 그의 이웃들을 위해서도 그 언약은 적대적인 세력들의 면전에서 보전되어야 했다.[42]

물론 이 신념을 드러내는 가장 중요한 본문은 노아와의 언약이다. 그 언약은 홍수를 마무리짓고, 창조 세계를 새롭게 출범시키고 있다.

> 하나님이 노아와 그와 함께 한 아들들에게 말씀하여 이르시되, 내가 내 언약을 너희와 너희 후손과 너희와 함께한 모든 생물 곧 너희와 함께한 새와 가축과 땅의 모든 생물에게 세우리니, 방주에서 나온 모든 것 곧 땅의 모든 짐승에게니라. 내가 너희와 언약을 세우리니, 다시는 모든 생물을 홍수로 멸하지 아니할 것이라. 땅을 멸할 홍수가 다시 있지 아니하리라.
> 하나님이 이르시되, 내가 나와 너희와 및 너희와 함께하는 모든 생물 사이에 대대로 영원히 세우는 언약의 증거는 이것이라.…무지개가 구름 사이에 있으리니, 내가 보고 나 하나님과 모든 육체를 가진 땅의 모든 생물 사이의 영원한 언약을 기억하리라(창 9:8-12, 16).

이것은 명백히 지상의 모든 생명과 맺은 보편적 언약이다. 그 가운데서 하나님은 사람들에 대한 그리고 다른 모든 생명 형태에 대한 언약적 헌신에 자기 자신을 속박하고 있다. 그 언약은 인간이라는 종으로서 우리가 그 안에 서 있는 언약이며, 성경이 말하는 구속사의 과정에서 하나님이 하시게 될 언약상의 모든 다른 약속을 뒷받침하는 언약이다. 또한 그 언약은 그 가운데 우리가 지구상의 다른 피조물들과 함께 서 있는 언약이다. 언약 관계가 우리 양자(인간과 다른 피조물들)를 창조주 하나님께 속박시킨다. 그러므로, 하나님이 우리들 사이에(즉, 인간들끼리만이 아니라 인간과 나머지 피조물들 사이에) 어떤 형태의 언약적 책무가 존재하도록 의도하셨다는 것은 적어도 올바른 가정이다. 다른 언약들로부터 추론할 수 있는 점은 이것이다. 즉, 언약 관계에서 이스라엘이 하나님과 맺고 있는 언약의 수직적 차원은 그에 상응하는 수평적 책무를 요구했다는 것이다. 그 수평적 책무 가운데서 이스라엘 백성 개개인은 언약적으로 서로에게 헌신해야 했다. 창세기 9:1-6은 인간과 동물 사이의 관계들 가운데

---

42) Murray, *Cosmic Covenant*, p. xx.

존재하는 어떤 상호적 요소를 암시하고 있다. 물론 이제는 그 상호성이 고기를 먹어도 된다는 허용과 그에 따라 동물의 세계에 임하게 된 인간에 대한 두려움 때문에 흐려지게 되었다는 것이 분명하지만 말이다. 그러므로, 비록 구약 성경이 그 문제를 이러한 용어들을 사용하여 명시적으로 진술하는 것은 결코 아니지만, 노아 언약의 조건에 있는 동물들을 향한 인간의 의무를 언약적이라고 말하는 것은 적절한 것으로 여겨진다. 머레이는 그것이 명시적으로 드러난 곳이 전혀 없으며 다만 추론에 의한 것임을 인정하면서, 이 점을 조심스럽게 언급하고 있다. 그는 '영원한 언약'(eternal covenant)을 언급한다.

> [영원한 언약은] 인간과 동물을 함께 창조주의 파트너로 묶어 준다(창 9:8-17).… 인간과 동물 사이의 상호 관계에 대한 함의들이 더 이상 그려지고 있지 않다는 점에 대해 한탄하지 않을 수 없다. 그러나, 하나님이 창조 세계의 그 두 질서를 보살피시겠다고 약속하고 계시다는 사실은 암시적으로 드러난다. 그리고 그 둘이 모두 하나님의 언약 상대자라고 한다면, 어떻게 그 둘이 어떤 의미에서 언약상 서로 묶이지 않을 수 있는가?[43]

이 노아 언약은 또한 '하나의 영원한 언약'(an eternal covenant)으로 기술되기도 한다. 그러므로 그 언약은 범위와 지속 기간에 있어 우주적이다. 때때로 '평화의 언약'(covenant of peace)이라고 불리기도 하며, 하나님과 맺은 언약 관계 안에 사람과 동물을 모두 포함하고 있는 이 영원한 언약의 자취는 레위기 26:3-6; 이사야 54:9-10; 예레미야 31:35-36; 33:20-25; 에스겔 34:25-31에서 발견된다.[44]

머리가 제시하고 있는 그 사례의 두 측면은 주목할 만한 가치가 있다. 첫째,

---

43) 앞의 책, p. 102.
44) 레위기와 에스겔서는 사나운 야생 동물들이 인간의 삶에 대한 두려운 위협들에 속한다는 사실을 반영하면서, 야생 동물들과 **함께하는** 평화가 아니라 그 동물들**로부터의** 평화에 대한 소망을 표현하고 있다. 그러나 기저에 깔려 있는 신념은 하나님이 자신의 창조 세계에 의도하신 바는 궁극적으로 동물과 인간에게서 그리고 그 사이에 적대 의식과 위험을 제거하겠다는 것이다.

그는 이스라엘을 둘러싸고 있는 많은 문화 가운데 하늘과 땅의 우주적 결혼(각각 관련되어 있는 신들을 통해서)이라는 신화적 개념이 있었음을 지적하고 있다. 그 우주적 결혼이 땅의 다산을 보장해 주었다. 구약 성경을 보면, 포로기 이전에 이스라엘이 지속적으로 보여 주었던 대중적 혼합주의에서는 그러한 견해가 대접을 받을 수 있었겠지만, 이 견해가 종교 제의 중에 발생시켰던 성적이며 번식적인 측면에 대해서는 강력한 반발이 있었다. 여호와는 어떤 여신과도 그런 '신성한 혼인'을 하는 배우자가 결코 아니었으며, 그와 같은 우주적 혼인식이 그들의 땅의, 혹은 그들의 가축의, 혹은 그들의 아내의 번식력의 일부도 아니었으며, 그 능력에 필수적인 것도 아니었다. 그러나 호세아는 신성한 결혼이라는 상징을 철저히 탈신화화된 방식으로 활용할 수 있었다. 호세아는 그와 같은 비유적 설명을 여호와와 땅 사이의 관계에 대해서가 아니라 여호와와 이스라엘 사이의 역사적 언약 관계에 적용시켰던 첫 번째 사람이었던 것 같다.[45] 그리하여 호세아는 이스라엘이 여호와를 배도했던 일을 자기 남편을 저버린 간음한 창기 아내의 행동이라는 맥락에서, 그리고 역으로 여호와의 회복하시는 사랑을 상처받은 남편이 신실함으로 값비싼 대가를 치른다는 맥락에서 제시할 수 있었다. 호세아 자신의 결혼 생활은 그와 같은 비극과 회복에 대한, 그 사건에 포함되어 있는 대가와 헌신에 대한 실제 삶의 모델이 되었다.

그러나 호세아는 단순히 그 신화를 차용해서 그것이 내포하고 있는 다신교적이며 이교적인 오염을 제거해 버렸던 것이 아니다. 왜냐하면 비록 그 신화가 음탕하고 잔인한 다산 제의로 왜곡되었다 할지라도, 그 신화는 바탕에 깔려 있는 진실, 즉 하늘과 땅의 본래적인 연관성 그리고 인간의 행위와 나머지 자연 질서(혹은 무질서)의 분리될 수 없는 연결성에 대해 증거해 주었기 때문이다. 그래서 호세아는 하나님의 백성들이 순종하는 관계와 언약적 헌신으로 장래에 회복될 것을 기술하기 위해 우주적 결혼이라는 언어를 사용하고 있다. 호세아 2:14-23은 결혼에 대한 비유적 설명으로 가득 차 있으며 혼인의 동의와 허

---

45) "호세아는 예언서의 언약적 사고에 결혼이라는 상징을 엮어 넣는 데 책임이 있는 핵심 인물이다"(Murray, *Cosmic Covenant*, p. 28).

락과 관련된 전문적인 용어, 즉 '대답하다' 혹은 '응답하다'라는 단어를 포함하고 있다.

> 여호와께서 이르시되
> "그 날에 내가 응답하리라."
> "나는 하늘에 응답하고,
>   하늘은 땅에 응답하고,
> 땅은 곡식과[에 응답하고],
>   포도주와 기름에 응답하고,
> 또 이것들은 이스르엘에게 응답하리라.…
> "내 백성 아니었던 자"에게 향하여 이르기를, "너는 내 백성이라" 하니
>   그들은 이르기를 "주는 내 하나님이시라" 하리라(호 2:21-23).

이것은 결혼의 은유지만, 그 의도는 문자적(자연에서의 번식과 풍요로움이라는 축복의 회복)이며 동시에 신학적(이스라엘과의 깨어진 언약의 갱신)이다. 자연 영역과 사회 영역 둘 다에 미치는 효과와 더불어, 서로 '응답하고 있는' 하늘과 땅의 혼인이라는 표현을 똑같이 사용하고 있는 예가 시편 85:10-12에서 발견된다.

> 인애와 진리가 같이 만나고
>   의와 화평이 서로 입 맞추었으며
> 진리는 땅에서 솟아나고
>   의는 하늘에서 굽어보도다.
> 여호와께서 좋은 것을 주시리니
>   우리 땅이 그 산물을 내리로다.

둘째로, 머리는 이스라엘을 포함한 고대 근동 전역에서 우주 질서의 유지와 인간 왕이 행하는 통치의 질 사이에 특별한 연결이 있었음을 관찰하고 있다.

지상에서의 사회 정의는 자연 세계의 조화와 밀접하게 통합되어 있었다. 다시 말하지만, 이스라엘 주변의 다신교적 문화들에서는 그 우주 질서의 안정을 확보하기 위해 마련된 특별한 의식들이 있었던 것 같다. 그 의식들은 왕을 포함시키고 있었으며, 아마도 신성한 결혼 신화와 연결되어 있었을 것이다. 이스라엘의 문헌들에는 실제로 그러한 의식들이 집전되었다는 증거가 전혀 나타나지 않는다. 그러나, 그러한 의식들의 저변에 깔려 있는 연관성에 대한 인식과 확인은 확실하게 존재하고 있다.[46] 이 연관성은 긍정적인 형태로도 부정적인 형태로도 찾아볼 수 있다. 예를 들어, 시편 72편은 환경과 경제적인 안녕을 정의롭고 자비로운 통치의 부산물로서 긍정적으로 바라보고 있다. 실제로, 그 시편은 왕이 정의를 행해야 한다(우선적으로는 왕이 가난한 자와 곤핍한 자들을 위해 행해야 한다는 의미다; 1-2, 4, 12-14절을 보라)는 기도를, 그렇게 하면 자연 영역에 질서와 번영이 있을 것이라는 기도와 멋지게 연결시키고 있다. 이사야 32:15-20은 이와 동일한 연결을 좀더 종말론적인 어조로 표현하고 있다. 그리고 물론 장차 임할 메시아 시대에 대한 위대한 비전인 이사야 11:1-9도 마찬가지로 표현하고 있다. 장차 임할 메시아 시대에는 의로운 통치가 지구 환경에 조화를 가져올 것이다. 그러므로 구약 사상에서, 자연 질서에 조화와 건강을 확보하기 위해서 왕이 해야 했던 일은 동정심을 자아내는 주술 의식에 참여하거나 땅의 신과 하늘의 신이 행하는 소위 성적 결합을 흉내 내는 것이 아니라 정의와 긍휼로 다스리는 것이었다. 그렇게 할 때 살아 계신 하나님이 사람과 짐승의 필요들을 채워 주실 것이다[시 36:6(여호와의 의로우심과 정의의 맥락에서); 72편; 104편].

부정적으로, 호세아는 인간의 죄가 생태계에 미치는 영향들을 관찰하고 있다. 그는 자연이 바로 그 결과를 당하고 있다는 관찰을 덧붙이면서 사회적 악의 목록을 극에 달하게 제시하고 있다.

---

46) 구약에서, 고대 이스라엘이 다른 민족들과 공유하던 문화적 창조 신화들로부터 나온 어휘와 이미지와 은유의 용례에 대한 더욱 광범위한 논의에 대해서는 다음을 보라. Ronald A. Simkins, *Creator and Creation*.

그러므로 이 땅이 슬퍼하며
　무릇 거기 거하는 자와
들짐승과 공중에 나는 새가 다 쇠잔할 것이요
　바다의 고기도 없어지리라(호 4:3).

내가 볼 때, 이 본문은 깨어진 언약에 대한 반응으로 단순히 자연을 의인화하는 것을 넘어 하나님을 아는 지식을 고의적으로 내버리는 것이 그저 인간에게 영향을 끼치는 정도를 훨씬 넘어서는 것임을 독자들에게 경고하고 있다.[47] 특히 전쟁은 환경 파괴적이다. 하박국 2장은 바벨론 군대의 난폭함에 대한 일련의 비애를 토로하는 중에, 전쟁으로 말미암은 인명 피해에 엄청난 환경 손상을 포함시키고 있다.

이는 네가 레바논에 강포를 행한 것과[48]
　짐승을 죽인 것
곧 사람의 피를 흘리며
　땅과 성읍과 그 안의 모든 주민에게 강포를 행한 것이 네게로 돌아오리라(합 2:17).

베트남전에서 미군이 베트남의 광대한 지역에서 삼림들을 없애 버린 일과 1991년 이라크가 걸프전 막바지에 걸프 만에 행한 환경에 대한 만행은 그 고대의 예언서 본문이 오늘날에도 몸을 전율케 하는 적실성을 지니고 있음을 보여준다.[49]

---

47) 호세아 2장과 4장의 환경 문제와 관련된 의미에 대해서는 다음 글을 보라. William A. Dyrness, 'Environmental Ethics.'
48) '레바논'은, '짐승들'과의 평행이 제시해 주다시피, 거의 확실히 레바논을 유명하게 만들어 주었던 삼림들에 대한 비유법이다.
49) Elsdon, *Green House Theology*, pp. 102-107. Elsdon은 그 주제에 대해 탁월한 조사를 하고 있는 한 권의 책에서, 이 두 전쟁과만 관련하여 몇 가지 엄청난 통계를 제공해 주고 있다.

창조와 타락의 기사들은 아주 간단하지만, 하나님과 인간과 전체 창조 질서 사이의 삼각 관계에 대한 깊은 진실을 내포하고 있다. 지금까지 간략하게 살펴 보았던 다른 본문들과 연결해서 볼 때, 구약 성경은 우리 인간의 고의적인 반역과 불순종, 자기 중심성과 죄악의 영향에 대해 매우 근본적인 평가를 제공하고 있음이 분명하다. 단순히 인간의 모든 차원만 죄에 의해 영향을 받는 것이 아니다. 단순히 인간 개개인만 죄인인 것이 아니다. 우리 서로간의 경제적 관계들과 지구 자체에 대한 생태적 관계 역시 총체적으로 왜곡되고 어긋나게 된 것이다. 그리고 그 이유는, 인간으로서 우리가 창조 질서의 핵심적인 부분이기에 우리가 하는 어떠한 일도 지상의 나머지 생명과 연결될 수밖에 없기 때문이기도 하지만, 하나님이 우리를 창조 세계 안에서 지배권을 지닌 위치에 두셨기 때문이기도 하다. 그러므로, 이스라엘에서 왕의 행위가 사회 전체에 좋게 혹은 (대부분의 경우) 나쁘게 영향을 미쳤던 것처럼, 우리가 창조 세계 안에서 왕으로서 역할을 발휘하는 방식은 우리의 '영역' 전체에 두루 셀 수 없는 영향을 끼쳐 왔던 것이다.

남녀 사이의 권력 불균형, 하나님과 사람 사이에 있는 두려움, 사람과 자연 사이의 적대는 모두 원래 하나님이 그렇게 되도록 의도하셨던 사물의 본성에서 기원하는 것이 아니라, 그 동산의 선함과 넉넉함을 거부하고 창조주의 선한 의도를 불신한 아담과 하와와 뱀의 충돌에서 기원하는 것으로 창세기 2장과 3장에 기술되어 있다. 여기에서도 원래의 선함으로부터 일어난 도덕적 타락이 인간만의 타락이 아니라 천사들과 인간 이하의 존재에 속하는 다른 질서들까지 포함하고 있다는 암시가 있다. 왜냐하면 아담과 하와로 하여금 선악과를 따먹지 말라는 명령을 위반하게끔 이끌고 있는 악한 생각의 기원자가 바로 그 뱀이기 때문이다. 하나님과 사람과 자연의 종들로 서로 연결되어 있는 공동체는 이 첫 번째 불신 행위에 의해 깨어졌다. 출산의 고통, 동물과 사람 사이의 소외, 노동 조건이 나쁜 농경의 노역은 모두 그 동산이 가지고 있던 낙원의 조화와 풍부한 결실로부터 벗어난 이 원래의 타락이 가져온 결과라고 이야기된다.[50]

그러므로, 창조 기사들은 우리로 하여금 뒤돌아 그 시작을 바라보게 한다. 이것은 단지 우리가 이미 알고 있던 것(현재 상태가 의당 그러해야 하는 것이 아님)을 말해 주기 위해서만이 아니라, 상태가 원래 의도되었던 대로 그리고 과거 한때 그랬던 대로 지금 존재하지 않는 **이유**를 설명해 주기 위한 것이다. 그러나 창세기가 죄와 악, 고난과 고통, 폭력과 파괴, 좌절과 상실이 우리의 세계에 대한 첫 번째 이야기를 이루는 것이 아니었음을 말해 주고 있다면, 성경의 나머지 부분 역시 그러한 것들이 마지막 이야기도 아닐 것이라는 점을 보증하고 있다.

새 창조 세계: 생태학과 종말론

나는 구속의 삼각 관계(하나님, 이스라엘, 그들의 땅)와 창조의 삼각 관계(하나님, 인간, 지구) 사이에 놓인 밀접한 유사성을 지적하면서 이 장을 시작했다. 예상할 수 있는 대로, 이 상호 연관성은 현재 지구상의 생명에 관한 생태학적 문제들과 관련해서만이 아니라 하나님의 구속에 대한 구약 성경의 기대들 가운데서도 찾을 수 있다. 여호와 하나님은 창조주이시며 동시에 구속주이시다. 그리고 우리는 이스라엘 신앙의 이 두 차원이 지속적으로 서로 엮여 있음을 발견한다. 이 점은 다음 세 가지 면에서 볼 수 있다.

역사에서 일어난 구속은 땅을 포함하는 것이었다

하나님과 이스라엘의 깨어진 관계가 가장 황폐하게 직접적으로 드러난 사건은 이스라엘이 그들의 땅을 상실한 일이었다. 일찍이 아모스가 예언했으며, 예레미야가 바로 그 사건 직전까지 40년 동안이나 경고했듯이, 주전 587년에 일어난 바벨론으로의 유수는 구약 성경에 기록된 이스라엘의 긴 이야기 가운데 가장 충격적인 사건이었다. 약속의 땅으로부터 이방 땅으로의 유배는 이스라엘 백성들이 그들의 세계관에 자명한 것으로 여겨 왔던 모든 것을 부정하는

---

50) Northcott, *Environment and Christian Ethics*, pp. 178-179.

것처럼 보였다. 그러나 여호와 하나님이 자신이 직접 발효시킨 언약을 얼마나 진지하고 심각하게 취급하셨는지를 그 사건처럼 강력하고 효과적으로 입증해 줄 수 있는 사건은 아무것도 없을 것이다. 지속적이고 회개하지 않는 반역에 대한 저주에는 궁극적으로 열방 가운데 흩어질 운명과 그들의 땅을 잃어버리는 일이 포함되었던 것이다(신 4:25-28; 28:64-68).

그리하여, 예언자들이 신명기 30:1-10에 표현되어 있는 끈질긴 소망이 인도하는 대로 좀더 소망스런 미래를 지적하고 하나님과의 회복된 관계에 대해 선포했을 때, 그들이 전한 메시지의 중심을 차지하던 것이 바로 그 땅이었다. 그 땅으로의 복귀를 말하는 것만큼 하나님께로의 회복에 대한 멋진 말은 없었을 것이다(물론 땅으로의 복귀는 하나님께로의 복귀가 없이는 무용지물이겠지만 말이다). 따라서, 그저 큰 단위로 본문들을 언급하자면, 예레미야 30-34장과 이사야 40-55장과 에스겔 36-48장은 포로로 끌려간 이후 이스라엘의 회복에 대한 약속을 그 땅으로의 복귀라는 맥락에서 표현하고 있다. 이 신선한 약속에는 많은 새로운 차원이 있지만, 그 약속은 결코 영적인 성층권으로 '증발해' 버리지 않는다. 땅은 여전히 그리스도 이전 수백 년 동안 이스라엘에 대한 하나님의 구속이라는 꾸러미를 이루는 일부분이었다. 그들의 언약 관계의 회복은 약속의 땅으로의 복귀를 의미했다. 그리하여 그 일은 주전 538년 고레스의 칙령을 통해 이루어졌다.

창조는 구속을 위한 패러다임을 제공해 준다

그렇지만, 이러한 본문들과 여타의 본문들(이를테면, 암 9:13-15)이 보여 주는 한 가지 특징은, 단지 이전 상태의 땅으로 복귀하는 것에 대한 비전(실제로 그 복귀는 포로기 이후 회복된 소규모의 공동체에게는 힘든 새 임무였음이 드러났으며, 많은 실망을 주는 것이었다)이 아니라 새롭게 갱신된 자연에 대한 비전이라는 점이다. 이 새로워진 자연은 풍요와 아름다움을 지닌 에덴 동산을 반영하는 것이었다(이를테면, 렘 31:12; 겔 47:1-12). 다시 말해서, 이스라엘의 종말론이 하나님의 **궁극적** 목적이라는 개념을 표출하고자 할 때, 그것은 하나님의 **원래의** 목적, 즉 인간의 누림과 복에 도움이 되는 선하고 완전한 땅이라는 개념에서 가장 유익한 자원을 발견했다.

 이 점은 전혀 놀랄 만한 일이 아니다. 왜냐하면, 그것이 바로 이스라엘이 그들의 역사 가운데 행하신 하나님의 구속 행위들을 찬양했던 특징적인 방식이기 때문이다. 최상의 예로서, 출애굽은 바로의 군대로부터 이스라엘이 해방되었던 사건에 문자 그대로 바다가 '패배'한 일을 포함시켰다. 그러나 이스라엘은 역으로 이 일을 널리 퍼져 있던 창조 신화에 나오는 거대한 혼돈의 바다 괴물, 즉 때때로 라합(Rahab)이라고 불렸던 것의 패배와 결부시켰다. 이 고대의 우주 발생 신화는 이스라엘이 출애굽이라는 실제 사건을 가리키는 데 사용함으로써 역사화되었다.[51] 그러나 역사와의 관계가 그 창조 유비를 제거시키지는 않았다. 하나님이 바로에게 행하신 일은 혼돈 가운데서 질서를 끌어내시면서 창조 시에 행하셨던 일이라는 패러다임에서 이해되었다. 그리하여, 출애굽기 15장에 기록된 바다의 노래는 바다 그 자체에 대한 여호와의 승리라는 시적 언어를 사용해서 그 역사상의 사건을 경축한다. 그리고 그 역사적 사건에서, 하나님은 여호와와 이스라엘의 대적으로 자기 자신을 높였던 바로에 대한 승리의 대행자로서 바다를 **사용하신다**. "하나님은 이러한 방식으로 창조 세계에 대한 왕권과 지배권을 드러내심으로써 자신의 백성들을 구속해 내신다."[52] 그러나 출애굽은 과거, 현재, 미래의 하나님이 이루실 구속에 대한 이스라엘의 전체적인 이해 속에 들어가기 때문에, 출애굽을 기술하면서 창조 패러다임을 사용한 일은 매우 의미심장한 것이다. "전형적으로 '역사적' 행위라고 이해되는 그 백성들에 대한 하나님의 구속 행위들, 즉 그들을 애굽의 통제에서 건져내고, 약속의 땅으로 인도해 들이고, 그 곳에 자리잡게 하신 일은 창조 패러다임에 따라 제시되어 있다. 이리하여 이 사건들에 우주론적 의의가 주어진다. 이스라엘의 구속은 하나님의 새로운 창조 행위의 일부분이다."[53]

 그리하여 나중에 이스라엘이 하나님께 그 일을 다시 재현하셔서 새로운 대

---

51) 우주 기원론은 우주의 탄생을 기술하고 있는 이야기들과 신화를 가리키는 말이다. 대부분의 문화가 가지고 있는 공통적인 측면이다.
52) Simkins, *Creator and Creation*, p. 111.
53) 앞의 책, pp. 111-112.

적들로부터 다시금 자기들을 구출해 달라고 기도할 때, 그들은 구속주이자 창조주로서의 여호와 하나님께 똑같은 호소의 목소리를 높이고 있다. 예를 들어, 시편 74편은 예루살렘과 그 곳에 있는 성전 파괴라는 끔찍한 일을 당한 후에 쓰인 것으로, 그 권능으로 바다를 가르시고, 리워야단을 부수시고, 해와 달을 창조하시고, 계절들을 설정하신 하나님께 호소하고 있다. 인간 대적들이 자신들의 승리에 만족하고 있을 때 여러분에게 필요한 이가 바로 그 하나님이다. "이 시편에 따르면, 창조 시에 하나님이 행하신 활동은 이스라엘에 대한 하나님의 구속 패러다임일 뿐만 아니라 그것을 통해서 하나님이 구속하실 수도 있는 기반이기도 하며, 마땅히 구속하셔야 하는 이유이기도 하다."[54]

이 시편을 거의 그대로 반영하면서, 이사야는 하나님이 깨어나셔서 정확히 이런 식으로 다시 행하실 것을 요청하면서(사 51:9-11), 창조(9절)와 역사적 구속(10절)과 종말론적 소망(11절)을 하나로 엮고 있다. 이사야 40-55장에 있는 예언들은 창조주로서 여호와 하나님의 위대하심과 권능, 그리고 구속에 대한 그분의 신실한 약속들 사이를 끊임없이 오간다. 하나님이 자신의 **백성들**을 위해 행하실 일은 하나님이 **창조** 시에 행하셨던 일을 반영하게 될 것이다. 그리고, 자신의 백성과 맺은 언약에 대한 하나님의 신실하심은 하나님이 자연과 맺으신 이미 존재하고 있는 언약이 믿을 만하다는 특성을 반영하게 될 것이다(렘 31:35-36; 33:20-26). 또한 궁극적으로, 하나님이 자신의 백성들을 위해 행하실 일은 창조 세계 안에 우주적 축복과 즐거움을 가져오게 될 것이다. 이제 마지막으로 그 점을 살펴보도록 하자.

구속은 궁극적으로 창조 세계의 모든 것을 포함할 것이다

나는 이미 이사야 11:1-9의 영광스런 종합적 비전에 대해 언급했다. 그 비전을 보면, 메시아 왕의 정의로운 통치는 창조된 질서 안에 조화와 샬롬을 낳게 될 것이다. 마찬가지로, 이사야 35장에서 구속함을 받은 자들이 시온으로 복귀하는 일에는 창조된 질서에 대한 변혁적인 기대가 따르고 있다. 그러나, 창조

---
54) 앞의 책, p. 114.

세계에 대한 구약의 종말론적 비전의 절정은 이사야 65-66장에서 발견된다. "보라 내가 새 하늘과 새 땅을 창조하나니"(사 65:17)라는 말씀은 전체를 다 읽어야 할 놀라운 대목을 소개하고 있다.

> 보라, 내가
>   새 하늘과 새 땅을 창조하나니.
> 이전 것은 기억되거나
>   마음에 생각나지 아니할 것이라.
> 너희는 내가 창조하는 것으로 말미암아
>   영원히 기뻐하며 즐거워할지니라.
> 보라, 내가 예루살렘을 즐거운 성으로 창조하며,
>   그 백성을 기쁨으로 삼고,
> 내가 예루살렘을 즐거워하며,
>   나의 백성을 기뻐하리니,
> 우는 소리와 부르짖는 소리가
>   그 가운데에서 다시는 들리지 아니할 것이며.
>
> 거기는 날 수가 많지 못하여 죽는 어린이와,
>   수한이 차지 못한 노인이 다시는 없을 것이라.
> 곧 백 세에 죽는 자를
>   젊은이라 하겠고,
> 백 세가 못 되어 죽는 자는
>   저주받은 자이리라.
> 그들이 가옥을 건축하고 그 안에 살겠고
>   포도나무를 심고 열매를 먹을 것이며
> 그들이 건축한 데에 타인이 살지 아니할 것이며
>   그들이 심은 것을 타인이 먹지 아니하리니
> 이는 내 백성의 수한이

    나무의 수한과 같겠고
내가 택한 자가 길이 누릴 것이며
    그 손으로 일한 것을
그들의 수고가 헛되지 않겠고
    그들이 생산한 것이 재난을 당하지 아니하리니
그들은 여호와의 복된 자의 자손이요
    그들의 후손도 그들과 같을 것임이라.
그들이 부르기 전에 내가 응답하겠고
    그들이 말을 마치기 전에 내가 들을 것이며
이리와 어린 양이 함께 먹을 것이며
    사자가 소처럼 짚을 먹을 것이며 뱀은 흙을 양식으로 삼을 것이니
나의 성산에서는
    해함도 없겠고 상함도 없으리라
    여호와께서 말씀하시니라(사 65:17-25).

이 고무적인 비전은 하나님의 새로운 창조 세계를 즐거운 장소로, 슬픔과 눈물이 없는 곳, 생명이 충만한 곳, 일에 대한 만족이 보장되어 있는 곳, 좌절케 하는 노역의 저주가 없는 곳, 환경적으로 안전한 곳으로 그리고 있다! 그 비전은 대부분의 뉴에이지적 꿈들을 무색하게 만드는 비전이다. 이 구절과 관련 구절들은 신약에서 말하는 소망의 성경적 토대다. 그 비전은 땅을 배격하거나 부정하거나 우리가 공중으로 부양해서 어떤 다른 곳으로 이동해 가는 것으로 상상하는 것과는 거리가 먼, 새롭고 속량받은 창조 세계를 대망하고 있다(롬 8:18 이하). 그 새로운 창조 세계에는 정화시키는 심판 이후에 의로움이 거하게 될 것이다(벧후 3:10-13).[55] 이는 하나님 자신이 자기 백성들과 더불어 그 곳에

---

55) 베드로후서 3:10의 끝부분에서, 나는 여러 영역본들에 반영되어 있는 땅이 '타버릴 것이다'(will be burned up)라는 수정보다는 '드러나리로다'(will be found)로 읽는 것을 선호한다. 나는 또한 이 절에 대한 Bauckham의 해석이 설득력이 있다고 본다. 즉, 땅이 '드러날'(will be found out) 것이다. 말하자면, 하나님의 심판 앞에 노출되고 벌거벗은 채 놓여 악인들과 그들이

거하실 것이기 때문이다(계 21:1-4).

이 영광스런 지상의 성경적 소망은 우리의 생태 윤리에 중요한 차원을 더해 준다. 그것은 단지 창조를 회고하는 것이 아니라 새로운 창조를 전망하는 것이다. 이 사실은 우리의 동기에 이중적인 힘, 즉 일종의 '밀고 당기는' 효과가 담겨 있음을 의미한다. 거기에는 눈에 보이는 목표가 있다. 인정하는 바대로, 그 목표를 달성하는 일은 궁극적으로 하나님의 권능에 달려 있다. 그러나, 성경적 종말론의 다른 측면들에서 발견할 수 있는 것처럼, 우리가 하나님께 소망하는 것이 무엇이냐 하는 것은 우리가 당장 어떻게 살아야 하느냐의 문제와 우리 자신의 목표가 무엇이 되어야 하느냐에 영향을 미친다.

성경에서 묵시 문학과 예언의 역할은 단지 미래를 예견하는 데 있는 것이 아니라, 현재에 변화를 가져오고 도덕적 성취를 격려하고 입증하는 데 있다. 구속에 대한 성경적 비전들의 물리적이며 생태적 성격은, 생태계의 조화를 회복하는 것이 구속함을 받은 인간 역사의 가능성이라는 범위 내에 놓여 있다는 소망을 제공해 준다. 이것은 생태계의 위기에 대응하여 사회적이며 도덕적인 노력을 해야 할 필요성을 제거하는 것이 아니라, 오히려 하나님을 경외하고 그분의 정의를 반영하고자 노력하는 인간 사회들이 또한 인간 도덕 질서 가운데 정의와 공평의 결실들을, 그리고 자연 세계 안에 조화의 열매를 생산하게 될 것임을 천명하고 있다. 에스겔서에 따르면, 완전히 메마른 사막도 다시 활력을 얻을 수 있으며, 마른 뼈들도 다시 일어나서 그들의 창조주를 찬양하게 될 것이다.[56]

마지막으로 프랜시스 브리저(Francis Bridger)가 지적하고 있듯이, 이 종말론적 방향은 인간만을 중심으로 삼지 않도록 우리의 생태계에 대한 관심을 보호해 주며, 궁극적으로는 언제나 그랬으며 앞으로도 늘 그럴 것이듯이 땅이 그

행한 모든 일이 더 이상 감추어지지 않을 것이며 어떠한 보호도 받지 못하게 될 것이다(Bauckham, *Jude, 2Peter*, pp. 316-322). 이 절들에 묘사되어 있는 큰 불의 목적은 우주 자체를 멸망시키는 것이 아니라 오히려 우주를 정화하여 새로운 창조를 하는 데 있다.
56) Northcott, *Environment and Christian Ethics*, p. 195.

리스도 안에서 하나님께 속한다는 사실을 우리에게 일깨워 준다.

생태학적 책임에 관한 근본적인 논증은 옛 창조와 새 창조 사이의 연관성에 놓여 있다.…우리는 단순히 창조주 하나님의 에덴 명령에 대한 우리의 관심 때문만이 아니라 미래에 대한 관심 때문에 땅에 대한 청지기가 되라는 소명을 받는다. 피조된 질서를 보전하고 증진시키기 위해 행동하는 가운데, 우리는 장차 그리스도 안에서 임할 하나님의 통치를 가리키고 있는 것이다.…그러므로 생태 윤리는 인간 중심적이 아니다. 그 윤리는 창조와 구속에서 하나님의 입증하시는 행위를 증거하는 것이다.…역설적으로, 종말에 새로운 창조 질서를 이룩하실 분이 하나님이라는 사실, 그리고 우리는 단지 그 미래를 향한 표지판들을 세우고 있을 뿐이라는 사실이 행동하고자 하는 우리의 의욕을 방해하는 것으로 작용해야 할 필요는 없다. 오히려 그 사실은 우리에게서 윤리적이며 기술적인 자율성의 짐을 벗겨 주며, 주권에 대한 인간의 주장들이 상대적인 것임을 명확히 밝혀 준다. 세상이 하나님의 세상이라는 사실과 우리의 노력이 이상적인 유토피아를 세우려는 것이 아니라 하나님 아래서 그 나라의 거점들을 세우는 것이라는 인식은, 우리를 겸손하게 만들어 줄 뿐 아니라 윤리적 순종의 자리에 이르도록 하는 데 기여한다.[57]

이제 한 편의 시로 끝을 맺고자 하는데, 이 시는 예언자들과 시편 기자들의 장르에 더 가까운 시다.

이 아랫세상 자연의 신음 소리,
수백 년 동안 하늘이 들어왔지.
그 소리들, 끝이 있네.
예언자들이 예언했고, 시인들이 노래했네.
그들의 불이 예언자들의 등에 켜져 있었네.

---

57) Bridger, 'Ecology and Eschatology', p. 301. 이 기고문은 앞서 나온 기고문인 Donald A. Hay, 'Global Greenhouse'에 대한 답글이자 부언이었다.

안식의 때, 약속된 안식일이 온다네!
...
기쁨의 강물이 온 땅에 흘러넘치네.
그리고 모든 나라가 아름답게 옷을 입네.
불모에 대한 꾸지람은 과거가 되고,
열매 맺은 밭이 풍요로 웃네.
그리고 한때 말라빠졌던,
아니, 그 자신의 수치만 풍요로웠던 땅이,
엉겅퀴의 저주가 물러남에 기뻐 뛰네.
여러 계절이 하나가 되고,
다시 그 한 계절은 영원한 봄이 되고,
동산은 병충해를 모르고, 울타리가 필요 없네.
탐낼 자가 전혀 없으니, 모두가 충만하네.
사자와 표범과 곰이
두려움 없는 양 떼와 함께 풀을 뜯네.
...
모든 민족이 한 노래를 부르며, 모두가 외치네,
'찬양 받으실 어린 양, 그가 우리를 위해 죽임을 당하셨음이라!'
골짜기와 바위에 거하는 모든 이가
서로를 향하여 외치고, 산꼭대기들이
먼 산에서 들려오는 기쁨의 소리를 듣네.
나라마다 그 노래를 가르쳤고,
땅은 열광적인 호산나를 부르네.[58]

이제 이 장을 정리하도록 하자. 그렇다면, 구약 성경에서 이끌어낼 수 있는

---

58) William Cowper, 'The Task', book 6, lines 729-733, 763-774, 791-797. H. Stebbing, AM, *The Complete Poetical Works of William Couper, Esq.* (New York: D. Appleton, 1856), pp. 344-345 에 나옴.

어떤 생태 윤리가 있는가? 기독교 선교에는 환경과 관련된 차원이 존재하는가? 이 장에서 내가 조사한 바에 비추어 볼 때, 나는 그 대답이 분명히 '그렇다'라고 믿는다. 우리는 땅에 관한 이스라엘 신앙의 두 개의 커다란 신학적 기둥이 온 땅을 모두 다 포함하는 데까지 확대되어 있었음을 살펴보았다. 그러므로, 온 땅은 인류에게 주신 하나님의 선물인 동시에, 여전히 하나님께 속한 것이기도 하다. 이 두 관점은 서로 어울려서 나머지 창조 세계―무생물 그리고 (특히) 다른 생물들―와 인간의 관계에 관하여 풍성한 주제를 다양하게 발생시켜 주고 있다. 대전제가 되는 이 두 개의 관점에 더하여, 나는 한편으로 창조 세계에서 타락이 나머지 자연 세계에 미친 영향을 덧붙였으며, 다른 한편으로 구속에 대한 종말론적 소망 가운데 나머지 창조 세계도 포함되어 있음을 덧붙였다. 고대 이스라엘은 현재 우리가 염려하고 걱정하듯이 물리적 지구가 처해 있는 곤경에 대해 염려하거나 걱정하지는 않았을 것이다. 왜냐하면 우리는 고대 세계가 자행했던 것보다 훨씬 엄청난 혼란을 만들어 놓았기 때문이다. 그렇기 때문에, 그 정도에서, 현재 우리가 시급한 생태 윤리의 쟁점들이라고 생각할 수 있는 많은 측면이 구약 성경에는 명시적으로 언급되지 않았다. 그럼에도 불구하고, 구약 성경이 창조 세계에 대해 분명하게 **표현했던** 신학적 원칙과 윤리적 함의들은, 오늘날 성경적으로 민감한 그리스도인들이 그들의 생태 윤리를 형성하는 데 심대한 영향을 미칠 것이다.

참고 도서

Ball, Jim, 'Evangelicals, Population and the Ecological Crisis', *Christian Scholars Review* 28(1998), pp. 228-253.

Barr, James, 'Man and Nature-the Ecological Controversy and the Old Testament', *Bulletin of the John Rylands Library of the University of Manchester* 55(1972), pp. 9-32.

Bauckham, Richard J. 'First Steps to a Theology of Nature', *Evangelical Quarterly* 58(1986), pp. 229-244.

_____, 'Jesus and Animals *i)* What Did He Teach? *ii)* What Did He Practice?' in

Linzey and Yamamoto, *Animals on the Agenda*, pp. 33-60.

Bishop, Stephen, 'Green Theology and Deep Ecology: New Age or New Creation?' *Themelios* 16.3(1991), pp. 8-14.

Bridger, Francis, 'Ecology and Eschatology: A Neglected Dimension', *Tyndale Bulletin* 41.2(1992), pp. 290-301.

Dyrness, William A., 'Environmental Ethics and the Covenant of Hosea 2', in Robert L. Hubbard Jr, Robert K. Johnson and Robert P. Meye(eds.), *Studies in Old Testament Theology*(Dallas: Word, 1992), pp. 263-278.

Elsdon, Ron, *Green House Theology: Biblical Perspectives on Caring for Creation*(Tunbridge Wells: Monarch, 1992).

Gnanakan, Ken, *God's World: Biblical Insights for a Theology of the Environment*(SPCK International Study Guides, London: SPCK, 1999).

Hay, Donald A., 'Christians in the Global Greenhouse', *Tyndale Bulletin* 41.1(1990), pp. 109-127.

Houston, Walter, '"and Let Them Have Dominion···" Biblical Views of Man in Relation to the Environmental Crisis', *Studia Biblica* 1(1978), pp. 161-184.

Janzen, Waldemar, 'The Theology of Work from an Old Testament Perspective', *Conrad Grebel Review* 10(1992), pp. 121-138.

Kraftson-Hogue, Michael, 'Toward a Christian Ecological Ethic: The Lesson of Old Testament Israel's Dialogic Relations with Land, History and God', *Christian Scholars Review* 28(1998): pp. 270-282.

Linville, Mark D., 'A Little Lower Than the Angels: Christian Humainsm and Environmental Ethics', *Christian Scholars Review* 28(1998), pp. 283-297.

Linzey, Andrew, *Animal Theology*(London: SCM, 1994).

_____, *Animal Gospel*(London: Hodder & Stoughton; Louiville, KY: Westminster John Knox, 1998).

Linzey, Andrew, and Dorothy Yamamoto(eds.), *Animals on the Agenda: Questions about Animals for Theology and Ethics*(London: SCM, 1998).

Lovelock, James E., *Gaia: A New Look at Life on Earth*(Oxford: Oxford University Press, 1979).

Marak, Krickwin C., and Atul Y. Aghamkar(eds.), *Ecological Challenge and Christian Mission*(Delhi: ISPCK, 1998).

McDonagh SCC, Sean, *To Care for the Earth: A Call to a New Theology*(London:

Geoffrey Chapman, 1986).

_____, *The Greening of the Church* (Maryknoll: Orbis; London: Geoffrey Chapman, 1990).

McKenzie, J. L., 'God and Nature in the Old Testament', *Catholic Biblical Quarterly* 14(1952), pp. 18-39, 124-145.

Moss, R., *The Earth in our Hands* (Leicester: IVP, 1982).

Murray, Robert, *The Cosmic Covenant: Biblical Themes of Justice, Peace and the Integrity of Creation* (London: Sheed & Ward, 1992).

Nash, James A., *Loving Nature: Ecological Integrity and Christian Responsibility* (Nashville: Abingdon, 1991).

Northcott, Michael S., *The Environment and Christian Ethics* (Cambridge: Cambridge University Press, 1996).

Petrie, Alistair, *Releasing Heaven on Earth* (Grand Rapids: Chosen Books, 2000).

Rogerson, John W., 'The Old Testament View of Nature: Some Preliminary Questions', *Oudtestamentische Studien* 20(1977), pp. 67-84.

Simkins, Ronald A., *Creator and Creation: Nature in the Worldview of Ancient Israel* (Peabody: Hendrickson, 1994).

Spanner, Huw, 'Tyrants, Stewards—or Just Kings?' in Linzey and Yamamoto, *Animals on the Agenda*, pp. 216-224.

White, Lynn, 'The Historical Roots of Our Ecologic Crisis', *Science* 155(1967), pp. 1203-1207.

Wilkinson, Loren, 'New Age, New Consciousness and the New Creation', in W. Granberg Michaelson(ed.), *Tending the Garden: Essays on the Gospel and the Earth* (Grand Rapids: Eerdmans, 1987), pp. 6-29.

_____, (ed.), *Earthkeeping in the Nineties: Stewardship of Creation*, rev. ed. (Grand Rapids: Eerdmans, 1991).

Zimmerli, Walther, *The Old Testament and the World* (London: SPCK, 1976).

제5장 ■ 경제학과 가난한 자들

"흙 있는 곳에서 동(銅, 혹은 돈)이 난다"는 옛 시골 속담이 있다. 흙냄새가 폴폴 나는 이 속담의 단순성에는, 인간의 모든 부가 궁극적으로는 하나님이 우리에게 맡겨 주신 측량할 수 없이 풍부한 지상의 것에 의존한다는 진리가 포함되어 있다. 경제학의 모든 복잡성은 결국 우리 지구 위에서 자라나는 것, 땅에서 먹고 사는 것, 혹은 지구의 땅에서 파내는 것으로 소급된다. 물론 아직도 우리는 해양과 해저에 있는 천연 자원들을 끄집어내는 일을 시작도 하지 못했을 뿐만 아니라, 바람과 파도의 에너지도 활용하지 못하고 있다. 땅에 대한 그 풍성한 신학(제3장을 보라) 그리고 창조와 땅에 대한 훨씬 더 근본적인 신학(제4장을 보라)을 가진 구약 성경은, 그러므로 기독교 경제 윤리에 기여할 만한 많은 것을 가지고 있음이 분명하다. 이 장에서 우리는 먼저 창조 세계에 대한 구약 성경의 가르침이 가지고 있는 경제적 함의들과, 타락의 경제적 효과들을 살펴볼 것이다. 그런 다음에, 이스라엘의 역사적인 구속 경험이 경제 관계들에 대한 종합 체계의 형태 가운데서 이러한 창조 원리들을 어떻게 심화하고 확대했는지 살펴볼 것이다. 그리고 특별히, 가난이라는 편만한 현상에 대해서 이스라엘이 어떻게 이해하고 대응했는지 살펴볼 것이다.

창조 관점에서의 경제 윤리

앞 장에서 우리는 지구가 하나님께 속해 있음을 살펴보았다. 그리고 하나님께 속한 것으로서 지구는 선하며, 하나님이 가치 있게 여기셨으며, 우리 인간과 더불어서 하나님께 찬송과 영광을 드린다는 목적을 공유하고 있음을 살펴보았다. 그런 다음에 우리는 하나님이 이 지구를 인간이라는 종에게 위임된 지배권 아래로 넘겨 주셨으며, 인간은 왕으로서의 이 책임을 감당하도록 구비되기 위해 하나님 그분의 형상대로 지음을 받았다는 사실을 살펴보았다. 이렇게 창조물 중의 창조물로서, 하나님께 복종하는 한편 다른 모든 창조물 위에 있는 창조물로서 지구상에 놓인 인류는 하나님이 주신 과업을 가지고 있다. 이 인간의 과업에는 무엇이 포함되어 있는가? 창세기 기사들 가운데 있는 핵심 동사들을 한 데 모아 보자면, 우리는 땅을 채우고, 땅을 정복하고, 하나님의 왕직 모형을 반영하는 자비로운 정의로 나머지 피조물들을 다스리고, 땅을 경작하며 섬기고, 땅을 보살펴야 한다. 이러한 조건들 위에서 그리고 이러한 기대들을 가지고서, 땅은 그 모든 천연 자원과 함께 우리 인간에게 위탁되었다. 본문들을 더 탐구해 들어가 볼 때, 다음 네 가지 원칙이 환경 활동 및 경제 활동에 대한 우리의 윤리를 좌우해야 할 것 같다.[1]

천연 자원들에 대한 공동 접근권

지구는 모든 인류에게 주어졌기 때문에, 지구의 자원들은 공유되고 모두가 사용할 수 있게 되어 있었다. 지구 전체의 자원들에 대한 접근과 활용은 인류 전체에게 대대로 이어지는 유산이다. 창조 기사들은 사유화나 개인의 독점적인 소유권 주장을 정당화하는 데 사용할 수 없다. 이는 지구가 인류 전체에게 맡겨진 것이기 때문이다. 이 말은, 물질적 재화를 사유하는 것을 전혀 정당화할 수 없다는 말이 **아니다**. 이미 살펴보았듯이, 이스라엘에서의 정당한 소유권은

---

1) '생태학'과 '경제'는 당연히 서로 밀접하게 연결되어 있는 단어들이다. 두 단어 모두 *oikos*, 즉 '집' 혹은 '가구'라는 헬라어에서 나왔으며, 우리가 우리 인간의 '집'—지구라는 행성과 그 모든 천연 자원—을 어떻게 보살피고 다스리느냐 하는 것과 관련되어 있다.

땅이 하나님의 선물이며 그것이 가구 단위로 분배되었다는 신앙에 근거해 있었다. 그 사실은 그러한 개별 소유권들이, 심지어 정당한 경우라 할지라도, 모든 사람이 땅의 자원에 접근할 수 있으며 사용할 수 있다는 선행하는 권리에 여전히 종속되어 있음을 말하는 것이다.[2] 다시 말해서, '내가 (혹은 우리가) 그것을 소유하고 있다'는 주장은 결코 경제 윤리의 주장에서 최종적인 대답이 아니라는 것이다. 이는 궁극적으로 하나님이 모든 것을 소유하고 계시며, 나(혹은 우리)는 단지 위탁을 받아서 차지하고 있을 뿐이기 때문이다. 그래서 하나님은 우리의 소유에 속한 어떤 것을 더욱 필요로 할 수 있는 다른 사람들에 대해서 하나님 앞에서 책임을 지게 하신다. 땅과 자원의 소유권이 절대적인 처분권을 수반하고 있는 것은 아니다. 오히려, 경영과 분배에 대한 책임을 수반한다. 지구의 자원들을 **사용**할 수 있는 만인의 권리는, 오직 독점적으로 그 자원을 누리기 위해 소유하고 있는 어떠한 사람의 권리보다 도덕적으로 선행되는 것 같다.[3] 재산에 관한 이스라엘의 법률과 제도들을 검토하는 말미에서 로버트 누즈(Robert Gnuse)는 다음과 같이 설명하는데, 이에 유의하기 바란다. "대부, 이자, 부채, 노예, 토지, 임금, 일반적인 공정함에 대한 율법과 도덕적 명령들은 이스라엘의 일차적 관심사가 소유에 있지 않고 인간의 필요에 있었음을 시사한다.…재산과 소유의 유지는 반드시 인간의 필요 다음에 와야 한다. 이스라엘

---

2) 중요하게 지적해야 할 사실은, 지금 내가 어떤 형태의 사유 재산에도 반대하는, 어떤 방식의 공동 소유가 성경적 이상이라고 주장하고 있는 것이 아니라는 점이다. 또한 나는 좀더 원시적인 사회들에서는(그릇되게도 한때 이스라엘이 그 가운데에 포함되는 것으로 계수된 적이 있었다) 공동 소유가 규범이었다는 진부한 문화인류학적 신화를 끄집어내고 있는 것도 아니다. 이스라엘의 패턴은 확실하게 땅에 대한 사유화된 개인 소유보다는 가족과 친족 소유에 맞추어져 있었다. 그러나 이것조차도 공동 소유와는 거리가 아주 멀다. 이스라엘이 원시적인 공동 사회였다는 이전의 이론들(때때로 아직도 회자되고 있는)에 대한 비판으로는, 다음을 보라. C. J. H. Wright, *God's Land*, pp. 66-70.
3) 이 도덕적 권리를 주장하는 실력 행사에 대한 아주 흥미로운 실례 하나가 *New Internationalist* 107, 1982년 1월에, 'The Campesinos' Story'라는 제목으로 보도되었다. 온두라스의 산지에서 살아가고 있는 극빈한 농부들은 그들이 토지를 받도록 되어 있던 농업 개혁법의 실행을 정부가 지연시키는 데 실망하여, 그 산지에 있던 부유한 부재 목장주들 소유의 거대한 사유지 중 사용되지 않고 있는 곳에 평화적으로 '침입하고' 그 곳을 개간하고 경작함으로써 그 땅에 대한 권리를 주장했다. 이 사례는 사용되지 않고 놀고 있는 땅에 대해 법률적으로 사유 재산권을 주장하는 것보다는, 토지를 사용할 필요가 있는 농부들의 도덕적 주장이 더 중요했음을 보여 준다.

의 법률은 재산과 소유보다는 사람들을 더 소중히 여겼다."[4]

노동권과 노동의 책임

"땅에 충만하라, 땅을 정복하라"는 명령은 불가피하게 인간의 노동을 수반하고 있었다. 노동 자체는 타락의 결과가 아니다. 물론 노동이 타락의 영향을 받았다는 것은 확실하다. 그렇지만, 오히려 노동은 인간 안에 있는 하나님 형상의 일부분이다. 이는 창조 기사들이 우리에게 제시해 주는 것처럼, 하나님이 바로 일하시는 분이기 때문이다. 하나님을 닮는다는 것은 우리가 창조 이야기에서 보듯이 하나님의 활동을 반영하는 것이다. 거기에서 우리는 생각하고, 계획하고, 결정을 내리고, 집행하고, 평가하며, 그런 다음에 일로부터 휴식을 취하시는, 일하시는 하나님을 발견한다. 그러므로, 노동은 하나님을 닮은 우리 인류의 본질적인 구성 요소이다. 그러므로, 세상에서 물질 자원들을 가지고 생산적인 경제 활동에 참여하는 것은 우리의 책임인 동시에 우리의 권리다. 이것은 우리가 일을 해야 할 도덕적 의무를 가지고 있음을 의미할 뿐만 아니라—그러므로 고의적으로 게으른 것은 죄다(참고. 살후 3:6-13)—다른 사람들이 일을 할 수 있도록 해주거나 허용해 줄 책임을 지니고 있음을 의미한다. 다른 사람들이 일하는 것을 막거나 일을 주지 않는 것은 다른 사람들에 대해서 우리가 하나님 앞에 지고 있는 책임을 다하지 못하는 것일 뿐만 아니라, 그들의 사람됨과 그들 속에 있는 하나님의 형상을 모욕하는 것이다. 이 창조 세계라는 맥락 안에서 노동은 가장 폭넓을 수 있는 의미를 지니고 있다. 그리고 분명히 노동의 의의를 유급 고용에만 제한하는 현대의 경향과는 구별되어야 하는 것이다.[5]

성장과 거래에 대한 예상

"생육하고 번성하여"라는 말은 물론 인류의 자손들과 인구 성장과 관련해서 인간에게 한 말이었다. 그러나 수적인 성장은 물질적 생산과 공급의 성장을

---

4) Gnuse, *You Shall Not Steal*, p. 48.
5) 노동의 신학적이며 윤리적인 차원에 대한 매우 충분한 논의로는 다음을 보라. Waldemar Janzen, 'Theology of Work.'

요구한다. 하나님은 한편으로 지상에서 인간이 처분할 수 있게 두신 놀랍고 측량할 수 없이 부요한 유산을 통해서, 그리고 다른 한편으로 하나님이 인간들 자신에게 주신 창의력과 적응력이라는 똑같이 측량할 수 없는 천부의 재능을 통해서 그 필요를 채워 주셨다. 그러므로, 비록 인간 노동의 최대치가—고대 세계에서는 확실히 그랬고, 오늘날의 세계 대부분에서도 여전히 마찬가지다—생활 유지라는 필요에 부응하게끔 맞추어져 있지만, 인간은 언제나 당장의 생존에 필요한 것을 넘어서는 물질적 재화를 생산할 수 있는 잠재 능력을 그 속에 가지고 있다. 인간의 이러한 잠재력과 더불어서, 천연 자원과 기후와 식물, 그리고 아주 다양한 토양 유형이 있다. 만일 인간이 '땅에 충만하고 땅을 정복'해야 했다면, 어떤 지역에서는 어떤 생산물들이 남아돌아가고, 다른 곳에서는 어떤 것들이 부족할 수밖에 없었다. 이런 일은 하나님이 지구를 현재의 기후대와 광물 분배 상태로 발달하도록 만드신 자연스런 결과인 것 같다. 따라서, 상품의 교환과 거래는 그 모든 차원에서 인류의 성장에 따르는 자연스런 결과라고 여겨진다. 그러나 창조 명령의 맥락에서 각 수준의 그와 같은 모든 경제 활동은 하나님의 관심과 도덕적 감독의 범위 안에 들어 있다. 우리가 공유하고, 교환하고, 거래하는 자원들은 일차적으로 하나님께 속한다. 그러므로, 인간의 노력에 의해 생산된다 할지라도 증대된 모든 것 역시 하나님께 속한 것이다(참고. 신 8:17-18).

경제 활동의 산물에 대한 공정한 참여

지구의 **자원**에 대한 접근권과 사용권이 자원들에 대한 사유 재산권에 도덕적 제약을 설정해 주는 공동의 권리이듯이, 경제 과정의 **최종 생산물**을 소비하고 향유할 권리 역시 모든 사람의 필요에 의해 제약을 받는다. 우리는 **하나님**이 우리에게 '원자재'로 주신 것에 대해 책임을 지고 있듯이, 우리가 생산하는 것을 가지고서 무엇을 하느냐에 대해서도 하나님 앞에 책임을 지고 있다. 창조 기사에는 사적인 독점적 사용이나, 다른 사람들을 **배제한 채** 사장(私藏)하거나 소비하라는 명령이 전혀 없다. 땅의 천연 자원들 중 어떤 것에 대한 사적 지배권이 그 자원이 낳은 전체 생산물을 소비할 수 있는 권한을 주지는 않는다. 왜냐하면, 지배권은 언제나 하나님 아래 놓인 위탁 관리권일 뿐이며, 타인들에 대한 책임이기 때문이다. 우리가 소유하고 있거나 생산 과정에 투자한 것과, 환수된 수입을 독점적으로 소비할 수 있는 권리라고 주장할 수 있는 것 사이에는 전혀 필연적이거나 '신성불가침한' 연결이 존재하지 않는다. 인류 공동체 전체와 나머지 인간 이외 창조 세계의 유익을 위한 상호 책임이라는 것이 있다. 그것은 "내 것은 내 것이며, 거기에서 내가 얻어낼 수 있는 것은 무엇이든지 내가 갖고 소비할 자격이 있다"는 생각과 정면으로 대치된다.

물론 이상 네 가지 요점 하나 하나에 대해서 할 수 있는 말이 훨씬 많을 수 있고, 현대 국가 경제와 지구촌의 경제적 상황 속에서 제기되는 특정한 쟁점들이 그리스도인들 사이에서도 논란이 되고 있는 상황에서 더욱 많은 이야기가 있어야 할 것이다. 그러나 이 원칙들과 그 함의들은 성경적 그리스도인이 그 범위 내에서 일할 수 있는 기본적인 틀을 형성해 준다. 그 원칙들과 함의들이 서로 맞물려서 창조 세계라는 무대를 이루고 있으며, 이 무대는 인간 경제사의 변동하는 배경과 장면들을 받쳐주고 있다. 그러나 그 은유를 계속 사용해서 말하자면, 그 연극은 작가가 의도했던 대로 진행되지 않았으며, 심지어 무대 그 자체까지도 위협을 받고 있다. 이제는 지구와 인간의 관계 네트워크 전체에 미친 타락의 영향과 죄와 악의 침입에 대해 고려해야 할 차례다.

타락한 세계에서의 경제학

인간의 삶에 죄와 악이 들어온 일에 대한 성경의 기술은 의미심장하게도 지구와 인간의 관계 영역에 미친 영향, 특히 흙에 대한 그 영향을 포함하고 있다. 창세기 3장에 기술되어 있는 그 사건은 우리와 지구 자체의 관계가 근본적으로 뒤틀어지고 금이 갔다고 그리고 있으며, 또한 사도 바울이 지적하고 있듯이(롬 8:20-21, 아마도 전도서를 반영하고 있는 것 같다) 창조 세계가 하나님과 관련한 기능을 하지 못하고 있는 것으로 그리고 있다. 타락의 본질은 자율에 대한 인간의 교만한 욕심, 창조주의 권위와 호의에 대한 반역이었다. 신분을 역전시키겠다는 이 시도에 의해 초래된 황폐함은 그 시도가 가져온 저주와 더불어서, 하나님과 우리의 영적인 관계와 인간 상호간의 인격적 사회적 관계들에만 영향을 미친 것이 아니라, 우리의 경제적이며 물질적인 환경 전체에 영향을 미쳤다. 이 점에 대해서는 제4장에서 검토했다. 우리의 경제 윤리와 관련해서, 우리는 앞에서 설명한 네 가지 창조 원칙이 각각 측량할 수 없을 정도의 대가를 치르도록 부패했고 위반되었음을 볼 수 있다.

자원에 대한 싸움

그리하여 먼저 지구의 자원에 대한 공동의 그리고 공평한 접근이 이루어지는 대신에, 토지와 그 자원은 투쟁과 전쟁을 일으키는 최대의 단일 원인이 되어 버렸다. 어떤 자원들은 극소수의 사람들에 의해 비축되고 다른 사람들의 접근이 거부되고 있다. 어떤 자원들은 낭비되고 오염되거나 남용되고 있다. 공들이지 않고 얻은 선물로서 서로 나누어 사용하는 기회로 이용되기보다는, 자원의 소유가 정복과 장악의 문제가 되었으며 압제와 탐욕과 권력의 도구가 되었다. 심지어 농업이나 광업에 거의 혹은 전혀 혜택을 주지 못하는 땅조차도 단순히 영토로서 인간 역사를 훼손시킨 가장 피비린내 나며 가장 긴 전쟁을 일으킨 분쟁거리가 되고 있다. 구약 성경조차도 왕과 황제에 대해서, 마치 자기들이 그 자원을 창조해 낸 것처럼 자원에 대한 소유권을 주장하는 그들의 교만을 그리고 있다. 다음은 그 말도 안 되는 자랑에 대한 하나님의 대답이다.

> 애굽의 바로 왕이여, 내가 너를 대적하노라.
>   너는 자기의 강들 가운데에 누운 큰 악어라.
> 스스로 이르기를 나의 이 강은 내 것이라,
>   내가 나를 위하여 만들었다 하는도다(겔 29:3).

노동의 타락

한편으로, 이것은 노동 그 자체가 땅에 대한 저주로 인해 힘들고 좌절을 안겨 주는 것이 되었음을 의미한다. 노동은 이제 더 이상 단순히 우리 인간 본성에서 기쁨을 주고 특권이 되는 부분이 아니다. 노동은 이제 굴레와 필연이 되어 버렸다. "네가…얼굴에 땀을 흘러야 먹을 것을 먹으리니"(창 3:19). 땅을 **정복하는** 수단으로 우리에게 주어졌던 노동이 이제는 대부분의 사람들에게 단지 땅에서 **생존하기 위한** 괴로운 투쟁이 되어 버렸다. 타락한 세상에서의 노동의 이 측면은 근대에 들어와 노동의 성격이 변화함으로써 더 극대화되었다. 그 변화는 **그 자체**로는 반드시 죄악된 것이라고는 할 수 없는 요인들에 의해 일어난 것이다. 산업화와 기술 문화의 발전은 어떤 의미에서 불가피하며 본질적으로 악한 것은 아니라고 여길 수도 있을 것이다. 다만, 인간이 행하는 모든 기획의 타락성에 동참하고 있는 한에서 악할 뿐이다. 그러나 그에 따라 일어난 노동의 기계화와 단절적이고 파편화된 전문화, 지루한 반복, 최종 생산품 혹은 그 사용자들로부터의 소외는 타락한 세상 가운데서 인간이 하는 모든 노동에 다소간 덧붙여져 있는 좌절의 저주를 강화된 형태로 경험하게 한다.

다른 한편으로, 그것은 또한 경제 분야에서 인간 관계들이 타락했음을 의미한다. 노동은 일하는 사람에 대한 보살핌이나 책임감이 거의 없이 사고 팔 수 있는 상품이 되었다. 노동은 탐욕의 노예, 압제의 도구, 하나님을 인간 자신의 야망으로 대체시키는 수단이 되었다. 그리하여 혹 노동은, 원래는 하나님 자신의 형상대로 창조된 자들에게 주신 하나님의 선한 선물이었지만, 우리가 그 안에서 우리 자신의 정체성과 의의를 찾고자 시도할 때나 삶에 대한 궁극적 의미와 목적을 찾고자 할 때 하나의 우상이 될 수도 있다.

전도서는 인간 노동의 역설적인 성격에 대한 구약 성경의 가장 예리한 통찰 몇 가지를 포함하고 있다. 한편으로, 노동은 여전히 하나님의 선물이다. 그리고 인간에게는 자신의 일 가운데서 만족을 찾는 일 이상의 더 나은 대안이 없다(전 2:24-25; 5:18; 9:10). 그러나 다른 한편으로, 노동은 열매가 없고 낙심케 할 수 있으며(2:4-11), 결국에 헛된 것일 수 있으며(2:18-23), 악한 동기들로 멍들 수 있으며(4:4), 아무런 목적 없이 공허할 수 있으며(4:8), 최종적으로는 죽음으로 허망하게 끝나 버릴 수 있다(9:10). 노동하는 자로서의 인간이 지니고 있는 역설에 대한 전도서의 이러한 관찰은, 땅에 대해 하나님이 내리신 저주가 어떻게 작용하고 인생에 어떤 효과를 낳는지에 대한 통찰력 있는 탁월한 주해다.

통제되지 않는 성장

인간의 타락 상태에서, 탐욕과 불만족은 경제 성장이 병적 집착이 되어 버렸음을 의미한다. 하나님께 순종하며 살아가는 사람들에게는, 물질적인 재화의 증대가 선물로 받아들여지고 책임 있게 향유해야 할 복으로 구약 성경에 나타나 있다. 그러나 그것은 결코 보장되어 있는 '보상'으로 여겨지지 않는다. 실로 하나님의 가장 신실한 종들 중 어떤 이들은 물질적으로 여전히 가난한 상태에 있었다. 그러나 하나님으로부터 소외되어 살아가고 있는 사람들에게는 물질적 부의 성장이 목적 자체가 되어 버린다. 미가와 이사야가 특별히 주목하고 있듯이(미 2:1-2; 사 5:8), 더 축적하고자 하는 욕망은 사회적이며 경제적인 압제와 폭력으로 이끌어간다. 탐심이 우상 숭배와 동일하다고 가르친 사람은 바울이 처음이 아니었다. 그 말은 열 번째 계명을 깨뜨리는 것이 첫 번째 계명을 깨뜨리는 것과 똑같다는 말과 다름없다. 신명기는 하나님이 주신 축복이 늘어나게 될 때, 그 축복들 자체가 하나님의 자리를 찬탈하여 하나님을 잊을 위험에 대해 잘 의식하고 있다. 그 땅의 풍족한 천연 자원들에 대해 묘사한 후에(신 8:7-9), 신명기는 즉시 자기 만족에 빠지고 성장에 사로잡히는 물질주의의 증상들을 묘사한다. "네가 먹어서 배부르고, 아름다운 집을 짓고 거주하게 되며, 또 네 소와 양이 번성하며, 네 은금이 증식되며, 네 소유가 다 풍부하게 될 때에, 네 마음이 교만하여 네 하나님 여호와를 잊어 버릴까 염려하노라…"(신 8:12-14).

그러나 다시 전도서는 부가 그토록 불안정한 것임에도 불구하고, 더 많은 부를 갖고 싶어하는 꺼질 줄 모르는 갈망에 주목하고 있다.

> 은을 사랑하는 자는 은으로 만족하지 못하고
>   풍요를 사랑하는 자는 소득으로 만족하지 아니하나니,
>   이것도 헛되도다.
> 재산이 많아지면
>   먹는 자들도 많아지나니
> 그 소유주들은

눈으로 보는 것 외에 무엇이 유익하랴?
(전 5:10-11; 참고. 5:13-17; 6:1-2)

불공정한 분배

마지막으로, 경제 과정의 최종 생산품 또한 불공정하게 다루어지고 있다. 소유권 주장은 개인에게 속하는 것이 되었으며, 타인들에 대한 어떠한 의미의 초월적 책임에도 얽매이지 않는 절대적인 것으로 여겨지고 있다. "내가 내 아우를 지키는 자니이까?"라는 항변은 전 세계적 규모로 책임을 벗어던지는 이기적인 말이 되어 버렸다. 천연 자원들은 몇몇 나라로부터 수백 년에 걸쳐 거의 강탈에 해당하는 방식으로 빼내어지고 있다. 그런 다음에 식료품을 포함해서 가공된 생산품들이 다시 그 똑같은 나라들에 역으로 보조금을 받은 가격에 판매되고, 이로 인해서 그 지역의 산업과 농업은 축소되고 마침내 무너지게 된다. 전체적으로 불공정한 이러한 무역 협정들은 국제 부채라는 도덕적으로 끔찍한 현상에 의해 한층 심해진다. 모든 자연적이며 역사적인 정의와는 반대로, 그 빚은 가난한 자와 강탈당한 자가 부유하고 탐욕스러운 자들에게 진 빚이라고 여겨진다. 그 문제는 이제 세계적인 문제다. 그러나 그것이 새로운 것은 아닌데, 왜냐하면 잠언의 지혜자가 이미 그 문제를 주목했기 때문이다. 단순히 자원을 소유하고 있는 것만으로는 충분하지 않다. 그리고 그 자원으로부터 필요한 것을 생산하기 위해 열심히 일하는 것만으로도 충분하지 않다. 종국에는 불의가 그 둘 다를 우리로부터 빼앗아갈 수 있기 때문이다. 오늘날 세계에서 수백만의 사람이 이 말씀의 단순한 진리를 증언할 수 있을 것이다. 이 말씀은 일반적인 단수로 표현되어 있지만, 오늘날 전 지구상에 타당성을 지닌 말씀이다.

가난한 사람의 밭이 풍족한 식량을 생산한다 할지라도,
불의가 그것을 휩쓸어 가느니라(잠 13:23, NIV 직역).

이렇듯 악은 인간 경제 생활의 모든 측면에 그 길을 내고 엮어 들어가 있다. 또한 구약 성경은 그 문제점의 부가적인 차원에 대한 암시를 주고 있는데, 그것은 물질적, 경제적 질서의 전 영역이 마귀적 세력들에게 포로가 되었다는 것이다. 타락에 대한 기사는 첫 인류에게 접근하고 있는 인격적인 악의 세력을 그리고 있다. 그 악의 세력은 창조 세계의 물질을 수단으로 해서, 동일한 물건을 불신과 불순종과 반역을 일으키는 유혹의 수단으로 사용함으로써 그들에게 접근했다. 압제와 불의에 대한 예언자들의 싸움은 단순히 경제적 차원에만 국한된 것이 아니라 바알 숭배라는 영적 권세에 대한 싸움과 밀접하게 연결되어 있었다. 이는 그 예언자들이 인간을 자유케 하는 여호와 하나님에 대한 섬김을 배척하는 것이, 어떻게 이기적인 탐욕과 잔학한 압제의 신들을 섬기는 데로 이끌어갔는지를 분명히 보았기 때문이다. 엘리야가 치른 전투와 그가 그 백성들 앞에 던져 놓았던 선택―여호와냐 바알이냐?(왕상 18:21)―은 단지 영적 혹은 종교적 문제가 아니었다. 엘리야는 종교적인 배도와 연결되어 있던 탐욕스런 **경제적** 몰인정의 희생자들을 대신해서 싸웠던 것이다. 나봇의 비극적인 사례가 이 사실을 입증해 주었다. "너희가 하나님과 재물을 겸하여 **섬기지** 못하느니라"(마 6:24, 강조는 저자의 것)라는 말씀은 예수님이 그 말씀을 하실 때만큼이나 엘리야의 시대에도 맞는 말이었으며, 오늘날에도 여전히 맞는 말이다. 그러므로, 그것은 실로 어느 신을 섬길 것이냐의 문제다. 그리고 우상 숭배는 언제나 불의와 압제를 낳을 것이다.

그러므로, 인간의 삶에서 이 방대하고 복잡한 경제 영역의 어느 분야에라도 개입되어 있는 그리스도인은 그 쟁점들이 단지 물질적이거나 신체적인 것만이 아님을 기억할 필요가 있다. 다른 곳에서와 마찬가지로 여기에서도, "우리의 씨름은 혈과 육을 상대하는 것이 아니다"(엡 6:12). 그리고 그것은 단순히 좌절 가운데 신음하고 있는 창조 세계의 그 '땅'과 '엉겅퀴'에 맞서는 문제도 아니다. 우리의 싸움은 영적인 권세자들과 군대들에 대한 싸움이다. 그 세력들은 인간의 경제 관계와 경제 구조와 이데올로기들 가운데 침입하고 영향력을 행사함으로써 이 영역에서 인류에 대한 억압적 전제 권력을 휘두를 수 있다. 그것은 그 세력들이 사람들을 정신적이며 영적인 흑암의 노예 상태로 묶어 놓고 있는 것과 똑같다. 감사하게도, 하나님의 구속 행위들은 인간 삶의 이 영역에서도 작용한다. 그래서 나는 이제 구약의 구속 신학이 지니는 경제적 함의들을 검토하고자 한다.

이스라엘의 구속 이야기에 담긴 경제적 차원들

우리는 이미 제3장에서, 구약 성경을 통해 이스라엘의 역사적 여정에서 그들의 땅이 갖는 중심적 성격을 살펴보았다. 그 요점들을 기억에 되살린다면, 그것이 경제 윤리에 대하여 갖는 근본적 의의를 더 깊이 음미할 수 있을 것이다.

노아와의 언약: 이 창조 세계에 대한 보장과 새 창조의 원형

노아는 아버지 라멕이 하나님께 갈망했던 소원, 즉 그 땅에서 저주를 거두어 주시기를 바라는 소원 때문에 그 이름을 얻었다(그 이름에는 '위로'와 '쉼'이라는 의미가 있다, 창 5:29). 이것은 하나님의 구원이 무엇을 의미하는지에 대한 가장 초기의 성경적 이해를 보여 주는 단서다. 죄의 영향으로 땅이 저주 아래 놓임으로써 땅에서의 인간 실존이 괴로워지고 어두워졌다면, 홍수 이전의 이 조상은 그 해결책을 가리키고 있다. 하나님이 땅으로부터 저주를 제거해 주시길 바라는 것이다. 그러나 지적되어야 할 사실은, 그것이 우리 인간들로 하여금 하늘 어디엔가 피할 수 있게 해 달라거나 지구를 뒤로 하고 떠나갈 수 있게 해 달라는 것은 아니라는 점이다. 창세기에서부터 요한계시록에 이르기까지 일관된 성경적 소망은, 하나님이 땅에 대해 특별한 일을 행하셔서 우리가 다시 그 땅에서 하나님과 더불어 '안식'하면서, 안식의 평화를 누리며 거할 수 있게 되어야 한다는 것이다. 성경은 주로, 우리가 다른 어떤 곳으로 간다는 바람에 대해서보다는 하나님이 여기에 임하실 필요에 대해 말하고 있다. 이 땅이 하나님의 심판 장소가 될 것이며, 또한 하나님의 구원의 능력이 행사되는 장소가 될 것이다. 그러므로, 홍수 이야기와 이어지는 이야기는 땅이 (무지개와 연결된 언약 가운데서[6]) 지속되는 동안 땅 위의 생명에 대한 하나님의 헌신을 보

---

[6] 우주적 언약의 더 광범위한 차원들과 노아 이야기에서 그 언약이 발효된 일에 대해서는 앞의 제4장을 보라.

여 주는 표시가 될 뿐만 아니라, 장차 임할 마지막 심판과 갱신, 즉 새 창조의 표지가 된다(벧후 3장을 보라).

하나님과 지구상의 모든 생물 사이에 맺어진 '우주적' 언약이 인간의 경제 활동에 대해 지니는 의의는 막대하다. 실로 그 언약은 학문으로서, 활동으로서, 윤리로서의 경제학의 토대다. 이는 경제학이 창조주이며 심판자이며 구주이신 하나님의 언약에 대한 신실하심 가운데서, 모든 자연 과정의 영구성과 의존 가능성에 뿌리박고 있기 때문이다. 그 모든 자연 과정에는 현재 우리가 알고 있는 지구의 지축을 중심으로 한 자전(낮과 밤)이나 태양 주위를 도는 공전(여름과 겨울)과 같은 우주적인 현상과, 인간이 소출을 위해 개입하는 전체 영역(파종기와 추수기)이 포함된다. 그러므로, 우리가 비록 현재 **저주받은** 땅에서 살아가고 있다는 신학적 천명의 경제적 파급력을 진지하게 다룬다 할지라도, 우리는 또한 **언약으로 맺어져 있는** 땅 위에서 살아가고 있음을 앎으로써 찾아오는 안정과 소망을 환영한다.

아브라함과의 언약: 특정한 땅과 보편적인 지구

그러므로, 창세기 1-11장에서 땅 자체가 하나님 및 사람과 맺고 있는 관계를 강력히 강조하는 것과, 하나님이 아브라함을 불러내어 구속의 역사적 서술을 시작했을 때 땅이 아브라함에게 주어진 약속의 구성 요소라는 사실은 전적으로 일관된 것이다. 아브라함과 사라가 하나님의 약속을 믿고 그럼으로써 '의롭다고 여김을 받는' 그 순간에 하나님이 그들을 하늘로 싹 데려가신 것이 아니었다. 물론 히브리서는 그들이 뒤로 하고 떠나온 땅이나 그들이 도착한 땅을 넘어서 기대하던 더 장기적인 목표가 있었다고 우리에게 말해 준다. 그러나 그들에 대한 하나님의 목적은 어떤 공중의 낙원이 아니라 하나님이 선택하고 약속하신 땅에서의 삶이었다. 그리고 이제 그 삶은 구속받은 창조 세계에서의 삶, 하나님의 구속 사역이 지닌 궁극적 목표에 대한 하나의 상징이 될 것이었다.

이처럼 성경 이야기 전체에는 연속성과 일관성이 있다. 창세기 1-11장은 하나님의 땅에서의 인류, 그러나 그 땅으로부터 소외된 상태에서 그 땅의 회복을, 그 땅에 대한 저주의 제거를 바라면서 살아가고 있는 인류를 보여 준다. 요한 계시록 21-22장에 기록된 성경의 결론적인 비전은, 하나님이 다시금 구속함을 받은 인류와 더불어 거하시게 될 새 창조 세계를 내다보고 있다. 그래서 아브라함과 맺으신 근본이 되는 언약, 은혜로 주어지는 구속 언약에 땅이 포함되어 있는 것이다. 이것은 궁극적으로 보편적이 될 것—모든 열방에게만이 아니라 전 지구 자체에 대한 축복—을 특수하고 국지적인 것으로 만들기 위한 것이었다.

바로 이러한 점에서, 구약 성경에서 이스라엘의 땅은 그 특유성과 마찬가지로 아브라함 언약의 보편성에 비추어 바라보아야 한다는 사실이 따라 나온다. 즉 아브라함에게 하신 약속에 대한 하나님의 신실성은 가나안 땅을 **이스라엘** 지파들에게 역사적 선물로 주시는 결과를 낳았는데, 그 약속은 그 궁극적 범위 안에 **모든 민족**의 복을 포함하고 있었다. 아브라함 언약의 다른 두 요소인 후손과 관계도 확실히 그 보편적 전망을 염두에 두고 있다. **후손**은 아브라함이 한 민족을 이루게 될 것이라는 약속인데, 그 민족은 열방에 베푸시는 하나님의 복의 매개체가 될 것이었다. 그리고 **관계**의 약속은 하나님과 이스라엘 사이의 특별한 언약 관계로서, 구약 성경은 그 약속이 궁극적으로 열방에까지 확대되어 갈 것을 내다보고 있다. 이스라엘은 모든 민족을 위한 민족이 되었다. 이스라엘은 열방이 하나님께 복을 받도록 하기 위해서 하나님께 복을 받았다. 그러므로, 아브라함에게 하신 약속에 담긴 땅이라는 요소는 바로 이 동일한 보편적 맥락에서 일관되게 바라보아야 한다. 이스라엘은 나머지 **민족들**과 관련된 사명의 일부로서, 그리고 **지구** 전체에 대한 하나님의 구속 계획의 일부로서 그 땅을 소유했던 것이다. 그것은 선택 개념에서 지극히 중요한 사항이다.

그러나 그것은 성경적 경제 윤리를 확립하는 과제와 관련해서도 중요하다. 여기에서 우리는 다른 문화와 다른 사회에도 구약 이스라엘이 타당하다는 **패러다임적** 이해를 논의했던 제2장의 내용을 다시 떠올려야만 한다. 이스라엘은 "열방의 빛"이 되라고 창조되었으며 그러한 위임을 받았다. 그러므로, 그들과 연결되어 있는 모든 것은 원칙적으로 일종의 모범이라는 인식이 있었다. 그 가운데 살아갈 땅이라는 선물과 그것에 준해서 살아가야 할 율법이라는 선물은, 하나님이 이스라엘을 하나의 '모델' 민족으로 형성하는 방식에 본질적인 것이었다. 물론 아브라함의 자손들에게 주신 땅에 대한 약속은 분명 매우 두드러졌으며 문화적으로 경제 체제를 좌우했다. 그러나, 그 약속 자체의 보편적 차원 때문에, 그 경제 체제는 그 체제 자체의 역사적이며 문화적인 경계를 넘어 훨씬 더 광범위한 의의를 지닌다. 바로 이러한 이해가 이스라엘 경제 체제에 대한 연구를 단지 고대사나 역사 사회학 분야에서 또 하나의 연구에 그치지 않게 해주는 것이며, 경제학 분야에서 오늘날 우리의 윤리적 성찰과 목표와 선택을 위한 잠재력을 발휘할 수 있게 해준다. 구약 이스라엘 경제 체제의 구조와 목표를 파악하게 될 때, 우리는 지구상에서 인간의 경제 생활 일반이 어떤 식으로 이루어져야 할지에 대해 하나님이 어떻게 생각하셨는지 접할 수 있게 된다.

출애굽: 경제적 독립을 위한 해방

구약 성경에서 하나님이 행하시는 모든 구속 사역의 원형이자 패러다임은, 물론 출애굽이었다. 출애굽에서 성취된 구속의 특별한 특징 한 가지는 그 포괄성이었다. 그 일련의 사건들 가운데서, 하나님은 이스라엘에게 사중적인 자유를 주셨다. (1) 정치적으로, 외국 독재자의 전제 정치로부터의 자유, (2) 사회적으로, 그들의 가정 생활에 대한 참을 수 없는 간섭으로부터의 자유, (3) 경제적으로, 강제된 노예 노동으로부터의 자유, (4) 영적으로, 이방 신들의 영역으로부터 방해받지 않는 여호와에 대한 예배와 그분과의 언약 관계로의 자유. 다시 한 번, 경제적 영역과 영적 영역이 얼마나 밀접하게 하나로 묶여 있는지 주목할 만하다. 자신의 백성들에 대한 하나님의 관심을 일깨운 것은 경제적 압제와 불의에 대한 그 백성의 울부짖음이다(출 2:23-25). 그들을 구출하겠다는 여호와 하나님의 계획의 목적은, 그들에게 그들 자신의 땅이라는 경제적 복을 줌으로써 아브라함에게 하신 자신의 언약적 약속을 성취하시는 것이다(출 3:7-8; 6:4-8). 그렇게 해서, 구약 성경 전체에서 최고의 구원 사건인 출애굽은 경제적 압제를 핵심적인 동기 유발 요인의 하나로 가지고 있으며, 경제적 자유를 그 주요한 의도적 목표들 가운데 하나로 가지고 있다. 경제학은 이스라엘의 구속 이야기라는 바로 그 틀 안에 기록되었다.

이스라엘의 경제 체제 안에 회복된 창조 가치들

이스라엘에서의 경제 생활은 바로 앞 부분에서 간략하게 서술된 창조 원칙들에 의해서만이 아니라, 그들의 구속자이시며 여호와이신 창조주 하나님과의 언약 관계 가운데 있는 백성이라는 그들의 신분에 의해서도 형성된 세계관 범위 내에서 이루어졌다. 이 단락에서 우리가 보게 될 것은 하나님과 그리고 상호간 언약 관계가 요구하는 사항들이 이스라엘의 경제 체제에 어떤 식으로 영향을 미쳤는가 하는 것이다. 폭넓게 말해서, 언약에 기반을 둔 경제학은 단순히 사적 이익에 근거한 것이 아니라 사랑과 상호 지지에 근거한 경제 관계들을 요구했다. 실제로, 이스라엘의 일부 경제 규정은 동료 이스라엘 백성의 필요를 위해 사적 이익을 희생할 것을 요구했다. 그리고 이 모든 것은, 경제적 '상식' 앞에서조차, 그들의 창조주이며 구속주이신 하나님을 신뢰하라는 훨씬 더 근본적인 요구 안에 놓여 있었다. 우리는 이 점을 앞에서 간략히 서술한 네 가지 창조 원칙 하나 하나와 관련해서 볼 수 있을 것이다. 그 원칙들은 이스라엘의 경제법과 관습을 확립하는 데 기초가 되는 편리하고 종합적인 구조를 제공해 준다.

천연 자원들에 대한 공동 접근권

이스라엘에서 이 점은 첫 실례로서 가능하면 공평하고 폭넓게 토지를 분배하려 했던 토지 분배 제도에 의해 실행되었다. 이 토지 분배 제도는 이스라엘이 차지한 곳의 가나안 족속들의 토지 보유 제도와는 뚜렷한 대조를 이루는 것이다. 우리가 알고 있는 한, 가나안 족속들의 제도에서는 모든 토지를 그 지역의 왕이나 각 성읍의 군주가 소유했다. 나머지 주민들은 그들 자신의 것이 아닌 땅에서 소작농으로서 세금을 내고 왕의 군대로 봉사하면서 살아갔다. 이스라엘은 달라야 했다. 이스라엘이 그 땅을 점령하기 훨씬 전부터 민수기 26:52-56은 모든 지파가 각각 그들의 수적 규모에 비례하여 토지를 갖도록 하는 분배 제도를 그리고 있다. 이어서, 여호수아 13-19장에 나오는 토지 분배에 대한 진술은 토지가 지파별로 분배되었을 뿐만 아니라 "그 가족대로(에 따라서)" 분배되었다고 반복해서 기록하고 있다. 그 목적은 분명했다. 각 지파와 친족과 가족이 그 규모와 필요에 따라서 충분한 토지를 소유할 수 있도록 해야 한다는 것이었다. 토지 보유는 공평해야 했으며 왕이나 소수의 부유한 자들에게 집중되지 않도록 분배되어야 했다. 팔레스틴 지방 지형의 다양함을 고려해 볼 때, 이것은 모든 가족이 **똑같은 것**을 소유해야 한다는 의미가 아니라 모든 가족이 **충분히**, 즉 경제적으로 생계를 유지해 나갈 수 있을 만큼 충분히 소유해야 한다는 것을 의미했다.[7] 바로 여기에서 구속이라는 맥락에서 작동하고 있는 창조의 원칙을 볼 수 있다.

그러나 자연 재해, 전쟁 및 여타의 것들과 더불어서 죄가 가져온 경제적 효과들, 이를테면 탐욕과 강탈과 정치적인 강제 추방 등은 자기 소유의 토지가 없이 살아가야 하는 많은 사람을 만들어 냈다. 그러한 사람들은 토지를 보유하고 있는 지주를 섬기는 일에 자신들을 팔아서 생존했다. 출애굽기 21:2-6과 신명기 15:12-18의 히브리 노예들은 바로 이런 땅 없는 사람들의 계층에 속했다.[8] 그러므로, 이스라엘의 율법은 고아와 과부, 이주해 들어온 이방인들과 레위인들처럼 땅이 없던 다른 집단에 대해서 그랬던 것처럼 노예들을 보호하는

---

7) 이스라엘의 토지 보유제와 그 제도가 가나안 족속의 관행과 차별화되는 독특성에 대한 좀더 자세한 논의로는 다음을 보라. Norman K. Gottwald, *Tribes of Yahweh*; Christopher J. H. Wright, *God's Land*; Robert Gnuse, *You Shall Not Steal*. 그러나 가나안 족속과 이스라엘 족속의 경제 사이에 소위 예리한 구분에 대해서 의문을 제기하고 있는 좀더 조심스런 견해로는 다음 책을 보라. John Andrew Dearman, *Property Rights*.

8) '히브리'라는 단어가 메소포타미아와 이집트의 문헌들에서 광범위하게 발견되는 '*apiru*'라는 단어와 연결되어 있다는 사실을 이제는 (비록 보편적으로 그러한 것은 아니지만) 널리 동의하고 있다. 그 용어는 고대 근동 전역에 공통적으로 존재하던 어떤 사회 계층—즉, 정치적 망명객들, 추방당한 사람들, 법의 보호를 받지 못하는 사람들 등을 포함할 수도 있는, 토지를 소유하지 못하던 일단의 사람들—을 묘사하는 말이었다. 이스라엘 자손이 이집트에 있던 동안, 그들이 '히브리인들'이라고 불렸던 것은 적절한 것이었다. 나중에 그 말은 이스라엘과 동일시되는 민족의 이름이 되었다. 그러나 초기 법률 문서들에서는 '히브리 종'이라는 용어가 거의 확실하게 혈연적으로 이스라엘 족속으로 태어난 사람들을 가리키는 것이 아니라, 소유하고 있는 땅이 없는 사람들, 토지를 가지고 있는 이스라엘 가구에게 자기를 팔고 자기들의 노동력을 팔아서 살아갔던, 박탈당한 가나안 사람들과 이주민들을 가리키고 있다. '*apiru*'의 정체와 그들이 성경상의 히브리인들과 연결되었을 가능성에 대한 충분한 전문적인 논의는 다음에서 찾을 수 있다. Gottwald, *Tribes of Yahweh*, pp. 401-409(및 다른 부분들, 색인을 볼 것), 및 Niels Peter Lemche, 'Habiru.'

데 특별한 관심을 기울였다. 그들의 곤경을 경감하기 위한 경제적 관대함이 요구되었으며, 신명기 15:14-18에서는 신학적이며 경제적인 주장들을 섞어가면서 더욱 강력히 요구했다. 그리하여 법적으로는, 전혀 토지를 보유하지 못했던 사람들도 여전히 그 땅의 수확으로부터 공급을 받을 수 있게 되었다. 이 원칙은 신명기에서 "먹어서 배부르고"라는 구절을 통해 표현되어 있다. 한편으로, 이것은 이스라엘 자손이 그 땅을 점령하고 그 가운데 정착하게 되었을 때 경험하게 될 복이었다. "네가 먹어서 배부르고 네 하나님 여호와께서 옥토를 네게 주셨음으로 말미암아 그를 찬송하리라"(신 8:10). 그러나 다른 한편으로, 또한 이것은 집도 없고 땅도 없는 자들(과부, 고아, 이방의 객)이 3년마다 베풀어지는 십일조의 분배를 통해 혜택을 입게 될 때 그들이 누리게 될 복이기도 했다. 그들이 소유한 땅은 전혀 없다 할지라도, 그들 역시 "와서 먹어 배부르게" 될 수 있었다(신 14:29). 땅을 가지고 있는 자와 땅이 없는 자들에게 동일한 구절이 적용되어야 한다.

그러나, 관대한 자비는 궁극적으로 그 자체만으로는 충분하지 않았다. 예언자들의 종말론적 비전은 하나님의 구속적 변혁의 날을 대망한다. 그 때 **각 사람**이 자기 포도나무 아래와 자기 무화과나무 아래에 앉을 것이라"(미 4:4, 강조는 저자의 것). 그리고 지금 땅을 갖지 못한 자들은 하나님의 새 창조 세계에 속한 '땅'을 확실하게 보유하고 그 '땅'을 나누어 갖게 될 것이다(겔 47:22-23). 여기에서 '창조 경제학'의 첫 번째 원칙이 하나님의 구속 행위로 말미암아 회복되고 있다.

노동의 권리와 책임

이 두 번째 창조의 원칙은 에덴 동산에서 인류에게 적용되었던 것과 마찬가지로 약속의 땅에서 살아가는 구속함을 받은 공동체에게도 적용되었다. 그들이 순종하면서 그 땅에서 살아갈 때 그 백성들에게 임할 하나님의 복에 대한 목가적인 묘사들조차도 정상적인 농업 활동을 전제로 하고 있었다. 그러나, 이미 지적했다시피, 죄로 말미암은 노동의 타락과 노동 관계의 부패 때문에, 율법은 이 영역에서도 구속함을 받은 백성들에게 어떤 명시적인 요구를 했다. 노동과 관련된 구약의 율법들은 다음과 같이 분류할 수 있을 것이다.

- **조건**. '히브리' 종들에게는 6년이 지나면 자유를 주어야 했다(이는 실제로는 고용주의 교체에 해당했다). 그리고 그 종들의 노역과 방면의 조건은 명확히 규정되어 있었다(출 21:1-6). 종의 주인은 명확한 법적 규제 하에서 종을 다루었으며(출 21:20-21, 26-27), 스스로를 부양할 수 없어서 자발적으로 채무자를 섬기러 들어온 자들이 억압적으로 가혹한 조건들 가운데서 일하게 해서는 안 되었다(레 25:39-40, 43).
- **임금 지불**. 고용된 일꾼들의 임금은 즉시로 충분하게 지불해야 했다(레 19:13; 신 24:14-15). 예언자들은 특히 임금 지불 문제와 관련해서 일꾼들에 대한 압제와 착취를 정죄한다(사 58:3; 렘 22:13).
- **쉼**. 창조 이래의 원칙이자 특권인 안식일의 쉼은 창조 시에 하나님이 보여주신 모범(출 20:11)에 근거해서만이 아니라 하나님의 구속 행위(신 5:15)에 근거해서, 고용주와 고용된 일꾼들과 심지어 일하는 짐승들에 대해서까지도 의무적으로 요구되는 것이었다. 매주 정기적으로 돌아오는 이 완전한 쉼에 덧붙여서, 노예와 다른 거주 일꾼들과 고용된 일꾼들은 큰 명절과 종교 행사의 모든 혜택을 누리도록 허락되어야 했다. 그 명절들과 행사들은 농사를 짓는 한 해 동안에 노동으로부터 쉴 수 있는 며칠 동안의 휴가를 덧붙여 주었다(참고. 신 16:11, 14). 길고 고된 육체 노동을 요구하는 농경 생활 가운데서, 그와 같은 정기적인 휴식은 매우 소중했을 것이다.

그러나 불행하게도 노동 생활과 조건을 좌우하는 율법들은 위로 왕에서부터 아래까지, 솔로몬 시대 이래로 점점 더 도를 더해 가면서 무시되었다(참고. 왕상 5:13-17; 9:20-23; 11:28; 12:3-4, 10-11). 이것이 이방 땅으로 포로가 되어 끌려간 사건의 배후에 있던 요인 가운데 하나이며, 그 사건은 레위기 26장에 비추어 볼 때 하나님의 심판으로밖에 달리 해석할 수 없는 일이었다. 26장에서 심판은 안식일을 준수하지 못한 그 백성들의 잘못과 거듭 연결되어 있다.

레위기 25장의 문맥에서는 그것이 땅에 관한 안식 법규를 포함한다. 땅의 안식에는 7년 차 휴경(이것은 명백히 가난한 자들이 혜택을 받도록 하기 위한 것이었다)과, 빚에 대한 담보물을 풀어 주는 일(참고. 신 15:1-3; 그 '담보물'에는 아마 자신의 노동을 통해 빚을 갚아가던 채무자의 딸린 식솔들이 포함되었을 것이다)과, 채권자들에게 땅과 노동을 저당잡혔던 자들을 희년에 방면해 주는 일을 포함하고 있었다. 이 모든 안식 규례는 노동자, 특히 노동력이 유일한 자산이었던 사람들의 이익에 관심을 갖고 있었다. 이러한 의미에서 '안식'을 무시하는 행위는 예언서에 공통적으로 나타나 있는 가난한 자들에 대한 불의와 착취라는 죄악에 해당하는 것이었다. 마찬가지로, 아모스(8:5-6)와 이사야(58:3-14)와 예레미야(17:19-27; 참고. 7:5-11)는 경제적인 착취를 탐욕스런 동기들 때문에 안식일을 범하는 일과 연결시키고 있다.

그러므로, 우리는 율법 자체로부터 그리고 그 율법을 무시하는 것에 대한 예언자들의 반응으로부터, 노역의 조건과 기한, 적절한 휴식과 공정한 임금과 관련하여 노동과 고용에 대한 깊고도 자세한 관심이 구약에 있었음을 알 수 있다. 그리고 이 관심은 고용주, 자유 계약 일꾼, 종을 포함하는 노동 인구 전체 영역에 골고루 적용되었다. 실로, 공정함과 긍휼의 원칙들은 짐을 나르는 나귀와 곡식을 떠는 황소와 같은 짐승의 노동력에까지 확대되었다(출 23:4-5; 신 25:4; 참고. 22:1-4).

이 관심은 물론 하나님의 구속함을 받은 백성으로서 이스라엘이라는 맥락 내에 있는 것이지만, 노동과 고용이라는 경제 영역에서 그리스도인의 윤리적 관심과 실천과 관련하여 패러다임적 타당성을 지니고 있다. 비가(Biggar)와 헤이(Hay)가 표현하고 있듯이, 오늘날에도 여전히 해당되는 사실은, "노동이 인간 본성의 일부이며, 인간 존엄성의 중요한 요소이며, 자기 가치의 원천이라는 훨씬 일반적인 성경의 주장"[9]이다. 고대 이스라엘의 경제와 같이 비교적 단순한 농업 경제와 현대의 개발된 국가들의 복잡하고 산업화된 경제 사이에 엄청난 차이가 있다는 것은 자명한 일이다. 그러나 만족할 만하고 품위를 유지시켜

---

9) Biggar and Hay, 'Bible and Social Security', p. 62.

주는 노동 조건과 적정 임금에 대한 지속적인 요구가 줄어들고 있다는 표시는 전혀 보이지 않는다. '쉼'의 문제에서, 발전된 국가들의 문제점은 뒤바뀌었다. 고질적인 실업과 마이크로칩 혁명은 과잉 노동의 문제가 아니라 노동의 부재 혹은 노동의 희소라는 문제를 긴급한 문제로 만들었다. 우리는 '노동'이 '임금을 받는 고용'과 동의어가 아니라는 사실을 새롭게 인식해야만 하며, 여가의 의미와 용도에 대해 다시 생각해야 할 형편이 되었다. 동시에 우리는, 서구 사회의 많은 사람이 전제적인 회사와 그들 자신의 탐욕의 결합을 통해 지나치게 혹사당하고 있는 한편, 다른 사람들은 값어치 있는 일자리를 전혀 갖지 못하고 있다는 부도덕한 왜곡에 직면해 있다. 어떤 사람들은 과도한 노동에 시달리고, 다른 어떤 사람들은 실업 상태에 놓여 있다는 사실은 노동 영역에서 우리 인간의 타락성이 낳은 상당히 흥미로우면서도 부조리한 결과들 가운데 하나일 뿐이다.

그럼에도, 소위 개발 도상 국가 혹은 다수 세계(Majority World: 제3세계를 의미하는 대안적 용어로 세계 인구의 약 83%가 개발 도상 국가에 살고 있음을 나타낸다—역주)라는 여전히 막대한 지역에서는 인간 노동의 성격이 성경 시대에서 발견되는 고대의 유형으로부터 조금도 벗어나지 못하고 있다. 그리고 소위 '자유로운' 피고용자들의 조건들이 이스라엘 종들의 조건보다 훨씬 더 가혹하고 억압적인 사회들도 있다. 그러한 상황에서, 노동과 고용에 관한 구약의 경제 율법들이 갖는 패러다임적 타당성은 그 율법들이 주장하고 있는 것을 거의 그대로 취할 수 있다. (노동자들의 권리에 대한 구약의 규정 몇 가지만 예로 들자면) 법정 휴일과 공휴일, 합법적인 고용 기간과 조건, 개인의 권리와 신체의 신성함에 대한 위반으로부터의 합법적인 보호, 합법적이고 공정한 임금과 신속한 지급을 도입하게 되면 현재 우리 세계의 일부 지역에 살고 있는 수많은 노동자의 경제 생활 면모를 일신시켜 줄 것이다. 이러한 것들 모두는 하나님의 구속된 백성 이스라엘의 경제적 법규들로부터 끌어낸 것이다.

그러므로, 우리가 노동에 대한 **창조** 규례에 내재해 있는 단순한 원칙과 이상을 올바르게 옹호하고자 할지라도, 하나님 백성의 **구속적** 맥락에 제공되어 있는 원칙과 구체적인 모델로 되돌아가지 않는다면, 우리는 타락의 영향으로 그 일을 적절하게 할 수가 없다. 말이 난 김에 덧붙여서 말하자면, 이 점은 우리가 신약 성경을 우리의 노동 및 고용 윤리에 적용하고자 하는 경우에도 마찬가지다. 왜냐하면, 고용주와 그들의 노예-피고용인들에 대한 지침들과 고의적인 게으름에 대한 경고들은 기독 교회에 보낸 바울 서신들의 '구속적 맥락' 가운데서 주어져 있음이 분명하기 때문이다. (아마도) 야고보가 편지를 보낸 구속함을 받은 공동체 바깥에 속해 있었을 착취하는 고용주들에 대한 '예언자적' 외침 가운데서, 그는 우리가 살펴본 바 피할 수 없는 일을 정확히 행하고 있다. 즉, 야고보는 구약 이스라엘 언약법의 용어와 개념들에서 결론을 끌어낸다. "들으라, 부한 자들아, 너희에게 임할 고생으로 말미암아 울고 통곡하라.…보라 너희 밭에서 추수한 품꾼에게 주지 아니한 삯이 소리 지르며 그 추수한 자의 우는 소리가 만군의 주의 귀에 들렸느니라…"(약 5:1-6. 참고. 출 22:22-23; 레 19:13; 신 24:14-15).

또한, 노동은 새 창조 세계에 대한 종말론적 비전들 가운데 한 자리를 차지하고 있다. 땅에 대한 저주가 제거되고 인간의 사악함이 없어졌다고 해서 인류가 게으르게 놀고 있는 사후 세계에 남겨지는 일은 없을 것이다. 예언자들은 구속함을 받은 인류를 일하고 있는 인류로, 그러나 전쟁이 없고 의와 평화가 통치하며, 자연의 협력을 통해 이루어지는 기쁨 가운데 살아가는 존재로 그리고 있다.

여호와의 말씀이니라 보라 날이 이를지라
그 때에 파종하는 자가 곡식 추수하는 자의 뒤를 이으며
   포도를 밟는 자가 씨 뿌리는 자의 뒤를 이으며
산들은 단 포도주를 흘리며
   작은 산들은 녹으리라(암 9:13).

무리가 그 칼을 쳐서 보습을 만들고
   창을 쳐서 낫을 만들 것이며…
자기 포도나무 아래와

자기 무화과나무 아래 앉을 것이라

그들을 두렵게 할 자가 없으리니…(미 4:3-4; 참고. 사 11:1-9; 호 2:18-23).

여기에서 다시 우리는 **새** 창조 세계가 인류에 대한 하나님의 **원래** 목적을 회복시킨다는 것을 본다. 이처럼 창조 규례와 더불어, 종말론적 비전은 우리의 사회 윤리를 위한 자극제인 반면에, 구속 규례들은 우리의 타락성을 고려하여 현재를 위한 원칙과 모델을 제공해 주고 있다.

성장과 거래에 대한 예상

세 번째 창조의 원칙은, 인류가 자연에 대한 그들의 지배권을 펼치고 다양화함에 따라 물질적 재화가 증가하고 교환과 거래를 통하여 **경제 성장**이 이루어지는 것에 대한 기대였다. 그러나 타락의 영향으로 성장에 대한 열망이 집착이 되고, 우상 숭배가 되고, 성장의 규모가 다른 사람들의 희생을 대가로 하여 몇몇 사람에게 과도하게 집중되고, 성장의 수단이 탐욕과 착취와 불의로 가득차게 되었다. 그러므로, 하나님의 구속함을 받은 백성들이 이 문제를 경제적으로 법제화하는 일에 딜레마가 발생했다. 어떻게 경제 성장과 물질 생산성이 하나님의 창조 목적 및 풍요의 복을 주시겠다는 명시적인 뜻에 맞게 허용되고 고무될 수 있으며, 동시에 부당한 성장이라는 악을 가능한 한 예방하거나 완화시킬 수 있는가?

내 의견으로는, 구약의 경제 윤리와 율법이 가장 급진적이며 동시에 섬세한 면을 보이는 부분이 바로 이 분야다. 그 윤리와 율법이 두 개의 극단적 견해가 주장하는 그릇된 해석에 가장 취약하게 노출되어 있는 것 역시 이 점에서이다. 한편으로, 어떤 학자들은 하나님의 복으로서 물질적 번영과 재화의 증가를 언급하고 있는 본문들을, 온갖 형태의 개인 사업과 자본주의적인 성장 지향적 경제학에 주어진 사실상 백지 수표에 해당하는 축복으로 강조한다. 다른 한편으로, 어떤 학자들은 과도하고 불의한 부의 축적에 대한 율법적 반감과 예언자적 반감을 모든 형태의 사유 재산이나 부의 창조에 대한 저주로 확대하고 있다. 두 견해 모두 잘못 본 것이며 구약 성경의 균형을 놓치고 있다.

충족

구약 성경의 경제학을 지도해 나가는 정신은 열 번째 계명인 "탐내지 말라"에 요약되어 있다고 말할 수 있을 것이다. 2인칭 단수로 개개인에게 말을 건네고, 그 구체적인 대상에 이웃의 경제적 자산을 포함시키면서, 이 근본적인 명령은 경제 성장의 모든 죄악된 형태의 근원이 그 죄악들이 참으로 비롯하는 자리, 즉 개개인의 마음의 탐욕에 있다고 본다. 미가는 그 시대의 사회 경제적인 악의 배후에서 "침상에서 죄를 꾀하는" 개개인들의 탐심을 보았다(미 2:1). '우상 숭배인 탐심'(골 3:5)에 대한 해독제는 만족의 지혜를 낳는 '여호와에 대한 경외심'이다. 지혜 전승이 성장과 번영을 하나님의 선물로 받아들였음은 분명하다(참고. 잠 3:9-10; 10:22). 그러나 그 전승은 과도한 부의 위험을 극심한 가난의 시험과 똑같이 인식하고 있었다.

>   나를 가난하게도 마옵시고 부하게도 마옵시고
>   오직 필요한 양식으로 내게 먹이시옵소서.
> 혹 내가 배불러서 하나님을 모른다
>   여호와가 누구냐 할까 하오며
> 혹 내가 가난하여 도둑질하고
>   내 하나님의 이름을 욕되게 할까 두려워함이니이다(잠 30:8-9).

신명기 8장은 이 점을 매우 균형 있게 잘 설명해 주는 또 하나의 본문이다. 8장의 첫 부분은 이스라엘이 그 땅에 도착할 것을 예상하고 있다. 그 땅에서 그들은 광야에서 얻었던 최소한의 공급과는 대조적으로 그들이 필요로 하는 모든 것을 충분하게 받는 복을 받았음을 알게 될 것이다. "네가 먹을 것에 모자람이 없고 네게 아무 부족함이 없는 땅이며, 그 땅의 돌은 철이요, 산에서는 동을 캘 것이라"(신 8:9). 그러한 충족함은 마땅히 찬송으로 이어질 것이다.

그러나, 본문은 "네 소유가 다 풍부하게 될 때에" 충족은 마침내 잉여를 쌓게 될 것이며, 그 다음에는 그 잉여가 하나님에 대한 망각과 자만으로 이끌어 가게 될 것임을 잘 알고 있다(12-14절). 8장의 핵심은 하나님을 망각하는 일에 대해 강력히 경고하고 있는 11절인 것 같다(그 앞뒤 절에 모두 "먹어서 배부르고"라는 말씀이 균형을 잡고 있음에 주목하라). 하나님이 합당하게 영광을 받으시고 찬송을 받으실 때에만, 우리는 한편으로 **충족과 찬양**, 다른 한편으로는 **잉여와 교만** 사이에서 균형을 지킬 수 있을 것이다.

시장에 내놓지 못하는 토지

이 원칙을 구현하기 위해 마련된 실제 법규와 제도에 이르게 될 때, 가장 중요한 것은 레위기 25장에 있는 가족 토지의 양도 불가능에 관한 규정들과 속량해 주는 일과 희년에 관한 보조적 절차들이다. 이 규정들이 결합하여 나타내는 효과는 토지 그 자체를 상품으로서 시장에 내놓지 못하게 하는 것이었다. 폭등을 예상하고 토지에 투기하거나 영구적인 토지 매입을 통해서 거대한 사유지를 축적하는 일은 이스라엘에서 **원칙적으로** 불가능했다. 토지는 영구히 팔릴 수 없었다(23절). 토지를 판 사람이 자기 땅을 나중에 다시 사올 수 있었으며, 친족이 연고에 따라서 선매하거나 속량할 수도 있었다(참고. 자기 친족 하나멜이 토지를 매도했을 때 예레미야가 선매했던 예, 렘 32:6-12). 어쨌든, 그 중간에 아무런 일이 일어나지 않는다 할지라도, 그 토지는 희년에 그 원래 주인이나 그의 후손들에게, 즉 한 세대 내에 되돌려졌다.

그러므로, 어떠한 토지 거래가 이루어졌다 할지라도, 실제로 그 교환은 전혀 **토지**를 매매한 것이 아니라 단지 다음 희년 때까지 그 '용익권'(用益權)에 대해서나 그 토지의 예상된 **수확량**에 대해서만 판매가 이루어진 것이었다. 그러므로, 실제 토지 가격은 희년이 다가옴에 따라 매년 **줄어들었다**!(레 25:14-17) 다른 사람들을 희생해서 누군가가 비양심적으로 '성장'하는 것을 견제한다는 목적이 두 번씩이나 명시되어 있다. "서로 속이지 말라"(14, 17절).

부채에 대한 제약

희년은 또한 또 다른 종류의 '약점을 이용해서 이익을 취하는 행위', 즉 법률적 속량 절차를 악용하는 행위에 대한 보호 수단으로 작용했다. 부유한 친족이 자기 씨족 중 더 가난한 친척을 위해서 연고를 통한 선매권을 활용하여 결국에는 지극히 합법적으로 가난한 친척의 땅 대부분을 소유하게 되고, 그 가난한 친척은 사실상 그 부유한 친족의 농노로 전락할 수가 있었다(39-40절). 희년은 모든 가구를 방면하여 그들의 본래 유업으로 '복귀'시키도록 명령함으로써, 자선을 가장한 팽창주의에 제약을 가했다.[10]

이처럼 토지를 가족별로 애초에 광범위하게 다각적으로 분배한 일, 양도할 수 없다는 원칙, 속량이라는 선택 사항과 희년 규례의 결합은 광범위한 평등의 입장에서 출발한, 그러나 누군가는 빈곤에 빠질 수 있고 다른 누군가는 부유하게 될 수 있다는 타락의 현실을 인정하고 있는 경제 제도다. 따라서 그 제도는 규제적이며 회복적인 경제 법안을 통해서 그 절차가 가져올 수 있는 최악의 효과들에 대해 제약과 보호 수단을 강구하려고 노력했다. 구약 성경은 그러한 법안들이 이기적인 사람들의 '자연적인' 경제 성향에 반대된다는 점을 잘 인식하고 있었다. 레위기 25장에서, 경제적 요구들이 실행될 수 있게 하는 제재와 동기 유발로서, 애굽으로부터 해방된 구속의 경험과 여호와 하나님과의 언약 관계에 계속적으로 호소하고 있는 이유가 바로 그 때문이다(17-18, 23하, 36, 38, 42-43, 55절). 이 법규들은 창조의 원칙들을 반영하고 있는 경제 법규들이었지만, 자신들이 하나님께 무엇을 빚졌는지 알고 있는 사람들 가운데 있는 언약의 틀 안에서 발효되는 것이다.

축재에 대한 제약

구약 성경의 이 중심적인 핵심을 둘러싸고 불의나 억압을 대가로 해서 개인적인 부를 쌓는 일을 막거나 제한하기 위해 마련된 몇 가지 다른 금지 법령을 들 수 있을 것이다.

첫째, 가족의 토지를 표시해 놓은 **지계석**을 옮기지 말라는 금지령이 있었다(신 19:14). 이 위반의 심각성은 신명기 27장의 저주들 가운데 그 범죄가 포함되었다는 데 표현되어 있다(27절). 그 위반은 호세아에 의해 불의를 표현하는 대표적인 말로 사용되고 있으며(5:10), 지혜 전승의 관심사이기도 했다(욥

---

10) 희년법에 대한 좀더 충분한 논의는 제6장에 나온다.

24:2-3; 잠 23:10).

둘째, 대부금에 대해서 **이자**를 받는 일이 이스라엘 백성들 사이에서는 금지되었다(출 22:25; 레 25:36-37; 신 23:19-20). 신명기가 '이방인'에 대해서는 변리를 붙이는 일을 허용한 것은 아마도 일종의 상업상 거래를 염두에 둔 것 같다. 그러나 다른 법률들은, 주로 농경 문화 생활에서 매년 찾아오는 곤궁함 때문에, 예를 들어 종자용 씨앗을 빌려주는 일 때문에, 필요에 의해 대부가 이루어진다는 점을 명확하게 지적하고 있다. 따라서 이자에 대한 금지는, 경제적인 성장 자체에 관심을 가지고 있는 것이 아니라 다른 사람의 필요를 기회로 삼아 비양심적으로 돈을 버는 경우에 관심을 기울이고 있다. 이스라엘 백성들 사이에서 변리를 취하는 것에 대한 금지 법령의 중요한 효과는 "친척으로부터의 대부가 이자 없이 얻을 수 있는 것이기 때문에, 확대 가족은 친족 바깥으로 나가지 않고 친족 집단 안에서 그와 같은 거래를 유지함으로써 혜택을 본다"는 것이었다.[11]

셋째로, 대부의 안전을 기하기 위해 취하는 **담보물**의 사용에 대한 규제가 있었다. 이 규제는 순전한 인도주의적 고려(이를테면, 밤 시간에는 겉옷을 되돌려줄 것, 출 22:26-27; 담보물로 잡은 맷돌을 취하지 말 것, 신 24:6; 담보물을 취하려고 사생활을 침해하지 말 것, 신 24:10-11)에서부터 주요한 안식 규례에 이르기까지 다양했다. 신명기 15:1-3에서 제7년으로 규정되어 있는 '면제'는 아마도 대부에 대한 안전 보장으로 취했던 담보물들을 그 소유주에게 되돌려 주고, 그 한 해 동안 대부금의 상환을 일시 정지시켜야 (혹은 아예 청산해 주어야) 함을 의미했을 것이다.[12] 담보물은 (돈이나 물건을 빌려준) 채권자에게 저당을 잡힌 토지일 수도 있고, 자기의 부채를 갚기 위해 일하고 있는 채무자의 딸린 식구들일 수도 있었다. 그러한 담보물을 풀어 주는 것은 채무자에게 실질적인 안도감을 가져다주었을 것이며, 파렴치한 채권자들의 탐욕스런 확장을

---

11) C. J. H. Wright, *Deuteronomy*, p. 252. 이스라엘에서의 이자 금지에 대해서는 다음을 더 보라. Paul Mills, *Interest in Interest*.
12) 빚 면제 일반에 대한 법률에 관해 좀더 충분한 논의와 참고 문헌에 대해서는 다음을 보라. C. J. H. Wright, *God's Land*, pp. 143-148, 167-173, 249-259.

효과적으로 견제해 주었을 것이다. 다시 말하지만, 그 법은 인간 마음의 경제적인 성향들을 잘 알고 있었기에, 느헤미야가 그랬던 것처럼 속량함을 받은 양심에 호소하고 있다(신 15:9 이하; 느 5:1-13).

넷째로, 법은 자신에게 과도한 경제적 증대가 이루어지는 일이 허용되어 있다고 기대했을 한 사람, 바로 **왕**에게 그러한 집중이 이루어지는 것을 금지한다. 물론 왕은 자신의 높은 신분을 증명하기 위해 많은 개인 재산을 소유해야 했을 것이다. 그러나 말이든 아내든 금이나 은이든, '[왕은] 자기를 위하여 그러한 것들을 많이 쌓지 말아야' 했다(신 17:16-17). 물론 말은 병거의 엔진이었다. 아내들은 내궁(harem)에 두었을 것인데, 그들은 동방에서 왕의 위엄을 상징하는 것이었다. 무기와 여자와 부, 그것은 왕을 대중에게 인식시켜 주는 것이었다. (오늘날에도 지상의 권력자들에게 그러한 사실은 그리 많이 변하지 않았다.) 그러나 하나님은 이스라엘의 왕들에게 일반 문화에 대항하여 자만과 탐욕의 그 모든 함정을 피해야 한다고 말씀하셨다. 솔로몬의 선례 이후로 왕과 왕의 총애를 받는 신하들이 이 법을 무시했다는 사실도, 그 법이 불의와 압제를 통하여 성장을 추구하는 축재의 충동에 대한 지속적인 책망이었다는 점, 예언자들이 법적으로도 상당히 심한 어조로 책망했다는 점을 아무것도 아닌 일로 무효화하지 않는다.

마지막으로, 앞의 두 항목을 통해 예상할 수 있는 대로, 새 창조에 대한 종말론적 비전, 하나님의 백성들이 하나님과 그리고 서로서로 새롭고 완전한 관계 안에 거하게 되는 때에 관한 비전은 생산적인 성장과 결실의 풍요로움이라는 창조의 성취를 포함하고 있다. 예레미야 31-33장은 새 언약 그리고 하나님의 복과 혜택을 누리는 영원한 세상에 대한 눈에 띄는 예언들을 포함하고 있는 장이다. 이는 포로 생활 이후에 경제적 거래, 생산, 번영이 회복되는 경제 영역에서 끌어온 비유적 설명을 포함하고 있다. 하나님이 행하시는 구속의 궁극적 목적의 완성은 경제적인 압제와 불의에 대한 심판과 파멸을 포함하게 될 것이 확실하지만(사 13-14, 23장에 있는 두로와 바벨론에 대한 신탁들을 보라. 그리고 계 18장에 있는 그 신탁의 반향을 보라. 거기에 경제가 포함되어 있다), 그 구속의 완성은 지상에서 살아가는 인간 삶의 경제적인 차원과 그 업적을 무시하지 않을 것이다.

경제 활동의 산물에 대한 공정한 참여

창조 경제학의 네 번째 원칙은 우리가 지구의 천연 자원들을 어떻게 나누느냐에 대해서만이 아니라 경제 과정의 최종 생산물을 가지고 무엇을 하느냐에 대해서도 하나님 앞에 책임을 지고 있다고 주장했다. 서로에 대해 우리가 하나님 앞에 책임을 지고 있다는 것은, 심지어 우리 자신이 생산한 것에 대해서까지도 독점적 처분권이나 제한 없는 처분권을 전혀 주장할 수 없다는 것을 의미한다. '내가 만들었으니 전적으로 내 것이다'라는 주장은 오직 하나님만 하실 수 있는 주장이다(참고. 시 95:4-5). 어떠한 인간의 입에서라도 그러한 주장이 나온다면, 그것은 자원과 그 자원을 사용할 권한은 모두 하나님의 선물이라는 사실과 충돌하게 되어 있다. "그러나, 네가 마음에 이르기를 '내 능력과 내 손의 힘으로 내가 이 재물을 얻었다' 말할 것이라. 네 하나님 여호와를 기억하라. 그가 네게 재물 얻을 능력을 주셨음이라"(신 8:17-18). 그러므로, 당연히 하나님은 그분이 우리로 하여금 생산할 수 있게 해주신 부를 정의롭게 긍휼을 베풀며 관대하게 나누어야 하는 도덕적 책임을 하나님 앞에 지도록 요구하신다.

물론, **정의**는 이스라엘의 사회 생활 전부에 영향을 미쳐야 하는 것이었다(이 점에 대해서는 제8장에서 더 충분히 고찰할 것이다). 그러나 정의는 경제적 관계들에서 각별히 긴요한 문제였다. 작건 크건, 시장 자체는 재화와 용역이 경제적으로 교환되는 장소였으므로 정의가 그 운영을 지배해야 했다. 법은 정확한 도량형을 요구하여 매매에서 속이는 일을 예방하고자 했다(레 19:35-36). 상업상의 거래에서 온전한 정직성은 경제 정의의 근본이 되는 원칙이다.

너는 네 주머니에 두 종류의 저울추 곧 큰 것과 작은 것을 넣지 말 것이며, 네 집에 두 종류의 되 곧 큰 것과 작은 것을 두지 말 것이요, 오직 온전하고 공정한 저울추를 두며 온전하고 공정한 되를 둘 것이라. 그리하면 네 하나님 여호와께서 네게 주시는 땅에서 네 날이 길리라. 이런 일들을 행하는 모든 자, 악을 행하는 모든 자는 네 하나님 여호와께 가증하니라(신 25:13-16; 참고. 잠 11:1).

정의는 또한 부의 생산을 위해서 우리가 의지하고 있는 사람들의 노동에까지 미친다. 그래서 (우리가 앞서 보았다시피) 임금에 대한 신속한 지급은 법으로 요구되고 있으며(신 24:14-15), 의인이 제기한 도덕적 주장이었으며(욥 31:38-40), 또한 예언자들의 사회적 이슈였다(렘 22:13; 사 58:3 하). 심지어 우리의 일용할 양식을 위해서 맷돌질을 하여 곡식을 가는 황소도, 우리를 위해 일해서 생산한 것으로부터 자기 먹을 것을 취하는 정의를 누릴 권리가 있다(신 25:4).

그러나 성경적 정의는 권리와 응분의 보수에 대한 계산을 넘어선다. 성경적 정의는 근본적으로 관계적이기 때문에, 언제나 취약하게 노출되어 있는 사람들에 대한 **긍휼**과 섞여 있다. 그러므로, 성경적 경제학에서는 하나님이 우리로 하여금 산출하게 해주신 부가 언제나 긍휼히 여기는 마음과 긍휼히 행하는 손과 더불어 보유되고 사용되어야만 한다. 물론 긍휼은 마음과 감정에 속한 것이다. 그러나 긍휼은 또한 언약상의 의무이기도 하며, 따라서 명령할 수 있는 것이다. 중요한 것은 우리가 불쌍한 마음을 **느끼는가**의 여부가 아니라 우리가 불쌍히 여기는 마음을 가지고 **행하느냐**의 여부다. 그래서 어떤 감정을 느끼든지 간에, 우리는 우리의 논밭이나 포도밭이나 과수원에서 소출을 거두어들일 때 최후의 한 나락, 최후의 포도 송이 하나, 혹은 올리브 한 개까지 깡그리 거두어들이는 일을 피해야 한다. 우리의 소유권에 따르는 권리들보다 그 필요가 더욱 긴급한 사람들이 있으며, 하나님은 그들을 위해 매우 실천적인 긍휼을 명령하시는 것이다(레 19:9-10; 신 24:19-22). 긍휼은 또한 우리가 공동체 안에서 가난한 자들을 어떻게 '바라보느냐' 하는 시각을 지배해야 한다. 마음의 태도가 우리의 행하는 손길을 지배하기 때문에 그것은 중요하다.

네 하나님 여호와께서 네게 주신 땅 어느 성읍에서든지 가난한 형제가 너와 함께 거주하거든 그 가난한 형제에게 네 마음을 완악하게 하지 말며 네 손을 움켜 쥐지 말고 반드시 네 손을 그에게 펴서 그에게 필요한 대로 쓸 것을 넉넉히 꾸어주라. 삼가 너는 마음에 악한 생각을 품지 말라. 곧 이르기를 일곱째 해 면제년이 가까이 왔다 하고 네 궁핍한 형제를 악한 눈으로 바라보며 아무것도 주지 아니하면 그가 너를 여호와께 호소하리니 그것이 네게 죄가 되리라. 너는 반드시 그에게 줄 것이요, 줄 때에는 아끼는 마음을 품지 말 것이니라. 이로 말미암아 네 하나님 여호와께서 네가 하는 모든 일과 네 손이 닿는 모든 일에 네게 복을 주시리라. 땅에는 언제든지 가난한 자가 그치지 아니하겠으므로 내가 네게 명령하여 이르노니, 너는 반드시 네 땅 안에 네 형제 중 곤란한 자와 궁핍한 자에게 네 손을 펼지니라(신 15:7-11).

그러므로, 이 본문이 주목하고 있듯이, 긍휼은 **관대함**으로 이어진다. 그래서 곧바로 이어지는 본문은 6년 동안의 봉사 이후 채무자인 종을 놓아주면서 원칙상 법적으로 요구되는 것 이상으로 넉넉히 베풀어 주라고 말하고 있다. 또한 본문은 이스라엘 백성들이 닮아야 한다고 이야기하는 하나님의 관대하심을 기반으로 해서 관대할 것을 권면하고 있다. "네 양 무리 중에서와 타작 마당에서와 포도주 틀에서 그에게 후히 줄지니, 곧 네 하나님 여호와께서 네게 복을 주신 대로 그에게 줄지니라"(신 15:14). 실로, 은혜와 긍휼, 정의와 관대함은 "여호와를 경외하는 자"가 반영해야 할 여호와 하나님의 가장 중요한 속성들이다. 특히 시편 111:4-5과 112:4-5에 그 반영의 효과가 기록된 것을 보라.

가난에 대한 대처

이 장에서 지금까지 우리는, 구약 경제학이 가지고 있는 창조의 토대, 인간의 죄와 불순종에서 비롯된 왜곡, 창조의 원칙들을 이스라엘이라는 구속받은 언약 공동체 안에서 살려내기 위해 이스라엘의 경제 체제 가운데 이루어진 노력들을 살펴보았다. 이 모든 것은 가난이라는 쟁점에 어떻게 적용되었는가? 구약 성경에 '가난의 문제'라는 것이 있기는 한 것인가? 시릴 로드는, 구약 윤리 안으로 가지고 들어와야 한다고 믿는 현대 윤리 문제들에 '가난한 자'에 관한 장을 포함시키고 있다(Rodd, *Glimpses*, ch. 14). 그는 구약 성경의 가난이라는 어휘와 처리 방법에 대해 성경 문헌과 학문적 문헌들을 모두 훌륭하게 검토하는 한편, 이스라엘에게 가난 그 자체는 도덕적 문제가 아니었다고(가난은 이 세상에서 항상 존재하는 상황의 일부분일 뿐이었다고) 주장하는 홉스(T. R.

Hobbs)의 의견에 동의한다. 이스라엘 백성들에게는 오히려 가난에 수반되는 신분 상실과 수치가 문제였다는 것이다. 가난은 도덕적 문제가 아니라 불행이었다. 로드 자신은 물질적 빈곤 그 자체가 구약 저자들에게 쟁점인 경우는 드물고, 오히려 어떤 사람들은 쇠잔하게 만들고 다른 사람들은 부유하게 만들었던 불의와 압제가 문제라고 주장한다. 이것은 내가 볼 때, 가능성 있는 주장인 것 같다. 그러나 그렇다고 해서 로드가 제시하는 식으로 진정한 구약 윤리의 영역에서 가난의 문제가 제거되는 것은 아니다. 구약 윤리는 단순히 추상적이거나 계량적이 아니라 **관계적인** 특징을 가지고 있기 때문이다. 실로 윤리 문제를 구성하는 것은 다름 아니라 가난이 인간의 제반 관계들에 대해 함축하고 있는 바(남용, 왜곡, 착취 등)다. 그러므로, 가난은 사회적인 불의와 착취라는 관계적 쟁점들을 동시에 언급하지 않은 채, 단지 경제적 혹은 물질적 쟁점인 것으로 다루어질 수 없다.

먼저 구약 성경에서 인식되고 언급되는 가난의 원인들 몇 가지를 살펴보고, 그 다음에 정경의 주요 부분들에서 발견되는 가난에 대한 대응들을 조사해 보도록 하자.[13]

가난의 원인들

가난은 아주 다양한 이유로 한 개인이나 가족이나 공동체에 닥칠 수 있으며, 구약 성경은 그 문제의 복잡함을 인식하고 있다.

첫째, 소위 **자연적 원인**이 있다. 그것은 우리가 타락한 세상에서 살아가고 있는 결과로서, 어떠한 명백한 이유도 없이 일들이 잘못 진행되어 간다. 농작물에 병충해가 들거나 메뚜기 떼와 같은 것들이 지역 경제를 황폐하게 만들 수 있다.

---

13) 구약 성경에서의 가난에 대해 몇몇 매우 자세한 학문적 연구가 있다. 그 가운데 일부는 이 장의 끝 부분에 있는 '참고 도서'에 들어가 있다. 구약 성경의 특징인, 가난을 의미하는 풍부한 어휘에 대한 연구로는 다음을 보라. J. David Pleins, 'Poor, Poverty'; Mignon R. Jacobs, 'Concern for the Underprivileged.' 다음 책은 성경의 모든 부분에서 가난한 자에 대해 충분히 조사한 자료를 제공해 준다. Leslie J. Hoppe, *Being Poor*. 히브리 정경의 여러 다른 부분 안에 있는 이데올로기적이며 사회적인 다양한 전망을 찾을 수 있다는 주장이 상당히 엄밀하고 자세하게 다음 책에 논의되어 있다. J. David Pleins, *Social Visions*.

때때로 그 같은 사건들은 하나님의 심판 탓으로 돌릴 수도 있겠지만(이를테면, 요엘), 다른 경우에는 그런 사건들이 아무런 설명 없이 그저 기록되어 있을 뿐이다. 그런 일은 일어나게 마련이다. 창세기에서 야곱의 가족들이 애굽으로 갈 수밖에 없게 만들었던 기근이나, 룻기에서 엘리멜렉을 베들레헴(얄궂게도 '빵의 집'이라는 뜻이다)에서 모압으로 이주하게 만들었던 기근에 대해 생각해 볼 수 있을 것이다. 질병과 재난은 한 사람을 쓰레깃더미 위에 앉게 만들 수 있으며(욥), 사별과 과부 된 일로 한 여인이 쓰라린 공허감에 빠질 수 있다(나오미). 그러한 일들을 (옳거나 그릇되게) 주님의 손길 탓으로 돌린다고 해서 그러한 반전의 고통이 경감되지는 않는다. 어떤 설명이나 합리화도 소용이 없는 듯하다.

그리고 둘째로, 구약 성경은 어떤 가난이 **게으름**의 직접적인 결과일 수 있음을 인정한다. 이 점은 각별히 잠언에서 지혜자가 세상을 관찰한 결과다. 그런 이유 때문에, 어떤 학자들은 잠언의 저자들을 유복한 도시 엘리트를 대변하는 상당히 냉소적인 사람들이라고 보고 있다. 그래서 그들은 가난한 자들을 도덕적 도전으로 보기보다는 정치적으로 눈에 거슬리는 존재로 보았으며, 그들의 가난에 대해서는 가난한 자 자신을 탓하는 것이 필수적이라고 느꼈다는 것이다.[14] 내가 보기에 이 견해는 잠언에 대한 지나친 이데올로기적 해석이다. 잠언이 지적하고 있는 점은 그 자체의 한계 안에서 타당하게 보인다. 그리고 그것은 좀더 두드러지게 들리는 율법과 예언자들의 어조에 대한 보완이다(이 점에 대해서는 앞으로 살펴볼 것이다). 게으름과 낭비가 실로 빈곤으로 이끌 수 있다는 것과 열심히 일하면 흔히 경제적인 번영으로 나아갈 수 있다는 것은 사실이기 때문이다(잠 12:11; 14:23; 20:13; 21:17 등). 잠언 자체는 이것이 예외 없는 법칙이 아니라 일반화라는 것을 잘 인식하고 있다(잠 13:23).

그러나 셋째로, **압제**는 인정되고 있는 빈곤의 원인 가운데서 훨씬 주된 요인이다. 구약은, 현대의 모든 분석이 입증하다시피, 가난 중에서 미미한 부분만이

---

14) 이것이 David Pleins가 여러 작품에서 주장한 경우다. 그의 다음 글들을 보라. J. David Pleins, 'Poverty in the Social World of the Wise'; *Social Visions*, pp. 452-483. 지혜 전승이 가난과 부를 어떻게 바라보았는가에 대한 조금 덜 부정적인 진술들은 다음 글에서 찾아볼 수 있다. Norman C. Habel, 'Wisdom, Wealth and Poverty'; R. N. Whybray, *Wealth and Poverty*.

'우연히' 일어난 것이라고 주장한다. 대부분, 사람들은 직간접적으로 다른 사람들의 행위 때문에 가난하게 된다. 가난은 유발되는 것이다. 그리고 그 일차적인 원인은 다른 사람들을 계속해서 가난하게 억눌러 놓음으로써 자신들의 이기적인 이익을 챙기는 사람들이 행하는 다른 사람들에 대한 수탈이다.

> 예언자들은…가난을 우연이나 운명이나 게으름의 결과로 여기지 않았다. 가난은 탐욕 때문에 언약을 깨뜨린 부자들의 창조물일 뿐이었다. 부유한 자들은 공동체를 강화하는 데 자신들의 능력과 자원을 사용하지 않고 그들 자신의 목적을 유지하는 데 사용했다. 이렇게 해서 그들은 언약을 위반했고, 이스라엘의 하나됨을 파괴했으며, 하나님의 심판을 불러왔다.[15]

그러한 억압적인 착취는 다양한 형태를 취한다. 그리고 구약 성경은 이 다양성에 대해 놀랄 만큼 미묘한 이해를 제공해 준다.

1. **사회적 약자에 대한 착취**. 공동체 안에서 사회적 지위를 갖지 못해 취약하게 노출되어 있는 사람들이 있다. 이 경우는 전형적으로 가족이나 토지, 혹은 둘 다를 잃은 경우에 해당한다. 과부와 고아, 그리고 이방인들이 이 경우였다. 나오미와 룻은 잠재적인 고난을 예시해 주며, 열왕기하 4:1-7은 전형적인 사례를 제시해 준다. 가족을 잃었을 경우 (보아스가 했듯이 그리고 욥이 자신의 재난 앞에서 주장했듯이, 욥 29:12-17) 강력한 대변자들이 나서서 그들의 정당한 주장을 변호해 주지 않는다면, 그 사람은 아무런 변호를 받을 수 없게 된다.

2. **경제적 약자에 대한 착취**. 빚이 쌓이면 땅을 잃게 되고, 그러면 사람들은 점점 더 가난의 악순환 속으로 깊이 빠져들어 가게 된다. 이자의 부과는 그 문제를 더욱 악화시킨다(출 22:25). 왕의 징세와 몰수, 징병도 마찬가지다(삼상 8:10-18). 경제적으로 무력한 것과 사회적으로 무력한 것은 느헤미야 5장에 생생하게 묘사되어 있는 상황과 마찬가지로, 나란히 가는 것이다. 비록 적은 빚처

---

15) Hoppe, *Being Poor*, p. 61.

럼 보인다 할지라도, 빚은 예속 상태로 끌고 가 노예가 되게 할 수 있었다(암 2:6). 다른 한편에서는, 빚을 완화시켜 주고자 하는 절차들이 악용될 수 있었으며, 혹은 면제년이 다가옴에 따라서 대부해 주기를 거절할 수도 있었다(신 15:7-9). 돈을 빌려 주는 사람들은 파렴치하게 극심한 요구를 함으로써 자기들의 권한을 남용할 수 있었다(신 24:17-18). 고용주들은 임금 지불을 늦춤으로써 가장 취약한 노동력을 가진 사람들, 즉 일용 고용직 노동자들을 착취할 수 있었다(신 24:14-15).

3. **민족적 약자에 대한 착취**. 물론 이스라엘 백성들 자신이 애굽에서 소수 민족으로 온갖 정치적, 경제적, 사회적 압제를 다 당하면서 그들 민족의 역사를 시작했다. 그러한 압제는 국가가 후원하는 인종 학살(출 1장)로 절정을 이루었다. 바로 그 때문에, 그들은 그들 가운데서 살아가고 있는 소수 민족들의 취약성에 각별히 주의를 기울이라는 말씀을 들었다(출 22:21; 레 19:33). 다시 예를 들자면, 룻의 이야기는 이주해 들어온 외국인들의 잠재적 위험을 잘 보여 주고 있다. 그리고 혹자는 구약 성경의 주요 인물들 가운데 두 사람, 아브라함과 다윗이 인종상 외국인이었던 자들(하갈과 우리야)을 혹독하게 다룬 사건에서 가장 저열한 짓을 행했다고 지적할 수 있을 것이다.

4. **왕족의 사치와 부패와 권력 남용**. 구약 성경은 권력이 부패하여 폭력으로 변하는 일과 다른 사람의 가난을 이용해서 부를 획득하는 일에 대해 몇 가지 생생하고 신랄한 비판을 담고 있다. 물론 솔로몬이 바로 그 대표적인 예다. 그의 재위 후반기는 북쪽 지파들에 대한 적나라한 착취로 점차 타락해 갔다. 말할 필요도 없이 바로 그 착취가 그의 전설적인 부와 위엄에 기여했을 것이다. 그러나 그 일이 그 왕국에서 북쪽 지파 전체를 그의 아들 르호보암으로부터 분열해 나가게 만들었던 반란을 촉발시켰다는 것도 동일하게 분명하다(왕상 11-12장). 후대의 여러 왕은 다양한 정도로 그 선례를 따랐다. 아합의 탐욕은 나봇을 해친다(왕상 21장). 여호야김의 탐욕은 급료를 지급받지 못한 일꾼들을 짓밟고서 화려한 풍요를 구가한다(렘 22:13). 에스겔은 예루살렘에 세워졌던 왕조가 행했던 학대의 이야기 전체를 다음과 같이 요약하고 있다. "이스라엘 모든 고관은 각기 권세대로 피를 흘리려고 네 가운데에 있었도다.…그 가운데에

서 선지자들의 반역함이 우는 사자가 음식물을 움킴 같았도다. 그들이 사람의 영혼을 삼켰으며 재산과 보물을 탈취하며 과부를 그 가운데에 많게 했으며…" 보통 사람들도 그들의 정치 지도자들이 보여 준 예를 따랐다는 사실은 그리 놀라운 일이 아니다. "이 땅 백성은 포악하고, 강탈을 일삼고, 가난하고 궁핍한 자를 압제하고, 나그네를 부당하게 학대했으므로…"(겔 22:6, 25, 29).

5. 사법의 부패와 거짓 고소. 나봇의 사례는 단지 왕의 탐욕만으로 이루어진 일이 아니었다. 나봇을 제거하기 위해 사용되었던 수단(왕상 21:7-16)은 (아합의 묵인 하에) 이세벨에 의해 뻔뻔스럽게 조작된 이스라엘의 사법 제도였다. 아모스 5:7, 11-12은 가난한 자들을 위한 정의를 독약으로 바꾸어 놓았던 법정의 끔찍한 부패에 초점을 맞추고 있다. 힘 있는 권력자들은 법령을 통해 빈곤을 법제화할 수 있었다!(사 10:1-2) 이것이 시편들 가운데 있는 탄원의 공통적 이유다. '의로운'(사악한 대적자들에게 대항함으로써 법적으로 옳은 편에 속했던) 가난한 자들은 입법 제도 내에서 사람으로부터 오는 아무런 법적 구제를 받지 못하기 때문에 오직 하나님께만 호소할 수 있었다. 재판장들이 그들의 할 일을 제대로 하지 못하면 하나님의 진노를 불러올 것이며, 결국 그들 자신의 파멸을 불러일으키게 됐을 것이다(시 82편).

가난에 대한 대응들

"구약 성경 문서들 가운데 가장 오래된 것에서부터 가장 최근 것에 이르기까지, 혜택 받지 못한 사람들의 주장이 지지를 받고있다."[16] 우리는 가난한 자들에 대한 이스라엘의 관심이 유별났다고 생각해서는 안 된다. 확실히 독특한 면모를 가지고 있기는 했지만, 이스라엘도 가난과 부의 현실에 주목했던 좀더 넓은 고대 근동 거시 문화의 일부분이었다. 이렇게 말한다고 해서, 가난에 대한 구약 성경의 대답이 단지 빌려온 것에 불과했다는 말은 아니다. 오히려 그것은 "인류 사회는 공통적으로 다른 사람들의 손해를 통해 부를 증식하려고 해서는 안 된다고 요구한다"는 칼뱅의 말과 일치한다.[17] 하나님의 일반 은총과 도덕적

---

16) Englehard, 'Lord's Motivated Concern', p. 5.

요구가 보편적이라는 점과 더불어서 우리 인간의 공통적인 피조성으로 미루어 볼 때, 가난한 자들에 대한 관심이 언약 백성의 경계 너머에서도 발견되고 있다는 사실은 전혀 놀라운 일이 아니다. 노르베르트 로핑크는 "성경의 많은 진술과 주제와 표현은 그 가운데서 성경이 등장하게 된 전반적 환경의 사상과 감성에 단지 동참하고 있을 뿐"임을 자세히 보여 준다. 계속해서 그는 많은 성경 이외의 문헌으로부터 예를 들어 설명하면서 다음 사항을 지적하고 있다. "고대 근동에서, 부자들은 가난한 자들을 보살피도록 교육을 받았다.···가난한 자들의 권리를 보살펴 주는 일은 왕이 맡은 특별한 책무였다.···가난한 자를 보살펴 주는 고고한 윤리의 기반은 신들 자신이, 특히 태양신이 가난한 자에 대해 특별한 사랑을 가지고 있다는 공통적 확신이었다." 그러나 계속해서 로핑크는 이 고대 근동의 '가난한 자들에 대한 대안'에 한계가 있었음을 지적한다. 이론과 실천 사이에는 엄청난 불일치가 있었다(이것은 물론 이스라엘의 후대 왕조에게도 적용될 수 있는 비난이다). 그 확신은 가난을 낳았던 사회 체제들에 대해서는 도전하지 않았는데, 이는 가난한 자들을 돌본다고 말했던 바로 그 신들이 부자들의 권력을 보전해 주던 사회 구조를 보장해 주는 바로 그 신들이었기 때문이다. 그래서 이 모면책은 진짜 문제를 흐리는 데만 기여했을 뿐이다.[18] 로핑크에 따르면, 구약 성경의 대응에서 진짜로 독특한 것은, 가난한 자들을 억압했던 그 체제로부터 가난한 자들을 해방시키고 이전시키는 행위로서 특별하고 원형적인 출애굽이라는 사건이다.[19] 그러므로 이제 정경의 여러 다른 부분에 있는 문헌들을 선별해서 살펴보도록 하자.

율법서에서

1. 율법은 가난의 이유가 무엇이든지 간에 **가난의 문제는 다루어야** 하고, 바

---

17) 고리 대금의 문제에 대한 칼뱅의 관찰로부터. 다음 책에 있음. *Four Last Books of Moses*, pp. 125-133.
18) Lohfink, *Option for the Poor*, pp. 16-23.
19) 고대 근동 상황과 문헌에 실려 있는 가난에 대한 관점들에 대해서는 다음 글을 보라. Englehard, 'Lord's Motivated Concern', pp. 11-14.

로잡아야 한다고 주장한다. 레위기 25장에서 "만일 네 형제가 가난하여…"(25, 35, 39, 47절)라는 말로 시작하는 일련의 절들은 가능한 원인들에 대해서 아무런 암시도 제공하고 있지 않다. 그것은 어느 누구를 탓하느냐의 문제가 아니다. 문제는, 형제 한 사람이 가난에 매몰될 위험에 처해 있다면 당장 어떤 조처를 취해야 하느냐 하는 것이다. 만일 불공정한 일이나 억압적인 일이 있어서 형제를 빈곤에 빠뜨리는 일을 초래했다면, 그 일은 다른 날에 다룰 문제, 혹은 예언자적 웅변으로 다룰 문제다. 그리고 행동을 취하도록 요구받고 있는 사람들이 반드시 (그 문제를 유발한 죄가 있다는 의미에서) 그 문제에 대해 책임이 있는 자들인 것은 아니다. 그러나 그들은 사회의 갈라진 틈에서 아래로 떨어져 내릴 위험에 처해 있는 사람들에 대해 하나님 아래서 책임을 진다. 그와 같은 위험에 처해 있는 사람들은 이러 저러한 방법으로 회복되어야만 한다.

2. 율법은 **사회의 친족/가족 구조**를 가난 예방과 가난으로부터의 구제를 위한 핵심 요소로 강조하고 있다. 이미 살펴보았듯이, 이스라엘의 경제 제도는 친족들과 가족들의 폭넓은 네트워크를 통한 토지의 균등한 분배(민 26:52-56), 가족 소유 토지의 양도 불가능 원칙(레 25:23), 가족이 공동체에 참여하도록 회복시켜 주는 속량 관행과 희년 관행들(레 25장), 이스라엘 백성들 사이에서 이자의 금지(신 23:19), 계대 결혼 규정(신 25:5-10) 등과 같은 가족 후원 원칙들을 포함하고 있었다.

3. 이스라엘의 법은 진짜 빈곤한 자들, 즉 주로 땅 없고 가족 없는 사람들을 위한 인상적이고 체계적인 **복지 프로그램**을 형성하는 상당한 범위의 법령들을 포함하고 있었다.[20] 그리하여 매년 다양한 추수 때마다 이삭을 주울 수 있는 권한(출 23:10-11; 신 24:18-22), 제3년의 십일조가 있었다. 그 해 동안에는 모든 소출의 10%가 곤핍한 자들을 후원하기 위한 사회 기금 조성을 위해 비축되었다(신 14:28-29).[21] 그리고 안식년 규례들이 있어서 휴경지에서 저절로 자라나

---

20) Stephen A. Kaufman, 'Social Welfare Systems'는 이스라엘의 복지 제도에 대해 별로 만족스럽지 못한 설명을 제공하고 있다. 그 설명은 레위기와 신명기에 있는 조항들을 다루면서 혼동하고 있다. 좀더 자세하게는 다음과 비교해 보라. C. J. H. Wright, *God's Land*; Hoppe, *Being Poor*, chs. 1, 2.

는 것들을 곤핍한 자들이 사용할 수 있게 한 일(출 23:10-11), 빚의 청산(혹은 지불 유예, 신 15:1-11), 히브리 종들을 방면시켜 주는 일(신 15:12-18) 등이 있었다. 이러한 법규들 전부를 결합해 보면, 스스로 자신을 경제적으로 지원할 수단이 전혀 없던 사람들이 혜택을 얻는 데 소용될 수 있는 무엇인가가 매년 있었음을 의미한다고 볼 수 있다.

4. 율법은 가난한 사람들이 전체 법적 절차에서 **사법상의 형평**에 따라 대우받아야 할 것을 주장했다. 이것은 부당하게 편파주의(favoritism)에 따라 취급되어서는 안 되며, 혹은 (좀더 현실성이 있는 것으로서) 부자들의 사회 경제적 권력 때문에 아예 재판조차 받지 못해서도 안 된다는 것을 의미했다(출 23:3, 6-9; 레 19:15).

5. 율법이 말하고 있는 대상은 전형적으로 가난한 사람들 자신들이 아니라 **경제적 혹은 사회적 권력을 휘두르는 사람들**이다. '가난한 자들'을 '문제'로 보고 그들을 탓하거나 **그들이** 자기들의 빈곤 상황을 벗어나기 위해 스스로 무엇을 해야 하는가에 대해 강의를 해주어야 한다고 보는 것이 일반적이지만, 이스라엘의 법은 그 대신에 실제로 무슨 일을 할 수 있는 권력을 가지고 있는 사람들, 혹은 가난한 자들의 유익을 위해 어떤 식으론가 규제해야 할 권력을 가지고 있는 사람들에게 초점을 맞추고 있다. 이처럼 율법은 채무자가 아니라 채권자를 향해서(신 24:6, 10-13), 일용직 노동자들이 아니라 고용주들을 향해서(신 24:14), 종들이 아니라 종의 주인들을 향해서(출 21:20-21, 26-27; 신 15:12-18) 말하고 있다.

신명기는 가난한 자들의 고통을 경감시켜 주는 일을 하나님의 뜻에 대한 순종의 문제로 삼고 있다. 만일 이스라엘이 그 법에 따라 살아간다면, 가난은 전혀 없을 것이다. 그 백성들이 순종하는 데 실패했기 때문에, 가난은 처리해야 할 현실이 되었다. 신명기는 부유층들, 재판자들, 속박된 노예의 소유주들, 채무자들을 향해 말하

---

21) "신들에게 바치는 의무적 선물이었던 십일조는 가난한 자들에게 주는 의무적 선물이 되었다." Hoppe, *Being Poor*, p. 27.

고 있다. 이들은 모두 가난한 사람들의 사정을 완화시켜 주거나 악화시킬 수 있는 자리에 있는 사람들이다.…그리고 부를 가지고 있는 사람들에게 그들의 '권리'를 조금 포기할 것, 경제적인 면에서 자신들의 사적 이익에 반하여 행동할 것, 그리고 가난한 사람들을 그들 자신의 가족 구성원으로 대할 것—실제로 그러하기도 했다—을 요구하고 있다.[22]

6. 율법은 가난에 대한 그 전체 법적 체계를 둘러싸며 폭넓은 **도덕적·정서적 분위기**를 형성한다. 이 분위기는 하나님에 대한 감사 혹은 하나님을 닮아가는 일을 하나의 동기로 강조하고(제1장을 보라), 긍휼과 관대함을 핵심 덕목으로 강조하는(앞 부분을 보라) 친숙한 구약의 강조들을 포함하고 있다.[23]

7. 율법은 가난한 자들에 대한 보살핌을 나머지 율법 전체에 대한 **언약적 순종을 시험하는 리트머스 종이**로 삼고 있다. 이것이 신명기 26:12-15이 드러내는 뚜렷한 취지다. 예배를 드리러 오는 이스라엘 백성은 그 땅이라는 선물과 추수에 대한 감사로 자기 예물을 가지고 오면서 자신이 제3년째의 십일조 규례가 요구한 대로 여호와 하나님께, 그리고 가난하고 곤핍한 자들에게 성스런 몫을 바쳤다고 선언해야 한다(신 14:28-29). 오직 그 사실에 기초해서 그 예배자는 하나님의 어떠한 분부도 '망각하지 않았다'고 주장할 수 있었다.

이처럼, 곤핍한 자들에게 주는 일은 하나님에 대한 성스런 의무일 뿐만 아니라 율법을 지켰노라고 하는 어떠한 주장에 대해서도 인정해 줄 수 있는 결정적 사항이기도 하다. **율법은 오직 가난한 자들이 보살핌을 받는 경우에만 지켜진다.** 공동체 안에 있는 모든 사람이 먹고 만족할 수 있게 함으로써 이스라엘이 곤핍한 사람들에게 반응할 때에만, 그들은 "내가 당신이 내게 분부하신 **모든 것**을 행했나이다"라고 단언할 수 있다. 이 사실은…가난하고 곤핍한 사람들에게 실천된 사랑이 어떻게 순전하고 하나님을 경배하는 이웃에 대한 사랑을 실질적으로 증명해 주는 것이 되는

---

22) Hoppe, *Being Poor*, p. 32.
23) 이 일에 대한 동기 유발과 관련하여 구약 성경의 자료가 갖는 독특성에 대해서는 다음을 보라. David H. Englehard, 'Lord's Motivated Concern.'

가를 보여 주고 있다. 이처럼 토라 자체는 나중에 예언자들이 가난한 사람들에 대한 보살핌을 하나님에 대한 이스라엘의 응답 전체에 대한 어떤 결정적인 혹은 패러다임적인 것으로 지적하고 우선시하는 방식과 일치한다.[24]

내러티브들에서

1. 이스라엘의 구속사를 형성하고 있는 내러티브는 이스라엘을 애굽의 노예 상태에서 건져내어 약속의 땅에서 누리는 자유로 데려간다. 로드가 지적하고 있듯이(*Glimpses*, p. 183), 애굽에서의 히브리인들에 대해서는 가난에 해당하는 단어들이 쓰이지 않는 것이 사실이며, 그 상황은 빈곤의 맥락에서가 아니라 억압의 맥락에서 묘사되는 것도 사실이다. 그럼에도, 신명기는 그 전체 경험이 예견하고 있는 목표를 아주 중요하게 다루고 있다. 그 목표는 애굽에서 그리고 광야에서 누렸던 최소한의 생계 유지와는 극명하게 대조되는 약속의 땅의 풍요로움이었다(신 8장 및 11장). 확실히 애굽의 압제는 경제적 수탈을 포함하고 있었다. 히브리인들이 당했던 강제 노역은 그들 자신의 유익을 위한 것이 아니라 모두 바로의 부와 웅대함에 기여했던 것이다.

2. 이 해방의 내러티브는 하나님이신 여호와의 이 특징적 행위라는 주제에 대한 찬양의 기반을 형성한다. 한나는 경제적인 전복을 일으키시는 하나님의 권능에 대해 노래한다(삼상 2:5-8). 시편 기자들도 마찬가지로 노래하고 있다(시 146편).

3. 그 내러티브들은 또한 가난과 관련된 부정적 행위와 긍정적 행위의 예들을 제공해 준다. 이미 살펴보았듯이, 구약 성경의 내레이터는 솔로몬의 호사스런 부와 그의 왕국의 여러 부분에서 증대되고 있던 압제를 뚜렷이 대조시켜 생생하게 묘사하고 있으며, 우울하게도 일정하게 솔로몬의 본을 따랐던 왕들이 이어지고 있음을 지적하고 있다. 그러나 우리는 좀더 고무적인 이야기들도 읽을 수 있다. 그 이야기들은 취약하게 노출되어 있는 곤핍한 자들을 향한 정의와 긍휼과 관대함이라는 진정한 이스라엘의 이상으로 간주될 수 있는 것을 담

---

24) C. J. H. Wright, *Deuteronomy*, pp. 271-272(강조는 원래의 것).

고 있다. 이 점에서 보아스는 최고의 영웅이다.

예언서에서

1. 예언자들이 이스라엘 가난한 자들의 몸부림에 참여했던 정도를 과장하기란 어려운 일일 것이다. 그 주요 쟁점은 순전히 물질적인 빈곤 자체가 아니었으며, **불의와 압제가 주된 문제**였다는 로드의 말은 옳다. 예언자들을 가장 화나게 했던 것은 언약적 평등과 상호 지지에 기반을 두어야 했던 사회 가운데에 있었던 불균형이었다. 도날드 고원(Donald Gowan)은 대부분의 가난의 뿌리에 자리잡고 있는 불의에 대한 구약 윤리의 이 차원을 다음과 같이 유려하게 표현한다.

> 구약 기자들의 커다란 근심과 진정한 분노를 낳았던 빈곤의 원인은, 가난한 사람들이 무엇을 하고 있느냐 혹은 무엇을 하고 있지 않느냐가 아니라 다른 사람들이 가난한 사람들에게 무슨 일을 행했느냐 하는 데 있었다.…굶주리고 헐벗고 집 없는 문제들을 해결할 수 있는 길이 있었다. 그러나 그 모든 길은 불의로 말미암아 좌절되어 버렸다. 구약은 바로 그 일에 대해 분노한다. 이리하여, 자신들을 위해 정의를 주장할 권력을 가지지 못한 사람들은 사회 전체의 특별한 관심사로 제시되었다.…구약 성경은 어디에서도 완전히 동등한 부의 분배를 이상으로 내세우지 않는다. 구약 성경은 상대적으로 더 재산이 많은 사람들은 언제나 있게 마련임을 시종일관 전제로 하고 있다. 이것은 결코 치욕이 아니다. 왜냐하면 부는 하나님의 선한 선물들 가운데 하나로 높이 평가되어야 하기 때문이다(잠 22:4). 많은 본문이 우리에게 보여 주다시피, 진정 불명예에 해당하는 것은 많이 갖고 있지 못한 사람들이 양심에 저촉을 받지 않는 사람들에 의해서 정당한 자신들의 것을 박탈당하는 것이다.[25]

그러나 물질적인 측면은 간과될 수 없다. 착취의 희생자들이 물질적으로도

---

25) Gowan, 'Wealth and Poverty', pp. 349-350.

극빈자가 되고 있었다는 사실은, 예를 들어 아모스가 악한 사람들이라고 언급하고 있는 자들의 풍족한 생활 방식과 그 희생자들이 겪는 곤경이라는 대조적인 모습을 볼 때(암 4:1; 6:4-6), 혹은 이사야가 대조시키고 있는 부유한 자들의 쌓여 가는 사유지와 저택들 그리고 살아갈 곳이 전혀 남아 있지 않은 사람들의 모습을 볼 때(사 5:8) 명확해진다. 예레미야는 여호야김의 수탈적인 탐욕을 가난한 자들을 향한 요시야 왕의 정의와 관대함과 대조시킨다(렘 22:13-17). 미가는 무자비한 부자들을 다음과 같이 소름끼치는 모습으로 그리면서 물질적 고통을 염두에 두고 있었던 것이 분명하다.

> 내 백성의 가죽을 벗기고
> 　그 뼈에서 살을 뜯어
> 그들의 살을 먹으며
> 　그 가죽을 벗기며
> 　그 뼈를 꺾어
> 다지기를 냄비와 솥 가운데에 담을
> 　고기처럼 하는도다(미 3:2-3).

2. 아마도 예언자들이 주요하게 기여했던 바, 우리가 오늘날의 교회의 예언자적 책임과 관련해서 그들로부터 배울 수 있는 주요한 교훈은 단순히 **그들이 그 당시 진행되어 가던 일을 목도했다**는 사실에 있다. 그들은 보고 계시는 하나님의 대변자들이었다. 이는 하나님이 애굽에서 그들의 고통을 목도하셨고, 그들의 고통하는 신음 소리를 들으셨고, 그들을 위해 개입하셨다는 출애굽기의 기록 이래로 이스라엘이 마땅히 알았어야 하는 사실이다(출 2:23-25; 3:7). 문제의 중심은 가난이 눈에 보이지 않게 되고 가난한 자의 소리가 들리지 않게 된다는 것이다. 그러나 이스라엘의 하나님께는 그렇지 않다. "나 곧 내가 그것을 보았노라. 여호와의 말씀이니라"(렘 7:11). 그리하여 예언자들은 먼저 주시하고, 그 다음에 부당한 상황에 대한 불만을 노출시키고, 그 다음에 권력을 가진 자들(특히 왕과 재판관들)에게 도전한다. 아마도 그들은 다른 식으로 보고

싫어하겠지만 말이다. 그러므로, 아합 자신이 문제의 원인이었으면서도, 엘리야를 '이스라엘의 골칫거리'라고 불렀던 것은 전혀 이상한 일이 아니다(왕상 18:17-18). 이세벨과 아합이 나봇이라는 한 농가에게 저지른 만행을 행할 수 있는 정권은 심하게 곤란을 당할 필요가 있었으며, 엘리야는 그 과업에서 물러서지 않았다.[26]

시편에서

1. 예언자들처럼, 시편 기자들도 **여호와가 가난한 자들의 부르짖음을 들으시는 하나님**이심을 명확히 천명한다. 그들은 사람의 도움이 미치지 못할 때 전적으로 하나님을 의지하며, 그들의 곤경은 하나님께 아주 중요한 문제다(시 145편; 146편; 147편 등). 그리하여 시편에서는 '가난한 자'라는 표현의 물질적 의미와 영적 의미 사이를 오가는 경우가 종종 있다. 그러므로, 그 둘 중 어느 한 쪽만을 배타적으로 주장하는 것은 잘못일 것이다. 물질적으로 가난한 자들이 하나님을 영적으로 의지하게 되는 것이다. 이처럼 '가난'은 빈궁한 사람들에 대한 문자적 묘사로서, 그리고 영적 겸손에 대한 은유로 사용되고 있다. 수 길링엄(Sue Gillingham)은 교회의 사명은 이 총체적인 이중의 초점을 유지해야 한다고 주장한다.

> 우리는 우리 주변 세계의 영적 가난, 아마도 특히 풍요로운 서구의 가난을 인정하지 않고는 가난한 자들을 먹이고 입힐 수 없을 것이다. 또한 이 사실이 물질적 안녕의 모든 측면에 대한 우리의 태도에 도전을 가하도록 하지 않고서는, 우리의 가장 깊은 영적 필요들을 채워 주는 복음을 전파할 수 없을 것이다. 내 생각에는, 이것이 성경적이며 동시대적인 가난의 신학을 제공해 준다.[27]

---

26) "나봇은 순전히 경제적인 면에서는 가난한 사람이 아니었다. 그는 소규모의 지주였다. 그는 왕이 탐을 냈을 정도로 질이 좋은 포도원을 가지고 있는 사람으로서 도저히 극빈자로 간주될 수 없을 것이다!…핵심은 비록 그가 가난하지 않았지만, 그럼에도 이세벨의 사악한 계획에 저항할 만한 권력이 없었다는 것이다. 이세벨은 왕의 암묵적인 승인 아래서 나봇의 재산만이 아니라 그의 목숨까지도 박탈해 버릴 궁리를 했다"(Weir, 'Poor Are Powerless', p. 14).

27) Gillingham, 'Poor in the Psalms', p. 19.

2. 율법과 예언서들과 마찬가지로, 이스라엘의 예배 역시 **주요 책임**이 가난한 자들의 핍절함과 정당한 주장을 제기하는 문제에 놓여 있음을, 말하자면 정치적이며 사회적인 권력자들—왕(시 72편)과 재판관들(시 82편)—에게 있음을 분명히 하고 있다.

3. 시편은 또 한편으로는 **하나님이 받으실 만한 예배의 근거와 기준들을**, 다른 한편으로는 실질적인 사회적 관심과 경제 정의 사이에 강력한 관련성을 확립한다. 하나님의 성산에 거하게 될 의로운 예배자의 표시는, 이자를 요구하지 않으면서 기꺼이 꾸어 주는 것이며, 이는 이스라엘의 경제 윤리에서 중요한 항목이다(시 15:5). 그리고 만일 우리가 예배하는 대상을 닮아간다는 것이 사실이라면, 여호와 하나님을 경배하고 경외하는 자가 정의와 긍휼과 관대함에 있어 여호와 하나님을 반영하게 될 것이라는 것은 전혀 놀라운 일이 아니다(시 111:4-5; 112:4-5).

지혜 문학에서

1. 토라와 예언서들이 그 윤리적인 동기를 위대한 역사적 구속 전승에서 찾는 것과는 (물론 보완적인 방식이긴 하지만) 대조적으로, 지혜서의 저자들은 확실하게 그들의 **사회 윤리를 창조에 기초하고 있다**. 따라서, 잠언에서는 가난한 자들이 존엄하게 대우받아야 하며 그럼으로써 그들 역시 동일한 하나님에 의해 지음받았다는 사실을 반영해야 한다. 진실로, 우리가 그들에게 혹은 그들을 위해서 행하는 일은 바로 우리가 하나님께 혹은 하나님을 위해서 하는 일이다(이것은 놀랄 만큼 예수님의 가르침과 동일한 내용의 선례이다).

> 가난한 사람을 학대하는 자는 그를 지으신 이를 멸시하는 자요,
> 　궁핍한 사람을 불쌍히 여기는 자는 주를 공경하는 자니라
> 　　(잠 14:31; 참고. 17:5; 19:17; 22:2, 22-23; 29:13).

종이나 주인이나 창조 면에서는 동등하다는 사실은 또한 자신이 일꾼들의 불만 사항을 공정하게 처리했다는 욥의 주장을 뒷받침하고 있다(욥 31:13-15).

2. 지혜서의 저자들은, 다른 많은 문제의 경우와 마찬가지로, 경제적 허약함 뿐만 아니라 사회적으로 무능력하게 만드는 당혹스러움이라는 **가난의 실상을 관찰하고 통찰**하는 은사를 가지고 있었다(잠 10:15; 19:4, 7). 욥은 가난을 아주 생생하게 묘사하고 있다(욥 24:1-12). 전도서는 빈곤을 불러오는 관료제의 효과를 주목하고 있으며(전 5:8-9), 부와 가난이 얼마나 순식간에 서로 자리바꿈을 할 수 있는지 주목하고 있다(전 5:13-6:6).

3. 이러한 세심한 관찰에 근거해서, 지혜서 저자들 모두가 다른 곳에서도 찾아 볼 수 있는 **긍휼과 관대함과 정의**라는 똑같은 정신을 옹호한다(욥 31:16-23; 전 4:1). 그러한 자세는 사실상 참된 의인의 특징이다. 그러한 자세의 결핍이 악인의 특징이듯이 말이다. 이유는 다음과 같다.

> 의인은 가난한 자의 사정을 알아 주나
> 　악인은 알아 줄 지식이 없느니라(잠 29:7).

그러나, 단지 돌봐 주는 것만으로는 충분치가 않다. 하나님이 가난한 자들과 압제당하는 자들의 곤경에 대해 아무 일도 하지 않으시는 것 같다고 불평했던 욥은, 그 자신이 장로로서 성문 앞에서 매일 자신의 일을 하면서 약자들을 변호해 주고 압제자와 맞섬으로써 실천을 통해 하나님의 정의를 이루는 도구가 되었다는 사실을 간과했다(욥 29:7-17; 사실 여기에서 '맞섰다'는 말은 욥 자신의 은유와 비교해 볼 때 약한 표현이다—"[내가] 불의한 자의 턱뼈를 부수고 노획한 물건을 그 잇새에서 빼내었느니라"). 권력 남용으로 말미암아 초래된 가난의 문제를 제기하는 일은 권력을 남용한 당사자들과 싸우는 것을 불가피하게 만든다.

4. 율법과 예언서 및 시편과 마찬가지로, 지혜 전승은 가난한 자들의 궁핍함에 대해 책임을 지는 문제에서 **정치 권력자들의 역할**이 핵심적임을 지적하고 있다. 따라서 이상적인 아내를 묘사하기 직전에, 잠언의 마지막 장은 이상적인 왕을 위한 충고를 하고 있다. 왕의 특권을 제한했던 신명기 법규에 어떤 색채를 입히면서, 르무엘 왕의 모친은 여자와 포도주와 술로 방탕하는 일을 피하라고

왕에게 권면한다. 그러나 이 충고는 왕 자신의 건강에 유익하기 때문이 아니고, 그렇게 함으로써 왕이 압제당하는 자들을 위하여 공정을 기할 수 있도록 머리를 맑게 하려는 것이었다. 그 지혜로운 왕의 모친에 따르면, 왕이 일차적으로 할 일은 다음과 같다.

> 너는 말 못 하는 자와 모든 고독한 자의
> 　송사를 위하여 입을 열지니라.
> 너는 입을 열어 공의로 재판하여
> 　곤고한 자와 궁핍한 자를 신원할지니라(잠 31:8-9).

가난의 종식

결론적으로, 우리는 앞 장을 마무리지었던 것과 똑같은 종말론적 소망(우리의 지구와 전체 환경에 대한 생태학적 소망)이 구약 성경의 경제 윤리 안에 강하게 스며 있음을 지적할 수 있을 것이다. 지금 여기 우리의 타락한 세상에서, 구약은 현명한 균형을 제시해 준다. 한편으로, 구약은 이상과 목표를 제시하고 있다(만일 사람들이 인류의 번영을 위해 제공해 주신 원칙과 체제에 따라 살아간다면 세상에 빈곤이 있을 이유가 없다). 그러나 다른 한편으로, 구약은 인간의 탐욕과 폭력이라는 특유의 고질적 성격과 그에 따르는 가난의 영속화에 대해 현실적으로 잘 인식하고 있다. 신명기는 15장에서 이 두 가지 인식에 대한 고전적인 표현을 제공한다. 한편으로, "네가 만일 네 하나님 여호와의 말씀만 듣고 내가 오늘 네게 내리는 그 명령을 다 지켜 행하면, 네 하나님 여호와께서 네게 기업으로 주신 땅에서 네가 반드시 복을 받으리니, 너희 중에 가난한 자가 없으리라"(4-5절). 그러나 다른 한편으로, "땅에는 언제든지 가난한 자가 그치지 아니하겠으므로 내가 네게 명령하여 이르노니, 너는 반드시 네 땅 안에 네 형제 중 곤란한 자와 궁핍한 자에게 네 손을 펼지니라"(11절).

그러나 더 이상 가난이 존재하지 않게 될 때가 올 것이다. 메시아 시대에 대한 미가의 영광스런 환상은 이사야에 기록된 그 평행구에 경구적인 그림을 덧붙여 주고 있다. "각 사람이 자기 포도나무 아래와 자기 무화과나무 아래에 앉을 것이라"(미 4:4; 참고. 사 2:1-5). 그러나 두 예언자 모두, 전쟁과 무장의 종결이 그와 같은 경제적 부흥에 중요한 공헌을 한 것으로 그리고 있다. 제4장 끝부분에서 우리가 보았다시피, 이사야 65:17-25에 있는 새 창조 세계에 대한 비전은 노력을 들이지 않는 부요함에 대한 비전이 아니라 가난과 압제가 없는 사회에 대한 비전이다. 그 사회에서 노동은 만족스러울 것이며, 보상이 있고 안전하며, 질병과 수탈당하는 좌절이 없을 것이다. 그러므로, 환경 윤리의 경우에서와 마찬가지로, 우리의 경제 윤리는 창조의 첫 원칙들과 타락의 현실, 경제 문제들(특히 압제 때문에 초래된 가난의 문제)에 대한 이스라엘의 체계적 대처가 보여 주는 패러다임적 세부 사항, 그리고 하나님 자신의 성품과 약속만큼이나 확실한 새로운 세상에 대한 종말론적 소망을 중심으로 확립되어 있다.[28]

참고 도서

Biggar, Nigel, and Hay, Donald, 'The Bible, Christian Ethics and the Provision of Social Security', *Studies in Christian Ethics* 7(1994), pp. 43-64.

Blomberg, Craig L., *Neither Poverty nor Riches: A Biblical Theology of Material Possessions*(Downers Grove: InterVarsity Press; Leicester: Apollos, 1999). IVP 출간 예정.

Brueggemann, Walter, *The Land*(Philadelphia: Fortress, 1977).「성경이 말하는 땅」(CLC).

Carroll R., M. D., 'Wealth and Poverty', in Alexander and Baker, *Dictionary of the Old Testament: Pentateuch*, pp. 881-887.

Dearman, John Andrew, *Property Rights in the Eighth-Century Prophets: The*

---

28) 이 종말론적 관점은 성경적 세계관의 내러티브적 성격의 일부분이다. 그러한 의미에서, 그것은 또한 가난에 대한 구약의 이해가 보여 주는 독특성의 주요 측면이기도 하다. Lohfink는 모든 사회 사상과 경제 사상의 토대가 되며 전례가 없는 틀로서 출애굽에 더하여서, 이스라엘이 고대 근동 지방에서 지구와 인류에 대한 하나님의 장기적 목적에 대한 내러티브들 안에 가난에 대한 해결책을 설정하고 있다는 점이 독특했다고 지적한다. 하나님의 목적은 궁극적으로 풍요와 복과 번영으로 지구와 인류를 인도해 줄 것이다. "세상에 대한 하나님의 관심은 하나의 드라마를 전개시킨다." 그 드라마는 이스라엘의 역사만이 아니라 인류 전체를 포용하고 있는 성경적 드라마다. Lohfink, *Option for the Poor*, pp. 12-13.

Conflict and Its Background(Atlanta: Scholars Press, 1988).

Englehard, David H., 'The Lord's Motivated Concern for the Underprivileged', *Calvin Theological Journal* 15(1980), pp. 5-26.

Fager, Jeffrey A., *Land Tenure and the Biblical Jubilee*, JSOT Supplements, vol. 155(Sheffield: JSOT Press, 1993).

Fensham, F. Charles, 'Widow, Orphan and the Poor in the Ancient Near Eastern Legal and Wisdom Literature', *Journal of Near Eastern Studies* 21(1962), pp. 129-139.

Gillingham, Sue, 'The Poor in the Psalms', *Expository Times* 100(1988), pp. 15-19.

Gnuse, Robert, *You Shall Not Steal: Community and Property in the Biblical Tradition*(Maryknoll: Orbis, 1985).

Gottwald, Norman K., *The Tribes of Yahweh: A Sociology of the Religion of Liberated Israel 1250-1050 BCE*(Maryknoll: Orbis; London: SCM, 1979).

Gowan, Donald E., 'Wealth and Poverty in the Old Testament: The Case of the Widow, the Orphan, and the Sojourner', *Interpretation* 41(1987), pp. 341-353.

Habel, Norman C., 'Wisdom, Wealth and Poverty: Paradigm in the Book of Proverbs', *Bible Bhashyam* 14(1988), pp. 26-49.

_____, *The Land Is Mine: Six Biblical Land Ideologies*(Philadelphia: Fortress, 1995).

Hanks, Thomas D., *God So Loved the Third World: The Biblical Vocabulary of Oppression*(Maryknoll: Orbis, 1983).

Hobbs, T. R., "Reflections on 'the Poor' and the Old Testament", *Expository Times* 100(1988-1989), pp. 291-293.

Hoppe OFM, Leslie J., *Being Poor: A Biblical Study*(Wilmington, DE: Michael Glazier, 1987).

Hughes, Dewi, *God of the Poor: A Biblical Vision of God's Present Rule*(Carlisle: OM Publishing, 1998).

Jacobs, Mignon R., 'Toward an Old Testament Theology of Concern for the Underprivileged', in Kim, Ellens, Floyd and Sweeny, *Reading the Hebrew Bible for the New Millennium*, pp. 205-229.

Kaufmann, Stephen A., 'A Reconstruction of the Social Welfare Systems of

Ancient Israel', in W. Boyd Barrick and John R. Spencer (eds.), *In the Shelter of Elyon*(Sheffield: JSOT Press, 1984).

Lohfink SJ, Norbert F., *Option for the Poor: The Basic Principle of Liberation Theology in the Light of the Bible*(Berkeley: BIBAL Press, 1987).

Pleins, J. David, 'Poverty in the Social World of the Wise', *Journal for the Study of the Old Testament* 37(1987), pp. 61-78.

_____, 'Poor, Poverty', in Freedman, *Anchor Bible Dictionary*, vol. 5, pp. 402-414.

_____, 'How Ought We to Think about Poverty? Re-thinking the Diversity of the Hebrew Bible', *Irish Theological Quarterly* 60(1994), pp. 280-286.

_____, *The Social Visions of the Hebrew Bible: A Theological Introduction* (Louisville KY: Westminster John Knox, 2001).

Rad, G. von, 'The Promised Land and Yahweh's Land', in *The Problem of the Hexateuch and Other Essays*(New York: McGraw Hill, 1966), pp. 79-93.

Waldow, H. E. von, 'Social Responsibility and Social Structure in Early Israel', *Catholic Biblical Quarterly* 32(1970), pp. 182-204.

Weir, H. Emmette, 'The Poor Are Powerless: A Response to R. J. Coggins', *Expository Times* 100(1982), pp. 13-15.

Whybray, R. N., *Wealth and Poverty in the Book of Proverbs*, JSOT Supplements, vol. 99(Sheffield: Sheffield Academic Press, 1990).

Wright, Christopher J. H., *God's People in God's Land: Family, Land and Property in the Old Testament*(Grand Rapids: Eerdmans, 1990; Carlisle: Paternoster, rev. ed. 1996).

_____, *Deuteronomy*, New International Biblical Commentary, Old Testament Series (Peabody: Hendrickson; Carlisle: Paternoster, 1996).

제6장 ■ 땅과 기독교 윤리

제3장에서 우리는 땅이 구약 성경 이야기에서 얼마나 중요한가를, 그리고 이스라엘의 신앙 전반에서 땅의 신학이 얼마나 큰 역할을 하고 있는가를 살펴보았다. 지난 두 장에서는, 이 신학적 중심이 생태학적 관점과 경제법 및 제도들의 형태 가운데에서 어떻게 윤리적으로 작용했는지 살펴보았다. 이 장에서는, 어떻게 이 다양한 실타래가 기독교 윤리로 들어와 엮일 수 있는가를 묻고자 한다. 하나의 기독교적 틀, 물론 신약 성경에 의해 지배를 받는 틀 안에서 땅에 관한 구약 성경의 가르침을 활용할 수 있으려면 어떤 해석학적 방법들이 있을까?

 이 점에서 구약 성경을 해석하는 두 가지 방법을 이미 지적했다. 이 두 방법은 구약 성경 자체에서 비롯하고 있는 것들이기 때문이다. 그것은 **패러다임적** 해석 방법과 **종말론적** 해석 방법이다. 이 방법들에다가 신약의 관점에서 오는 **예표론적**(typological) 해석 방법을 더해야 할 것이다. 이제 우리의 삼각 구도 도표의 도움을 받아서 처음 두 해석 방법에 대해 다시 한 번 상기해 보고, 그런 다음에 조금 더 깊게 세 번째 해석 방법을 설명해 보도록 하자. 그리고 나서, 성경이 말하고 있는 희년에 대한 특별한 사례 연구에 우리의 방법을 시험하여, 과연 그 방법이 우리가 다루었던 세 각도에서 그리고 해석상의 세 차원에서 그것을 검토했을 때 기독교 신학과 윤리의 맥락에서 우리에게 무엇을 줄 수 있는지 살펴볼 것이다.

이 세 차원(패러다임적, 예표론적, 종말론적 차원)이 구약 성경의 윤리적 내용을 해석하고 적용하는 세 개의 **상호 보완적** 방법들임을 강조해야 할 것이다. 그 차원들은 상호 배타적인 것도 아니며, 모든 차원이 매경우에 타당성이 있는 것도 아니다. 그러나, 땅은 특별히 흥미로운 예를 제공해 주는데, 이는 땅이 이 세 가지 방법 중 어느 방법으로든지 기독교적 성찰과 적용을 가능하게 하기 때문이다. 그러므로, 우리가 구약 성경에서 땅이 종말론적 새 창조 세계에 의미를 가지고 있다고 말한다고 해서, 그렇게 함으로써 현재 사회 질서에서 땅이 지니는 경제적 관련성을 배제하는 것이라고 생각해서는 안 된다. 혹은 땅이 그리스도 안에서 예표론적으로 성취된다고 말한다고 해서, 그것이 오늘날 사람과 영토에 관련된 이 세상의 쟁점들에 대한 어떠한 패러다임적 관련성도 없는 것으로 취급하고 땅을 '영해하는'(spiritualize) 것이라고 생각해서도 안 된다. 각 차원은 다른 차원들을 배제하지 않으면서도 의미 있고 타당할 수 있다.

패러다임적 해석

이 접근 방법은 이스라엘이 그들의 땅에서 하나님과 맺은 관계가 지상에서 인류가 하나님과 맺고 있는 관계에 대한 신중한 반영이었다는 신념에 근거해 있다. 혹은 좀더 정확히 설명하자면, 그들의 땅에서 이스라엘에 하나님이 개입하신 일은, 인류와 지구를 향한 하나님의 창조 목적에 금이 간 일에 대한 하나님의 구속적 응답이었다. 인류는 반역했고, 하나님의 저주 아래 지상에서 살고 있다. 이스라엘은 구속함을 받았으며, 하나님이 복 주시겠다고 약속하신 땅에서 살았다. 우리는 다음 도표를 통해 이 이중적 패턴을 마음에 그려 볼 수 있을 것이다.

이것은 그저 복잡한 자료를 간편한 기하학적 패턴에 집어넣은 것만이 아니다. 우리는 이미 제2장에서 한 사회로서 이스라엘(사회적 각)이 어떻게 모든 민족을 위한 한 민족으로서 선택받았는가 하는 점과, 이스라엘의 사회 체제는 '열방에게 임할 빛'이라는 이스라엘의 신학적 메시지의 일부분이 되도록 의도되었다는 것을 명확히 살펴보았다. 그리고 제4장 시작 부분에서 하나님의 소유

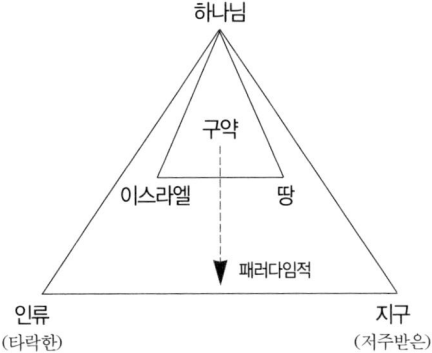

와 하나님의 선물이라는 두 주제를 중심으로 이스라엘의 땅(경제적 각)과 지구 전체 사이의 대응성을 관찰했다.

그러므로, 우리는 이스라엘의 사회법과 경제법 및 제도들(안쪽 삼각 구도에 속하는 기본선)을 취하여 현대 세속 사회라는 더 넓은 세계 가운데서 우리 자신의 윤리적 과제에 대한 모델(바깥쪽 삼각 구도에 속하는 기본선)로 사용한다는 점에서 정당성을 인정받을 수 있다. 경제 영역에서 구약의 패러다임은 고대 이스라엘의 관습을 20세기 사회에 글자 그대로 옮겨놓을 것을 요구하지 않으면서도, 우리에게 목표를 제공해 준다. 그러나 동시에, 패러다임적 접근 방법은 우리가 적용하고자 하는 그 모델을 충분히 이해하기 위해서 본문들 자체를 가지고 진지하게 씨름할 것을 요구하고 있다.[1]

종말론적 해석

이 접근 방법은 이스라엘과 그들의 땅을 통해 개시된 하나님의 구속 목적이 변혁되고 완전한 새로운 창조 세계에서 궁극적으로는 모든 민족과 지구 전체를 포용하게 될 것이라는 확신에 의지하고 있다. 그러한 확신은 신약뿐만 아니

---

1) 구약의 경제 제도들을 그렇게 패러다임적으로 다룬 흥미로운 예가 영국의 복지 제도와 관련하여 다음 글에 제공되어 있다. Nigel Biggar and Donald Hay, 'Bible and Social Security.'

라 구약에도 굳건하게 근거를 두고 있다. 다시 도표로 되돌아가서, 만일 우리가 고정되어 있는 그림을 사용해서도 역동적으로 생각할 수 있다면, 이것은 그 구속의 삼각 구도가 궁극적으로는 타락한 창조 세계의 삼각 구도를 '초월'할 것임을 의미한다.

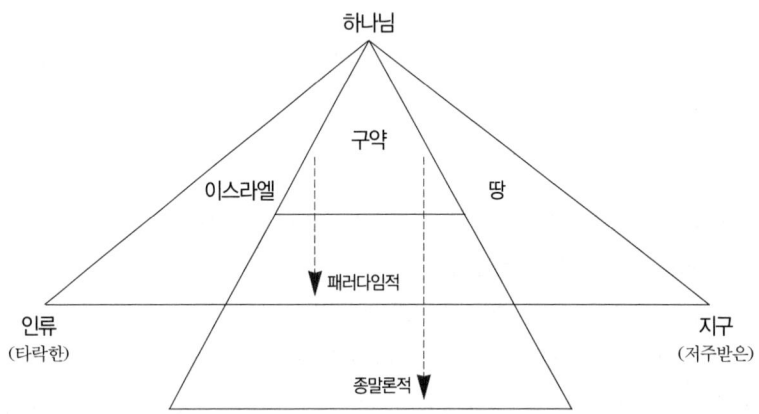

구약 성경은 이스라엘의 하나님을 인정하고 그 하나님의 통치 아래 평화롭게 살아가는 민족들의 세계(제7장을 보라)만이 아니라, 자연 세계가 하나님의 기적을 베푸시는 권능에 의하여 변혁될 것(제4장에서 살펴보았듯이)을 바라본다. 구약의 소망에는 중대한 '땅의 속성'(earthiness)이 있다. 하나님은 그분의 창조 세계를 그저 포기하지 않으시고 속량하실 것이다. 그리고 이스라엘의 땅은 구속함을 받은 그 지구의 원형으로 기능했다. 이 점에 대한 암시는 저주받은 지구와 뚜렷이 대조를 이루고 있는 이스라엘의 땅에 대한 묘사에서 찾을 수 있다. 그 땅은 약속의 땅인 반면에 지구는 위협과 심판의 격투장이었다. 그 땅은 젖과 꿀이 풍성하고(출 3:8 등), 가시덤불과 엉겅퀴(창 3:18)가 없다.[2)] 신명기에 기록된 그 땅에 대한 묘사들은 에덴 동산에 있었던 낙원의 면모를 떠올리게 한다. 그 땅은 "아름다운 땅"(a good land, 8:7 이하)으로, 물이 잘 흐르고, 식물들이 풍족하고, 천연 자연이 풍부한 땅(참고. 창 2:8 이하)이었다. 간단히 말해서, "네 하나님 여호와께서 돌보아 주시는 땅이라. 연초부터 연말까지 네 하나님 여호와의 눈이 항상 그 위에 있느니라"(신 11:12). 실로 하나님의 백성들이 하나님께 전적으로 순종하기만 한다면, 그 땅은 참다운 '회복된 낙원'이 될 그러한 축복의 땅일 것이다(신 28:1-14). 동일한 주제가 레위기 26:12에서 울려나오고 있다. 거기에서 하나님은 자신의 백성들 '가운데서 행하실 것'을 약속하신다. 여기서는 에덴 동산에서 하나님이 그 부부와 함께 거니시는 것을 묘사하는 데 사용되었던 동사와 똑같은 특이한 형태가 사용되고 있다.[3]

그러나, 이스라엘은 비록 구속함을 받고 하나님과의 언약 관계 안으로 들어오게 되었지만, 여전히 타락한 인류의 일부였다. 그리고 그들의 땅은 여전히 저주받은 땅의 일부였다. 그 역사상의 백성과 땅은 하나님의 구속 목적의 최종적이고 완전케 된 **결과물**이 아니라, 그 **과정**의 일부였다. 그러므로, 그 백성과 땅 둘 모두의 신학적 역할은 오히려 그것들이 현재 경험하는 실상을 넘어 저쪽에 놓여 있는 어떤 것을 가리키는 일종의 원형 혹은 하나의 표지와 같다. 이스라엘이 장차 있을 하나님의 구속 목적의 완성을 바라보았을 때, 그들은 자신들이 과거와 현재에 경험한 것으로부터 이끌어낸 조건들 가운데서 바라보았던 것이다. 그러므로, 그들이 **율법** 없이는 새 언약에 대해—그 새 언약이 하나님 백성의 **마음**에 새겨질 것이기 때문에(렘 31:33) 모든 법률 제정자의 범위를 초월하는 법이 될 것이었음에도 불구하고—생각할 수 없었듯이, 그들은 장차 있을 **땅**이 없는 하나님의 다민족적 구속 백성들에 대해 생각할 수 없었다. 비록 그것이 어떠한 지리학자나 심지어 동물학자의 상상력마저도 초월하는 땅이 될 것임에도 불구하고 말이다! 이사야 2:2; 11:6-9; 35:1-10; 예레미야 31:1-14 및 호세아 2:18-23과 같은 구절들에 나오는 자연의 변혁은 분명히 문자적으로 받

---

2) 고대 세계의 아주 다양한 상황 가운데서 '젖과 꿀'은 이상 세계에 속하는 신들의 음식이었다. "그러므로, 우리가 여기에서 보고 있는 것은, 낙원의 풍족함을 의미하는 이미지다"(Lohfink, Option for the Poor, p. 43). Lohfink의 요점은 이스라엘은 하나님이 그들에게 주신 그 땅에서 하나님께 순종하면서 살아감으로써, 신들이 먹기에 적합한 식단을 먹는 사람으로 살아가라고 초대받았다는 것이다. 나의 요점은 그 은유가 그 자체를 넘어서서, 속량받은 인류가 하나님과 완전한 사귐 가운데 살아가는 장소로 창조 세계를 회복시키실 하나님의 의도를 보여 주고 있다는 것이다. 이것은 또한 신약 성경이 잔치의 은유를 사용해서 그리고 있는 소망이기도 하다.
3) 그것은 *hālak*의 히트파엘 형태로서, '자신의 기쁨을 위해서 이리 저리 거닐다'라는 뜻이다.

아들이도록 의도된 것이 아니다. 하지만, 그 변혁은 단순히 영해되어서는 안 되는 것이며, **단지** 은유적인 것으로만 취급되어서도 안 된다. 창조 세계에 대한 하나님의 구속 목적이 우리의 상상력을 넘어설 수는 있겠지만, 믿음의 눈을 넘어서지는 않는다.

그리하여 이것은 성경 신학의 전체 범위 안에서 이스라엘의 땅이 가지고 있는 또 하나의 기능이 된다. 종말론적으로 하나님이 그 곳에서 자신의 백성들과 함께 거하실 것이기 때문에, 그 땅은 의로움이 거하게 될 "새 하늘과 새 땅"을 가리킨다(벧후 3:13; 계 21:1-3). 신약 성경에서 장차 이르게 될 새 창조 세계에 대한 비유로 사용되는 '새 예루살렘'의 용법과 더불어서 그 땅과 새 창조 세계가 명시적으로 동일시된다(참고. 계 21:4-5; 히 12:22).

그러나 미래에 대한 성경의 비전이 현재의 문제점들로부터 도망치는 심리적 도피로 여겨져서는 안 된다. 예언자들이 역사적 과거를 사용할 때와 마찬가지로, 그들이 장래에 대한 비전을 사용하는 것은 **현재의** 응답과 변화를 유발하기 위한 의도였다. 성경의 종말론은 **그럴 수도 있는** 것에 대한 유토피아적 꿈이나 '만일 이렇기만 하다면…'에 해당하는 동경이 아니다. 그러한 꿈을 꾸는 일은 현재에 대한 절망과 냉소주의로 끌어갈 수 있다. 성경의 종말론은 오히려 앞으로 어떻게 **될** 것인가에 대한 비전이다. 이는 하나님이 그 일을 하실 것이기 때문이다. 그러므로, 그 비전은 긴급한 도덕적 도전과 적극적 기대를 가지라는 자극과 함께 등장하는 경우가 빈번하다(참고. 시 97:10; 사 2:5; 미 4:5; 마 25장; 계 21:8, 27; 22:11). 따라서, 어떠한 구약의 주제(이 경우에는 땅과 같은)에 대한 종말론적 해석도 윤리적 의의를 가지고서 다시 현재의 세계 안으로 돌아온다. 이야기가 이런 식으로 끝나는 것이라면, 우리가 지금 여기에서 그 이야기의 중간을 살아가고 있을 때, 우리의 품행을 형성시켜 주는 것은 어떤 종류의 윤리적 목표들이어야 하는가?

성경 윤리의 이 종말론적 차원은, 신구약 어느 성경에서도 사회적인 면에서나 개인적인 면에서 우리의 윤리적인 책무에 해당하는 특정한 **내용**에 자료로 덧붙여지는 것이 아니다. 그 내용은 이미 알려져 있는 하나님의 명령에, 그리고 하나님의 계시를 통해 제공되어 있는 실례들과 패러다임들과 교훈에 담겨 있다. 이 종말론적 차원의 역할은 한편으로(롬 13:11-14; 벧후 3:11-14; 요일 3:2-3에서의 경우와 마찬가지로) 그러한 책무들에 시급성과 동기를 부여해 주는 것이며, 다른 한편으로 그 책무들이 성취될 것이라는 비전이 이루어진다는 확신에 찬 보장을 제공해 주는 데 있다. 바울이 육체의 부활에 대해 우리가 가진 장래의 소망에 관한 그의 확언을 맺은 말처럼, 경제 영역에서든 다른 어느 영역에서든 우리의 노동은 궁극적으로 "주 안에서 헛되지 않을"것이다(고전 15:58).

예표론적 해석

한 가지 중요한 질문이 남는다. 신약에서는 땅이 어떻게 되는 것인가? 신약의 저자들이 예수님을 이스라엘의 사명을 달성하고 구현시킨 그 메시아로 여겼다는 것은 의심할 수 없는 사실이다. 결과적으로 '그리스도 안에' 존재하고 있는 메시아적 공동체인 기독 교회는, 영적으로 구약의 이스라엘과 유기적인 연속성 가운데 서 있다. 그 메시아는 하나님 백성의 구현이며, 구약의 하나님 백성의 성취이며, 신약의 하나님 백성의 토대이다. 이방인이든 유대인이든, 그리스도 안에 있는 신자는 아브라함의 영적 후손이며 그 언약과 약속에 대한 상속자다(갈 3:26-28). 그런데, 아브라함에게 주셨던 그 약속은 땅을 중요한 구성요소로 가지고 있었다. 구약의 신앙과 의식의 모든 중대한 주제가 예표론적으로 그리스도 안에서 수렴되는 것이라면, 그 땅은 어디에 부합하는가? 이미 살펴보았듯이, 그 땅은 구약 이스라엘의 신앙에서 가장 중요한 신학적 현실 가운데 하나이기 때문이다.

더 이상 거룩한 영토는 없다

어떤 의미에서 그 땅은 신약 성경에서 거의 완벽하게 부재한다. 팔레스틴이라는 **물리적 영토**는 신약 성경 어디에서도 어떠한 신학적 의의를 담아서 언급된 적이 없다. 거룩한 **곳**으로서의 그 땅이 가지고 있던 타당성은 끝나 버렸다. 복, 거룩함, 약속, 선물, 유업 등과 같은 어휘가 구약에 그토록 빈번하게 나와 있는 것처럼 신약에서 유대 백성들이 살고 있던 영토에 대해 사용된 경우는 어디에도 없다. 이러한 현상이 나타나는 부분적인 이유는 기독 교회들이 신속하게 팔레스틴의 경계를 넘어 지중해 전역과 그 너머의 다른 땅으로 퍼져나갔기 때문이다. 그러나 훨씬 더 중요한 이유는, 그 땅의 거룩함 그리고 실로 구약적 사고에서 그 땅에 돌려졌던 다른 모든 속성이 바로 그리스도께 이전되었기 때문이다. 살아 계신 그리스도의 영적 임재는 믿는 자들이 있는 곳 어디라도 성화시킨다. 그 땅으로부터 그리스도께로 거룩함이 이렇게 이전되는 것에 대해서는 데이비스(W. D. Davies)가 잘 제시하고 있다. 그는 어떻게 기독교가 그 땅을 포함해서 유대교의 모든 구체적 세부 사항에 대해 '그리스도와 관련지어' 반응했는지를 지적한다. "[그리스도께] 다른 모든 사물과 마찬가지로, 모든 장소와 모든 공간이 종속된다. 정리하자면, 장소의 거룩성에 대해서 기독교는 근본적으로… '그 사람'(the Person)의 거룩성으로 대체했다. 즉, 기독교는 그리스도화한 거룩한 장소를 가졌다."[4] 자신의 사람들이 모이는 곳이면 어느 곳이든지 임재하시겠다는 예수님의 약속은, 자신의 백성의 땅에서 그 백성들 가운데 임재하시겠다는 하나님의 구약의 약속을 효과적으로 보편화하고 있다. 이는 지금은 예수의 사람들이 도처에 자리하고 있기 때문이다.

> 그의 백성 모이는 곳에 예수 계시네
> 그 곳에서 그 백성들이 예수의 시은좌를 바라보네
> 어느 곳에서 그 백성들이 당신을 찾든지, 당신은 거기 계시네
> 그래서 모든 곳이 거룩한 땅이네.[5]

더 나아가, 이스라엘의 지리적 영토는 하나님 백성의 궁극적인 미래에 대한 신약 성경의 가르침 가운데서 아무런 자리를 차지하지 못하고 있다. 심지어, 유

---

4) W. D. Davies, *Gospel and the Land*, p. 368.
5) William Cowper는 자신의 회중이 예배와 기도를 위해 새 건물로 이사해야 했을 때, 그들에게 그리스도의 보편적 임재야말로 물리적 장소라기보다는 인격적 관계의 문제임을 다시금 확인시켜 주기 위해 이 찬송시를 썼다.

대인 그리스도인들과 이방인 그리스도인들 사이의 관계가 논의되고 있는 핵심 구절들에서조차, 특히 바울이 유대 민족의 장래에 대해 말하고 있는 로마서 9-11장에서조차, 그 땅이 어찌되는지에 대한 언급이 전혀 없다. 또한 그 자신이 신앙심 깊은 유대인의 한 사람이었던 바울이 물리적 영토로서의 그 땅이 여전히 **유대인** 그리스도인들에게 **신학적** 중요성을 지니고 있다고 믿었다는 표시가 전혀 나타나지 않는다. 말할 필요도 없이 바울이라면, 유대인들이 하나님으로부터 받아 누렸던 그 위대한 선물들 가운데 그 땅을 포함시켰을 법하다. 그러나, 바울이 전개하는 논의의 전체 문맥과 흐름은 그가 과거 이스라엘이 하나님으로부터 받았던 모든 것이 그 메시아 예수라는 인물 안에 집중되고, 성취되고, 넘쳐나게 되었다고 여겼음을 보여 준다(참고. 롬 9:4-5; 10:4). 실로, 그가 이전에 가졌던 모든 것을 이제 '그 메시아 안에서'(빌 3:3-11) 소유하고 있는 것과 비교했을 때, 그것은 그의 개인적 신앙 고백이었다. 그리고 갈라디아서 4장에 있는 그의 탁월한 풍유에서, 바울은 원래 예루살렘에 대한 예언들을 예수 안에 있는 신자들의 메시아적 공동체에 적용하면서, 자유함을 얻은 하나님 자녀들의 도시와 비교하여 현재 지상에 있는 예루살렘 도성을 하갈의 지위로 격하시키고 있다.

물론 바울이 하나의 신학적 쟁점으로서 그 땅이라는 주제를 직접적으로 다루고 있는 것이 아니기 때문에, 우리는 그 땅의 신학적 의의에 대한 바울의 견해가 어떤 것일지에 대해 독단적으로 판단할 수는 없다. 그러나, 그가 신학적으로 중요한 의미를 갖는다고 여겼던 구약의 몇 가지 다른 실제에 대해 파고들어 가는 깊이에 비추어 볼 때, 그 문제에 대한 그의 침묵은 시사하는 바가 있다고 여겨진다. 나 자신의 느낌은(이것은 사견일 뿐이다), 바울이 **할례**의 문제에 대해 그랬듯 땅에 대한 문제에 직면했더라면, 아마도 그는 비슷한 방식으로 땅에 대한 문제들을 다루었으리라는 것이다. 우리가 알고 있듯이, 바울은 하나님의 구속 사역 가운데서 신체에 대한 할례가 더 이상의 **신학적** 의의를 갖는 것을 인정하지 않았다. 사람들의 구원과 언약 공동체에 속하는 자격 요건으로, 더 이상 그 사람들이 유대 백성들의 민족적 정체성을 보여 주는 이 증표에 따라야 한다고 요구하지 않았다. **그리스도 안에서는** 할례도 없고, 무할례도 없다. 이 점에 대해서 바울은 전혀 양보하지 않았다. 그러나 그 점이 한 차례 양보되었을 때, 그는 할례가 도덕적으로 중립적인 문제라고 보았다. 즉, 할례받기로 선택하든, 받지 않기로 선택하든 신학적으로는 전혀 중요하지 않다는 것이다(갈 5:6; 6:15). 그는 유대인 그리스도인들이 하나의 문화적 관습으로서 계속 그 관행을 유지하는 것에 대해서는 전혀 반대하지 않았다. 실제로, 그는 디모데가 일하는 문화적 환경 때문에 디모데가 할례를 받게 했다(행 16:3).

마찬가지로, 바울이 **영토로서의** 그 땅이 하나님의 구속 목적에 더 이상 아무런 신학적 의의를 갖지 않는다고 주장했으리라 상상할 수 있을 것이다. 왜냐하면, 이제는 구속의 목적이 십자가에 달리시고 부활하시고 내주하시는 메시아의 속죄 사역과 온전하게 결속되었기 때문이다. 예수를 통한 구원의 약속은 어느 땅 어느 곳에서 살아가고 있는 어느 누구에게나 가능한 것이었다. 이스라엘이 받은 구약의 유업인 그 특정한 땅에서 살아가고 있는 사람이라고 해서 어떤 특전이나 혜택은 전혀 없었다. 그 점이 확실하다고 할 때, 바울은 유대인들과 유대 그리스도인들이 그들 조상의 땅과 정서적이며 문화적인 결속을 계속 느껴야 할 아무런 이유도 찾을 수 없었을 것이다. 참으로 그들의 **믿음**, 그들의 **소망**, 그들의 **예배**는 더 이상 그 곳에 국한되어서는 안 되고, 오직 그리스도께만 집중해야 하는 것이다. 그 메시아 자신이 하나님을 예배하는 데 적절한 장소에 대한 논란으로부터, 그 **사람**을 통해 하나님을 예배하게 되는 유일한 존재 즉 그 자신에게로 사마리아 여인의 주의를 돌렸을 때, 예수님은 바로 이 점을 가르치셨던 것이다. 이제부터는 땅이 아니라 예수님이 하나님에 대한 영적 예배의 초점이 되어야 했던 것이다(요 4:20-26).[6]

---

6) 성경적 맥락에서 그리고 근대 이스라엘 국가와 관련해서 이스라엘 땅에 관한 기독교 신학의 전제들과 결론은 물론 엄청나게 복잡하며 논쟁거리다. 나는 다음에 있는 여러 다른 학자의 관점과 견해를 같이하고 있다. P. W. L. Walker (ed.), *Jerusalem Past and Present*. 광범위한 관점들을 가지고 그 주제를 더욱 충분히 다루고 있는 개관은 다음에서도 찾을 수 있다. P. Johnston and P. W. L. Walker (eds.), *Land of Promise*. 지금은 최신의 자료로 보완했지만, 더 이전의 작품으로는 Colin Chapman, *Whose Promised Land?* 가 있다. 또한 다음 책도 보라. Gary M. Burge, *Whose Land? Whose Promise?*

구약 이스라엘에게 그 땅의 의의

이처럼, 신약 성경은 팔레스틴이라는 영토에 아무런 신학적 의의를 부여하지 않고 있다. 그러나 구약 성경에서 그 땅은 **단순히** 한 조각의 영토에 불과한 것이 결코 아니었다. 성전이 단지 하나의 건물이 아니고 예루살렘이 단지 하나의 도성이 아니었듯이 말이다. 그 둘과 마찬가지로, 그 땅은 주요한 신학적, 윤리적 전통의 초점이었다. 이미 살펴보았듯이, 그 땅은 여호와 하나님과 이스라엘 사이의 언약 관계상 여러 측면, 즉 그 약속과 축복과 요구를 구현하고 있었다. 그 땅에 대한 이러한 전통들이 신약 성경에서는 그저 눈앞에서 사라져 버린 것일 리가 없다. 특히 그 전통들은 바울 신학에서 현저한 자리를 차지하고 있는 아브라함과의 언약과 연결되어 있기 때문이다. 다른 곳에서 우리는 성전과 예루살렘에 연결되어 있는 주제와 상징들이 신약에서 어떻게 취해졌으며 어떻게 영적으로 활용되었는지를 확실하게 볼 수 있다. 그러므로 다시 이전의 질문으로 돌아가서, 신약 성경에서는 그 땅이 어떻게 되었는지 묻도록 하자.

그 질문에 대답하기 위해서는, 먼저 **이스라엘의** 삶과 신앙에서 그 땅의 **기능**을 되새겨 보고, 그 다음에 신약 성경에서 **그리스도인의** 삶과 신앙의 어떤 측면이 그 기능을 흡수하거나 성취하고 있는지 물어야 할 것이다. 그 땅은 구약의 이스라엘 백성에게 무엇을 의미했는가? 그리스도인에게 그에 상응하는 의의를 지니고 있는 것은 무엇인가? 이 유사점을 규정해 주는 것이 바로 예표론적 접근 방법이다. 이스라엘과 하나님의 관계에 대해 그 땅이 의미했던 바는, 그리스도를 통해 그리스도인과 하나님의 관계상의 어떤 실상들에 대한 '전형'이 된다. 그러므로, 이 예표론적 대응성이 우리에게 무엇을 가리키는지 살펴보도록 하자.[7]

이미 살펴보았듯이, 한 사람의 이스라엘 백성에게 그 땅은 다른 무엇보다도 **하나님의 선물**이었다. 그 땅은 아브라함에게 하신 하나님의 약속이 성취되는 가운데 제공되었으며, 이스라엘 백성들의 구속사 과정에서 받은 것이었다. 그

---

7) 나는 다음 책에서 예표론에 대하여 성경적으로 균형 잡힌 견해가 어떤 것인지에 대한 나 자신의 이해를 더 충분히 설명했다. C. J. H. Wright, *Knowing Jesus*, pp. 107-116.

러므로, 그 땅은 모든 이스라엘 가구에게 그와 그의 가족과 그의 백성들이 여호와 하나님과 특별한 언약 관계를 맺고 있다는 사실을 증명해 주는 거대하고, 상징적이고, 만질 수 있는 증거였다. 신명기는 그 땅을 아브라함 안에서 그들이 선택된 사건에 대한 확신과 거듭거듭 연결시키고 있다. 그들은 여호와 하나님이 자신들에게 주신 여호와의 땅에서 살아가고 있었기 때문에, 여호와의 백성이었다. 이스라엘 백성 개인은 혈연 구조를 통해 그 땅 가운데 개인적인 몫을 누렸으며, 양도할 수 없는 가문의 유산인 그 땅에서 자신의 '상속분'을 향유했다. 신명기는 또한 그 땅을 이스라엘의 유업이라고 거듭해서 말하고 있는데, 이 말은 가족 이미지를 불러일으킨다. 출애굽기 4:22이 천명한 것처럼, 이스라엘은 여호와 하나님의 맏아들이었다. 그리고 또 그 땅은 그 아들 된 관계를 증명하는 만질 수 있는 증거였다. 이처럼 하나님의 땅에서 살고 있는 이스라엘 가구에 속한다는 것은 그 언약 관계 안에 안전하게 포함되었음을 경험하는 것이었다. 즉, 그 땅은 하나님과 함께 살아가는 **삶**의 장소였다. 그러나 그것은 또한 그 언약 관계가 요구하는 것들을 받아들이는 것을 의미했다. 즉, 그 땅은 하나님 앞에서 도덕적이며 영적인 구체적 **생활 방식**을 가지고 살아가는 장소이기도 했다. 그 땅을 소유한다는 것은 하나님의 백성 모두의 유업과 책임에 동참한다는 것을 의미했다. 간단히 말해서, 한 사람의 이스라엘 백성에게 그 땅은 안전과 포함됨과 축복과 동참과 실천적인 책임을 의미했다.

그렇지만 이 모든 사실과 더불어서, 구약 성경에서는 이스라엘과 하나님의 관계가 틀림없이 땅과 혈연이라는 이 사회 경제적 영역 안에 근거해 있으며 이 영역을 통해 경험되는 것이지만, 한편으로는 그 영역을 넘어서는 것이며, 그 영역에 영구적으로나 배타적으로 얽매여 있는 것이 아니라는 자각이 있었다. 하나님은 이스라엘이 아직 애굽에 있을 때에 그들을 자신의 '맏아들'이라고 부르셨으며(출 4:22), 그들이 실제로 그 땅에 들어가기 전에 자신의 언약을 맺으셨다. 마찬가지로, 그들은 그 땅으로부터 먼 곳으로 유배당하는 형벌을 받고 있는 동안에도 여전히 하나님의 백성으로 남아 있었다. 땅의 상실은 하나님과 이스라엘의 관계에서 엄청난 균열이었다. 그러나 그 시대의 예언자들이 거듭 강조했다시피, 그것이 그 관계의 끝은 아니었다. 여호와 하나님은 바벨론에서도 살아 계셨으며 건재하셨다. 그리고 예루살렘에서 예레미야라는 사람을 통해 일하신 것과 같이, 바벨론에서 에스겔이라는 사람을 통해 자신의 백성들을 회개하게 하시고 살아가게 하실 수 있었다. 하나님은 영토상의 경계선에 매이지 않으시며, 하나님의 백성들도 그렇지 않을 수 있다는 점을 점점 자각하고 있었다.

우리가 신약을 향해 움직여 갈 때 더욱 의미심장한 사실은, 예언자들의 종말론적 비전들 가운데서 하나님과 그분의 백성들 사이의 관계 구성에 대한 장래의 비전에서, 땅과 혈연이라는 고대의 언약 기반이 느슨해지고 있음을, 아니 거의 배제되고 있음을 분별할 수 있다는 것이다. 회복된 하나님의 백성은 모든 이를 포괄하는 성격을 갖게 될 것이다. 그리하여 이전의 땅과 혈연 기준에서는 배제되거나 매우 불확실한 지위를 차지했을 범주에 속하는 사람들이 '이스라엘'의 필수적 부분으로서 하나님과의 온전하며 확실한 관계 가운데 들어오게 될 것이다. 그리하여, 예를 들어 이사야 56:3-8에서 (그 땅에 대한 몫을 전혀 갖지 못했던) 외국인과 (가정이나 후손을 전혀 가질 수 없었을) 고자의 염려가 새 언약 안에서 얻을 영구적인 안전에 대한 약속으로 완화되고 있다. 그리고 에스겔 47:22-23에서 이스라엘이 장래에 갖게 될 '토지 보유'에 대한 이상적인 묘사는, 이전에는 배제되었거나 겨우 의지해서 살아가도록 관용되었던 자들—'게림'(*gerîm*), 이전에는 그 땅을 소유하는 일이 아예 허용되지 않았던 외국인들과 이주민들과 피난민들—을 포함하게 될 것이라고 명확히 지적하고 있다. 장래에 대한 이 비전에서, 하나님 백성의 유업에 대한 그들의 동참은 더 이상 자선이나 행운에 의존하지 않고 영구적으로 보장될 것이다. 달리 말해서, 과거에 그 땅과 연결되어 있던 안전과 포함과 동참과 책임이라는 신학적 주제들은 여전히 타당성을 지니고 있다는 것이다. 그러나 그 주제들은 구원의 범위가 확대되어 비이스라엘인들을 포함하게 되면서 문자적이며 영토적인 정박지를 벗어나게 되었다.

'그 땅에서' 처럼 '그리스도 안에서'

신약 성경은 이스라엘 민족을 넘어 구속이 확대되는 것에 대한 이러한 종말론적 비전이 메시아 예수의 사역을 통해 이방인들이 하나님의 백성에 포함됨으로써 성취되고 있는 것으로 보고 있다. 초대 교회의 이방인 선교는 이스라엘의 회복에 관한 구약 예언들의 명백한 성취였으며, 명시적으로 그렇게 인식되었다(이를테면, 행 15:12-18).

이 새롭고 모두를 포용하는 기독교 복음에 대한 바울의 고전적 해명인 에베소서 2:11-3:6은, 의미심장하게도 구약 성경의 수사적 표현들을 풍부하게 담고 있다. 바울은 그리스도 바깥에 있던 이방인들의 예전 지위를, 구약 성경에서 이스라엘의 토지-혈연 일원에 동참할 권리가 전혀 없던 사람들의 지위에 해당하는 말로 요약하는 것으로 시작한다. "이스라엘 나라 밖의 사람이라, 약속의 언약들에 대하여는 외인이요"(2:12). 그런 다음에, 십자가 상에서 행하신 그리스도의 사역을 그 장벽을 무너뜨려서 믿음을 가진 유대인들과 이방인들 모두에게 평화를 주시고 하나님께 나아가는 길을 제공해 주는 것으로 묘사하면서, 바울은 그리스도 안에서 이방인들이 얻은 새로운 지위를 설명하기 위해 구약의 표현으로 복귀한다. "그러므로 이제부터 너희는 외인도 아니요 나그네(이스라엘의 경제에서 토지가 없이 의존해서 살아갔던 사람들인, '*gērîm*과 *tôšābîm*을 번역한 단어들이다)도 아니요, 오직 성도들과 동일한 시민이요 하나님의 권속이라"(2:19). 이 절은 영구성과 안전함, 포함됨에 대해 말하고 있으며, 그가 곧 이어 지적하고 있다시피 실천적 책임에 대해 말하고 있다. '그의 복음'에 대한 이 개략적 설명의 절정에서, 바울은 3:6의 세 단어를 가지고서 이방인들의 새로운 지위를 요약한다(그 단어들 가운데 하나는 바울이 만들어 낸 것이다). 이제 그들은 복음을 통하여 메시아 예수 안에서, 그 약속 가운데서, 이스라엘과 공동 상속인(*synklēronoma*), 결합된 한 몸(*syssōma*), 그리고 공동 참여자들(*symmetocha*)이 되었다. 그 메시지는 너무나 선명하다. 그리스도의 십자가를 통해서, 과거에 **바깥**에 있던 자들이 지금은 **안**에 들어와 있으며, 과거에는 **멀리 떨어져** 있던 자들이 지금은 서로 **가까이** 있으며, 과거에는 **배제**되었던 자들이 지금은 **소속**되어 있다는 것이다. 이 구약의 상속과 밀접히 관련된 언어에 속하는 모든 것은, 그 안에서 예전의 이스라엘이 안전을 발견했던 하나님과 이스라엘과 그들의 땅 사이의 관계 패턴을 상기시켜 준다. 그러나 이제는 그 안전을 그리스도 안에 있는 모든 사람—믿는 유대인들과 마찬가지로 믿는 이방인들—

이 누리게 되었다. 과거에는 이스라엘이 그들의 땅을 통해 누렸던 것을 지금은 모든 신자가 그리스도를 통해 누리고 있다.

이처럼 만방에서 온 사람들이 메시아께 병합됨으로써, 하나님 백성의 특권과 책임으로, 곧 구약에서는 그 땅에서의 생활에 초점이 맞추어져 있던 특권과 책임으로 들어갈 수 있게 되었다. 그 옛날의 토지-혈연이라는 자격 조건이 가지고 있던 의의와 기능을 이제는 그리스도가 이어받고 있다. '그 땅 안에' 있는 것과 마찬가지로, '그리스도 안에' 있다는 것은 첫째로, 하나님이 **제공하신** 신분과 관계를 가리키며, 둘째로 하나님의 가족 안에 포함되고 그 안에서 누리는 안전한 지위를 가리키고, 셋째로 여러분과 동일한 관계를 나누고 있는 사람들을 향한 실천적 책임을 성취함으로써 값진 삶을 사는 데 헌신하는 일을 가리킨다. 이것이 바로 이스라엘 땅의 의의에 대한 **예표론적** 이해다. 간단히 말해서, 그것은 우리가 구약 성경의 다른 중요한 특징과 주제를 다룰 때 하는 것처럼, 그 땅을 메시아의 인격과 사역에 연결시키고 그를 통하여 '그리스도 안에 있는' 메시아적 이스라엘 공동체의 성격에 연결시킴으로써 다루는 것을 의미한다.[8]

지금까지 나는 주로 바울을 우리의 신학 안내자로 사용했다. 그러나 확실히 히브리서가 한층 더 중요하다고 말할 수 있다. 바울은 구약의 약속과 관련해서 주로 이방인 신자들에게 그들이 그리스도 안에서 갖게 된 새로운 지위에 대해 확신을 주기 위해 글을 썼다. 반면에 히브리서 기자는 주로 유대인 신자들에게 그리스도 안에서 그들이 옛 언약 아래서 그들의 것이었던 것을 전혀 상실하지 않았으며 오히려 그리스도를 소유함으로써 훨씬 많은 분량으로 그것을 소유하고 있음을 확신시키기 위해 글을 썼다. 히브리서의 한결같은 주장은 과거 이스라엘에게 현실이었던 모든 것을 이제 우리가 예수 안에서 소유하고 있다는 것이다. 히브리서 기자가 언급하고 있는 "그림자"(히 10:1)라는 말이 구약의 이스라엘이 믿었던 삶의 모든 위대한 요소(땅, 율법, 성전, 제사장 직분, 희생 제

---

8) 이와 유사하게 그 땅을 그리스도 안에서의 삶과 생활 방식에 관해 말하는 것으로 보는 견해에 대해서는 다음을 보라. Martens, *God's Design*, pp. 114-121, 243-254. 「새로운 구약신학 하나님의 계획」(아가페문화사). 신약 성경과 기독교적 사고 안에서 그 땅의 상징성에 대한 약간 다른 초점에 대해서는 다음을 보라. Brueggemann, *Land*, chs. 10-11. 「성경이 말하는 땅」(CLC).

사 등)가 비실재적이었다거나 단지 시늉에 불과했다는 것을 암시하는 것은 아니다. 오히려, 그 요소들은 그 당시 하나님과 이스라엘의 관계에서 실제적이었으며, 의미심장한 요소들이었다. 그러나, 이스라엘을 위해서 그리고 이스라엘을 통해서 하나님이 행하려고 계획하셨던 일에 대한 그분의 약속들 때문에, 이 애초의 실재들은 하나님과 그분의 백성 사이에 있을 장래의 관계 가운데서 훨씬 더 큰 의미로 채워지게 될 것이었다. 그러므로, 히브리서가 반복해서 천명하고 있듯이, 그리스도 안에서 우리가 소유하고 있는 것이 '더 낫다'는 말은 (때때로 비난하는 말로 불리는) '대체 신학'(replacement theology)이 아니다. 그것은 오히려 '확장' 혹은 '성취' 신학이다. 마찬가지로, 메시아 예수 안에 있는 다민족 신자들의 공동체는 (마치 옛 이스라엘은 간단히 폐기 처분되어 버렸다는 듯이) '새 이스라엘'이 아니다. 그 공동체는 오히려 하나님의 원래의 이스라엘이며, 이제는 아브라함 이래로 줄곧 하나님이 약속하셨듯이, 이방인들의 유입을 통해 그리스도와 관련해서 확대되고 재규정된 이스라엘이다.

'현재 우리가 가지고 있는' 것에 대한 히브리서의 천명들은 놀랍도록 포괄적이며, 유대인 독자들에게 다시금 다짐을 주기 위해서 그렇게 포괄적이도록 의도되었음이 분명하다. 우리는 그 땅을 **소유하고 있다**. 히브리서는 그 땅을 '안식'이라고 표현한다. 그 땅은 여호수아마저도 이스라엘을 위해 최종적으로 쟁취하지 못했으나, 지금 우리는 그리스도를 통해 거기에 들어갈 수 있다(히 3:12-4:11). 우리는 한 분 대제사장을 **가지고 있다**(히 4:14; 8:1; 10:21). 우리는 제단을 **가지고 있다**(히 13:10). 우리는 언약을 통하여 소망을 **가지고 있다**(히 6:19-20). 우리는 지성소 안으로 담대히 들어갈 수 있는 접근권을 **가지고 있다**. 그래서 우리는 성막과 성전의 실재를 **가지고 있다**(히 10:19). 우리는 시온 산에 도달했다(히 12:22). 우리는 한 왕국을 **가지고 있다**(히 12:28). 실로 히브리서에 따르면, 우리가 **가지고 있지 않은** 유일한 것은 지상의 땅을 영토로 가지고 있는 도성이다(히 13:14). 그 외에 '가지고 있는' 다른 모든 것에 비추어 볼 때, 한 가지 명확히 가지고 있지 않은 이것은 더욱더 의미심장한 것으로 도드라진다. 그리스도인들에게는 '거룩한 땅'이나 '거룩한 도성'이 전혀 없다. 우리는 그 어떤 것도 필요 없다. 우리에게는 그리스도가 계시기 때문이다.

그런 다음에, 히브리서는 예수를 믿는 유대인들이 이전에 가지고 있던 것을 전혀 상실하지 않았다고 주장한다. 오히려 지금은 그리스도를 통하여 그것을 더욱 위대한 실재로 영원히 소유하고 있다고 말한다. 그리고 그것은 과거에 그 땅이 표방하던 모든 것을 포함한다. 바울은 예수를 믿는 이방인들이 예전에는 독점적으로, 그러나 잠정적으로 이스라엘에게만 속해 있던 온전한 유업을 얻었다고 주장한다. 그들이 그리스도 안에 있기만 하다면, (이전에는 그 땅을 소유했던 자들과 아무것도 가지지 못했던 자들, 가까이 있던 자들과 멀리 떨어져 있던 자들이었던) 유대인과 이방인 모두 이제는 함께 그리고 동등하게, 모든 것을 소유한다. 이는 그리스도 안에서 모든 사람이 동등하기 때문이다. 어느 한 사람도 잃지 않고 모든 사람이 얻는다.

땅 그리고 기독교적 사귐의 요구

그러나, 구약의 이스라엘에게 그처럼 중요했던 그 땅의 **사회 경제적** 차원은 어떻게 된 것인가? 그 차원이 이제는 다 승화되고, 영적이 되고, 망각되어 버린 건가? 결단코 그렇지 않다! 그 차원은, 구약의 특징이자 신약의 특징이기도 한, 한 몸으로서의 나눔과 실천적 책임의 영역으로 들어가게 되었다.

그것이 실천적으로 무엇을 의미했는지 살펴보기에 앞서, 이제 조금 전에 생각해 보았던 대목인 에베소서 2장으로 되돌아가 보자. 그 문맥에서 두 차례, 바울은 유대인와 이방인을 그리스도 안에서 하나님의 새로운 공동체로 통합시키는 일에 있어서 성령의 역할을 언급한다. 다른 곳에서, 실로 바울은 역시 이방인들에게 구원이 확대되는 맥락에서 성령의 선물을 아브라함에게 주신 약속의 성취로 여긴다(갈 3:14). 같은 맥락에서 또한 그는 그리스도 안에서 신자들의 하나됨을 아브라함의 후손이자 상속자들이라는 그들의 지위와 연결시킨다(갈 3:28-29). 이리하여 성령을 통한, 그리스도 안에서 신자들의 하나됨과 그리스도에 대한 그들의 공동 경험은 단지 추상적이거나 '영적'인 개념이 결코 아니다. 그와는 반대로, 그 개념은 사회적이며 **또한** 경제적인 영역 모두에 심원한 실천적 함의를 지니고 있다. 두(사회적, 경제적) 영역은 '사귐'에 대한 신약의 이해와 실천에 포함되어 있으며, 그 두 영역 모두 구약의 토지 윤리라는 토양에 깊이 뿌리박고 있다.

사귐은 헬라어 '코이노니아'(*koinōnia*)를 번역한 말이다. 이 헬라어 단어는 그 자체가 풍성한 복합 단어군의 일부이다. 신약 성경에서 '코이논'(*koinōn-*)이라는 어원을 공부해 보면, 그 어원으로부터 형성되었거나 그 어원과 결합되어 있는 상당수의 단어가, 그리스도인들 사이에 실질적인 사회 경제적 관계들을 의미하거나 그것과 관련이 있는 문맥들 가운데 있다는 것이 드러난다. 그 관계들은 실질적이고 종종 대가를 치르는 나눔을 의미한다. 그것은 오늘날 우리 교회들 가운데서 흔히 '친교'로 통하는 재미 없는 친목 시간과는 아주 거리가 먼 것이다. 신약에서는, 사귐이 우리의 관계와 우리의 소유물들에 연결되어 있다.

몇 가지 예를 들면 그 점을 이해할 수 있을 것이다. 오순절에 성령이 부어진 첫 번째 결과물은 새로운 공동체였는데, 그 공동체는 "서로 교제(*tē koinōnia*)…하기를 전혀 힘쓰며" 모든 물건을 서로 통용하고(행 2:42, 44), 그 중에 가난한 사람이 아무도 없게 했던(행 4:34) 공동체였다. 로마서 12:13에서 신자들은 성도들에게 환대하며 대접하라(*koinōnountes*)는 권고를 받는다. 디모데전서 6:18은 부자들에게 관대하라고, "나누어 주기를 좋아하라"(*koinōnikous*)고 명하고 있다. 히브리서 13:16에서는 동일한 의무가 모든 그리스도인에게 주어진다. 바울은 유대 지역의 그리스도인들을 돕기 위해 헬라인 교회들이 재정 모금을 한 일을 '사귐의 행위'(*koinōnian tina*, 롬 15:26)라고 말한다. 그는 이방인들이 유대인들로부터 **영적인** 복을 나누어 받았다면(*ekoinōnēsan*), 이방인들이 유대인들에게 **물질적인** 복을 나누어 줄 빚을 지고 있는 것이라는 근거 위에서 이 재정 모금을 정당화한다(27절). 갈라디아서 6:6에서는 동일한 상호 관계의 원칙이 가르치는 자와 가르침을 받는 자 관계에 적용되고 있다. 가르침을 받는 자는 반드시 가르치는 자와 더불어 '나누어야'(*koinōneitō*), 즉 재정적 지원을 해야 한다. 재정 모금에 열심히 동참한 일에 대해서 고린도 교인들을 칭찬하면서(*koinōnia*, 고후 8:4; 9:13), 실로 바울은 그 일을 **복음에 대한 순종**의 증거라고 묘사하고 있다. 이 말은 사귐이 그러한 경제적 증거로 구체화되어 드러나는 것이 진정한 기독교적 고백의 정수에 속한다는 것을 시사한다. 예루살렘에 있는 유대 그리스도인들이 이방인들이 진정으로 복음을 믿는 신자들이 되었다는 것을 가장 잘 확신할 수 있는 방법이 무엇이었겠는가? 그들의 탁상 위에 올려진 현금 주머니에서 복음에 대한 그들의 순종의 열매를 보았을 때이다. 그렇다면, 바울 자신의 복음이 "친교(koinōnia)의 악수"를 통해 예루살렘에서 진품으로 받아들여졌을 때, 그가 즉시로 마치 증거를 대듯 "가난한 자들을 기억할 것"을 부탁받았다는 사실(갈 2:9-10)은 우연일까? 바울이 이방 지역에서 모금했던 일은 실로 복음의 사귐을 존중히 여기는 일에 대해 그가 공언했던 열심을 증거해 준 일이었다. 마찬가지로, 빌립보 교인들이 "복음을 위한 일에 참여"하는 것에 대하여 바울이 하나님께 감사할 때(빌 1:5), 그 편지의 나머지 부분을 보면 그가 단지 영적으로만이 아니라 구체적으로 생각하고 있다는 사실이 분명히 드러난다. 그들은 바울의 사역 활동에 대한 실제적 재정 지원을 통해서 바울의 동역자(synkoinōnoi)가 되었던 것이다(빌 4:15 이하).

사귐에 대한 신약의 이해에서 이러한 종류의 말이 가지고 있는 범위를 고려해 볼 때, 나는 그 말이 구약 성경의 사회-경제 윤리에 깊이 뿌리내리고 있다는 견해를 갖게 된다. 그 충분하고, 풍성하고, '구체적'인 신약적 의미에서의 사귐의 경험은, 구약에서 땅의 소유가 이스라엘 백성들에게 수행했던 것과 아주 유사한 신학적이며 윤리적인 기능을 그리스도인들에게 수행하고 있다는 것을 보여 준다. 두 가지(구약에서의 땅, 신약에서의 사귐) 모두 구속에 단지 비본질적이거나 부수적인 것이 아니라, 구속의 목적과 패턴의 일부인 것으로 봐야만 한다. 출애굽의 명시적인 목적은 하나님의 '좋은 땅'에서 하나님의 풍성한 복을 누리는 것이었다. 그리스도를 통한 구속의 목적은 그 모든 실제적 함의와 더불어서 "거짓이 없이 형제를 사랑"(벧전 1:22)하는 것이다. 그 둘은 모두 아들됨이라는 신분에 그리고 유업과 약속이라는 관련 주제들에 연결되어 있다. 그렇게 해서 그 둘은 하나님의 구속된 공동체의 일부로서 그분과 진정한 관계를 맺고 있다는 증거를 이룬다. 왜냐하면, 땅과 마찬가지로, 사귐도 그 경계선을 가지고 있기 때문이다. 그래서 그 사귐으로부터 영구적으로 떠나간 사람이나 그 사귐을 받아들이기를 거부하는 사람은 그가 하나님의 백성 가운데서 실질적인 몫을 가지고 있지 못함을 보여 주는 것이다(참고. 마 18:15-17; 요일 2:19).

무엇보다도, 땅과 사귐은 둘 다 **공동의** 경험이다. 땅은 앞서 약술했던 이스라엘 경제 제도의 성격상, 사귐은 '코이노니아'라는 단어의 정의상 공동의 경험이다. 이 점은 땅과 사귐 둘 다에 대해, 신구약 윤리 모두에 스며들어 있는 아주 실제적인 상호 책임을 부여해 준다. 가난하고 핍절한 자들에 대해 동일한 관심을 기울이고 있으며(참고. 요일 3:17), 경제적으로나(참고. 고후 8:13-15 및 구약의 기록에 대한 암시) 사회적으로(참고. 약 2:1-7) 하나님 백성들은 평등할 것에 대한 동일한 이상이 존재하고 있다. 심지어 동료 된 하나님의 백성들에게서 하나님이 그분의 모든 백성이 누리도록 주신 그들의 정당한 몫을 박탈하거나 사취하는 죄를 짓는 자들을 향한 동일한 예언자적 분노가 있다. 구약의 예언자들은 동료 이스라엘 백성들을 그들의 땅에서 몰아냈던 불의한 압제자들을 정죄했다. 그 사실을 형제를 용서하기를 거절하는 자들에 대한 예수님의 비판(마 18:21-35), 고린도 교회에 있었던 파벌 의식과 사랑의 결핍에 대한 바울의 혐오감 및 그가 열거하고 있는 다양한 죄악의 목록에서 사귐을 해치는 자들에 대한 언급이 얼마나 앞자리에 있는가(이를테면, 엡 4:25 이하; 빌 2:1-4; 골 3:8 이하), 자기 형제를 미워하는 모든 자를 하나님의 자녀로 받아들이길 거부하는 요한의 태도(요일 2:9-11; 4:7 이하)와 비교해 보라.

그러므로, 그 땅을 메시아 예수라는 인물과 그분의 사역에 연결시키는 예표론적 해석은 예수님 자신으로 '종점'에 이르지 않는다. 오히려, 그 해석은 구약 윤리의 사회적이고 경제적인 의의를, 메시아 공동체인 신약 이스라엘 안에서 이루어지는 실제적 관계들에 대한 윤리로 옮겨 놓는다. 하나님 나라의 시민됨은 사회적이고 경제적인 차원을 갖는다. 이 차원은 구약 이스라엘의 땅과 혈연 구조를 초월하지만, 그 원래의 구조를 부적절한 것으로 만들어 버리는 것은 아니다. 구약 사회의 사회-경제적 결속이 신약의 그리스도 중심적 결속으로 이전하는 이 사실은 유대인 학자 라파엘 로우에(Raphael Loewe)가 인정하고 있는 바다. "기독교가 근거해 있는 사회학적 기반은 유대교의 경우처럼 혈연의 끈이 아니라 사귐의 끈, 곧 그리스도 안에서의 사귐의 끈이다."[9] 아주 많은 다른 측

---

9) Loewe, *Women in Judaism*, p. 52.

면에서 그러하듯이, 이 측면에서 그리스도와 그분이 선포하시고 출범시킨 그 나라는 구약을 '성취'한다. 그것은 구약의 사회-경제적 패턴을 취하여 작은 땅덩이에서 단 하나의 민족이 경험하는 것만이 아니라 그리스도 안에서 누구나 어디에서나 경험할 수 있는 것으로 바꾸어 놓는다.

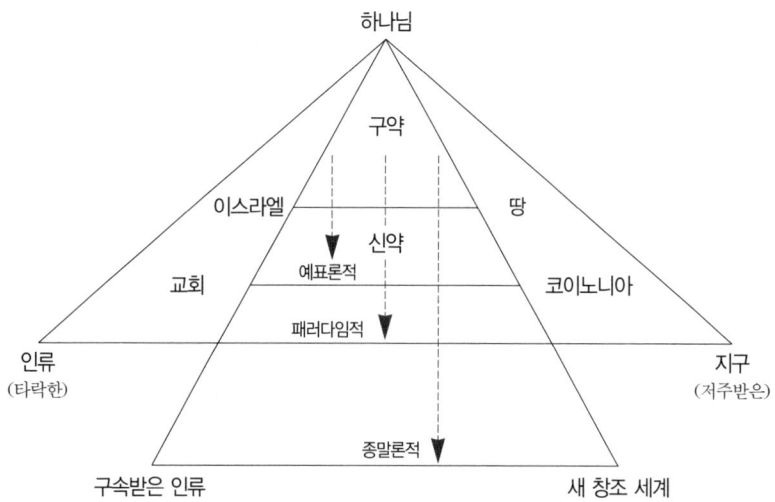

그러므로, 우리가 그리고 있는 도형은 아직도 또 하나의 각을 취하여야 한다. 한쪽 모서리에는 구약 이스라엘의 영적 상속자이자 그 연속으로서 믿는 유대인들과 이방인들의 메시아 공동체인 기독 교회를 놓고, 다른 쪽 모서리에는 이스라엘의 땅과 유사한 신학적 윤리적 기능을 성취하고 있는 그 충만하며 실제적인 신약적 의미에서의 그리스도인의 사귐을 놓을 수 있다. 그렇게 할 때, 그 두 각이 모여 교회와 관련한 구약 윤리의 예표론적 해석에 배경을 이루는 맥락을 형성한다.

정리

지금까지 우리는 세 가지 관점에서 각각 그 문제를 바라보았다. 이제 다시 한 번, 이 세 견해가 구약 이스라엘의 경제학을 기독교 윤리적으로 이해하는

데에 상호 보완적이며 서로를 강화시켜 주는 방식들임을 상기할 필요가 있다. 그 땅을 해석할 때 **원칙**이라는 맥락에서 이해하는 것과 **약속**이라는 맥락에서 이해하는 것 사이의 개념적 구분을 한다면, 사안을 좀더 명료하게 해줄 수도 있을 것이다. 그 관점에서 보자면, 패러다임적 방법은 **원칙**을 다루며, 예표론적 방법과 종말론적 방법은 둘 다 구약의 땅을 고유한 **약속**의 차원에서 다루고 있다.

그러므로, 이스라엘의 토지 보유 경제 체제에 패러다임적으로 접근한다고 할 때, 우리는 그 체제가 근거해 있던 원칙과, 그 체제가 달성하고자 했던 목표와, 그 이유와 동기와 실제적인 성과들을 확인하고 명확히 표현하고자 하는 것이다. 일단 그렇게 한 다음에야 비로소 우리는 그와 같은 패러다임이 우리 자신이 현재 살아가고 있는 상황에 어떤 영향을 미치는지 물을 수 있게 된다. 우리는 성경적 패러다임 자체의 통전성을 순전하게 반영시켜 줄 수 있는 경제 원칙의 범위를 적용하는 방법을 찾는다.

그러나, 고유한 약속이라는 시각에서 구약 성경이 말하는 땅의 신학에 접근할 때, 우리는 (구약의 모든 약속의 성취가 그렇듯) 메시아 나사렛 예수의 오심 가운데서 그 약속의 성취를 보게 된다. 내가 보기에, 신약 성경은 예수의 오심과 그 약속의 성취를 명확히 연결시키는 것 이외에 다른 대안을 전혀 남겨 주지 않는 것 같다. 그러나 그 땅과 관련하여 이 '약속-성취'라는 요지는 오히려 신약 성경에서 하나님 나라에 대한 두 개의, 아니 이중적인 제시로 나뉜다. 거기에 '이미'와 '아직'이 있다. 이미 우리는 그리스도 안에 있으며, 그 땅이 이스라엘에게 제공해 주었던 실제를 그리스도 안에 있는 하나님의 온 권속과의 사귐 가운데서 소유하고 있다. 그것은 하나님 및 서로 간에 우리가 맺은 구속받은 언약 관계에 대한 확실한 축복이다(예표론적 해석). 그러나 그 땅이 하나님의 백성에게 약속하고 있는 모든 것의 궁극적 성취는 아직 다 이루어지지 않았다. 즉 새로운 창조 세계, 새 하늘과 새 땅에서 이루어질 만물의 회복은 아직 오지 않았다(종말론적 해석).

그러나 서로 다른 이 해석의 차원들은 서로 독립적인 것이 아니다. 이미 살펴보았듯이, 비록 우리가 이스라엘의 땅과 그리스도인들의 사귐 사이의 예표론적 관계를 긍정한다 할지라도, 그리스도인들의 사귐이 지닌 사회적이며 경제적인 책임에 대한 우리의 이해를 형성하고 심화하는 데 도움을 주는 것은 바로 그 땅 안에서 이스라엘 백성들의 책임에 대한 패러다임적 이해다. 그리고 종말론적 해석이 우리에게 하나님의 창조 세계를 망쳐 놓고 있는 모든 것에 대한 그분의 궁극적 승리에 대해 소망과 확신을 준다면, 그 해석은 다시 오늘날의 세상 속에서 우리가 성경적 경제 패러다임과 생태학적 패러다임을 옹호하고 적용하려는 확고한 결심을 하게 만드는 역할을 한다.

그렇게 해서, 패러다임적, 예표론적, 종말론적이라는 이 세 가지 해석 틀은 구약 윤리의 잠재력과 위력이 교회와 세계 및 그 둘의 궁극적인 미래에 대한 그리스도인들의 관심사 전 범위에 발휘되도록 한다. 그 틀은 각론적으로는 구약 경제학을 공부하면서 우리가 도달한 틀이지만, 내 생각에는, 앞으로 다음 여러 장에서 살펴볼 것처럼 구약 성경 안에서 구약 성경으로부터 작용하고 있는 윤리 원칙의 전 범위에 걸쳐 타당한 틀이다.

희년: 사례 연구

이러한 다른 각도와 차원들이 어떻게 작용하는지 알기 위해서, 이스라엘의 신학과 토지 보유제의 관행에 깊이 뿌리내리고 있던 구약의 제도 하나인 희년에 대해 조금 자세히 살펴보도록 하자. 무엇보다 먼저, 희년의 배경과 이유와 목표에 대해 잘 파악할 수 있도록 그 자체 문맥 안에서 희년을 연구해야 한다. 이 목적을 위해서, 우리의 기본 삼각 구도인 사회적, 경제적, 신학적 각에서 차례로 희년을 바라보면서 그 세 각을 활용해 볼 것이다. 이렇게 하다 보면, 사용된 방법을 완전히 복습하기 위해, 앞서 지적했던 점들을 간단하게 어느 정도 되풀이하지 않을 수 없을 것이다. 그런 다음에, 그 법규 전체를 파악하기 위해 레위기 25장에 대한 간략한 주해를 하게 될 것이다. 그런 다음에, 기독교 윤리 안에서 희년의 잠재성에 대해 고찰하기 위해 예표론적, 패러다임적, 종말론적이라는 세 가지 해석의 차원을 차례로 살펴보게 될 것이다.

희년(*yôbēl*)은 일곱 번의 안식년을 주기로 그 마지막에 찾아왔다. 레위기

25:8-10은 50년째가 희년이라고 적시하고 있다. 비록 몇몇 학자는 실제로 희년이 49년째에 있었을 것이라고 믿고 있지만 말이다. 다시 말해서, 그들의 생각은 일곱 번째 안식년이 바로 희년이었다는 것이다. 그리고 어떤 학자들은 희년이 한 해 전체가 아니라 50년째에 하나의 이벤트로서 단 하루였거나 49년째 다음에 끼는 윤달로서 현재 우리의 윤년과 똑같은 월력상의 효과를 지녔던 것이라고 제안한다. 이 희년에는, 빚 때문에 종으로 팔렸던 이스라엘 사람들에게 자유가 선언되었으며, 이전 50년 동안 어느 시점에서 경제적 곤핍으로 인해 자기 땅을 팔 수밖에 없었던 가정들에게 땅을 되돌려 주는 일이 있었다. 희년에 관한 지시들과, 토지 및 종들의 속량 절차와 희년의 관련성은 전적으로 레위기 25장에서 찾을 수 있다. 그러나 희년은 레위기 26장과 27장에도 언급되어 있다. 희년은 고대와 현대에 많은 호기심을 불러일으켜 온 제도이다. 그리고 최근에는 급진적 기독교 사회 윤리에 경도된 사람들의 저작에서 현저하게 등장하고 있다.

희년은 본질적으로 경제 제도였다. 그것은 **가정**과 **토지**라는 두 가지 주요 관심사를 가지고 있었다. 그러므로, 희년은 이스라엘의 혈연 관계라는 **사회** 구조와 거기에 기반을 두고 있는 토지 보유 제도라는 **경제** 제도에 뿌리박고 있었다. 그러나 이 둘은 또한 이스라엘 신앙의 **신학적** 차원을 지니고 있었다. 그러므로, 희년은 우리가 다루고 있는 윤리의 삼각 구도에서 세 각 모두를 통해 살펴봐야만 하는 것이다.

사회적 각: 이스라엘의 혈연 체제

이스라엘은 지파와 친족과 가구로 이루어진 삼층 구조의 혈연 체제를 가지고 있었다. 기드온이 그를 방문한 천사에게 했던 정중한 답변은 이 세 가지를 다 보여 주고 있다. "…보소서 나의 집(**가문**)은 므낫세(**지파**) 중에 극히 약하고, 나는 내 **아버지 집**에서 가장 작은 자니이다"(삿 6:15; "나의 가문은 므낫세 지파 가운데서도 가장 약하고, 또 나는 아버지의 집에서도 가장 어린 사람입니다"―새번역). 여기에서 두 개의 작은 단위(가구와 친족)는 이스라엘 사람 개개인의 경우 그 혜택과 책임에 있어 사회적으로나 경제적으로 훨씬 더 중요성을 지니고 있었다. 아버지의 집은 기드온처럼 결혼한 성인들에게조차 권위가 있는 곳이었다(삿 6:27; 8:20). 그 집은 또한 안전과 보호의 장소이기도 했다(삿 6:30 이하). 친족은 수많은 아버지의 집이 모인 큰 집합이었으며, 지파의 중요한 하부 단위였다. 친족의 이름은 야곱 손자들의 이름을 따라 혹은 족장의 족보에서 다른 구성원들의 이름을 따라 붙여졌다(민 26장과 대상 4-8장을 보라). 이것은 그들이 인정할 만한 친족 단위를 형성하고 있었다는 사실을 가시화해 준다. 그러나 어떤 경우에는 한 마을이나 몇 개 마을과 같이 그들이 정착했던 지역에따라 친족의 이름을 붙이기도 했다. 그러므로, 친족은 혈연과 영토라는 이중적 구성 요소를 가지고 있었다. 친족은 친족을 구성하고 있는 가구들에게 할당된 땅을 보전해야 할 중요한 책임을 가지고 있었다.[10] 희년은 가장 우선적으로 이 단위들 가운데 가장 작은 단위인 아버지의 집 혹은 대가족을 경제적 측면에서 보호하려는 의도를 가지고 있었다. 그러나, 레위기 25장에서 희년은 토지와 사람들에 대한 속량이라는 경제적 관행과 서로 연결되어 있는데, 그 속량 절차는 주로 해당 친족을 보호하기 위한 것이었으며, 또한 그것은 해당 친족이 져야 할 주요한 기능적 책임이기도 했다. 앞으로 살펴보겠지만, 그 두 조항(희년과 속량)은 상호 보완적이었다.

경제적 각: 이스라엘의 토지 보유제

이스라엘이 가나안 땅에 등장하게 된 과정이 어떤 것이었든지 간에, 일단 그들이 그 땅을 통제할 수 있게 되었을 때(물론 상당히 오랜 기간 동안, 특히 가나안 족속의 성읍이 우세했던 지역들은 통제하지 못했다), 그들은 이 친족 단위에 기초한 토지 보유 제도를 운영했다. 그리하여, 영토는 '그 친족에 따라서' 지파들에게 할당되었으며, 다시 그 친족 안에서 각 가구는 자신의 몫 혹은 '유업'을 소유했다. 사사기 21:24은 이스라엘 군사들이 각자 자기 지파, 자기 친족에게로 그리고 자기 집의 기업으로 돌아가는 모습을 기록하고 있다. 이 제

---

10) 이스라엘의 혈연 체계에 대한 더 많은 정보에 대해서는 이후 제10장과 다음 글들을 보라. C. J. H. Wright, *God's Land*, ch. 2; 'Family'; Gottwald, *Tribes of Yahweh*, pp. 237-341; Leo G. Perdue, J. Blenkinsopp and J. J. Collins, *Families in Ancient Israel*.

도는 그에 앞서 있었던 가나안 족속의 경제 구조와 완전히 대조되는 두 측면을 가지고 있었다.

- **공평한 분배**. 가나안에서는 왕과 귀족들이 땅을 소유하고 있었으며, 대다수의 거민은 세금을 지불해야 하는 소작농으로 살아갔다. 이스라엘에서는 각 친족과 가구들이 그 크기와 필요에 따라 땅을 받아야 한다는 일반 원칙 아래, 처음부터 땅은 지파들 내에서 친족과 가구에게 명확히 분배되었다. 이 사실에 대한 문헌상의 증거는 민수기 26장(특히 52-56절을 보라)에 있는 지파별 목록에서, 그리고 여호수아 13-21장에 기록되어 있는 자세한 지역별 토지 분배 기록에서 찾을 수 있다. 여호수아서에서 반복되어 나오고 있는 '그들의 친족별로'(개역은 "그들의 가족대로"—역주)라는 어구는 그 땅이 가능한 한 광범위하게 전체 혈연 체제에 골고루 분배되어야 한다는 의도를 보여 주고 있다.
- **양도 불가**. 이 혈연에 따른 분배 제도를 보호하기 위해서, 가족의 토지는 양도할 수 없게 되어 있었다. 즉, 그 토지는 상업상의 물품처럼 사거나 팔 수 없었다. 그리고 가능한 한 대가족 안에 혹은 최소한 그 친족의 친척 범위 안에 남아 있도록 해야 했다. 그것이 바로 아합 왕에게 자기의 세습 재산을 팔지 않겠다고 했던 나봇의 거절 배후에 깔린 원칙이었다(왕상 21장). 그리고 그 사실은 레위기 25장에 있는 경제 법규들에 아주 명시적으로 나와 있다.

신학적 각: 하나님의 땅, 하나님의 백성

토지를 영구히 팔지 말 것은 토지는 다 내 것임이라. 너희는 '거류민'이요, '동거하는 자'로서 나와 함께 있느니라(레 25:23).

희년을 포함하고 있는 레위기 25장의 중심에 기록된 이 진술은, 앞서 설명한 사회-경제 체제와 그 신학적 근거를 연결하는 경첩 역할을 한다. 땅에 대한 양도 불가의 규칙을 진술한 다음, 25장은 계속해서 희년과 관련 법규들의 신학적 맥락에서 두 가지 기본 요소, 즉 땅의 신학과 이스라엘의 지위를 제시하고 있다.

하나님의 땅

앞서 제3장에서 살펴보았던 바를 반복해서 간단히 요약하자면, 이스라엘 신앙의 중심 기둥들 가운데 하나는 그들이 거주하고 있던 땅이 여호와의 땅이라는 것이었다. 그 땅은 이스라엘이 그 땅에 들어가기 전에도 여호와의 땅이었다(출 15:13, 17). 이 주제는 이스라엘 제의 전승(cultic tradition)의 일부로서, 예언서들과 시편들 가운데 흔히 나타난다. 동시에 비록 궁극적으로는 여호와의 소유였지만, 그 땅은 구속사의 과정에서 이스라엘에게 약속되었으며 그들에게 주어졌다. 그것은 그들의 상속물이었다(신명기 여기저기에). 이 말은 이스라엘과 여호와 하나님 사이의 부자 관계를 가리키는 용어다.

그 땅에 대한 이 이중적 전승(하나님의 소유와 하나님의 선물)은 어떤 식으로든 이스라엘 신학의 모든 주요 흐름과 연결되어 있었다. 땅에 대한 약속은 족장 **선택** 전승의 본질적인 부분이었다. 그 땅은 출애굽 **구속** 전승의 목표였다. **언약 관계**의 유지와 그 땅에서의 안전한 삶은 서로 결속되어 있었다. 마침내 임하게 된 하나님의 **심판**은—그 땅으로의 복귀를 통해 **회복된 관계**가 상징될 때까지—그 땅으로부터의 축출을 의미했다. 이처럼, 그 땅은 하나님과 이스라엘의 관계에 지렛대 역할을 하고 있었다(레 26:40-45에서 그 위치를 보라). 그 땅은 그 관계가 확립되었던 역사를 하나님이 통제하셨다는 사실에 대한, 그리고 그 관계가 수반했던 도덕적이며 실천적인 요구 사항들에 대한 기념비적이고 확실한 증거물이었다. 여호와의 땅에서 자신에게 할당된 몫에 의지하여 자기 가족과 함께 살아가고 있는 이스라엘 자손에게는 그 땅 자체가 바로 자신이 하나님 백성의 일원이라는 사실에 대한 증거였으며, 하나님의 은혜에 대한 자신의 실제적인 응답의 중심이었다. 그 땅에 관한 한, 매번의 추수가 그 농부에게 일깨워 주었듯이, 신학적이며 윤리적인 차원에서 벗어나 있는 것은 아무것도 없었다(신 26장).

하나님의 백성

이스라엘 백성은 레위기 25장에 두 가지 방식으로 묘사되어 있다.

1. **"너희는 거류민이요 동거하는 자**['객이요 체류자'(RSV), '외국인이요 세입자'(NIV), '나그네요 임시 거주자'(새번역)]**로서 나와 함께 있느니라**"(23절). 이 '게림 웨토샤빔'(gērîm wĕtôšābîm)이라는 말은 가나안 땅에서 이스라엘 백성들 가운데 거주하되 인종상으로 이스라엘 족속이 아닌 사람의 집단을 가리킨다. 그 사람들은 땅을 빼앗긴 가나안 족속들의 후손이나 이주해 들어온 자들이었을 수 있다. 그들에게는 땅에 대한 보유권이 전혀 없었다. 그래서 그들은 토지를 소유하고 있는 이스라엘 가구들에게 거류 피고용인(노동자나 기술공들)으로 고용되어 생계를 이어갔다. 그들을 고용한 이스라엘 가구가 계속해서 경제적으로 발전하고 있는 경우에만, 그 거류 외국인 노동자들은 보호와 안전을 누릴 수 있었다. 그러나 그렇지 않을 경우 그들의 입지는 매우 위험한 것이었다. 그러므로, 그들은 그들의 취약성으로 인해 정의를 베풀어야 할 각별한 대상으로 이스라엘 법에 자주 언급되어 있다.

이스라엘 백성들은 하나님 앞에서의 자신들의 지위를, 거류하면서 자신들에게 의존해서 살아가고 있던 이러한 사람들의 지위와 유사한 것으로 여겨야 했다. 그러므로, 이스라엘 백성들은 그 땅에 대한 궁극적 소유권을 갖고 있지 않았다. 그 땅은 하나님의 소유였다. 여호와가 바로 최고의 주인이었던 것이다. 이스라엘은 집단으로 그 땅에 세 들어온 임차인들이었다. 그럼에도 불구하고, 이스라엘 백성들은 여호와 하나님의 보호 아래서 그리고 그분을 의지하여 그 땅에서 안정된 혜택을 누릴 수 있었다. 그러므로, 그 용어들은 (그렇게 들릴 수도 있겠지만) 권리에 대한 부인이 아니라 오히려 보호받는 의존적 관계에 대한 천명인 것이다.

이스라엘과 하나님의 관계에 대한 이 모델이 끼친 실질적인 효과는 35절과 53절에서 찾아볼 수 있다. 모든 이스라엘 백성이 하나님 앞에서 바로 이 동일한 지위를 공유하고 있다면, 가난해졌거나 빚을 지게 된 형제도 하나님이 모든 이스라엘 백성을 받아들이고 대접하시는 것과 똑같이, 즉 긍휼과 정의와 관대함으로 바라보고 대우해야 하는 것이다.

2. **"그들은 내가 애굽 땅에서 인도하여 낸 내 종"들이다**(42, 55절). 출애굽 사건은 이 장에서 세 차례 언급되어 있으며, 다음 장에 두 번 더 언급되어 있다(26:13, 45). 출애굽은 하나님이 자신을 위해 이스라엘을 '인도하여 낸' 구속 행위로 여겨진다. 그들은 애굽의 노예 상태에서 자유케 되고, 이제 하나님의 종이 되었다. 그러므로, 권리상 오직 하나님의 것으로 취득된 동료 이스라엘 백성을 어느 누구도 자신의 사유 재산이라고 주장할 수 없었다. 이처럼 출애굽의 구속은 구속과 희년이라는 사회 경제적 관행에 대한 역사적이며 신학적인 모델을 제공해 주었다. 자유케 되어 하나님의 종이 된 사람들은 상호간에 종을 삼아서는 안 되는 것이다.[11]

25:23에 집중되어 있는 이 신학적 전승의 무게는 그 장 나머지 부분에 약술되어 있는 경제 법규에 중대한 도덕적 진지성을 부여해 준다. 이 법규들을 이해하기 위해서는 25장에 대해 개략적인 주해를 할 필요가 있다.

레위기 25장에 대한 개략적 주해

1. **1-7절**. 25장은 그 땅에 대한 안식년 법규로 시작한다. 이것은 출애굽기 23:10-11에 기록된 휴경년 법의 확장이다. 이 법은 신명기 15:1-2에서 빚(혹은 아마도 좀더 정확히는 대부에 대해 제공되었던 담보물들)이 면제되도록 정해져 있던 해로 더 발전되었다.

2. **8-12절**. 희년은 그런 다음에 일곱 번째 안식년 다음에 이어지는 오십 년째 해로 소개되어 있다. 10절은 그 전체 제도에 근본적인 한 쌍의 개념을 제시하고 있다. 그것은 곧 자유(liberty)와 회복(return)이다. 빚이라는 짐과 그것이 초래했을 굴레로부터의 **자유**. 채권자에게 저당잡혔던 조상 전래의 재산으로의

---

11) 레위기 25장은 삽입된 항목들과 예외 구절들을 포함해서 몇 개의 다른 경제적 관행이 밀접하게 제시되어 있는 복잡한 장이다. 자료 비평학자들은 그 자료의 문헌상 구분이라고 할 수 있는 것에 대해 어떠한 합의에도 도달하지 못했으며, 다양한 이론들도 그 장을 이해하는 데 거의 도움을 주지 못하고 있다. 그러나 그 현재의 형태에서 본문은 (RSV와 NIV에서 볼 수 있듯이) 몇 개의 규정할 수 있는 단락을 가지고 있다. 그 단락들을 따라가면서 법조항들을 살펴볼 수 있을 것이다.

회복과 빚으로 인한 종살이 때문에 갈라지게 되었던 가족으로의 **회복**. 예언자들의 사상에서 그리고 나중에 신약 성경의 사상에서 희년을 은유적이며 종말론적으로 사용할 때 들어가게 되었던 것이 희년의 이 두 요소, 즉 자유와 회복이었다.

3. **13-17절**. 순환되는 희년이 재정적으로 함의하는 바가 그 다음에 진술되어 있다. 땅을 판다는 것은 사실 그 땅에 대한 사용권을 파는 것에 해당했다. 그러므로, 희년이 다가올수록, 희년이 되어 그 땅이 원래 주인에게 회복될 때까지 살 수 있는 수확량에 따라서 그 값이 떨어졌다.

4. **18-22절**. 이 시점에서 희년 전해에 특별한 복을 주실 것을 약속하심으로써, 안식년 규례들을 준수하도록 격려하기 위한 몇 가지 권면이 삽입되어 있다. 신학적 원칙은 이스라엘의 경제 법규에 대한 순종이 신중한 계산이 아니라, 역사와 마찬가지로 자연을 통제하심으로써 필요를 제공해 주실 수 있는 하나님의 능력에 대한 믿음을 요구한다는 것이다.

5. **23-24절**. 25장의 중심에 있는 이 절들은 남은 단락에 대해서 일종의 머리말 구실을 하고 있다. 남은 단락들은 주로 희년과 관련해서 토지와 사람들에 대한 경제적 속량에 관한 것이다. 우리는 이미 그 절들에 담겨 있는 중심적인 신학적 전승에 대해 언급했다.

6. **25-55절**. 이제 희년의 실제적인 세부 사항들에 이르게 되었다. 이 절들에는 점차 하강하는 가난의 세 단계가 등장하며 그것에 대처할 것을 요구한다. 그리고 그 사이에 성읍에 있는 가옥들과 레위인들의 재산을 다루는 단락(29-34절)과 비이스라엘 노예들을 다루는 단락(44-46절)이 삽입되어 있다. 그 단계들은 "네 형제가 가난하게 되어"라는 도입구에 의해 구분되어 있다(25, 35, 39, 47절). 아마도 이 도입구는 희년과는 별개로, 원래 있던 일련의 구속 절차들을 소개하는 말이었을 것이다. 희년 규례들을 덧붙임으로써 여기저기에서 문제들이 복잡하게 되었지만, 앞으로 우리가 보게 되듯, 구속의 효과에 대한 불가피한 보완으로 기능하고 있다.

a. 제1단계(25-28절). 처음으로, (특별히 명기되어 있는 이유는 없지만, 어떤

이유로든지) 힘겨운 시기를 만난 이스라엘 토지 소유자가 자기 땅의 일부를 팔거나 팔겠다고 내놓는다. 양도 불가의 원칙에 따라 그 땅을 가족 범위 안에 유지하기 위해 (그 땅이 아직 팔려고 나와 있을 경우에는) 선매를 하거나, (그 땅이 이미 팔렸을 경우에는) 그 땅을 되사는 것(속량)이 가장 가까운 친척($gō'ēl$)의 첫 번째 의무였다. 둘째로, 그 땅을 판 당사자는 나중에 그것을 다시 살 수 있는 여력을 회복할 경우 스스로 되살 수 있는 권리를 보유한다. 셋째로, 그리고 어떤 경우에는, 친척에게 팔렸거나 속량된 그 재산은 희년이 되면 원래 가족에게로 반환된다.

(i) 예외(29-31절). 위의 법규들은 성벽으로 둘러싸인 성읍들에 있는 거주지에는 적용되지 않았다. 아마도 속량과 희년 조항들의 주요 의도가 가족들이 물려받은 땅을 안전하게 소유하는 것을 통해 가족들의 경제적 생존 능력을 보전해 주는 데 있었기 때문이었던 것 같다. 성읍 가옥들은 생산적 경제 기반의 일부가 아니었으므로, 판 사람의 무한정한 속량 권한이나 희년의 반환 사항에 포함될 필요가 없었다. 그러나 시골 거주지들은 농경 생활의 일부분으로 취급되었으므로 그 희년 법규 안에 포함되었다.

(ii) 예외(32-34절). 이것은 예외 (i)에 대한 부칙이다. 하나의 지파로서 레위인들은 그 땅에서 기업으로 받은 몫이 전혀 없었어도 특정 마을을 할당받았기 때문에 그 마을에서 그들의 거주지는 정상적인 속량 조항과 희년 조항에 해당되어야 했다.

b. 제2단계(35-38절). 더 가난한 형제가 형편이 더 악화되어, 아마도 그런 식으로 여러 차례 땅을 판 이후에도 여전히 지급 능력이 없다면, 그런 경우에는 친척이 이자 없는 대부를 줌으로써 그 가난한 형제를 자기 집에 딸린 일꾼으로 두는 것이 그 친척의 의무가 된다.

c. 제3단계 전반부(39-43절). 경제적으로 완전히 무너져 내려, 더 가난한 친척이 더 이상 팔 땅도 대부에 걸 담보물도 전혀 없을 정도가 되었을 때, 그와 그

의 가족 모두는 자신들을 더 부유한 친척에게 팔아 고용 관계에 들어가게 된다. 그러나 더 부유한 친척은 그 빚진 이스라엘 자손을 노예처럼 취급하지 말고 동거하는 피고용인으로 다루라는 강력한 명령을 거듭 받고 있다. 이 바람직하지 않은 상태는 단지 다음 희년 때까지만 유지될 것이다. 다시 말해서, 그것은 한 세대 이상 지속되지 않는다. 그런 다음에 그 빚진 자와 그의 자녀들은(혹 원래 빚진 자가 죽었다 할지라도, 그 다음 세대는 희년의 혜택을 입을 수 있었다, 41, 54절) 자신들의 원래 유산인 땅을 회복하여 새롭게 시작할 수 있었다.

> (iii) 예외(44-46절). 이 부분은 속량과 희년 조항들이 이스라엘 자손들에게만 적용되고 외국인 종이나 우거하는 외국인에게는 적용되지 않았음을 일깨워 주고 있다. 이 사실은 그 조항들이 우선적으로 토지 분배와 이스라엘 가족의 생활을 주관심사로 하고 있었으며, 땅을 소유하고 있지 않은 사람들에게는 적용되지 않았다는 사실을 더욱 분명히 해주고 있다.

d. 제3단계 후반부(47-55절). 만일 한 사람이 친족 범위를 **벗어나서** 이 빚에 의한 굴레 속으로 들어가게 되었다면, 전체 친족은 그 사람을 속량할 의무를 행사함으로써 전체 가족의 이 손실을 막아야 할 의무를 지게 된다. 48-49절에 기록된 친척으로서 속량해 줄 의무와 자격이 있는 사람들의 목록은, 그 책임이 가장 가까운 친척에서부터 그 친족 전체 범위로까지 확대되어 가는 방식을 보여 주고 있다[49절에서 RSV의 'family'는 오역이다. 히브리어는 *mišpaḥa*로서 '친족'(clan; 개역개정은 '가족')이다]. 혈연상의 친족 전체는 그 친족을 구성하고 있는 가족들과 그들이 물려받은 땅을 보전할 의무를 가지고 있었다. 또한 친족 전체는 비이스라엘 채권자가 이스라엘 채무자를 향해서 이스라엘 자손처럼 처신하도록, 그리고 마침내 그 희년 규정을 지키도록 지켜볼 의무가 있었다.

25장에 대한 이 분석에서 속량 조항과 희년 조항 사이에 두 가지 커다란 차이점이 있음을 볼 수 있을 것이다. 첫째, **시기**다. 속량은 어느 때든지 국부적으로 상황이 요구하는 대로 할 수 있는 의무였지만, 희년은 100년에 두 차례 있는 민족적 행사였다. 둘째로, **목적**이다. 속량의 주목적은 **친족**의 땅과 사람에 대한 보전이었지만, 희년의 주요 수혜자는 **가구** 혹은 '아비의 집'이었다. 그러므로, 희년은 속량 관행에 대한 필수적 제어 장치 역할을 했다. 일정 기간 동안 정규적으로 속량을 하다 보면, 극소수의 더 부자인 가족의 손에 한 친족의 땅 전체가 넘어가고, 그 친족의 나머지 가족들은 빚에 예속된 일종의 종으로서 그 부자에게 의존하는 소작농으로 살아가는 결과가 생겨날 수 있었다. 즉, 이스라엘이 뒤엎었던 바로 그 종류의 토지 보유 체제가 되어 버리는 것이다. 따라서 희년은 이 일을 방지하고, 가족과 토지가 묶인 가장 작은 단위들이 비교적 평등하게 그리고 독립적으로 생존할 수 있는 다가구 토지 보유 사회 경제 구조를 보전하려는 목적을 가지고 있었다.[12]

---

12) 물론 피할 수 없는 질문이 떠오른다. 과연 희년은 역사적으로 일어났던 적이 있던가? 사실은 희년을 기록하고 있는 역사 서술이 전혀 존재하지 않는다는 것이다. 그러나 그렇다고 한다면, 사실은 대속죄일에 대한 역사적 기록도 전혀 존재하지 않는다. 내러티브상의 침묵은 거의 아무것도 입증해 주지 못한다. 희년이 사용되지 않고 폐기된 초기 법이었는지 아니면 포로기 이래로 나온 후기 유토피아적 이상주의의 산물이었는지의 물음은 더욱 많은 문제를 일으킨다. 많은 비평 학자는 후자를 인정한다. 그러나 다른 학자들, 특히 고대 근동에 대해 깊은 지식을 가지고 있는 학자들은 그와 같은 주기적 빚의 면제와 토지 회복은 이스라엘이 세워지기 수백 년 전에 이미 메소포타미아 지방에 알려져 있던 것임을 지적하고 있다. 물론 정기적인 50년 주기에 대해서는 전혀 언급이 없지만 말이다. 내가 선호하는 견해는 희년이 매우 오래된 옛 법이었는데, 이스라엘이 그 땅에서 보낸 역사중에 무시되었다는 것이다. 이러한 무시는 희년이 경제적으로 불가능한 일이었기 때문이 아니라 사회가 너무 심하게 붕괴되어서 그 법이 무색하게 되었기 때문이었을 것이다. 희년은 한 사람이 아무리 중대한 빚을 졌다 할지라도 원칙적으로 여전히 그 가족의 땅에 대한 소유권을 소유하게 했으며, 따라서 그 땅에 대한 온전한 소유권을 회복할 수 있는 상황을 전제로 하고 있다. 그러나 솔로몬 시대 이래로, 빚과 종으로 팔리는 일과 왕권의 침입 행위와 압수, 완전 몰수의 희생자로 전락하는 가정들의 수가 점점 늘어나면서 희년이 무의미하게 되었을 것이 틀림없다. 많은 가족이 뿌리가 뽑혀서 그들의 조상 전래의 토지에 아예 발을 붙이지 못하게 되었다. 몇 세대 만에 그들은 어떠한 실질적 의미에서도 다시 회복시킬 수 있는 것을 전혀 갖지 못하게 되었다(참고. 미 2:2, 9; 사 5:8). 이러한 사실은 어째서 어떤 예언자도 (물론 희년의 이상이 은유적으로는 반영되어 있지만) 경제적 제안으로서 희년을 주장한 적이 전혀 없는지를 설명해 줄 것이다.

이전 작업들에 대한 참고 문헌을 위해서는 다음을 보라. C. J. H. Wright, *God's Land*, pp. 119-127: 'Jubilee, Year Of.' 좀더 최근의 작업에 대해서는 다음 책들이 포함된다. Jeffrey A. Fager, *Land Tenure*; Hans Ucko, *Jubilee Challenge*; Moshe Weinfeld, *Social Justice*. 최근의 균형 잡힌 훌륭한 조사는 다음 글에 제공되어 있다. P. A. Barker, 'Sabbath, Sabbatical Year, Jubilee.'

희년에 대한 예표론적 해석

이 접근 방법은 예수님이 어떻게 희년 제도를 취하셨으며, 신약 성경에서 그것이 어떻게 예수님이 출발시킨 성취의 시대에 적용되었는가를 묻는다. 다시 말해서, 희년은 예수님이 성취하신 구약의 약속에 대한 광범위한 의미와 어떻게 연결되어 있는가? 예수님은 하나님의 종말론적 통치의 도래가 임박했음을 선언하셨다. 그분은 회복에 대한 소망과 메시아를 통한 역전의 소망이 그 자신의 사역 안에서 성취되고 있다고 주장하셨다. '나사렛 선언'(눅 4:16-30)은 이 주장에 대한 가장 명백하고 강령적인 선언이며, 이사야 61장을 직접 인용하고 있다. 이사야 61장은 희년 개념에 강한 영향을 받은 장이다. 로버트 슬로온(Robert Sloan)은 '아페시스'(*aphesis*, 놓여남)라는 단어를 사용하는 예수님의 용법이, 죄에 대한 **영적** 용서의 의미와 실질적인 빚으로부터의 **재정적** 면제라는 두 의미를 지니고 있다는 것을 관찰했다. 그러므로, 경제적 방면이라는 원래 희년의 배경이 하나님 나라에 대한 윤리적 응답과 관련하여 예수님이 던지신 도전에 보전되어 있다.[13] 샤론 린지(Sharon Ringe)는 복음서 내러티브들과 예수님의 가르침 가운데 주요한 희년 상징들이 서로 엮여 있음을 추적하고 있다[이를테면, 산상수훈, 세례 요한에게 하신 답변(마 11:2-6), 잔치 비유(눅 14:12-24), 용서에 대한 다양한 에피소드, 빚에 대한 가르침(마 18:21-35 등)].

그 증거는 광범위하며, 구약 성경에 이미 자리잡고 있는 패턴을 따르고 있다. 희년은 장래의 소망으로 기능하는 동시에 현재의 윤리적 요청으로 기능한다.[14] 마찬가지로, 사도행전에서는 종말론적 회복이라는 희년 개념이 '완전한 회복'이라는 아주 독특한 사상에서 발견된다. 이에 해당하는 예외적 단어인 '아포카타스타시스'(*apokatastasis*)는 이스라엘과 만유에 대한 하나님의 최종 회복과 관련하여 사도행전 1:6과 3:21에 나타난다. 베드로는 희년 소망의 핵심을 취하여, 그것을 단지 농부들에게 땅을 회복시키는 것이 아니라 메시아의 도래를 통한 전체 창조 세계의 회복에 적용했던 것 같다. 의미심장하게도 초대

---

13) R. B. Sloan Jr., *Favorable Year of the Lord*.
14) S. H. Ringe, *Jesus, Liberation, and the Biblical Jubilee*.

교회는 경제적 상호 부조의 차원에서 이 소망에 응답함으로써 신명기 15장에 있는 안식년의 소망을 성취했다. "그 중에 가난한 사람이 없었다"는 간단한 진술을 하고 있는 사도행전 4:34은 사실상 "너희 중에 가난한 사람이 전혀 없을 것이다"라는 신명기 15:4에 대한 칠십인역을 인용한 것이다. 메시아 안에서 그리고 성령 안에서 살아가는 새 시대는 희년 및 희년에 관련된 안식 제도라는 소망의 성취를 반영하는 언어로 기술되어 있다.[15]

희년에 대한 패러다임적 해석

이 접근 방법은, 구약의 법이나 제도가 근거해 있는 일단의 원칙들, 그것이 구현하거나 예시하고 있는 일관된 일단의 원칙들을 확인하는 일과 관련이 있다. 이 일을 하기 위해서는, 다시 한 번 세 각을 둘러보면서 이스라엘의 패러다임이 어떻게 우리에게 말하는지 숙고해 보는 것이 유익할 것이다.

경제적으로, 희년은 공평하고 광범위한 땅의 분배에 근거한 토지 보유 형태를 보호하고, 극소수 부자들의 손에 토지 소유권이 축적되는 일을 방지하기 위해 존재했다. 이 사실은 하나님이 온 땅을, 그 자원들에 대해 하나님과 공동 청지기로서 행동하는 모든 인류에게 주신 것이라는 창조의 원칙을 반영하고 있다. 이스라엘과 관련되어 있는 레위기 25:23의 "토지는 나의 것이다"라는 천명과 모든 인류와 관련해서 시편 24:1에 선포되어 있는 다음과 같은 천명 사이에는 유사점이 있다.

> 땅과 거기에 충만한 것과
>   세계와 그 가운데에 사는 자들은 다 여호와의 것이로다.

그러므로, 희년의 도덕 원칙들은 하나님의 도덕적 일관성에 기초하여 보편화할 수 있는 것이다. 하나님이 이스라엘에게 요구하셨던 것은 원칙상 하나님

---

15) 예수님과 나머지 신약 성경이 그 땅에 대한 풍성한 성경적 전승에 어떤 식으로 연결되어 있는가에 대한 충분하고 유익한 서술이 다음 책에 제공되어 있다. Holwerda, *Jesus and Israel*, pp. 85-112. 「예수와 이스라엘」(CLC).

이 인류에게 원하시는 것을 반영한다. 말하자면, 지구 자원을, 특히 땅을 광범위하고 공평하게 분배하고 불가피한 압제와 소외가 따르는 축적 성향을 억제하는 것이다. 그러므로, 희년은 토지에 대한 대규모 사적 축재 및 그와 관련된 부에 대한 비판일 뿐만 아니라, 개인이나 가족 소유권에 대한 어떠한 의미 있는 차원의 의식도 파괴해 버리는 대규모적 집산주의(collectivism)나 국유화에 대한 비판이다. 희년은 경제학에 대한 오늘날의 기독교적 접근 방식에서도 여전히 주장할 만한 사항을 가지고 있다. 물론 일부 대중적인 글들이 잘못 가정하고 있는 것처럼, 희년은 토지 재분배를 수반하지 않았다. 그것은 재분배가 아니라 회복이었다. 그것은 먹을 양식이나 '구제금'을 한 주먹씩 나누어 주는 것이 아니라 **자기 스스로를 부양할 기회와 자원**을 가족 단위에게 다시 회복시켜 주는 것이었다. 그것을 오늘날에 적용하기 위해서는, 사람들이 스스로를 부양하고 그 같은 자급이 가져오는 존엄성과 사회적 참여를 누리도록 해줄 수 있는 것이 어떤 형태의 기회와 자원들인지에 대한 창의적 사고가 요청된다.[16]

사회적으로, 희년은 가족 단위에 대한 실제적 관심을 구현했다. 이스라엘의 경우 이것은 대가족, 즉 '아버지의 집'을 의미했다. 그것은 부계를 중심으로 살아 있는 제일 윗대의 조상으로부터 내려와 3대나 4대를 포함하는, 서로 연결되어 있는 핵가족들로 이루어진 상당 규모의 집단이었다. 이 대가족은 이스라엘의 혈연 체계에서 가장 작은 단위였다. 그리고 그것은 이스라엘 백성 개개인의 정체성과 지위와 책임과 안전의 중심이었다. 희년이 보호하고 필요할 경우 주기적으로 회복하고자 했던 것이 바로 이 사회 단위였다. 단지 '도덕적' 수단에 의해서가 아니라, 즉 가족적 유대를 더 돈독히 하라거나 부모와 자녀들에게 훈계함으로써가 아니라, 빚의 경제적 효과를 규제하는 구체적인 구조적 메커니즘들을 법제화함으로써 희년은 분명 그렇게 했다. 만일 가족이 그들을 무력하게 만들어 버린 경제 세력들에 의해 찢기고 재산을 몰수당하고 있다면, 가정 도덕은 무의미한 것이었다(참고. 느 5:1-5). 희년은 각 가족의 경제적인 생존

---

16) 희년과 여타의 구약 경제학 측면들에 대한 흥미롭고 창의적인 적용 사례들이 다음 글들에 나타나 있다. John Mason, 'Assisting the Poor'; Stephen Charles Mott, 'Economic Thought'.

능력을 유지시켜 주거나 회복시켜 줌으로써 가족들에게 사회적인 존엄성과 참여를 회복시켜 주고자 했다.[17] 빚은 사회가 붕괴하고 쇠퇴하는 중대한 원인이며, 범죄와 가난과 누추함과 폭력과 같은 다른 많은 사회적 질병을 키우는 경향이 있다. 빚지는 일은 있게 마련이며, 구약 성경도 그 사실을 인정한다. 그러나 희년은 빚의 지속 기간을 제한하려는 시도였다. 한 세대에서 한 가정이 경제적으로 붕괴함으로써 장래의 모든 세대가 영구적으로 부채에 예속되는 굴레를 씌우는 일은 없어야만 한다. 그러한 원칙과 목적은 분명 복지법 제정이나 실로 사회 경제적 함의를 지니는 어떠한 법률 제정과도 무관하지 않다. 실제로, 더욱 광범위하게 살펴볼 때 희년은 국제 부채라는 막대한 쟁점과 관련하여 아주 의미심장하다. 극빈국들이 지고 있는 과도하고 무한정 늘어나는 부채들을 종결짓자는 전 세계적 캠페인이 희년 2000이라고 불렸던 것은 전혀 무의미한 것이 아니었다.

유코(Ucko)가 편집한 『희년의 도전』(*Jubilee Challenge*)이라는 책에서 게이코 뮬러-파렌홀츠(Geiko Muller-Fahrenholz)가 쓴 '희년: 돈의 증식에 있어 시간 상한선'(The Jubilee: Time Ceiling for the Growth of Money)이라는 제목이 붙어 있는 한 장은 희년 제도를 흥미있게 패러다임적으로 다루고 있는데, 내 견해로는 납득이 갈 만한 것이다. 게이코는 이스라엘의 안식년 주기들 가운데 함축되어 있는 강력한 시간의 신학에 대해 논평하고, 부채와 이자에 기반을 둔 현대 경제학에 함축되어 있는 시간의 상업화와 그 대조점을 언급한다. 시간은 하나님께 속해 있는 성질이다. 왜냐하면 어떠한 피조물도 시간을 만들 수 없기 때문이다.

우리는 시간을 향유한다. 시간의 흐름에 따라 실려 가며, 모든 것은 그 자체의 시간에 깊이 뿌리내리고 있다. 그러므로 금전 대부에 대해 이자를 붙이기 위하여 시간의 흐름을 부당하게 사용한다는 바로 그 생각은 터무니없는 것으로 여겨졌다. 이

---

17) 확대 가족에 대한 구약의 패턴을 현대 서구 사회에 적용하고자 하는 면밀한 시도가 다음에서 이루어졌다. Michael Schluter and Roy Clements, *Reactivating the Extended Family*.

제는 더 이상 그렇지가 않다. 시간의 성스러움이 사라져 버렸기 때문이다. 심지어 땅의 성스러움이 우리 현대 사회의 기억으로부터 사라져 버리기도 전에 그렇게 되었다. 그 대신 자본주의 시장 경제는 지구촌적 중요성을 가진 것으로 격상되었다. 그것들은 우상 숭배에 근접해 있는 전능성을 가진 것으로 제단 위에 모셔져 있다. 그리하여 의문이 떠오른다. 어떠한 피조물도 결코 가질 수 없는 특성, 말하자면 영원한 성장이라는 성질을 돈에게 부여하는 것이 이해가 되는 일인가? 모든 나무는 죽어야 한다. 모든 가옥은 어느 날 무너져 내려야 한다. 모든 인간은 죽어야 한다. 자본과 같은 그리고 그 짝인 부채와 같은 비물질적 상품들도 그것들의 시간을 갖게 해서는 안 되는 이유가 무엇일까? 자본은 성장하는 데에 아무런 자연적 장벽을 모르고 있다. 자본의 축적 능력을 끝장내는 희년이 전혀 없다. 그래서 부채와 예속 상태를 끝장내는 희년도 전혀 없다. 아무런 생산 의무도 사회적 의무도 없이 돈을 먹고 자라나는 돈은 커다란 국가 경제마저도 위협하고 작은 나라들을 삼켜 버리는 거대한 홍수를 이룬다.…그러나 이 규제 철폐의 중심에는 돈의 영생이라고 하는 논의의 여지가 없는 개념이 자리잡고 있다.[18]

신학적으로, 희년은 이스라엘 신앙의 여러 중요한 천명에 근거해 있었으며, 이 천명들의 중요성은 기독교 윤리와 사명에 대한 희년의 적절성을 평가할 때 결코 간과되어서는 안 된다. 나머지 안식년 조항들과 마찬가지로, 희년은 시간과 자연에 대한 **하나님의 주권**을 선포했다. 그러므로, 그 희년에 대한 순종은 그 주권에 대한 순복을 요구하고 있다고 할 수 있다. 하나님을 향한 이 차원이 바로 어째서 희년이 '여호와께 안식하는 것'으로서 거룩하게 여겨지고 있는지, 그리고 어째서 희년이 '여호와에 대한 경외심'에서 준수되었어야 했는지를 보여 준다. 더 나아가, 휴경년의 규례를 준수하는 일 또한 자연 질서에 복을 명하실 수 있는 분으로서 **하나님의 섭리**에 대한 신앙을 요구하는 것이었다. 그 법을 준수해야 할 부가적 동기로서, **하나님의 역사적 구속 행위**인 출애굽과 그것이 이스라엘에게 의미했던 모든 것에 대한 지식에 거듭 호소하고 있다. 그리고 희년

---

18) Ucko, *Jubilee Challenge*, p. 109. 같은 책 안에 희년에 대한 몇 가지 창의적 해석이 들어 있다.

이 대속죄일에 선포되었다는 사실에서, 제의적이며 '현재적인' **용서의 경험**이 이 역사적 차원에 더해졌다. **자신**을 하나님의 용서를 받은 자로 안다는 것은, 즉시로 **다른 사람들**의 빚과 굴레에 대한 실질적 사면을 발포하게 만드는 것이었다. 예수님이 하신 비유 몇 개가 떠오른다. 그리고 하나님이 인류와 자연을 그분이 원래 목적하셨던 대로 최종적으로 회복시키실 것에 대한 **종말론적 소망**과 어우러져서 진정한 희년에 대한 고유한 소망이 떠오른다. 레위기 25장에는 박동하는 강력한 신학적 맥박이 있다.

그러므로, 희년 모델을 적용하는 일은 하나님의 주권에 순종하고, 하나님의 섭리를 신뢰하고, 하나님의 속량하시는 행위의 이야기를 알고, 하나님이 제공하신 속죄를 개인적으로 경험하고, 하나님의 정의를 실천하고, 하나님의 약속에 소망을 둘 것을 요구하는 것이다. 희년 모델 전체는 교회의 전도 사명과, 개인적이며 사회적인 윤리와 소망을 아우르고 있다.

희년에 대한 종말론적 해석

희년이 우리의 소망에 내용을 제공하도록 하지 않는다면, 희년에 대한 우리의 해석은 아직 미완의 것이 되고 말 것이다. 이스라엘 백성들에게조차 희년은 그 안에 미래적 차원을 가지고 있었다. 희년에 대한 예상은 모든 당면한 경제 가치에 영향을 끼치고, 불의한 사회적 관계에 제한을 가하지 않을 수 없었다. 희년은 나팔(*yôbel*, 희년이라는 이름은 이 단어에서 파생되었다) 소리와 함께 선포되었다. 나팔은 하나님의 결정적인 행위들과 연결되어 있는 악기였다(참고. 사 27:13; 고전 15:52). 우리는 희년이 두 가지 주요한 취지, 즉 **풀려남/자유**와 **회복**이라는 목적을 가지고 있었음을 살펴보았다. 이 두 가지 모두 희년 자체의 엄격한 경제 조항으로부터 더 폭넓은 은유적 적용으로 쉽게 진행되어 갈 수 있었다. 즉, 이 경제적 언어는 장래에 대한 소망과 바람의 언어가 되었으며, 그리하여 예언자들의 종말론에 끼어들게 되었다. 특히 이사야서 후반부에 희년에 대한 암시적 반향들이 있다. 여호와의 종의 사명에는 특정하게 약자와 억압받는 자들을 대상으로 하는, 자기 백성들을 향한 하나님의 회복 계획이라는 강력한 요소들이 있다(사 42:1-7). 이사야 58장은 사회적 정의 없이 준수되는 제사들에 대한 공격이며, 압제당하고 있는 자들의 해방을 요청하고(6절), 구체적으로 자신의 친족으로서의 책무에 초점을 맞추고 있다(7절). 무엇보다도 명확하게 이사야 61장은 희년의 상징들을 사용해서 가난한 자에게 '복음을 전하고', 포로된 자들에게 (명시적으로 희년의 '해방, 풀려남'을 나타내는 단어인 *dĕrôr*를 사용하여) 자유를 선포하며, 여호와의 은총의 해(희년에 대한 암시가 거의 확실하다)를 선포하는 여호와의 전령으로서의 기름부음 받은 자를 그리고 있다. **구속과 회복**이라는 개념은 이사야 35장에 기록된 미래에 대한 비전에 결합되어 있으며, 자연의 변혁과 나란히 나타나고 있다. 이처럼, 구약 성경 자체에서부터 희년은 이미 현재에서의 윤리적인 적용과 더불어 종말론적 상징을 끌어들이고 있었다. 즉, 희년은 메시아적 구속과 회복을 위한 하나님의 최종적 개입을 설명하기 위해 사용될 수 있었던 것이다. 그러나 또한 희년은 당대의 역사 속에서 억압받고 있던 자들에게 공의를 요구하는 윤리적 도전도 지원해 줄 수 있었다.

이것이 바로 개인적, 사회적, 물리적, 경제적, 정치적, 국제적, 영적 영역들을 아름답게 통합하면서 이사야 35장이나 61장과 같은 예언서의 구절들에 영감을 주었던 희년의 비전이며 소망이다. 우리가 희년을 활용할 때도, 마찬가지의 균형과 통합을 보전하면서, 하나님이 궁극적으로 결합시키실 것을 계속해서 분리시켜 놓지 않도록 막아 주어야 할 것이다. 그리고 우리는 우리의 모든 노력을 기울여서 구약의 희년이 아직은 미래적이지만 그 완전한 성취의 빛을 우리 앞에 비출 수 있게 해야 할 것이다. 이는 영광스런 희년을 기념하는 가운데 다음과 같은 날이 이를 것이기 때문이다.

> 여호와의 속량함을 받은 자들이 돌아오되
> 노래하며 시온에 이르러
> 그들의 머리 위에 영영한 희락을 띠고
> 기쁨과 즐거움을 얻으리니
> 슬픔과 탄식이 사라지리로다(사 35:10).

참고도서

Barker, P. A., 'Sabbath, Sabbatical Year, Jubilee', in Alexander and Baker, *Dictionary of the Old Testament: Pentateuch*, pp. 695-706.

Biggar, Nigel, and Hay, Donald, 'The Bible, Christian Ethics and the Provision of Social Security', *Studies in Christian Ethics* 7(1994), pp. 43-64.

Brueggemann, Walter, *The Land*(Philadelphia: Fortress, 1977). 「성경이 말하는 땅」(CLC).

Burge, Gary M., *Whose Land? Whose Promise? What Christians Are Not Being Told about Israel and the Palestinians*(Carlisle: Paternoster; Cleveland, OH: Pilgrim, 2003).

Chapman, Colin, *Whose Promised Land?* Rev. ed. (Oxford: Lion, 1989).

Davies, W. D., *The Gospel and the Land: Early Christianity and Jewish Territorial Doctrine*(Berkeley: University of California Press, 1974).

Fager, Jeffrey A., *Land Tenure and the Biblical Jubilee*, JSOT Supplements, vol. 155 (Sheffield: JSOT Press, 1993).

Holwerda, David E., *Jesus and Israel: One Covenant or Two?*(Grand Rapids: Eerdmans; Leicester: Apollos, 1995). 「예수와 이스라엘」(CLC).

Janzen, Waldemar, 'Land', in Freedman, *Anchor Bible Dictionary*, vol. 4, pp. 144-154.

Johnston, P., and Walker, P. W. L. (eds.), *The Land of Promise: Biblical, Theological and Contemporary Perspectives*(Leicester, IVP; Downers Grove, InterVarsity Press, 2000).

Mason, John, 'Biblical Teaching and Assisting the Poor', *Transformation* 4.2(1987), pp. 1-14.

Mott, Stephen Charles, 'The Contribution of the Bible to Economic Thought', *Transformation* 4.3-4(1987), pp. 25-34.

Ringe, S. H., *Jesus, Liberation, and the Biblical Jubilee: Images for Ethics and Christology*(Philadelphia: Fortress, 1985).

Schluter, Michael, and Clements, Roy, *Reactivating the Extended Family: From Biblical Norms to Public Policy in Britain*(Cambridge: Jubilee Centre, 1986).

Sloan Jr, R. B., *The Favorable Year of the Lord: A Study of Jubilary Theology in the Gospel of Luke*(Austin: Scholar, 1977).

Ucko, Hans (ed.), *The Jubilee Challenge: Utopia or Possibility: Jewish and Christian Insights*(Geneva: WCC Publications, 1997).

Walker, P. W. L. (ed.), *Jerusalem Past and Present in the Purposes of God*, rev. ed. (Carlisle: Paternoster, 1994).

Weinfeld, Moshe, *Social Justice in Ancient Israel and in the Ancient Near East*(Jerusalem: Magnes; Minneapolis: Fortress, 1995).

Wright, Christopher J. H., *God's People in God's Land: Family, Land, and Property in the Old Testament*(Grand Rapids: Eerdmans, 1990; Carlisle: Paternoster, rev. ed., 1996).

_____, 'Jubilee, Year Of', in Freedman, *Anchor Bible Dictionary*, vol. 3, pp. 1025-1030.

_____, *Knowing Jesus through the Old Testament*(London: Marshall Pickering: Downers Grove: InterVarsity Press, 1992).

제7장 ■ 정치와 열방

이스라엘은 파란만장하고 심히 요동치던 국제 무대의 한 가운데서 여러 민족 중 한 민족으로 존재했다. 따라서, 구약 성경의 상당 부분이 정치 관계와 관련되어 있다. 그것은 이스라엘 내부의 정치적 갈등과 이스라엘이 그 주변국들과 맺었던 정치적 관계를 말한다. 그러나, 기독교 신학과 윤리에 대해 구약 성경이 가지고 있는 정치적 의의를 적절하게 다루고자 한다면, 하나님이 한 민족의 실체를 통해 인류를 구속하시려는 목표의 첫 단계를 이루어 가시길 원하셨다는 사실에서 비롯된 일종의 우연적인, 그러나 잠정적으로 필요한 국면으로 정치를 바라보는 태도를 넘어서야 한다. 그러한 견해에서 보면, 정치는 그저 구약 이스라엘이 하나의 민족이었다는 사실의 불행한 부산물일 뿐이다. 그러나 실상은 그보다 훨씬 더 심오하며, 실제로는 성경적으로 신실한 사람들에게 정치가 의미하는 바를 재정의해 준다. 이스라엘에게 정치는 그들의 신학이나 영적 신앙에 이질적인 것이 아니었다. 오히려 "이스라엘이 여호와와 그들의 관계에 대해 말할 때 사용했던 전체 어휘는 정치 영역에서 비롯된 것이었다."[1] 이스라엘과 여호와의 관계의 핵심은 언약이었다. 이 말에 해당하는 히브리어는 '베리트'(*běrît*)였는데, 이 말은 또한 '협정'을 의미하는 일상적 단어이기도 했다. 협

---
1) Walsh, *Mighty from Their Thrones*, p. 61.

정은 개인들 사이에 그리고 민족들 사이에 맺어졌다. 그리고 거기에는 항상 책임과 의무가 포함되었다. 이것이 사회 정치적 현실이었다. 이스라엘은 이러한 현실을 통해서 그들의 주님이요 왕이신 하나님, 곧 여호와와의 관계를 인식했으며 분명히 했다.

그러나, 또한 이스라엘 신앙의 다른 중요한 개념들 가운데 많은 부분이 정치 관계 영역과 역사를 통하여 명료화되었으며 내용을 부여받았다. 구원, 충성, 구출, 평화, 정의와 의로움, 신뢰와 신실, 순종, 여호와의 통치 등과 같은 개념들이 바로 여기에 해당한다. 이 모든 개념에 대한 이스라엘의 이해는 그들의 정치사에 뿌리박고 있었다. 그리고 바로 이 말들이 나사렛 예수의 예언자적 사역 활동을 통해서 흘러나오고 있으며, 신약 성경이 그리스도의 구원 업적을 설명할 때 이 어휘들을 사용했다. "하나님의 축복에 대한 이스라엘의 인식은 처음부터 끝까지 정치적 인식이었다. 그리고 바로 그 인식에서 복음서 기자들과 사도들이 예수님에 관해 말했던 것이다."[2] 그러므로, 구약의 정치적 차원들이 오늘날 우리 정치 윤리의 어떤 측면과 연관성을 가지는 것은 분명하지만, 일단 우리가 좀더 정화된 신약의 영적 분위기를 호흡하게 되면 구약의 정치적 차원들은 뒤로 밀어놓게 될 것이라고 생각해서는 안 될 것이다. 이는 신약이 예수님의 의의를 이스라엘 이야기의 완결로 보고 있으며, 또한 인류에 대한 보편적인 정치적 결과를 포함하는 근본적으로 정치적인 맥락에서 그 이야기와 성취를 보고 있기 때문이다.

히브리 성경 안에 있는 정치적 범주들을 기독교적 호소력을 가질 수 있게 만들어주는 해석학적 원칙은, 간단히 말해서 이스라엘 그 자체다. 이 독특한 정치적 실체를 통해서, 하나님은 세상에 자신의 목적을 알리셨다. 이 독특한 실체가 맞이한 위기와 관련해서, 교회는 그 목적이 성취되었음을 선포했다. 혹은 동일한 요점을 다르게 표현하자면 이렇다. 그 지배적인 원칙은 왕이신 하나님의 통치로서, 이는 이스라엘 공동의 실존 가운데 표현되어 있으며 예수님의 삶과 죽음과 부활 가운데서

---

2) O'Donovan, *Desire of the Nations*, p. 23.

최종적으로 발휘된다.[3]

그러나 우리는 너무 앞서 나가고 있다. 구약의 정치 윤리를 다루는 이 장에서, 나는 앞서 생태학적 측면과 경제적 측면에서 구약의 영향에 대해 살펴보았을 때와 유사한 방식을 따르고자 한다. 즉, 먼저 창조와 타락에 비추어 그 주제를 살펴볼 것이다. 그런 다음에, 구속받은 공동체로서 이스라엘이 과연 어떤 방식으로 존재하는 국가**였는지**, 혹은 외부의 국가와 어떤 방식으로 **연관되지** 않을 수 없었는지 폭넓게 조사하게 될 것이다. 마지막으로, 하나님의 목적들 가운데서 열방의 미래를 바라보는 이스라엘의 종말론적 시각을 조사할 것이다.

창조와 타락에서 본 견해

하나님에 의해 창조된 인종적 다양성과 문화적 다양성

지구상에는 경제 자원들이 매우 다양성을 보이는 만큼이나, 그에 상응하는 인류의 폭넓은 인종적 다양성과 끊임없이 변화하는 그들의 민족적, 문화적, 정치적 변주가 있다. 성경은 경제적 다양성과 마찬가지로 인종적 다양성도 하나님의 창조 목적의 큰 부분으로 볼 수 있게 해준다. 복음을 전하는 상황에서 한 사람의 유대인으로서 이방인들에게 말하면서, 바울은 인류의 통일성 안에서 민족의 다양성을 당연하게 여기며 그 다양성을 창조주가 해 놓은 일로 돌리고 있다. "[그가] 인류의 모든 족속을 한 혈통으로 만드사 온 땅에 살게 하시고 그들의 연대를 정하시며 거주의 경계를 한정하셨으니"(행 17:26). 바울은 비록 곧 이어서 헬라 작가들을 인용하고 있지만, 이 절에서 그가 사용한 언어는 신명기 32장에 있는 모세의 옛 노래에서 끌어온 것이다.

> 지극히 높으신 자가 민족들에게 기업을 주실 때에,
> 인종을 나누실 때에…

---

3) 앞의 책, p. 27.

백성들의 경계를 정하셨도다(신 32:8).

그러므로, 인류의 각양각색 집단들 사이에 이루어지는 관계 질서는, 바로 가인과 아벨의 이야기가 보여 주듯이, 인간 상호간의 책임성뿐만 아니라 우리의 창조주 하나님에 대한 인간의 책임성 일부를 만들어 낸다. 어떠한 집단에서도, 그 집단이 작은 지역 사회든지 전체 민족이든지 간에, 그 안에서의 사회적 관계 구조에 대해 그와 똑같은 말을 할 수 있다. 이러한 인간의 사회적 성격은 그 성격으로부터 흘러나오는 사회 정치적 조직과 더불어 인간을 창조하실 때 하나님이 의도하신 창조 목적의 일부분이다. 그리고 그 성격은 하나님이 그분의 형상대로 인류를 창조하신 일과 연결되어 있다. 하나님이 바로 하나님으로서 '사회적'인 분이기 때문이다. 인류를 창조하시겠다는 결정은 돌연 앞부분과 대조적으로 복수형으로 전환되면서 소개된다. "**우리의 형상을 따라 우리의 모양대로 우리가** 사람을 만들고"(창 1:26). 그리하여 이 '하나님의 형상'에 관하여 그 본문이 즉각적으로 지적해 주고 있는 첫 번째 사실은—그로부터 우리의 사회적 성격인 결혼과 부모됨, 가족과 친척 및 그 이상의 것들이 흘러나오는—하나님 안에서의 상호 보완적인 이원성을 근간으로 하는 우리의 성적 특성이다. 그러므로, 인류는 관계 가운데서 그리고 관계를 위해 창조되었다.[4]

물론, 창세기 1:26을 기록한 저자는 훨씬 더 광범위한 전체 성경 계시에 비추어서 우리가 삼위일체론이라고 일컫는 것을 염두에 두고 있지 않았다. 그럼에도 그 더 폭넓은 가르침에 비추어서, 우리는 그 원래 저자가 사용한 복수 형태들 가운데서 그에게 보였을 의미보다 훨씬 더 위대한 의의를 제대로 분별해 낼 수 있다. 창세기 1:2은 이미 창조에 개입하고 계시는 하나님의 성령에 대해 언급했다. (물론 여기서도 우리는 그 저자가 신성 가운데 구별된 위격이라는 발전된 의미로 그 말을 이해했을 것이라고 주장할 수 없다. 그보다는 역동적이고 효과적인 하나님의 '숨'으로 이해했을 가능성이 더 많다.) 그리고 신약 성경

---

4) 성경적 정치 사상에서 개인과 집단을 이해하는 일의 중요성에 대해서는, 다음을 보라. Mott, *Political Thought*, ch. 3.

은 단호하게 예수 그리스도를 창조의 대행자(agent)이자 목표라고 찬양하고 있다(요 1:1-3; 골 1:15-17; 히 1:1-3).

그러므로, 삼위일체의 신비 가운데서 하나님은 동등한 위격들의 조화로운 관계 속에 살아 계시며, 그 위격들은 각각의 고유한 기능과 권위와 다른 두 위격 각각에 대한 관계성을 소유하고 있다. 그러므로, 하나님의 형상으로 지음받은 인간들은 인격적 평등성의 조화 속에서, 그러나 기능적 구조와 관계 유형들을 요구하는 사회 조직을 갖추고 살아가도록 창조되었다. 그러므로, 사회 관계와 구조들의 질서는 지역적, 민족적, 지구적으로 우리 창조주 하나님의 직접적인 관심사에 속한다. 그러나 그와 같은 질서 세우기 자체가 바로 정치의 특성이다. 따라서 성경은 '정치'와 '종교'를 부자연스럽게 구별하는 일이 전혀 없다. 물론 그 둘을 동일시하지도 않는다. 그 둘은 사람됨의 본질적인 차원들이다. 참 하나님을 예배한다는 것은 하나님의 사회 관계 방식에 헌신한다는 의미다. 정의로운 사회 질서를 유지하는 정치적 과제는 하나님 아래에서 인간이 지고 있는 의무다.

더 나아가, 새 창조 세계에서 구속받은 인류에 대한 종말론적 비전으로부터 우리는 인종적, 문화적 다양성이 인류에 대해 하나님이 가지신 창조 의도의 일부임을 볼 수 있다. 새로운 창조 세계의 거주민들은 천편일률적인 군중으로 그려져 있지도, 단일한 하나의 지구촌 문화를 지니고 있는 것으로 그려져 있지도 않다. 오히려, 거기에는 역사를 통하여 줄곧 인류가 지녀온 영광스러운 다양성이 지속되고 있다. 모든 족속과 언어와 백성과 나라가 그들의 부와 찬송을 하나님의 도성 안으로 가지고 들어오게 될 것이다(계 7:9; 21:24-26). 새로운 창조 세계는 원래 창조 세계의 풍부한 다양성을 보전하되, 타락이 가져온 죄에 물든 효과들을 청결하게 씻어낼 것이다.

타락: 인간 사회의 무질서화

그러나 타락은 인간 삶의 모든 영역에서와 마찬가지로 이 인간 사회 영역을 황폐하게 만들었다. 창세기 내러티브들은 인간의 삶을 조직화하고 있는 모든 사회 관계가 부패해 가는 모습을 빠른 속도로 그려 낸다. 결혼에서도 근본적인 관계가 뒤틀리게 되었다. 남편과 아내가 상대방이 목적을 성취하도록 도우며 그들 자신의 창조 목적을 성취하는 대신에(창 2:18-24), 그 관계는 가혹한 지배와 정욕의 관계로 전락하고 있다(창 3:16 하). 그에 상응하여 그 뒤로 파생되는 모든 관계는 온 인류가 사악함과 악을 드러낼 때까지(창 6:5) 질투와 분노와 폭력과 보복의 악순환으로 인해 타락해 버렸다(창 4장).

폭력과 보복: 가인과 아벨

우리에게 익숙한 이 이야기와 그 뒤에 이어지는 가인의 자손들에 대한 이야기는, 사랑과 지지가 가장 강력해야 할 형제 사이에서부터 인간 사회 안에 무질서가 쌓여 가는 모습을 잘 보여 주고 있다. 폴 마샬(Paul Marshall)이 지적하고 있듯이, 가인과 아벨의 이야기는 질투와 분노와 폭력의 결과를 그려 주고 있을 뿐만 아니라 사법 구조의 원형을 우리에게 제시하고 있다. 하나님은 신적 고소자로서 가인을 기소하고 있으며, 죽임을 당한 그의 동생의 피는 불의의 희생자인 원고로서 부르짖는다. 그러나 가인은 유죄 판결을 받은 이후에도 악순환되는 폭력의 희생자가 되지 않도록 하나님의 보호를 받게 된다. 가인의 이마에 새긴 표시는 형벌이 아니라 보호를 위한 것이다.

가인의 이야기에서, 우리는 사법 질서가 나타나는 것을 볼 수 있다. 가인이 아벨을 살해한 사건에 대하여 형벌이 확정된다. 그러나 다시 가인은 무정부 상태에서 고통당하도록 버려지지 않는다. 형벌과 함께 사법 질서가 확립되고 이 질서는 가인과 그에게 사적으로 보복하고자 하는 모든 자를 편입시킨다. '가인의 표시'는 한 개인의 자격으로서 가인에게만 국한된 것이 아니다. 그 표시는 하나님이 정의를 유지하기 위해 하나의 규율을 지정해 놓으셨다는 표시다.…가인의 이야기는 쟁기질하고 사냥하고 성읍을 세우고 음악을 만드는 일이 아주 초기 세대에서 지상에 출현했음을 보여 주고 있을 뿐만 아니라, 무정부 상태와는 구별되는 재판, 일종의 사법 질서, 즉 지금 우리가 어떤 종류의 정치 질서라고 말할 수 있는 것이 등장했음을 보여 준다. 인류는 하나님이 포고하시는 정의로운 관계들을 유지할 책임을 부여받았다.[5]

오만과 분열: 바벨

언뜻 보기에 간단한 바벨 탑 이야기에는 국제적으로 미친 타락의 영향이 묘사되어 있다(창 11:1-9). 거기를 보면, (지면 위에 흩어지는 일로 상징되어 있는) 소외와, 서로 낯설어하는 느낌의 배후에 깔린 (그리고 언어의 혼잡으로 상징되어 있는) 민족들 사이의 분열과 장벽과 오해의 배후에 깔린 이중적 원인이 나타난다. 한편으로, 이런 것들은 인간의 오만과 주제넘은 야심의 결과다. 그러나, 다른 한편으로, 이것들은 죄 가운데 단합된 인간 반역의 위협에 대해 하나님이 대응하신 모습이 그려져 있기도 하다.

이 후자의 요점을 강조할 필요가 있다. 행동하시기 전에 하나님은 처벌에 대해서가 아니라 예방에 대해 숙고하신다. "이 무리가 한 족속이요, 언어도 하나이므로 이같이 시작했으니, 이 후로는 그 하고자 하는 일을 막을 수 없으리로다"(창 11:6). 하나님으로 하여금 '분리' 조치를 취하시도록 한 것은 **통일되어 있는** 타락한 인류가 지닌 끔찍하고 무제한적인 악의 잠재 능력이다. 분열된 인류의 죄는 심지어 악을 꾀하는 일에서도 결코 다시는 '하나가 될' 수 없다는 확실한 좌절감 때문에 제한을 받게 될 것이다.

악과 하나님의 주권이라는 역설의 어떤 측면이 여기에 포함되어 있다. 선한 일을 위해 온 인류가 하나되어 살아가지 못하도록 방해하는 바로 그 교만의 죄가, 또한 인류 전체가 악한 일에 단결하지 못하도록 막고 있다. 이처럼 우리는 하나님이 창조하신 다양성을 싸움을 불러일으키는 인간의 분열로 바꾸어 버린 죄의 이면에서 하나님의 자비와 은혜를 볼 수 있다. 하나님은 죄의 효과 그 자체를 인류가 악한 일에 하나되어 자멸해 버리지 못하도록 구원하는 제방으로 사용하신다. 실로 인류 역사를 지속시켜 주고 그리하여 그 사회 정치적 흥망성쇠 가운데서 하나님이 자신의 구속 목적을 수행할 수 있게 해주는 것이 여기 있다. 그것은 바로 바벨에 대한 하나님의 반응에서 나타나는 심판과 감추어져 있는 은혜의 이러한 결합이다. 그리고 그 목적이 완성될 때, 그 제방이 제거되고 인류는 속임과 반역의 가공할 전 지구적 연합체, 즉 최후 심판의 전조가 될

---

5) Marshall, *Thine Is the Kingdom*, p. 41.

묵시론적 바벨을 이룰 수 있게 될 것임을 요한계시록은 보여 준다.

좀더 국지적이며 민족적인 수준에서 정치 생활에 대한 죄의 결과는 권력에 대한 탐욕으로 드러난다. 부와 마찬가지로, 권력은 무엇인가 움켜잡아야 할 것, 방어해야 할 것, 이기적으로 사용해야 할 것, 그리고 오직 하나님께만 합당한 절대적 지위를 부여받는 것이 되었다.[6] 성경이 우리의 주의를 환기시켜 주는 첫 번째 중동 전쟁은 정치적인 군림과 그에 따른 불가피한 폭력적 반발로 인해 초래되었다(창 14:1-4).

정치적 지형도

창세기의 처음 몇 장은 국제적인 정치 영역으로부터 요단 계곡에 있던 소왕국들의 지역 정치에 이르는 열방의 정치 생활에 대한 하나님의 열정적인 관심과 때때로 직접적인 개입을 제시해 주고 있다. 그러므로, 창세기 12장에서 구속 이야기가 진행될 때, 어떤 초(超)현세적이며 신화적인 영역에서가 아니라 정치 지형과 역사라는 실제 인간 세상의 무대에서 그 일이 일어나고 있다는 사실은 전혀 놀라운 일이 아니다. 다시 한 번 우리는 성경이 서술해 나가는 이야기의 순서와 그 신학적 의의에 주목해야 한다. 저주받은 지구에서 살아가는 타락하고 소외되고 흩어진 인류에 대한 함의를 지닌 바벨 사건(창 11장)과, 새로운 땅에서 출발하는 열방에 대한 구속과 축복의 약속을 지닌 아브라함의 부르심(창 12장) 모두, 창세기 10장에 기록된 열방에 대한 일람표를 배경으로 하고 있다. 이 고대 종족들의 지형도는 어떤 목적을 가지고 있는가?

원래 그것이 기록되었을 때의 목적이 무엇이었든지 간에, 홍수와 구속사의

---

6) 이런 식으로 권력 남용이 있을 경우에만 권력은 악하고 우상 숭배적인 것이 된다. 권력 그 자체는 중립적이다. 즉, 어떠한 목표도 성취할 수 있는 능력이다. Mott는 권력에 대해 전적으로 부정적인 견해에 대해서 주의를 주고 있다. 권력의 긍정적 측면에는 다음과 같은 면들이 포함된다. "(1) 피조된 존재자로서 자신에 대한 정당한 방어, (2) 반역적인 자유에 대한 제약과 상호성과 공동체의 유지, 정의의 치유케 하는 능력들, (3) 힘없는 자들에게 힘을 분배하여 그들을 서로 협력하는 힘의 세력권 안에 불러들여 공동체를 만들어 가는 일." 우리를 부패시키고 압제와 폭력으로 이끌어가는 것은 권력욕이다. "권력은 정확히 우리의 가장 극악한 부분이 사용하기를 원하는 것이다. 권력이 죄 그 자체는 아니지만, 죄는 일상적으로 자기를 권력욕으로 표현한다"(Mott, *Political Thought*, p. 33).

시작 사이라는 이 중요한 기점에 그 지형도가 포함되어 있다는 사실은 그 다음에 이어지는 성경 내러티브의 성격에 대해 독자들에게 추호의 의혹도 남기지 않는다. 이것은 신과 괴물들이 사는 신화적인 선사 시대의 세계가 아니라, 여러 민족과 그 영토와 성읍과 왕국과 언어로 이루어진 있는 그대로의 '분류할 수 있는' 세계, 즉 철저히 식별 가능하고 정치적인 인간의 세계다. 타락의 비참한 효과들이 가져온 결과와 하나님의 구속 활동이 백성들과 민족들의 현실 세계 안에서 나란히 일어난다. 그리고 그 구속의 이야기는 이 세상 **안에서** 일어나는 것일 뿐만 아니라 이 세상을 **통해서**도 일어난다. 즉, 하나님은 우리가 정치적이라고 여기는 그 모든 행위와 사건과 관계와 구조들 가운데서 그리고 그 모든 것을 통해서 구속 활동을 펼치신다. 예수님이 사용하신 표현을 빌리자면, 가라지와 알곡이 같은 밭에 있는 것이다. 그리고 '그 밭은 세상이다.'

영적 세력들

우리는 역사 속에서 이루어지는 구속 사역의 배후에 놓여 있는 영적 전투, 즉 하나님의 통치와 "이 세상의 임금"인 사탄과 사탄의 휘하에 있는 모든 마귀적 세력이 찬탈한 통치 사이의 싸움에 대한 성경의 가르침을 간과해서는 안 된다. 구약 성경은 물론 발전된 '사탄론'을 가지고 있지 않다. 그러나 국가의 '인격화'와 제도들의 배후에 놓여 있는, 정치 권력의 위압적 힘의 배후에 놓여 있는, 여러 다른 사회 체제의 독특한 '성격'의 배후에 놓여 있는 보이지 않는 영적 세력들의 세계에 대해 인식하고 있다는 암시들이 구약 성경에 존재한다. 그것은 다신론이나 이원론의 문제가 아니다. 때때로 '신들'(gods)[7]이라고 불리기도 하는 이 세력들은 '전혀 신이 아닌 것으로' 밝혀져 있으며, 오히려 창조된 존재들로 드러난다. 그러므로, 이사야는 메소포타미아의 별 '신들'(astral gods)

---

7) 타락한 천사들의 군대('신들')를 가리키는 것일 수도 있는 시편 82편의 경우에서처럼 말이다. 그 권세들은 열방을 정의로 다스려야 했지만, 그 시편은 열방 가운데 불의와 압제가 편만한 현실에 비추어 볼 때 명백히 그렇게 하지 못했다고 말하고 있다. 그러한 모든 권세는 여호와의 심판 아래 놓이게 될 것이다. 한편으로, 해방을 가져다주는 정의의 하나님으로서의 여호와와 그분이 요구하신 종류의 정치, 그리고 다른 한편으로 가나안 신들 및 신화들과 그들이 인정한 종류의 정치 사이의 관계에 대한 매력적인 연구로는 다음을 보라. Walsh, *Mighty from Their Thrones*, chs. 2-3.

에 대해 "누가 이 모든 것을 **창조했나**?"(사 40:26; 강조는 저자의 것)라는 신랄한 폭로를 하고 있는 것이다. 그것들이 무엇이든지 간에, 그것들은 자신의 영향력 아래 있는 자들에게 고삐 풀린 권력을 자행하는 사람들을 포함하여, 모든 사람과 마찬가지로 하나님의 최종적인 심판을 받게 될 것이다.

> 그 날에 여호와께서
> 　높은 데에서 높은 군대를 벌하시며
> 　땅에서 땅의 왕들을 벌하시리니(사 24:21).

하나님의 백성과 국가: 이스라엘 역사에서 본 견해

이제 이 장에서 가장 실질적인 부분으로 들어가 보도록 하자. 우리가 제3-6장에서 살펴본 대로, 이스라엘이 우리가 기독교의 윤리적 성찰을 위해 많은 것을 배울 수 있는 경제 제도를 가지고 있었다면, 이스라엘은 어떤 정치 체제를 가지고 있었으며 거기에서 우리는 무엇을 배울 수 있는가? 그러나, 우리는 정확히 바로 이 시점에, 구약 정경의 역사적 성격과 실로 구약 정경이 포함하고 있는 하나님 계시의 역사적 성격을 직시해야만 한다. 우리가 이스라엘의 국가관이 무엇이었느냐고 묻는다면, 우리는 또한 **어느 이스라엘과 어느 시기의 이스라엘**을 말하는지 물어야만 한다. 우리는 국가에 대한 정치 신학을 가나안 땅에 정착한 지 얼마 되지 않는 혁명적 신흥 지파 동맹에서 취해야 하는가? 아니면, 솔로몬과 그 이후 계승자들이 다스리던 제도화되고 제국주의적인 국가에서 취해야 하는가? 아니면, 거대한 제국들이 둘러싼 적대적인 주변 환경 가운데서 자신들의 종교적 독특성을 보존하고 있던 박해받은 남은 자들로부터 취해야 하는가? 이 가운데 어느 하나에 지나치게 편협하게 초점을 맞추게 되면, 히브리 성경 **전체**가 기독교 정치 윤리에 기여할 수 있는 바에 대한 왜곡을 낳게 될 것이다. 우리는 종합적이 되어야 하며, 이스라엘 이야기의 모든 주요 시기로부터 성찰을 위한 원자료를 끌어와야 한다. 이 작업은 말할 필요도 없이 하나님 백성의 정치적 성격과, 국가와 그들의 관계에 대하여, 과연 그들이 하나의 국가였

제7장 ▪ 정치와 열방   303

는지 혹은 외부의 국가들과 연관을 맺지 않을 수 없었는지에 대하여 겉으로 보기에 모순처럼 보이는 몇 가지 관점을 끄집어내게 될 것이다. 그러나 다른 한편으로, 정경의 권위라는 틀 가운데서 이러한 모든 관점을 함께 살펴봄으로써, 우리는 하나의 시각만이 적절하다고 드높이는 일을 피할 수 있을 것이다. 이점은 다시 우리로 하여금 구약 성경의 특정한 정치적 적용들이 어디에서 불균형을 이루며 극단적인지 분별하는 데 도움을 줄 것이다. 올리버 오도노반(Oliver O'Donovan)은 동일한 점을 지적하면서 그 점을 매우 조심해야 할 것으로 여기고 있다.

> 정치 신학자들이 고대 이스라엘의 정치 전승을 규범적인 것으로 다루고자 한다면, 그들은 그 전승을 **역사**로서 다루는 규율을 준수해야 한다. 그들은 구약 성경을 어떤 순서로든 어떤 다양한 비율로든, 자신들의 신학적 가공물을 생산하기 위해 소비할 수 있는 원자재인 양 마구잡이로 끄집어다 써서는 안 될 것이다. 그들은 계속해서 이어지는 정치 발전 가운데서 형태를 취해 공개된 것을 다루고 있다. 그 정치 발전 각각은 그 이전에 진행된 것과 그 뒤를 따르고 있는 것에 비추어 평가하고 해석해야 한다.…우리는 가난한 자의 구출에 대해 출애굽에 호소하면서 그런 다음에 가나안 정복에 대한 언급을 피해서는 안 될 것이다.…[우리는] 지파 동맹(amphictyony, 近隣同盟)의 분권화된 공화정 정신에 대해 지파 시대에 호소하면서 왕정에 대한 언급을 회피하는 등의 일을 해서는 안 될 것이다.[8]

우리는 구약에서 하나님 백성으로서의 이스라엘의 역사를 다섯 단계로 구분하여 차례로 살펴볼 것이다. 각각의 정황에서, 그 시대 하나님 백성 자체의 성격을 논하고, 그 정황에 그려져 있는 국가의 성격을 논하고, 하나님 백성의 의식을 지배하던 하나님의 역할이나 하나님 개념을 논할 것이다. 또한 적절한 곳에서 이스라엘 역사의 그 특정한 시기가 교회사 전체를 볼 때 그리스도인들의 정치적 사고에 어떤 종류의 영향을 미쳤는지 살펴볼 것이다.[9]

---

8) O'Donovan, *Desire of the Nations*, p. 27(강조는 그의 것).

순례하는 가족: 족장 시대

하나의 민족으로서 이스라엘은 출애굽과 가나안 정착 시기에 그 역사적 기원을 두고 있기는 하지만, 족장들[10]에 대한 조사에서부터 시작하는 것이 옳을 것이다. 민족적 통일성에 대한 이스라엘의 의식은 언제나 그 족장들에게 연결되어 있기 때문이다. 비록 구약이 이스라엘의 형성을 위한 다양한 요소를 인정하긴 하지만, 그들에게는 자신들이 모두 아브라함의 후손이라는 신념에서 비롯되는 유전적 하나됨에 대한 강한 의식이 있었다. 따라서 본질적으로든 최소한 잠재적으로든, '이스라엘'이라는 실재는 방랑하던 족장 가족들 가운데 있는 것으로 볼 수 있을 것이다.

하나님의 백성

족장 사회에서 하나님의 백성은, 일차적으로 그 사회 정치적 환경으로부터 불러냄을 받아 하나님의 약속에 의해 새로운 정체성과 미래를 부여받게 된 공동체다. 그들은 하나님의 이 선택 행위를 통해서만 하나의 백성이 된다. 하나님은 기존의 한 백성을 선택받은 지위로 끌어올려 주신 것이 아니라, 이스라엘을 불러내어 자신의 백성으로, 그 시작에서부터 주변 민족 국가들과 구별된 실체로 존재케 하셨던 것이다. 이 일은 그 시대의 사회 정치적이며 경제적인 구조들로부터 최대한 독립하는 것을 포함하는 생활 양식과 더불어 진행되었다. 그들은 토지를 소유하지 않았으며, 스스로를 자신들이 옮겨 다녔던 땅에 정주하는 이방인들, 나그네들로 간주했고 또 그렇게 간주되었다. 그들이 사회적으로 고립되었던 것은 아니다. 창세기는 족장들과 그들의 동시대인들 사이에 수많

---

9) John Goldingay는 구약 성경의 신학적 다양성에 대한 상황적 혹은 역사적 접근 방법을 논하면서 하나님의 백성으로서 이스라엘의 변화하는 성격을 사례 연구로 취하고 있다. 여기에서 내가 다루고 있는 문제에 대한 나 자신의 조사는 그의 유익한 개요에 크게 빚지고 있다. Goldingay, *Theological Diversity*, ch. 3.「구약의 권위와 신학적 다양성」(크리스챤다이제스트).

10) '조상들'(ancestors)이라는 말이 더 좋을 것이다. 문제의 그 내러티브들이 여자 주인공들의 남편들과 그 남편들의 일탈된 행위만큼이나 그 여자 주인공들에게 집중하고 있기 때문이다. 그러나 창세기 12-50장에 포함되어 있는 역사를 기술하기 위해 '족장들'과 '족장의'라는 같은 용어를 계속해서 흔히 사용하고 있기 때문에 이 말을 좀더 쉽게 알아볼 수 있을 것이다.

은 사회적, 경제적 접촉과 교류가 있었음을 기록하고 있다. 그러나 그들은 불러 냄을 받았으며, 계속해서 부름을 받는 순례하는 백성으로 남아 있었다.

주어진 이 신분에 걸맞게, 하나님의 약속에 대한 믿음과 하나님의 명령에 대한 순종이 요구되었다. 여기에서 다시 주변 민족들과는 다른 독특한 점이 드러난다. 족장 전승에서 이스라엘의 윤리적 성격에 대해 말해 주는 가장 시사적인 본문은 창세기 18:19이다. "내가 그로 그 자식과 권속에게 명하여 여호와의 도를 지켜 공의와 정의를 행하게 하려고 그를 택했나니, 이는 나 여호와가 아브라함에게 대하여 말한 일을 이루려 함이니라." 이 선언은 소돔과 고모라에 대한 하나님의 임박한 심판 행위를 배경으로 하고 있다. 그 성읍들의 악함이 하나님이 개입하시지 않을 수 없을 정도의 부르짖음을 초래했던 것이다. 그러한 종류의 세상, 아브라함이 살던 그 세상과는 대조적으로, 하나님은 아브라함 자신으로부터 이제 등장하게 될 공동체는 전적으로 다른 가치들을 그 특징으로 해야 함을 요구하셨다. 그들은 '공의와 정의'에 철저히 헌신함으로써 여호와 자신의 성품("여호와의 도")을 닮는 백성이 되어야 했다. 이 가치들은 말할 필요도 없이 경제적이며 정치적인 함의를 지니고 있는 사회-윤리적 가치들이다. 그러므로, 하나님의 백성에 대한 하나님의 의도는 주변 환경으로부터 불러내는 것이었지만, 그것이 사회 정치적 과정 자체로부터 벗어나게 만드는 것을 의미하지 않았음이 분명하다. 오히려, 그들의 공동 생활의 모든 영역과 마찬가지로 그 영역은 정의에 의해 지배되어야 했다. 그것이 바로 하나님 자신의 방법이기 때문이다.

그러므로, 이 맥락에서 하나님의 백성들은 다음과 같았다.

- 그들은 주권적으로 선택하시는 하나님의 행위로 말미암아 존재하도록 부름받았다.
- 그들은 하나님의 약속에 비추어 살아가고 있었다.
- 그 약속은 그들이 살아가고 있는 사회들과 접촉을 잃지 않으면서도 주변의 사회 정치적 권력의 중심에 아랑곳하지 않으며 살아갈 수 있게 해주었다.

- 그들은 구체적으로 하나님을 닮아가는 정의를 특징으로 하는 윤리적 순종에 헌신했다.

국가

족장 사회에서 고대 근동 세계의 다양한 정치 권력 중심지와 성읍들로 표현되어 있는 **국가**의 모습은 중립적인 것에서부터 부정적인 것에 이르기까지 다양하다. 그들은 모세 시대의 애굽이나 포로기의 바벨론이 그랬던 것처럼 지나치게 압제적으로 그려져 있지 않다. 하지만, 창세기 12장에서 아브라함이 처음 등장할 때, 그것은 이미 11장에서 바벨 탑 이야기가 묘사하고 있는 사회를 배경으로 하고 있었다. 실제로 아브라함이 부르심을 받아 불러냄을 받은 곳이 바로 바벨 땅이다. 그 이야기가 보여 주듯이, 그 곳은 엄청난 자신감과 자만의 문화를 지닌 곳이었다. 적어도 하나님이 요구하신 대로 아브라함이 출발한 일은 그 문화를 상대화시켰다. 인간의 구원은 국가 자체에서 찾을 수 없는 것이었다. 하나님의 궁극적인 구속 목적은 다른 곳에 배치되었으며 불임의 아내를 가진 나이 든 남편이라는 보잘것없는 질그릇에 맡겨졌다. 그의 고향과 그의 백성으로부터 아브라함을 불러내신 일(창 12:1)은 "근동 지방의 일반적인 제국주의적 문명이 별 의미가 없는 환경이라는 낙인을 찍은 첫 번째 출애굽"이었다.[11]

다른 한편, 외부의 도시 국가들은 이처럼 상대화된 방식으로 묘사될 뿐 아니라, 하나님에 대한 도덕적 반역의 장소로, 따라서 순례하는 하나님의 백성들에게 위협의 원천이 되는 곳으로 볼 수도 있다. 소돔과 고모라는 명백한 사례들이다. 하나님은 그 두 성읍에 대한 '부르짖음'을 알고 계셨다(창 18:20-21, 두 차례). '체아카'(*şeʿaqâ*)라는 단어는 사실상 압제와 잔혹과 불의를 당하고 있는 사람들의 울부짖음에 해당하는 구약 성경의 전문 용어다. 그 단어는 아벨의 피가 아벨의 살인자를 향해 부르짖었다고 할 때 사용되었으며, 또한 애굽에서의 속박 가운데서 이스라엘이 신음하는 이야기에 주로 사용되었다. 사람들

---

11) Voegelin, *Israel and Revelation*, p. 140; 다음 책에서 재인용함. Goldingay, *Theological Diversity*, p. 61.

이 소돔 성과 고모라 성에서 잔혹과 압제의 고통 때문에 부르짖고 있었다. 창세기 19장은 그 곳에서 발견되었던 폭력과 왜곡의 목록을 제시한다. 이사야 1:9-10은 그 장의 나머지 부분에 비추어 볼 때, 그 두 성읍을 무고한 피 흘림과 연결시키고 있다. 에스겔 16:49은 그 들판에 있던 성읍들의 죄악을 자만과 풍요, 몰인정과 가난하고 핍절한 사람들을 돕지 않은 일 등으로 열거하고 있다. (이 목록은 매우 현대적으로 느껴진다. 이 사실은 어째서 소돔과 고모라가 인간의 보편적 사악함에 대한 경구적인 원형으로 쓰이고 있는지 설명해 준다.) 이상의 이유들 때문에, 이 도시 국가들은 하나님의 심판을 맞이하게 되었다. 아브라함으로 대표되는 하나님의 백성의 반응은 중보(仲保)였다.

하나님에 대한 묘사

이 내러티브들 가운데 그려져 있는 하나님은 메소포타미아에서나 가나안에서나 애굽에서나 마찬가지로 주권적으로 다스리고 계시는 분이다. 그 모습과 더불어서 두드러진 사실은 여호와가 구속의 목적을 가지신 하나님이며, 그분의 궁극적 목표는 열방의 축복이라는 것이다. 그 자신의 피조물이자 소유인 한 백성과 특별한 관계를 발효시키심으로써 실제적으로 하나님은 그 백성들을 그들로부터 불러내셨지만, 여전히 계속해서 그 가운데 살아가게 하신 바로 그 열방에게 최선의 유익이 되는 것을 마음에 두고 계신다. 아브라함의 자손에 대한 축복의 약속은 열방에 대한 축복의 약속인 것이다.

이 사실은, 비록 우리가 성경의 나머지 부분에서 온 세상이 하나님의 심판 아래 있음을 깨닫는다 할지라도, 그리고 또한 다니엘서와 요한계시록 같은 책으로부터 그 심판이 특히 반역하는 인간 국가들을 향하고 있음을 알게 된다 할지라도, 그러한 국가들 한 가운데 있는 하나님 백성의 존재 그 자체가 더 광범위하고 최종적인 하나님의 목적에 대한 표지라는 것을 의미한다. 그 목적은 다름 아닌 인류의 구속과 지상의 왕국들을 하나님의 왕국으로 변혁하는 일이다. 위에 언급한 창세기 18-19장에 있는 이야기 가운데서 흥미로운 사실은, 하나님이 바로 소돔과 고모라라는 특정한 인간 사회에 심판의 불을 내리시려고 가는 도중에, 그분 스스로 열방에 대한 궁극적이고 보편적인 구속 목적을 상기하셨다는 점이다. 그리고 그것도 하나님이 바로 그 목적을 몸으로 구체화시킨 그 부부, 다름 아닌 아브라함과 사라와 아직 수태되지 않았던 (그리고 그들은 생각조차 할 수 없었던) 그들의 아들과 식사하시는 도중에 그렇게 하셨던 것이다. 땅의 모든 것에 대한 심판자이신 하나님은 또한 모든 민족을 복 주시는 일에 열심을 내시는 하나님이다. 이것이 바로 아브라함으로 하여금 끈질기게 매달리며 기도하도록 해주었던 그 역설이다.

족장 내러티브의 영향

교회와 국가의 관계에 대한 기독교적 견해들에 족장 자료가 끼친 영향은 강력했다. 특히 히브리서 11장이 그 자료를 활용한 일을 통해 그 강력한 영향력이 드러나는데, 히브리서 11장은 그 족장들이 떠나왔던 땅으로부터 그리고 그들이 들어가서 옮겨다니면서 살았던 땅으로부터 독립적이었음을 강조하고 있다. 부정적으로 이 자료를 강조하면 세상을 부인하는 태도를 낳을 수 있다. 그런 태도를 가진 신자들은 이 세상의 일에 **어떠한** 참여도 하지 않고 단념해 버리게 된다. 왜냐하면, 아브라함처럼 우리도 손으로 짓지 않은 도성을 추구해야 하는 사람들이기 때문이다. 반면에, 그 족장들의 **순례자**로서의 성격은, 우리가 아무리 성경의 나머지 부분에 근거하여 하나님의 백성들로서 인간 사회에서 하나님의 사랑과 정의를 실천적이고 현실적으로 표현해야 할 사명을 지니고 있다 할지라도, 여전히 우리가 그 사회로부터 불러냄을 받은 사람으로서 그렇게 행해야 한다는 점을 기억하게 해준다. 불러냄을 받은 사람들은 구속에 대한 하나님의 약속이 이루어지기를 바라지만, 우리 구원의 소망을 국가 그 자체 안에서 찾으리라 기대하지 않는다. 이 세상은 우리의 집**이다**. 그러나 현재의 반역하는 상태 가운데 있는 세상은 우리의 최종적인 집이 아니다.

해방된 민족: 출애굽에서부터 사사 시대까지

여기에 지정된 시기는 엄청나게 길어 보일 수도 있겠으나, 그 시기는 이스라엘이 이론상으로만이 아니라 실제로 신정 정치를 했던 기간으로 묶인다. 어떤 학자들은 이 시기를 이스라엘이 가장 뚜렷이 주변 세계와 구별되게 해방되

었으며 또한 해방시키는 백성이었던 기간이라고 생각한다.[12]

하나님의 백성

얕보는 말로 '히브리인들'이라고 알려졌던 이스라엘의 후손, 하나님의 백성들은 매우 강력한 제국 안에서 압제받고 있던 소수 인종으로 이 시기를 시작한다. 여호와의 요구가 바로에게 정면으로 주어졌다. "내 백성이 나를 예배하도록/섬기도록[13] 내 백성을 가게 하라." 여호와를 예배하기 원하는 사람들에게 자유를 주기를 거부하는 국가는 곧 여호와의 대적이 될 수밖에 없다. 족장 내러티브들 속에서, 가장 거대한 제국주의 문명에 얽매이지도 않으시며 깊은 인상을 받지도 않으신다는 의미에서 초월적인 존재로 자신을 보여 주셨던 하나님은, 바로 자신을 포함해서 다른 신들을 섬기고 있는 국가의 중심에서 자기 백성들이 예배할 자유가 있다는 권리를 천명하신다.

바로의 국가에 대한 여호와의 요구 사항들은 예배의 자유라는 영적 권리를 훨씬 넘어서 더 나아간다. 애굽은 정치적 편의주의에 기초해서 인종적 소수자인 이스라엘에 대한 사회적 차별을 자행하고 있었다. 바로는 공공의 이익이라는 옷을 입혀서 냉소적으로 대중의 공포를 자극하고 있었다. 바로의 정부는 노예 노동 인력에 대한 경제적 착취를 자행했다. 그리고 바로의 백성들은 국가가 뒷받침해 주는 대량 학살 정책을 통해 정상적인 가정의 삶까지 심각하게 침해하는 죄를 범하고 있었다. 종교적인 면만 아니라 정치적, 경제적, 사회적인 모든 국면에서, 여호와는 자신의 백성들에 대한 해방을 요구하시고 그 해방을 이

---

12) 이 기간은 Walter Brueggemann이 말하는 "모세의 대안적이며 정력적인 인식"(출애굽 당시의)과 "대항 문화에 대해서 반대하는" 발전인 "솔로몬의 왕 중심의 인식"(초기 왕정 시대의)이라는 양극 사이에 걸려 있는 기간이다. Brueggemann, *Prophetic Imagination*, chs. 1-2.「예언자적 상상력」(대한기독교출판사).

13) 히브리어 동사 'ābad와 그 명사형인 'ăbōdâ가 '노예로서 섬김'과 '예배함'이라는 두 뜻을 모두 의미하고 있다는 사실에서 의도적인 언어 유희가 있다고 볼 수 있다. 이것은 출애굽기의 처음 몇 장에서 이스라엘이 바로에 대한 가혹한 'ăbōdâ와 더불어 'ābad하도록 강제되었다는 사실을 반영하려는 의도가 있음이 분명하다. 하나님은 불법적으로 하나님 노릇, 왕 노릇 하는 자에 대한 속박으로부터의 자유와 자유로운 언약적 섬김 가운데서 살아 계신 하나님을 예배할 자유 둘 다를 요구하고 계신다.

루신다. 사건들이 전개되어 가는 과정에서, 여호와가 누구인지 모른다고 고백했던 그 국가(출 5:2)는 여호와의 정체와 권능에 대해서 더 이상 확실할 수 없을 정도로 배우게 된다. 실로 애굽이 여호와를 모른다고 했던 짐짓 가장된 무지로부터 여호와의 권능에 대해 진절머리가 날 정도로 인정하게 되는 이 과정 이야기 역시 그 내러티브의 주요 곁가지 중 하나다. (다음 본문들을 통해 이어져 나오는 생각의 흐름에 주목하라. 출 5:2; 7:5, 17; 8:10, 22; 9:15, 29; 14:18, 25.) 바로와 그 나라 다른 신들은 여호와가 이스라엘에 대해서만이 아니라 애굽에 대해서도 하나님이시라는 사실에 꿇어 절해야 했다. 실로 그 주장에는 여호와가 지구 전체에 대한 하나님이시라는 주장이 자리잡고 있다. 바다가 이스라엘 구원의 현실을 확증한 다음 모세가 부른 노래의 절정에서, 그는 바로가 아니라 여호와가 영원한 왕이심을 선언하고 있다(출 15:18).

애굽이라는 제국으로부터 하나님의 백성들이 성취한 대탈출에서 진행하여 이제 우리는 그들이 가나안에 있는 도시 국가 문화의 한가운데 도착한 일에 이르게 된다. 이 점에서 하나님의 백성은 단순히 해방된 백성일 뿐만 아니라 해방시키는 백성이 되었다고도 말할 수 있을 것이다. 물론 최근 역사의 관점에서 볼 때, 침입자들을 해방자들이라고 말하는 것이 거슬리는 말일 수도 있지만 말이다. 그럼에도, 가나안 땅에 이스라엘이 도래 혹은 등장한 사건은 그 곳에 아주 놀라운 사회적, 정치적, 경제적, 종교적 변화를 가져왔다.[14] 여호와의 백성 이스라엘은 그들 스스로를 다르다고 생각했을 뿐만 아니라 **실제로** 달랐다(제2장을 보라).

이 단계에서 하나님 백성의 주요 특징은 그들이 실제로 신정 정치를 하고 있었다는 점이다. 말하자면, 그들은 어떤 인간 왕도 두지 않았으며, 모든 핵심적 권위 형태를 궁극적으로 여호와께 두고 있었다. 그리고 여호와의 통치는 시

---

14) 이스라엘이 언제 어떻게(정복을 통해서? 침투를 통해서? 반란을 통해서? 혹은 이러한 것들을 뒤섞어서?) 가나안 땅에 정착하게 되었는가에 대한 물음은 역사가들 사이에서 여전히 그 시기에 대한 많은 논쟁을 불러일으키고 있는 분야다. 고고학적 증거에 대한 해석상의 논란을 포함하여, 이 쟁점들에 대한 최근의 조사로는 다음 책들을 보라. William G. Dever, *What Did the Biblical Writers Know?*; V. P. Long, D. W. Baker and G. J. Wenham (eds.), *Windows into Old Testament History*.

내 산 언약과 율법에 구현되어 있는 분명한 사회적 목표들에 대한 헌신적 준수와 결부되어 있었다. 그 목표들의 특징은 평등과 정의와 친족간의 책무였다. 또한 이 목표들은 제사 행위(종교 의식들)를 포함하여 이스라엘 생활 전반에 두루 적용되었다. 이 단계에서 하나님의 백성이 된다는 것은 수고를 통해 이루어야 할 과제였다. 그것은 "윤리적, 사회적, 제의적 영역에서 상세한 순종"을 요구하는 일종의 대안적 비전이었다. "[그 순종이]…하나님의 백성이라는 개념을 하나의 윤리적 원칙으로 확립해 준다. 하나님의 백성들은 행동을 할 때에도 서로서로 결속되어 있다. 여호와가 그들을 다스리는 주재자이시기 때문에, 그들은 그들 위에 군림하는 군주를 두지 않았다. 신정 정치와 사회 정치적 평등(급진적 신학과 급진적 사회학)이 함께한다."[15]

이 점은 시내 산의 중요성을 강조하고 있다. 우리는 시내 산의 중요성을 간과하고 애굽에서 곧장 가나안으로 건너뛸 위험이 있다. 이스라엘의 진로는 그렇게 곧장 가도록 되어 있지 않았다. 시내 산은 애굽으로부터의 해방과 가나안 땅에서의 정착 사이에서 중요한 중간 지점을 차지하고 있다. 해방은 그 자체가 목적이 아니었다. 새롭게 자유를 얻은 사람들은 방종과 반역과 분열과 정신력의 실패 등 끊임없이 그들을 와해시키는 세력들의 희생물이 되었다. 시내 산에서 하나님은 해방되어 자유를 얻은 노예의 무리였던 그들이, 질서가 잡히고 제대로 기능하는 사회로 전진해 나아갈 수 있도록 해줄 제도와 법률을 제공하셨다. 그 제도와 법은 그들을 하나로 결속시켜 주고 틀을 만들어 주는 것이었다. 그 토라 가운데서 우리는 이스라엘을 그처럼 독특하게 만들어 주었던 그들 정책의 특징들을 무더기로 발견하게 된다. 그것은 혈연을 기반으로 한 토지 보유제, 희년과 안식년 제도, 이자에 대한 금지, 법 앞에서 원주민과 이방인의 평등, 노예들의 시민적 권리, 여러 장로들의 정치적 리더십과 권위의 분산, 제사장들의 경제적 권력에 대한 제한 등이다. 비록 엄밀히 말해 하나의 국가였다고 말할 수는 없을지라도, 이 시기의 이스라엘에 지속적인 목표들과 일관된 기조를

---

15) Goldingay, *Theological Diversity*, p. 66. 그리고 그 곳에 있는 초기 이스라엘에 대한 Mendenhall, Gottwald 및 다른 사회학자들의 작품에 대한 언급을 보라.

지닌 사회 제도가 없지는 않았다. 또한 이 사실은 하나님의 현실주의를 우리에게 보여 준다. 구속의 모델과 매개체로서 하나의 민족을 창조하시되 타락한 인류 가운데 여전히 그 일부분으로 자리잡도록 하시면서, 하나님은 그 민족에게 그들의 구속(redemption)에 함축되어 있는 자유와 도덕적 가치들을 보전하도록 설계된 사회, 경제, 정치 제도의 틀을 제공해 주셨다. 구속의 목표는 자유다. 이스라엘의 경우, 애굽의 사회 정치적 압제**로부터의** 자유일 뿐만 아니라 하나님의 백성이 **되는** 자유, '제사장 나라'와 '열방에게 빛'이 되는 자유다.

국가

이 시기의 국가는 한편으로 애굽으로 대변되며, 다른 한편으로 가나안으로 대변된다. 애굽은 거대한 제국으로서 그 자체의 이익을 위해 하나님의 백성들을 노골적으로 압제함으로써 그 권력을 행사하고 있었다. 가나안은 피라미드 구조의 정치적, 경제적 권력 형태를 가지고 있는 작은 도시 국가 왕국들이 옹기종기 모여 있었다. 그 권력은 그들의 땅에서 농사를 짓고 살아가던 거민들을 압제하고 수탈하는 권력이었다. 본문을 보면 애굽과 가나안 그 둘 모두 성격상 우상 숭배적이며, 여호와의 적들이자 하나님의 백성에게는 위협으로 나타나 있다. 두 경우 모두에서, 국가가 그와 같은 우상 숭배적 적의를 드러낼 때 그 국가에 대한 하나님 백성들의 입장은 대결과 도전과 싸움이다.

애굽에서 나와 가나안으로 들어가게 된 하나님 백성들의 탈출과 진입은 각각 대립각을 세우고 있는 인간 국가들에 대한 심판이라는 결과를 낳는다. 애굽은 무엇보다도 그 압제 때문에 반대편에 서게 되었고, 가나안은 주로 그 우상 숭배와 '가증한 행습들' 때문에 반대편에 서게 되었다. 그 가증한 행습들에 대해서는 레위기와 신명기에 그 목록이 열거되어 있다. 그리고 특별히 이 맥락에서, 국가는 반대되고, 무찔러지고, 해체되고, 마침내는 하나님의 직접적인 통치 아래 있는 전적으로 구별된 인간 사회에 의해 대체되어야 할 것으로서 하나님 백성들에 대립하여 서 있다. 바로의 패배와 가나안에 대한 정복 내러티브에는 계속해서 하나님의 대적들로 남아 있겠다고 고집부리는 자들에 대한 하나님의 최후 심판을 가리키는 어떤 표지판 같은 것이 존재한다.

하나님에 대한 묘사

이 전체 문맥에서 줄곧 우리가 대면하게 되는 하나님은 오직 여호와이다. 그 이름은 출애굽 자체를 알리는 장면에서부터 등장하여 이스라엘 백성의 가장 중요한 정체성이 되기에 이른다. 그 이후 그들은 간단히 '여호와의 족속들'이다. 그리고 여호와는 불의와 압제에 맞서는 하나님이며, 명백히 그 일을 바로잡기 위해 출애굽을 시작하신 분이다. 그렇게 하실 때, 여호와로서 하나님은 역사에, 특히 정치사에 개입하신다. 그것은 족장 내러티브 가운데서는 그리 뚜렷하게 드러나지 않던 일이다. 초월하신 여호와께서 바로의 제국 속으로 뚫고 들어가 그 제국의 닫힌 문을 열어젖히신다. 브루그만은 모세가 가진 '대안'의 이중적 의의, 즉 그 대안이 하나님에 관해 선언한 내용과 인간의 정치적 가능성에 관해 선언한 내용에 대해 설득력 있게 논평하고 있다.

제국의 현실로부터 모세와 이스라엘이 이룬 급진적 단절은, 국가 불패의 신화를 섬기는 종교와, 압제와 수탈의 정치로부터의 단절이라는 두 차원을 지니고 있다. 모세는 그 신들이 전혀 힘도 없고, 사실상 신도 아님을 폭로하고 보여 줌으로써 국가 불패라는 종교의 허울을 벗겨냈다. 사실은 그와 같은 정권이 존재하지도 않는 제재 능력에 호소하고 있다는 사실이 드러났기 때문에, 바로의 사회가 지니고 있던 신화적 정당성은 파괴된다. 제국의 신화적 권리 주장은 **대안적인 하나님의 자유의 종교**가 등장함으로 말미암아 끝장나게 되었다. 제국적 인식의 산물이었던 애굽 신들의 자리에, 모세는 주권자인 여호와를 드러내 준다. 주재자로서 자유롭게 행동하시는 여호와는 어떤 사회적 실체로부터 추정하여 만들어진 신이 아니다. 또한 여호와는 사회적 인식의 수준에 사로잡혀 있지 않고, 자신의 본위에서 출발하여 그 자신의 목적을 이루기 위해 행동하시는 분이다.

동시에 모세는 압제와 착취의 정치에 **정의와 긍휼의 정치**로 맞섬으로써 그 정치를 해체시킨다.…그의 작업은 정확히 **하나님의 자유의 종교**를 **인간의 정의의 정치**에 결부시킴으로써 이루어졌다.…여호와는 대안 신학과 대안 사회학을 가능하게 하시며, 그것을 요구하신다. 예언은 그분이 진정으로 얼마나 대안적이신가를 분별하는 데서 시작된다.[16]

주 여호와, 해방을 가져다주시는 정의의 하나님은 그 다음에 왕으로 인식된다. 신정 정치의 핵심이 바로 여기에 있다. 이스라엘은 애초부터 어떤 왕도 인정하지 않았고 오직 여호와만을 인정했다. 이스라엘이 (왕정 초기부터가 아니라) 정착 초기부터 여호와를 왕으로 여겼다는 사실은 아주 오래된 여러 본문에 명확히 나타나 있다(이를테면, 출 15:18; 19:6; 민 23:21; 신 33:5). 어떤 한 신을 왕으로 모시는 일은 이스라엘에만 독특한 것이 아니다. 그러한 신앙은 이스라엘이 등장하기 훨씬 오래 전부터 고대 근동 지방에 존재하고 있었다.[17] 그러나 한 민족이 자기의 신을 왕으로 여겼다는 일반적 의미에서의 신정 정치는 특유한 것이 아니라 할지라도, 이스라엘이 드러낸 신정 정치의 특정한 표현과 경험은 분명 독특한 것이었다. 왜냐하면 이스라엘에서 신정 정치는 수백 년 동안이나 **인간** 왕을 배제시켰기 때문이다.[18]

이 시기에 여호와의 왕권과 인간 왕권이 양립할 수 없었던 이유는 여호와께서 전적으로 고대 세계 왕들의 두 가지 주요 역할과 의무, 즉 전쟁 지휘 그리고 법과 정의 집행이라는 역할을 전적으로 스스로 감당하셨기 때문이다. 실로 이 두 기능을 수행하는, 고대 근동의 인간 왕들은 가장 신성한 자로 여겨졌다. 즉, 그들은 그들이 대표하던 (혹은 구현하던) 그 신을 대신해서 행동했던 것이다. 그러나 이스라엘에서는 여호와 자신이 그 역할을 담당하셨다. 여호와가 최고 군사령관이셨으며, 최고의 재판장이셨다. 이 사실은 이 두 영역을 맡고 있는 인간적 정치 리더십이 결정적으로 강등되었으며 상대화되었음을 의미하는 것이

---

16) Brueggemann, *Prophetic Imagination*, pp. 16-17(강조는 그의 것).
17) "여호와는 이스라엘과 세계의 정치적 지도자로 간주되고 있었다. 이 개념은 그 자체로는 독특한 것이 아니다. 신의 통치는 모든 고대 근동 백성이 지니고 있던 신념이기 때문이다." Lind, 'Political Power in Ancient Israel', p. 4.
18) "그와 같은 여호와의 왕권은 고대 근동의 신화들에도 마찬가지로 나타나고 있지만, 이러한 식의 배제와 인간 제도에 반대하는 논리는 전례가 없으며, 여호와의 왕권에 새로운 차원을 제공해 준다.…놀라운 점은 여호와의 왕권이 인간 왕직을 배제시켜 버렸다는 것이다." Lind 'Political Power in Ancient Israel', pp. 12-13. 그는 왕위 제안에 대한 기드온의 거절(삿 8:22-23), 왕정을 본질적으로 노예화시키는 부담으로 본 사무엘의 비판(삼상 8:10-18), 그리고 왕정이 "사회적으로 무용지물일 뿐만 아니라 유해하기까지 한 제도"라고 조롱하고 있는 요담의 비유(삿 9:7-15)를 지적하고 있다.

었다. 그 대신에 이스라엘은 언약 민족으로서, 그들을 보호하시고 그들의 사회생활의 모든 측면을 정의롭게 규율하시는 언약적 책임을 지시는 주님으로서의 여호와와 언약을 맺고 있었다. 그리고 필요시에 여호와 하나님은 군사적 리더십이나 사법상의 권위 어느 한쪽 혹은 둘 다를 지닌 '사사'를 일으켜 세우셨다. 사사들은 등장했다가 물러날 수 있었다. 그들은 왕이 아니었다. 그러나 여호와의 통치는 계속되었다.

그러므로, 그 당시 즉 이스라엘 역사의 이 시기에, 참으로 급진적이며 대안적인 정치 형태가 인간 역사의 무대 위에서 출범하고 있었던 것이다. 그리고 이 급진적인 정치 형태는 여호와의 이름으로, 여호와의 종교가 이스라엘의 사회적 목표들과 분리될 수 없을 만큼 밀접하게 연결되어 있는 방식으로 발효되었다. 이스라엘은 단순히 **하나님**의 백성이 아니라(많은 민족이 이러저러한 형태로 그러한 주장을 할 수 있었다) 특정하게 **여호와**의 백성이었기 때문이다. 그리고 그것은 그 자체로 여호와 하나님의 성격과 가치와 우선 순위와 목표를 반영하는 특정 종류의 사회에 대한 언약적 헌신을 의미했다.

이것이 무슨 말인가 하면, '신정 정치'는 하나님 백성들의 정치적 이상에 속한 이상적 목표가 아니라는 것이다. 그 모든 것은 그렇게 다스리게 될 그 **하나님**(*theos*)이 누구이며, 어떤 성격의 하나님이냐에 달려 있다. 자신이 참으로 어떤 분인가를 계시하신 그 하나님 여호와에 대한 비전만이, 이스라엘이 가졌던 특정 형태의 신정 정치를 시작하고 유지시켰던 것이다. 그러나 슬프게도, 인간과 마찬가지로 국가는 자기 신을 그 자신의 형상대로 만드는 경향이 있다. 이스라엘이 여호와의 급진적이며 대안적이며 놀라운 신정 정치로부터 제도적인 왕정 국가로 진행해 감에 따라, 예언자들이 이스라엘에게 그 참된 정체성과 소명을 일깨워 주었음에도 그들은 바로 그렇게 했다.

이 자료의 영향

출애굽 패러다임과 가나안 정복의 이야기가 사회사와 정치사에 끼친 영향은 간단히 평가할 수 없다. 이스라엘 자체에서 그것은 하나의 모델이 되었으며 성경의 역사에서 고난과 압제의 모든 시기에 중점적으로 호소하는 내용이 되었다. 그리고 물론 유대인들은 성경 시대 이후 그들의 역사 내내, 특히 너무나도 빈번히 일어났던 박해의 시기에, 유월절을 기념하면서 그 이야기를 살려냈으며 그 현대적 의미를 되새겼다. 기독교 역사를 통해서도 그 패러다임과 이야기는 때로는 유익하게, 때로는 재난을 초래하면서 소망과 상상력을 자극했다. 하나님의 백성 대(對) 악하고 사탄적이며 불경건한 국가의 대결이라는 견해는 많은 기독교 유토피아주의와 천년 왕국론 및 급진적 비타협 운동에 불을 지폈다. 그러한 운동들은 종종 "비현실적 기대, 광적 헌신, 비합리적 행태, 독재 체제, 대적에 대한 가혹한 억압이나 제거"로 끝맺었다.[19] 또한 그러한 운동들은 그들의 의제 전체를 일종의 초역사적 형태로 설정해 놓았던 묵시론적 신념을 통해 자극을 받았다. 이와는 대조적으로, 출애굽 자체와 그 뒤에 일어난 사건들은 거의 대부분 역사적 현실의 한계들 내에 있었다. 그리고 놀랍게도 그 일들은 역사의 가능성에 의해 **제약을 받았다**. 광야에서도 약속의 땅에 들어가서도, 출애굽 이후 모든 것이 이스라엘에게 완벽했던 것은 아니다. 그러나 역사의 제약들 가운데서 유례 없는 정의와 해방의 행위가 **실제로** 일어났으며, 전적으로 다른 종류의 사회가 탄생하게 **되었던 것**이다.[20]

출애굽 패러다임을 이 후자의 방식으로 사용한 것이 해방 신학에 중추적 내용 대부분이 되었다. 또한 그것은 흑인 신학과 여성 신학, 그리고 덜 세련된 형태이기는 하지만 고난당하고 있는 많은 신자 집단이 인내하고 소망하고 고대하면서 매달리고 있는 성경적 격려의 주요 요소이기도 하다.

제도적 국가: 왕정 시기

사무엘 시대에 이르러, 신정 정치를 유지하면서 살아가는 중압감은 외부 압력에 직면해서 그 백성들이 견딜 수 있다고 느꼈던 것보다 더 심해지고 있었다.

---

19) Gregory Baum이 Norman Cohn의 *The Pursuit of the Millenium*(London, 1957)에 의해 촉발된 유럽에서의 그러한 운동들에 대한 역사적 연구를 그 자신의 기고문에서 언급하면서 한 말이다. Baum, 'Exodus Politics', p. 110.
20) 출애굽 패러다임에 대한 이러한 독법이 Michael Walzer에 의해 탐구되었다. 그는 역사 내에서 얻을 수 있는 목표들, 출애굽 패러다임의 목표와 가치에 적합한 목표 달성에 훨씬 더 큰 강조점을 두고 있다. Michael Walzer, *Exodus and Revolution*.

블레셋의 침략에 직면하여 그 백성들이 느꼈던 근심과 무방비적 노출 상태에서, 그들은 더 이상 두서 없이 세워지는 사사들을 통한 여호와 하나님의 보호가 지닌 듯 보이는 임시 방편적 성격에 의지하기를 원치 않았다. 그리하여 그들은 자신들을 둘러싸고 있는 민족들을 두려워한 나머지, 역설적이게도 주변 민족들의 방식들인 중앙 집권화되고 군사화된 정부를 채택하기로 했다. 그들은 왕정을 선택했다. 그 비극적 방향 전환 이후로, 그 백성들은 사울을 겪어내었고, 다윗을 섬겼으며, 솔로몬을 견뎌야 했고, 두 왕국으로 나뉘어 으르렁거리며 싸우는 일을 당하게 되었으며, 마침내 그 두 왕국은 각각 망각과 포로 상태로 빠져 버리게 되었다. 간단히 말해서, 그 이야기는 이스라엘에서 시행된 왕정에 대한 전혀 영광스럽지 못한 이야기였다.

하나님의 백성과 민족 국가

이 기간(사울부터, 혹은 최소한 다윗부터 포로기까지) 동안 여호와의 백성은 틀림없이 중앙 집권적 리더십과 국경과 조직된 군사 방위와 정부 부서 등을 가지고 있는 제도적 국가였다. 그렇지만, 하나님의 백성을 정치적 국가와 동일시하는 것은 결코 전적으로 만족스러운 일이 아니었다. 물론 형식적으로나 겉으로 보기에는 동일체였음에도 불구하고, 구약 성경 자체가 그 두 실체를 의식적으로 구분하고 있었다는 암시가 있다.[21] 그리하여 이스라엘에 **내적인 면에서** 하나님의 백성과 국가 관계의 문제가 존재한다. 또한 왕정 성립을 기록하고 있는 내러티브들은 그러한 발전이 갖는 부정적 측면과 긍정적 측면 둘 다를 볼 수 있는 양면 가치적인 그림을 우리에게 제공해 준다. 왕정에 대한 내러티브는 시간 순서대로 그 진술과 엮여 있는 예언서 본문들과 더불어 구약 성경에서 가장 뚜렷히 정치적인 부분이기 때문에, 우리는 상당한 지면을 할애해서 그 미묘하고도 복잡한 시각들을 들여다보아야 할 것이다.

---

21) 이를테면, 엘리야의 시대에, 한편으로 아합과 이세벨이라는 국가 권세자들과 다른 한편으로 여호와 하나님을 신실하게 믿고 있던 수난당하는 공동체, 즉 "바알에게 무릎을 꿇지 않았던 칠천 명" 사이의 구분이 이루어지고 있다.

1. **인간적 기원**. 이스라엘에서 왕정이 등장할 때 뚜렷이 드러나는 한 가지 사실은, 왕정을 성립시킨 요소들이 얼마나 전형적으로 인간적이고, 양면 가치적이며, 심지어 때로는 저열한 것이었는가 하는 점이다. 왕정을 실시하라는 하나님의 분부도 없었으며, 그 출범을 인정해 주는 재가도 없었다. 신명기에 있는 해당 법규는 "네 하나님 여호와께서 택하신 자"를 언급하고 있으나 그것은 오직 "우리 위에 왕을 세워야겠다"는 그 백성들의 뜻 때문에 벌어진 상황에 대한 부차적이고 제약하는 조건으로서만 언급되고 있다(신 17:14-15). 그리고 이것은 확실히 신명기 사관을 지닌 역사가가 사무엘상 8-12장에서 그 이야기를 기록하고 있는 방식이다. 왕에 대한 요구는 분명 어떤 좋은 동기(사무엘의 아들들이 정의와 청렴한 리더십을 제공해 주지 못하는 당황스런 상황에서 그러한 정의와 리더십을 갈망하는 마음)와 말할 필요도 없이 퇴행적인 동기(나머지 다른 민족들과 같아지고 싶은 욕심)가 뒤섞여서 비롯된 것이었다. 그리고 그 이야기는 계속해서 모호한 사울의 입장과 더불어 전개된다. 그는 하나님의 선택을 받았으나 버림을 받은 자였으며, 인기가 고조된 가운데서 권좌에 올랐으나 그 인기가 변덕스레 동요하자 질투심에 사로잡혀 분노하고 자멸하게 된 자였으며, 약속과 더불어 출발했으나 비극으로 끝난 왕이었다.

사울 이야기의 이 전적인 인간적 면모는 다름 아닌 그의 계승자 다윗의 영광 때문에 매우 중요하다. 다윗은 이스라엘 안에 전적으로 새로운 신학의 흐름, 하나님의 왕권과 이스라엘 왕 사이의 관련성을 드러내는 새로운 방식, 장차 다윗에게서 나올 메시아 왕에 대한 새로운 종말론을 낳았다. 그러나 사울에 대한 기억은 어느 때에라도 왕정이라는 정치 제도 자체와 그 자리에 앉은 인간에 대한 시각을 확고하게 유지시켜 주었다. 이스라엘에서 왕정은 그 자체로 성스럽지도 신적이지도 않았다. 이스라엘의 왕들은 전설에 나오는 신이나 과거 선사 시대의 영웅에게 그들의 기원을 둘 수 없었다. 역사적이며 인간적인 그 제도의 기원과 그 첫 왕, 그리고 실로 그의 후계자들이 저지른 너무나도 인간적인 실패들은 무척이나 의미심장한 것이었다. 왜냐하면 그러한 기원과 실패들 때문에, 이스라엘은 계층화된 사회와 '피라미드식' 권력 정치에게 감히 도전할 수 없도록 성스러움과 존엄성을 부여해 주었던 왕정 신화로부터 벗어날 수 있었기 때문이다.

더 나아가 이 인간적 기원이 미친 또 다른 효과는 정치 제도로서의 왕정을 잠정적인 것으로, 구약 시대 이스라엘의 역사 전체로 보았을 때 잠깐에 불과한 것으로 만들었다는 것이다. 이스라엘은 왕을 세우지 않고서도 그 땅에서 칠백 년을 살았고, 포로기 이후로는 줄곧 왕 없이 존속했다. 또한 왕정이 미치는 유익한 효과들과 그 피해들을 비교해서 고찰해 본다면, 저울추는 거의 확실히 피해가 많은 쪽으로 기울어질 것이다. 그 나라를 쪼갠 것도 왕이었으며, 전통적 형태의 토지 보유제를 위반한 것도 왕이었으며, 압제와 불평등의 경제적인 세력을 가속화시킨 것도 왕이었으며, 정치적 동맹과 전쟁의 와중에서 민족들에게 크게 피해를 입힌 것도 왕들의 교만 때문이었으며, 대중의 배도와 우상 숭배를 들여오고 재발하는 것을 전혀 막지 못했던 것도 왕이었다. 물론 주목할 만한 몇몇 예외도 있었다. 그렇지만, 넓게 봐서 이스라엘에서 왕정의 과정은 백성들의 소망보다는 사무엘의 경고와 우려에 더 가깝게 진행되었다(삼상 8:10-18). 비록 구속함을 받은 백성들이라 할지라도 그들의 타락한 인간성이 그들 정치 생활의 이러한 상층부에서보다 더 명백하게 나타난 예는 어디에도 없었다.

2. **하나님의 개입**. 그러나 놀라운 사실은, 구약의 주요한 역사 내러티브들은 바로 야비한 장면과 인물들로 가득 차 있는 이스라엘 왕정이라는 이 무대에서 역사하시는 하나님을 기술하고 있다는 사실이다. 왕정의 가장 큰 역설은 비록 그 기원이 인간적이었고 그 시초에서부터 배도와 부패 성향으로 물들어 있었음에도 불구하고, 하나님이 왕정을 들어서 그분의 구속 목적 한가운데 엮어 넣으셨다는 사실이다. 이스라엘의 왕은 하나님의 자기 계시에서 새로운 차원의 중심이 되었다. 왕은 현재 상태에서 이스라엘에 대한 하나님의 통치를 대표했으며, 열방에 대한 하나님의 궁극적이고 완전한 메시아적 통치를 기대하는 소망의 상징이 되었다. 그러한 것이 바로 인간의 자유와 하나님의 주권 사이의 기이한 상호 작용이다.

여기 신정 정치의 이상과 인간의 왕권에 부여된 속성들 및 기능들 사이에는 흥미로운 긴장이 있다. 앞서 지적했듯이, 왕의 모든 대권을 여호와 하나님께만 유보시킴으로써 발생하는 실질적 효과는 사회적, 정치적, 경제적으로 이스라엘 사회 안에서 차별을 감소시키는 것이었다. 그러나 왕에 대한 소원은 사실상 여호와 자신이 직접 경고하셨다시피, 신정 정치에 대한 불만의 표시였다. "그들이 너를 버림이 아니요, 나를 버려 자기들의 왕이 되지 못하게 함이니라"(삼상 8:7). 그러나 여호와는 가나안 족속들의 불평등과 압제와는 구별된 형태로 세워진 그들 사회의 사회-경제적 구조 전체의 배후에 서 계신 하나님이었다. 여호와는 그 땅에서 노예 해방과 정의의 하나님이었다. 여호와를 왕으로 받아들이지 않고 배격하는 것은 여호와의 통치가 가져다주는 모든 혜택 역시 폐기해 버리는 것이었다. 그러므로, 만일 그들이 '다른 민족들처럼' 왕을 원한다면, 다른 민족들과 같은 사회를 맞이할 준비도 해야 할 것이라고 사무엘이 주장한 것은 전적으로 합당한 것이었다. 사무엘상 8:10-18에서 사무엘이 그리고 있는 그림은 이스라엘이 그들 주변의 문화를 통해 익히 알고 있던 종류의 왕직에 미루어 볼 때, 그로서는 예견하기 어렵지 않은 것이었다. 왕정의 채택은 압수와 징집과 과세를 가져올 것이며, 이스라엘 백성들의 사회 속에 불의하고, 부담스럽고, 되돌릴 수 없는 사회적, 경제적 계층화를 낳게 될 것이었다. 그리고 역사의 과정은 그것이 바로 정확히 이스라엘에서 왕정 제도가 생산해 낸 열매였음을 보여 주고 있다. 사무엘서를 기록한 역사가가 그리고 있는 솔로몬의 후반기 통치에 대한 묘사는, 사무엘이 무덤 속에서 틀림없이 "내가 너희들에게 말한 그대로지?"라고 말할 만한 것이었다. 모든 것이 매우 부정적이었다. 그래서 브루그만은 솔로몬의 전체 정신과 기풍과 업적에 대해서 모세의 대안에 대한 역전, 제국의 가치관과 경영 중심적 사고 방식으로의 복귀, 시내 산의 대항 문화에 대한 저항이라고까지 말할 수 있을 정도다.[22] 그러므로, 왕의 존재 그 자체가 어떤 의미에서 신정 정치에 대한 부정이었다. 실제로, 왕가(王家)를 세우려는 가장 초기의 시도 역시 바로 이 때문에 좌절되었다. 기드온은 왕관을 거절하면서 이렇게 말했다. "내가 너희를 다스리지 아니하겠고, 나의 아들도 너희를 다스리지 아니할 것이요, 여호와께서 너희를 다스리시리라"(삿 8:23).

---

22) Brueggemann은 솔로몬 시대의 특징을 "풍요의 경제학(왕상 4:20-23), 압제의 정치학(왕상 5:13-18; 9:15-22), 그리고 내재와 근접 가능성의 종교(왕상 8:12-13)"로 열거하고 있다. Brueggemann, *Prophetic Imagination*, ch. 2.

그렇지만 또 다른 의미에서 볼 때, 역설적으로 **왕은 신정 정치의 중심이 되었다**. 이스라엘의 왕이 스스로를 신으로 여기지 않았던 것은 확실하지만, '하나님 닮아가기'의 모범으로서 신적 성품들을 명백히 드러내라는 요청을 받고 있었다. 그것은 바로 우리가 제1장에서 살펴보았던 구약 윤리의 주요한 차원이다. 왕은 다른 이스라엘 백성들의 머리 위에 올라선 '초-이스라엘 백성'이 되어 그 지위가 주는 위세를 흥청망청 즐기는 존재가 되어서는 안 되었다(신 17:20). 오히려 왕은 '전형적인 이스라엘 백성'이 되어, 율법을 준수하는 최고의 기준을 세워 주어야 했다(신 17:19). 이 과업을 위해서, 왕은 하나님의 특별한 은혜의 선물을 받았다. 왕은 기름부음을 받았는데, 그것은 하나님을 위한 특별한 사명과 성령의 권능을 상징했다. 왕은 하나님의 아들로 '입양'되었다(삼하 7:14; 시 2:7). 그리하여, 그의 인격 안에서 아들의 지위와 그 지위에 따르는 순종의 책임, 즉 그 온 민족에게 속해 있는 신분과 책임이 하나로 연합되었다.

이스라엘의 왕에 대한 이러한 높은 기대들은 그들에게 적용되었던 '목자'라는 말에 요약되어 있었다. 그 말은 우리가 알고 있다시피(시 23:1 등) 하나님께도 적용된 말이다. 인간적 차원에서, 목자는 매우 책임이 중하고 몹시 힘든 일을 해야 했지만, 사회적 신분은 상대적으로 낮았다. 왕에게 적용했을 때, 그 비유는 왕권의 영광이 아니라 왕직의 의무를 일깨워 주는 강력한 도구였다. 왕은 정의, 즉 하나님이 보시는 정의(시 72:1)가 백성들 사이에서 이루어지도록 감독해야 했다. 그 정의는 특히 가난한 자들과 짓밟힌 자들을 위해 작동되는 정의였다. 수세대에 걸친 왕들이 정확히 이 부분에서 실패했기 때문에 이스라엘의 '목자-왕'들은 예언자들의 분노에 찬 외침을 들어야 했다. "자기만 먹는 이스라엘 목자들은 화 있을진저! 목자들이 양 떼를 먹이는 것이 마땅하지 아니하냐?…너희가 그 연약한 자를 강하게 아니하며, 병든 자를 고치지 아니하며, 상한 자를 싸매 주지 아니하며, 쫓기는 자를 돌아오게 하지 아니하며, 잃어버린 자를 찾지 아니하고 다만 포악으로 그것들을 다스렸도다"(겔 34:2-4; 참고. 렘 22:1-5; 23:1-4). 흥미롭게도, 에스겔은 사악하고 무정한 통치자들의 문제를 푸는 궁극적 해결책을 다시 신정 정치를 시도하는 것으로 보고 있다. 여호와께서 이렇게 선언하신다. "곧 내가 내 양을 찾고 찾되,…내가 친히 내 양의 목자가 되어 그것들로 누워 있게 할지라.…내가 없애며 정의대로 그것들을 먹이리라"(겔 34:11-16).

그렇지만, 이 종말론적 비전에서조차도 여호와의 통치는 여전히 매개되는 신정 정치로 남는다. 시온-다윗 신학(Zion-David theology)은 폐기되지 않는다. "내가 한 목자를 그들 위에 세워 먹이게 하리니, 그는 내 종 다윗이라. 그가 그들을 먹이고 그들의 목자가 될지라"(겔 34:23). 오직 다윗의 자손이며 동시에 여호와 하나님 자신의 아들이기도 한 메시아 왕의 도래만이 그 비전의 두 측면을 통합시킬 수 있었다. 모든 이스라엘 왕이 하나님의 성품을 매개하고 반영하는 그들의 의무를 수행하는 데 전적으로 실패했던 것은 아니다. 최소한 그들 가운데 몇몇은 그 시대의 통상적인 기준을 넘어서 자비로운 왕이라는 명성을 획득했다(왕상 20:31 이하). 그리고 요시야 왕은 여호와 하나님이 특별히 요구하시는 바, 즉 의로움과 가난하고 곤핍한 자들을 위한 정의를 시행함으로써 그가 참으로 여호와를 알고 있음을 입증했다(렘 22:15-16; 참고. 9:23-24; 왕하 23:25).

만일 왕이 진정으로 자기 백성들 가운데서 정의를 추구하여, 괴롭힘당하는 자들을 변호하고, 핍절한 자들의 자녀를 구하고, 압제자를 분쇄한다면(참고. 시 72:4), 그 왕은 목자가 자기 양 떼에게 하듯이 이용할 수 있고 가까이 다가갈 수 있는 존재여야 했다. 그리고 이것이 사실은 이스라엘 왕정의, 최소한 그 초기 시대의 주목할 만한 특징이다. 왕에게는 평민들 개인이나 그들을 대신하여 예언자들이 다가가서 탄원을 올릴 수 있었다. 그 예로, 우리야를 대신한 나단의 비유(삼하 12:1-10), 압살롬을 대신한 요압과 드고아 출신의 지혜로운 여인의 비유(삼하 14:1-24), 솔로몬에게 했던 창기의 호소(왕상 3:16-28), 그리고 요람 왕에게 했던 수넴 여인의 호소(왕하 8:1-6) 등이 있다.

이스라엘의 인간 왕들이 보여 준 이 측면은 신정 정치에서도 그에 상당하는 측면을 가지고 있다. 예배와 기도로 하나님께 '가까이 다가갈' 특권을 가지고 있던 백성(참고. 신 4:7)이 근접할 수 없는 인간 왕을 받아들일 리 만무했을 것이다. 만일 영원 가운데 거하시는 하나님이 비천한 자 가운데 내려와 함께 거하시고 한나와 같은 여인네의 기도를 들으신다면, 인간의 정치적 권위를 비판이나 책망을 무시할 수 있는 위치까지 높일 수는 없는 것이었다. 유다와 이스라엘의 후대 왕들이 점차 전제적이 되어 가고 있었을 때조차도, 예언자들의 생생한 예언의 음성은 침묵시킬 수 없었다. 정치적인 맥락에서, 예언자들은 '재야의 비판자'에 비유할 수 있는 역할을 수행하여 정치 권력이 비판에 귀기울이게 만들고, 하나님 앞에서 그리고 백성들 앞에서 피할 수 없는 책임감을 갖도록 만들었다.

비유를 사용한 나단과 요압의 접근 방법은 정치 권력과 대결하는 수단으로서 매우 시사적이고 흥미롭다. 나단이 든 비유의 경우는 노골적인 불의에 자극을 받아 만들어지게 되었으며, 요압의 경우는 인기 없는 정책 때문에 만들어졌다. 그러나 둘 다 비슷한 효과를 보았다. 그 두 비유는 행동**해야 할** 당사자인 왕의 관심과 개입을 이끌어냈다. 도덕적으로, 정치적으로 그 비유들은 왕 앞에 제시된 그 특정한 사건에 대해 판단을 내리도록 만듦으로써 왕을 끌어들였다. 그 두 비유는 추상적 정치 이론이 아니라 실제적이며, 코앞에서 벌어진 사건들과 관련해서 비상 조처로 이루어진 개입이었다. 그 둘은 왕의 마음과 생각에 변화를 불러일으키고자 하는 의도했던 효과를 성공적으로 이루어냈다. 그 둘은 모두 회개를 촉구했다. 첫 번째의 경우는 도덕적인 면에서, 두 번째의 경우는 정치적인 면에서의 회개를 촉구했다.

권위자에 대한 비유를 통한 이 두 호소는 그리스도인의 정치 참여에 대한 동기와 모델로 기여한다. '소금'과 '빛'으로서 그리스도인들은 설득력과 실제적 적합성을 가진 도덕적 주장을 정치 당국자들에게 꾸준히 제시해야 한다. 특히 이 일은, 나단과 요압의 행동에서처럼, 약자, 힘없는 자, 그리고 불의와 매몰찬 무시로 고통당하고 있는 자들을 위해 이루어져야 한다. 그리고 그러한 설득은 특정한 쟁점들과 달성될 수 있는 제한된 목표의 수준에서 가장 효과를 발휘하는 것 같다.

왕정에 대한 하나님의 태도를 그린 예언자들의 묘사

이 시기에 하나님에 대한 인식은 주로 **예언자들**의 음성에서 찾아야 한다. 예언서에서 우리는 하나님이 자신의 백성들이 지닐 수 있는 정치 형태들 가운데 하나로서 왕정을 용인해 주신 일의 조건적이며 제한적인 성격을 발견할 수 있다. 이스라엘(남쪽과 북쪽 모두를 포함해서)의 왕정에 대한 예언자들의 입장은, 왕정 국가를 **하나님이 허용하신 것**으로는 인정했지만, 그 국가가 **하나님을 대리하는 것**에는 반대했다는 말로 정리할 수 있을 것이다. 예를 들어서, 북쪽 지파들이 유다로부터 분열되어 나가는 시점에서 예언자 아히야는 그 사건 이전에 여로보암에게 그가 분열해 나가는 것이 솔로몬의 집에 대한 심판으로서 하나님이 뜻하신 일이라고(즉, 하나님이 여로보암에게 왕국을 주시는 것이라고) 격려했으며, 또한 나중에는 그가 북쪽 지파들을 우상 숭배로 인도해 나갔다고(그의 왕국이 하나님의 자리를 찬탈하고 있다고) 그를 심하게 비판했다(왕상 11:29-39; 14:1-16).

1. **이중적 죄**. 왕국의 분열에 대한 내러티브에 등장하는 두 주인공, 즉 르호보암과 여로보암의 죄를 비교해 보면, 아주 흥미롭다.

르호보암의 죄는 개인적인 부와 위세를 위해 권력을 압제적으로 남용한 죄였다. 물론 그는 과세와 강제 노역이라는 압제적인 부담 때문에 이미 과부하가 걸려 있는 제국을 그의 아버지 솔로몬에게서 물려받았다. 그러나 다른 대안이 제시되었음에도 불구하고, 르호보암은 **고의적으로** 선포된 국가 정책이라는 이름으로 압제와 강압적 통치의 길을 선택했다(왕상 12:1-14). 그렇게 함으로써, 르호보암은 그에게 정치적 리더십에 대한 이스라엘의 정통 개념, 즉 서로 섬김을 일깨워 주던 늙은 대신들의 충고를 배척했다. "왕이 만일 오늘 이 백성을 섬기는 자가 되어 그들을 섬기고 좋은 말로 대답하여 이르시면, 그들이 영원히 왕의 종이 되리이다"(왕상 12:7). 그 충고를 거절함으로써 르호보암은 그의 왕국을 절반 이상이나 상실하는 대가를 치러야 했으나, 그 정도의 대가로도 그와 그의 뒤를 이어 남 왕국과 북 왕국 왕위에 오른 자들의 권력욕을 막지는 못했다. 목자들이 자기 양 떼를 약탈했다. 그러나 르호보암은 단지 사람의 충고만 거절한 것이 아니라 그 이상의 충고를 거절한 것이다. 그는 이스라엘 안에서 이루어지는 모든 조치의 특징, 특히 정치 권력에 있는 자들의 표시는 정의와 긍휼이어야 한다는 여호와 하나님의 명백한 언약상 요구들도 거절했던 것이다.

여로보암의 죄는 종교적 관행을 정치적 목적인 자신의 신생 국가의 존속과 강화에 종속시켜 버린 것이었다. 북 왕국의 우상 숭배는 베델과 단에 있는 금 송아지들에 집중되어 있었다. 그러나 이 금송아지들이 무엇을 의미했는지에 대해서는 유의해서 살펴볼 필요가 있다. 열왕기상 12:26 이하에서 우리는 여로보암이 말 그대로 거짓된 신들을 예배하겠다는 의도를 가지고 있지는 않았음을 볼 수 있다. 그 금송아지들은 아마도 애굽에서 이스라엘을 데리고 나왔던 여호와 하나님의 임재를 표현하려는 의도였을 것이다. 그런 의미에서 그 일은 첫 번째 계명보다는 두 번째 계명에 대한 위반이었다. 그러나 여로보암이 행한 우상 숭배의 진짜 취지는 그 행위의 동기와 그가 처음으로 만들어 낸 부가적 종교 의식들과 직책들에 놓여 있다. 자신의 신생 왕국을 예루살렘의 찬란함에 대한 어떠한 대중적 동경으로부터도 보호하겠다는 것이 그의 명백한 의도였다(26-27절). 그 일을 완벽하게 하려고, 그는 북 왕국을 위해 남 왕국의 것을 대체하는 제사 제도를 만들어 냈다. 그 제도는 완전히 혼자서 설계하고, 임명하고, 운영하는 것이었으며, 모든 것이 그의 국가 이익에 봉사하도록 되어 있었다(31-33절). 실제 효과 면에서, 여호와 하나님은 여로보암의 국가에서 명목상의 우두머리일 뿐인 존재가 되어 버렸던 것이다. 국가 그 자체가 우상이 되었다. 여호와에 대한 예배는 단순히 국가를 보전해야 한다는 더 높은 목표를 위한 도구, 좀더 정확히 말해서 그 국가의 새로운 왕이 생존하도록 보장해 주기 위한 도구였던 것이다(27절).

실제로 그러했다는 사실은 여로보암 2세의 재위 기간 때 베델에서 대제사장을 지냈던 아마샤가 아모스를 향해 화를 내면서 한 말에 아이러니컬하게도 명확히 드러나 있다. "선견자야, 너는 유다 땅으로 도망하여 가서 거기에서나 떡을 먹으며 거기에서나 예언하고 다시는 벧엘에서 예언하지 말라. **이는 왕의 성소요, 나라의 궁궐임이니라**"(암 7:12-13. 강조는 저자의 것). 그러나 북 왕국이 출발할 때 아히야처럼, 그리고 하나님을 위해 벧엘에 선포하러 왔던 그의 무명의 동료 유대인 예언자처럼, 아모스는 하나님 행세를 하는 새로운 정권의 권위에 순응하여 침묵하기를 거절했다. 이 왕국이 존재하는 것을 하나님이 허용은 하셨을지라도, 그렇다고 해서 하나님이 그 왕국의 이기적 이익에 봉사하셔야 하는 것은 아니었다. 예언자들은 하나님의 권위나 하나님의 예언 말씀이 강탈당하여 인간적인 정치적 야심을 정당화시키는 일에 기여하도록 허용하지 않았다. 그리고 때로는 그러한 반대 때문에 값비싼 대가를 치르기도 했다.

국가 이익을 위해 봉사하라고 강요할 수 없었던 예언자 중 한 사람은 엘리야였다. 엘리야는 주전 9세기 북 왕국에서 활동했다. 그 당시는 아합과 이세벨이 다스리던 때였으며, 온 나라가 사실상 배도자가 되었던 때다. 그럼에도 불구하고 왕궁에서 강요하는 바알 숭배에 항복하지 않은 신실한 7,000명이 있었다(왕상 19:14, 18). 신실한 남은 자들이라는 사상의 기원은 아마도 여기에까지 소급될 것이다. 하나님의 참 백성을 이루었던 것은 이스라엘 국가 자체가 아니라 그 안에 있는 소수의 '진짜 신자들'이었다.

2. **의심스런 정통성**. 구약 역사가들의 눈으로 보았을 때, 물론 북 왕국은 그 출발에서부터 정통성이 결여되어 있었다. 그러나 남 왕국 유다의 경우도 국가와 그 왕정의 모든 신학적 정통성에도 불구하고, 여호와 하나님의 예언자적 음성은 여전히 그 왕국과 대결했고 다윗의 왕위에 앉아 있는 어떠한 현직 왕에 대해서도 그 도덕적 타당성 여부를 도전할 수 있었다. 다윗의 보좌는 하나님의 언약적 약속에 근거한 정통성을 가지고 있었다(삼하 7장). 그러나 다윗의 보좌를 차지하고 있는 어떠한 개인 왕의 특정한 통치도 면밀한 조사의 대상이 될 수 있었으며, 적절한 경우에는 불법이라고 판단될 수 있었다. 그리고 그 평가 기준은 언약법이었다. 예언자들은 명확히 시온을 시내 산에 종속시켰다.

왕정을 허용(이미 지적했듯이, 명령된 것이 아니라 허용된 것이다)하고 있는 신명기 법규는 왕정에 대해 엄격한 조건들을 부과해 두고 있었는데, 거기에는 왕들이 율법을 알고, 읽고, 순종해야 한다는 요구가 포함되어 있었다. 왕은 이스라엘 백성들 위에 군림하는 초법적 존재가 아니라 그의 형제들과 동류들 가운데서 전형이 되는 이스라엘 사람이 되어야 했다(신 17:14-20). 율법을 맡은 자로서 왕은 긍휼의 정신으로 정의를 유지하는 일을 위임받았다(참고. 시 72편). 후기 왕정에서조차도 예레미야는 예루살렘에 있는 왕궁의 성문들 앞에서 예루살렘 왕들에 대한 법적이며 언약적 요구라는 이 강력한 전통을 선포했다. 예레미야의 말은 사실상 정통성을 담보하기 위한 조건에 대한, 그리고 실로 다윗 왕조의 존속 조건에 대한 일종의 선언이다. 시온은 시내 산을 따라 준행해야 한다. 그렇지 않으면 폐망에 직면할 수밖에 없다.

> 다윗의 왕위에 앉은 유다 왕이여, 너와 네 신하와 이 문들로 들어오는 네 백성은 여호와의 말씀을 들을지니라. 여호와께서 이와 같이 말씀하시되, 너희가 정의와 공의를 행하여 탈취당한 자를 압박하는 자의 손에서 건지고, 이방인과 고아와 과부를 압제하거나 학대하지 말며, 이 곳에서 무죄한 피를 흘리지 말라. 너희가 참으로 이 말을 준행하면 다윗의 왕위에 앉을 왕들과 신하들과 백성이 병거와 말을 타고 이 집 문으로 들어오게 되리라. 그러나 너희가 이 말을 듣지 아니하면, 내가 나를 두고 맹세하노니 이 집이 황폐하리라. 여호와의 말씀이니라(렘 22:2-5).

이러한 기반 위에서, 예레미야는 계속해서 한편으로는, 언약법의 기준들에 따라 살았던(언약법의 기준들에 따라 산다는 것은 여호와를 안다는 것을 의미한다) 요시야의 통치를 인정하고 칭찬하면서(22:15-16), 다른 한편으로는 무보수 강제 노역과 개인적 세력 강화, 부정직, 폭력 그리고 압제를 포함하는 행위와 정책들을 실시했던 여호야김을 완전히 배격하고 있다. 그 두 왕의 정통성 혹은 불법성은 각각 가난한 자, 곤핍한 자, 노동자 및 '무고한 자들'에 대한 그들의 처우에 근거하여 평가가 이뤄졌다. 즉, 시온에서의 왕은 정확히 시내 산 율법의 지배적 관심사들에 따라 판단되었던 것이다.

이처럼 하나님 백성의 사회 정치적 외형이 초기의 신정 정치로부터 제도화된 왕정 국가로 급격히 변화되었을 때에도, 정치 행정의 주도적인 패러다임은 여전히 율법과 언약의 패러다임이었다. 이 사실은 이스라엘 신정 정치의 왕정 형태는 일반적으로 말하는 '왕권신수설' 그 자체와 결코 동일시할 수 없었다는 것을 의미한다. '여호와의 기름부음을 받은 자'가 된다는 것은 무조건적 보장이 아니었다. 왕은 언약법에 종속되어 있었으며, 그 법에 의해 시정될 수 있었다. 그 민족 전체가 그러했듯이, 궁극적으로 왕정 자체는 언약이 가지고 있는 위협들(저주들)에 종속되어 있었다.

외부 국가들에 대한 도덕적 평가

동일한 도덕 기준이 예언자적 관점에서 이스라엘 바깥의, 언약과 관련이 없는 통치자들의 권위에도 적용되고 있다. 그들이 어떤 민족에 속했든지 간에, 그들 역시 여호와의 권위에 의해 다스린다. 일찍이 주전 9세기경 이스라엘 예언자들은 외부 민족들의 왕을 여호와의 이름으로 기름부을 것을 주장했다(왕상 19:15). 주전 8세기에 이사야는 앗수르와 그 전제 군주들을 다름 아닌 여호와의 손에 붙들린 막대기에 불과한 것으로 간주했다(사 10:5 이하). 무엇보다도 가장 분명하게, 예레미야는 주전 7세기에 예루살렘에서 시드기야 왕이 소집한 국제 외교 회의에서 여호와께서 예견할 수 있는 미래에 느부갓네살을 전 세계 최고의 권위자와 권력자로 임명하셨다고 선언할 수 있었다. 놀랍게도 여호와는 느부갓네살을 '나의 종'이라고 말씀하신다(렘 27:1-11; 특히 5-7절을 주목하라).

이스라엘 왕들이 여호와의 도덕 기준과 여호와의 법에 의해 평가를 받아야 했다면, 이방의 왕들 역시 그러해야 했다. 이에 대한 가장 명확한 본보기가 다시 느부갓네살이다. 다니엘은 느부갓네살에 대해 예레미야가 했던 주장의 요점을 흡수했음이 분명하다. 왜냐하면, 다니엘은 느부갓네살의 면전에서 예레미야의 말을 거의 그대로 반복하고 있기 때문이다(단 2:37-38). 그럼에도 불구하고, 또 다른 경우에서, 관리였던 다니엘은 요청받은 대로 꿈에 대한 해석을 제공해 주는 일을 넘어서서 느부갓네살에게 어떤 '충고'를 주게 되었을 때, 진정한 예언자로서의 자세를 취하고 있다. 그리고 실로 그 충고는 경고다. 만일 왕이 그가 자랑하고 있는 성읍이 기초를 두고 있는 불의에 관심을 기울이지 않고 그의 영토에서 가난하고 빈핍한 자들에 대한 압제를 거두지 않는다면, 피할 수 없는 심판에 직면하게 될 것이라는 말이다. 다니엘 4:7에 있는 다니엘의 예언이 얼마나 담대한 말이었는지 그냥 스쳐지날 수 없다. 그 말은 다른 점에서 보면 다소 이상한 이야기 한가운데 있기 때문이다. 어떠한 이스라엘 왕도 휘둘러 본 적이 없던 모든 권세와 권력을 여호와 하나님께로부터 받은 자가 여기에서 정의의 기준이라는 저울로 평가되고 있다. 그러나 그렇게 해서(그 다음 장인 단 5장에 나오는 은유를 예견하면서) 부족함이 발견된다.

이상의 모든 사실은 로마서 13장에 나오는 국가 권위를 바라보는 바울의 견해에 대한 해석들과 어떤 연관성이 있음에 틀림없다. 구약 성경은 인간의 모든 권위가 **하나님의 뜻이라는 틀 안에** 있다는 견해를 전적으로 보증한다고 말할 수 있다. 그리고 구약 성경은 그 입장이 언약법에 계시되어 있는 **하나님의 정의를 준행하느냐**의 여부에 상관없이 인간의 모든 권위에 어떤 정통성을 부여해 준다는 견해를 전적으로 배격할 것이다.

그러므로, 실제로 하나의 국가가 **되어 본** 하나님 백성의 역사적 경험은 엄청난 긴장을 낳았다. 후대의 왕조에서도 레갑 족속과 같은 집단이 계속해서 존재했다는 사실이 보여 주고 있듯이(렘 35장), 심지어 다윗 계열의 유다에서조차도 왕정을 완전히 편하게 여긴 적은 결코 없었다. 이스라엘에는 실질적으로 다른 무엇이 되어야 한다는 의식이 언제나 있었다. 그럼에도 불구하고, 우리는 정치 권력에 대한 하나님의 근본적인 요구에 관하여, 바로 이 시기의 왕들과 제도들에 대한 예언자들의 비판으로부터(내러티브와 예언서들 모두로부터) 구약에서 배워야 할 대부분의 사실을 배우게 된다.

이 자료의 영향

제도적 왕정 국가로서 이스라엘이라는 전형이 미친 영향은, 수백 년 동안이나 그리스도인들이 세상을 구하는 최선의 길은 기독교 왕국을 세워 운영하는 것이라는 집단적 오해에 굴복해 온 것처럼 보이는 '기독교 왕국'(Christendom) 사상에 가장 종합적으로 드러난다고 볼 수 있다. 콘스탄티누스를 통한 기독교의 변형과 그 의심스런 효과들은 종종 왕정과 국가됨을 채택한 이스라엘의 경우에 비견되고 있다.[23] 분명, 우리가 목도해 온 것은 하나님의 백성을 제도적 국가로 변모시킨 일은 역사 과정 자체의 열기 가운데서 그리고 신학적이며 정경적인 평가 가운데서 승인과 배척을 모두 낳았다는 것이다. 그럼에도, 그 일은 일어났다. 그리고 그 백성들이 처음에 사무엘의 말을 경청하고 그의 말을 들었

---

23) 이스라엘 정치 발전의 여러 단계와 그 가족적 기원과 현재의 '포로기 이후'(계몽주의 이후)의 긴장에 이르기까지 기독 교회의 역사 사이의 몇 가지 예리한 비교에 대해서는 다음을 보라. Goldingay, *Theological Diversity*, p. 83.

더라면 일이 어떻게 전개되었을까에 대해 가정적으로 재구성해 보는 일은 다른 곳에서도 그렇지만 여기에서도 아무런 소용이 없는 일이다. 골딩게이가 말하고 있듯이, "(유명무실한) 신정 민족에서 왕정 국가로의 이행에는 어떤 역사적 불가피성이 존재하고 있었다. 그러한 발전에 대한 대안은 존재할 수 없었다."[24]

골딩게이는 더 나아가 그 미심쩍은 기원들에도 불구하고 하나님이 왕정을 용인하신 일을, 하나님 자신의 구속받고 해방된 백성들조차도 하나님의 이상적 기준에 맞추어 살아가지 못하는 인간의 무능력을 하나님이 인정하신 사례로 본다. "하나의 제도적 국가가 된다는 것은 하나님이 현재 자신의 백성들이 있는 자리에서부터 그들과 더불어 출발하신다는 사실을 의미한다. 그들이 하나님의 고귀한 방식에 부응할 수 없다면, 조금 더 낮은 방식을 만들어 주시는 것이다. 그들이 여호와의 정신에 부응하지 않거나 온갖 종류의 정신들이 그들을 무정부 상태로 이끌어가게 될 때, 여호와 하나님은 그들에게 지상의 통치자들이라는 제도적 안전 장치를 제공해 주신다."[25] 이런 점에서 우리는 법이 허용하고 있는 다른 인간 조건들과 마찬가지로, 제도적 국가라는 것은 인간 '마음의 완고함'에 대한 용인—허용된 것이지만, 잠정적인 것—이라는 견해를 취할 수도 있을 것이다.

고난받는 남은 자들: 포로기

주전 587년, 제도적인 왕정 국가 유다는 느부갓네살의 군대에 의하여 황폐화된 예루살렘의 돌무더기들 아래로 사라져 버렸다. 북 왕국 이스라엘은 주전 721년에 앗수르 군대에 의해 이미 사라져 버리고 흩어져 버린 지 오래였다.

하나님의 백성

포로로 끌려가서 유배지에 내던져진 하나님의 백성은 더 이상 국가가 아니

---

24) 앞의 책, p. 70.
25) 앞의 책, pp. 85-86.

었다. 그들은 한 민족이라고 하기조차 어려운 상황이었다. 아주 미미한 남은 자들로서, 그들은 다시 한 번 그들의 조상들처럼 낯선 이국 땅에서 이방인으로 살아가는 법을 배워야 했다. 그 이국 땅은 그들의 선조들이 하나님의 부르심에 순종하여 떠나왔던 바로 그 땅이었다. 그들은 하나님의 심판 가운데서 다시 그 땅으로 돌아오게 되었던 것이다.

그러나 바벨론은 그저 낯설기만 한 곳이 아니었다. 바벨론은 거대하고, 적대적이며, 위협적인 환경이기도 했다. 그 가운데서 하나님의 백성들은 이제 작고, 뿌리가 뽑힌, 멸절의 위기에 처해 있는 종자들, 즉 포로들이었다. 그러므로, 그들의 역사의 이 시점에서 하나님의 백성들은 박해받고 있는 남은 자였으며, 그 당시의 국가란 그들을 에워싸고 있는 적대적 권력이었다. 하나님의 백성은 그 국가 안에서 생존해야 했으며, 어떻게든 계속해서 하나님의 백성으로 살아가야 했다. 그러한 시대에 처한 위험은 두 가지였다. (1) 그들은 새로운 환경에 타협하고 동화됨으로써, 그들의 정체성을 상실하고 그 독특성을 잃어버릴 수 있었다. (2) 그들은 완강하게 다름을 고집함으로써, 자신들에 대한 파괴적인 박해를 자초하고 마침내 사라져 버릴 수도 있었다. 하나님의 백성들은 역사상 여러 차례 — 적대적 환경 가운데서 고난당하는 소수자가 되었을 때 — 동일한 딜레마에 직면해 왔다. 그리고 이 경우, 또한 우리는 그러한 상황에 대한 다양한 대처를 히브리 성경으로부터 찾을 수 있다. 간단하게 두 가지 적극적 대처와 두 가지 소극적 대처를 살펴보도록 하자.

외부 국가에 대한 대처들

1. 기도. 첫째로, **바벨론을 위해서 기도하라**는 권고가 있었다. 이 권고는 예레미야 29장에 기록되어 있는 것으로, 예레미야가 맨 처음 포로로 끌려간 집단에게 보낸 편지에서 전한 놀라운 메시지였다. 포로 기간이 짧을 것이라고 예언하거나 그들의 유형 기간을 종식시키기 위해 신속한 반역을 꾀하라는 제안을 하는 사람들과는 반대로, 예레미야는 두 세대에 걸치는 장기적 체류를 예고했으며, 그래서 그 곳에 정착하는 정책을 취하라고 충고하고 있다. 포로 된 자들은 바벨론이 여호와의 허용을 통해서 그 행한 바를 행했다는 사실을 인식해야 했

고, 그 때문에 바벨론을 위해 기도하는 것은 다시금 하나님의 목적과 궤를 같이하는 것임을 깨달아야 했다. 하나님 백성의 샬롬은 이제 그들이 거주하게 된 이교 민족의 샬롬과 엮여 있었다.

이 권고에는 그저 생존을 보장하기 위한 실제적인 정책 이상의 것이 담겨 있다. 예레미야의 이 권고는 열방에 대한 복의 근원이 되라는 이스라엘의 진정한 사명을 반영한다. 실로 그러한 기도는 제사장들의 의무였기 때문에, 이것은 열방 가운데서 이스라엘이 수행하는 제사장 역할의 일례다. 그리고 문제의 그 나라가 그 당시 이스라엘의 대적이자 압제자였기 때문에, 여기에서 "너희 원수를 사랑하며 너희를 박해하는 자를 위하여 기도하라"(마 5:44)는 예수님의 분명한 분부에 대한 구약적 선례를 찾는 것도 지나친 일이 아니다.

비록 이전 시기의 일이긴 하지만, 포로 된 자들에 대한 예레미야의 권고를 소돔을 위한 아브라함의 중보 기도(창 18:20-33)와 니느웨에 대한 요나의 선교 이야기와 비교해 보는 것도 흥미로운 일이다. 비록 그가 요청한 대로 결과가 이루어진 것은 아니지만,[26] 아브라함의 '제사장적' 중보가 지니고 있는 긍휼의 성격은 요나의 예언자적 사명과 뚜렷한 대조를 이루고 있다. 요나의 경우, 그 결과는 정확히 그가 원치 **않았던** 것이며, 아마도 그렇게 되지 않을까 명민하게 의구심을 가지고 있던 대로였다. 니느웨도 소돔과 고모라가 그랬던 것과 똑같이 그 사악함과 압제로 악명이 높았기 때문에 그 비교는 흥미롭다. 그러나 그 유사점은 거기에서 그친다. 아브라함은 자발적으로 중보에 나섰다. 그러나 요나는 분부를 받긴 했지만, 다른 방향으로 달아났다. 아브라함은 그 평원의 두 성읍을 구하는 데 실패했다. 마지못해 일한 요나는 니느웨를 회개하게 만들어서 심판을 지연시켰다. 아브라함은 하나님이 의로우시다는 것을 알았기 때문에 중보에 나섰다. 요나는 하나님이 긍휼이 많으시다는 것을 알았기 때문에— 당혹스러울 정도로 긍휼이 많으셨다(욘 4:1-3)—자신의 사명을 피하려 했다!

아브라함과 요나와 예레미야의 편지, 이 세 이야기는 모두 악한 세상 가운

---

26) 아브라함은 그 성읍들을 심판해 달라고 간구하지 않고 자기 친척들을 살려 달라고 하나님께 간구했다. 그는 그 곳에 있을지도 모르는 어떠한 의인을 위해서라도 그 성읍들을 아껴 달라고 하나님께 간구했다.

데서 하나님의 백성이 가지고 있는 제사장적 의무를 우리 앞에 제시해 주고 있다. 우리는 우리가 알고 있기에 하나님의 심판에 직면해 있는 사람들을 위해서도 중보해야 한다. 우리는 또한 그 심판을 선포해야 한다. 그러나 회개와 구출에 대한 소망으로 그렇게 해야 한다. 그리고 우리는 요나의 정신이 아니라 아브라함의 정신으로 그리해야 한다.

우리는 또한 예레미야가 여기에서, 세속 권세자들 위에서 다스리고 계시는 하나님께 순종하는 마음으로 그들을 위해 기도하라는 신약 명령의 선례를 보여 주고 있음을 덧붙일 수 있을 것이다. 그 근거는 동일하게 구속적 염원과 하나님의 목적이다. "그러므로, 내가 첫째로 권하노니, 모든 사람을 위하여 간구와 기도와 도고와 감사를 하되, 임금들과 높은 지위에 있는 모든 사람을 위하여 하라. 이는 우리가 모든 경건과 단정함으로 고요하고 평안한 생활을 하려 함이라. 이것이 우리 구주 하나님 앞에 선하고 받으실 만한 것이니, 하나님은 모든 사람이 구원을 받으며 진리를 아는 데에 이르기를 원하시느니라"(딤전 2:1-4).

기도는 인간 권세를 포함한, 모든 것을 바르게 바라보도록 만든다. 기도는 국가를 절대화하기를 거부하면서도 국가 유익을 추구한다. 이는 기도 행위 그 자체가 국가에 대한 호소가 아니라 국가보다 더 높은 권위에 대한 호소이기 때문이다(바로 그런 이유로 기도는 정치적 행위이기도 하다). 바벨론을 위해 기도하는 일은 바벨론을 상대화하는 일이다. (기도의 사람이었던) 다니엘이 '정금으로 된 우상의 머리'인 느부갓네살에게 일깨워 주었듯이, '하늘에는 한 분 하나님이 계시며' '하나님이 다스리신다'(단 2:28; 4:26).

2. **봉사**. 둘째로, 다니엘과 그 친구들의 대처가 있었다. 그들은 바벨론을 위해 기도하는 일을 넘어서서 느부갓네살의 신흥 제국을 위해 기꺼이 봉사했다. 다니엘서는 그러한 결단에 수반된 독특한 기회뿐만 아니라 극도의 위험에 대한 매력적인 분석이다. 요셉 이야기에도 유사한 점들이 있다. 그 둘 모두 이교적이며 우상을 숭배하는 국가 한가운데서 살아 계신 하나님을 증거할 수 있었으며, 그 둘 모두 그 국가의 정책에 영향을 줄 수 있었고, 그 둘 모두 그들이 가진 '세속' 직업의 지위를 통해서 하나님의 백성에게 유익을 줄 수 있었다. 다니

엘 1-6장의 이야기들은 이교적인 정치 권력의 최고 자리에서 한 사람의 신자로 살아가면서도 계속해서 신실할 수 있으며 타협 없이 그렇게 할 수 있다는 간단하지 않은 가능성에 대한 설득력 있는 연구다.[27]

다시 구약 성경에 있는 다른 예들에 주목할 수 있을 것이다. 이스라엘이라는 국가 자체가 너무나도 배도해서 신실하게 여호와 하나님을 경배하는 자들에게 사실상 '외적인' 적대적 권력이 되었던 때가 여러 번 있었다. 확실히, 아합과 같은 왕들의 경우, 여호와를 따르는 신실한 자들과 여호와께 결코 충성하지 않았던 국가 권력자들 사이의 관계는 치명적이고 손실이 큰 것이었다. 우리는 엘리야의 반응에 익숙하다. 엘리야는 인정사정 없는 반대를 표명했다. 그것은 국가 권위를 넘어서서 위에 계신 여호와 하나님에 대한 충성을 공개적으로 선언하는 입장이었다. 그것이 바로 아합의 면전에서 엘리야가 언급했던 "**내가 섬기는** 이스라엘의 하나님 여호와께서 살아 계심을 두고 맹세하노니"(왕상 17:1; 강조는 저자의 것)의 의미였다. 즉, "나는 **그분을** 섬기고 있지, 아합 **당신을** 섬기고 있는 게 아니오"라는 말이다. 그러나 똑같은 상황에서 **오바댜**는 다른 대응을 대표하고 있다. 오바댜는 "여호와를 지극히 경외하는 자"라고 되어 있다(왕상 18:3). 그러나 그는 정치적으로 고위 직분에 남아서 아합과 이세벨을 섬기기로 선택했다. 오바댜는 국가에 봉사했을 뿐만 아니라 자기 직위의 권한을 사용해서 맹렬한 박해가 가해지는 와중에서 다른 100여 명의 충성스런 여호와의 예언자를 살릴 수 있었다(18:4). 적의에 찬 국가에 대한 엘리야와 오바댜의 대응 모두 커다란 용기를 필요로 하는 일이었다. 그러나 장기적으로는 오바댜의 대응이 훨씬 더 어렵다고 주장할 수도 있을 것이다. 확실히 100여 명의 예언자들은 그 정치적인 사자굴의 '바깥'에 선 엘리야의 입장보다는 '안에서' 취했던 오바댜의 용기 덕분에 목숨을 부지했다. 나중에 엘리야는 또 다른 '내부의' 관리였던 에벳멜렉 덕분에 목숨을 부지할 수 있었다(렘 38:6-13).

3. **심판**. 다시 예레미야의 펜 끝에서 나오고 있는 것은 바벨론에 대한 전면적

---

27) 나는 다음 책에서 이 장들에 있는 이 차원들을 반영시켰다. Christopher J. H. Wright, *Tested by Fire*.

인 **심판** 선언이라는 반응이다. 이는 포로로 끌려가서 유배된 자들에게 바벨론을 위해 기도하라는 예레미야의 권고가 가진 충격적인 역설을 보여 준다. 예레미야 29장에 있는 편지처럼 거의 외교 서신이라 할 수 있는 글에서, 예레미야는 예레미야 50-51장에 기록되어 있는 대로 바벨론을 향해 거칠고 신랄한 공격을 퍼붓는다. 그 두루마리는 공개적으로 읽힌 다음에 돌에 매여 유프라테스 강에, 강력한 바벨론의 운명과 마찬가지로, 던져져 가라앉아야 했다(51:61-64). 이것은 29장에 있는 그 편지가 바벨론의 자비함에 대한 순진한 믿음에 기초한 낙관적 정숙주의의 편린이 아니었음을 명백히 보여 준다. 예레미야는 바벨론의 실상을 똑똑히 보면서, 특히 바벨론이 대변하고 있던 모든 것이 질풍과도 같은 하나님의 심판에 멸망하게 될 운명임을 똑똑히 바라보면서, 바벨론의 샬롬을 위해 기도하라고 포로 된 자들에게 말했던 것이다.

이 맥락에서 우리는 예언서들에서 많이 무시되어 왔던 부분들, 즉 열방 심판 신탁을 포함시켜야 한다. 우리는 그 부분들을 이미 역사의 쓰레기통에 들어가거나 박물관에 전시된 으리으리하고 화려한 장식물로 전락한 지 오래 된 제국들의 멸망을 예견한 케케묵은 예언들로 치부해 버리고 넘어가는 경향이 있다. 그러나 열방과 관련한 예언자들의 이러한 예언의 메시지는 강력하다. 그것들은 변화하는 역사의 무대마다 행사되는 하나님의 주권에 대해 말하고 있다. 그 메시지들은 온 세상의 주인이신 살아 계신 하나님에 대해서, 모든 인간 제국이 지니고 있는 책임성에 대해서 말하고 있다. 그리고 그것들은 어느 한때 지상의 가장 강력한 민족일지라도 덧없이 스러지는 것임을 냉정하게 이야기하고 있다. 이 메시지들은 어떤 시대에라도 하나님의 백성들에게 계속해서 필요한 천명의 말씀이다. 그리고 그것은 그처럼 거대한 권력을 휘두르는 것이 단지 국가나 민족이 아니라 상표와 기업과 엄청나게 (불쾌할 정도로) 부유한 개인들인 우리 자신의 시대에 점차로 더 필요한 말씀들이다.[28]

---

28) 나는 다음 책에서 애굽과 두로에 대한 에스겔의 신탁이 지니고 있는 신학적이며 윤리적인 함의들을 반영시켰다. C. J. H. Wright, *Messages of Ezekiel*, pp. 255-272. 「에스겔 강해」(IVP). 하나님의 권위와 심판 아래 있는 열방에 대한 구약의 인식을 연구한 예리한 통찰은 또한 Brueggemann의 다음 책에 제시되어 있다. Brueggemann, *Theology of the Old Testament*, pp. 518-522. 「구약신학」(CLC).

4. **조롱**. 마지막으로, 바벨론 제국의 만신전과 정교한 '과학적' 문명에 대한 고의적인 조롱과 폭로라는 대응이 있었다. 우리가 이사야 46장과 47장의 상호 연결과 맥락을 보지 못한다면, 그 두 장의 중요성을 놓칠 수 있다. 여기에서 예언자는 여호와 하나님이 다시 큰일을 행하실 수 있음을 믿도록 낙심하고 있는 그의 백성들의 기운을 북돋우고 있다. 그들의 현 상태는 최종적인 것이 아니며, 그들이 실제로 일어나서 바벨론에서 걸어나갈 수 있다는 것을 믿게 하려고 노력한다. 하나님의 백성은 세상에서 다시금 자신의 정체성을 주장해야 한다. 그 정체성은 종노릇 하는 정체성, 하지만 이제는 열방을 구원하는 중대한 의의를 갖도록 세계화된 정체성이다. 그러나 몸을 얼어붙게 하는 바벨론에 대한 두려움은 이스라엘이 그와 같은 반응을 하지 못하도록 가로막고 있다. 그래서 고레스의 군대가 바벨론 제국을 군사적으로 허물어뜨리기도 전에, 이사야의 시어가 이미 그 포로 된 자들의 인식 가운데서 심리적으로 그리고 영적으로 그 제국을 허물어뜨리고 있었다. 그러므로, 이 장들 가운데 있는 우상 숭배에 대한 조롱과 문화적 오만함에 대한 질타는 심원한 정치적 의의를 가지고 있다. 브루그만은 언제나 그렇듯 명쾌하게 다음과 같이 이 점을 간파해 내고 있다.

시인은 억압받고 있는 백성들을 위해 언제나 불가피한 일종의 게릴라전을 벌이고 있다. 첫째, 증오의 대상은 조롱의 대상이 되고 닿을 수 있는 대상이 되어야 한다. 그런 다음에 그 대상에게 불순종할 수 있으며, 충성을 요구할 권리도 없고 약속을 전혀 준수하지도 않는 별 것 아닌 자로 여길 수 있게 된다. 으리으리한 대궐은 전혀 실질적 생명을 낳지도 못하며, 두려워할 필요가 없으며, 신뢰할 수도 없고, 존중되어서도 안 된다.

바벨론의 신들이 조롱을 받을 때, 바벨론의 문화가 조롱을 받을 때, 그 때 역사가 뒤집힌다. 장례식은 축제가 되고, 비탄은 송영이 되며, 절망이 감격으로 바뀐다. 아마도 그것은 단지 하나의 제의적 이벤트일지 모른다. 그러나 우습게 보지 말라. 역사적 경험과 단단히 맞물린 제의는 실로 백성들의 힘을 북돋워 줄 수 있기 때문이다. 예를 들어, 흑인 교회와 민권 운동 혹은 라틴 아메리카에서의 저항 해방 운동을 보라. 제의는 왕들이 생각하기에는 불가능한 전복을 연출해 낼 수 있다.…우리는 시인의 힘을 과소평가해서는 안 된다. 전복은 언어를 바꾸고, 개념 영역을 재정의하고, 의식을 변환시킴으로써 시작될 수 있다.[29]

그렇지만, 아무리 이렇게 말한다 할지라도, 하나님 백성의 미래는 여전히 고레스에게 달려 있었다. 그는 느부갓네살과 바벨론 사람들처럼 이교 제국의 이교도 왕이었다. 이사야가 조롱하고 있는 국가는 앞서 이스라엘에 대한 하나님의 심판을 집행하는 하나님의 종으로 묘사되었던 국가다(렘 25:9; 27:6). 이사야는 고레스에 대해서 '종'이라는 용어 사용을 피하고 있다. 그 용어는 이사야의 예언에서 특별한 의미를 지니는 이스라엘 그리고 이스라엘의 사명을 성취하게 될 자에게 적용되었던 것이기 때문이다. 그러나 그는 고레스를 여호와의 '목자'이자 여호와의 '기름부음 받은 자'라고 묘사한다(사 44:28; 45:1). 통상적으로 이 표현들은 이스라엘의 왕에게 적용되었던 것이다. 그러므로, 이사야는 유배지로부터 이스라엘을 건져내는 일이 분명 여호와의 승리의 역사가 될 것임을 선언하면서도, 한편으로 그 일을 성취하는 데서 이스라엘이 아닌 외부의 신생 국가를 바라보고 있는 것이다. **새로운 출애굽에서 모세의 역할을 담당할 자는 이방인이 될 것이었다!**

다시 한 번, 우리는 구약 성경이 모든 인간의 정치 권력과 군사력을 얼마나 확실하게 여호와 하나님의 주권적 의지 아래 복속시키고 있는지 볼 수 있다. 외부의 제국은 하나님의 심판을 대리하는 대행자로서 억압할 수도 있고 노예로 만들 수도 있지만, 하나님의 구속을 대리하는 대행자로서 더욱 계몽되고 해방을 가져다주는 자일 수도 있다. 어느 방향으로든, 그것은 일하고 계시는 여호와 하나님의 팔이다.

구별된 공동체: 포로기 이후

하나님의 백성

바벨론에서 유다로 복귀한 이후에, 하나님의 백성은 다시 제도적 국가가 되

---

29) Brueggemann, *Prophetic Imagination*, p. 75.

지 못했다. 그렇다고 해서 포로가 되어 유배된 자들의 작고 혼란스런 집단도 아니었다. 그들은 민족적 독립이라는 의미에서 볼 때, 거의 하나의 민족이라고도 할 수 없었다. 그러나 그들은 구별된 종족적 종교적 정체성이라는 분명한 의식을 가지고 있는 공동체였다. 방대한 바사(Persia) 제국 안에 있는 작은 지방의 하나로서, 그들은 정치적으로도 하찮은 상태였다. 그렇지만, 동시에 그들은 세상에서 하나님의 백성으로서의 자신들의 의의에 대해 훨씬 더 고양된 관점을 가지고 있었다. 여호와 하나님의 종으로서 수행하는 지속적인 역할을 의식하고 있었으며, 그들에 대한 그리고 그들을 통한 하나님의 목적이 궁극적으로 어떻게 달성될 것인가에 대한 복합적인 소망을 가지고 있었다. 그러므로, 그들은 회복된 공동체, 믿음과 약속의 공동체, 기억과 기대의 공동체였다.

골딩게이는 바벨론 포로 이후의 공동체가 가지고 있는 네 가지 주요 특성을 다음과 같이 밝히고 있다. (1) 그들은 **예배하는 공동체**였다. 그 공동체의 기원은 예배를 드리기 위해 모였던 회합인 이스라엘의 '에다'('*edâ*)라는 원 개념으로까지 거슬러 올라간다. 에스라가 이 예배 공동체의 초석을 놓았다. 그리고 역대기 기자는 그의 역사 서술을 통해서 이에 대한 정당성을 제공해 주었다. (2) 그들은 **기다림의 공동체**였다. 그들은 하나님이 이루실 새로운 미래에 대한 다양한 묵시론적 기대를 가지고 대망하고 있었다. (3) 그들은 **순종하는 공동체**였다. 그들은 유형(exile)이라는 재난에 이르게 된 것이 율법을 소홀히 했기 때문이었다는 자각을 통해서 율법에 대한 새로운 헌신의 불을 지폈다. 그리하여 원래 율법은 언약상 응답의 부분에 속하는 것이었지만, 그 언약보다 율법이 훨씬 더 이 새로운 신앙 공동체의 중심이 되었으며, 마침내 그것이 '유대교'로 알려지게 되었다. 그리고 (4) 그들은 **의문을 제기하는 공동체**였다. 그들 자신의 역사를 통해 제기된 믿음의 긴장들은 많은 의문과 불확실함을 낳게 되었으며, 지혜 문학의 몇몇 흐름은 그 점을 붙잡고 씨름한다. 옛 신앙의 한계 안에서는 그 모든 의문에 답을 얻을 수 없었다.

국가

이 시기 동안 엄청난 동요가 있었다. 외부의 제국이 하나님 백성의 삶에 침입해 들어왔다. 바사의 지배 아래서, 하나님의 백성은 비교적 호의적인 종교적 자유와 상당한 지방 자치 정책을 경험했다. 그러나 물론 독립된 것은 아니었다. 하지만, 이 정책은 에스더서가 보여 주고 있듯이, 그 체제 안에 있는 비양심적 대적들이 하나님의 백성을 해치려는 데 이용할 수 있는 것이었다. 느헤미야와 에스라의 이야기들은 그들이 어떻게 그 공동체의 하부 구조를 구축하고 그 대적들을 막는 일에 국가의 후원과 보호와 권위를 활용했는가 하는 관점에서 연구하는 데 도움이 된다. 그러나 안티오크 왕조 치하에서 팔레스틴이 헬라의 지배를 받던 후반기에는 그 공동체가 극도의 압력을 받게 되었다. 이 압력들 중 일부는, 헬라 문화와 그 생활 방식을 받아들이고 그 문화에 적응할 수 있던 자들과 온갖 희생을 무릅쓰고서 믿음과 그 독특성을 보전하고자 했던 자들로 그 공동체를 양분시킬 우려가 있었다. 다니엘서가 쓰이거나 보전되었던 이유가 그러한 궁지에 빠져 있던 백성들을 위한 것이었다면, 다니엘서에 있는 대응은 묵시론적 소망과 모든 것이 여전히 하나님의 통제 가운데 존재하고 있다는 확신에 의해 강화된 인내의 대응이었다. 출애굽도 또 다른 고레스도 기대되지 않았다. 하나님이 직접 개입하실 때까지 오직 견뎌 낼 것이 요청되고 있다.

결론: 이 자료에 대한 오늘날의 적용

그러므로, 구약 성경에는 단 하나의 '국가론'이 있는 것이 아니라 계속해서 변화하는 인간 제도에 대한 다양한 반응이 있는 것이다. 외부의 정치 권력은 존중되어야 하고 그것을 섬기는 것이 정당한 일이기는 하지만, 요셉과 다니엘은 어떤 한계를 넘어서는 타협이 불가능한 점이 있다는 것을 보여 주고 있다. 국가는 절대적이 아니며, 왕도 신이 아니다. 그러나 국가나 왕은 자신들을 그런 식으로 간주하는 경향이 있다. 그래서 그러한 인간 권력자들에게 정치적으로 봉사하는 하나님의 백성은 박해와 고난의 가능성을 받아들여야 한다. 이렇게 해서 우리는 하나님의 백성과 국가의 관계에 대한 성찰을 위해 유용하게 사용할 수 있는 광범위한 자료들을 살펴보았는데, 그렇다면 그 자료를 가지고서 우리는 무엇을 해야 하는가?[30]

다양성을 인정하라

1. 오늘날 우리는 하나님 백성의 공동체가 현대의 세속 국가와 연관되는 어떤 상황에 대한 사실들과 이스라엘 역사의 특정 시기들이 보여 준 특징들을 서로 연결시키는 데에 주의를 기울여야 한다. 이것은 세심한 생각을 요구하며, 실제보다 훨씬 더 낭만적일 수 있는 일관적인 주장을 피할 필요가 있다. 예를 들면, 모든 그리스도인이 압제 아래 살아가고 있는 것은 아니다. 또한 압제 아래 살고 있는 모든 그리스도인이 꼭 애굽에서의 이스라엘과 유사한 상황들 가운데 살아가고 있는 것도 아니다. 바벨론이 더 근접한 유사점들과 더 중요한 도전 사항을 가질 수 있다. 어떤 그리스도인들은 자국 내에서 커다란 정치적 격변을 치른 후 새로 나라를 세워 가는 시기에 살아가고 있을 수도 있다. 이럴 경우, 그들은 시내 산 언약과 신정의 패러다임에서 이끌어온 가치에 따라 신생 국가의 진로에 영향을 끼칠 수 있다. 또 다른 그리스도인들은 비교적 호의적인 국가 안에서 보잘것없는 소수자로 살고 있지만, 국가에 영향을 미칠 기회는 거의 없을 수도 있다. 그러므로, 우리는 언제 어디에서 이스라엘의 경험이 우리 자신의 경험과 서로 부합하며 그 경험이 어떤 교훈을 가르쳐 주는지 보기 위해 이스라엘의 다양한 경험을 두루 생각해 볼 필요가 있다.

[예를 들어] 출애굽 정치학은 불의한 모든 상황을 애굽으로 규정**하지 말 것**을 요구한다.…성경의 진술에 대한 냉철한 분석만이 '압제자'와 '압제받는 자'라는 범주의 사용을 정당화해 준다. 모든 개별 상황에 대한, 역사상 존재하는 모든 개별 사회적 갈등에 대한 합리적인 조사를 통해 **압제자/압제받는 자라는 범주가 분석적으로 적**

---

30) 내가 볼 때 우리가 해서는 안 될 한 가지 일은, 자료들의 다양성 가운데 서로 상충되는 이데올로기들이 여러 개 들어 있다고 가정하는 일이다. 의구심의 해석학을 끊임없이 구사하는 몇몇 학자 가운데는 모든 내러티브와 율법과 잠언 혹은 예언의 배후에 있는 이데올로기적 이해 관계들을 찾아내어 자체의 정치적 목적을 위해 그 해당 본문을 산출해 낸 이스라엘 내에서 경쟁하고 있던 사회 집단들을 확인하고자 하는 어떤 경향이 있다. 다소 집착적일 수 있는 이 절차가 내가 보기에는, J. David Pleins의 *Social Visions*에 있는, 달리 보자면 사회적 시각들에 대한 무게 있는 선집을 손상시키고 있다고 여겨진다. 또한 다음 제14장에 있는 논의를 참고하라. 다음 책에 있는 그와 같은 의구심을 가진 전제들에 대한 냉엄한 비판도 참고하라. O'Donovan, *Desire of the Nations*, p. 28.

합한지 아닌지, 혹은 다른 사회학적 패러다임을 찾을 필요가 있는지를 결정해야 할 것이다.[31]

2. 우리는 국가에 대한 하나님 백성의 대처를 바라보는 왜곡된 견해를 갖게 만들 수 있는 임의적 선택을 피할 필요가 있다. 우리가 어느 한 시기의 이스라엘이 가지고 있는 이미지만 따른다면, 그 시기의 이스라엘이 그랬던 것과 똑같은 유혹에 빠질 수 있다. 비록 어느 특정 시기가 우리의 상황에 대해 가장 많은 것을 말해 준다는 사실을 발견하게 된다 할지라도, 다른 시기들을 염두에 두면서 시정하고 균형을 맞출 필요가 있다. 가장 중요한 점은 이스라엘이 그 모든 시기를 통해 하나님을 '발견했다'는 사실이며, 그리하여 그 가운데서 배우고 대처했다는 사실이다.

성경 자체에서 하나님의 백성이 지금 우리가 경험하고 있는 모호함을 지닌 여러 존재 양식에 대처하고 있음을 발견하는 것은 진정 고무적인 일이다. 하나님은 이러한 존재 양식들 각각을 허용하셨다. 비록 왕정이 인간의 반역 행위라는 지상의 기원을 가지고 있었음에도 불구하고, 그것은 하나님의 뜻의 일부였다. 공동체는 아직 이루어지지 않은 하나님의 약속에 대한 경험과 더불어 살아가는 길을 찾아야 한다.…거기에 따르는 위험은, 구약 성경이 우리에게 제공하고 있는 다양한 관점 가운데서 우리가 어느 한 시각을 자의적으로 선택할 수 있다는 것이다. 성경을 대하기 전에 우리가 선택한 입장을 지지해 주는 성경의 보증들에 호소함으로써, 하나님의 백성이 된다는 것이 의미하는 바에 대해 미리 결정해 놓은 이해를 해석학적으로 뒷받침할 수 있는 것이다.[32]

---

31) Baum, 'Exodus Politics', p. 115. 그는 더 나아가서 이를테면, 북 아일랜드와 이스라엘-팔레스틴과 같은 갈등을 바라보는 좀더 유익하며 똑같이 성경적인 방법으로서, 서먹해진 형제들 사이의 화해와 같은 패러다임을 제시하고 있다.
32) Goldingay, *Theological Diversity*, pp. 91-92.

규범을 찾으라

이스라엘의 구약 역사 속에서 어느 특정 시기나 사건이 나머지 시기와 사건에 대하여 하나의 패러다임이 될 만한 중요한 의의를 지니고 있는지 여부를 묻는다면, 나는 시내 산 언약과 율법 및 그 사회적 목표를 구현시켰던 공동체를 출범시킨 초기 신정 정치의 시도들이 지니고 있던 규범적 의의로 되돌아가야 한다고 생각한다. 우리가 이미 자세하게 살펴보았던 바와 같이, 예언자들은 정확히 바로 그 기초 위에서, 즉 시내 산의 언약 '헌법'에 기초해서 비판적 기능을 수행했다.

심지어 이교적 상황 속에 있으면서도, 그 언약법이 지닌 규범적 지위를 보여 주는 또 하나의 훌륭한 모범은 다시 다니엘일 것이다. 그의 백성이 이교 국가에서 압제받는 소수자로 살아가던 포로 생활의 와중에서, 다니엘은 제국이 성격상 본질적으로 '짐승'의 성격을 지니고 있음을 인식하고 있었다. 예레미야와 마찬가지로, 다니엘은 국가란 궁극적으로 하나님이 최후에 멸망시키실 하나님의 대적임을, 실로 일종의 하나님의 대행자 노릇을 하고 있음을 충분히 인식하고 있었다. 그럼에도 그는 시민 정치적 수준에서 국가에 봉사하기로 선택했을 뿐만 아니라, 시내 산에서 나온 정의의 패러다임에 맞추어 국가의 방식들을 수정하기 위해 '하늘의 하나님'의 이름으로 그 국가에게 도전하는 기회를 잡았다(4:27).

다니엘이 취한 입장의 섬세함과 균형은 놀라울 정도다. 한편으로, 모든 권세와 지배권을 느부갓네살에게 주신 분이 하나님 자신임을 인식하면서도, 다니엘은 모든 경우마다 느부갓네살에게 순종해야 한다고는 느끼지 않았다. 오히려 국가에게 순종할 수 있는 범위에 한계를 설정해 놓았다. 이는 하나님에 대한 그의 순종에 어떠한 한계도 없었기 때문이다. '**인간 권세자는 하나님이 임명하신다**'는 다니엘의 신조가 그를 그 휘하에서 살아가고 있던 특정 권세에 무비판적**으로 순종하는 수동적인 인질로 만든 것은 아니다**. 그러나 다른 한편으로, 바벨론이 영적 차원을 지니고 있는 악과 멸망의 대행자로서 그의 환상에 등장한 그 '짐승들' 가운데 하나임을 인식하고 있었으면서도, 다니엘은 자신의 집무실 책상에서 매일 감당해야 할 정치적 의무를 계속해서 수행하고, 민족적 삶의 최고 수준에서 자신의 고결함을 유지하고 증거했다. **인간 권력에 미치는 사탄의 영향에 대한 다니엘의 신조가 그를 정치 참여를 회피하는 도피주의자로 물러나게 만든 것은 아니다.** 하나님을 인정하지 않지만 여전히 하나님의 세상의 일부분인 국가들 가운데서 살아가는 그리스도인들은 자신들이 지니고 있는 정치적이며 사회적인 책임에 대해 마찬가지로 균형잡힌 이해를 가질 필요가 있다.

권세의 위치를 확인시켜 주라

권세의 본질과 원천은 분명 정치에 대한 어떠한 논의에서도 핵심적인 주제다. 여기에서 나는 지금까지 조사해 온 이스라엘의 정치 신학으로부터 세 가지 요점을 지적하고자 한다.

첫째, 모든 권세는 여호와의 것이다. 신약 성경이 모든 권세는 그리스도의 것임을 천명하고 있듯이, 구약 성경도 이 사실을 강하게 천명하고 있다. 그리고 하나님의 권세는 지상에 있는 인간 실존 전체에 총체적으로 적용된다. 그러므로, 어떠한 인간 권세도 이차적이며 파생적인 것이다. 우리 자신의 인간적 권세를 절대화하는 경향은 끊임없이 폭로되어야 하며 결정적으로 상대화되어야 한다. 물론 이 점은 국가의 정치적 권세의 영역에서와 마찬가지로 하나님의 백성 안에서 발휘되는 인간 권세에도 해당되어야 한다. 모든 인간 권세는 하나님에 대해 상대적이며, 하나님에 대해 책임을 지고 있으며, 하나님이 따져 물으실 수 있는 대상이다. 그리하여, 예언자적 은사와 사역의 중요성이 바로 거기에 있는 것이다.

둘째로, 정치 권세는 백성으로부터 오는 것일 뿐만 아니라 하나님으로부터 오는 것이다. 이 사실은 여러 다른 시기에 확인되고 있다. 백성들은 왕을 원하지만, 왕을 주시는 분은 하나님이다. 그럼에도 백성의 역할은 중요하다. 그리고 백성의 눈으로 볼 때 정통성이 중요하다. 하나님에 의해 임명된 다윗 왕조의 역사 가운데서 흥미롭게도 얼마나 자주 왕을 세우고 폐하는 일에 그 백성들이 결정적 역할을 수행했는지 모른다(이를테면, 왕하 11:17 이하; 14:19-21). 그러나 그 권세가 실제로는 하나님으로부터 임하는 것이기 때문에, 임명된 권세나 선출된 권세에 의한 권력 행사에 대해 그리고 실로 백성의 선택과 처신에 대해 어떤 한계가 설정된다. 구약적 맥락에서 볼 때, 왕에게 신적 권한이 없듯이 다수결에도 신적 권한은 존재하지 않는다. 바로 그런 까닭에, 권력의 분할과 분산은 좋은 것이다. 이는 그렇게 함으로써 어느 한 개인이나 집단이 오직 고유하게 하나님께만 속해 있는 총체적 권세를 행사하지 못하도록 예방해 주기 때문이다.[33]

셋째로, 정치 권세의 모델은 섬김이다. "모세는…하나님의 온 집에서 종으로서 신실하였고"라는 말씀은 구약 본문이 아니다(히 3:5). 그러나 이스라엘 백성은 이 말에 동의했을 것이다(참고. 출 14:31). 비록 그는 인간의 역사 가운데 가장 위대한 사람들 가운데서도 걸출한 **지도자**였지만, 모세는 과장 없이 '땅 위에서 가장 **겸손한** 자'(민 12:3, 강조는 저자의 것; 개역개정은 "온유함이 지면의 모든 사람보다 더하더라")라고 묘사될 수 있었다. 그러므로, 왕권에 대한 신명기 법규가 왕이 자신의 형제들보다 자신을 더 높이는 일을 강력하게 금하고 있는 것은 전혀 놀라운 일이 아니다. 왕은 오히려 그 법의 요구와 가치를 구현하는 모범이 되어야 했다(신 17:14-20). 실제로, 이 놀라운 본문은 다소간에 이스라엘 왕이 어떠한 성격의 왕이 된다 할지라도, 그 왕은 무기(군사적 위엄)와 부(은과 금)와 아내들(후궁)을 즐기는 보통 지상의 왕들처럼 되어서는 안 된다고 말한다. 그 시대적 정황에서 볼 때, 과연 그런 조건들 위에서 왕이 된다는 것이 가치 있는 일이었을까 궁금해졌을 것이다. 이스라엘의 왕은 진정으로 매우 다른 왕직 모델이었다. 슬프게도 다윗은 가까스로 그 모델을 고수했으며, 솔로몬은 아예 그것을 잊어 버렸다.

이스라엘에서의 진정한 정치 리더십의 유형은 이미 앞서 지적했듯이 열왕기상 12:7에서 르호보암의 나이 든 대신들이 해주었던 충고를 통해 그 어느 곳에서보다 더 간결하고 확실하게 표현되었다. "왕이 만일 오늘 이 백성을 섬기는 자가 되어 그들을 섬기고…그들이 영원히 왕의 종이 되리이다." 왕직은 서로 섬김을 의미했다. 정치 리더십에 적용된 '목자'라는 흔한 은유 가운데에도

---

33) 정부의 한계, 복수 리더십의 중요성, 그리고 인간 권위가 하나님의 최종적 권위로부터 도출되는 성격 등의 이 요점들에 대해서는 다음 책을 보라. Marshall, *Thine Is the Kingdom*, pp. 56-61. 「정의로운 정치」(IVP).

동일한 사상이 내재해 있다. 이미 지적했듯이, 목자는 책임 있는 직무를 맡고 있었지만 낮은 신분이었다. 목자는 자신의 것이 아닌 양 떼를 위해 존재했으며, 그 양 떼에 대해서 그 소유주에게 책임을 져야 했다. 그러므로, 예수님이 자신은 모델이 되는 목자라고 주장하셨을 뿐만 아니라 진정한 위대함은 지위의 문제가 아니라 섬김의 문제라고 천명하셨을 때, 예수님은 리더십과 권위를 바라보는 진정으로 구약적인 시각을 회복하고 계셨던 것이다.

하나님과 열방: 이스라엘의 보편적 비전

나는 이 장을 하나님의 **창조** 질서의 일부인 민족의 다양성에서부터 시작했다. 그리고 이제는 **종말론적** 결론을 내리면서 다시 민족들로 돌아가고자 한다. 이스라엘은 어떻게 하나님의 목적들 안에서 열방의 장래를 묵상했는가? 실로 그들은 여호와의 언약 백성으로서의 이스라엘과 열방의 현재 관계를 어떻게 인식했는가? 그 주제는 방대하다. 그 주제가 거듭해서 표면으로 부상하는 쟁점이기 때문에, 나는 여기에서 다만 아주 간략하게 몇 가지 주요 요점을 검토할 수 있을 뿐이다.[34]

---

[34] 열방에 대한 이스라엘의 신학은 구약 신학의 많은 저작 가운데서 지금까지 합당한 주목을 받지 못해 왔다. Walter Brueggemann은 여호와와 그들 자신에 대한 이스라엘의 이해와 그 신학을 엮는 방식으로 철저하게 그 문제를 파고든 소수의 주요 구약 신학자들 가운데 한 사람이다. Brueggemann, *Theology of the Old Testament*, pp. 492-527. 「구약신학」(CLC). 또한 다음 책들을 보라. Robert Martin-Achard, *Light to the Nations*; Moshe Greenberg, 'Israel and the Nations'; Eckard J. Schnabel, 'Israel, the People of God, and the Nations'; G. I. Davies, 'Destiny of the Nations.' 좀더 넓은 고대 근동적 개념에 대해서는 다음 책을 보라. Daniel I. Block, *Gods of the Nations*. 성경 신학에 대한 **선교학적** 연구들에서는 열방이라는 주제에 좀더 많은 관심이 주어져 왔지만, 이 연구들은 종종 그 문제를 초대교회의 이방인 선교에 대한 신약 신학과 관련해서 회고적으로 바라보고 있다. 이 시각은 성경적으로는 타당하지만, 이스라엘 자신의 이해 가운데서 열방에 대한 본문들을 보는 상황적이고 해석학적인 이해에 연결되어 있지 않다. Johannes Blauw, *Missionary Nature of the Church*, 「교회의 선교적 본질」(한국장로교출판사).; Richard R. de Ridder, *Discipling the Nations*; David Burnett, *God's Mission*; Walter C. Kaiser Jr, *Mission in the Old Testament*. 「구약성경과 선교」(CLC).

구경꾼으로서의 열방

몇몇 본문에서 이스라엘은, 열방을 이스라엘에 대한 하나님의 모든 처우를 긍정적으로든 부정적으로든 바라보고 있는 '구경꾼'으로 생각했다. 이스라엘은 개방된 무대 위에서 살고 있었다. 그러므로, 열방은 이스라엘에게 무슨 일이 일어났는지 목격할 수 있었을 것이다. 그래서 이스라엘이 하나님의 구원 활동을 누리고 있는지 아니면 하나님의 심판의 매를 맞고 있는지 관찰하고, 바르게든지 그릇되게든지 그들 나름의 결론을 이끌어낼 수 있었다(출 15:15; 32:12; 민 14:13-16; 신 9:28; 겔 36:16-23). 열방의 관찰은 또한 하나님에 대한 이스라엘의 도덕적 응답에 중요한 자극제가 되기도 했다. 이것 역시 긍정적일 수도(신 4:6-8) 부정적일 수도(신 29:24-28) 있었다.

수혜자로서의 열방

그러나 결국 그리고 상당히 신비스럽게도 열방은 하나님이 이스라엘을 위해 행하시는 모든 일의 수혜자로 그려지며, 심지어 이스라엘의 하나님 여호와를 기뻐하고 갈채를 보내고 찬송하도록 초대받을 수도 있었다. 하나님이 이스라엘의 대적이었던 열방을 무찌르시는 일을 포함해서 이스라엘을 위해 행하신 일은 궁극적으로 열방 가운데서 감사와 찬송의 내용이 될 것이기 때문에, 결국 그들을 구속하는 일에 유익이 될 것이다(왕상 8:41-43; 시 47편; 67편).

이스라엘 안에 포함되어 있는 열방

무엇보다 가장 놀라운 사실은, 열방 가운데서 그저 이스라엘에 **가입**할 뿐만 아니라 하나님 앞에서 이스라엘과 똑같은 이름과 특권과 책임을 가진 존재로 **동일시**될 자들이 있을 것이라는 종말론적 비전을 이스라엘이 향유하게 되었다는 사실이다(시 47:9; 사 19:19-25; 56:2-8; 66:19-21; 암 9:11-12; 슥 2:10-11; 행 15:16-18; 엡 2:11-3:6).

이 본문들은 숨막힐 정도의 보편적 전망을 가지고 있다. 이것이 이스라엘의 예언자적 유산의 차원이다. 그 유산은 신약 성경에 있는 이방인 선교에 대한 신학적 설명과 동기에 매우 심원한 영향을 주었다. 분명 이 차원은 사도행전 15장

(암 9:12을 인용하고 있다)에 있는 그리스도의 삶과 죽음과 부활 및 이방인 선교의 성공에 대한 야고보의 해석 저변에 깔려 있다. 마찬가지로 이 차원은 선교의 실천가이자 신학자로서 바울의 노력을 자극했으며(이를테면, 롬 15:7-16), 복음서에 신학적 틀을 제공해 주었다. 사복음서 모두 형태는 다양하지만 예수님의 제자들을 열방으로 파송하는 대위임령으로 끝맺고 있다.

통일성 안에 보존되어 있는 열방의 다양성

그러므로, 구약 성경은 아브라함에게 맨 처음으로 해주셨던 복의 약속, 하나님의 **구속** 목적에 열방이 포함되는 일에 대한 궁극적 비전을 가지고 있다. 아브라함을 불러내신 일에 암시적으로 표현되어 있던 바벨의 분산과 혼란에 대한 역전이, 열방이 다시 하나가 될 것이라는 스바냐의 예언자적 비전에 명시적으로 표현되고 있다. 열방의 악행에 대한 소멸시키시는 하나님의 분노의 심판 이후에 이런 일이 있을 것이다.

> 그 때에 내가 여러 백성의 입술을 깨끗하게 하여
>> 그들이 다 여호와의 이름을 부르며
>> 한 가지로 나를 섬기게 하리니(습 3:9).

그러나 하나님을 예배하는 일에서의 이 종말론적 하나됨이 다양한 민족적 정체성의 소멸을 의미하지는 않을 것이다. 오히려 장차 있을 하나님 통치의 영광은 풍성한 다양성을 지닌 모든 백성이 쇄도하는 일이 될 것이다. 이것이 이사야 60장에 기록된 맥박 뛰는 기쁨이며, 스가랴 14:16 이하의 좀더 진지한 경고의 내용이다. 또한 단지 백성들만이 아니라 그들의 모든 업적과 부와 영광이 하나님이 통치하시는 새 예루살렘 안으로 정화되어 들어오게 될 것이다.[35] 이 구약의 비전은 이사야 60:5-11과 학개 2:6-8과 두로를 향한 신탁의 놀라운 결

---

35) 열방에 대한, 그리고 창조 세계에 대한 이 위대한 종말론적 소망을 보여 주는 탁월한 주해로는 다음을 보라. Richard J. Mouw, *When the Kings Come Marching In*.「미래의 천국과 현재의 문화」(두란노).

론부(사 23:18)에서 발견된다. 그 곳을 보면, 무역의 원조가 되는 제국의 모든 이익이 여호와의 백성들에게 혜택을 주기 위해서 '여호와를 위하여 따로 구별될' 것이라고 보고 있다.

이것은 뻔뻔스런 국수주의나 탐욕이 아니다. 오히려, 그것은 하나님의 궁극적인 목적이 하나님 자신을 위하여 한 백성을, 새 땅에서 새로운 인류를 창조하는 것이기 때문에, 인류가 행하고 성취하는 모든 것이 하나님의 섭리적인 변혁 아래 종국에는 그 새로운 질서의 영광에 기여할 수밖에 없다는 깨달음이다. 동일한 비전이 요한계시록에서 다음과 같이 다시 거론되고 있다. "세상 나라가 우리 주와 그의 그리스도의 나라가 되어"(11:15), "만국이 그 빛 가운데로 다니고 땅의 왕들이 자기 영광을 가지고 그리로 들어가리라"(21:24).

참고도서

Bauckham, Richard, *The Bible in Politics: How to Read the Bible Politically* (London: SPCK; Louisville, KY: Westminster John Knox, 1989).

Baum, Gregory, 'Exodus Politics', in van Iersel and Weiler, *Exodus*, pp. 109-117.

Brueggemann, Walter, *The Prophetic Imagination*(Philadelphia: Fortress, 1978). 「예언자적 상상력」(대한기독교출판사).

_____, *A Social Reading of the Old Testament: Prophetic Approaches to Israel's Communal Life*, ed. Patrick D. Miller Jr, (Minneapolis: Fortress, 1994).

_____, *Theology of the Old Testament: Testimony, Dispute, Advocacy* (Minneapolis: Fortress, 1997). 「구약신학」(CLC).

Gerbrandt, Gerald Eddie, *Kingship According to the Deuteronomistic History* (Atlanta: Scholars Press, 1986).

Gimsrud, Ted, and Johns, Loren L. (eds.), *Peace and Justice Shall Embrace: Power and Theopolitics in the Bible: Essays in Honor of Millard Lind*(Telford, PA: Pandora, 1999).

Goldingay, John, *Theological Diversity and the Authority of the Old Testament* (Grand Rapids: Eerdmans, 1987). 「구약의 권위와 신학적 다양성」(크리스챤다이제스트).

Houston, Walter, 'The King's Preferential Option for the Poor: Rhetoric, Ideology and Ethics in Psalm 72', *Biblical Interpretation* 7(1999), pp. 347-368.

Knight, Douglass A., 'Political Rights and Powers in Monarchic Israel', *Semeia* 66(1994), pp. 93-117.

Liechty, Daniel, 'What Kind of Political Power? The Upside-Down Kingdom in Millard Lind's Reading of the Hebrew Bible', in Gimsrud and Johns, *Peace and Justice Shall Embrace*, pp. 17-33.

Lind, Millard C., 'The Concept of Political Power in Ancient Israel', *Annual of the Swedish Theological Institute* 7(1968-1969), pp. 4-24.

Marshall, Paul, *Thine Is the Kingdom: A Biblical Perspective on the Nature of Government and Politics Today*(Basingstoke: Marshall, Morgan & Scott, 1984). 「정의로운 정치」(IVP).

Mason, Rex, *Propaganda and Subversion in the Old Testament*(London: SPCK, 1997).

Mettinger, Tryggve N. D., *King and Messiah: The Civil and Sacral Legitimation of the Israelite Kings*(Lund: Gleerup, 1976).

Mott, Stephen Charles, *A Christian Perspective on Political Thought*(Oxford: Oxford University Press, 1993).

Mouw, Richard J., *When the Kings Come Marching In: Isaiah and the New Jerusalem*(Grand Rapids: Eerdmans, 1983).

O'Donovan, Oliver M. T., *The Desire of the Nations: Rediscovering the Roots of Political Theology*(Cambridge: Cambridge University Press, 1996).

Plant, Raymond, *Politics, Theology and History*(Cambridge: Cambridge University Press, 2001).

Reventlow, Henning Graf, Hoffman, Yair, and Uffenheimer, Benjamin(eds.), *Politics and Theopolitics in the Bible Postbiblical Literature*, JSOT Supplement Series, vol. 171(Sheffield: JSOT Press, 1994).

Schnabel, Eckhard J., 'Israel, the People of God, and the Nations', *Journal of the Evangelical Theological Society* 45(2002), pp. 35-57.

Scobie, C. H. H. 'Israel and the Nations: An Essay in Biblical Theology', *Tyndale Bulletin* 43.2(1992), pp. 284-305.

Voegelin, E., *Israel and Revelation*(Baton Rouge: Louisiana State University, 1956).

Walsh SJ, J. P. M., *The Mighty from Their Thrones: Power in the Biblical Tradition*,

Overtures to Biblical Theology vol. 21(Philadelphia: Fortress, 1987).

Walzer, Michael, *Exodus and Revolution*(New York: Basic Books, 1985).

Wogaman J. Philip, *Christian Perspective on Politics*, 2nd ed.(Louisville, KY: Westminster John Knox, 2000).

Wright, Christopher J. H., *Tested by Fire: Daniel 1-6 in Today's World*(London: Scripture Union, 1993).

_____, *The Messages of Ezekiel,* The Bible Speaks Today(Leicester: IVP; Downers Grove: InterVarsity Press, 2001). 「에스겔 강해」(IVP).

제8장 ■ 정의와 공의

너는 마땅히 공의만을 따르라(신 16:20).
무릇 나 여호와는 정의를 사랑하며(사 61:8).

정의에 대한 관심이 구약 성경 전체에 스며들어 있다. 정의는 역사서, 율법서, 예언서, 지혜서에서와 마찬가지로 시편에서도 발견된다. 정의는 구약의 전체 역사에서 두루 발견된다.…그 증거는 정의에 대한 관심이, 비록 중심적이라고는 할 수 없다 할지라도, 고대 이스라엘이 역사적으로 변화해 가는 기간 내내 그들의 다면적 사회 생활을 하나로 묶어 주었던 요소였음을 보여 주고 있다.…이스라엘 삶의 어떠한 영역도 정의에 대한 관심에서 배제되지 않았다. 그리고 여호와는 그 모든 영역 가운데서 활동하시는 분으로 알려져 있었다.

롤프 크니림(Rolf P. Knierim),
「구약 신학의 과제」(*Task of Old Testament Theology*, 크리스챤다이제스트 역간)

사회 윤리에 대한 어떠한 논의에서도 정의만큼 중요한 주제는 거의 없다. 어느 문화권에서든 사람들이 주요 윤리 개념들을 고찰할 때마다 정의의 문제가 전면에 부상하게 되어 있다. 만일 인간 사회가 시민 사회의 질서와 안전과 조화 가운데 제 기능을 하고자 한다면, 다른 많은 것이 정의에 달려 있는 것으로 여겨진다. 정의가 여기저기에서 짓밟힐 때, 살 만한 사회의 기초 자체가 무너져 내린다. 구약 성경은 한걸음 더 나아간다. 만일 정의가 무너져 내리면, 우주 질서 전체의 기초가 와해될 것이다. 이는 정의가 우주의 창조주이신 여호와 하나님의 본성 자체에, 그리고 역사에 대한 하나님의 통치의 근간이 되기 때문이다.

> 여호와께서 다스리시나니 땅은 즐거워하며…
> 공의와 정의가 그의 보좌의 기초로다(시 97:1, 2; 참고. 시 89:14).

이렇듯, 이스라엘에게 정의는 추상적 개념이나 철학적 정의가 전혀 아니었다. 정의는 본질적으로 신학적이었다. 정의는 그들의 하나님 여호와의 성품에 뿌리박고 있었다. 정의는 역사 가운데서 행하시는 여호와 하나님의 행위들로부터 흘러나왔다. 정의는 이스라엘과 맺으신 여호와의 언약 관계에 의해 요구되었다. 정의는 궁극적으로 여호와의 주권적인 능력에 의해서만 땅 위에 성립될 것이었다.

그러므로 이 책의 주요 초점은 이스라엘의 사회 윤리에 있지만, 여기야말로 구약 윤리가 근본적으로 신학적이라는 제1장의 요점이 확인되는 곳이다. 지상의 정의는 천상의 정의로부터 흘러나온다. 그래서 우리는 이스라엘의 정의 개념과 그 실천에 대한 체계적 분석에 준해서 그 주제에 접근하기보다는(그에 대해서는 탁월한 문헌들이 무척 많다. 이 장 끝 부분에 있는 선별된 도서 목록을 참고하기 바란다), 하나님을 그 중심에 두고 다음 세 가지 점을 성찰해 볼 것이다. 첫째로 하나님이 드러내시는 정의, 둘째로 하나님이 요구하시는 정의, 셋째로 하나님이 궁극적으로 가져오실 정의.[1]

---

1) 내가 여기에서 채택하고 있는 구조와, 그 주제에 대한 Moshe Weinfeld의 종합적인 조사의 서문에 제시되어 있는 개요 사이에는 일치되는 점이 있다.
　'정의와 공의'는 다음과 같은 경우에서 신적 영역에 나타나고 있다.
　　a) 하나님이 세상을 창조하시고 우주 가운데 정의를 확립하셨을 때.
　　b) 하나님이 이스라엘에게 자신을 계시하시고 시내 산에서 그들에게 정의(=율법)를 주셨을 때.

하나님이 드러내시는 정의

구약 성경에서 여호와가 정의의 하나님이심을 선언하거나 찬양하고 있는 일련의 자료들 가운데 하나의 귀중한 본문에 집중하면서 거기에서부터 시작하는 것이 유익할 것이다. 시편 33편은 다음과 같은 담대한 천명을 포함하고 있다.

> 그는 공의와 정의를 사랑하심이여,
> 　세상에는 여호와의 인자하심이 충만하도다(시 33:5).

어휘

시편 33:5에 있는 "공의와 정의"는 구약 성경에서 '가장 큰' 단어 두 개를 하나로 묶고 있다. 그 두 단어 각각은 개별적으로 동사형, 형용사형, 명사형으로 다양하게 수백 번 등장하고 있다. 한 쌍('공의와 정의' 혹은 '정의와 공의')으로 발견되고 있는 이 단어들은 전문적으로 **중언법**(hendiadys)—두 개의 단어를 사용해서 한 개의 복합적인 사상을 표현하는 수사법—이라 일컬어지는 방식을 구성하고 있다.[2] 히브리어로 이 두 단어를 아는 것은 아주 값진 일이다.

1. 첫 번째 단어의 어근은 ṣdq다. 이 어근은 두 개의 보통 명사 형태인 '체데크'(ṣedeq)와 '체다카'(ṣĕdāqâ)에서 발견된다. 이 두 형태는 아마도 전혀 차이가 없는 것 같다.[3] 그 두 단어는 보통 영어 성경에서 'righteousness'로 번역되

---

c) 하나님이 장차 자신을 계시하시고 '정의와 공의'로 열방을 심판하실 때(Weinfeld, *Social Justice*, p. 5).

2) 영어에 있는 중언법의 다른 예들로는 '법과 질서'(law and order), '건강과 안정'(health and safety), '하숙과 기숙'(board and lodging)이 있다. 중언법에 사용된 두 단어는 각각 그 자체의 구별되는 의미를 가지고 있지만, 하나로 붙여져서 흔히 쓰이는 어구를 이룰 때 상황에 대한 독자적 관념을 표현해 준다.

3) 만일 차이가 좀 있다고 한다면, ṣedeq는 좀더 개념적인 반면에, ṣĕdāqâ는 좀더 역동적이다.

　일반적으로 ṣedeq는 의로움의 추상적 원리를 가리키는 데 비해서, ṣĕdāqâ는 구체적인 행위를 가리킨다. 그리하여 추상적 개념으로서의 ṣedeq는 의인화되어, ṣedeq가 '하늘에서 굽어본다'고 표현되어 있으며(시 85:11; 참고. 사 45:8), 평화와 ṣedeq가 서로 입맞춤한다고 표현되

어 있다. 어느 정도 '종교적으로 애용되는' 그 단어는 히브리어 상에서 지니던 의미 전체를 다 전달해 주지는 못하고 있다. 그 어근의 의미는 '바름', 즉 무엇인가 확립된 것이며 의당 그래야 할 바를 온전히 이루고 있는 것을 의미한다. 그러므로, 그것은 하나의 기준, 다른 것들을 그것에 견주어 측정할 수 있는 것, 표준을 의미할 수 있다. 그 말은 문자적으로 의당 그래야 할 바대로인 대상이나 의당 해야 할 바를 행하고 있는 대상에 대해 사용된다. 예를 들어, 정확한 도량형은 '체데크의 도량형'이다("공평한 저울과 공평한 추와 공평한 에바와 공평한 힌", 레 19:36; "온전하고 공정한 저울추…온전하고 공정한 되", 신 25:15). 양들에게 좋은 길은 '체데크의 길'이다(시 23:3).⁴⁾ 그리하여 그 말은 '올바름'을 의미하게 된다. 즉, 의당 그래야 할 바, 표준에 부합하는 것을 의미하게 된 것이다. 그 말은 인간의 행위와 관계에 적용될 때, 바른 것 혹은 기대된 바에 일치함을 말한다. 어떤 추상적이거나 절대적인 일반적 방식에서가 아니라 해당 관계의 요구 사항이나 해당 상황의 성격에 따라서 올바른 것에 부합함을 말한다. "ṣdq라는 용어는 공동체 안에서 받아들여지는 어떤 행위의 기준들과 관련해서 딱 맞는 행위나 상태를 가리킨다."⁵⁾

고(시 85:10), ṣedeq와 mišpāṭ가 하나님의 보좌의 기초라고 여겨지고 있다(시 89:14; 95:2).…이와는 대조적으로, ṣĕdāqâ는 행위들과 연결되어 있다(참고 사 56:1; 58:2;…ṣĕdāqâ를 행했다. 즉, 의롭게 행동했다). 그리고 나중에 그 말은 가난한 자들에게 구제금을 주는 일에 해당하는 히브리어가 되었다(단 4:24). (Weinfeld, *Social Justice*, p. 34)

또한 J. N. Schonfield는 다음과 같이 관찰하고 있다.

정의에는 우리가 인식하고 있는 것보다 더 많은 자비가 있었다. 그리고 공의와 정의와 자비에는 서로 대치되는 점들이 없었다. '공의'에는 이처럼 자비나 박애의 요소가 강해서 후기의 히브리어에서 그 단어는 구제를 가리키는 말이 되었다(참고. 마 6:1이하). 즉, 집단 내의 곤핍한 구성원들에게 보내는 헌금은 법적으로 요구될 수는 없었지만 의무였다(Schonfield, "'Righteousness' in the Old Testament", p. 115).

4) 여기에서 이 어구는 아마도 이중적인 함의를 가지고 있을 것이다. 은유로서, 양 떼는 실제로 제대로 된 길('적절한 길') 혹은 안전하고 좋은 목초지가 있는 곳으로 이끌어주는 길('옳은 길')을 따라 인도될 필요가 있다. 그리고 사람들에게 적용했을 때, '의의 길'은 아마도 전통적으로 이해해 왔듯이 좀더 윤리적인 뉘앙스를 지녔을 것이다.
5) Reimer, 'Ṣdq', p. 750. 또한 다음에 나오는 그 단어에 대한 자세한 논의를 참고하라. Gossai, *Justice*, ch. 1.

'체데크'나 '체다카'는 실제로 지극히 관계적인 단어들이다. 그래서 헴찬드 고새(Hemchand Gossai)가 그 단어들에 대한 전체 항목을 '관계성'에 대한 자신의 정의 가운데 포함시키고 있을 정도다.

> 한 개인이 '차디크'(ṣaddîq, 의로운)하기 위해서는, 필수적으로 그 사람이 (배우자, 부모, 재판관, 일꾼, 친구 등과의 관계를 포함하는) 관계의 가치에 올바르게 응답하는 방식으로 존재하고 살아가야 한다는 사실을 의미한다.…그러므로, 본질적으로 ṣdq는 단지 사회 안에 존재하고 있는 객관적 기준이 아니라 오히려 그 점이 발견되는 관계로부터 그 의미를 이끌어내는 개념이다. 따라서 우리는 올바른 판단, 올바른 다스림, 올바른 예배 행위 및 자비로운 활동이 그 다양성에도 불구하고 모두 언약적이며 의로운 것이라고 말할 수 있다.[6]

2. 두 번째 단어의 어근은 š̌pṭ이다. 이 어근은 각 수준에서의 법적 행위와 관련되어 있다. 그 어근으로부터 하나의 보통 명사와 동사가 나온다. '샤파트'(šāpaṭ)라는 동사는 폭넓은 범위에 걸친 법적 행위를 가리킨다. 그 말은 입법자로서 행동하는 것, 분쟁중인 양편을 중재하는 재판장으로서 행동하는 것, 누가 유죄이며 누가 무죄인지 유무죄를 논고하는 일, 그러한 선고의 법적 결과를 수행함으로써 판결을 집행하는 일 등을 의미할 수 있다. 가장 넓은 의미로는, '일을 바로잡는다', 즉 잘못되고 압제적이거나 통제 불능의 상황에 개입하여 그 일을 '바로잡는 것'을 의미한다. 이 일은 한편으로는 악행을 저지르는 자들과 맞서는 일, 그리고 다른 한편으로는 그런 일을 당한 자들을 변호하고 건져내는 일을 포함할 수 있다. 그러한 행위는 법정에만 국한되지 않고, 다른 방식으로—예를 들면, 전투를 통해서도—일어날 수 있다. 바로 그런 이유 때문에 사사기의 인물들이 사사라는 이름을 갖고 있는 것이다. 그들은 군사적으로, 종교적으로, 그리고 법적으로 일을 바로잡음으로써 이스라엘을 '판결'했다. 사무엘은 이 세 가지 면에서 모두 모델이었다.

---

6) Gossai, *Justice*, pp. 55-56.

파생 명사 '미쉬파트'(*mišpaṭ*)는 소송의 전 과정(소송 사건)이나 그 최종 결과(선고와 그 집행)를 표현하는 데 쓰일 수 있다. '미쉬파트'는 법적 규례, 대개는 과거의 선례에 근거한 판례법을 의미할 수 있다[언약법(the Covenant Code) 혹은 언약서(the Book of the Covenant)라고 알려져 있는 출애굽기 21-23장은 히브리어로 간단히 '*mišpaṭîm*'(*mišpaṭ*의 복수형—역주)이라 일컬어진다]. 또한 이 명사는 좀더 개인적인 의미에서 한 사람의 법적 권리, 한 사람이 원고로서 장로들 앞에 제시하는 진술이나 명분이라는 의미로 사용될 수도 있다. 빈번하게 등장하는 '고아와 과부의 미쉬파트'라는 표현은 그들을 착취하는 자들에 대한 그들의 정당한 변호를 의미한다. 특히 이 마지막 의미로부터—'체데크/체다카'가 좀더 정적인 뉘앙스를 가지고 있는 데 비해서—다소 능동적인 의미에서 '정의'에 대한 더욱 폭넓은 의미를 지니게 된다.[7] 가장 광범위한 의미에서, '미쉬파트'는 사람이나 형편이 '체데크/체다카'에 부합하도록 회복되기 위해 해당 상황에서 행해야 할 바이다(물론 이 단어들 사이에 중복되는 점이 상당히 많고, 서로 바꾸어 쓸 수 있다는 점을 인정한다). '미쉬파트'는 행위의 질적 단위, 즉 우리가 행하는 그 무엇이다. "성경 본문에서 빈번하게 사용되고 있는 바와 같이, 정의는 평가의 원리이기보다는 행동의 촉구에 더 가깝다. 응답해 줄 것에 대한 호소로서의 정의는 **약자여서 변호할 힘이 없는 자들의 명분을 위해 일어서는 것**을 의미한다(참고. 사 58:6; 욥 29:16; 렘 21:12)."[8] '체데크/체다카'는 사건의 질적 상태, 즉 우리가 달성하고자 하는 바이다.

흔히 그렇게 등장하듯이, 시편 33:5에서는 그 두 단어가 서로 짝을 이루어 하나의 포괄적인 어구를 이루고 있다. 그 이중 단어구에 가장 가까운 영어 표현은 아마도 '사회 정의'일 것이다. 사회 정의라는 표현조차도 히브리어에서 그 짝이 되는 단어가 가지고 있는 역동적 성격에 비해서는 다소 지나치게 추상적이다. 존 골딩게이는 그 히브리어 단어들이 통상적으로 그 단어를 영어로 번

---

7) *mišpaṭ*에 대해서는, 다음을 보라. Gossai, *Justice*, ch. 3.
8) Mott, *Political Thought*, p. 79 (강조는 그의 것).

역할 때 사용하는 추상 명사들과는 달리 구체 명사임을 단호하게 지적하고 있다. 즉, 그 단어들은 우리가 머릿속으로 곰곰히 생각해 보는 개념들이 아니라 우리가 실제로 행하는 구체적인 일들이다."[9]

문맥

시편 33편은 여호와를 구속주, 창조주, 재판장 그리고 구원자로 노래하고 있다. 그러므로, 정의 개념 전체는 여호와와 이스라엘의 역사적 관계라는 언약적 틀 가운데 확고하게 자리잡고 있다. 그들은 바로 그 역사로부터 여호와가 정의를 사랑하신다는 말이 무슨 뜻인지 이해했다. 그러나 또한 바로 그 역사로부터 그들은 그 천명을 보편화시켜서 '온 세상'에 대한 선언으로 바꾸었다(5절 하).

시편 33:4-5에서 주위의 어구들은 하나님이 공의와 정의를 사랑하신다는 담대한 선언에 색깔과 풍미를 덧붙여 주고 있다. 그 어구들은 이스라엘이 정의에 대해 생각했던 맥락을 보여 준다. 여기에서 나는 다만 그 어구들을 간략히 설명할 수 있을 뿐이다.

첫 번째는 여호와의 **말씀**이 있다(*dābār*, 4절). 이것은 하나님의 상관적인 의사 소통이다. 이를 통해 하나님은 인간과 대화하실 뿐만 아니라 역사 가운데서 자신의 목적을 성취하신다. 그 말씀은 잘못과 거짓이 있는 세상에서 구속하는, 그러나 일들을 바로잡으며 진리를 선포하는 하나님의 강력한 말씀이다(4절 상). 그 말씀은 무로부터 우주 만물을 불러낸 창조적 말씀이며(6, 9절), 지상에 있는 열방의 역사를 통치하는 말씀이다(10-11절).

그런 다음에, 두 번째로, 여호와의 **진실하심**(*'ĕmûnâ*, 4절)과 **인자하심**(*ḥesed*, 5절)이 있다. 이것은 여호와의 언약적 특성들이다. 즉, 자신의 약속을 지키시며 은혜와 사랑으로 행하시는, 자기 백성들에 대한 여호와의 충성된 헌신을 가리킨다. '헤세드'라는 단어는 종종 '친절' 혹은 '사랑'으로 번역되고 있지만, 일상적으로 영어에서 그 단어들(kindness, love)이 암시하는 것보다 훨씬 더 '견실한' 의미를 가지고 있다. '헤세드'는 자신이 맺은 언약에 대한 여호와의 지속적

---

9) 다음 글을 보라. John Goldingay, 'Justice and Salvation.'

인 충성, 자신이 하신 자비로운 약속을 지키겠다는 여호와의 흔들림 없는 의지를 의미한다. 여호와는 자신의 의로움으로 결정하고 확립해 놓은 것을 확고한 목적을 가지고 고수하신다. '**견고한** 사랑'(steadfast love, RSV) 또는 '**다함 없는 사랑**'(unfailing love, 22절, NIV)이라는 번역이 진짜 의미에 더 가깝다. 흔히, '헤세드'와 '체다카'는 같은 종류의 단어로서 짝을 이루면서, **하나님의** 행동 특성(시 36:10)인 동시에 **인간의** 윤리적 응답에 요구되는 조건(호 10:12; 미 6:8)을 표현한다.

다른 곳에서는 하나님의 정의가 하나님의 은혜와 긍휼과 짝을 이루고 있다. 실로, 이사야 30:18에서 하나님의 정의는 하나님의 긍휼하심의 이유다. 정의를 오직 처벌과 심판의 맥락에서만 생각하는 데 익숙해 있는 사람들의 귀에는 그것이 이상하게 들릴 것이다.[10]

> 그러나 여호와께서 기다리시나니 이는 너희에게 은혜를 베풀려 하심이요
> 　일어나시리니 이는 너희를 긍휼히 여기려 하심이라
> 대저 여호와는 정의의 하나님이심이라
> 　그를 기다리는 자마다 복이 있도다!

그러므로 이스라엘에게, 정의에 대한 전체 관념은 그들의 하나님 여호와의 성품과 특성으로 둘러싸여 있었다는 것, 그리고 특히 이스라엘과 여호와 사이의 언약 관계와 연결되어 있었다는 것이 분명하다. 정의는 본질적으로 관계적이며 언약적이다.

---

10) Stephen Mott는 사랑과 정의가 분리된 별개의 도덕 영역이라는 주장을 논박하기 위해 여러 절에서 이 절을 인용하고 있다. Mott는 구약에서는 그렇지 않다고 주장한다. "모든 자비심이 정의는 아니다. 그러나 충족되지 않은 기본적인 물질적 필요 상태에 응답하는 사랑은 당연히 정의를 요청한다. 그러한 사랑이 넘치는 자비로운 정의의 형태는 성경적 정의를 혼란시키는 것이 아니라 성경에서 말하고 있는 분배적 정의의 의미에 해당한다"(Mott, *Political Thought*, p. 87).

그 뿌리들: 이스라엘의 이야기

이스라엘은 이것을 어떻게 알았을까? 어떤 근거에서 그들은 시편 33:5과 같은 포괄적인 천명을 할 수 있었을까? 물론 그에 대한 대답은 그들 자신의 이야기에서 나온다. 시편 33편은 이스라엘 역사를 많이 언급하고 있지는 않지만, "그가 행하시는 일은 다 진실하시도다"(4절), "여호와의 계획"(the plans of the Lord, 11절), "여호와를 자기 하나님으로 삼은 나라 곧 하나님의 기업으로 선택된 백성"(12절)과 같은 여러 어구에 그 역사가 암시되어 있다. 그러므로, 이스라엘 역사에서 핵심적인 사건 몇 가지에 집중해서, 그 가운데 드러나 있는 하나님의 정의의 요소들을 살펴볼 수 있을 것이다.

조상들

초기의 전승들은 정의를 행하시며 정의를 원하시는 하나님으로서 여호와를 제시한다. 창세기 18:19은 아브라함을 선택했던 직접적인 목적이 공의와 정의의 공동체를 창조하는 것이었다는 놀라운 천명을 (아브라함과의 대화 중에 하나님의 입으로) 하고 있다. 그 궁극적 목적은 열방에게 복을 주시고자 함("나 여호와가 아브라함에게 대하여 말한 일")이었다.

> 아브라함은 강대한 나라가 되고, 천하 만민은 그로 말미암아 복을 받게 될 것이 아니냐? 내가 그로 그 자식과 권속에게 명하여 여호와의 도를 지켜 공의와 정의(ṣĕ-dāqâ와 mišpāṭ)를 행하게 하려고 그를 택했나니, 이는 나 여호와가 아브라함에게 대하여 말한 일을 이루려 함이니라(창 18:18-19).

하나님이 목적하셨던 바에 대한 이 포괄적 선언은 소돔과 고모라의 악함과 그 성읍들에 대한 하나님의 심판 계획을 배경으로 한다. 그러나, 그 본문이 초점을 맞추고 있는 것은 하나님이 그 성읍들의 악함을 살펴보셨다는 데 있는 것이 아니라 하나님이 압제받는 자들의 고통을 목도하시고 들으셨다는 데 있다—"그 부르짖음이 내게 상달되었다"(개역개정은 "부르짖음이 크고", 20절). '부르짖음'은 '체아카'(ṣĕ'āqâ)이다. 이 단어는 압제받거나 침해당한 자들에게서 나오는 고통의 울부짖음을 가리키는 전문 용어다.[11] 하나님이 소돔 성에서 듣고 계시는 '체아카'(불의에 대한 부르짖음)와 아브라함의 공동체로부터 하나님이 원하시는 '체다카'(공의/정의) 사이에 의도적인 대조가 있음이 거의 확실하다.[12] 하나님의 정의는 약자와 압제받는 자들의 부르짖음을 보시고, 들으시고, 그들을 돌보시고, 그들을 위해 행동을 취하시는 정의다. 그것이 바로 '미쉬파트'의 본질적 의미다. 즉, 잘못을 당한 사람들을 위해 행동하여 일을 바로잡는 것이다. 이전의 두 장에서 하갈은 여호와의 이러한 속성을 경험했다. 이방 출신의 여종이었으며, 지독한 대접을 받은 희생자였던 하갈은 성경에서 하나님께 이름 하나 ― 나를 살피시는 하나님(창 16:13-14) ― 를 붙여 드린 첫 번째 인물이 되었다.

우리는 아브라함이 했던 그 유명한 질문을 바로 이 맥락에서 읽을 필요가 있다. 그는 소돔과 고모라에 대해 하나님이 행하려고 계획하신 바에 대한 경고를 듣고 간담이 서늘해져서 그 성읍들을 위해 엎드려 중보하면서, 그 곳에 있을지도 모르는 어떤 의인을 위해서 그 성읍들을 보전해 달라고 부탁하면서 이렇게 물었다. "세상을 심판하시는 이가 정의($mišpāṭ$)를 행하실 것이 아니니이까?"(창 18:25) 이 말은 질문의 형태로 되어 있지만, 그 핵심은 수사학적으로 긍정을 말하는 것임에 분명하다. 여호와께서 달리 행하신다는 것은 생각할 수 없는 일이었다. 왜냐하면, 여호와의 성품 자체가 무엇이 옳고 정당한 것인지에 대하여 결정적이었기 때문이다.[13] 이 질문을 진지한 철학적인 문제로 바꾸어 읽는 것도 가능하다. 즉, 아브라함은 하나님을 하나님 자신보다 상위의 어떤 의

---

11) 시편과 예언서들에 사용된 그 용례를 포함하여, 이 단어에 대한 충분하고 상세한 논의로는 다음 책을 보라. Richard Nelson Boyce, *Cry to God*. Boyce는 곤핍한 자들이 권력 당국에 호소하는 '도움을 구하는 부르짖음'이라는 법적 현장에서의 이 용어(및 그와 연결되어 있는 동사인 $ṣ'q$, 또는 $z'q$)의 용례에 한 장(chapter)을 다 할애하고 있다. 하나님이 소돔으로부터 들으신 것이 단지 '부르짖는 소리'만이 아니라 궁극적으로 '온 땅의 재판장'이신 하나님께 호소된 구체적인 '도움을 구하는 부르짖음'이었다고 한다면, 창세기 18:20에 대한 우리의 이해는 더욱 예리해질 수 있을 것이다. 이 경우, 그 성읍들을 멸망시키기 위한 하나님의 개입은 그 주위에 있던 가난한 자들과 압제당하는 자들에 대한 그 성읍들의 권력을 분쇄하시는 것으로 ― 성경적 정의의 행위로 ― 볼 수 있을 것이다.
12) 이 두 단어를 가지고 행한 언어 유희는 사 5:7에서 매우 강력한 효과를 보고 있다.

로움의 기준에 종속시키고 있는가? 만일 그렇다면, 하나님은 어떤 외적 기준—아브라함이 담대하게, 심지어 하나님께 거슬러조차도 호소할 수 있는 기준—에 종속되는가? 이렇게 되면, 이 질문은 유명한 딜레마로 진행하게 된다. 어떤 것이 옳은 것은 하나님이 그렇게 의도하시거나 행하시기 때문에 옳은 것인가 아니면 그것들이 옳기 때문에 하나님이 의도하시고 행하시는 것인가?[14] 나의 견해는 그렇게 질문하는 것이 사실은 본문에 적절하지 않다는 것이다. 아브라함은 하나님이 의롭게 행하실 것이 분명하고, 그렇게 하실 것이라는 **전제 위에서** 하나님께 호소하고 있는 것 같다. 그리고 19절에서 **공의와 정의**(righteousness and justice)라는 어구가 쓰이고 있는 문맥을 보면, 여호와께서 아브라함과 그의 집에 요구하시는 바에 일치하게 그분 자신이 반드시 행하셔야만 한다는 것이 분명하다. 이 하나님은 어떤 외적인 혹은 더 높은 '법'에 종속되어 있는 하나님이 아니다. 이 하나님은 하나님 자신의 성품이 지닌 내면적 고결함에 조금도 틀림이 없는 하나님이다.

출애굽

이스라엘에게 출애굽은 심판과 구원, 그 두 가지 의미에서 여호와의 행동하시는 정의의 패러다임적 시현이었다. 그것은 하나님의 자기 계시였다. 이는 여호와의 이름 자체가 애굽에서 압제당하던 히브리 노예들을 위해 하나님이 개입하신 사건 기사와 밀접하게 연결되어 있었기 때문이다. 그 에피소드의 여러 측면은 무엇보다도 하나님의 정의의 행동으로서 두드러진다.

- 하나님으로 하여금 행동하시도록 만든 뚜렷한 계기는 압제받는 자들의

---

13) 실로 이것이 바로 엘리후가 욥기에서 말하고 있는 바였다. "진실로 하나님은 악을 행하지 아니하시며, 전능자는 공의를 굽히지 아니하시느니라"(욥 34:12, 욥 8:3에 있는 동일 효과를 가지고 있는 빌닷의 수사학적 질문에 대해 답하면서). 의심할 바 없이 엘리후는 구체적으로 욥과 관련하여 자기 신학에서 잘못된 결론들을 도출했다. 그러나 그는 분명 정통적인 여호와 중심 신앙(Yahwistic faith)을 표현하고 있었다.
14) 이 문제들이 바로 Cyril Rodd가 씨름하고 있었던 문제들의 일부였다(Rodd, *Glimpses*, ch. 6, 'Abraham's Question').

고난에 대한 하나님 자신의 관심이다. 출애굽기 1장에 기록되어 있듯이, 그들이 정치적 예속과 경제적 착취와 사회적 대량 학살의 희생물이 되면서 상황은 견딜 수 없을 지경이 되었다. 하나님은 보셨고, 들으셨고, 그들을 아끼셔서 행동에 들어가셨다(출 2:23-25; 3:7-10). 이미 살펴보았듯이, 이것이 '미쉬파트'를 행하는 '재판장' 역할의 본질이다.

- 하나님의 행동은 결정적으로 압제자에 **대항하는** 그리고 압제당하는 자를 **위한** 행동이었다. 이 사실은, 예를 들면, 신명기 6:20-25; 26:1-11에서 찬양되고 있다. 한편으로, 애굽 사람들은 이스라엘 백성들의 권리인 자유의 권리, 자신의 노동 결과물에 대한 권리, 조상의 하나님을 예배할 권리, 심지어 아무런 제약 없이 자식을 낳고 가정 생활을 누릴 수 있는 권리까지도 빼앗는 죄를 저질렀다. 그러므로, 출애굽에 앞서 그리고 출애굽과 더불어 행해진 사건들은 애굽에 대한 의로운 심판 행위였다(출 9:27). 다른 한편으로, 그 모든 것은 하나님이 압제 아래 놓인 이스라엘의 '잘못된' 조건에 대해 보고 들으셨기 때문에 일어난 일이었다. 그래서 하나님은 출애굽을 통해 예속된 백성들에게 자유를 주시고, 불의에서 그들을 건져내셨으며, 그들을 '올바른' 상황 혹은 정의로운 상황으로 회복시키셨다. 그러한 상황은 마침내 그 '권리'를 누리고 보호해 주는 곳으로서 그 땅을 확실히 소유함으로 말미암아 이루어졌다. 이스라엘에게 그 일은 가장 직접적이며 피부로 느낄 수 있는 변호이자 구원이었다.

- 특히 하나님의 정의의 행위는 자신의 백성에 대한 사랑과 자신의 약속에 대한 충실함에 근거하고 있었다. 이미 살펴보았듯이, 이것들은 하나님이 보여 주신 대로 정의의 관계적 구성 요소들이다.

- 역사를 통해 드러난 하나님의 정의의 행위는 여호와와 이스라엘 사이에 새로운 관계를 확립시켜 주었으며, 또한 처음부터 이스라엘을 하나님의 정의에 기초하고 있는 의의 공동체로 확립시켜 주었다. 이 관계에서 그들은 하나님을 여호와로서(즉, 해방을 주시는 정의의 하나님으로, 출 6:6-8) '알았다.' 이 사실은 우리를 (이스라엘에게 그렇게 해주었듯이) 시내 산과 그 율법으로 인도해 준다.

시내 산 언약과 율법

정의는 이스라엘의 사회적 기초였다. 이는 자발적인 하나님의 구속 능력의 발휘가 의로운 행위였기 때문만이 아니라, 그것이 이스라엘 백성 자체 내에서 의로움과 정의를 본받아 응답할 것을 촉구하고 있었기 때문이다. 말하자면, '의롭게' 됨으로써 이스라엘 백성은 의로움을 유지해야 했으며, 정의를 경험함으로써 '정의를 행해야' 했다. 오직 믿음으로만 아브라함의 허리에 이스라엘 백성들이 존재하고 있었을 때, 하나님이 아브라함과 대화 중에 예견하셨던 바를 이제 새로 세워진 나라의 언약 헌법 가운데서 확증하셨다.

1. **십계명**. 만일 우리가 이 시각에서 십계명을 바라보고, 십계명을 나머지 언약법의 근본적 헌장이나 정책 선언으로 본다면, 이 점에 좀더 명확하게 초점을 맞추는 것이 도움이 될 것이다. 십계명은 책임을 다하는 자유의 기본 공식이었다. 그 열 개의 계명은 출애굽을 통해 획득한 권한과 자유를 책임으로 전환시킴으로써 그것들을 보전해 주기 위해 주어진 것으로 볼 수 있다. 이 관점에서 어느 정도는 순서대로 살펴보도록 하자.

- 하나님은 이스라엘 백성에게 오직 그들 조상의 하나님인 여호와만을 하나님으로 예배할 권리와 자유를 주셨다. 이 사실은 애굽으로부터 그들을 석방할 것을 요구하는 명시적 목적이었다(출 4:23). 그리하여 이제 그들은 오로지 여호와만을 예배해야 했다(첫 번째 계명).
- 자신의 강력한 행위를 통해 여호와는 자신이 살아 계시며 비교될 수 없는 (질투하시는) 하나님이심을 보여 주셨다. 그러므로, 생명이 없는 어떠한 형상이나 우상은 하나님에 대한 일종의 모독이었다(두 번째 계명).
- 출애굽은 여호와라는 하나님의 개인적 이름이 갖는 의미에 대한 강력한 현시를 포함하고 있었다. 그래서 이스라엘 백성은 여호와의 이름을 이기적으로나, 사악하게나, 어리석게 사용해서는 안 되었다(세 번째 계명).
- 하나님은 그들을 가혹한 강제 노역에서 해방시켜, 이제 자유민으로 일할 수 있게 해주셨다. 그러므로, 그들은 자신을 위해서 그리고 그들의 가족과

일꾼들과 심지어 자신이 소유한 동물들을 위해서도 정기적으로 안식할 권한을 보전해 주어야 했다(네 번째 계명).

- 하나님은 그들의 가정 생활에 대한 바로의 참을 수 없는 폭력으로부터 그들을 건져내어 자유케 하셨다. 그러므로, 그들은 가정에서 부모의 권위(다섯 번째 계명)와 성적인 정절(일곱 번째 계명)을 존중함으로써 가정을 보호해야 했다.
- 애굽 사람들의 압제가 저지른 영아 살해와 살인의 공포로부터 해방되었기 때문에, 그들은 생명을 존중하고 그들 자신의 사회에서 살인 행위를 눈감아 주어서는 안 되었다(여섯 번째 계명).
- 이제 그들은 더 이상 외국 땅에서 이방인으로 살아가는 것이 아니라 자신들의 땅을 소유하고 있었기 때문에, 하나님이 모든 사람에게 선물로 주신 것을 훔치거나 탐내서는 안 되었다(여덟 번째 계명과 열 번째 계명).
- 자신들 앞에 제시되어 있는 하나님의 정의를 모범으로 삼아, 그들은 법정에서 왜곡된 증언을 행하는 사악한 불의를 저지름으로써 서로를 배신해서는 안 되었다(아홉 번째 계명).

이 관점에서 십계명을 바라보면, 십계명이 구속함을 받은 백성으로서 그들의 자유를 보전하고 영위하는 데 필수적인 책임의 형태로 표현되어 있는 인간적이며 또한 신적인 일종의 '권리장전'임을 알 수 있다.

2. **율법**. 모세오경에 있는 율법의 나머지 부분들은 그 자체가 여호와의 정의에 대한 증언으로 제시되어 있다. 신명기는 이스라엘 백성이 여호와의 법규와 법령을 준수하는 자들이 될 때 여호와의 정의가 그 백성의 특징이 될 행위의 토대라고 찬양하고 있다. 그리하여 대단히 풍성한 본문인 신명기 10:12-19은 모든 이스라엘 백성에게 단순한 오중적 메시지를 전하고 있다. 여호와께서 요구하시는 모든 것은 그들이 (1) 하나님을 경외하고, (2) 그분의 길로 행하며, (3) 그분을 사랑하고, (4) 그분을 섬기며, (5) 그분의 명령을 준수하는 것이다. 경우에 따라서 여호와의 길로 행한다는 것이 무슨 뜻인지 불확실할 수도 있겠지만, 본문은 14절과 17절에 있는 두 개의 송영으로 나누어지며, 그 절들에 있는 모

든 장엄한 최상급의 찬사(여호와는 우주를 소유하시고 다스리고 계시는 하나님이다)를 가난한 자, 약한 자, 곤핍한 자, 소외된 자들에게까지 미치게 하고 있다. 여호와는 오염시킬 수도 없고 매수할 수도 없는 완전한 하나님이다. 또한 여호와는 이방인들을 사랑하사 그들을 먹이시고 입히시는 하나님이다. 그런 다음에 핵심적인 단어들이 등장한다. 이 단어들은 여호와의 이 특성을 윤리적 명령으로 전환시켜 준다. "너희는 나그네를 사랑하라…"(그리고 아마도 앞서 언급된 모든 면에서 하나님의 모범을 따르라).

그러므로, 성경에서 가장 오래된 노래의 편린 중 하나인 신명기 32장에 있는 모세의 노래에서 신명기는 여호와를 바위에 비유하는데, 이는 그분의 신뢰할 만한 정의가 지닌 강력한 힘을 표현하기 위한 것이다.

> 그는 반석이시니, 그가 하신 일이 완전하고
>   그의 모든 길이 정의롭고,
> 진실하고 거짓이 없으신 하나님이시니
>   공의로우시고 바르시도다(신 32:4).

3. **시편 기자들과 율법**. 시편 기자들은 율법이 가지고 있는 이러한 계시적 기능을 찬양한다. 시편 19편은 창조 질서가 하나님의 영광을 선포하고 있다고 즐거워하지만, 바로 이어서 율법이 하나님의 진실하심과 의로우심과 정의를 포함하여 하나님의 인격적 특성을 훨씬 더 많이 반영하고 있다고 천명하고 있다(시 19:7-9). 율법은 이 모든 것을 다 구현하고 있으며, 실로 훨씬 더 많이 구현하고 있다. 시편 119편의 기자는 하나님의 율법의 경이로움에 완전히 매료되어 있다. 그리하여, 히브리어 알파벳 순서대로 세심하게 구성해 놓은 그 시의 거의 모든 절마다 율법에 대한 어떤 동의어를 사용하고 있다. 그러나 그 주목의 대상이 줄곧 하나님의 율법이라 할지라도, 그 시편을 받는 수취인은 이인칭 단수인 '당신'(you; 개역개정은 모두 '주'로 바꾸어 놓았다—역주)으로 되어 있는 여호와 자신이다. 이 시편은 지극히 상호 관계적인 시편이다. 이 시편의 핵심은 그 기자가 율법을 주신 분을 아는 가장 확실한 길을 그 율법에서 찾았다는 것

이다. 그리고 그 율법을 통해 그는 하나님의 나머지 성품들 전부, 즉 하나님의 사랑, 하나님의 약속, 신실하심, 진리, 공의, 생명을 주시는 능력, 보호해 주심, 변호, 인도하심 등을 알게 되었다는 것이다. 그리하여 정의의 길을 따라 걸어가겠다는 그 시편 기자의 굳센 결의는 그가 하나님의 율법에 흠뻑 젖어듦으로써 아주 철저히 알게 된 그 하나님과의 친밀한 상호 관계에서 흘러나온다.

이어지는 이야기

구약에 기록된 이스라엘 역사의 나머지 부분은 여호와께서 이스라엘과 열방을 다루신 일들을 서술하고 있다. 출애굽과 마찬가지로, 그 땅을 정복한 일은 가나안 족속들의 사악함에 대한 심판/공의의 행위로 제시되고 있다('부록'을 보라, 신 9:4-6). 뒤이은 승리들은 여호와의 "의로우신 일" 혹은 "정의"로 묘사되어 있다(삿 5:11). 그러나 이스라엘의 역사가 펼쳐지면서, 그들은 정반대 방향으로 '심판받을' 수 있었다. 하나님은 그분의 공의 가운데서 이스라엘 대적들의 손을 빌려 그들을 처벌하심으로써 그들을 심판하실 수 있었다. 그러나 다시 그들이 회개하고 압제로 인해 부르짖을 때 그들의 대적들로부터 구출해 내심으로써 그들을 심판하실 수 있었다. 이미 살펴보았듯이, 그 두 차원은 모두 '샤파트'($\check{s}\bar{a}pa\underline{t}$)의 의미와 일치하고 있다. 즉, 하나님이 악인들을 처벌하시고 압제받는 자들을 변호하시기 위해 그분의 공의 가운데서 행동하시는 것이다.

> 하나님의 '심판하심'($sapha\underline{t}$)은 추상적인 중립적 법정 행위가 아니라 깨진 관계를 재정립하는 능동적인 구원 행위를 의미한다. 정의의 맥락에서, 이것은 '압제로부터 구원하다', 해방시키다, 구출해 내다를 의미한다. 이것은 성경에서 우리가 '판결하다', '공의', '의로움'과 같은 단어들을 헬라와 로마 전통에 연결시켜서는 안 된다는 것을, 즉 법률 제도나 개인들의 추상적 덕목들과 연결하는 것이 아니라 오히려 공동체를 세워 나가시고 보호하시는 하나님의 권능과 연결시켜야 한다는 사실을 의미한다.[15]

---

15) Duchrow and Liedke, *Shalom*, p. 78.

그러므로, 이스라엘의 어휘와 사고의 맥락에서 볼 때, 그들이 여호와께서 그들의 대적으로부터 그들을 변호하고 구출해 내실 때뿐만 아니라, 그들 자신의 죄악에 대해 그들을 처벌하실 때 '그들을 심판하신다'라고 말하는 것은 일관성이 있는 것이었다.

구약 역사의 후반부에서, 포로로 끌려가 유배 생활을 한 일과 그 유배 생활에서 귀환한 일은 모두 여호와의 공의와 관련해서 해석된다. 그리고 여호와의 공의는 구원해 주시는 그분의 일에서 가장 명백하게 드러나는 것이기 때문에, 열방은 그 반역과 우상 숭배로부터 회개하고 돌아와 오직 여호와의 공의 가운데만 있는 구원을 찾으라는 초청을 받는다(사 45:21-25).

보편성으로의 도약

우리가 애초에 살펴보았던 본문인 시편 33편으로 돌아가서, 이스라엘의 예배자들은 신앙의 논리상 놀랄 만한 도약을 이룬 것 같다. 그 주장은 다음과 같다. 여호와께서 우리의 역사에서 입증되었듯이 이스라엘을 위해 이와 같으신 분이라고 한다면(즉, 여호와께서 정의와 신실함과 사랑의 하나님이라고 한다면), 그리고 여호와께서 진실로 유일한 하나님이며 "그 외에 다른 신은 없다"고 한다면(신 4:35, 39), 그렇다면 궁극적으로 **여호와는 틀림없이 모두에게 이와 같으실 것이다**. 그분의 정의는 보편적이어야만 한다. 그분의 사랑은 전 지구적이어야 한다. 그리하여 그들은 믿음의 상상력과 예배 가운데서 시편 33:5의 경탄스럽도록 포괄적인 주장에 도달할 수 있었을 것이다. "세상에는 여호와의 인자하심이 충만하도다." 그리고 그 절의 평행법에 비추어 보아 여호와의 공의와 정의 역시 충만하다고 확신할 수 있다. 그리고 이 보편적 성격은 8절의 권유에서 다시 강조된다. "온 땅은 여호와를 두려워하며 세상의 모든 거민들은 그를 경외할지어다." 그리고 13-15절에서 생각을 확대시켜 주는 천명이 등장한다. 즉, 여호와는 지구상의 모든 인간 개개인을 보고 계시며, 알고 계시며, 도덕적으로 책임을 물으신다.

이 모든 것은 믿음의 확실성과 예배의 상상력의 일부다. 시편 96편과 마찬가지로, 이것은 세계 변혁의 비전을 제공해 주는 '새 노래'이다. 우리나 시편 기자나 경험적인 관찰에 근거해서는 시편 33:5을 선언할 수 없다. 오직 하나님의 구속해 주시는 권능과 그분의 정의가 지니고 있는 궁극적 구원의 보편적 성격에 대한 소망과 확신의 언어로만 그렇게 할 수 있다. 또한 이것은 동떨어진 예가 아니다. 이와 동일한 방식으로 보편화하는 논리를 다른 시편들에서도 발견할 수 있다. 그 시편들은 이스라엘 역사에 나타난 여호와의 주권으로부터 여호와의 전 세계적인, 아니 우주적인[16] 정의와 모든 인류에 대한 그분의 보살핌을 인정하는 것으로 진행하고 있다(이를테면, 시편 36:5-8; 하나님의 사랑과 신실하심과 공의와 정의가 33편과 똑같이 결합해서 등장하고 있음에 주목하라; 그리고 시편 97:1-6: "하늘이 그의 의를 선포하니, 모든 백성이 그의 영광을 보았도다").

그런 말은 이스라엘 역사 내내 하나님의 정의로서 계시된 살아 계신 하나님의 성품에 대한 주장이며, 모든 인류의 보편적 증거가 될 것이다.

하나님이 요구하시는 것으로서의 정의

모든 이스라엘 백성에 대한 하나님의 요구로서의 정의

첫 번째 항목에서 시편 33편을 안내용 본문으로 삼았듯이, 이번 항목에서는 미가 6:8을 그러한 본문으로 삼고자 한다.

사람아 주께서 선한 것이 무엇임을 네게 보이셨나니,
  여호와께서 네게 구하시는 것은
오직 정의(*mišpāṭ*)를 행하며 인자(*ḥesed*)를 사랑하고
  겸손히 네 하나님과 함께 행하는 것이 아니냐.

---

16) "태초부터 [하나님]은 **정의와 공의로, 온유함과 진리와 고결함으로** 그분의 보좌를 예비하셨다(시 96:10; 93편; 참고. 시 33:5-6; 89:3, 6, 12-15). 이것은 우주에 평등과 질서와 조화를 부과하고 파괴와 혼란의 세력들을 제거하는 일을 의미한다"(Weinfeld, *Social Justice*, p. 20; 강조는 그의 것).

포괄적인 용어 '사람아'('ādām)는 이 내용이 이스라엘 백성 모두에게 공통적으로 적용되는 것임을 시사하고 있다. 미가 6:8은 이스라엘이 언제나 알고 있던 사실을 단지 명료화하고 있을 뿐이다. 그 사실은, 하나님의 구속적이며 본질적인 정 위에 세워진 나라 전체가 상호 관계적인 사랑과 정의를 사회 전반에서 실천함으로써 그 점을 반영해야 한다는 것이었다.

이사야 5:1-7을 우리의 본문으로 삼을 수도 있을 것이다. 이사야의 포도원 노래는 한 벗을 비유로 해서 만든 이스라엘 역사 전체에 대한 비유다. 그 벗(하나님)은 포도원 하나(이스라엘)를 세우고, 그 밭을 가꾸고 보호하는 데 심혈을 기울였다. 당연히 포도원을 만든 목적은 포도주를 짤 포도를 생산하는 것이다. 그렇다면, 이스라엘을 세우신 하나님의 목적은 무엇이었는가? 이미 하나님은 창세기 18:19에서 자신의 의도를 분명히 표시하시지 않았는가? "내가 그(아브라함)로 그 자식과 권속에게 명하여 여호와의 도를 지켜 **공의와 정의를 행하게 하려고** 그를 택했나니…." (이 절의 마지막 부분에 있는) 장기적인 목표는 이미 약속된 열방에 대한 축복이었다. 하지만, 당장의 목적은 정의로운 공동체를 만드는 것이었다. 이것이 이스라엘의 선택과 구속, 그리고 그들의 역사 전체의 요점이며 목적이었다. "하나님 아래에서 이스라엘의 전체 역사는 한 가지 목적—정의로 표출되는 공의—에 종속되어 있다"[17]

따라서, 포도원 주인이 때가 되면 풍성한 포도 수확을 기대하고, 이어서 품질 좋은 포도주를 예상하고서 자기 포도밭에 가듯이, 여호와는 하나님 자신의 성품을 반영하고 있는 공의와 정의에 투철한 사회, 맨 처음 이스라엘을 세웠을 때 가졌던 모든 소망을 다 이루고 있는 사회를 만나게 될 것이라는 기대를 가지고 임하신다. 그러나 그 포도원 주인은 실망한다. 아니, 사실 충격을 받는다. 그렇게 세심하게 심고 돌보았는데, 어떻게 겨우 쓴 포도, 무가치한 포도만을 맺는 일이 벌어질 수 있는가? 그런 일은 기대하지도 못했던 일이며 또한 전혀 당연한 일이 아니었다. 그래서, 이사야의 비유는 그 절정에서 다음과 같이 강력하게 말하고 있다(5:7).

---

17) Mays, 'Justice', p. 146(사 5:7에 대하여 주석하면서).

무릇 만군의 여호와의 포도원은
　이스라엘 족속이요,
그가 기뻐하시는 나무는
　유다 사람이라.
그들에게 정의(mišpāṭ)를 바라셨더니, 도리어 포학(mišpāḥ)이요
　그들에게 공의(ṣĕdāqâ)를 바라셨더니, 도리어 부르짖음(ṣĕ'aqâ)이었도다.

우리는 기본적으로 똑같은 내용을 지적하고 있는 다른 많은 본문을 열거할 수 있을 것이다. 그것은 여호와께서 자신의 백성 전체에게 그분 자신이 그러함을 보여 주셨듯이, 정의에 투철할 것을 요구하셨다는 것이다. 어떤 본문들은 특히 개인적인 수준에서도 그 도전을 적용시키고 있다.

예레미야 9:23-24은 아름답게 지어진 작은 시다. 하나님의 가장 좋은 선물 세 가지(지혜, 용맹, 부)는 언어를 재는 일종의 저울에 달리면서 여호와를 아는 일과 **비교하여** 자랑할 만한 값어치가 없는 것으로 여겨지고 있다. 그러나 여호와를 안다는 것은 여호와 하나님이 가장 기뻐하시는 것들—균형을 이루고 있는 또 하나의 트리오, 인애(ḥesed)와 정의(mišpāṭ)와 공의(ṣĕdāqâ)—에 투철한 것을 의미한다. 하나님을 안다는 것은 단지 내적 영성의 문제가 아니라 가치관의 변화와 그에 따른 실천적 헌신의 문제다.

에스겔은 의로움과 사악함에 대한, 그리고 그 두 가지에 대한 하나님의 반응에 대한 자신의 강력한 사례 연구에서, '의로운 개인'의 원형을 그리고 있다(겔 18:5-9).[18] 그는 "사람이 만일 의로워서 정의와 공의를 따라 행하며"라는 일반적 표제어 아래에서, 긍정적이며 부정적인 모범적 행위들에 대해 종합적인 목록을 제시하고 있다. 에스겔의 목록은 그 표제어의 정의에 사적이며 공적인, 성적이며 사회적인, '종교적'이며 '세속적인' 많은 여러 삶의 영역을 포함시키고 있다.

시편에도 비슷한 목록이 합당한 예배에 대한 기준으로 등장하고 있다. 감히

---

18) 겔 18장의 역할에 대해서 더 보려면, 다음의 제11장을 보라.

예배하러 하나님 앞에 나오는 자는 그 예배를 받으시는 하나님의 성품을 보여주는 생활을 해야 한다.

> 여호와여, 주의 장막에 머무를 자 누구오며,
>   주의 성산에 사는 자 누구오니이까?
>
> 정직하게 행하며
>   공의(*sedeq*)를 실천하며…(시 15:1-2; 참고. 시 24편).

이 기준에 부합하여, 예언자들은 정의를 부정하거나 짓밟으며 살아간 자들의 예배는 하나님이 받지 않으신다고 주장했다. 더 나아가서 그러한 사람들의 예배는 하나님께 가증한 것이었다(이를테면, 암 5:21-24; 사 1:10-17; 58:2-7; 렘 7:1-11을 보라.).

정의로 표출되는 공의는 필수 불가결한 예배의 조건이다. 정의가 없다면, 하나님이 받으실 만한 공적 종교는 존재하지 못한다.[19]

고난당하는 자들에 대한 정의의 의무는 아주 핵심적인 부분이어서 만일 그 의무를 다하지 않는다면, 하나님은 신성하게 정해 놓은 희생 제사들과 예배조차도 받지 않으실 것이다. 사람들이 정의를 실천하지 못한다면, 그들의 예배와 헌신의 대상으로서 참 하나님을 모시고 있지 않은 것이다(렘 22:15-16).[20]

그처럼 많은 자료가 하나님의 요구 사항으로서 정의 이행의 필수적 성격을 강조하고 있는 것에 강한 충격을 느끼게 될 때, 그리고 하나님께 정의를 행하는 일이란 특별히 약자와 가난한 자의 필요를 보살피는 것을 의미한다는 명백

---

19) Mays, 'Justice', p. 146.
20) Mott, *Political Thought*, p. 79.

한 사실을 더불어 받아들이게 될 때, 정의를 '엄격한 불편부당성'(不偏不黨性)으로 이해하는 전통적 이해가 과연 성경의 맥락에 적합한 것인지 묻지 않을 수 없게 된다. 그러한 전통적 이해와는 반대로, 여호와는 언저리로 밀려난 사람들의 핍절함에 특별히 관심을 기울이시는 것이 분명하기 때문에, 사람들 역시 그러한 우선 순위에 따라서 관심을 갖는 것이 하나님이 바라시는 정의의 본질인 것으로 보아야 할 것이다.

이 점은 예언자들에게서 가장 분명하게 나타나고 있다. 예언자들은 타협함이 없이 가난한 자, 약자, 압제받는 자, 소유를 빼앗긴 자, 희생물이 된 자들 편에서 그들을 변호하는 입장을 택하고 있으며, 자신들이 그렇게 하고 있는 것이 바로 정의의 하나님을 대변하는 것이라고 주장한다. 문서를 남긴 위대한 예언자들이 있기 전에도, 우리는 나단이 우리야를 대신해서 다윗에게 맞섰고, 엘리야가 나봇을 대신해서 아합과 맞선 것을 볼 수 있다. 이것은 아모스와 같은 시골 출신 재야 예언자들과 마찬가지로, 왕권의 집행에 가까이 있었던 이사야와 같은 궁정 예언자들에게도 해당되는 사실이다. 물론 이 점에서, 하나님에 대한 예언자들의 진술은 율법 자체의 목소리(참고. 출 22:22-24, 26-27; 신 10:18-19)와 시편의 예배하는 목소리(이를테면, 시 146:7-9), 그리고 지혜서의 목소리(이를테면, 잠 14:31; 22:22-23)와 전적으로 그 궤를 같이하고 있다.

그러나 약자와 가난한 자들에 대한 하나님의 이러한 적극적 관심은 틀림없는 사실이지만, 그것을 표현할 때는 유의할 필요가 있다. 그것은 하나님이 편향적이거나 자의적인 편파성을 가지신 경우가 아니다. '하나님은 가난한 자들의 편이다'라는 표현은 하나님께 일종의 편애가 있다는 의미를 어느 정도 암시할 수 있는데, 성경은 그 점을 거부한다. 또한 그러한 말은 하나님이 가난한 자들의 죄악에 대해 눈감아 주신다는 말도 아니다. 마치 가난과 압제가 그 희생자들을 흠 없고 무고한 존재로 만들어 준다는 듯이 말이다. 실로 이사야는 그 민족의 총체적 부패에 대해 자세히 묘사하면서, 가난한 자와 권력 없는 자의 전형적 예들인 고아와 과부까지도 포함시키고 있다(사 9:14-17). 하나님과 마찬가지로, 죄는 사람을 차별하지 않는다. 가난한 자들 역시 죄인이다. 오히려 천명되고 있는 사실은 바로 이것이다. 특정 집단으로서 사회의 가난한 자들은 만

성적인 불의의 상황—하나님이 몸서리치시며 바로잡기를 원하시는 상황—에서 '피해를 입고 있는' 자들 편에 있기 때문에 하나님의 특별한 주목을 받는다는 것이다. 대저 이루어져야 할 하나님의 의로운 뜻은 가난한 자들을 대신하여 정의를 집행할 것을 요구한다. 그러므로 하나님은 불의를 행하는 자들에 맞서서 **그들의** 주장 혹은 입장을 들어주시는 것이다. 그분의 예언자들을 통해서 그리고 이상적으로는 또한 경건한 재판장들을 통해서, 하나님은 '의인' 편에 서신다. 이 '의인'이라는 말은 도덕적으로 흠이 없다는 말이 아니라 사회적 갈등과 학대의 상황 속에서 '바른 쪽'에 서 있는 자들이라는 뜻이다.[21]

이 사실을 아주 맹렬하게 선포함으로써, 예언자들은 실질적으로 하나님의 **불편부당성**을 변호하고 있다. 이런 식으로 억눌림을 당하고 있던 자들의 입장을 방어함으로써 예언자들은 하나님이 부자들과 권력자들의 편에 서 계시다는 의심을 배제시켜 준다. 이스라엘에서의 압제자들은 의당 그들의 부와 권력을 자기들과 자기들의 활동에 대한 하나님의 축복이라고 역설했을 것이다.[22] **가난하고 빼앗긴 자들**에 대해서는 '의롭다'(즉, 옳다)는 법정적 선고를 내리고 **부유한 지주들**에게는 '악하다'(즉, 그르다)는 판단을 적용함으로써, 이 대중적 판단을 뒤집어 버리는 아모스의 수사 방식은, 하나님을 부유한 악인들의 주장으로부터 **분리시키는 데** 매우 효과적이며 감동적인 방식이었다. 하나님이 자기들 편이라고 생각했던 자들(부자들)은 하나님이 거의 확실하게 그렇지 않으시다는 사실을 아주 분명한 말로 듣게 되었다. 이는 그들의 부가 악행과 압제를 통해 획득된 것이었으며, 여호와는 그러한 행위에 복을 주시거나 재가해 주시거나 보답해 주시는 하나님이 아니었기 때문이다. 그 반대로, 하나님은 '의로운 자들'의 편에 서 계셨다. 의로운 자는 피해를 당하고 변호되어야 할 처지에 있

---

21) "성경적 정의의 가장 충격적인 특징은 그 정의가 약자를 향하여 기울어져 있다는 사실이다. '기울어짐'은 하나님이 가난한 자들을 더 사랑하신다거나 그들이 정당한 요구 이상으로 받아야 한다는 뜻이 아니다. 그것은 가난한 자들이 끊임없이 매년 불의의 희생물이 되는 사회 갈등의 상황 속에서 하나님과 하나님의 추종자들이 약자의 입장을 들어 주어야 한다는 뜻이다"(앞의 책, 같은 쪽).
22) 그들이 그렇게 말했던 최후의 사람들은 아니었을 것이다. 몇 가지 형태의 '번영 복음'(prosperity gospel)이 거의 똑같이 말하고 있기 때문이다.

는 사람들을 말한다. 그러한 관점은 의로운 재판장이신 하나님의 주권적 독립성을 재주장했다. 그 하나님은 외모나 경건한 척하는 주장들에 의해 우롱당하실 수 없는 분이었다.

> 여호와의 눈은 의인을 향하시고
> 　그의 귀는 그들의 부르짖음에 기울이시는도다.
> 여호와의 얼굴은 악을 행하는 자를 향하사…(시 34:15-16).

인간 권력세자들에 대한 하나님의 일차적 요구로서의 정의

모든 수준에 있는 이스라엘 지도자들은 다양한 면에서 공의와 정의를 유지하거나 회복시키는 일차적 역할을 감당하고 있었다. 모세가 여러 수준의 지방 지도자들에게 권위를 이양한 사건을 기록한 신명기 1:10-18에서, 이 "지혜와 지식이 있는 인정받는 자들"에게 맡겨진 주요 임무는 청렴하게 치우치지 않고 정의를 행해야 한다는 것이었다. 그리고 그들이 실제로 여호와의 재판을 '지상에서 행'하고 있다는 점이 인식되고 있다(17절). 그 점은 신명기 후반부에서 훨씬 더 강하게 그리고 수사적으로 지적되어 있다. "…그들은 공의로 백성을 재판할 것이니라. 너는 재판을 굽게 하지 말며, 사람을 외모로 보지 말며 또 뇌물을 받지 말라. 뇌물은 지혜자의 눈을 어둡게 하고 의인의 말을 굽게 하느니라. 너는 마땅히 공의만을 따르라. 그리하면 네가 살겠고 네 하나님 여호와께서 네게 주시는 땅을 차지하리라"(신 16:18-20).

사사들

왕정 이전의 이스라엘에서 '사사'라고 불렸던 사람들은 순회 판사의 원형이라고 볼 수 있는 사무엘처럼(삼상 7:15-17) 법정에서의 판결(오늘날 우리가 말하는 사법상 의미에서의 '재판')에만 가담했던 것이 아니었다. 실로 그 사사들 가운데 몇몇은 전혀 그런 역할을 하지 않았던 것 같다. 오히려 단지 군대를 이끌고 나가서 나라를 건져냈던 무장(武將)들이었다고 할 수 있다. 그러나 그러한 후자의 역할도 이스라엘을 압제로부터 회복시키고 하나님과 '바른 관계'를 맺도록 바로잡은 면에서는, 이스라엘 백성이 이해하고 있었듯이 역동적인 공의가 발휘된 것이었다. 군사적인 사사들 역시 민족 구원 혹은 지파 구원의 형태로 하나님의 의로운 행하심을 '지상에서 행했다.' 므깃도에서의 대승 이후에 사법적 사사였던 드보라(삿 4:5)와 군대의 장수였던 바락이 함께 승리를 기뻐한 일이 바로 그런 것이었다.

여호와의 공의로우신 일을 전하라
이스라엘에서 마을 사람들을 위한 의로우신 일을 노래하라(삿 5:11).

왕들
이스라엘 왕들의 어깨 위에는 정의를 유지할 의무가 훨씬 더 명확하게 지워져 있었다. 제왕 시편들 몇 곳에서는 왕의 군사적 역할과 재판장 역할이 밀접하게 연결되어 있다. 만일 왕이 정의를 집행하고 피해를 입은 자들과 핍절한 자들을 보호하시는 하나님을 닮아야 할 의무에 충실하다면(참고. 신 17:18-20), 하나님은 왕에게 다른 영역에서도 성공과 부요함을 허락하실 것이라는 기대가 있었다. 이 기대에 대한 가장 좋은 예가 바로 시편 72편이다. 이 시편은 왕을 위한 기도로서, 모든 의로움과 정의의 진정한 원천을 인정하는 것으로 시작하고 있다.

하나님이여, **주의** 판단력(justice)을 왕에게 주시고
주의 공의(righteousness)를 왕의 아들에게 주소서(1절, 강조는 저자의 것).

그런 다음에 이 시편은 가난하고 빈핍한 자들을 위해 왕이 실제로 정의를 집행하는 일에 대한 묘사를 그 땅에 대한 물질적 축복에 대한 기대와 뒤섞고 있다. 8-11절에서는 왕의 국제적인 군사적 위용에 대한 감동적인 진술을, 왕의 판결 활동에 대해 그 '목적'을 설명하는 뒤따른 언급과 연결시키고 있다. 다시금 그와 같은 정의의 일차적 목표인 12-14절에 있는 약자와 핍절한 자와 눌린 자들을 건져내는 일을 강조한다(참고. 시 45:4-6; 그리고 시 58편과 대조해 보

라). 특히 주목할 만한 점은 왕의 이러한 판결 활동이 그 민족을 '압제와 폭력'으로부터 자유케 함으로써, 그 민족의 선한 질서와 평화에 기여하게 될 것이라는 사실이다. 불의에 따르는 요소로서 폭력은 구약 성경에서 눈에 띄는 주제다. 압제를 행하는 자들은 자기들이 움켜쥔 것을 유지하기 위해 폭력에 의지한다. 그러나 그들은 또한 그들의 희생자 쪽에서 폭력을 행하도록 부추기기도 한다.[23] 그러나 하나님 아래에서 공정하게 행사되는 정치 권력의 역할은 핍절한 자들을 보살피는 일뿐만 아니라 곤핍한 자들에게 잘못을 저지르는 자들을 타도해 버리는 것이다. "왕은 약자를 위해 개입함으로써 압제하는 자들로부터 그들을 구원할 뿐만 아니라, 또한 악을 폐하고 압제자들과 폭군들을 진압한다. '그가…궁핍한 자의 자손을 구원하며 **압박하는 자를 꺾으리로다**'(4절)."[24]

예레미야는 용감하게 예루살렘에 있는 왕궁 문 바로 앞에 자리잡고 서서, 다윗을 계승한 왕들이 그 왕좌에 대한 정통성을 계속해서 유지하고자 한다면 하나님이 그들에게 요구하시는 바가 무엇인지를 선포했다. 만일 그들이 다음 임무들을 소홀히 한다면, 그들은 일거에 소멸될 것이었다. 이런 식으로 그 내용을 진술하면서, 예레미야는 추호의 타협도 없이 시온 신학을 시내 산 언약에 종속시켰다. 제7장에서 살펴보았듯이, 사회 정의라는 언약 구조를 짓밟는 지배자들에게는 어떠한 정통성도 있을 수 없었다.

이르기를 다윗의 왕위에 앉은 유다 왕이여, 너와 네 신하와 이 문들로 들어오는 네 백성은 여호와의 말씀을 들을지니라. 여호와께서 이와 같이 말씀하시되, 너희가 정의와 공의를 행하여 탈취당한 자를 압박하는 자의 손에서 건지고, 이방인과 고아와 과부를 압제하거나 학대하지 말며, 이 곳에서 무죄한 피를 흘리지 말라. 너희가

---

23) ḥāmās에 대한 단어 연구를 포함해서, 구약 성경에서 압제와 폭력 사이의 연관성에 대한 매우 유익한 연구가 다음 책에 제시되어 있다. Hendrickx, *Social Justice in the Bible*, ch. 4. 'Oppression and Violence.' 「성서에 나타난 사회 정의」(분도).

24) Weinfeld, *Social Justice*, p. 49(강조는 저자의 것). Weinfeld는 'Justice and Righteousness as the Task of the King'이라는 제목 아래 이 항목에서 언급된 여러 본문을 심도 있게 논의하고 있다. 특히 그는 고대 근동(특히, 메소포타미아)에 있는 유사한 문헌들과 비교하고 있다. 거기를 보면, 정의를 확실하게 지켜야 할 왕의 의무가 선언되어 있다.

참으로 이 말을 준행하면, 다윗의 왕위에 앉을 왕들과 신하들과 백성이 병거와 말을 타고 이 집 문으로 들어오게 되리라. 그러나 너희가 이 말을 듣지 아니하면 내가 나를 두고 맹세하노니, 이 집이 황폐하리라. 여호와의 말씀이니라(렘 22:2-5).

르무엘 왕의 어머니가 다음과 같은 이유에서 그 왕에게 술 취하지 말라고 경계했듯이, 지혜 문학에도 왕들의 편에서 요구되는 사회 정의가 강조되어 있다(참고. 잠 29:4, 14).

르무엘아,
  포도주를 마시는 것이 왕들에게 마땅치 아니하고 마땅치 아니하며,
  독주를 찾는 것이 주권자들에게 마땅하지 않도다.
  술을 마시다가 법을 잊어 버리고
  모든 곤고한 자들의 송사를 굽게 할까 두려우니라(잠 31:4-5).

그와는 반대로, 가장 힘없는 자의 입장을 변호하는 것이 가장 힘있는 자로서 왕이 수행해야 할 의무다.

너는 말 못 하는 자와 모든 고독한 자의
  송사를 위하여 입을 열지니라
너는 입을 열어 공의로 재판하여
  곤고한 자와 궁핍한 자를 신원할지니라(잠 31:8-9).

물론 이상과 현실은 대개 별개의 것이다. 이 또한 지혜 문학의 전통 가운데 있는 것으로서, 이스라엘에서 좀더 비관주의적인 목소리 하나가 위계적 사회 질서와 관료주의가 낳은 억압적 결과들에 대해 다음과 같은 매우 현대적인 관찰을 하고 있다. "너는 어느 지방에서든지 빈민을 학대하는 것과 정의와 공의를 짓밟는 것을 볼지라도 그것을 이상히 여기지 말라. 높은 자는 더 높은 자가 감찰하고 또 그들보다 더 높은 자들도 있음이니라"(전 5:8).

지도자들에 대한 비판

구약 성경에 있는 많은 본문은 (사사든지 왕이든지) 지도자들이 공직에 있으면서 사회 정의라는 이 문제를 어떻게 다루었는지에 대해 정확히 그들을 비판한다. 예상할 수 있다시피, 이 비판은 흔히 부정적이다. 그러나 긍정적인 평가를 한 멋진 예들도 있다.

1. 부정적으로, 시편 82편은 하나님이 신성한 정의를 수행할 의무를 맡기신 (그리하여 심지어 '신들'이라고까지 일컬어질 수 있을 정도의) 자들에 대한 신랄한 정죄다. 본문은 인간사에 대해 자신들의 지배력을 행사하지만 타락한 부패와 왜곡이라는 상태에서 그렇게 하고 있는 천사들의 존재를 가리킬 수도 있고, 똑같은 일을 실제로 행하고 있는 인간 재판관들을 가리킬 수도 있다. 어느 쪽이든 메시지는 명확하다. 즉, 하나님은 (천사이든 사람이든) 그러한 권세들에게 책임을 물으시며, 하나님이 요구하시는 대로 공정하게 행하기를 거절하는 자들을 궁극적으로 멸망시키실 것이다. 그 시편은 하나님께 재판장으로서 일을 하시라는 요청(즉, 악인을 멸망시키고 억눌린 자들을 변호해 달라는 요청)과 이미 우리가 지적했던 보편화 경향을 결합시키면서 끝을 맺는다.

하나님이여 일어나사 **세상**을 심판하소서
모든 나라가 주의 소유이기 때문이니이다(시 82:8, 강조는 저자의 것).

모든 예언자 중에서 왕권의 언저리에 가장 자주 있었을 이사야는 예루살렘에 있는 권력자들을 "소돔의 관원"(사 1:10)이라고 정죄했다. 그 이유는 곧 이어져 나온다. 소돔처럼 예루살렘이, 이전에는 그 가운데 있었던 정의와 공의의 장소가 되는 대신에 고통과 압제와 강도질과 부패와 폭력의 장소가 되어 버렸다는 것이다(사 1:21-23). 나중에 이사야는 사법 당국자들을 법정 사건들에 대해서보다는 칵테일에 대해서 더 잘 판단하는 자들이 되었다고 조롱한다(사 5:22-23). 그들은 심지어 법령을 통해 압제를 법제화하기까지 했다. 즉, 그들은 자신들이 행하는 착취 행위들을 기술적으로 합법화하는 법률들을 통과시켰다

(사 10:1-2).

예레미야는 무급 강제 노역을 통한 여호야김의 부당한 착취 행위를 맹렬히 탄핵했으며, 그는 그 눈과 마음이 "탐욕과 무죄한 피를 흘림과 압박과 포악을 행하려 할 뿐"인 자라고 묘사하고 있다(렘 22:13-14, 17). 얼마나 무서운 묘비명인가!(그 말은 실제로 묘비명과 같은 것이었다. 바로 그 구절이 여호야김의 불명예스런 몰락을 예고하고 있기 때문이다.)

에스겔은 바벨론에 유배되어 간 자들 틈에 있었기 때문에, 그에게는 탄핵할 만한 특정한 왕이 없었다. 그래서 그는 일반화해서 "이스라엘 목자들" 모두를 공격했다. 이 말은 과거의 왕들을 의미한다. 그가 볼 수 있었던 것은 전부 탐욕과 약탈과 착취, 그리고 백성들의 핍절함을 돌아보지 않는 역사였다(겔 34:1-8).

2. 그러나 긍정적인 면에서, 몇 줄기의 밝은 빛도 있다. 비록 사무엘이 스스로에 대해서 한 주장이긴 하지만, 사무엘의 변명은 그 백성들에게 온전하게 받아들여졌다. 그의 공직 수행은 자기만을 위하거나 부패한 것이 아니었다. 그의 수사적인 질문들과 그 질문들을 통해 표현된 주장에 대해 백성들이 한결같이 동의했다는 사실은, 지도자들은 정의가 이루어지도록 감독하고 그들 자신이 청렴결백한 사람이 되어야 한다는 이 요구의 최우선성을 보여 준다.

"내가 여기 있나니, 여호와 앞과 그의 기름부음을 받은 자 앞에서 내게 대하여 증언하라. 내가 누구의 소를 빼앗았느냐? 누구의 나귀를 빼앗았느냐? 누구를 속였느냐? 누구를 압제했느냐? 내 눈을 흐리게 하는 뇌물을 누구의 손에서 받았느냐? 그리했으면 내가 그것을 너희에게 갚으리라."

"당신이 우리를 속이지 아니하였고, 압제하지 아니하였고, 누구의 손에서든지 아무것도 빼앗은 것이 없나이다"(삼상 12:3-4).

왕들 중에서, 사회 정의를 회복하려는 노력에 대해 칭찬할 만한 왕은 아주 드물다. 가장 모호한 왕은 솔로몬이었다. 그는 재위 초기에 정의를 집행할 수 있도록 바로 지혜의 은사를 간구했다(왕상 3:9, 11). 그리고 그가 왕으로서 처음 행한 일들 중에서 두 창기가 살아 있는 아기와 죽은 아기를 놓고 다투었던 사건에 대해 그가 내린 판결은 (말하자면, 상당히 놀랍게도) "하나님의 지혜가 그의 속에 있어 판결"한 최고의 증거로 기록되어 있다(왕상 3:28). 그러나 슬프게도, 권력과 부가 증대되면서 솔로몬은 압제의 길에 들어서게 되었다. 그의 아들 르호보암은 그 길을 확대시켰으며, 결국 왕국을 분열시키고 말았다. 내레이터의 풍자적인 어조는 스바 여왕의 입을 통해 흘러나온다. 스바의 여왕은 솔로몬의 부(곧 알게 되겠지만, 그것이 바로 그의 국제적 제국 건설에 수반된 종교적 타협과 정치적 편의를 위한 여러 혼인과 더불어 그의 몰락을 가져온 원인이 될 것이었다)에 대해서 숨막힐 듯 경탄하면서 솔로몬에게, "여호와께서 영원히 이스라엘을 사랑하시므로 당신을 세워 왕으로 삼아 **정의와 공의를 행하게** 하셨도다"라고 일깨워 주고 있다(왕상 10:9). 정말 그랬다. 그러나 솔로몬은 바로 그 일을 점점 행하지 않고 있었다. 그래서 10장 끝 부분에 가면, 솔로몬이 신명기 17:14-20에 기록된 왕에 대한 기본 법규를 완전히 무시하는 생활을 하고 있다는 것이 명확해진다. 왕의 영화 뒤에 숨겨져 있는 왕의 부패가 이어지는 다음 장(왕상 11장)에서 곧바로 폭로된다.

오직 두 왕만이 정의와 관련하여 그들의 윤리 성적표에 A⁺를 받고 있는 것으로 여겨진다. 한 사람은 여호사밧(그의 이름은 적절하게도 '여호와가 재판장이시다'라는 뜻이다)이었다. 역대하 19:4-11은 주전 9세기 유다 왕국에서 시행되었던 사회 분야, 교육 분야, 사법 분야에서의 그의 개혁 노력들을 기록하고 있다. 인간의 사법 절차가 어떻게 신적 정의를 반영해야 하는가에 대한 강조는 특히 충격적이다. 나머지 한 사람은 요시야 왕이었다. 요시야 왕에 대해 예레미야는 다음과 같은 유명한 말을 기록해 놓았다(이 말은 그를 계승했던 불경건한 왕 여호야김과 극명한 대조를 이루고 있다).

> "네 아버지가 먹거나 마시지 아니했으며
>   정의와 공의를 행하지 아니했느냐?
>   그 때에 그가 형통했었느니라.
> 그는 가난한 자와 궁핍한 자를 변호하고

형통했나니,

이것이 나를 앎이 아니냐?"

여호와의 말씀이니라(렘 22:15-16).

바로 이것이 신명기가 말했던 바, 여호와 자신이 친히 행하고 계시며 가장 원하시는 바로 그것이었다. 그리고 요시야 왕은 단순히 여호와 하나님의 모습을 그대로 모방하여 여호와께서 이루어지기를 원하고 계시는 바를 행했고, 여호와께서 사랑하시는 자들을 보살폈던 것이다. 그리고 그것이 바로 "여호와를 아는 것"이라고 예레미야는 말한다. 그 말은 흥미로운 정의가 아닐 수 없다. 요시야 왕에 대한 역사가의 판결도 마찬가지로 긍정적이며, 그 분위기는 신명기적이다. "요시야와 같이 마음을 다하며 뜻을 다하며 힘을 다하여 모세의 모든 율법을 따라 여호와께로 돌이킨 왕은 요시야 전에도 없었고 후에도 그와 같은 자가 없었더라"(왕하 23:25).

마지막으로, 욥이 재난을 당하기 전 태평한 시절에 법적 문제에서 보였던 처신들에 대한 그의 주장을 소홀히 할 수 없을 것이다. 사무엘의 주장과 마찬가지로, 욥의 주장은 일종의 도덕상 자기 변호다. 그렇지만, 그의 변호는 사회에서 지도적인 위치에 있는 자들이 행해야 할 공적 의무에 대해 이스라엘 사회에서 존중되었던 이념들이 무엇인지를 매우 유익하게 부각시켜 주고 있다. 29장에서 욥은 과거 한때 자신이 공동체 내에서 사법을 집행하던 자들로서 공공의 광장에 앉아 있던 그 마을 장로의 한 사람으로 얼마나 존경받던 사람이었는지를 다음과 같이 묘사하고 있다.

이는 부르짖는 빈민과
　도와줄 자 없는 고아를 내가 건졌음이라.
망하게 된 자도 나를 위하여 복을 빌었으며,
　과부의 마음이 나로 말미암아 기뻐 노래했느니라.
내가 의를 옷으로 삼아 입었으며,
　나의 정의는 겉옷과 모자 같았느니라.

나는 맹인의 눈도 되고
　다리 저는 사람의 발도 되고,
빈궁한 자의 아버지도 되며,
　내가 모르는 사람의 송사를 돌보아 주었으며,
불의한 자의 턱뼈를 부수고,
　노획한 물건을 그 잇새에서 빼어내었느니라(욥 29:12-17).

결론적으로 말해서, 각각의 수준에 있는 모든 인간 권력자가 사회 속에서 어떻게 정의를 발휘하고 집행하느냐의 문제가 여호와께는 우선권을 갖는 문제임을 확실하게 말할 수 있다. 또한 거듭해서 선포되고 있듯이, 이스라엘의 하나님 여호와는 온 땅의 하나님이며, 모든 민족의 하나님이며, 모든 인류의 하나님이다. 어떤 주어진 상황에서 그와 같은 사회 정의에 대한 관심이 우리 인간의 가치 척도의 어디에 위치하느냐 하는 것은, 우리가 성경에 나타난 하나님의 마음에 얼마나 많이 혹은 얼마나 적게 맞추어져 있는지 측정해 주는 것이다.

하나님이 가져오실 정의

왕의 일차적 임무인 정의에 대해 논하면서 우리가 언급하지 않은 왕이 한 사람 있는데, 바로 다윗 왕이다. 다윗 왕은 다른 많은 면에서 그런 것처럼, 바로 이 면에서 필시 어느 정도는 이상주의적으로 장래 왕들의 모델로 기능했다. 사무엘하 5-8장을 보면, 다윗이 이스라엘 모든 지파의 왕이 되고 예루살렘에 그의 수도를 세운 사건에 대한 진술이 이어져 나온다. 그 진술은 그가 모든 이스라엘과 유다를 다스리는 왕이 되었다는 간단한 요약 진술로 시작해서, 그가 다스리는 나라의 주요 부서들 목록을 포함하여 동일한 취지를 설명하는 간단한 진술로 끝맺는다(비슷한 본문들이 삼하 20:23-26과 왕상 4:1-6에서도 발견된다). 그러나 다윗의 통치에 대한 진술의 절정은 삼하 8:15에 있는 "다윗이 온 이스라엘을 다스려 다윗이 **모든 백성에게 정의와 공의를 행**"했다는 말이다. 이 절의 후반부를 더 잘 번역하면 '그가 그의 모든 백성을 위하여 정의와 공의를 세워 나가기 시작했다'일 것이다.²⁵⁾ 실로 그것은 이스라엘에서만이 아니라 고대 근동 세계 전역에서 왕직에 관한 공통 이념(비록 실제로 실천되지는 않았다 할지라도)에 따라 모든 올바른 왕조라면 의당 열망해야 할 목표였다. 그러므로, 다윗은 그의 뒤를 이어 왕위에 오를 장래 왕들이 **행해야 할 바**에 대한 모델을 세우고 있는 것이다. 이미 살펴보았듯이, 그의 아들 솔로몬은 처음에는—적어도 스바의 여왕이 그 점에 대해 그를 칭찬하기까지는—그 일을 잘 해냈다. 그 뒤로 이 점에서 실패한 왕들은 그의 조상 다윗의 길로 행하지 않았다는 말을 듣게 되었으며, 사회 개혁을 실시하고 우상 숭배를 폐지하고 정의를 재확립했던 극소수의 왕들²⁶⁾은 긍정적인 방향으로 다윗과 비교되었다.²⁷⁾

그토록 많은 역사상의 왕이 자신이 받은 명령인 정의를 구현하는 일에 실패한 것은 이스라엘 안에서 **장차** 임할 다윗의 자손에 대한 열망과 예언을 증가시켰다. 기대되었던 이 종말론적 왕은 역사상의 왕들이 실패했던 일, 즉 정의와 공의의 확립 그리고 오직 그 일을 통해서만 이루어질 진정한 평화의 통치를 달성할 것이었다. 그리하여, 예언 문학의 다양한 문맥에서 발견되는 메시아적 소망은 지상에서 사회 정의를 궁극적으로 성취해야 하는 과제를 종말론적 왕, 마침내 '땅'에 여호와의 보편적 정의를 가져올 자의 일로 보고 있다.

그 어깨 위에 하나님의 정사(government)를 짊어지고 태어나게 될 그 '아

---

25) 앞의 책, p. 46.
26) 비록 역사서 본문들은 우상 숭배를 근절시키고자 했던 선한 왕들의 노력을 부각시키는 경향이 있지만, 우리는 우상 숭배가 언제나 발생시키고 정당화하는 사회적 불의로부터 우상 숭배를 분리시켜서는 안 될 것이다. 역사 내내—성경의 역사에서든지 오늘날의 역사에서든지—이 둘은 언제나 함께 간다. 성경적으로 말해서, 우상 숭배는 사회적, 경제적, 정치적 질서의 현실과 단절되어 있는 어떤 영적이거나 종교적인 삶의 영역에만 국한되는 것이 아니다. 오히려, 우리가 섬기는 신이나 신들의 정체와 성격은 우리가 옹호하는 (혹은 관용하는) 종류의 사회에 심원한 영향을 미치게 되어 있다. "거짓 신들에 대한 섬김이 없으면 그릇된 일이 벌어지지 않으며, 그릇된 일이 없이는 거짓 신들에 대한 섬김이 있을 수 없다"는 것이 바로 이 사실을 표현하고 있는 Ulrich Duchrow의 결정적인 말이다. 아합과 엘리야 시대에 있었던 여호와와 바알 사이의 격돌에 자리 잡고 있는 사회적, 정치적, 종교적 차원의 결합에 대해 언급하면서, 그는 이렇게 덧붙인다. "굶주린 백성과 부자 왕은 부와 권력의 축적 법칙의 결과이며, 여호와가 아니라 바알이 지배하고 있을 때 발생한다"(Duchrow, *Shalom*, pp. 79, 81).
27) 이를테면, 여호사밧(대하 17:3 및 19장), 히스기야(왕하 18:3, 5-6), 요시야(왕하 22:2; 23:25; 렘 22:15-16).

기'에 대한 위대한 비전의 절정은 그 아기를 '위대한 다윗보다 더 위대한 다윗의 아들'로 그리고 있다. 그 아들은 만인을 위해서, 다윗이 그의 시대에 '시작했던' 것을 영원히 행할 자다.

> 또 다윗의 왕좌와
> 　그의 나라에 군림하여
> 그 나라를 굳게 세우고
> 　지금 이후로 영원히
> 　정의와 공의로 그것을 보존하실 것이라
> 만군의 여호와의 열심이
> 　이를 이루시리라(사 9:7).

마찬가지로 이것과 짝을 이루고 있는 이새의 그루터기에서 나온 싹에 대한 비전은 그 메시아 왕의 정의의 통치에 대하여 단호한 표현을 포함하고 있다.

> 공의로 가난한 자를 심판하며
> 　정직으로 세상의 겸손한 자를 판단할 것이며…
> 공의로 그 허리띠를 삼으며
> 　성실로 그의 몸의 띠를 삼으리라(사 11:4-5).

예레미야와 에스겔은 하나님이 일으켜 세우신, 심지어 (에스겔의 경우) 여호와 자신의 신정 통치를 구현하는 다윗 계열의 왕에 대한 그들의 소망을 천명했다. 예레미야는 그 왕을 "여호와 우리의 공의"(렘 23:5-6; 겔 34:23-24)라고까지 일컬었다.[28] 그리고 원래 다윗 계통의 왕을 위한 기도문으로 작성되었던

---

28) 그 본문에서 이 이름의 의미는 명확하다. 그것은 사회 정의의 성취 **그리고** 해방을 가져다주는 구원 둘 다를 포함한다. 그는 "지혜롭게 다스리며 세상에서 정의와 공의를 행할 것이며, 그의 날에 유다는 구원을 받겠고 이스라엘은 평안히 살 것"이다(렘 23:5-6). 의심할 필요도 없이, 예레미야는 자신이 한 예언의 적합한 성취로서 앞으로 임할 이 분에게 그 이름이 주어진 것으로 간주했을

시편 72편은 시간이 흐름에 따라 정의를 구하는 그 기도들과, 압제에 대한 끝장, 열방의 복과 예배, 땅의 풍성한 결실, 전 세계적인 평화의 지배, 여호와의 보편적인 영광을 구하는 기도에 대한 응답을 진정으로 대변하게 될 왕에 대한 메시아적 열망으로 비치게 되었다.

비록 다윗 계열의 인물과는 그리 강하게 연결되어 있지 않지만,[29] 이사야 40-55장의 여러 대목에 등장하고 있는 여호와의 종 역시 정의를 확립하는 일을 그의 사명의 핵심 요소로 가지고 있다. 이사야 42장에서 그가 처음 소개될 때, 그가 받게 되는 여호와의 성령의 권능을 통해 이루어야 할 첫 번째 임무는 바로 정의다. 또한 그는 이스라엘에게만이 아니라 열방에게도 정의를 가져다줄 것이다. 여호와의 법과 정의가 땅 끝까지 확대된다는 말은 이사야 42:1-9에서 거듭 반복되고 있는 주제다.

> 내가 붙드는 나의 종,
> 　내 마음에 기뻐하는 자 곧 내가 택한 사람을 보라.
> 내가 나의 영을 그에게 주었은즉,
> 　그가 이방에 정의를 베풀리라(사 42:1).

그렇지만, 하나님이 보여 주시고 요구하시는 그 정의를 하나님이 궁극적으로 이끌어 오실 것이라는 소망은, 메시아적이며 종말론적인 것으로 보이게 된 본문들에 나타난 그 같은 다윗 자손에 대한 반향에만 국한되지 않았다. 그것은 그저 하나님이신 여호와의 알려져 있는 성품에 근거하여 식을 줄 모르는 소망으로 존재하고 있었다. 만일 온 땅에 대한 재판장이 올바르게 행하지 않는다는 것이 도무지 생각조차 할 수 없는 일이었다면, 하물며 바로 이 동일한 하나님이 겹겹이 쌓인 인류의 잘못을 심판하고 단번에 영원히 모든 일을 바로잡기 위해 마침내 개입하지 않으실 것이라고는 더구나 도무지 생각조차 할 수 없는 일

것이다('예수', '여호수아'는 '여호와는 구원이시다'라는 뜻이다).
29) 사 55:3-5은 예외다. 그 대목을 어떤 학자들은 앞 장들에 있는 종이라는 인물을 다윗 및 그의 종말론적 통치의 보편적 범위와 동일시하는 방식으로 보고 있다.

이었다. 오직 하나님만이 최종적으로 '사태를 선별'하실 수 있다. 오직 하나님만이 **하실 수 있다**는 사실, 하나님이 확실히 **하실 것**이라는 사실이 많은 구약 본문이 전하는 흔들림 없는 천명이다. 이사야는 그러한 날을 여호와의 성령의 강력한 역사로 보고 있다. "한 왕이 공의로 통치할 것이요 방백들이 정의로 다스릴" 때가 어떤 모습일 것인지에 대한 멋진 묵상에서 그는 다음과 같은 때를 대망하고 있다.

> 마침내 위에서부터 영을 우리에게 부어 주시리니…
> 그 때에 정의가 광야에 거하며
>   공의가 아름다운 밭에 거하리니,
> 공의의 열매는 화평이요,
>   공의의 결과는 영원한 평안과 안전이라(사 32:15-17).

그러나 최종적인 언급은 이스라엘의 믿음을 형성해 주었던 위대한 시인들, 즉 이스라엘 백성들의 예배의 노랫말을 지어 준 자들에게서 들어야 할 것이다. 실로 우리가 장차 **오실 하나님**으로서의 여호와에 대한 이 위대하고 가슴 벅찬 기대를 발견하게 되는 곳이 바로 시편이기 때문이다. 그리고 하나님이 임하고 계신다는 사실, 여지없이 임하신다는 사실은 하나님 그분의 백성들만이 아니라 온 땅 전체에서 그리고 실로 모든 창조 세계에서 기뻐하고 찬양할 이유이기 때문이다. 왜 그런가? 어째서 하나님이 임하신다는 사실이 우주적으로 즐거워할 기쁨의 문제인가? 왜냐하면 하나님이 오실 때, 만물이 제자리를 찾게 되기 때문이다. 하나님은 그 말이 가지고 있는 순전한 구약적 의미대로, 심판하러 오신다. 즉, 잘못들을 바로잡고, 악을 멸하며, 의인들을 변호하고, 마침내 하나님과 사람 사이에, 사람들 사이에 그리고 사람들과 피조 세계 사이에 정의를, 올바른 관계들을 세우기 위해서 임하신다.

그러므로, 온 창조 세계가 다 함께 기쁨의 노래를 부르자는 초대가 전혀 놀라운 일이 아니다. 시편 33편이 말하고 있듯이, 이것은 다시금 세상을 변혁시키는 비전이다. 예배하는 자의 믿음의 상상력 앞에 펼쳐지는 비전이다. **그럴 수도**

있을 것이라는 꿈이 아니라 앞으로 **그렇게 될** 일에 대한 비전이다. 그리고 이 미래는 지금 당장 앞당겨서 축하할 수 있으며 열방에게 하나님 나라의 복음으로 선포될 수 있을 정도로 믿음의 눈을 가진 사람들에게는 하나의 현실이다. 성경의 주 하나님, 여호와 하나님이 마침내 그분의 통치를 확립하시게 될 때, 바로 이러한 모습일 것이기 때문이다.

> 모든 나라 가운데서 이르기를 '여호와께서 다스리시니'
>> 세계가 굳게 서고 흔들리지 않으리라
>> 그가 만민을 공평하게 심판하시리라 할지로다
> 하늘은 기뻐하고 땅은 즐거워하며
>> 바다와 거기에 충만한 것이 외치고
>> 밭과 그 가운데에 있는 모든 것은 즐거워할지로다
> 그 때 숲의 모든 나무들이 여호와 앞에서 즐거이 노래하리니
>> 그가 임하시되,
>> 땅을 심판하러 임하실 것임이라.
> 그가 의로 세계를 심판하시며
>> 그의 진실하심으로 백성을 심판하시리로다 (시 96:10-13; 참고. 시 98:7-9).

참고 도서

Boyce, Richard Nelson, *The Cry to God in the Old Testament*(Atlanta: Scholars Press, 1988).

Brueggemann, Walter, *A Social Reading of the Old Testament: Prophetic Approaches to Israel's Communal Life*, ed. Patrick D. Miller Jr. (Minneapolis: Fortress, 1994).

Duchrow, Ulich, and Liedke, Gerhard, *Shalom: Biblical Perspectives on Creation, Justice and Peace*(Geneva: WCC Publications, 1987).

Englehard, David H., 'The Lord's Motivated Concern for the Underprivileged', *Calvin Theological Journal* 15(1980), pp. 5-26.

Gossai, Hemchand, *Justice, Righteousness and the Social Critique of the Eight-Century Prophets*, American University Studies, Series 7: Theology and Religion, vol. 141(New York: Peter Lang, 1993).

Hamilton, J. M., *Social Justice and Deuteronomy: The Case of Deuteronomy 15*, Society of Biblical Literature Dissertation Series, vol. 136(Atlanta: Scholars Press, 1992).

Hendrickx, Herman, *Social Justice in the Bible*(Quezon City: Claretian Publications, 1985). 「성서에 나타난 사회 정의」(분도).

Knierim, Rolf P., *The Task of Old Testament Theology: Substance, Method, and Cases*(Grand Rapids: Eerdmans, 1995). 「구약신학의 과제 1·2」(크리스챤다이제스트).

Malchow, Bruce V., 'Social Justice in the Wisdom Literature', *Biblical Theology Bulletin* 12(1982), pp. 120-124.

_____, 'Social Justice in the Israelite Law Codes', *Word and World* 4(1984), pp. 299-306.

Mays, James L., 'Justice: Perspectives from the Prophetic Tradition', in David L. Petersen(ed.), *Prophecy in Israel: Search for an Identity*(London: SPCK; Philadelphia: Fortress; 1987), pp. 144-158.

Mott, Stephen Charles, *A Christian Perspective on Political Thought*(Oxford: Oxford University Press, 1993).

Muilenburg, J., *The Way of Israel: Biblical Faith and Ethics*(New York: Harper, 1961). 「이스라엘의 길」(컨콜디아사).

Reimer, David J., 'Ṣdq', in VanGemeren, *New International Dictionary of Old Testament Theology and Exegesis*, vol. 3, pp. 744-769.

Schonfield, J. N., "'Righteousness' in the Old Testament", *Bible Translator* 16(1965), pp. 112-116.

Stek, John H., 'Salvation, Justice and Liberation in the Old Testament', *Calvin Theological Journal* 13(1978), pp. 112-116.

Weinfeld, Moshe, *Social Justice in Ancient Israel and in the Ancient Near East*(Jerusalem: Magnes; Minneapolis: Fortress, 1995).

Willis, John T., 'Old Testament Foundations of Social Justice', in Perry C. Cotham (ed.), *Christian Social Ethics*(Grand Rapids: Baker, 1979), pp. 21-43.

제9장 ■ 율법과 사법 체계

여호와의 율법은 완전하여
    영혼을 소성시키며
여호와의 증거는 확실하여
    우둔한 자를 지혜롭게 하며
여호와의 교훈은 정직하여
    마음을 기쁘게 하고
여호와의 계명은 순결하여
    눈을 밝게 하시도다
여호와를 경외하는 도는 정결하여
    영원까지 이르고
여호와의 법도 진실하여
    다 의로우니
금 곧 많은 순금보다
    더 사모할 것이며
꿀과 송이꿀보다
    더 달도다(시 19:7-10).

내가 주의 법도를 구했사오니
　자유롭게 걸어갈 것이오며…
내가 사랑하는
　주의 계명들을 스스로 즐거워하며…
내가 주의 법을 어찌 그리 사랑하는지요…
그러므로 내가 주의 계명들을
　금 곧 순금보다 더 사랑하나이다
주의 말씀의 강령은 진리이오니
　주의 의로운 모든 규례들은 영원하리이다(시 119:45, 47, 97, 127, 160).

율법에 대해 이 같은 열정을 표출하는 사람들에 대해서 우리가 말할 수 있는 최소한 한 가지는, 그 사람들이 율법주의의 무거운 짐을 짊어지고 헤매고 있지는 않았다는 것이다. 그들은 일점일획이라도 틀림없이 율법을 준수함으로써 구원을 얻고 하나님과의 관계를 획득해 보려고 안타깝게 노력했던 것이 아니다. 그들은 교만하게 콧대를 세우고 자기 의(self-righteousness)를 내세우지도 않았으며, 공로를 통한 의를 이루기 위해 노력하다가 기진맥진해 있지도 않았다. 간단히 말해서, 그들은 율법을 **왜곡했던** 자들에 대한 사도 바울의 논의를 잘못 이해하여 바울이 배제하고자 노력했던 바로 그 왜곡을 율법 자체의 탓으로 돌리는 자들이 구약 율법에 부과시켜 왔던 어떠한 풍자적 묘사에도 부합되지 않았다.

반대로, 율법에 대해 그와 같은 찬가를 부를 수 있었던 사람들은 어떤 박물관이 자랑스러워할 만한 물건보다 율법이 훨씬 더 위대한 국보였음을 알고 있었다. 그런 경건한 이스라엘 백성들은 율법을 하나님의 은혜의 선물로, 하나님이 그들의 유익을 위해 그들에게 주신 사랑의 표시로 즐거워했다(신 4:1, 40; 6:1-3, 24 등). 그들은 율법 자체를 축복으로 보았으며, 하나님이 계속해서 주시는 복을 누리는 수단으로 보았다(신 28:1-14). 그들은 이스라엘에게 율법이 계시된 일이 다른 어떤 민족에게도 허락되지 않았던 유일무이한 특권이었음을 기억하고 있었다(신 4:32-34; 시 147:19-20). 그들은 구원받기 위해서가 아니라 이미 하나님이 그들을 구원하셨기 때문에 율법에 순종하라고 서로 권면했다(신 6:20-25). 그들은 율법을 생명으로 인도하는 길로(레 18:5; 신 30:15-20) 그리고 풍성한 결실을 주는 강으로(시 1:1-3) 즐거워했다.

그러므로, 율법이 기독교 윤리와 어떻게 연결될 수 있으며 혹은 연결되어야 하는가를 물으면서 구약 율법이라는 이 위압적인 주제에 접근할 때, 우리가 첫 번째로 해야 할 일은 율법을 그 나름의 구약 문맥 가운데서 읽고—가능한 한 **그 내부의 관점으로**, 즉 구약 이스라엘 백성의 관점으로(우리가 현실적으로 그의 세계 가운데 들어갈 수 있는 한도 안에서)—그 역동성과 동기와 신학적 토대와 사회적 목표를 이해하려고 결심하는 것이다. 최소한 잠시 동안, 사도 바울이 그의 이방인 선교를 반대하던 유대인 대적자들과 율법에 대한 논쟁을 펼치고 있는 후대의 문제들은 뒤로 미뤄 두라. 율법과 복음의 관계를 파악하는 교리적이고 교단적인 이러저러한 방식들에 대한 집착들은 뒤로 미루라(이 문제는 더 오래 미뤄 두는 게 좋겠다).[1] 시편 기자들은 유대주의자도 아니었으며, 칼뱅주의자도, 아르미니안주의자도, 신율주의자도, 세대주의자도, 율법주의자도, 율법 폐기론자도 아니었다. 그들은 예배하는 신자들이었으며, 그들의 하나님 여호와와 독특한 언약 관계를 맺고 있다는 것을 알고 있던 백성의 일원이었다. 그 백성들은 하나님의 구원의 은혜를 통해서 구속함을 받았고, 그 가운데서 살아갈 땅과 그것에 준해서 살아야 할 법을 받는 특권을 누리게 된 자들이었다. 그러므로, 이제 그들의 눈을 통해서 율법을 이해하고 인정하기 위해 최선을 다하도록 하자.

그렇게 할 때 우리가 깨닫게 되는 첫 번째 사실은, 이스라엘 백성에게는 '율법'이란 말이 오늘날 통상적으로 그 단어(율법=법률)가 우리에게 의미하는 것 이상을 의미했다는 점이다. 무엇보다도 먼저, 구약 성경 처음 다섯 권의 책에 있는 이 모든 자료를 가리키는 용어는 '토라'(*tôrâ*)이다. 이 말은 법률 제정 혹

---

1) 하지만 여러분이 그 문제에 대한 관심을 더 이상 미룰 수 없다면, 다음에 오는 제12장에서, 율법에 대한 기독교적 이해를 얻기 위한 여러 다른 역사적 접근 방법을 개관한 것과 다음 책에서 대표적인 다섯 가지 관점을 비교해 놓은 것으로부터 더욱 큰 도움을 받을 수 있을 것이다. Wayne G. Strickland, *Law, Gospel*.

은 법령이라는 의미에서의 법이 아니라, '안내', '교훈'을 의미한다. 우리가 모세오경(창세기에서부터 신명기까지의 다섯 권의 책)이라고 부르게 된 모든 자료에서 이스라엘 백성들이 보았던 것은 하나님이 주신 생활 교본이었다. 그리고 이 안내서는 출애굽기 후반부와 레위기, 민수기의 일부분과 신명기에서 발견되는 법규들의 커다란 모음을 포함하고 있을 뿐 아니라, 노래와 고대 시가에서 발췌한 시, 여행기, 족보, 축복문, 지리상의 표기, 인구 조사 목록, 부고 등 많은 여러 종류의 글과 더불어서 그 법규들이 들어가 있는 모든 내러티브까지 포함하고 있다. '토라'는 많은 실타래로 짜 놓은 값진 양탄자다. 그 내러티브적 틀은 율법에 대한 올바른 시각을 얻는 데 각별한 중요성을 가지고 있다. 그래서 나중에 그 점을 살펴볼 것이다.

그러나, 이 모든 다양성 속에 일반적 의미에서 법이라고 인정되는 몇 개의 주요 법규 덩어리가 존재하고 있다. 물론 이 주요 대목들 이외에도 법규들과 법에 대한 언급이 있고, 때로 그것들은 시내 산 계시에만 국한되기보다는 그보다 훨씬 더 보편적인 하나님의 법을 시사한다.[2] 그러나 여기에서 내가 관심을 기울이는 것은 구약의 법을 대량으로 포함하고 있는 주요 대목들이다. 이제부터 내가 '율법'이라는 말을 사용할 때 통상적으로 일컫게 될 내용은 모세오경의 이 법률 단락들이다.

---

2) 이 점은 특히 창 26:4-5에 있는 놀라운 확언의 경우에서 잘 나타나 있다. 그 말씀 가운데서 하나님은 원래 아브라함에게 해주셨던 약속을 이삭과 갱신하시면서 이렇게 말씀하신다. "네 자손으로 말미암아 천하 만민이 복을 받으리라. **이는 아브라함이 내 말을 순종하고 내 명령과 내 계명과 내 율례와 내 법도를 지켰음이라**"(강조는 저자의 것). 대개 비평학자들은, 이 말씀을 율법에 사로잡혀 있던 후대의 이스라엘 사람들이 집어넣은 (아마도 신명기적 사가들에 의해 삽입된) 시대착오적인 투영으로 치부하고 있다. 그러나 적절한 신학적 진지성을 가지고 바라볼 때(그리고 이 본문이 연대기적으로 시내 산에서의 율법 수여 이전에 자리잡고 있다는 사실을 현재 우리가 의식하고 있듯이 창세기 편집자도 마찬가지로 의식하고 있었다고 인정할 때), 이 본문은 비록 시내 산에서의 율법처럼 자세하게 제공해 주고 있지는 않지만, 율법의 기본적인 내용과 취지가 원리적으로 아브라함에게도 알려졌으며 아브라함도 관찰할 수 있었음을 보여 주고 있다. 율법에 대한 순종은 단순히 시내 산 법전의 세부적인 내용들을 꼼꼼히 지키는 문제가 아니라, 한 사람의 일생의 전체 방향 속에서 여호와를 경외하면서 하나님의 약속과 구원하시는 은혜를 믿는 믿음의 문제였다. 또한 다음 글을 보라. James K. Bruckner, 'Creational Context of Law.'

주요 법률 단락들

대부분의 오경 법규들은 십계명 자체에 덧붙여서, 세 부분의 주요 모음에 포함되어 있다. 먼저 십계명에서부터 시작해 보도록 하자.

데칼로그: 출애굽기 20:2-17, 신명기 5:6-21

'데칼로그'(Decalogue, 십계명)라는 말은 출애굽기 34:28; 신명기 4:13; 10:4에 있는 **열 개의 말씀**이라는 히브리 표현에 대한 헬라어 번역에서 나온 말이다. 시내 산에서 발생한 사건들에 대한 내러티브(출 19-20장; 신 5장에 반복되어 있다)에서, 십계명은 하나님이 이스라엘에게 주신 것으로 제시되어 있다. 물론 십계명이 모세를 통해 주어진 것으로 기술되어 있기는 하지만, 그 십계명에 관한 한 그의 역할은 극미한 것이었다. 그것은 하나님이 직접 말씀하시고 돌판에 새겨 주신 것으로 믿어졌다. 여기에는 '그 자체로 충족적이며', 최종적인 어떤 성격이 있었으며, 그 점은 "여호와께서 이 모든 말씀을…큰 음성으로 너희 총회에 이르신 후에 더 말씀하지 아니하시고 그것을 두 돌판에 써서 내게 주셨느니라"(신 5:22)라는 신명기의 언급에 잘 포착되어 있다.[3] 시내 산에서 그 계명들이 선포될 때 수반되었던 두려움을 일으키는 지진 현상들과 더불어서, 하나님이 직접 말씀하신 그 독특한 성격은 이스라엘 전통들 가운데서 십계명의 특별한 지위를 보장해 주었다. 언약 관계의 본질적 규약들에 대한 이 간결하면서도 종합적인 정리는, 언약 관계의 일원으로서의 자격에 부합하는 것으로 볼 수 있는 종류의 품행을 중심으로 한 일종의 '한계 울타리'를 제공해 주었다. (이 계명들을 어김으로써) 그 한계선을 넘어선다면, 그것은 언약 관계와 책무의 범위 바깥으로 걸어나갔다는 것을 의미한다. 십계명은 또한 (특히 몇몇

---

[3] 모세를 통해 하나님이 주신 다른 많은 법규를 계속해서 제시하고 있는 신명기의 방식에 비추어 볼 때, 십계명만이 실제로 하나님으로부터 왔다거나 하나님의 권위를 지녔다는 뜻일 수 없다. 오히려 그 어구는 이 '열 개의 말씀들'이라는 특정한 세트가 가지고 있는 독특하며 완결된 성격을 표현하는 방식으로 여겨진다. 하나님은 **이 같은** 것을 더 이상 덧붙이지 않으셨다. 즉, 이 범주에 속하는 것은 더 이상 덧붙이지 않으셨다는 말로 보인다.

학자의 견해에 따르면, 신명기의 경우[4]) 나머지 세세한 법규들의 정신과 방향을 결정해 주는 일종의 '정책 선언문'이자 전략적 가치의 목록을 제공해 주었다.

그 중요성 때문에, 십계명은 학자들이 엄청난 양의 세밀한 조사와 논의를 쏟아놓는 대상이 되어 왔다. 그 가운데서 선별한 것들이 참고 문헌 목록에 포함되어 있다. 십계명에 대한 논쟁은 저자와 기원 연대에 대한 문제로부터 그것이 어떤 종류의 법이며 이스라엘 백성들의 생활과 예배에서 어떻게 기능했는가에 대한 문제에 이르기까지 다양한 주제를 다루고 있다. 이스라엘에서 십계명이 중요했다는 사실 이외에는 여전히 어떠한 일반적 의견 일치도 보지 못한 채 수많은 학자의 견해가 난무한다. "우리가 그 저자에 대해 어떤 생각을 하든지 간에, 십계명이 일찍이 이스라엘 백성들의 생활에서 중심적인 자리를 차지하고 있었다는 사실은 최근의 연구 조사를 통해 가장 중요한 결과로 남아 있다.…[그것은] 시내 산 사건들에 대한 검토와 관련해서 언약의 신 여호와의 뜻을 표출해 주는 구속력 있는 헌장으로 서 있었다."[5]

언약서: 출애굽기 20:22-23:33

언약서라는 이 말은 십계명에 바로 이어져 나오는 법규 단락에 주어진 명칭이다. 실제로 이 말은 출애굽기 24:7에 다음과 같이 등장하고 있다. "[그 다음에 모세가] 언약서를 가져다가 백성에게 낭독하여 들게 하니, 그들이 이르되 여호와의 모든 말씀을 우리가 준행하리이다." 대개 이 말은 바로 앞 단락, 주로 출애굽기 21-23장을 의미하는 것으로 받아들여지고 있다. 그리고 나서 그 백성들의 반응은 24장 나머지 부분에 기록되어 있는 언약 비준 의식의 기반이 되었다.

---

[4] 어떤 학자들은 상당히 설득력 있게, 십계명의 순서가 신명기의 주제들이 제시된 연속적인 순서에 느슨하게 반영되어 있다고 주장한다. 즉, 그 책의 저자/편집자에게, 십계명은 (다른 여러 가지 가운데서) 어떤 조직적 구조의 차원을 제공해 주었다는 것이다. 이 견해에 대한 조사로는 다음을 보라. C. J. H. Wright, *Deuteronomy*, pp. 4-5.

[5] Stamm and Andrews, *Ten Commandments*, p. 39. 십계명 연구에 대한 학계의 좀더 최근의 조사로는 다음을 보라. J. W. Marshall, 'Decalogue.'

여호와의 독특성과 거룩함을 강조하고 있는 서문(출 20:22-26) 다음에 나오는 이 법규 단락은 "이것들이 '미쉬파팀'(*mišpaṭîm*)이다"(21:1; "네가 백성 앞에 세울 법규는 이러하니라")라는 제목으로 시작된다. 즉, '판결들' 혹은 '판례들'이라는 말이다. 이어지고 있는 율법들은 주로 판례법들이다(아래를 보라). 그 법들은 재산과 상해, 폭행, 태만 등에 대한 분쟁을 포함하여 전형적인 상황들을 기술하고 있다. 또한 사회에서 더 약자에 속하는 자들에 대한 사회적 책임(22:21-27)과 사법 절차에 관한 규칙(23:1-9), 그리고 제물과 절기들과 관련된 제의법(cultic law, 아래를 보라) 항목(23:14-19)에 대한 중요한 단락이 포함되어 있다. 그런 다음에 그 모음 부분은 가나안 침공을 내다보면서 여호와께서 자신의 백성에게 요구하시는 것의 배타적 성격을 강화하는 후기(23:20-33)로 끝을 맺고, 다시 서문의 주제로 되돌아간다.

이미 언급했듯이, 이 법규 모음은 엄청나게 많은 학문적 연구 대상이 되어 왔다. 특히 고대 근동의 위대한 문명들에서 발견되는 다른 법규 모음들과 공통적으로 가지고 있는 여러 특징과 관련해서 많은 연구가 이루어져 왔다. 현재 널리 인정되고 있는 바는 언약서가 구약 성경에 있는 법규 모음들 가운데 가장 오래된 것이라는 점이다.[6]

레위기

레위기는 거의 전체가 법규와 규례로 이루어져 있다. 서술 부분은 아주 간략하다.[7] 이 짤막한 서술 부분은 모세를 불러내고 있는 시작 부분과 끝맺는 진술(1:1; 26:46; 27:3), 아론 임직과 제사장들의 직무에 대한 서술(8-9장), 그리고 나답과 아비후의 비극적 죽음(10장)을 포함하고 있다. 그러나 율법의 내러티브적 맥락에 대한 이 간략한 언급들은 중요하다. 앞으로 살펴보겠지만, 그 언

---

6) 언약서에 관한 학문적 연구에 대한 유익한 조사로는 다음을 보라. T. D. Alexander, 'Book of the Covenant.'
7) 그 책의 상당 부분이 레위 지파에 속했던 제사장들이 하는 일과 관련되어 있기 때문에 그 책을 그렇게 불렀다. 히브리 정경에서 가지고 있는 그 명칭은 간단하게 그 첫 단어인 *wayyiqrā*', '그리고 그(여호와)가 부르셨다'는 것이다.

급들은 이 광범위한 법규 부분을 반드시 시내 산 언약이라는 구체적 배경과 그 언약 이전의 모든 상황에 비추어서 이해해야 한다는 것을 우리에게 일깨워 주고 있다.

처음 일곱 장은 다양한 희생 제물에 대한 규정을 포함하고 있다. 그리고 11-15장은 정한 음식, 부정한 음식에 대한 목록과 개인 및 가정의 위생과 청결에 대한 자세한 지침을 제공해 주고 있다. 이스라엘에서 제사장의 의무는 도살자와 의사와 교사와 공공 위생 검역관의 기술을 겸하고 있는 것처럼 보인다. 레위기의 한가운데에 자리한 16장은 대속죄일에 대한 지침들을 담고 있다.

레위기 17-26장에 이르는 부분은, 이제는 거의 100년이 넘는 기간 동안 따로 분리되어 있는 법규 모음으로 여겨져 왔다. 그리고 그 부분에 대해서는 **성결 법전**(the Holiness Code)이라는 명칭이 주어져 있다. 그 이유는 그 부분이 거듭해서 성결을 언급하면서 그것을 요구하고 있기 때문이다. 그 부분이 과연 그처럼 따로 분리되어 있는 개별적인 문서였느냐는 어떤 식으로든 입증이 불가능한 일이다. 그러나 그 부분이 성결을 강조하고 있다는 것은 확실히 분명하다. 그러나 제1장에서 우리가 살펴보았듯이, 이스라엘에게 성결이란 단순히 의례적이거나 경건한 것과는 거리가 멀었다. 이 장들은 성적인 면에서의 가정 생활(18장과 20장)과 일반적인 면에서의 사회 생활(특히 19장) 규례들을 다루는 매우 실제적인 법규들과 그에 덧붙여서 제사장 직무와 다양한 절기들에 대한 부가적 법규들(21-24장)로 가득 차 있다. 25장은 안식년과 희년, 속량 절차와 일반적인 경제적 구휼에 관한 중요한 법규들을 포함하고 있다. 26장은 순종에 따르는 복에 관한 특색 있는 약속들과 너무나도 명확하게 예견할 수 있었던 불순종에 따르는 심판의 위협을 언급함으로써 그 법규 모음 부분을 마무리하고 있다. 서원에 대한 속량 규정들을 포함하고 있는 27장은 일종의 부록이라 여겨진다. 이처럼 성결은 실로 매우 포괄적인 개념이다. 성결은 사실상 그다지 종교적으로 열망하는 바도 아니고 단순한 도덕률도 아니다. 그것은 오히려 일종의 **존재** 방식, 즉 언약 관계 안에서 하나님과 **더불어** 존재하는 방식, 깨끗하고 온전한 삶으로 하나님을 **닮는** 방식, 거룩하지 못하고 깨끗하지 못한 세상 속에서 하나님의 백성으로 사는 방식이다. 예전적으로, 도덕적으로, 신체적으로, 사회적으로, 상징적으로, 하나님의 백성들 가운데 그 거룩한 깨끗함을 보전하는 것은 레위기에 기록된 법규들의 일차적 취지다.

신명기에 수집되어 있는 법규 모음

신명기의 처음 몇 절에 묘사된 배경을 보자. 이스라엘이 출애굽과 시내 산에서의 엄청난 사건들을 경험한 이래로 약 40년이 지나고 그들이 마침내 가나안 땅으로 진입하기 위해 모압 평원에 진영을 갖추고 있는 상황이다. 그러므로, 신명기는 역사적으로나 지정학적으로 '경계에 서 있는 책'이다. 그리고 실로 신명기는, 이제 이스라엘을 그들이 해야 할 선택의 경계에 세우고 있다. 과연 그들은 믿음과 순종으로 하나님과 동행하면서 전진할 것인가, 그렇지 않을 것인가? 과연 그들은 그들을 에워싸고 유혹하는 가나안의 우상 숭배에 맞닥뜨리게 되었을 때, 그분 이외에는 다른 신이 없는(신 4:35, 39) 그들의 유일하신 살아 계신 하나님 여호와께 계속해서 충성할 것인가, 그렇지 않을 것인가?

그 책 전체는 일종의 '언약 갱신' 문서의 형태를 띠고 있다(참고. 신 29:1). 그 언약은 바로 시내 산에서 비준되었던 언약이었다(출 24장). 이제 신명기는 그 뒤를 이은 세대가 약속의 땅으로 전진해 들어가기에 앞서서 모세가 그 세대들과 더불어 시내 산에서의 언약을 갱신하고 있는 것으로 그리고 있다. 과거 그러한 문서에 흔히 사용되던 형식으로서, 그 문서에는 역사적 서문이 들어 있는데, 이스라엘의 수치를 일깨우는 동시에 그들의 믿음과 순종을 격려하기 위해서 이스라엘이 경험했던 주목할 만한 사건 몇 가지가 재진술되어 있다(1-3장). 그 다음에 이어서, 감사와 충성과 전적인 순종 및 우상 숭배에 대한 철저한 거부를 요구하는 자극적인 대목이 나온다. 그리고 이 선택은 축복에 대한 선언이나 저주에 대한 선언으로 인해 또렷해진다(4-11장). 그 다음에 중심 단락이 나오는데, 대부분의 세세한 법규들은 그 단락에 들어 있다(12-26장). 그 다음으로 축복과 저주들을 나열한 관례적인 목록이 이어진다(27-28장; 레 26장에 있는 것과 유사하다). 그리고 이스라엘이 실패할 경우 어떤 미래가 닥칠 것인지에 대한 경고와 더불어서, 언약을 준수하라는 권고가 다시 새롭게 이어지고 있다(29-31장). 그리고 마지막으로 모세의 노래(32장)와 지파들에 대한 모세의 축복(33장)과 모세의 죽음에 대한 기록(34장)이 나오면서 신명기는 절정에 달하고 마무리된다. 그러므로, 우리가 신명기의 법규들에 대해 말할 때 주로 의미하는 것은 12-26장에 기록된 세세한 법규 부분들이다.

'신명기'(Deuteronomy)라는 단어는 헬라어로 '두 번째의 법'이라는 의미로 만들어진 조어이다. 비록 신명기 17:18에 대한 그다지 정확한 헬라어 번역은 아니라 할지라도(히브리어 의미는 '이 율법의 사본'을 의미한다), 이 이름은 그 책의 법률 단락(12-26장)에 대한 상당히 적절한 묘사라 할 수 있다. 의도하고 있는 의미는 이것이 **새** 법이 아니라 이전 법들을 재진술하고 확대하고 있다는 것이다. 그리하여 우리는 출애굽기 21-23장에 있는 언약서의 많은 법규를 신명기에서 다시 발견할 수 있다. 그러나 일반적으로 약간의 변경과 확대, 설명이나 동기의 첨언 등을 관찰할 수 있을 것이다. 출애굽기와 신명기에 공통적으로 기록된 법규들은 대부분 신명기판이 조금 더 길다. 신명기는 '설교된 법'이라고 묘사되어 왔는데, 그것이 바로 신명기 1:5이 말하듯, 모세가 하고 있던 일이다. "모세가…이 율법을 설명하기 시작했더라." 그래서 전형적인 설교 방식대로, 신명기는 그 법규들을 제시하면서 반복, 유형적 구조, 권면, 호소, 회유, 동기 부여 및 경고 등의 방법을 활용하고 있다. 신명기의 열정적인 수사 가운데서, 율법은 분명 무미건조한 율법주의 훨씬 이상의 것이었다. 그것은 바로 생명의 양식이었다. "이[여호와의 법규들]는 너희에게 헛된 일이 아니라 너희의 생명이니"(신 32:47).

여러 가지 종류의 율법

우리가 구약의 율법 전체가 갖는 윤리적 적실성을 찾고자 노력하는 과정에서, '시민법'과 '의식법 혹은 제의법'에 대비되는 '도덕법'이라는 구별된 범주를 드러낼 수 있을 것이라는 전통적인 기대는 그다지 성과가 없다. 레위기 19장에 대한 자신의 주해와 윤리적 연구에서, 엘머 마르텐스(Elmer Martens)는 다음과 같이 지적한다.

우리는 제의법, 도덕법, 시민법을 구분하는 것이 히브리 사상에서 비록 인위적인 것은 아니라 할지라도 외적으로 부과된 것이라고 결론을 내려야 할 것이다. 이 단 하나의 연설에 신상 제작 금할 것(제의적), 진실된 증언을 할 것(도덕적), 외국인들을 긍휼로 대할 것(시민적)을 요구하는 규정들이 다 함께 뒤섞어 들어가 있다. 그리스도인들이 구약의 율법을 다루는 틀로서 '제의법, 도덕법, 시민법'의 분류는 별로 유익하지 않다.[8]

오히려 우리는 구약의 율법을 고대 이스라엘 자체의 사회적 배경 가운데서 연구하고 분류한 다음에, 이스라엘이 가지고 있던 **각** 종류의 법률 안에서 어떤 의미 있는 도덕적 특성이나 원리가 부상하게 되는지 논의할 필요가 있다. 따라서 다음에서 시도하고 있는 이스라엘의 법률에 대한 분류는 '여전히 우리에게 구속력을 지니는 법들은 어떤 것이며, 어떤 법들이 그렇지 않은가?(혹은 최소한 윤리적으로 우리에게 적실성을 지니고 있는 것은 어떤 법들인가?)'라는 물음에 답하려는 것이 아니다. 오히려 무엇보다 먼저 이스라엘의 법이 그 자체 맥락 가운데서 지니던 기능과 목적을 이해함으로써, 그 법 전체가 가지고 있는 윤리적 적실성을 분별해 내기 위해 그와 같은 분류를 시도하고 있는 것이다. 이것은 사실 성경 해석학의 근본 원칙을 적용하는 것 이상의 다른 어떤 것이 아니다. 즉, 성경의 어떠한 본문에 대해서든지 그 본문을 이해하기 위한 첫 걸음은, 과연 그 정황이 무엇이었는지를 우리가 판단할 수 있는 한도 내에서, 그 본문 자체의 역사적 정황 속에서 그것이 의미하는 바가 무엇이었는지를 묻는 것이다.

비평학계에서 구약의 율법에 관하여 가장 잘 알려져 있는 분류들 가운데 하나는 알브레히트 알트(Albrecht Alt)가 제안한 이중적 구분이다.[9] 알트는 '정언법'(apodeictic law, 대개 '[너는]…하라'거나 혹은 '[너는]…을 하지 말라'는 말

---

8) Martens, 'Old Testament Law', p. 201. 또한 다음 글을 보라. J. Daniel Hays, 'Old Testament Law Today.'
9) Albrecht Alt, 'Origins of Israelite Law.' 모세오경 율법에 대한 여러 접근 방법과 최근의 참고 문헌에 대한 훌륭한 조사로는 다음 글을 보라. M. J. Selman, 'Law.'

로 시작하여 절대적인 명령이나 금지령을 내리고 있는 법규들로서, 보통 구체적인 처벌 사항이 붙어 있지 않다)와 '결의법'(casuistic law, 대개 '만일…이라면' 혹은 '…의 경우'라는 말로 시작하여 사례를 기술하고 있는 법규들로서 처벌을 해야 한다면 어떻게 해야 할지에 대한 지침을 제공하고 있는 법들)로 구분했다. 물론 이 구분이 유익이 있었고 널리 추종되고 있기는 하지만, 우리가 모세오경에서 발견하는 다양한 법규 모두를 망라하기에는 너무나 단순하다. 좀더 미묘한 차이를 구별한 분류법이 앤소니 필립스(Anthony Phillips)에 의해 제시되었다.[10] 비록, 특히 형법에 대한 필립스의 범주화가 단순하다는 약점이 있기는 하지만,[11] 그가 제공하고 있는 기본적인 기능적 구분은 넓게 보아 설득력이 있다고 여겨지기 때문에 나는 이하의 논의에서 그 구분을 더 발전시켜 보았다.

형법

'범죄'란 특정 국가가 그 공동체 전체에 최선의 이익이 되는 것에 반한다고 여기는 위반 사항이다. 그러므로, 특정 범죄에 대한 구체적인 법률 규정은 역사적, 사회적, 문화적 추세와 관점에 따라 나라별로 다양할 것이다. 따라서 '범죄자'는 그 공동체 전체를 대신해서 그 나라 최고 권위자의 이름으로 처벌받는다. 그러므로, 형법은 민법과는 구별된다. 민법은 시민들 사이의 사적 분쟁과 관련이 있으며, 그 분쟁에 대해서 해당 시민들이 공공 당국에 중재를 요청할 수도 있고, 혹은 당국이 사법상으로 개입하는 경우도 생길 수 있다. 그러나 민사 사건들의 경우에는 그 국가나 민족 공동체 자체가 피해 당사자인 것은 아니므로, 아무런 범죄도 범해지지 않은 민사 사건들이 많을 수 있다.

당시 이스라엘은 하나의 '국가'였다.[12] 그러나 그들은 그들 민족의 존재를 주 여호와께서 행하신 역사상 구속 활동에 빚지고 있다고 믿었다. 아브라함을

---

10) Anthony J. Phillips, *Ancient Israel's Criminal Law*.
11) 내가 Phillips의 주장들을, 특히 간음과 절도와 탐욕에 대해 그가 다루고 있는 사항을 비판한 몇 가지 구체적인 내용은 다음 책에 들어 있다. C. J. H. Wright, *God's Land*, pp. 89-92, 131-141, 200-221.

선택하심으로써 그들을 존재하게 하셨던 이는 여호와였으며, 애굽으로부터 그들을 구속해 내셨던 이도 여호와였으며, 시내 산에서 언약을 통해 그들을 자신의 백성으로 세워 주셨던 이도 여호와였으며, 그들이 준해서 살아가야 할 헌법과 법률을 주신 이도 여호와였으며, 가나안 땅을 그들에게 주신 이도 바로 여호와였다. 따라서, '위대한 왕'으로서의 여호와와 그분의 봉신들로서 그들 자신 사이의 관계를 명확히 했던 언약의 온전한 함의와 맥을 같이하여, 이스라엘은 여호와께 그 국가 안에서 최고의 권위를 부여했다. 즉, 그것이 바로 구약의 언약 양식에서 '신정 정치'의 의미다. 사회적 권위가 수행하는 모든 핵심적 기능들은 여호와의 수중에 놓여 있었다. 여호와는 최고의 입법자이며, 최고의 재판장이며, 최고의 영주이며, 최고의 군 사령관이었다. 간단히 말해서 여호와는 이스라엘의 왕이었다.[13]

또한 이스라엘은 여호와와의 이 언약 관계가 바로 그들의 존재 이유이기 때문에, 즉 그들의 존속과 안녕은 그 언약 관계를 유지하는 일과 연결되어 있기 때문에, 그들은 그 관계 때문에 존재한다고 믿었다. 그러므로, 그 언약 관계를 근본적으로 어기는 어떠한 행위도 민족 전체의 안녕에 대한 위협이었다. 하나님을 거스르는 행위는 하나님을 의지하고 있던 그 국가를 거스르는 행위였다. 하나님과 맺은 언약 관계를 거스르는 행위는 그 공동체 전체에 대한 여호와의 진노를 초래하는 위험스러운 것이었다. (그래서 몇몇 내러티브는 바로 그와 같은 재앙이 내렸던 주목할 만한 예들을 기록하고 있다.) 그러므로, 그러한 위반 행위는 '범죄'로 취급되었으며, 마땅히 심각하게 다루어졌다. 이스라엘은 여호와를 왕으로 생각했으며, 여호와의 왕권이 그들 민족의 생활 모든 국면에 '스

---

12) 나는 'state'라는 이 말을 어떤 정도의 사회 정치적 구조와 권위를 가지고 있는 종족, 종교, 언어, 영토상으로 식별 가능한 결속에 의해 하나로 묶여 있는, 명명되어 있는 민족 공동체라는 느슨한 의미로 사용하고 있다. 이와 같은 느슨한 의미에서, 이스라엘 백성들은 다윗과 솔로몬과 더불어 등장하게 되었던 좀더 중앙집권화된 왕정 국가의 형성 이전에도 (최소한 이념적으로는) 그와 같은 민족 공동체를 형성하고 있었다. 나는 이 용어를 근대성의 표현의 한 현상으로서 르네상스 이후 유럽에서 발전된 근대 국가라는 더욱 발전된 의미로 사용하고 있지 않다.

13) 놀라울 정도로 사회, 정치, 경제 및 종교 권력의 모든 형태가 여호와께 집중되어 있으며, 이 점이 바로 그러한 영역들에서 인간의 권력 행사를 모두 상대화하는 효과를 가진다는 점에 대해서는 다음 책에 매우 심도 있게 다루어져 있다. Norman K. Gottwald, *Tribes of Yahweh*.

며들게' 하려는 의도를 가지고 있었기 때문에, 이스라엘에서 '범죄'를 구성하는 것이 무엇이냐에 대한 내용을 추출해 내는 일에서 사회 영역과 신학 영역이 하나로 융합되어 있었다.

이러한 이해에 비추어서, 이스라엘에서 **십계명**의 핵심적인 중요성을 다시 한 번 알 수 있을 것이다. 그것은 자신의 은혜와 권능으로 이스라엘을 하나의 민족으로 존재하게 하신 그 하나님의 권위에 근거해서 요구하거나 금지하고 있는 어떤 근본적인 종류의 행위들에 대한 요약이었다. 내 말은 십계명 자체가 어떤 '형법'이었다는 의미가 아니다. 일례로, 십계명은 '열 개의 말씀들' 목록 안에 어떠한 구체적 처벌 규정도 포함하고 있지 않다. 그러나, 십계명은 그 언약의 경계선과 책무를 설정해 주고 있다. 그리고 그렇게 함으로써 십계명은 이스라엘에게 심각한 '범죄'인 것―여호와에 대한 범죄, 언약에 대한 범죄, 전체 언약 공동체에 대한 범죄인 것―이 무엇인지 그 성격과 범위를 규정해 주고 있다. 다른 법규들은 여러 가지 계명을 어긴 구체적 경우들과 관련하여 그 법적 세부 규정들과 결과를 진술하고 있다.

구약의 율법에 법적으로 **사형**이 규정되어 있는 모든 위반이 직간접적으로 십계명 가운데 몇 가지와 연결될 수 있다는 사실은 의미심장하다.[14] 이미 설명했듯이, '범죄'라는 것의 성격에 비추어 볼 때, 이러한 사형의 경우들은 단지 원시적이라거나 광신적이라고 생각되어서는 안 될 것이다. 그 예들은 언약에 결부된 심각성과 공동체 전체를 위험에 빠뜨릴 수 있는 위반으로부터 그것을 보호하는 일의 중요성에 대한 뚜렷한 증언이다. 민족의 이익은 그 언약을 거스르는 범죄를 예방하고 처벌하는 일과 충분히 심각하게 연결되어 있었다. 그와 같은 극형은 백성들이 그 같은 위반을 저지르지 않도록 억제하고 그런 일을 저지른 백성들을 공동체로부터 제거함으로써 공동체 전체의 삶을 보존하기 위해 마련된 것으로, 거기에는 명백한 저지의 요소가 있었다.[15]

다른 한편으로, 비록 모든 사형 죄목이 십계명과 연결될 수 있기는 하지만,

---

14) 이를테면, 다른 신들을 예배하는 일, 우상을 만드는 일, (예를 들어, 거짓 예언을 말함으로써) 여호와의 이름을 오용하는 일, 안식일을 어기는 일, 부모를 욕하고 때리는 일, 살인, 간음, (만일 거짓된 고소가 피고의 처형을 초래하게 되었을 경우) 거짓 증거를 들 수 있다.

그 역은 성립하지 않는다. 즉, 십계명의 모든 조합이 사형이라는 제재를 수반하지는 않았다. (탐심을 금하고 있는) 열 번째 계명은 그 성격상 사형은 고사하고 **어떠한** 법률상의 형벌에도 해당하지 않았다. 그러나 그 자체로 그 계명은 윤리적 중요성을 가지고 있다. 왜냐하면 그 계명은 사람이 하나님 앞에서 외형적으로는 법으로 처벌할 수 있는 위반죄를 범하지 않으면서도 도덕적으로는 유죄로 여겨질 수 있다는 것을 보여 주고 있기 때문이다. 예수님은 동일한 원칙을 다른 계명들에 대해서도 적용하셨다(마 5:21-24, 27-28). (도적질을 금하고 있는) 여덟 번째 계명은 재산과 관련되어 있었는데, 통상적으로 이스라엘의 사법 절차상 재산에 관한 어떠한 위반도 사형을 받지는 않았다(아래를 보라). 그러나 그럼에도 불구하고, 한 가정의 토지와 재물이 갖는 중요성 때문에 절도는 심각한 문제였다. 따라서 언약법의 핵심에 포함된 것이다.

판례법

모세오경에 있는 아주 많은 법규는 '만일'이나 '…일 때'라는 말로 시작하여 어떤 상황을 하나 기술하고 그 다음에 그 기술된 상황에 적용되는 관련 규정이나 처벌로 끝맺고 있다. 이것이 바로 '판례법'(case law)이다. 때때로 이 법은 '결의법'(casuistic law)이라고도 불린다. 판례법에 대한 몇 가지 최상의 예가 언약서 안에 들어 있다. 언약서 안에는 상해, 태만, 폭행, 과실 치상, 임대하거나 차용한 재산에 대한 분쟁 등의 사례가 담겨 있다(예를 들어, 출 21:18-22:15에 있는 전형적인 판례법 목록을 읽어 보라). 시민들 사이의 분쟁을 다루고 있는 이러한 종류의 민법은 물론 대부분의 사회가 가지고 있는 공통적 특징이다. 그

---

15) 사형 제도와 구약 성경에서 사형을 포함하고 있는 다양한 형태의 법규들에 대한 흥미로운 연구로는 다음이 있다. Erhard Gerstenberger, 'Life-Preserving Divine Threats.' Gerstenberger는 사형에 대해 이러한 신성한 위협을 부과하고 있는 분명한 이유는, 전기 제품에 부착되어 있는 '경고: 죽을 수도 있음'과 같은 경고라기보다는 실질적으로 생명을 보전하려는 것이었다는 아이러니를 지적한다. "위반할 잠재성을 가지고 있는 자들에게 하나님이 죽음으로 위협하신 것은 생길 수 있는 재난들을 막아 준다. 사형 명령이나 죽음에 대한 위협은 위반의 심각성을 우리에게 일깨워 준다. 그러한 것들은 인명의 기반을 보존하려는 의도를 가지고 있다. 그러나 그러한 것들을 법적인 맥락에서 이해해서는 안 된다. 그것들은 현재 우리가 말하는 의미에서의 '법'이 아니라 오히려 예상에 따른 억제책이다"(p. 49).

리고 이스라엘의 법률과 특히 메소포타미아(이를테면, 함무라비 법전)에서 나온 고대 근동의 다른 법률집들 사이에는 많은 유사점이 있다.

그러나 때때로 이스라엘의 법률과 다른 민족들의 법률 사이에 있는 **다른 점들**은 매우 의미심장하다. 이스라엘 민법에서 한 가지 충격적인 차이점을 종들에 대한 법들 가운데에서 엿볼 수 있다. 세 개의 구약 민법은 다른 어떤 고대 근동 법전에서도 유례가 없는 것들이다. 출애굽기 21:20-21과 21:26-27은 **그 주인에 의해** 상해를 입거나 죽임을 당한 종들의 사례를 들고 있으며, 신명기 23:15-16은 도주한 종에게 도피처를 허락하고 있다.[16] 고대 근동의 어떠한 법도 노예 주인이 (주인이 다른 종에게 저지른 상해가 아닌) 자기 소유의 노예들을 다루면서 저지른 일에 대해 책임을 물게 하는 경우는 없었다. 그리고 도주한 종에 대한 이스라엘 법과는 달리 도주한 노예들에 대한 보편적인 법규는 반드시 그 주인에게로 되돌려 보내는 것이었으며, 순순히 응하지 않을 경우 심한 처벌을 가하는 것이었다.

이스라엘 노예법의 이러한 '시대를 역행하는 흐름'은 이스라엘 자체의 역사적 경험이 가져다준 신학적 영향의 결과다. 이스라엘이 노예 상태로 있었을 때 그들을 위해 행하신 하나님의 행동은 노예 제도에 대한 그들의 태도를 당시의 관습과는 아주 다르게 변모시켰다. 이 사실은 다시금 소위 '도덕법-민법'의 구별이 부적절한 것임을 보여 준다. 이 구별은 때로 '도덕법'이 하나님의 영구적인 도덕적 성격을 반영하고 있는 반면, '민법'은 전적으로 이스라엘의 역사적 상황에 의해 우연히 발생한 것이며 윤리적으로 현재의 우리와는 무관하다는 가정에 근거하고 있다고 여겨진다. 그러나 이 경우에서 우리는, 바로 민법을 세심하게 연구함으로써 강한 신학적 영향이 작용하여 하나님의 성품과 행위가 민사적 영역에 적용되고 있는 것을 보게 된다. 사실 십계명에서조차도 노예 제도를 비판하는 '도덕법' 조항은 찾아볼 수 없다. 그렇지만 민법에서는, 바로 그 주제에 대한 다른 구약 성경의 대목들(이를테면, 레 25:42; 느 5:1-12; 욥 31:15; 렘 34장; 암 2:6)을 다 함께 살펴볼 때, 노예 제도 전체에 대해 의문을

---

16) 이 법들 각각은 다음의 제10장에서 더 논의된다.

제기하고 있으며, 마침내는 노예 제도 자체에 대한 근본적인 배격이라는 열매를 맺게 될 씨앗을 뿌려놓고 있는 어떤 도덕적 **원칙**이 작동하고 있음을 발견할 수 있다.

가족법

고대 이스라엘에서는 가정(household)이 하나의 주요한 재판정 역할을 감당하고 있었다. 이것은 가족과 좀더 큰 범위의 혈연 집단들이 그 사회에서 가지고 있는 중심적 성격의 한 측면이었다. 이 점에 대해서는 제10장에서 좀더 상세하게 논의해 나갈 것이다. 한 가정의 가장은 자기에게 딸린 모든 가속에 대한 일차적 책임과 법적 권위를 가지고 있었다. 그 가장의 결혼한 아들들과 그들의 가족이 세습 영토 안에서 거주하고 있을 경우, 가장의 책임과 권위는 그들까지도 포함하여 적용되었다. 이에 대한 좋은 예가 바로 기드온의 경우다. 기드온은 자신이 십대 아들들을 둔 기혼자였음에도 불구하고(삿 8:20) 자기 '아버지의 가문'을 두려워했으며(삿 6:27), 또한 린치를 당할 수도 있는 상황에서 효과적으로 자기 아버지 요아스의 보호를 받았다(삿 6:30-31). 기드온은 더 넓은 확대 가족의, 특히 그 가족의 가장인 요아스의 법적 권위와 보호 안에 살고 있었다.

많은 일상적인 문제와 몇 가지 좀더 큰 문제들에 대해서, 가정의 가장은 민법이나 가정을 벗어나 장로들이 다스리는 법정의 외적 권위에 의지하지 않고, 그 자신의 법적 권위로 처리할 수 있었다. 가족법은 어떤 일들의 경우에는 민법보다 우선했다. 그러한 문제에는 부모로서의 훈육이 포함되었는데, 그것은 아동기를 넘어서까지도 적용되었다. 그렇지만, 그러한 훈육에 [때때로 로마법에서 '가장권'(*patria potestas*)이라 불렸던] 그 가족 구성원에 대한 생사여탈권까지 포함되는 것은 아니었다.[17] 만일 상황이 그처럼 점점 더 심각해질 경우에

---

17) 이스라엘에서는 아버지들이 자기 자식에 대한 생사여탈권을 가지고 있었다는 생각은 구약 성경에 대한 과거의 문화 인류학적 이론에서 나온 옛 신화들 가운데 하나다. 그러한 이론은 사실상 본문 안에 전혀 근거가 존재하지 않는 것이었다. 이 점에 대한 반박은 다음에서 찾을 수 있을 것이다. C. J. H. Wright, *God's Land*, pp. 222-228.

는, 가족법은 민법에게 자리를 넘겨주고 그 문제를 장로들의 법정으로 가져가도록 요구되었다(신 21:18-21을 보라). 또한 혼인은 가족법 안에서 이루어졌으며, 이전에 위반이 있었을 경우(이를테면, 약혼하지 않은 다른 남자의 딸과 성관계를 갖는 것. 이 경우에 민법은 구체적인 책임들을 명확하게 명시해 놓았다. 출 22:16-17; 신 22:28-29에서는 약간 수정되어 있다)나 남편과 신부의 아버지 사이에 신부의 혼전 순결에 대하여 분쟁이 발생한 경우(신 22:13-21)를 제외하고 공공 권력 당국이 개입하지 않았다. 이혼 역시 가족의 치리권 영역에 들어갔다. 이혼과 관련된 민법(신 24:1-4)은 단지 이혼 이후의 상황에 대한 규제에만 관여했다. 즉, 이혼 그 자체는, 물론 아마도 (후기의 유대법에서와 같이) 소수의 증인들 앞에서겠지만, 가족법의 테두리 안에서 이루어졌을 것이다. 앞서 우리는 민법이 종들을 공정하게 대우하는 것에 관심을 기울였다는 사실을 살펴보았다. 그러나 어떤 종이 여섯 해 동안의 종살이가 끝난 이후에도 자유를 얻는 대신에 한 가정에 매여 영구적인 종으로 사는 일을 자발적으로 받아들일 경우, 그 때에 행하는 의식은 아마도 가정 내의 의식이었을 것이다. 이것은 가족법 안에 속하는 또 하나의 경우다(출 21:5-6[18]; 신 15:16-17).

가정에 속하는 이런 문제들(혼인과 이혼, 자녀들에 대한 훈육, 노예 제도의 어떤 측면들)과 마찬가지로, 가족과 그 토지라는 기업을 보호하기 위해 마련된 법규와 제도들이 있었다. 이러한 것들로는 계대 결혼(신 25:5-10)과 유산법(신 21:15-16), 토지와 사람들의 속량 및 희년(레 25장)이 포함되었다. 그 다음으로, 가족은 또 주요 교육 기관이었음을 기억해야 할 것이다. 가족 안에서 나머지 법들을 가르치고 설명했다(신 6:7-9, 20-25).

이전의 '도덕법-민법-의식법'이라는 도식에서는 이 모든 가족법이 마땅히 '민법' 아래 포함되어야 했을 것이다. 그러나 분명 가족법은 따로 분리된 범주를 필요로 하고 있다. 왜냐하면, 사회학적으로 가족법은 다른 종류의 법이었기 때문이다. 가족법은 장로들의 법정이라는 공공 민사 영역을 필요로 하지 않는

---

18) 'before the judges'(NIV, 6절)라는 번역은 내가 볼 때는 오역이다. NIV의 난외주에서 말하고 있듯이, 그 표현은 문자적으로 'before God'이다. 그러므로, 아마도 그 종의 분명한 선택에 대한 증인으로서 여호와의 이름을 부르면서 해당 가정 안에서 행했던 의식을 가리킬 것이다.

법률적 권위와 법적 조처의 범주였다는 점에서 독특하다. 그 법이 사회적, 경제적, 신학적으로 가족의 중심적 성격에 부여하고 있는 법률적 차원으로부터 그 법의 중요성이 기인한다. 이 점에 대해서는 제10장에서 좀더 자세하게 논의할 것이다. 가족이 그들 사회에서 얼마나 중요했는지를 보여 주면서 이스라엘 가족법의 이러한 측면들에 대해 탐구해 나갈 때에, 이 법적인 차원은—그렇지 않을 경우 때로 부모를 공경하라는 다섯 번째 계명에만 매달려 있는—가족에 대한 우리의 윤리적 성찰에 깊이와 바탕을 제공해 준다.

제의법

나는 여기에서 '제의'(cultic)라는 말을 종교 생활의 외면적 양식과 의식, 즉 '쿨투스'(*cultus*)라는 전문적 의미에서 사용하고 있다. 그러므로, 최근에 그 말을 '컬트'(cults), 즉 그 추종자들에 대해서 압제를 행사하고 종종 은밀한 힘을 행사하는 낯선 종파들과 연관해서 사용하고 있는 것과 혼동해서는 안 될 것이다. 여기에서 사용되고 있는, '제의'라는 말은 종교적 실천이 눈으로 볼 수 있도록 겉으로 나타난 형식을 가리키고 있는 중립적 단어일 뿐이다. 이제 다시 본론으로 돌아가서, 예전의 삼중적 구분 아래에서의 이 '제의법' 혹은 (더 과거에 흔히 사용되었던 용어로는) '의식법'(ceremonial law)이라는 범주는 그리스도의 사역을 예표했기에 그리스도에 의해 성취되고 쓸모없게 되었다고 이야기되고 있다. 이런 이유로 해서, 구약 성경의 의식법에 대한 많은 사람의 개념은 히브리서의 지배를 받고 있으며, 피의 희생 제사와 제사장 임직 규례와 대속죄일의 의식에 제한되어 있다. 이 모든 것이 이스라엘의 제의법에서 중요한 부분들인 것은 분명하다. 그러나 그것이 이스라엘의 제의법 전부는 결코 아니다. 이스라엘 백성에게 제의적 생활이란 정한 동물이나 음식물, 부정한 동물이나 음식물을 구분하는 식품 법규들, 안식년과 희년을 비롯하여 안식일들과 매년 열리는 절기들을 규정하고 있는 성력(聖曆), 또한 십일조, 추수의 첫 열매와 수확과 같이 중대한 사회적 영향을 끼쳤던 실질적이며 물질적인 요구 사항 전체를 포함하고 있었다. 이스라엘 백성들에게는 비록 이러한 것들이 그들의 믿음과 세계관을 표출하는 총체적 체계의 일부였지만, 우리의 입장에서는 제의법과 그 실천을 세 가지 주요 영역으로 나누어 관찰하는 것이 유익할 것이다.

희생 제사법

'의식법'이라는 말이 주로 의미했던 바는 바로 이 희생 제사 법규들이다. 이스라엘의 전체 예배 제도는 다양한 이유와 목적을 가지고 드려지는 광범위한 희생 제사들을 중심으로 진행되었다. 이 자리는 그 희생 제사들을 심도 있게 다룰 수 있는 자리가 아닌데, 그렇게 심도 있게 다루고 있는 많은 연구서가 있기 때문이다. 분명 그리스도인들에게는, 예수님의 죽으심에 비추어 볼 때 그리고 신약 성경에서 그리스도의 죽음이 죄에 대한 온전하며 최종적인 희생 제사로 해석되고 있는 것에 비추어 볼 때, 이러한 구약의 피 제사들에 어떠한 **구속적** 의의도 존재하지 않는다. 그러나 비록 구약 성경의 희생 제사 법규들이 십자가의 의미를 가리켜 주는 역할 이외에는 오늘날의 우리에게 더 이상의 신학적 의미를 갖고 있지 않다는 점을 인정한다 할지라도, 이스라엘의 희생 제사 법규에서 지속적으로 성찰할 만한 가치가 있는 윤리적 원칙들의 다른 면모들을 식별할 수 있을 것이다.

예를 들어, 희생 제사와 관련하여 모든 이스라엘 백성은 놀라울 정도로 평등했다. 예배하는 자의 신분에 따라 드려지는 희생 제물의 가치에 등급을 매기는 일은 전혀 없었다. 왕이 드리는 희생 제사가 평범한 농부가 드리는 희생 제사보다 더 큰 효과를 지니는 것이 결코 아니었다. 실제로, 간음을 저지르고 살인 교사죄를 범한 다윗은, 자기가 왕이든 그렇지 않든 간에, 어떠한 희생 제사로도 자기의 죄를 도말할 수 없음을 잘 알고 있었다. 오직 하나님의 자비만이 그런 일을 할 수 있었다. 반면에, 리더십의 자리에 있는 사람들은 그들이 지고 있는 더 큰 책임을 반영하는 더 큰 제물을 가지고 올 것이 요구되었다(레 4장). 그러면서 동시에, 규정된 피의 제물을 가지고 올 수 없을 만큼 지독히 가난한 자들을 위해서는 정상 참작이 이루어졌다. 속죄 제물은 제물을 드리는 사람이 드릴 수 있는 것에 따라 드릴 수 있었다. 그리하여 어떤 사람이 짐승이나 새조차 드릴 수 없을 정도로 지독하게 가난할 경우 "고운 가루 십분의 일 에바"를 드릴 수 있었으며, 그런 제물 역시 마치 그것이 피의 제사—속죄 제물—인 것처럼 간주될 수 있을 정도였다(레 5:5-13). 이 사실은 제사장이 선언하는 속죄가 그 희생 제물 자체의 내재적 가치 때문이 아니라 하나님의 자비에 근거해 있음을 명확히 보여 주었다. 겨우 하나님께 몇 줌의 가루와 가난한 심령을 가지고 나아와서 제사장으로부터 울려나오는 용서의 말씀을 귀에 담아 갈 수 있다는 것을 알았던 이스라엘 백성은 하나님의 은혜와 회개의 윤리적 능력에 대해 무엇인가를 배우고 있었던 것이다.

성력 법규(sacred calendar laws)

이스라엘의 예배 생활에는 리듬이 있었다. 무엇보다 먼저 매주 안식일이 있었다(출 20:8-11; 신 5:12-15). 그리고 계절에 따라서 해마다 절기가 있었다(출 34:22-23; 신 16:1-17). 매년 지키는 대속죄일이 있었으며(레 16장), 매년 첫 소출과 십일조를 제물로 드렸고, 삼년째에는 특별 십일조를 드렸다(신 14:22-29). 그런 다음에 안식년(제7년)이 있었는데, 그것은 다양한 사회적 경제적 측면을 지니고 있다(출 23:10-11; 레 25:3-7; 신 15:1-6). 그리고 마지막으로 희년이 있었다(일곱 번째 안식년 후에 —레 25:8-55). 이 모든 절기는 각기 다른 방식으로 시간 자체에 대한 여호와의 주권과 이스라엘의 시간 배분에 대한 여호와의 권리를 선포했다. 이 사건과 제도는 그것들이 여호와 자신에 대한 의무와 순종의 문제로서 준수되어야 했다는 의미에서 모두가 '성스러운' 것이었다. 그러나 그 중 몇 가지는 명백히 사회적이며 경제적인 차원들과, 또한 강력한 윤리적 이유를 지니고 있었다.

예를 들어, 안식일은 언약의 표시로서 그리고 이스라엘에게 속한다는 것이 무엇을 의미하는가에 대한 매우 성스러운 규정적 표지의 하나로서 준수해야 했다. 그러나 매주 쉬는 안식일의 쉼은 모든 사회 계층에서 일하고 있는 백성들에게 미치는 명백한 혜택이 있었다. 이스라엘에서, 노동은 계층을 따라 수평적으로 (일하는 계층과 일하지 않는 계층으로) 분리되어 있지 않았다. 즉, 특권층들은 레저를 즐기는 동안 종과 농부들이 모든 노동을 다하는 식으로 계급이 구분되어 있지 않았다. 오히려 노동은 안식일의 리듬에 의해 시간상 수직적으로 구분되어 있었다.[19] 모두가 일해야 했으며, 또한 종들을 포함해서 모두가 안식을 누려야 했다. 그것은 일종의 피고용인을 보호하는 양식이었다. 그리고 예언서들을 보면, 안식일을 지키는 데 태만하거나 고의적으로 무시하는 처사는 가난한 자들에 대한 노골적인 착취와 더불어 이루어졌음이 분명하다(암 8:4-6; 사 58장).

마찬가지로, 안식년이라는 주요한 경제 제도 역시 제의적인 이유를 가지고 있었다. 이 제도에는 휴경에 대한 규정들이 포함되어 있었으며(출 23:10-11), 나중에는 신명기 법규 아래서 빚에 따르는 담보물들에 대한 면제 규정도 포함되었다(신 15:1-2). 안식년 제도는 땅에 대한 하나님의 소유권 개념에 근거해 있었으며(레 25:23), "**여호와께 대한** 안식"(레 25:4; 강조는 저자의 것) 그리고 "**여호와를 위하여** 면제를 선포"(신 15:2; 강조는 저자의 것)하는 것으로 기술되었다. 이렇듯 이 안식 제도를 준수하는 일에 포함되어 있던 물질적 책무들은 **하나님** 자신에 대한 책무인 것으로 이해되었다. 그렇지만, 그 책무들이 의도하고 있는 실질적 효과는 가난한 자들과 채무자에게 **인도주의적인** 도움을 주는 데 있었다. 이 사실은 그 법이 등장하고 있는 세 경우 각각에서 명확하게 표현되어 있다(참고. 출 23:11; 레 25:6; 신 15:2, 7-11). 그 요점은 '너보다 더 가난한 네 이웃에게 혜택을 베푸는 법을 지킴으로써 네가 하나님을 공경했다'는 것이다. 여기 구약의 **제의법**이라는 기대치 않았던 곳에서 우리는 다시금 성경 윤리에 스며 들어가 있는 기본적인 **도덕** 원칙을 만나게 된다. 말하자면, 하나님을 섬기는 일과 다른 사람들을 보살피는 일이 서로 분리될 수 없게 묶여 있다는 것이다. 하나님은 정의와 긍휼을 무시하는 자들의 예배를 합당하게 받지 않으신다. 이 고대 이스라엘의 안식 제도는 어찌 보면 지나간 구시대의 유물이며 문화적으로 (그리고 심지어 농경 문화적으로도) 오늘날과는 무관한 것처럼 여겨질 수도 있겠지만, 그것은 우리에게 성경 윤리의 근본 원리에 대해 구체적인 경제 패러다임을 제시해 주고 있다. 그 원리는, 우리가 동료 인간들에게 책임성 있고 예민하며 희생적인 보살핌을 보여 줄 때 하나님에 대한 우리의 의무를 제대로 성취할 수 있게 된다는 것이다. 이 원리를 반영하는 것은 여러 가지로 늘

---

19) 참고. Norbert F. Lohfink, *Great Themes*.

어날 수 있었다.[20]

　마지막으로, 이스라엘의 절기와 관련해서 그 백성에게 권고되었던 작지만 의미심장한 하나의 사실을 지적할 수 있을 것이다. 그것은 이스라엘 백성이 사회적으로 포용적이어야 했다는 것이다. 매년 지켜졌던 이스라엘의 주요 절기들은 각별히 그 토지의 소산에 초점을 맞추면서, 일차적으로 가족들이 즐기고 잔치를 벌이는 시간이었다. 그러나 가족도 없고 땅도 없는 사람들은 어떻게 하는가? 그들 역시 절기 축제에 포용되어야 했으며 소홀히 대해서는 안 되었다. 특히 십일조를 통해 그들을 기억해야 했다. 이것이 신명기가 뚜렷하게 보여 주는 관대한 인도주의이다(참고. 신 14:27-29; 16:11, 14).

상징적 법규

　고대 이스라엘에는 근대적 사고방식, 특히 서구인의 사고방식으로는 파악하기 아주 어려워 보이는 또 하나의 범주에 속하는 법이 존재한다. (물론 좀더 전통적인 문화권에 속한 사람들은 이 점에서 이스라엘 세계 속으로 들어가기가 조금 더 수월할 것이다.) 이 법들은 이스라엘의 상징적 우주를 표현해 주고 있는 법규들로서, 하나님과 그들 자신과 다른 민족들과 나머지 창조 세계 사이의 '등급이 매겨진' 다양한 관계에 대한 그들의 이해를 유형적(有形的)으로 표현하고 있다. 이스라엘의 사고방식에서는 모든 실재가 거룩한 것과 평범한 것(혹은 '속된 것'—이 말은 성경의 용례상으로는 반드시 죄라거나 불경스럽다는 뜻이 아니고 단지 평범하다는 뜻을 가지고 있다)으로 나뉘었다. 물론 하나님은 궁극적으로 거룩한 실재이며, 하나님께 특별하게 바친 모든 것이나 사람들은 어느 정도 하나님의 거룩하심에 참여했다. 삶의 나머지 대부분은 평범한 것이었다. 그러나 그 평범한 것의 영역은 다시 정한 것과 부정한 것으로 나뉘었다. 대부분의 것들은 보통 상태에서는 정한 것이었다. 그러나 죄와 다양한 종류의 오염과, 질병과 몇몇 신체 기능과, 무엇보다도 죽음은 물건이나 사람을 부정하게 만들었다. (그 스펙트럼의 한쪽 끝에 계신 궁극적으로 가장 거룩한) 하나님

---

20) 참고. 신 24:10-15; 욥 31:13-23; 시 15편; 잠 19:17; 사 1:10-17; 58:1-7; 렘 7:4-11; 슥 7:4-10.

과 (다른 쪽 끝에 있는 가장 부정한) 죽음 이외에 그 사이에 있는 실재 대부분은 이쪽이나 저쪽 방향으로 유동하는 상태에 있을 수 있었다. 죄와 오염은 거룩한 것을 속되게 만들고 정한 것을 부정하게 만들었다. 그러나 희생 제물의 피 그리고 그것과 연결되어 있는 다양한 제의를 통해서 부정했던 것이 정결케 될 수 있었으며, 정한 것은 성화되어 거룩하게 될 수 있었다. 이스라엘의 많은 제의 활동은 희생 제물의 피가 가지고 있는 정화하고 성화하는 능력으로 일상 생활에서 오는 속되게 하고 오염시켜 불결하게 만드는 영향들에 맞서는 끊임없는 역동성 가운데서 작용했다.[21]

그러나, 이 상징 세계에는 또 다른 측면이 있었다. 이스라엘 자체 안에 (거룩한 자들이었던) 제사장들과 (보통 사람들이었던) 나머지 이스라엘 백성들 사이에 구별이 있었듯이, 전체 이스라엘(하나의 민족 전체로서 하나님 앞에서 거룩하고 정결하다고 전제되었던)과 나머지 민족들(여호와와 언약 관계를 맺지 않고 있어서 의례상으로 부정하다고 간주되었던 열방들) 사이에 또 하나의 구별이 있었다. 언약 관계 안에서 거룩한 백성이 되라고 하나님의 부르심을 받은 백성으로서의 이스라엘과, (아직은) 그러한 위치에 있지 않았던 나머지 민족들 간의 이 근본적인 구별은 정한 동물과 음식물, 부정한 동물과 음식물에 대한 법규들의 복합적인 전체 틀 가운데 **상징적으로** 반영되어야 했다. 여호와가 모든 민족들 가운데서 이스라엘을 선택하셨듯이, 이스라엘은 모든 동물들 가운데서 정결한 것에 대한 여호와의 선택을 준수해야 했다. (그 두 경우에서) 외관상으로는 자의적으로 보이는 이러한 선택이 그 부정한 동물들을 선하신 창조주의 선하신 피조물에 어떤 면에서든 미치지 못하는 것으로 만드는 것도 아니고, 선택받지 못한 민족들을 그들 창조주의 형상대로 지음받은 인간에 어떤 면에서든 모자라는 존재로 만드는 것도 아니었다. 정함과 부정함의 구별은 하나님의 목적 안에서 여러 민족 사이에 이스라엘의 독특성을 상징하는 것이었다.

---

21) 거룩함과 평범함, 정함과 부정함이라는 이 범주들과 관련해서 이스라엘의 상징 세계에 대한 탁월한 설명과 거룩한 공간, 사람, 물건과 관련한 거룩성에 대해 이스라엘의 개념이 가지고 있는 '차등적' 성격에 대한 설명으로는 다음 책들을 보라. Gordon J. Wenham, *Leviticus*; P. Jenson, *Graded Holiness*; John G. Gammie, *Holiness in Israel*.

이 점은 레위기 20:24-26에 아주 명확하게 표현되어 있다.

> 나는 **너희를 만민 중에서 구별한** 너희 하나님 여호와이니라.
> [그러므로] 너희는 짐승의 정하고 부정함과 새의 정하고 부정함을 구별하고, 내가 너희를 위하여 부정한 것으로 구별한 짐승이나 새나 땅에 기는 것들로 너희 몸을 더럽히지 말라. 너희는 나에게 거룩할지어다. 이는 나 여호와가 거룩하고 **내가 또 너희를 나의 소유로 삼으려고 너희를 만민 중에서 구별했음이니라**(강조는 저자의 것).

이제 일단 우리가 이 법규들이 가지고 있는 본질적으로 상징적인 성격을 파악한다면 여러 면에서 유익할 것이다. 첫째, 그것은 이 법규들이 더 이상 우리 그리스도인들에게는 적용되지 않는 이유를 설명해 준다. 그 단순한 이유는 구약에서 이스라엘 민족과 다른 민족들 사이에 있었던 구분이 그리스도 안에서는 더 이상 존재하지 않기 때문이다. 실로 그 구분은 십자가를 통해 폐지되었다. 그리고 구속함을 받은 믿는 유대인들과 이방인들의 새로운 인류가 함께 하나님과 화목하게 될 길이 열렸다(엡 2장). 이것이 바로 베드로가 본 비전이 야기한 충격적인 깨달음이었다(행 10:9-15). 그리고 바울은 그 사실에 대해 갈라디아서 3:26-29에서 아주 고전적인 설명을 제공했다. 그러므로, **그리스도 안에 있는** 유대인과 이방인 사이에는 더 이상 어떠한 구별도 존재하지 않기 때문에, 그 구별을 상징해 주던 가시적인 음식물에 대한 구별이 **그리스도인의 경우에는** 더 이상 필요하지 않다.

둘째로, 하지만 이 법규들의 상징적 성격은, 그 뜻을 종잡을 수 없는 구약 성경의 다른 법규들과 규제들도 이것과 동일한 범주에 들 수 있지 않을까 하는 기대를 갖게 한다. 즉, 그러한 법규들이 이스라엘의 독특한 신앙과 관련해서 상징적 의의를 지녔을 수도 있다는 것이다. 비록 그러한 법규들의 상징성이 우리와는 매우 다른 세계관과 상징적 우주에 의존하고 있었기 때문에, 그 가운데 어떤 측면들은 지금의 우리에게 불분명하게 보일 수 있을지라도 말이다. 종자, 직물, 동물의 혼합을 금하고 있는 법규들의 배후에 깔려 있는 바가 아마도 이런 측면일 것이다(레 19:19). 마찬가지로, 특정한 방식으로 머리털이나 수염을 자르고 깎는 일이나 몸에 표시하는 일을 금하고 있는 수수께끼 같은 법규들도 다른 민족들과 다른 종교의 관행을 아주 멀리하기 위한 일과 관련이 있을 수 있다(레 19:27-28).

이리하여 지금까지 우리는, 이러한 상징적 법규들이 그 본래 의미했던 구별들과 관련하여 우리에게 더 이상 적용되지 않는다는 사실을 살펴보았다. 그럼에도 불구하고, 하나님의 백성들이 나머지 세상과 구별된다는 개념과, 불경건과 도덕적 더러움으로 가득 찬 세상 속에서 거룩함과 정결함과 순전함을 추구해야 할 필요성은 절대로 부적절하다거나 시대에 뒤진 것이 아니다. 반대로, 신약 성경은 비록 그 상징성과 외적 표현은 바뀌었다 할지라도 이러한 점들을 도덕적으로 훨씬 더 심각하게 요구하고 있다.

그리스도인들이 이 법규들에서 배울 수 있는 것은 무엇인가? 첫째, 세상 한가운데에서 하나님의 백성이 구별된 존재로 있어야 한다는 것의 중요성이다. 심지어 구약의 이스라엘에게조차도 부엌에서부터 성전에 이르기까지 의식상의 정결함은 하나님이 더 중요하게 요구하시는 도덕적 무흠성, 사회 정의 및 언약에 대한 충성을 상징하기 위한 것이었다. 실제로, 예언자들(과 예수님)이 맹렬하게 지적했듯이 이 후자의 것이 결여되어 있다면, 모든 수준에서 아주 주도면밀하게 지켜지는 의식상의 정결이란 무가치한 것이었다. 이스라엘이 의식상의 정결함에 대해 진지했던 것처럼 그리스도인들이 도덕적 구별성에 대해 진지하다면, 우리라는 '소금'과 '빛'은 세상에서 더욱 큰 능력을 발휘할 수 있을 것이다.[22]

긍휼의 법

여기서 우리가 다루고 있는 범주는 법률적 의미에서는 엄격히 말해 전혀 법이라고 간주할 수 없는 것이다. 실제로 우리가 이 제목 아래 모을 수 있는 명령들은 이스라엘에서도 강제할 수 있는 법령으로 여겨질 수 없었을 것이다. 그렇지만, 우리가 다른 범주의 실질적 법률에서 식별했던 것이 바로 온정적 취지의

---

22) C. J. H. Wright, 'Leviticus', p. 139.

도덕 원칙들이며, 이스라엘의 신학적 신념들은 바로 그러한 정도로 법률 생활의 실천적 측면들 속으로 파고들어 있기 때문에, 법적 조례들 전반에 흩어져 있는 이와 같은 온정적이며 인도주의적인 지시들을 찾을 수 있다는 사실은 전혀 놀라운 일이 아니다.

이 범주의 법이 다루고 있는 상황의 폭은 매우 인상적이다. 그 법은 약자들, 특히 가족과 토지라는 자연적 보호 장치가 없는 자들(말하자면, 과부, 고아, 레위인, 이주자, 체류자)에 대한 보호, 가난한 자들을 위한 정의, 법정에서의 불편부당, 추수 때와 일반적인 경제 생활에서의 관대함, 비록 적이라 할지라도 사람과 그들의 재산을 존중할 것, 채무자라 할지라도 그 존엄성에 민감할 것, 낯선 객들과 이주민들에 대한 특별한 보살핌, 신체 장애인들에 대한 사려 깊은 처우, 고용된 일꾼이 번 품삯에 대한 신속한 지급, 담보로 취한 물건들에 대한 민감성, 신혼 초나 상을 당한 사람들에 대한 고려, 심지어 가축이나 야생 동물 및 과실수에 대한 배려 등을 포함하고 있다. 다시금, 잠시 쉬면서 성경을 꺼내들고 아래 각주에 제시되어 있는 구절들을 하나하나 찾아 읽으면서 이 모든 자료의 따스한 맥박을 느껴 보는 것도 의미 있는 일이 될 것이다.[23]

이미 말한 바와 같이, 이 자료가 가져온 실제적인 결과는 인도주의적이다. 그러나 그 기원과 동기는 신학적이며, 이 자료에 관한 한 윤리적으로 가장 의미심장한 것이 바로 이 점이다. 바로 여기서 우리는 제1장에서 지적했던 요점을 가장 명확하게 보여 주는 실례를 보게 된다. 즉, 하나님께 전심을 다하는 언약적 헌신은 하나님의 백성을 위해 행하신 그분의 행위 가운데 계시되어 있는 그분의 성격을 반영해야만 한다는 것이다. 만일 당신이 한 사람의 이스라엘 백성이었다면, 당신은 약자와 종살이하는 자나 가난하게 된 자를 향하여 이 긍휼의 법을 준수해야 할 의무가 있었을 것이다. 그렇게 해야 하는 일차적이며 거역할 수 없고 거듭되는 이유는, 당신이 그러한 상황에 처했을 때 실제로 하나님이 당신을 향해서 취했던 행동 방식이 바로 이것이었기 때문이다. "너는 [네

---

23) 출 22:21-27; 23:4-9; 레 19:9-10, 13-18, 33-34; 신 14:28-29; 15:7-15; 20:5-7; 21:10-14; 22:1-4; 23:24-25; 24:5-6, 10-15, 17-22; 25:4; 27:18-19, 25.

가] 애굽에서 종이 되었던 일과 네 하나님 여호와께서 **너를** 거기서 속량하신 것을 기억하라. **이러므로** 내가 네게 이 일을 행하라 명령하노라"(신 24:18, 강조는 저자의 것).

지금까지 고대 이스라엘에서 작용했던 여러 가지 종류의 법을 대략적으로 살펴보았다. 그러므로, 이제는 '도덕법'이라는 분리된 범주를 따로 떼어서 생각하는 것이 얼마나 헛된 일인지 알 수 있을 것이다. 오히려 고대 이스라엘 사회 속에서 그 법들이 기능했을 때에, 그 모든 여러 범주의 법 가운데서 발견할 수 있는 도덕적 원칙들이 있다는 것이 분명하다. 그러므로, 우리 자신의 윤리적 지침을 찾기 위해서 법규들을 해석하는 일은 주의 깊은 사고를 요구한다. 어떠한 구체적 법규의 경우도 그 고유한 이스라엘이라는 맥락에서 어떤 기능을 수행했는지, 그리고 그 법이 구현했거나 실증하고 있는 도덕적 원리들이 무엇인지 살펴볼 필요가 있다. 그런 다음에야 비로소 구체적인 이스라엘 법규들로부터 우리 자신이 구성하는 구체적인 윤리로 진행할 수 있을 것이다. 한 차례 더 이스라엘의 사법 제도 자체에 대해 성찰한 다음에, 어떻게 우리가 그 작업을 할 수 있을까에 대한 몇 가지 지침을 제시하도록 하겠다.

정의의 시행

감탄할 만큼 좋은 법을 갖고 있는 것과 일상 생활에서 보통 사람들에게 실제적으로 정말 중요한 것은 별개의 문제다. 보통 사람들에게 중요한 것은 그러한 법들이 실제로 어떻게 시행되느냐 하는 것이다. 정의의 절차는 모든 시대 모든 사회에서 인간의 절박한 관심사이다. 그러므로, 그 법의 실제 내용과 마찬가지로, 법의 집행에 대해 구약 성경이 무슨 말을 하고 있는지 성찰하는 것은 흥미로운 일이다.[24]

---

24) 이 주제에 대한 더욱 상세한 조사로는 다음 책을 보라. Hans-Jochen Boecker, *Law and Administration of Justice*.

가족에게 초점을 맞추고 있는 정의

앞서 언급했듯이, 그리고 앞으로 제10장에서 더 깊이 살펴보겠지만, 고대 이스라엘에서는 법적인 문제들을 처리하는 데 가족이 중요한 역할을 감당했다. 이 사실은 가족법의 틀 안에서 일어난 문제들의 법적 조치를 가리킬 뿐만 아니라 가족 구성원들 자신이 더 넓은 사회 속에서의 법적 의무들을 인식하고 있었다는 사실을 가리킨다. 예를 들어, 살인 사건의 경우, 그 범죄자를 처벌할 책임이 '공적인 검사'에게 있었던 것이 아니라 '고엘'(*go'el*), 즉 그 희생자 가족의 친척이었던 동족인 '피에 대하여 복수해 주는 자'에게 있었다. 한 마을이나 성읍의 장로들은 단지 그 '고엘'을 도와 고엘의 책임으로 정해진 일을 수행할 수 있도록 해주는 역할만을 감당했다(신 19:1-13). 그러므로 그러한 경우 정의를 집행할 일차적 의무는 해당 가족이 가지고 있었다. 마을 장로들은 살인자를 확인해서 재판에 회부할 수 없는 상황에서만 독립적으로 행동했다. 장로들의 임무는 그들의 마을에서 피를 흘린 죄에 대한 죄책을 씻어 내는 의식을 집행하는 것이었다(신 21:1-9). 이러한 혈연 책임성은 사무엘하 14:5-11에 기술되어 있는 경우가 보여 주듯이, 친족의 수준으로까지 확대되었다. 그러나, 그 경우는 또한 친족의 범위를 넘어서 민사 당국자들에게까지, 더 높게는 왕에게까지 상소할 수 있었음을 보여 준다. 그러므로, 정의를 집행하는 가족과 그런 일을 하는 공적 당국자 사이에 유동적인 면이 있었다. 그리고 어쨌든, 공적 당국자들(장로들)은 특정 마을이나 도시를 이루고 있는 가족들의 네트워크 가운데서 원로가 되는 연장자들이라는 이유로 그 역할을 맡았을 가능성이 높다.

고대 이스라엘에서 법이 진행되는 과정에 나타난 이러한 가족적 성격은 여러 가지 의미 있는 결과를 초래했다. 만일 우리가 이스라엘의 사법 모델을 이 영역에서 현시대적인 윤리적 관심사에 연결시키고자 한다면, 이 결과들을 고려할 필요가 있다. 아동의 기본 교육은 실질적으로 '토라'에 대한 교육이었다. 물론 이미 언급했듯이, '토라'는 단순히 법규 목록이 아니라 이 책들에서 우리가 발견하는 모든 내러티브와 시문을 포함하는 것이었다. 그럼에도 불구하고, 믿음이 깊고 순종하는 이스라엘 가정에서는 자연스럽게 질문이 제기되고 위대한 구속의 이야기 가운데서 그 질문에 대답하는 방식으로, 하나님의 법을 자녀들에게 가르칠 것이 기대되었다(신 4:9-10; 6:6-9). 이에 덧붙여서 율법에 대한 교육이 있었는데, 이 일은 제사장들의 몫으로 여겨졌다(레 10:8-11; 신 33:10; 말 2:6-7). 제사장들은 일종의 시민 상담소(Citizens' Advice Bureau)와 같은 것이었다. 그리고 그 맨 위에는 율법을 공적으로 낭독하는 일이 있었는데, 그 일에는 어린이들을 포함해서 모든 사람이 참석할 것이 요구되었다(신 31:10-13). 의당 이 모든 일이 진행되었어야 했으며 그렇게 함으로써 율법이 확실히 알려지도록 해야 했기 때문에, 그 민족의 도덕적 몰락이 지식의 결핍에서부터 왔다고 말했던 호세아의 쓴 소리를 이해할 수 있을 것이다(호 4:1-6). 호세아는 이 일이 제사장들 탓이라고 보았다.

지방 행정

또한, 재판은 거의 지방에서 이루어졌다. 대부분의 분쟁과 고발, 심리와 소송들은 지방의 마을 회의에서, 문자적으로는 '성문에서'(모든 공무가 이루어졌던 공공 광장) 이루어졌다.[25] 재판은 지역 주민들이 그들의 장로들을 통해서 그들 자신의 사건을 중재하는 문제였다. 재판은 아주 멀리 있고, 관료적이며 위로부터 부과되는 어떤 것이 아니었다. 반대로, 재판은 복수로 구성된 장로들을 통해 이루어지는 지역적, 거의 '민주적' 성격을 가지고 있었다. 재판관을 왕 자신이 직접 임명했던 여호사밧의 개혁조차도 오직 요새화된 성읍들에만 적용되었다. 따라서 아마도 지방 마을 단위의 법정들은 거의 영향을 받지 않았을 것이다(대하 19:5). 거의 감독을 받지 않았던 지방의 그와 같은 법정 제도는 가족들의 폭넓은 사회적 평등과 (토지 분배에 대한 본문들과 여타의 법규들이 전제하고 있듯이) 토지와 부의 광범위한 분배가 이루어진 상황 속에서는 잘 기능할 수 있었을 것이다. 대부분의 가족들은 (그들 자신의 유업인 토지를 소유하고 있어서) 경제적으로 생존이 가능했기 때문에, 그들의 남성 연장자들이 그 지방

---

25) 그러므로, "너의 성문 위에"(on your gates: 개역개정은 "바깥 문에", 신 6:9) 율법을 기록하라는 지시는 하나님의 법이 가정에서("네 집 문설주" 위에)와 마찬가지로 그리고 개인적인 ("손목에…미간에 붙여", 8절) 경우에서와 마찬가지로, 공적 영역에서의 생활도 지배하도록 하라는 의미였다.

의 장로 회의에 참석할 조건을 갖추고 있었다면 사회 정의를 위한 폭넓은 터전은 마련되어 있었을 것이다. 그러나 가족들이 토지를 박탈당하여 빚 때문에 아무것도 소유하지 못한 종살이로 내몰리기 시작했을 때, 법정과 다른 형태의 사회 권력에 대한 통제가 소수 부유한 지주 계층의 손아귀에 떨어지게 되었다. 이리하여 재판은 부패와 착취에 쉽게 노출되어 버렸다. 예언자들은 경제력에서의 균형의 변동과 가속화되는 부패 그리고 정의에 대한 부정 사이에 이러한 관계가 있음을 명확히 파악하고 있었다. 그 일은 솔로몬의 재위 이후부터 일어나기 시작하여 주전 8세기에는 예언자들의 상당한 저항을 불러일으켰다. 하지만, 이상적인 것은 지역 장로들이 곤핍한 자들을 위해 활동하고 (고아와 과부라는) 가장 약한 자들의 소송이라도 제대로 사정을 알릴 수 있도록 감독함으로써 이루어지는 지방 재판이었다. 이러한 종류의 이상은 욥이 가족과 재산을 잃고 사회의 주변부로 내몰리기 전, 가족과 상당한 재산이 있었을 때 법정에서 장로의 한 사람으로서 자신이 어떻게 일했었는지를 설명하는 욥의 말에 잘 묘사되어 있다(욥 29:7-17).

이스라엘에서의 재판의 이러한 지역적 성격은 또한 법정 절차의 주도권이 주로 사적인 것이었음을 의미했다. 이미 살펴보았다시피, 그 일은 가족의 책임으로 시작되었으며, 그 외의 경우에는 흔히 어떠한 분쟁이 있을 때에 필요하다면 법정의 도움을 받아 자조적으로 해결할 문제였다. 공적 소추를 담당하는 검사도 경찰력도 없었으며, 공식적 중재의 일을 담당하는 변호사도 법무관도 전혀 없었다. 이것은 어떤 분쟁을 심판하기 위해 재판석에 앉은 재판장이나 일단의 장로들이 오늘날 우리 사회의 경우보다 원고와 피고에게 훨씬 더 직접적으로 연관되어 있었으리라는 것을 의미했다. (삼상 14장에 있는 사건이 보여 주고 있듯이) 이 점은 그 재판장이 왕이라 할지라도 그럴 수 있었다. 마을 공동체 가운데서 재판장은 (룻 4장의 경우처럼) 해결해야 할 분쟁이나 사건에 개입되어 있는 당사자들의 친척이거나 동료일 수 있었다.

소송 절차에 대한 지침

이러한 배경에 비추어서, 법을 엄격하고 공정하게 적용하라는 세심한 지시들과 뇌물 및 편파주의(favoritism)에 대한 경고들은 너욱 타당한 것이 아닐 수 없다. 출애굽기 23:1-9을 보면, 그러한 지시들에 관한 매우 시사적인 목록이 나온다. 그 목록은 체계적인 순서에 따라 구성된 것 같다. 그리하여 법정 사건에 관련된 세 부류의 사람들에게 차례대로 말하고 있다.

1. **증인들**. 증인들은 성실하고 정직하게 그리고 외부의 영향을 받지 않고 독립적으로 증언해야 한다.

   너는 거짓된 풍설을 퍼뜨리지 말며, 악인과 연합하여 위증하는 증인이 되지 말며, 다수를 따라 악을 행하지 말며, 송사에 다수를 따라 부당한 증언을 하지 말며, 가난한 자의 송사라고 해서 편벽되이 두둔하지 말지니라(1-3절).

2. **분쟁중인 당사자들**. 이 맥락에서 '원수'(법정에서의 상대편)라는 단어의 의미가 바로 이것이다. 그들은 비록 법적인 싸움을 벌이고 있다 할지라도 동포로서의 책무에 대한 통상적인 요구 사항들을 무시하지 말라는 경고를 받는다.

   네가 만일 네 원수의 길 잃은 소나 나귀를 보거든 반드시 그 사람에게로 돌릴지며, 네가 만일 너를 미워하는 자의 나귀가 짐을 싣고 엎드러짐을 보거든 그것을 버려 두지 말고 그것을 도와 그 짐을 부릴지니라(4-5절).

3. **재판장들**. 법정에서 그 쟁점을 해결해야 하는 자들은 불편부당함으로, 매수당하지 말고 청렴결백하게 결정해야 하며, 또한 적절한 이해와 긍휼을 가지고서 그리해야 한다.

   너는 가난한 자의 송사라고 정의를 굽게 하지 말며, 거짓 일을 멀리 하며 무죄한 자와 의로운 자를 죽이지 말라. 나는 악인을 의롭다 하지 아니하겠노라.
   너는 뇌물을 받지 말라. 뇌물은 밝은 자의 눈을 어둡게 하고 의로운 자의 말을 굽게 하느니라.

　　너는 이방 나그네를 압제하지 말라. 너희가 애굽 땅에서 나그네 되었었은즉, 나그네의 사정을 아느니라(6-9절).

　　레위기 19:15; 신명기 16:18-20, 그리고 여호사밧이 자기가 임명한 판사들에게 했던 감탄할 만한 훈시가 기록된 역대하 19:4-11의 이와 유사한 강력한 금령들과 이 단락들을 나란히 놓고 비교하면서 읽어 보면, 법의 집행 방식이 그 내용이 가지고 있는 기준 자체에 부응해야 한다는 점에 구약 성경이 얼마나 관심을 기울이고 있는지가 분명해진다. 법률 제도의 **진행 과정**이 공정해야 한다는, 그리고 소위 말하듯이 공정함을 보여야 한다는 끈질긴 요구가 그 안에 있다. 이 사실은 특히 힘없는 자, 가난한 자, 문맹자, 이민자, 보호 시설 이용자가 나쁜 법이나 교묘한 불의의 희생자일 뿐만 아니라, 비록 좋은 법이라 할지라도 거추장스럽고 복잡한 법적 **절차** 때문에 자주 피해를 입는다는 사실에 대한 인식이 오늘날 점점 늘어가고 있는 것과 잘 부합된다. 지연되고, 품위를 손상시키고, 차별적이며, 가난한 자에게 우호적이지 않은 법적 절차들은 실제적인 불의와 압제만큼이나 나쁜 것이다. 이런 경우에, 역시 구약 성경은 '우리 앞에 놓여서' 그리스도인들이 우리 사회 법률 제도의 절차적 정의에 대해 활발하게 관심을 기울이도록 촉구한다. 결국 이것은 "너는 거짓 증거하지 말지니라"라는 아홉 번째 계명을 그 계명이 본래 적용되었던 영역, 즉 법적 절차의 온전성을 올바르게 보호하는 일에 적용하는 것일 뿐이다.

이스라엘의 가치 척도

　　앞서 우리는 여러 다른 종류의 법이라는 맥락에서 구약 성경의 율법 안에 미묘한 차이점과 편차가 있음을 관찰했다. 모든 법이 그 사회적 기능상 다른 법규들과 똑같은 것은 아니다. 여러 다른 사회적 정황, 다른 종류의 사건, 다른 수준의 심각성 등과 관련해서 구별되는 점이 있다. 엄청나게 다양한 법의 테두리 안에 표현되어 있는 상대적인 도덕 가치들을 살펴볼 때에도 이 점은 마찬가지다. 그 도덕 가치라는 맥락에서 모든 법이 다른 모든 법과 똑같이 중요한 것은 아니다. 그렇다고 해서 어떤 법규들은 중요하지 않았다는 말이 아니다. 특별히 신명기를 보면 하나님의 **모든** 법규를 '준수하라'(유의하여 세심하게 신경을 쓰라)고 강력히 강조하고 있다. (이 점은 아마도 시 119편에 반영되어 있는 듯하다.) 그럼에도 불구하고, 그 신명기조차 이스라엘에 대한 하나님의 요구 사항들 가운데서 핵심적이며 가장 중요한 사항은 다음 몇 마디로 축소시킬 수 있다고 말한다. '여호와를 경외하며, 그분의 모든 도를 행하며, 그분을 사랑하고, 그분을 섬기며, 그분께 순종하라'(신 10:12-13). 미가는 그것을 다시 세 가지로 줄였다. '정의를 행하고, 인자를 사랑하며, 하나님과 함께 겸손히 행하라'(미 6:8). 그러므로, 율법 전체를 아무런 차이가 없는 의무들로 이루어진 단 하나의 단단한 석판으로 간주하는 것은 적절하지 않은 것 같다. 오히려 율법 안에서 가장 주요한 도덕 가치들이 무엇인가를 구별하려고 노력할 수 있다. 율법에서 더욱 중심적이며 우선적인 것은 무엇인가? 그 모든 다양한 법 가운데 내재해 있는 가치의 척도는 무엇인가?

이 질문이 예수님 시대 몇몇 랍비 학파의 생각을 사로잡고 있었다. 이 사실은 한 서기관이 예수님께 찾아와서 "모든 계명 중에 첫째가 무엇이니이까?"라는 질문을 통해 예수님의 개인적 견해를 구했던 일에 대한 복음서 이야기에 반영되어 있다. 예수님은 유명한 두 가지 계명으로 대답하셨다. 하나는 신명기 6:4(하나님에 대한 총체적인 사랑)에서 그리고 다른 하나는 레위기 19:18(이웃을 자신과 같이 사랑할 것)에서 나온 명령이었다. 그리고 "이보다 더 큰 계명이 없느니라"는 말씀을 덧붙이셨다. 다시 말해서, 이것이 바로 나머지 자세한 법규를 지배하는 가장 중요한 가치들, 결정적인 최우선 사항들이다.

그 만남에 대한 마가의 기록을 보면, 그 서기관의 대답이 아주 흥미롭다(그리고 그것은 단연코 예수님께 강한 인상을 주었다). "서기관이 이르되, '선생님이여, 옳소이다. 하나님은 한 분이시요, 그 외에 다른 이가 없다 하신 말씀(신 6:4)이 참이니이다. 또 마음을 다하고 지혜를 다하고 힘을 다하여 하나님을 사랑하는 것과 또 이웃을 자기 자신과 같이 사랑하는 것이 **전체로 드리는 모든 번제물과 기타 제물보다 나으니이다**'"(막 12:32-33, 강조는 저자의 것). 물론 이것은 새로운 통찰이 아니다. 반대로, 이것은 참으로 성경적(구약 성경)인 관점이다. 도덕적 우선 순위에 대한 그러한 표현은 예를 들어 사울에게 한 사무엘의 말("순종이 제사보다 낫고", 삼상 15:22)에서도 찾을 수 있으며, 호세아를 통해 이스라엘에게 하신 하나님의 말씀("나는 인애를 원하고 제사를 원하지 아니하며 번제보다 하나님을 아는 것을 원하노라", 호 6:6)에서도, 그리고 "공의와 정의를 행하는 것은 제사 드리는 것보다 여호와께서 기쁘게 여기시느니라"(잠 21:3)라는 지혜의 목소리에서도 찾을 수 있다. 그렇다면 구약 성경 자체에 도덕의 우선 순위를 매기는 일이 있음을 이같이 고무적으로 확인하면서, 우리는 어떤 가치 척도를 발견할 수 있는가?

다른 무엇보다 우선되는 하나님

우리의 출발점은 여호와 하나님이 다른 무엇보다도 중요하다는 예수님 자신의 말씀이 되어야 한다. 어떠한 도덕 명령도 한 사람의 존재 전체를 다해 하나님을 사랑하라는 명령보다 더 높은 위치를 차지할 수는 없다. 쉐마("들으라 오 이스라엘아…")에 새겨져 있는 이 근본적인 원칙은 십계명의 순서 가운데 확립되어 있다. 십계명은 여호와 앞에서(문자적으로는 여호와의 '얼굴 앞에서') 다른 어떤 신을 예배하는 것을 금하는 명령으로 시작하고 있다. 이 사실은 신명기 13장에 있는 첨예하고 비타협적인 지시들 가운데서 훨씬 더 엄중한 사회적 중요성을 부여받고 있다. 매우 현실적으로, 그 본문은 다른 신들을 예배하려는 유혹이 기적을 행하는 능력을 보임으로써 신망을 얻는 종교적 유명인들로부터 오거나(1-5절), 가까운 가족이나 친구들로부터 오거나(6-11절), 지역 공동체의 어떤 주도적 목소리가 가하는 압력으로부터 올 수 있음(12-18절)을 인정하고 있다. 그러나, 그런 일이 어디에서 비롯되든지 간에 그에 대한 대답은 똑같아야 한다. 즉, 유일하신 참 하나님, 살아 계신 하나님을 예배하는 일을 버리고 다른 신을 섬기는 일로 대체하는 어떠한 경우도 가차 없이 배격하는 것이다. 다른 모든 길은 우상 숭배로, 불의로, 그리고 마침내는 죽음과 멸망으로 이끈다. 신명기 13장에 명확히 드러나 있는 궁극적 가치와 뚜렷한 선택의 어떤 점은, 예수님을 주님으로 따르는 것을 통해 하나님의 통치에 순복하는 일이 최우선이라는 점에 대한 예수님의 가르침 가운데 나타나는 비타협적 성격과 비교해서 제시된다(눅 14:25-27을 보라).

십계명을 다시 살펴보면 가치의 경중을 순서대로 추적할 수 있다. 십계명은 하나님으로 시작해서 한 사람의 내면의 생각으로 끝난다. 어떤 면에서 (탐심을 경계하고 있는) 열 번째 계명과 (여호와 이외에 다른 신들을 예배하지 못하도록 금하고 있는) 첫 번째 계명은 서로 상응하고 있다. 즉, 그 성격상 탐심은 다른 사람이나 물건을 하나님만이 차지해야 할 자리에 두기 때문이다. "탐심은 우상 숭배니라"(골 3:5). 그리하여 하나님의 존위 다음에 하나님의 이름, 안식일 준수를 통해 표현되는 하나님의 주권에 대한 독특한 인정이 나오고, 그런 다음에 (부모를 공경하라는 명령을 통하여) 가정과, 사람의 목숨과, 성과 결혼의 순전함, 재산, 사법 체계를 바르게 유지시키는 일이 나온다. 다른 곳에서 이 계명들이 반영되어 나타나는 경우에 언제나 이 순서를 따르는 것은 아니기 때문에(이를테면, 렘 7:9; 호 4:2), 이 순서에 지나치게 무게를 둘 필요는 없다. 그러나, 확실한 것은 주로 하나님과 관련되어 있는 계명들(최소한 처음 세 계명과 네 번째 계명이 가지고 있는 하나님을 향한 차원)로부터 주로 사람들 사이의 관계와 관련이 있는 계명들(네 번째 계명이 지니고 있는 사회적 효과와 나머지 여섯 개의 계명)로의 진행이 명확히 나타나고 있다는 점이다.

비록 각각의 모든 계명이 하나님의 '말씀'이며, 또 비록 그 계명 중 어느 것을 어겨도 (이미 우리가 살펴보았듯이 어떤 점에서 '범죄'에 해당하는) 심각한 위반 행위에 해당하지만, 이 순서는 우연한 것이 아니다. 가장 중요한 요구 사항이 가장 앞자리를 차지하고 있다. 아마도 의도적인 이 가치 척도는 이스라엘의 형법을 통해 확인되고 있다. 처음 여섯 개의 계명에 대한 파렴치한 무시는 필수적으로 사형이 요구되었다. 일곱 번째(간음) 계명에 대해서는 사형을 내릴 수도 있었지만, 그러한 처벌이 집행되었다는 어떠한 사례도 기록이 없다. 그래서 어떤 학자들은 침해를 받은 남편에게 다른 선택이 허용되었을 것이라고 생각한다. 여덟 번째(도적질) 계명은 통상적인 법규에서는 사형이라는 제재 조치가 가해지지 않았다(사람을 후려내는 일이나 납치 유괴의 경우는 제외, 출 21:16; 신 24:7). 아홉 번째(위증) 계명의 경우는 오직 다른 사람을 처형시키는 결과를 초래할 범죄에 대해 거짓으로 누군가를 고소한 일이 발각되었을 경우에만 사형이 집행되었다(신 19:16-21). 그리고 열 번째 계명은 어떤 법률적 심의의 대상이 되었을 가능성이 거의 없다. 이처럼 십계명의 순서는 이스라엘 가치 체계의 위계에 대한 어떤 통찰을 제공해 주고 있다. 대략적으로 말해서, 하나님, 가정, 생명, 성, 재산의 순서였다. 이 순서를 바라볼 때, 현대 사회에서는 (최소한 품격이 저하된 서구적 형태에서는) 그 가치들의 순서가 거의 정확히 뒤집혀 있다는 사실은 정신이 번쩍 들게 만든다. 현대 사회에서 돈과 성(sex)은 사람의 목숨보다 훨씬 더 중요하며, 가정은 이론적으로나 실제적으로 비웃음의 대상이 되고 있고, 하나님은 대부분의 사람들 생각에서 우선적이기는 고사하고 가장 끝 자리를 차지하고 있다.

이스라엘의 가치 척도가 가지고 있는 추가적인 세 가지 특징을 살펴보는 것이 가치 있을 것이다. 그것은 재산에 대한 생명의 우위, 처벌에 대한 사람들의 우위, 권리에 대한 필요의 우위다.

생명과 재산

인간 생명의 존엄성은 인간이 하나님의 형상대로 창조된 사실에 기초해 있는 것으로서, 구약 성경에서 맨 처음부터 등장하는 명백한 도덕적 가치들 가운데 하나다. 노아에 대한 하나님의 말씀은 그 점을 다음과 같이 분명히 하고 있다.

내가 반드시 너희의 피 곧 너희의 생명의 피를 찾으리니 짐승이면 그 짐승에게서, 사람이나 사람의 형제면 그에게서 그의 생명을 찾으리라.

무릇 사람의 피를 흘리면,
　그 사람의 피도 흘릴 것이니
이는 하나님이 자기 형상대로
　사람을 지으셨음이니라(창 9:5-6).

인간 생명이 가지고 있는 이러한 독특한 가치의 효과는, 몇 가지 이스라엘 법규가 보여 주는 거의 우연한 면모에서도 나타난다. 예를 들어, 황소가 사람을 뿔로 받아서 죽게 했을 경우, 법은 그 황소를 돌로 쳐 죽이라고 요구한다. 이것은, 그렇지 않다면 대부분의 다른 고대 근동 법전들에서 매우 흔하게 발견되었을 법의 내용에서 이스라엘만이 독특하게 드러내는 세부적인 특징이다. 이 법규는 사람의 생명의 피를 흘린 일에 대해서는 심지어 짐승들에게라도 하나님이 그 책임을 물으신다는 창세기 9:5의 개념과 연결되어 있다.[26]

그러나 재산에 대한 생명의 우위성이 가져오는 가장 뚜렷한 효과는, 이스라엘의 법률 생활 가운데서 생명과 재산이 서로 동등한 것으로 비교된 적이 결코 없다는 점이다. 즉, 통상적인 법적 절차상 어떠한 재산상의 위해도 죽음으로 처벌할 수 없었다.[27] 그러므로, 비록 나단의 '비유'에 대해 다윗은 그 부자 도둑이 죽어 마땅하다는 분노를 표출하며 감정적으로 반응했지만(다윗은 아마도 나단이 왕인 자신에게 판단을 내려 달라고 실제 사건을 가져온 것으로 생각했을 것이다, 삼하 12:1-6), 법적으로 다윗이 선고할 수 있었던 유일한 형벌은 해당 법규가 규정하고 있는 대로 네 배로 배상하라는 것이었을 뿐이다(출 22:1). 이스라엘 법률의 이러한 특징은 고대의 많은 법전과 첨예하게 대립되는 것이다. 고대의 많은 법전은 특정한 사람들이 지은 특정한 도적질은 사형에 처할 수 있다고 말하고 있다. 실로 그 법은 상당히 최근까지의 영국법과도 대조된다(영국에서는 19세기까지도 양을 훔친 죄로 사람이 교수형을 당했다). 반면에, 앞서 언급했듯이, 이득을 얻기 위해서 **사람**을 후리는 일(유괴, 납치)은 이스라엘에서 사형죄**였다**(21:16; 신 24:7). 사람의 **목숨**을 훔치는 일은 **재산**을 훔치는 일과는 다른 것이었다.

---

[26] 아마도 고대 세계에서는 농장과 마을에서 흔하게 일어나는 일이었기 때문에, 놀라거나 성난 황소 때문에 뿔에 받히는 일에 대해 책임을 지게 하고 처벌과 보상을 결정하려는 시도로서 법제화하는 일이 있었을 것이다. 성난 황소 때문에 흘린 피의 경우는 여러 학자가 조사를 해 왔다. 이 법규들에 대한 문헌과 그 문제에 대한 이스라엘 법규의 독특한 측면에 대한 조사로는 다음을 보라. C. J. H. Wright, *God's Law*, pp. 160-164.
[27] 여호수아 7장에 있는 여리고에서 아간이 은과 금을 도적질한 일과 같은 통상적이지 않은 경우, 그 문제는 전쟁 때에 요구되었던 언약적 요구인 이교도들의 '오염된' 것들에 대한 '금지령' 혹은 파기할 것에 대한 심각한 위반이었다.

이 원칙의 다른 면은 만일 여러분이 반드시 사형을 당할 큰 죄를 저질렀다면, 그 대신에 돈을 지불하고 벗어날 수 없다는 것이다. 만일 생명이 상실되었다면 돈으로는 갚을 수 없었다. 생명을 돈으로 잴 수는 없었다(참고. 민 35:31-34). 다시 한 번, 이 점은 사형에 해당하는 많은 중죄가 벌금으로 대체될 수 있었던 몇몇 고대 근동 법전과 대조된다. 고대 근동의 제도는 자신이 저지른 범죄에 대해 '돈을 지불'할 수 있을 만큼 부유한 자들에게 유리했다. 구약 성경에서 이 법에 대한 유일한 예외는 뿔로 사람을 받아 죽인 황소의 경우였다. 그 '유죄한' 황소의 주인은 만일 그 황소에게 당한 희생자 가족이 동의하는 경우에 그의 생명에 대한 속전을 지불할 수 있었다. 그것은 그 살인이 간접적이며 비의도적이었기 때문이다(출 21:30). 종의 목숨이라 할지라도 이런 식으로 보호를 받았다. 다른 면에서는 그 종이 주인의 재산이었다는 사실에도 불구하고 말이다(출 21:20-21).

그러므로, 인간의 생명과 물질적 재산은 서로 바꿀 수 없었다. 그것들은 서로 질적으로 다른 것으로 취급되었으며, 법적 절차상 서로 동일시될 수 없는 것이었다. 옛 속담이 말하고 있듯이, 사람이 물건보다 중하다.

사람과 처벌

사람 생명의 독특한 가치에 관한 이러한 구약의 확신은 심각한 위반 행위들의 위계와 사형죄냐 아니냐의 구분에 대한 지침을 주고 있을 뿐만 아니라, 범죄자 본인과 또한 가해지는 처벌의 성격과 범위에까지 미친다. 어떤 사람들이 보기에는 필수적으로 부과되었던 사형이 걸림돌이 되긴 하겠지만, 이 점을 넘어서서 볼 때 이스라엘 형법에는 인도주의적 분위기가 자리잡고 있다. 그 점은 동시대의 고대 근동 법전들과 이스라엘 형법을 비교해 본 사람이면 누구나 인정하는 사실이다.

범죄자의 권리에 대한 하나님의 관심을 보여 주는 원형적인 예는 가인의 경우다. 다른 여러 면에서, 이 경우는 매우 흥미로운 사례다. 왜냐하면 하나님이 직접 아벨의 살인자에게 사형을 면제해 주고 계시기 때문이다. 그러나 하나님은, 다른 사람들이 살인자인 그를 어떻게 다룰 것인지에 대한 가인의 공포에 대해서, 다른 사람들은 가인을 어떻게 다루었느냐에 대해 하나님 앞에 책임을 지게 될 것임을 명확히 밝히심으로써 대답하신다(창 4:15).

범죄자들도 여전히 하나님이 보호해 주시는 권리를 가진 인간이라는 이 견해는 신명기 25:2-3의 조항들에서 발견된다. 만일 법정에서 태형이 선고되었다면, 그 벌은 (어떤 은밀하고 가학적인 밀실에서 보이지 않게 시행되는 것이 아니라) 재판장의 감독 아래에서 시행되어야 했다. 또한 그 벌은 그냥 호되게 때리는 것이 아니라 그 위반죄의 심각성에 따라서("그의 죄에 따라") 명확히 구체적으로 명시되어야 했다. 그리고 가장 중요한 사실은 그 처벌에 분명한 최대치의 한계가 있었다는 점이다("사십까지는 때리려니와 그것을 넘기지는 못할지니"). 이것은 명확히 그 범죄자("네 형제")를 "경히 여기는 것"이 되지 않도록 하기 위한 것이었다. 그는 유죄였음에도 여전히 한 사람의 형제다. 법적 처벌은 구체적이어야 하며, 죄질에 비례해야 하며, 감독을 받아야 하며, 최대 한계를 넘어서서는 안 된다는 원칙은 유죄가 확정된 위반자들이라도 계속해서 인권과 존엄성을 지닌다는 인식으로, 오늘날에도 여전히 전적으로 타당한 원칙이다. 돌로 치는 사형 이외에는 매를 사용하는 것이 이스라엘의 법에서 유일한 다른 통상적 체벌이었던 것으로 나타난다. 일정 범위에 드는 범죄들(특히 성적인 범죄)에 대한 처벌로서 손가락 절단하기, 난도질 및 말뚝에 묶어놓고 창으로 찌르기 등을 구체적으로 명시하고 있는 다른 고대 근동의 법전들과는 달리, 엉뚱하고 비교적 일어날 가능성이 없을 상황에 대한 단 하나의 예(신 25:11-12)를 제외하면, 구약 성경의 율법에서 법적 형벌로서 신체 절단이 가해지는 것은 배제되었다.[28]

이스라엘의 법에는 어떠한 형태의 투옥도 규정되어 있지 않다. 물론 후대의 왕정 아래에서는 투옥이 하나의 특징이 되었다. 우리 자신의 '문명화된' 감옥 체계가 드러내는 끔찍한 측면들과 장기적인 효과에 대해 생각해 볼 때, 인도주의적 근거에서, 어떤 위반들(예를 들어, 다시 갚을 수 없는 도적질이나 빚의 경

---

28) "그 여인의 손을 찍어 버리라"는 말이 말 그대로 하라는 것이 아니라, 그 여인의 출산 능력과 관련하여 상징적인 의미를 가졌다고 믿는 학자들이 있다. 참고. C. J. H. Wright, *Deuteronomy*, p. 269.

우)에 대해서는 구약의 법이 규정하고 있는 강제 노역이 투옥보다 더 선호할 만한 것이었다고 최소한 주장할 수 있을 것이다. 최소한 그 종은 여전히 자유롭게 결혼 생활과 가족 생활을 누릴 수 있었으며, 그 마을에 살면서 절기와 축제에 동참하고, 그 마을의 다른 사람들과 더불어 정상적이며 유용한 일을 할 수 있었다. 투옥은 이러한 일들을 거부한다.

구약의 율법에서는 피해를 당한 측의 사회 계급과 서열에 따른 형벌의 차등을 전혀 찾아볼 수 없다. 메소포타미아의 법에서, 귀족에 대한 상해는 일반적으로 평민이나 노예에게 저질러진 똑같은 상해에 대한 형벌보다 훨씬 더 위중한 형벌을 수반했다. 이와는 대조적으로, 이스라엘에서는 외국인과 이주민을 포함해서 모든 사회 집단이 법 앞에 평등하다는 점이 출애굽기 12:49과 레위기 19:34 및 민수기 15:16에 명시되어 있다. 또한 대리 처벌은 배제되었다. 함무라비 법전의 예를 보면, 만일 집이 무너져서 그 집 주인의 아들이 죽임을 당하면, 그 집을 지은 자(그 자신이 아니라)의 **아들**이 죽음에 처해져야 했다. 신명기 24:16은 이러한 대리 처벌을 원칙적으로 금했다. (다시!) 뿔로 받은 황소에 대한 법규에서도 그 황소가 아들을 죽였든지 딸을 죽였든지 그 형벌은 일정해야 한다고 명확하게 명시하고 있다(출 21:31).

특별히 신명기에 있는 형벌 조항에 대한 연구는 이스라엘에서 처벌이 시행되었던 몇 가지 명확하며 긍정적인 원칙들을 보여 주고 있다. 신명기 19:18-20과 25:1-3을 핵심적인 예로 취하여 살펴볼 때, 다음과 같은 처벌의 요소들이 드러난다.

- **보응**. 위반자는 그가 꼭 받아야 할 처벌을 받아야 한다. 그 처벌은 위반에 합당해야 한다. 그것이 **동해보복법**(lex talionis, '눈에는 눈, 이에는 이')의 의의이며 정당화의 근거다. 무제한적인 복수라는 의미로 그 말을 잘못 사용하는 대중적 용법과는 반대로, 동해보복법은 처벌의 비례를 명하는 간단한 그리고 거의 확실히 은유적인 방식이었다. 그것은 지나치거나 앙갚음하는 처벌을 **방지하는** 제한 법규였다. 그것은, 처벌은 반드시 범죄에 합당해야 한다는 의미를 간편하게 말하는 방식이었다.

- **정화**. 죄책은 하나님의 눈에서 '씻겨져 버려야' 했다.
- **억제력**. '모든 이스라엘이 듣고 두려워할 것이다.' 즉, 똑같은 죄를 범하는 일을 두려워하게 될 것이다.
- **회복**. 위반자는 여전히 형제이며 천하게 되어서는 안 되었다.
- **변상**. 배상은 벌금으로 국가에 내는 것이 아니라 피해를 입은 상대에게 해 주었다.

이러한 몇 가지 점을 보여 주는 실례로서, 그리고 (그 법규들이 낯설다는 이유로 성급하게 물리쳐 버리지 않고) 특정한 법규들을 세심하게 연구할 경우 지속적 적실성을 지닌 가치들과 원칙을 드러내 줄 수 있다는 것을 보여 주는 실례로서, 첫눈에 보기에는 그다지 유익하지 않게 보일 수 있는 한 가지 예를 들어 보도록 하자. 그것은 신명기 21:18-21에 있는 반항적인 아들에 대한 처형을 규정하고 있는 법규이다. 그 본문과 문맥을 유의해서 검토해 보면, 다음과 같은 점들을 관찰할 수 있을 것이다.

1. 이 본문 앞의 절들은 다른 자식을 편애하는 아버지의 변덕으로부터 장자를 보호해 주는 그의 권리에 관한 것이다. 우리 앞에 있는 그 법은 일종의 균형으로서 아들들이 아버지와 가족들에게 상호적인 책임을 지녔음을 보여 주고 있다. 부모의 권한과 자녀의 권한은 서로 균형을 이룬다. 아들은 아버지의 편애를 받아서는 안 되며, 부모는 아들의 반항적인 부도덕을 당해서는 안 된다.
2. 그 법규는 가정 기강의 필요성을 전제로 하고 있는데, 그 사건은 장기간 부모의 훈도가 무시되는 경우에야 장로들 앞에 제출되고 있기 때문이다. 그러나 그 법은 때로 부모의 훈도가 매우 근실하게 이루어지는 경우에도 반항의 벽에 무너질 수 있다는 것을 보여 주고 있다.
3. 그 법은 가족법의 범위에 대한 일종의 제약이다. 즉, 아버지는 자기 자식들에 대한 생사여탈권을 갖고 있지 않았다. 그렇게 심각한 문제는 민법 아래서 공동체 전체 앞에 제출되어야 했다. 어떤 일들은 부모가 다룰 수

있고 그래야 하지만, 다른 일들은 그들의 정당한 권한 행사의 범위 밖에 있다. 어디에선가 한계가 그어져야 한다.
4. 그러므로, 그 법은 그 일이 나머지 공동체의 안위를 심각하게 위협할 때 가정 내의 문제에 대해 민법과 공공 당국자들의 합법적인 역할을 인정하고 있다.
5. 또한 아들의 범죄에도 불구하고, 그 부모 **둘이** 함께 고소를 해야 한다는 요구 사항에서 그 아들에 대한 보호 조처를 찾을 수 있다. 아들은 앙심을 품은 아버지 혼자서 저지르는 악행 때문에 고통을 받지 않을 것이다. "**부모가**"라는 말이 두 차례나 언급되어 있다.
6. 여기에 기술된 위반 사항은 심각하다. 그것은 단순히 제멋대로인 고집 센 아동의 경우가 아니라 통제 불능인 청년의 경우인 것이 거의 확실하다. 그 법은 완악함과 패역,[29] 지속적인 불순종, 술 취함과 방탕을 포함해 심각한 위반 사항들을 구체적으로 명시하고 있다. 그러한 품행은 가족의 재산을 낭비할 뿐만 아니라 전염되는 악한 예였다. 만일 이 법규에서 그 아들이 (바로 앞의 법규에서처럼) 맏아들이었다면, 그 아들의 고쳐지지 않는 사치와 방탕은 그 가족 전체와 미래를 위험에 빠뜨리고 있었을 것이다. 그 맏아들이 미성년자일 때 이런 행동을 저질렀다고 한다면, 그런 자가 그 집의 재산을 상속했을 때 그 집의 가산은 어떻게 되겠는가? 다른 곳에서 구약의 율법이 드러내고 있듯이, 각 가정의 복지는 공동체 전체의 관심사였다. 바로 이런 이유 때문에 이 사건은 공동체의 문제가 되며 더 이상 가정 내부만의 문제일 수 없다. 그러한 비행은 이스라엘에 속한 한 가정을 위협했으며, 제대로 처리되지 않는다면 또한 그 공동체 전체를 위협하는 것이었다.
7. 그 형벌은 이스라엘에게 그 위반이 미치는 영향의 심각성을 반영하고 있

---

29) '완악하고 패역하다'라는 말은 다른 곳에서는 여호와 하나님에 대한 이스라엘 자신의 불순종을 가리키는 데 자주 쓰인 말이다. 그 사실은 신명기가 의도적으로 여호와의 '아들'로서 그들 자신의 행동이 받아 마땅한 일이 무엇인지를 이스라엘에게 심어 주기 위한 방식으로, 이런 말로 이 사건을 '설교'하고 있다는 것을 보여 주고 있다.

다. 그 위반죄는 언약을 위반한 범죄였으며, 다섯 번째 계명을 거스르는 위반이었기에 하나님 자신을 거스르는 위반죄였다. 그러므로, 그 범죄는 언약 공동체 전체에 심판을 불러올 수도 있는 위협적인 죄였기에 척결되어야 했다. 물론 지금 우리는 오늘날 어떤 국가도 이스라엘이 그랬던 것과 똑같은 신정 정치나 하나님과의 언약 관계를 맺고 있지 않다는 것을 잘 알고 있다. 그러므로, 그 실상과 그 '범죄의' 함의를 반영하는 이스라엘에서의 처벌 형태를 오늘날에 행해지는 그러한 비행에 가해야 한다고 주장할 수는 없다. 그럼에도, 이스라엘에서 행해졌던 그 법규와 형벌은 기술된 위반(고칠 수 없으며, 방탕하며 파괴적인 반사회적 비행)의 심각성을 보여 주고 있으며, 청년들의 심각한 범죄에 대한 조금은 가혹한 법적 대응이 어느 정도 억제력이 있음을 지지할 근거가 있다는 것을 보여 준다.

형편과 권리

구약의 이스라엘 법에서 주목할 만한 또 하나의 특징은, 이스라엘의 법이 엄격한 법적 권리와 권한보다 사람의 형편을 더 우선시하고 있다는 점이다. 이것은 물건보다 사람이 더 중요하다는 일반 원칙의 또 다른 측면이다. 그러나 이 측면은 좀더 미묘하다. 이스라엘 법은 어떤 사람들의 형편과 상황이 다른 사람들의 정당한 권리 주장보다 더 중요하다고(더 큰 도덕적 긴급성을 낳는다고) 말한다. 몇 가지 예가 그 점을 보여 줄 수 있을 것이다.

1. **그 주인의 권리 주장에 앞서는 도망한 종의 형편**(신 23:15-16). 다른 곳에서 지적했듯이, 이것은 지극히 반문화적인 법규다. 노예 제도가 있는 다른 모든 사회에서는 노예 주인의 법적 권한과 권리 주장이 우선한다. 달아났다는 것은 위반죄다. 또한 도주한 자를 숨겨 주는 것도 위반죄다. 그러나 이스라엘은 그 종을 주인에게 되돌려 보내는 일을 **금하고**, 오히려 그 종이 스스로 택하는 어떤 곳에서든지 도피처를 찾을 수 있도록 허용하라고 **명령하고 있다.**[30] 약자의 형편이 강자의 법적 권리보다 우선권을 부여받는다.

2. **병사의 권리에 앞서는 여자 포로의 형편(신 21:10-14).** 여기에 또 하나의 법이 있는데, 이 법규를 읽으면 처음에는 인상을 찌푸릴 수 있다. 전쟁은 일어나서는 안 되고, 포로를 잡아서는 안 되며, 더구나 여자들을 포로로 잡아서는 안 된다고 말하고 싶을 것이다. 그러나 신명기의 법률적이며 목회적인 전략은 그러한 일들이 현실적으로 존재하고 있던 세상을 다루고 있으며, 그 가운데서 포로로 잡힌 자들에 대한 가장 가혹한 행위들을 경감시키고자 하는 것이다. 그래서, 그 법은 승리한 병사가 포로들 가운데서 여자를 취할 수 있도록 허용한 것이다. 그러나, 무엇보다 먼저 그 병사는 자기에게 주어진 모든 책임을 지고 그 법이 여자 포로에게 주는 권리들을 인정하면서 그녀를 자기의 온전한 법적 아내로만 취할 수 있었다. 그 일은 아마도 그 병사로 하여금 잠시 멈추어서 자기가 하려는 행동이 갖는 함의들을 조심스레 숙고하게 만들었을 것이다. 강간이나 종으로 삼는 일은 배제되었다. 둘째로, 비록 그 여자 포로를 자기 아내로 삼는다 해도, 그 병사는 그 여자에게 신랑으로서 정상적인 성적 권리를 행사할 수 있기에 앞서 그 여자가 받은 정신적 충격 이후 한 달 동안 적응할 기간을 주어야 한다. 이것은 전쟁의 추악함이 만연한 와중에서 그 법이 관례적인 강자(남성, 병사, 승자, 남편)의 권리보다 약자(여성, 외국인, 포로)의 곤란한 형편을 더 중시하려고 노력하고 있는 것으로 보인다.

   3. **채권자의 법적인 권리 주장에 앞서는 채무자의 형편(신 24:6, 10-13).** 구약 성경은 가난한 자들에게 빌려 주는 일을 칭찬하고 있다. 그리고 빌려 주는 일은 보증을 필요로 한다. 즉, 채무자는 자기들이 받는 차용금에 대한 담보물을 제공해야 한다. 그것은 또한 이스라엘에서도 용인되었던 경제적 현실이다. 그러나 다시, 법은 채권자에게 채무자의 곤란한 형편을 존중해 주라고 요구함으로써 더 약한 쪽에 서 있는 것으로 보인다. 한편으로, 채무자는 매일 양식을 먹어야 할 필요가 있으므로, 채권자는 채무자에게서 밥을 짓는 도구(가사용 맷돌)를 빼앗아서는 안 된다. 다른 한편으로, 채무자에게는 거처와 온기가 필요하므로,

---

30) 이 어구는 그 자신이 택하는 곳에 자기 이름이 거하도록 하시는 여호와 자신의 자유를 연상시킨다. 그러한 면이 이 놀라운 법규의 강력한 신학적 공명이다.

채권자는 기본적인 의복을 보증물로 취해서는 안 된다. 그리고 가난한 자의 존엄성과 사생활의 필요도 존중되어야 한다. 채권자는 채무자의 집에 쳐들어가서는 안 되며, 그 집 바깥에서 기다리면서 채무자가 담보물로 제공할 것을 선택할 수 있도록 허락해야 한다. 그러한 법규들은 아주 사소하게 보일 수 있겠지만, 인간의 필요를 지원하고 정당한 권리와 권리 주장의 행사를 완화시켜 주고 있다.

4. 땅 주인의 법적 재산에 앞서는 땅 없는 자의 형편(신 24:19-22). 밭과 감람원, 포도원에서 이삭을 줍거나 남은 것을 거두는 일에 관한 법은 레위기 19:9-10에도 나온다. 땅을 소유하고 있으며, 땅을 개간하고 쟁기질을 하고, 씨를 뿌리고 추수하는 고된 노동을 다 한 사람들은 자기 노동의 소산을 100% 다 거둘 권리가 있다고 느낄 수 있을 것이다. 그러나 이 지침들은 그러한 태도를 지양하고, 이스라엘 백성인 땅 소유주에게 여호와 하나님이 궁극적인 땅 주인이시며 모든 이스라엘 백성이 '먹고 배부르도록' 해야 한다고 주장할 수 있는 권리를 갖고 계신다는 사실을 일깨워 주고 있다. 그러므로, 이 법규는 땅이 없는 가난한 자들에게 남겨진 것들을 주워 모을 수 있는 자유를 부여하고, 추수하는 자들이 충분하게 남겨서 가난한 사람들이 주울 수 있게 하라고 요구함으로써, 땅이 없는 가난한 자들의 곤궁한 형편들을 보살펴 주고 있다. 다시금, 인간의 필요와 곤란한 형편이 도덕적으로 우선하는 사안으로서 전면에 등장한다. 이것은 토지 소유권이 갖는 개인적인 혜택들을 상대화시키고 있다. 이 법규들에 사적인 재산권보다 굶주린 자의 형편을 더 중시하고 있는—배고픈 사람이 이웃의 포도밭에서 허기를 채우는 일을 허용하되, 명확한 한계 안에서 그리 하도록 하고 있는(신 23:24-25)—긍휼의 조항을 덧붙일 수 있을 것이다.

말할 필요도 없이, 이 모든 조항은 가난한 자들 자신이 악용하거나, 힘 있는 자들이 무시함으로써 오용될 가능성이 높았다. 그러나 그 조항들 배후에 있는 태도와 원칙은 명확하고 중요해 보인다. 그 법은 법 자체에서도, 그리고 그 법이 사람들에게 제공하고 있는 권한과 권리 주장에서도 인간의 곤궁한 현실에게 자리를 내주어야 한다는 분위기를 심어 주고 있다. 이스라엘의 법전에서 볼 수 있듯이, 이스라엘의 가치 척도 가운데는 지극히 관계적이며 상황적인 역동성이 작용하고 있다. 물론 이 사실은 바로 앞 장에서 우리가 이스라엘의 공의와 정의에 대한 이해와 관련해서 발견했던 사실을 정확히 반영하고 있다.

신학적 고찰들

이 장을 시작하면서, 나는 구약의 율법을 이해할 때 신약 시대의 논쟁에서 형성된 교리적 틀이나 후대에 형성된 기독교 전통의 틀을 구약의 율법에 부과하기보다는, 구약 성경 내부에서 그것을 이해할 필요가 있다고 주장했다. 그러나 이제, 아직도 적절한 수준에는 많이 미치지 못하지만, 구약의 율법이 이스라엘 사회에서 기능했던 대로 그 율법의 몇 가지 측면을 개관하고자 한 나의 시도를 끝내면서, 다시 뒤로 물러나 신약 성경을 포함한 성경 전체와 관련해서 이 자료가 지니고 있는 의의에 대해 신학적으로 고찰해 보도록 하자. 이 구약의 율법을 기독교 윤리적으로 활용하는 데는 어떤 신학적 전제들이 적용되어야 하는가? 다양한 답변 그리고 서로 모순되는 답변들에게 더욱 개방되어 있는 질문을 하기란 어려운 일일 것이다. 그 대답이 될 수 있는 대안들만 정리한다고 해도 또 한 장을 채우고 남을 것이다(그래서 실제로 제12장과 제13장은 그 대안들 가운데 몇 가지에 대한 개관을 제공하고 있다). 그러므로 내가 합리적으로 할 수 있는 일은, 내가 보기에 그리스도인들이 구약의 율법을 하나님의 세계 안에서 그들의 사명과 윤리에 적용시키는 데 적합한 방식을 안내해 줄 수 있는 전제들이라 여겨지는 것을 제시해 보는 것뿐이다. 따라서 다음의 내용은 독자들이 베뢰아 사람들의 본을 받아 과연 그것이 맞는지 확인하기 위해서 열심히 성경을 찾게 되길(행 17:11) 바라면서 제공하는 개인적인 관점이다. 질문은 다음과 같다. 이 접근 방법은 정경의 전반적인 증거와 일치하는가? 그리고 우리 자신의 도덕적 추구와 딜레마에 구약 율법의 윤리적 효과를 풀어놓는 것은 유익하며 성과가 있는 일일 것인가? 다음은 한 사람의 그리스도인으로서 구약의 율법을 다루는 나 자신의 접근 방식에 적용하고 있는 몇 가지 기본 전제들이다. 이 목록은 이 책 다른 곳에서, 특히 제1장과 제2장에서 이미 표현된 핵심적인 몇 가지 관점을 정리한 것이다.

정경적 문맥 안에서의 해석학적 단계들

1. **그리스도인들에 대한 구약 성경의 권위와 타당성.** 나는 디모데후서 3:15-17을 율법에 대한 정경적 성찰을 위한 공리적 출발점으로 삼겠다. "또 어려서부터 성경을 알았나니, 성경은 능히 너로 하여금 그리스도 예수 안에 있는 믿음으로 말미암아 구원에 이르는 지혜가 있게 하느니라. 모든 성경은 하나님의 감동으로 된 것으로 교훈과 책망과 바르게 함과 의로 교육하기에 유익하니, 이는 하나님의 사람으로 온전하게 하며 모든 선한 일을 행할 능력을 갖추게 하려 함이니라." 이 본문은 성경이(여기에서 성경이라는 말은 말할 필요도 없이 '토라'를 포함하고 있는 구약 성경을 의미했다) "하나님의 감동으로 된" 것임을 확증하고 있다. 이 신적 기원 때문에, 성경은 구원을 얻게 하기에 유효하며 윤리적으로 타당하다. 이 신약 성경의 본문은 에스라 7:6에서 발견되는 율법의 이중 저작권(신적 저작권과 인간 저작권)에 대한 자연스러운 긍정―"이스라엘의 하나님 여호와께서 주신 모세의 율법"―에 동의하고 있다. 그러므로, 문제는 구약의 율법이 우리에게 권위와 타당성을 가지고 있느냐 없느냐의 **여부**가 아니라, 그 주어진 권위를 **어떻게** 우리의 현실에 받아들여야 하며 그 타당성을 **어떻게** 적용해야 하느냐 하는 것이다. 구약 성경과 관련하여 권위라는 것의 의미를 우리가 어떻게 이해해야 하느냐의 문제는 다음 제14장에서 좀더 심도 있게 논의할 것이다.

2. **성경의 통일성.** 성경의 통일성이라는 말은 신구약 두 성경이 완전히 동일하다는 말도 아니며, 두 성경 안에 있는 다양성과 그 둘 사이에 있는 중요한 발전을 간과하겠다는 말도 아니다. 오히려, 나는 아브라함을 불러내신 일에서부터 그리스도의 재림까지, 역사 속에서의 하나님의 계시와 구속 역사의 유기적인 통일성과 연속성이 성경의 전체적인 거대한 내러티브를 이해하는 근본적인 열쇠라고 믿는다. 그 내러티브가 보여 주는 포괄적인 통일성은 그것이 이루어져 가는 각 단계마다 드러나는 역사상의 시대나 언약적 표현 및 변화하는 문화적 상황들보다 더 큰 실재이다. 그러므로, 그 거대한 내러티브의 통일성을 분별

하는 일은 그 각 부분들을 따로 떼어서 살펴보는 일보다 해석학적으로 우선한다. 비교해서 말하자면, 어느 한 사람의 평생이 보여 주는 통일성과 연속성을 지적할 수 있을 것이다. 한 사람을 이해할 때, 실제 그 사람의 독특하고 통일된 연속성은 그 사람의 일생에서―유아기, 아동기, 청소년기, 성년기, 노년기와 같은―각 시기를 특징짓는 다양한 정황과 이해와 동기와 행위 등의 차이점들보다 훨씬 더 중요하다. 물론 그 이야기의 각 단계에는 상당한 차이가 존재한다. 그러나 나를 나라는 사람으로 만들어 주는 것은 내 평생의 전체 이야기의 총체와 통일성이다.

더 나아가, 이 이야기를 우리의 이야기로 인정하는 것이 중요할 것 같다. 한 사람의 그리스도인이 된다는 것은 자신을 믿음으로―우리의 구원을 위해 하나님이 행하신 모든 일을 감사하는 믿음으로 뒤돌아보고, 하나님의 백성과 하나님의 창조 세계에 대해 우리 앞에 놓여 있는 것이라고 그 이야기가 우리에게 확증해 주고 있는 모든 것을 기대하는 믿음으로 내다보면서―성경의 내러티브 안에 자리매김하는 것이다. 그렇기 때문에, 하나님이 구약의 이스라엘에게 말씀하시고 그 가운데서 행하신 일은 그리스도인으로서 우리에게 중요하다. 그것은 우리가 구원받게 된 방식의 일부이기 때문이다. 그것은 우리 이야기의 일부이며, 인류 구원 이야기의 일부이며, 창조 세계 자체에 대한 구원 이야기의 일부이다. 그러므로 마찬가지로, 하나님이 이스라엘에게 윤리적으로 요구하셨던 것은, 하나님의 도덕적 일관성 때문에 그리고 이스라엘과 더불어서 우리가 속해 있는 하나님의 백성의 연속성 때문에 우리에게도 요구되어야 한다.

이러한 기본적 통일성과 연속성을 인정한 다음에, 물론 균형을 잡아주는 불연속성도 인정해야 하되, 그 불연속성을 적절한 관점에서 바라보아야만 한다. 내가 볼 때, **율법**과 관련한 성경 윤리의 연속성과 불연속성은 **구속**과 관련한 성경 **신학**의 연속성과 불연속성과 유사한 것 같다. 구속 이야기와 관련해서, 우리는 그리스도 안에서의 '새 것'과 '이전 것들' 사이에 상응성이 있음을 볼 수 있다. 베드로의 말처럼, 우리는 '**이것**[부활절과 오순절 사건들]이 바로 **그것**[과거에 예언자들이 말해 왔던 것]이다'(행 2:16, 강조는 저자의 것)라고 말할 수 있다. 마찬가지로, 우리는 우리도 그렇고 우리 조상들도 그렇고, 애굽에서의 노예 생활로부터 문자 그대로 구출된 것이 아님을 잘 알고 있다(불연속성). 그러나 우리는 우리 자신의 구속을 그분의 덕으로 돌리는 바로 그 예수님의 십자가와 부활 가운데서 승리하는 **동일하신 하나님의 구속 목적**을 인정한다(연속성). 따라서 우리는 우리 자신의 구원 경험을 묘사하기 위해 출애굽 이야기와 은유들을 사용할 수 있다. 우리는 역사적으로 그 이야기에 동참하지 않았지만(불연속성), 영적으로 그리고 그리스도 안에서 더욱 충만히 그 이야기에 참여하고 있는 것이 분명하다(연속성).

마찬가지로, 율법 및 윤리와 관련해서, 우리에게는 우리 뒤뜰에서 곡식을 타작하고 있는 황소가 없기 때문에, 신명기 25:4의 글자에 매이거나 그 말씀이 우리에게 말하고 있다고 느끼지 않을 것이다(불연속성). 그럼에도, 우리는 그 법규의 목적을 인식하고 그 안에서 작용하고 있는 도덕 원칙—일하는 동물은 우리의 식탁을 위해 그 동물이 생산하고 있는 것을 먹도록 허용해야 한다—을 파악할 수 있다. 그래서 우리는 고린도전서 9:7-12에 기록된 특별한 상황에서 사도 바울이 일하고 있는 선교사들에게 그 법규의 원칙을 기독교적으로 적용하고 있다는 것을 이해할 수 있다. "…율법도 이것을 말하지 아니하느냐? 모세의 율법에…기록했으니…오로지 우리를 위하여 말씀하심이 아니냐? 과연 우리를 위하여 기록된 것이니…"(연속성). 사도 바울의 해석에서 전제하고 있는 것은, 그 구체적이며 문화적인 이스라엘의 금령 배후에 있는 **동일하신 하나님의 도덕적 의지**와 그가 기독 교회 안에서 실제적인 권리와 책임에 대해 적용하는 원칙을 우리가 인정할 수 있다는 것이다(연속성).

3. **은혜의 우선성**. 신구약 성경 **모두**에서 성경적 믿음과 윤리의 토대는 하나님의 은혜와 구속의 주도권이다. 율법은 구원의 수단으로 주어진 것이 아니었고 하나님이 이미 구속해 주셨던 자들에게 은혜의 선물로 주어진 것이다.[31] 이 점은 다시금 율법이 주어지고 있는 내러티브 문맥의 중요성을 (혹은 조금 더

---

31) 따라서 나는 은혜와 율법을 엄격하게 구분하는 것을 구약 성경과 신약 성경의 차이점을 범주화하는 타당한 방식으로 인정할 수 없다. 그리고 그 둘에 대한 왜곡된 견해를 반박하기 위해 사도 바울이 했던 특정한 논의 맥락을 제외하고는, 그 둘을 서로 대립하는 것으로 보는 것은 더더군다나 인정할 수 없다. 마찬가지로, '언약 신학'이라는 이름으로 진행되고 있는 많은 것을 인정하지

정확하게, 이스라엘이 자신의 '토라'로 간주했던 것 전체의 내러티브 구조의 중요성을) 되돌아보게 만든다. 왜냐하면 그 내러티브가 근본적으로 은혜에 대한 것—자신의 약속에 신실하신 여호와 하나님의 은혜, 자신의 고난받는 백성에 대한 여호와의 긍휼, 그들을 압제하는 자에 대한 여호와의 의로운 심판, 광야에서 그들을 지탱해 주고 보호해 주신 여호와의 권능에 대한 내러티브—이기 때문이다. 내가 제1장에서 강조했듯이, (법을 포함해서) 구약 성경 윤리에 대한 우리의 모든 연구를 이 틀 안에서 설정하는 것은 매우 중요하다. 그 외의 다른 방식은 왜곡이며 실로 배신이다. 신명기 6:20-25에서, 그 아버지가 율법의 의미에 대해 묻는 자기 아들의 질문에 대답할 것을 요구받았을 때와 마찬가지로, 율법의 정확한 의미는 '복음'에서, 즉 여호와와 그분의 사랑에 대한 아주 오래 전 옛날 말씀에서 발견되는 것이다.

　이 사실을 표현하는 또 하나의 방식은 구약의 율법이 언약이었음을 지적하는 것이다. 바꿔 말하면, 그 율법 자체의 배후에 그리고 그 율법에 선행해서 언약 관계가 존재하고 있었다는 말이다. 특히 십계명에 요약되어 있듯이, 그 율법 전체는 그 언약에 핵심적인 수직적 차원과 수평적 차원—하나님의 구속의 주도권과 그에 응답하여 일어나는 하나님에 대한 사랑과 서로간의 사랑으로 표현되는 이스라엘의 순종—을 담고 있다.

　이 언약의 차원은 또한 구약 성경 안에서의 율법의 지위와 그것을, 특히 십계명을 신약 성경에서 활용한 것 사이에 연결 고리를 제공해 주고 있다. 우리는 이스라엘과 교회에게 외부에서 그리고 동등하게 부과되고 있는 어떤 보편적 도덕법을 다루고 있는 것이 아니다. 그 연결 고리는 오히려 하나님과 하나님 백성 사이에 맺어져 있는 **관계**의 연속성이며, 불변하는 요인인 그 관계의 성격이다. 비록 우리가 옛 언약과 새 언약에 대해 이야기한다 할지라도, 두 경우 모두에서 우리가 다루고 있는 것은 **언약 관계**이며, 두 경우 모두에서 우리의 사랑과 윤리적 순종이라는 응답을 요구하고 있는 것은 바로 구속의 은혜 가운데

만, 나는 혹여 가설로서라도 소위 '행위의 언약(covenant of works)'에 대해 말하는 것을 선호하지 않는다. 나는 그러한 것이 진짜 존재했다고 믿지 않는다. 이 점에 대해서 나는 Kaiser의 견해에 동의한다. Kaiser Jr, 'God's Promise Plan', pp. 293-295.

서 동일하신 하나님이 미리 행하신 행동이다.

그리스도 안에서 우리는 구약의 율법이 가리키던 바로 그 '하나님과의 친밀한 언약 관계'를 허락받았다. 비록 그리스도 이전이었다 할지라도 그 언약 관계를 경험하는 일은 경건한 이스라엘 백성들에게 충만한 기쁨을 제공해 주었다. 우리는 옛 이스라엘 백성들이 율법이 가능하게 해주었으며 표현해 주었던 여호와 하나님과의 따뜻하고 인격적인 관계 때문에 율법을 짐이 아닌 은혜의 선물로, 기쁨으로 바라보았다는 사실을 (이 장의 서두에서 그랬던 것처럼) 다시금 명심할 필요가 있다(참고. 시 19편; 119편). 그러나 또한 그리스도 안에서 율법과 연결되어 있는 **새** 언약의 약속이 우리 가운데서 부분적으로 성취되고 있다.

> 내가 나의 법을 그들의 속에 두며
> 그들의 마음에 기록하여(렘 31:33).

그러므로, 우리 그리스도인들은 확실히 더 이상 "율법 아래" 있지 않다(롬 3:19; 6:14). (우리는 우리가 옛 이스라엘 민족 공동체의 일원됨을 규정해 주는 표시로서 옛 언약의 법에 매이지 않는다.) 그러나, 그럼에도 불구하고 (마치 율법이 우리의 행위에 대해 아무런 할 말이 없다는 듯) "율법 없는 자들"(고전 9:21)은 아니다. 오히려, 우리 안에 내주하시는 성령의 권능은 "**그 영[성령]을 따라** 행하는 우리에게 **율법의 [의로운] 요구[들]가** 이루어지게" 하신다(롬 8:4, 강조는 저자의 것). 내주하시는 성령은 우리와 율법 사이의 어떠한 관련성도 제거해 버리시기는커녕, 실제로 우리가 율법이 원래 이스라엘 백성들에게 행하라고 요구했던 방식으로 살아갈 수 있게 해주신다. 그리고 성령의 가장 주요한 열매는 사랑이다. 사랑은 율법의, 특히 십계명의 성취다(롬 13:8-10). 이는 하나님을 전적으로 그리고 배타적으로 사랑하는 것과 내 이웃을 나 자신처럼 사랑하는 것이 율법과 예언자들의 본질을 이루고 있기 때문이다. 그러나 이 둘은 모두 궁극적으로 오직 그리스도 안에서 그리고 성령의 권능 안에 있는 새 언약의 자유 안에서만 가능하다. 다시 말해서, 오직 하나님의 은혜의 터 위에서만 가능하다. 그래서 율법은 그리스도 자신이 확인해 주셨듯이(마 5:17-20), 신학적이며 윤리적으로 지속적인 타당성을 지니고 있다. 이것은 율법 그 자체의 성격 때문이 아니라 율법이 표현하고 있던 것, 그리고 그 법에 응답하고 있던 것 때문이다. 즉, 하나님이 그 은혜의 주도권에 기초해서 세우신 하나님과의 구속된 언약 관계 때문이다.[32]

4. **이스라엘의 사명**. (기독교적 관점에서) '어째서 율법이 존재하는가?'라는 질문에 대답하려는 노력을 하는 데 수많은 잉크가 소비되었다(그리고 나 역시 많은 피와 땀과 눈물을 보태고 있다고 할 수 있을 것이다). 만일 우리가 잠시 멈추어서 '어째서 이스라엘이 존재하는가?'라는 그에 앞선 질문을 제기한다면, 그에 대한 대답은 훨씬 더 수월할 것이다. **율법**의 목적을 이해하기 위해서는, 하나님의 목적들 가운데서 **이스라엘**의 역할을 먼저 묻는 것이 중요하다. 결국 따지고 볼 때, 하나님이 율법을 주신 대상은 이스라엘이었던 것이다. 이 사실은 이스라엘의 사명에 관해 다루었던 제2장의 논의로 되돌아가게 만든다. 하나님은 열방에게 복을 주시려는 목적을 이루시기 위해 이스라엘을 창조하시고 불러내셨다. 창세기 12:1-3에 있는 아브라함과의 언약은 이 사실을 그 정점으로 하고 있으며, 그 구절은 창세기 전반에서 반복되고 있다. 이스라엘의 실존 자체에 보편적 목표가 있었던 것이다. 하나님이 이스라엘과 언약을 맺으신 일은 전체 인류의 나머지 민족들에 대한 하나님의 약속에 의존해 있었으며, 그 약속의

---

32) Elmer Martens, 'Old Testament Land'는 구약의 율법을 다룰 때 내러티브 문맥과 언약 문맥 모두를 강조하고 또한 최종적인 문맥으로서 예수님과 신약 성경을 강조한다. 이 '나선적' 문맥들 각각은 율법보다 우선하며, 우리가 율법을 절대화하지 않도록 혹은 율법을 교리적으로 따로 떼어 취급하지 않도록 예방해 준다.

율법들이 언약 안에서 차지하고 있는 위치는 그 율법들의 배후에 언약이 있으며, 그 언약의 배후에 하나님의 구원 행위가 있고, 하나님의 구원 행위 배후에 하나님 자신이 계셔서, 하나님의 본유적인 거룩하심이 언약적 책무들에 관해 언급된 모든 것을 물들여 주고 있음을 인정하게 한다(pp. 205-206).

윤리에 대한 해석상의 결정들은 성경 신학적 문맥에 대해 주목할 것을 요구한다. 그 문맥은 (1) 이야기, (2) 언약, (3) 율법 (4) 그리스도-사건이다. 다시 말해서, 율법들과 관련해서, 언약이 율법들보다 앞서며, 이야기가 언약보다 앞서며, 예수 그리스도가 그 모든 것을 다 포괄하신다 (p. 212).

표현이었다. 그러므로, 이스라엘 가운데서 이스라엘을 위해서 이스라엘을 통해서 하나님이 행하신 바에는 궁극적으로 열방의 유익을 위하려는 의도가 담겨 있던 것이다. 또한 하나님이 이스라엘에게 **윤리적으로 요구하셨던** 사항은 동일한 보편적 타당성을 가지고 있었다. 창세기 18:19은 한 문장 안에서 아브라함에 대한 하나님의 선택과, 공의와 정의를 행함으로써 여호와의 도를 행하라는 윤리적인 요구와, 약속된 바대로 열방에게 복을 주는 궁극적 사명이라는 목표를 하나로 묶어 연결시키면서 이 점을 명확히 진술하고 있다. 다시 말해서, 그 모든 특수한 사정 가운데서도 이스라엘에 대한 선택은 하나의 보편적 목표를 가지고 있을 뿐만 아니라, 그 목표가 성취되는 조건의 일부인 하나님 백성들을 위한 세상 속에서 명확하고 구별되는 윤리적 의제에 이르게 한다.

앞서 지적한 요점이 회고적 전망을 갖고 있다고 한다면(즉, 율법은 이스라엘을 위해 행하신 하나님의 역사상의 구속 행위들에 대한 내러티브 문맥 가운데 자리잡아야 한다는 사실) 이번에 지적한 요점은 미래적 전망을 갖고 있다(즉, 율법은 열방에게 복을 주시는 하나님의 종말론적 사명/선교라는 문맥 가운데 자리잡아야 한다는 것).

5. 이스라엘의 사명과 관련된 율법의 기능. 그러므로, 이것이 이스라엘을 창조하신 하나님의 목적이었다면(즉, 그들이 열방에 대한 하나님의 뜻을 이루는 도구가 되어야 했다면), 율법을 주신 일은 그보다 폭넓은 목적에 기여하는 것으로 보아야 한다. 출애굽기 19:1-6은 이 점에서 핵심적인 본문이다. 출애굽과 율법 수여 및 언약 체결의 중심점에 자리하고 있는 그 본문은 과거를 회고하면서 동시에 미래를 전망하고 있다. 그 본문은 하나님의 구속하시는 은혜의 주도권("내가 어떻게 행했음을 보았느니라")을 (또한 십계명이 그렇게 하고 있듯이) 율법에 순종해야 하는 본질적인 배경으로서 뒤돌아보도록 가리킨다. 그러나 그런 다음에 본문은 "세계"에 있는 "모든 민족" 중에서 **제사장** 나라이자 **거룩한** 백성으로서의 정체성과 역할을 이스라엘에게 부여함으로써 앞을 바라보도록 가리키고 있다. 그러므로, 언약의 법에 대한 순종은 이스라엘로 하여금 거룩하게—즉, 열방**과는** 다르게, 구별되게—될 수 있게 해주는 것이었다. 그러나 동시에 하나님의 제사장 신분으로서 이스라엘은 열방을 **위한** 선생과 모델과 중

보자가 되어야 했다. 따라서 율법 준수는 이스라엘에게 목적 그 자체가 아니라 그들의 존재 이유 자체, 즉 열방에 대한 하나님의 관심과 연결되어 있었다. 신명기 4:5-8은 동일한 문맥—열방의 세계라는 공적인 무대—안에 이스라엘의 사회적 의로움을 설정하고 있다. 이스라엘의 윤리적 체계는 나머지 민족들의 눈에 띄게 되어 그들 가운데서 찬탄과 의문을 불러일으키게 될 것이었다.

그렇다면, 구약의 율법은 이스라엘에게 특별한 연관성을 가지고서 특정하게 이스라엘에게 주어졌던 것인가? 아니면 구약의 율법은 어떤 의미에서 열방에게도 적용될 것을 의도하고 있었는가? 그에 대한 대답은 두 가지 모두가 옳다는 것이다. 그러나 이 답변에는 조심스런 조건이 전제되어야 한다. 율법이 열방에게는 명시적으로나 의식적으로 적용되지는 않았기 때문이다. 그러나 그렇다고 해서 율법이 열방과 무관했다는 의미는 아니다. 오히려 율법은 이스라엘이 하나의 모델로서, 열방에 대한 빛으로서 살게 하기 위해, 그리하여 예언자적 비전 가운데서 그 법이 열방으로 '뻗어나가도록' 혹은 열방이 이스라엘을 통해 여호와로부터 그 법을 배우러 '올라오도록' 살아가게 하기 위해 이스라엘에게 주어졌던 것이다(사 2:2-5). 자신의 '특별한 소유'인 이스라엘에게 그들의 구속자로서 율법을 주신 하나님은, 또한 모든 민족의 창조주이자 통치자로 알려져 있었다. 율법은 그들 언약의 주재자로서 여호와에 대한 이스라엘의 책임성을 전제로 주어진 것이다. 그러나 그 배후에는 모든 사람이 모든 창조 세계와 역사의 유일한 살아 계신 하나님인 여호와께 도덕적으로 책임을 지고 있다는 구약의 창조 신앙이 지닌 대원칙이 존재하고 있다(참고. 시 33:8-15).[33]

6. **패러다임으로서의 이스라엘과 율법**. 그리하여 한편으로는 열방에 대한 하나님의 목적과 관련해서 이스라엘의 역할을 인정하고, 다른 한편으로는 이스라엘의 사명과 관련해서 율법의 기능을 인정할 때, 우리는 율법이 (이스라엘이

---

33) 살아 계신 하나님에 대한 예배, 생태 환경에 대한 책임, 생명 존중, 정의와 성적 순전성 등과 특별히 관련해서 이스라엘의 법이 지닌 보편적 타당성에 대한 또 하나의 성찰을 Sidney Greidanus, 'Universal Dimension of Law'라는 폭넓은 글에서 발견할 수 있다. Greidanus의 요점은 (나의 요점과 마찬가지로.) 이러한 것들이 구약의 율법에 대한 우리의 회고적 해석이 아니라 구약 본문 자체 안에 의도되어 있는 보편성으로 볼 수 있다는 것이다.

겪은 역사적 경험의 다른 여러 측면과 더불어서) 그들 자신의 역사적이며 문화적인 정황 안에서 명확히 규정된 특정한 방향들 가운데 주무르고 만들어 내기 위해 설계되었다는 것을 볼 수 있다. 이리하여, 그 법률적 제도적 구조와 윤리적 규범과 가치, 그리고 신학적 이유를 가지고 있는 그 사회의 전반적인 모습은 이스라엘 자체의 지정학적이며 역사적이며 문화적인 경계를 넘어서 타당성을 지니고 적용될 수 있도록 **의도되었던** 모델 혹은 패러다임이 되는 것이다.[34] 그러므로, 이스라엘의 특이성은 더 광범위한 적용에 **장애물**이 되는 것이 아니라, 오히려 실제적으로 그 점에 기여한다. 여기에서 '패러다임'에 대한 나의 이해를 반복해서 설명할 필요는 없을 것이다(제2장을 보라). 여기에서 나의 요점은, 이스라엘이 지니고 있는 이 패러다임적 성격이 우리가 역으로 되돌아보면서 고안해 낸 해석학적 도구가 아니라, 신학적으로 말해서 맨 처음 하나님이 이스라엘을 창조하시고 형성하실 때 하나님이 가지고 계셨던 설계의 일부였다는 것이다.

그러므로, 구약 성경 자체 안에, 독특한 백성으로서 이스라엘에게 독특하게 주어졌던 그 법이 나머지 인류에게 미치는 폭넓은 적실성을 가지고 있었다는 인식이 자리잡고 있다. 즉, 우리는 하나님이 이스라엘에게 어떤 특정한 제도와 법을 주셨을 때, 그 제도와 법은 보편적 타당성을 지니고 있는 원칙에 기초해 있었다고 가정한다. 그렇다고 해서, 그리스도인들이 모세의 율법에서 직접적으로 뽑아낸 법조항들을 세속 국가에서 법으로 부과하려는 시도를 할 것이라는 의미는 아니다. 이 말이 의미하는 바는, 그리스도인들은 동일한 하나님이 이스라엘의 구속주이자 율법을 주신 분이시며 또한 만백성의 창조주이자 통치자이심을 인식하기 때문에, 자신들의 사회를 구약 사회의 구체적인 법의 배후에 깔려 있는 전반적인 패러다임적 구조의 원칙에 더 가깝게 맞추려고 노력할 것

---

34) R. E. Clements는 구약 율법의 이러한 폭넓은 적응성에 주목한다. 비록 그가 '패러다임적'이라는 용어는 사용하고 있지 않지만, 이 점은 내가 지적하고 있는 점과 실질적으로 유사하다. "실제로 놀라운 점은 구약 성경이 '토라'—교훈, 지침—의 체계를 제공하고 있는 방식이다. 그 방식은 광범위한 인간 사회 제도와 정치 제도에 놀라운 적응력을 입증하고 있다. 경제적, 정치적, 문화적 측면에서 극적으로 다른 유형을 가진 사회들이 구약 성경 가운데서 사회적이며 도덕적인 교훈의 풍성한 원천을 발견해 왔다"(Clements, 'Christian Ethics', p. 22).

이라는 의미다. 그러므로, 이 접근 방법과 전제는 단순히 구약 율법의 적용이 아니라 구약 율법의 함의에 관한 것이다. 이 접근 방법은 다양한 문화적 정황 속에서 **현실**에 실제로 그 법을 적용하는 작업을 회피하지 않으면서, 그 법의 윤리적 **잠재성**을 해방시킨다. 이 접근 방법은 그러한 작업의 결과를 보장하거나 미리 결정짓지 않는다. 그러나 이 접근 방법은 그 작업 자체를 정당화해 주며 실로 회피할 수 없게 만들어 준다.

현대적 정황을 향한 윤리적 단계들

그렇다면, 그 작업을 어떻게 해야 하는가? 구약의 율법의 세계로부터 현시대의 윤리적 목적과 선택의 세계로 진행해 가기 위해서 우리는 어떤 단계들을 취해야 하는가? 지금까지 이 장에서 내내 취해 왔던 방식과 일관해서, 우리가 지금 연구하고 있는 율법을 구약 이스라엘의 세계에서 이해하고자 노력하면서, 바로 그 세계에서 다음의 첫 세 단계를 밟아가야 할 것이다. 오직 그런 다음에야, 우리는 네 번째 단계로서 신중하게 그 세계에서 걸어 나와 우리 자신의 세계로 들어와서, 현 시대와 그 법의 관련성 문제와 씨름할 수 있을 것이다.

1. **본문에 있는 다양한 종류의 법을 구별하라.** 여기에서 우리는 앞의 두 번째 주요 항목으로 되돌아가서, 이스라엘 문화 안에 존재했던 서로 다른 여러 법의 종류에 따라 우리가 연구하고 있는 해당 법규나 법을 분류하게 된다. 이 작업이 언제나 전적으로 명확한 것은 아닐 수 있다. 그리고 실로 어떤 법규들은 하나의 범주 이상에 해당하는 것으로 보일 수도 있다. 그러나 그런 것은 큰 문제가 안 된다. 그 훈련 자체는 율법을 그 자체 문맥에서 훨씬 더 잘 이해할 수 있도록 도와줄 것이다. 중요한 것은 구약 성경을 윤리적 측면에서 활용하기 위해서는 먼저 구약 성경 자체로 들어가 이스라엘의 사회적 시각에서 율법을 이해해야 한다는 것이다. 즉각적으로 명확해지는 사실은 '도덕법'과 같은 분리된, 본문상 따로 구분되어 있는 범주는 없다는 것이다. 그러나 우리가 구분하는 법의 범주들 하나하나에서, 때로는 명시적으로 표현되어 있고 때로는 암시적으로 함축되어 있는 도덕적 동기와 이유와 목적과 가치를 발견할 수 있다.

2. **특정 법규와 제도의 사회적 기능과 상대적인 지위를 분석하라.** 어떤 특정한 법을 다루든지 우리는 그 법이 이스라엘의 전반적인 사회 체제에 어떻게 연결되어 있었으며 그 안에서 어떻게 기능했는지를 질문할 필요가 있다. 그 법은 해당 자료의 나머지 부분에서 우리가 발견하는 중요한 주제들과 사회적 목적에 대해서 핵심적인가 아니면 주변적인가? 그 법은 핵심 가치들과 우선 순위를 드러내는 주된 표현인가, 아니면 그와 같이 주요한 다른 법규들을 강화시켜 주는 것인가? 혹은 그 법은 변용이나 부차적 적용인가? 이스라엘의 전반적인 사회상을 바라보는 것의 중요성이 실제적으로 확인되는 지점이 바로 이 곳이다. 이 점은 또한 앞서 논의한 바대로, 이스라엘의 가치 척도를 인식하는 일의 중요성을 부각시켜 준다. 이 같은 탐구는 개개의 모든 본문을 천편일률적으로 취급하지 않도록 예방해 주며, 이스라엘 자체 안에서 일차적으로 훨씬 더 중요하게 다루어졌던 법규나 가치를 분별할 수 있게 해준다. 이 사실은 상대적인 도덕 가치들에 대한 우리 자신의 척도에 어떤 지침을 제공해 줄 것이 분명하다. 그 지침은 구체적인 본문들로부터 우리가 얻고자 하는 윤리적 추론이 무엇이든지 간에, 그 결과를 정리하고 우선 순위에 따라 순위를 정할 수 있도록 도와줄 것이다. 그리고 또한 법을 기록하고 있는 어떤 특정 본문에서건, 곧장 '(따로 분리해서) 이 본문은 현대 사회에 어떻게 적용되는가?'라는 질문으로 비약하는 경향을 피할 수 있게 도와줄 것이다.

이 같은 분석 작업과 서술 작업은 공을 들이지 않고서는 이루어질 수 없다. 그 작업은 구약의 경제학, 정치학, 사회학, 법률의 역사 등 여러 분야에 대한 인식을 요청한다. 그러나 하나님이 우리에게 자신의 말씀을 주신 방식을 진지하게 다루고자 한다면, 이스라엘의 법이 가지고 있는 역사적 정황에 대한 세심한 이해를 획득할 수 있는 지름길이란 없다.[35] 이 점에서, 신약 윤리가 단지 성경 본문 자체만이 아니라 최초의 그리스도인들이 처해 있던 전반적인 사회적, 경제적, 정치적 정황을 바라보는 것과 똑같은 방식으로, 구약 윤리도 이스라엘의

---

35) 지금 여기에서는 이들 분야의 자료들을 다룰 만한 여유가 없다. 그러나 유익한 조사를 다음에서 찾을 수 있을 것이다. R. E. Clements (ed.), *World of Ancient Israel*; 및 V. H. Matthews, 'Social-Scientific Approaches.'

사회적 세계 전반을 참작해야 한다.[36]

3. **이스라엘 사회 안에서 그 법규의 목적(들)을 규정하라.** 어느 사회에서든지 법률이란 어떤 목적을 위해 만들어진다. 법률은 이해 관계들을 보호한다. 법률은 권력을 제약한다. 법률은 사회 안의 서로 다른 그리고 서로 경쟁 관계에 있는 집단들의 권리에 균형을 맞추려고 시도한다. 법률은 입법자들이 보기를 원하는 이상 사회가 어떤 종류의 것인가에 대한 그들의 비전에 따라 사회적 목적들을 촉진시킨다. 그러므로, 이스라엘 사회에 대한 우리의 이해에 비추어서, 구체적인 어떤 법에 대해서도 가능한 한 그 목적을 정확히 표현할 필요가 있다. 다시 말해서, 우리는 '이 법이 대체 왜 있었을까?'를 이해하려고 노력하고 있다. 이 작업은 우리가 연구하는 법규들에 대해 수많은 질문을 던지고 타당성 있는 답변을 확인하고 표현하려는 시도를 통해 가장 잘 이루어질 수 있다. 구약 성경에 등장하고 있는 고대 이스라엘에 계속해서 초점을 맞추는 것을 망각하지 않으면서, 제기해야 할 그와 같은 질문으로는 다음과 같은 것들이 있을 수 있다.

- 이 법이 장려하거나 반대로 방지하고자 하는 것은 어떤 종류의 상황인가?
- 이 법은 누구의 이해 관계를 보호하고자 했는가?
- 이 법으로 인해서 혜택을 입는 자는 누구이며 왜 그런가?
- 이 법은 누구의 권력을 제한하려고 시도하고 있었으며, 어떤 방법으로 그렇게 했는가?
- 어떤 종류의 권리와 책임이 이 법에 담겨져 있는가?
- 이 법이 격려하거나 단념시키는 것은 어떤 종류의 행태인가?
- 이 법은 사회에 대한 어떤 비전을 불어넣어 주었는가?
- 이 법이 구현하거나 예시하는 도덕 원칙과 가치 혹은 우선 순위는 어떤 것들인가?
- 이 법은 어떤 동기에 호소했는가?
- (만일 있다고 한다면) 이 법에 따르는 제재나 처벌은 무엇이었는가? 그 제

---

36) 다음을 보라. Wayne Meeks, *Moral World of First Christians*.

재나 처벌은 그 법의 상대적인 심각성이나 도덕적 우선성에 대해 무엇을 보여 주고 있는가?

물론 어떤 법규들은 아주 모호해서 그러한 질문들조차 어렵게 만들 때가 있다. 어떤 법규가 가지고 있는 목적이나 이유를 우리가 제대로 찾아냈다고 말할 수 있는지 의심스러울 수도 있다. 그러나 다시 말하지만, 그러한 문제들이 나타나는 비교적 극소수의 사례들에서조차 그런 점은 크게 문제가 되지 않는다. 그러한 질문들을 제기하고 가능한 대답들을 이끌어내는 것을 통해 사고하는 훈련 그 자체가 이스라엘의 법률이 지닌 목적을 그 자체 정황 가운데서 더욱 세련되게 이해할 수 있도록 해준다. 그리고 그럼으로써 최종 단계로 이행할 때 훨씬 더 제대로 된 적용을 할 수 있게 해준다.

4. 목적을 유지하되, 정황을 바꾸라. 마지막으로, 구약 성경의 세계에서 신중하게 우리 자신의 세계로 진행하면서 우리 자신의 정황에 관해서도 마찬가지 질문들을 던질 수 있다. 이스라엘의 사회적 정황에서 관찰한 쟁점들과 그 법들이 그 쟁점들을 다루는 방식에 비추어서, 우리는 우리 자신의 사회에서 해결해야 할 필요가 있는 유사한 상황들과 이해 관계 그리고 필요와 권력과 권리와 행위 등을 확인하고자 노력할 수 있다. 그런 다음에 우리는 새로운 정황(우리 자신의 현대 세계)에서 구약의 율법들이 가지고 있던 목적이 어떻게 달성될 수 있는지 질문한다. 혹은 우리가 어떻게 우리 자신의 사회 윤리적 목적을 동일한 방향으로 이끌어 갈 수 있는지 질문한다. 물론 이 점에서, 우리는 우리 세계에서 구체적인 정책과 실천의 영역으로 들어가는 일을 피할 수 없다. 그리고 견해의 차이와 다양한 정치적, 도덕적 선택의 여지가 있을 것이다. 그러나, 이제 우리는 단순히 지극히 일반화되고 추상적인 원리 원칙들만이 아니라 하나님이 이스라엘로 하여금 이룩하게 하셨던 그 사회의 패러다임으로부터 이끌어낸 훨씬 더 예리하게 표현된 목적들을 구비하고서 우리의 정황에 뛰어드는 것이다.

그러한 절차는, 한편으로 우리에게는 낯선 정황을 향해서 주어진 말이기 때문에 종종 직접 적용되지 못하는 권위 있는 성경 본문과, 다른 한편으로 우리로서는 '성경적'이라고 주장하고 싶지만 성경 본문 자체가 지니고 있는 본래적 권위를 지니고 있지 못한 일반적 도덕 원칙들 사이에서 그 간격을 메우는 데 도움을 줄 것이다. 성경의 권위는 우리로 하여금 성경이 직접 그 대상으로 삼고 있지 않은 새로운 정황에서 우리의 윤리적 입장과 정책의 선택과 의사 결정을 개발할 수 있도록 권위를 부여해 주는 것이다. 윤리에 대한 구약 성경의 권위는 각각의 경우에 우리가 선택해야 할 것이 무엇인지 미리 규정해 주지 않는다. 그러나 우리가 이스라엘의 바로 그 독특성을 더욱 예리하게 구분하고 확인하면 할수록, 그리고 이스라엘이 소유하던 법률들의 이유를 더욱 제대로 이해하면 할수록, '공인된' 윤리적 선택—하나님이 우리에게 제공해 주신 패러다임의 윤곽과 한계들 안에서 정당성을 인정받는 선택—을 할 때 더욱더 자신감을 가지고 할 수 있게 될 것이다.

윤리를 위한 율법의 한계

율법의 윤리적 적실성에 대한 우리의 마지막 성찰은 훨씬 더 조심스러운 것이다. 구약 성경은, 만일 율법의 요구를 피하려고 마음만 먹는다면, 사회에서 공의와 정의를 유지시켜 주는 법의 능력에 한계가 있음을 의식하고 있다. 이 사실은 '규제가 느슨하여 방임적'이라고 여겨지는 법률들을 공격하는 위험천만한 자세를 갖거나, 도덕적인 면에서 '방파제 역할을 해줄' 수 있다고 생각하는 법들을 장려함으로써 사회 정의에 대한 자신들의 관심을 온통 사법 개혁에만 쏟으려는 사람들에게 제동을 걸어 주며 현실을 자각하도록 일깨워 준다. 이 말은 사법 개혁 분야에서 노력하는 그리스도인들의 노고가 무가치하다고 말하려는 것이 전혀 아니다. 우리는 어떠한 사회의 법률도 정의와 긍휼을 반영하도록 해야 한다는 하나님의 깊은 관심이 구약 성경에 증거되어 있다는 사실을 살펴보았다. 내 말의 요점은, 오직 법의 강제력만으로는 사회가 유지되거나 개혁될 수 없다는 것이다. 고든 웬함은 윤리적 이상과 사회적으로 그것을 법제화하는 것 사이에서 우리가 구별할 필요가 있는 점에 대해 유익한 논의를 제공해 주고 있다.

대부분의 사회에서 법이 강제하고 있는 것은 이상적인 것이기는 고사하고 그 사회의 고결한 구성원들이 사회적으로 바람직하다고 느끼고 있는 것과도 동일하지 않다. 도덕적 이상과 법률 사이에 어떤 연결점이 있기는 하지만, 법률은 입법자들의 이상과 실천적으로 강제될 수 있는 것 사이에서 실용적인 타협이라는 경향을 띤다. 법률은 행위의 최소 기준을 강제한다.…윤리는 법을 지키는 것을 훨씬 더 넘어서는 것이다. 혹, 성경적 용어로 표현하자면, 공의는 모세오경에 있는 십계명과 여타의 율법들을 지키며 살아가는 것을 훨씬 더 넘어서는 삶을 포함한다.[37]

구약 성경을 보면, 이러한 자각의 세 가지 측면이 나온다. 첫째, 법이라는 것은 불의하게 사용될 수 있으며, 그저 간단히 무시되어 버릴 수 있다. 아모스 2:6은 양심의 가책이 전혀 없는 채권자들의 행위를 비난하고 있는데, 그것은 아마도 합법적인 행위였을 것이다. 백성들은 갚지 못한 빚 때문에 '노동을 담보로 해서' 빚을 갚기 위한 종살이의 형태로 끌려 갈 수 있었다. 법은 이 일을 허용하고 있었다. 그러나 아주 보잘것없는 빚을 빌미로 해서, 그리고 그 가난한 자나 그의 가족에 대해 무정하게 무시하면서 이러한 종살이로 사람을 끌어가는 일이 일어나고 있었던 것 같다. 마찬가지로, 느헤미야가 공격했던 채권자들은 아마도 탐욕스런 이익을 보기 위해 가난하게 된 친척으로부터 땅을 속량시켜 주는 법적 기술을 사용하고 있었을 것이다. 느헤미야는 법정이나 어떠한 법률 조항에 호소한 것이 아니라 그들의 **양심**에 호소했다. (이자를 물게 하는 일을 금지하고 있는 법에 대해서만은 예외였다. 이자는 훨씬 더 과중한 부담을 주어 백성들을 훨씬 더 빠르게 빚에 묶인 종살이로 빠져들게 만들었다.)

둘째로, 충분한 권력과 영향력을 가지고 있는 사람들은 자신들에게 유리하도록 불의한 법규들을 제정할 수 있었다. 비양심적인 입법자들에 의해 압제가 합법성을 가장할 수 있다. 이사야는 자기 시대의 압제받는 백성들이 짊어져야 했던 이 쓰라린 가외의 부담을 똑똑히 관찰했다.

---

37) Wenham, *Story as Torah*, p. 80.

불의한 법령을 만들며
　불의한 말을 기록하며
가난한 자를 불공평하게 판결하여
　가난한 내 백성의 권리를 박탈하며
과부에게 토색하고
　고아의 것을 약탈하는 자는
화 있을진저(사 10:1-2).

시편 기자는 부패한 관리들 편에서 합법화된 압제에 대해 마찬가지의 불만을 다음과 같이 강력하게 표현하고 있다.

율례를 빙자하고 재난을 꾸미는 악한 재판장이
　어찌 주와 어울리리이까?(시 94:20)

셋째로, 일단 불의가 깊이 뿌리를 내리고 그 사회 안에 구조적으로 뻗어나가 '사회를 길들이게' 되면, 단순히 법을 바꾸거나 예전의 법을 들먹이는 것만으로는 적절한 구제책이 되지 못한다. 예를 들어, 예레미야 34장를 보면, 예언자의 많은 권면도 있었고 그렇게 하고자 하는 시도가 무산된 적도 있었지만, 결국 부유하고 권세 있는 자들은 노예를 방면하라는 옛 법에 순종하겠다던 자신들의 약속을 지킬 수 없는 것으로 드러났다. 아마도, 그 일 전체를 계속 진행하기에는 치러야 할 대가가 너무 큰 것으로 판명되었을 것이다. 그리하여 그들이 얻을 실속을 따져 보는 머리가 들뜬 자비의 (혹은 순종하는) 마음을 억누르게 되었을 것이다. 이것은 한 예언자가 사회적이며 경제적인 여러 압제의 상황에서 구체적인 법규를 집행하기 위해 캠페인을 벌인 것으로 보이는 유일한 예다. 대부분의 경우, 예언자들은 그 사람들 앞에 오직 두 가지 가능성이 있을 뿐이라고 보고 있다. 즉, 부패하고 고쳐질 수 없는 사회에 대해 하나님의 직접적인 심판이 임하든지, 아니면 마음이 **영적으로** 변화하는 일이었다. 이 마음의 영적 변화도 하나님만이 주실 수 있는 것이었다(겔 18:31; 36:26-27).

그래서 다시금 진정 사회 정의가 확립되고 유지되고 회복되려면, 하나님의 은혜와 구속 혹은 회복을 경험하는 일이 선결되어야 할 필수 요건임을 볼 수 있다. 율법 자체만으로는 그러한 목적을 달성할 수 없다. 정의는 단순히 **율법**에 대한 지식으로부터 흘러나오는 것이 아니라 **하나님**에 대한 지식으로부터 흘러나온다.

참고 도서

Barr, James, 'Biblical Law and the Question of Natural Theology', in Timo Veijola (ed.), *The Law in the Bible and in Its Environment*(Göettingen: Vandenhoeck & Ruprecht, 1990), pp. 1-22.

Bruckner, James K., 'The Creational Context of Law before Sinai: Law and Liberty in Pre-Sinai Narratives and Romans 7', *Ex Auditu* 11(1995), pp. 91-110.

Clements, R. E. (ed.), *The World of Ancient Israel: Sociological, Anthropological and Political Perspectives*(Cambridge: Cambridge University Press, 1989).

Gemser, B., 'The Importance of the Motive Clause in Old Testament Law', in *Congress Volume in Memoriam Aage Bentzen*, Supplements to *Vetus Testamentum*, vol. 1 (Leiden: E. J. Brill, 1953). pp. 50-66.

Gerstenberger, Erhard, '"⋯He/They Shall Be Put to Death": Life-Preserving Divine Threats in Old Testament Law', *Ex Auditu* 11(1995), pp. 43-61.

Greidanus, Sidney, 'The Universal Dimension of Law in the Hebrew Scriptures', *Studies in Religion* 14(1985), pp. 39-51.

Hays, J. Daniel, 'Applying the Old Testament Law Today', *Bibliotheca Sacra* 158(2001), pp. 21-35.

Hesselink, I. John, 'John Calvin on the Law and Christian Freedom', *Ex Auditu* 11(1995), pp. 77-89.

Janzen, Waldemar, *Old Testament Ethics: A Paradigmatic Approach*(Louisville, KY: Westminster John Knox, 1994).

Kaiser Jr., Walter C., *Toward Old Testament Ethics*(Grand Rapids: Zondervan, 1983). 「구약성경윤리」(생명의말씀사).

Martens, Elmer A., 'How Is the Christian to Construe Old Testament Law?'

Bulletin for Biblical Research 12(2002), pp. 199-216.

McBride Jr, S. Dean, 'The Yoke of Torah', *Ex Auditu* 11(1995), pp. 1-15.

Patrick, Dale, *Old Testament Law*(Atlanta: John Knox, 1985).

Taylor, Robert D., and Ricci, Ronald J., 'Three Biblical Models of Liberty and Some Representative Laws', *Ex Auditu* 11(1995), pp. 111-127.

Tucker, Gene M., 'The Law in the Eighth-Century Prophets', in Tucker, Petersen and Wilson, *Canon, Theology and Old Testament Interpretation*, pp, 201-216.

Wright, Christopher J. H., *Deuteronomy*, New International Biblical Commentary, Old Testament Series (Peabody: Hendrickson; Carlisle: Paternoster, 1996).

제10장 ■ 문화와 가족

이스라엘은 거룩한 나라가 되도록 부르심을 받았고, 발람이 받은 하나님의 말씀 중에 "따로 구별된 삶을 살아가는 백성들, 그리고 스스로를 여러 민족들 가운데 하나로 여기지 않을 백성들"(민 23:9; 개역개정은 "이 백성은 홀로 살 것이라, 그를 여러 민족 중의 하나로 여기지 않으리로다")이라고 기술될 수 있었음에도 불구하고, 그들이 '깨끗한 상태'가 아니었다는 것을 기억하는 것이 중요하다. 이스라엘은 나머지 인류로부터 동떨어져 진공 상태에서 살았던 것이 아니라 열방 가운데 존재하던 고대의 민족이었다. 그들은 지정학적으로 이미 고대 문명을 이루고 있던 나일 강 유역과 메소포타미아 문명이 서로 교차하는 지역에 살고 있었다. 이스라엘의 역사 전체에 걸쳐 이 두 문명의 영향이 밀물과 썰물처럼 밀려들었다 스쳐 지나갔다. 그리고 그 중에서도 특별히 그들은 지중해 동안(東岸)에 자리잡고 있던 가나안 문화 혹은 서부 셈족 문화 가운데서 살고 있었다. 그래서 이스라엘과 그 동시대 민족들이 공유하던 공동의 문화와 사회적 규범과 관례는 셀 수도 없이 많았다. 우리의 윤리적 탐구에서 제기되는 질문은 '이스라엘의 종교적 믿음은 이 사회 문화적 삶의 영역과 어떻게 연결되어 있었으며, 어떤 상호 작용이 있었는가?' 하는 것이다. 이 질문은 또한 선교학적 관심을 가지고 있는 사람들이 제기하는 질문이기도 하다. (아쉽게도 이 질문이 구약 성경에 대해서보다는 신약 성경과 관련해서 더 자주 제기되는 질문이기는 하지만, 그 쟁점은 원칙상 유사하다.) 복음(하나님의 구원 행위에 대한 이야기와 그 이야기에 딸려 있는 모든 것)과 문화(역사 속에서 살아가는 인간 실존의 항상 변화하는 유형들) 사이의 관계는 무엇인가?"[1]

복잡한 영역에 대한 간단한 답변은 위험천만한 것이다. 그렇지만, 당대의 주변 문화에 대해 이스라엘이 보여 주었던 여러 가지 대응의 스펙트럼에 대한 다소 개략적인 분류는 시도해 볼 만한 일이다. 그리하여 노골적으로 배척하고 금지했던 관습에서부터 조심스런 규제가 따르지만 관용하는 입장에 있던 관습, 다시 '가치를 부여한' 신학적 해석과 더불어서 비판적으로 인정했던 일부 관습에 이르기까지의 범위를 잡을 수 있을 것이다. 앞으로 구약 성경의 문맥 안에서 이 세 가지 반응을 각각 살펴보고 기독교 윤리와 관련해서 이러한 반응들이 가지고 있는 타당성을 몇 가지 제시해 보고자 한다. 그 과정에서 모든 문화가 공통적으로 가지고 있는 인간 생활의 한 측면인 친족과 가족에 대해 자세히 살펴볼 것이다. 이스라엘이 어떻게 그들 사회의 중심에 자리잡고 있는 특정한 가족 문화를 중심으로 신학과 윤리를 세워 나갔으며, 그러한 구약의 관점들이 신약 성경과 기독교 윤리에 어떤 식으로 연결되어 있는지 살펴보기 위함이다.

배척과 금지

이스라엘과 동시대의 고대 문화가 행하던 어떤 관행들은 하나님께 혐오스런 것으로 묘사되어 있었기에 이스라엘에게는 금지되었다. 그런 방식으로 이스라엘이 구별되어야 한다는 요구를 가장 명확히 표현하고 있는 것은 레위기 18:3에 두 차례나 반복되어 있는 금지 명령이다. "너희는 너희가 거주하던 애굽 땅의 풍속을 따르지 말며, 내가 너희를 인도할 가나안 땅의 풍속과 규례도

---

1) 문화와 세계관과 성경적 신앙에 대한 몇 가지 쟁점에 관한 기본적인 조사가 다음 책에 제시되어 있다. David Burnett, *Clash of Worlds*; ㅈDonald Senior and Carroll Stuhlmueller, *Biblical Foundations for Mission*은 성경 시대 자체 동안 성경적 신앙과 문화의 관계에 대하여 좀더 역사 비평적인 성찰을 제공하고 있다. David J. Bosch, *Transforming Mission*(「변화하고 있는 선교」, CLC)은 기독 교회가 발전되어 온 여러 시대를 살펴보면서, 그리고 신앙과 문화 양자와 관련해서 선교를 이해하기 위해 등장했던 여러 다양한 패러다임을 살펴보면서 이 쟁점을 다루고 있다.

행하지 말고."

구체적으로 법으로 금지되어 있는 그러한 문화적 관행들 대부분은 직간접적으로 가나안 종교와 연결되어 있었으며, 금지 명령은 가나안 사람들의 본래적인 사악성과 연결되어 있었을 뿐만 아니라 우상 숭배 및 '다른 신들'의 올무와 연결되어 있었다. 어떤 식으로든 가나안 종교의 방식을 채택하는 일은 타협함이 없이 엄격히 금지되었다. 그러나 이 문제를 놓고서 예언자들이 끊임없이 싸움을 벌였던 사실을 보면, 이스라엘이 그 땅의 옛 신들에 대한 숭배를 거부하기가 얼마나 힘들었는지를 알 수 있다.

가나안 종교가 사회적으로 발생시키는 부수적 효과들 역시 마찬가지의 정죄를 받고 있다. 신전 창기 제도의 관행은 다양한 여타의 성적 왜곡과 더불어서 불법화되었다. 심령술, 영매, 마법술, 초혼, 점술을 포함하여 온갖 종류의 사술이 금지되었다. 아마도 지금 우리에게는 이상하게 보이는 몇몇 문화적 풍속에 대해 금지령을 내린 이유는, 그 풍속들이 비뚤어진 가나안 종교 제의들(이를테면, 머리털이나 수염을 어떤 식으로 깎는 일, 의식 행위로서 손발 혹은 손가락 발가락을 자르는 일, 남녀의 의복을 바꾸어 입는 일 등)과 연결되어 있었기 때문이었을 것이다. 어린이를 희생 제물로 불살라 바치는 일에 대해서는 가장 큰 혐오가 가해졌다. 신명기는 이 풍습을 "가증히 여기시는" 예배의 가장 극악한 형태로 간주했다(신 12:31). 금지된 관행의 범위와 그 관행에 대한 반감의 깊이는 각주에 제시되어 있는 관련 구절들을 차례로 읽어 보면 잘 알 수 있을 것이다.[2]

첫째, 이스라엘이 주변 문화의 이러한 면들에 저항하고 그러한 관행들을 멸하기보다 오히려 이러한 면들을 흡수한다면, 이스라엘은 독특하게 구별되지 못 하게 될 것이었다. 그리고 그렇게 될 경우 이스라엘이 택함을 받은 바로 그 이유는 무효화될 것이었다. 신명기 7:1-10이 명확히 밝히고 있듯이, 이스라엘이 가나안의 종교 문화를 배격하고 멸절시켜야 한다는 명령은 우선적으로 그

---

2) 출 22:18; 23:24; 레 18:21-30; 19:26-29, 31; 20:2-6, 22-23, 27; 신 12:29-31; 18:9-13; 22:5; 23:1, 17-18.

들(이스라엘)이 누구인가 하는 정체성에 기반을 둔 것이었다. 그들은 여호와께 거룩하도록 부름을 받은 백성들이었던 것이다(6절). 그러나 그 사실은 다시금 하나님이 그들을 위해 이미 행하신 일, 즉 하나님이 그들을 노예 상태에서 구속해 내셨다는 사실에 근거하고 있었다(8절). 그리고 마지막으로 하나님의 그 행위는 그들과 그들의 조상들을 향한 하나님의 형언할 수 없는 사랑과 신실하심에 기반을 두고 있었다(9-10절).[3] 그들이 상상도 하지 말아야 할 것은 이러한 일에서 그 어느 것 하나라도 그들의 수적 우세함이나 실로 문화적인 탁월함 때문이라고 생각하는 일이었다. 오히려 정반대였다. 그래서, 이스라엘의 역사가 진행되어 가면서 실제로 그들이 가나안 사람들의 길로 행하고, 그러면서 가나안의 모든 문화와 종교적 타락의 길을 걷게 되었을 때, 그들의 그러한 행위는 단순히 서글픈 문화적 쇠퇴 현상에 불과했던 것이 아니라 근본적으로 신학적인 부정, 즉 신학적인 측면에서 하나님과, 그분의 선택과, 자신들의 정체성을 거부한 것이었다. 그들의 행위는 이스라엘이 선택을 받았고, 부르심을 받았고, 구속함을 받았던 모든 것을 부인하는 것이었다.

그러나 두 번째로, 만일 이스라엘이 가나안 사람들의 가증스런 관행을 채택함으로써 그들의 길로 행했다면, 현재 그런 관행을 행하고 있는 자들과 마찬가지로 그들 자신도 똑같은 하나님의 심판에 놓이게 될 것이었다. 가나안 사람들은 이제 곧 그 땅에서 '토해짐'을 당할 것이었다. 그들 '문화'의 이러한 측면들에 대한 하나님의 혐오가 바로 그런 것이었다(레 18:25). 동일한 심판 기준이 이스라엘에게도 적용될 것이며, 그 땅 역시 땅을 정화시키는 행위로서 그 주민을 토해 내는 일을 반복할 수 있었던 것이다(레 18:28). 이스라엘의 거룩함과 가나안의 관행들은 함께 뒤섞일 수 없었다.

---

3) 신 7장이 보여 주는 형태로서, 외부의 틀에서는 가나안 종교의 파괴 그리고 그 중심에는 영원하며 스스로 증명하시는 하나님의 사랑이라는 놀라운 모습에 대한 논의로는 다음을 보라. Christopher J. H. Wright, *Deuteronomy*, pp. 108-119.

조건부 관용

고대 세계에서 공통적이었던 몇몇 관습과 관행은 명시적인 하나님의 명령이나 인가 없이 이스라엘 안에서 관용되었다. 그러나 관용은 했지만, 그러한 관습과 관행들은 하나님의 지고한 기준에 미치지 못하는 것으로 간주하는 신학적 비판이 전개되었다. 그리하여 문제의 관습들은 그것들이 가지고 있는 최악의 효과들을 완화시키거나 제거하는 방식으로 법적 안전 장치를 덧붙임으로써 조절되었다. 간단한 논의를 위해, 이 범주에 속하는 것으로 일부다처제, 이혼 및 노예 제도를 포함시킬 수 있을 것이다. 혹은 이 항목에 왕정 제도(제7장에서 논의했던)를 포함시킬 수도 있을 것이다. 이 왕정 제도는 하나님의 명백한 승인 명령 없이 허용된 제도였지만, 동시에 주변 문화 속에서 행해지던 왕정 제도의 방식에 대해 강한 반대를 시사했던 비판에 의해 제한되었다.

일부다처제

분명히 구약 성경에 일부다처제가 나타나 있지만, 그 정도를 과장해서는 안 될 것이다. 그 사례들은 거의 전적으로 왕이나 리더십의 지위에 있는 자들 혹은 어떤 위엄 있는 자리에 있는 자들에게 한정되어 있다. 그리고 이런 경우라 할지라도 솔로몬과 같은 극소수의 주목할 만한 예외를 제외하고는, 거의가 일부다처라기보다는 중혼(bigamy)이었음을 확인할 수 있다. 일반 민중들 사이에서는 일부일처제가 일반적이었던 것 같다.

때로 아브라함, 이삭, 야곱과 같은 족장들이 일부다처의 경우로 제시되고 있다. 이 사실은 그 족장들의 결혼 생활이 영국의 공동기도서에 기록된 결혼 예식문에 일부일처의 정절에 대한 귀감으로 인용되어 있기 때문에 어떤 사람들에게는 쓴웃음을 짓게 하는 원인이 되기도 한다! 그러나 우리는 일부다처(둘 이상의 **아내**를 갖는 일)와 축첩을 구분해야 한다. 그 차이점이 오늘날 우리들에게는 별로 대단하지 않은 것처럼 보이지만, 고대 세계에서는 엄청나게 큰 차이가 있는 사회적 구분이었다. 첩은 통상적으로 다른 노예들처럼 돈으로 사들여 온 여자 노예였다. 첩과 그 주인의 관계는 법적으로나 사회적으로 아내와 남편의 관계와는 아주 달랐다. 그러한 점을 염두에 두면서 고대 문화의 맥락에서 엄밀하게 말하자면, 아브라함과 이삭은 모두 **일부일처**에 속했던, 반면에 야곱의 경우는 실제로는 오직 한 사람의 아내만을 원했지만 속임수와 질투가 서로 뒤섞이면서 결국 그의 평생에 네 사람의 여인(두 명의 아내와 두 명의 첩)을 두게 되었다는 점을 인정할 수 있을 것이다.

"본래는 그렇지 아니하니라"(마 19:8). 이혼에 관해서 예수님이 하신 이 말씀은 일부다처제에 대해서도 동일하게 적용될 수 있다. 이는 창조 기사가 한 남자와 한 여자 사이에서 일부일처제적인 '한 몸'되는 관계를 분명하게 시사하고 있기 때문이다(창 2:24). 여기에다가 신실한 일부일처제를 옹호하거나 최소한 전제로 하고 있는 것처럼 보이는 구절들을 지혜 문학 가운데서 덧붙일 수 있을 것이다(잠 5:15-20; 18:22; 31:10-31; 아가). 그리고 신학적이며 윤리적인 이상으로서 일부일처제는, 결혼이 여호와와 이스라엘 사이의 **배타적인** 관계에 대한 은유로 사용되고 있다는 사실에 전제되어 있는 것이 분명하다. 일부다처제가 부부 관계의 이상에 미흡하다는 이러한 신학적 자각에도 불구하고, 일부다처제는 이스라엘에서 일종의 사회적 관습으로 묵인되었다. 그러나 이제 살펴보겠지만, 일부다처제가 잠재적으로 여성들에게 미칠 수 있는 착취하는 효과들을 억제하고자 했던 법규들이 있었다.

앞서 언급했듯이, 첩의 지위는 아내의 지위에 비해 훨씬 열등한 것이었지만, 첩의 법률적 권리마저도 출애굽기 21:7-11에 명시적으로 규정되어 있었다. 첩의 주인은 첩을 다시 내다 팔 수 없었다. 첩은 아버지와 아들이 집안에서 가지고 노는 노리개가 아니라, 오직 한 남자의 첩으로만 대접해 주어야 했다. 그 남자가 다른 첩을 취한다 해도, 그 남자는 첫 번째 첩에게서 물질적 공급과 성적 권리를 박탈할 수 없었다. 그러므로, 이런 것이 첩의 법률상 권한들이었다면, 일부다처 상황에 놓여 있는 아내들의 권리가 그것보다 덜할 수는 없었을 것이다. 신명기 21:10-14은 포로로 잡혀 온 여자들 중 아내로 취하여진 여자 포로의 권리도 마찬가지로 보호하고 있다. (그 여자 포로가 첫 부인인지 후처인지는 명시되어 있지 않다. 하지만, 그 여자 포로가 단순히 한 사람의 종으로 취해진 것이 아니라 **아내**로서 결혼을 해야 한다는 점이 명확히 밝혀져 있다.) 이 불행한 여자는 인도적이고 세심하게 대우받아야 하며 종으로 취급되어서는 안 되었다. 신명기 21:15-17에 있는 유산 상속법은 암암리에 중혼에 대한 기본적인 비판을 가하고 있다. 즉, 한 남자가 두 여자를 똑같이 사랑할 수 없으며, 도리어 한 여자를 전혀 사랑하지 않는 것으로 끝날 수 있다는 것이다. 그런 다음에 그 법은 그 사랑받지 못한 아내의 아들이 맏아들임에도 불구하고 그의 유산을 박탈당하는 치욕을 당하지 않도록 그 여인을 보호하고 있다. 엘가나와 서로 경쟁하던 그의 두 아내에 대한 이야기(삼상 1장)는 물론 중혼을 비판하려는 것이 일차적 목적은 아니었지만 하부 주제로서 그러한 비판을 하고 있다고 볼 수도 있다. 분명히 그 이야기는 중혼이 낳을 수 있는 잠재적 괴로움을 보여 주는 생생한 실례이다. (물론 한나의 주된 고통은 그녀가 둘째 부인이었기 때문이 아니라 그녀에게 자식이 없었기 때문이었다. 그러나 조롱하는 다른 아내의 존재는 그 비통함을 더욱 처절하게 만들어 주었다.)[4]

이혼

그렇게 중혼은 명시적인 인정을 받지 못한 채 묵인되고 있었다. 그렇지만, 거기에는 법률적 안전 장치가 달려 있었으며, 그 장치는 중혼에 대한 암묵적인 비판이었다. 반면에, 이혼 역시 묵인되기는 했지만, 궁극적으로는 불가하다는 언급이 명시적으로 주어져 있었다. 구약 성경에서 이혼은 상상조차 하기 어려운 것이다. 근대 서구의 관습과는 달리 결혼이나 이혼은 성경의 이스라엘에서는 민법상의 문제가 아니었기 때문이다. 결혼이나 이혼은 한 가구의 수장이 관할하는 법적 구역에 속하는 '가족법'의 문제였다(이러한 법의 범주들에 대한

---

4) 서구 세계에서 살아가고 있는 많은 그리스도인에게는 일부다처제의 문제가 멀게만 보일 것이다. 그러나 서구 사회에서의 높은 이혼율과 이혼의 빈도는 순차적으로 이어서 일종의 일부다처제를 하는 것에 해당한다고 말할 수 있다. 그것은 어떤 문화권에서 동시에 일부다처제를 하고 있는 것보다 도덕적으로 더 낫다고 말할 수 없으며, 오히려 더 나쁘다고 주장할 수도 있다. 일부다처가 훨씬 더 흔하며 통상적인 문화 안에 있는 아프리카 교회들의 경우, 이것은 깊이 그리고 성경 신학과 목회적인 감수성을 가지고 고려해야 할 문제이다. David Gitari, 'Church and Polygamy'에 제시되어 있는 세련된 주장을 보라. 이 입장은 케냐 성공회의 공식 입장으로 채택되었다. 그리고 그것은 아프리카의 다른 지역들에서 그 문제에 대해 취하고 있는 기독교적 입장과 유사하다.

정의를 보려면, 제9장을 보라). 남자는 이혼을 하기 위해 '법정에 갈' 필요가 없었다. 이혼을 언급하고 있는 그 법규들은 이혼이 금지되는 상황이나 이미 이혼이 이루어진 **이후**의 관계를 조정하는 것을 문제로 삼고 있다. 그리고 두 경우 모두 이혼당한 여인에 대한 보호가 그 법의 주안점인 것 같다.

첫 번째 경우는 신명기 22:28-29이다. 이 법규는 혼전 관계의 결과로 그 여자와 결혼을 하지 않을 수 없었던 남자가 그 여자와 이혼할 수 없도록 규정하고 있다. 이 법은 그 여자가 그 남자의 가정에 속하여 계속해서 안전을 보장받는 것이 그러한 상황에서 이혼당한 여자가 처하게 될 위험스런 미래보다는 훨씬 더 낫다는 견해를 취하고 있는 것 같다(그와 같은 처지의 여자가 처할 가능성이 가장 높은 운명은 아마도 매춘이나 극빈 상태였을 것이다). 두 번째 경우는 신명기 24:1-4에 있는 규제다. 그 법에 대한 해석은 예수님과 바리새인들 사이에 벌어졌던 논쟁의 초점이었다. 이 법은 이혼을 '명령'하고 있는 것이 아니라, 이혼이 이미 발생한 상태를 전제로 하고 있다. 이 법이 요구하고 있는 바는 자기 아내와 이혼하는 남자는 그녀에게 '이혼 증서'를 주라는 것이다. 이것은 아마도 그 여자를 보호하기 위한 것이었을 것이다. 그 증서는 그녀가 나중에 재혼을 했을 경우, 그 여자나 장래에 그녀의 남편이 될 사람이 간음이라는 비난을 받지 않도록 그 여자가 이혼했음을 입증하는 서류상의 증거였다. 이 법은 또한 그 여자가 다음 남편과 이혼을 했거나 그 남편이 죽었을 경우, 첫 번째 남편이 다시 그 여자를 취할 수 없도록 금하고 있다. 이러한 제약에는 아마도 어떤 제의적이거나 문화적인 이유가 있었을 것이다.[5] 그러나 그 금지령이 갖는 사회적이며 개인적인 효과는 여자의 복지에 대해서는 관심이 없는 남자들 사이에서 여성이 성적 노리개로 전락하는 것을 막기 위한 것이었다. 여기에서 다시금 이스라엘의 병사가 자기 아내로 취하기로 결정한 여자 전쟁 포로의 경우를 언급할 수 있을 것이다. 만일 포로를 취한 남편이 나중에 자기의 처신을 후회하게 된다면, 그 여자를 노예로 팔아서는 안 되고 적절한 이혼 수속을 밟아서 헤어져야 했다. 그 남편은 자신의 신중하지 못한 처신을 이용해서 돈벌이를

---

5) 다음을 보라. Gordon J. Wenham, 'Restoration of Marriage.'

해서는 안 되는 것이었다. 이 경우, 이혼은 그 여자의 경우 두 가지 악 가운데서 좀 덜한 악인 것 같다. 최소한 이혼은 그 여자가 자신의 미래를 선택할 수 있는 위신과 자유의 실마리를 담보해 주었다. 만일 그 여자가 노예로 팔려 버린다면 그런 일은 부정될 것이었다(신 21:14).

그러므로, 이렇게 볼 때 이혼 또한 묵인되었지만 법적인 한계가 있었다. 이혼은 일부다처제의 경우보다 하나님의 이상에 훨씬 더 많이 모자라는 것이다. 이혼에 대해서는 말라기 2:13-16에 가차 없는 공격이 존재하고 있다. 그 말씀은 "나는 이혼하는 것…을 미워하노라. 만군의 여호와의 말이니라"라는 단도직입적인 말씀에서 절정에 달하고 있다. 일부다처제에 대해서는 이처럼 아주 절대적인 혹은 강력한 신학적 주장을 담고 있는 말씀이 언급된 적이 없다. 아마도 이것은, 일부다처제가 하나님이 의도하신 일부일처제를 넘어서는 일종의 결혼의 '확대'인 반면에, 이혼은 결혼을 단절시키고 파괴하는 것이기 때문일 것이다. 이혼은 말라기가 말하고 있듯이, '학대(폭력)로 자기를 가리는 것'이다. 일부다처제는 하나님이 단 하나의 관계를 의도하셨던 자리에 여러 관계를 만들어 내는 것이지만, 이혼은 아예 그 관계를 파괴시켜 버린다.[6]

노예 제도

사도 바울과 마찬가지로, 구약 성경은 **노예 제도**를 묵인하고 있다는 엄청난 비난을 받고 있다. 실제로 구약 성경은 노예 제도를 묵인하고 있다. 노예 제도는 구약 이스라엘과 동시대의 고대 세계에서 사회적, 경제적, 제도적 생활의 아주 핵심적인 부분이어서, 과연 이스라엘이 노예 제도를 아예 배제시키거나 효과적으로 폐지할 방법이 있었을지 알 수 없다. 그럼에도, 이 자리에서 즉시 임시로 두 가지 점을 언급할 수 있을 것이다.

첫째, 이스라엘과 같이 비교적 작은 사회에서의 노예 제도는, 그 당시 고대 근동 제국들과 특히 나중에 형성되었던 그리스 제국이나 로마 제국과 같은 거

---

6) 고대 이스라엘의 성 윤리에서 이러한 문제들과 다른 쟁점들에 대한 유익한 조사와 최근의 참고 문헌을 보려면, 다음을 보라. J. M. Sprinkle, 'Sexuality, Sexual Ethics.'

대한 제국 문명권들에서의 노예 제도와는 질적으로 엄청나게 달랐다. 제국들 안에는 전쟁 포로들과 쫓겨난 사람들이 넘쳐났다. 그래서 노예들은 천하고 비인간적인 노역에 처해졌다. 그리고 물론 이스라엘에서의 노예 제도는 아랍인들과 유럽인들, 그리고 미국인들이 아프리카에 대해 저지른 엄청나게 상업화되고 대규모적인 노예 매매와는 훨씬 더 많이 달랐다. 우리는 구약 성경에서 '종'(slave)이라는 단어를 읽게 될 때, 영화 "벤허"에 나오는 로마의 범선에서 노를 젓는 노예들이나 목에 쇠사슬을 건 근대 흑인 노예들의 모습, 노예선, 사탕수수 농장 등에 대한 그림을 마음속에서 제거해야 한다. 그리고, 기본적으로 계약 노무자를 의미했으며, 경우에 따라서는 왕의 신하들에게 적용되었을 때 높은 관직을 가리키는 용어일 수도 있었던 '에베드'('ebed)라는 단어를 '노예'(slave)라고 번역하는 것도 별로 도움이 되는 번역이 아니다(따라서 이 책에서는 이스라엘의 종을 가리키는 경우에 'slave'를 '종'으로 표기한다—편집자 주).

주로 목양과 농경 사회였던 이스라엘에서 종들은 주로 상주하는 가내 일꾼들이었다. 많은 경우, 그들은 채권자에게 담보로 잡힌 노동을 통해 그들의 빚을 청산하고자 하는 채무자들이었을 것이다. 그들은 그 채권자 가구의 자유로운 구성원들이 해야 할 노동을 대신하는 것이 아니라 곁에서 보충해 주었다. 그 가구의 가장과 그의 자녀들과 다른 일꾼들과 종들이 모두 함께 일을 했다. 다시 말해서, 노예 노동은 고대 그리스의 경우에서처럼 이스라엘의 자유민들이 육체 노동으로부터 해방되게 하는 수단이 아니었다. 만일 종들이 (율법이 요구했듯이) 인간적으로 취급되었다면, 그러한 노예제는 많은 종류의 유급 고용의 경우와 **경험하는 일이** 조금도 다르지 않았다고 말할 수 있을 것이다. 그리고 앞으로 살펴볼 증거가 보여 주고 있듯이, 이스라엘의 종들은 당시의 어떤 사회에서보다 더 많은 법적 권리와 보호를 받고 있었다. 실로 종들은 법적으로는 자유민이지만 토지가 없어서 고용되어 일을 했던 일꾼과 장인들보다 더욱 분명한 법적, 경제적 안전을 누렸다.

둘째로, 구약 성경에 있는 노예 제도는 무비판적인 찬성을 받으면서 그저 묵인되었던 것이 아니다. 이 방면에서 구약의 사상과 실천의 양상들은 사실상 하나의 제도로서 노예제를 '중립화시켰으며' 훨씬 후대의 기독교 사상에 노예 제도에 대한 그 급진적인 반대의 씨앗을 뿌려 놓았다. 확실히 이제 우리가 살펴보고자 하는 이 측면들은 노예 제도에 대한 태도에서 이스라엘을 고대 세계 가운데서 말할 필요도 없이 독특한 나라로 만들어 주었다. 이 점은 고대 근동 학자들이 만장일치로 인정하고 있는 사실이다. 다음 세 가지 점은 지적할 만한 가치가 있다.

1. **노예제에서 비롯된 이스라엘 자체의 기원**. 노예 제도에 대한 이스라엘의 신학적이며 법적인 태도에 미치는 가장 영향력 있는 요인은 이스라엘 자신의 **역사**였다. 이스라엘 백성들은 자신들이 민족 기원의 측면에서 자유함을 얻은 노예들이 모인 오합지졸로 출발했다는 사실을 결코 잊지 않았다. 이것은 그 자체로 민족 기원에 대한 내러티브들 중에서 유일한 것은 아니라 할지라도 특이하다고 볼 수 있다. 민족 신화들 대부분은 그들 선조의 과거를 미화시킨다. 이와는 대조적으로 이스라엘은 400년 동안 외국 땅에서 겪었던 노예 생활을 회고했다. 이 노예 생활은 점점 더 억압적이 되고 비인간적이 되어 견딜 수가 없었다. 그 경험은 이후에 그들이 노예 제도에 대해 취했던 태도에 영향을 주었다. 한편으로, 이스라엘 백성들은 서로를 노예 상태나 노예적인 노동 조건에 집어넣어서는 안 되었다. 그러한 행위는 구속함을 받은 형제들, 오직 여호와께만 종이 된 평등성과 양립할 수 없는 것이었다(참고. 레 25:42-43, 46, 53, 55). 다른 한편으로, 자신들의 사회 안에 들어와 있는 이방인들에 대한 처우에서, 그들이 법적으로는 자유민이지만 땅이 없는 '소작' 일꾼들이었든지 실제로 종으로 사들인 자들이었든지 간에, 이스라엘 백성들은 자신들이 긍휼을 입지 못하고 거부당했던 애굽에서의 기억을 되살리면서 긍휼을 베풀어야 했다. 이 원칙은 구약 성경에 있는 가장 초기의 법전인 출애굽기 21-23장의 언약 법전에 명시되어 있다. "너는 이방 나그네를 압제하지 말라. 너희가 애굽 땅에서 나그네 되었었은즉, 나그네의 사정을 아느니라"(출 23:9; 참고. 22:21; 신 15:15).

2. **이스라엘의 노예 법규**. 하지만 두 번째로, 역사로부터 비롯된 이 태도는 이스라엘에 있는 종들에게 다른 곳에서는 들어 보지 못했던 정도의 지위와 권한과 보호를 허용해 주었던 구체적인 법규로 제정되었다.

종들도 그 공동체의 **종교** 생활에 포함되었다. 종도 할례를 받을 수 있었으며 유월절에 참여할 수 있었다(출 12:44). 종도 큰 절기 축제와 즐거움에 참여하는 것이 허락되었다(신 16:11-14; 특히 12절을 주목하라). 아마도 그 모든 것 중에서 우리와 가장 연관성이 많은 사실은, 그들이 종사하던 일을 고려하여 남종과 여종이 모두 매주 안식일의 쉼을 함께 누리도록 하라는 명령일 것이다(출 20:10). 실로 출애굽기 23:12을 보면, 안식일의 휴식은 노동력으로 활용되었던 짐승들과 더불어서 종들이 누리던 가장 기본적인 혜택이라고 되어 있다.

종들을 이와 같이 사회 생활과 종교 생활에 포함시키는 일은 **민법**이 보호하는 영역으로까지 확대되었다. 출애굽기에 있는 언약 법전에 등장하는 두 개의 법규는 **자신이 소유하고 있는** 종에 대한 주인의 처우를 다루고 있다.[7] 그러한 점을 다루고 있다는 것 자체만으로도 그 두 법규는 고대 근동의 법 가운데서 독특한 것이다. 다른 법전들 가운데는 **다른 사람의** 노예에 대한 공격이나 살인에 관한 법규는 풍성하지만, 노예에 대한 노예주 자신의 처우를 다루고 있는 법은 전혀 없었다. 노예주가 자기 소유의 노예를 어떻게 대우하느냐 하는 것은 노예주 자신의 문제였다. 노예는 노예주 이외에는 상관할 수 없는 노예 주인의 배타적이고, 독점적인 재산이었기 때문이다. 그러나, 이스라엘에서는 그렇지 않았다. 출애굽기 21:20-21에서, 만일 주인이 심하게 자기 종을 매질하여 당장 죽게 된다면 그 종의 원한은 '갚아야' 했다. 그것이 거기에 사용되고 있는 동사의 문자적인 의미다. 그리고 다른 문맥에서 그 단어는 범죄한 사람이 그 희생자 가족의 손에 죽임을 당할 수 있다는 점을 의미할 수 있었다. 비록 몇몇 주석가는 그 점을 받아들이길 꺼리고 있지만, 이 법의 자연스런 의미는 원한을 갚아 줄 가족이 전혀 없는 종을 대신해서 법을 담당한 집단이 사악한 주인의 죄를 물어야 한다는 의미다. 출애굽기 21:26-27은 신체에 상해를 입은 종을 보호했다. 만일 그러한 상해가 가해졌다면 그 종을 종의 신분에서 해방시켜야 했다.[8] '이

---

7) 언약 법전은 이스라엘의 가장 초기 법규집으로 간주되고 있다. 그러므로, 이스라엘의 독특한 인도주의적 노예법들은 서서히 발전하게 된 윤리적 감수성에 따른 후대의 산물이 아니라, 가장 초기부터 이스라엘의 신학이 법률적으로 표현된 것의 일부분이었다.
8) 이것은 아주 흥미로운 사례다. 이는 이 법규가 (내가 이미 앞서 언급한 바 있는) 소위 동해보복법 (lex talionis)과 연결되어 있기 때문이다. '눈에는 눈, 이에는 이' 등의 악명 높은 원칙인 동해보복법은 이 법규 바로 앞서 나와 있다. 종종 지적되고 있듯이, 그 원칙의 핵심은 난폭한 보복을 양성화

빨'에 대한 언급은, 그것이 단순히 그 종의 노동 능력이 손상되었기 때문이 아니었음을 보여 주고 있다. 여기에는 공격을 받았던 종의 인간으로서의 인격적 존엄성과 신체의 온전한 상태에 대한 훨씬 더 깊은 관심이 자리잡고 있다. 이 법규들이 자선을 베풀어 주라는 권면이 아니라 민사 법규였다는 사실이 강조되어야 할 것이다. 이 사실은 그러한 상황에서 종이 자신의 주인을 장로들의 법정에 호소할 수 있었다는 점을 함의하고 있다. 이 점 역시 고대 세계에서는 독특한 권리였을 것이다. 그렇지만, 종에 의해서 이루어지는 법정에 대한 그러한 호소는, 자기 종들이 자신에 대해 법정에 어떤 호소를 하든 간에 자신은 그 종들 어느 누구에 대해서도 공정하게 대하지 않은 적이 없었다고 주장했을 때, 욥이 그 마음속으로 생각하던 일이었을 수 있다(욥 31:14).[9]

여섯 해 동안의 봉사 후 칠 년째 되는 해에, 히브리 종에게는 자유를 얻을 기회가 주어졌다. 그런 기회를 얻는 종이 여전히 어떤 땅도 소유하고 있지 못한 경우라면,[10] 그러한 '자유'는 단지 고용주를 바꾸는 것에 지나지 않았을 것이다. 신명기 15:13-14은 후한 선물로 애초의 법규를 확대시키고 있다. 이 선물은 일종의 원시적인 형태의 실업 수당이었다. 이스라엘에서 시행되었던 노예제가

하려는 것이 아니라, 그와 정반대로, 보복을 제한하려는 것이었다. 처벌은 엄격하게 그 범과에 비례해야만 했다. 동해보복법이 **문자적**으로 취급되어야 할 명령이 아니라 **비례**의 원칙이라는 사실은, 눈을 다치게 하거나 이빨을 하나 부러뜨린 상해에 대한 **실제** 형벌이 그 가해자에게 똑같은 손상을 가하는 것이 아니라 오히려 그 피해자에게 자유를 인정해 주는 것이었다는 점에서 잘 나타나 있다. 그 피해자를 풀어 주는 일이 주인에게는 재정적인 손실을 의미했다. 신체에 대한 공격이 비례적으로 수입의 손실로 처벌되고 있는 것이다.

9) 이러한 법규들과 욥 31장의 적실성, 구약 이스라엘에서 종이 지니고 있던 사회적 법적 신분의 여타 측면들은 다음 책에서 더욱 충분히 논의되고 있다. C. J. H. Wright, *God' Land*, ch. 8.
10) 앞서 지적했듯이, 출 21:2-6과 신 15:12-18의 노예 방면 법규들에 있는 '히브리'라는 단어는 아마도 '이스라엘'과 동의어가 아니라 고대 근동 전역에서 볼 수 있었던, 토지도 없고, 뿌리도 없고, 종종 신분 보장도 받지 못했던 사회의 하층민을 가리키고 있을 것이다. 그 단어는 정확히 애굽에 있을 때의 이스라엘 자손이 처해 있던 조건(출 2:11-13)과 블레셋 땅에 있을 때의 다윗과 그의 추종자들이 처해 있던 조건(삼상 29:3)을 묘사하는 것이었다. 그러므로, 여섯 해 이후에 놓임을 받게 되었던 '히브리 종'은 땅을 소유하고 있지 못했으며, 늘어나는 빚과 가난 때문에 땅을 저당 잡혔던 이스라엘의 토지 소유자와는 사뭇 다른 상황이었다. 이스라엘 토지 소유자는 희년(오십년제)에 자기 땅과 자유를 반환받을 수 있었다(레 25:39-41). 이 구분(학자들 사이에 계속해서 논란이 진행되고 있는 주제다)에 대한 저자의 입장에 대해서는 다음을 보라. C. J. H. Wright, 'Every Seven Years in Israel.'

반드시 억압적인 것은 아니었다는 증거는, 종들이 자유한 상태의 불안정성과 앞으로 더 인정머리가 없는 새 주인을 맞이하게 될 가능성보다는 그들이 현재 거처하고 있는 곳을 선호하는 경우가 종종 있다는 것을 그 법이 전제하고 있다는 점에서 발견할 수 있다(신 15:16-17). 그러나 떠나든 남든 그 선택은 주인에게 있지 않고 종에게 있었다.

그러나 구약에 있는 정말 놀랄 만큼 독특한 노예법은 신명기 23:15-16에 있는 도피처에 대한 법규이다. 도주한 종은 처벌받거나 복귀 조처를 받지 않고 오히려 그 종들이 선택하는 마을에서 거주할 자유가 주어지도록 되어 있었다. 그 당시 나머지 사회들이 가지고 있던 보편적인 법규는 (노예 제도가 폐지되기 전의 근대 사회가 가지고 있던 법규와 마찬가지로) 도주한 노예를 처벌할 뿐만 아니라 그에게 도피처를 제공한 사람은 누구에게나 심한 처벌을 부과했다. 이스라엘의 법은 정반대였다. 이는 구약의 법에서 발견되는 가장 반문화적인 편린의 하나다. 이스라엘의 법은 도망한 종에게 자유를 허락했을 뿐만 아니라 그것을 넘어서서 그 종에 대한 보호까지도 명령했던 것이다.

> 고대 근동에서 도망한 노예를 보호하는 법을 가지고 있었던 단 하나의 사회가, 그 기원상 애굽에서 도주한 노예들의 집단에서 출발한 사회였다는 사실이 유쾌하다고는 말할 수 없다 할지라도 참으로 멋지지 않은가?…핵심은, 이스라엘이 경험한 하나님은 도망한 노예에게 동정적인 분이었다는 것이다. 그러므로, 이 법은 단지 윤리적이나 법률적인 인권 보호 원칙이 아니라 이스라엘 자신의 종교적 경험을 반영하는 것, 즉 성경 윤리의 근본적 특성이다.[11]

이 법규가 이처럼 뚜렷하게 차별화되어 나타나기 때문에 어떤 학자들은 이 법이 이스라엘에서 피난처를 구하는 **외국의** 노예들에게만 적용될 수 있었을 것이라고 생각할 정도다. 그 법은 그런 말을 하고 있지 않다. 하지만, 비록 그 말

---

11) David J. A. Clines, 'Social Responsibility in the Old Testament', a Shaftesbury Project Working Paper(미출간), p. 8.

이 사실이었다 할지라도, 그 법은 여전히 독특한 것이며, 또한 이스라엘이 노예가 피신해서 들어올 만큼 매력적인 사회였음을 보여 준다고 볼 수 있다. 반면에, 도피처에 대한 법이 억압적인 주인으로부터 도망했던 이스라엘 내부의 종들에게 적용되었다고 한다면, 이 법은 노예 제도 자체를 뿌리에서부터 손상시키는 것이라고 말할 수 있다. 이스라엘의 법 아래서는 노예 제도가 신성불가침한 것으로 취급되지 않은 것이다. 최소한, 아마도 그러한 법규는 노예가 도망하는 일이 상습적으로 발생하는 일이 아니라 예외적인 것이었음을 전제로 하고 있다고 말할 수 있다. 이 말은 정상적으로 이스라엘의 노예제는 억압적이고 가혹하지 않았다는 견해에 더 무게를 실어 준다. 출애굽기와 신명기에 기록된 노예 법규들의 정신이 실천에 옮겨졌다면, 분명히 가혹하지 않았을 것이다.

3. 피조물로서 노예의 평등성. 구약에서의 노예 제도에 대해 언급해야 할 세 번째 사실은 노예 제도가 신성불가침의 대상이 아니었다는 앞의 언급에서부터 비롯된다. 노예 제도는 결코 '자연스러운' 것으로 여겨지지 않았다. 다시 말해서, 노예 제도는 마치 노예와 자유민이 지체가 다른 인간들인 것처럼, 창조 세계 자체에 하나님이 정해 놓은 질서의 일부분인 것으로 간주되지 않았다. '사람은 신의 그림자이며, 노예는 사람의 그림자이다'라는 옛 아카드의 속담이 이스라엘에서는 용인되지 않았을 것이다. 성경에 등장하는 노예와 노예 제도에 대한 첫 번째 언급은 **저주**의 문맥에서이다. 창세기 9:25-27에서, 가나안이 장차 겪게 될 노예의 상태는 노아의 저주 탓으로 되어 있다. 여기에서 노예 제도는 부자연스럽고, 타락한 것이며, 저주받은 것으로 보인다. 노예 제도는 하나님이 인류로 하여금 살게 하신 방식의 일부가 아니다. 그것은 또한 '사물들의 본성'에 본질적이며 불변하는 일부분도 아니다. 반대로, 노예 역시 인간이며, 다른 모든 사람과 더불어 하나님 앞에서 인간으로서의 지위를 공유하고 있다.

노예 제도에 대해 구약 성경이 가하는 윤리적 비판의 정점은 주인과 종의 피조물로서의 평등성을 긍정하고 있는 욥의 입술에서 다시 찾을 수 있다. 자기가 소유했던 종들에 대해 말하면서, 욥은 이렇게 말하고 있다.

나를 태 속에서 만드신 이가 그(들)도 만들지 아니하셨느냐?

우리를 뱃속에 지으신 이가 한 분이 아니시냐?(욥 31:15; 참고. 잠 14:31; 17:5)

창조 윤리에서부터 나온 이 주옥 같은 말씀은 구약 성경의 다른 어떤 구절보다도, 종이나 자유인이 모두 그리스도 안에서 하나라는 바울의 단호한 주장(갈 3:28)에 더 근접하고 있다. 그리고 이 갈라디아서 본문에 비추어 볼 때, 노예 제도의 폐지가 신약 성경에 있는 교회에 의해서는 차치하고서라도 기독교 세계 안에서 수세기 동안이나 달성되지 못했다면, 구약의 이스라엘이 그처럼 고도로 인정과 긍휼을 베풀면서도 노예 제도를 묵인했다는 점에 대해 우리가 비판적으로 판단하기는 힘들 것이다.[12]

비판적 인정: 구약 성경에서의 가족

이스라엘이 주변 사회들과 공유하던 사회 문화적 유형에 대한 가장 분명한 예는 친족의 중요성과 그 사실이 개인들에게 부여했던 권리와 책임의 범위였다. 물론 가족은 모든 인간 사회에서 가장 중요한 기본 단위다. 고대 셈족 문화에서 가족은 더 큰 '확대 가족'의 형태를 취하고 있었다. 확대 가족은 아래위로 몇 세대, 옆으로 여러 핵가족들과 노예들과 상주하는 일꾼들로 이루어진 가구였다. 꽤 규모가 되는 이 가구 단위는 사회 구조와 유대에 지극히 중요한 것이었다.

이 좀더 폭넓은 셈족 문화권에서의 가족 생활은 두 가지 특징을 뚜렷히 드러낸다. 첫째로, 친족의 강한 결속력과 친족을 향한 강렬한 책임 의식이다. 이 점은 '방계' 친척의 맥락에서만 그랬던—형제애에 대한 요구들—것이 아니라 위아래의 방향으로 '수직적' 차원에서도 그러했다. 한편으로, 자기 조상들에 대한 강한 존경이 있었다. 어떤 문화권에서는 이 존경이 비록 실제 예배하는 단계까지는 가지 않는다 할지라도 숭배에 해당했다. 어쨌든, 한 사람이 현재 행

---

12) 노예제 폐지 운동 동안에 노예제에 대한 성경 본문들에 대해 쇄도했던 해석학적 논쟁에 대한 또 다른 논의로는 다음을 보라. Willard M. Swartley, *Slavery, Sabbath, War and Women*.

하는 활동은 그 조상들의 체면을 살려 주는 일이거나 체면을 깎는 일이었다. 그리고 살아 있는 부모와 조부모의 권위에 대한 복종의 정도는 훨씬 더 강했다. 다른 한편으로, 자녀를 낳음으로써, 특히 아들을 낳음으로써 장래에 가문의 혈통을 보존하는 일은 지극히 중요한 일이었다. 어떤 의미에서, 사람은 그의 후손들을 통해 '생존했다.' 그렇지 않으면, 자식이 없거나 후손이 죽거나 멸절함으로써 그 사람이 '끊어져' 버리는 것이었다.

둘째로, 가족 땅의 성스러움이 있었다. 조상의 유업을 보전하는 것은 두 가지 이유로 특히 중요했는데, 그 이유들은 친족의 수직적 혈통의 양방향과 일치하는 것이었다. 한편으로, 땅은 그 사람의 조상들이 묻혀 있는 곳이었으며, 마침내 그 사람 자신도 '그들에게로 합류'하게 될 장소였다. 다른 한편으로, 가족의 땅을 지키는 일은 다음 세대와 이어지는 세대들의 경제적 생존에 지극히 중요했다. 그러므로, 이러한 문화적 모판 안에서 친족과 땅은 밀접하게 서로 연결되어 있었다.[13] 고대 세계의 친족과 땅이 가지고 있던 이 특징들은, 서구 개인주의의 독소로 인해 튼튼하고 광범위한 가족 네트워크가 부식되지 않은 오늘날의 많은 전통 사회 속에서도 여전히 발견되고 있다.

이제 구체적으로 이스라엘로 돌아가서, 이스라엘의 친족 구조를 살펴보도록 하자. 이스라엘의 친족 구조는 세 개의 층으로 되어 있었으며, 각 층은 이스라엘 백성의 이름이 기록되었던 방식 가운데 반영되어 있다. 이 세 층 중에서 처음 두 층은 평균적인 이스라엘 백성들의 일상 생활에서 훨씬 더 큰 사회적, 경제적 의의를 지니고 있었다.

1. **아버지의 집**(*bêt-'āb*). 이것은 가장 작은 단위였지만, 그래도 여전히 꽤 큰 집단이었다. 그 집은 '아버지 집의 머리'로 알려져 있는 살아 있는 존속 남자 한 사람의 가구 안에서 살아가고 있는 모든 사람으로 이루어졌다. 따라서 그 집은 그 남자의 한 아내나 여러 아내, 그의 아들들과 그 아들들

---

13) 다음을 보라. Herbert C. Brichto, 'Kin, Cult, Land and Afterlife.' 그리고 그의 견해에 대한 비평적 정리로는 다음을 보라. C. J. H. Wright, *God's Land*, pp. 151-159.

의 아내들과 그 아들들의 아들들과 그들의 아내들 및 아직 혼인하지 않은 딸들이 포함되었을 것이다. 그러므로, 통상적으로는 삼대로 이루어진 공동체였으며, 때로는 비교적 어려서 결혼한 사람을 포함해서 사대로 이루어지기도 했다. 또한 그 가구의 일부분으로 살고 있는 종들이나 거주하고 있는 외국인들까지 포함되기도 했는데, 이들은 분명 분할되어 있는 토지 내에 있는 작은 집단 거주지에서 살았을 것이다.

2. **친족**(*mišpaḥā*). 친족은 서로 연결되어 있는 가구들의 집단으로서, 야곱의 손자들의 이름을 따라 명명되었다(즉, 이스라엘 지파의 조상들의 아들의 이름을 따서 불렸다). 친족은 종종 지역에 따른 정체성을 갖기도 했던 것 같다. 그래서 때때로 마을 이름과 친족의 이름이 같기도 했다. 친족은 서로를 보호해 주는 가족들의 연합으로서의 역할을 감당했으며, 경제적, 사법적, 군사적으로 다양한 의무를 지고 있었다.

3. **지파**(*šēbeṭ/maṭṭeh*). 지파는 가장 큰 규모의 친족 집단으로서 야곱의 아들들의 이름을 따서 불렸다. (그리고 요셉은 에브라임과 므낫세로 다시 나뉘었다.) 지파가 갖는 주요한 의의는 일정 지역의 토지 점유권을 유지시키는 데 있었다.

이러한 식의 혹은 이와 비슷한 가족 생활의 사회 경제적 유형은, 그들이 자신들을 여호와의 백성으로 간주하게 되었든 그렇지 않든 간에, 그들이 속한 세계의 거시적 문화권 안에서 고대 셈어권 민족의 하나로서 이스라엘에게 어느 정도는 해당되었을 것이다. 그러나, 그들이 실제로 자신들을 여호와와 독특한 언약 관계를 맺고 있는 것으로 간주했고, 여호와와 맺은 그 민족적 관계의 유지가 지극히 중요했다고 한다면, 사회의 '친족-토지' 기반의 역할은 훨씬 더 큰 중요성을 지녔을 것이다. 간단히 말해서 '가구-토지' 단위는 제1부에서 개략적으로 설명한 하나님, 이스라엘, 땅 사이의 삼각 관계의 중심이었다. 이 시점에서 그 처음의 도표를 되살려서 그 중심에 가족을 덧붙이는 것이 유익할 것이다.

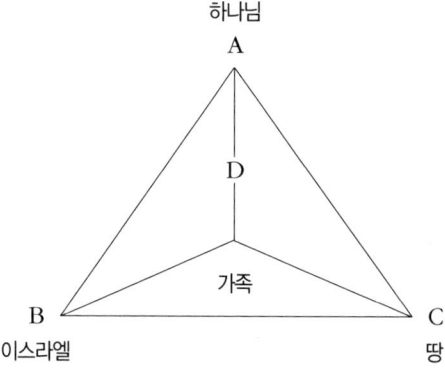

삼각형의 바깥 변은 이스라엘의 자기 이해에서 주요한 세 가지 관계를 표현하고 있다는 것을 기억할 것이다. 하나님과 이스라엘 사이에는 우선적인 언약 관계가 있었다(AB). 하나님은 땅의 궁극적인 소유주였다(AC). 그리고 그 땅은 이스라엘에게 하나의 기업으로 주어졌다(CB). 이제 가족—여기에서 가족이라는 말은 지금까지 내가 확대 가족-더하기-그 가족의 토지(bêt-'āb)라고 설명한 것의 단축형을 의미—은 이 각 차원에서 기본 단위이며 중심 단위였다. 첫째, 가족은 중요한 군사적, 사법적 기능을 수행하는 이스라엘 사회와 친족 구조의 기본 단위였다(BD). 둘째로, 가족은 이스라엘 토지 보유제의 기본적 경제 단위였다(CD). 우리는 제3장에서 권리와 책임이라는 맥락에서 이 사실이 함축하고 있는 몇 가지 의미를 살펴보았다. 셋째로, 가족은 언약 관계의 경험에서 중추적인 중요성을 지니고 있었다(AD). 한 개인이 출생에 의해서든지 (노예나 거주하고 있는 외국인의 경우에서처럼) 상주함으로써든지, 언약 백성의 구성원임을 주장할 수 있었던 것은 그러한 가족에 소속되는 것을 통해서였다. 그 언약과 언약적 책무에 대한 지식은 그것을 자녀들에게 바로 가르쳐야 할 부모의 책임을 통해(참고. 신 6:6-9, 20-25; 11:18-21) 한 세대에서 다음 세대로 보전되었다. 그리고 바로 가족 안에서 할례, 유월절, 장자에 대한 속량과 같은 주요한 일차적 의식 몇 가지가 집행되었다(출 12장; 13장). 이렇게 해서, 사회적, 경제적, 신학적 영역 세 가지가 모두 (이미 살펴보았듯이) 서로 밀접하게 연결되어 있었으며, 이 세 가지 영역은 모두 가족을 그 초점으로 삼고 있었다.[14)] 가족이 가지고 있는 이 언약적 중심성에 대해 이제 확대하여 살펴보도록 하겠다.

그러므로, '아래쪽 삼각형'(BCD), 즉 그 민족의 사회 경제적 바탕을 깨뜨릴 위험이 있었던 모든 것이, **그렇게 함으로써** 어떻게 그 민족이 하나님과 맺은 언약 관계를 위험에 빠뜨릴 수 있었는지 즉시 이해할 수 있을 것이다. 그러한 위협은 그 언약의 뿌리와 토양, 즉 자유민으로서 땅을 소유하고 있는 가족들의 네트워크를 근본적으로 해치는 것이었다. 이 모든 사실에 비추어 볼 때, 이미 친족 문화의 일부가 되어 있는 그러한 관습들을 신학적 지지를 통해 인정해 줌으로써, 또한 구체적인 보호 법규를 통해, 구약 성경이 가정을 보호하는 일에 깊은 관심을 기울이고 있다는 사실은 그리 놀라운 일이 아니다.

그렇지만 동시에, 구약 성경은 인간의 모든 사회 형식의 타락성에 대해 맹목이 아니다. 가족 역시 어떠한 개인과 마찬가지로 이 타락성을 공유하고 있다. 그래서 구약 성경은 가족이 하나님의 언약적 목적에서 중심적인 것임에도 불구하고 악에 물들 수 있으며, 압제의 소굴이 될 수 있음을 의식하고 있다. 따라서 이 단락의 제목을 '**비판적** 인정'이라고 했던 것이다. 그러므로 다음에 이어지는 조사에서, 구약 정경의 여러 흐름—율법과 내러티브, 예언서와 지혜 전승—에서 가족에 대해 언급된 긍정적인 사실들과 부정적인 사실들 모두를 관찰하고자 한다.

구약 성경의 율법과 내러티브에서의 가족

a. 언약에 대한 충성과 사회적 안정의 배경이 되는 가족

할례. 여호와와 이스라엘 사이의 근본적 언약의 표시는 할례였는데, 이 할례는 모든 남자아이에 대해 가족 안에서 행해졌다. 그러므로 적절하게도, 이 언약 의식의 중심으로서 가족은 또한 이스라엘의 믿음과 역사와 율법을 가르치는 데 최적의 장소였으며, 할례 자체는 언약에 대한 순종의 은유가 되었다—"너희는 마음에 할례를 행하라"(신 10:16).

---

14) 이스라엘의 언약 생활과 신앙 안에서 가족이 담당했던 기능의 이 모든 차원에 대해 더욱 충실한 설명을 보려면, 다음을 참고하라. C. J. H. Wright, *God's Land*, 특히 2-3장.

구속. 이스라엘이 애굽의 굴레에 묶여 있던 더 후대의 상황에서 그들이 받은 주된 고난은 그들의 가정에 침입하여 유아를 학살하는 일이었다. 태어나는 사내아이들을 멸절시킴으로써 인구를 줄이려는 애굽의 캠페인은 국가의 후원으로 이루어지는 압제의 일부분이었으며, 그것은 마침내 여호와 하나님의 개입을 불러왔다. 문학에서 말하는 인과응보의 형태로 애굽에게 임한 여호와 하나님의 재앙은 애굽 장자들의 죽음에서 절정을 이루었다. 그리고 그 사건의 맥락에서 두 가지 의식이 이스라엘에 제정되었는데, 그 의식들은 **구속의 경험과 그 구속을 기념하는 핵심 맥락으로서의 가족**에 집중한다.

- **유월절(출 12장).** 매년 갖는 이 가족 중심의 행사는 출애굽을, 구체적으로는 여호와 하나님이 마지막 재앙 날 밤 이스라엘 가족들의 맏아들을 살려주셨음을 기념하고 재연한다. 세심한 제한들을 수반하고 있던 그 사회적 내포성은 보통의 이스라엘 가구 구성에 기반을 두고 있다(출 12:43-49).
- **맏아들에 대한 봉헌(출 13:1-16).** 여호와 하나님이 죽음으로부터 건져내신 것은 여호와께 속했다. 그러나 모든 가정의 맏아들이 하나님 자신의 소유라고 주장하시면서, 여호와 하나님은 이어지는 전체 세대가 자신의 소유임을 효율적으로 주장하신 것이었다. 이렇게 해서, 세대를 통해 이어지는 언약 관계의 연속성이 상징화되었다.

십계명. 출애굽이라는 대해방의 맥락에서, 십계명은 구속함을 받은 백성들의 자유와 책임에 대한 헌장을 이룬다. 가정에 대한 보호가 십계명의 '두 번째 돌판'에 새겨진 명령의 본질적 측면이다. 거기에는 부모의 권위의 보전(제5계명), 성적 순전성의 보호(제7계명), 경제적 생활 능력의 보호(제8계명과 제10계명) 등이 포함되어 있다. 이 중심 원칙들 각각은 다른 법규집과 제도에 의해 재강화되고 있다.

- **부모의 권위**는 부모를 욕하거나 치는 자에 대한 형벌에 의해서(출 21:15, 17; 참고. 신 27:15), 그리고 아들의 고쳐지지 않는 낭비벽을 부모가 민사

법정에 제기할 수 있는 범죄로 보고 있는 법규에 의해서(신 21:18-21) 강화된다. 그렇지만, 부모의 권위는 책임과 균형을 이룬다. 특별히, 그것은 편애하지 않을 책임, 여러 아내를 둔 가족에서 장자로부터 그의 권리를 박탈하지 않아야 할 책임이다(신 21:15-17).

- **성적 순전성**은 여러 가지 성적 위반 사항과 관련된 광범위한 법규들(이를테면, 신 22:13-30)에 의해서만이 아니라, 일정 범위의 친족 사이에서 결혼을 금함으로써(레 18:6-18; 20:11-14, 19-21) 강화된다. 이러한 법규들은 단지 성 윤리와만 관계된 것이 아니라 더 큰 '아버지의 집'에서 함께 살아가고 있는 여러 핵가족 사이에서의 성적 관계에 명확한 한계를 제공하는 일과 관련되어 있었다.

- **사회 경제적 생존 능력**은 가족들이 심각한 경제적 쇠락에 빠져드는 것을 방지하고, 비록 그렇게 되었다 할지라도 새롭게 다시 시작할 수 있도록 가족들을 구해 내기 위해 마련된 상당수의 기제들에 의해서 강화된다. 앞서 제5장에서 이러한 기제들에 대해 언급했지만, 여기에서 다시 언급하는 것도 의미가 있을 것이다. **원래의 토지 분배**는 특별히 모든 가구가 한 몫을 소유할 수 있도록 설계되었다. 여호수아 13장 이하에 있는 토지 분배 본문은 영토가 "그들의 가족을 따라서" 할당되었음을 명시하고 있다. 가족의 유산으로 나누어 준 이 광범위한 분배는 그 다음에 **양도 불가의 법규**에 의해 보호되었다. 그 법규는 토지를 그 가족 외부로 영구히 파는 일을 금지시켰다(레 25:23). 만일 가난이나 빚 때문에 한 가족이 그 상속 재산의 일부를 팔 수밖에 없거나 팔려고 내놓았을 때, **속량 법규**는 친족(*mišpaḥâ*)의 범위 안에 있는 친척-속량자가 그 땅을 다시 구입할 수 있게 할 것을 요구했다. 그리고 빚 때문에 팔려간 토지와 사람들이 그들의 아버지의 집(*bêt-'āb*)으로 복귀할 수 있도록 **희년**이 마련되었다(레 25:24-55). 이러한 모든 기제가 마련되었던 광범위한 목적은 각 가족을 경제적이며 사회적인 공동체 가운데 참여하고 있는 구성원으로서 보호해 주려는 것이었으며, 그렇게 함으로써 언약 공동체 가운데서 그들의 자리를 보전해 주고자 함이었다. 그러므로 앞서 설명했듯이, 고대 이스라엘에서 혈연과 토지는

언약 공동체에 소속하는 일에서 중심적 역할을 담당했으며, 가족이나 땅을 혹은 그 둘 다를 상실하거나 결여했을 경우 스스로를 보호할 수 없는 취약한 상황에 빠질 수밖에 없었다.

사회. 이스라엘에서 가족은 언약 구성원 자격의 중심이었기 때문에, **사법의** 영역에서 (내적으로 가족법의 **행사**에서 그리고 외적으로 지역 법정을 관할하는 가족 원로들의 역할을 통해서) 중요한 기능을 감당하고 있었다. 가족은 또한 역사적 전통과 율법이 요구하는 사항들을 **교육**하는 주요 매개체였다(신 6장). 그러므로, 이스라엘의 가구들이 가능한 한 사회적으로 포용적이 되는 것이 중요했다. 해마다 반복되는 명절 때마다 혹은 3년마다 내는 십일조나 제7년에 있었던 율법 대강독회 때 여호와께 드려진 **예배**는 가족 구성원들만이 아니라 땅을 소유하지 못한 자들(레위인과 이방인), 가족이 없는 자들(과부와 고아) 및 가장 비천한 종들까지 다 함께 모여서 드려야 했다(신 14:7-29; 16:11, 14; 29:10-12). 이스라엘의 가족이 지닌 **사회적이며 윤리적인** 의무들은 직계 가족과 친척을 넘어 더 넓은 공동체에 속한 곤핍한 자들에게까지 확대되었다.

패러다임. 가족은 이스라엘의 언약적 자기 이해와 사회 종교적 실천에 이처럼 아주 깊이 뿌리내리고 있기 때문에, 월디마 잰젠은 자신이 일컫는바 '가족 패러다임'(The Familial Paradigm)이 이스라엘 윤리 의식에서 지배적인 동인이었다고 주장할 정도다. (그가 토라 법규들보다 더 중요하지는 않을지라도 똑같이 중요하다고 간주하고 있는) 다양한 내러티브로부터, 그는 가족 패러다임의 주요 요소로서 **생명**이라는 선물과 그 유지와 향상, 가족 생존의 전제 조건으로서 **땅**의 소유, 그리고 특히 친족의 경계를 넘어서는 자들에 대한 **환대**라는 윤리적 명령을 들고 있다.[15]

b. 언약에 대한 불충과 사회적 붕괴의 맥락으로서의 가족
최악의 상태였을 때의 족장들의 모습. 그 땅에서 살아가고 있는 이스라엘 가

---

15) Waldemar Janzen, *Ethics*; 특히 제2장, 'The Familial Paradigm'을 보라.

족들을 만나기도 전에, 구약 성경은 창세기에서 족장들의 가족이 드러내는 부정적인 측면에 대한 사실적인 그림을 제공해 주고 있다. 속임수, 거짓말, 일부만 진실인 말, 여자들에 대한 학대, 편애, 질투, 경쟁심, 실패와 슬픔을 기록한 목록은 끔찍스럽기까지 하다. 그런데다 그 목록은 겨우 부부 사이에서 일어난 일들만을 기록한 것이다. 모든 형제 사이의 반목에다가 부모의 편애, 교활한 책략, 살의가 번득이는 질투심, 무감각한 속임수, 들끓는 증오심, 어른거리는 공포를 덧붙이면, 창세기만으로도 비정상적인 가정에 대한 종합적인 사례집을 만들 수 있을 정도다. 창세기가 우리에게 던지고 있는 예리한 도전의 주요 부분은, 바로 수세대 동안 이 원조 이스라엘 가정에 만연해 있던 그 끔찍스런 사악함과 빈번히 일어난 참상과 고통을 감추지 않고 보여 주고 있다는 것이다. 이 가족들이 지닌 막대한 능력과 질긴 생명력도 뚜렷하게 나타나고 여러 핵심 인물이 하나님과 갖고 있는 관계도 강조되는 것이 사실이지만, 말할 필요도 없이 창세기 12-50장은 타락한 가정 생활의 모습을 그대로 반영하고 있다.

그렇지만, 하나님은 그와 같이 완강하게 반항하는 인물들을 일꾼으로 삼아서 그들을 **통해** 열방에게 구속의 복을 전하는 사명을 실행하셨다. 사실, 창세기 이야기가 무엇인가 보여 주는 것이 있다면, 그것은 바로 '온 땅의 모든 가족'에게 복 주시겠다는 하나님의 결심이 결국에는 인간의 능력이나 성공 때문이 아니라 인간의 실패와 부적절함에도 **불구하고** 이루어지게 될 것이라는 점이다. 만일 하나님이 아브라함과 이삭과 야곱의 하나님이며 거기서 번식한 내부 가족들의 하나님으로 기꺼이 알려지고자 하셨다면, 의심할 것도 없이 하나님은 나머지 우리와도 관계를 맺으실 수 있으실 것이다.

반역하는 가족들. 구약 성경에 있는 수많은 내러티브는 중심이 되는 가족들 내부에서 벌어지고 있는 심각한 갈등이나, 하나님과 이스라엘 사이의 관계까지도 뒤흔들어 놓았던 온 가족이 가담한 반역 행위들을 진술해 주고 있다. 창세기에 기록된 족장 가정들의 어두운 측면에 대해서는 이미 언급했고, 지적할 만한 다른 예들로는 모세와 대립했던 아론과 미리암(민 12장), 고라와 다단과 아비람 및 그 가족들 전체의 반역(민 16장), 여리고 전투에서 '헤렘'(ḥerem)의 교전 규칙을 깨뜨렸던 아간의 사건(수 7장), 다윗의 통치 후반기에 그 가족을 집어삼켜 버렸던 비극적 분열과 폭력을 포함시킬 수 있을 것이다.

타협해 버린 충절. 가족에 대한 강력한 충성심은 오직 여호와 하나님께만 바쳐야 하는 최우선적인 언약적 충성에 라이벌이 될 수도 있다는 인식이 있다. 가족의 끈끈한 유대는 다른 신들을 숭배하도록 하는 유혹의 원천이 되어, 이스라엘이 가지고 있던 언약적인 유일신 신앙이라는 일차적이며 가장 근본적인 결속을 깨뜨릴 수 있었다. 비이스라엘 백성들과의 결혼이 **혈통**의 순수성을 보존해야 한다는 근거에서 금지된 일은 없다. 모세 자신도 구스 여인과 결혼을 했으며, 아론과 미리암의 반대는 여호와의 찬성을 얻지 못했다. 마찬가지로, (룻기에서) 엘리멜렉의 아들들이 모압 처녀들과 결혼한 일에 대하여 어떠한 명시적 정죄도 없다. 오히려 룻이 외국인이었음에도 불구하고 보아스가 친족의 기업무르는 자의 의무를 행하기 위해 룻과 결혼하는 일은 명확히 인정받고 있다. 그러나 가나안 여자들과의 결혼은 금지되었는데, 그 근거는 이스라엘의 혈통이 뒤섞인다는 이유 때문이 아니라 이스라엘의 언약 신앙 때문이었다. 타인종과의 결혼은 불가피하게 다른 신들이 가정의 신앙 가운데 파고드는 기회를 줄 것이기 때문이었다(신 7:1-4). 외국인과의 결혼이 가지고 있는 이 측면은 솔로몬이 타락한 원인이었으며(왕상 11:1-6), 느헤미야와 에스라가 가차없는 개혁 조치를 취했던 이유였다(스 9-10장; 느 10:30; 13:23-27).

우상 숭배로 빠질 수 있는 잠재적 원천. 신명기 13장은 구약 성경에서 가장 을씨년스러운 장들 가운데 하나다. 그 장은 다른 신들을 숭배하려는 유혹의 위협을 다루고 있다. 그 장은 대단한 현실성과 직관을 가지고, 다른 신들을 따라가려는 유혹이 아주 그럴듯하지만 가짜인 기적 행위자들로부터(1-6절) 찾아올 뿐만 아니라 불만을 품은 공동체 전체의 압력으로부터도 임하며(12-18절), 또한 가장 가깝고 단란한 가족으로부터도 올 수 있다는 것을 예상하고 있다. "네 어머니의 아들, 곧 네 형제나 네 자녀나 네 품의 아내나 너와 생명을 함께 하는 친구가 가만히 너를 꾀어 이르기를…"(6-11절). 비록 그런 일이 있다 할지라도, 그와 같은 가족 유대에 앞서 오직 여호와 하나님께만 충성을 바침으로써 그러한 유혹을 강철같이 확고하게 거절해야만 했다. 이것은 예수님이 직면했던 선택이다. 예수님의 가족이 노골적인 우상 숭배로 예수님을 끌어들이고자 했다는 의미에서가 아니라, 예수님께 **가족**에 대한 책임을 다하라고 압력을 가함으로써 무심코 예수님이 **성부** 하나님의 뜻에 순종하는 길에서 벗어나도록 끌어내리고 있었다는 의미에서 그랬다는 말이다. 예수님은 즉시, 자신의 가족은 자신과 마찬가지로 다른 무엇보다 성부 하나님의 뜻을 앞세우는 사람들이라고 재규정하심으로써 그 선택이 갖는 뚜렷한 성격을 밝히셨다(마 12:46-50).

참담한 왕조들. 아마도 가족에 기반을 둔 구약의 모든 제도 가운데서 가장 애매모호한 것은 왕조에 대한 신념일 것이다. 맨 처음 왕조에 대한 생각이 등장했을 때 그것은 충격과 공포와 저항을 맞이한다. 기드온이 행한 일에 감사해서 그와 그의 후손들이 자신들을 통치해 달라는 이스라엘 백성들의 제안에 대한 기드온의 대답은, 왕조 중심의 왕정 제도를 여호와의 신정 통치와 양립할 수 없는 것으로서 배격하고 있는 것처럼 보인다(삿 8:22-23). 그렇지만, 전형적인 간결한 조소를 덧붙여서, 히브리 내레이터는 그렇게 거절했던 기드온이(신 17:17과는 반대로) 상당한 금품을 받아들이고 많은 아내를 취함으로써 마치 왕처럼 처신했다는 사실을 우리에게 전해 주고 있다. 또한 실제로 기드온의 아들 중 하나는 비록 실패하기는 했지만 처음으로 왕정을 시도했다. 그러나 그것은 기드온의 다른 70명의 아들에 대해 가차없는 살인을 저지르기까지 한 시도였다(삿 9장). 이것은 왕정이라는 사상 전체로 볼 때 그리 바람직한 출발이 못 되는 것이다. 그리하여 왕정의 문제는 성경에서 다음 책까지 미뤄지게 되었다.

재난을 일으켰던 사울의 '통치' 이후 마침내 왕정 제도가 확립되었을 때, 다윗에 대한 여호와의 언약적 약속 가운데서 여호와에 의해 왕조의 원칙이 확인되었다(삼하 7장). 이 왕조 언약은 그 이후 다윗의 뒤를 이어서 예루살렘 왕위에 실질적으로 끊이지 않고(아달랴는 과도기의 유일한 예외였다) 그의 후계자가 즉위했던 몇 백 년 동안의 토대였을 뿐만 아니라, 신약 성경의 권위에 근거해서 그리스도인인 우리가 '위대한 다윗의 더 위대한 아들'이라는 인물 안에서 기꺼이 인정하는 메시아 신학과 종말론의 토대가 되고 있다. 그렇지만, 족장의 가족들이 어떤 면에서는 믿음과 순종의 모델이었음에도 동시에 다른 면에서는 끔찍한 남용과 사악함의 모델이기도 했듯이, 남방 유다와 북방 이스라엘 두 왕국의 왕가는 인류에게 알려진 가족 사이의 온갖 끔찍한 일들—부친 살해,

모친 살해, 형제 살해, 자살, 간음, 살인, 근친상간, 음모, 책략, 배신, 반목, 증오, 보복—을 드러내고 있다. 이것이 구속의 이야기가 될 수 있게 해주는 것은 오로지 하나님의 기적적인 은혜와 주권이다.

예언서에서의 가족

a. 공격받고 있는 가족에 대한 보호

예언서에서 발견할 수 있는 가족에 대한 긍정적 견해는 가족을 파괴하던 당시의 풍속에 대한 그들의 신랄한 비판에 함축되어 있다. 예언자들은 사람들의 재산을 박탈하고, 가난과 빚 그리고 언약적 지위의 상실로 내모는 사회와 경제계의 실력자들과 사법의 부패를 질타했다. 이러한 것들은 가족을 뒤흔들고 파괴하고 평민들을 물질적 빈곤 상태로 내몰고, 언약과의 관계에서 사회종교적으로 일종의 망각된 존재들이 되게끔 만들어 버리는 것이었다. 이렇게 소외된 사람들도 과연 계속해서 언약 공동체에 속해 있는 것이었는가? 그들에게 가족도 없고 땅도 없다면, 그들은 '악인들'로 그리고 '잘라내어져 버림받은 자들'로 여겨야 하는 것이 아닌가? 아모스는 그렇지 않다고 말했다. 가난한 자들, 소유를 박탈당한 자들이 '의인들'이고, 그러한 압제를 등에 업고서 부를 누리고 있던 자들, 땅도 가지고 있고 가족들도 있는 자들이 바로 '악인들'이었다.

예언자들은 [이 악행들을] 아주 맹렬하게 질타했다. 왜냐하면 예언자들은 그러한 악행들이 땅을 소유하고 있는 가구들의 단위에 끼치던 영향을 통해서 [언약] 관계에 가하는 **본질적인** 위협을 인식했기 때문이었다. 이 가족적인 측면은 미가 2:1-3, 8-9; 7:5-6 및 이사야 5:8-10과 같은 본문에 명시적으로 나타나 있다. 만일…하나님과의 관계에 대한 경험이(마치 땅에 대한 소유가 양도 불가의 가족 유업 안에 귀속되어 있었듯이) 이스라엘의 가구 단위에 귀속되어 있는 것이라고 한다면, 이러한 가족의 토지 단위를 파괴하던 사회 경제적 세력들과 변화는 불가피하게 그리고 '내면적으로' 그 민족이 하나님과 맺고 있는 관계도 파괴할 것이었다. 이스라엘의 신학적 신분은 그들의 혈연 구조와 토지 보유라는 사회 경제적 조직 가운데 현실화되고 뿌리박혀 있었다. 그리고 바로 이 조직이 빚과 재산 박탈과 대토지 보유라는 독소에 의해 와해되고 있었던 것이다. 그러므로, 이러한 악들에 대한 예언자들의 저항은 사회 경제적 삶의 현실과 이스라엘의 신학적 자기 이해 사이에 본질적인 연결 고리가 있었다는 사실에 의해 조명되어야 한다. 그 고리는 바로 가족이었다.[16]

b. 종말론적 비전—가족의 장래

장차 임할 메시아 시대에 대한 예언자들의 여러 비전 가운데서 가족의 위치는 현저하다. 이 비전들은 대개 하나님 백성의 회복과 하나님에 대한 온 마음을 다하는 순종, 하나님의 축복을 향유하는 것만이 아니라 창조 세계와 그 부요함을 갱신하는 것을 포함하고 있다. 이사야 65:17-25에 묘사되어 있는 새로운 창조 세계는 가족들이 영아의 죽음이나 조기 사망으로부터 안전하며, 가족 노동의 결실이 좌절스럽게 약탈당하지 않는 장소가 될 것이다.

지혜 전승에서의 가족

가족 관계는 이스라엘의 지혜로운 남녀에 대한 관심이라는 주된 문제 가운데 하나를 구성한다.

a. 강한 도덕적 지원의 목표가 되는 가족

잠언은 가족 관계를 지혜롭게 행하고 잘 살아가고자 하는 사람들에게 가장 중요한 것으로 여기고 있다. 서문 이후 첫 충고(잠 1:1-7)는 부모를 공경하라는 다섯 번째 계명을 반영하고 있으며(잠 1:8-9), 이 점은 잠언 전체에서 두루 거듭해서 확대되고 있다. 마찬가지로, 일곱 번째 계명을 반영하면서 결혼 생활의 순전함이 간음에 대한 생생한 경고에서 강하게 지지되고 있다(잠 2:16-19; 5:1-23; 7:1-27). 의미심장하게도, 간음의 경우, 그에 대한 경고는 간음이 한 사람의 가정에 가져다줄 수 있는 잠재적인 재앙—단순히 사회적인 수치를 당하는 것만이 아니라, 그 가족의 자산을 상실할 수도 있는 언약 공동체 안에서의

---

16) C. J. H. Wright, *God's Land*, p. 109.

입지 상실(잠 5:9-14)—에 주안점을 두고 있다. 이와는 대조적으로, 좋은 아내에 대한 칭찬은 주목할 만하다. 잠언은 지혜로운 남자의 모델이 아니라 지혜로운 여자의 모델—31:10-31에 묘사된 "현숙한 여인"—을 칭찬함으로써 절정에 이르고 있다. 물론 그 묘사는 여성 자체를 반영하는 것만이 아니라 이상적인 이스라엘 가정과 가족의 어떤 면모를 보여 주는 창문 역할을 하고 있다. 이스라엘 백성들의 생각에서, 그러한 가정은 단지 남편과 자식들을 위한 축복과 안전의 장소일 뿐만 아니라 궁핍한 사람들을 친절히 대하고 후하게 베풀어 주는 근원이어야 했다.

b. 그런데 가족이 실패한다면 어찌 되는가?

구약의 지혜 문학이 가지고 있는 한 가지 특징은 자기 비판적 요소를 포함시키고 있다는 점이다. 이 요소는 잠언의 강하고 긍정적인 천명들 가운데 일부에 대한, 그리고 우리가 덧붙일 수 있다면, 솔로몬의 아가에 있는 결혼 생활에서의 성애를 그린 목가적인 묘사에 대한 일종의 문학적이며 신학적인 해체다.

전도서는, 부의 창출은 그 획득한 부를 우리의 아들이나 상속자에게 물려줄 수 있기 때문에 좋은 것이라는 주장을 탐구한다. 그러나 그 부를 이어받을 상속자가 우리가 그처럼 노력해서 벌어놓은 모든 것을 낭비해 버리는 바보라면 어찌할 것인가? 그리고 평생을 고생하면서 우리가 벌어놓은 것을 그 다음 대에서 상속하는 자가 직접 수고하지 않고 공짜로 얻는다는 것이 과연 공평한 일인가?(전 2:18-23) 그리고 번 것을 물려줄 수 있는 대상이 아무도 없다면, 자신이 덕을 보기 위해 일중독자가 된다는 것도 그리 더 나아보이는 일이 아니다(전 4:7-8). 그리고, 여전히 물려줄 수 있는 부를 축적하는 것은 좋은 일이라고 생각한다 할지라도, '어떤 불행'이 닥쳐와 우리에게서 그 부를 강탈해 버리고, 우리가 이 세상을 하직할 때에는 아무것도 남지 않아 우리의 상속자들이 얻을 게 전혀 없을 수도 있다(전 5:13-15). 그리고 결혼 생활의 기쁨이 그 자체로는 아주 좋은 것이고 하나님의 선물로 간주될 수 있겠지만, 우리 모두를 기다리고 있는 죽음의 어두움에 비추어 볼 때 그런 기쁨이 진짜 그렇게 중요한 것인가?(전 9:7-10) 이성에 대한 그 저자의 성적 경험도 그 점을 경감시켜 주지는 못한 것 같다(전 7:28).

욥기는 엄청난 손실, 즉 자기 자녀들과 부와 건강의 손실을 실제로 당하는 가운데서 훨씬 더 예리한 질문들을 제기하고 있다. 비장한 향수를 느끼면서 욥은 자기에게 가족과 재산이 있었고, 자신이 장로의 한 사람으로서 그 지역의 가난한 자들에게 사랑을 받았고, 모든 사람의 존경을 받았던 정의의 사도였던 때에 자신이 그 지역 사회에서 누리던 위상을 추억한다(욥 29장, 특히 5-6절에 주목하라). 이 묘사는 잠언 31:23에 묘사된 존경받는 남편에 대한 그림과 화살통에 가득한 아들들을 가짐으로써 오는 사회적 안정(시 127:3-5)에 일치하는 모습을 보여 준다. 그러나 만일 우리가 그 전부, 즉 아들들과 재산을 모두 잃는다면 어찌하겠는가? 그러한 사회적 현실이 욥에 의해 욥기 30장에 그림같이 생생하게 묘사되어 있다. 그것은 수치와 경멸 그리고 사회의 언저리로 밀려나는 일이다. 그렇다면, 사탄이 입증하려고 그처럼 애를 썼듯이, 질문은 이것이다. 그러한 손실을 통해서 욥의 경건한 신앙심이라는 것은 단순히 그런 척하는 가장에 불과한 것이었음을, 일단 욥이 재산을 잃게 된다면 유지되지 않을 그런 것이었음을 폭로해 줄 것인가? 아니면, 하나님이 기꺼이 내기를 하고자 하셨듯이, 욥은 하나님에 대한 그의 믿음이 하나님이 자신에게 맡겨 주셨던 풍성한 가족과 재산에 기초한 것이 아니라 진정 하나님 안에 자리잡고 있었음을 입증할 것인가? 욥은 심지어 하나님이 흑암 가운데 자신을 감추시고 침묵하셨을지라도, 자신의 친구들과 자기 자신의 고뇌에 찬 항변의 압력을 받으면서도, 하나님에 대한 믿음을 지켰고 마침내 칭찬을 받았다.

욥기는 우리의 창조주 하나님이 주실 수 있는 지상 최고의 선물들인 가족과 건강과 풍요의 복들에 대해서까지도 어려운 질문을 던지도록 우리에게 요구하고 있다. 만일 그러한 축복들 자체가 우리의 안전을 보장해 주는 것이 되고 있다면, 그 복은 급속하게 우상이 되어 버릴 것이며 그러한 복을 잃게 되는 순간 우리는 취약한 존재로 전락하고 마는 것이다. 시편 127편이 드러내는 상당히 심각하게 상대화하고 있는 시각의 배후에 놓여 있는 생각이 아마도 바로 이런 것이었으리라 여겨진다. 비록 이 시편이 자식들을 유업이자 여호와 하나님으로부터 온 상급이라고 추켜세우고 있긴 하지만, 그럼에도 불구하고 "여호와께서 집을 세우지 아니하시면, 세우는 자의 수고가 헛되다"(1절). 이 문장은 우리 말에서나 히브리어 상으로나 이중적인 의미, 곧 진짜로 집을 세우는 일과 한 가정을 세우는 일 모두를 가리킨다. 여러분의 족보와 혈통에도 불구하고, 여러분의 진짜 정체성은 어디에서 비롯되는가? 사람들과 재산이라는 가족의 유산에도 불구하고, 여러분의 진정한 안전은 어디에서 오는가?

그리스도인과 문화

지금까지 우리는 문화적 실체에 대한 비판적 긍정의 일례로서 구약 성경에서 가족에 대해 말하고 있는 바를 조사했는데, 이제는 이 장의 쟁점인 성경적 신앙의 맥락에서 문화에 대한 평가라는 문제를 살펴보도록 하자. 이제 우리는 과연 구약 성경 시대 자체의 사회 문화적 양상에 대한 구약의 접근 방식이 지금 우리가 살아가고 있는 사회와 문화에 대한 우리의 응답과 대처에 관하여 그리스도인인 우리들에게 무엇을 가르쳐 줄 수 있을 것인지 물어야 한다.

언급해야 할 첫 번째 사실은, 여러 다른 문화 현상에 대한 구약 성경의 대답 자체가 다양하다는 점은 우리 편에서 단순한 견해를 주장하는 것을 배제한다는 것이다. 우리는 우리 사회의 문화를 좋은 것이라고 전적으로 받아들여서도 안 되고, 최소한 관용할 만한 것이라고 받아들여서도 안 되며, 반대로 도무지 돌이킬 수 없을 정도로 악하고 혐오스러운 것이라고 전적으로 배척해서도 안 된다. 분별력 있고, 비판적인 접근 방식이 분명하게 요청되고 있다. 이스라엘이 나타냈으리라 여겨지는 세 가지 범주의 반응을 되새겨 보자면, 전적인 배격, 조건부 관용, 그리고 비판적 인정이다.

전적인 배격

우선적으로 구약 성경은 타락한 인간 사회의 몇몇 양상이 하나님께 아주 혐오스러운 것이기 때문에 반드시 배격되어야만 한다는 것을 예상할 수 있게 해준다. 그러한 양상들에 대해 그리스도인이 보여야 하는 적절한 반응은 오직 거절하고 멀리하는 것이다. 넓게 말해서, 다음 네 가지 범주가 특별히 이스라엘의 율법 전승과 예언자 전승을 통해 정죄되었다고 말할 수 있을 것이다. (1) 우상 숭배적인 것, (2) 왜곡된 것, (3) 사람을 파괴하는 것, (4) 가난한 자들에게 무정한 것. 이 범주들 각각은 오늘날에도 여전히 강력한 적절성을 가지고 있다. 전 세계 모든 인간 문화가 가지고 있는 매우 많은 차원이 타락한 인간 본성이 지닌 이 네 가지 음울한 성향의 양상을 드러내고 있다.

지금 우리에게도 여전히 우리 시대와 문화가 보여 주는 노골적인 우상 숭배와 은밀한 우상 숭배들에 대해 구약 성경이 가하는 혹독한 비판이 필요하지 않은가? 이스라엘이 그랬던 것처럼, 그리스도인들도 종종 무의식적으로 하나님을 구원과 주일 예배에만 연결시키고, '실제 생활'에서는 물질주의적이며 소비 중심적인 문화의 금송아지와 바알들을 섬기는 경향이 있다. 우상 숭배를 분별하는 것은 중대한 과제이며, 예언자적 책임이고, 흔히 어떠한 문화가 지니고 있는 우상을 폭로하는 자들에게 값비싼 희생을 치르게 하는 일이다.

모든 도덕적 가치가 의심을 받고 전복되고 있는 시대에, 우리에게도 여전히 구약 성경이 말하는 왜곡에 대한 분명한 폭로가 필요하지 않은가? 신약 성경에서 사도 바울이 성적 관행이라는 영역에서의 왜곡**만이 아니라** 전체적인 지적 분위기에서의 왜곡과 **진리**에 대한 왜곡이라는 영역에서 우상 숭배와 왜곡을 대단히 밀접하게 연결시키고 있다는 사실은 아주 의미심장하다(롬 1:18-32).

지금 우리에게도 여전히 제의적인 매춘과 자식을 희생 제물로 바치는 관행을 통해 약자와 순진무구한 자들을 해치는 일에 대해 구약 성경이 보여 준 분노의 증오심이 필요하지 않은가? 포르노 산업은 이전 시대에 여성과 아동에게 가해졌던 경제적 착취를 인수하면서 제의적 매춘과 어린이 희생 제사라는 두 요소를 모두 지니고 있다. 여성과 아동들에 대한 경제적 착취도 전혀 근절되지 않았다. 그리고 때로는 이해할 수 있는 의료적 이유 때문에, 그러나 압도적으로는 단순히 편의 때문에 행해지고 있는 것 같은 낙태 행위, 즉 수백만의 태아를 대규모로 죽이는 일에 대해서 구약 성경이 예민하게 반응하고 있는 이 차원은 무엇이라고 말하겠는가?

지금 우리에게도 여전히 인정사정없이 '가난한 자들의 머리를 짓밟는' 자들과 그들을 압제하는 자들 모두에 대한 구약 성경의 서릿발 같은 비판이 필요하지 않은가?(암 2:7; 미 3:2-3은 훨씬 더 소름끼칠 정도다) 만일 소돔의 죄악이 "교만함과 음식물의 풍족함과 태평함"에다가 가난하고 궁핍한 자를 무정하게 도와주지 않은 것까지였다면(겔 16:49), 기독 교회가 자리잡고 있는 대부분의 지역들(특히 서구 사회)은 시온이 아니라 소돔인 것 같다.

말할 필요도 없이, 이 책을 읽고 있는 독자는 자신의 시대와 자신이 살고 있는 지역 문화 가운데서 우상 숭배적이며, 왜곡되었으며, 파괴적이며, 무정하다고 볼 수 있는 것들을 덧붙일 수 있을 것이다. 이것은 최소한 우리의 문화 분석에서 피할 수 없는 부정적인 면들을 파악하기 위한 틀이다. 이스라엘은 이러한 것들을 배격하고 저항하라는 요청을 받았다. 그리고 마찬가지로 교회가 반드시 치러야 할 전투가 있다.

조건부 관용

두 번째로, 구약 이스라엘의 경험은 사회가 타락해 있다는 사실을 우리가 받아들일 수 있게 해준다. 하나님도 이 사실을 받아들이고 계시다! 태초에 있었던 하나님의 창조 목적은 평생 동안 이어지는 결혼 생활이었지만, 그럼에도 불구하고 하나님이 "너희 마음의 완악함 때문에" 이혼을 "허락하셨다"는 예수님의 말씀(마 19:8)의 요점이 바로 그것이다. 물론 비판이 없지 않았고 더 높은 기준에 대한 가르침이 없지 않았지만, 하나님의 구속받은 백성으로서 이스라엘 안에서 이혼이 묵인될 수 있었다면, 내가 생각하기에는 이혼이 세속 사회 가운데서도 관용되는 것이라는 점에 동의해야 할 것 같다. 이혼에 대해 비판하지 않고 넘겨야 한다는 말이 아니다. 그러나 비판하는 것 이상으로 가장 고상하고 절대적인 기준들을 확인하고 사람들이 그 기준에 가깝게 갈 수 있도록 하는 노력을 기울여야 한다. 그렇지만, 법은 윤리적 이상에 미치지 못하는 형편들을 관용하고 그 상황에 맞게 제정되어야 한다.

앞 장에서 살펴보았듯이, 고든 웬함은 법이 규정하고 금지하는 바와 사회가 윤리적으로 바람직한 것 혹은 바람직하지 못한 것으로 간주하는 것 사이에 존재하는 차이점에 대해 훌륭한 논의를 제공하고 있다.

대부분의 사회에서 법이 강제적으로 규제하고 있는 것은, 그 사회를 이루고 있는 고결한 구성원들이 사회적 이상이라고 생각하는 것은 고사하고 바람직하다고 느끼는 정도도 되지 못한다. 물론 도덕적 이상과 법 사이에 연결점이 있긴 하지만, 법은 입법자들의 이상들과 실제로 강제될 수 있는 것 사이에 이루어진 실용적 타협이라는 경향을 띠고 있다. 법은 최소한의 행위 기준을 강제한다.…혹 성경적인 용어로 설명하자면, 공의는 모세오경에 있는 십계명과 다른 법규들의 기준에 따라서 살아가는 것을 능가하는 어떤 것이다.…일반적으로 법규는 사회에서 용인되는 행위의 최저 한계를 설정하는 것이다. 법규는 윤리적 최고 한도를 규정하는 것이 아니다. 따라서 성경 안에 있는 법전들을 연구한다고 해서 그 법률을 제정한 자들의 이상을 드러내 준다고 말할 수 없고, 다만 그들의 관용의 한계만을 드러내 줄 뿐이다.…[구약의 율법에 들어있는 법규에 해당하지 않는 많은 권고는] 그 법규를 제정한 자들의 윤리적 이상이 그들이 제정한 법규의 내용보다 훨씬 더 높다는 것을 보여 주고 있다.[17]

그러므로, 이 원칙은 사회 생활과 정치 생활이라는 더 폭넓은 영역에 적용되어야 한다. 그리스도인들은 하나님의 기준에 미치지 못하는 상황들 및 구조 속에서 계속해서 살아가고 일해야 하며, 그것과 마주해야 하는 위치에 있다. 우리는 빛처럼 혹은 누룩처럼 변화를 위해 일하면서도, 한편으로 어떤 것들은 관용해야만 한다.

예를 들어, 일부다처제가 서구 사회에서는 더 이상 생생한 윤리적 쟁점이 아닐 수 있지만, 세계의 여러 다른 부분에서는 여전히 그리스도인들이 직면하는 문제이며, 윤리적 답변과 목회적 대처를 요구하고 있는 문제다. 온전한 성경 윤리의 관점에서, 물론 우리는 일부다처제가 일부일처 결혼에 대한 하나님의 의도에 비추어서 도덕적으로 부족한 것이라고 주장해야 한다. 아내와 이혼하고 다른 여자와 결혼한 남자를 간음한 자로 여긴 예수님의 이혼에 대한 말씀은, 다른 아내를 취하는 것이 그리스도인들에게 적절한 선택 사양이 아님을 시사

---

17) Wenham, *Story as Torah*, p. 80. 제5장, 'Ethical Ideals and Legal Requirements'에서.

하고 있다 그러므로 확실하게, 그리스도인은 일부다처주의자가 **되기를** 선택해서는 안 될 것이다. 그러나 일부다처제 문화에서 살고 있던 한 남자가 이미 여러 아내를 두고 있다가 그리스도인이 된 상황에서는 어떻게 할 것인가? 그 사람이 택할 수 있는 유일한 길은 오직 한 아내만 남기고 다른 모든 아내와는 이혼해야 하는 것이라고 말해야 하는가? 구약 성경은 분명 그런 경우를 아내들의 관점에서 훨씬 적은 악을 훨씬 더 큰 악으로 대체시키는 것이라고 여겼을 것이다. 이미 살펴보았다시피, 구약 성경의 가르침이 알려 주는 균형은 하나님의 눈으로 볼 때 일부다처제보다는 이혼을 더 큰 악으로 간주하는 것이었다. 구약의 이스라엘 백성은 일부다처제를 용인하는 데 대해 몇 가지 실용적인 정당화의 근거까지 제시할 수 있었을 것이다. 여자가 소득을 얻을 만한 독립적인 일자리를 가질 길이 별로 없던 사회, 독신자나 이혼당한 자나 과부가 된 여자들에 대한 복지 혜택이 전혀 없던 사회, 자식이 없는 여자가 깊은 수치를 감당해야 했던 사회에서, 비록 불가피하게 일부다처의 결혼을 하게 된다 할지라도, 매춘을 하거나 위험천만한 과부의 곤경에 빠지는 것보다는 말할 필요도 없이 모든 여자가 어떤 남자와 결혼해서 그의 아내가 되는 것이 더 낫다고 주장할 수 있었을 것이다. 근본적이며 신학적인 비판 및 더 높은 이상에 대한 선포와 더불어서, 구약 성경에 비추어 어느 정도의 관용을 주장할 수 있다고 보인다.[18]

    우리는 또한 결혼과 이혼의 문제에 대해 사도 바울이 언급했을 때 이와 유사한 도덕적 문제를 그가 어떻게 다루고 있는지 살펴볼 수 있을 것이다. 사도 바울은 그리스도인들이 불신자와 결혼해서는 안 된다고 명령했다. 그러나, 만일 그리스도인이 아니었던 부부 중에서 한 사람이 그리스도인이 **되었을 때**, 그리스도인이 된 그 사람은 아직 불신자인 남편이나 아내가 이혼하기를 원하지

---

18) 일부다처제가 여전히 문젯거리인 아프리카 교회들 가운데에는 이 문제를 놓고 수십 년 간 세심하고 성숙한 성경적이며 신학적인 응답이 있어 왔음을 지적해야 할 것이다. 한 남자가 회심했을 때 일부다처의 상태에 있었다면, 그 사람은 이미 있는 아내들과 이혼하라는 요구를 받지 않는다. 그러한 한도에서, 일부다처제는 '비판적으로 관용'되고 있다. 그러나 회심을 한 후에 일부다처 관계에 들어가는 신자의 경우는 교회의 권징(즉, 친교에 받아들여지지 않는다)을 받는다. 그리스도인에게 일부다처는 죄로 간주된다. 그리고 신약 성경의 가르침에 따르면, 일부다처 혼인 관계에 있는 남자는 교회 리더십의 자리에 앉는 것이 허락되지 않는다.

않는 한 그 배우자와 이혼해서는 안 되었다. 상대방이 이혼을 원하는 경우에 바울은 믿는 편에게 자유를 부여했다. 바울의 원칙은 회심 **이전에** 했던 개인적 서약은 새로 그리스도인이 된 사람 편에서 존중해야 한다는 것 같다. 불신 상태에 있는 배우자와 혼인 상태로 남아 있는 것이 새로 그리스도인이 된 배우자가 이혼을 주도하는 것보다 더 나은 것이었다. 일부다처 상태에서 회심한 남자에 대해서도 바울은 비슷하게 접근하고 관용했을 것이라고 주장할 수 있다(참고. 고전 7:12-24).

마찬가지로, 비록 우리가 법적으로는 노예 제도를 폐지했다고 말할 수 있겠지만(물론 세계 전역의 구석구석에서 계속해서 자행되고 있는 노예적인 예속 상태에 비추어 볼 때, 그것조차도 의심스러운 주장이긴 하지만), 여전히 인간 존엄성에 대한 하나님의 기준에 미치지 못하는 경제 생활과 산업 생활의 구조들이 잔존하고 있다. 그리스도인들은 그러한 구조 안에서 일을 하고 그 문제를 처리할 수 있을 정도로 이러한 상황들을 관용해야 한다. 그러나 동시에 정의와 공정한 거래와 약자에 대한 긍휼에 관한 구약 성경 자체의 명확한 원칙에 비추어서 그러한 구조에 도전하고 개혁하고자 해야 한다.

우리는 이스라엘이 노예 제도를 관용한 사실에 대해서도 그것이 과연 다른 대안들보다 더 선호할 만한 것이었는지 깊이 생각해 볼 수 있을 것이다. 즉시로, 우리는 이것이 어떠한 의미에서도 노예 제도나 예속 상태라는 말이 통상적으로 의미하는 바, 어떤 인간에 대한 노예화나 예속을 정당화하려는 시도가 결코 아니라고 말해야 할 것이다. 어떠한 인간도 다른 인간 존재를 재산의 일부로 소유하거나 그 사람을 그처럼 취급할 무제한적인 권리를 가지고 있지 않다. 그러나 말하자면 부채라는 사회의 주요 문제점에 대해 살펴볼 때, 이 문제에 대한 이스라엘의 해결책은 매여서 섬기는 것이었는데, 그 해결책이 최소한 어떤 변호할 만한 측면들을 가지고 있지 않은가 생각한다. 채무자는 굴레를 입었다. 채무자는 채권자에게 묶여서 자기 노동을 통해 빚을 갚아야 했다. 이것은 현대 사회에서 사용하는 다른 방법들과 비교해 볼 때 동정적으로 고려할 만한 최소한의 가치가 있다고 주장할 수 있을 것이다. 갚을 수 없는 채무에 대한 현대의 대응은 채권자가 아무것도 받지 못하게 되는 파산—이것은 부당하다고 여겨진다—에서부터, 누구에게도 유익할 것이 없고 사회에 심한 부담을 주는 투옥에 이르기까지 다양하다. 앞 장에서 살펴보았듯이, 단순히 법률상의 처벌로서 고려해 볼 때, 이스라엘 식으로 채무에 대해 일정 기간 제한적으로 예속되어서 일을 하는 편이 우리 식으로 감옥에 가두는 것보다는 훨씬 더 인도주의적이었다고 주장할 수 있다. 그렇게 자신을 채권자에게 예속시킨 종은 여전히 가정에서 생활했으며, '정상적인' 세상 속에서 사람들과 어울리면서 일을 했다. 그는 하나님의 하늘 아래서 하나님의 땅 위에서 걸으며 살아갔다. 투옥은 이 모든 것을 거부하는 것이다. 그리고 (대충 줄잡아 말하더라도) 투옥은 토라의 어느 곳에서도 결코 처벌로서 규정되어 있지 않다는 점이 흥미롭다(물론 후대의 왕정 하에서는 투옥이 실행되었다). 이 비교의 핵심은, 물론 노예 제도를 다시 도입하는 일을 옹호하자는 것도 아니고, 현대 사회에서 투옥에 대한 간편한 대안이 있다고 생각하는 것도 아니다. 그것은 오히려 우리가 노예 제도에 대해서는 본능적으로 반발하지만 투옥에 대해서는 쉽게 관용하는 상황에서, 구약 성경은 우리에게 그 두 가지 방식이 가지고 있는 윤리적인 (그리고 그렇게 윤리적이지 않은) 측면들을 좀더 신중하게 철저히 생각해 보도록 도전하고 있다는 것이다. 우리는 생각했던 것보다 구약 성경의 패러다임으로부터 배울 것이 더 많다는 사실을 발견할 수 있을 것이다.

비판적 인정

세 번째로, 구약 성경은 비록 차별화시키고 있기는 하지만 인간의 사회 생활과 문화 생활의 여러 측면 가운데 긍정적으로 수긍해 줄 수 있는 점들이 있다는 것을 보여 준다. 여러 시대를 통해서 교회는 무수한 방식으로 이런 입장을 취해 왔다. 예를 들어, 교회는 그 자체의 목적에 맞게 예술과 음악, 그림과 드라마를 활용했다. 여러 이교의 절기들을 취해서 그것에 오염되지 않은 기독교적 내용을 부여했다. 신약 성경에 등장하는 가장 초기의 그리스도인들이 성경의 복음을 헬라적 토양에 뿌리내리게 해야 할 과업과, 복음을 헬라어로 표현해야 할 불가피성과, 복음을 헬라 철학과 연결시켜야 할 도전에 직면했던 이래로, 다양한 인간 문화에 건설적이며 창의적으로 참여하는 일이 기독교 선교의 본질적 성격이 되어 왔다. 모든 인간은 하나님의 형상으로 지음받았기 때문에, **어떠한** 문화든지 그 문화가 가지고 있는 차원들 가운데에는 언제나 하나님의 성품을 반영하고, 창조 세계의 선함을 긍정하며, 하나님의 도덕 기준의 어떤 측면들을 구현하고, 어떤 식으론가 인간의 번영에 기여하는 차원들이 항상 있을 것이다. 물론 그와는 대조적으로, 바로 그 동일한 문화 안에 하나님의 진리를 억누르고, 창조 세계를 더럽히며, 하나님의 기준을 왜곡하고, 인간을 피폐하게 만드는 데 공모하고 있는 차원들도 많이 있을 것이다. 그러나 그렇다고 해서, 확인할 수 있고 긍정할 수 있는 문화의 선한 부분에 대한 우리의 올바른 인식을 마비시켜서는 안 될 것이다.

그리스도인과 가족

그렇다면, 이스라엘의 사회 구조로부터 우리가 예를 들었던 **가족**은 어떤가? 가족은 정말로 어떤 문화의 옷을 입혀 놓아도 우리 그리스도인들이 인정할 수 있는 '제도'인가? 우리는 가족이 하나님이 주신 제도이며, 확실히 가정을 지속시키기 위해서 모든 노력을 기울여야 한다는 사실을 알고 있다. 과연 그렇다 하더라도, 어디에 어떻게 우리의 성경적 통찰을 적용해야 할지 그리고 정말로 우리의 통찰이 성경의 모델 **전체**를 고려하고 있는 것인지에 대해 신중할 필요가 있다. 방금 살펴보았듯이, 가족에 대한 성경의 자료는 일련의 역설이나 모호함을 제공하고 있다. 이는 가족이 인간의 삶 자체가 가진 모호함을 밀접하게 반영하고 있기 때문에 불가피한 일이다. 인간의 가족은 모든 인간 존재에 내재해 있는 모호함, 즉 하나님의 형상대로 지음을 받았으면서도 동시에 타락했으며 죄악되다는 현실을 공유하고 있다.

한편으로 하나님의 형상을 따라 지음을 받은 사람들로 이루어진 가족은 하나님 자신의 관계적인 자아의 어떤 점을 반영하고 있으며, 또한 하나님을 예배하는 적절한 맥락이자 매개체이기도 하다. 성경에는 사람들이 삶을 시작할 수 있도록 하나님이 의도하신 창조적 맥락으로서 가족을 높이 평가하는 견해를 긍정하는 풍성한 자료들이 들어 있다. 가족은 하나님을 기쁘시게 하는 가치와 표준에 따라서 인간 생명이 양육되고 형성되며, 우리 인류에게 본질적인 사회적이며 관계적인 기술을 배우고 표출하며, 삶과 노동, 풍요와 필요라는 여러 다양한 차원을 주고 받는 맥락이다.

다른 한편으로, 타락하고 죄악된 사람들로 이루어진 가족은 인간의 압제와 사악함이 주는 공포를 강화시킬 수 있다. 그리고 가족이 궁극적인 가치나 우선 사항이 될 때, 하나님에 대한 진정한 예배를 대체하는 우상 숭배가 될 수도 있다. 마찬가지로 이미 살펴보았듯이, 성경에는 제대로 기능하지 못하는 가정, 깨어진 가정, 비탄에 빠진 가정, 단합해서 하나님께 반역하는 가정들을 그리고 있는 풍부한 자료가 있다. 가족은 우상 숭배에 이르도록 유혹하는 잠재적 원천으로서, 그리고 그리스도를 통해 오직 하나님께만 드려야 할 궁극적 충성을 요구하는 잠재적 경쟁자로 인식되고 있다.

그러므로, '가족'에 대한 순진한 견해나 단순한 견해를 피해야 하며, 성경이 모든 곳에서 가족이란 그저 좋은 것이라고 기꺼이 긍정할 것이라 가정하지 않아야 한다. 물론 가족은 하나님의 창조 세계에 속한 다른 모든 것과 마찬가지로 하나님이 창조하시고, '매우 좋다'고 하신 것이다. 그러나 인간에게 속한 모든 것이 그러하듯이, 가족도 매우 악하게 왜곡될 수 있는 힘을 가지고 있다. 때로 그리스도인들은 '가족'이란 단어를 '온기가 흘러나오는' 단어로—'공동체'라는 단어에 스며들어 있는 정서적인 호소력과 비슷한 힘을 가진 단어로—사용하고 있다. 우리는 '가족의 가치'와 '공동체의 가치'에 대해 말하며, 그 말이 무슨 의미인지 우리 스스로가 알고 있다고 생각한다. 그러나 물론 성경이 명확히 밝히고 있듯이, 강도들과 악을 저지르는 자들 가운데에도 공동체는 존재할 수 있다. 그리고 가족 유형들 가운데에도 문화적으로 깊이 동화되어 있는 끔찍한 압제와 불의가 있을 수 있다. 우리는 분별해야 할 필요가 있다. 비판적 인정이 필요한 것이다.

내가 볼 때, 가족에 대한 구약의 가르침은 윤리적으로 두 가지 방향에서 적용 가능하다. 한 가지 방향은 보통의 세상에서 말하는 가족과 관련한 것이며, 다른 한 가지 방향은 하나님의 가족 혹은 하나님의 권속으로서의 교회, 특히 지교회와 관련한 것이다. 해석상의 여러 차원에 대한 우리의 견해를 다시 활용하자면, 전자의 경우에는 **패러다임적** 해석을 할 필요가 있으며, 후자의 경우에는 **예표론적** 해석을 할 필요가 있다.

사회에서의 가족

이스라엘 사회에서 가족이 차지하고 있던 중심적 성격을 인식한다면, 즉시로 가족은 건강한 사회의 바탕이자 벽돌이며 시멘트라고 아주 열정적으로 옹호하기가 쉬울 것이다. 이러한 친(親)가족적 입장은 가족에게 커다란 기대와 책임을 지우는 태도와 나란히 함께 가는 경향이 있으며, 일반 사회의 여러 병폐에 대해 너무 성급하게 가족, 특히 부모들을 비난한다. 이러한 입장이 갖는 위험은 가족이 단지 한 부분으로 기능하고 있는 구약의 모델 전체를 파악하지 못하는 것에서 기인한다. 우리는 **전체 패러다임**, 즉 이스라엘의 전반적인 사회, 경제, 그리고 신학 체제를 기억할 필요가 있다. 이미 살펴보았듯이, 구약 성경에서 가족은, 가족에게 탁월한 지위를 제공해 주었으며 사회 경제적 지원을 해 주었던 개념적 틀의 중심에 자리잡고 있다. 가족은 그 백성들의 도덕적이며 종교적인 생활에서 중심적 역할을 수행할 수 있게 해주던 더 큰 구조의 일부분일 뿐이었다. 그러므로, 우리가 진정으로 성경의 노선을 따라 사회 속에서 가족의 중요성을 주장하고자 한다면, 그 사회 자체의 성격에 관하여 진지하고 비판적인 질문들을 제기해야 할 것이다.

많은 전통 사회는 오늘날에도 여전히 성경에 나오는 이스라엘 사회와 매우 비슷한 친족 관계 유형을 가지고 있다. 몇몇 아프리카와 아시아 문화는 구약 성경에 기록된 가족 중심의 관습이나 법규의 여러 측면과 긍정적으로 관련을 맺는 데 전혀 어려움을 느끼지 않는다고 말할 것이다. 그러나 현대 서구 사회와, 서구 문화의 지배로 말미암아 (종종 좋지 않은) 영향을 받아온 문화권들 가운데는 훨씬 더 큰 사회학적 차이점이 존재하고 있다. 이스라엘은 상대적으로 안정된 혈연 네트워크에 근거해 있는 비교적 단순한 사회였다. 그 네트워크에서는 수평적으로 '현재' 살아 있는 세대 안에서 그리고 수직적으로 가계(家繼)의 승계에서 가족의 연대가 지극히 중요했다. '정상적인' 가족은 확대된 가구였다. 종들과 여타 의존해 있는 자들을 포함해서 서로 혈연상으로 연결되어 있는 가정들로 이루어진 이 무리는 한 사람의 가장 휘하에 사대까지 이르는 가족들로 이루어져 있었다. 이와 같은 가족은 경제적으로 대부분 자급자족했으며, 친족과 지파의 집단적 안보와 연결되어 있었다. 이 혈연 네트워크는 대부분의 사람들이 가지고 있는 사회 경제적 필요의 대부분을 채워 주었다.

현대 서구 사회, 특히 산업혁명 이후에 발전된 형태의 서구 사회는 (예를 들면) 직업과 직종, 스포츠, 애향심, 다원화된 사회 속에서의 민족적이며 종교적인 정체성 등과 같이 혈연과는 거의 상관이 없는 다수의 다른 사회적 결속을 광범위하게 만들어 냈다. 가족은 그 규모가 훨씬 더 작아졌으며, 흔히 사회적 이동성으로 인해 나뉘고 있다. 심지어 평균적인 가족에 남자와 여자로 된 양친이 있는 것조차도 더 이상 '표준'이 아니다. 온갖 동호회와 연합, 자선 단체, 정부 기관과 제도, 학교와 병원, 은행과 보험회사 등이 예전에는 혈연상의 네트워트에 맡겨졌던 여러 사회적 기능을 인수했다.

이것은 성경적 통찰과 원칙에 더하여서 진지한 사회학적 연구가 진행될 필요가 있는 또 하나의 분야다. 기독교계와 일반 사회에서 현재 진행되고 있는 그와 같은 작업은, 혈연과 가족이 현대 사회에서 부적절하며 없어도 될 것이라는 결론을 내리기는커녕 오히려 내가 볼 때에는 사회 속에서 가족의 역할을 재고하고 재강화해야 할 시급한 필요성이 있다는 것을 지적해 주고 있는 것 같다.[19]

그 점은 그렇다 치고, 예전에 여럿이 짐을 나누어 질 수 있었던 확대 가구가 담당했던 것과 똑같은 짐을 축소된 핵가족에게 지울 수는 없다. 그럼에도 불구하고, 핵가족은 과거 확대 가구 안에서도 궁극적인 기본 단위였듯이 여전히 사회의 기본 요소다. 이스라엘에서 확대 가구는 혈연으로 엮인 여러 개의 핵이 응집되어 형성된 일종의 분자와 같은 것이었다. 그 확대 가족은 아무런 형태가 없는 무형의, 참가해도 좋고 안해도 좋은 그런 공동 생활체에 불과한 것이 아니었다. 이스라엘에서 확대 가족은, 누군가가 썼듯이, 2인용 침상이 가득 찬 기

---

19) 확대 가족에 대한 성경적 패러다임을 현대 사회의 현실에 연결시키고자 시도하고 있는 그러한 작업에 대한 훌륭한 예로는 다음 책이 있다. Michael Schluter and Roy Clements, *Reactivating the Extended Family*.

숙사가 아니었다. 반대로, 가까운 혈연의 틀 안에서 정당한 이성 관계와 정당치 못한 이성 관계의 내적 한계들을 세심하게 규정함으로써, 대가족을 구성하고 있는 핵가족들의 순전함을 매우 신중하게 보호하고 있었다(레 18장; 20장).

또한 현대 사회 가운데 어떠한 사회도 과거 이스라엘이 그랬던 것과 똑같은 삼각 구도의 관계 유형을 가지고 있는 구속받은 언약 국가가 아니라는 것을 인정한다 할지라도, 앞서 고려했던 문제들에서와 마찬가지로 이번 경우에서도 그 유형이 패러다임적으로 기능하도록 할 수 있다. 그 유형을 더욱 광범위한 인간 사회에 그런 식으로 적용하면서, 우리는 여전히 어떤 의미에서 구약 성경의 이상을 반영하고 있는 사회내 가족(family-in-society)이라는 유형을 목표로 삼을 수 있다. 이것은 우리가 사회를 위하여 다음과 같은 목표들을 향해 노력한다는 의미일 것이다. 우리는 다음 사항들을 확보하기 위해 노력할 수 있다.

- 우리는 가족이 국가라는 거대한 기계에 통계적으로 저당잡혀 있다고 느끼는 것이 아니라, 오히려 공동체 안에서 주요한 사회적 의의와 가치를 지니고 있다고 느낄 수 있게 하도록 노력할 수 있다(사회적 각).
- 우리는 가족이 국가의 부에 대한 공정한 참여에 기반을 둔, 어느 정도 경제적으로 독립적인 생계 유지를 할 수 있도록 노력할 수 있다(경제적 각).
- 각 가족이 모두 하나님의 구속의 메시지를 그 충만한 의미 가운데서 들을 수 있는 기회를 갖고, 또한 그 메시지에 응답할 자유를 누리며, 이어지는 세대들을 통해 내내 그 메시지에 부응하며 살아갈 수 있도록 노력할 수 있다(신학적 각).

이상주의적인가? 아마도 그럴 것이다. 그렇지만, 최소한 그 이상주의는 전반적인 성경적 패러다임에 근거한 이상주의다. 또한 더 큰 가족 응집력을 요구함으로써 도덕적으로 부흥된 사회를 겨냥하면서, 동시에 그 가족을 무너뜨리고 있는 경제적 압박이나 악과 씨름하지 않는 것보다는 훨씬 더 현실적일 것이다. 다시 말해서, '가족을 지원하자'(support-the-family)는 노선은 어느 정도 칭찬할 만한 것이기는 하지만, 동시에 가족 응집력이 경제적으로 가능하며, 사회적으로 가치 있으며, 영적으로 양분을 공급받는 사회적 조건을 만들어 내려고 노력하지 않는다면, 온전한 성경적 모델에 합당하게 공정을 기하는 것이 아니다.

그리고 '모든 것이 부모 탓'이라는 표어를 내세우는 것은 더욱 도움이 되지 않는 것 같다. 성경이 대체적으로 부모들의 어깨에 큰 책임을 지우는 것은 분명하다. 그 점은 의심할 여지가 없으며, 모든 세대마다 다시금 강조할 필요가 있다. 그러한 취지를 가지고 있는 율법 및 지혜자의 권면과 마찬가지로, (내러티브들 가운데도) 엘리의 아들들(삼상 2:12-3:18)과 사무엘의 아들들(삼상 8:1-3) 같은 슬픈 예들이 있다. 그리고 율법은 의무를 태만히 하고 비행을 저지르는 젊은이들 중에서 도무지 말을 듣지 않는 고질적인 불순종의 문제를 인식하고 있다(신 21:18-21). 그러나, 이스라엘이 왕정 후반의 몇 세기 동안 도덕적으로, 영적으로, 경제적으로, 정치적으로 무너지기 시작했을 때, 그 나라의 사회적 병폐들에 대해 가족을 탓하는 예언자는 찾아볼 수 없다. 오히려 그 반대였다. 예언자들은 탐욕과 압제와 불의를 저지르는 자들이 가족을 **파괴하고 있다**고 정죄했다. 가난과 부채가 가져온 파괴적이며 분열적인 효과 및 비양심적인 경제적 탐욕에 직면한 보통 가족들의 무력한 상태가 마음이 심란한 부모들이 느헤미야에게 했던 호소에 신랄하게 표현되었다. "우리는 밭과 포도원으로 돈을 빚내어 왕에게 세금을 바쳤도다.…이제 우리 자녀를 종으로 파는도다.…우리의 밭과 포도원이 이미 남의 것이 되었으나, **우리에게는 아무런 힘이 없도다**"(느 5:4-5, 강조는 저자의 것).

그것은 오늘날에도 들려오고 있는 부르짖음이다.

신약 성경과 하나님의 가족

마지막으로 신약 성경으로 옮겨 가면서 우리는 그리스도의 주장과, 하나님 나라의 요구와, 우리가 지금 살아가고 있는 종말론적 시대로 인해 훨씬 더 예리하게 규정되고 있는 가족에 대해 똑같은 모호함을 발견한다.

예수님과 가족

복음서를 보면, 결혼 생활, 자녀, 부모의 책임이라는 맥락에서 예수님이 가족에 대해 긍정적으로 인식하셨던 것이 분명하다.[20] 예를 들어, 마태복음과 누가복음에는 예수님 자신의 출생과 아동기에 대한 내러티브들이 있다. 누가는 그의 복음서 내러티브와 사도행전 서두(행 1:14)에서 예수님의 어머니 마리아의 역할을 특별히 강조하고 있다. 누가복음은 소년 시절의 예수님이 성전에서 말씀하셨던 것에 대한 양면 가치적인 내러티브를 담고 있는데, 예수님은 자신의 부모 요셉과 마리아의 걱정보다는 자신의 하늘 아버지의 집 혹은 그 일을 더 중시하고 있는 것처럼 보이는 행동을 하신다. 그러나 바로 뒤이어 나사렛에서 성장할 때 예수님이 지상의 부모에게 순종했다는 관찰을 덧붙이고 있다(눅 2:49-51). 그리고 또한 예수님은 가나에서의 혼인 잔치 자리에도 참석하셨고, 당황스런 상황에 빠져 있던 신랑 신부에게 놀라운 선물을 주셨다(요 2장).

예수님의 가르침과 관련해서는, 이혼에 대한 가르침 가운데서 그분이 결혼을 강하게 긍정하셨던 사실을 포함시킬 수 있을 것이다(막 10:2-12; 마 5:31-32; 19:1-9). 그리고 경건을 가장해서 부모에 대한 의무를 피하고자 했던 자들을 꾸짖으신 일에서 부모에 대해 다섯 번째 계명이 부여하는 의무에 대한 예수님의 긍정을 포함시킬 수 있다(고르반의 문제, 막 7:9-13; 마 15:3-6).

또한 예수님이 행하신 많은 치유 기적은 아픈 가족을 위해 예수님께 호소했던 자들에 대한 긍휼의 응답이었다. 예를 들어, 특히 자기 자식을 고쳐 달라고 예수님께 청했던 자들과 자기 장모를 위해 부탁했던 시몬의 요청을 들어주셨다. 그리고 십자가에 달려서조차도, 어머니에 대한 예수님의 긍휼은 잠시 동안 자신의 몸부림치는 고통보다 앞섰을 정도였다(요 19:26-27).

반면에, 복음서들은 예수님을 따르는 일이 가족적 유대에 대한 근본적인 재평가를 의미했다는 것을 분명하게 보여 주고 있다. 제자도는 가족과 가구로 이루어진 전반적인 사회 경제적 영역에 심각한 분열을 몰고 올 수 있었다. 마가

---

20) 각각의 복음서가 보여 주는 가족에 대한 서로 다른 시각들을 다루고 있는 매우 유익한 조사가 다음 글에 제공되어 있다. S. C. Barton, 'Family.'

는 예수님이 첫 제자들을 불러내시는 모습을 그리면서도 거의 예수님을 무대에 등장시키지 않는다. 이 사람들은 즉시 자기들의 가업을 뒤로 하고, 자기 아버지와 그 아버지의 사업에서 떠나 예수님을 좇아갔다. 이 일은 셀 수 없이 많은 기독교 설교 가운데서 찬탄할 만큼 급진적이고도 철저한 헌신 행위로서 우리가 기꺼이 본받아야 할 것이라고 묘사될 것이다. 그러나 또한 그들의 행위는 말할 필요도 없이 그 당시 문화에서 사회적으로 괘씸한 일이며 도덕적으로도 무책임한 일로 보였을 것이다. 그 사실은, 예수님께조차도, 자신을 통해 하나님 나라가 진입해 들어오는 일은 그분이 자신의 가족을 하나님 나라의 도래를 선포해야 하는 긴급한 사명에 복속시켜야 함을 의미했다. 그래서 또한 감히 예수님을 따르고 그분의 메시지를 믿고자 하는 모든 사람 역시 필수적인 가족의 의무까지 포함해서 다른 모든 것보다 하나님 나라를 더 우선시해야 했다. 가족보다도 그 나라가 먼저라는 이 우선 순위에 대한 암시들로는 다음과 같은 것들이 포함된다.

- 예수님이 자기 모친과 형제들에게 하신 말씀으로서, 그들의 요구로부터 의도적으로 자신을 멀리하고 하나님의 뜻을 행하는 자가 진짜 자신의 가족이라고 확인시켜 주고 있는 말씀(막 3:31-35). "누가 내 어머니이며 동생들이냐"라는 질문은 그 어머니와 형제들의 호출에 반응하여 주어진 상당히 충격적인 대답이었다. 그것은 마치 자기의 피붙이를 사실상 포기하고 있는 것처럼 들렸을 것이 분명하다. 우리는 물론 예수님이 그렇게 하시지 않았다는 것을 알고 있다. 그렇지만, 예수님은 이렇게 뚜렷하게 인간적인 혈연상의 의무보다 하나님 나라 안에서 자신과 '혈연'을 맺은 사실이 더 높은 우선권을 갖는다고 주장하셨다.
- 마찬가지로, 제자가 되기를 원하면서도 먼저 가서 자기 아버지의 장례를 치르게 해 달라고 요청한 사람에게 하신 예수님의 대답 또한 충격적이었다. 아버지에 대한 아들의 그러한 효심은 그 시대에도 그렇고 오늘날에도 여전히 많은 문화권에서 모든 아들에게 기대되는 가장 높은 사회적, 종교적 우선 사안일 것이다. "죽은 자들로 자기의 죽은 자들을 장사하게 하라"

는 예수님의 유명한 응수는 제자도가 요구하는 사항들과 하나님 나라의 긴급성이 지고의 인간적 의무보다 앞서야 함을 시사하고 있을 뿐만 아니라, 또한 그러한 우선 순위에 따라서 처신하기를 거절하는 사람들은 스스로를 그 나라의 삶에서 배제시킨 것이며 사실상 죽은 것과 마찬가지임을 시사한다(눅 9:59-60).

• 예수님에 대한 사랑과 비교해서, 제자가 자기 부모와 가족들을 사랑하는 것은 미움으로 간주되어야 한다는 요구에, 이와 동일한 우선 순위상의 뚜렷한 충돌이 표현되어 있다. 미워한다는 말은 히브리어상의 과장법이나 비교상의 부정을 나타내는 독특한 표현 양식이다(마 10:37; 눅 14:25-26). 그 요구는 십자가를 지는 일과 자기 목숨을 사랑하지 않는 일을 동일한 범주 안에 집어넣고 있다. 그처럼 급진적이며 비타협적인 요구들에 비추어 볼 때, 예수님이 자신이 오신 것이 '땅 위에 평화'를 가져다주는 일이기보다는 '칼'을 가지고 들어오는 일이 될 것임을 예견하고 계시다는 사실은 전혀 놀랍지 않다. 칼이란, 지역 사회 나머지 부분에서와 마찬가지로 가족과 가구들 내부에서 예수님을 따르는 자들과 예수님을 대적하는 원수들 사이가 확연히 갈라지는 중대한 분열이 있을 것임을 의미한다(마 10:34-36; 눅 12:49-53). 그리스도 때문에 임하는 미움과 박해는 가족의 유대도 결코 가리지 않을 것이다(막 13:12-13). 여러 시대에 걸친 기독교 선교와 순교의 역사는 예수님의 말씀이 옳았음을 입증하고 있다.

• 그러나, 그리스도와 하나님 나라를 위하여 가족에 대한 헌신과 가족이 주는 안전으로부터 그와 같이 철저하게 자기를 분리시키는 것은 전적으로 새로운 '가족'인 그리스도 안에 있는 하나님의 가족을 경험함으로써 보상을 받을 것이다. 그 나라를 위해 가정이나 가족이나 재산을 떠난 사람들이 그러한 복을 100배나 받게 될 것이라는 예수님의 약속은, 부자 청년 관원에게 그의 부를 포기하고 예수님을 좇으라는 요구와 자기와 자신과 동료 제자들은 바로 그렇게 했다는 베드로의 거의 불확실한 주장을 배경으로 이루어졌다(마 19:16-30; 막 10:17-31; 눅 18:18-30). 이 사실은 자연스럽게 최종적인 요점으로 이끌어 준다.

하나님의 가족으로서의 교회

영적 사귐과 그 사귐의 사회적이며 물질적인 표현이라는 맥락에서 그리스도 안에 있는 '가족'을 새롭게 경험하는 것이, 어떤 이들에게는 그들이 그리스도께 충성을 고백함으로써 받게 된 손실인 자연적인 가족 관계가 주는 안전의 상실을 대신해 주었다. 그렇지만, 동시에 초대 기독교 운동은 사회 속에서 살아가는 가족 생활의 일반적 형태들에 대해 반대하지 않았다. 오히려 그리스도의 주되심 아래서 그것을 유지하고 구속하려고 노력했다.

그리스도인 독자들을 향해 말하면서 히브리서는 "우리는 그의 집(oikos)이다"라고 말하고 있다(3:2-6). 히브리서 기자가 참고하고 있는 구절은 민수기 12:7이다. 그 구절에서 집이라는 단어는 모세를 그 책임 청지기로 두고 있는 하나님의 집으로서의 이스라엘 백성을 가리키고 있다. 이것은 본래 구약 이스라엘에게 적용되었던 언어와 그림들이 신구약 사이에 존재하고 있는 예표론적 관계를 통해 정당화되면서, 메시아 예수께 초점을 맞추고, 기독 교회에게 사용되고 있는 많은 예 가운데 하나다. '이스라엘의 집'이라는 표현은 ('속박의 집'인 애굽에서 그들이 처했던 곤경과 대조되는) '여호와의 집'으로서의 이스라엘이라는 사상과 마찬가지로, 구약 성경에 흔히 등장하는 표현이었다. 물론 '하나님의 집'은 흔히 예루살렘에 있는 성전을 가리키는 말이기도 했다. 그러나 때때로 그 말은 비유적으로 온 백성과 이스라엘 땅을 합친 것을 가리키는 데 사용되었다. 그렇게 해서, 하나님의 백성과 이스라엘의 영토는 하나님의 집과 가족, 유업을 구성하는 것이었다.[21] 그 은유의 요점은 이스라엘이 단지 하나의 민족이나 개인들의 집합체가 아니라 하나의 가족이라는 의미를 지닌 공동체, 하나님께 속해 있는 집이었다는 것이다.

그 은유의 배경과 내용은 실제 이스라엘 가족의 성격으로부터 유래하고 있다. 그 점에 대해서는 이미 어느 정도 상세하게 살펴보았다. 그 특징들 중에서 두 가지를 이 맥락에서 강조할 수 있을 것이다. 첫째, 가족은 **예배와 가르침**의 중심이었다. 그러므로, 가족은 세대에서 세대로 그 민족의 전통과 신앙을 연속

---

21) 이를테면, 렘 12:7; 호 8:1; 9:15; 미 4:2.

적으로 이어지게 하는 데 중요한 대행 기관이었다. 둘째로, 가족은 개인이 **포함되고 소속되고 보호받는** 장소였다. 바로 가족 안에서 각 개인은 하나님의 언약 백성의 일원으로서 자신이 가지고 있는 신분의 실질을 발견하고 경험했다. 그것이 바로 과부와 고아와 낯선 객들을 특별히 보살피라는 명령이 주어진 주된 이유였다. 그들은 한 집에 자연적으로 포함되지 못하고 집의 보호를 받지 못하던 사람들이었다.

신약 성경에서, 기독 교회는 그 자체를 하나님의 가족, '이스라엘의 집'이라는 이름을 물려받은 상속자로 보았다. 이 용어는 (이스라엘 민족에 상응하는)[22] 전체 교회의 의미로도, (이스라엘의 확대 가족에 상응하는) 좀더 작은 지역 교회 공동체의 의미로도 사용할 수 있었다. 여기에서 우리의 주된 관심사는 두 번째 의미다. 물론 지역의 기독 교회들에 대해서 가족과 집이라는 이미지를 사용하는 것은 그러한 지역 교회들 가운데 많은 교회가 애초부터 회심한 가구들로 출발했으며, 가정집에서 모임을 가졌다는 역사적 사실로 말미암아 크게 촉진되었다.

> 하나님의 가족이라는 생각이 전해 줄 수 있는 내용은 실제로 이미 가정 교회들을 통해서 초대 그리스도인 공동체 안에 생성되어 있었다. 하나의 공동체로서 집은…회중의 최소 단위이자 기초를 형성했다. 신약에 언급되어 있는 가정 교회들(행 11:14; 16:15, 31, 34; 18:8; 고전 1:16; 몬 2; 딤후 1:16; 4:19)은 의심의 여지없이 가정집을 모임 장소로 활용함으로써 존재하게 되었다.[23]

따라서, 위에 언급한 구약 이스라엘 가족의 두 가지 특징이 모두 신약의 지역 교회 가족 내부에서 작용하고 있는 것을 볼 수 있다. 첫째, 지역 교회는 **예배와 가르침**의 장소였다. 가정집들은 복음 선포를 위해 사용되었다(행 5:42; 20:20). 그 곳에서 성만찬이 집전되었으며(행 2:46), 그 곳에서 세례가 시행되

---

22) 이를테면, 눅 1:33; 갈 6:10; 엡 2:19; 히 3:3-6; 8:8-10.
23) Goetzmann, 'House', p. 250.

었다(고전 1:16; 행 16:15). 그래서 자신의 교회들에게 보낸 바울의 편지들은 지역 교회를 일종의 '집'이라는 의식 가운데서 함께 생활하고, 배우고, 예배하는 곳으로 그리고 있다. 실로, 바울은 교회와 가족 생활 사이의 일치점을 역으로 활용하여, **교회** 가족의 목회와 가르침이라는 활동에서 권위를 행사하는 자들은 반드시 그들 **자신의** 집을 잘 운영해 나가는 능력이 있다는 것을 보여 주어야 한다고 주장한다(딤전 3:4-5; 참고. 3:15).

둘째로, 지역 교회는 또한 **소속과 포함**의 장소였다. 윤리적 관점에서 볼 때, 이 점은 아마도 여기에서 강조해야 할 특징일 것이다. 그리스도인은 하나님의 가족으로 태어나 하나님의 가족에 속해 있다. 그러므로, 하나님이 우리로 하여금 그 가운데 있게 하신 사람들 사이에서 다른 지체들과 한 무리를 이루면서, 우리는 가족 멤버십의 책임과 특권을 공유하고 있다. 그러한 책임들 중에는, 순전한 '코이노니아' 교제를 나눌 사회적이며 경제적인 요구들 가운데서 가족의 '본질'을 공유할 책무가 포함된다. 이 점에 대해서는 제6장에서 논의한 바 있다. 이 사실은 또한 바울이 다음과 같이 요약 정리하고 있듯이, 가족 안에서의 상호 책임이라는 더욱 일반적인 의식으로 확대되었다. "그러므로 우리는 기회 있는 대로 모든 이에게 착한 일을 하되 더욱 믿음의 가정들에게 할지니라"(갈 6:10). 신약 전반에 퍼져 있는 '형제 사랑'이라는 윤리적 강조점은 '가족 우선'이라는 동인의 또 다른 표현이다.

물론 가장 중요한 특권은 하나님의 가족 안에 온전히 포함되는 특권이다. 그리하여 메시아 예수에 대한 믿음을 통해 교회에 속하게 된 자들은 모두 약속된 유산의 온갖 축복을 공유하게 된다. 유대인이건, 이방인이건, 그리스도를 믿는 신자는 더 이상 손님이나 영주권을 가진 외국인이나 '가족 비슷하게 인정받는' 사람(*paraikos*)이 아니라 혈족의 신분을 부여받았다(엡 2:19).

그러나, 교회 가족이 담당하는 또 하나의 중요한 기능은, 교회 가족의 한 지체가 복음에 응답한 결과로서 그 지체의 자연적인 가족과의 유대가 끊어지게 된 경우, 일종의 영적이며 심지어 물질적인 보상을 제공하는 것이었던 것 같다. 이렇게 자연적인 가족 관계의 단절은 또한 구약 성경에 예견되어 있던 것이기도 하고 예수님이 이미 언급하신 일이기도 했다.

복음서들이 마지막 때에 대한 미가의 예언을 취하고 있는 방식(미 7:6=마 10:35 이하; 눅 12:53)은 그 원시 공동체가 복음을 위해 생겨난 가족의 분열을 처리해야 했음을 시사해 준다. 이런 일을 당한 사람들은 "현세에 있어" 새로운 "집과 형제와 자매와 어머니와 자식과 전토"를 약속받고 있다(막 10:29 이하; 마 19:29; 눅 18:29 이하). 단절된 가정의 자리는 하나님의 가족, 그리스도인 공동체에 의해 채워진다.[24]

우리는 많은 지역 교회 가족이 그들의 존재 이유의 이 차원에 대해 충분히 인식하고 있는지 물어야 한다. 현재 지역 교회 가족들은, 아마도 매우 큰 희생을 치를 수밖에 없었던 신중한 선택을 함으로써, 구약 성경에 나오는 과부와 고아 그리고 낯선 객에 상응하는 상황에 처해 교회에 온 사람들을 사회적으로 보살피고 받아들이고 있는가?

그러므로, 다시 한 번 우리는 고대 이스라엘의 생활이 가지고 있던 사회적, 경제적, 문화적 측면들이 신약의 하나님 백성에 대한 우리의 이해에 예표론적으로 자양분을 공급해 주고 있음을 발견한다. 그러나, 그렇게 하고 있다 할지라도, 그것이 끝이 아니다. 오히려 그러한 측면들은 그리스도인들의 삶에 대하여 새롭고 영구적으로 적절한 윤리적 원칙을 낳는다. 그러므로, 이 맥락에서 흥미로운 사실은, 그 영적 생명의 부흥을 경험하는 교회들이 공통적으로 발견하는 최고의 축복 가운데 하나가 바로 참된 성경적 교제의 부흥이라는 점이다. 거기에서 바로 하나님의 집으로서 교회가 갖는 참된 사회적 성격과 기능을 재발견하게 되고, 또한 그 재발견이 낳는 특권과 책임을 재발견하게 된다. 이것이 구약 성경의 토양에 크게 빚지고 있는 깊이와 풍성함을 지니고 있으며, 신약의 교회가 바로 그 토양에 그 뿌리를 내리고 있고, 그것으로부터 윤리적 자양분을 끌어냈다는 것을 깨닫는 것은 실로 만족스러운 일이다. 비록 이러한 재발견을 향유하고 있는 오늘날의 교회에 속해 있는 많은 사람이 아직도 그러한 기원을 인식하지 못하고 있다 할지라도 말이다.

---

24) 앞의 글.

참고 도서

Barton, S. C. 'Family', in J. B. Green and S. McKnight(eds.), *Dictionary of Jesus and the Gospels*(Downers Grove: InterVarsity Press; Leicester IVP, 1992), pp. 226-229. 「예수 복음서 사전」(요단).

Bendor, S., *The Social Structure of Ancient Israel: The Institution of the Family(Beit 'Ab) from the Settlement to the End of the Monarchy*, Jerusalem Biblical Studies, vol. 7, ed. E. Katzenstein (Jerusalem: Simor, 1996).

Brichto, Herbert C., 'Kin, Cult, Land, and Afterlife—a Biblical Complex', *Hebrew Union College Annual* 44(1973), pp. 1-54.

Gitari, David, 'The Church and Polygamy', *Transformation* 1(1984), pp. 3-10.

Goetzmann, J., 'House', in Colin Brown (ed.), *New International Dictionary of New Testament Theology*, vol. 2 (Carlisle: Paternoster, 1976), pp. 247-251.

Janzen, Waldemar, *Old Testament Ethics: A Paradigmatic Approach*(Louisville, KY: Westminster John Knox, 1994).

Matthews, V. H., 'Family Relationships', in Alexander and Baker, *Dictionary of the Old Testament: Pentateuch*, pp. 291-299.

Mott, Stephen Charles, *A Christian Perspective on Political Thought*(Oxford: Oxford University Press, 1993).

Perdue, Leo G., Blenkinsopp, J., and Collins, J. J., *Families in Ancient Israel*(Louisville, KY: Westminster John Knox, 1997).

Schluter, J. M., 'Sexuality, Sexual Ethics', in Alexander and Baker, *Dictionary of the Old Testament: Pentateuch*, pp. 741-753.

Swartley, Willard M., *Slavery, Sabbath, War and Women: Case Issues in Biblical Interpretation*(Scottdale, PA: Herald, 1983).

Wright, Christopher J. H., 'What Happened Every Seven Years in Israel? Old Testament Sabbatical Institutions for Land, Debts and Slaves', *Evangelical Quarterly* 56(1984), pp. 129-138, 193-201.

_____, *God's People in God's Land: Family, Land, and Property in the Old Testament*(Grand Rapids: Eerdmans, 1990; Carlisle: Paternoster, rev. ed., 1996).

_____, 'Family', in *Freedman, Anchor Bible Dictionary*, vol. 2, pp. 761-769.

제11장 ■ 개인의 길

공동체 안에서의 개인

　이제 제2부의 마지막 장에 도달했는데, 어쩌면 혹자는 여기에서부터 내가 소위 말해서 구약 성경의 개인 윤리—하나님이 개인에게 그의 삶과 일상 생활의 전체 과정 가운데서 요구하시는 도덕적 요구—에 대한 기술을 시작하리라 기대했을 것이다. 이 순서는 나름대로 꽤 의도적인 것이었다. 제2장에서 지적했다시피, 구약 신학과 윤리가 지니고 있는 개인적 측면은 이스라엘에 대한 선택과 구속을 통해서 하나님이 불러내신 공동체에 대한 이해를 떠나서는 제대로 음미될 수 없다는 것이 나의 주장이다. 그런 까닭에 개인에게로 초점을 좁히기 전에 나는 한 민족으로서 이스라엘의 사회적 측면들을 다루는 데 앞의 여러 장을 할애했다. 사실, 사회 윤리와 개인 윤리를 구분하는 것이 구약 성경에서 항상 유익하거나 적절한 것은 아니다. 왜냐하면, 개인 윤리는 '공동체에 의해 형성되는 것'이기 때문이다.
　서구인들이 구약의 관점에서 사물과 사태를 바라보고자 한다면, 이 문제에서 우리의 습관적인 윤리적 사고 유형을 바꿀 필요가 있다. 우리는 개인적인 수준에서 시작하여 바깥으로 넓혀 가며 일을 하는 경향을 가지고 있다. 우리가 강조하는 것은 주로 이리저러한 도덕 기준에 따라서 어떤 종류의 삶을 살라고 사람들을 개별적으로 설득하는 것이다. 만일 각 개인이 충분히 이러한 기준들에 맞추어 살아가게 된다면, 거의 일종의 부산물로서 사회 자체가 개선되고, 최소한 개인들이 그들 나름의 개인적인 선함을 추구할 수 있을 만큼 건강하고 행복하고 안전한 환경으로 유지될 수 있을 것이라고 본다. 우리가 강조하는 것은, "**이것**이 우리가 되어야 할 종류의 사람이고, **저것**은 그 배경에 보너스로 자리 잡게 될 종류의 사회다"라고 말하는 것이다.

그러나 서구의 개인주의에 아직 침식당하지 않은 전통 문화권들에서는 윤리적 사고 유형이 반대 방향에서 시작하는 경향을 보인다. 공동체의 자기 이해 방식이 개인의 행위가 용인될 수 있느냐 없느냐를 지배한다. 분명 구약 성경이 움직이는 방식은 바로 이것이다. 구약 성경은 "이것이야말로 여호와 하나님이 원하시는 종류의 사회다"라고 말한다. 하나님의 이 소원은 거룩한 백성, 구속함을 받은 공동체, 하나님이 그들을 통해 자신이 창조하시려는 새 인류의 원형을 드러낼 수 있는 모델 사회를 위한 것이다. 하나님은 하나님 자신의 성품과 우선 순위들을 지닌, 특히 정의와 긍휼의 특징을 지닌 공동체를 원하신다. 그러므로, **그것**이 바로 하나님이 원하시는 종류의 사회라고 한다면, **이것**은 바로 우리가 그 공동체에 속해 있을 경우 반드시 되어야 할 종류의 사람이다. 그러므로, 개인 윤리는 구속함을 받은 하나님 백성의 신학으로부터 나오는 것이다. 달리 표현하자면, 사회 윤리의 경우와 마찬가지로, 구약 성경에서 개인 윤리는 **언약적**이다. 그 언약은 하나님과 하나의 **백성**으로서의 이스라엘 사이에 세워진 것이었다. 그러나 그 언약이 지니고 있는 도덕적 의미들은 그 언약에 포함되어 있는 모든 **개인**에게 영향을 미쳤다.

구약 윤리의 이러한 측면은 신약 성경의 윤리적 강조점과 전적으로 일치한다. 신약 성경에 있는 윤리적 교훈의 대부분은 하나님이 불러내셔서 그리스도 안에서 생겨나게 하신 공동체의 성격을 배경으로 주어져 있다. 개인들은 전체 교회를 배경으로 그 안에서 살아가고, 배우고, 함께 예배하고, 세상에서 그리스도를 섬기면서 윤리적 행동을 하도록 요청받고 있다. 그래서 이를테면, 윤리 문제를 다루고 있는 위대한 에베소서 4-6장은 "너희가 부르심을 받은 일에 합당하게 행하라"는 요청으로 시작한다. 그 앞에 있는 장들로 미루어볼 때, 이 부르심은 하나님의 새로운 사회의 일원이 되라는 부르심을 의미한다. 그 새로운 사회는 그리스도를 통해 하나님이 창조하신 사회적이고 영적인 화해의 기적이다. 그 이후의 장들에 나오는 **개인적인** 도덕 기준들은 앞선 장들에서 설명한 구속함을 받은 **공동체**의 멤버십에 근거해서 주장되고 있다.

그러므로, 하나님이 개인에게 요구하시는 상당수의 도덕적 요구들을 모아서 정리할 수 있는 한 가지 방법은, 이스라엘 사회에 대해 설명하고 있는 앞의 장들을 통해 작업을 하면서 논리적으로 추론할 수 있는 개인에 관한 도덕적 의미들을 담은 부록을 덧붙이는 것이 될 것이다. 예를 들어, 하나님이 경제적 평등과 긍휼의 특징을 지닌 사회를 원하셨다면, 그 사실은 이스라엘 백성 개인이 이기심을 없애고 이웃의 불행을 기회로 부당한 이익을 취하려는 유혹을 뿌리칠 것을 요구했다. 하나님이 정의에 토대를 두고, 공표되고 유지되는 법에 의해 질서를 세우는 사회를 원하셨다면, 그것은 재판관들 개개인이 불편부당하고 청렴하게 처신해야 했음을 의미하는 것이었다. 그렇게 해서 사회적 특징들의 전체적인 스펙트럼을 훑어나가면서 그것이 개인들에게 갖는 함의들을 도출해 낼 수 있을 것이다.

독자들 나름대로 추론할 수 있는 능력이 있기에, 매우 명백한 결과를 지닌 긴 목록을 훑어나가는 것은 지루한 일이 될 것이다. 그래서 나는 여기에서 관점의 문제만을 지적하고자 한다. 성경 윤리에서, 하나님이 과연 어떤 종류, 어떤 성격의 **사람**을 인정하시느냐의 문제를 지배하는 것은 바로 하나님이 추구하시는 (그리고 종말론적 비전에서는, 궁극적으로 창조하실) **공동체**의 성격이다. 사회적인 것과 개인적인 것은 구약 윤리에서 분리할 수 없는 문제다.[1]

개인의 책임

그러나, 지금까지 지적한 사실에도 불구하고, 그러한 공동체 지향적 윤리가

---

1) 구약의 윤리가 하나님이 창조하신 (물론 다른 여러 가지도 있지만, 그 가운데서 특히) 백성들에 대한 구약의 설명에 의해 주관되고, 거기에서 그 권위를 이끌어내고 있는 방식에 대한 좀더 상세한 성찰은 다음에 오는 제14장의 마지막 부분에서 찾을 수 있을 것이다.

어떤 식으로든지 개인의 도덕적 책임을 축소시키지 않을 뿐만 아니라 대체하지도 않는다는 점을 조심스레 강조하고자 한다. 조정 경기에서 노를 젓는 각 개인이 짊어져야 할 책임은 결코 적지 않다. 훈련의 목적은 조정 팀 전원이 레이스에서 이겨 코치의 기대를 이루어 주는 것이기 때문이다. 마찬가지로, 하나님의 도덕적 요구가 지니고 있는 공동의 측면에 대한 그 모든 강조에도 불구하고, 구약 성경은 하나님 앞에서 고결하게 살아가야 할 개인의 책임을 결코 잊어버리지 않으며, 면제시켜 주지도 않는다. 성경에 나오는, 아담과 하와에게 건네진 다음과 같은 첫 번째 질문은 개인적 책임을 전제로 하고 있다. "네가 어디 있느냐?…누가 네게 알렸느냐?…네가 어찌하여 이렇게 했느냐?"(창 3:9-13) 그러나 동일한 질문들이 아담과 하와가 대표하고 있던 모든 인간 개인에게 던져진다. 마찬가지로, "네 아우 아벨이 어디 있느냐?"라는 가인에게 던진 하나님의 물음(창 4:9)도 각 개인 모두에게 확대된다. 왜냐하면, 우리 각자는 하나님 아래서 우리의 동료 인간들에 대한 책임을 짊어지고 있는 자들이기 때문이다. 우리 자신의 행위에 대해 그리고 서로에게 하는 우리의 대접에 대해 하나님께 그 같은 책임을 져야 한다는 것이 사람됨의 진수다. 우리 사람들은 우리의 행위에 대해 인격적으로 그리고 개별적으로 하나님이 책임을 물으시는 피조물로서, 나머지 모든 피조물 중에서 독특한 존재들이다. 이는 우리가 각기 개별적으로 하나님의 형상을 따라 지음받은 자들이기 때문이다. 즉, 우리는 하나님이 말씀을 건네실 수 있는 존재들이며, 하나님께 책임을 져야 하는 존재들이다. 그것이 바로 한 인간 존재, 한 사람, 한 개인이라는 것이 의미하는 바의 근본적 차원이다.

구약 성경의 이야기가 진전되면서 우리는 개개인의 행동에 동일한 관심이 주어지고 있는 것을 발견하게 된다. 그 이야기는 한 개인인 아브라함의 믿음과 순종에서부터 시작한다. 실로, 아브라함의 순종이 갖는 윤리적 성격은 그 언약이 지속적으로 유지되기 위한 동기로서 강조되고 있다. 하나님이 이삭과 그 언약을 새로 갱신하실 때, 그분이 그렇게 하시는 것은 아브라함의 순종 때문이라고 말씀하신다. "이는 아브라함이 내 말을 순종하고 내 명령과 내 계명과 내 율례와 내 법도를 지켰음이라"(창 26:5). 족장(조상) 내러티브들은 개인의 삶 가운데서 역사하신 하나님의 권능과 섭리와 인내하심을 보여 주는 모델들이다. 그리고 그 면모들은 오래지 않아 적당한 때가 이르면 그 민족의 역사 가운데서 명백하고 부정할 수 없는 것이 될 것이었다.

시내 산에서, 아브라함의 자손들을 위해 아브라함 개인과 맺었던 그 언약은 그 후손들로 이루어진 전체 민족과 더불어 갱신되고 확대된다. 그러나 그런 다음에 그 언약은 개개인 모두에게 적용된다. 그 언약 관계의 핵심은 공동적인 것이다. '나는 너희의 하나님이 될 것이며, 너희는 나의 백성이 될 것이다.' 그러나 그 언약의 첫 번째 주요 요구 사항은 단수형 '너'라는 표현으로 개인을 향해 말한다. "너는 나 외에는 다른 신들을 네게 두지 말라."

나머지 십계명 역시 이와 동일하게 개인을 향하고 있으며, 모세오경의 세부 율법들 가운데 상당 부분도 마찬가지다. 초기의 법전인 '언약의 책'(출 21-23장)은 입법상으로 법 앞에서의 개인적 책임과 부담이라는 확실한 근거 위에서 작용하고 있다. 실로 이미 제9장에서 보았듯이, 개인의 책임을 면제시켜 주거나 축소시켰던 대속적 혹은 단체적 형태의 처벌은 통상적인 사법 절차 영역에서는 법률적으로 배제되어 있었다(출 21:31; 신 24:16). 신명기의 히브리어 본문이 이스라엘을 2인칭으로 부를 때 복수('너희')와 단수('너') 사이를 오가고 있다는 사실은 학자들 사이에 익히 알려져 있는 사실이다. 지금은 더 이상 이 점이 그 본문 안에 여러 개의 다른 문서나 저자들이 있음을 시사하는 것으로 생각되지 않고, 자기 백성의 행위에 대한 하나님의 도덕적 요구가 전체 공동체와 또한 그 공동체 안에 있는 모든 개인에게 전달되었음을 보여 주는 문학 양식으로 생각되고 있다.

율법에서 예언서로 넘어가면서, 물론 예언자들의 일차적 소명은 그 민족을 향해 말씀을 전하는 것이었으며, 혹은 민족을 대표하고 있는 왕이나 다른 지도자들과 같은 개인에게 전하는 것이었다. 그러나, 이러한 사회적이고 전체적인 임무를 수행하는 와중에도, 예언자들은 주저하지 않고 구체적인 개인적 행동들에 대해 하나님이 말씀하신 도덕적 도전을 가하며 개인과 대결했다. 드보라는 바락의 무기력에 대해 그를 책망했다(삿 4:8-9). 사무엘은 사울의 불순종에 대해 그에게 도전했다(삼상 15:22-23). 나단은 다윗의 간음과 살인에 대해 다윗과 맞부딪쳤다(삼하 12:1-10). 엘리야는 불의와 살인에 대해 아합을 비판했다(왕상 21:17 이하). 이사야는 하나님을 신뢰하라고 아하스 왕을 설득하는 데 실패하자, 그의 믿음 없는 불순종에 대해 그를 책망했다(사 7:1-13). 예레미야는 거짓 예언자들과 단체적으로(렘 23:9-40) 그리고 개별적으로(렘 28장) 대립했고, 여호야김 왕의 개인적인 탐욕과 압제를 가차없이 폭로했다(렘 22:13-19).

에스겔은 종종 개인의 책임에 대한 그의 통찰을 소개한 사람으로 인정받고 있다. 마치 개인이 개별적으로 책임을 지는 일이 이스라엘의 윤리 사상계에서 새로운 것이었다는 듯이 말이다(겔 18장). 이는 에스겔이 포로로 끌려간 세대가 자신들이 당하고 있는 모든 고난에 대해 그들의 조상이 지은 죄를 탓하는 생각을 단죄하고, 그의 유명한 "범죄하는 그 영혼은 죽으리라"(겔 18:4)는 말에서 정반대의 주장을 하고 있기 때문이다. 그러나 에스겔이 개별적 책임 이론을 '고안해 냈다'는 견해는 이스라엘의 사상에서 집단 전체와 개인 사이의 진정한 관계에 대해 그리고 실제로 에스겔이 주장하던 바에 대해서 더욱 면밀하게 살펴본 학자들에 의해 폐기되었다.

한편으로, 이스라엘이 강력한 공동의 연대 관념을 가졌다는 사실은, 과거 몇몇 학자가 주장한 것처럼, 포로기 이전의 이스라엘에 개인 책임에 대한 이해가 전혀 없었다는 것을 의미하지 않는다. 에스겔보다 수백 년이나 앞선 초기의 법률 문서들(이를테면, 앞서 살펴보았던 언약서 등)에 나타나고 있는 개별성이 그 점을 입증하고 있다. 분명 이스라엘의 법정에서는 개인들이 개별적으로 자신이 행한 행위에 대해 책임을 져야 했으며, 그에 따라 처벌되거나 변호를 받았다.[2]

다른 한편으로, 에스겔은 '전도' 훈련에 참여하고 있었다(참고. 겔 18장 끝

---

2) 고대 이스라엘에 대한 초기의 인류학적 연구들은 공동체적 책임과 공동의 인성 개념을 제기했다. 그러나 이 개념들은 주로 선험적 전제들에 기초한 것으로 드러났다. 1960년대와 70년대에는 그러한 견해들에 대한 반작용이 있었다. 그러나, 그러한 견해들은 여전히 소생하여 제기되는 경향이 있다. 특히 겔 18장에 근거해서, 에스겔이 개인 책임의 '고안자'였다는 생각이 다시금 강요되는 경우가 그렇다. 그에 대한 반론으로는 다음 글들을 보라. George E. Mendenhall, 'Relation of the Individual to Political Society'; J. Roy Porter, 'Legal Aspects of the Concept of "Corporate Personality"'; John W. Rogerson, 'Hebrew Conception of Corporate Personality'.

부분). 이 목적 때문에, 에스겔은 책임을 회피할 구실로 사용되던 거짓 개념들을 일소해 버릴 필요가 있었다. 유배지에 유배되어 있던 자들은 자신들의 운명에 대해 이전 세대들을 탓하고 있었다. 그들은 자신들 이전의 많은 세대가 저지른 악 때문에 그 여러 세대가 지난 지금 **자신들의** 세대에 하나님이 심판을 내리신 것은 전적으로 불공평하다고 주장하려 했다. 그들은 **자신들이** 다른 사람들의 죄악 때문에 무고하게 당하고 있다고 항변했다. 그러나 에스겔은 그 전제를 거부한다. 그들은 악한 부모를 둔 무고한 자식이 아니었다. 그들 자신의 행위에 대해서는 그들 자신에게 완전히 책임이 있었다. 그들의 행위는 그들 자신의 몫으로 하나님의 심판을 받아 마땅할 만큼 의문의 여지없이 악한 것이었다. 그들은 자신의 죄의식과 책임을 감당해야 했다. 그래서 에스겔은 유명한 속담 하나를 반박하는 것에서 시작하여(18:2), 신명기 24:16의 말씀과 일치하는 개인 윤리론을 구체화하여 복합적인 세대별 사례 연구를 제시하고 있다. 에스겔의 사례 연구가 가지고 있던 취지는 각 세대가 하나님의 법에 대한 그 세대의 도덕적 응답에 따라 서기도 하고 넘어지기도 할 것이며, 그와 똑같이 각 개인도 그럴 수 있음을 명확히 밝히려는 것이다. 공의에서 떠나 악을 향해 방향을 바꾸는 것은 재앙을 불러오는 일이다. 그러나—이것이 바로 그 장이 전하고자 하는 놀라운 복음인데—악한 사람들이 악에서 돌이키는 삶의 근본적인 윤리적 변화를 통해 그들이 회개했음을 드러낼 때, 그들은 하나님의 용서를 발견하고 목숨이 보전될 것이다. 에스겔의 설교가 분명 개인의 책임에 대해 새로운 깊이와 도전을 제공해 주고 있는 것이 사실이다. 그리고 에스겔은 분명 개인의 도덕적 선택과 습관에 내포되어 있는 생사의 쟁점들을 명확히 제시하고 있다. 그러나 그의 논의는 급진적인 **혁신**이 아니라 이미 잘 성립되어 있던 구약의 믿음에서 **발전되어 나온 것**이다.

도덕적 모델

일반적인 고찰을 다루었던 앞의 두 단락에서 넘어와 이제는 좀더 구체적인 점들을 고찰해 보도록 하자. 구약 성경은 개인적인 면에서 하나님을 기쁘시게 하는 (그리고 그 반대로 기쁘시게 하지 못하는) 윤리적 삶에 대한 여러 가지 모델을 제공해 준다. 내가 염두에 두고 있는 것은 구약 역사의 장들을 장식하고 있는 다수의 실제 개인들이 아니다. 물론 주일학교 교사라면 누구나 알고 있듯이, 이러한 수많은 개인이 개인 도덕에 관한 교훈을 알려 주는 풍부한 자원을 이루고 있는 것이 사실이긴 하다. 하지만 오히려 현재 나의 관심사는 다양한 형태로 등장하고 있는 인물들의 초상을 가지고서 의로운 사람의 전형적 자질에 대한 몽타주 사진 하나를 제공하는 데 있다. 이 다양한 인물의 초상들은 월데마 잰젠이 말하는 고대 이스라엘에서의 고전적 행위의 '패러다임들'을 반영하는 것이다.³⁾ 잰젠은 '패러다임'이라는 용어를 나와는 약간 다른 방식으로 사용하고 있다. 나는 주로 구약 성경에서 우리에게 제시되어 있는 이스라엘의 총체적 구조를 기술하는 데 그 말을 사용하고 있는 반면, 잰젠은 그가 생각하기에 이스라엘 사람들의 윤리적 의사 결정을 지배했던 이상적 행위의 유형에 대해 말하기 위해서 사용하고 있다. 그리고 이 패러다임들, 혹은 이상적인 가족이나 이상적인 제사장, 혹은 이상적인 왕이나 예언자에 대한 상들은 주로 내러티브에 의해 형성되었다.

고든 웬함 역시 창세기의 수사적 전략에 대한 매우 시사적인 연구에서 윤리적 행위의 모델이 다양한 이야기를 통해 제시되고 있다고 결론내린다.

> 따라서 창세기 이야기들로부터 우리는 그 저자가 인식하고 있는 덕목들의 목록, 의로운 사람을 그린 몽타주 사진 하나를 만들 수 있다. 의인은 경건하다. 즉, 하나님께 기도로 나아가며 하나님을 의지한다. 굳세고 용감하지만, 거칠거나 비열하지는 않다. 의인은 특별히 다른 가족 구성원들에 대해 관대하고, 진실하며, 충성되다. 의로운 사람은 기쁘거나 슬프거나 분노의 감정을 표출하는 것을 겁내지 않는다. 그러나, 분노의 표출은 과도한 앙갚음으로 넘쳐흐르지 않고, 오히려 기꺼이 용서한다. 마지막으로, 의로움은 금욕을 요구하지 않는다. 삶이 지닌 쾌락은 그 쾌락에게 노예가 되지 않으면서 향유해야 한다.⁴⁾

---

3) Waldemar Janzen, *Ethics*.

젠젠과 웬함이 여기에서 제시하고 있는 생각의 노선을 완결짓기 위해서는 구약 성경에 있는 모범적 행위에 대한 '패러다임적'인 초상들을 살펴보아야 할 것이다. 첫째, 지혜로운 자의 세계가 있다. 그 세계는 인간이 행하는 선택의 유형(과 영향)에 지대한 관심을 기울이고 있는 세계다. 그런 다음에—도덕적인 면에서 자기 변호이든지, 혹은 더 광범위한 변론을 위해서든지—윤리적 혹은 비윤리적 행위에 대한 사례 연구를 제공해 주는 여러 개인을 살펴볼 것이다. 그리고 마지막으로, 고대 이스라엘의 예배를 살펴보면서, 이스라엘의 거룩한 자의 궁정에 들어가겠다고 생각했던 사람들에게 윤리적 기준들이 어떻게 도전을 가하며 뚜렷이 제시되고 있었는지 관찰할 것이다.

지혜로운 사람

구약 성경의 지혜 문학은 여러 나라와 국제적 관련성을 가지고 있고 융화되는 부분이 있음에도 불구하고, 이스라엘의 여호와 중심 신앙이라는 주류 안에 확고하게 자리잡고 있다. 지혜 문학의 주제절이 주장하고 있듯이, "여호와를 경외하는 것이 지혜의 근본(혹은 제1원칙)이다"(잠 9:10).[5] 지혜 문학은 율법과 예언서들과 마찬가지로 깊은 사회적 관심을 가지고 있다. 하지만, 그 대부분의 언급은 개인을 향한 것이다. 이 잠언들은 하나님을 기쁘시게 해 드리고, 이스라엘 백성 개인에게 그 자신에게 최선의 유익이 되는 삶의 길을 가르쳐 주고, 미리 경고하고, 시정해 주고, 그 길 가운데로 안내해 주기 위해 수집되었다.

비록 잠언의 주된 관심사가 (인간 생활의 여러 사정과 관련된) 인간 중심적인 것처럼 보이긴 하지만, 그 관심사의 이면에는 흥미롭고 간접적인 하나님 중심성이 자리잡고 있다. 그래서 지혜 문학의 본문들에서 추천되고 있는 **사람**의 성격적 특성, 행위 유형 및 도덕 가치들 중 많은 것이, 구약 성경의 다른 곳에 기술되어 있는 대로, 이미 알려져 있는 **하나님**의 성품을 반영하고 있다. 이러한 점에서, 잠언의 개인 윤리는 제1장에서 지적된 바와 같이 하나님 그분의

---

4) Wenham, *Story as Torah*, p. 100.
5) 이러한 식의 본문 읽기에 대해서는 다음 글을 보라. Henri Blocher, 'Fear of the Lord'.

방식을 모방한다는 강력한 요소를 구현하고 있는 구약 윤리의 핵심을 담고 있다. 이 구체적 모델을 개략적으로 설명하면서 몇 가지 예가 제시될 것이다. 각각의 사례에서 하나님으로서 여호와의 어떤 면모와 관련이 있는지 살펴보고 그 다음으로 인간 생활에 대한 지혜 문학의 모델이 어떻게 그것을 반영하고 있는지 살펴보도록 하겠다.

"하나님이 자기 형상, 곧 하나님의 형상대로 사람을 창조하시되 남자와 여자를 창조하시고" 인간의 성은 인간 생활에서 드러나는 하나님 형상의 한 가지 차원이기에 무한히 귀중하다. 따라서, 지혜로운 사람은 인간의 성에 대한 어떠한 남용도 피한다. 특히, 유혹과 간음이 가져오는 파괴적인 영향들을 피한다(2:16-22; 5장; 6:20-35; 7장). 그 대신에 신실한 결혼 관계에서 지속적으로 신선한 기쁨과 즐거움을 찾는 것이 지혜로운 선택이다(5:15-19; 31:10-31; 참고. 아가).

하나님은 신적 아버이시다(참고. 신 32:6, 18). 부모-자녀 관계는 자기 백성에 대한 하나님의 관계를 나타내기 위한 하나의 비유로 사용되었다. 그래서 잠언에 있는 많은 교훈은 '아버지가 아들에게' 주는 형태로 되어 있는데, 그것은 하나님과 인간의 관계일 수도 있는 모호성이 담겨 있다. 다시 말해서, 표면상으로는 그 교훈이 인간 사이의 관계(물론 그 관계는, 이를테면 왕이나 법정의 권위와 같이, 부모의 위치에 있는 다른 여러 형태의 권위를 반영할 수 있는 것이 사실이지만)에 대해 말하고 있지만, 본문상 그 '아버지'의 음성은 주어지는 경고와 충고 가운데서 하나님의 음성을 반영하고 있는 것이 분명하다. 인간 부모에게 기대되는 권위에 대해서는 전혀 모호한 점이 없다. 그리고 가족의 사랑을 부인하는 것이 아니라, 가족이 가지고 있는 하나의 기능으로서 인정되는 징계와 처벌에 대해서도 모호한 점이 없다(13:24; 15:5; 19:18; 22:15). 거꾸로 말하면, '지혜로운 아들'에게는 겸손과 순종이 요구된다(13:1, 18). 지혜자는 마치 하나님이 어긋나간 그분의 백성들에 대해 느끼시는 것처럼 예민하게 부모로서의 기쁨과 고통을 느낀다(10:1; 17:21; 19:26; 23:24-25).

하나님은 의로우시다. 하나님은 의로운 왕이시며 의로운 재판장이시다. 그러므로, 잠언은 왕의 직책이든 재판장의 직책이든, 그 직책에 앉아 있는 개인들에게 많은 말을 하고 있다. 정치적 정의와 법률상의 정의는 법률을 제정한 자에게나 예언자에게 중요한 것처럼, 지혜자에게도 상당히 중요하다(16:10, 12-15; 17:15; 18:5; 20:8, 26; 22:22; 28:3, 16; 29:14; 31:1-9). 바로 이 영역에서 광범위한 공동체의 사회적 도덕적 건강은 개인들의 순전함과 헌신 및 그들이 개인적으로 내리는 결정에 의존한다.

하나님은 사랑이시다. 노력에 대한 상으로 주어지는 것이 아니라 값없이 은혜로 주시는 여호와 하나님의 온유하심과 무한한 신실성은 이스라엘이 찬양하는 핵심적인 내용들이었다. 그러한 자질들은 사람들의 우정에 반영되어야 한다. 잠언이 칭찬하고 있는 지혜로운 자의 가장 매력적인 특성 가운데 하나는 그 사람의 품격 높은 우정과 성숙하고 섬세한 사회적 기술이다. 지혜로운 사람은 재치(15:1)와 기밀성(confidentiality, 11:13), 인내(14:29)와 정직(15:31-32; 27:6), 용서(17:9)와 충성(17:17; 18:24), 사려 깊은 처신(25:17; 27:14) 및 실질적인 도움(27:10)의 가치를 알고 있다. 뒤집어 말하자면, 지혜로운 사람은 돈으로 쌓은 우정(19:4)과 험담(20:19)과 분노(22:24-25), 아첨(27:21)과 잘못된 동정(25:20)의 위험에 대해서도 알고 있다. 이러한 것들은 모두 우리에 대한 하나님의 사랑과 하나님에 대한 우리의 사랑을 반영하는 것으로서 "네 이웃을 네 몸과 같이 사랑하라"는 율법의 명령이 개인 윤리의 일상적 모습으로 드러나는 실제적 방식들이다.

하나님은 긍휼이 많으시고 관대하시다. 노예의 상태로부터 건져내신 일과 땅을 선물로 주신 일을 포함해서, 이스라엘의 역사는 이 두 가지 점을 입증했다. 실로, 하나님은 출애굽이 이루어진 바로 뒤에 자신의 이름과 성품에 대한 정의(definition)를 선포하셨다. "여호와라, 여호와라, 자비롭고 은혜롭고…인자와 진실이 많은 하나님이라"(출 34:6). 그러므로, 가난한 자들에 대한 실질적 관심이 모든 이스라엘 백성 개개인의 어깨 위에 지워졌다. 부와 가난 및 경제 정의에 대한 많은 말씀은 완벽하게 오늘날에도 적절성을 지니고 있다(11:24-25; 14:31; 17:5; 19:17; 21:13; 22:9, 16).[6]

하나님은 일꾼이시다. 하나님은 하나님 자신의 형상을 따라 지음을 받은 인간들에게 제한적이기는 하지만 하나님 자신의 무한한 창조 솜씨 일부를 전해 주셨다(참고. 잠 8장). 그래서 인간도 그 본성상으로 그리고 설계상으로 일하는 자들이다. 따라서, 잠언에는 노동의 장점과 보상이 개인에게 제시되어 있다. 이러한 긍정적인 점들은 '게으름뱅이'의 게으름과 대조된다. 이 게으름뱅이는 희비극적인 색조로 생생하게 그려져 있다. 그러나, 그러한 게으름뱅이는 단순한 웃음거리가 아니다. 고의적이고 습관적이며 당치도 않게 자신을 합리화시키는 게으름은 자기 인간성에 대한 부인이며, 자신을 지으신 창조주에 대한 모욕이다(12:11; 14:23; 18:9; 22:13; 24:30-34; 26:13-16; 28:19).

하나님은 말씀하신다. 말을 한다는 이 사실은 살아 계신 이스라엘의 하나님이 가지고 계시는 최고의 그리고 가장 특징적인 면모의 하나다. 그리고 하나님이 인류에게 주신 최고의 선물들 가운데 하나는 언어를 통한 의사소통이 가지고 있는 무한한 힘이다. 말은 잠언의 저자들에게 매우 중요하다. 이는 말이라는 것이 실제 행동과 마찬가지로 선의 도구도 악의 도구도 될 수 있는 강력한 것임을 그들이 알고 있기 때문이다. 그래서 자신의 말을 선용하는 것이나 악용하는 것에 대해서 지혜로운 사람에게 많은 충고와 경고가 주어지고 있다(12:19, 22; 13:3; 14:5; 15:2, 23; 18:6-8, 20-21).

하나님은 주권적이시다. 하나님은 각 사람에게 도덕적 결정을 내리거나 선택할 수 있는 자유와 책임을 주셨다. 그러나 결국 중요한 것은 하나님의 의지가 될 것이다(16:1-2, 9; 19:21; 21:1-2, 30-31). 그러므로, 지혜의 정수는 궁극적으로는 이해할 수 없는 이 진리의 역설을 받아들이고 겸손한 헌신과 순종으로 하나님의 인도하심을 구하는 것이다(3:5 이하; 16:3). 아주 다양한 형식으로 쓰여 있지만, 이것이 바로 도처에 깔려 있는 '지혜를 구하라'는 메시지의 의미다. 역으로, 잠언에서 '어리석은 자'는 지적으로 모자라는 사람이 아니다. (그 어리석은 자가 실제로는 매우 영리할 수도 있다.) 오히려, 어리석은 자는 의도적이고 자랑스럽게 — 심지어는 조소를 하면서 — 하나님과 무관하게 살아가는

---

6) 우리가 이스라엘의 지혜 문학에서 마주치게 되는 가난에 대한 반응에 관하여 이 이상의 논의와 그 점에 대한 학자들의 여러 가지 평가에 대해서는 앞의 제5장을 보라.

사람이다. 구약 성경에서 지혜와 미련함은 기본적으로 지적 개념이 아니라 도덕적이며 영적인 개념이다. 지혜는 주권적이신 하나님의 뜻과 인도하심 가운데서 살기로 선택하는 것이며, 미련함은 하나님의 뜻과 인도하심을 무시하면서 살 수 있다고 생각하는 것이다.

지혜로운 사람의 모델을 떠나기에 앞서, 잠언의 결론과 절정을 이루고 있는 아름다운 그림을 살펴보도록 하자. 이 그림은 '현숙한 아내'라는 여성의 옷을 입혀서 이 모든 특징을 요약하고 있다(31:10-31). 이 아내는 성적인 순전함(11-12절), 어머니로서의 보살핌(15절), 생산적이며 소득을 얻는 노동(16-19절), 긍휼과 관대함(20절), 남편이 수행하는 재판관으로서의 역할에 대한 지원(23절), 사려 깊고 유익한 언변(26절), 그리고 여호와 하나님에 대한 경외(30절)를 예시한다. 다시 말해서, 이 아내는 자신이 예배하는 여호와 하나님을 투영하고 있는 것이다.

도덕적 변증

욥

지혜 문학은 욥기를 포함한다. 개인의 도덕성과 부당한 고난 사이의 관계에 대한 이 강렬한 성찰은 개인 윤리—도덕적 변증 혹은 자기 변호—의 패러다임에 대한 또 하나의 예를 제공해 주고 있다. 물론 욥은 그 책 내내 모든 면에서 자기 자신의 도덕적 고결성을 변호한다. 그가 주장하는 전체적인 입장은 자신이 당하고 있는 고난이 자신이 악했기 때문에 임한 것이 아니라는 것이다. 욥은 자신이 알기에는 전혀 자신이 받아 마땅하지 않은 처벌의 고통을 피하기 위해, 자신이 알기에는 자신이 저지르지도 않은 죄악들을 고백하게 하려고 점점 더 자신을 옥죄는 친구들의 시도에 저항한다. 그리고 욥은 이것이야말로 자신이 결코 포기할 수 없는 정직성이라고 주장한다.

그러나 욥의 경우 절정은 욥기 31장이다. 이 장은 시적으로 탁월하며 윤리적인 힘을 가지고 있는 장으로서, 그 장에서 욥은 자신이 올바른 삶을 살아왔다는 주장을 뒷받침하기 위해 자신에 대한 일련의 긴 저주를 자청하고 있다. 그 발언이 저주의 형식으로 되어 있기 때문에, 윤리적 논점들은 불가피하게 부정적 형태로 표현되어 있다. 욥은 자신이 어떠한 종류의 행위에 대해 죄가 **없는지** 그리고 자신이 어떠한 성격의 사람이 **아닌지**를 줄줄이 열거하면서, 자신이 진실을 말하고 있는 것이 아니라면 하나님이 자신에게 누구나 뻔히 알 수 있는 전형적인 여러 재앙을 가하시라고 청하고 있다. 그것이 바로 그 장에 있는 자기 저주 형식의 본질이다. 그러나 그 부정적인 언급들은, 마치 사진의 네거티브 필름처럼, 욥이 실제로는 어떤 성격을 가진 어떤 종류의 사람이었는지 혹은 그가 어떤 사람이었다고 주장하고 있는지에 대한 긍정적인 면들을 보여 주는 사진을 쉽게 뽑아낼 줄 수 있다. 요약하자면, 욥이 주장하는 바는 다음과 같은 종합적인 주장들을 포함하고 있다. 자신에 대한 변호에서 그는 다음과 같이 주장한다.

- 자기 자신의 욕정을 다스렸다(1절).
- 실제로 간음을 저지르지 않았다(9-12절).
- 정직한 거래를 했다(5-6절).
- 자신의 종들에게도 정의롭게 대했다(13-15절).
- 모든 부류의 가난한 자들에 대해 관대했고 동정적이었다(16-23절).
- 물질주의 형태든지 점성술 형태든지 우상 숭배를 피했다(24-28절).
- 자신의 생각과 혀를 통제했다(29-30절).
- 손님들에게 환대를 베풀었다(31-32절).
- 기꺼이 자신의 죄와 허물을 공개적으로 회개하고자 했다(33-34절).
- 정당한 보수를 포함해서 땅과 일꾼들에게 적절하게 대접했다(38-40절).

논평할 만한 사실이 두 가지 있다. 한 가지는 이 놀라운 목록에 포함되어 있는 도덕적 행위의 폭이다. 이 목록은 마음의 생각에서부터 입에서 튀어나오는 말과 사적 행위들과 성적 문제와 가정 문제, 경제 문제, 법률 문제, 사회적 문제와 공적 행위에 이르고 있다. 분명 이 책의 저자가 가진 생각 속에서 개인 윤리란 매우 광범위한 삶의 영역을 망라하는 것이다. 내면적인 영역과 외면적인 영역, 사적 영역과 공적 영역, 보이는 영역과 보이지 않는 영역이 다 망라되어 있다. 또 하나의 주목할 만한 점은 도덕적 사유 가운데서 하나님이 담당하시는 역할이다. 하나님은 모든 것을 보고 계신다(4절). 그리고 각각의 모든 행위를 다 평가하신다(6, 14절). 하나님은 모든 인류의 창조주이시다. 그러므로, 또한 종들을 포함한 모든 개인의 동등한 권리를 보호해 주시는 분이다(15절). 하나님은 잘못에 대한 심판이라는 처벌 권한을 갖고 계시며(23절), 특히 우상 숭배에 대한 심판의 권한을 갖고 계신다. 우상 숭배는 하나님에 대한 불충이다(28절). 간단히 말해서, 하나님은 피할 수 있는 분이 아니며, 삶 전체는 하나님 앞에서 그리고 하나님의 도덕적 검열 아래서 이루어지는 것이다. 또 다른 지혜자가 말한대로.

> 스올과 아바돈(Death and Destruction)도 여호와의 앞에 드러나거든
> 하물며 사람의 마음이리요!(잠 15:11)

사무엘

도덕적 자기 변호의 두 번째 예는 사무엘이 사울에게 정치 권력을 넘겨주면서 행한 고별 연설에서 찾을 수 있다(삼상 12:2-5). 이 연설은 욥의 경우보다 훨씬 짧으며, 그 상황에 맞게 사회 도덕의 영역에 대해서만 언급하고 있다. 사무엘은 자신의 공적 지도자 생활에 대한 결산 보고서를 제출하고 있다. 그리하여 그는 부패함이 없던 자신의 공직 생활에 대한 공적 증언을 요구했다. 사무엘의 질문과 그 백성들의 대답은 사무엘이 다음의 비난에 해당하지 않는 사람임을 보여 주었다.

- 도적질 혹은 착취(공직을 이용하여 개인적 이득을 취한 일)
- 뇌물(재판장의 권한을 이용하여 개인적 이득을 취한 일)

이 간단한 구절은 심지어 그 당시에도 청렴결백이 공직에 기대되었음을 시사하고 있다. 사실 그 백성들이 왕을 요구하도록 만든 것은 바로 사무엘의 아들들이 사무엘의 기준을 유지하는 데 실패했기 때문이다(삼상 8:1-5).

에스겔

여기에 포함될 미덕과 악덕에 대한 세 번째 목록은 에스겔 18장에 반복되어 나타나는 목록이다. 이 목록은 어떤 특정 개인의 도덕적 변호가 아니라 이어지는 세대들이 보여 주었던 의와 악의 전형적인 특징들에 대한 약술이다. 이 목록은 에스겔에 의해 일종의 사례 연구로 제시되어 있다. 에스겔은 도덕과 법률상의 경우를 체계적으로 제시하기 위해 제사장으로서 자신이 받아 온 모든 훈련을 활용하고 있다. 이 목록은 구체적이며, 몇 가지 사안에서 욥과 사무엘의 목록과 겹친다. 에스겔에 따르면, 패러다임이 될 만한 의인이 피해야 할 죄악에는 다음과 같은 것들이 포함된다.

- 우상 숭배(6절 상)
- 간음과 여타의 성적 위반들(6절 하)
- 빚에 대한 담보물로 취한 물건이나 사람을 반환하지 않는 일과 같은 가난한 자들에 대한 압제(7절 상)
- 강탈(7절 중)
- 굶주린 자들에게 먹을 것을 주지 않고 헐벗은 자들에게 옷을 입혀 주지 않는 일(7절 하)
- 고리를 붙여서 터무니없이 많은 이윤을 취하는 일(8절 상)
- 소송을 공정하게 재판하지 않는 일(8절 하)
- 폭력과 살인(10절)

여기에서 다시, 오늘날 우리들은 '사적 영역'의 도덕과 '공적 영역'의 도덕으로 따로 구분해 놓는 경향이 있는 것을 구약 성경은 어떻게 뒤섞고 있는지 주목하게 된다. 에스겔은 사람들의 사적인 성생활과 배신은 공적인 측면에서 그들의 청렴결백 혹은 신뢰성과는 아무런 상관이 없다는 흥미로운 현대적 사상에 대해 전혀 전혀 참을 수 없었을 것이다. 또 한 가지 주목할 만한 사실은 적극적으로 선을 행하지 못하는 것 또한 죄라는 점이다. 에스겔은 모든 목회자가 싸움을 벌이고 있는 태도인, '물론 당연히 나는 그리스도인이고, 다른 어떤 사람에게도 아무런 해를 끼치지 않습니다'라는 자기 만족적 태도를 퉁명스럽게 기각해 버렸을 것이다. 의로운 사람을 규정할 때, "의인은 강탈하지 않는다"(18:7)라고 말하는 것으로는 충분하지 않다. 거기에 "주린 자에게 음식물을 주며 벗은 자에게 옷을 입힌다"(18:16)는 내용을 덧붙여야 한다. 여기에는 예수님이 가르치셨던 도덕적 교훈이 어른거리는 것이 분명하며, 바울의 말에는 훨씬 더 분명하게 공명되어 나타나고 있다. "도둑질하는 자는 다시 도둑질하지 말고 돌이켜 가난한 자에게 구제할 수 있도록 자기 손으로 수고하여 선한 일을 하라"(엡 4:28).

하나님이 받으시는 예배자

예언자들에게서 발견되는 미덕과 악덕에 관한 다른 목록들이 예언자들이 예배와 윤리의 문제에 대해 언급하고 있는 문맥들에 나타나고 있다. 예언자들은 백성들의 생활이 예배하러 나올 만한 윤리적 온전함을 결핍하고 있다는 것을 너무나 자주 관찰했다. 그 백성들은 뻔뻔한 악을 저지르며 살아가고 있으면서도 예배 의식을 행할 수 있다고 생각했다. 그러나 예언자들에게 있어서는, 성스런 예배 의식과 사회적 잘못이 평화롭게 공존하는 일은 절대 불가능한 것이었다. 아모스 시대에 종교나 의식의 측면에서는 부족함이 전혀 없었다. 그러나 만연되어 있던 사회적 불의는 그러한 종교나 의식을 모독하는 조롱이었다. 아모스는 그렇다는 점을 말했고, 그래서 내침을 당했다(암 4:4-5; 5:21-27; 8:5-6). 이사야도 똑같은 점을 지적했다(사 1:10-17). 그 두 예언자 모두 적극적인 사회 윤리를 적은 간단한 목록들을 자기들의 논거에 집어넣었다.

> 악행을 그치고
> 　선행을 배우며
> 정의를 구하며
> 　학대받는 자를 도와 주며
> 고아를 위하여 신원하며
> 　과부를 위하여 변호하라 하셨느니라(사 1:16-17).

너희는 살려면
　　선을 구하고 악을 구하지 말지어다
만군의 하나님 여호와께서 너희의 말과 같이
　　너희와 함께하시리라
너희는 악을 미워하고, 선을 사랑하며
　　성문에서 정의를 세울지어다(암 5:14-15).

가장 간단하지만, 그럼에도 가장 종합적이고 적극적인 목록이 미가 6장에 나온다. 이것 역시 다시금 하나님이 받으시는 예배를 구성하는 것은 무엇인가에 대해 성찰하는 문맥에서 이 목록이 등장한다. 6:1-5에서 자신의 백성들에 대한 하나님의 기소(起訴)를 들은 다음에, 미가는 무엇이 회개에 합당한 희생 제물이 될 것인지 궁금해한다. "내가 무엇을 가지고 여호와 앞에 나아가며 높으신 하나님께 경배할까?" 심지어 자신의 맏아들이라 할지라도, 과연 어떤 제물이 적합할까를 물은 다음에 미가는 기억에 남을 선언을 한다. 이 선언은 그 도전적 성격에 있어서나 그 적절성에 있어서 피할 수 없을 정도로 개인적이다.

사람아 주께서 선한 것이 무엇임을 네게 보이셨나니
여호와께서 네게 구하시는 것은
오직 정의를 행하며 인자를 사랑하며
　　겸손하게 네 하나님과 함께 행하는 것이 아니냐?(미 6:8)

예레미야는 성전 문에 가서, 그 곳에서 예배하기 위해 들어오는 자들에게 그들이 예배한다고 주장하고 있으며 그 보호를 누리고 있다고 주장하고 있는 언약의 하나님이 말씀하시는 도덕적 요구 사항들을 전하라는 명령을 받았다. 예레미야는 참된 회개의 증거가 될 수 있는 실질적인 행위의 종류를 약술한 다음에, 그 예배자들이 실제로 행하고 있는 일과 그것을 대조시키고 있다. 불의한 자의 전형적 특징들을 다시금 제공해 주고 있는 구체적인 그의 기소 내용 목록에는 다음과 같은 것들이 포함된다(렘 7:1-11).

- 이방인, 고아와 과부에 대한 압제
- 무고한 피를 흘리는 일
- 우상 숭배
- 주제넘은 거짓 안전과 자기 만족
- 도둑질
- 간음
- 위증

이사야 58장은 참된 회개의 윤리와 단순히 의식적으로 행하는 금식을 대조하고 있다. 참된 회개는 실제적인 열매를 맺을 것이다. 이 열매는 또 다른 전형적인 목록 가운데 포함되어 있다.

> 내가 기뻐하는 금식은
> 흉악의 결박을 풀어 주며
>   멍에의 줄을 끌러 주며
> 압제 당하는 자를 자유하게 하며
>   모든 멍에를 꺾는 것이 아니겠느냐?
> 또 주린 자에게 네 양식을 나누어 주며
>   유리하는 빈민을 집에 들이며
> 헐벗은 자를 보면 입히며
>   또 네 골육을 피하여 스스로 숨지 아니하는 것이 아니겠느냐?(사 58:6-7)

이 구절들에서 (호 4:1-2에서와 유사하게) 십계명의 반영을 감지하기란 그리 어려운 일이 아니다. 실제로, 몇몇 학자는 예배하러 들어오는 자들의 '입장 조건'의 일부로 십계명이 공적 예배에 사용되었을 것이라고 생각하고 있다. 만일 이런 식으로 십계명이 예배용으로 활용되었다고 한다면, 예레미야는 이제는 효력이 없는 의식으로 변해 버렸을 요구 사항들에 대해서 백성들을 다시금 일깨우고 있었다고 말할 수 있다. 십계명이 이런 식으로 사용되었든지 그렇지 않았든지 간에, 시편 15편과 24편을 보면 예배에 들어가기 전에 '입장에 대한 요구 조건'에 대한 두 개의 다른 분명한 예가 나타난다.

> 여호와여, 주의 장막에 머무는 자 누구오며,
>   주의 성산에 사는 자 누구오니이까?
> 정직하게 행하며 공의를 실천하며
>   그의 마음에 진실을 말하며(시 15:1-2).

그 시편은 계속해서 받으실 만한 예배를 드리는 예배자가 어떠한 사람인지 간단히 그리고 있다.

- 그는 마음으로부터 진실을 말한다.
- 그는 해를 끼치는 행동과 말과 생각들을 피한다.
- 그는 교제권 안에서 적절한 분별력을 보여 준다.
- 자신이 대가를 치르는 한이 있어도 자기 말을 지킨다.
- 고리대금이든지 뇌물이든지 간에, 돈의 유혹에 빠져 부패하지 않는다.

시편 24편은 더욱 간결한데, "손이 깨끗하며 마음이 청결한 자"(시 24:4)라는 인상적인 어구 안에 외적 행동과 내면의 동기를 담아 넣고 있다.[7]

이러한 것은 시편과 실로 구약 성경의 많은 부분을 관통하고 있는 한 가지 주제를 다루고 있는 너무나도 명백한 예일 뿐이다. 그 주제는, 하나님이 받으실 만한 예배란 받으실 만한 삶과 불가분리적으로 연결되어 있다는 것이다. 이스라엘의 예배 의식은 도덕적 대비들로 충만하다. 그 경향은 바로 첫 번째 시편에 설정되어 있다. 시편 기자가 가지고 있는 집단 의식의 깊이에도 불구하고, 의로움과 악함, 복된 상태와 심판을 가르는 기준선은 모든 개인의 발걸음에서

---

7) 이스라엘의 예배와 시 15편과 같은 시편의 윤리적 전제들 사이의 흥미로운 관련성에 대해서는 다음 글을 보라. R. E. Clements, 'Worship and Ethics'.

성립된다. 그것은 "복 있는 **사람**은…"이라는 어구로 표현되어 있다. 여호와 하나님과 민족 전체 사이에 맺어진 언약적 요구 사항들이 모든 개인과 새롭게 부딪치는 곳은 예배에서이며, 바로 마음의 은밀한 자리들에서 그리고 공적으로 볼 수 있거나 추적할 수 없는 은밀한 죄악들과 관련해서이다.

개인의 은밀한 죄악을 드러내는 일이 아마도 신명기 27:14-26에 있는 저주 목록의 기능이었을 것이다. 이 목록은 '아무도 알아내지 못하는 한 괜찮다'는 대중적인 변명이 들어설 여지를 완전히 배제시켜 버린다. 또한 그 목록의 내용은 우리가 지금까지 살펴보았던 다른 목록들과 관련해서, 그 일반적인 의도에서나 몇 가지 구체적인 점에서 의미심장하다. 신명기 27장은 다음과 같은 일들에 대한 저주를 포함하고 있다.

- 우상 숭배
- 부모에 대한 불경
- 경계를 표시해 둔 지계표를 옮기는 일(경제적 사기)
- 소경을 잘못된 길로 인도하는 일(사회적 무감각)
- 외국인과 고아와 과부에게 공정하게 대하지 않는 일
- 간음, 수간 및 근친상간을 포함한 성적 위반들
- 은밀한 살인
- '법을 통한 살인'을 위해서 뇌물을 받는 일
- 일반적으로 율법을 준수하지 않는 것

또한 외면적인 모습들 때문에 혼란스러워하고 좌절하기보다는 하나님의 관점에서 사물과 사태를 바라볼 수 있도록 윤리적 관점들이 예리해지고 재조정되는 것도 바로 예배 가운데서 일어나는 일이다. 이런 일이 바로 시편 73편에 심원하게 묘사되어 있는 경험이다. 그 시인은 악인이 번영하고 의인이 고난받는 현실에서 개인의 도덕적 순전성과 하나님의 도덕적 정의에 대한 자신의 믿음을 거의 지킬 수 없을 정도에 이르렀다(1-16절). 그러나 그가 성소에 들어가 **예배**하게 되었을 때(17절), 하나님의 궁극적인 목적들에 대한 신선한 비전을 통하여 그의 통찰력과 도덕적 확신이 회복되었다. 예배와 윤리는 이스라엘의 믿음과 세계관 안에서 불가분리적으로 연결되어 있다.

이스라엘의 윤리적 세계관 형성에서 예배의 중요성을 인식하는 또 하나의 방법은, 바로 예배 가운데서 이스라엘의 과거의 위대한 이야기들이 재진술되었음을 떠올리는 것이다. 이 위대한 이야기들은 여호와 하나님의 성품을 무한히 되풀이해 강조했던 내러티브들이다. 이 이야기들은 윤리적 측면에서 강력한 형성력과 유지력을 가진 것으로 이스라엘의 의식 속에 들어가 있던 내러티브들이다. 우리는 지나치게 구약 성경의 **율법**에 초점을 맞추는 경향이 있다. 하지만, 이스라엘 백성들의 일상의 경험에서 그들의 윤리적 나침반에 방향을 제시해 주고, 내면적이며 공동체적으로 공증된 가치들과 처벌을 제공해 주었던 것은 **예배 중에 정기적으로 진술되는 내러티브**에 대한 경험이었을 가능성이 더 높다.[8]

실패와 용서

물론 하나님의 관점으로 사물과 사태를 바라본다는 것은 그 시선이 자신을 향할 경우 너무나도 불편한 일일 것이다. 그럴 경우 개인적인 죄와 실패와 부족함에 대한 자각이 예리하게 다가오기 때문이다. 이 사실은 구약 성경의 가장 심원하며 중요한 윤리적 특징들 가운데 하나로 우리를 인도해 준다. 그리고 그것은 성경적인 종교―유대교와 기독교―의 신앙과 윤리에 대해 구약 성경이 기여한 바, 가장 중심적인 것들 가운데 하나로서 하나님의 용서라는 놀라운 은혜와 결합되어 있는 인간의 윤리적 실패에 대한 자각이다.

이 책의 앞부분에 있는 여러 장에서 사회 윤리의 모든 영역에 미친 타락의 영향들에 대해 이미 생각해 볼 기회가 있었다. 죄는 말할 필요도 없이 사회적 영역에서, 그리고 계속해서 축적되고 있는 역사의 과정들 가운데서 그 영향을

---

8) 내러티브가 가진 윤리적 힘에 특별히 초점을 맞춘 학자들에 대해서는, 위에서 언급한 Janzen과 Wenham에 더하여서, Bruce C. Birch, 'Old Testament Narrative and Moral Address', 그리고 'Moral Agency'를 보라.

미치고 있는 것으로 그려지고 있다. 구약 성경은 마찬가지로 개인 삶의 모든 측면에 미치고 있는 죄의 영향을 묘사하는 데서도 사회적 영역 못지않게 급진적이고 종합적임을 발견한다. 인류에 대한 창세기의 선고는 이보다 더 종합적일 수 없을 정도다. "그의 마음으로 생각하는 모든 계획이 항상 악할 뿐"(창 6:5)이며, "사람의 마음이 계획하는 바가 어려서부터 악함이라"(창 8:21). 이러한 확인의 보편성은 일반적이며(즉, 모든 인간 존재는 예외 없이 죄인이다), 구체적이다(개인의 인성의 모든 측면은 죄의 영향을 받고 있다).

그래서 지혜자는 다음의 물음에 대해 어느 누구도 손을 들어 대답하지 않을 것이라고 예상하면서 다음과 같은 수사적 질문을 던지고 있다.

> 내가 내 마음을 정하게 했다,
> 　내 죄를 깨끗하게 했다 할 자가 누구냐?(잠 20:9)

그러므로, 이와 같이 구약 윤리는 현실성에 그 토대를 두고 있다. 구약 윤리는 하나님의 도덕적 요구가 갖는 절대적 성격을 경감시키지 않으면서도, 우리 인간의 연약성과 의지박약으로부터 노골적인 고질적 반역에 이르는 곤란한 도덕적 상황을 충분히 고려하고 있다. 아마도 다른 많은 예언자보다 더 밀접하게 그리고 오래도록 인간의 사악함과 접촉했을 예레미야는 그 악이 인간의 형질의 깊숙한 곳까지 관통하고 있음을 보았다.

> 만물보다 거짓되고
> 　심히 부패한 것은 마음이라
> 　누가 능히 이를 알리요마는(렘 17:9).

그는 또한 죄는 사람 자신의 노력으로 지울 수 없는 것임을 알았다.

> 구스인이 그 피부를,
> 　표범이 그 반점을 변하게 할 수 있느냐? 할 수 있을진대,

악에 익숙한 너희도
  선을 행할 수 있으리라(렘 13:23).

네가 잿물로 스스로 씻으며
  네가 많은 비누를 쓸지라도
  네 죄악이 내 앞에 그대로 있으리니(렘 2:22).

그러나 그러한 현실 때문에 절망에 빠질 필요는 없다. 죄와 실패에 대한 자각은 구약 성경에서 윤리를 무력하게 만드는 것이 아니다. 우리의 죄를 아는 것은 우리가 여호와 하나님의 길로 행하는 것을 **막지** 못한다. 그러한 지식은 단순히 우리가 그 길에 발을 들여놓을 수 있게 되기에 앞서 어디에서부터 **출발해야** 하는지를 말해 주고 있을 뿐이다. 그 출발점은 객관적으로는 하나님이 속죄를 예비해 주신 것이며, 주관적으로는 그 용서를 경험하는 것이다. 신약 성경에서와 마찬가지로 구약 성경에서도, 복음이 윤리에 앞선다. 그러므로, 우리는 레위기의 정교한 제사 제도에 대한 세세한 규정들이 그 윤리적 의의를 지니고 있다는 것을 알 수 있다. 제사 제도는 희생 제물의 대속해 주는 피를 통해 이스라엘 백성으로 하여금 과거에 저지른 잘못들에 대해 깨끗함을 얻을 수 있게 해주었을 뿐만 아니라, 그렇게 함으로써 회개한 예배자가 계속해서 하나님의 언약 백성에 포함되고 있음을 확신하게 해주었다. 그리고 바로 그 위치에서만 장래에 여호와 하나님의 말씀과 뜻이 알려지고 그에 순종할 수 있었던 것이다.

그러나 이스라엘은 또한 하나님의 구속하시는 능력이 희생 제사를 드리는 의식을 넘어서는 것임을 알고 있었다. 구원하시고 용서해 주시는 하나님으로서 여호와의 본질적인 성품은 아무런 희생 제물도 드릴 수 없는 형편에서조차 그것을 향해 호소할 수 있는 사실이다. 앞서 인용했던 창세기의 황량한 선고들마저도, 구속의 원형에 해당하는 노아에 대한 하나님의 기적적 구원이라는 문맥에 자리잡고 있는 것이다. 그리고 그의 비관주의에도 불구하고, 예레미야는 하나님이 다음과 같은 약속을 해주실 때에 새 언약을 바라보았다.

내가 그들의 악행을 사하고
>다시는 그 죄를 기억하지 아니하리라(렘 31:34).

에스겔 역시 악에 빠져 딱딱하게 굳어 버린 돌 같은 마음을 다시 태어나 하나님의 성령으로 가득 찬 살과 같은 마음으로 대체시키는 하나님의 변화의 권능을 볼 수 있었다(겔 36:25-27; 37:1-14).

다시금 회개와 용서의 의미 및 거기에서부터 나오는 윤리적 자유와 기쁨을 가장 심오하게 드러내 주고 있는 이들은 시편 기자들이다. 시편 25편과 32편은 모두 죄악에 대한 용서를 구하는 기도를 드리고 있는데, 32편은 깊은 확신과 고백이 있은 후에 용서를 구하고 있다. 그리고 그 두 시편은 모두 용서의 체험을 윤리적 영역에서의 인도하심과 능력에 대한 기대와 연결시키고 있다. 하나님을 기쁘시게 하는 삶을 살 수 있도록 그분이 능력을 주시는 자는 바로 **회개하고 죄사함을 받은 죄인**이다.

>그러므로 그의 도로 죄인들을 교훈하시리로다
>온유한 자를 정의로 지도하심이여…(시 25:8-9).

>곧 주께서
>>내 죄악을 사하셨나이다…
>
>내가 네 갈 길을 가르쳐 보이고 너를 주목하여 훈계하리로다(시 32:5, 8).

아마 이 사실에 대해서 다윗보다 더 잘 알고 있는 사람은 없었을 것이다. 다윗이 비록 "하나님의 마음에 합한 자"라고 일컬음을 받을 수 있기는 했지만,[9] 그럼에도 다윗은 속임과 폭압과 정욕과 악의 가장 밑바닥까지 내려갔던 사람

---

9) "하나님의 마음에 합한 자"라는 표현은 아마도 '하나님이 특별히 애지중지하는 사람'(영어의 관용 어구가 시사하듯 일종의 편애. 그러나 성경은 그 점에 대해서 하나님은 그렇지 않다고 다른 곳에서 언급하고 있다)이 아니라 오히려 하나님의 뜻과 목적을 수행하게 될 자를 의미할 것이다(히브리어로 '마음'에 해당하는 단어는 주로 목적이 있는 의도를 가리키지 감정을 가리키지 않는다).

이다. 하지만, 왕으로서 다윗은 모범을 보이고 교훈을 줌으로써 자기 백성들에게 도덕적 지침을 제공해 주어야 했던 사람이다. 그런데 그처럼 흠 있는 인물이 어떻게 다른 사람들을 이끌 수 있겠는가? 오직 용서하시고 씻어 주시고 새롭게 해주시는 하나님의 초자연적 은혜로만 가능한 일이었다.

> 하나님이여, 내 속에 정한 마음을 창조하시고
>   내 안에 정직한 영을 새롭게 하소서…
> **그리하면**, 내가 범죄자에게 주의 도를 가르치리니
>   죄인들이 주께 돌아오리이다(시 51:10, 13; 강조는 저자의 것).

스탠리 하우어워스(Stanley Hauerwas)는 용서가 지니고 있는 윤리적인 힘에 대해 논의했다. 그는 공동체 윤리 생활의 형성을 위한 성경의 내러티브 전승의 중요성을 강조함으로써 개인 윤리 생활의 형성을 위한 내러티브 전승의 중요성을 강조하는 또 한 사람의 학자다. 그는 다음과 같이 강조하고 있다.

> 그러므로, 성경의 도덕적 활용은 정확히 우리의 공동체와 개인 생활의 지속적인 안내자로서 하나님의 이야기들을 기억할 수 있게 해주는 바로 그 능력에 놓여 있다.…성경의 내러티브는 '한 인물'(즉, 하나님)을 묘사하고 있을 뿐만 아니라 그러한 이야기들에 합당하게 자체의 실존을 배열하는 능력을 지닌 하나의 공동체를 묘사한다. 유대인들과 그리스도인들은 이 내러티브가 다름 아닌 하나님이라는 주인공을 묘사하고 있으며, 그렇게 함으로써 우리가 그 주인공의 성격에 합당한 종류의 백성이 될 수 있게 해준다고 믿고 있다.…
>   그러므로, 성경의 도덕적 의의에 대한 질문은, 성경의 내러티브들을 교회 생활의 중심으로 삼을 수 있기 위해서 교회는 어떠한 종류의 공동체가 되어야 하느냐 하는 문제인 것으로 드러난다.…
>   성경은 그리스도인들에게 권위를 갖는다. 이는 그리스도인들이 용서를 받은 백성으로서 자신들도 역시 용서해야만 한다는 사실을 배웠기 때문이다. (이 점 때문에 우리는 권력에 의해 살아가고 있으며, 용서란 전혀 불필요하다고 생각하는 세

상과 구분된다.)…용서를 받은 자들의 공동체는 성경에서 발견하는 내러티브들에 의해 유지되는 공동체가 되는 일과 직접적으로 연결되어 있다. 그 내러티브들은 다름 아닌 용서하는 일을 그 본성으로 가지고 계신 하나님을 드러내 주고 있기 때문이다.[10]

그러나, 최후의 진술은 이사야에게 돌리도록 하자. 그 이유는, 이사야가 전달해 주는 초대, 즉 구원을 놓고서 '합리적으로 따져 보자'는 하나님의 놀라운 초대가 이사야가 악과 압제의 피로 가득 차 있다고 비난했던 백성들, 그들의 예배는 하나님께 따분하고 진절머리나는 것이라고 질타했던 바로 그 백성들을 향했기 때문이다.

> 여호와께서 말씀하시되,
> "오라 우리가 서로 변론하자.
> 너희의 죄가 주홍 같을지라도
> 눈과 같이 희어질 것이요,
> 진홍같이 붉을지라도
> 양털같이 희게 되리라"(사 1:18).

그러나 이 구원의 복음의 말씀에 곧이어서 피할 수 없는 윤리적 도전이 뒤따라 나온다.

> "너희가 즐겨 순종하면
> 땅의 아름다운 소산을 먹을 것이요,
> 너희가 거절하여 배반하면
> 칼에 삼켜지리라."
> 여호와의 입의 말씀이니라(사 1:19-20).

---

10) Hauerwas, *Community of Character*, pp. 66-69.

바로 그 이사야서에서 우리는 속죄의 중심이 궁극적으로는 어떤 장소나 대상이 아니라 한 인물, 곧 여호와의 종이 될 것이라는 위대한 비전을 보게 된다. 이사야 52:13-53:12에 기록된 이 인물의 버림받음과 승리에 대한 절정의 묘사에서, 이 인물이 그 자신의 죄 때문이 아니라 우리의 죄 때문에, 효과적으로 승리를 거두면서 고난당하는 것을 보게 된다. 이는 하나님의 구속 목적 가운데서 하나님이 이렇게 하셨기 때문이다.

> 여호와께서는 우리 모두의 죄악을
> 그에게 담당시키셨도다.…
> 여호와께서 그에게 상함을 받게 하시기를 원하사
> 질고를 당하게 하셨은즉…(사 53:6, 10).

여기에 바로 구약 성경의 골고다가 있다. 여기에 또한 신구약 성경 모두에서의 복음과 윤리, 믿음과 삶의 통일성, 즉 하나님의 주권적 은혜와 자비하심의 본질적인 기초가 있다. 이는 그 메시아의 십자가가 바로 생명에 이르는 문일 뿐만 아니라 삶에 이르는 문이기 때문이다.

참고 도서

Birch, Bruce C., 'Old Testament Narrative and Moral Address', in Tucker, Peterson and Wilson, *Canon, Theology and Old Testament Interpretation*, pp. 75-91.

_____, 'Moral Agency, Community, and the Character of God in the Hebrew Bible', *Semeia* 66(1994), pp. 23-41.

Blocher, Henri, 'The Fear of the Lord as the "Principle" of Wisdom', *Tyndale Bulletin* 28(1977), pp. 3-28.

Clements, R. E., 'Worship and Ethics: A Re-Examination of Psalm 15', in Graham, Marrs and McKenzie, *Worship and the Hebrew Bible*, pp. 78-94.

Hauerwas, Stanley, *A Community of Character: Toward a Constructive Christian Social Ethics*(Notre Dame: University of Notre Dame Press, 1981).

Janzen, Waldemar, *Old Testament Ethics: A Paradigmatic Approach*(Louisville, KY: Westminster John Knox, 1994).

Mendenhall, George E., 'The Relation of the Individual to Political Society in Ancient Israel', in J. M. Myers, O. Reimherr and H. N. Bream(eds.), *Biblical Studies in Memory of H. C. Alleman*(Locus Valley, NY: J. J. Augustin, 1960), pp. 89-108.

Muilenburg, J., *The Way of Israel: Biblical Faith and Ethics*(New York: Harper, 1961).

Porter, J. Roy, 'The Legal Aspects of the Concept of Corporate Personality in the Old Testament', *Vetus Testamentum* 15(1965), pp. 361-380.

Rogerson, John W., 'The Hebrew Conception of Corporate Personality: A Re-examination', *Journal of Theological Studies* New Series 21(1970), pp. 1-16.

Wenham, Gordon J., *Story as Torah: Reading the Old Testament Ethically* (Edinburgh: T. & T. Clark, 2000).

제3부

구약 윤리 연구

STUDYING OLD TESTAMENT ETHICS

제12장 ■ 역사상 여러 접근 방법에 대한 개관

히브리 성경이 그리스도인들에 대해 갖는 권위의 문제와 그 성경이 윤리에 어떻게 활용되어야 하는가 하는 문제는 어렵고 논란이 많은 문제이며, 지금까지 항상 그래 왔다. 비록 현대 생활로 인해 제기된 도덕상의 쟁점들이 어떤 면에서 전례가 없는 것이긴 하지만, 기독교 공동체 안에서 아주 초기 시절 이래로 제기되어 왔던 근본적인 질문들을 원칙상으로 넘어서는 질문은 거의 없다. 그러므로, 마치 우리가 그리스도인으로서 구약 성경이 제시하고 있는 도전에 맞닥뜨린 첫 번째 세대인 양 어리석은 생각을 하기보다는 우리가 서 있는 전통의 큰 흐름을 살펴보는 것이 유익하다. (그리고 그 큰 전통의 흐름은 우리로 하여금 때때로 마땅히 가져야 할 겸손한 자세를 갖게 해준다.) 근대에 이르러서야 '해석학'(hermeneutics)이라는 단어를 고안해 냈다고 해서, 우리가 흔히 즐겨 '해석학적 쟁점들'이라고 일컫는 것들을 붙잡고 씨름하는 첫 번째 사람들이라는 뜻은 아니다.

이 장은 구약 성경에 대한 기독교 해석의 역사 가운데서 몇 가지 핵심적인 요소를 개관해 주는 것에 불과하다. 고대와 중세와 근대 초기의 성경 연구에 대한 광범위한 추적은 생략되었다. 이 글에서 나는 초대교회, 유럽 종교개혁 시대의 교회, 그리고 성경 해석에 대한 고백적 접근 방식들을 보여 주는 현대의 흐름들 가운데서 대표적 접근 방식 몇 가지만을 간략히 살펴볼 것이다. 다음

장에서 나는 주로 지난 4반세기에 집중해서 좀더 광범위하게 현대 학계가 구약 윤리에 대해 어떻게 접근하고 있는지 알아보기 위해 다양한 접근 방식을 개관해 보고자 한다.

초대교회

간략하지만 자극을 주는 한 기고문에서, 리처드 롱에네커(Richard Longenecker)는 첫 세기의 교회에 (특히 구약 성경을 다루는 면에서) 성경 해석학의 세 가지 주요 입장 혹은 전통이 있었으며, 이 세 가지 접근 방식이 기독교 역사 내내 언제나 계속해서 영향력을 행사하고 있다고 주장했다.[1] 롱에네커의 분류는 나의 개관에 유용한 출발점과 틀을 제공해 준다.

마르시온

마르시온의 저술은 전혀 남아 있는 것이 없다. 그래서 그에 대한 것은 오직 그를 반대했던 사람들, 특히 이레니우스(Irenaeus)와 터툴리안(Tertullian)을 통해서만 알려져 있다. 마르시온은 2세기 중엽에 글을 썼는데, 그의 출발점은 갈라디아서였다. 그는 갈라디아서를 유대교 및 유대적인 모든 것에 반대하기 위해 쓰여진 것으로 이해했다. 예수 안에서의 하나님의 계시는 유대교가 말하는 창조주 하나님의 사역과는 전적으로 다른 것이었다. 그래서 마르시온은 유대교의 성경과 기독교의 신약 성경 사이에 철저한 단절이 있다고 보았다. 히브리 성경은 그리스도인들과 아무런 관련성이 없으며, 그리스도인들에게 아무런 권위를 갖지 않는 것으로서, 기독교의 경전 가운데 어떤 자리도 차지할 수 없는 것으로 간주해야만 하는 것이었다. 그는 신약 성경 안에 있는 몇몇 부분에 대해서도 그런 식으로 판단했다. 그는 그 부분들이 유대교의 관심사에 심각하게 오염되어 있다고 판단했다. 그러므로, 당연히 그리스도인들에 대해서 구약 성경이 어떠한 윤리적 권위를 갖는다는 것은 선험적으로 배격되었다. 히브리 성

---

1) R. N. Longenecker, 'Three Ways of Understanding'.

경에 대한 마르시온의 근본적인 배척은 교회에 의해 배격되었다. 그러나, 그의 공격 때문에 기독교 경전의 정경을 명료화하고 규정하는 일이 진행되었으며, 그 정경 안에 구약 성경이 확고하게 포함되었다.

알렉산드리아 교부들

알렉산드리아에서는 2세기 후반부터 3세기 중반까지 그리스도인들의 학문적 활동이 번성했다. 그 곳에서 가장 주목할 만한 인물은 클레멘트(Clement)와 오리겐(Origen)이었다. 그 중에서도 오리겐은 훨씬 더 다작을 했으며 영향력이 있었다. 오리겐은 구약 성경의 '글자'(letter)와 '정신'(spirit)을 구분했으며, 본문의 영적인 의미와 목적에 우선권을 두었다. 그는 구약 성경이 갖는 역사적이며 문자적인 의미를 부인하지는 않았지만, 어떤 이야기나 명령의 문자적 의미가 아예 **불가능**한 경우가 종종 있다고 주장하고, 성령께서 독자들이 감추어져 있는 영적 의미를 찾을 것을 **의도하신** 것이 분명하다고 결론을 내렸다. 말씀(the Word)은 영적 진리들을 가르쳐 주기 위해서 역사적 이야기들을 사용할 수 있었지만, 또한 일어나지 않은 내러티브적인 것들이나 순종할 수 없는 율법적인 것들 속에 엮어 들어갈 수도 있었다. 그렇기 때문에, 독자는 하나님께 더 가치 있는 고상한 의미를 추구하지 않을 수 없다는 것이다.[2]

오리겐은 또한 율법을 두 부분으로―의식법과 도덕법―구분했다. (하지만 그는 로마서 주석에서 바울이 율법에 대해 언급하고 있는 여섯 가지 방식을 열거했다!) 의식법에 해당하는 부분은 그리스도 안에서 종결되었으나, 도덕법에 해당하는 부분은 그리스도에 의해 유지되고 확대되었다. 나중에는 결국 소위 이스라엘의 민법 혹은 형법이라는 세 번째 범주에 대한 확인을 통해서 확대되는 이 구분은, 현재에 이르기까지 구약 성경을 다루는 주요한 해석학적 틀로서 유지되고 있다.

알렉산드리아 학파의 주요 특징은 구약 성경 본문 안에 성령께서 의도적으로 감추어 놓으신 영적 의미가 이미 자리잡고 있다는 믿음이었기 때문에, 그

---

2) 다음을 보라. Froehlich, *Biblical Interpretation*, pp. 62-64.

학파들은 감추어져 있는 의미에 도달하여 그 의미를 해명하는 방법을 개발해야 했다. 주해와 해석상의 풍유적 방법이 그들의 해결책이었다. 비록 알렉산드리아 학파가 그 때문에 가장 유명해진 것이 사실이긴 하지만, 이 풍유적 방법은 본질적으로 단지 도구에 불과했으며, 나중에 그 전통의 계승자들에 의해 폐기되거나 수정되었다는 것을 기억해야 할 것이다. 구약 해석학과 관련하여 알렉산드리아 학파가 남긴 가장 중요한 유산은 신구약 성경 사이의 연속성과 조화라는 전제였다. 히브리 성경은 신약 성경에 영감을 불어넣어 쓰게 하신 동일한 성령으로부터 온 것이기 때문에, 그것 역시 기독교적인 영적 의의를 가지고 있는 것이 틀림없다는 것이다. 이 신념은 신구약 성경 사이에 존재하고 있는 역사적 발전에 대해 거의 비중을 두지 않는, 성경에 대해 상당히 정태적인 (static) 개념을 갖도록 만들었다.

안디옥 교부들

그 라이벌이 되는 안디옥(Antioch) 학파는 4세기와 5세기에 번성했다. 그리고 그 광범위한 전통 가운데는 크리소스톰(Chrysostom), 몹수에스티아의 테오도레(Theodore of Mopsuestia), 테오도레트(Theodoret), 그리고 타르수스의 디오도레(Diodore of Tarsus)와 같은 이름들이 포함되어 있다.

알렉산드리아 학파는 구약 성경의 문자적, 역사적 의미를 더 고상하고 도덕적이며 영적인 의미(the *allēgoria*)에 종속시켰지만, 안디옥 학파는 역사에 우선권을 주고, 오직 이차적으로만 더 높은 원리들을 찾았다. 그들은 그와 같은 두 번째 원리들에 대해서 '테오리아'(*theōria*) 혹은 '아나고게'(*anagōge*)와 같은 용어들을 사용했다. 그들은 알렉산드리아 학파의 풍유적 방법을 큰 목소리로 강하게 배격하고, 또한 거기에서 비롯된 율법의 양면 구분에 대해서 의문을 표시했다.

크리소스톰은 그리스도 안에서 복음의 도래와 더불어 전적으로 새로운 역학이 세상에 들어왔다고 주장했다. 거기에 비추어서, 그는 구약 성경의 율법이 그리스도인들에 대해서 지속적인 도덕적 권위를 가지고 있다는 견해를 받아들이지 않았다. 구약 성경에서 율법이 허용했던 것들조차도 그리스도인들이 배격할 수 있었다. 이는 그리스도 안에 있는 새로운 생명 때문이었다. 그는 이 주장을 노예 제도에 적용시켰다. 이것은 비록 구약 성경이 노예 제도를 허용하고 있기는 하지만, 그런 사실 때문에 갈라디아서 3:8을 고려해야만 하는 그리스도인들에게 그 실행을 정당화시켜 주지는 않는다는 사실을 제시하는 맨 처음 주장들 가운데 하나다.[3]

그러나 타르수스의 디오도레는, 자신의 시편 주석에서, 만일 그 가치가 역사적 현실과 본문에 대한 문자적 읽기에 조심스레 근거를 두고 있다면, 구약 성경의 윤리적 가치를 받아들일 수 있다고 보았다. 그는 모든 풍유를 거부했다.[4] 몹수에스티아의 테오도레는 갈라디아서에 대한 그의 주석에서 모세를 통한 언약과 그리스도를 통한 언약이라는 두 언약을 강조했다. 그리고 율법과 복음 사이에 매우 명확한 대조를 설정했다.[5]

그러므로, 안디옥 학파는 성경 자체 내에서 이루어진 역사적 발전과 신약 성경에서 이루어진 구약 성경의 구속적 성취의 중요성을 강조했다. 이러한 강조는 성경의 권위에 대해 덜 정태적이며 좀더 역동적인 접근 방식으로 인도해 주었다. 이 접근 방식 가운데서 구약 성경의 관점들은 그리스도 안에서 이루어진 성육신과 하나님 나라의 '새 것'에 비추어 폐기될 수 있었다. 알렉산드리아 학파와 안디옥 학파 모두 신구약 성경 사이의 연속성을 믿었다. 그러나 알렉산드리아 학파는 동일성(sameness)을 보고 구약 성경이 기독교적인 것을 말하도록 만들었지만, 안디옥 학파는 발전성(development)을 보고 신약 성경이 필요한 곳에서 구약 성경의 우위에 설 수 있도록 허락했다.

그 다음, 그래서 롱에네커는 그 때 이후로 구약 성경에 대한 이 세 가지(마르시온, 알렉산드리아, 안디옥) 태도와 접근 방식이 교회 안에 있는 여러 다른 전통 가운데 그 모습을 드러내 왔다고 제시한다. 비록 마르시온의 입장은 교회에서 공식적으로 배척되었지만, 마르시온의 유령은 시대 시대마다 해석학이라는 집에 출몰하면서 종교개혁의 급진주의 진영이 보인 율법 폐기론적 성향들 가

---

3) 다음을 보라. Longenecker, 'Three Ways of Understanding', p. 27.
4) 다음을 보라. Froehlich, *Biblical Interpretation*, p. 82.
5) 앞의 책, p. 98 이하.

운데서, 불트만(Bultmann)과 그 유사한 정신을 지닌 비역사적 실존주의 가운데서, 그리고 (매우 다른 신학적 이유로) 현대의 세대주의 가운데서 그 모습을 드러내고 있다. 그리고 그러한 입장들은 단지 신학 운동들일 뿐이다. 많은 교회는 예수님 자신도 사용하셨던 성경을 깡그리 무시하고, 심지어 세계 교회가 정한 일년 성경 읽기표가 예배 시에 구약 성경을 읽도록 하기 위해 만들어졌음에도 불구하고 그것을 거부하고 있다는 점에서 실제적인 마르시온주의자들이다. 그러므로, 구약 성경이 실제 삶을 위한 그리스도인들의 자원에 윤리적으로 기여할 만한 무슨 내용을 가지고 있는지, 그리고 어떻게 그럴 수 있는지에 대해 이처럼 혼란이 많은 것은 전혀 놀라운 일이 아니다.

알렉산드리아 학파의 영향은 칼뱅과 개혁파 전통 가운데 살아 있다. (히브리 성경에 대한 풍유적 취급 때문이 아니라 다른 점에서 그렇다. 칼뱅은 세심한 역사적-문법적 주해를 선호하면서 풍유적 접근 방법을 단호히 배격했다.) 오히려 그 영향은 신구약 성경의 통일성과 연속성에 대한 변함없는 태도에서 볼 수 있는데, 그리하여 그들은 구약 성경을 그리스도에 비추어 해석하고 순종해야 할 의문의 여지없는 기독교 경전으로서 읽는다. 그 영향은 그리스도인의 삶에서 율법이 갖는 '제3의 (도덕적) 용도'에 대한 청교도들의 강조에서 찾을 수 있다. 통일성에 대한 정태적 형태의 태도는 신율주의 운동(theonomist movement)에서 윤리적 극단으로 몰린다(이 점에 대해서는 아래를 보라). 그 운동은 율법이 이스라엘에게 행사했던 것과 똑같은 힘으로 구약 성경의 도덕적 권위가 그리스도인들에게 적용된다고 주장한다. 왜냐하면, 율법은 모든 시대 모든 인류를 위한 하나님의 법이기 때문이라는 것이다. 그러나, 알렉산드리아 학파가 히브리 율법을 풍유화함으로써 적실성을 갖도록 했던 것에 비해서, 신율주의자들은 그것을 가능한 한 문자적으로 적용함으로써 율법을 오늘날의 현실에 적실하게 만들기를 소원한다.

풍유에 대한 안디옥 학파의 반감은 중세 스콜라 신학에 대한 루터의 대담한 배격에서 다시금 표면으로 부상했다. 루터는 자신이 느끼기에 충돌이 있는 곳이라면 어디에서든지, 복음의 새 포도주로 하여금 구약 성경의 옛 포도주 부대를 버리도록 허용하고 있다는 점에서 칼뱅보다는 훨씬 더 안디옥 학파적이었다. 칼뱅은 일관성과 조화를 추구했던 데 비해, 루터는 윤리적인 면에서 구약 성경을 매우 자유롭게 그리고 때때로 일관성 없게 취급하는 것에 만족했다. 이러한 그의 태도는 율법에 대한 복음의 우월성을 그가 역동적으로 그리고 열렬하게 찬양했기 때문에 비롯된 것이었다. 안디옥 학파의 정신에 대한 현대적 실례들로서, 나는 메노나이트(menonite)와 같은 급진적 종교개혁의 후예들을 지적할 수 있다고 생각한다. 메노나이트들은 사회적 쟁점들에 대해 관심을 기울이고 활발하게 활동하고 있으며, 그 신학과 윤리에서 매우 신약 성경적이며, 메시아적인 방향을 지니고 있고, 또한 하나님 백성의 독특성이 갖는 중요성을 강조하고 있다. 이 중요성은 히브리 성경 안에 매우 강력하게 스며들어 있는 가치다. 이제 종교개혁 시대의 이 대지성들로 눈길을 돌려 보자.

종교개혁 시대

루터

성경 주해자로서 마르틴 루터는 중세의 주해 도구들을 물려받았는데, 거기에는 여러 다른 방법 가운데서 서구 교회, 특히 북 아프리카 지역에 있는 교회에서 발전되었던 풍유적 방법도 포함되어 있었다. 루터의 갈라디아서 주석 초판본들은 그러한 알렉산드리아 학파의 영향을 보여 주고 있다. 그러나, 그는 풍유적 방법을 (비록 실제로는 항상 일관성 있게 그렇게 하지는 못했다 할지라도, 원칙상으로) 전적으로 배격하게 되었다. 그리고 주해상으로나 신학적으로 훨씬 더 안디옥 학파의 접근 방식에 가깝게 움직였다. 물론 이러한 방향 전환은 신약의 복음에 대한 그의 체험적인 재발견과 직접적으로 관련되어 있었다. 복음으로 말미암아 일어난—그가 느끼기에 율법과 하나님의 진노로 말미암아 그에게 지워졌던—양심의 짐으로부터의 해방이라는 엄청난 경험 때문에 루터는 성경 해석을 포함한 모든 것에 대해, 근본적으로 그리스도 중심적이며 복음 중심적인 접근 방법을 취하게 되었다. 이러한 접근 방법은 구약 성경을 역동적으로, 역사적으로 차별화해서 활용하도록 만들었다. 한편으로, 루터는 기독교 경전과 기독교 신앙에 본질적인 것으로서 구약 성경을 결코 포기하지 않았지만,

다른 한편으로 그는 확실히 구약 성경을 신약 성경에 그리고 은혜와 구원에 대한 자신의 이해에 복속시켰다. 이러한 태도는 구약 성경을 언제나 일관성 있게 활용하도록 이끌어 주지는 않았다. 때때로, 그는 구약의 율법과 이야기들로부터 어떤 의무를 끄집어내어 가르치기도 했다. 반면에, 다른 때에는 (이를테면, 수도원에서의 맹세와 관련해서) 그리스도인들에게 어떤 양심의 가책으로부터 자유하라고 권면할 수 있었다. 그러한 것들(맹세들)은 구약에 **속한 것**이며, 그리스도인들은 이제 유대인들처럼 행동할 필요가 없기 때문이다!⁶⁾

루터는 구약 율법이 시민적 용도를 가지고 있는 것으로 보았다. 마치 울타리처럼, 이스라엘 사회 안에서 인간의 죄악에 대한 정치적 억제력으로 기능했다는 것이다. 그는 또한 구약 율법의 영적인 용도를 보았다. 마치 거울과 같이 그것은 죄를 드러내 주고, 그리하여 우리를 공포와 정죄에 몰아넣어서 회개와 복음에 이르도록 한다는 것이다. 루터에게는, 이 두 번째 용도가 그리스도인들에 관한 한 구약 율법의 일차적 목적이다. 그리고 과연 루터가 율법의 '제3의 용도', 즉 신자들에 대해 윤리적 권위를 지니고 있는 것으로 오늘날의 기독교적 삶을 위한 도덕적 안내자로서의 역할을 받아들였는지에 대해서는 논란이 있다. 루터는 그리스도인의 존재가 율법에 복종해야 한다는 의미에서는 율법이 그러한 도덕적 권위를 가지고 있다는 주장을 배격했던 것 같다. 그러나, **실제로는** 자신의 **요리 문답서들**에서 그리스도인의 행위에 대한 요구 사항들을 다루면서 구약 성경을 광범위하게 사용했다. 그 곳에 있는 그의 가르침들은 대부분 십계명에 근거해 있다. 그는 계명들을 '탈유대화해서' 자유롭게 기독교적 맥락에서 재해석하고 있다. 그러나 전제는 명확하다. 십계명이 그리스도인들의 행위를 안내해 주는 데 여전히 권위적 역할을 감당하고 있다는 것이다. 물론 루터는 그리스도인이 심지어 십계명에 의해서조차도 매이지 않는다고 주장하고 있지만 말이다. 그리하여, 구약 율법에서 도덕적 권위를 발견하는 근거에 이르러서, 루터는 그 근거를 자연법에서 찾는다. 즉, 율법에 있는 도덕적 권위에 의

---

6) 루터의 이러한 특징에 대한 매우 유익한 논의가, 예시들 및 충분한 참고 문헌과 더불어, 다음 글에 제시되어 있다. D. F. Wright, 'Ethical Use of the Old Testament.' 또한 다음 글도 참고하라. G. O. Forde, 'Law and Gospel': D. Bloesch, *Freedom for Obedience*, chs. 7-8.

해 그리스도인이 매이는 사항들의 경우에는, 그것이 모세를 통해 주어진 율법에 의해서가 아니라 단순히 창조 세계 안에 자리잡고 있는 더욱 광범위한 하나님의 도덕 의지를 반영하고 있는 율법에 의해서라는 것이다.

그러나 근본적으로, 루터가 보기에는 복음이 오기 전에 율법이 주어진 것이며, 그 율법은 복음과 최종적인 대척점을 이룬다(이것은 그 이래로 루터파 신학과 윤리의 특징으로 남아 있다). 거기에 안디옥 학파의 모델이 있다. 그리스도 안에 있는 구원사의 새로운 사건들은 앞서 있었던 모든 것을 압도하며 대체한다. 따라서, 루터는 구약 성경의 율법만이 아니라 내러티브들을 다루는 데도 자유로울 수 있다. 그는 구약 성경에 있는 위대한 영웅들이 행했던 도덕적으로 미심쩍은 행위들에 대해서(이를테면, 아브라함이 사라에 관하여 아비멜렉에게 거짓말을 한 일 등) 기발한 변호를 할 수 있었다. 그 믿음의 영웅들이 하나님의 약속에 대한 믿음에서 그런 행동을 하고 있음을 그가 보여 줄 수 있는 경우에는. 그런 의미에서 은혜는 한 가지 이상의 방식으로 허다한 죄악들을 덮어 준다.

칼뱅

칼뱅은 풍유적 주해라는 의미에서가 **아니라**(그도 루터와 마찬가지로 이에 대해서 배격했다) 신구약 성경의 통일성과 연속성을 바라본다는 점에서, 구약 성경에 대한 알렉산드리아 학파적 접근 방식으로 좀더 기울어져 있다. 칼뱅은 성경 전체를 통해서, 구원을 가져다주는 은혜의 언약으로는 단 하나의 언약, 즉 아브라함의 언약이 있다고 천명했다. 그래서 그는 구약 성경에서도 은혜의 복음을 보았으며, 율법과 복음 사이에 훨씬 더 큰 조화와 일치가 있음을 보여 주기 위해 지대한 노력을 기울였다.

칼뱅은 구약의 율법과 예언자들의 지속적인 타당성에 대한 그리스도의 천명(마 5:17 이하)을 매우 진지하게 받아들였다. 그래서 그는 율법의 '제3의 용도'를 받아들였을 뿐만 아니라, 그 용도를 사실상 가장 중요한 것으로 간주했다. 율법은 우리가 구원의 은혜에 반응하여 선행을 하도록 우리를 형성시켜 주고 준비시켜 주기 위해, 그리스도인의 행동을 위한 실천적 지침으로 기능한다.

그리하여, 루터는 율법의 세 가지 용도에 대해 알고 있었으면서도 중심적인 용도는 두 번째 용도(즉, 우리를 그리스도께로 몰고 가기 위해 우리를 고소하고, 정죄하고, 두렵게 하는 역할)라고 천명했던 데 비해서, 칼뱅은 세 번째 용도(우리를 도덕적으로 안내해 주고 훈련시켜 주는 역할)를 강조했다.

> 도덕법의 세 번째이자 핵심적인 용도는, 율법의 고유한 목적과 좀더 밀접하게 연결되어 있는 것으로서, 하나님의 성령이 이미 그 마음속에 살아 계시고 다스리고 계시는 신자들 가운데서 그 자리를 발견한다.…여기에 신자들로 하여금 그들이 열망하는 주님의 뜻의 성격을 매일매일 더욱 철저히 배울 수 있게 해주며, 그 뜻을 확고히 이해할 수 있게 해주는 최상의 도구가 있다.…그리고 우리에게는 가르침만이 아니라 권면도 필요하기 때문에, 하나님의 종은 율법의 이러한 혜택을 적절히 활용할 것이다. 즉, 율법을 자주 묵상함으로써 순종에 이르도록 하고, 율법 안에서 힘을 얻고, 범죄의 미끄러운 길에서 벗어나 되돌아올 수 있게 할 것이다.[7]

사실상, 율법은 단지 이스라엘 백성들에게만이 아니라 모든 시대에 적용되었던 '의에 대한 완벽한 유형'을 제공했다. 물론 그 역사적이며 상황적인 특수성을 고려해야 하는 것은 당연하지만, 그렇다고 해서 그러한 특수성이 후대의 하나님 백성들에 대해 그 법이 가지고 있는 적실성까지 파괴하는 것은 아니었다. 그리스도조차도 율법을 **추가하지** 않으셨다. 오히려 "그리스도는 율법을 온전하게 회복시키셨을 뿐이다."[8]

이러한 더욱 긍정적인 관점을 가지고서, 칼뱅은 율법으로부터(그래서 그는 주로 십계명을 강해했다) 유익을 끌어내는 길은 각 계명의 **목적**을 찾아내는 것이라고 주장했다. 그는 예수님이 흔히 어떤 법규의 **요점**을 바라봄으로써 문제의 핵심에 이르셨던 것과 같은 방식으로 긍정적인 용도를 — 왜 그 법이 주어졌으며, 누구의 유익을 위해 주어졌는지 — 계속해서 추구하고 있다. 마찬가지로, 칼뱅은 어떤 법이든 그 법이 명하고 있는 바의 반대의 것은 금하고 있거나 그

---
7) Calvin, *Institutes* 2.7.12.
8) 앞의 책, 2.7.13; 2.8.7.

법이 금하고 있는 반대의 것은 명하고 있는 것이라고 전제함으로써, 문자적 의미에서 단어들 자체의 힘을 확장시키는 것이 정당하다고 여긴다.

그러므로, 우리는 율법을 다루는 루터의 방법과 칼뱅의 방법 사이에 차이점이 있음을 알아 볼 수 있다. 그 차이는 신학적 차이며 거의 심리학적 혹은 직관적 차이다. 루터는 종종 법이 **금하고 있는 것**을 바라본다. 이는 율법이 수행하고 있는 일종의 '죽이는 자'로서의 역할을 강조하기 위한 것이다. 사람은 자기를 죽이는 자를 피해서 복음의 은혜 쪽으로 달아나야 한다. 반면에, 칼뱅은 율법이 **촉진시켜 주는 것**을 바라본다. 그래서 그는 그 법을 일종의 모델로 혹은 촉매제로 사용하여, 그 당시의 세계에서 그리스도인으로 살아가는 삶에서 제기되는 온갖 종류의 쟁점에 적용시키고 있다. 이 접근 방법들 중(이 두 접근 방식은 모두 신약 성경에 선례가 있다고 주장할 수 있다) 어느 것이라도 극단적으로 밀고 나가면, 반대편의 균형을 잃을 수 있다. 그리하여, 루터교의 위험은 실제적으로 마르시온주의 혹은 율법 폐기론으로 빠져들어가는 것이며, 반대로 칼뱅주의의 위험은 항상 율법주의로 미끌어져 들어가는 것이다. 그러나 이러한 양극단 중 어느 것도 루터나 칼뱅 자신의 탓이라고는 할 수 없다.

「기독교 강요」(*Institutes*, 크리스챤다이제스트 역간)에서 칼뱅은 주로 십계명을 해설하고 있다. 그러나, 그는 「모세의 마지막 네 권에 대한 주석」(*Commentaries on the Last Four Books of Moses*)에서 십계명 자체만이 아니라 십계명과 관련해서 자신이 정리해 놓은 다른 모든 법규에 대해 주해하고 있다.[9] 그는 다시 이 후자의 법규들을 '해설'(Exposition, 십계명의 계명이 담고 있는 주요 요지를 단지 명료화하거나 적용하고 있으며, 따라서 율법의 핵심에 속하고 십계명의 지속적인 도덕적 적실성을 공유하고 있는 법규들)과 '정치적 보조 규정'(Political Supplement, 이스라엘에게만 적용될 수 있었던 민사상의 혹은 의식상의 규정들)으로 구분하고 있다. 이 마지막 범주에 속하는 법규들은 십계명의 기본적 목적이 보전되고 있는 한, 다른 사회의 법에 부과될 필요가 없다. 그리하여, 예를 들어 (도둑질을 금하고 있는) 여덟 번째 계명을 다루면서, 그는 그

---

9) J. Calvin, *Four Last Books of Moses*.

'해설'에 다음의 법규들을 포함시키고 있다.

- 신속한 임금 지급(레 19:11, 13; 신 24:14-15; 25:4).
- 이방인들에 대한 보살핌과 불편부당성(출 22:21-24; 레 19:33-34; 신 10:17-19).
- 무게와 척도의 정직성(레 19:35-36; 신 25:13-16).
- 대부금에 따른 담보물들에 관한 의무(출 22:26-27; 신 24:6, 10-13, 17-18).
- 이자 수취를 금하는 법(출 22:25; 레 25:35-38; 신 23:19-20).
- 상실한 재산의 회복(출 23:4; 신 22:1-3).
- 도둑질에 대한 배상(민 5:5-7).
- 뇌물과 부패에 대한 탄핵(출 23:8; 레 19:15; 신 16:19-20).
- 가난한 자의 편에서나 거슬려서 편파성을 보이는 것에 대한 금지(출 23:3, 6).

그런 다음에 그는 '정치적 보조 규정'의 범주에 다음을 포함시키고 있다.

- 가난한 자들이 거두어들일 수 있는 이삭들(레 19:9-10; 23:22; 신 24:19-22).
- 안식년(출 21:1-6; 신 15:1-18).
- 희년과 속량 법규들(레 25장).
- 전쟁시 과실수들을 없애지 말라는 금지령(신 20:19-20).
- 어떤 범주에 속하는 사람들의 군역 면제(신 20:5-8).
- 계대 결혼의 의무(신 25:5-10).

칼뱅의 이러한 범주화와 관련해서, 그가 이렇게 십계명 밑에 두고 있는 두 개의 범주에 어떤 법규들을 어떻게 그리고 왜 할당하는지에 대한 질문이 생기지 않을 수 없다. 그에 대한 대답은 쉽지 않다. 그러나 그 요점은 오직 십계명만 그리스도인들에게 적실성이 있다는 주장을 그가 인정하지 않고 있다는 것이다. 십계명이 표출하고 있는 원칙들은 또한 크고 작게 십계명과 연관성이 있는 다른 법규들에서도 발견될 수 있다. 따라서, 현대 국가가 이스라엘의 특정한 법규들과는 크게 다른 민사적 규정과 정치적 규정을 가지고 있을지라도, 만일 그 근대 법들이 동일한 목적에 기여하고 있으며 동일한 기본 원칙들을 옹호하고 있다면 그 차이점은 중요하지 않다. 중요한 것은 이스라엘 민법의 특징을 이루고 있는 '일반적 형평성'(general equity, 칼뱅 자신의 용어)이—비록 그 문자적인 형식은 더 이상 구속력을 갖지 않는다 할지라도—유지되어야 한다는 것이다. 만일 십계명의 본질적인 원칙이 진지하게 받아들여진다면, 실천적 정의, 가난한 자들에 대한 공정한 대우, 소유지 경계에 대한 보호 등의 문제들은 과거 이스라엘에서 그랬듯이 적합한 법제화를 통해 자리를 잡게 될 것이다.[10] 그러므로, 이 정도로 칼뱅은 구약 성경의 율법의 권위를 매우 진지하게 받아들였으며, 십계명보다는 훨씬 더 광범위한 시각에서 구약 율법의 적실성을 보여 주고자 노력했다. 그러나 칼뱅은 구약의 율법 전체를 성경 이후 사회(post-biblical societies)에 적용하려고 시도하고 있는 현대적 의미에서의 '신율주의자'는 아니었다. 현대의 신율주의 운동은 개혁주의 신학의 세계관과 아주 밀접하기 때문에 종종 칼뱅을 자신들의 수호 성자로 삼고 있다. 그러나 칼뱅은 현대 사회에서 구약의 율법을 문자 그대로 적용해야 한다는 신율주의의 주장을 인정해 주지 않았을 것이 틀림없다. 왜냐하면 칼뱅은 영구적인 도덕법 혹은 자연법과 일시적인 정치적 법규들 사이를 명확히 구분했기 때문이다.[11]

재세례파

급진적 종교개혁 진영은 놀라울 정도로 다양한—그들이 직면했던 압력과 편견에 비추어 보았을 때 놀라울 정도의—저술들을 쏟아내 놓았다. 관련 주제

---

10) 다음 글을 보라. 'Calvin's Pentateuchal Criticism.' 또한 다음 글에 계속되고 있는 그의 논의를 보라. 'Ethical Use of the Old Testament.'
11) 접근 방식과 주해상의 중요한 차이점들을 지적하면서, 신율주의자들의 칼뱅에 대한 주장에 대해 개혁주의 전통 자체 내에서 나온 유익한 비판으로는 다음 글을 보라. Robert Godfrey, 'Calvin and Theonomy.' 신율주의자들의 접근 방식에 대해서는 다음에 계속해서 검토할 것이다.

에 대한 루터나 칼뱅과 같은 어떤 한 개혁자의 입장을 분류하듯, 관련 주제에 대한 그들의 입장을 일반적으로 분류하는 것은 더 어려운 일이다. 하지만, 거기에는 몇 가지 의미심장한 공통적 특징이 존재하고 있다. 성경 해석과 구약 성경을 구체적인 윤리적 문제에 활용하는 것에 대해서, 우리는 불일치하는 핵심적 영역들을 밝히기에 앞서 재세례파와 주류 종교개혁자들 사이에 광범위한 일치를 보이고 있는 어떤 영역이 있음을 지적할 수 있을 것이다.[12]

재세례파들은 성경이 권위 있는 하나님의 말씀이라는 점에 대해, 성경이 평범한 보통 사람이 명료하게 이해할 수 있는 책이라는 점에 대해, 성경 해석이 교회의 전통이라는 굴레에서 자유롭게 되어야 한다는 점에 대해, 어떤 난제들을 설명하기 위해서는 특별한 해석학적 기술이 필요하다는 점에 대해서, 그리고 최종적으로는 성경에 순종해야 한다는 점에 대해 다른 개혁자들과 전적으로 의견을 같이하고 있었다. 그러나 그들 사이의 불일치는 다음 세 가지 주요 문제에 집중되어 있었다.

1. **성경의 적실성의 범위**. 이 문제는 성경 전체가 공적인 시민 생활에 적용될 수 있는 것인가, 아니면 신약 성경은 그리스도인의 개인적 행위에만 적용될 뿐 행정 문제들에 대해서는 적용될 수 없는 것인가 하는 것이었다. 개혁자들은 대체로 구약 성경의 율법이 행정 문제들에 연결될 수 있겠지만(따라서 구약 성경에 나오는 제재와 처벌을 사법적이며 군사적인 문제에 적용시킬 수 있다고 보았지만), 그리스도의 가르침들은 본질적으로 그리스도인들 사이의 개인적 관계를 위한 것이라는 입장이었다. 재세례파들은 그리스도의 통치가 공적인 시민 생활을 포함해서 생활 전반을 지배해야 한다고 주장했다. 그래서 재세례파들에게는, (그들이 이해한 바에 따르면) 신약 성경이 시민 생활을 지배하는 것이었기 때문에 그리고 신약 성경이 구약 성경을 대체하게 되었기 때문에, 이 사실은 시민 생활과 시정(施政)에 대한 구약 성경의 권위를 배격하거나 최소

---

12) 재세례파 성경 해석학에 대한 에세이들을 모아 놓은 매우 유익하며, 시사적인 모음집이 다음 책에 제공되어 있다. Willard Swartley (ed.), *Biblical Interpretation*.

한 상대화하는 효과를 갖게 되었다. 그러므로, 재세례파들은 주류 종교개혁자들이 인정했던 구약 성경의 규제들을 광범위하게 (그리고 종종 억압적으로) 사용하는 것과 국가의 행위들에 대한 정당화를 받아들일 수 없었다.

 2. **교회의 본질과 교회와 국가의 관계**. 주류 종교개혁자들은 때때로 '행정 관리답다'(magisterial)라고 일컬어지고 있는데, 그 까닭은 교회와 국가가 하나님의 목적 안에서 함께 묶여 있으며, 교회 개혁은 부분적으로 행정 관리의 책임이기도 하다는 그들의 확신 때문이었다. 비록 주류 종교개혁자들이 그 관계가 어떤 식으로 작동해야 하는지에 대해 여러 다른 유형을 옹호하기는 했지만, 그들은 공통적으로 '기독교 왕국'에 대한 광범위한 신정 정치적 이해를 가지고 있었다. 반면에, 재세례파는 교회를 모든 세속 기관으로부터 명확하고 가시적으로 구별되는, 분리되어 모인 참 신자들의 공동체로 간주했다. 그러므로, 확실하게 국가의 일부분이 아니었다. 그들은 '기독교 왕국' 개념을 배격했으며, 그와 더불어서 구약 성경에서 이끌어낸 신정 정치적 전제도 배격했다. 교회는 정확히 구약 성경에 있는 이스라엘과 같은 민족 국가가 **아니었다**. 그러므로, 마치 교회가 그런 국가인 것처럼 행동해서는 안 되는 것이었다. 이 구별은 재세례파들이 믿고 있던 두 가지 근본적 확신 가운데서 볼 수 있다.

 a. **세례**. 종교개혁자들이 보기에, 유아 세례는 기독교 국가에서 기독교 시민권의 일부분이었다. 그리고 유아 세례는 구약의 할례와 같은 것이라고 확인함으로써 부분적으로 정당화되었다. 유아 세례를 거부하거나 '재세례'를 받음으로써 유아 세례의 타당성을 부정하는 것은, 16세기 유럽의 종교적 정치적 상황 속에서는 국가 자체의 토대에 저항하는 선동이나 반역에 해당하는 일이었다. 재세례파들이 볼 때, 세례는 신약 성경에서 오직 믿는 자들에게만 명하여진 것이었지, 시민 사회의 시민권과는 하등 상관이 없는 일이었다. 그러므로, 구약 성경은 그 문제와 아무런 관련성이 없었다. 이 문제에 대해 재세례파가 가지고 있던 확신의 위력은, 그 논란의 강한 열기와 가혹한 대가 지불과 겹치면서, 그렇지 않았더라면 의도되었을 정도 이상으로 훨씬 더 날카롭게 구약 성경에 대한 저평가를 가져오게 된

것 같다. 즉, 주류 개신교도들은 구약에 근거해서 유아 세례를 정당화했고, 재세례파들이 철저하게 유아 세례를 반대하고 있다는 이유로 그들을 핍박하고 죽였기 때문에(그리고 다시 그 같은 자기들의 박해 행위를 구약 성경에 근거해서 정당화하고 있었기 때문에), 재세례파들이 대적들의 공격적 입장이 근거하고 있는 구약적 토대를 무너뜨리는 재세례파적 대항 논리를 찾았다는 것은 결코 이상한 일이 아니었다.

b. **평화주의**. 개혁자들은 행정 당국은 하나님이 임명하신 것이기 때문에 그리스도인들은 국가의 정부에 순종해야 하며, 이 순종에는 전쟁에 나가서 국가를 위해 무기를 드는 일을 포함한다고 주장했다. 다시금, 어떤 상황의 정당성을 지지하기 위해 구약 성경이 폭넓게 사용되었다. (비록 몇몇 집단은 정반대의 극단적 견해를 취했지만) 재세례파들의 중심 전통은 예수님의 비폭력에 대한 가르침을 총체적으로 진지하게 받아들여서, 그리스도인들은 폭력이나 전쟁에 참여할 수 없다고 주장했다. 다시금, 이 주장은 재세례파들에게 너무나도 소중한 쟁점이었으며 그들의 대적자들에 대한 저주에 해당했기 때문에, 해석학적 논의에 영향을 주었다. 그리스도의 비폭력을 부각시키기 위해서, 재세례파는 구약 성경과 그 안에 있는 전쟁들을—그리스도와 관련해서 조심스레 상대화시키든지, 혹은 그보다는 신중하지 못하게 구약 성경의 권위를 배격함으로써—그늘에 묻어두어야 했다. 그리고 이러한 태도는 어떤 경우에 마르시온주의라는 비난을 받게 되었다.

그러므로, 우리는 종교개혁 시대에 구약 성경의 윤리적 권위와 활용의 문제가 그에 앞서서 교회론의 문제, 특히 교회와 국가의 관계라는 당혹스런 문제에 의해 상당한 영향을 받았다는 것을 볼 수 있다. 오늘날에도 그에 비견할 만한 역학이 작용하고 있는 것을 지적할 수 있다. 그리스도인 집단들이 구약 성경을 어느 정도로 활용할 준비를 하고 있느냐 하는 문제, 혹 그 집단들이 그런 자세를 가지고 있다면 어디에 활용하느냐 하는 문제는 확실히 그 집단들이 교회의 본질과 일반 사회 속에서 교회의 역할을 어떻게 이해하고 있느냐에 의해 부분적으로 영향을 받는다.

그리고 또 한 가지 지적할 만한 흥미로운 사실은, 구약 성경에 대한 재세례파의 배격이 부분적으로는 주류 개신교 운동의 지속적인 율법주의와 '에라스투스주의'[Erastianism; 스위스의 의사였던 토마스 에라스투스(Thomas Erastus)에게서 비롯된 사상으로, 그리스도인 관헌들(=정부)이 있다면 그 외의 어떤 다른 정부(이를테면, 기독교적 정부와 구별된 교회 나름의 제도와 기관)가 전혀 불필요하다는 주장. 특히, 영국 국교회 형성에 큰 영향을 주었다—역주]라고 그들이 인식했던 것에 대한 반작용이었다는 점이다. 매우 다른 교회론적 분위기를 가지고 있기는 하지만, 이 점은 앞으로 살펴보게 될 세대주의(Dispensationalism)의 기원에도 해당되는 사실이다.

3. **그리스도에 대한 순종의 절대 우위성**. 이 점은 아마도 많은 면에서 재세례파의 지도적 원리로 간주될 수 있을 것이다. 기독교는 예수를 통한 구원을 개인적이고 영적으로 경험하는 것이며, 그 이후 순전히 헌신된 제자도에 관한 것이었다. 예수님이 하신 말씀은 이루어져야 했다. 이러한 태도는 때때로 새로운 종류의 문자주의와 율법주의로 이끌어갈 수도 있었다. 그러나, 그것은 그 도덕적 우선 순위에서 구약 성경이 신약 성경에 비해 결정적으로 부차적인 것이라는 뜻이었다. [다시 말하지만, 재세례파 가운데 예외가 있었다. 토마스 뮌처(Thomas Müentzer)와 레이덴의 얀(Jan of Leyden)이 그러한 사람들이었다. 그들은 폭력과 다른 과도한 일들을 정당화하는 근거로서 구약의 묵시주의에 호소했다.] 때때로 예수님과 신약 성경을 이렇게 최우선시함으로써 사실상 마르시온주의로 치닫기도 했다. 그리고 실제로 오늘날에 주시는 성령의 직통 계시에 대한 주장과 결합되었을 경우, 그 운동의 급진적 성령파 진영에 속한 몇몇 사람의 경우처럼 심지어 신약 성경까지도 내던져 버리는 지경으로 내달을 수 있었다. 그러나 더욱 신중하고 의미 있는 주해자들과 지도자들 사이에서 명확히 지배적이었던 입장은 그리스도의 오심과 신약 성경이 구약 성경을 상대화시켰다는 것이었다.

(메노나이트 교단 가운데서) 가장 지속적인 유산을 남기고 있는 재세례파 지도자 가운데 한 사람인 메노 시몬즈(Menno Simons)는 구약 성경을 높이 존

중했으나 그리스도께서 그리스도인들로 하여금 구약 성경을 넘어서도록 하신 다고 믿었다.

메노에 따르면, 예수 그리스도는 정말로 새로운 것을 가지고 오셨다. 옛 언약은 그리스도 왕국의 철저한 새로움에 의해 대체되었다. 주류 개혁자들은 신구약 성경의 연속성을 강조했다. 그들에게는 실질적으로 **두 경륜에 단 하나의 언약**이 있을 뿐이었다. 이 원칙은 주류 종교개혁자들로 하여금 구약 성경에서 그 짝이라 할 수 있는 할례에서 유추하여 유아 세례를 정당화할 수 있게 해주었다. 주류 종교개혁자들은 또한 구약 성경에서 교회와 국가 관계의 유형을 찾아냈다. 재세례파는 새 언약의 **규범적** 위상을 지적함으로써 이렇게 구약 성경에 호소하는 것의 정당성을 거부했다.[13]

신약 성경을 우월한 것으로 본 메노의 평가는 예수 그리스도의 중심적 성격에 대한 그의 기본적인 확신에서 비롯된 것이었다.···그리스도께서 임하셨을 때, 그분은 율법을 성취하시고, 사람으로 하여금 하나님이 그에게 원하셨던 것을 온전하게 '실현'할 수 있게 하셨다. 메노는 사람들이 구약의 법을 넘어서 나아갈 수 있다고 말한다. 이는 사람들이 그리스도께로 향해 있기 때문이다. 모세는 그의 시대를 섬겼지만, 이제는 그리스도께서 새 계명을 주셨다.···메노는 자신의 신학적 관심사들에서 비롯된 윤리적 쟁점들에 대해 충분히 의식하고 있었다. 전쟁에 관한 그리고 무기의 사용에 관한 그의 진술은 구약 성경과 신약 성경 사이의 차이점을 인식하고 있는 그의 입장에서 나온 것이었다. 사람에게 보응하기 위한 접근은 배제된다. 신약 성경이 보복을 금하고 있기 때문이다. 그리고 사랑의 법이 신자의 동기가 되어야 하기 때문이다. 그리스도의 명령은 너무나 분명하기 때문에 무시할 수 없다. 구약의 법규들이 예수님 및 사도들의 가르침과 부합하지 않을 경우, 그 법규들은 포기해야 한다.[14]

---

13) Timothy George, *Theology of the Reformers*, p. 276(강조는 원저자의 것).
14) Poettker, 'Menno Simons' Encounter with the Bible', pp. 70-71.

몇몇 다른 제세례파[이를테면, 필그람 마르펙(Pilgram Marpeck)][15]와 마찬가지로, 메노는 구약 성경이 여전히 기독교 경전의 일부라고 주장했으며, 경건과 영적 권고를 위해 광범위하게 구약 성경을 사용했다. 그러나 도덕적 권위에서 압도적인 최우선권은 신약 성경에 주어졌다.

구약 성경의 윤리적 권위와 용도에 대한 종교개혁 시대의 이와 같은 해석학적 논쟁들은 오늘날에도 매력적인 적실성을 가지고 있으며 생생하게 살아 있다. 감사하게도, 16세기에 그 논쟁에 수반되었던 독설과 유혈 사태는 제거된 상태이긴 하다. 우리는 구약 성경을 신약 성경과 동등한 도덕적 권위가 있는 것으로 보아야 하는가? 아니면, 상대화된 부차적 권위를 지닌 것으로 보아야 하는가? 아니면, 아예 그런 권위가 없는 것으로 보아야 하는가? 그리스도에 대한 순종은 구약 성경을 **승인**하는가? 아니면, **격하**시키는가? 이러한 질문들은 이제 우리가 선별해서 살펴보고자 하는 현대의 접근 방법들 가운데 여전히 살아 있는 문제들이다.

현대의 몇몇 고백적 접근 방식

세대주의

물론 세대주의가 채택하고 있는 전천년설은 교회사에서 훨씬 더 긴 역사를 가지고 있지만, 세대주의는 19세기 영국의 존 다비(J. N. Darby, 1800-1882)에 그 뿌리를 두고 있다. 다비는 그 당시 영국 국교회의 무력한 율법주의 앞에 당황하고 좌절했다. 영국 국교회는 비록 이론상으로는 심오할 정도로 도덕적이었지만, 실천상으로는 한없이 느슨했기 때문에 무력했다. 회심 형태의 경험을 통해서 다비는 해방감을 맛보았으며, 하나님의 은혜를 경험하고 그리스도 안에 있는 복음의 온전성을 깨닫게 되었다. 이 경험은 동시에 '공로'에 대한 강력

---

15) 다음 글을 보라. H. W. Klassen, 'Pilgram Marpeck's Theology.' Klassen은 Marpeck이 과연 마르시온주의자였는지를 묻고, 그렇지 않다고 결론을 내린다. 비록 Marpeck이 옛 언약과 새 언약 사이의 불연속성을 강조하기는 했지만, 구약 성경을 경건에 활용하는 일에 높은 가치를 두었다.

한 반감을 낳았다. 그럼으로써 그는 또한 교회가 구약 성경에 지나치게 의존함으로써 도덕주의화되었다고 여겼으며, 구약에 대한 지나친 의존에 대해 반감을 갖게 되었다.[16]

다비는 계속해서 율법에 대한 은혜의 절대적 우선성을 보전하겠다는 열망에서 비롯된 성경 이해 체계를 발전시켰다. 어떤 점에서, 이렇게 하는 가장 단도직입적인 방법은 그 둘을 아예 분리해 버리는 것이다. 다비와 그의 선도를 따랐던 사람들[17]은 구속사의 과정 가운데서 인간들을 대하시는 하나님의 방식은 전적으로 분리된 시대적 경륜(dispensation; dispensation은 사실상 통치 방식 혹은 다스리는 경륜의 구분과 그 경륜의 시행 방식에 해당하는 기간을 말한다. 여기에서는 주로 '시대적 경륜'이라는 말을 사용하되, dispensationalism은 이미 세대주의라는 말이 통용되고 있으므로, 그렇게 번역한다—역주)에 의해 진행되었다고 주장함으로써 이같이 율법과 은혜를 분리시켰다. 이 시대적 경륜의 정확한 수는 세대주의 학파들마다 다양하다. 그러나 가장 근본적인 분리는 모세를 통한 율법의 시대적 경륜과 그리스도를 통한 은혜의 시대적 경륜(현 시대) 사이의 분리다. 그 다음으로 매우 중요한 것은 그리스도가 천년 동안 지상에서 통치하시는 기간이 될 것이다. 이것은 또한 민족 국가로서의 이스라엘과 교회 사이의 완전한 분리를 수반한다. 하나님은 교회와 이스라엘을 다르게 다루시며, 그 구분은 영구적으로 유지될 것이다. 구약 율법의 도덕적 가르침은 오직 그리스도 이전의 시대적 경륜만을 위해 의도된 것이었으며, 거기에만 해당되는 것이었고, 그리스도께서 지상에서 회심한 유대 민족 사이에서 통치하실 천년 왕국 시대에 다시 그 표준이 될 것이다. 그러나 교회 시대에, 구약의 율법은 아무런 지속적 권위를 가지고 있지 않다. 20세기에 들어서 세대주의는 소위 언약 신학의 공격하에 다소 완화되었다. 그리고 구약 성경에도 은혜가 있었으며, 구원은 단순히 율법을 지키는 것으로는 결코 얻을 수 없음을 인정할 태

---

16) Daniel P. Fuller, *Gospel and Law*는 Darby의 순례와 그의 신학 체계의 발전에 대한 충분한 설명을 제공하고 있으며, 뒤 이어서 이 대립하는 체계들 사이의 갈등에 대해 주해상으로 매우 철저한 검토와 비판을 제공한다.

17) 가장 영향력이 있기로는, *The Scofield Bible*에 있는 관주를 쓴 저자이다.

세가 되어 있다. 그러나 세대주의의 해석학적이며 종말론적 체계는 여전히 그대로 유지되고 있다.

노르만 가이슬러(Norman Geisler)는 성경 윤리에 대한 세대주의적 접근 방식에 관하여 유익한 진술을 제공해 준다.[18] 그는 신율주의자들을 포함한 모든 그리스도인이 모세오경의 모든 법규 중 단 하나의 법에도 순종할 의무가 없음을 알고 있다고 지적한다. 실제적으로 그렇게 하고 있지도 않을 뿐만 아니라 다른 사람들이 그렇게 해야 한다고 권면하고 있지도 않기 때문이다. "그러므로, 그리스도인들이 여전히 구약의 율법 아래 있다고 주장하는 자들까지도 일일이 그 모든 점이 지금도 적용될 수 있다는 말에는 동의하지 않는다. 그러므로, 문제는 모세 율법이 여전히 유효한가의 여부가 아니라 그 법 가운데서 **얼마나 많은 부분**이 여전히 그리스도인들에게 구속력을 갖고 있느냐 하는 것이다" (p. 7). 가이슬러는 도덕법, 민법, 의식법이라는 범주를 구분함으로써 율법의 어떤 부분을 여전히 권위 있는 것으로 유지시키고자 하는 시도를 일축해 버리는데, 그러한 구분은 신약 성경에서 입증되지 않는 것이라고 주장한다. 그는 전체 율법이 종국에 이른 것으로 여겨지고 있는, 혹은 그리스도인들은 더 이상 율법 아래 있지 않다고 말하는 일련의 신약 성경 구절들을 인용한다.[19] "바울에 따르면, 율법과 관련해서는 전부가 아니면 전무이다. 그래서 한편으로 만일 율법의 어느 것이라도 그리스도인들에게 구속력을 가지고 있다면, 율법의 모든 것이—이러한 제안에 대해서 신율주의자들조차 움칫한다 할지라도—구속력을 지니는 것이다. 다른 한편으로, 만일 모세 율법의 일부가 그리스도인들에게 적용되지 않는다면, 율법의 전부가 적용되지 않는 것이다. 이것이 바로 갈라디아서에서 바울이 주장하고 있는 바다"(p. 9).

가이슬러는 구약 성경의 다른 용례들과 더불어 많은 구약의 율법이 신약 성경에 인용되어 있음을 잘 인식하고 있다. 그러나 그는 그 본문들이 권위 있는 율법으로서의 힘은 지니고 있지 않다고 강변한다. 오히려, 적용되고 있는 것은

---

18) Norman L. Geisler, 'Dispensationalism and Ethics.'
19) Geisler는 다음을 인용하고 있다. 약 2:10; 롬 6:14; 고후 3:17, 11; 엡 2:15; 롬 10:4; 갈 3:25; 히 7:11; 8:1-2.

원칙들이라는 것이다. 그리고 때때로 (안식일이나 간음의 경우에서처럼) 실제 법규상 상당한 수정을 거쳐서 적용되어 있다고 말한다. "구약 성경과 신약 성경 사이에는 유사한 도덕적 원칙들이 많이 존재한다. 그러나 그렇다고 해서 그 둘 사이에 똑같은 법규들이 존재하고 있다는 말은 결코 아니다"(p. 10). 그리고, 똑같은 형벌이 따르는 것도 확실히 아니다. 그런 식으로 구약 성경은 사회적 거룩성과 개인적 의로움에 대한 지침을 제공해 줄 수 있다. 그러나, 오늘날에는 그것이 신정 정치적으로나 신율주의적으로는 적용될 수 없다. 모세의 율법은 구약 이스라엘 이외에 다른 행정 당국을 위한 지침으로 의도된 것이 결코 아니었다. 나머지 민족들 가운데 있는 정부를 위해서는, 하나님이 일반 계시에 속하는 불문(不文)의 '자연법'을 주셨다. "이상의 논의에서 하나님의 법(신적 계시)은 오늘날 민법의 기초가 아니라는 점도 명확해졌을 것이다. 하나님은 현재 하나님의 법으로 세상의 정부들을 다스리고 계시지 않다. 하나님은 세상에 있는 정부들이 자연법에 기초한 민법에 의해 다스려지기를 원하고 계신다. 하나님의 법은 오직 교회만을 위해 존재한다. 자연법은 온 세상을 위해 존재한다(롬 2:12-14)"(p. 10).

이 글에서 가이슬러의 논의를 보면, 그의 주된 표적은 구약의 율법들(및 그 율법들이 규정하고 있는 형벌)을 가능한 한 현대 사회에 엄격하게 적용하자는 신율주의자들의 주장임이 분명하다.[20] 가이슬러가 구약 성경에 예시되어 있는 도덕 원칙들이 지니고 있는 적실성을 부인하고 있는 것은 아니다. 그러나 그는 그 원칙들이 법으로서 갖는 권위적 규범성을 부인하고 있다. 이 점은 그가 나중에 단권으로 쓴 기독교 윤리학 책에도 나타나 있다. 그는 이 책에서 구체적인 현대의 쟁점들과 관련해서 여러 가지 윤리적 입장을 검토하고 있다.[21] 그 책에서, 가이슬러는 적절한 기독교적 답변이라고 여기는 바를 구성할 때 구약 본

---

20) 신율주의적 재건주의가 마찬가지로 Wayne House와 Thomas Ice가 편집한 다음 책의 주요 표적이다. H. Wayne House and Thomas Ice (eds.), *Dominion Theology*. House와 Ice는 특히 제6장, 'Are Christians under the Mosaic Law?'와 제7장, 'Should the Nations Be Under the Mosaic Law?'에서 율법에 대한 세대주의적 견해를 제시하고 있다.

21) Norman L. Geisler, *Christian Ethics*. 「기독교 윤리학」(CLC).

문들을 풍성하게 활용하고 있다. 그러므로, 실제적으로 가이슬러는 구약 성경의 도덕적 적실성을 받아들이고 있지만, 신학적으로는 구약 성경에 규범적 **권위**를 부여하기를 거절하고 있는 것 같다.

구약 윤리에 대한 세대주의적 접근 방식을 평가할 때, 무엇보다 먼저 은혜의 최우선성에 대한 강조, 그리스도 중심적 성격에 대한 적절한 주장, 그리고 구약 성경에 대한 기독교적 해석에서나 신약 성경에서 발견하게 되는 성취의 신학에 대한 적절한 주장에 대하여 긍정적인 견해를 표명할 수 있을 것이다.

그러나 내 견해로는, 세대주의적 접근 방식은 그 전체적인 도식이 가지고 있는 신학적 의문점으로 인해 결함을 갖게 된다. 나는 구속의 측면에서 구약 성경을 신약 성경과 단절시킨 점, 메시아를 통해 이스라엘과 교회 사이에 존재하는 유기적인 영적 연속성을 부정하고 있는 점, 그리고 율법과 은혜의 대립을 지나치게 강조하는 점 때문에 세대주의가 심히 부적절하다고 본다. 세대주의 신학이 가지고 있는 이러한 주요 특징들은 구약 성경의 윤리적 용도를 다소 쓸데없는 반복인 것처럼 만들어 버림으로써, 구약 성경을 폄하하고 있는 것으로 보인다. 내가 받은 인상은 가이슬러 자신은 구약 성경의 도덕적 가치에 주목하고 있다는 점에서 다소 예외적인 것 같다는 것이다. 전체적으로 봐서, 구약 성경의 율법이 현재 교회의 시대적 경륜에 대해서는 아무런 상관이 없다는 가르침은 실제적 마르시온주의의 일종으로 이끈다. 만일 율법이 천년왕국 때까지 다시 적용되지 않을 것이라고 한다면, 현재 율법이 우리에게 줄 수 있는 의미를 찾으려는 작업은 거의 노력을 기울일 가치가 없을 것이다. 그러한 견해에 의하면, 신약 성경은 구약 성경 없이도 충분한 도덕적 권위와 지침을 제공해 준다. 또한 내가 받은 인상은 세대주의의 전천년적 종말론은 현재의 상황 속에서 사회 윤리에 대해 구약 성경이 지니고 있는 적실성에 심각한 좌절을 가져다 주는 영향을 미친다. 정의와 평화의 실현은 그리스도께서 다스리시는 천년 지상 통치의 특징이 될 것이기 때문에, 그것은 지금 여기에서 그리스도인들이 노력을 기울여야 하는 초점이 될 필요가 없는 것이다. 교회의 (만일 유일한 것이 아니라 할지라도) 일차적인 과업은, 멸망해 가는 세상 질서로부터 영혼들을 구해 내는 것으로 인식되는 복음 전도이다. 불가피하게, 이러한 태도는 현재 세계 질서의 사회적, 경제적, 정치적, 교육적 그리고 사법적 구조에 대한 그리스도인의 참여가 어떤 가치를 갖느냐에 대해서 회의적인 (그리고 때때로 적대적인) 평가를 낳는다. 그러므로, 그와 같은 쟁점들에 대해 명백히 강한 관심을 가지고 있는 구약 성경은 그에 상응하는 무시를 당한다. 세대주의자들은 이러한 비판을 의식하고 있다. 그러나, 몇몇 세대주의자는 그와 같은 소극적인 경건주의가 세대주의 사상 체계에 본래적인 것은 아니라고 주장한다. 재건주의자들의 의제가 갖는 규모나 기대만큼은 아니지만, 그리스도인이 사회 참여를 할 여지는 있다는 것이다. 그리고 세대주의자들이 보기에, 그러한 참여는 신약 성경과 대위임령을 통해서 형성된다. 다시 말해서, 그러한 사회 참여는 구약 성경으로부터 그 권위나 형태를 취하지 않는다.

> 세대주의자들은 종종 그저 휴거되거나 기다리면서 가만히 앉아 있는 패배주의자들이라는 비난을 받는다. 그것은 불행한 일이다. 그러나 경건주의가 세대주의 진영에 속한 많은 사람을 오염시켰다는 것은 사실이다. 하지만, 사회적이며 문화적인 무능력은 세대주의에 본질적인 것이 아니다. 신자는 밤 동안에 악을 노출시키는 사역을 하도록 부름을 받았다(엡 5:11).⋯세대주의자들이 오늘날의 쟁점들에 적절하게 참여하지 않는다면, 그것은 그들의 신학에 본래적인 것이 아니며 오히려 그들의 소명에 신실하게 반응하지 않는 것이다.[22]

신율주의

윤리적 권위와 관련해서 구약 성경에 대한 세대주의의 폄하에 대한 반대 극단에는 구약 성경을 모든 사회에 대한 하나님의 도덕적 의지를 영구적으로 타당하게 표현한 것으로 보는 신율주의의 추앙이 자리잡고 있다. 그 차이점은 가장 간단히 말해서, 세대주의자들은 구약의 율법이 신약 성경에서 구체적으로 **승인**되고 **추천**되어 있지 않은 한 도덕적으로 그리스도의 재림 때까지 **전혀** 구속력을 갖지 않는다고 말하는 데 비해서, 신율주의자들은 모든 구약의 율법이

---

22) House and Ice, *Dominion Theology*, pp. 241, 243.

신약 성경에서 명시적으로 **폐기**되어 있지 않은 한 영구적으로 도덕적 구속력을 지닌다고 말한다는 것이다. 신율주의자들은 본질적인 면에서는 세대주의자들과 똑같이, '전부 아니면 전무'의 접근 방식을 취하고 있다. 차이가 있다면, '구약 성경의 율법 가운데서 얼마나 많은 부분이 그리스도인들에게 권위적 구속력을 갖는가?'라는 질문에 대해, 세대주의자들은 '전무'라고 대답하는 데 비해서, 신율주의자들은 '전부, 그리고 단순히 그리스도인들에게만 해당하는 것이 아님'이라고 대답한다는 점이다.

신율주의 운동은 개혁주의 진영에서 등장했으며, 칼뱅과 웨스트민스터 신앙고백과 청교도들의 가르침이 낳은 적자라고 주장한다. 이러한 주장은 다른 개혁주의자들의 강력한 반발을 받았다. 다른 개혁주의자들은 신율주의 해석학이나 재건주의의 사회적이고 정치적인 처방의 타당성을 인정하지 않으며, 칼뱅과 옛 개혁주의 신학자들이 결단코 현대적 의미에서의 신율주의자들은 아니었다고 말한다.[23]

그 운동은 구약 성경과 신약 성경의 본질적인 통일성과 연속성을 강조하며, 일종의 언약 신학 형태를 지지한다. 그 사실에 근거해서 그들은 모세 율법이 단지 이스라엘을 지도하기 위해서만이 아니라 고대와 현대의 모든 사회를 위해 완벽한 정의의 모델을 제공해 주는 신적 계시로서 하나님이 주셨다고 주장한다. 율법의 의식적 측면들은 그리스도에 의해 성취되었으므로, 그리스도인들에게 구속력을 가지지 않는다. 물론 신율주의자들은, 만일 그리스도께서 우리를 위해 율법의 그 측면들을 성취하시지 않았다면, 아직까지도 성취되지 않은 그 측면들이 구속력을 **가졌을 것**이라고 주장한다. (신율주의자들은 이런 정도까지 율법 안에서의 구별을 받아들인다.) 그러나, 율법의 나머지 모든 부분은 그 형벌 규정을 포함해서 모두 다 구속력을 가지고 있다. 그러므로, 이전의 전통들이 '도덕' 법과 구별해서 '민법'이라고 여겼던 법규들은 신율주의자들이 말하는 '도덕적이며 구속력이 있는' 범주에 포함된다. 따라서, 모든 사회의 민

---

23) 신율주의 신학과 종말론, 윤리적 의제와 역사적 뿌리들에 주목하면서 신율주의를 가장 철저하게 비판하고 있는 책은 웨스트민스터 신학교 출신들인 개혁주의 '동지들'의 심포지엄에서 나왔다. William. S. Baker and W. Robert Godfrey (eds.), *Theonomy*.

사 당국자들은 모세 율법의 법규와 형벌을 집행해야 할 의무가 있다. 결과적으로, 현대 국가들은 그렇게 하고 있지 않기 때문에 그 점에서 죄와 반역의 상태에 있는 것이다. 신율주의자들에게는, 모세 율법을 시행하는 일에 어떤 형태의 성적 범죄와 반항하는 청년 등에 대해 의무적으로 사형을 부과하는 일이 포함될 것이다. 안식일을 어긴 것에 대한 형벌에 관해서는 의견 차이가 있다.

'기독교 재건주의'(Christian Reconstructionism)가 바로 그 운동의 지도자들이 선택한 이름이다. 그 지도자들은 교회가 사회를 재건하고 정당한 '지배권'(dominion, 신율주의가 애용하는 또 하나의 용어)을 행사할 준비를 해야 한다고 믿는다. 그러한 지배권은 사회의 모든 영역에서 그리스도의 주되심을 구현할 신정 정치적 정부를 세운다는 뜻일 것이다. 이 낙관주의적 비전은 쉽게 승리주의로 전락한다. 신학적으로, 그 비전은 후천년적 종말론과 밀접하게 연결되어 있다. 후천년설은 전천년설이 세대주의의 특징과 뼈대를 이루고 있는 것처럼, 재건주의의 특징과 뼈대를 이루고 있다. 이 운동의 기초를 놓은 창시자는 루사스 러쉬두니(Rousas Rushdoony)다. 그러나, 그 운동의 성장은 대부분 그의 제자인 그렉 반센(Greg Bahnsen)의 신학 저술들과 개리 노스(Gary North)의 대중적이고 좀더 경제학에 기울어져 있는 저술들과 연설에 기인한다.[24]

구약 윤리에 대한 신율주의적 접근 방법을 파악하기 위한 유익한 출발점은 "트랜스포메이션"(*Transformation*)지에 가이슬러의 기고문과 함께 실린 반센의 기고문이다.[25] 이 기고문에서, 반센은 구약 성경의 도덕적 기준들이 갖는 일반적인 연속성은 개인 윤리, 가정 윤리, 혹은 교회 윤리에 대해서 만큼이나 사회-정치 영역에도 정당하게 적용된다는 자신의 입장을 개진하고 있다. 반센은 계속해서 효력을 갖는 구약의 민법은 모든 사회를 위해 하나님이 계시하신 완벽한 사회 정의 모델이라고 주장한다. (물론 그는 변화하는 문화에 적응하는

---

24) Rousas Rushdoony, *Institutes of Biblical Law*. 이 책이 아마도 그의 엄청난 다작 가운데에서 가장 중요한 책일 것이다. 이 책은 사회에 대한 청사진으로서 십계명에 대한 강해다. Greg Bahnsen의 주요 기여들은 *Theonomy in Christian Ethics*와 *By This Standard*이다. 이들과 신율주의, 재건주의 진영에 속하는 다른 멤버들의 엄청난 저술에 대한 광범위하며 설명이 달린 참고 문헌 목록이 다음에 제공되어 있다. House and Ice (eds.), *Dominion Theology*, pp. 425-444.
25) Greg Bahnsen, 'Christ and the Role of Civil Government.'

데 필요한 수정은 허용하고 있다.²⁶⁾ 그는 신약 성경이 유대인들뿐만 아니라 이방인들까지 포함시키기 위해 하나님 백성을 재규정하고 있다는 근거 위에서, 이스라엘을 상징적으로 열방들과 구별해 주었던 법규들이 적용 불가능하다는 것을 정당화시킨다. 그래서 예전에 있던 분리의 표시들은 더 이상 필요하지 않다. 물론 그 표시들이 **가리키는 바**(거룩하지 못한 것으로부터의 분리)는 여전히 기독교적 관심사이다. 세대주의자들이 율법의 '종언'을 말하고 있는 본문들을 지적하듯이, 그는 율법의 지속적인 중요성을 가리키고 있는 마태복음 5:17과 다른 신약 본문들을 강조한다.

구약 성경의 윤리적 권위에 대한 신율주의의 접근 방식을 평가함에 있어서, 세대주의의 경우와 마찬가지로, 긍정적인 면을 몇 가지(어쩌면 좀더 많이) 언급하는 것으로 시작할 수 있을 것이다. 나는 교회의 삶과 증거에 대한 전체 기독교 정경의 통합적인 일부분으로서 구약 성경의 타당성과 권위를 회복하고자 하는 신율주의자들의 관심에 박수를 보낸다. 말할 나위 없이, 현대 교회의 사회적 비효율성과 도덕적 혼동에 기여하고 있는 요인은 교회 안에 자리잡고 있는 실제적 마르시온주의다. 그러한 불균형을 시정해 주는 것은 무엇이든 환영받아야 할 것이다. 그러나 인지되고 있다시피, 재건주의 강령의 극단성은 구약 성경에 대한 대중들의 경시(輕視)를 개혁하기보다는 강화시킬 수도 있다는 우려가 된다.

둘째로, 나는 구약 성경의 율법은 이스라엘의 형성만이 아니라 더 광범위한 윤리적 적실성을 갖는 목적을 위해 하나님이 주신 것이라는 신율주의자들의 전제에 동의한다. "모든 성경은 하나님의 감동으로 된 것이며, **유익하다**"(저자의 번역)는 디모데후서 3:16의 주장을 못지않게 만족시켜 준다. 나는 이 책에서 내내 그와 같은 광범위한 적실성을 주장해 왔다.

셋째로, 신구약 성경의 통일성에 대한 그리고 신약 성경에서 이미 성취되고

---

26) '계속해서 효력을 갖는 법'(standing law)이라는 말은 모든 계층의 사람들에게 항상 지속적인 강제력을 갖도록 명확하게 의도되어 있는 '정책' 명령들을 특수한 역사적 정황들 가운데서 개인들에게 특정하게 주어졌던 명령들(이를테면, 이삭을 희생 제물로 바치라는 아브라함에게 주신 명령 혹은 가나안을 침공하라는 여호수아에게 주신 명령)과 구분하는 Bahnsen의 표현 방식이다.

재규정된 이스라엘의 성격에 대한 개혁주의의 언약 신학적 이해[27]가 세대주의보다는 성경 해석에 더 적절한 틀이라는 것이 나의 견해다. 그래서 나는 다시 내 자신이 신율주의의 한 가지 신학적 전제와 의견을 같이하고 있음을 본다.

넷째로, 지상에서의 삶의 모든 영역에서 그리스도의 주되심이 인정되고 실현되는 것을 보고자 하는 가장 우선적인 열망은 인정할 만하다. 물론 나는 재건주의자들이 기대하고 있는 후천년설의 틀을 신학적으로 반대하며, 또한 몇몇 재건주의 저술가가 구사하는 승리주의적 수사에 대해서는 좀더 주관적인 면에서 반대한다는 것을 고백하지 않을 수 없다.

그러나, 나는 신율주의 신학과 관심사 몇 가지를 공유하고 있음에도 불구하고, 다음과 같은 몇 가지 비판을 하지 않을 수 없다.[28]

1. **성문법에 대한 잘못된 강조.** 법 사회학의 관점에서 볼 때, 신율주의자들은 특히 고대 사회에서 성문법이 수행했던 기능을 오해하고 있다고 주장할 수 있다. 성경에 기록된 고대 이스라엘 사회와 그 당시 문화권에서, 법은 언제나 공식적인 법정에서 문자 그대로 적용될 것을 의도하고 있는 고정된 법규 형태로 존재하던 것이 아니다. 오히려, 재판을 담당했던 자들이 '토라'(이 말은 지침 혹은 가르침을 뜻함)에 의해 유도된 선례들과 패러다임 및 그들 자신의 지혜와 경험과 정직성을 가지고서 더욱 비공식적으로 활동했던 것 같다. 이스라엘 사법 체계의 구성은 지역의 장로들, 레위인 제사장들, 사무엘과 같은 개별적 '순회 판사들'을 포함하고 있었다. 여호사밧의 개혁 이후에는 또한 왕의 임명을 받은 재판장들이 요새화된 성읍들과 예루살렘의 항소 법원에 재직하고 있었지만

---

27) 나는 다음 책에서 예수님 자신의 사명과 윤리와 관련하여 이 점이 갖는 몇 가지 함의를 탐구했다. Christopher J. H. Wright, *Knowing Jesus*.
28) 최근에 나온 두 권의 책은 신율주의(혹은 재건주의, 혹은 지배권) 신학과 제안들에 대해 광범위하며 명쾌한 비판들을 제공하고 있다. House and Ice, *Dominion Theology*는 세대주의적 관점에서 나온 책이며, 신학적, 주해적, 종말론적, 윤리적 및 사회적으로 모든 차원에서 신율주의와 대결하고 있다. Barker and Godfrey (eds.), *Theonomy*는 아마도 신율주의가 토대를 두고 있는 것과 동일한 신학적 시각에서 신율주의를 공격하고 있다는 점에서 훨씬 더 시사적이다. 내가 위에서 지적하고 있는 점들은 이 책에 있는 주요 주해상의 그리고 해석학적인 주장들에 대한 보안이다.

(대하 19장), 대부분의 사법 활동은 여전히 마을 수준에서 이루어졌다. 뇌물에 매수되거나 편애하지 말고 정의롭게 판결하고 공평하게 처신하라는 명령이 강조되었다. 하지만, 대부분은 책임을 맡고 있는 자들의 분별력과 판단에 맡겨져 있었다(신 16:18-20; 17:8-13).[29]

2. **형벌에 대한 집착.** 오늘날 동등한 위반 사항들에 대해서 구약의 율법이 규정하고 있는 **형벌**을 집행하는 일에 대한 신율주의자들의 심취는 성경이 말하고 있는 문자적 (그리고 문학적) 형태의 형벌에 지나치게 많은 중요성을 부여하고 있으며, 두 가지 점을 고려하지 못하고 있다. 첫째로, 많은 경우에 규정되어 있는 형벌은 그 문제를 다루는 장로들이나 재판장들의 분별과 재량에 따라서 감형될 수도 있는 **최대치**의 형벌이었을 가능성이 있다. 이 사실은 처벌로서 매를 사용하는 것을 규정하는 법규에 명확히 나타나 있다(신 25:1-3). 사십 대가 **최대의** 형벌이었다. 그 법규는 재판장들의 분별과 재량에 의해 그보다 더 적은 매를 치는 것이 보통이었음을 전제로 하고 있다. 몇 안 되는 특수한 경우에는(고의적인 살인, 민 35:31; 간음, 신 13:8; 법정에서의 위증, 신 19:19-20), 법이 어떤 식으로도 감형을 금하고 있다는 사실은 다른 경우에서는 줄여서 처벌하는 것이 허용될 수 **있었음**을 시사해 주고 있다. 웬함은 간음에 대한 사형을—물론 간음을 저지르려는 자들이 그 점을 고려해서는 안 되는 일이었지만—금전적인 보상으로 대체하는 것이 허락되었을 수도 있다고 제시하고 있다(잠 6:32-35).[30]

둘째로, 이스라엘 법의 형벌 제도에서 중요한 점은 문자적 규정들 자체보다는 그 제도가 반영하고 있는 가치의 척도다. 앞서 제9장에서 살펴보았듯이, 이스라엘의 형벌 논리를 세심하게 연구해 보면, 사형이 적용되었던 위반죄들의 범위는 언약 관계의 보호 및 그 관계를 통해 보전되고 경험되었던 가족/가구 단위의 보호라는 중심적 관심사와 관련이 있었음을 알 수 있다. 형벌의 가중

---

29) 이스라엘과 고대 근동 지방에서 이루어졌던 법의 집행과 그 가운데에서 성문법의 역할에 대해서는 다음을 보라. Boecker, *Law and Administration of Justice*, pp. 21-52. 및 Gordon J. Wenham, 'Law and the Legal System.' 또한 앞의 제9장을 보라.

30) Wenham, 'Law and the Legal System', p. 35.

역시 재산보다 인명이, 권리보다 형편이 명백히 우선한다는 것을 그리고 오늘날 우리의 현대 사법 체계들이 내포하고 있는 때로는 왜곡된 가치들에 도전을 가하는 여타의 우선 순위들을 보여 준다. 이스라엘의 형벌 규정에 반영되어 있는 도덕 가치의 척도를 오늘날 우리 사회에 적용하여, 우리의 결점을 살펴보고 우리의 법과 재판 제도를 성경적인 우선 순위에 좀더 일치시키기 위해서 개혁을 주장하는 것은 분명 가능한 일이다. 그러나, 이러한 일이 신율주의자들의 의제에서처럼, 구약의 형벌을 표현되어 있는 그대로 다시 부과하는 식의 형태를 취할 필요는 없다. 이 점은, 신약 성경에서 예수님도 바울도 간음죄나 거짓 가르침에 대해 구약 성경이 규정하는 형벌 체계를 있는 그대로 적용시키려고 하지 않았던 것으로 보인다는 사실에 의해 신학적으로 강화될 수 있다고 여겨진다.

3. **율법의 중요성에 대한 지나친 강조.** 내가 보기에 신율주의는 구약 정경의 전체적인 균형의 범위 내에서 모세오경 법규들의 중요성을 지나치게 강조하고 있다. 토라(토라 전체. 그 말에는 법전들만이 아니라 내러티브들도 포함된다는 것을 항상 기억해야 한다)가 근본적인 역할을 하고 있으며, 시편에서도 찬미하고 있고, 예언자들이 토라를 들어 이스라엘 백성들을 질타했다는 것은 명백한 일이다. 그럼에도 불구하고, 역사를 서술하고 있는 내러티브들과 예언서 본문들이 (그리고 확실히 지혜 문학이) 흔히 특정한 법규를 인용하고 있지 않으며, 그 법규의 시행이나 특정한 형벌을 집행하라고 촉구하고 있지 않다는 점이 의미심장해 보인다. 즉, 만일 성문화되어 있던 '계속해서 효력을 갖는 율법'이 신율주의자들이 암시하고 있는 만큼 이스라엘의 일상 사회 문제에 아주 중심적인 중요성을 가지고 있었다면, 우리가 기대하는 만큼 그렇게 자주 등장하고 있지는 않다는 말이다. 실제로, 신율주의자들이 주장하고 있는 것처럼 율법이 그렇게 결정적이었다면, 내러티브들은 분명 그와 일치하지 않는 사실을 묘사하는 것이다. 가장 뚜렷한 예는 가인이나 다윗에 대하여 사형이 집행되지 않았다는 점이다. 그러므로, 사회의 필요에 대한 진정으로 예언자적인 대답은 신율주의자들이 율법과 처벌에 대해 강조하고 있는 것같은 그러한 강조를 하는 데 있지 않다고 주장할 수 있다. 구약 성경은 그러한 접근 방식의 한계에 대해 의식하고 있는 것 같다.[31]

4. **정치적 경제적 편향성**. 신율주의자의 의제는 현대 민정 통치자들이 구약 성경의 율법으로부터 적용하고 집행**해야만 한다**고 말하는 것과 그들이 그렇게 **해서는 안 된다**고 말하고 있는 것에서 이상하게도 선택적이다. 반센에 따르면, 경제 시장의 영역은 구약의 율법이 그러한 개입을 규정하고 있지 않다는 근거에서 입법상으로나 강제적으로 민정 통치자들이 다스리는 범위를 벗어난다. "하나님의 법이 그들의 개입과 형벌을 통해 교정할 것을 규정하고 있는 영역이 아니라면, 민정 통치자들은 법제화하거나 강제력을 사용할 수 있는 권한을 받지 않았다(이를테면, 경제 시장)."[32]

그러나, 그 어떠한 기준으로 봐서도 확실히 모세오경의 율법은 경제 시장에 깊은 관심을 기울이고 있으며, 경제 정의를 유지하거나 회복시키도록 마련된—토지 분배, 일꾼들에 대한 임금 지불, 대부와 부채, 빈곤의 완화 등과 관련된—여러 다양한 메커니즘을 규정하고 있다(제5장을 보라). 민정 당국자들(장로들)이 아니라면, 누가 이러한 경제 법규들과 메커니즘을 이스라엘에서 집행해야 했단 말인가? 민정 당국자들이 아니라면, 누가 이러한 법규들을 피하려고 하는 자들에게 강제력을 발휘할 수 있었단 말인가? 민정 총독이었던 느헤미야가 빚 때문에 가난에 빠진 농부들을 대신해서 불법적인 이윤을 취하는 귀족들과 대결했을 때, 그것이 경제 시장에 개입하는 것이 아니라면 도대체 무엇이었단 말인가?(느 5장) 구약 성경의 율법이 경제 법규 위반과 관련하여 명시적으로 **형벌**을 규정하고 있지 않기 때문에, 현대의 민정 당국자들은 경제 시장에 어떤 식으로라도 개입하는 것이 배제된다고 주장하는 것은 형벌에 대한 신율주의의 집착이 부적절하다는 것과 또한, 내가 볼 때, 규제 없는 자유 시장 경제 자본주의에 대한 이데올로기적 편향성을 보여 주는 것이다.

희년 센터

신학적 영향력과 사회적 영향력이라는 측면에서, 신율주의는 주로 북미에

---

31) 율법의 한계에 대한 나의 논평에 대해서는 앞의 제9장 말미를 보라.
32) Bahnsen, 'Christ and the Role of Civil Government', part 1, p. 25.

국한된 현상이다. 영국에는 신율주의가 많이 침입해 들어오지 못했다. 그렇다고 해서 구약 성경에 강하게 뿌리를 둔 성경적인 사회적 의제에 헌신하고 있는 그리스도인들이 영국에는 없다고 말할 수 없다. 케임브리지에 있는 희년 센터(The Jubilee Centre)는 사회 정책과 법제화 및 개혁이라는 공공 영역에 성경적인 관점을 제공하고자 지난 20여 년을 활발하게 노력하고 있다. 그 센터의 업적은 영국 의회에서도, 일반 대중 매체에서도 인정받고 있다. 희년 센터는 신율주의자들이 옹호하고 있는 해석학적 기초들 가운데 몇 가지를 공유하고 있긴 하지만, 그 근본적인 신학에서 신율주의가 아니고, 공공 정책에 영향을 주고자 노력하고 있는 방향과 방식도 신율주의적이지 않다. 희년 센터는 현대 세계에서 구약 성경에 나오는 형벌을 법제화하는 것을 옹호하지도 않으며, '재건주의적' 혹은 '지배권' 의제를 따르지도 않는다. 그 소장인 마이클 슐루터(Michael Schluter)는 원래 로이 클레멘츠(Roy Clements)와 협력해서, 그리고 나중에는 좀더 다방면의 팀의 후원을 받아서, 영국 안에서 사회 개혁을 목표로 삼고 있는 그 센터의 다양한 프로그램에 대해 신학적 성경적 기초를 제공하고 있다.[33]

그들의 신학적 입장에서 두드러진 특징은 구약 성경을 기독교 사회 윤리에 대한 규범적인 권위로 사용하고 있다는 점이다. 마태복음 5:17-20과 디모데후서 3:16-17과 같은 신약 성경 본문을 기반으로 해서, 그들은 그리스도인들이 윤리적 지침을 얻기 위해 구약 성경을 찾아보아야 할 의무가 있으며, 구약 율법의 타당성을 그리스도 이전의 이스라엘에게만 국한시키는 것은 근본적으로 잘못된 것이라고 주장한다. 그러나, 그들은 구약 성경의 본문으로부터 현대적 상황으로 진행하는 유일한 길은, 도출된 중간 매개 원리들의 잡다한 목록을 제시하는 방식이라는 제안에 만족하지 못한다. 그 같은 '원리들의 목록'식 접근 방법에 대해서 그들이 파악한 문제점들에는 다음과 같은 것이 포함되어 있다. 여러 다양한 해석자가 동일한 본문 혹은 여러 본문에서 서로 다른 여러 원리를 도출해 낼 경우, 어떻게 '올바른' 원리를 결정하는가? 원리들을 도출하는 일은

---

33) 그들이 출판한 신학 작품 몇 가지가 아래에 언급되어 있다. 그 대부분은 여전히 미간행 논문들로 혹은 구체적이고 이슈와 관련된 간행물들 가운데서 성경/신학 관련 항목으로 존재하고 있다. 이 간행물들은 다음 주소에서 구할 수 있다. 3 Hooper Street, Cambridge, CB1 2NZ, UK.

추상화와 일반화의 과정, 소위 말해서 추상화의 사다리를 포함하고 있다. 우리는 '그 사다리'를 어느 정도 '높이까지' 올라가야 하며, 우리 자신의 현대적 상황에 대한 구체적인 제안을 내기 위해 다시 몇 단계를 내려오는 것이 적합한가? 만일 우리가 도출해 낸 원리들이 복잡한 도덕적 상황 가운데서 서로 충돌하고 갈등을 일으킨다면, 우리가 그 원리들을 어떻게 조직하거나 우선 순위를 매겨야 하는가? 어떻게 하면 도출된 원리들에 대한 우리의 취사 선택이 성경 본문과 거의 무관하게 우리 자신의 성향을 주관적으로 표현한 것에 불과한 경우를 피할 수 있는가?

슐루터와 클레멘츠는 이러한 난점들을 피할 수 있는 (혹은 적어도 그러한 난점들을 완화시킬 수 있는) 유일한 길은 이스라엘의 사회 체계 전체를 규범적 모델로 간주하는 통전적 접근 방법뿐이라고 주장한다.[34] 즉, 법규들을 따로 분리해 내어 그것에서 도덕 원리들을 도출하려고 시도하기보다는, 개별 법규들과 법의 범주들 전체와 이스라엘의 많은 사회적, 경제적, 정치적 제도가 한 데 모여 어떻게 **기능했는가**를 살펴볼 필요가 있다. 하나님은 하나님이 개입하지 않으셨더라면, '중립적'으로 있었을 사회에 그저 임의대로 법규를 주신 것이 아니었다. 하나님은 그 공동체를 **창조하셨고**, 기약이 없던 탈출한 노예들로부터 하나의 백성을 형성하시고, 역사적으로나 문화적으로 그들이 살고 있던 주변 환경에 대해 독특한 사회 생활의 구조들을 갖게 하셨다. 열방에게 하나님이 제시하시는 모델로서 기여해야 했던 것은 바로 이 공동체 전체의 모습이다. 그러므로, 우리가 그 모델의 여러 다른 부분으로부터 도출해 내는 원리들이 무엇이든 간에 그 전체에 통합되어야 하며 일치해야 한다. 예를 들어, 이자를 통한

---

34) 그들의 입장에 대한 가장 충분한 진술은 다음 책에 개진되어 있다. Michael Schluter and Roy Clements, *Reactivating the Extended Family*. 이 책에서, 그들은 이스라엘의 혈연 체계와 그 체계와 함께 갔던 정치 경제 구조들에 대한 간략한 조사를 제공하고 있다. 그런 다음에 그들은 그 기술적 작업에서 규범적 윤리로 진행해 가는 해석학적 방법을 개진하고 있다. 마지막으로, 그들은 영국에서의 사회 개혁에 대한 구체적인 제안으로 진행한다. 그들의 견해에 의하면, 그 제안들이 사회를 성경적 패러다임이 제공하는 목표와 우선 순위에 좀더 일치하게 만드는 출발점이 될 것이다. 나는 다음 글에서 이 책에 대한 서평을 썼다. J. H. Wright, 'Kin Deep,' *Third Way* 10.1 (January 1987), pp. 29-31.

취리를 금하고 있는 법규는 단순히 탐욕을 줄이라는 추상적 원리로 일반화될 수 없을 것이다. 그 법규는 이스라엘의 토지 보유제와 경제적 목표들과 관련해서 이해되어야 할 것이다. 그리고 다시 이 제도와 경제적 목표들은 확대 가족의 중요성 및 그 역할과 연결되어 있고, 이 사실은 다시 이스라엘의 사법과 사회 생활의 다른 측면들과 연결되어 있다. 이렇듯 이스라엘 법의 대부분이 이스라엘의 가족 및 사회 생활에서 정의와 긍휼의 공동체를 창조하거나 회복하는 일과 관계가 있기 때문에, 희년 센터의 팀은 이러한 성경적 기반으로부터 그들이 건설하고자 하는 사회 윤리 체계를 설명하기 위해 '관계주의'(Relationism)라는 용어를 사용하고 있다.[35]

이 방법을 주창하면서, 그들은 창조 명령 중심의 접근 방법이나 하나님 나라 중심의 접근 방법을 출발점으로 삼았을 때 내재하는 문제점 몇 가지를 피하면서도 그 두 접근 방법이 지닌 핵심적 진리들을 유지할 수 있다고 주장한다.[36] 그들은 활동을 통해 내가 이 책의 초판에서 발전시켰던 이스라엘과 그 법을 하나의 '패러다임'으로 보는 개념을 인정하고 활용하고 있다. 도출된 원리들에 대한 우리의 표현과 적용을 지도해 주고, 조직해 주며, 우선 순위를 통제해 주는 것이 바로 이 전반적인 패러다임, 그 모든 차원이 고려된 이스라엘의 사회 형태다. 그러므로, 그들은 구약 성경 및 율법의 적실성과 규범성에 대한 신율주의자들의 주장을 공유하면서도, 법제화를 통해서 구약 성경의 법규와 형벌을 오늘날에 강제하자는 재건주의자들의 의제는 공유하지 않는다. 그럼에도, 그들은 성경 연구의 세계에서 걸어 나와 실질적인 사회 정책과 법제화가 필요한 복잡한 세계 속으로 걸어 들어갈 태세가 되어 있다. 즉, 그들은 추상화의 사다리를 타고 올라갈 준비도 되어 있지만, 다시 구체적인 제안들을 가지고서 공공 영역으로 내려올 자세도 되어 있다. 그들의 구체적인 의제들 전부에 대해서 모

---

35) 희년 센터는 공적, 정치적, 경제적, 사회적 정책 수립의 과정에 관계적 관심사를 훨씬 더 많이 가져가도록 하기 위해서 '관계주의'의 기치 아래 캠페인을 벌이고 있다. 그들의 제안들은 다음 책에 개진되어 있다. Michael Schluter and David Lee, *R Factor*. 그 전체 프로젝트가 기초하고 있는 성경적이며 해석학적인 토대들은 다음 책에 개진되어 있다. C. Townsend and J. Ashcroft, *Political Christians in a Plural Society*.

36) 다음 글을 보라. Michael Schluter and Roy Clements, 'Jubilee Institutional Norms.'

든 사람이 동의하지는 않을 것이다. 그들 역시 모든 사람이 그렇게 하리라 기대하지도 않으며, 더구나 그렇게 하도록 강요하기를 원치도 않는다. 요점은, 원칙으로부터 실천으로, 질문으로부터 대답으로, 논쟁으로부터 행동으로 움직여 가야 할 때가 있다는 것이며, 최소한 희년 센터는 성경 본문에 대해 명확히 진술된 해석학적 접근 방법을 통해서 이러한 일들을 하고자 한다는 것이다.

메시아 유대교

마지막으로, 흔히 간과되고 있지만 그 정체성 때문에 구약의 율법에 대한 기독교적 접근 방식에 제공할 것을 가지고 있을 수밖에 없는, 성장하고 있는 독특한 그리스도인 집단인, 이른바 메시아 유대인들(Messianic Jews)의 접근 방식을 지적할 만한 가치가 있을 것이다. 물론 신약 성경 시대 이래로 예수를 메시아로 믿는 유대인 신자들은 항상 있어 왔다. 로마서 9-11장에서 바울은 성경에 예언되어 있는 믿음의 남은 자들로서 (자신을 포함해서) 그들의 존재에 높은 신학적 의의를 부여한다. 수세기 동안 그리스도인이 되었던 극소수 유대인들은 단지 주로 이방인들로 이루어진 교회에 동화되었던 것이 그 추세였다. 그러나, 제2차 세계대전 이후로 예수를 메시아로 믿는 유대인 신자들이 극적으로 증가했을 뿐만 아니라 메시아 유대교로 알려진 운동이 등장하게 되었다. 대략 북미에 10만 명, 그리고 (현대 이스라엘 국가를 포함하여) 세계의 다른 지역에 수천 명이나 되는 메시아 유대인들은 유대인으로서 자신들의 정체성을 유지하고 인정하며, 또한 문화적으로 유대 방식으로 살고 예배하기를 원하는 그리스도인 신자들이다.[37]

유대인 신자들이 자신들의 유대적 유산을 보존하고, 가능한 한 토라에 합당한 삶을 살아가는 데 헌신적이라고 한다면, 그들은 다소간 히브리 성경에 대해서 신율주의적 접근 방식을 채택할 것이라고 생각할 수 있을 것이다. 토라에 대해서[토라는 정통 유대교 안에서와 같이 타나크(Tanak, 히브리 성경, 구약

---

37) 메시아 유대교의 역사와 배경과 현대적 의의에 대해서는 다음을 보라. Arthur F. Glasser, 'Messianic Jews'; Walter Riggan, *Covenant with the Jews*; David H. Stern, *Messianic Jewish Manifesto*.

성경)의 성문법과 구전된 랍비 법전을 포함하는 것으로 이해된다], 메시아 유대교의 입장은 유대인 신자들이 토라를 선택의 문제로서 준수**할 수 있다**는 것이다.[38] 그래서, 메시아 유대인들은 '카쉬루트'(*kašrût*, 음식 법규들), 안식일과 절기, 자기 아들에게 행하는 할례 등을 준수할 수 있다. 그와 같이 규례를 지키는 생활 방식에는 두 가지 타당한 이유가 있을 수 있다. 그것은 민족적이며 문화적인 정체성의 문제일 수 있다. 메시아 유대인은 이렇게 말한다. "나는 유대인이다. 그러니까 유대인의 한 사람으로 살도록 내버려두라." 혹 그것은 또한 복음 전도를 제대로 하기 위한 문제일 수도 있다. 그들은 바울처럼(고전 9:20) 예수를 증거하면서 불필요하게 감정을 상하게 하는 일을 피하기 위해 유대적 상황에서 유대적 생활 방식대로 살아가기를 선택하는 것일 수 있다. 그러나 그러한 법들은 **구속력**이 없다. 메시아 유대인들은 이러한 법과 관습을 지키기로 선택하고 정열적으로 그렇게 하기로 선택할 수 있지만, 그렇게 해야 할 의무를 지고 있는 것도 아니며, 그 법과 관습이 어떤 식으로든지 그 사람의 구원에 연결되어 있는 것도 아니다. 구원은 전적으로 십자가 위에서 드린 메시아의 희생제사에 근거하고 있다.

그러나, 메시아 유대교는 한걸음 더 나아가, 신약 성경에 비추어서 토라에 대한 생각 자체가 재정의되어야 한다고 주장한다. 토라는 (비록 여전히 그것을 포함시키고 있지만) 구약 성경 토라에 국한될 수 없으며, 이제는 그리스도인을 위한 '메시아의 토라'를 포함한다.[39] 이것은 예수님의 구체적인 명령들 뿐만 아니라 신약 성경에서 그리스도인들이 부르심을 받고 있는 순종과 실천적 거룩함이라는 전체적인 방식을 포함한다. 그러나, 그렇게 되면, 신약 성경의 도덕적 가르침에 대한 온전한 이해는 실제로 구약 성경의 율법에 대한 지식을 요구한다. 구약 성경의 율법이 신약 성경이 제시하는 도덕적 가르침들 대부분의 기초

---

38) 메시아 유대인들이 정통 유대교에서 이해하는 대로 토라를 지켜야 하는가에 대한 질문에 대해서는 다음을 보라. David H. Stern, *Messianic Jewish Manifesto*. 이 책은 절대적인 예스(Yes!)와 절대적인 노(No!)에 이르는 다양한 스펙트럼을 기술하고 있다. Stern은 개인적으로 바람직하지만 그렇게 하는 것이 본질적인 것은 아니라는 입장을 선호하고 있는 것 같다.
39) 앞의 책, p. 146 이하. 또한 Juster, *Jewish Roots*, ch. 3 역시 참고하라.

를 이루고 있기 때문이다. 따라서, 메시아 유대교는 구약 성경의 율법이 신자들에게 그 도덕적 권위를 보유하고 있다는 사실에 동의하지만, 그 법이 새 언약에서 주어진 새로운 메시아의 토라의 일부분으로서 그 전체적인 기독교 정경의 맥락 안에 자리잡아야 한다는 사실에 동의한다.[40] 사회 윤리에 구약의 율법들을 구체적으로 적용하는 일에 대해서는 그 법들이 문자 그대로 구속력을 가지지는 않겠지만, 하나님이 사람들로 하여금 어떻게 살기를 원하고 계시는가에 대한 주요한 지침을 제공해 주고 있는 것이 분명하다는 견해로 보인다. 다시 말해서, 필요할 경우 문화적이며 역사적인 조정이 이루어져 왔지만, 율법은 여전히 구체적인 실례라는 방식을 통해서 원칙적으로 그 도덕적 힘을 보유하고 있다는 것이다.[41]

참고 도서

Anderson, J. N. D., *Morality, Law and Grace*(London: Tyndale, 1972).
Bahnsen, Greg, *Theonomy in Christian Ethics*, rev. ed. (Philipsburg: Presbyterian & Reformed, 1984).
_____, *By This Standard: The Authority of God' Law Today*(Tyler: Institute for Christian Economy, 1984).

---

40) Stern은 토라의 지속적인 적실성에 대한 올바른 기독교적 이해의 중요성에 대해 깊은 관심을 가지고 있다. 그는 자기 책에서 그에 대해 긴 장을 할애하고 있다. "율법에 대한 정확하고 명확하며 비교적 완벽한 메시아 유대교 신학 혹은 이방 그리스도인 신학의 결여는 자신들의 신앙에 대한 그리스도인들의 이해에 커다란 장애일 뿐만 아니라 또한 유대 민족이 복음을 받아들이는 데 최대의 장애물이기도 하다"(p. 125).
일반적으로 그리스도인들 사이에 율법에 대한 관심이 결여되어 있음을 한탄하면서, 그는 계속해서 다음과 같이 말한다. "그것은 첫째로, 대부분의 그리스도인들이 율법이 무엇인가에 대해 지나치게 단순화된 이해를 가지고 있다는 의미이며, 둘째로, 기독교가 유대인들의 신앙의 가장 중요한 세 가지 쟁점 중 하나에 대해서 유대인들에게 적절히 해줄 말이 거의 아무 것도 없음을 의미한다. 간단히 말해, 토라는 전혀 탐구되지 않은 거대한 영역, 즉 기독교 신학의 미지의 땅(*terra incognita*)이다"(p. 126).
41) 지금까지 나는 메시아 유대인들의 자료들 가운데서 사회 윤리에 대해 출간된 자료를 찾을 수 없었다. 그러나 영국에 있는 그 공동체의 몇몇 멤버와 대화를 나누면서 위의 논평을 수집할 수 있었다.

_____, 'Christ and the Role of Civil Government: The Theonomic Perspective', *Transformation* 5.2, 5.3(1988), part 1, pp. 24-31; part 2, p. 24-28.

Barker, William. S., and Godfrey, W. Robert(eds.), *Theonomy: A Reformed Critique*(Grand Rapids: Academie, 1990).

Bloesch, D. G., *Freedom for Obedience: Evangelical Ethics in Contemporary Times*(New York: Harper & Row, 1987).

Forde, G. O., 'Law and Gospel in Luther's Hermeneutics', *Interpretation* 37(1983), pp. 240-252.

Froehlich, K., *Biblical Interpretation in the Early Church*(Philadelphia: Fortress, 1984).

Fuller, Daniel P., *Gospel and Law, Contrast or Continuum? The Hermeneutics of Dispensational and Covenant Theology*(Grand Rapids: Eerdmans, 1980).

Geisler, Norman L., 'Dispensationalism and Ethics', *Transformation* 6.1(1980), pp. 7-14.

_____, *Christian Ethics: Options and Issues*(Grand Rapids: Baker; Leicester: Apollos, 1988). 「기독교 윤리학」(CLC).

Glasser, Arthur F., 'Messianic Jews—What They Represent', *Themelios* 16.2 (1991), pp. 13-14.

House, H. Wayne, and Ice, Thomas(eds.), *Dominion Theology: Blessing or Curse?*(Portland: Multnomah, 1988).

Juster, Daniel, *Jewish Roots: A Foundation of Biblical Theology for Messianic Judaism*(Rockville: Davar, 1986).

Klassen, H. W., 'The Relation of the Old and New Covenants in Pilgram Marpeck's Theology', in Swartley, *Essays on Biblical Interpretation*, pp. 91-105.

Longenecker, R. N., 'Three Ways of Understanding Relations between the Testaments: Historically and Today', in G. F. Hawthorne and O. Betz(eds.), *Tradition and Interpretation in the New Testament: Essays in Honor of E. Earle Ellis for His Sixtieth Birthday*(Grand Rapids: Eerdmans, 1987), pp. 22-32.

Poettker, H., 'Menno Simons' Encounter with the Bible', in Swartley, *Essays on Biblical Interpretation*, pp. 62-76.

Riggans, Walter, *The Covenant with the Jews: What's so Unique about the Jewish*

People?(Eastbourne: Monarch), 1992.

Rushdoony, Rousas, *Institutes of Biblical Law*(Philipsburg: Presbyterian & Reformed, 1973).

Schluter, Michael, and Clements, Roy, *Reactivating the Extended Family: From Biblical Norms to Public Policy in Britain*(Cambridge: Jubilee Centre, 1986).

_____, 'Jubilee Institutional Norms: A Middle Way between Creation Ethics and Kingdom Ethics as the Bias for Christian Political Action', *Evangelical Quarterly* 62(1990), pp. 37-62.

Schluter, Michael, and Lee, David, *The R Factor*(London: Hodder & Stoughton, 1993).

Stern, David H., *Messianic Jewish Manifesto*(Jerusalem: Jewish New Testament Publications, 1988).

Swartley, Willard(ed.), *Essays on Biblical Interpretation: Anabaptist-Mennonite Perspectives*(Elkhart, IN: Institute of Mennonite Studies, 1984).

Townsend, C., and Ashcroft, J., *Political Christians in a Plural Society: A New Strategy for a Biblical Contribution*(Cambridge: Jubilee Centre, 1994).

Wenham, Gordon J., 'Law and the Legal System in the Old Testament', in Kaye and Wenham, *Law, Morality and the Bible*, pp. 24-52.

Wright, D. F., 'The Ethical Use of the Old Testament in Luther and Calvin: A Comparision', *Scottish Journal of Theology* 36(1989), pp. 463-485.

_____, 'Calvin's Pentateuchal Criticism: Equity, Hardness of Heart and Divine Accomodation in the Mosaic Harmony Commentary', *Calvin Theological Journal* 21(1986), pp. 33-50.

제13장 ■ 현대 학계: 참고 문헌에 대한 에세이

서문에서 살펴보았듯이, 1983년에 「현대를 위한 구약 윤리」를 출간한 뒤 20년 동안 구약 성경의 윤리적 차원에 대한 관심은 놀라울 만큼 커졌다. 물론 1970년대의 주제를 다시금 새롭게 성찰하자는 각성이 일기도 했다. 이 장에서 나는 그 윤리 분야에서 지난 25년 동안의 문헌들에 대해 매우 선택적인 지침을 제공하고자 한다. 이것은 내가 흥미롭거나 유용하다고 생각해서 개인적으로 선택한 것이며, 그러므로 당연히 여기에 포함될 수 있었던 모든 자료를 망라하고 있는 참고 문헌 목록이라고 주장할 수는 없다. 하지만 최소한 이것은 이 주제를 연구해 보겠다고 마음먹은 학생들이 장차 스스로 연구 조사에 착수하게 되었을 때 일종의 마중물처럼 사용할 수 있는 약간의 참고 문헌 목록을 제공할 수는 있을 것이다. 내용은 대략 연대 순으로 정리되어 있으며, 그 순서는 굵은 글씨체로 되어 있는 연도로 표시되어 있다. 그러나 어느 한 학자의 작업이 몇 년에 걸쳐 있을 경우에는 대개 한 자리에 모아서 논의했다.

월터 브루그만(Walter Brueggemann). 월터 브루그만의 방대한 작업은 사반세기 전체에 걸쳐 있다. 그는 구약 성경의 윤리적 힘과 도전을 풀어놓아야 한다고 주창하는 학자들 가운데 가장 왕성한 활동을 하고 있는 사람 중 하나다. 성경 신학의 중대한 주제들이 현대의 쟁점들에 대해 어떻게 말하고 있는지 찾고자 끊임없이 노력하면서, 브루그만이 텍스트를 다루는 방식은 거의 '케리그마적인' 힘을 가지고 있다. 그는 이스라엘의 내러티브들 가운데서, 예언자들의 메시지 안에서, 토지 정의에 대한 열정 등에서, 인간의 (개인적, 사회적, 국제적) 제반 관계들의 역학을 폭로하고 있는 강력한 자료를 찾아내고, 하나님의 말씀을 현대 세계의 현실과 씨름하게 만드는 선교적 사명을 실현할 새로운 방법을 촉구한다. 이 지면에서 브루그만이 이룩한 엄청난 양의 그리고 끊임없이 쏟아져 나오는 풍성한 저작을 개관하는 것은 불가능할 것이다. 비록 그가 구약 윤리라는 주제에 대해 명시적으로 다루고 있는 책을 펴낸 적은 결코 없지만 말이다. 이 책 앞부분에 있는 몇 개의 장들은 내가 그의 통찰력에 빚지고 있음을 보여 준다. 초기의 가장 독창적이고 생산적인 그의 저작 가운데는 「성경이 말하는 땅」(*The Land*, **1977**, CLC 역간)과 「예언자적 상상력」(*The Prophetic Imagination*, 1978, 대한기독교서회 역간)이 있다. 구약 성경의 사회 윤리와 간접적인 관계가 있는 그의 소논문 여러 개를 모아놓은 유익한 선집으로는 1999년에 패트릭 밀러(Patrick D. Miller Jr.)가 편집한 「구약 성경에 대한 사회적 강독」(*A Social Reading of the Old Testament*)이 있다. 물론 그의 대작, 「구약 신학」(*Theology of the Old Testament*, 1997, CLC 역간)의 독특한 접근 방식에서도 많은 윤리적 통찰과 함의를 찾을 수 있다.

브루그만 자신의 저술들과는 별개로, 소위 '적용된 구약 신학'(applied Old Testament theology)이라고 일컬을 수 있는 바를 그가 자극했다는 사실은 포트레스 출판사(Fortress Press)의 '성경 신학의 서곡들'(Overtures to Biblical Theology) 시리즈로 간행된 일련의 주제별 학술 논문들에서 확인할 수 있다. 이 시리즈에서 자신의 책을 첫 번째로 간행한 이래(*The Land*, 1977), 브루그만은 이 시리즈의 편집을 맡아 왔다. 이 시리즈 가운데 많은 책이, 구약 윤리를 직접적으로 다루고 있지는 않지만, 윤리적 방향에 있어서 광범위하고 다양한 성과를 얻고 있으며, 시사적이다. 1980년대에는 이 시리즈 가운데서 훌륭한 책이 몇 권 출간되었다.[1]

존 바톤(John Barton). 바톤은 이 시기 내내 구약 윤리 분야에 중요한 기여를 했다. 그는, 구약 신학의 비교할 만한 초기 저작들의 노선을 따라서, 구약 윤리에 대해 체계적이며 통시적인 진술을 하고자 했던 이전의 시도들에 대한 몇 가지 비판적 성찰로 **1978년**에[2] 그 분야에 대한 관심을 재개했다. 구약 신학을 체계화하는 발터 아이히로트(Walther Eichrodt)의 고전적 모델은 구약 성경의 윤리적 가르침에 대한 주요 단락을 포함하고 있었다.[3] 마찬가지로, 20세기 중반에 구약 윤리에 대해 글을 썼던 극소수 사람 가운데 하나인 요하네스 헴펠(Johannes Hempel)도 성경 신학계의 역사 비평 쟁점들에 대해 분명 충분히 인식하면서, 대체로 구약 윤리라고 볼 수 있는 것에 대한 개관을 제시하고자 시도했다.[4] 바톤은 두 개의 통찰력 있는 예리한 비판('Understanding Old Testament Ethics', 1978; 및 'Approaches to Ethics in the Old Testament', 1983) 가운데서 이 두 사람(아이히로트와 헴펠) 모두를 언급하고, 그들이 대변하고 있는 전체적 접근 방식을 언급한다.[5] 바톤은, 체계적이고 통시적인 접근 방식과는 대조적으로, 자료가 가진 사회학적이고 연대기적이며 전승사 비평적인 깊이와 뉘앙스를 모두 다 고려할 경우에만 구약 윤리 분야에 만족스런 진척

---

1) 다음 책들은 윤리적인 적실성을 지닌 구약의 주제들에 대한 연구서로서 주목할 만한 가치가 있다. Phyllis Trible, *God and the Rhetoric of Sexuality*(1978). 「하나님과 성의 수사학」(태초); Phyllis Trible, *Texts of Terror*(1984); Walter Harrelson, *Ten Commandments and Human Rights*(1980); J. P. M. Walsh, *Mighty from Their Thrones*(1987); John G. Gammie, *Holiness in Israel*(1989).
2) 1959년에 Davidson(Robert Davidson, 'Old Testament Contribution')이, 1971년에 Fletcher(V. H. Fletcher 'Shape of Old Testaement Ethics')가 제공한 간단한 성찰들과 James Muilenburg(James Muilenburg, Way of Israel, 1961)가 쓴 성경 윤리에 대한 따스하고 간단한 정리 및 1974년에 Crenshaw 및 Willis에 의해 출간된 좀 뒤섞여 있는 선집[J. L. Crenshaw and J. T. Willis(eds.), *Essays in Old Testaement Ethics*]을 제외하고는, 1978년 Barton의 소논문, 'Understanding Old Testament Ethics'가 그 분야에서 Barton 자신이 연속적으로 낸 중요한 학문적 작업과 더불어서, 내가 알고 있는 한, 1929년 (W. B. Greene, 'Ethics of the Old Testament') 이래로 구약 윤리라는 특정하며 명백한 주제에 관하여 영어로 쓰여진 최초의 진지한 저술이었다. 내가 1970년대 초에 구약 윤리 분야에서 논문을 쓰겠다고 문의했을 때 내 지도 교수가 그 분야에 대해 지난 50년 동안 (영어로) 쓰인 글이 아무 것도 없었다고 언급했던 이유가 바로 그것이다.
3) Walther Eichrodt, 'Effect of Piety on Conduct.'
4) Johannes Hempel, *Ethos Alten Testaments*.
5) 구약 윤리 분야에서 비판적 방법에 대한 성찰에 대해 이와 비슷한 비판이 1979년에 나온 다음 글에 제시되어 있다. H. McKeating, 'Sanctions against Adultery.'

을 이룰 수 있다고 주장한다. 우리는 탐구해야 할 영역으로 세 가지 영역을 구분할 필요가 있다. (1) 역사적으로 일부 이스라엘 백성들이 믿었으며 다양한 시대에 믿었던 것, (2) 어떤 구약 성경의 저자들과 전승들이, 이스라엘 백성들이 믿거나 행해야 한다고 간주했던 것, (3) 성경의 정경으로 간주된 구약 성경이 정죄하거나 승인한다고 말할 수 있는 종류의 행위들. 우리는 이 가운데서 마지막 것('공식적인' 정경 윤리)에 대한 우리의 구성이, 이론적으로나 실제적으로 어느 주어진 시대의 이스라엘 대중 윤리와 일치할 것이라고 단정지을 수 없다. 그렇지만, 구약 신학이 단지 이스라엘 종교사로 축소될 수 없듯이, 구약 윤리를 단지 이스라엘의 행위에 대한 역사 기술로 환원시킬 수는 없는 일이다. 우리는 고대 이스라엘의 도덕적 세계관이 지닌 어떤 '분위기' 혹은 '일반적 취지'를 분별할 수 있다. 이스라엘 백성들은 하나님의 임재 가운데 살 수 있고 하나님을 기쁘시게 하는 삶의 유형이 있다고 믿었던 것 같으며, 이 삶의 유형은 그 전 시기 내내 상당수의 불변하는 요소를 지니고 있었다. "[구약] 율법은 하나님의 백성과 모든 인류에 대한 하나님 자신의 이상에 대해 윤곽을 파악할 수 있는 통찰을 제공하고 있다."[6] 바톤은 이 '분위기'에서 최소한 세 가지 근본적인 요소를 들고 있다. (1) 하나님의 뜻에 대한 순종, (2) 자연 질서의 유형에 대한 순응, (3) 하나님을 닮아가기. 자연법에 대한 바톤의 독특한 접근 방식과 구약 성경과 관련하여 그가 그 용어를 사용하고 있는 의미는, 다시 그의 글, '자연법과 시적 정의'(Natural Law and Poetic Justice, 1979)에서 설명되었다.

바톤은 1994-1995년에 그 주제를 놓고 진행된 한 심포지엄에서 자신의 방법론을 제시함으로써 구약 윤리에 대해 점증하고 있는 논쟁에 복귀했다.[7] 최종적으로 그는 1998년에, 자신이 지난 20년에 걸쳐 여러 기고문을 통해 전개하고 발전시켰던 통찰과 관점을 정리해 놓은 그 주제에 대한 간단한 책, 「윤리학과 구약 성경」(Ethics and the Old Testament)을 출간했다. 바톤은 구약 성경에 있는 윤리적 자료의 상당 부분이 자신이 '자연법'이라고 일컫는 바와 일치한다고

---

6) Barton, 'Approaches to Ethics', p. 128.
7) John Barton, 'Basis of Ethics.'

주장한다. 여기에서 '자연법'이란 아리스토텔레스 이래로 철학적 윤리학에서 발전된 전문적인 의미가 아니라, 옳고 그름에 대한 일반적인 인간 의식이라는 의미에서 사용된 말이다. 이 기본적인 도덕 의식은 세상이 움직여 나가는 방식의 실체에 기초하고 있다. 이러한 도덕 의식은 고대 세계에서 두루 발견되며, 이스라엘도 공유하던 것이다. 이 '자연법'에 덧붙여서, 여호와의 직접적인 명령에 구체적으로 근거하고 있는 윤리적 가치들이 있었는데, 이 명령들에 대한 유일하게 적절한 반응은 순종이었다. 그리고 이러한 가치와 계명을 지지하고 있는 것은, 특별히 여호와의 성품과 과거에 행하신 행위들을 통해 여호와를 본받는 일을 중심으로 돌아가고 있을 뿐만 아니라, 또한 '자연적'이거나 신적인 복 혹은 처벌과 같은 장래의 결과를 포함하고 있는 동기를 부여해 주는 요소들이었다. 바톤은 환경과 성 및 재산에 관한 윤리에 구약 성경이 기여한 바를 다루는 사려 깊은 장을 포함시키고 있다. 이 책의 가장 흥미로운 특징은 구약 윤리에 대한 대부분의 논평자들이 문제점이라고 여기는 것(구약 윤리의 특수성과 다양성)을 다루고 있는 방식이다. 그는 그러한 입장과는 반대로 구약 성경에 있는 윤리적 자료의 이러한 특징을 구약 윤리에 활력을 부여하고 장수하게 해주는 주요 요소로 보고 있다. 구약 성경에 그와 같은 도덕적 힘을 제공해 주고 있는 것은, 철학적 원리에 반대되는, 구체적 **특수성**(특히 이야기들을 통한)에 대한 구약 성경의 열정이다. 바톤은 그리스 비극에 대한 마사 누스바움(Martha Nussbaum)의 저작에 바탕을 두고 이러한 접근 방식을 발전시킨다. 2003년에는, 유익하게도 이 분야에 대한 존 바톤의 이전 저작,「윤리학의 이해: 접근 방식들과 탐구들」[*Understanding Ethics: Approaches and Explorations*(Louisville: Westminster John Knox, 2003)]이 머리말과 함께 재출간되었다.

플레처(Fletcher), 바톤, 및 맥키팅(McKeating)이 쓴 몇 개의 기고문과 크렌쇼(Crenshaw)가 편집한 선집을 제외하면 1970년대는 구약 윤리에 있어서 불모의 시기였다. 이 일은 성경 신학 운동의 붕괴 및 성경 윤리에 미친 그 영향과 맥을 같이하고 있다. 학자들이 거듭해서 과연 그러한 '것'이 정말로 존재하는

가, 만일 그렇다면 그것은 어떻게 정의되어야 하는가를 물으면서, 성경 신학에 대한 불확실성과 자기 반성의 분위기가 자리잡았던 것 같다. 같은 이유들 때문에, 성경 전체를 다루는 '성경 윤리'에 대한 설명이나 구약 윤리 또는 신약 윤리에 대한 설명을 제공하려는 사람이 거의 없었다. 반면에, 구약 성경에 대한 사회학적 혹은 (좀더 최근의 용어로 말하자면) 사회과학적 접근 방식들이 더 인기를 끌게 되었으며, 종종 모호하며 이데올로기적으로 크게 치우쳐 있는 듯 보이는, 하지만 (조심해서 다룬다면) 윤리적으로 자극을 줄 수 있는 결실을 맺었다.

노르만 갓월드(Norman Gottwald). 현대에 등장하여 증가하기 시작한 구약 성경에 대한 사회학적 연구를 시행한 초기 인물 가운데 한 사람이며 논쟁을 가장 많이 불러일으키고 있는 사람 가운데 하나이기도 하다. 히브리 성경에 대해 지나치게 마르크스주의적인 노르만 갓월드의 읽기(*The Tribes of Yahweh*, **1979**)는, 비록 다양한 해방 운동 혹은 소수자 권익 옹호 운동의 입장에서는 다른 견해를 보이겠지만, 이데올로기 이론에 심히 편중되어 있다는 이유로 심한 비판을 받아왔다. 갓월드는 경전으로서의 문헌 안에 고유한 윤리적 규범을 가지고 있는 하나님의 어떤 계시가 있다는 의미에서가 아니라, 이스라엘의 역사적 계급 투쟁에 대한 묘사라는 점에서 구약 성경에서 윤리적 적실성을 찾아낸다. 갓월드의 사회학적 이론에 따르면, 이스라엘은 사회적 자유와 평등과 정의에 대한 위대한 실험에 헌신한 한 백성들에 관한 놀라운 역사적 사례 연구다. 이 사회적 실험은 지지와 도덕적 구속력을 제공해 주는 종교인 단일 여호와주의(mono-Yahwism)를 발생시켰다. 이 역사 현상이 문헌상으로 퇴적된 것이 지니고 있는 윤리적 권위가 있다면, 그것은 바로 여호와를 우리 자신의 하나님으로 주장하는 영화된 이상주의(spiritualizing idealism)에 있는 것이 아니라 역사적 선례와 현대적 도전의 영역에 있을 것이다. 갓월드의 사회학적 실증주의와 비평적 방법론은 구약 학계의 더욱 폭넓은 세계에서 도전을 받지 않을 수 없었다. 그리고 그러한 실증주의와 비평적 방법론은 성경의 신적 권위를 인정하는 견해에 헌신하는 사람들에게는 분명 받아들여질 수 없는 것이었다. 그러나 (앞서 제2장에서 논의했듯이) 내가 볼 때 갓월드는 구약 윤리에 두 가지 중요한 기여를 하고 있다. 첫째로, 이스라엘을 총체적인 사회적 유기체로 연구하는 일의 중요성을 확립함으로써, 우리가 더 이상 동떨어진 본문들로부터 윤리적 '보화'를 캐내려는 단순한 시도를 하지 않고, 오히려 이스라엘이 그들의 역사적 상황 가운데서 되려고 했으며 성취하고자 노력했던 모든 것의 적실성을 보게 해주었다. 둘째로, 사회적으로나 경제적으로, 정치적으로나 종교적으로 이스라엘이 주변 가나안 문화로부터 어느 정도로 구별되어 있었는지를 상당히 깊이 있게 그리고 상세하게 보여 줌으로써 그러한 기여를 하고 있다. (물론 이 관점은 최근에 구약 역사 서술을 연구하고 있는 몇몇 학파 가운데서 도전을 받고 있는 관점이기도 하다.)

존 골딩게이(John Goldingay). 골딩게이는 그의 책「구약 해석의 접근 방법」(*Approaches to Old Testament Interpretation*, **1981**, 크리스챤다이제스트 역간)을 출간함으로써 그 다음 새로운 십 년을 시작했다. 광범위한 영역을 다루고 있는 이 책은(이 책은 1991년에 훨씬 더 광범위하고 상세한 참고 문헌 목록과 더불어 최신 정보를 담아 개정, 재출간되었다) 특별히 구약 윤리에 대한 것은 아니지만, '생활 방식으로서의 구약'이라는 제목의 장을 가지고 있다. 이 장은 구약 윤리에 고유한 몇 가지 문제점을 다루고 있으며, 구약 성경이 그리스도인 독자들을 위해서 어떻게 윤리적인 역할을 수행하는가에 대한 유익한 시각을 제공해 준다. 골딩게이는 성경 정경의 중요한 부분으로서 구약 성경이 기독교 윤리에서 규범적인 권위를 갖고 있음을 확인하기를 원한다. 그러나 그는 또한 고대 문헌의 특수한 것들로부터 우리의 현대적 정황의 특수한 상황들로 진행해 가는 한 가지 방식으로서, [때때로 '중간 원리'(middle axioms)라 일컬어지는] 도출된 혹은 중간 단계의 매개 원리들을 만들어 내는 일의 중요성을 인식하고 있다. 그렇지 않을 경우, 구약의 (이야기들과 다른 장르들은 말할 것도 고) 명령이 갖는 '특수함'(specificness, 그의 용어)이 일종의 윤리적 마비 상태를 유발할 수도 있을 것이다. 즉, 우리는 이스라엘 법규들이 보여 주는 문화적이며 역사적인 특수성을 너무 깊이 의식함으로써, 규범적 윤리는커녕 아무런 현대적 적실성도 찾지 못하고 절망하게 될 수도 있다. 하지만 그와 같은 부정적 견해에 반대하면서, 골딩게이는 일반적인 세상사에서조차도, 특정한 상황을 향해 표현된 명령의 특수성 때문에 그 명령이 다른 상황에서 적실성을 갖지 못하게 되는 것은 아니라고 지적한다. 이는 그 명령이 처음의 상황에 적용되며 다른 상황에도 적실성을 지니게 될 어떤 일반적인 원리를 구체적으로 표현한 것일 수 있기 때문이다. 또한 하나님 자신이 도덕적 일관성을 지니고 계시다는 사실뿐만 아니라, 인간의 여러 문화 가운데에는 문화적인 불연속성에도 불구하고 언제나 남아 있는 요소들이 있다. 골딩게이는 구약 명령들의 특수성이 지니고 있는 문제를 논하고 있을 뿐만 아니라, 구약 성경의 도덕적 기준의 다양성과 명백한 한계의 문제를 다루고 있다. 이러한 특징들은 또한 본문 자체로부터 우리가 윤리적 결정을 내려야 하는 세계로 이어지는 다리의 형태로서, 더 광범위하고 도출된 원리들을 활용할 필요성을 제시해 준다.

그러나 그러한 절차의 필요성을 탐구함에서, 골딩게이는 그렇게 해서 도출된 원리들 자체를 권위 있는 것으로 삼지 않도록 경고한다. 계속해서 규범적 권위로 남는 것은 성경 본문 자체다.

> 비록 우리가 성경 자체를 해석하는 일에 관심을 기울이고 있다 할지라도, 규범적인 힘을 갖거나 기준의 역할을 하는 것은 이러한 가설적 원리들이 아니다. 성경 자체가 계속해서 규범으로 남는다. 우리가 성경 안에서 찾아내는 원리들은 우리의 해석의 대상이 아니라 우리의 해석의 일부분이다. 그 원리들은 우리가 잘 보지 못하는 맹점들 때문에 제한되어 있으며, 성경의 전체 메시지를 놓치게 되는 수단이 될 수도 있고, 본문 자체를 섬기기보다는 오히려 그 의미를 회피하는 수단이 될 수도 있다.[8]

이것은 중요한 경고다. 그러나 이 경고는 우리를 진퇴양난의 처지에 빠지게 만드는 것으로 보일 수도 있다. 한편으로, 우리는 권위 있는 본문을 가지고 있

---

8) Goldingay, *Approaches*, p. 55.

는데, 그 본문을 직접 적용할 수 없다. 혹은 그 본문은 우리가 직면한 오늘날의 구체적인 도덕적 문제에 대해 직접적으로 언급하지 않는다. 다른 한편으로, 우리는 도덕적 원리들을 도출하여 가지고 있는데, 그것은 말할 필요도 없이 우리에게 유익하지만 본래적인 권위는 전혀 가지고 있지 않은 것이 된다. 그럼에도 불구하고, 내가 볼 때는 우리가 어떤 종류의 중간 매개적 메커니즘을 도출하는 것 이외에 다른 대안은 전혀 없다. 그렇지 않을 경우, 성경은 윤리적인 면에서 말을 할 수 없도록 재갈이 물리게 되고, 꽁꽁 묶여 버리고 말 것이다. 이 책에서 (제2장에서, 그리고 구약의 율법과 관련하여 제9장에서) 나는 성경 패러다임의 건설적 성격을 인정할 수 있는 입장을 주장했다. 그 성격이란, 우리가 본문에서 분별해 내는 다양한 원리 혹은 이치(혹은 어떤 다른 용어를 사용하든지 간에)를 일관성 있는 구조로 함께 묶어 주는 것을 말한다. 그러나 중요한 것은, 우리가 그것을 패러다임, 원리, 이치 혹은 그 무엇이라고 부르든 간에, 중간에서 매개해 주는 그러한 수단들을 성경 본문 자체에 비추어서 끊임없이 개정해야 한다는 것이다. 언제나 본문이 최종적 권위다. 그 최종적 권위에 비추어서 우리의 윤리적 천명들은, 우리의 교회론이나 신학과 마찬가지로 '셈페르 레포르만다'(*semper reformanda*), 즉 항상 개혁되어야 한다.

나중에 나온 그의 저작 「구약의 권위와 신학적 다양성」(*Theological Diversity and the Authority of the Old Testament*, 1987, 크리스챤다이제스트 역간)에서, 골딩게이는 구약 성경의 율법들과 내러티브들을 이해하고 설명하는 데 역사적 **정황**의 중요성을 검토하고 있다. 변화하는 상황에 따라서 어떻게 다른 응답과 다른 우선 순위가 요청되고 있는지를 성경 자체가 보여 주고 있다. 그래서 우리는 성경 자체가 명시적으로 어떤 역사적 사건을 기반으로 변함없는 진리나 명령을 제공하고 있는 경우를 제외하고는, 그 모든 다양성을 제거해 버리고 영구적 진리로 단순화시켜서는 안 될 것이다. 이 점에 대한 일종의 사례 연구로서, 골딩게이는 구약 성경에 기록된 그 장기간의 역사적 여정을 통해 '하나님의 백성'이라는 사상을 추적한다. 그는 하나님의 백성들이 유랑하는 씨족을 거쳐서, 신정 정치를 실행하는 민족을 거치고, 제도적 국가로 지내다가, 다시 고난당하는 남은 자들을 거쳐, 약속을 바라보는 포로기 이후의 공동체로 진행해

나가면서, 각 주요 시기마다 때로는 근본적으로 다른 형태로 그리고 새로운 도전과 윤리적 과제에 직면하는 모습을 보여 주고 있다. 거기에는 연속성도 있지만, 분명히 다양성도 존재한다. 그리고 이 여러 시기 가운데 어느 한 시기에 연결되어 있는 본문으로부터 도출해 낸 윤리적 원리들은 이 총체적 역사의 양탄자에 함께 엮여 들어가 있는 유형들을 반드시 고려해야만 한다. 골딩게이는 다양성 가운데서 이 연속성을 탐구하면서, 히브리 정경이라는 단일 주제에 대한 그와 같은 연구에서 기독 교회를 위한 분명한 윤리적 도전과 자원을 보게 된다는 것을 명확히 한다.9)

같은 책「구약의 권위와 신학적 다양성」제5장에서, 골딩게이는 소위 신명기의 '목회적 전략'을 개진하고 있다. 신명기가 말하는 행위적 가치와 신학적 관점을 조사한 뒤, 그는 한편으로 높은 윤리적 이상과 다른 한편으로 우리가 보기에 조금은 덜 윤리적으로 보이는 몇몇 법규 사이에 명백히 드러나는 도덕적 긴장은 우리가 이 '목회적 전략'을 확인할 경우 해소될 수 있다고 지적한다. 우리는 그 입법자가 언약에 대한 충성과 언약적 행위에 대해 가능한 최고로 높은 기준을 세우는 동시에 악하고 반역하는 백성들 및 그들 주변 문화의 현실을 고려하고 있다는 점을 인식할 필요가 있다. 우리는 사람들이 서 있는 자리에서 출발해야 한다. 그 점은 오늘이나 그 때나 마찬가지다. 그러므로 율법은 불가피하게 인간의 죄와 역사상의 문화가 지니고 있는 바람직하지 못한 면들이라는 사실을 용인해야 했다. 이 점을 지적하면서, 골딩게이는 예수님이 이혼에 관한 논쟁을 다루시는 방식에서 실마리를 찾고 있다. 예수님은 창조의 이상과 모세의 허용을 대조시키셨다. 그렇지만 예수님이 인용하셨던 그 본문들은 둘 다 동일한 토라의 일부분이다. 그러므로 성경은 그 자체가 도덕적인 평가의 선례, 그리고 다른 본문에 비추어서 어떤 본문을 상대화시키고 있는 선례를 제공해 준다. 그러나 이렇게 할 수 있는 것은 오직 성경의 본문이지, 우리가 주장하는 어떤 더 높은 윤리적 입장이 아니다.

---

9) Goldingay, *Theological Diversity*, ch. 3. Goldingay가 쓴 이 책의 이 제3장의 통찰과 구조가 나의 책 제7장에 있는 하나님 백성과 정치 권력 사이의 관계에 대한 논의의 바탕이 되었다.

그러므로 골딩게이의 견해에서, 구약 성경의 권위는 모든 본문에서 그저 단조롭고, 균등하며, 동일한 것이 아니다. 전체 본문은 정경상의 권위를 갖지만, 어떤 부분들은 지금 당장 쉽게 적용시킬 수 있을 정도로 분명하게 규범적인 반면, 다른 부분들은 하나님의 뜻에 대한 크고 작은 순종의 상황들 가운데서 하나님이 이스라엘에 개입하신 일에 대한 사례 연구의 성격을 띠고 있다.

그러므로, 성경의 진술들은 우리에게 어떻게 살 것을 말해 주든지, (이런 말을 하고 있지 않은 경우) 이 실제 진술들은 우리가 어떻게 살아야 할지에 대한 모델이며 우리가 살아가야 할 방법을 진술하고자 하는 시도의 척도가 된다. 이것은 우리가 성경에 있는 명령의 특수성을 무시하지 않는다는 뜻이다. (그리고 우리가 그 명령을 마치 영구적 보편에 속하는 듯 우리 자신의 시대에 적용하지 않는다는 뜻이다.) 그리고 우리가 그 명령의 특수성 때문에 마비되어 아무것도 할 수 없는 것도 아님을 (그래서 우리 시대에 그 명령을 전혀 적용할 수 없는 것이 아님을) 의미한다. 우리는 그 명령의 특수성이 그 상황 가운데서 하나님의 뜻이 어떻게 표현되었는지를 우리에게 보여 주고 있기 때문에, 그 특수성을 즐거워하며 그것을 우리 자신의 윤리적 구성의 패러다임으로 삼는다.[10]

존 로저슨(John Rogerson). 존 바톤과 마찬가지로, 존 로저슨('The Old Testament and Social and Moral Questions', **1982**) 역시 구약 성경의 도덕성을 자연 질서에 연결시키고 있다. 그는 이스라엘의 법과 당시 고대 근동 사회의 법규들 및 여타의 도덕 규범들 사이에 훨씬 더 공통점이 많으며, 그러므로 이스라엘의 도덕 규범이 그 시대의 그러한 자연적 도덕성을 반영하고 있다고 보고 있다. 이것은 교의학적인 혹은 철학적인 의미에서의 '자연법'과 똑같지 않다. 왜냐하면 이 자연법은 분명하게 역사적으로 조건 지워져 있기 때문이다. 그러나 현대의 그리스도인(혹은 비그리스도인)은 이 고대의 문헌들이 보여 주는 도덕적 합의를 관찰하고 그 역사적 정황 가운데서 평가함으로써 여전히 그것으로부터

---

10) Goldingay, *Approaches*, p. 55.

배울 수 있다. 거기에 원리들이 존재하고 있다. 그러나 그 원리들은 영구적인 것도 아니며, 이스라엘에만 독특한 것도 아니다. 그러나 만일 우리가 그리스도인으로서 구약 성경의 도덕적 요구를 진지하게 받아들이고자 한다면, 우리는 구약 성경의 구속의 명령에 비추어서 그렇게 해야 한다. 그렇게 함으로써 우리는 우리가 전적으로 하나님께 의존해 있음과, 지속적으로 하나님의 은혜가 필요함과, 오직 성경만이 제공해 주는 하나님 나라에 대한 비전의 필요성을 상기하게 된다.

토머스 오글트리(Thomas Ogletree). **1983년**에 오글트리는 학문적으로 자극을 주는 「기독교 윤리학에서 성경의 활용」(*The Use of the Bible in Christian Ethics*)이라는 책을 냈다. 책 제목이 보여 주듯이, 오글트리는 포괄적이거나 서술적인 성경 윤리를 저술하겠다는 것이 아니라 도덕적 삶에 대한 성경 본문과 현대의 이해들 사이에 대화를 열어 보겠다는 것을 목표로 삼고 있다. 그는 결과론적, 의무론적, 완전주의적 윤리 개념들을 검토하고 그 어느 것도 인간의 윤리 의식의 복잡성을 설명하기에 그 자체만으로는 부족하다는 결론을 내린다. 그는 역사적 상황화에 근거를 둔 통합(synthesis)을 제안하고, 신구약 성경 모두로부터 고전적 성경 주제들을 설명함으로써 이 통합적 명제가 지지받고 있음을 발견한다. 성경을 조사할 때, 그는 구약 성경에서는 모세오경과 주전 8세기의 예언자들, 그리고 신약 성경에서는 공관복음서들과 사도 바울에만 국한시키고 있다. 성경 자료들의 풍부한 다양성을 폄하하지 않으면서도, 그는 성경에 있는 광범위한 주제의 통일성, 하나님 백성의 정체성이 전개되는 가운데 자리 잡고 있는 통일성을 발견한다. 이러한 통일성을 통해서 그는 성경 자료들 혹은 하나님 백성이 처해 있던 상황의 특수성으로부터 오늘날 우리의 상황이 지닌 특수성으로 이행하는 작업을 할 수 있게 되었다. 그 이유는 "성경 본문들의 의의가 과거에, 그 저자들의 애초의 의도에, 혹은 그 본문들이 나오게 된 애초의 정황들에 국한될 수 없기" 때문이다(p. 9). 그런 다음에, 오글트리는 구약 윤리를(혹은 그가 선택하여 논의하고 있는 자료의 해당 부분을) 정경적 성경 윤리라는 더 넓은 분야에 확고하게 자리 매김한다. 그리고 골딩게이나 카이저

(Kaiser), 혹은 라이트와 잰젠과 똑같은 정도로 성경 본문에 규범적 권위를 부여하고 있는 것은 아닐지라도, 분명 그는 성경이 그리스도인의 윤리적 구성과 결정에 중심적 지위를 차지해야 한다고 천명한다.

월터 카이저(Walter C. Kaiser, Jr). 나의 책 「현대를 위한 구약 윤리」(*Living as the People of God*; 미국에서의 제목은 *An Eye for an Eye*)의 초판은 **1983년**에 나왔다. 이 책은 일반적 맥락에서 구약 성경의 윤리적 측면을 이해하는 방식을 설정하고 몇 가지 적용 분야를 통해 제시된 방법론을 예시하고자 했던 다소 직관적인 시도였다. 같은 해에 월터 카이저가 훨씬 더 광범위한 저술인 「구약 성경 윤리」(*Toward Old Testament Ethics*, 생명의말씀사 역간)를 출간했다. 그 당시에 우리는 그 분야에 대한 상대방의 관심과 작업에 대해 잘 모르고 있었다.

카이저는 이 분야에 대한 조사와 그 정의 및 범위, 방법론적 문제점들, 그리고 또한 일반적으로 성경 윤리에 대한 다양한 학자의 작업에서 옹호되던 접근 방식들에 대한 분류에 이 책의 주요한 제1부를 할애하고 있다. 율법의 주요 단락들에 대한 주해적 조사를 한 후에, 그는 자신의 자료를 거룩이라는 핵심 주제를 중심으로 조직하고 이어서, 십계명의 두 번째 목록에 대한 주해를 계속해 간다. 마지막으로, 그는 구약 성경을 읽는 독자들이 빈번하게 제기하는 몇 가지 주요 난제를 해결하려고 시도하고 있다.

이처럼 카이저는 구약 성경에 대해 두 가지 사실을 받아들이고 있는 학자 가운데 한 사람이다. 첫 번째는 구약 성경이 그 명백한 다양성에도 불구하고 체계적이며 통일된 어떤 방식으로 다루어질 수 있다는 것이며, 두 번째는 구약 성경이 여전히 그리스도인에게 도덕적 권위를 갖고 있다는 것이다. 그는 그 주제에 대한 오늘날의 대다수 저술들이 이 두 가지 점을 결여하고 있다는 사실을 발견한다. 1992년에 쓴 한 기고문('New Approaches to Old Testament Ethics')에서, 카이저는 지난 10, 20년 동안 구약 성경의 윤리에 대해 쓴 글 가운데 일관성의 감각 혹은 중심 원리가 부재하다는 점을 개탄한다. 이는 아이히로트의 저작의 특징을 이루던 바로 그것이다. 카이저는 아이히로트에 대한 여러 비평가가 그리고 특별히 구약 윤리와 관련해서는 존 바톤이 제기했던 것처럼, 이것의 논거를 잘 인식하고 있다. 그러나 카이저는 바톤과 같은 학자들이 기꺼이 인정하고자 하는 여러 지배적 동인(자연 질서에 대한 순응, 하나님의 뜻에 대한 순종, 하나님을 닮아가기와 같은 주제들)이 있음에도 불구하고, 바톤이 이러한 요소들을 오늘날의 우리들에게 규범적이거나 지시적인 것으로는 보고 있지 않다고 지적한다. 다시 말해서, 구약 성경을 취급하면서, 윤리에 대한 의무론적 이해에 대해 뚜렷하게 저항하고 있다고 카이저는 말한다.

동일한 기고문에서, 카이저는 또한 구약 해석학의 패러다임이 저자의 의도에 대한 관심으로부터 독자 반응 이론으로 이행해 간 일이 윤리학에 미치고 있는 영향에 대해 개탄한다. 좀더 새로운 문학 비평에서 배울 것도 많고 커다란 잠재력도 있지만, 그 새로운 문학 비평은 규범 윤리를 위해 그 본문이 구현하고 있다고 믿어졌던 어떠한 객관적 권위도 무너뜨릴 수 있다. 물론 본문에 대한 독자 반응 중심 접근 방식을 취하고 있는 몇몇 학자는 객관성과 같은 것은 결코 존재하지 않는다고 말할 것이다. 본문에 대한 객관적이며 인지적인 이해를 전개하려는 시도로부터 좀더 주관적이며 직관적인 입장으로의 변화가 존재하고 있는 것은 확실하다. "더욱더, 성경은 현대 사상 가운데서 예전의 공동체들이 문제점에 직면했던 여러 방식을 제시하되, 그 자체의 범주나 규범이나 원리는 전혀 부과하지 않는—특히 객관적이거나 인지적이거나 규제적인 방식으로는 절대 하지 않는—일종의 촉매제 역할을 하고 있다."[11] 여기에는 실제적인 윤리적 의사 결정에서 계시에 근거를 둔 권위의 자리가 거의 없다.

카이저 자신은 구약 성경의 도덕적 권위를 주장하고자 한다. 그래서 그는 먼저 율법을 도덕법, 민법, 의식법의 범주로 나누었던 고전적 구분에 대한 새로운 인식을 촉구함으로써 그 같은 주장을 하고 있다.[12] 이 고전적 도식은 (부분적으로 오리겐이 감지했고, 칼뱅이 분명한 형태를 제공해 주었고, 성공회에서는 종교에 대한 39개조 가운데 제7조에 그리고 개혁주의 전통에서는 웨스트민스터 신앙고백서 가운데 자리잡고 있으며, 비교적 최근까지도 영향을 미쳤

---

11) Kaiser Jr, 'New Approaches', p. 295.
12) Walter C. Kaiser Jr, 'God's Promise Plan.'

다)¹³⁾ 인기가 떨어져 버렸다. 그 도식에 대한 주요 공격은, 첫째로, 실제로 구약 성경의 율법 관련 본문들을 공부해 볼 때, 그와 같은 식으로 범주를 분명하게 나누는 것이 불가능하기 때문에 전혀 주해에 도움이 되지 않는다는 것이며, 둘째로, 구약 성경이나 신약 성경의 사고에 맞지 않는 이질적인 것이라는 점이다.¹⁴⁾ 그러나, 첫 번째 지적에 대해서는 그 도식이 결코 **주해의** 도구로 의도된 적이 없으며, 다만 기독교적 맥락에 율법을 적용하기 위한 성경 이후 시대의 자의식적인 해석학적 수단이었을 뿐이라고 주장할 수 있을 것이다. 그리고 두 번째 지적에 대해서, 카이저는 신약 성경 저자들이 그와 같은 구분을 의식하고 있었다고 판단할 만한 증거가 생각보다 많이 있음을 보여 주고 있다. 실제로, 구약 성경 자체도, 몇몇 예언자가 한편으로는 희생 제사 법규 및 의식을 집행하는 것과 관련된 법규와, 다른 한편으로 사회 정의에 대한 요구들 사이에 명확하게 우선 순위를 정하고 있다는 점에서 그 같은 구분을 할 수 있는 길을 예비하고 있다(이 점은 예언서들뿐만 아니라 지혜 문학도 마찬가지다. 잠 21:3). 율법을 다루는 이러한 방식을 새롭게 이해하고 적용할 것을 촉구하면서, 카이저는 신율주의적 재건주의 학파의 '전부 아니면 전무'—즉, 오늘날 율법 전체가 적용되든지, 그렇지 않다면 전혀 적용되지 못한다는—라는 기치에 반대하는 논증을 전개한다. 이 신율주의적 입장에 대해서는 앞서 제12장에서 비판했다.

도덕법 사상을 재천명하면서, 카이저는 일반적으로 종종 그래왔듯이 도덕법을 단지 십계명에 국한시키지 않으려고 경계한다. 오히려 상당히 폭넓게 토라의 전체적인 핵심과 의미를 가르쳐 주고 있는 도덕 **원리들**이 있어서, 우리가 그 원리들을 끌어다가 현대적 쟁점들에 적용하는 데 사용할 수 있다. 예언자들이 열방의 행위를 도덕적으로 평가하면서 은연중에 천명하고 있듯이, 율법은 오직 이스라엘만을 위한 것이 아니라 열방에 도덕적 적실성을 갖도록 의도

---

13) 이를테면, 그것이 바로 그의 책에서 기독교 윤리에 있어서 율법의 역할을 다루는 Norman Anderson의 논의의 틀이다. Norman Anderson, *Morality, Law and Grace*, p. 118 이하.
14) 나 자신도 일찍이 다음 글에서 구약 성경의 율법을 적용하는 과제와 씨름하면서 그 공격에 가담했었다. Wright, 'Ethics and the Old Testament', *Third Way* 1.9-11(May-June 1977). 이 저널에 실린 기고문들은 나중에 다음의 책자로 간행되었다. *What Does the Lord Require?*(Nottingham: Shaftesbury Project, 1978).

된 것이기도 했다. 카이저는 구약법의 선례들을 중간 매개적인 도덕 원리들을 통해 현대적 상황에 적용시키는, '추상화의 사다리'[15] 접근 방식을 옹호한다.[16]

본문으로부터 도출되는 도덕 원리들을 통해 매개되는 구약 성경의 도덕적 권위를 긍정하면서도, 카이저는 이스라엘을 열방에 대한 하나의 **모델**이라고 보기를 거부한다.[17] 이 이유는 다시 카이저가 신율주의적 도식, 특히 그레그 반센(Greg Bahnsen)이 옹호하고 있는 방식을 반대하고 있기 때문이다. 반센식의 도식에서는 '모델로서의 이스라엘'이라는 표현이 민법 영역에서 이스라엘의 법이 가지고 있는 형벌 규정들을 포함해서 이스라엘의 율법을 상당히 문자적으로 그리고 총체적으로 적용시키는 경우를 의미하기 위해 사용되고 있다. 그러나 내가 볼 때는, 그 표현을 신율주의자들과 같은 방식으로 받아들일 필요가 없고, 이스라엘 사회 전체가 현대의 윤리학에 대해 지니고 있는 적실성을 압축해서 표현해 주는 유용한 수단이 될 수가 있다. '열방에게 빛'이 되어야 할 자는 전체 공동체로서의 이스라엘이었다. 열방 가운데서 제사장이 되어야 할 민족은 거룩한 민족으로서의 이스라엘이었다. 제2장과 제9장에서 살펴보았듯이, 나는 우리가 구약의 율법과 제도를 패러다임적으로 적용할 때 하나의 모델로서의 이스라엘이라는 개념을 신율주의적 극단을 피하면서도 율법의 변함없는 윤리적 적실성에 대해 그들이 가지고 있는 칭찬할 만한 열정을 유지한 채 사용할 수 있는 방법이 많이 있다고 믿는다.

로널드 클레멘츠(R. E. Clements). 이미 언급한 다른 여러 학자와 마찬가지로, 로널드 클레멘츠('Christian Ethics and the Old Testament', **1984**)도 구약 성경의 윤리적 자료가 가지고 있는 역사 정황적 한계들을 인식하고 있다. 그리고 기독교 윤리 전통의 근본 원리들 가운데 전해지고 있는 ('네 이웃을 네 몸과 같

---

15) 이것은 앞서 제12장에서 논의했듯이, 사회적 쟁점들에 성경 자료를 적용하는 데, Michael Schluter와 희년 센터 역시 사용하고 있는 용어이며 모델이다.
16) Kaiser는 이러한 생각들을 더 발전시켰다. Kaiser Jr, *Rediscovering the Old Testament*, pp. 155-166.
17) Kaiser Jr, 'God's Promise Plan', pp. 296-297.

이 사랑하라'와 같은) 어구들조차도 어떻게 '우발적인' 정황들과 때로는 문장 구성상 부수적인 문맥들에서 등장하고 있는지 관찰하고 있다. 클레멘츠가 볼 때, 구약 성경이 과연 그 자체의 말에서나 그 나름의 의도를 통하여 어떤 영구적 도덕 원리들을 우리에게 제공하고 있는지는 의심스럽다. 그럼에도 클레멘츠는 구약의 도덕적 통찰의 폭과 변치 않는 영속성에 깊은 인상을 받고 있다. "전반적으로 구약 성경의 문학은 도덕성에 대한 보편적 원리의 형성을 향해 나아가고 있었던 것 같다"(p. 17). 어떤 도덕적 우선 사항들과 요구들은 "중요성과 관련해서, 보편적 적용의 측면과 관련해서 즉시 '원리'에 해당하는 느낌을 줄 정도로, '최우선적'이라는 느낌"을 획득하고 있다(p. 17). 클레멘츠는 또한 구약 기간 동안의 이스라엘의 긴 역사가 놀라울 정도로 다양한 역사적 상황 가운데서 그들 사회의 근본적 통찰과 가치가 검토되고 정련될 수 있는 엄청난 기회를 어떻게 제공했는지 관찰하고 있다. 이스라엘은 율법, 예언, 내러티브, 예배와 지혜를 통하여 그들이 표현했던 규범과 가치와 핵심적인 것들을 채택하고 보전해야 했기 때문에, 적응성이라는 특징을 명백히 드러내고 있다. "구약 성경은 **토라**-교훈 체계를 제공해 준다. 그 체계는 막대한 범위의 인간 사회 체제와 정치 체제에 놀라운 정도의 적응력을 입증해 왔다. 판이하게 다른 경제, 정치, 문화 유형을 가진 사회들이 구약 성경에서 사회적이며 도덕적인 가르침에 대한 풍성하고 실천성 있는 자원을 발견해 왔다"(p. 22).

클레멘츠는 또한 구약 성경의 사회적 차원들에 대한 에세이들의 중요한 심포지엄인 「고대 이스라엘의 세계」(*The World of Ancient Israel*, 1989)의 편집자이기도 하다. 직접적으로 윤리적인 질문들을 언급하고 있지는 않지만, 구약 윤리를 공부하려는 (굳은 의지를 지닌) 학도들을 위한 풍성한 천연 자원이 여기에 담겨 있다. 이 책은 또한 이 이상의 참고 문헌들을 찾는 데 매우 유익한 광원이다.

리처드 보캄(Richard Bauckham). 신약 학자로서 훨씬 더 유명한 보캄은 구약 성경에 중점을 두고 있는 성경 윤리에 대해 간략하지만 매우 유익한 책, 「정치와 성경」(*The Bible in Politics*, **1989**)을 출간했다. 그는 구약 성경(그리고 신약 성경)의 윤리적 읽기에 관하여 유익한 해석학적 지침을 제공하고 있으며, 특히 사회정치적 영역에 초점을 맞추고 있다. 보캄은 현대적 적실성을 위하여 고대 문헌들의 패러다임적 의의를 다루면서 나의 접근 방식과 유사한 방식을 내세우고 있으며, 레위기 19장의 윤리에 대한 훌륭한 연구를 포함하고 있다.

로버트 윌슨(Robert R. Wilson). 구약 성경 자료로부터 보편적인 도덕 규범을 도출해 낼 수 있는 가능성을 주장하고자 하는 골딩게이와 카이저(및 나 자신)의 시도와 대조적으로, 로버트 윌슨은 구약 성경의 자료가 그러한 무게를 지닐 수 없다고 주장한다. 브레바드 차일즈(Brevard Childs) 고희 논문집에 대한 그의 기고문('Approaches to Old Testament Ethics', **1988**)에서, 윌슨은 신명기 사가들의 내러티브들이 이스라엘 역사의 몇몇 중심 인물에게(이를테면, 다윗에게) 토라의 규범을 적용함에 있어서 얼마나 일관성 없게 보이는지 지적하고 있다. 그래서, 윌슨은 만일 오경의 법규들이 성경 저자들의 윤리적 평가조차도 배타적으로 주관하지 못했다면, 어째서 그 법규들이 어떤 식으로든지 직접적으로 우리에게 구속력을 갖는 것으로 간주되어야 하느냐고 묻는다. 구약 성경(특히 예언서들)에 대한 사회학적 연구로 더 잘 알려져 있는 윌슨은, 나중에 이스라엘 사회 안에 존재하고 있는 서로 갈등하는 윤리적 의제라고 보았던 것에다가 자신의 사회학적 통찰을 연결시켰다('Ethics in Conflict', 1990). 그는 또한 1994년 신학 저널 "세메이아"(*Semeia*)의 심포지엄에 구약 윤리에 대한 방법론적 에세이를 기고했다('Sources and Methods in the Study of Ancient Israelite Ethics').

브루스 버히(Bruce C. Birch). 브루스 버히는 브레바드 차일즈 고희 논문집(**1988**)에 기고한 "구약 성경 내러티브와 도덕적 자세"(Old Testament Narrative and Moral Address)에서 좀더 긍정적인 노선을 취한다. 버히는 특별히 성경 내러티브의 힘을 강조한다. 그 내러티브가 그리스도인에게 지시적으로나 규범적으로 기능할 수는 없지만, 그리스도인의 도덕적 정체성과 성격을 형성하는 데 도움을 줄 수는 있다는 것이다. 구약의 내러티브들은 현실을 드러내 주고, 세계관들을 분쇄하거나 변혁시키고, 독자로 하여금 응답하도록 도전을 가하는 도덕적 힘을 가지고 있다. 그러므로 그 내러티브들은 그것들이 속해 있는 정경적 문맥 가운데서 전체적으로 읽혀야 하는 것이지, 단순히 역사 비평 방법으로 읽혀서는 안 되는 것이다. 이러한 시각은 **래리 라스무센**(Larry Rasmussen)과 함께 작업했던 버히의 이전 저작(1978; 그리고 1989년 개정)에 근거해서 세워졌다.[18] 그 책에서도 버히는 구약 내러티브가 그리스도인에게 지시적이거나 규범적일 수 없지만, 그리스도인의 의사 결정과 세상에 대한 교회의 도덕적 대처를 위한 도덕 자원으로서 전체 성경의 탁월한 중요성을 공유하고 있다고 긍정한다.

정경적 접근 방식은 또한 버히 자신의 단행본인 「정의를 하수같이」(*Let Justice Roll Down*, 1991)의 근간을 이루고 있다. 버히는 이 책이 엄밀하게 말하면 구약 윤리에 대한 책은 아니지만, 그리스도인의 윤리적 행위와 선택을 형성하는 데 구약 성경이 할 수 있는 역할과 제공해 줄 수 있는 자료들에 대한 책이라고 주장한다. 물론 이 주장('구약 윤리'라는 말은 무엇을 의미하는가?)은 정의의 문제를 불러일으키고 있다. 이 물음에 대해서는 제14장에서 다루고자 한다. 버히는 구약 정경의 주요 단락을 각각 차례대로 조사하여, 각 단락에서 찾을 수 있는 주요 신학 주제들을 정리하고, 그 다음에 그 단락이 현대 세계의 그리스도인과 교회가 직면하고 있는 윤리적 과제를 위해 무엇을 제공해 줄 수 있는지 평가한다. 이 모든 것은 포괄적이며, 내용이 알차고, 신학적으로 시사적이며, (엄청난 참고 문헌 목록을 제시하는 주를 달아주고 있어서) 구약 윤리 분야를 연구하는 학자들이 크게 환영할 만한 책이다. 물론 이 책은 그리스도인에게 구약 성경이 가지는 실질적인 도덕적 권위가 무엇인지는 끝까지 명확하게 밝히지 않고 있다. 구약 성경은 **힘**을 가지고 있으나, **권위**를 가지고 있지는 않다.

> 권위라는 것은 성경 자체에 내재해 있는 속성이 아니다.…권위는, 성경이 세상 가운데서 기독교 공동체의 도덕적 삶에 힘을 실어 주는 원천임을 경험한 수백 년에

---

18) Bruce C. Birch and Larry L. Rasmussen, *Bible and Ethics*.

걸친 기독교 공동체의 인정이다.…종종 성경의 권위는 어떤 내용을 전달해 주는 데 있을 뿐만 아니라 과정의 모델을 제시해 주는 데 있다. 성경에 있는 공동체들이 식별한 하나님의 뜻 분별에 동참함으로써 우리는 우리 자신의 시대에서 하나님의 뜻에 민감하게 되는 것이다.[19]

맞는 말이기는 하다. 그러나, 구약 성경에서 오늘날 우리 시대로 넘어올 때 더 많은 해석학적 단계의 도움을 받아야 그렇게 할 수 있을 것이다.

그 다음 10년 동안에, 기독교 윤리학을 형성함에 있어서 성경 **내러티브**와 **정경**의 중요성을 강조하면서 버히는 세 번째 중요한 차원을 덧붙이게 되는데, 곧 하나님의 백성이라는 공동체의 역할이다. 바로 이 **공동체** 안에서 여호와의 정체와 성격과 행위에 대한 독특한 이해가 발전되었으며, 이 이해가 이스라엘의 윤리적 믿음과 사고 및 실천을 형성시켜 주었다. 버히는 다음 두 개의 훌륭한 소논문에서 특별히 출애굽기에 집중하여, 구약 성경 윤리의 이 차원들을 탐구했다. 'Moral Agency, Community, and the Character of God in the Hebrew Bible'(1994), 및 'Divine Character and the Formation of Moral Community'(1995).

스탠리 하우어워스(Stanley Hauerwas). 정경, 내러티브 및 공동체에 대한 강조에서 버히는 한편으로 브레바드 차일즈와 구약 성경에 대한 그의 정경적 접근 방식의 전통에, 다른 한편으로는 공동체를 형성함에 있어서 내러티브의 역할에 대한 스탠리 하우어워스의 강조에 크게 빚지고 있다. 1980년대에 나온 하우어워스의 풍성한 작업[특히, 「성품의 공동체」(*A Community of Character*, 1981), 「평화의 나라」(*Peaceable Kingdom*, 1983), 「체류자」(*Resident Aliens*, 1989)]의 영향은 예를 들어서, 윌디마 잰젠과 메리 밀즈(Mary Mills)를 포함해 그 다음 10년 동안 많은 사람에게서 나타나고 있다.

하우어워스는 또한 윤리적 성품과 행위 형성의 자리로서 공동체의 중요성

---

19) Birch, *Let Justice Roll Down*, p. 34.

을 강조했다. 고대 이스라엘에서나 현대 그리스도인들에게나 윤리는 단순히 자율적이며 이성적인 개인이 내리는 도덕적 선택의 문제가 아니다. 그것은 계몽주의 근대성의 특이한 추상화이다. 개인은 공동체 가운데서 형성되며, 공동체는 그들 나름의 이야기들(그 공동체의 실제 역사라는 의미에서 그리고 그 공동체가 그들의 정체성과 열망을 천명하기 위해 전해 주는 이야기라는 의미에서)에 의해서 형성된다. 하지만, 윤리에서 내러티브와 공동체의 지위를 인정하는 점에서 하우어워스를 따랐던 버히 등의 학자는 실제 본문과 이스라엘의 전승 연구에서 하우어워스보다 훨씬 더 나아갔다. 대개 하우어워스의 저술에 대해서는 두 가지 측면의 비판이 이루어져 왔다. 비록 그의 저술이 영감을 제공해 주며 예언자적 성격을 가지고 있긴 하지만, 한편으로 대부분의 지역 교회들이 열망하지 않는 다소 이상화된 형태의 기독교 공동체에 대한 견해를 가지고 있다는 것이며, 다른 한편으로 그가 그처럼 지극히 높이다고 주장하고 있는 그 내러티브적 형태에 대해서 성경 본문에 대한 자세한 주해를 하지 않았다는 점이다.

크리스토퍼 라이트(Christopher J. H. Wright). 13년 전에 끝마쳤던 내 박사 학위 논문의 결실이 **1990년**에 드디어 「하나님 땅의 하나님 백성」(*God's People in God's Land*, 1990; 개정판은 1996년)으로 출간되었다. 고대 이스라엘의 경제 윤리에 대한 이 연구는 이스라엘의 토지 신학에 대한 게르하르트 폰 라드의 중요한 작업에 근거하여 이루어졌다.[20] 이 연구는 이스라엘의 경제 구조 가운데서 땅과 언약과 가족 사이의 강력한 신학적 고리들을 확립했으며, 땅이 하나님의 선물이자 하나님의 소유라는 두 주제를 검토했고, 소유 권리와 책임의 윤리를 탐구하고 이스라엘에서는 한 남자의 아내와 자식들과 노예가 단지 동산(動産)에 불과한 것으로 간주되었다는 일반적 견해를 비판적으로 평가했다. 각 주요 부분의 말미에 있는 결론적 논의들 가운데서, 기독교 사회 윤리를 위한 자료의 적실성이 현재 이 책에서, 특히 제3장과 제5장 그리고 제6장에서 더욱 광

---

20) G. von Rad, 'Promised Land.'

범위하게 다루어지고 있는 방식으로 언급되고 있다.

「현대를 위한 구약 윤리」를 출간한 이래로, 몇 년 동안 구약 윤리 분야에 대한 관심과 작업을 통해서 나는 다른 여러 영역에 그 방법을 적용한 소논문을 쓰게 되었다. 그 소논문들이 모아져서 1995년에 「여호와의 길로 행하기」(*Walking in the Ways of the Lord*)라는 에세이 모음으로 출간되었고, 그 내용의 대부분이 이 책에 포함되었다.

테렌스 프렛하임(Terence E. Fretheim). **1991년**에 프렛하임은 '창조의 재천명'('The Reclamation of Creation')이라는 글로 유익한 기여를 했다. 프렛하임은 출애굽기에 비추어서 창세기를 읽는 비평학자들 사이의 전통적인 습관에―즉, 창조 전승은 그들의(이스라엘의) 구속 역사를 통하여 이미 여호와를 경험했던 이스라엘 가운데서 등장하게 되었다는 식의 이해에 대하여―도전하고자 한다. 프렛하임은 이스라엘의 등장 **이전에** 세계 속에서 그리고 열방 중에서 행하신 하나님의 역사의 우선성을 긍정하고 있다는 점에서 창세기가 먼저라는 사실이 지니는 정경적이며 신학적인 중요성을 주장한다. 이것은 하나님의 구속 사역의 의도가 이스라엘에만 국한되는 것이 아니라 보편적 효과를 지니고 있음을 의미한다. 출애굽기 15장에 있는 모세의 노래는 반창조적인 혼돈의 세력들(역사적으로 애굽으로 상징되었다)을 극복하는 역사 속에서 하나님의 구속을 찬양한다. 프렛하임은 아브라함의 언약과 시내 산 언약의 선교학적 통합을 강조한다. 시내 산은 이스라엘이 창조 세계에 봉사하고 그 세계를 회복하는 일에 하나님 백성으로서 그 소명을 달성할 수 있게 해주려는 것이다. 그러므로, 율법은 단지 출애굽에 대한 믿음만이 아니라 창조 신앙에 그 뿌리를 두고 있다. 물론 그 창조 신앙은 출애굽이라는 역사적 사건으로 말미암아 동기를 부여받고 힘을 얻고 있는 것이 사실이긴 하지만 말이다. "이리하여 이제 이스라엘은 하나님이 바로잡아 놓으신 것을 잘 지키며, 그 올바름을 일상 생활의 모든 영역에 확대시키는 일을 추구함에 있어서 하나님과 함께한다.…시내 산은 구속받은 자들을 위해 창조 세계의 요구들을 되풀이해 설명해 준다."[20]

나는 구약 성경의 취지에 대한 선교적 이해와 윤리적 이해를 결합시킨 점에 마음이 끌린다. 그는 창조 주제의 보편성과, 열방 가운데서 이스라엘을 선택하신 일과, 구속과 소명의 특수성에 대하여 동일하게 관심을 기울인다. 이 책에 있는 여러 장의 구조가 보여 주듯이, 구약 성경과 관련된 어떤 주제를 고려할 때라도 창조의 윤리적 가치와 구속의 윤리적 가치를 지속적으로 결합시켜야 한다는 것은 나의 확신이기도 하다.

브레바드 차일즈 1992년에, 차일즈는 그의 책「신구약 성경 신학」(*Biblical Theology of the Old and New Testaments*)에 성경 윤리에 대한 부분을 포함시켰다('The Shape of the Obedient Life', pp. 658-716). 그는 소위 '구약 윤리'라고 일컬을 수 있는 것을 산출해 내는 과제에 내재해 있는 방법론적 문제점을 조사하고 있다(그 가운데 몇 가지를 다음 제14장에서 다루고 있다). 특히 그는 그 주제를 이스라엘에 대한 사회학적 검토(혹은, 더 일반적으로 사용하는 말로 표현하자면, 사회학자에 의해 재구성된 '이스라엘')로 축소시키려는 시도에 대해 가혹하며 (차일즈의 책에서 뽑은 발췌문 하나가 보여 주고 있듯이) 폭넓은 정경적 접근 방식을 주장하고 있다.

나는 구약 윤리의 경로가 이스라엘 문화의 작은 영역들을 재구성하는 일에 훨씬 더 근본적으로 사회학을 적용하려는 데 있다고 주장하기보다는, 구약 윤리의 과제가 이 정경 전집을 역사적이며 경험적인 이스라엘과 간접적으로만 연결되어 있는 신학적 구성물로 인정하고, 하나님 백성인 이스라엘의 신학적 증언을 엄밀하게 추구하는 것이라고 주장하고자 한다.…근본적인 사회학적 접근 방식의 경로로는 결코 기독교 신앙을 위한 규범적 윤리가 생겨나지 않을 것이며, 다만 미리 가지고 있던 문화적이며 신학적인 상대주의의 전제들만 확인하게 될 뿐이다.[22]

월디마 잰젠(Waldemar Janzen). 월디마 잰젠은 특별히 우리의 주제에 대해

---

21) Fretheim, 'Reclamation of Creation', pp. 362-363.
22) Childs, *Biblical Theology of the Old and New Testaments*, p. 676.

「구약 윤리」(Old Testament Ethics, 1994)라는 단행본을 시도한 그 다음 인물이었다. 하우어워스, 버히 및 기타 학자들의 발자취를 따라가면서, 잰젠은 율법보다는 내러티브가 윤리를 위해 훨씬 더 형성력을 지닌 장르라고 주장한다. 심지어 율법 자체 안에서도, 잰젠은 어떤 식으로든 십계명은 요구되는 행위에 대해 종합적인 요약을 하려는 의도를 가지고 있다는 일반적인 생각을 반박한다. 그는 오히려 십계명을 핵심 영역들에 대한 실례이자 전형이라고 본다. 잰젠은 성경의 이스라엘 안에 이야기들과 (계명들을 포함한) 여타의 장르들을 통해 형성된 어떤 규범적 행위 패러다임이 있었다고 주장하고 있다. 잰젠은 '패러다임'이라는 용어를 나와는 약간 다른 의미로 사용하고 있다. 나는 그 용어를 이스라엘 신앙에 대한 총체적인 개념적 모판이나 이스라엘이 열방에게 하나의 모범이 되도록 하는 구체적 모델을 설명하기 위해서 사용하고 있는 데 비해, 잰젠은 그 용어를 좀더 주관적으로 사용하고 있다. 이스라엘 백성이 이상적인 행동이 무엇인가에 대한 내면화된 모습에 영향을 받아 윤리적인 결정을 내리고, 윤리적인 행위의 방향을 결정했다는 것이다. 이러한 정신적 패러다임은 여러 복잡한 요인에 의해—율법을 배제하는 것은 아니지만 내러티브에 의해 더욱더 지배되었던 요인들—여러 가지 다른 상황 가운데서 '선한 이스라엘 사람'이 된다는 것이 무엇을 의미하는지에 관한 복합적인 그림을 형성했다. 잰젠은 자신이 구약 성경의 주요한 윤리적 패러다임들이라고 간주하고 있는 것들을 대략적으로 설명하는데, 그것은 왕 패러다임, 제사장 패러다임, 예언자 패러다임, 지혜 패러다임, 가족 패러다임이다. 이것들 중에서 가족 패러다임은 다른 패러다임들의 기층을 이루며, 생활과 땅과 환대에 대한 공통적인 강조를 통해서 그들을 하나로 묶어 준다.

1995년은 구약 윤리의 전문가들에게 각별히 풍성한 한 해였다. 그 해에 여러 저자의 글을 함께 수록한 세 권의 책과 구약 성경에 대한 중요한 기여를 포함하고 있는 성경 윤리에 대한 여러 권의 단행본이 출간되었다.

1. 신학 저널 "세메이아"는 제66호 전체를 "히브리 성경에서의 윤리와 정

치"(*Ethics and Politics in the Hebrew Bible*, **1994-1995**)에 할애했다. 방법론을 다루고 있는 부분에서, **존 바톤**('The Basis of Ethics in the Hebrew Bible')은 하나님의 뜻에 대한 순종, 자연법 및 하나님 닮아가기 — 그가 1978년과 1983년에 먼저 제시했던 시각들 — 의 결합인 구약 윤리에 대한 자신의 분류를 반복하고 강화시켰다. 앞서 언급했듯이, 이 글은 다시 1998년에 발각된 그의 단행본, 「윤리학과 구약 성경」(*Ethics and the Old Testament*)이 나올 수 있는 길을 예비해 주었다. 또 다른 방법론상의 에세이들이 **에릴 데이비스**(Eryl W. Davies, 'Ethics of the Hebrew Bible')와 **로버트 윌슨**('Sources and Methods')에 의해 제공되었다. 내가 볼 때, 이 두 글은 너무 간략하며 실망스러운 수준이다. 좀더 만족스러운 에세이는 앞서 언급한 **브루스 버히**의 기고문, 'Moral Agency, Community, and the Character of God in the Hebrew Bible'이다.

2. 쉐필드 콜로퀴움(Sheffield colloquium)은 「윤리학에서의 성경」(*The Bible in Ethics*, **1995**)이라는 책을 출간했다.[23] 다시 **브루스 버히**가 출애굽기 신학의 윤리적 측면에 고무적인 기여를 하고 있다(앞서 언급했다). 그러나 **필립 데이비스**(Philip R. Davies)의 "윤리학과 구약 성경"(Ethics and the Old Testament)은 버히의 글과 비교해서 상당히 부정적인 평가를 제공하고 있다. 데이비스는 구약 윤리의 기본 요소를 신의 명령에 대한 맹목적 순종(앞으로 제14장에서 살펴보게 되겠지만, 그 자체가 논란의 소지가 있는 전제다)이라고 보고 있다. 데이비스는 구약 윤리의 기본 요소들이 사실상 전혀 윤리적이지 않다는 근거 위에서, 그것을 받아들이지 않는다. 데이비스가 볼 때, 성경에 윤리적으로 참여한다는 것은 많은 경우 성경을 거부한다는 의미가 된다(p. 173). 구약 성경의 윤리적 가치관(과 가치)에 대해 데이비스와 동일한 적대적 평가는 그 심포지엄에 기고한 **쉐릴 엑섬**(Cheryl Exum)의 글, "여성에 대한 성경의 폭력에 있어서 윤리 문제"(The Ethics of Biblical Violence against Women)라는 글에서도 발견된다. 이 두 사람에 대해서는 제14장에서 좀더 충분히 논의할 것이다.

3. 다시 **1995년**에, **시릴 로드**는 「새 계기들은 새 의무들을 가르치는가?」(*New

---

23) John W. Rogerson, Margaret Davies and M. Daniel Carroll (eds.), *Bible in Ethics*.

Occasions Teach New Duties?)라는 심포지엄을 편집하여 발간했다. 이 심포지엄에 그가 기여한 사려 깊은 기고문, "기독교 윤리학에서 구약 성경의 용도" (The Use of the Old Testament in Christian Ethics; 이것은 똑같이 유익한 기고문인 하워드 마샬의 'The Use of the New Testament in Christian Ethics'와 우연히도 짝을 이루고 있다)는 우리가 구약 성경을 윤리적으로 다루면서 만나게 되는 난점들을 조사하고 있다. 로드는 우리가 흔히 구약 성경에서 추천하는 내용이 매우 선택적이며, 때로는 우리가 인정하지 않거나 받아들일 수 없는 것은 무시하고, 이따금씩 성경적 관심이라기보다는 현대적인 윤리적 관심사들을 구약 성경에 부과하고 있다고 주장한다. 로드는 이러한 쟁점들을 풀어보려는 대표적인 시도 네 가지를 평가한다(존 로저슨, 리차드 보캄, 존 골딩게이 그리고 나). 그는 이 모든 시도가, 비록 이들 각각의 전제들이나 고백적 입장을 공유하고 있는 사람들에게는 받아들여질 수도 있겠지만, 최종적으로 분석해 볼 때 성공을 거두지 못하고 있다고 결론을 내린다. 이 기고문은 6년 후에 출간된 로드의 주요 저작인 「낯선 땅에 대한 일별」(Glimpses of a Strange Land, 2001; 아래를 보라)을 위한 예비 논문임에 분명하다.

윌리엄 스포온(William C. Spohn). **1995년**의 풍요는 스포온의 「그들은 성경과 윤리에 대해서 무엇이라 말하고 있는가?」(What Are They Saying About Scripture and Ethics?)로 계속 이어졌다. 그 시리즈에 포함된 다른 책 제목들과 마찬가지로, 이 단행본은 그 분야의 현재 상태를 조사하고 해석학적이며 방법론적 문제들에 대해 크게 주목하고 있다. 그러나 스포온은 이 책의 마지막 장에서 자신의 관점을 제시하면서 성경 윤리의 핵심적 측면을 '응답하는 사랑'이라고 정리한다. 그는 예수님을 '구체적 보편자'(concrete universal)로 보고, 우리 자신의 세계 가운데서 우리가 해야만 하는 선택과 결정에 대한 패러다임으로서 그 모델(예수님)로부터 유비를 통해 진행하는 방법을 논의하면서, 성경적 패러다임의 성격에 대해 내가 취하는 입장과 비교될 수 있는 입장을 채택하고 있다.

모쉐 와인펠드(Moshe Weinfeld). **1995년**에 나온 또 다른 주요 단행본은 와인펠드의 「고대 이스라엘과 고대 근동에서의 사회 정의」(*Social Justice in Ancient Israel and in the Ancient near East*)였다. 와인펠드는 이 용어들을 정의하면서 잘 다져진 기반을 다시 점검한다. 그런 다음에, 이 용어들을 이스라엘 역사상의 왕들과 종말론적 왕과 그러고 나서 안식년 및 희년 개념과 연결시키고 있다. 그는 또한 이스라엘이 자신을 여호와의 종으로 인식하고, 그 땅을 여호와의 땅으로 인식했던 사실이 끼친 영향을 탐구한다. 이 광범위하고 알찬 정보가 들어 있는 책은 앞서 제8장에서 이미 충분하게 언급했다.

노르만 하벨(Norman Habel). 그런데 **1995년**에 나온 또 다른 단행본은 사회 정의에서 경제적 갈등으로 진행한다. 노르만 하벨은 땅이라는 주제로 복귀하여 「땅은 나의 것이다」(*The Land Is Mine*)에서 브루그만과 나와는 다른 방식으로 탐구했다. 성경 본문들 안에 내재해 있는 이데올로기와 계급 이익의 편만한 역할을 추적한다고 주장하고 있는 하벨은, 구약 성경에 대한 좀더 최근의 사회과학적 접근 방식으로부터 강한 영향을 받아서, 여섯 가지의 다른 전통을 통해 땅이라는 주제를 연구하고 있다. 그 전통들은, 부의 원천으로서의 땅(왕 중심 이데올로기), 조건부 양도물로서의 땅(레위 지파의 신정 정치적 견해), 가족의 몫으로서의 땅(여호수아서에서 발견되는 가구 중심의 이상들), 여호와의 개인적인 몫으로서의 땅(예레미야에게서 강하게 발견되는 예언자적 이데올로기), '안식의 영역'으로서의 땅(제사장의 인식), 그리고 주인의 나라로서의 땅(족장 본문의 이민자 이데올로기)이다. 하벨의 분석은 매력적이고 관련된 본문들을 광범위하게 다룬다는 장점이 있기는 하지만, 내가 보기에, 그는 다른 학자들이 상호 보완적인 시각으로 간주할 수 있는 것에서 서로 대치하는 이데올로기들을 찾아내고 있다. 이 점에서 그는 다음에서 논의될 데이비드 플레인스(David Pleins)의 작업을 예고하고 있다. 또 하나의 비판은 하벨이 히브리 성경에서 찾을 수 있는 전통들의 정경적 순서에 거의 주목하지 않는다는 점이 될 수 있을 것이다. (예를 들어서, 그는 왕 중심 이데올로기를 맨 먼저 논하고, 족장 전통들은 맨 마지막에 논하고 있다.) 그것에 주목했더라면, 하벨은 그 전통 자체가 정경적 문맥 가운데서 비판과 판단을 받으면서 분명하게 성립하고 있는(왕들이 행한 일은 분명 역사서 본문들과 예언서 본문들에서 공히 그러한 비판과 심판을 받고 있다) 땅에 대한 태도와 실천들을 '타당한' 이데올로기로 제시할 수 있었을 것이다.

제임스 브렛츠키(James T. Bretzke). 브렛츠키는 **1997년**에 광범위하게 조사된 그의 책, 「성경과 기독교 윤리에 대한 참고 문헌」(*Bibliography on Scripture and Christian Ethics*)을 출간했다. 그 포괄적인 조사 범위와는 별도로, 이 책은 성경에 대한 논의들을 포함하고 있으면서도 성경 연구에 대한 참고 문헌 목록에 보통은 포함되지 않는 로마 가톨릭의 도덕 신학에 속하는 많은 저술을 살펴보는 데 유용하다. 신구약 성경 윤리에 대한 주요 부분들뿐만 아니라, 브렛츠키는 환경학, 경제학, 정의, 해방, 의학, 정치, 성, 인종 차별, 전쟁과 평화와 같은 쟁점들에 대한 주제별 부분들을 포함시키고 있다.

톰 데이던(Tom Deidun). 그러나 데이던은 그의 긴 기고문인 "성경과 기독교 윤리"(The Bible and Christian Ethics, **1998**)에서, 과연 성경이 그와 같은 현대적 쟁점들을 위해 활용될 수 있는가 하는 문제를 제기한다. 이 글은 구약 성경을 (혹은 성경 전체를) 기독교 윤리에 권위 있게 활용하려는 전체 시도에 사실상 찬물을 끼얹고 있다. 데이던은 그 과업에 수반되는 방법론적인 그리고 해석학적인 문제들(문화적인 거리, 성경이 가지고 있는 정황의 다양성, 성경에 있는 윤리적 진술의 상황적 구체성, 문학 장르의 다양성 등)을 개관한다. 이 개관은 1981년과 1991년에 이미 존 골딩게이가 바로 이러한 문제들에 대해 논의해 놓은 내용을 의식하지 못한 것 같다. 그런 다음에, 데이던은 성경 윤리를 다루는 표준적인 시도 몇 가지를 개관하면서, 그 시도들을 지시적 접근 방식, 원리/이상(理想) 제시의 접근 방식, 반응/관계적 접근 방식으로 분류한다. 이 접근 방식 가운데 어느 것도 데이던을 만족시켜 주지 못한다. 그 모든 접근 방식 배후에서 데이던은 권위에 대한 향수를 발견한다. 그 향수는 그가 미심쩍어하는 것으로서 원칙적으로 전복되어야 할 필요가 있는 것이며, 궁극적으로 볼 때 실제로 만족하는 것이 불가능한 것이다. 결국 데이턴은 기꺼이 방법론도 권위도 아예 다 없애버리고, 그 대신에 '추천하는 무방법'(a re-commended non-method)을 옹호한다. 그 말은 성경 본문들을 아주 자유롭게, 창의적으로, 프로그램이 없이 읽는 것을 의미한다. 데이턴의 제안에는 참신한 (혹은 독자 여러분의 성향에 따라서 분노를 자극하는) 느낌이 있다. 하지만 그 안에 자리잡고 있는 잠정적 성격은, 우리의 상상력에 자극을 줄 수 있는 다른 종교 문헌이나 세상의 일반 문헌이 아닌 구약 성경을 선호해서 읽는 것이 도대체 무슨 가치가 있을까 하는 의구심을 품게 만든다. 그럼에도 불구하고, 데이턴의 기고문은 분명 요즘의 분위기를 담고 있으며, 그래서 시릴 로드의 주요 저작인 「낯선 땅에 대한 일별」(2001. 아래를 보라)에 허가를 받고 명시적으로 인용되어 있다.

개리 밀러(J. Gary Millar). 밀러가 그의 책 「이제 생명을 선택하라」(*Now Choose Life*, **1998**)에서 제시한 신명기에 대한 면밀한 윤리적 읽기에는 매우 다른 정신이 스며들어 있다. 밀러는 구약 윤리 분야를 개관하고, 지난 세기에 주요하게 기여한 내용들을 부각시키고, 이 분야에 내재해 있는 방법론상의 난점들에 주목한다. 하지만 그는 그러한 난점들 때문에 위축되지 않는다. 그는 구약 성경의 어느 한 책을, 그 책 자체의 문학적이며 신학적인 역동성에 대해 면밀히 주목하면서 윤리적 질문들을 마음에 두고 깊이 연구할 때 어떤 일이 이루어질 수 있는지 보여 주고 있다. 밀러는 '여정'이라는 주제가 신명기의 열쇠라고 주장한다. 이 때의 '여정'은 단순히 (신명기) 처음 몇 장에 기록된 지리적 특징이 아니라 신명기 전체를 관통하고 있는 신학적이며 윤리적인 줄기다. 이스라엘은 이동중에 있는 백성으로 존재하는 것을 통해서 끊임없이 결단을 내리도록 요청을 받는다. (끊임없는 결단은 밀러가 탐구하고 있는 또 하나의 핵심적인 윤리적 범주다.) 따라서, 신명기는 계속해서 바뀌는 윤리적 명령으로 하나님의 백성에게 도전하고 있다는 느낌이 있다. 그러나 이것은 하나님의 도덕적 성품에 변화가 있다는 의미가 아니라, 하나님과의 언약 관계가 계속해서 바뀌는 상황과 컨텍스트 가운데서 삶으로 살아내야 하기 때문에 나오는 도전이다. 밀러는 이 책에서 신명기의 주요 법규 단위들에 대한 유익한 주해적 개관을 제공하고 있으며, 또한 '윤리와 열방'(Ethics and the Nations) 및 '윤리와 인간 본성'(Ethics and Human Nature)과 같은 장들에서 이제까지는 거의 주목되지 않았던 주제들을 탐구하고 있다.

에릴 데이비스 (대략적으로 말해서) 아브라함 이래로 네 번째 천년이 시작할 즈음인 **1999년**에 에릴 데이비스는 하나님 닮기 개념의 중요성을 재강조했다. 이것은 아브라함이 "내 앞에서 행하여 완전하라"(창 17:1)는, 그리고 또한 아브라함이 자기 권속과 자손들에게 "여호와의 도를 지켜 공의와 정의를 행하게" 가르쳐야 한다(창 18:19)는 하나님의 요구에 함축되어 있는 것으로 보이는 윤리적 성찰과 행위의 차원이다. 데이비스의 기고문, "하나님의 길로 행하기"(Walking in God's Ways, 1999)는 구약 정경의 여러 흐름을 통해서 그 주제를 (다소간의 확신을 가지고) 개관하고 있으며, 그 본문상의 논의에 도움을 줄 만큼 상세하다. 그러나 이 소논문은 시릴 로드의 가차 없는 비판을 받았다.[24] 시릴 로드는 내가 볼 때 다소 지나치게, 구약의 경건 혹은 구약 윤리의 특징으로서의 '하나님 닮기'라는 개념을 배격하고 있다. (이 쟁점은 '하나님 닮기'라는 어구를 사용하고 있는 다른 학자들을 언급하면서 앞서 제1장에서 논의했다.)

매리 밀즈 비록 우리가 구약 윤리의 한 차원으로서 여호와 닮기 혹은 여호와 반영하기를 인정한다 할지라도, 여전히 이 여호와가 **어떠한 종류의 하나님이신가**, 그리고 닮는다는 것이 무엇인가를 묻지 않을 수 없다. 나 자신을 포함해서, 데이비스와 바톤 및 다른 여러 학자는 구약 법규들 가운데서 동기를 부여하고 있는 구절들을 지적한다. 이 구절들은 특히 긍휼이 많고 의로운 여호와의 **성품**과 이스라엘을 애굽의 압제로부터 해방시키신 여호와의 역사적 **행위**를 종종 지적하고 있다. 이 점들은 하나님을 반영하는 긍휼과 정의의 특징을 지녀야만 하는 이스라엘 자신의 사회적 행위에 대한 모델이자 동기 부여로서 그 본문에서 거듭 주장되고 있다. 그러나 여호와는 구약 성경 본문에서 복합적인 **성품**

---

24) 다음에서 그가 비판하고 있다. *Glimpses*, pp. 69-76.

으로 드러나며, 여호와의 **행위**도 많고 다양하다. 본문에서 여호와의 편재성 자체가 모두 다 여호와께 속하는 엄청나게 다양한 이미지와 은유와 행위들을 발생시킨다. 여호와의 이러한 차원들 전부가 하나님 닮기라는 이 개념에 속하는 요소가 되어야 하는가? 그래서 우리가 이 모든 차원을 닮기 원해야 하는가? 매리 밀즈는 그녀의 책 「구약 성경의 하나님의 이미지들」(*Images of God in the Old Testament*, **1998**)에서, 하나님의 정체성에 대해 종종 서로 상충되며 경쟁하는 메시지들을 보내고 있다고 생각하는 점과 더불어서 다양한 이미지와 은유를 열거하고 있다. 그러나 그녀는 어깨를 한 번 으쓱거리면서 '이것이 여러분에게 전달된 내용이니, 여러분이 알아서 선택하라'는 식으로 별로 도움도 되지 않는 간단한 논평만으로 결론을 맺고 있다.

매리 밀즈는 문학으로서의 구약 성경에 대한 시각과 좀더 새로운 문학 비평 분야의 통찰에 힘입어서 구약 윤리 분야에 조금 더 직접적으로 개입했다. 그녀의 책 「성경의 도덕성」(*Biblical Morality*, **2001**)에서, 그녀는 구약 성경의 내러티브에 대해 아홉 개의 섹션으로 나누어 탐구하고 있으며, 세 섹션은 내러티브 서술의 주요한 세 가지 요소인 인물, 플롯, 및 배경에 각각 할애하고 있다. 각 섹션에서 그녀는 내러티브들 가운데 엮여 들어가 있는 도덕적 복잡성을 관찰하고, 그 복잡한 요소들이 매우 다양한 윤리적 평가에 대하여 대개 얼마나 많은 여지를 제공하고 있는지 관찰하고 있다. 그녀의 책은 구약 성경 내러티브들에 대한 비평적 연구의 모든 측면을 다루고 있는 광범위한 학자들의 견해에 대하여 많은 유익한 정리를 제공하고 있지만, 나는 그녀가 본문 자체의 윤리적 깊이를 붙잡고 더 씨름했더라면 좋았겠다고 생각한다.

데이비드 펜찬스키(David Penchansky). 하나님 닮기라는 주제로 되돌아가서, 우리는 다시 우리가 반영하도록 요청을 받고 있는 하나님이 어떤 종류의 하나님인가 하는 문제에 직면하게 된다. 데이비드 펜찬스키는 훨씬 더 도발적이다. 그의 책 「어떤 사나운 짐승을?」(*What Rough Beast?*, **1999**)에서 그는 여호와의 성품이 기껏해야 수수께끼로, 최악의 경우에는 사악하게 나타나고 있는 여섯 개의 내러티브를 뽑아낸다. 그 내러티브들은 아담과 하와의 '타락'(창

3장), 웃사의 죽음(삼하 6장), 다윗의 인구 조사(삼하 24장), 아론의 아들들에 대한 처벌(레 10장), 모세에 대한 공격(출 4장), 자기를 놀려댔던 젊은이들에 대한 엘리사의 저주(왕하 2:23-25)다. 그 같은 내러티브에 대해서 우리는 어떻게 해야 할 것인가? 그러한 내러티브들을 전해 주고, 그러고 나서는 그것을 경전에 포함시킨 사람들의 신학이나 윤리에 대해 우리가 무엇을 추론해 낼 수 있는가? 펜찬스키가 보기에, 그 이야기들은 (펜찬스키의 말대로 하자면) 여호와가 불안정하며, 비합리적이며, 보복하는 분이고, 위험하며, 악의적이고, 능욕적이라고 계시하고 있는 것이다. 펜찬스키의 논의는 때때로 심오하지만, 다른 경우에는 (나의 견해로는) 의도적이며, 사변적이다. 분명 이 성경 이야기들(및 그와 같은 다른 이야기들)에는 상당히 심각한 점이 있다. 그러나 그 문제점의 일부분은 정확히 펜찬스키가 선택하고 있는 방법에 놓여 있다. 그 방법은 (내가 듣기로는, 그가 자기 학생들에게 물었듯이) 자기의 독자들에게 "만일 이 대목에서 여러분이 알게 된 하나님이 하나님에 대해 여러분이 알고 있는 전부라고 한다면, 여러분은 신이라는 존재자를 어떻게 설명할 것인가?"라고 묻는 것이다. 그러나 물론 이것이 우리가 하나님에 대해 알고 있는 전부가 **아니다**. 성경의 정경 안에는 이 기이한 이야기들이 자리잡고 있는 엄청나게 광대한 화폭이 있으며, 우리가 알고 있는 다른 모든 것에 비추어서 그 이야기들을 들어야 하고, 그 이야기들과 씨름해야 한다. 어느 것 하나 다루기가 쉽지 않다. 그러나 그 이야기들을 따로 떼어내서 전적으로 이 내러티브들에만 근거하여 하나님의 성품을 논하려고 시도하는 것은 성경을 대하는 매우 기묘한 접근 방식이라고 여겨진다.

월터 브루그만. 그러면 여호와 하나님은 너무나도 다양해서 우리가 닮는 것은 고사하고, 일관성 있게 파악하는 것조차 불가능한 분인가? 브루그만에 따르면 그렇지 않다. 다시 **1999년**에, 그리고 에릴 데이비스가 하나님 닮기를 부활시키고 있는 바로 그 책에서, 브루그만은 구약 성경의 증언이 가지고 있는 복수성과 다양성에도 불구하고, '이스라엘의 입술을 통해서' 우리에게 전해진 이스라엘의 하나님은 일관된 정체성과 성품을 가지고 있다고 말한다. 브루그만은 이렇게 주장하고 있다.

고대나 현대나, 실재에 대한 여러 대안적인 진술에 비추어 보았을 때 이 모든 언급에는 어떤 가족의 혈연 관계가 있다.…구약 성경에 있는 '하나님'은 확인 가능하다. 그분은 한 상황에서 다른 상황에 이르기까지 인식할 수 있는 특징적인 행동들을 통해 알 수 있으며, 소중하게 보관되고 전달된 직접적인 발언을 통해 알 수 있으며, 텍스트 안에 그리고 증인들의 입술을 통해 확인할 수 있는 움직임들을 통해 알 수 있다.[25]

로널드 클레멘츠 '이스라엘의 입술을 통하여'라는 브루그만의 말은 이스라엘의 윤리적 이해와 열망들에 대해 다소 무시되어 왔던 증거로서, 구약 성경에 있는 예배 전통에 주목하게 만든다. 예배는 하나님의 임재와 성품과 행위에 대한 반응이기 때문에, 여기에서 예배를 성경 윤리의 한 요소로서 하나님 닮기라는 주제와 연결시키는 것은 적절한 일이다. 같은 해(**1999**)에 두 개의 소논문이 흥미로운 윤리적 함의들을 담고 있는, 이스라엘의 예배에 초점을 맞추었다. 첫 번째 소논문은 로널드 클레멘츠의 "예배와 윤리"(Worship and Ethics)로서 이 시편의 강력한 교훈적 성격을 천명하고 있다. 그 시편에서, "그 백성은 여호와 하나님의 충성스런 예배자 집단으로서 자신들의 정체를 파악하고, 양심적이며 사회적으로 책임 있는 품행 기준을 수용함으로써 그들의 유대를 선포한다" (p. 85). 예배 가운데서 그들이 표현하고 있는 가치는 여호와에 대해서 그리고 그들 자신에 대해서 깊이 생각하고 반영하는 것이다. 예배와 윤리는 서로 뗄 수 없는 관계에 있다.

티모시 윌리스(Timothy M. Willis). 두 번째 소논문은 티모시 윌리스의 "먹고 여호와 앞에서 즐거워하라"(Eat and Rejoice before the Lord)로서 이스라엘의 예배와 절기들의 반복적 준수를 규정하고 있는 구절들이 어떻게 여호와의 축복에 대한 경험을 **전제**로 하고 있는지 관찰하고 있다. 그 예배와 절기들은 망설이며 주저하는 신에게서 복을 짜낼 수 있는 수단이 아니다. 즉, 이스라엘은 여

---

25) Brueggemann, 'Role of Old Testament Theology', pp. 78-79.

호와로 하여금 복을 주게 만들기 **위해서** 예배하는 것이 아니라 그분이 복을 주셨기 **때문에** 여호와를 예배해야 하는 것이었다. 그러나 그러한 축복을 받고 그에 대해 감사하는 적절한 반응은, 단지 그것을 찬양하는 것이 아니라 사회적 관계들이 속한 수평적 영역에서 **윤리적으로** 순종하는 것이다. 하나님이 주시는 복에 대한 반응은 "예배하는 자들의 일상 생활 속으로 흘러들어간다.…특히 그들은 자기에게 의존하고 있는 사람들을 위해서 그들의 필요를 공급해 주는 일에서 여호와께서 그들 자신의 필요를 공급해 주시는 방식을 모방함으로써 그들이 받은 복을 '찬양'해야 했다"(p. 292).

캐롤 뎀지(Carol J. Dempsey). 21세기의 첫 10년은 20세기의 마지막 10년과 마찬가지로 순조롭게 출발했다. **2000년**에 캐롤 뎀지는 예언서들에 등장하고 있는 윤리적 주제에 대한 개관인 「폐허 가운데서의 소망」(*Hope Amid the Ruins*)을 제공했다. 그녀는 창조와 언약, 토라와 관계, 예배와 소망의 영역을 탐구한다. 뎀지는 예언서들 자체의 윤리적 시각을 제시할 뿐만 아니라 현대의 윤리적 통찰들의 입장에서 그 시각들을 평가하겠다고 주장한다. 따라서 그녀는 예언서들 가운데서 그녀가 느끼기에 윤리적 물음에 열려 있는 것이 틀림없다고 보는 많은 것을 찾아낸다. 예를 들어, 여기에는 예언서에 나오는 응보적 처벌이라는 개념 혹은 이스라엘의 불성실함에 대한 하나님의 반응으로서 폭력(특히 성적인 능욕의 은유로 되어 있는)의 사용이 포함된다. 불행스럽게도, 뎀지가 전개하는 대부분의 논의는 그러한 질문들을 해결하기보다는 제기만 하고 있다. 그 책의 마지막 장은 그 개관을 확장시켜서 예언자들의 윤리가 기독교적이거나 일반 세상의 성찰에 관계되어 있는 생태 환경적이며 우주적인 관심사에 대해 무슨 말을 해야 하는지 탐구한다.

고든 웬함(Gordon J. Wenham). **2000년**에, 고든 웬함은 그의 훌륭한 주해서들에 더하여 다시 구약 성경 내러티브의 윤리적 힘에 대한 책을 추가시켰다. 그의 책 「토라로서의 이야기」(*Story as Torah*)에서 그는 수사 비평의 도구들을 차용해서 창세기와 사사기의 윤리적 가치들을 탐구하고, 율법과 이야기와 윤리 사이의 관계에 대한 고무적인 결론을 이끌어 내고 있다.

데이비드 플레인스(J. David Pleins). 앞으로 구약 윤리 분야가 계속해서 상당한 기여를 하게 될 것이라는 모든 징후를 지니고 있는, **2001년**에 나온 두 권의 책으로 이 개관을 끝마치고자 한다. 데이비드 플레인스의 대작인 「히브리 성경의 사회적 비전들」(*The Social Visions of the Hebrew Bible*)은 구약 성경에 대한 사회학적 접근 방식을 매우 진지하게 취급하고 있다. 이 접근 방식은 그 역사가 벌써 한 세기를 넘어섰으며, 지금은 보통 '사회과학적' 접근 방식이라고 부르는 경향이 있다. 그는 본문들이 사회 갈등과 이해 관계들 및 소수자 권익 옹호, 경쟁하는 이데올로기들과 비전들을 반영하는 동시에 또한 감추고 있다는 것을 인식하고 있다. 이러한 점에 대해 의식하면서, 그는 그럼에도 히브리 정경의 주요한 각 부분—율법, 내러티브, 예언서, 시가서 및 지혜 문학—을 검토하고, 그 곳에서 발견되는 사회적이며 윤리적인 비전들을 탐구한다. 그 작업은 범위와 업적에 있어서 야심찬 것이다. 플레인스는 복잡성과 다양성을 축소시키지 않고, 이러한 다양한 성격이 '성경 윤리상의 억제와 균형'의 범위를 제공해 준다고 결론을 내린다. 따라서,

> 법률적 자료는 의무의 윤리에 이르는 길을 가리키며…예언자의 목소리는 깨어진 사회를 위한 양심과 소수자 권익 옹호의 윤리를 부양시켜 주며…다시 내러티브의 목소리는 정밀한 조사의 윤리를 상기시켜 줄 수 있으며…이와는 대조적으로 지혜의 목소리는 결과의 윤리를 제공해 주며…예배의 목소리는 우리에게 성향의 윤리를 제공해 준다.[26]

이러한 사실을 통해 플레인스는 구약 성경이 현재 우리의 윤리적 관심사들에 대해 기여할 수 있는 바에 대해 상당히 긍정적이며 낙관적인 평가를 내리고 있다. 물론 그는, 내 견해로는, 권장할 만한 정도나 필요 이상으로 온갖 형태의

---

26) Pleins, *Social Visions*, pp. 530-531.

구약 성서 비평이 보여 주는 다양한 변덕을 상당 부분 수용하고 있다. 하벨이나 다른 학자들과 마찬가지로, 그는 우리가 관대하게 상호보완적인 시각들이라고 생각할 있는 것들에서 이데올로기적 갈등과 본문상의 모순을 탐지해 내려는 경향을 드러낸다(그래서, 그의 책 제목 「사회적 비전들」이 복수형으로 되어 있는 것은 의도적이고 의미심장한 것이다). 그렇지만 플레인스는 구약 성경이 사회 윤리에 대한 현대의 기독교적 성찰에 많은 것을 제공할 수 있다고 믿는다.

시릴 로드 이와는 대조적으로, 평생 동안 구약 윤리 분야에 관심을 가지고 참여한 후에 시릴 로드가 제공하고 있는 주요 저작은 침울하게도 부정적인 어조를 가지고 있다. 그의 책, 「낯선 땅에 대한 일별」(**2001**)은 다루고 있는 범위의 방대함 면에서 정말 대가적이며 웅장하다. 매 장마다 하나님 닮기라는 주제에서부터 자연에 대한 관심에 이르기까지 쟁점들에 대한 학자들의 연구를 역사적으로 조사하고 있다. 이 조사들은 간음, 살인, 경제학, 가난한 자, 전쟁, 동물, 자연, 여성 등에 대한 구약 성경의 시각들에 대해 수많은 학자가 어떤 말을 했는지 찾고자 하는 모든 학도에게 대단히 유익하며 알찬 정보를 담고 있다. 주제들과 관련 문헌에 대한 로드의 취급 범위는 감탄스러울 정도로 포괄적이며 철저히 조사되어 있다. 반면에, 이 책은 그 자체의 중심 주제와 관련해서 기이하게도 전복적이며 해체적인 정서를 가지고 있다.

문제는, 대부분의 학자들이 실제로는 고대 이스라엘에 있지도 않았던 현대적인 윤리적 관심사들을 구약 성경에 집어넣어 읽고 있다고, 로드가 믿고 있었다는 데 있다. 대부분의 학자들이 현대의 윤리적 변호를 위해서 구약 성경으로부터 근거를 끄집어 내는 데 있어서 지극히 선택적이며, 실제로 이스라엘 자체에서 대단히 중요했던 명예와 의식상의 순결과 같은 몇몇 관심사를 무시하고 있다는 것이다. 다시 말해서, 로드에 따르면, 구약 성경에 있는 이스라엘의 세계가 우리 자신의 세계와 비교했을 때 문화적으로 얼마나 낯선 것인가에 대해 우리가 충분한 주의를 기울이지 않았다는 것이다(그래서 그의 책 제목이 그렇게 붙여졌다). 종종 우리는 주어진 어떤 내러티브나 법규나 예언에 내재해 있는 윤리에 대해 자신 있게 평가를 내릴 수 있을 만큼 이스라엘의 문화적 세계관에 대해 충분히 알지 못하고 있다. 게다가 하나님의 어떤 명령이나 승인 아래서 구약 성경에 발생했던 일의 대부분은 우리가 보기에는 기껏해야 기이하며, 나쁘게 말하면 도덕적으로 변호할 수 없는 것들이다. 전쟁, 가난한 자들의 곤경, 생태계 훼손 및 여성들에 대한 압제와 같은 현대의 윤리적 쟁점들에 대한 **우리의** 지대한 관심에도 불구하고, 고대 이스라엘에게는 이러한 것들이 거의 윤리적 쟁점이 아니었다고 로드는 주장한다. 우리에게는 이처럼 곤혹스러운 것들이 고대 이스라엘 백성들에게는 단지 슬픈 것이었으며, 세상이 그러하다는 현실을 보여 주는 것으로 받아들여졌다는 것이다. 사실상 로드는 **우리가** 윤리적 쟁점이라고 간주하고 있는 것 대부분이 이스라엘에서는 그렇지 않았으며, **그들이** 열정적으로 관심을 가지고 있던 것 대부분이 우리에게는 도덕적으로 중립적이거나 의문스러운 것일 수 있지 않을까 의심한다. 말할 필요도 없이, 여기에서 로드의 주장 가운데 많은 부분은 기독교 윤리학에서 몇몇 학자가 구약 성경을 활용하고 있는 방식상의 단점들을 효과적으로 그리고 정당하게 폭로하고 있으며, 그의 주의 사항들은 경청할 필요가 있다. (물론 내 견해로는, 이스라엘이 로드가 암시하고 있듯이 가난과 전쟁과 같은 것들 때문에 그다지 곤혹스러워하지 않았던 것은 아니다.)

이것은 로드로 하여금 성경이 윤리를 위해서 규범적이고 계시된 권위를 구성한다는 가정 위에서 구약 성경으로부터 현대 세계로 연결되는 어떤 다리를 건설하고자 하는 사람들의 모든 시도를 결론적으로 배격하게 만들었다. 로드가 볼 때, 이 가정은 그 가정 자체가 발생시키고 있는 문제점들과 예외들과 둘러대는 핑계의 무게를 견딜 수 없을 뿐이다. 그래서 로드는 버히, 잰젠, 골딩게이, 보캄 및 나와 같이, 그 같은 다리를 건설하려고 시도했던 학자들의 작업을 자세하고 공정하게 정리하고 있으면서도, 우리의 작업이 결국에 가서는 실패할 수밖에 없다고 보고 있다. 오히려, 그가 인정하면서 인용하고 있는 데이던(앞을 참고)과 마찬가지로, 로드의 견해는(이 견해에 대해서는 다음 장에서 다시 살펴보게 될 것이다) 우리가 계시 및 권위라는 두 개념을 아예 포기해야 한다는 것이다. "첫 번째 요건은 계시에 대한 명제적 견해를 포기하는 것이며, 그와 더불어서 외적 권위로서의 성경에 대한 신념을 포기하는 것이다. 우리는 구약 성경을 그 자체의 세계에—아니 오히려 그 세계들에—있는 그대로 내버려 둘 필요가 있다. 이는 구약 성경이 역사상의 여러 다른 시기에 걸쳐 뻗어 있으며 서로 다른 많은 인간 집단의 윤리를 포함하고 있기 때문이다. 그런 다음에야 우리는 그 곳을 방문하러 갈 수가 있다…." 그리고 우리가 이 낯선 땅을 일별함으로써 성경이 "오늘날 우리가 당면한 많은 당혹스런 도덕적 문제를 해소하려는 우리의 시도에 협조를 할" 수 있다는 것을 발견하게 될 것이다.[27] 물론 성경이 어떻게 그와 같이 할 것인지 혹은 그와 같은 협조가 어떤 가치를 지니게 될 것인지는 명확하지 않다.

그러므로 이 장을 끝맺으면서, 우리는 앞 장에서 시작했던 쟁점으로 되돌아오게 되었다. 기독교가 세 번째 천년 기간을 시작하면서 그리스도인들에게 구약 성경의 권위에 대한 질문은 첫 천년 기간의 벽두에 그랬던 것과 마찬가지로 여전히 생생하게 살아 있는 논란거리가 아닐 수 없다. 그러므로 어쩔 수 없이 우리는 다음 마지막 장에서 그 문제로 복귀해야 할 것이다.[28]

---

27) Rodd, *Glimpses*, pp. 327-329.
28) 이 장은 그 자체가 일종의 주해가 달린 참고 문헌 목록에 해당하기 때문에, 여기에서는 추천 도서를 포함시키지 않았다. 이 장에서 언급된 모든 저술은 이 책의 끝 부분에 있는 참고 문헌 목록에서 찾을 수 있을 것이다.

제14장 ■ 구약 윤리에서의 해석학과 권위

그 일이 과연 이루어질 수 있을까? 서문의 서두에서 언급한 사람들이 표출하고 있는 의심에도 불구하고, 구약 윤리 분야는 분명 활발히 살아 있는 것 같다. 그러나 지난 20년 동안 대략적으로 살펴본 접근 방식들이 무척 다양하기 때문에, 과연 '구약 윤리'라는 말로 우리가 이해하는 바가 무엇이든지 간에 그에 대한 일관성 있는 진술을 제시하는 과제가 실제로 수행될 수 있을까 하는 의문을 갖지 않을 수 없을 것이다. 그러나, 지금 우리가 활용할 수 있는 엄청난 학문적 성과를 자세히 살펴보면서, 구약 윤리 분야에 우리 자신이 변변찮은 기여를 하겠다는 뜻을 가지고서 아주 허다한 증인들에게 둘러싸여 겁 없이 뛰어들 만큼 아직도 대범하다면, 최소한 세 가지 도전이 우리 앞에 놓여 있다.

우리의 첫 번째 과제는 '그 곳에 도달하는 것'이다. 즉, 어떻게 해서든 구약 성경에 있는 이스라엘 세계 속으로 우리 자신을 투사해서, 우리가 스스로를 발견하는 그 환경이 지니고 있는 윤리적 질문들을 제기하도록 해야 한다는 말이다. 그 일을 어떻게 할 것인가 하는 문제는 방법론적 질문들을 제기한다. 그런 다음에, 두 번째로, 우리는 '거기에서 여기로 되돌아 와야' 한다. 즉, 우리가 성경의 세계를 탐험하면서 대면하게 되었던 것에 대하여 우리가 속한 세계 속에서 어떻게 반응해야 하는가를 물어야 한다. 이 지점에서 우리는 어쩔 수 없이 몇 가지 이데올로기적 질문에 직면하게 될 것이다. 그것은, 우리가 우리의 세계로 가져오기로 선택한 것이 무엇이든지 간에 그 성격이 어느 정도는 우리가 성경의 세계를 탐험할 때 가지고 갔던 시각, 우리가 안내자로 삼아 함께 다녔던 사람들, 우리가 보았다고 생각하고 있는 것, 우리가 가치 있다고 여긴 것, 그리고 우리 자신의 상황이 부여하고 있는 우선 순위들에 의해 지배될 것이기 때문이다. 우리는 중립적인 관찰자로서 성경의 세계 속으로 들어가지 않았을 뿐만 아니라, 그런 관찰자로 되돌아오지도 않을 것이다. 셋째로 그리고 마지막으로, 우리는 구약 성경의 이스라엘 세계로부터 우리가 가지고 돌아오는 것이 무엇이든 그것이 과연 우리 자신의 시대에서 윤리적 권위를 지니는지, 그리고 어떻게 그럴 수 있는지에 대한 질문에 대답해야 할 것이다. 그리고 이 문제는 무엇보다 먼저 '권위'라는 말을 할 때 우리가 무엇을 의미하고 있으며, 성경 윤리에서 그 말이 어떤 작용, 어떤 기능을 하는가에 대한 문제를 제기한다. 이제 이 세 가지 과제에 잠시 주목해 보도록 하자.

여기에서 그 곳에 도달하기: 방법론상의 문제들

구약 성경의 윤리적 세계를 탐험하기 시작하는 일에는 여러 가지 방법론상의 난점이 자리잡고 있다. 지금은 이미 이 난점들이 상당히 진부해지고 있다. 그 과제에 내재해 있는 모든 난점을 열거할 수 있는 것이 구약 윤리에 대해 글을 쓰는 야심 찬 저자들의 길드 조직에 들어가는 입문 조건이 된 것 같다.[1] 어떤 학자들은 실질적으로 어떤 내용을 제공하는 대신에 그러한 되풀이를 대용물로 삼았으며, 어떤 학자들은 아무것도 제공하지 않은 것에 대한 변명으로 삼고 있다. 그러므로 나는 그 난점들을 간략하게 정리해 보도록 하겠다.

그 모든 것은 우리가 '구약 윤리'라는 말로 의미하는 바가 무엇이냐는 문제로 귀착된다. 대체로 말해서, 그것은 세 가지를 가리킬 수 있다. 첫째, 그것은 이스라엘 백성들이 구약 성경 시대에 **실제로** 어떻게 행동했는가를 서술하는 역사적 과제를 가리킬 수 있다. 둘째로, 그것은 일부 이스라엘 백성들이 나머지

---

1) 앞서 제13장에 있는 학자들에 대한 개관을 보라.

이스라엘 백성들은 어떻게 **행동해야 했는가**에 대해(그런데 자주 그러지 않았다), 그리고 그 이유는 무엇이었는가에 대해 구약 성경 본문들이 우리에게 말해 주고 있는 바를 약술하는 좀더 정경과 관련된 과제를 가리킬 수 있다. 물론 폭넓게 보면 이것 역시 서술적인 과제이긴 하다. 그리고 셋째로, 그것은 **우리가** 어떻게 행동해야 하는가에 대하여 **우리에게** 구약 성경이 말해 줄 수 있는 것을 확인하는 좀더 규범적이거나 지시적 과제를 가리킬 수 있다. 이 각각의 노력들은 그 나름의 문제들을 발생시키고 있다.

서술적인 문제: 어떤 윤리적 행위들이 고대 이스라엘의 특징이었는가?

이것은 그저 구약 성경을 읽고 이스라엘 백성이 어떻게 행동했는가를 적어 내려가기만 하면 되는 단순한 작업일 것처럼 여겨진다. 그러나 그 일은 그보다 훨씬 더 복잡하다. 우리는 다음과 같은 질문들을 제기해야 한다. 어느 이스라엘 백성들? 어디에 살았던 이스라엘 백성들? 역사상 어떤 시기의 이스라엘 백성들? 그리고 누가 말하는 이스라엘 백성들? (여기에서 '누가'는 성경 저자들 가운데 누구인가, 그리고 오늘날의 학자들 가운데서 누구인가 하는 두 가지 의미다.) 이 물음은 우리로 하여금 구약 시대 이스라엘의 역사에 대한 비판적 재구성이라는 과제에 돌입하게 만든다. 제13장에서 데이비드 플레인스의 작업에 대해 지적했듯이, 구약 성경의 본문과 역사에 대한 사회 과학적 접근 방식은 현재 큰 인기를 누리고 있다. 그러므로 그들의 얼룩져 있는 역사 가운데 어느 시점의 '이스라엘 백성이 어떻게 행동했는가'에 대한 직접적인 정보를 뽑아내는 일은 논란거리가 아닐 수 없다. 그리고 '비판적 재구성'은 그 나름의 곤란한 쟁점들을 제기하고 있다. 그러한 재구성이 우리로 하여금 정경상의 본문 자체의 내러티브로부터 점점 멀리 떨어지게 만들수록, 우리는 더욱 과연 우리가 재구성하는 자들의 윤리를 관찰하고 있는지 아니면 재구성된 것의 윤리를 관찰하고 있는지, 그리고 과연 그 어느 경우라도 진정으로 실제 고대 이스라엘 백성의 윤리를 반영하고 있는 것인지 물어야 한다.

정경상의 문제: 구약 성경 본문은 이스라엘 백성이 어떻게 행동했어야 하는지에 관해 무엇이라 말하고 있는가?

다시, 이 문제는 맨 처음 대할 때 단순한 문제로 보일 것이다. 우리에게는 이스라엘 백성들이 해야 할 것과 하지 말아야 할 것을 단도직입적으로 선언하고 있는 법규가 있다. 우리에게는 때로는 명시적으로 그러나 좀더 많은 경우에는 세련된 문학적 솜씨와 그 저자들의 시각에 독자를 가담시킴으로서 생겨나게 되는 미묘한 도덕적 평가들을 담고 있는 내러티브들이 있다. 우리에게는 계속되는 이스라엘 세대들의 도덕적 실패에 대하여 가차 없이 집중적으로 조명하며, 그 과정에서 그들이 폭로하고 있는 부정적인 현실을 배경으로 대안적인 윤리적 비전을 보여 주고 있는 예언자들이 있다. 우리에게는 윤리적인 전제 혹은 논평으로 가득 차 있는 이스라엘의 예배가 있다. 그리고 우리에게는 폭넓은 범위의 행위와 선택과 태도에 대해 도덕적인 경고와 충고를 함으로써 사회를 아우르고 있는 이스라엘의 지혜가 있다.

이 모든 본문상의 전승들은 이 본문들이 등장하게 된 그 사회에 대한 윤리적 평가를 발굴해 내도록 존재하고 있다. 그러나 본문에는 저자가 있고, 수집자들이 있고, 장려하는 자들이 있다. 그리고 이 일에 관련되어 있는 자들에게는 그들 나름의 정황과 의제 및 갈등이 있다. 그래서 또 다른 층의 질문들이 드러나게 된다. 이 특정한 본문을 작성했거나 장려했던 사람은 누구인가? 그들은 누구의 이익을 위해서 그렇게 했는가? 윤리적 권면과 사회적, 정치적, 경제적 변호 사이에는 어떤 연결들이 존재하고 있는가? 즉, 어떤 한 본문이 이스라엘 백성들에게 이것이 바로 그들이 행동해야 하는 것 혹은 행동해서는 안 되는 것이라고 말할 때, 그 본문은 누구의 이익을 위해 그들을 그런 식으로 설득하려고 했는가? 사회에 대한 어떤 비전(혹은 비전들)이 윤리적 가치에 대한 정경의 표현에 힘을 공급해 주었는가? 그리고 다시 말하지만, 학자들마다 그러한 물음에 대해서 당혹스러울 정도로 다양한 대답을 하고 있다. 어떤 학자들은 이스라엘의 성경 안에서 평등한 사회를 위한 투쟁이라는 전체적인 정치적 의제와 그것이 그 프로젝트에 부여했던 종교적 승인을 발견한다(이를테면, 갓월드). 좀더 신랄한 의심의 해석학을 가지고 생각하는 다른 학자들은 구약 성경의 윤리적 수사의 대부분이 상당히 가부장적이며 위계 질서화된 현상 유지를 목표로 하고 있다고 본다. 또한 플레인스가 보여 주고 있듯이, 정경 안에는 과연 **'구약 성경** 윤리'라는 명칭을 붙일 수 있는 어떠한 '공식적인' 혹은 '단일한' 입장에 대해 생각하는 것이 의미가 있는지 물어야 할 정도로 광범위한 자료가 존재하고 있다. 우리는 정경상의 윤리에 있어서 일관성에 대해 말하기를 원하지만, 획일성을 말하려는 것은 분명 아니다.

규범적 문제: 구약 성경 본문은 우리가 어떻게 행동해야 한다고 말하고 있는가?

여기에서의 문제는 이것이다. 우리가 마침내 '그 곳'에 도달해서 우리가 지닐 수 있는 처음 두 가지 문제에 대해 어느 정도의 답변을 얻었다고 했을 때, '거기'에서 '여기'로 되돌아오면서 무엇을 가지고 돌아오기를 원하는가 하는 것이다. 그리스도인들이 경청해야 할 구약 성경의 윤리적 가르침은 무엇인가? 만일 그런 가르침이 있다면, 그 가르침은 어떤 의미에서 지금 우리에게 권위적으로 기능하는가?

물론 실제로, 지난 제12, 13장의 조사를 통해 살펴보았듯이, 이 질문은 신약 성경 자체만큼 오래된 것이며, 그 이래로 대부분의 신학적 씨름의 초점이 되어 왔다. 구약 성경을 기독교 윤리에 활용할 때 생기는 주요 난점들 가운데 몇 가지에 대해 이 책의 제13장에서 언급했듯이 존 골딩게이가 잘 요약해 준다.[2] 그래서 여기에서는 다만 그의 목록만을 언급하기로 한다.

1. **구약 성경의 율법과 교훈의 구체적 성격이라는 문제가 있다.** 그 율법과 교훈은 영구적인 도덕적 진리로서 우리에게 주어진 것이 아니라, 지역적인 문화적 정황 가운데서 혹은 특정한 개인이나 집단에게 주어졌다. 그렇기 때문에 그러한 것들이 우리에게 윤리적인 말을 한다면, 우리는 그 곳에서부터 여기에 이르는 몇 개의 해석학적 단계를 취해야 한다. 그리고 그것은 이러한 구

---

2) John Goldingay, *Approaches*. 또한 다음을 보면 방법론적이며 해석학적인 문제들에 대한 훌륭한 조사가 나와 있다. Kaiser Jr, *Toward Old Testament Ethics*, chs. 3-4.

체적인 것들이 우리 자신의 세대를 포함해서 후대의 세대들에게 말하도록 의도되었다고 생각하는 것이다. 물론 모든 경우에 해당하는 것은 아닐 수 있으며, 최소한 몇몇 경우에 매우 간접적으로만 해당될 수 있기는 하다.[3]

2. **자료의 다양성이라는 문제가 있다.** 이 문제는 자료의 양이 엄청나게 많고 서로 다른 문학 장르들이 많이 있다는 의미에서만이 아니라, 구약 성경 안에도 다른 윤리적 시각들과, 확대된 혹은 수정된 법규들, 그리고 새로운 의무를 만들어 내는 새로운 상황에 대한 허용 등의 여지가 존재하고 있다는 의미에서 다양성을 말한다. 우리는 지금 단 하나의 목소리만이 아니라, 또한 하모니를 이루고 있는 단 하나의 합창도 아니라, 좌우측에서 밀려들어와서 목소리를 높이고 있는 집단들과 더불어 서로 다른 노래를 부르고 있는 여러 합창단의 소리를 듣고 있다.

3. **자료의 윤리적 제약이라는 문제가 있다.** 한편으로, 구약 성경에는 윤리적으로 우리를 괴롭히는 많은 일이 일어나고 있거나 옹호되고 있어서, 소위 하나님의 말씀이라고 하는 것에서 발견하는 어떤 점보다 우리가 윤리적으로 더 우월하다는 느낌에서 나오는 의구심에 어떻게 대처해야 하는가를 생각하지 않을 수 없다. 다른 한편으로 (그리고 부분적으로는 바로 앞의 문제를 훨씬 더 복잡하게 만들기도 하면서, 또한 그 문제에 도움을 주는 것으로서) 구약 성경은 그리스도 이전이기 때문에, 연대기적으로 예수 그리스도라는 인물에 계시되어 있는 더욱 충만한 하나님의 계시 이전에 속한다는 사실에 의해 제한을 받는다.

그러므로, 우리에게는 이상 세 가지 도전 하나하나를 고려하는 어떤 방법이 필요하다. **첫째**, 서술의 문제에 대답하여, 구약 성경 윤리에 대한 진술은 반드시 고대 이스라엘 세계의 역사적, 문화적, 사회적 현실을 진지하게 다루어야 한다. 우리는 모든 역사 지식의 부분적이며 잠정적인 성격을 인정하는 한편, 어떤

---

3) John Barton, *Ethics*는 특히 제1장에서 구약 성경의 윤리적 자료들의 특수성이 지니고 있는 유익에 대해 도움이 되는 말을 많이 하고 있다.

식으로든 '그 곳에 있을' 필요가 있다. 동시에, 성경의 이스라엘에 대한 순전히 서술적인 문화 인류학 혹은 민속지학(ethnography)과는 구별되는 방식으로 **구약 성경**의 윤리에 참여하기 위해서, 우리는 본문 **배후에 있는** 비판적으로 재구성된 세계가 아니라, 우리가 연구하고 있는 윤리적 가치들을 드러내고 있는 성경 본문들에게 최종적 발언권을 주어야 한다.[4] 마찬가지로 예를 들어 제1세기 전체 그리스-로마 문화 가운데서 고대 고린도 사회를 이해하는 것도 매우 중요하지만, 우리는 그 환경에 대한 역사적 재구성으로부터가 아니라 고린도에 있었던 교회에게 바울이 보낸 편지들로부터 신약 윤리의 타당한 부분을 이끌어 낸다. 물론 그 환경에 대한 역사적 재구성이 고린도 교회에게 보낸 바울의 편지들을 더 잘 이해하는 데 도움이 되는 것은 사실이지만 말이다.

둘째로, 정경상의 물음에 답하여, 우리는 히브리 성경에 있는 본문들의 엄청난 다양성과 그 본문들을 낳았던 여러 다양한 정황과 의제들에 대해 민감해야 한다. 우리에게 주어지는 어떤 본문에 대해서라도 그 본문의 목소리를 경청하면서, 우리는 '이 본문이 무슨 말을 하고 있는가?'에 대해서만이 아니라 '이것은 누구의 목소리인가?'를 물어야 한다. 그렇지만 반면에 우리는 정경 자체의 크고 중량감 있는 윤리적 현상을 존중해야 한다. 이 본문들은 한데 묶여서 뭇 세대에 걸친 믿음의 공동체의 경전으로서 우리에게 집합적인 주장을 펼치고 있다. 이 정경 가운데는 이 방대하며 다채로운 건축물을 하나로 묶어 주는 어떤 유기적 통일성, 폭넓은 조화가 존재한다(혹은 적어도, 나는 그런 것이 존재한다고 믿는다). 그러므로 구약 윤리의 과제는 분석적이며 통시적인 작업뿐만 아니라 논리적으로 통합적이며 공시적인 차원도 지니고 있다.

셋째로, 규범적인 문제에 답해서, 크리스토퍼 자이츠(Christopher Seitz)의 말을 빌리자면, 우리는 구약 성경의 목소리 그 자체를 존중해야 한다.[5] 즉, 우리는 '그 모든 흠과 결점에도 불구하고' 구약 성경이 말하고 있는 바를 말하도록 허락해야 하며, 그 끈적거리는 현실적 요소 주변에 우리의 도덕이라는 살균 소

---

4) 단순히 사회학적 재구성에 근거해서 성경 윤리를 세워 보려는 시도들에 대해 Brevard Childs의 책 제13장, 주22에서 그가 하고 있는 비판을 생각해 보라.
5) Christopher Seitz, *Word without End.*

독재를 뿌리거나 구약 성경에 나오는 주인공들을 스테인드글라스에 새겨 넣은 거룩한 성자로 만드는 일을 삼가야 한다는 뜻이다. 그와 동시에, 우리는 구약 성경을 예수 그리스도와 그분의 교회의 성경으로 받아들인다. 구약 성경은 우리에게 이스라엘의 거룩한 자로서, 또한 우리 주 예수 그리스도의 하나님이며 아버지로서 우리가 인정하고 예배하는 그 하나님을 보여 주고 있기 때문에, 궁극적으로 우리가 구약 성경을 재단하고 구약 성경의 죄의 유무를 판결하거나 면제시켜 주는 것이 아니라, 바로 구약 성경이 우리를 소유하고 우리를 주장하고 판단하는 것이다.

내가 보기에는, 어쨌든 그것이 바로 방법이다. 말할 필요도 없이, 구약 윤리의 방법론적 문제들은 위압적이다. 그러나 그 문제들 때문에 우리가 전혀 시도조차 하지 않고 물러설 필요는 없다. 바로 이 책을 출간함으로써 내가 하고 있듯이, 시도는 하고 그 결과에 대한 판단은 다른 사람들에게 맡길 수 있을 것이다.

지금 여기에서 거꾸로 그 곳에 도달하는 일: 이데올로기적 문제들

적절한 구약 성경 윤리를 구성하는 과제는 단지 방법론의 복잡함 때문만이 아니라, 연구 대상인 자료에 대한 이데올로기적, 철학적 혹은 신학적 접근 방식들의 근본적인 차이점들 때문에 어려워진다. 이 어려움은 성경의 자료 자체 안에 긴장이 있음을 인정하는 것 이상이다. 정경 안에 있는 그러한 긴장과 다양한 시각은 모든 면에서 인정되고 있다. 실로 필립 워거맨(Philip Wogaman)은 이러한 내적 긴장이 성경 윤리의 역동성에 지극히 중요하며, 우리가 그 긴장들을 다룰 때 배타적으로 한 쪽을 배제하고 다른 쪽에 호소하는 식으로 하는 것이 아니라 긴장의 양극을 함께 유지해야 한다고 주장한다.[6] 그러나, 여러 학자가 좀더 근본적인 질문들에 대해 다르게 대답하고 있다. (그리고 때때로 정반대로 대답하고 있다.) 그래서 이 다른 대답들은 구약 성경의 윤리적 가치가 무

---

6) 다음을 보라. Wogaman, *Christian Ethics*, ch. 1, 'The Biblical Legacy of Christian Ethics', pp. 2-15. Wogaman이 성경에서 찾아서 논의하고 있는 특별한 긴장은, 계시 대 이성, 물질주의 대 성령의 생명, 보편주의 대 집단 주체성, 은혜 대 율법, 사랑 대 강요, 신분 대 평등이다.

엇인가 혹은 무엇일 수 있는가에 대해 (혹은 어떤 견해들에서는, 결코 구약 성경의 윤리적 가치일 수 없는 것에 대해) 서로 화해할 수 없을 것 같은 의견 차이를 가져온다. 앞서 살펴보았던 학계에 대한 조사는 이러한 학자들이 가지고 있는 몇 가지 전제에 대해서 그리고 그 전제들이 도출되는 결론에 미치는 영향에 대해서 이미 암시해 주었다. 논란이 되고 있는 전제들에 대한 내 자신의 선택은 다음 질문에 대해 학자들이 (혹은 사상의 학파들이) 어떤 대답을 제시하고 있는지 물어 봄으로써 정리될 수 있다. 그 질문들은 다음과 같다. 성경이 말하는 하나님이 존재하는가, 그렇지 않은가? 구약 성경은 신적 계시로 인해서 어떤 형태의 권위를 지니고 있는가, 그렇지 않은가? 오늘날 우리의 세계에 대해서 구약 성경이 윤리적으로 적실성을 갖고 있는가, 그렇지 않은가?

하나님을 믿는가, 믿지 않는가?

학문을 하는 학자가 하나님을 믿느냐 믿지 않느냐가 중요한 문제인가? 아니, 좀더 정확히 말해서, 학자가 구약 성경에 여호와로 제시되어 있는 신의 객관적 실재를 믿는 것이 중요한가? 이론상으로는 그러한 믿음이 중요시되어서는 안 된다고 말하고 싶을 것이다. 최소한 위에 서술되어 있는 처음 두 가지 과제(고대 이스라엘의 사회적이며 윤리적인 세계를 묘사하고, 그들의 신성한 정경을 분석하는 서술적인 과제들)에 대해서는, 역사를 그리고 본문을 연구 조사하는 학문의 세계에서 수용되느냐의 여부에 따라 서기도 하고 넘어지기도 하는 결론에 도달하기 위해서는 비판적 객관성만으로도 충분할 것이라고 생각할 것이다. 분명 이것이, 기독교 신자인 내가 어떤 힌두교 경전이나 불경 혹은 코란의 윤리를 연구 조사하고 글을 쓰려고 시도한다고 할 때 가질 수 있는 전제다. 이론상으로, 나는 자료들에 대해 합리적인 근면성과 공평성을 가지고 그렇게 할 수 있기를 바랄 것이다. 나는 그 본문의 신앙 고백적 세계관이나 믿음과 동일한 입장을 가지고 있지 않다는 사실을 인정하면서, 그 믿음의 전통 가운데 서 있는 사람들이 상당히 믿을 수 있을 정도로 그 본문의 윤리적 가르침에 대해 해박하게 그리고 공감을 자아낼 수 있도록 제시하는 것을 목표로 삼을 수 있을 것이다.

그렇지만 실제적으로, 학자들이 성경이 말하고 있는 하나님을 믿느냐 그렇지 않느냐의 여부는 이 분야에서 그들이 취하는 학문 자세와 결과에 지대한 영향을 미치는 것 같다. 좀 극단적인 대조를 통해서 그 점을 간단하게 지적해 보자. 한편으로, 우리는 구약 성경을 읽되 반드시 그 페이지마다에 적혀 있는 그대로의 하나님, 이스라엘의 거룩한 자, 예수 그리스도의 아버지, 그러므로 우리의 주재자이시며 우리의 하나님으로 그분을 알고 있는 사람들로서 읽어야 한다는 크리스토퍼 자이츠의 열정적인 호소를 듣는다.[7] 또한 월터 브루그만의 수사적 표현은 구약 신학의 임무에 대해 다음과 같은 점을 일깨워 주고 있다. 그 임무는 (그리고 실로 구약 윤리의 임무는) "행위자로서의 하나님 그리고 그 중심에 있어서 인격자로서의 이 하나님…이스라엘의 입술을 통해서 우리에게 주어진 거룩한 분…과 더불어 실재에 대한 특정한 진술을 제공해 주는 데 있다." 실로 브루그만은 계속해서, 이 실재를 인정하지 않으려는 학문은 "그 본문이 내는 목소리의 고저를 분별하지 못하는 '음치'이다.…그 거룩하신 분이 의미 계산에서 배제되어 버릴 때, 실제로 중요한 것은 거의 남지 않게 되기 때문이다"라고 말한다.[8]

다른 한편으로, 필립 데이비스는 객관적 담론이야말로 그 대학교에 대한 자신의 비전을 구성하는 것이라는 입장에서 글을 쓰면서,[9] 그리고 개인적인 무신론적 태도를 즐기면서, 성경 본문에 대한 학문적 연구에 관한 자신의 이해 가운데서는 신들이 거리낌 없이 단어와 단어 사이를 헤집고 다니도록 내버려 두

---

7) 다음을 보라. Christopher Seitz, *Word without End*.
8) Brueggemann, 'Role of Old Testament Theology', pp. 78, 83.
9) 소위 중립성에 대한 이 입장은, 물론 그 자체가 의심스러운 것이며, 순진하지 않다. Brueggemann은 Philip Davies를 염두에 두고 다음과 같이 쓰고 있다.

> '공정한' 학문이라는 이름으로 이스라엘의 하나님이 하신 말씀을 무시하며, '역사'에 근거해서 신학적 질문들을 거부하는, 그들 자신이 [어떤 한 입장의] 옹호자, 단지 옹호자에 지나지 않는 많은 학자가 있다.…의심은 지적 활동 가운데서 그리 각별하게 높은 지위에 있는 게 아니다. 그것은 해석을 하는 입장으로서는 점점 더 의심스런 입장에 처하고 있는 계몽주의 합리성을 옹호하고 있을 뿐이다. 예를 들어서, P. R. Davies의 *Whose Bible is it Anyway?* (JSOTSup, 204: Sheffield, Sheffield Academic Press, 1995), p. 1가 '공평한'(disinterested)이라는 단어를 사용하고 있는 기이한 용례를 보라(Brueggemann, 'Role of Old Testament Theology', p. 80).

제14장 ■ 구약 윤리에서의 해석학과 권위   627

지 않겠다고 통고한다. 구약 성경의 윤리적 가치에 대한 그의 평가는 (구약 성경에 제시되어 있는 신은 말할 것도 없고) 어떠한 신이라도 받아들이기를 거부하는 것을 일종의 미덕으로 만들어 놓고 있다. 그는 구약 성경의 소위 도덕적 교훈은 본질적으로 자의적인 신의 계명들에 대한 맹목적인 순종이라고 간주하고 있기 때문에, 그러한 교훈이 원칙상 비윤리적이라고 보고 있다.

> 구약 성경은 그 명령들이 어떤 신에게서 예언자에게서 부모에게서 나온 것이든지 대개 그 명령에 대한 순종을 불러일으키려고 노력하고 있기 때문에, 윤리학의 훌륭한 자원은 아니다.…나는 개인적으로 그러한 관점에 반대한다고 볼 수 있다. 비록 내가 신들을 믿지 않기는 하지만, 그러한 것들이 절대적 권력을 주장하는 권위의 상징(조금 더 정확하게는 어떤 다른 대리자가 권위를 주장하기 위한 도구)이라고 믿고 있기 때문이다. 그래서 나는 그러한 상징과 그러한 권위를 배격한다.[10]

계속해서 필립 데이비스는 구약 정경의 섹션들 대부분에서 아무런 윤리적 가치도 찾지 못했다고 말한다. 예를 들어서 예언자들에 대해 그는 다음과 같이 논평하고 있다.

> 많은 성경 학자가 구약 성경의 높은 윤리적 수준을 말하고 있는 바로 그 곳에서 나는 일관성도, 근본적인 원칙이나 윤리적 성찰도 발견할 수 없다. 우리는 예언자가 말하고 있는 바를 행해야 할 이유로 사용되고 있는 시온 신학, 그 신의 거룩성, 그 신의 증오심, 그 신의 결혼 상태, 그 신의 앙갚음 혹은 불가사의함, 그 신의 독점, 권위 등 다른 많은 것을 발견한다. 대부분은 종교이며, 윤리는 거의 없고, 일관성도 거의 없다.[11]

레위기의 윤리에 대해서 그는 이렇게 말한다. "이 사회는 파시스트 무리의 고안물인 큰 형님(Big Brother), 온전히 거룩하고 타협이 없으며 희생 제물을

---

10) P. R. Davies, 'Ethics and the Old Testament', pp. 165, 167.
11) 앞의 책, p. 172.

소비하는 독재자를 가지고 있는 정말 최소한의 윤리적 사회, 전체주의 국가의 가치를 드러내고 있다. 레위기의 이상적인 사회는 의식상의 순결과 절대적 순종, 제사장 통치의 안식처일 뿐 전혀 유토피아가 아니다."[12] '공정한 객관성'이라는 말은 그러한 논평들을 기술하고자 할 때 맨 앞에 내세울 수 있는 문구가 아니다.

혹은 객관적으로 어떤 종류의 하나님이 실재하고 있는지에 대한 질문은 열어둔 채로, '그 실재하는 하나님'과 구약 성경의 신에 대한 문학적 구성 사이에 많은 양의 맑고 푸른 물을 주입할 수 있다. 이러한 방식도 마찬가지로 성경 본문에 대하여 어떤 맹렬한 윤리적 비판을 할 수 있게 해준다. 그래서 필립 데이비스의 글이 들어 있는 같은 책에서, 쉐릴 엑섬은 부정한 아내를 향한 화난 남편으로서의 여호와가 내리는 이스라엘에 대한 심판을 묘사하고 있는 예언자들의 설명 속에서 성적인 능욕에 해당하는 은유의 용례를 조사하여 신랄하게 제시하고 있다.[13] 이 기고문에서 엑섬 자신이 '하나님을 믿는지'는 뚜렷하지 않다. 그녀가 어떠한 하나님을 믿고 있든지 간에, 이 하나님이 아닌 것은 분명하다. 그녀는 이렇게 논평한다. "나는 하나님이 성경 내러티브에 등장하는 한 주인공임을(따라서 성경 문학에 나오는 여자들과 마찬가지로 남성적인 구성물임을) 인식하고 어떤 사람이 가지고 있는 '진짜' 신에 대한 개념과 혼동하지 않는 것이 중요하다고 생각한다."[14] 엑섬은 많은 경우 윤리적인 면에서 성경을 바라보는 가장 책임 있는 방식은 성경에 저항하는 것이라는 데이비스의 말에 의심의 여지없이 동의하고 있을 것이다.[15]

그러므로 여러분이 '그 곳에 도달하여' 구약 성경의 전경 가운데서 발견하게 되는 것은 여러분이 가지고 들어간 것에 그리고 그 경치를 바라볼 때 누구의 눈으로 바라보느냐에 달려 있는 것 같다.

---

12) 앞의 책, p. 170.
13) 이것을 여기에서 다룰 수는 없지만, Exum보다는 본문들의 신학적 입장에 대해 훨씬 더 공감하는 학자들에 의해 진지하게 연구되어야 할 무척 중요한 문제다.
14) Exum, 'Biblical Violence', p. 264.
15) P. R. Davies, 'Ethics and the Old Testament', p. 171.

계시된 것이냐, 아니냐?

분명, 여러분이 어떠한 종류의 신이라는 존재도 믿지 않는다면, 어떤 한 본문이 살아 계신 하나님에 의해 계시된 것이라는 사실에 근거해서 그 본문에 들어 있는 어떤 형태의 권위를 생각하는 것은 터무니없거나 그보다 더 나쁘게 여겨질 것이다. 그러나 개인의 믿음이 자신의 글에 명백하게 드러나 있지 않은 사람들의 경우에서조차, 정경의 권위와 계시라는 사상은 윤리적으로 문제가 있는 것으로 치부될 수 있다. 그래서 쉐릴 엑섬은 이렇게 말한다. "나는 정경 개념과 성경의 권위라는 개념을 아예 배제하는 것을 선호한다. 성경은 우리가 가진 문화적인 유산의 중요한 일부분이기 때문에, 아무 문제 없이도 성경 없이 지낼 수 있다고 주장하는 것은 주제넘은 일일 것이다. 그러나 나는 성경을 특별하게 여길 하등의 이유도 없다고 본다."[16]

제13장에서 살펴보았듯이, 분명 이것이 바로 시릴 로드가 구약 성경의 윤리적 차원에 대한 그의 주요한 개관의 끝에서 도달하고 있는 결론이다. 그의 견해에 따르면, 실질적인 문제는 신적 계시와 그에 의존하고 있는 본문의 권위 사상들이다. 그는 구약 성경의 자료를 책임 있는 윤리적 독자로서 정직하게 다루면서(이 말은 우리가 옳다고 받아들이고 있으나 그 본문에서 우리가 읽는 것과 갈등을 일으키는 윤리적 기준에 근거해서 율법과 내러티브들 중에서 선별하고 배격하는 작업을 한다는 의미다) 동시에 계시와 권위에 대한 전통적 개념을 유지하는 것은 불가능하다고 주장한다. 그러므로 계시와 권위에 대한 전통적 개념은 포기되어야만 한다. 더 나아가, 다음과 같이 많은 책이 해왔던 그 모든 시도에도 불구하고, 계시와 권위 개념을 유지하고 그 자료를 우리에게 타당하게 만드는 쓸 만한 방법을 찾는 것은 불가능하다.

만일 여러분이 계시와 더불어서 출발한다면, 일관성 있고 타당한 방법을 마련할 길은 전혀 없게 된다.…구약 성경의 도덕적 교훈에 대한 어떤 신적 영향이 유지되는 한, 구약 성경이 오늘날 매우 다른 윤리적 딜레마에 직면해 있는 사람들에게 권

---

16) Exum, 'Biblical Violence', p. 264.

위 있는 지침을 제공해 줄 수 있는 방법을 설명하기란 불가능하다.

우리는 성경의 몇몇 요구를 즉시로 배격한다(이를테면, 간음한 자들이나 동성애자들을 돌로 쳐 죽이라는 명령).

구약 성경이 신적 계시이며, 그 윤리는 하나님이 부여한 권위를 지니고 있다는 것을 받아들이기로 한다면, 우리는 극복하기 어려운 문제점들에 봉착하게 된다. 이 사실 자체는, 계시에서 출발하여 권위를 찾는 것은 이러한 태도를 포기할 경우에만 해결될 수 있는 문제를 만들어 낸다는 확신을 내게 주고 있다.[17]

이런 식의 포기를 함으로써 그 문제가 어떻게 해결되는지는 내게 불명확하다. 우리가 성경이라고 알고 있는 실재 가운데 전혀 '신적 영향'이 없다면, 그리고 그 성경이 어떠한 종류의 권위도 가지고 있지 않다면, 우리가 성경의 기이한 점들을 묵상함으로써 내 자신의 상상력을 자극하는 것 이외에 다른 어떠한 윤리적 유익을 얻기 위해서 성경을 읽는 수고를 할 필요가 있단 말인가?

그 스펙트럼의 반대편 끝에 월터 카이저가 옹호하는 입장이 있다. 성경 전체의 계시된 성격과 권위적 성격을 인정하는 강력한 보수적 전제를 가지고 글을 쓰면서, 카이저는 구약 윤리에서 우선적으로 의무론적 분위기를 찾아내고 있다. 즉, 구약 성경의 윤리는 그에 반응하는 우리의 순종을 요구하는 하나님의 선험적인 명령으로 우리에게 임한다는 것이다. 이에 따라 카이저는 그 명령들이 가장 명백하게 우리에게 부과되고 있는 자리로서 주로—계시되고 하나님의 거룩하심에 의해 재가를 받은—율법에 초점을 맞춘다. 그러나 내가 볼 때, '계시되고 권위 있는'이라는 말을 너무 배타적으로 명령이라는 범주와 동일시하는 잘못된 경향이 있는 것 같다. 성경 계시에 대한 전통적 견해에 따르면, 오직 명령만 계시된 것이 아니고, 명령만 신적 권위를 지니고 있는 것도 아니다. 구약 성경에는 율법 이외에도 우리의 윤리적 성찰과 윤리적 구성을 위한 엄청나

---

17) Rodd, *Glimpses*, pp. 323-325.

게 많은 것이 들어 있다. 그리고 우리가 정경 전체에 내재해 있는 신적 계시와 권위에 대한 어떤 전제를 가지고서 해석학적으로 작업을 하기로 한다면, 이 용어들이 율법에 대해서뿐만 아니라 내러티브와 시가서에도 (그리고 심지어는 계보에 대해서도) 어떤 의미에서 똑같이 적용되었는지 물어야 한다.

그 다음으로, 에릴 데이비스는 내가 보기에 또 하나의 혼동이라 여겨지는 것을 덧붙인다. 구약 성경에 있는 '자연법'에 대한 존 바톤의 개념을 우호적으로 논평하면서, 데이비스는 만일 우리가 이 개념의 타당성을 받아들인다면, 우리가 계시에 부여하는 지위에 있어서 그에 상응하는 축소가 있어야 한다는 의미가 될 것이라고 주장한다. 이것은 그가 (바톤이 말하는 식의) 자연법을 보편적 관찰에서 도출되는, 삶에 대한 **합리적** 접근 방식에 근거하는 것으로 보고 있기 때문이다. 에릴 데이비스에 따르면, 그러한 합리적 관찰이 구약 윤리의 어떤 점을 뒷받침하고 있다면, **계시**의 지위는 축소되는 것이다. 그러나 어째서 계시와 합리성이 이런 식으로 대조되어야 하는가? 성경적 사고에서 볼 때 이 두 가지는 모두 하나님으로부터 오는 것이다. 그러나 에릴 데이비스는 "합리적으로 발견될 수 있는 올바른 행위의 원리에 대하여 성경이 증거하고 있는 것은 그럴 만한 일이기 때문에, 히브리 성경의 윤리를 오직 계시적인 것으로만 간주하는 경향은 재고될 필요가 있다"는 견해를 가지고 있다.

그런 다음에, 그는 계속해서 내가 방금 의문을 표명한 그 방식으로 계시와 명령을 연결시키고, 비계시적인 접근 방식이 세속 시대에 좀더 어울릴 것이라고 주장한다.

> 전망하기에 점점 더 세속적이 되어 가고 있는 시대에, 도덕적 판단을 내리는 데 이성의 위치를 강조하는 것이 아마 더 호소력 있을 것이다. 신적 명령에 대한 무조건적 순종을 요구하고 있는 계시된 율법과 달리, 자연법은 도덕 규범 형성에 대한 신중한 접근 방식을 보여 주고 있으며, 윤리적 명령을 합리적으로 정당화시켜 준다.[18]

---

18) E. W. Davies, 'Ethics of the Hebrew Bible', pp. 49-50.

그러나 사실상 구약 성경의 동기 부여 구절들은 항상 이것과 똑같은 일을 하고 있다. 즉, 그 구절들은 율법에 순종해야 하는 합리적이며 설득력 있는 이유들을 제시한다. 그리고 또한 지혜 전승도 확실히 그 자체의 윤리적 구성에서 신적으로 계시된 지혜라는 범주를 인간의 성실한 합리적 성찰과 결합시키고 있으며, 그 둘 사이에 어떠한 거리도 두지 않는다. 에릴 데이비스는, 한편으로는 계시와 합리 사이를 불필요하게(그리고 분명 비성경적으로) 떼어놓고 있으며, 다른 한편으로는 바람직하지 못하게(그리고 똑같이 비성경적으로) 계시와 명령을 동일시하고 있는 것처럼 보인다.

그러므로 내가 볼 때, 우리에게는 계시에 대한 좀더 폭넓은 이해와 권위에 대한 더욱 유연한 이해가 필요하다. 그리고 그같이 더 넓은 너비와 유연성을 담보하기 위한 첫걸음은 권위적인 발언의 유일한 형태가 명령인 양 말하는 것을 중단하는 것이 될 것이다. 이 권위의 문제에 대해서는 마지막 섹션에서 다룰 것이다.

적절한가, 그렇지 않은가?

구약 성경의 이스라엘 세계 안에 '도달'하고, 그들의 (비판적으로 재구성된 역사적) 행위와 그들의 (비판적으로 분석되고, 출처가 밝혀지고, 해체되고, 다시 꿰맞추어진) 성경에서 어떤 윤리적 가치들을 조사한 다음에, 실제로 우리는 현재 우리가 살아가고 움직이고 윤리적 존재로 지내고 있는 이 세계에 어떤 적절한 것을 가지고 돌아오기를 기대하거나 의도하는가? 이 자료는 무엇을 **위한** 것인가? 우리 주변 세계에 참여하는 그리스도인들은 그 자료를 어떤 식으로 사용할 수 있는가? 다시금 온갖 종류의 이데올로기적이며 신학적인 전제들이 그 대답을 결정한다.

이 스펙트럼의 한 쪽 끝에는 구약 성경의 직접적인 신적 계시와, 그에 수반되는, 모든 시대에 대한 구약 성경의 지속적 적실성을 강조하는 견해가 자리잡고 있다. 기본적으로 말해서, 하나님이 이스라엘에게 하신 말씀은 무엇이든지 하나님이 지금 우리에게 말씀하고 계시는 것이라는 입장이다. 그러한 확신이 가장 강력하게 표현된 형태는 신율주의(혹은 사회 정치적 강령이 되었을 때에는 재건주의)로 알려져 있는 입장이다. 나는 제12장에서 이 입장에 대해 개관하고 비판했으며, 그와 더불어서 보수 진영 안에서 이 입장에 반대되는 세대주의(우리는 그리스도의 재림 때까지 구약 시대와는 다른 은혜의 시대에 살고 있기 때문에 구약 성경의 어느 것도 그리스도인들에게 권위를 지니지 않는다는 견해)를 살펴보았다.

적실성의 문제에 있어서 종류가 매우 다른 역설적인 예는 노르만 갓월드의 「여호와의 지파들」(The Tribes of Yahweh)이라는 방대한 사회학적 연구다. 역설이란, 한편으로 갓월드가 이스라엘의 하나님 여호와께서 오늘날 우리 가까이 교회 안에서 살아 계시며 역사하고 계신다는 생각을 전적으로 무시하고 있다는 것이다. 그는 구약 성경에서부터 현대 사회에 이르는 **종교적** 연결점을 이끌어 내려는 시도들을 "성경 신학을 신비화하는 관념론적이며 초자연주의적인 찌꺼기"라고 기각해 버린다.[19] 이스라엘의 종교 자체는 우리에게 아무런 적실성을 지니지 못한다. 그러나 다른 한편으로, 갓월드가 초기 이스라엘의 위대한 **사회적** 실험이라고 간주하고 있는 것은 엄청난 적실성을 지닌다. 갓월드의 사회학적 재구성에 따르면, 이스라엘은 초기 청동기 시대 팔레스틴에서 일어난 사회적 혁명의 결과로 등장했으며, 정치 권력과 경제적 혜택이 왕에게 흘러들어가기보다는 분산되어 가족들에게 미치는 광범위한 평등 사회를 창조하고, 그 비전을 보호하기 위해 사회적, 사법적, 군사적 배려를 마련하고자 시도했다. 매우 독특한 여호와 종교는 그 사회 제도를 승인하고 강화시켜 주었던 일종의 피드백 회로였다. 여호와는 이스라엘이 되고자 했던 사회의 종류가 그러했기 때문에 바로 그러한 종류의 신이 되었다. 현대 사회에서 우리들에게는 더 이상 이스라엘의 신이 필요하지 않을지 모르지만, 여전히 이스라엘의 사회적 이상은 활용할 수 있을 것이다. 그래서 갓월드는 이스라엘 사회에서 지속적인 윤리적 잠재력을 확인하고 있지만, 이스라엘 종교에서는 아무런 지속적인 윤리적 잠재력을 보고 있지 않다.

제13장에 열거된, 2001년에 출간된 구약 윤리에 대한 두 권의 대작은 그것

---

19) Gottwald, *Tribes of Yahweh*, p. 702.

이 개관하고 있는 자료의 현대적 적실성 문제에 대해 매우 다른 입장을 취하고 있다. 이미 언급했듯이, 시릴 로드의 「낯선 땅에 대한 일별」는 구약 성경을 오늘날에 적실성을 갖도록 만들려는 대부분의 시도들에 대해 회의적이다. (앞서 언급한 대로) 계시와 권위를 배격하고 있다는 것과는 별개로, 그가 그토록 회의적인 주된 이유는 오늘날 우리가 씨름하고 있는 커다란 윤리적 쟁점들이 이스라엘에게는 전혀 윤리적인 쟁점으로 인지되지 않았다는 것이다. 반대로 이러한 쟁점들(이를테면, 전쟁, 동물의 권리, 환경, 여성, 가난한 자 등)에 대해, 주해자들이 자신들의 윤리적 의제를 그 쟁점과 연결시키기 위해서 다른 (비성경적인) 근거에 기초해서 자신들의 생각을 결정하는 일이 비일비재하게 일어난다는 것이다. 그런 다음에, 원래는 그 주해자들이 주장하고 있는 바를 거의 의미하지 않는 구약 본문들을 듬성듬성하게 혹은 지극히 선택적으로 선별하여 그럴듯하게 허위로 내세운다는 것이다. 그런데 고대 이스라엘에게 진짜 관심사가 되었던 쟁점들(정결, 명예, 더욱 넓은 공동체의 안정)은 윤리에 대한 현대적 논의에 거의 등장하지 않는다. 그리고 첫 눈에 보기에는 두 세계 모두에게 직접적으로 적실성을 가질 것이라 여겨지는 쟁점들조차도(이를테면, 간음) 실제로 고대 이스라엘에서는 매우 다른 의미를 지녔다는 것이다.

기본적으로, 로드는 고대 성경 세계와 우리가 사는 현대 세계 사이의 문화적 격차가 대부분의 윤리적 사항들을 한쪽에서 다른 쪽으로 안전하게 혹은 타당하게 옮기기에는 불가능할 정도라는 입장에 설득되어 있다. 내가 보기에, 로드의 경고와 유보 조건들은 지혜로우며 충분히 고려할 필요가 있는 것이다. 실제로 우리는 부적절하게 선택한 증거 본문으로부터 '해당 사항'을 억지로 끄집어 내려는 유혹을 거절할 필요가 있다. 그러나, 나는 때때로 로드가 이스라엘의 문화적 이질성에 대해 포괄적으로 선험적인 일반화에 빠지는 경향이 있어서, 그의 방법론적 마비 증상을 최종적으로는 공유할 수 없다고 느낀다. 성경에 나오는 초기 이스라엘 세계와 주후 제1세기의 세계, 즉 신약 성경의 세계 사이에 역사적으로나 문화적으로 상당한 격차가 있음을 지적하는 것은 의미 있는 일이다. 하지만 신약 문헌을 기록한 저자들도 지금 우리의 경우처럼 히브리 성경을 다루는 데에 똑같은 많은 해석학적 도전에 직면했었음에도 불구하고—아마도 예수님 자신의 모범을 따라서—그들이 가지고 있었던 고대 문헌들 가운데 내재해 있는 윤리적 권위와 적실성이라는 원리를 가지고 작업했던 것 같다. 로드에 대해서는 성경 권위에 대한 나의 최종적인 생각을 말할 때 다시 살펴볼 것이다.

데이비드 플레인스의 「히브리 성경의 사회적 비전들」은 로드와 갓월드가 가지고 있는 것과 같은 저울 위에서 작업을 하고 있지만, 로드가 가지고 있는 부정적인 면도 없고, 갓월드가 가지고 있는 천편일률적인 이데올로기적 옹호도 내포하고 있지 않다. 플레인스는 히브리 성경의 주요 섹션들—율법, 내러티브, 예언서, 시가서 및 지혜서—각각에 자리잡고 있다고 보는 사회적, 윤리적 비전들을 개관한다. 그는 역사 비평과 사회과학 비평이라는 도구를 사용해서 다른 문학 장르들 사이에서 그리고 다른 역사적 시기들 사이에서만이 아니라 정경 안에 집성된 단권의 책이나 수집물 안에서 서로 갈등하는 사회적 이해관계들과 의제라고 생각하는 것을 드러낸다. 하지만 그는 이러한 다양성을 해소할 수 없는 모순이라고 여기기보다는, "히브리 성경의 지면에서 우리에게까지 그들의 통찰을 전해 주는 그 공동체들에 주입되어 있는 바로 그 긴장들을 윤리적 성찰을 위한 기반으로 제공해 주는 것"이 현대의 쟁점들에 대한 귀중한 윤리적 기여라고 느낀다.[20] 그래서 그는 각 장의 끝에서, 자기가 발견한 몇 가지 현대적 적실성을 지적하고 있으며, 마무리 장인, '정경적 맥락 안에 있는 다양한 비전들'(Diverse Visions in a Canonical Context)에서 그가 조사한 자료가 요청하는 다양한 윤리적 응답을 정리하고 있다.

이러한 문제는 계속해서 더 나열할 수 있다. 이데올로기적이며 신학적인 갈등은 통일성이 있느냐 없느냐의 문제를 놓고서도 일어난다. '구약 성경의 전반적인 윤리적 취지'와 같은 것이 존재하는가? 아니면, 오직 많고 다양하며 때때로 서로 경쟁하는 시각들이 존재하고 있을 뿐인가? 원칙적으로 이것은 소위 '구약 신학'이라고 부를 수 있는 어떤 것을 붙잡고 씨름하고 있는 학자들이 가지고 있는 문제와 동일하다. 그리고 과연 구약 성경이 근본적으로 '선한' 메시

---

20) Pleins, *Social Visions*, p. 517.

지를 가지고 있느냐 그렇지 않느냐에 대해서도 괄목할 만한 이데올로기적 분열이 존재하고 있다. 어떤 학자들은 신앙 공동체 안에서, 어떤 의미에서 그 궁극적 기원에서는 신적이며 그 정경적 역할에서는 경전으로서, 그 자료를 기본적으로 존중하는 전통의 범위 내에서 그 본문들을 해석하려고 노력하고 있다. 다른 학자들은 성경의 세계와 그 본문이 보여 주는 특징들 때문에 혐오감을 느끼고, 꽤 일관성 있게 적대적이며, 회의적이고, 혹은 전복적인 전략을 채택하여 구약 성경의 본문을 읽는다. 물론 그 전략은 그들 자신의 세계관 안에서 윤리적으로 고결한 것으로 여기는 것이다.

나는, 내가 이해하기에 신약 성경 저자들의 입장, 즉 그들이 이미 가지고 있던 성경에 대해 그들이 지니던 입장으로 이해되는 것을 따르기로 선택하고 있다. 즉, 나는 우리가 구약 성경의 지면에서 만나는 그 하나님이 예수 그리스도의 하나님이며, 아버지이시고, 교회가 삼위일체 하나님으로 경배하는 그 하나님이라고 믿는다. 나는 모든 성경이 '데오프뉴스토스'(*theopneustos*)—하나님이 숨을 불어넣으신—것이라는 디모데후서 3:16의 천명을 받아들인다. 이것은 구약 성경이 어떤 면에서 궁극적으로 하나님의 것에 해당하는 권위를 지니고 있으며, 그 성경이 '유익하다'는 사실, 즉 우리로 하여금 "그리스도 예수 안에 있는 믿음으로 말미암아 구원에 이르는 지혜가 있게" 해줄 수 있을 뿐만 아니라, (디모데의 세계에 대해서만큼이나) 오늘날 우리 세계의 윤리적 쟁점들에 대해서 적실성을 가지며 적용 가능하다는 것을 의미한다.

그러나 이처럼 전반적으로 긍정하는 것과 그 긍정이 의미하는 바를 풀어 내는 일은 별개의 것이다. 특히, 나는 구약 성경의 권위 문제와 씨름한다. 만일 우리가 방문한 그 낯선 땅의 모습을 보여 주는 매혹적인 슬라이드 쇼 이상의 어떤 것을 가지고 그 곳에서 지금 여기로 되돌아오고자 한다면, 우리가 연구하는 그 본문에 우리의 주목을 요청하는, 적절한 응답을 요구하는, 어떤 윤리적 행동과 선택은 지지해 주는 반면 다른 윤리적 행동과 선택에 대해서는 정죄하는 그 무엇인가가 있음을 인정할 수 있어야만 한다. 이제 그 마지막 도전을 살펴보도록 하자.

권위의 문제

어떤 종류이든 권위를 지니는 최종 산물을 만들어 내도록 구약 윤리 작업이 이루어질 수 있는가? 구약 성경 안에는 그리스도인들에게 미치는 어떤 권위가 내재해 있는가? 성경 본문들의 윤리적 권위라는 이 문제는, 내가 볼 때, 앞서 제13장에서 살펴보았던 비평학계 대부분에서 부적절하게 다루어졌다. 많은 학자가 본문의 **권위** 문제에 대해 진정으로 파악하지 못하면서, 본문의 **힘**에 대해서는 기꺼이 말하려고 한다. 권위의 문제는, 과연 구약 성경이 그리스도인들에게 하나님의 말씀으로서 그 본문의 음성을 듣고 응답할 것을 **요구할** 권위를 지니고 있느냐 하는 것이다. 그 주제를 다루고 있는 많은 글을 보면, 공정하게 말해서, 구약 성경 본문이 가하는 **도전**은 확실히 거기 존재하고 있으며 멋지게 표현될 수 있다. 그렇지만 그러한 도전은 어쩐지 규제하는 규범성에 근거해 있지 않은 것 같다. 구약 성경 본문이 우리가 마땅히 행해야 할 바에 대해 직접적으로 말하고 있지 않다면(그리고 대개 구약 성경은 그렇게 직접적으로 말하고 있지 않다), 구약 성경이 우리에게 무엇을 해야 하는지 말해 주는 어떤 방식이 있는가? 그리고 어떻게 우리는 그 방식을 찾아서 표현할 수 있는가?

한 가지 주된 어려움은 '권위'라는 단어 자체가 가진 함의들에 있다. 앞서 관찰한 대로, 그 단어는 대개 사람들의 생각 속에서 권위에 대한 군대식 모델에 근거한, 상명하달을 연상시키는 것 같다. 확실히, 도덕 영역에서 성경의 권위 혹은 구약 성경의 권위라는 개념을 명시적으로 배격하는 사람들은, 대개의 경우 명령과 명령에 대한 순종이 윤리로서는 부적절하며 심지어 유아기적인 기반이라고 말하면서 구약 성경의 권위를 배격한다. 그들은 구약 성경 안에서 그들이 인지하고 있는 전제적이며 독단적인 신에 의해 좌지우지되지 않으려고 한다. 그래서 그들은 명령을 배격함으로써 권위를 배격하는 것이다.

그러나, '성경의 권위'를 흔쾌히 받아들이고 있다고 천명하는 우리들 가운데서도, **권위**라는 말을 주로 **명령**과 연결짓는 사람들은 우리 손에 들려 있는 그 자료에 대해 그다지 편치 않게 여긴다. 구약 성경 대부분은 그 첫 번째 독자들에게 하달된 명령이라는 의미에서나, 또한 미래 세대의 독자들에게 하달되는 명령이라는 의미에서나, 명령이 **아니다**. 구약 성경의 대부분은 내러티브, 시, 예언, 노래, 탄원, 환상 등이다. 그와 같은 형태의 발언에 들어 있는 권위는 어떤 권위인가? 그리고 더 나아가, 구약 성경 안에 분명하게 명령으로 나와 있는 것들은, 상당수가 원래 우리를 향해 언급된 것들이 아니다. 그 명령은 아주 오래 전, 우리가 지금 살아가고 있는 세계와는 매우 다른 종류의 세계에 살던 사람들에게 주어진 명령이었다. 그러므로 만일 우리가 군대식 모델의 권위를 추구하고 있다면, 오늘날의 문제점들을 향해 진격 명령을 내리고 있는 명령들을 찾아보려고 구약 성경을 들춘다는 것은 '대 테러전'을 벌이기 위한 지침을 받기 위해서 제2차 세계대전 시 연합군에게 내린 명령들을 뒤져 보는 것에 비교할 수 있을 것이다. 우리가 살고 있는 세상은 다른 세상이다.[21]

올리버 오도노반은 한 가지 도움이 되는 구별을 제공해 준다. 그는 그 어떤 성경의 명령에서도 **권위**(authority)와 **요구할 권리**(claim) 사이의 차이점을 구분해야 한다고 지적한다.[22] 사람들이 모여 있는 거리에서 '뒤로 물러나시오!'라고 외치는 경찰관의 소리를 듣는다면, 나는 그 경찰관의 제복을 보고서 그런 명령을 내릴 수 있는 그의 **권위**를 인정하게 된다. 그가 하는 공적 명령에는 권위가 주어져 있다. 그러나 나는 또한 그 경찰관이 **나를** 향해서 말하고 있는지 아닌지를 결정해야만 한다. 만일 아니라고 한다면, 그의 명령은 나의 순종을 **요구할 권리**를 지니지 않는다. 이는 그 경찰관의 명령에 아무런 권위가 없기 때문이 아니라(그 명령은 권위를 가지고 있다), 내가 그 명령의 대상이 아니기 때문이다. 그러나 또한 나는 그 명령이 실제 대상으로 하고 있는 사람과 같은 상황에 내가 처할 경우에 그 명령의 권위가 나에게 (순종을) 요구할 권리를 **갖게 된**

---

21) 이 책의 나머지 부분(과 특히 제9장)을 보면, 내가 구약 성경에 있는 고대의 명령들은 결단코 우리에게 부적절하며 권위가 없다고 말하는 것이 **아님**을 확실히 알 수 있을 것이다. 반대로 나는 그 명령들이 내가 옹호하고 있는 패러다임적 방법에 따라 제대로 다루어질 경우 그럴 수 있다는 것을 인정하고 있다. 여기에서 내가 말하고자 하는 요점은, 한편으로, 마치 구약 성경의 그 명령들이 명령되어 있는 그대로 **우리에게 말하고 있다는 듯이** 구약 성경의 명령을 **직접적으로** 사용하는 것에 권위를 부여할 수 없다는 것이며, 다른 한편으로 구약 성경 본문들 대부분이 사실상 전혀 명령의 형태로 되어 있지 않다는 것과 그렇지만 우리는 그러한 부분들도 권위를 가지고 있다고 주장한다는 것이다.

22) Oliver M. T. O'Donovan, 'Interpretation of Biblical Ethics.'

다는 점을 인정한다. 그러므로 성경의 명령들은 그 명령을 내렸던 분, 우리가 인정하고 있는 신적 권위를 가지고 있는 그분 때문에 권위를 지닌다. 그 명령들은 그것이 주어진 역사적 정황에서 그 명령을 받았던 사람들의 순종을 요구했다. 그러나 그 명령들이 **나의** 순종을 요구하고 있는지의 여부는 다른 많은 요인을 검토해 보아야 한다.

실재의 속성으로서의 권위

우리는 여전히 권위에 대한 군대식 모델을 가지고서 움직이고 있다. 그래서 나는 우리가 권위라는 말에 대한 이해를 상당히 넓힐 필요가 있다고 믿는다. 여기에서 나는 다시 올리버 오도노반에게 많은 빚을 졌다. 복음적 성경 윤리에 대한 그의 멋진 변증서인, 「부활과 도덕 질서」(*Resurrection and Moral Order*)에서 오도노반은, 권위는 행위를 위한 충분하고 의미 있는 근거들을 구성하고 있는 실재의 한 차원이라고 주장하고 있다. 창조 질서 그 자체는 그 실재성을 통해서 권위 구조를 제공해 주며, 그 구조 안에서 우리는 (행동하도록 허용한다는 의미에서 그리고 우리 행위에 대한 정당한 선택 사양의 범위를 폭넓게 제공한다는 의미에서) 행동할 자유를 갖는다.[23] 권위는 단순히 무엇을 하라는 명령에만 국한되는 것이 아니라 재량의 범위를 허용해 주는 것이기도 하다. 권위는 권한을 부여해 준다. 즉, 권위는 어느 한계 안에서 행동할 자유를 부여해 준다. 내 운전 면허증의 권위(혹은 내 목사 자격증의 권위)는 내가 어디로 차를 몰고 가야 하는지 혹은 내가 어떤 성스런 예배를 드려야 하는지 매일매일 나에게 지시하지 않는다. 오히려, 그러한 증서들의 권위는 나 스스로 알아서 그러한 선택을 하도록 권한을 부여해 주는 역할을 한다. 그 증서들은 나에게 내가 원하는 곳으로 운전해 가고, 예배를 드리고 설교를 하고 세례를 주는 등의 일을 할 자유와 권위를 제공해 준다. 그러한 상황들 속에서, 나는 그러한 문서의 배후에 있는 실재들(국가의 법과 도로법, 교회의 법)의 권위에 의해 **권한을 부여**

---

[23] 나는 다음 책에서 역사적 상대주의, 문화적 상대주의의 시대에서 성경의 권위와 관련한 O'Donovan의 이 통찰을 더 깊이 논의했다. C. J. H. Wright, *Walking in the Ways of the Lord*, ch. 2.

받은 사람이며, 그 권위에 종속되어 있으면서도 그 권위에 의해 자유를 얻은 사람이다.

그러므로 권위는 실재의 속성이며, 자유의 원천이자 경계다. 그러므로 오도 노반이 주장하듯이, 하나의 실재로서 창조 질서 자체는 또한 권위의 구조다. 예를 들어, 물리적인 벽돌담은 단순히 그 실제 존재 자체에 의해 하나의 권위를 구성하고 있다. 우리는 그 담 이쪽에 대해서든지, 아니면 저쪽에 대해서든지, 두드리거나 때리거나 발로 차거나 무슨 일이든 할 자유를 가지고 있다. 그러나 우리가 전속력으로 달려가서 그 벽돌담을 뚫고 나가려고 할 경우 우리의 자유는 거기에서 끝나고 만다. 그 벽돌담은 아주 갑작스럽게 자체의 권위를 행사한다. 물리적 세계에서의 힘으로서 중력은 우주가 존재하는 방식을 구성하는 하나의 권위다. 우리 인간들에게, 중력은 지구의 표면 위에서, 그 공간에서 행동할 수 있는 엄청난 자유를 부여해 주고 있다. 그러나 또한 중력은 그 자유에 한계를 설정해 놓고 있다. 우리에게 낭떠러지에서 발을 내딛을 자유가 있을지 모르겠지만, 중력의 권위 때문에 우리가 가진 자유를 사용해서 그런 일을 선택하는 일은 거의 없을 것이다. 실재의 속성이 작동할 것이다!

자, 그렇다면, 이러한 고려들은 구약 성경의 (혹은 실제로 성경의) 권위에 대한 우리의 이해에 어떤 도움을 주는가? 만일 권위가 실재의 속성이라면, 성경 정경의 권위는 성경의 정경이 우리로 하여금 실재와 접하게 해준다는 사실, 아니 각각 그 자체의 본질적인 권위를 가지고 있는 여러 개의 연결되어 있는 실재들과 접하게 해준다는 사실에 있다. 성경을 읽는 일과 아는 일은 우리로 하여금 실재에 참여하게 해준다. 그리고 다시 그 사실은 세계 속에서 우리가 행동할 자유에 권한을 부여해 주고, 그 자유 주변에 한계를 설정해 준다. 만일 이 설명이 극히 모호하고 추상적으로 들린다면, 그러한 실재들이 무엇이며, 그 실재들이 어떤 종류의 윤리를 발생시키는가를 탐구할 차례다. 나는 네 가지 실재를 염두에 두고 있는데, 그 실재들은 구약 성경에 의해 우리에게 전해진 실재들이다. 이 구약 성경의 본문들 가운데서 우리는 이 하나님의 실재와 이 이야기의 실재와 이 말씀의 실재와 이 백성들의 실재와 조우한다.[24]

이 하나님의 실재

'하나님'에 대한 어떤 이야기든지, 이제는 점차로 우리가 누구에 대해 말하고 있는지 분명히 밝히는 것이 중요하게 되어가고 있다. '하나님'(God)은 단순히 그 기원에 있어서 더 흔히 복수형으로 '신들'(gods)—북유럽에서 신성을 가리키는 일반 용어—이라고 표현할 수 있는 앵글로 색슨어의 단음절 단어일 뿐이다. 성경은 우리에게 여호와로, 이스라엘의 거룩한 분(및 여타의 다른 명칭들), 예수 그리스도께서 아버지라고 불렀던 분, 이스라엘 백성들이 주님으로 예배했던 분, 그리스도인들에 의해서 성부·성자·성령으로 예배되었던 분으로서, 이름이 불려지고 그 전기가 기록되어 있는 매우 특정한 하나님을 소개하고 있다. 이것은 전혀 일반적인 '신'(god)이 아니다.

모든 것은 하나님에 대한 우리의 고백에 달려 있다. 성경의 하나님, 언약을 맺으시는 하나님은 일반적인 '신'의 범주에 따라 이해되어서는 안 된다. 이 하나님이 독특하다는 이론적인 사례를 만들 필요는 없다. 성경에서 이 하나님은 모든 문화적 정의 및 기대들과 단절하고 있으며, 하늘의 사치스런 고요함 속에서 자기들의 규칙, 자기들의 엄위, 자기들의 안녕에만 사로잡혀 있는 다른 신들로부터 멀리 거리를 두고 있다는 사실을 지적하는 것만으로도 충분하다.[25]

성경은 우리 주변의 (사실상 이 하나님의 피조물인) 자연 세계를 통해서 이 하나님에 대해 많은 사실이 드러나 있다고 주장하고 있는 것이 사실이지만, 우리가 이 하나님에 대해 알 수 있게 해주는 것은 근본적으로 신구약으로 되어 있는 경전의 정경을 이루고 있는 문헌들이다. 여호와 하나님은 "이스라엘의 찬

---

24) 나는 성경이 우리에게 '계시된 도덕성보다는 계시된 실재'를 제공하고 있다는 Gustafson의 관찰을 통해서도 이 방향에서 자극을 받았다(Gustafson, 'Changing Use', p. 140). 나는 성경에 있는 계시된 실재의 성격이 그 안에 그 권위의 속성으로 계시된 도덕성이 함의되어 있는 그러한 종류(아니, 오히려 일종의 *sui generis*)에 속한다는 사실을 덧붙이고자 한다. 그러나 나는 Gustafson이 지적하고 있는 점을 받아들인다. 즉 성경은 우선적으로 우리에게 도덕 법전을 제공하는 데 관심을 기울이지 않고, 하나님의 살아 계신 본위성을 소개하는 데 관심을 기울이고 있다.

25) Brueggemann, *Social Reading*, pp. 43-44.

송 중에 계시는 주"(시 22:3)이실 뿐만 아니라 이스라엘의 입술들과 붓을 통해 우리에게 묘사되어 있는 하나님이시다.[26] 여호와는 구약 성경이 증거하고 있는 실재다. 그러므로 구약 성경의 본문들이 공유하고 있는 권위는 바로 여호와의 권위다. 왜냐하면 우리가 여호와 하나님의 신적 실재에 접할 수 있는 주요 통로가 바로 이 성경을 통한 것이기 때문이다. 구약 성경에 있는 이 '하나님에 대한 묘사'는 그 하나님의 정체성과 그분의 성품을 포함하고 있다. 그 각각은 자체적인 권위를 가지고 있으며, 윤리에 영향을 미치고 있다.

하나님의 정체성

모세는 신명기에서 '[주가] 이것[출애굽과 시내 산 경험들]을 나타내셨다'고 선언하고 있는데, 이는 우리로 하여금 유일신론이라는 철학적 구성물을 파악할 수 있게 하기 위한 것이 아니라, "오늘 위로 하늘에나 아래로 땅에 오직 여호와는 하나님이시요, 다른 신이 없는 줄을 알아 명심"하게 하고 "…알게 하려 하심"이었다(신 4:35, 39). 큰 문제는 단순히 신성의 단수성에 대한 문제가 아니라(물론 이 점은 나중에 신명기 6:4-5에서 중요하게 이야기된다), 이러한 장엄한 일들을 행하신 그 하나님의 **정체성**이었다. 그것은 단순히 하나님을 아는 문제가 아니라, 여호와가 하나님이심을, 그리고 하나님이 오직 여호와로 정의되고 확인되고 인식된다는 사실을 아는 것이었다.

이 사실은 하나님의 이름을 알려 주는 일 자체의 중요성과 연결되어 있다. 하나님의 이름은 신비스러운 발음을 가진 낱말에 불과한 것이 아니다. "여호와께서 자신의 이름을 드러내실 때, 그분은 그들의 조상들에게 이미 알려져 있던 그 하나님으로 자신을 밝히면서 자신이 앞으로도 계속해서 인정될 장래를 약속하신다.…여호와는 자신이 현재와 예견되는 장래에 그것을 통해 인정될 특별한 전기를 포함하고 있는 정체를 가지고 계신다."[27] 그분은 살아 계신 하나님이다. 그래서 그 하나님과 대면하게 될 때의 적절한 반응은, 모세는 알아냈으나

---

26) 여기에서 내가 Dale Patrick의 매력적인 연구서, *Rendering of God*에 빚지고 있다는 것이 분명히 드러날 것이다.
27) 앞의 책, p. 44.

바로는 거절했던, 겸손과 경배와 순종이다(출 5:2). 하나님으로서 여호와의 독특한 실재는 그 자체의 권위를 지니고 있으며, 그 권위는 그에 합당한 반응을 요구한다. 이것이 바로 갈멜 산에서 이스라엘 앞에 엘리야가 던졌던 도전의 핵심이었다. 섬김을 받으시기에 합당한 유일한 신은 실재하는 신이다. 어느 신이든 자기의 실재성을 입증한다면, 그 신이 바로 섬겨야 할 신이다. '만일 여호와가 하나님이면, 그를 따르라.' 하나님으로서 여호와의 실재와 정체에 대한 인정은 어떻게 행동해야 하는가에 대한 그 나름의 함의를 담고 있었다.

마찬가지로, 이스라엘의 예배 가운데서, 여호와를 인정하는 것은 그 안에 윤리적 권위를 가지고 있다. 여호와께서 이스라엘의 찬송 중에 계시면서 실제로는 무시된다는 것은 있을 수 없는 일이기 때문이다. 사실 그들은 그렇게 하려고 시도했지만, 예언자들은 도덕 영역과 사회 영역에서 행하는 파렴치한 반역은 여호와를 '망각하는 것'에 해당하는 것임을, 즉 그들의 찬송 소리가 아무리 드높다 할지라도 전혀 여호와를 인정하지 않고 있는 것임을 지적했다.

그러므로 여호와의 정체의 실재성은 예배와 반응을 요구하는 윤리적 권위를 함축하고 있다. 우리가 구약 성경의 지면에서 이 하나님의 실재를 만날 때 또한 그 권위도 만나고 있는 것이다.

하나님의 성품

여호와는 의심할 여지없이, 한 인물, 구약 성경이라는 위대한 드라마의 **등장인물**(*dramatis persona*)이시다. 이 점은 데일 패트릭의 저작에 풍부하게 입증되어 있다. 실로 그 인물로서 여호와는 어떤 인간 배역보다도 엄청나게 깊이 있는 복합적 인물로 그려져 있다. 이는 정말로 여호와께서 므두셀라처럼 오래 살았던 사람보다 훨씬 더 많은 세대에 걸쳐 훨씬 더 많은 이야기 속에 등장하고 계시기 때문이다. 그 문헌이 다루고 있는 엄청난 시간대에 비추어 볼 때, (그것이 존재하게 될 때까지 관계된 그 수많은 세대의 수에 비추어 볼 때) 여호와라는 주인공의 성격이 그처럼 일관성 있게 그려져 있다는 것은 놀라운 일이다. 그런데, 물론, 그 일관성은 놀라울 정도로 부족함이 없다. 여호와는 예측할 수 없거나 안전하지 않은 분이 아니라 한결같으시다.

성경의 하나님의 정체성은 융통성이 없거나 고정된 것이 아니다. 오히려, 그분은 독자로 하여금 변증법적 인식 과정을 요구하는, 역동적이며, 놀라움을 주며, 때때로 역설적인 정체성을 가지고 있는 것으로 등장하는 인물이다. 어떤 한 묘사가 마치 모순되는 것같이 여겨질 때, 해석자는 그 점을 이미 알려져 있는 그분의 예기치 않은 현현으로 파악해야 한다. 어떤 한 묘사가 논쟁의 여지가 있는 것일 때, 해석자는 여호와의 정체성에 역설의 요소가 포함되어 있음을 인식해야 한다.[28]

또는, 패트릭의 저작을 가리키면서 브루그만이 말하고 있듯이, 구약 성경은 "이스라엘의 입술을 통해서 우리에게 어떤 불변성을 보여 주되, 그 불변성은 규칙적으로 단절과 긴장으로 점철되는 거룩한 인물(Holy Character)"을 소개해 주고 있다.[29]

물론 이 시점에서, 히브리 성경이 여호와께 적용하고 있는 성품과 특성을 나열하는 긴 목록을 작성하는 일에 돌입할 수도 있다. 만일의 경우에 대비해서 그러한 훈련을 하는 것은 충분히 교육적이고 유익한 점이 있을 것이다. 그러나 모세가 여호와께 그분 자신을 보여 달라고 청했을 때, 하나님은 자신의 이력서에 기록된 많은 항목 가운데서 겨우 몇 가지만을 언급하는 것으로 끝내셨다. 그렇지만 그 몇 가지는 그 이후에도 내러티브들과 이스라엘의 예언과 찬송과 기도 가운데서 여호와의 이름과 지속적으로 연결되었던 몇 가지 드문 항목이 되었다. "여호와라 여호와라, 자비롭고 은혜롭고 노하기를 더디하고 인자와 진실이 많은 하나님이라. 인자를 천 대까지 베풀며 악과 과실과 죄를 용서하리라. 그러나 벌을 면제하지는 아니하고 아버지의 악행을 자손 삼사 대까지 보응하리라"(출 34:6-7).

여호와의 성품에 대한 이 중요한 묘사를 구약 성경에서 마주하게 될 때, 그 묘사는 그것을 반영하는 자세와 행위를 통해 반응할 것을 요구하는 권위를 드

---

28) 앞의 책, p. 59.
29) Brueggemann, 'Role of Old Testament Theology', p. 81.

러내 주는 듯하다. (제1장에서 살펴보았듯이, 하나의 어구로서 그 온갖 제약에도 불구하고) '하나님 닮기'가 자리잡고 있는 곳이 주로 이 곳이다. 신명기 10:14-19은 가장 명확한 긍정적인 예다. 만일 여호와가 약자를 보살피고, 나그네를 사랑하는 그러한 하나님이시라면, 우리도 그분과 동일하게 행해야 한다. 역설적으로, 회개한 니느웨 사람들에게 행하신 하나님의 은혜로운 응답에 대한 요나의 언짢은 반응은 그가 애초에 그 사명을 거절하는 이유로 인용했던 출애굽기 본문과 아이러니컬한 대조를 이루고 있다. 요나는 이렇게 불평한다. "주님이 가서 무엇을 하실런지 내가 알고 있었습니다. 그 이유는 주님 당신이 그러한 하나님, 곧 자비하고 은혜로우신 분이기 때문입니다. 그래서 우리같이 멸망을 선포하는 예언자들은 살아가기가 힘듭니다"(욘 4:1-2, 저자의 풀이).

그러므로, 여호와의 성품의 실재는 인간의 행위 가운데서 바로 그 성품을 본받고 반영하는 윤리를 위한 권위를 함축하고 있다. 그것이 바로 여호와의 모습이기 때문에, 그리고 그 실재가 충분한 권위이기 때문에, 우리는 특정한 방식으로 행동해야 하는 것이다.

좀더 철학적으로 사고하는 어떤 독자들은 내가 '자연주의적 오류'에 빠진 것이 아닌가 하는 의문을 표명할 수도 있을 것이다. 그 요점은, 자연적 사실은 그 자체로 의무를 발생시키지 않는다고 말하는 것이다. 이 오류에 대해 잘 알려진 표현은 "우리는 **존재**로부터 **의무**를 끄집어 낼 수 없다"(you can't get an 'ought' from an 'is')는 말이다. 만일 하나님이 단지 하나의 '사실'이라면, 그 자체로는 윤리적 의무를 만들어 내지 못한다는 것이다. 이에 대한 나의 대답은, 내가 오래 전에 케임브리지에서 윤리학 강의를 들었을 때에 키이스 워드(Keith Ward)에게서 배운 것으로서, 하나님은 **자연적** 사실이 아니라는 것이다. 오히려 하나님의 실재는 '독특하며'(*sui generis*), 하나님의 초월하시는 독특한 실재의 본질은 실로 인간에게 윤리적인 의무를 발생시킨다는 것이다. 성경적 하나님의 실재는 피할 수 없이 우리에 대한 소유권을 주장하고 있으며, 우리의 응답을 요구하고 있다. 그러므로 하나님의 실재는 하나님의 권위를 함축하고 있다.

우리가 다음 사항으로 넘어가기에 앞서 이 점이 언급될 필요가 있었다. 여러분이 '**현재의 존재**'로부터 **의무**를 얻어낼 수 없다면, '**이미 지난 일**'로부터 의무를 얻어낼 수 있는 가능성은 훨씬 더 적기 때문이다. 그렇지만 이제 나는 성경에서 우리에게 제시되어 있는 이야기의 성격 자체가 우리가 반응해야만 하는 어떤 권위를 함축하고 있다는 것을 천명하고자 한다.

이 이야기의 실재

구약 성경이 하나의 이야기를 전해 주고 있다는 사실은 아무런 변호도 필요하지 않다. 그러나 그 점은 훨씬 더 심대한 문제다. 구약 성경은 자체의 이야기를 거대한 이야기로, 아니 그 범위에 있어서 창조 세계와 시간과 인류 전체를 끌어안게 될 궁극이며 보편적인 이야기의 일부로 전하고 있다. 다시 말해서, 이 본문들을 읽음으로써, 우리는—모든 세계관과 메타 내러티브들처럼—사물과 형편이 현재 어떤 모습인지, 어떻게 해서 이렇게 되었는지, 궁극적으로는 어떻게 될 것인지를 설명해 준다고 주장하는 메타 내러티브, 곧 하나의 세계관을 수용하도록 초대받는다.

우리를 구약 성경으로 끌어들이는 그 이야기는 '우리는 지금 어디에 있는가?', '우리는 누구인가?', '무엇이 잘못된 것인가?', '해결책은 무엇인가?'와 같은 세계관의 근본적인 질문들에 대해 답하고 있다. 이 의문들을 순서대로 이야기하자면, 우리는 지금 지구에 거하면서 살고 있다. 지구는 살아 계신 유일한 여호와 하나님의 창조 세계의 일부분이다. 우리는 이 하나님에 의해 하나님 자신의 형상을 따라 지음받은 인간 존재로서 하나님의 피조물 가운데 하나지만, 영적이며 도덕적인 관계와 책임이라는 측면에서 피조물들 가운데 독특한 존재다. 잘못된 것은, 창조주 하나님을 거스르는 반역과 불순종을 통해 우리가 현재 우리의 삶과 관계와 환경의 모든 차원에서 우리를 에워싸고 있는 혼란을 만들어 냈다는 것이다. 그 해결책은 한 백성, 이스라엘을 선택하고 창조하심으로써 하나님이 먼저 시작하셨다. 이 백성을 통해, 하나님은 마침내 땅의 모든 민족과 나라들에게 복을 주시고 결국에는 자신의 창조 세계 전체를 새롭게 갱신하려는 의도를 가지고 계신다.

이제, 이 이야기의 현실은 그 범위에 우리를 포함하고 있는데, 그것은 그 이야기가 열방을 끌어안는 보편적 미래를 가리키고 있기 때문이다. 이것이 바로 의심 없이 (물론, 그렇다고 놀랍지 않은 것은 아니지만) 신약 성경에서 다시 취급되고 있는 그 이야기, 하나님과 이스라엘과 열방에 대한 이야기다. 이 이야기는 창세기부터 요한계시록에 이르는 이야기며, 단지 좋은 이야깃거리나 서사 문학의 고전이기만 한 것이 아니라 근본적으로 **실재에 대한 하나의 풀이**—우리가 거하며 살고 있는 우주에 대한 그리고 우리가 지향하고 있는 새 창조 세계에 대한 진술—이다. 우리는 이야기를 통해서 그려지고 있는 우주 가운데서 살아가고 있다.

그리고 다시 말하지만, 실재에 대한 그와 같은 풀이는 그 자체의 고유한 권위를 지니고 있다. 만일 이것이 실제로 현재 사물과 형편이 존재하고 있는 모습이며, 또한 이것이 그것들이 그와 같이 되어온 방식이라면, 그리고 이것이 그것들이 앞으로 진행하여 나아갈 길이라면, 우리가 개인적으로나 집단적으로 어떻게 응답해야 하는가를 보여 주는 온갖 함의가 거기 들어 있는 것이다. 최소한 그 이야기가 성경 이야기가 주장하듯 이 하나님에 의한 최후의 도덕적 심판이라는 현실로 끝이 난다면, 지금 당장 인간의 도덕적 선택은 중요한 문제가 된다고 말해야 한다.

구약 성경의 관점에서, 그 이야기는 과거인 동시에 또한 미래다. 그리고 그 두 사실은 윤리를 형성함에 있어서 중요했다.

과거

자신의 과거에 대한 이스라엘의 찬양은 전설로 남을 만하다. 그들의 과거는 그들 실존의 핵심이었다. 이는 그 과거가 그들에게 정체성과 사명을 제공해 주었을 뿐만 아니라, 그들의 하나님 여호와의 정체성과 사명을 주었기 때문이다.

> 여호와께 노래하여 그의 이름을 송축하며
> 　그의 구원을 날마다 전파할지어다.
> 그의 영광을 백성들 가운데에,
> 　그의 기이한 행적을 만민 가운데에 선포할지어다(시 96:2-3).

여호와의 이름과 구원과 영광이 모두 "그의 기이한 행적"에 연결되어 있다. 여호와는 그분이 행하신 바를 통해 알려지셨다. 그리고 이스라엘은 여호와의 정체성을 보전하기 위해서 그 이야기를 말로—자신들에게든지 열방에게든지—전해야만 한다는 사실을 알고 있었다. 이는 그 이야기를 말로 전하는 일에서 그 이야기의 주인공이었던 하나님을 묘사하게 되기 때문이었다. 그래서 그들은 그 이야기를 우상 숭배를 막는 보루로 전달했다(신 4:9 이하). 그들은 그 이야기를 율법에 대한 해설이자 동기 부여로서 전했다(신 6:20-25). 그들은 그 이야기를 자신들에 대한 책망으로(시 1편; 5편; 106편; 암 2:9-16; 미 6:1-8), 혹은 여호와 자신에 대한 항의로서(시 44편; 89편) 선포했다. 그들은 그 이야기를 위로와 소망의 닻으로서 전했다(렘 32:17-25).

율법을 준수하는 것에 대한 동기 부여로서 과거에 대한 이러한 일깨움은 특히 여호와 하나님의 구속해 주시는 사랑과 권능을 드러내는 최고의 위대한 모델인 출애굽에 집중되어 있었다. 이와 같이 그 이야기는 이스라엘이 그 공동체 안의 수평적 관계들 가운데서 그에 비견되는 정의와 긍휼의 행위를 통해 뿌리내리게 해야 했던 감사의 윤리를 낳았다(출 22:21; 23:9). 그 이야기 가운데서 경험하는 축복은 권위를 지니고 있는 실재들이다. "…곧 네 하나님 여호와께서 네게 복을 주신 대로 그[놓여나 자유케 되는 종]에게 줄지니라. 너는 애굽 땅에서 종 되었던 것과 네 하나님 여호와께서 너를 속량하셨음을 기억하라. 그것으로 말미암아 내가 오늘 이같이 네게 명령하노라"(신 15:14-15).

미래

그러나 이스라엘이 전했던 그 이야기는 그 시작에서부터 예견된 미래를 담고 있었다. 아브라함에 대한 부르심은 그의 자손들을 통해 하나님이 땅의 모든 민족에게 복을 주려는 의도를 가지고 계시다는 약속을 포함하고 있었다. 그 비전은 이스라엘의 삶의 시대에 따라 때로는 명확하게 때로는 불확실하게 아주 다양한 정도로 표현되었다. 그러나 하나님이 이스라엘 가운데서 그리고 이스라엘을 위해서 행하신 일과 이스라엘이 긍정적으로 혹은 부정적으로 어떻게 응답했는지에 대하여, 구경꾼으로서의 여러 민족이 가지고 있던 인식이 도처에 등장한다(신 4:5-8; 29:22-28; 겔 36:16-23; 또한 앞의 제7장을 보라). 궁극적으로 이스라엘은 **열방을 위해** 존재하고 있었다. 그러므로 이스라엘의 이야기에는 목적론적 취지가 자리하고 있다. 하셔야 할 임무를 가지고 계시는 하나님, 그리고 궁극적으로 모든 육체가 여호와 하나님의 영광을 보도록 열방에게 빛이 되어야 할 사명을 가지고 있는(참고. 사 40:5) 한 백성이 있다. 그러한 비전, 하나의 예언적 현실은 비록 역사적으로 실현된 현실은 아니었다 할지라도 의심할 것 없이 일정한 범위의 윤리적 반응을 낳았다. 만일 이것이 하나님의 신실하심에 의해 보장되어 있는 미래라면, 지금 이스라엘이 살아가야만 하는 방식에 어떤 영향이 있어야 하지 않았을까?(사 2:1-5; 특히 5절에 주목하라) 그 질문은 오늘날 우리에게도 여전히 권위를 지닌다. 이는 우리가 미래에 대한 동일한 비전을 공유하고 있기 때문이다. 믿음의 눈에는 이 성경적 미래는 하나의 현실, 곧 "바라는 것들의 실상"이다. 그리고 그렇기 때문에 이 미래는 또한 그 빛 가운데서 살아가는 사람들에게 윤리를 발생시키는 권위를 포함하고 있다.

이처럼 구약 성경의 지면들을 통해서 우리에게 전달된 이 이야기의 실재는, 과거 이스라엘을 위해 행하신 하나님의 행위들에 비추어 나오는 감사의 윤리에 대한 권위를, 그리고 미래에는 인류에 대한 하나님의 목적에 비추어 나오는 사명적 지향성의 윤리에 대한 권위를 지니고 있다.

이 말씀의 실재

계시된 말씀

구약 성경에는 계시라고 하는 주장이 내재해 있다. 물론 시릴 로드와 그 이전의 많은 이와 같이, 비록 하나님의 실재성을 받아들인다 할지라도, 이 본문들이 하나님을 실제로 계시하고 있다는 의미에서 그 주장을 부인하든지 계시될 어떤 신이 존재한다는 것을 부인하는, 그래서 어쨌거나 그 본문의 주장은 비현실적이라고 즉 그 본문이 말하고 있는 실재는 전혀 존재하지 않는다고 생각하는 것은 가능한 일이다. 그러나 그리스도인들로서 우리가 구약 성경의 권위라고 여길 수 있는 것을 찾고자 하는 데 있어서, 그 권위가 이 하나님으로부터 나오는 이 말씀의 실재와 연결되어 있다는 점은 의심할 수가 없다. 우리는 이 본문들 가운데서, 실재하시는 하나님이 실제로 말씀하셨으며 여전히 말씀하고 계신다고 고백한다. 그리고 하나님의 본위의 실재와 하나님의 말씀은 자유를 부여해 주며 경계를 설정해 주는 권위를 구성한다. 이 점에 대해서는 하나님과 인간이 조우하는 첫 번째 이야기(창 2-3장)에 아주 심원하고도 간결하게 예시되어 있다.

드러냄은 이스라엘 신앙의 중심을 차지하고 있다.

…이것을 네게 나타내심은…네게 알게 하려 하심이니라(신 4:32-40).

사람아, 주께서 선한 것이 무엇임을 네게 보이셨나니…(미 6:8).

그가 그의 말씀을 야곱에게 보이시며, 그의 율례와 규례를 이스라엘에게 보이시는 도다(시 147:19).

나는 감추어진 곳과 캄캄한 땅에서 말하지 아니했으며,
야곱 자손에게 너희가 나를 혼돈 중에서 찾으라고 이르지 아니했노라.
나 여호와는 의를 말하고 정직한 것을 알리느니라(사 45:19).

이스라엘 신앙 고백의 핵심은 귀에 들려지고 경청되어야 할 무엇으로서 (명백히 그들의 눈이 아닌 — "너희가…형상은 보지 못했느니라") 그들의 귀를 향해 들려졌다. 그 드러냄은 명제적이며 동시에 관계적인 것이다. "이스라엘아, 들으라, 우리 하나님 여호와는 오직 유일한 여호와이시니, 너는 마음을 다하고 뜻을 다하고, 힘을 다하여 네 하나님 여호와를 사랑하라"(신 6:4-5). 이 마지막 본문은 그 자체로 특별한 말씀이지만, 내가 보기에 이것은 성경에 있는 계시는 명제적이 아니라 인격적이라는 이상한 생각을 와해시켜 주는 많은 본문 가운데 하나다. [이 말의 배후에 숨은 의미는, 명제란 인격적이거나 관계적이지 못하고 무언가 차갑고 추상적이라는 것이다. 이러한 생각은 '제안하다'(propose)라는 단어를 상당히 관계적으로 사용하고 있는 예에 비추어 볼 때 내게는 언제나 매우 이상하게 보였다.] 비록 그 문맥은 다른 후보들을 풍성하게 제공해 주고 있기는 하지만(예를 들어, 신 4:39이나 7:9 또는 여호와의 정체성 카드인 출 34:6-7), 신명기 6:4보다 더 명제적 형태의 발언을 상상하기는 어려운 일이다. 시편은 "땅과 거기에 충만한 것과 세계와 그 가운데에 사는 자들은 다 여호와의 것이로다"(시 24:1)와 같은 계시적 명제들로 가득 차 있지 않은가? 그리고 만일 여호와의 실재를 명제적 형태로 드러내지 않았다면, 예언자들은 상당히 얇은 분량의 책을 남기게 되었을 것이다. 그와는 반대로, 구약 성경에서 우리는 분명하게 선언하고 긍정하고 제시하고 진술하는 말씀을 듣는다. 그러나 신명기 6:4-5에 있는 거침없는 매끈한 흐름이 명백히 보여 주고 있듯이, 실재의 드러남은 그 안에서 여러 관계와 윤리가 풍부하게 성장할 수 있는 권위를 지니고 있다. "[우리 하나님] 여호와는…이시니, 너는…사랑하라." 진술과 그에 대한 응답은 양분되어 있지 않다. 레위기 17-26장에 있는 명령들 가운데서 줄곧 풍성하게 나오고 있는 "나는 여호와니라"라는 간단한 명제도 마찬가지다. '하나님의 계시적 드러냄은 전형적으로 직설법인 동시에 명령법이다'라는 오래된 관찰은 낡아빠진 것이라고 치부해 버리기에는 너무나도 정확한 말이다. 그것은 '계시된 도덕**이라기보다는** 계시된 실재'를 말하는 것이 아니라 **그 자체의 본성상** 계시된 도덕성, 그러나 근본적으로 반응적이며 관계적인 도덕성을 지니고 있는 계시된 실재다.

이 익숙한 조합은 하나님과 이스라엘의 관계가 갖는, 그리고 그 관계 안에서 '이 말씀'의 권위가 갖는 **언약적** 성격을 우리에게 보여 주고 있다. 앞서 살펴보았다시피, 권위 있는 계시라는 개념은 (그 개념을 별로 좋아하지 않는 사람들에 의해서) 너무나 빈번히 하나님의 직접적인 명령들과 연결된다. 그런 다음에, 이 '계시-명령-순종'의 조합은 흔히 열등한 종류의 윤리라는 딱지가 붙여진다. 이 윤리를 가리키는 전문 용어는 '타율'(타인의 법에 대한 순종, 즉 외적인 권위에 대한 순종)이라는 말이다. '맹목적'이라는 말이 '순종'이라는 말과 자주 결합되듯이, '자의적'이라는 말과 같은 단어들이 무의식적인 어휘 창고에서 튀어나와 '명령'이라는 단어와 결합된다. 혹은 다른 담론 석상에서 야유를 받는 단어들로는 '외부의' '법전' 그리고 '율법주의' 등이 포함되어 있다. 명령과 순종이라는 단어를 폄하하는 그와 같은 편견에 대항해서, 우리는 구약 성경의 믿음과 윤리의 언약적 역동성을 확정할 필요가 있다.[30]

구약 성경 본문들에 묘사되어 있는 언약 관계의 정수는 그 관계가 기계적이거나 자의적이거나 맹목적이지 않고 단연코 상호 관계적이라는 것이다. 이 하나님은 이 백성의 유익을 위해서 이 이야기 안에서 역사하셨다. 그 상호 관계 전체는 여호와의 사랑과 자신의 약속에 대한 신실함, 구속해 주시는 권능, 자비로 참아 주심, 섭리와 보호와 같은 (지속적으로 확인되고 있는) 실재들에 근거해 있다. 그 같은 실재들에 기초해서, 이스라엘의 순종은 사랑과 감사와 찬양과 지속되는 축복의 반응으로 의도된 것이다. 이스라엘 백성은 '그것은 또한 내가 가장 행하기 원하는 것이기 때문에, 나는 여호와 하나님이 원하시는 바를 행한다. 우리 사이의 관계는 그러한 선택과 행위를 자연스럽고 유쾌하게 만들어 준다'라고 느끼라는 권면을 받았다. 최소한 그것이 바로 언약의 이상적 소망이다. 또한 이미 살펴보았듯이 권위는 자유의 경계인 동시에 원천이기 때문에, 하나님의 법에 대한 순종은 성취감과 만족을 주는 기쁨으로 그리고 실로 인격적 자유의 징표로 여겨진다.

내가 주의 법도들을 구했사오니
자유롭게 걸어갈 것이오며(시 119:45; 참고. 당연히, 시 1편 및 19편).

하나님과의 그러한 관계 가운데서의 언약적 순종은, 간단히 말해 생명의 길이며 살아가는 길이다(신 30:11-20).

또한, 이스라엘의 순종의 언약적 성격은 그 순종이 전혀 맹목적이지 **않음**을 의미한다. 첫째로, 순종은 율법 자체 안에서 동기를 부여해 주고 이유를 제공해 주는 광범위한 절(clause)에 기초해서 끊임없이 정당화되고 설명되고 있다. 권위에 대한 나의 정의와 일치되게, 이러한 동기 부여절들은 전형적으로 (예를 들어, 하나님에 대한, 혹은 그 때까지의 이야기에 대한, 혹은 그 땅 가운데서 살

---

30) 이 점에 대해서는 Richard J. Mouw, 'Commands for Grown-Ups'의 성찰도 참고하라.

아가는 삶의 성격에 대한) 어떤 실재를 지적하고, 그 다음에 '이것이 그러하기 때문에, 이것은 바로 너희가 어떤 것을 해야 한다 혹은 해서는 안 된다고 듣게 되는 말에 부여된 권위다'라고 말한다. 실제로, 토라의 (과거와 미래의 방향을 가지고 있는) 내러티브적인 틀이 이 암시하는 바를 가리키고 있다. 즉, 이 율법 전체의 권위는 이 하나님과 이 이야기의 실재에 근거하고 있다는 것이다. 그리고 둘째로, 이스라엘의 순종은 최소한 의도에 있어서 실질적으로 **합의한 것**으로 제시되어 있기 때문에 맹목적이지 않다. 이스라엘이 어떤 회의적 만류에 직면해서도, 자유롭게, 내용을 잘 알면서, 침착하게 언약의 주이신 여호와께 순복할 것을 선택한 것으로 제시되어 있는 문맥은 하나만이 아니다(출 24:7; 신 5:27-29; 26:17; 수 24:14-24). 다시 말해서, 여호와의 권위는 이스라엘이 자유롭게 선택하고 순복한 권위였지, 자의적인 명령에 대한 맹목적이거나 노예적인 순종에 의한 것이 아니었다. 그 역사를 뒤돌아볼 때, 여호와께 순종하겠다는 이스라엘의 약속은 좀 낙관적인 것이었을 수 있다. (우리 자신이 한 약속도 그렇지 않은가?) 그러나 그들의 그 약속은 분명 맹목적인 것도, 강압에 의한 것도, 자의적인 것도 아니었다.

나는 이것이, 권위에 대한 순종은 윤리의 기초로서 부적절할 뿐만 아니라 실질적으로 불가능하다는 시릴 로드의 범주적 주장에 대한 답변이 되었을 것이라고 본다. 여러분이 권위에 순복하는 것은 오직 그렇게 하겠다고 선택하기 때문에 그렇게 하는 것이다. (물론 그 권위는 강압의 형태를 띠지 않은 권위를 말한다. 강압적인 권위는 어떤 식으로든 윤리적이라고 말할 수 없다. 그러므로 더 우월한 강압에 대한 강요된 순종은 인정받는 권위에 대해 선택한 순종이 될 수 없다.) 그러나, 로드는 우리가 어떤 권위에 순복하겠다고 선택할 때, 선택하는 그 행위가 바로 우리의 진짜 권위를 구성한다고, 혹은 달리 말해서 그 행위가 우리로 하여금 우리가 순복하고 있다고 말하는 그 권위 위에 효과적으로 서게 해주는 것이라고 말하려는 듯하다. 즉, 우리가 외적인 어떤 권위에 순종하기로 선택할 때 혹은 순종하고 있다고 주장할 때, 우리가 곧 우리 자신의 권위가 된다는 것이다.

생각이 있는 인간 존재에게는 외적인 권위라는 것이 전혀 가능하지 않다는 것이 나의 확고한 신념이다. 사람들이 아무리 자신이 그러한 권위에 종속되어 있다고 주장하고 또한 그렇게 믿고 있다 할지라도, 궁극적으로 그것을 하나의 권위로 받아들이겠다는 결정은 그들 자신이 한 것이다. 그들이 **선택하는 것**이다. 비록 그들이 성장하면서 양육을 받았던 문화로부터 내면화된 규범과 가치관이 그들의 결정에 지대한 영향을 주었다 할지라도, 선택은 그들이 하는 것이다. 최종적으로 따져볼 때, 내 자신의 결정이 내게 있어서 결정적일 수밖에 없다.…나에게 외적인 권위란 전혀 존재할 수 없다. 단지 나에게 그 자체를 강요하는 세력이 있을 뿐이다.[31]

그 결론을 받아들이자면, 로드의 마지막 문장이 주장하는 논리는 모든 윤리를 최종적으로는 유아론적으로 만들어 버릴 수 있다. 즉, 내 자신의 자아가 나의 유일한 권위라는 의미에서 자기 참고적이다.

그러나 나는 단서와 오류가 '생각이 있는'이라는 말에 있다고 생각한다. 이 첫 마디는 합리적인 개인의 자아가 최종적 권위라는 뜻인 것 같다. 그것은 고전적인 계몽주의의 입장이었다. 이 입장은 인간의 이성을 매우 혼란스럽게 다루고 있다. 인간의 이성은 단순히 우리가 권위를 인식하고 권위에 동의할 때 사용하는 기능일 뿐이다. 우리가 권위를 인정하고 동의할 때 이성의 기능이 마치 그 자체가 그 권위의 원천인 것처럼 작용하지만, 사실은 그렇지 않다. 권위는 권위를 분별하는 우리 인간의 합리적 능력과는 결국 객관적으로 구별되는 것이다. 내가 최고의 실재로서 하나님의 권위를 받아들이기로 선택한다고 할 때, 그렇게 함으로써 내가 나 자신을 그리고 내가 그 선택을 할 때 사용하는 합리성을 하나님의 실재와 권위 위에 두는 것은 아니다. 나의 합리성은, 마치 나의 의지가 그에 준하여 그리고 그에 응답하여 행동하는 수단이듯이, 단순히 그러한 인식을 하는 수단일 뿐이다. 우리가 외적 권위를 받아들이는 일을 합리적으로 선택한 것이 틀림없기 때문에 우리 자신 외부의 객관적 권위라는 것은 전혀 존재하지 않는다고 말하는 것은, 마치 우리 자신이 눈을 떠서 세상을 바라

---

31) Rodd, *Glimpses*, p. 325.

보아야 하기 때문에 우리 외부의 객관적 세상이란 전혀 존재하지 않는다고 말하는 것과 같다.

또한 나 자신의 외부에 존재하는 권위란 전혀 있을 수 없다는 로드의 주장과, 사람들의 선택은 그들을 양육시켜 준 문화로부터 받은 '내면화된 규범'에 의해 영향을 받는다는 사실에 대한 그의 인정 사이에 모순이 존재하는 것 같다. 이 '규범'은 대체 무엇이란 말인가? 이 규범은 단순히 사람들이 그들 나름의 권위가 된 것을 기초로 해서 내린 수많은 개인적 결정을 수집해 놓은 결정판인가? 그렇다고 한다면, 어째서 이러한 규범들은 빈번히 높은 수준의 공통성과 수명을 보여 주고 있는가? 그리고 만일 우리들 각자가 효과적으로 각자의 최종적 권위가 된다면, 도대체 규범에 대해 말하는 것이 무슨 의미가 있단 말인가? 그럴 경우, 윤리라는 것은 (타율적인 것과 구분되는 것으로서) 그저 자율적이 되는 것만이 아니라 무정부적이 될 가능성이 있지 않은가?

더 나아가 시간이 흐르면서 내 자신의 선택과 행위를 어떤 식으론가 주관해 주거나 '표준화'해 주는 나 자신에 대한 외적인 권위가 전혀 존재하지 않는다면, 내가 나 자신에 대해 일관성 있는 도덕적 권위가 될 수 있는가? 내가 과거에 내린 어떤 선택이 어째서 현재의 나에게 도덕적 권위를 행사해야 하는가? 내가 작년에 한 가지 약속을 하기로 선택했다가 올해가 되어서는 그 약속을 무시하기로 선택한다고 해보자. 성실성이란 중요한 것이기 때문에 약속은 지켜야 한다고 나에게 규범적으로 가르쳐 주는 나 자신에 대한 외적인 권위가 전혀 존재하지 않는다면, 그 두 번째의 결정이 타당한지에 대해 누가 혹은 무엇이 문제를 제기하겠는가?

일을 행하는 말씀

둘째로, 이 말씀의 실재는 단지 계시적일 뿐만 아니라 수행적이기도 하다. 하나님은 말씀을 통해 여러 일을 행하신다.[32] (실로 여러 유형의 인간의 말에서

---

32) 이 말은 의도적으로 J. L. Austin의 책, *Doing Things with Words*(Oxford: Clarendon, 1962)의 제목을 반영했다. 이 책은 약속, 위협, 계약 등과 같은 인간 발언의 많은 형태 가운데서 말이 가지고 있는 의미 수반 발화의 작용력(illocutionary force)에 대한 독창적 저술이다. 이 책은 많은 성경

와 마찬가지로) 하나님이 발하시는 말씀에서 언어 행위의 이 차원에 대한 신선한 이해는 환영할 일이기는 하지만, 거의 전혀 새로운 일은 아니다. 이사야 55:10-11은 이 하나님의 이 말씀이 가지고 있는 수행적 능력에 관하여 한 두 가지 말하고 있다. 이 말씀의 놀라운 번식력은 그것이 실재를 **가리키며** 또한 실재를 **발생시킨다**는 점에 있다. 바로 거기에 이 말씀의 이중적 권위가 자리잡고 있다. 이 본문들은 우주의 창조주이며 이스라엘의 구속자이신 하나님의 실재에 대해 말하면서 이미 새 하늘과 새 땅을 창조하고 있다. 그러나 그 동일한 본문들은 또한 이 하나님의 사랑과 정의, 뜻과 요구, 심판과 약속에 대해 우리가 결단코 그 윤리적 세력권을 벗어날 수 없게끔 우리에게 전해 주고 있다.

시편 33편이 여호와의 말씀에 대한 장엄한 찬미 가운데서 아주 풍성하게 성찰하고 있듯, 이것이 바로 세상을 바로잡는, 세상을 변혁하는 말씀이다(4-5절). 이 말씀이 바로 세상이 존재하게 하는, 세상을 창조하는 말씀이다(6-9절). 이것이 바로 계획에 따라서 세상의 역사를 운영해 나가는, 세상을 다스리는 말씀이다(10-11절). 그리고 이것이 바로 전 세계로 하여금 책임을 지도록 촉구하는, 세상을 주시하고 있는 말씀이다(13-15절). 이것이 구약 성경의 본문 가운데서 우리에게 주어져 있는 권위 구조다. 바로 그 권위 구조로 인하여, 의로운 기쁨과 소망에 가득 찬 경외와 인내하는 신뢰만이 그와 같은 말씀에 대해 유일하게 적합한 반응이 된다(1-2, 18-22절). 그리고 그 구조는 거대한 군대와 같은 하찮은 것에 의지하는 자들에게 그들이 실재에 대한 감각을 상실했다고 경고한다(16-17절).

그러므로, 이스라엘의 경전 가운데서 우리에게 전해진 이 말씀의 실재는 이스라엘에게 그랬던 것과 마찬가지로 우리에게도 언약적 순종의 윤리를 위한 권위를 지닌다. 이는 우리가 이러한 것들을 말씀하신 그분을 알고 있기 때문이다(히 10:30).

본문이 가지고 있는 수행적 기능에 대한 '언어 행위' 연구라는 장르를 야기시켰다. 유익한 최근의 호의적 평가로는 다음을 보라. Richard S. Briggs, 'Uses of Speech-Act Theory.' 또한 성경 본문들에 대하여 '자기를 관련시켜서'(self-involving) 읽는 일의 중요성에 대해 각별히 강조하고 있는 다음 글도 보라. Richard S. Briggs, 'Getting Involved.'

이 백성의 실재

구약 성경이 우리에게 드러내 주고 있는 네 번째 실재는 이스라엘 백성의 실재다. 청동기 시대 후기와 철기 시대 초기에 그들이 팔레스틴에 등장한 과정에 대해 우리가 역사적으로 어떻게 재구성하든지 간에,[33] 그들이 등장했다는 사실은 남는다. 그들 자신의 선택과 그들의 역사와 그들의 하나님 여호와께 대한 자신들의 관계를 바라보는 독특한 견해와 더불어서, 고대 이스라엘은 나머지 인류의 역사에 막대한 의미를 지닌 역사적 실재다. 물론 우리는 그들의 존재가 남겨놓은 물질적 유물과 당시 다른 민족들의 문헌에 기록된 그들에 대한 언급을 통해 그들에 대해 어느 정도 알 수 있다. 그러나 본질적으로 이 백성을 우리에게 드러내 주는 것은 바로 히브리 성경이다. 히브리 성경이 이 하나님, 이스라엘의 거룩한 자를 우리에게 드러내 주듯이 말이다.

이스라엘 사람들에게는 하나의 백성으로서 그들 존재의 실재 자체가 어떤 형태의 윤리적 행위들은 명령하고 다른 형태의 행위들은 정죄하는 권위를 구성하고 있었던 것이 분명하다. 한 사람의 이스라엘 백성이 된다는 것은 윤리적 규범을 가진 공동체에 속한다는 것이었다. 적극적인 면에서, 거룩성이라는 개념은 광범위한 함의를 지니고 있는 공동체 윤리였는데, 그것은 사회적, 경제적, 가족적, 정치적, 농경적, 사법적, 상업적, (예를 들어, 레위기 19장에서 분명히 확인되고 있듯이) 의식적인 측면에서 광범위한 의미를 가지고 있었다. 소극적인 면에서, 어떤 특정한 일들은 '이스라엘 안에서 행해져서는 안 된다'는 확신은 단순히 '이 백성'이 된다는 사실에 함축되어 있는 윤리적 규범성을 가리킨다. (물론 현실적으로는 부끄럽게도 그런 일들이 자행되었지만 말이다.)

물론 신학적으로, 우리는 하나님이 아브라함에게 하신 약속의 최종 결론인 열방에 대한 하나님의 선교적 목적과 같은, 이스라엘의 선택이 지니고 있는 의

---

33) 구약 성경의 역사에 대해 연구하는 역사가들의 길드는 이스라엘이 등장하게 된 과정을 재구성하는 문제를 놓고 계속해서 양분되어 있다. 그 논쟁에 대한, 특히 고고학적인 싸움터에 대한 최근의 개관들로는 다음 책들을 보라. John J. Bimson, 'Origins of Israel'; William G. Dever, 'Biblical and Syro-Palestinian Archaeology'; *What Did the Biblical Writers Know?*; V. P. Long, D. W. Baker, and G. J. Wenham(eds.), *Windows into Old Testament History*.

의의 여러 차원을 지적할 수 있을 것이다. 그리고 그들이 예배했던 그 하나님의 실재에 대한 믿음과 그들이 우리에게 물려준 그 하나님에 대한 예배를 지적할 수 있을 것이다. 그러나 여기에서 나의 요점은 이것이다. 구약 성경이 지니고 있는 윤리적 권위가 무엇인지를 고려할 때, 그 권위의 일부는 구약 성경이 하나의 역사적 현상으로서 이 백성의 실재를 증거하고 있다는 사실에 달려 있다는 것이다. 이스라엘이라는 현상은 구약 성경 시대에 그 백성에 속해 있던 사람들에게 그 나름의 윤리적 권위를 지니고 있었다. 그러나 그 이상으로, 열방 가운데서 제사장이 되라는(출 19:4-6), 열방에게 빛이 되라는(사 42:6; 49:6 등), 지켜보고 있는 열방에게 사회 정의의 모범이 되라는(신 4:6-8) 이스라엘에게 지워진 역할과 사명, 이 모든 것이 이스라엘의 윤리가 그들 자체의 사회에만 국한되기보다는 더 광범위한 권위적 적실성을 갖도록 해주었다. 앞서 제2장에서 논의했듯이, 이스라엘은 다른 사람들을 위한 패러다임 역할을 하도록 의도되었다. 이미 주장한 바와 같이, 이것은 우리가 뒤를 돌아보면서 구약 성경에 부과한 해석학적 책략이 아니라, 선택하신 의도에 처음부터 담겨 있는 한 부분이었다. 이스라엘의 특수성은 그들의 보편적 의의에 공헌한다. 역사 가운데서 그들의 구체적인 존재는, 그 특수성에도 불구하고 기능하는 것이 아니라 정확히 그 특수성을 통해서 그리고 그 특수성 때문에 하나님이 인간 사회들에 대해서 보편적으로 요구하시는 종류의 윤리적 행위와 태도와 동기를 드러내는 역할을 하는 것이다.

그러므로 구약 성경에서 우리에게 주어진 이 백성의 실재는 패러다임과 유비의 윤리를 발생시키며, 우리는 그 윤리 가운데서 하나님의 도덕적 일관성을 상정하고, '만일 이것이 하나님이 그들에게 요구하셨던 것이라면, 우리가 처한 다른 상황에서 하나님은 우리에게 무엇을 요구하시는가'를 묻는 것이다.

내가 이 장에서 주장하는 바는, 우리 그리스도인들에 대한 구약 성경의 권위는 부분적으로 어떤 근본적 실재들에 대한 구약 성경의 증거에 달려 있다는 것이다. 그리고, 그 실재들은 우리의 응답하는 행위를 지배하는 권위를 발생시킨다는 것이다. 그 반응에 대한 세세한 작업은, 이 책이 선택한 영역들에서 시도했듯이, 해석학과 윤리적 구성의 과업이다. 정리하자면, 아래와 같이 그 논의를 도표화할 수 있을 것이다.

실재의 종류	이 실재들이 함축하고 있는 권위
• 이 하나님의 실재	• (그분의 정체성에 대한) 예배와 반응의 윤리
	• (그분의 성품에 대한) 닮기와 투영의 윤리
• 이 이야기의 실재	• 감사와 사명의 윤리
• 이 말씀의 실재	• 언약적 순종의 윤리
• 이 백성의 실재	• 패러다임과 유비의 윤리

결론

이제 남은 일은 구약 성경의 이상 네 가지 실재가 신약 성경에서 그리스도인 신자들에게도 마찬가지의 실재들로 확인되고 있다는 사실을 지적하는 것이다. 그 실재들은 모두 사실상 예수님께 초점을 맞추고 있다. 그리하여 그 실재들의 권위와 윤리적 적실성은 '그리스도 안에' 있는 사람들을 위해 유지되고 있을 뿐만 아니라 강화되고 변혁되고 있다.

이는 우리가 예수님 안에서 이 하나님을 만나기 때문이다. 신약 성경은 전형적으로 '예수님과 하나님'이라는 문제를 존재론의 범주들 가운데서가 아니라 정체성과 성품 및 기능이라는 범주 가운데서 소개하고 있다. 예수님은 여호와의 정체성과 성품을 명시적으로 공유하고 계시는 분이며, 궁극적으로 오직 여호와만이 하실 수 있는 일을 성취하시는 분이다.[34] 그리하여 예수님을 구주와 주님으로 안다는 것은 여호와께 대한 이스라엘의 반응과 닮기를 반영하는 윤리적 영역에 들어가는 것이다.

예수님 안에서 우리는 이 이야기의 절정에 도달한다. 그리고 예수님 안에서 그 이야기의 결말을 보장받게 된다. 또한 이 이야기는 우리의 이야기다. 그러므

---

34) 또한 다음과 같은 책들도 참고하라. N. T. Wright, *Jesus*; Richard J. Bauckham, *God Crucified*.

로 바울에 의하면, 만일 우리가 그리스도 안에 있다면, 우리는 아브라함 안에 있는 것이며, 그 약속에 따른 상속자다. 우리의 미래는, 하나님이 아브라함에게 약속하셨고, 예수님에 의해 성취되었고, 모든 민족과 지파와 백성과 방언으로부터 구속함을 받은 인류 전체가 누리게 될 미래다(계 7:9-10). 그리하여 또한 우리의 삶은 회고적인 감사와 전망적인 사명에 의해 윤리적으로 형성되어야 한다.

예수님 안에서 우리는 하나님의 최종적인 말씀을 듣는다. 그 말씀은 육신이 되신 말씀이다. 구약 성경에서 우리에게 주어진 하나님의 드러남은 이제 나사렛 예수에 대한 신약 성경의 묘사와 해석을 통하여 우리에게 주어진 드러남을 통하여 완성되었다. 물론 거기에는 불연속성과 발전이 있다. 그러나 신약 성경 저자들은 예수님과 더불어 그들에게 찾아온 그 말씀의 배후에, 그들이 이미 소유하고 있던 성경 속에서 그들이 받은 말씀을 주신 바로 그 하나님이 계시다는 점을 조금도 의심하지 않았다. "우리는 말씀하신 그분을…알고 있다"(히 10:30, 저자의 번역)라는 말은 그 화자(the speaker)의 정체를 밝히고 또한 그분이 원래 하신 말씀들의 지속적인 적실성을 천명한다.

예수님 안에서 우리는 이 백성의 일부가 되었다. 그리하여 우리는 그들의 것이었던 정체성과 책임의 포괄적인 범위를 공유하고 있다. 이는 우리가 메시아 예수의 십자가와 복음을 통해 하나님 백성의 시민, 하나님의 권속의 일원, 하나님이 거하시는 장소가 되었기 때문이다(엡 2:11-3:13). 그와 같은 정체성과 그와 같은 소속은 교회와 세상 가운데서 윤리적 책임을 발생시킨다. 그 점에 대해서 신약 성경은 어느 정도 자세하게 표현하고 있다.

이렇게 해서 구약 성경의 **권위**는 이러한 것들의 **실재**를 통해 우리에게 매개된다. 구약 성경을 읽을 때, 그리스도의 빛 가운데서, 우리는 우리가 처한 전반적인 윤리적 환경에서 삶을 지탱해 주는 이 위대한 진리들에 반응할 것을 요청받게 된다. 이 하나님이 우리가 예배하는 하나님이며, 이것이 우리가 그 일부가 되어 있는 이야기이며, 이것이 우리가 들은 그 말씀이며, 이것이 바로 우리가 속해 있는 그 백성이다. 이러한 실재들과 그 실재들이 함축하고 있는 권위에 비추어 볼 때, 우리는 그러면 어떻게 살아야 하는가?

참고도서

Barton, John, *Ethics and the Old Testament*(London: SCM, 1998).

Briggs, Richard S., 'Getting Involved: Speech Acts and Biblical Interpretation', *Anvil* 20(2003), pp. 25-34.

Brueggemann, Walter, 'The Role of Old Testament Theology in Old Testament Interpretation', in Ball, *True Wisdom*, pp. 70-88.

Brueggemann, Walter, *A Social Reading of the Old Testament: Prophetic Approaches to Israel's Communal Life*, ed. Patrick D. Miller Jr.(Minneapolis: Fortress, 1994).

Davies, Eryl W., 'Ethics of the Hebrew Bible: The Problem of Methodology', *Semeia* 66(1995), pp. 5-53.

Goldingay, John, *Approaches to Old Testament Interpretation: Updated Edition*(Leicester: Apollos, 1991).「구약 해석의 접근 방법」(크리스챤다이제스트).

O'Donovan, Oliver M. T., 'Towards an Interpretation of Biblical Ethics', *Tyndale Bulletin* 27(1976), pp. 54-78.

Patrick, Dale, *The Rendering of God in the Old Testament*, Overtures to Biblical Theology, vol. 10(Philadelphia: Fortress, 1981).

Rodd, Cyril, *Glimpses of a Strange Land: Studies in Old Testament Ethics* (Edinburgh: T. & T. Clark, 2001).

Seitz, Christopher, *Word without End*(Grand Rapids: Eerdmans, 1998).

부록 ■ 가나안 족속은 어떻게 되는가?

내가 겪은 바로는, 구약 윤리라는 주제나 기독교 신앙에 대한 구약 토대들의 여타 측면에 대해 가르칠 때면, 강의가 마무리되어 갈 무렵, 여지없이 손들이 올라오면서 바로 이 질문을 제기하곤 한다. 이 질문은 다양한 형태를 띠고 있다. 만일 가르친 내용의 강조점이 이스라엘을 선택하신 중심적인 목적에―말하자면, 하나님이 열방을 복주시기 위한 수단으로 그들이 존재하게 되었다는데―있었을 경우, 질문자는 대개 어떻게 이스라엘 백성의 존재가 가나안 사람들에게 어떤 식으로든 복이 되었는지 모르겠다고 묻는다. 가나안 정복 내러티브는 축복에 대한 약속을 무너뜨리는 지극히 대립되는 관계에 서 있지 않은가? 가르치는 내용이 정의와 긍휼과 가난한 자들과 곤궁한 자들에 대한 보살핌 등 구약 텍스트의 윤리가 가지고 있는 좀더 따스한 차원에 초점을 맞추고 있다면, 질문자는 어떻게 이 점이 가나안 족속을 근절시키라는 명령과 조화를 이룰 수 있는지 의아해 한다. (이 난점은 특히 신명기에서 가장 첨예하게 나타난다. 신명기는 이 두 가지 강조점을 사실상 나란히 지니고 있다.) 가르치는 내용이 정의와 긍휼의 하나님으로서 여호와의 성품을 부각시키고 있으며, 세계에 대한, 역사상의, 그리고 현재와 궁극적 미래에 대한 하나님의 주권적 통치가 그러한 위대한 기초에 근거해 있다는 것이라면, 질문자는 그것이 가나안 족속들에게 그렇게 자명한 것으로 보였겠느냐고 묻는다.

이렇듯 분명히, 가나안 정복에 대한 성경의 내러티브들이 예민한 독자들에게는 매우 곤혹스러운 것이며, 그렇게 느끼는 것이 당연하다.[1] 열방에게 복을 주시겠다는 하나님의 뜻과 하나님의 긍휼하심, 하나님의 정의에 대한 우리의 확신과 관련해서, 그리스도인들로서 우리는 그러한 의문들을 어떻게 다룰 수 있는가? 이 질문은 매우 철저한 탐구와 조사를 요청한다. 그리고 성경적, 신학적, 윤리적, 선교적 차원에 대해 충분히 주목해야 한다. 내가 이 제한된 부록에서 제공할 수 있는 것은 오로지 몇 가지 폭넓은 견해일 뿐이다. 나는 그와 같은 견해들이 이 문제점을 '해소시킨다'고 주장하는 것이 아니다. 그러나 최소한 다른 성경적 고려를 하는 더 넓은 맥락 가운데서 그 문제를 설정하는 데는 그 견해들이 도움이 된다는 것을 발견했다.

궁극적인 축복과 역사상의 심판 사이에는 전혀 모순이 없다

하나님은 아브라함에게 그를 불러내신 하나님의 목적은 지구상의 모든 민족이 복을 얻게 하려는 것이라고 선언하셨다. 창세기에서 이 말은 여섯 차례 반복되어 있다. 그리고 이것은 분명 (앞서 제2장에서 특별하게 살펴보았듯이) 이스라엘 선택의 중심적 차원이다. 이스라엘은 열방에게 복을 가져다주는 수

---

1) 그 사건들이 성경이 기록하고 있는 대로 일어났든지, (팔레스틴 지역에서 이스라엘의 등장에 대한 몇몇 학자의 재구성이 드러내는 견해에서처럼) 성경 본문들이 한편으로는 현장의 사건들을 수사학적으로 과장해서 기록하고 있는 것이든지, 혹은 다른 한편으로 옛 일을 회고하며 그랬어야 했다고 생각하는 바를 이상화하고 있는 것이든지 간에, 가나안 정복에 대한 기록은 매우 곤혹스러운 것이다. 역사적으로 이스라엘이 가나안 땅에 가시적인 존재로 등장하게 된 과정에서 '실제로 일어났던 일'에 대한 성경 역사학자들과 고고학자들의 복잡한 논쟁을 여기에서 소개할 수는 없다. 그것이 정복이었는지, 장기간에 걸친 정착이었는지, 내부 혁명이었는지, 아니면 이 모든 것의 어떤 혼합이었는지, 그리고 구약 성경이 그렇게 수사학적으로 묘사하고 있듯이 이스라엘 백성들과 가나안 족속 사이에 그와 같은 근본적인 구별이 과연 있기는 했는지에 대해 복잡한 논쟁이 진행되어 왔다. 나 자신의 입장은 여호수아서의 내러티브들은 비록 불가피하게 선별적이기는 하지만 실제로 일어났던 사건 과정을 신빙성 있게 언급하고 있다는 것이다. 현재 학계의 진행 상황에 대한 상세한 개관으로는 다음 글과 책을 보라. John J. Bimson, 'Origins of Israel'; William G. Dever, *What Did the Biblical Writers Know?*; V. P. Long, D. W. Baker and G. J. Wenham(eds.), *Window into Old Testament History*.

단이 되어야 했다. 그렇다면, 어떻게 하나님은 그런 이스라엘을 가나안 사람들에게 그 같은 수난을 가져다주는 데 사용하실 수 있었단 말인가? 여기에서 열방에 대한 축복을 하나님의 궁극적인(즉, 종말론적인) 목적으로 바라보는 것이 중요하다. 그 말은 모든 사람이나 나라들이나 민족들이 어떤 식으로 처신하든지 간에, 하나님은 복을 주실 것이기 때문에 모두에게 '사분사분하게' 잘 대해 주셔야 한다는 뜻이 아니다. 하나님은 여전히 인간의 모든 행위에 대한 도덕적 심판자이시다. 그리고 하나님은 악인들에 대하여 역사 속에서 심판하는 일을 행하신다는 것도 똑같이 성경이 증언하는 내용의 본질적인 부분에 해당한다. 아래에서 좀더 충분하게 논의하겠지만, 그것이 바로 가나안 정복이 해석되고 있는 분명한 방식이다.

그러니까, 부모들이 자기 자녀들을 사랑하여 잘 되기를 바라는 장기적인 소원을 가지고 있다고 해서 그 동안에 꼭 필요한 연단이나 처벌을 하지 못하는 것이 아니듯이, 열방에게 복을 주시겠다는 하나님의 궁극적인 목적 때문에 자신의 대리자를 통해서 역사 가운데서 어떤 특정한 민족이나 나라에 대한 심판을 못하시는 것은 아니다. 그와 반대로, 그 목적은 그러한 행위들을 요구한다. 이 점은 이스라엘에게도 똑같이 해당되었다. 하나님이 아브라함을 통해 맺으셨으며 시내 산에서 갱신하신 언약에 대한 그분의 헌신은 하나님으로 하여금 자신이 하신 약속에 매이게 했다. 그 약속은, 이스라엘에 대해서 여호와 자신이 영원히 그들의 하나님이 되실 것이며, 그들이 그분의 백성이 되고, 그분이 그들을 위해서 그리고 그들을 통해서 자신의 목적을 달성하실 것이라는 약속이었다. 그러나 이스라엘을 복 주시는 일에 대한 그 궁극적이며 전반적인 헌신 때문에 하나님이 역사 속에서 이스라엘 백성의 특정한 세대들에게 어떤 행동을 취하지 못하시는 일은 없었다. 회개하지 않는 악인들은 하나님의 진노를 맞이하게 된다. 여기에는 구약 성경 시대의 언약 민족 자체에 속한 악인들도 포함되었다. 장기적인 축복과 역사상의 진노는 서로 반대되는 것이 아니다. 실로 하나님이 이스라엘과 맺고 계셨던 정확히 바로 그 독특한 언약 관계 때문에, 하나님은 그들의 죄를 처벌하기 위하여 행동하셨던 것이다(암 3:2). 그리고 그것은 인류 전체에 대해서도 마찬가지다. 모든 민족에게 복을 주시겠다는 하나님의 의도는 성취될 것이다(계 7장이 영광스럽게 예상하고 있듯이). 그러나 그렇다고 해서 하나님이 인간 대리자들과 인간의 역사를 그 때까지 하나님의 도덕적 심판의 도구로 사용하실 수 있는 자유를 배제시키는 것은 아니다. 시편 47편은 놀랍게도 마침내 모든 민족과 나라가 여호와 하나님이—심지어 열방을 정복하는 일을 포함하는 그러한 사건들 중에서조차—행하신 일에 대해 그분을 찬양하고 칭송하기 위하여 소환 명령을 받을 수 있다고 예상하고 있다. 궁극적으로 이스라엘의 역사는 열방 가운데에서 찬송의 주제가 될 것이다. 이스라엘의 역사가 바로 그들의 궁극적 구원이라는 유익을 위해 존재했기 때문이다. 신명기 32:43과, 바울이 로마서 15:7-12에서 그 절을 인용한 용례는 동일한 방향을 가리키고 있다.

가나안 정복, 제한적인 사건

정복 내러티브들은 이스라엘의 오랜 역사 가운데서 한 특정 시기만을 기술하고 있다. 구약 성경의 내러티브 가운데서 일어나고 있는 다른 많은 전쟁은 아무런 하나님의 재가를 받지 않았다. 그리고 어떤 전쟁들은 교만하고 탐욕스런 왕 혹은 군사적인 대적들이 저지른 행위로서 분명하게 정죄되었다. 때때로 질문을 하는 사람들은 '구약 성경 전체'가 민족을 전멸시키는 전쟁으로 가득차 있으며, 그 모든 것이 이 사악한 신인 여호와가 명령한 것이라고 비난한다. 그것은 정경에 대한 서투른 풍자일 뿐이다. 여호수아서에 기록되어 있는 사건들은 주로 단 한 세대 안에 일어난 일이었다. 물론 사사기는 그 여파가 상당 기간 계속 진행되었음을 보여 주고 있긴 하지만 말이다. 그 전쟁은 '헤렘'(ḥerem)이라는 범주에 해당하는 것이다. 이 말은 여호와가 중심적인 주역이고 그 대적이 여호와께 '넘겨진' 혹은 '바쳐진' 특별한 형태의 전쟁을 말한다. 나중에 일어난 전쟁들 가운데 일부가 이러한 특징을 가지고 있긴 하지만, 많은 전쟁은 명시적으로 그렇게 기록되어 있지 않다.

고대 근동에서 전쟁에 대한 관례적 수사학

우리는 전쟁에 관한 과장된 언어를 인정할 필요가 있다. 우리가 그들의 문헌을 소유하고 있는 고대 근동의 다른 여러 민족과 마찬가지로, 이스라엘은 종종 현장의 현실을 넘어서는 전쟁의 수사학을 가지고 있었다. 심지어 구약 성경 자체에서조차 이 현상은 확인되며 받아들여진다. 예를 들어, 여호수아서가 수사학적으로—모든 땅이 함락되었다든지, 모든 왕을 쳐서 패배케 했다든지, 생존자 하나 없이 모든 사람이 살육되었다든지 하는—총체적인 용어로 그 정복을 기술하고 있다는 사실은 잘 알려져 있다(예를 들어, 수 10:40-42; 11:16-20). 그렇지만, 사사기는(사사기의 최종 편집자는 여호수아서에 있는 이 진술들을 알고 있었던 것이 분명하다) 그 땅의 거민들을 정복해 나가는 과정이 완결되기까지는 아직 멀었고 상당한 기간이 소요되었다고 말하면서도 그 말에 어떤 모순을 느끼지 않는다. 이렇듯, 구약 성경 자체에서조차 수사학적인 일반화는 있는 그대로 인정되고 있다. 그러므로 우리는 행하라고 명령된 일에 대한 혹은 달성되었다고 기록되어 있는 일에 대한 좀더 생생한 몇몇 설명을 읽으면서 이러한 수사학적 요소를 인정할 필요가 있다. 이것은 성경 저자들이 허위 내용을 작성했다고 비난하기 위함이 아니라 전쟁에 대한 글쓰기의 문학적 관례들을 인식하고 인정하려는 것이다.

하나님의 징벌 행위로 묘사된 정복

가나안 정복은 마구잡이식 학살이나 '인종 청소'로 묘사될 수 없는 일이다. 이스라엘이 애굽의 압제로부터 그들 자신이 풀려난 일을 축하하는 것과 한 세대 후에 이스라엘이 '가나안 족속을 압제한 일' 사이에 조화시킬 수 없는 모순이 있다고 주장하는 것도 옳지 않다.[2] 가나안 족속들에 대한 이스라엘의 행동

---

2) Knierim이 하고 있듯이: *Task of Old Testament Theology*, p. 97. 「구약 신학의 과제 1·2」(크리스챤 다이제스트).

은 압제의 범주에 들어가는 것이 아니라, 인간 대리자들을 통해 일하시는 하나님의 징벌에 속하는 것이다. 그 일은 시종일관, 타락한 사회에 대한 하나님의 도덕적 징벌 행위로 기술되어 있다.

가나안 사회의 사악성은 창세기 15:16에 예견되어 있다. 거기에서 하나님은 아브라함에게 그의 자손들이 그가 현재 거주하고 있는 그 땅을 소유하게 될 것이지만, 즉시는 아니라고 말씀하신다. "이는 아모리 족속의 죄악이 아직 가득 차지 아니함" 때문이었다. 이 말은 아브라함 시대의 아모리/ 가나안 사회의 성격이, 아직은 그 사회에 대해 하나님이 그처럼(예를 들어, 하나님이 소돔과 고모라에게 하시듯이) 종합적인 심판을 내리시는 것이 옳다고 말할 수 있을 정도로 그렇게 악하지는 않았다는 말인 듯하다. 그러나 그 때는 오게 될 것이었다.

가나안 사회의 사악함은 레위기 18:24-25; 20:22-24; 신명기 9:5; 12:29-31에 도덕적이며 사회적인 맥락에서 좀더 명시적으로 기술되어 있다. 그 사악함에는 특히 풍요 제의와 연결되어 있는 성적 방탕과 왜곡 및 자녀를 희생 제물로 바치는 비정함이 포함되어 있다. 가나안 족속의 타락에 대한 하나님의 대응을 레위기가 극적일 정도로 생생한 용어로 묘사하고 있다는 사실은 분명 의미심장하다. 여러 차례에 걸쳐서, 그 땅 자체가 "그들을 토해낼 것"이라고 언급한다. 이 말은 어떤 일이나 대상이 하나님께 '가증'한 것이라는 말일 뿐만 아니라 또한 역겹고 메스꺼워서 하나님이 그것을 더 이상 '소화시키실' 수 없다는 말이다. 신약 성경은 이 해석을 받아들이고 있다(이를테면, 히 11:31은 가나안 족속을 '불순종하는 자들'이라고 말하고 있는데, 이 말은 그들이 도덕적으로 자기들의 죄악을 알고 있었으면서도 성경이 모든 인간에 대해서 천명하고 있듯이 계속해서 그 짓을 저질렀다는 의미를 함축하고 있다).

그리고, 자의적으로 행해지는 폭력과 징벌이라는 도덕적 틀 가운데서 가해지는 폭력 사이에는 엄청난 도덕적 차이가 있다. 이 점은 신적 관점에서나 인간 사회에서도 마찬가지다. 어떤 형태이든 징벌에 대한 우리의 견해가 무엇이든지 간에, 말하자면, 분명하게 금지되어 있는 용납할 수 없는 행위에 대하여 설명을 한 뒤에 징벌로서 아이를 때리는 것과 아무런 이유 없이 혹은 정말 잔인하게 아이에게 신체적 위해를 가하는 것 사이에는 (적어도 내가 볼 때는) 범주적인 차별성이 분명 존재하고 있다. 또한 사형에 대해 어떤 견해를 가지고 있든지 간에, 마찬가지로, 사법 체계 안에서 유죄 판결을 받은 죄수를 처형하는 것과 무고한 사람을 마구잡이로 살인하는 것 사이에는 도덕적 차별성이 존재한다. 훈계로 때리는 것이든 사형을 집행하는 것이든, 그 어느 것에도 동의하지 않으며, 그 둘 모두를 거부하는 훌륭한 논증을 펼칠 수 있을 것이다. 그러나 그와 같은 징벌 형태들이 아동에 대한 난폭한 잔학성이나 무차별적 살인과 도덕적으로 전혀 구별되지 않는다는 생각은 그러한 훌륭한 논증에 들어갈 수 없다.

그러므로 그 정복이 이스라엘을 인간 대리자로 사용해서 사악한 사회에 대한 하나님의 징벌 행위를 구성하고 있다는 일관된 성경의 주장은 (성경 자체의 증거를 진지하게 받아들이고자 하는 사람들에게) 심각하게 받아들여져야 하며 이스라엘 자신의 침략 행위라는 독소를 희석시키기 위한 이기적 책략이라고 배격되어서는 안 될 것이다.

하나님은 이스라엘도 동일하게 대하겠다고 경고하셨고, 그렇게 하셨다

구약 성경은 하나님이 이스라엘을 가나안 족속에 대한 징벌의 대리자로 사용하셨다고 주장한다. 하나님은, 이스라엘이 가나안 족속과 똑같이 행동한다면 그들을 가나안 족속과 똑같은 조건에서 하나님의 대적으로 취급하실 것이며, 다른 민족들을 사용해서 이스라엘 백성들에게 똑같은 처벌을 가하실 것이라고 경고하셨다(레 18:28; 신 28:25-68). 가나안 족속을 토해 낸 그 땅은, 이스라엘이 가나안 족속과 똑같이 역겨운 악습에 빠져 버린다면, 다시금 완전히 그 땅 자체를 정화시킬 수 있었다. 이스라엘의 대적들에게 도덕적 심판을 집행하셨던 바로 그 여호와 하나님은 이스라엘 자체에 대해서도 정확히 동일하게 행하실 것이었다.

구약 시대 이스라엘의 긴 역사 과정 가운데서, 하나님은 거듭해서 그렇게 행하셨다. 그렇게 해서, 하나님은 국제적 정의의 측면에서 하나님의 도덕적 일관성을 드러내 보이셨다. 그것은 (이스라엘이 무슨 짓을 하든지 이스라엘 편을 드는) 편애의 문제가 전혀 아니었다. 무언가 있었다면, 하나님의 택함을 받은 백성이라는 이스라엘의 신분 때문에, 그들은 그들이 정복했던 민족들을 포함해서 주변의 다른 어떤 백성들보다 훨씬 더 하나님의 도덕적 심판과 역사적 처벌에 많이 노출되어 있었다고 구약 성경이 주장하고 있다는 점이다. 실로 우리는 이스라엘 백성들의 손을 통해 여호와의 심판을 겪었던 그 세대의 가나안 족속보다도, (이스라엘 초기의 몇몇 가나안 족속을 포함해서) 그 대적들의 손을 통해 이스라엘 백성의 훨씬 더 많은 세대가 여호와 하나님의 진노의 손길을 경험했다는 사실을 지적할 수 있을 것이다. (내가 가르치면서 경험했던 바에 의하면, 많은 질문자가 단언하듯이) '하나님은 언제나 이스라엘을 위하시고, 다른 모든 민족들은 심판만을 받게 되어 있다'는 말은 구약 성경에 대한 왜곡에 불과하다. 그렇게 질문하는 사람들은 과연 포로기 이전의 예언서들이나 신명기적 역사서(특히 열왕기)를 읽어 보기나 했을까?

모호한 개념, 공정성

하나님이 이런 식으로 가나안 족속을 심판하시는 것이 공정한 일이었는가? 한편으로, 가나안 족속들의 사악함을 기록한 목록을 살펴보았을 때, 그것이 하나님이 소돔과 고모라처럼 불과 유황불을 비처럼 내리지도 않으셨고 침략군을 보내어 심판하지도 않으셨던 고대나 근대의 다른 많은 사회보다 더 악한 것인가? 어째서 가나안 족속만 변을 당하고, 다른 족속들은 당하지 않았는가? 그리고 다른 한편으로, 적어도 그 가나안 족속의 이전 세대들이 심판을 당한 이 세대보다 뚜렷하게 더 의롭다거나 처벌을 당할 여지가 더 적었던 것 같지도 않아 보이는데, 유독 그 세대의 가나안 족속에게만 이스라엘 백성들을 보내어 심판하는 것이 과연 공정한 일이었는가?

이러한 질문들은 어색하기는 하지만, 타락한 세상 가운데서 인간 역사 안에 과연 어떤 식의 공정성이 있을 수 있느냐 하는 문제를 가리키고 있다. 정확히 이 문제에 대한 흥미로운 논의 가운데서, 존 골딩게이는[3] 이스라엘 백성들 가

---

3) Goldingay, 'Justice and Salvation', 특히 pp. 178-186.

운데 포로로 잡혀가 유배당한 세대가 그런 식으로 처벌을 받은 것은, 유다의 이전 세대들도 그와 똑같이 악했다는 것을 고려해 볼 때 똑같이 불공평하게 생각될 수 있음을 지적한다. 이 점은 유배지의 백성들 자신이 여호와 하나님의 면전에서 주저하지 않고 퍼부었던 의문으로서, 에스겔에게 목회적이며 복음적으로 중대한 신정론(神正論)의 도전을 부과했다(참고. 겔 18장을 보라). 그러나 하나님의 심판은, 역사적으로 드러날 때, 어느 시기엔가는 떨어져 내려야만 한다. 어떤 사람은 그 시기에 '그 곳에' 있고, 어떤 사람은 없을 것이다. 비록 그것이 '공정하지' 않다 할지라도, 역사가 진행되는 중간에는 하나님이 자신의 정의를 드러내는 일을 아예 중단하신다면 모를까, 피치 못할 일인 것 같다. 바로 이런 이유에서, 성경은 하나님이 마침내 모든 일을 바로잡기 위해 행동하실 것이고, 그리하여 정의가 보편적으로 공정하게 우주 전체에 넘쳐나고 다스리게 될 최후 '결산'의 때를 점차로 더 많이 가리키고 있는 것이다(이 일은 역사의 제약들과 역사상의 온갖 사건이 지닌 모호성 때문에 역사 가운데에서는 달성될 수 없는 일이다). 그 중간 기간 동안에—역사의 잠정적이며 종말 직전의 사건들 가운데서—하나님은 세상을 향한 자신의 더 광범위하고 장기적인 구원 목적의 성취라는 틀 안에서 "불공정의 고삐를 쥐고서 그것을 이용하신다"(골딩게이의 표현).

골딩게이의 흥미로운 논의에, 나는 '공정함' 자체의 본래적 성격 및 외적 측면이라 볼 수 있는 점에 대한 또 하나의 성찰을 덧붙이고자 한다. 내가 분명하게 잘못한 일 때문에 벌을 받는다면, 그것은 본래적으로 즉 내적인 면에서 공정하다. 나는 나와 관련해서만큼은 그 벌이 불공정하다고 불평할 수 없다. 그러나, 똑같은 일에 대해 다른 사람들은 벌을 받지 않고 있다면, 나는 그것이 외적인 면에서 불공정하다고 느낀다. 내가 벌을 받은 것은 공정하다. 그러나 그들이 벌을 받지 않고 있는 것은 불공정해 보인다. 성경은 가나안 정복 시기에 가나안 족속이 벌을 받은 것은 그들과 관련해서만큼은 본래적으로 공정하고 온당했다고 분명하게 천명한다. 하나님은 (성경의 증언에 따르면) 도덕적 정당성을 가지고 행동하셨다. 비록 멀리 떨어져 있던 민족들은 그와 똑같은 방식으로 처벌을 받지 않았지만, 하나님이 가나안 족속을 처벌하신 일은 어떠한 불공정의 문제도 직접적으로 제기하지 않는다. 그러나, 성경이 확실하게 말하고 있는 사실은, **종국에는** 하나님이—여러 민족과 개인들을 포함하여—모든 인류에 대한 최종적 심판자시라는 점이다. 역사가 흘러가면서 그 가운데서 무슨 일이 일어나든 일어나지 않든 간에, 그 어떤 것도 땅 아래 묻혀서—아브라함이 천명했듯이, 반드시 "정의를 행하실" 즉 그 자신의 정의로운 판결을 언도하고 집행하실—"세상을 심판하시는 이"의 의로운 판결을 피할 수는 없을 것이다(창 18:25).[4]

그리고 이 곳에서의 삶에서, 하나님이 주시는 축복이 하나님이 주시는 벌과 마찬가지로 임의적이고 '불공정하게' 분배되는 것처럼 보임에도 불구하고, 우리가 대개 하나님의 축복과 관련해서는 공정함이나 불공정함을 따지지 않는다는 것은 살펴볼 만한 흥미로운 사실이다. 다른 사람들은 받아 누리지 않고 있는데 우리는 하나님이 주시는 은사와 복을 받아 누리고 있을 때, 우리는 '그건 불공평해'라고 반응하지 않는 경향이 있다. 다른 한편으로, 우리는 '공정한' 몫만을 얻었을 뿐인 것 같은데, 만일 다른 사람들이 하나님의 손에서 아무런 이유 없이 은덕을 받아 누리고 있다면, 포도원 품꾼들과 그 주인의 '불공정한' 관대함에 대한 비유 가운데서 예수님이 가차 없이 드러내시고 있듯이, 하나님께 항의하는 경향이 있다. 그러므로 이 모든 점을 고려해 볼 때, 역사 속에서 하나님이 인류를 대하시는 방식을 놓고서 무엇이 공정한 것이니 불공정한 것이니 평가를 내릴 때에는, 그 용어의 모호성과 상당히 뒤틀리고 결함 있는 우리 자신의 시각을 인식하면서 조심하는 것이 지혜로운 일일 것이다.

최후의 심판을 예견하는 정복

소돔과 고모라나 홍수 기사와 마찬가지로, 가나안 정복은 성경에서 '원형적' 내러티브로 자리하고 있다. 성경은 최후의 심판에서 궁극적으로 악인들이

---

4) 앞서 언급한 John Goldingay의 소논문은 또한 이 절에 대한 그리고 히브리어 단어인 *mišpāṭ*와 *ṣĕdāqâ*의 역동적 의미에 대한 유익한 논의를 포함하고 있다.

배제되고 처벌받고 멸망함으로써 하나님이 쏟으시는 진노의 두려운 실상을 대면하게 될 것이라고 천명한다. 그런 다음에 하나님의 윤리적 정의에 대한 최후의 변호가 이루어질 것이다. 그러나 가나안 정복과 같이 역사상의 특정 시점들에서 하나님은 자신의 심판권을 행사하셨다. 그 정복 내러티브 가운데 들어 있는 기생 라합의 이야기는 '회개'와 믿음의 능력 그리고 하나님의 대적이 하나님의 백성과 하나되기를 선택할 때 하나님은 그 대적을 기꺼이 살려 주신다는 사실 역시 드러내 보여 주고 있다. 그래서 기생 라합은 신약 성경의 명예의 전당에 그리고 믿음의 전당에 들어가게 되었다(히 11:31; 약 2:25).

나는 이상의 고찰이 정복 내러티브들과 관련된 몇 가지 매우 난해한 쟁점의 표면만 겨우 건드리고 있을 뿐이라는 사실을 잘 알고 있다. 또한 가나안 정복은 현대의 독자들이 구약 성경을 읽으면서 윤리적인 면에서 (약간 부드럽게 표현하자면) 물음표를 찍는 허다한 쟁점들 가운데 하나일 뿐이다. 그러한 쟁점들로는 난폭한 표현, 거친 은유와 상징, 특별히 여성들에게 당혹감을 주는 말들이 있다. 저주도 있고, 보복을 원하는 기도도 있다. 이 장 끝에 제공되어 있는 참고 도서 목록은 이러한 분야들에서 도움을 줄 것이다. 그러나 구약 성경에 대한 소위 도덕적 변호라고 일컬을 수 있는 점에 대해서는 더 깊이 성찰할 여지가 있다(구약 성경에 대한 도덕적 변호라는 과제를, 어떤 사람들은 몹시 필요한 일이라고 여길 것이고, 어떤 사람들은 불가능하다고 심지어는 원칙적으로 비윤리적인 일이라고 여길 수 있다). 희미하게나마 이 말이 또 한 권의 책에 대한 약속(이나 위협)처럼 들린다면, 아마도 그것이 바로 내가 바라는 바이기 때문일 것이다.

참고 도서

Craigie, Peter C., *The Problem of War in the Old Testament*(Grand Rapids: Eerdmans, 1978). 「기독교와 전쟁 문제: 구약 성서를 중심으로」(성광문화사).
Goldingay, John, 'Justice and Salvation for Israel and Canaan', in Wonil et al.

Reading the Hebrew Bible for a New Millenium, pp. 169-187.

Cowles, C. S., Merrill, E. H., Gard, D. L., Longman III, T., and Gundry, S. (eds.), *Show Them No Mercy: Four Views of God and Canaanite Genocide*(Grand Rapids: Zondervan, 2003).

Houston, Walter, 'War and the Old Testament', *Modern Churchman* 28 (1985), pp. 14-21.

Kaiser Jr., Walter C., *Hard Sayings of the Old Testament*(Downers Grove: InterVarsity Press, 1988). 「구약 난제 해설」(생명의말씀사).

Kidner, Derek, 'Old Testament Perspectives on War', *Evangelical Quarterly* 57 (1985), pp. 99-112.

Knierim, Rolf P., 'On the Subject of War in Old Testament and Biblical Theology', in Wonil et al., *Reading the Hebrew Bible*, pp. 73-88.

Lind, Millard C., *Yahweh Is a Warrior: The Theology of Warfare in Ancient Israel*(Scottdale: Herald, 1980).

Longman III, Tremper, and Reid, Daniel G., *God Is a Warrior*(Grand Rapids: Zondervan; Carlisle: Paternoster, 1995). 「거룩한 용사」(솔로몬).

Niditch, Susan, *War in the Hebrew Bible: A Study in the Ethics of Violence*(Oxford: Oxford University Press, 1993).

Thompson, Alden, *Who's Afraid of the Old Testament God?*(Grand Rapids: Zondervan, 1989).

Waldow, H. E. von, 'The Concept of War in the Old Testament', *Horizons of Biblical Theology* 6 (1984), pp. 27-48.

Wenham John W., *The Enigma of Evil: Can we Believe in the Goodness of God?*(Leicester: IVP, 1985; Carlisle: Paternoster, 1997).

참고 문헌

Alexander, T. D., *From Paradise to the Promised Land: An Introduction to the Pentateuch*, 2nd ed.(Grand Rapids: Baker Academic; Carlisle: Paternoster, 2002).

_____, 'Book of the Covenant', in Alexander and Baker, *Dictionary of the Old Testament: Pentateuch*, pp. 94-101.

Alexander, T. D., and Baker, D.W.(eds), *Dictionary of the Old Testament: Pentateuch* (Downers Grove: InterVarsity Press; Leicester: IVP, 2003).

Allen, L. C., 'Micah's Social Concern', *Vox Evangelica* 8(1973), pp. 22-32.

Alt, Albrecht, 'The Origins of Israelite Law', in *Essays on Old Testament History and Religion*(Oxford: Blackwell; Garden City: Doubleday, 1966), pp. 81-132.

Andersen, F. I., 'The Social-Judicial Background of the Naboth Incident', *Journal of Biblical Literature* 85(1966), pp. 46-57.

_____, 'Israelite Kinship Terminology and Social Structure', *Bible Translator* 20(1969), pp. 26-39.

Anderson, B. W., 'The Earth Is the Lord's: An Essay on the Biblical Doctrine of Creation', *Interpretation* 9(1955), pp. 3-20.

Anderson, J. N. D., *Morality, Law and Grace*(London: Tyndale, 1972).

Bahnsen, Greg, *Theonomy in Christian Ethics*, rev. ed.(Phillipsburg: Presbyterian & Reformed, 1984).

_____, By *This Standard: The Authority of God's Law Today*(Tyler: Institute for Christian Economics, 1985).

_____, 'Christ and the Role of Civil Government: The Theonomic Perspective', *Transformation* 5.2, 5.3(1988), part 1, pp. 24-31; part 2, pp. 24-28.

Bailey Wells, Jo, *God's Holy People: A Theme in Biblical Theology*, JSOT Supplement

Series, vol. 305(Sheffield: Sheffield Academic Press, 2000).

Ball, Edward (ed.), *In Search of True Wisdom: Essays in Old Testament Interpretation in Honour of Ronald E. Clements*(Sheffield: Sheffield Academic Press, 1999).

Ball, Jim, 'Evangelicals, Population and the Ecological Crisis', *Christian Scholars Review* 28(1998), pp. 228-253.

Barker, P. A., 'Sabbath, Sabbatical Year, Jubilee', in Alexander and Baker, *Dictionary of the Old Testament: Pentateuch*, pp. 695-706.

Barker, William. S., and Godfrey, W. Robert(eds.), *Theonomy: A Reformed Critique*(Grand Rapids: Academie, 1990).

Barr, James, 'Man and Nature-the Ecological Controversy and the Old Testament', *Bulletin of the John Rylands Library of the University of Manchester* 55(1972), pp. 9-32.

_____, 'Biblical Law and the Question of Natural Theology', in Timo Veijola(ed.), *The Law in the Bible and in Its Environment*(Göttingen: Vandenhoech & Ruprecht, 1990), pp. 1-22.

_____, *Biblical Faith and Natural Theology*(Oxford: Clarendon Press, 1993).

_____, *The Concept of Biblical Theology: An Old Testament Perspective*(London: SCM, 1999)

Barton, John, 'Understanding Old Testament Ethics.' *Journal for the Study of the Old Testament* 9(1978), pp. 44-64.

_____, 'Natural Law and Poetic Justice in the Old Testament', *Journal of Theological Studies* 30(1979), pp. 44-64.

_____, 'Approaches to Ethics in the Old Testament', in John W. Rogerson(ed.), *Beginning Old Testament Study*(London: SPCK, 1983), pp. 113-130.

_____, 'The Basis of Ethics in the Hebrew Bible', *Semeia* 66(1994), pp. 11-22.

_____, *Ethics and the Old Testament*(London:SCM;1998).

_____, 'Canon and Old Testament Interpretation', In Ball, *True Wisdonm*, pp. 37-52.

_____, *Understanding Old Testament Ethics: Approaches and Explanations*(Louisville, KY:Westminster John Knox, 2003).

Barton, S. C., 'Family', in J. B. Green and S. McKnight(eds.), *Dictionary of Jesus and the Gospels*(Downers Grove:InterVarsity Press; Leicester: IVP, 1992), pp. 226-229.

Bauchham, Richard J., *Jude, 2 Peter*, Word Biblical Commentary(Waco:Word, 1983).

_____, 'First Steps to a Theology of Nature', *Evangelical Quarterly* 58(1986), pp. 229-244.

_____, *The Bible in Politics: How to Read the Bible Politically*(London: SPCK; Louisville, KY: Westminster John Knox, 1989).

_____, 'Jesus and Animals *i)*What Did He Teach? *ii)*What Did He Practise?' in Linzey and Yamamoto, *Animals on the Agenda*, pp. 33-60.

_____, *God Crucified*(Carlisle: Paternoster; Grand Rapids: Eerdmans, 1999).
Baum, Gregory, 'Exodus Politics', in van Iersel and Weiler, *Exodus*, pp. 109-117.
Bendor, S., *The Social Structure of Ancient Israel: The Institution of the Family(Beit 'Ab) from the Settlement to the End of the Monarchy*, Jerusalem Biblical Studies, vol. 7, ed. E. Katzenstein(Jerusalem: Simor, 1996).
Biggar, Nigel, and Hay, Donald, 'The Bible, Christian Ethics and the Provision of Social Security', *Studies in Christian Ethics* 7(1994), pp. 43-64.
Bimson, John J., 'The Origins of Israel in Canaan: An Examination of Recent Theories', *Themelios*, 15.1(1989), pp. 4-15.
Birch, Bruce C., 'Old Testament Narrative and Moral Address', in Tucker, Petersen and Wilson, *Canon, Theology and Old Testament Interpretation*, pp. 75-91.
_____, *Let Justice Roll Down: The Old Testament, Ethics and Christian Life*(Louisville, KY: Westminster John Knox, 1991).
_____, 'Moral Agency, Community, and the Character of God in the Hebrew Bible', *Semeia* 66(1994), pp. 23-41.
_____, 'Divine Character and the Formation of Moral Community in the Book of Exodus', in Rogerson, Davies and Carroll, *Bible in Ehtics*, pp. 119-135.
Birch, Bruce C., and Rasmussen, Larry L., *Bible and Ethics in the Christian Life*, rev. ed. (Minneapolis: Augsburg, 1989).
Bishop, Stephen, 'Green Theology and Deep Ecology: New Age or New Creation?' *Themelios* 16.3(1991), pp. 8-14.
Blauw, Johannes, *The Missionary Nature of the Church*(New York: McGraw Hill, 1962). 「교회의 선교적 본질」(한국장로교출판사).
Blocher, Henri, 'The Fear of the Lord as the "Principle" of Wisdom', *Tyndale Bulletin* 28(1977), pp. 3-28.
Block, Daniel I., *The Gods of the Nations: Studies in Ancient near Eastern National Theology*, 2nd ed.(Grand Rapids: Baker; Leicester: Apollos, 2000).
Bloesch, D. G., *Freedom for Obedience: Evangelical Ethics in Contemporary Times*(New York: Harper & Row, 1987).
Blomberg, Craig L., *Neither Poverty nor Riches: A Biblical Theology of Material Possessions*(Downers Grove: InterVarsity Press; Leicester: Apollos, 1999).
Bloom, A., 'Human Rights in Israel's Thought.' *Interpretation* 8(1954), pp. 422-432.
Boecker, Hans-Jochen, Law and the Administration of Justice in the Old Testament and Ancient East(Minneapolis: Augsburg, 1980).
Bosch, David J., *Transforming Mission: Paradigm Shifts in Theology of Mission*(Maryknoll: Orbis,1991). 「변화하는 선교」(CLC).
Boyce, Richard Nelson, *The Cry to God in the Old Testament*(Atlanta: Scholars Press,

1988).

Bretzke, SJ, James T., *Bibliography on Scripture and Christian Ethics*, Studies in Religion and Society, vol 39(Lewiston: Edwin Mellen, 1997).

Brichto, Herbert C., 'Kin, Cult, Land and Arterlife - a Biblical Complex', *Hebrew Union College Annual* 44(1973), pp. 1-54.

Bridger, Francis, 'Ecology and Eschatology: A Neglected Dimension', *Tyndale Bullein* 41.2(1990), pp. 290-301.

Briggs, Richard S., 'The Uses of Speech-Act Theory in Biblical Interpretation', *Currents in Theology and Mission* 9(2001), pp. 229-276.

_____, Getting Involved: Speech Acts and Biblical Interpretation', *Anvil* 20(2003), pp. 25-34.

Bruckner, James K., 'The Creational Context of Law before Sinai: Law and Liberty in PreSinai Narratives and Romans 7', *Ex Auditu* 11(1995), pp. 91-110.

Brueggemann, Walter, *The Land*(Philadelphia: Fortress, 1977). 「성경이 말하는 땅」(CLC).

_____, *The Prophetic Imagination*(Philadelphia: Fortress, 1978). 「예언자적 상상력」(대한기독교서회).

_____, *Theology of the Old Testament: Testimony, Dispute, Advocacy*(Minneapolis: Fortress, 1997). 「구약신학」(CLC).

_____, 'The Role of Old Testament Theology in Old Testament Interpretation', in Ball, *True Wisdom*, pp. 70-88.

_____, *A Social Reading of the Old Testament: Prophetic Approaches to Israel's Communal Life*, ed., Patrick D. Miller Jr.(Minneapolis: Fortress, 1994).

Burge, Gary M., *Whose Land? Whose Promise? What Christians Are Not Being Told about Israel and the Palestinians*(Carlisle: Paternoster; Cleveland, OH: Pilgrim, 2003).

Burnett, David, *Clash of Worlds*(Eastbourne: Monarch, 1990).

_____, *God's Mission: Healing the Nations*, rev. ed.(Carlisle: Paternoster, 1996).

Calvin, J., *Commentaries on the Four Last Books of Moses Arranged in the Form of a Harmony*, trans. C. W. Bingham, 4 vols.(Edinburgh: Calvin Translation Society, 1852-1855).

Carroll R., M. D., 'Wealth and Poverty', in Alexander and Baker, *Dictionary of the Old Testament: Pentateuch*, pp. 881-887.

Chalcraft, David J.(ed.), *Social-Scientific Old Testament Criticism: A Sheffield Reader*(Sheffield: Sheffield Academic Press, 1997).

Chapman, Colin, *Whose Promised Land?* Rev. ed.(Oxford: Lion, 1989).

Chester, Andrew, 'The Concept of Peace in the Old Testament', *Theology* 92(1989), pp. 466-481.

Childs, Brevard S., *Biblical Theology of the Old and New Testaments: Theological Reflection on the Christian Bible*(Minneapolis: Fortress, 1992).

Chrichigno, Greg, 'A Theological Investigation of Motivation in Old Testament Law', *Journal of the Evangelical Theological Society* 24(1981), pp. 303-313.

Clements, R. E., *God and Temple: The Idea of Divine Presence in Ancient Israel*(Oxford: Blackwell; Philadelphia: Fortress, 1965).

_____, (ed.), *The World of Ancient Israel: Sociological, Anthropological and Political Perspectives*(Cambridge: Cambridge University Press, 1989).

_____, 'Christian Ethics and the Old Testament', *Modern Churchman* 26(1984), pp. 13-26.

_____, 'Worship and Ethics: A Re-examination of Psalm 15', in Graham, Marrs and McKenzie, *Worship and the Hebrew Bible*, pp. 78-94.

Clines, David J. A., 'Ethics as Deconstruction, and the Ethics of Deconstruction', in Rogerson, Davies and Carroll, *Bible in Ethics*, pp. 77-106.

_____, *The Theme of the Pentateuch*, 2nd ed.(Sheffield: Sheffield Academic Press, 1997).

Cowles, C. S., Merrill, E. G., Gard, D. L., Longman III, T., and Gundry, S.(eds.), *Show Them No Mercy: Four Views of God and Cannanite Genocide*(Grand Rapids: Zondervan, 2003).

Craigie, Peter C., *The Problem of War in the Old Testament*(Grand Rapids: Eerdmans, 1978). 「기독교와 전쟁 문제」(성광문화사).

Crenshaw, J. L., and Willis, J.T.(eds.), *Essays in Old Testament Ethics*(New York, Ktav, 1974).

Curran, Charles E., and McCormick SJ, Richard A.(eds.), *The Use of Scripture in Moral Theology*, vol. 4, Readings in Moral Theology(New York: Paulist Press, 1984).

Davidson, Robert, 'Some Aspects of the Old Testament Contribution to the Pattern of Christian Ethics', *Scottish Journal of Theology* 12(1959), pp. 373-387.

Davies, Eryl W., 'Ethics of the Hebrew Bible: The Problem of Methodology', *Semeia* 66(1995), pp. 43-53.

_____, 'Walking in God's Ways: The Concept of *Imitatio Dei* in the Old Testament', in Ball, *True Wisdom*, pp. 99-115.

Davies, G. I., 'The Destiny of the Nations in the Book of Isaiah', In Jacques Vermeylen(ed.), *The Book of Isaiah*(Leuven: Leuven University Press, 1989), pp. 93-120.

Davies, Philip R., 'Ethics and the Old Testament', in Rogerson, Davies and Carroll, *Bible in Ethics*, pp. 164-173.

Davies, W. D., *The Gospel and the Land: Early Christianity and Jewish Territorial Doctrine*(Berkeley: University of California Press, 1974).

Dearman, John Andrew, *Property Rights in the Eighth-Century Prophets: The Conflict and*

Its Background(Atlanta: Scholars Press, 1988).

Deidun, Tom, 'The Bible and Christian Ethics', in Bernard Hoose(ed.), *Christian Ethics: An Introduction*(Collegeville, MN: Liturgical Press, 1998), pp. 3-46.

Dempsey, Carol J., *Hope Amid the Ruins: The Ethics of Israel's Prophets*(St. Louis: Chalice, 2000).

Dever, William G., 'Biblical and Syro-Palestinian Archaeology: A State-of-the-Art Assessment at the Turn of the Millennium', *Currents in Research: Biblical Studies* 8(2000), pp. 91-116.

_____, *What Did the Biblical Writers know and When Did They Know It?*(Grand Rapids: Eerdmans, 2001).

Diamond, A. S., 'An Eye for an Eye', *Iraq* 19(1957), pp. 151-155.

Duchrow, Ulrich, and Liedke, Gerhard, *Shalom: Biblical Perspectives on Creation, Justice and Peace*(Geneva: WCC Publications, 1987).

Dyrness, William A., 'Environmental Ethics and the Covenant of Hosea 2', in Robert L. Hubbard Jr, Robert K. Johnston and Robert P. Meye(eds.), *Studies in Old Testament Theology*(Dallas: Word, 1992), pp. 263-278.

Eichrodt, Walther, 'The Effect of Piety on Conduct(Old Testament Morality)', in *Theology of the Old Testament*, vol. 2(London: SCM, 1967), pp. 316-379. 「구약성서신학 2」(크리스챤다이제스트).

Ellison, H. L., 'The Significance of the Old Testament Today', *Churchman* 74(1969), pp. 231-238.

Elsdon, Ron, *Green House Theology: Biblical Perspectives on Caring for Creation*(Tunbridge Wells: Monarch, 1992).

Englehard, David H., 'The Lord's Motivated Concern for the Underprivileged', *Calvin Theological Journal* 15(1980), pp. 5-26.

Exum, J. Cheryl, 'The Ethics of Biblical Violence against Women', in Rogerson, Davies and Carroll, *Bible in Ethics*, pp. 248-271.

Fager, Jeffrey A., *Land Tenure and the Biblical Jubilee*, JSOT Supplements, vol. 155(Sheffield: JSOT Press, 1993).

Fensham, F. Charles, 'Widow, Orphan and the Poor in the Ancient near Eastern Legal and Wisdom Literature', *Journal of Near Eastern Studies* 21(1962), pp. 129-139.

Fletcher, V. H., 'The Shape of Old Testament Ethics', *Scottish Journal of Theology* 24(1971), pp. 47-73.

Forde, G. O., 'Law and Gospel in Luther's Hermeneutic', *Interpretation* 37(1983), pp. 240-252.

Forster, G., *Christian Ethics in the Old Testament*(Nottingham: Grove Ethics Books, vol.35, 1980).

Freedman, D. N. (ed), *Anchor Bible Dictionary*, 6 vols(New York: Doubleday, 1992).

_____, 'Divine Commitment and Human Obligation: The Covenant Theme', *Interpretation* 18(1964), pp. 419-431.

Fretheim, Terence E., 'The Reclamation of Creation: Redemption and Law in Exodus', *Interpretation* 45(1991), pp. 354-365.

Froehlich, K., *Biblical Interpretation in the Early Church*(Philadelphia: Fortress, 1984).

Fuller, Daniel P., *Gospel and Law, Contrast of Continuum? The Hermeneutics of Dispensational and Covenant Theology*(Grand Rapids: Eerdmans, 1980)

Gammie, John G., *Holiness in Israel*(Minneapolis: Fortress, 1989)

Gamoran, H., 'The Biblical Law against Loans on Interest', *Journal of Near Eastern Studies* 30(1971), pp. 127-134.

Geisler, Norman L., *Christian Ethics: Options and Issues*(Grand Rapids: Baker, 1989; Leicester: IVP, 1990). 「기독교 윤리학」(CLC).

_____, 'Dispensationalism and Ethics', *Transformation* 6.1(1989), pp. 7-14.

Gemser, B., 'The Importance of the Motive Clause in Old Testament Law', in *Congress Volume in Memoriam Aage Bentzen*, Supplements to *Vetus Testamentum*, vol. 1(Leiden: E. J. Brill, 1953), pp. 50-66.

George, Timothy, *Theology of the Reformers*(Nashville: Broadman; Leicester: Apollos, 1988).

Gerbrandt, Gerald Eddie, *Kingship According to the Deuteronomistic History*(Atlanta: Scholars Press, 1986).

Gerstenberger, Erhard, 'Covenant and Commandment', *Journal of Biblical Literature* 84(1965), pp. 38-51.

_____, '"…He/They Shall Be Put to Death": Life-Preserving Divine Threats in Old Testament Law', *Ex Auditu* 11(1995), pp. 43-61.

Gillingham, Sue, 'The Poor in the Psalms', *Expository Times* 100(1988), pp. 15-19.

Gimsrud, Ted, and Johns, Loren L.(eds.), *Peace and Justice Shall Embrace: Power and Theopolitics in the Bible: Essays in Honor of Millard Lind*(Telford, PA: Pandora, 1999).

Gitari, David, 'The Church and Polygamy', *Transformation* 1(1984), pp. 3-10.

Glasser, Arthur F., 'Messianic Jews-What They Represent', *Themelios* 16.2(1991), pp. 13-14.

Gnanakan, Ken, *God's World: Biblical Insights for a Theology of the Environment*(SPCK International Study Guides, London: SPCK, 1999).

Gnuse, Robert, 'Jubilee Legislation in Leviticus: Israel's Vision of Social Reform', *Biblical Thoelogy Bulletin* 15(1985), pp. 43-48.

_____, *You Shall Not Steal: Community and Property in the Biblical Tradition*

(Maryknoll: Orbis, 1985).

_____, *No Other Gods: Emergent Monotheism in Israel*, JSOT Supplement Series, vol. 241(Sheffield: Sheffield Academic Press, 1997).

Godfrey, W. Robert, 'Calvin and Theonomy', in Barker and Godfrey, *Theonomy*, pp. 299-312.

Goetzmann, J., 'House', in Colin Brown(ed.), *New International Dictionary of New Testament Theology*, vol. 2(Carlisle: Paternoster, 1976), pp. 247-251.

Goldingay, John, *Theological Diversity and the Authority of the Old Testament*(Grand Rapids: Eerdmans, 1987). 「구약의 권위와 신학적 다양성」(크리스챤다이제스트).

_____, Approaches to Old Testament Interpretation: Updated Edition(Leicester: Apollos, 1991). 「구약 해석의 접근 방법」(크리스챤다이제스트).

_____, 'Justice and Salvation for Israel and Canaan', in Wonil et al., *Reading the Hebrew Bible*, pp. 169-187.

Gossai, Hemchand, *Justice, Righteousness and the Social Critique of the Eighth-Century Prophets*, American University Studies, Series 7: Theology and Religion, vol. 141(New York: Peter Lang, 1993).

Gottwald, Norman K., *The Tribes of Yahweh: A Sociology of the Religion of Liberated Israel 1250-1050 BCE*(Maryknoll: Orbis, London:SCM, 1979).

_____, 'Thoelogical Education as a Theory-Praxis Loop: Situating the Book of Joshua in a Cultural, Social Ethical, and Theological Matrix', in Rogerson, Davies and Carroll, *Bible in Ethics*, pp. 107-118.

Gowan, Donald E., 'Wealth and Poverty in the Old Testament: The Case of the Widow, the Orphan, and the Sojourner', *Interpretation* 41(1987), pp. 341-353.

Graham, M. P., Marrs, R. R., and McKenzie, S. L.,(eds.), *Worship and the Hebrew Bible*(Sheffield: Sheffield Academic Press, 1999).

Greenberg, Moshe, 'Some Postulates of Biblical Criminal Law', in M. Haran(ed.), *Yehezkel Kaufmann Jubilee Volume*(Jerusalem: Magnes, 1960), pp. 5-28.

_____, 'Mankind, Israel and the Nations in the Hebraic Heritage', in J. Robert Nelson(ed.), *No Man Is Alien: Essays on the Unity of Mankind*(Leiden: E. J. Brill, 1971), pp. 15-40.

Green, W. B., 'The Ethics of the Ole Testament', *Princeton Theological Review* 27(1929), pp. 153-193.

Greidanus, Sidney, 'The Universal Dimension of Law in the Hebrew Scriptures', *Studies in Religion* 14(1985), pp. 39-51.

Gustafson, James M., 'The Changing Use of the Bible in Christian Ethics', in Charles E. Curran and Richard A. McCormick SJ(eds.), *Readings in Moral Theology*(New York: Paulist Press, 1984), pp. 133-150.

_____, 'The Place of Scripture in Christian Ethics: A Methodological Study', in Curran and McCormick, *Use of Scripture in Moral Theology*, pp. 151-178.

Habel, Morman C., 'Wisdom, Wealth and Poverty: Paradigms in the Book of Proverbs', *Bible Bhashyam* 14(1988), pp. 26-49.

_____, *The Land Is Mine: Six Biblical Land Ideologies*(Philadelphia: Fortress, 1995).「땅의 신학」(한국신학연구소).

Halpern, Baruch, *The Constitution of the Monarchy in Israel*(Missoula: Scholars Press, 1980).

Hamilton, J. M., *Social Justice and Deuteronomy: The Case of Deuteronomy 15*, Society of Biblical Literature Dissertation Series, vol. 136(Atlanta: Scholars Press, 1980).

Hammershaimb, E., 'On the Ethics of the Old Testament Prophets', Supplements to *Vetus Testamentum* 7(1959), pp. 75-101.

Hanks, Thomas D., *God So Loved the Third World: The Biblical Vocabulary of Oppression*(Maryknoll: Orbis, 1983).

Hanson, Paul D., *The People Called: The Growth of Community in the Bible*(San Francisco: Harper & Row, 1986).

Harrelson, Walter, *The Ten Commandments and Human Rights*(Minneapolis: Fortress, 1980).

Hauerwas, Stanley, *A Community of Character: Toward a Constructive Christian Social Ethic*(Notre Dame: University of Notre Dame Press, 1981).

_____, *Peaceable Kingdom*(Notre Dame: University of Notre Dame Press, 1983).

_____, *Resident Aliens*(Nashville: Abingdon, 1989).

Hawking, Stephen, *A Brief History of Time: From the Big Bang to Black Holes*(London: Bantam, 1988).

Hay, Donald A., 'Christians in the Global Greenhouse', *Tyndale Bulletin* 41.1(1990), pp. 109-127.

Hays, J. Daniel, 'Applying the Old Testament Law Today', *Bibliotheca Sacra* 158(2001), pp. 21-35.

Hempel, Johannes, *Das Ethos Des Alten Testaments*, Beihefte zur Zeitschrift für die alttestamentishe Wissenschaft 67, rev. ed.(Berlin: Töpelmann, 1964).

Hendrickx, Herman, *Social Justice in the Bible*(Quezon City: Claretian Publication, 1985).「성경에 나타난 사회 정의」(분도).

Hesselink, I. John, 'John Calvin on the Law and Christian Freedom', *Ex Auditu* 11(1995), pp. 77-89.

Hobbs, T. R., 'Reflections on "the Poor" and the Old Testament', *Expository Times* 100(1988-1989), pp. 291-293.

Holwerda, David E., *Jesus and Israel: One Covenant or Two?*(Grand Rapids: Eerdmans;

Leicester: Apollos, 1995). 「예수와 이스라엘」(CLC).

Hoppe OFM, Leslie J., *Being Poor: A Biblical Study*(Wilmington, DE: Michael Glazier, 1987).

House, H. Wayne, and Ice, Thomas(eds.), *Dominion Theology: Blessing or Curse?*(Portland: Multnomah, 1988).

Houston, Walter, '"and Let Them Have Dominion…" Biblical Views of Man in Relation to the Environmental Crisis', *Studia Biblica* 1(1978), pp. 161-184.

_____, 'War and the Old Testament', *Modern Churchman* 28(1985), pp. 14-21.

_____, '"You Shall Open Your Hand to Your Needy Brother": Ideology and Moral Formation in Duet. 15:1-18', in Rogerson, Davies and Carroll, *Bible in Ethics*, pp. 296-314.

_____, 'The King's Preferential Option for the Poor: Rhetoric, Ideology and Ethics in Psalm 72', *Biblical Interpretation* 7(1999), pp. 347-368.

Hughes, Dewi, *God of the Poor: A Biblical Vision of God's Present Rule*(Carlisle: OM Publishing, 1998).

Jacobs, Mignon R., 'Toward an Old Testament Theology of Concern for the Underprivileged', in Wonil et al., *Reading the Hebrew Bible*, pp. 205-229.

Janzen, Waldemar, 'Land', in Freedman, *Anchor Bible Dictionary*, vol. 4, pp. 144-154.

_____, 'The Theology of Work from an Old Testament Perspective', *Conrad Grebel Review* 10(1992), pp. 121-138.

_____, *Old Testament Ethics: A Paradigmatic Approach*(Louisville, KY:Westminster John Knox, 1994).

Jenson, P., *Graded Holiness: A Key to the Priestly Conception of the World*, JSOT Supplements, vol.106(Sheffield: Sheffield Academic Press, 1992).

Johnston, P., and Walker, P. W. L. (eds.), *The Land of Promise: Biblical, Theological and Contemporary Perspectives*(Leicester: IVP; Downers Grove: InterVarsity Press, 2000).

Juster, Daniel, *Jewish Roots: A Foundation of Biblical Theology for Messianic Judaism*(Rockville: Davar, 1986).

Kaiser Jr, Walter C., *Toward Old Testament Ethics*(Grand Rapids: Zondervan, 1983). 「구약 성경 윤리」(생명의말씀사).

_____, *Toward Rediscovering the Old Testament*(Grand Rapids: Zondervan, 1987). 「새롭게 본 구약」(엠마오).

_____, *Hard Sayings of the Old Testament*(Downers Grove: InterVarsity Press, 1988). 「구약 난제 해설」(생명의말씀사).

_____, 'The Old Testament Promise of Material Blessings and the Contemporary Believer', *Trinity Journal* 9(1988), pp. 151-170.

_____, 'God's Promise Plan and His Gracious Law', *Journal of the Evangelical*

Theological Society 33(1990), pp. 289-302.

_____, 'New Approaches to Old Testament Ethics', *Journal of the Evangelical Theological Society* 35(1992), pp. 289-297.

_____, *Mission in the Old Testament: Israel as a Light to the Nations*(Grand Rapids: Baker, 2000). 「구약성경과 선교」(CLC).

Kapelrud, A. S., 'New Ideas in Amos', Supplements to *Vetus Testamentum* 15(1966), pp. 79-113.

Kaufman, Stephen A., 'A Reconstruction of the Social Welfare Systems of Ancient Israel', in W. Boyd Barrick and John R. Spencer(eds.), *In the Shelter of Elyon*(Sheffield: JSOT Press, 1984).

Kaye, B. N., and Wenham, G. J.(eds.), *Law, Morality and the Bible: A Symposium* (Leicester: IVP, 1978).

Kidner, Derek, 'Old Testament Perspectives on War', *Evangelical Quarterly* 57(1985), pp. 99-112.

Kim, Wonil, Ellens, Deborah, Floyd, Michael, and Sweeney, Marvin(eds.), *Reading the Hebrew Bible for a New Millennium: Form, Concept, and Theological Perspective*(Harrisburg, PA: Trinity Press International, 2000).

Klassen, H. W., 'The Relation of the Old and New Covenants in Pilgram Marpeck's Theology', in Swartley, *Essays on Biblical Interpretation*, pp. 91-105.

Kline, M. G., *The Structure of Biblical Authority*(Grand Rapids: Eerdmans, 1972). 「언약: 성경권위의 구조」(새순출판사).

Knierim, Rolf P., *The Task of Old Testament Theology: Substance, Method, and Cases*(Grand Rapids: Eerdmans, 1995). 「구약신학의 과제」(크리스챤다이제스트).

_____, 'On the Subject of War in Old Testament and Biblical Theology', in Wonil et al., *Reading the Hebrew Bible*, pp. 73-88.

Knight, Douglas A., and Meyers, Carol(eds.), 'Ethics and Politics in the Hebrew Bible', *Semeia* 66(Atlanta: Society of Biblical Literature, 1994).

_____, 'Political Rights and Powers in Monarchic Israel', Semeia 66(1994), pp. 93-117.

Kraftson-Hogue, Michael, 'Toward a Christian Ecological Ethic: The Lesson of Old Testament Israel's Dialogic Relations with Land, History and God', *Christian Scholars Review* 28(1998), pp. 270-282.

Kuhn, Thomas S., *The Structure of Scientific Revolutions*, 2nd ed.(Chicago: University of Chicago Press: 1970). 「과학혁명의 구조」(까치).

Lang, B., 'The Social Organization of Peasant Poverty in Israel', *Journal for the Study of the Old Testament* 24(1982), pp. 47-63.

_____, *The Hebrew God: Portrait of an Ancient Deity*(New Haven: Yale University Press, 2002).

Leggett, D. A., *The Levirate and Goel Institutions in the Old Testament with Special Attention to the Book of Ruth*(Cherry Hill: Mack, 1974).

Lemche, Niels Peter, 'Habiru, Habiru', in Freedman, *Anchor Bible Dictionary*, vol. 3, pp. 6-10.

Liechty, Daniel, 'What Kind of Political Power? The Upside-Down Kingdom in Millard Lind's Reading of the Hebrew Bible', in Gimsrud and Johns, *Peace and Justice Shall Embrace*, pp. 17-33.

Lind, Millard C., 'The Concept of Political Power in Ancient Israel', *Annual of the Swedish Theological Institute* 7(1968-1969), pp. 4-24.

_____, *Yahweh Is a Warrior: The Theology of Warfare in Ancient Israel*(Scottdale: Herald, 1980).

Lindars, Barnabas, 'Imitation of God and Imitation of Christ', *Theology* 76(1973), pp. 394-402.

Linville, Mark D., 'A Little Lower Than the Angels: Christian Humanism and Environmental Ethics', *Christian Scholars Review* 28(1998), pp. 283-297.

Linzey, Andrew, *Animal Theology*(London: SCM, 1994).

_____, *Animal Gospel*(London: Hodder & Stoughton; Louisville, KY: Westminster John Knox, 1998).

Linzey, Andrew, and Yamamoto, Dorothy(eds.), *Animals on the Agenda: Questions about Animals for Theology and Ethics*(London: SCM, 1998).

Loewe, Raphael, *The Position of Women in Judaism*(London: SPCK, 1966).

Lohfink SJ, Norbert F., *Great Themes from the Old Testament*(Edinburgh: T. & T. Clark, 1982).

_____, *Option for the Poor: The Basic Principle of Liberation Theology in the Light of the Bible*(Berkeley: BIBAL Press, 1987).

_____, *God of Israel and the Nations: Studies in Isaiah and the Psalms*, trans. Everett R. kalin(Collegeville, MA: Liturgical Press, 2000).

Long, V. P., Baker, D. W., and Wenham, G. J.(eds.), *Windows into Old Testament History: Evidence, Argument and the Crisis of 'Biblical Israel'* (Grand Rapids: Eerdmans, 2002).

Longenecker, R. N., 'Three Ways of Understanding Relations between the Testaments: Historically and Today', in G. F. Hawthorne and O. Betz(eds.), *Tradition and Interpretation in the New Testament: Essays in Honor of E.Earle Ellis for His Sixtieth Birthday*(Grand Rapids: Eerdmans, 1987), pp. 22-32.

Longman III, Tremper, and Reid, Daniel G., *God Is a Warrior*(Grand Rapids: Zondervan; Carlisle: Paternoster, 1995).「거룩한 용사」(솔로몬).

Lovelock, James E., *Gaia: A New Look at Life on Earth*(Oxford: Oxford University Press, 1979).

Malchow, Bruce V., 'Social Justice in the Wisdom Literature', *Biblical Theology Bulletin* 12(1982), pp. 120-124.
_____, 'Social Justice in the Israelite Law Codes', *Word and World* 4(1984), pp. 299-306.
Marak, Krickwin C., and Aghamkar, Atul Y. (eds.), *Ecological Challenge and Christian Mission*(Delhi: ISPCK, 1998).
Marshall, J. W., 'Decalogue' in Alexander and Baker, *Dictionary of the Old Testament: Pentateuch*, pp. 171-182.
Marshall, Paul, *Thine Is the Kingdom: A Biblical Perspective on the Nature of Government and Politics Today*(Basingstoke: Marshall, Morgan & Scott, 1984). 「정의로운 정치」(IVP).
Martens, Elmer A., *God's Design: A Focus on Old Testament Theology*, 2nd ed. (Grand Rapids: Baker; Leicester: Apollos, 1994). 「새로운 구약신학 하나님의 계획」(아가페 문화사).
_____, 'How Is the Christian to Construe Old Testament Law?' *Bulletin for Biblical Research* 12(2002), pp. 199-216.
Martin-Achard, Robert, *A Light to the Nations: A Study of the Old Testament Conception of Israel's Mission to the World*, trans. John Penney Smith(Edinburgh: Oliver & Boyd, 1962).
Mason, John, 'Biblical Teaching and Assisting the Poor', *Transformation* 4.2(1987), pp. 1-14.
Mason, Rex, *Propaganda and Subversion in the Old Testament*(London: SPCK, 1997).
Matthews, V. H. 'Family Relationship', in Alexander and Baker, *Dictionary of the Old Testament: Pentateuch*, pp. 291-299.
_____, 'Social-Scientific Approaches', in Alexander and Baker, *Dictionary of the Old Testament: Pentateuch*, pp. 787-793.
Mays, James L., 'Justice: Perspectives from the Prophetic Tradition', in David L. Petersen(ed), *Prophecy in Israel: Search for an Identity*(London: SPCK Philadelphia: Fortress, 1987), pp. 144-158.
McBride Jr, S. Dean, 'The Yoke of Torah', *Ex Auditu* 11(1995), pp. 1-15.
McCarthy, D. J., 'Notes on the Love of God in Deuteronomy and the Father-Son Relationship between Yahweh and Israel', *Catholic Biblical Quarterly* 27(1965), pp. 144-147.
McConville, J. Gordon, *Law and Theology in Deuteronomy*, JSOT Supplements, vol. 33(Sheffield: JSOT Press, 1984).
McDonagh SSC, Sean, *To Care for the Earth: A Call to a New Theology*(London: Geoffrey Chapman, 1986).
_____, *The Greening of the Church*(Maryknoll: Orbis; London: Geoffrey Chapman,

1990).

McKeating, H., 'Sanctions against Adultery in Ancient Israelite Society, with Some Reflections on Methodology in the Study of Old Testament Ethics', *Journal for the Study of the Old Testament* 11(1979), pp. 57-72.

McKenzie, D. A., 'Judicial Procedure at the Town Gate', *Vetus Testamentum* 14(1964), pp. 100-104.

McKenzie, J. L., 'God and Nature in the Old Testament', *Catholic Biblical Quarterly* 14(1952), pp. 18-39, 124-145.

_____, 'The Elders in the Old Testament', *Biblica* 40(1959), pp. 522-540.

Meeks, Wayne, *The Moral World of the First Christians*(Philadelphia: Westminster; London: SPCK, 1986).

Mendelsohn, I., *Slavery in the Ancient Near East*(Oxford: Oxford University Press, 1949).

Mendenhall, George E., 'The Relation of the Individual to Political Society in Ancient Israel', in J. M. Myers, O. Reimherr and H. N. Bream(eds.), *Biblical Studies in Memory of H. C. Alleman*(Locus Valley, NY: J. J. Augustin, 1960), pp. 89-108.

Mettinger, Tryggve N. D., *King and Messiah: The Civil and Sacral Legitimation of the Israelite Kings*(Lund: Gleerup, 1976).

Middleton, J. Richard, and Walsh, Brian J., *Truth Is Stranger Than it Used to Be: Biblical Faith in a Pastmodern Age*(London: SPCK; Downers Grove: InterVarsity Press, 1995).

Millar, J. Gary, *Now Choose Life: Theology and Ethics in Deuteronomy*(Leicester: Apollos, 1998).

Miller Jr, Patrick D., 'The Gift of God: The Deuteronomic Theology of the Land', *Interpretation* 23(1969), pp. 454-465.

_____, 'The Place of the Decalogue in the Old Testament and Its Law', *Interpretation* 43(1989), pp. 229-242.

Mills, Mary E., *Images of God in the Old Testament*(Collegeville, MN: Liturgical Press; London: Cassells, 1998).

_____, *Biblical Morality: Moral Perspectives in Old Testament Narratives*, Heythrop Studies in Contemporary Philosophy, Religion and Theology, ed. Laurence Paul Hemming(Aldershot, UK: Ashgate, 2001).

Mills, Paul, *Interest in Interest: The Implications of the Old Testament Ban on Interest for Today*(Cambridge: Jubilee Centre, 1989).

Moss, R., *The Earth in our Hands*(Leicester: IVP, 1982).

Mott, Stephen Charles, "The Contribution of the Bible to Economic Thought', *Transformation* 4.3-4(1987), pp. 25-34.

_____, *A Christian Perspective on Political Thought*(Oxford: Oxford University Press,

1993).

Mouw, Richard J., *When the King Come Marching In: Isaiah and the New Jerusalem* (Grand Rapids: Eerdmans, 1983). 「미래의 천국과 현재의 문화」(두란노).

_____, 'Commands for Grown-Ups', in Curran and McCormick, *Use of Scripture*, pp. 66-77.

Muilenburg, J., *The Way of Israel: Biblical Faith and Ethics*(New York: Harper, 1961). 「이스라엘의 길」(컨콜디아사).

Murray, Robert, *The Cosmic Covenant: Biblical Themes of Justice, Peace and the Integrity of Creation*(London: Sheed & Ward, 1992).

Nahmani, H. S., *Human Rights in the Old Testament*(Tel Aviv: J. Chachik, 1964).

Napier, B. D., 'Community under Law: On Hebrew Law and Its Theological Prewuppositions', *Interpretation* 7(1953), pp. 26-46.

Nash, James A., *Loving Nature: Ecological Integrity and Christian Responsibility*(Nashville: Abingdon, 1991).

Nasuti, Harry P., 'Identity, Identification, and Imitation: The Narrative Hermeneutics of Biblical Law', *Journal of Law and Religion* 4(1986), pp. 9-23.

Nicholson, E. W., 'The Decalogue as the Direct Address of God', *Vetus Testamentum* 27(1977), pp. 422-433.

Niditch, Susan, *War in the Hebrew Bible: A Study in the Ethics of Violence*(Oxford: Oxford University Press, 1993).

Northcott, Michael S., *The Environment and Christian Ethics*(Cambridge: Cambridge University Press, 1996).

North, R., *Sociology of the Biblical Jubilee*(Rome: Pontifical Biblical Institute, 1954).

O'Donovan, Oliver M. T., 'Towards an Interpretation of Biblical Ethics', *Tyndale Bulletin* 27(1976), pp. 54-78.

_____, *Resurrection and Moral Order: An Outline for Evangelical Ethics*(Leicester: IVP, 1986).

_____, *The Desire of the Nations: Rediscovering the Roots of Political Theology* (Cambridge: Cambridge University Press, 1996).

Ogletree, Thomas, *The Use of the Bible in Christian Ethics*(Minneapolis: Fortress, 1983; Oxford: Blackwell, 1984).

Orlinsky, Harry M., 'The Biblical Concept of the Land of Israel: Cornerstone of the Covenant between God and Israel', in L. A. Huffman(ed.), *The Land of Israel: Jewish Perspectives*(Notre Dame: Notre Dame University Press, 1986), pp. 27-64.

Otto, Eckart, *Theologische Ethick des Alten Testaments*(Stuttgart: W. Kohlhammer, 1994).

Patrick, Dale, *The Rendering of God in the Old Testament*, Overtures to Biblical Theology, vol. 10(Philadelphia: Fortress, 1981).

_____, *Old Testament Law*(Atlanta: John Knox, 1985).
_____, 'God's Commandment', in Linafelt and Beal, *God in the Fray*, pp. 93-111.
Penchansky, David, *What Rough Beast? Images of God in the Hebrew Bible*(Louisville, KY: Westminster John Knox, 1999).
Perdue, Leo G., Blenkinsopp J., and Collins, J. J., *Families in Ancient Israel*(Louisville, KY: Westminster John Knox, 1997).
Petrie, Alistair, *Releasing Heaven on Earth*(Grand Rapids: Chosen Books, 2000).
Phillips, Anthony J., *Ancient Israel's Criminal Law: A New Approach to the Decalogue* (Oxford: Blackwell; New York: Schocken, 1970).
Plant, Raymond, *Politics, Theology and History*(Cambridge: Cambridge University Press, 2001).
Pleins, J. David, 'Poverty in the Social World of the Wise', *Journal for the Study of the Old Testament* 37(1987), pp. 61-78.
_____, 'Poor, Poverty', in Freedman, *Anchor Bible Dictionary*, vol. 5, pp. 402-414.
_____, 'How Ought we to Think about Poverty? Re-thinking the Diversity of the Hebrew Bible', *Irish Theological Quarterly* 60(1994), pp. 280-286.
_____, *The social Visions of the Hebrew Bible: A Theological Introduction*(Louisville, KY: Westminster John Knox, 2001).
Poettcker, H., 'Menno Simons' Encounter with the Bible', in Swartley, *Essays on Biblical Interpretation*, pp. 62-76.
Porter, J. Roy, 'The Legal Aspects of the Concept of "Corporate Personality" in the Old Testament', *Vetus Testamentum* 15(1965), pp. 361-380.
Poythress, Vern S., *Science and Hermeneutics: Implications of Scientific Method for Biblical Interpretation*(Grand Rapids: Academie; Leicester: Apollos, 1988).
Rad, G. von, 'The Preomised Land and Yahweh's Land', in *The Problem of the Hexateuch and Other Essays*(New York: McGraw Hill; London: SCM, 1966), pp. 79-93.
Reimer, David J., 'Sdq', in VanGemeren, *New International Dictionary of Old Testament Theology and Exegesis*, vol. 3, pp. 744-769.
Reventlow, Henning Graf, 'The Biblical and Classical Traditions of Just War', in Reventlow and Hoffman, *Politics and Theopolitics*, pp. 160-175.
Reventlow, Henning Graf, and Hoffman, Yair(eds.), *Justice and Righteousness: Biblical Themes and Their Influence*, JSOT Supplement Series 137(Sheffield: JSOT Press, 1992).
Reviv, Hanoch, *The Elders in Ancient Israel: A Study of a Biblical Institution*(Jerusalem: Magnes, 1989).
Ridder, Richard R. de, *Discipling the Nations*(Grand Rapids: Baker, 1975).
Riggans, Walter, *The Covenant with the Jews: What's so Unique about the Jewish*

People?(Eastbourne: Monarch, 1992).

Ringe, S. H., *Jesus, Liberation, and the Biblical Jubilee: Images of Ethics and Christology*(Philadelphia: Fortress, 1985).

Rodd, Cyril, 'The Fanily in the Old Testament', *Bible Translator* 18(1967), pp. 19-26.

_____, 'The Use of the Old Testament in Christian Ethics', in Rodd, *New Occasions Teach New Duties?* pp. 5-19.

(ed.), *New Occasions Teach New Duties? Christian Ethics for Today*(Edinburgh: T.&T. Clark, 1995).

_____, *Glimpses of a Strange Land: Studies in Old Testament Ethics*(Edinburgh: T. & T. Clark, 2001).

Rogerson, John W., 'The Hebrew Conception of Corporate Personality: A Re-examination', *Journal of Theological Studies* New Series 21(1970), pp. 1-16.

_____, 'The Old Testament View of Nature: Some Preliminary Questions', *Oudtestamentische Studien* 20(1977), pp. 67-84.

_____, 'The Old Testament and Social and Moral Questions', *Modern Churchman* 25(1982), pp. 28-35.

_____, 'Discourse Ethics and Biblical Ethics', in Rogerson, Davies and Carroll, *Bible in Ethics*, pp. 17-26.

Rogerson, John W., Davies, Margaret, and Carroll, M. Daniel(eds.), *The Bible in Ethics: The Second Sheffield Colloquium*, JSOT Supplement Series vol. 207(Sheffield: Sheffield Academic Press, 1995).

Rushdoony, Rousas, *Institutes of Biblical Law*(Phillipsburg: Presbyterian & Reformed, 1973).

Schluter, Michael, and Clements, Roy, *Reactivating the Extended Family: From Biblical Norms to Public Policy in Britain*(Cambridge: Jubilee Centre, 1986).

_____, 'Jubilee Institutional Norms: A Middle Way between Creation Ethics and Kingdom Ethics as the Basis for Christian Political Actino', *Evangelical Quarterly* 62(1990), pp. 37-62.

Schluter, Michael, and Lee, David, *The R Factor*(London: Hodder & Stoughton, 1993).

Schnabel, Eckhard J., 'Israel, the People of God, and the Nations', *Journal of the Evangelical Theological Society* 45(2002), pp. 35-37.

Schofield, J. N., '"Righteousness" in the Old Testament', *Bible Translator* 16(1965), pp. 112-116.

Scobie, C. H. H., 'The Place of Wisdom in Biblical Theology', *Biblical Theology Bulletin* 14(1984), pp. 43-48.

_____, 'Israel and the Nations: An Essay in Biblical Theology', *Tyndale Bulletin* 43.2(1992), pp. 283-305.

Seitz, Christopher, *Word without End*(Grand Rapids: Eerdmans, 1998).

Selman, M. J., 'Law', in Alexander and Baker, *Dictionary of the Old Testament: Pentateuch*, pp. 497-515.

Senior, Donald, and Stuhlmueller, Carroll, *The Biblical Foundations for Mission*(London: SCM, 1983).

Shephered, J. J., 'Man's Morals and Israel's Religion', *Expository Times* 92(1981), pp. 171-174.

Siker, Jeffrey S., *Scripture and Ethics: Twentieth-Century Portraits*(New York: Oxford University Press, 1997).

Simkins, Ronald A., *Creator and Creation: Nature in the Worldview of Ancient Israel*(Peabody: Hendrickson, 1994).

Simon, U., 'The Poor Man's Ewe Lamb···Judicial Parable', *Biblica*(1967), pp. 207-242.

Sloan, Jr, R. B., *The Favorable Year of the Lord: A Study of Jubilary Theology in the Gospel of Luke*(Austin: Schola, 1977).

Spanner, Huw, 'Tyrants, Stewards - or Just Kings?', in Linzey and Yamamoto, *Animals on the Agenda*, pp. 216-224.

Sparks, Kenton L., *Ethnicity and Identity in Ancient Israel: Prolegomena to the Study of Ethnic Sentiments and Their Expression in the Hebrew Bible*(Winona Lake: Eisenbrauns, 1998).

Spohn, William C., *What Are They Saying About Scripture and Ethics?* 2nd ed.(New York: Paulist Press, 1995).

Sprinkle, J. M., 'Sexuality, Sexual Ethics', in Alexander and Baker, *Dictionary of the Old Testament: Pentateuch*, pp. 741-753.

Stackhouse, M. L., 'What Then Shall We Do? On Using Scripture in Economic Ethics', *Interpretation* 41(1987), pp. 382-397.

Stamm, J. J., and Andrews, M. E., *The Ten Commandments in Recent Research*(London: SCM, 1967).

Stein, S., 'The Laws on Interest in the Old Testament', *Journal of Theological Studies* New Series 4(1953), pp. 161-170.

Stek, John H., 'Salvation, Justice and Liberation in the Old Testament', *Calvin Theological Journal* 13(1978), pp. 112-116.

Stern, David H., *Messianic Jewish Manifesto*(Jerusalem: Jewish New Testament Publications, 1988).

Strickland, Wayne G. (ed.), *The Law, the Gospel and the Modern Christian: Five Views*(Grand Rapids: Zondervan, 1993).

Swartley, Willard M., *Slavery, Sabbath, War and Women: Case Issues in Biblical Interpretation*(Scottdale, PA: Herald, 1983).

_____, (ed.), *Essays on Biblical Interpretation: Anabaptist-Mennonite Perspectives*(Elkhart, IN: Institute of Mennonite Studies, 1984).

Taylor, Robert D., and Ricci, Ronald J., 'Three Biblical Models of Liberty and Some Representative Laws', *Ex Auditu* 11(1995), pp. 111-127.

Thompson, Alden, *Who's Afraid of the Old Testament God?*(Grand Rapids: Zondervan, 1989).

Townsend, C., and Ashcroft J., *Political Christians in a Plural Society: A New Strategy for a Biblical Contribution*(Cambridge: Jubilee Centre, 1994).

Trible, Phyllis, *God and the Rhetoric of Sexuality*(Minneapolis: Fortress, 1978). 「하나님과 성의 수사학」(태초).

_____, *Texts of Terror*(Minneapolis: Fortress, 1984). 「성경에 나타난 여성의 희생」(전망사).

Tucker, Gene M., 'The Law in the Eighth-Century Prophets', in Tucker, Petersen and Wilson, *Canon, Theology and Old Testament Interpretation*, pp. 201-216.

Tucker, Gene M., Petersen, David L., and Wilson, Robert R. (eds.), *Canon, Theology and Old Testament Interpretation: Essays in Honor of Brevard S. Childs*(Philadelphia: Fortress, 1988).

Tuckett, Christopher M., 'Paul, Scripture and Ethics: Some Reflections', *New Testament Studies* 46.3(2000), pp. 403-422.

Ucko, Hans (ed.), *The Jubilee Challenge: Utopia or Possibility: Jewish and Christian Insights*(Geneva: WCC Publications, 1997).

Van den Toren, Benno, 'God's Purpose for Creation as the Key to Understanding the Universality and Cultural Variety of Christian Ethics', *Missiology: An International Review* 30(2002), pp. 215-233.

van Iersel, B., and Weiler, A. (eds.), *Exodus - a Lasting Paradigm, Concilium*, vol. 189(Edinburgh: T. & T. Clark, 1987).

VanGemeren, Willem A. (ed.), *New International Dictionary of Old Testament Theology and Exegesis*, 5 vols.(Grand Rapids: Paternoster, 1996).

Voegelin, E., *Israel and Revelation*(Baton Rouge: Louisiana State University, 1956).

Waldow, H. E. von, 'Social Responsibility and Social Structure in Early Israel', *Catholic Biblical Quarterly* 32(1970), pp. 182-204.

_____, 'The Concept of War in the Ole Testament', *Horizons of Biblical Theology* 6(1984), pp. 27-48.

Walker, P. W. L. (ed.), *Jerusalem Past and Present in the Purposes of God*, Rev. ed.(Carlisle: Paternoster, 1994).

Walsh SJ, J. P. M., *The Mighty from Their Thrones: Power in the Biblical Tradition*, Overtures to Biblical Theology, vol. 21(Philadelphia: Fortress, 1987).

Walzer, Michael, *Exodus and Revolution*(New York: Basic, Books, 1985).
Weinfeld, Moshe, *The Promise of the Land: The Inheritance of the Land of Canaan by the Israelites*(Berkeley: University of California Press, 1993).
_____, *Social Justice in Ancient Israel and in the Ancient near East*(Jerusalem: Magens; Minneapolis: Fortress, 1995).
Weinfeld, W., 'The Origin of Humanism in Deuteronomy', *Journal of Biblical Literature* 80(1961), pp. 421-249.
Weir, J. Emmette, 'The Poor Are Powerless: A Response to R. J. Coggins', *Expository Times* 100(1988), pp. 13-15.
Wenham, Gordon J., 'Law and the Legal System in the Old Testament', in Kaye and Wenham, *Law, Morality and the Bible*, pp. 24-52.
_____, *The Book of Leviticus*, New International Commentary on the Old Testament(Grand Rapids: Eerdmans, 1979).
_____, 'The Restoration of Marriage Reconsidered', *Journal of Jewish Studies* 30(1979), pp. 36-40.
_____, *Story as Torah: Reading the Old Testament Ethically*(Edinburgh: T. & T. Clark, 2000).
Wenham, John W., *The Enigma of Evil: Can we Believe in the Goodness of God?*(Leicester: IVP, 1985; Carlisle: Paternoster, 1997).
White, Lynn, 'The Historical Roots of Our Ecologic Crisis', *Science* 155(1967), pp. 1203-1207.
Whybray, R. N., *Wealth and Poverty in the Book of Proverbs*, JSOT Supplements 99(Sheffield: Sheffield Academic Press, 1990).
Wilkinson, Loren, 'New Age, New Consciousness and the New Creation', in W. Granberg-Michaelson(ed.), *Tending the Garden: Essays on the Gospel and the Earth*(Grand Rapids: Eerdmans, 1987), pp. 6-29.
_____, (ed.), *Earthkeeping in the Nineties: Stewardship of Creation*, rev. ed(Grand Rapids: Eerdmans, 1991).
Willis, John T., 'Old Testament Foundations of Social Justice', in Perry C. Cotham(ed.), *Christian Social Ethics*(Grand Rapids: Baker, 1979), pp. 21-43.
Willis, Timothy M., '"Eat and Rejoice before the Lord": The Optimism of Worship In the Deuteronomic Code.' in Graham, Marrs and McKenzie, *Worship and the Hebrew Bilble*, pp. 276-294.
Wilson, Robert R., 'Approaches to Old Testament Ethics', in Tucker, Petersen and Wilson, *Canon, Theology and Old Testament Interpretation*, pp. 62-74.
_____, 'Ethics in Conflict: Sociological Aspects of Ancient Israelite Ethics', in Susan Niditch(ed.), *Text and Tradition: The Hebrew Bible and Folklore*(Atlanta: Scholars

Press, 1990), pp. 193-205.

_____, 'Sources and Methods in the Study of Ancient Israelite Ethics', *Semeia* 66(1995), pp. 55-63.

Wiseman, D. J., 'Law and Order in Old Testament Times', *Vox Evangelica* 8(1973), pp. 5-21.

Wogaman, J. Philip, *Christian Ethics: A Historical Introduction*(Louisville, KY: Westminster John Knox, 1993).

_____, *Christian Perspective on Politics*, 2nd ed.(Louisville, KY: Westminster John Knox, 2000).

Wonil, kim, Ellens, Deborah, Floyd, Michael, and Sweeney, Marvin(eds.), *Reading the Hebrew Bible for a New Millennium: Form, Concept, and Theological Perspective*(Harrisburg, PA: Trinity Press International, 2000).

Woods, John A., *Perspectives on War in the Bible*(Macon: Mercer University Press, 1998).

Wright, Christopher J. H., 'The Israelite Household and the Decalogue: The Social Background and Significance of Some Commandments.' *Tyndale Bulletin* 30(1979), pp. 101-124.

_____, *Living as the People of God: The Relevance of Old Testament Ethics*(in the USA, *An Eye for an Eye*)(Leicester: IVP; Downers Grove: Intervarsity Press, 1983). 「현대를 위한 구약윤리(초판)」(IVP).

_____, 'What Happened Every Seven Years in Israel? Old Testament Sabbatical Institutions for Land, Debts and Slaves.' *Evangelical Quarterly* 56(1984), pp. 129-138, 193-201.

_____, 'Family', in Freedman, *Anchor Bible Dictionary*, vol. 2, pp. 761-769.

_____, 'Jubilee, Year Of', *Anchor Bible Dictionary*, vol. 3, pp. 1025-1030.

_____, *Knowing Jesus through the Old Testament*(London: Marshall Pickering; Downers Grove: InterVarsity Press, 1992).

_____, 'Biblical Ethics: A Survey of the Last Decade', *Themelios* 18.2(1993), pp. 15-19.

_____, *Tested by Fire: Daniel 1-6 in Today's World*(London: Scripture Union, 1993).

_____, 'Leviticus', in Gordon J. Wenham, J. Alec Motyer, Donald A. Carson and R.T. France(eds.), *New Bible Commentary: 21st Century Edition*(Leicester: IVP; Downers Grove: InterVarsity Press, 1994), pp. 121-157. 「IVP 성경주석」(IVP).

_____, *Walking in the Ways of the Lord: The Ethical Authority of the Old Testament*(Leicester: IVP; Downers Grove: InterVarsity Press, 1995).

_____, *Deuteronomy*, New International Biblical Commentary, Old Testament Series(Peabody: Hendrickson; Carlisle: Paternoster, 1996).

_____, *God's People in God's Land: Family, Land and Property in the Old Testament*(Grand Rapids: Eerdmans, 1990; Carlisle: Paternoster, rev. ed., 1996).

_____, "'ab', in VanGemeren, New International Dictionary of Old Testament Theology and Exegesis, vol. 1, pp. 219-223.

_____, "'ereṣ', in VanGemeren, *New International Dictionary of Old Testament Theology and Exegesis*, vol. 1, pp. 518-524.

_____, 'nḥl', in VanGemeren, *New International Dictionary of Old Testament Theology and Exegesis*, vol. 1, pp. 77-81.

_____, *The Message of Ezekiel*, The Bible Speaks Today(Leicester: IVP; Downers Grove: InterVarsity Press, 2001).

Wright, D. F., 'The Ethical Use of the Old Testament in Luther and Calvin: A Comparison', *Scottish Journal of Theology* 36(1983), pp. 463-485.

_____, 'Calvin's Pentateuchal Criticism: Equity, Hardness of Heart and Divine Accommodation in the Mosaic Harmony Commentary', *Calvin Theological Journal* 21(1986), pp. 33-50.

Wright, N. T., *Jesus and the Victory of God*(London: SPCK, 1996).「예수와 하나님의 승리」(크리스챤다이제스트).

Zimmerli, Walther, *The Old Testament and the World*(London: SPCK, 1976).

인명 색인

Alexander, T. D.   107, 395
Alt, Albrecht   399
Anderson, J. N. D.   575, 593
Austin, J. L.   655

Bahnsen, Greg   564, 565, 569, 575
Bailey Wells, Jo   60
Ball, Jim   168, 198
Barker, P. A.   283, 291
Barker, William S.   566, 576
Barr, James   140, 163, 164, 198, 452
Barton, John   47, 60, 580-583, 589, 592, 603, 622, 631, 661
Barton, S. C.   498, 505
Bauckham, Richard J.   171, 174, 176, 178, 198, 595, 604, 615, 659
Baum, Gregory   316, 341, 348
Bendor, S.   505
Biggar, Nigel J.   220, 248, 253, 291
Bimson, John J.   657, 664
Birch, Bruce C.   30, 47, 60, 528, 534, 597, 598, 603, 615
Bishop, Stephen   180, 199
Blauw, Johannes   345

Blocher, Henri   515, 534
Block, Daniel I.   345
Bloesch, D. G.   576
Blomberg, Craig L.   248
Boecker, Hans-Jochen   416, 567
Bosch, David J.   456
Boyce, Richard Nelson   360, 387
Bretzke, James T.   606
Brichto, Herbert C.   471, 505
Bridger. Francis   195, 199
Briggs, Ricahrd S.   656, 661
Brown, William P.   16
Bruckner, James K.   392, 452
Brueggemann, Walter   67, 68, 80, 101, 104, 135, 309, 314, 320, 335, 337, 345, 579, 580, 605, 610, 626, 644
Bultmann, R.   544
Burge, Gary M.   260, 291
Burnett, David   345, 456

Calvin, J.   236, 544, 545, 547, 548, 549, 550, 551, 552, 563, 592
Carroll R. M. D.   248
Chapman, Colin   200, 291

Childs, Brevard S.   601
Chirichigno, Greg   55, 60
Chrysostom   542
Clement of Alexandria   541
Clements, R. E.   58, 59, 60, 71, 87, 101, 454, 534, 594, 611
Clines, David J. A.   106, 107, 468
Cohn, Norman   316
Cowles, C. S.   674
Cowper, William   197, 258
Craigie, Peter C.   673
Crenshaw, J. L.   581

Darby, J. N.   558
Davidson, Robert   101, 581
Davies, Eryl W.   47, 49, 61, 603, 608, 631, 661
Davies, G. I.   345
Davies, Philip R.   603, 628, 626, 627
Davies, W. D.   258, 291
Dearman, John Andrew   217, 248
Deidun, Tom   606, 607
Dempsey, Carol J.   612
Dever, William G.   310, 657, 664
Diodore of Tarsus   542, 543
Duchrow, Ulrich   366, 383, 387
Dyrness, William A.   187, 199

Eichrodt, Walther   581
Elsdon, Ron   143, 187, 199
Englehard, David H.   236, 240, 249
Exum, J. Cheryl   603, 628, 629

Fager, Jeffrey A.   249, 283, 291
Fensham, F. Charles   249
Fletcher, V. H.   583, 581
Forde, G. O.   546, 576
Freedman, D. N.   101
Fretheim, Terence E.   601, 602

Froehlich, K.   541, 543, 576
Fuller, Daniel P.   558, 576

Gammie, John G.   412, 581
Geisler, Norman L.   559, 560, 561, 564, 576
Gemser B.   55, 61, 452
George, Timothy   556
Gerbrandt, Gerald Eddie   348
Gerstenberger, Erhard   403, 452
Gillingham, Sue   242, 247
Gimsrud, Ted   348
Gitari, David   461, 505
Glasser, Arthur F.   573, 576
Gnanakan, Ken   199
Gnuse, Robert   72, 101, 203, 204, 217, 249
Godfrey, W. Robert   551, 563, 566, 576
Goetzmann, J.   502, 505
Goldingay, John   16, 92, 93, 94, 304, 306, 311, 330, 338, 341, 348, 356, 357, 585, 586, 587, 588, 589, 591, 596, 603, 606, 616, 621, 670, 671, 672, 673
Gossai, Hemchand   354, 355, 356, 388
Gottwald, Norman K.   73, 74, 81, 82, 101, 130, 217, 249, 275, 311, 401, 584, 585, 620, 633, 634, 635
Gowan, Donald E.   242, 249
Greenberg, Moshe   346
Greene, W. B.   581
Griedanus, Sidney   443, 452
Gustafson, James M.   641

Habel, Norman C.   115, 120, 135, 233, 249, 605, 606, 614
Hamilton, J. M.   388
Hanks, Thomas D.   250
Hanson, Paul D.   73, 80, 81, 94, 102
Harrelson, Walter   581

Hauerwas, Stanley   30, 101, 532, 533, 534, 598, 599, 602
Hawking, Stephen   153, 177
Hay, Donald A.   196, 199, 220, 221, 249, 253, 291
Hays, Daniel J.   399, 452
Hempel, Johannes   581
Hendrickx, Herman   376, 388
Hesselink, I. John   452
Hobbs, T. R.   232
Holwerda, David E.   285, 291
Hoppe, Leslie J.   232, 234, 239, 240, 249
House, H. Wayne   560, 562, 566, 576
Houston, Walter   140, 199, 348, 674
Hughes, Dewi   249

Irenaeus   540

Jacobs, Mignon R.   232, 249
Jan of Leyden   555
Janzen, Waldemar   30, 94, 95, 101, 135, 199, 204, 291, 452, 477, 505, 514, 515, 528, 535, 591, 599, 601, 616
Jenson, P.   412
Johnston, P.   135, 260, 291
Juster, Daniel   574, 576

Kaiser Jr, Walter C.   346, 439, 591, 592, 593, 594, 596, 621, 630
Kaufman, Stephen A.   239, 249
Kidner, Derek   674
Klassen, H. W.   557, 576
Knierim, Rolf P.   351, 388, 667, 674
Knight, Douglas A.   349
Kraftson-Hogue, Michael   199
Kuhn, Thomas S.   89, 90, 92

Lalleman, Hetty   16
Lang, B.   72

Lemche, Niels Peter   218
Liechty, Daniel   349
Lind, Millard C.   314, 349
Lindars, Barnabas   46, 61
Linville, Mark D.   199
Linzey, Andrew   170, 171, 172, 199, 200
Loewe, Raphael   81, 270
Lohfink, Norbert F.   237, 248, 250, 255
Long V. P.   71, 310, 657, 664
Longenecker, R. N.   540, 543, 576
Longman III, Tremper   674
Lovelock, James E.   147, 199
Luther, Martin   544, 545, 546, 547, 548, 549, 552

McBride Jr, S. Dean   453
McConville, J. Gordon   33
McDonagh, Sean   200
McKeating, H.   581, 583
McKenzie, J. L.   75, 102, 200
Malchow, Bruce V.   388
Marak, Krickwin C.   199
Marcion   540, 541, 543, 544
Marpeck, Pilgram   557
Marshall, Howard   604
Marshall, J. W.   394
Marshall, Paul   298, 299, 344, 349
Martens, Elmer A.   265, 398, 399, 441, 452
Martin-Achard, Robert   346
Mason, John   286, 291
Mason, Rex   349
Matthews, V. H.   446, 505
Mays, James L.   369, 371, 388
Meeks, Wayne   102, 447
Mendenhall, George E.   311, 512, 535
Mettinger, Tryggve N. D.   349
Middleton, J. Richard   18
Millar, J. Gary   607

Miller Jr, Patrick D.   101, 117, 135
Mills, Mary E.   61, 599, 608, 609
Mills, Paul   227
Moss, R.   200
Mott, Stephen Charles   286, 291, 296, 300, 349, 356, 358, 371, 388, 505
Mouw, Richard J.   347, 349, 652
Muilenburg, J.   61, 388, 535, 581
Muller-Fahrenholz, Geiko   287, 288
Müntzer. Thomas   555
Murray, Robert   140, 165, 171, 181, 182, 183, 200

Nash, James A.   146, 152, 164, 200
Nasuti, Harry P.   48, 61
Niditch, Susan   674
North, R.   564
Northcott, Michael S.   148, 154, 189, 195, 200
Nussbaum, Martha   583

O'Donovan, Oliver M. T.   294, 303, 340, 349, 638, 639, 661
Ogletree, Thomas   590, 591
Origen   541, 592
Orlinsky, Harry M.   109, 113, 114, 120, 127, 137

Parry, Robin   16
Patrick, Dale   61, 443, 642, 643, 661
Penchansky, David   610
Perdue, Leo G.   275, 505
Petrie, Alistair   200
Phillips, Anthony J.   400
Plant, Raymond   349
Pleins, J. David   102, 232, 233, 250, 340
Poettker, H.   556, 577
Porter, J. Roy   512, 535
Poythress, Vern S.   90

Rad, G. von   106, 114, 136, 250, 599
Reimer, David J.   354, 388
Reventlow, Henning Graf   349
Reviv, Hanoch   75, 102
Ridder, Richard R. de   346
Riggans, Walter   573, 577
Ringe, S. H.   284, 291
Roberts, Michael   180
Rodd, Cyril   13, 21, 39, 46, 50, 141, 232, 241, 242, 361, 604, 605, 606, 614, 615, 616, 629, 630, 634, 635, 653, 654, 655, 662,
Rogerson, John W.   60, 140, 200, 512, 535, 589, 603, 604
Rushdoony, Rousas   564, 577

Schluter, Michael   287, 291, 495, 505, 570, 571, 572, 577, 594
Schnabel, Eckhard J.   346, 349
Schonfield, J. N.   354, 388
Scobie, C. H. H.   349
Seitz, Christopher   621, 623, 626, 662
Selman, M. J.   399
Senior, Donald   456
Simkins, Ronald A.   140, 151, 186, 191, 200
Simmons, Menno   555, 556, 557
Sloan Jr, R. B.   284, 291
Spanner, Huw   143, 159, 166, 200
Spohn, William C.   99, 604, 605
Sprinkle, J. M.   360, 463
Stamm, J. J.   394
Stek, John H.   388
Stern, David H.   573, 574, 577
Strickland, Wayne G.   391
Swartley, Willard M.   470, 505, 552, 577

Taylor, Robert D.   453
Tertullian   540

Theodore of Mopsuestia   542, 543
Theodoret   542, 543
Thompson, Alden   674
Townsend, C.   572, 577
Trible, Phyllis   581
Tucker, Gene M.   453

Ucko, Hans   283, 287, 292

Voegelin, E.   306, 349

Waldow, H. E. von   102, 250, 674
Walker, P. W. L.   260, 291, 292
Walsh, J. P. M.   293, 301, 349, 581
Walzer, Michael   316, 350
Ward, Keith   645
Weinfeld, Moshe   284, 292, 352, 354, 368, 376, 388, 605
Weinfeld, W.   102
Weir, J. Emmette   244, 250

Wenham, Gordon J.   412, 450, 462, 488, 515, 528, 535, 567, 577, 613, 657
Wenham, John W.   674
White, Lynn   163, 200
Whybray, R. N.   233, 250
Wilkinson, Loren   147, 200
Willis, John T.   388
Willis, Timothy M.   58, 61, 581, 612
Wilson, Robert R.   102, 534, 596
Wogaman, J. Philip   350, 624
Wright, Christopher J. H.   14, 50, 75, 104, 115, 120, 121, 125, 131, 136, 180, 203, 217, 227, 238, 241, 250, 261, 275, 283, 292, 334, 335, 350, 394, 400, 405, 414, 426, 428, 453, 458, 467, 471, 474, 482, 505, 566, 571, 593, 599, 639
Wright, D. F.   546, 577
Wright, N. T.   18, 660

Zimmerli, Walther   200

주제 색인

가구, 가정(household)   122-125, 274-278, 405-407, 470-472, 494-496
가나안, 가나안 족속(Canaan, Canaanites)   76, 132, 366, 457-458, 661-672
가난, 빈곤(poverty)
   원인들(causes)   231-237
   종말론적 결말(eschatological end to)   247
   에 대한 대처(responses to)   236-247
가족(family)
   그리스도인의 접근(Christian approaches)   492-504
   과 언약(and covenant)   474-481
   과 실패(and failure)   483-485
   하나님의(of God)   '교회'를 보라
   과 예수(and Jesus)   498-500
   구약 성경의 접근(Old Testament approaches)   470-485
   사회에서의(in society)   494-497
간음(adultery)   424, 462, 481, 511, 516, 520, 522, 525, 527, 560
감사(gratitude)   151, 155, 324-325, 383-384

개인 윤리(personal ethics)
   와 받으실 만한 예배(and acceptable worship)   523-528
   공동체 상황(community context)   507-509
   와 실패(and failure)   528-534
   와 용서(and forgiveness)   528-534
   와 하나님 닮기(and imitation of God)   515-519
   구약에서의 도덕적 모델(moral models in Old Testament)   513-523
   와 개인의 책임(and personal responsibility)   509-513
   와 지혜(and wisdom)   515-519
거룩, 경건(holiness)   44, 48-49, 76, 258, 333, 395, 395-397, 411, 412-414, 441, 458, 360, 374, 591, 628, 656
결혼(marriage)   184-186, 296-298, 405-407, 459-463, 476-479, 482-483, 488-489, 498
경제(economics)   '땅'도 보라
   창조 가치(creation values)   202-206, 216-218

타락한 세상에서의(in fallen world)
    206-212
  와 이스라엘의 이야기(and Israel's story)
    212-216
계대 결혼(Levirate marriage)   130, 238,
  406,
고아(orphans)   217, 234, 356, 415, 419,
  477, 502, 504, 525, 527
고용(employment)   220-222, 464
공의(righteousness)   '정의'를 보라 50-
  51, 71-73, 353-355
공정성(fairness)   668-670
과부(widows)   218, 234, 415, 477, 502
관대함, 너그러움(generosity)
  하나님의(divine)   155, 160, 171, 231
  인간의(human)   48, 52, 130, 218,
    229, 231, 242, 245, 279, 415, 483,
    519, 670
교회(church)   243-244, 268-272, 438-
  439, 489-491, 501-504, 539-545
교회와 국가의 관계(church-state relations)
    270-273, 553-555
구속(redemption)
  과 경제(and economics)   212-216,
    279-283,
  과 창조(and creation)   172, 189-198
  과 희년(and Jubilee year)   281-283
  사회적 차원(social dimension)   63-68,
    100-101, 134
구약 윤리(Old Testament ethics)
  본질(nature)   618-624
  역사상의 접근들(historical approaches)
    539-557
  와 계시(and revelation)   629-632
  와 권위(and authority)   585-594, 596-
    598, 637-940, 639-660
  와 하나님에 대한 이해(and understand-
    ing of God)   625-629

적절성(relevance)   632-636
  현대 고백적 접근(contemporary con-
    fessional approaches)   557-575
  현대 학계(contemporary scholarship)
    585-616
구약 해석(Old Testament interpretation)
    252-257, 271-273
국가(state)
  기독교에 미친 구약의 영향(Old Testa-
    ment influence on Christian thought)
    308, 316-317, 329-330
  외부 국가들에 대한 이스라엘의 견해
    (Israel's view of external states)
    306-307, 312-313, 328-329, 332-338,
    345-348
  하나님의 백성으로서의 이스라엘(Israel
    as people of God)   304-305, 309-
    312, 317-328, 331, 338-339
권리(rights)
  소유, 재산(property)   122-123, 202
  짐승, 동물의(animal)   177, 634
  인간의(human)   124-125, 468
  와 형편(and needs)   432-435, 448,
    568
그리스도(Christ)   '예수 그리스도', '메시
    아'도 보라
그리스도처럼 되는 것(imitation of Christ)
    46-47
긍휼(compassion)   166, 170, 229-231,
    240-241, 325-327, 517-519
기업(inheritance)   '땅'을 보라

나그네, 이방인(aliens)   48, 51, 116, 217,
    227, 257, 259, 264, 265, 266, 413,
    421, 465, 477, 503, 550, 565, 573, 575
    '이민자'도 보라
노동(work)   204, 207-208, 218-223
노예 제도, 노예, 종(slavery)   404-405,

406, 450, 463-470, 490-491
농경(agriculture)   '땅'을 보라

담보물(pledges for loans)   130, 219, 227, 279, 410, 433, 550, 550
데칼로그(Decalogue)   '십계명'을 보라
동기, 동기 부여(motive, motivation)   53-55, 170, 195, 226, 245, 289, 415, 445, 608, 648, 658
동물, 짐승(animals)   156-158, 159-160, 170-172, 174-175, 181-183, 187-188, 219-220, 413-415
두로를 향한 신탁(Tyre, oracles against)   229, 336, 348
땅(land)
　과 백성(and people)   133-135
　과 언약(and covenant)   126-127, 131-135
　과 희년(and Jubilee year)   275-278
　과 하나님의 본성(and God's nature)   118-119, 132-133
　구약 해석(Old Testament interpretation)   257, 261-263
　신약 해석(New Testament interpretation)   257-271,
　하나님의 선물로서의(as divine gift)   116-126
　하나님의 소유권(divine ownership)   128-129
　이스라엘 역사에서의(in Israel's history)   105-115
땅, 지구(earth)   '창조 세계'를 보라
땅의 양도 불가(inalienability of land)   130, 225-226 ,238 ,276 ,281 ,476

마귀적 세력(demonic forces)   211, 300
메시아(Messiah)   257-260, 263-267, 270-271, 284-285, 501-503, 561, 573-575, 660
메시아 유대교(Messianic Judaism)   573-575
문화(culture)
　관용(tolerance)   459, 487-491
　구약의 접근(Old Testament approaches)   455-459
　'이혼', '일부다처제', '노예 제도'도 보라
　그리스도인의 접근(Christian approaches)   485-492
　인정(affirmation)   470, 490   '가족'도 보라
　배척(rejection)   456-458, 485-487

바벨(Babel)   64, 299-300, 306, 347
바벨론(Babylon)   331, 332-337
배은망덕(ingratitude)   55-57
번영, 부요함(prosperity)   223-224, 374-375,
복지(welfare)   54, 239, 287, 431, 489
부(wealth)   '재산'을 보라
부모(parents)   286, 402, 407, 424, 430-431, 471, 475-476, 482, 494, 498-500, 527
부패, 타락(fall)   124, 235, 372, 378, 379, 380, 550
　노동의(of work)   207-208, 219
　정의의(of justice)   235, 419, 481
분배, 나눔(sharing)   205, 216-218, 210-211, 262-263
불의(injustice)   77-79, 226-227, 242-243, 360-364, 373, 523-525
비유, 비유적 해석(parable, parabolic interpretation)   98, 284, 369, 426, 443-445, 672
빚, 부채(debt), 채권자(debtor)   220, 228, 231, 282, 410, 433, 491

사귐, 교제(fellowship) 255, 267-273, 501, 503-504
사랑, 인자, 인애(love) 33-35, 48, 50-53, 67, 98, 117-119, 184-185, 269, 357-358, 362, 364-368, 421-423, 439-440, 517, 604, 650-652
사형(death penalty) 402-403, 426-427
사회 윤리(social ethics)
  와 구속(and redemption) 63-68
  와 이스라엘의 역사(and Israel's history) 68-83
  와 하나님의 패러다임으로서의 이스라엘(and Israel as God's paradigm) 84-101
삼위일체(Trinity) 297
생태 윤리(ecological ethics) 161-173, 186-190, 195-198, 139-142, 147-148, 613-615 '창조', '지배권'도 보라
선택(election) 221-222, 304-306, 655-657, 661-662
섭리(providence) 289,
성(sex) 424-425 '결혼'도 보라
성경, 성경의 권위(Scripture, authority of) 436-438 '구약 윤리: 구약 윤리의 권위'도 보라
성령(Holy Spirit) 639, 267
성육신(incarnation) 46, 543
세대주의(dispensationalism) 557-562
소돔(Sodom) 52, 66, 134, 305, 306-307, 332, 360-361, 487, 668, 670, 672
수탈, 착취(exploitation) 120-126, 163-165, 168, 219-220, 234-235, 241-243
순종, 준수(obedience) 29-33, 50-54, 86, 240, 268-269, 305, 395-397, 439, 481-482, 555-557, 582-583, 603, 603, 627-628, 630-632, 637-639, 651-653, 657-659,
시내(Sinai) '언약'을 보라

신율주의(theonomism) 562-569
신정 정치(theocracy) 314-317, 321, 340
실패(failure) 483-485, 514, 528-534
십일조(tithes) 239, 409-411
아브라함(Abraham) 51-52, 65-66, 105-106, 213-215, 547, 662-663
안식(Sabbath) 219-220, 407-410
안식년(sabbatical year) 114, 133, 239, 273-274, 279, 410, 550
압제(oppression) 207-211, 234-235, 242, 247, 306-307, 312-313, 328-329, 372-376, 378-380
언약(covenant)
  노아와의(with Noah) 182-183, 212
  새 언약(new covenant) 439-441
  시내(Sinai) 66, 311-312, 363, 396
  아브라함과의(with Abraham) 51-52, 65-66, 105-106, 213-215, 547, 662-663
  에 대한 성실/불충(faithfulness/ unfaithfulness to) 474-481
  우주적(cosmic) 141, 181-189, 213
에덴(Eden) 173, 180, 218, 252, 254
여호와의 종(Servant of the Lord) 289-290, 383, 534
열방(the nations) '국가; 외부적 국가에 대한 이스라엘의 견해'를 보라
예배(worship) 58-59, 245, 258, 260, 502-503, 523-528, 611, 643, 658
예수 그리스도(Jesus Christ) 46-47, 171-172, 257-271, 263-267, 438-441, 498-500, 554-557, 561-566, 622, 659-660
예표론적 해석(typological interpretation) 257, 261, 265, 271-273, 284-285, 494, 501
왕, 왕직(king, kingship) 78, 91, 165-173, 191, 202, 314-315, 318-323, 342-

343, 383, 401
왕정(monarchy) 75-78, 133-134, 236-237, 317-330, 347, 480 '왕, 왕권'도 보라
용서(forgiveness) 68, 284, 289, 409, 513, 517, 528-534
우상 숭배(idolatry) 150-152, 209-211, 324-325, 520-522
우주적 언약(cosmic covenant) 141, 181-189, 213
유대인(Jews) '이스라엘'을 보라
율법(law) 541, 547-551, 593-594
   구약의 모음집(Old Testament collections) 393-398
   신학적 해석(theological interpretation) 435-449
   에서의 상대적 가치(relative values in) 421-435
   윤리를 위한 한계(limitations for ethics) 449-452
   가족법(family) 405-407, 417, 430-431, 461, 477
   긍휼의 법(compassionate) 414-416
   도덕법(moral) 398-399, 404, 415-416, 439, 446, 593
   의식법/제의법(ceremonial/cultic) 353-354, 357-358, 407-414
   판례법(case) 356, 403-407
   형법(criminal) 400-403
은혜(grace) 438-441, 545-547, 547-549
이민자, 거류민, 이주민(immigrants) 37, 48, 58, 128, 217, 235, 263, 278, 429, 605 '이방인'도 보라
이방인들(Gentiles) 263-269, 271, 295, 413
이스라엘(Israel) 212-216, 359-367, 657-659
   사명(mission) 441-445

사회적 독특성(social distinctiveness) 71-83
역사적 독특성(historical distinctiveness) 69-71
하나님의 백성으로서(as people of God) 304-306, 309-312, 317-327, 331, 338-339
하나님의 패러다임으로서(as God's paradigm) 84-88, 90-93
이웃, 이웃에 대한 책임(neighbours, responsibility for) 130, 410
이자/고리 대금(interest/usury) 203 ,227, 235 ,238, 245, 282, 288, 312, 450, 550, 572
이혼(divorce) 405-407, 461-463, 487-490
일부다처제(polygamy) 459-461, 488-490
임금, 삯(wages) 219, 222, 230, 235, 415, 550

자녀, 자식(children) 208, 405, 406, 418, 483-484, 486
자유(freedom) 40-41, 126, 129, 215, 309, 312-313, 362-364, 637-639,
장로들(elders) 405-407, 417-419
재산(property) 122-123, 130-131, 204, 425-427,
재판, 심판(judgment) 112-113, 300-301, 305-308, 335-338, 346, 358, 664-673
저주(curse)
   노아의(of Noah) 469
   바벨에서의(at Babel) 65
   자연의(of nature) 178-181, 207-208, 212-214
정경(canon) 10, 435-436, 541, 565, 582, 585, 598, 627, 629, 638, 640

정의(justice)
  모든 이스라엘에 요구되는(required of all Israel) 368-374
  문맥(context) 357-358
  보편성(universality) 367-368
  시행(administration) 416-421
  이스라엘 이야기에 뿌리박은(roots in Israel's story) 359-367
  인간 권세자들에게 요구되는(required of human authorities) 374-382
  정의(definition) 353-357
  하나님의 대행자가 가져 올(to be delivered by God's agents) 382-387
  하나님이 드러내시는(shown by God) 353-368
정치(politics)
  와 이스라엘의 역사(and Israel's history) 302-339
  와 창조(and creation) 295-297
  와 타락(and the fall) 297-301
  현대적 적용(contemporary application) 339-345
제사장적 기능, 제사장직(priestly function, priesthood) 44, 86-87, 95, 332-333, 395, 409, 442
종말론(eschatology) 189-198, 559-561
종말론적 해석(eschatological interpretation) 253-257, 272-273, 289-290
죄(sin) 63, 145-146, 178-181, 186-187, 299-300, 372, 412, 528-531
지배권(dominion) 161-173
지혜 문학, 지혜 문헌(wisdom literature) 52, 82, 245-247, 339, 377, 460, 482-485, 515-521

창조, 창조 세계(creation)
  에 대한 지배(dominion over) 161-173
  에 대한 하나님의 소유권(divine ownership of) 139-140, 142-158, 198
  와 경제(and economics) 201-206, 216-218
  의 선함(goodness of) 143-147
  와 인간의 우선권(and human priority) 173-177
  와 타락(and the fall) 178-181
  와 정치(and politics) 295-297
  의 청지기직(stewardship of) 167, 196, 285
  새로운(new) 189-198
  하나님과의 관계(relation to God) 147-158
  하나님의 선물로서의(as divine gift) 139-140, 158-177, 198
창조 세계에 대한 청지기(stewardship of creation) 167, 196, 285
첩(concubines) 459-461
추수, 수확(harvest) 48, 54, 114, 118, 130, 133, 240, 369, 407, 415
출애굽(exodus) 68-70, 80-81, 94-101, 191, 316, 361-362
친족, 친척, 혈연, 친족의 의무(kinship, kinsman duty) 73-75, 225-226, 262-265, 274-276, 281-282, 470-474, 494-496,

타락(fall, the) 178-181, 222-223, 297-298
탐욕, 탐심(covetousness) 124, 209, 224, 364, 400, 403

팔레스틴(Palestine) 72, 92, 258, 261, 339, 633, 657, 664
패러다임, 패러다임적 해석(paradigm, paradigmatic interpretation) 88-

100, 252-253, 285-289, 323,
평등, 평등주의적 접근(equality, egalitarian approach)   128-130, 242-244, 245-247, 469-470, 508-509
평화(peace)   43, 67, 110, 167, 183, 185, 212, 222, 254, 264, 383-386, 561
포로, 유수(exile)   106, 112-113, 189-190, 220, 262, 306, 331-338, 342, 367, 512, 668

하나님(God)
  에 대한 이스라엘의 견해(Israel's view of)   26-44, 307-308, 313-316, 324, 328-329
  을 따르는 방식과 특성(way and character to follow)   44-53 '하나님 닮기'도 보라
  존재와 본질(existence and nature)   53-55, 515-519, 623-627, 639-644
하나님 닮기, 여호와를 본받는 일(imitation of God)   46, 47-50, 585, 608-609
하나님의 나라(Kingdom of God)   270, 284, 308, 497-500, 543, 572,

하나님의 형상(image of God)   161-166
할례(circumcision)   259, 473, 474, 553, 556
해석학(hermeneutics)   '구약 해석'을 보라
형벌 심판, 처벌, 징벌(punishment)   298, 358, 417, 427-432, 467, 511, 516, 569, 583, 612, 664-666, 667-670
환경(environment)   140-142, 178-181, 186-188
회개(repentance)   263, 323, 332-333, 367, 409, 513, 524, 531, 546, 673
휴경년(fallow year)   130, 133, 220, 279, 288
희년(Jubilee year)
  과 땅(and land)   275-278
  과 속량(and redemption)   281-283
  과 하나님의 백성(and God's people)   278-283
  현대적 해석(contemporary interpretation)   284-291
희년 센터(Jubilee Center)   569-573
희생, 제물(sacrifice)   408, 412, 422-423, 457

성구 색인

구약

창세기
1   141, 143, 173, 175-176
1-2   173
1-11   213
1:2   298
1:4   144
1:10   144
1:13   144
1:14-18 152
1:18   144
1:20   160
1:20-22 156
1:21   144
1:22   159
1:24   160
1:25   144
1:26   161, 174, 294
1:28   159, 160, 161, 163, 174, 175-176
1:29-30 160
1:30   160, 179

2   141, 143, 173
2-3   650
2:7   160
2:8이하. 254
2:18-24 298
2:19   160
2:24   460
3   610
3:9-13   510
3:15   105, 178
3:16하   298
3:17   178
3:17-19 178
3:18   254
3:19   206
4   298
4:9   510
4:15   428
5:29   181, 212
6:5   298, 529
6:6-7   64
6:17   160
6:19   160
7:15   160

7:22   160
8:15-17 105
8:21   529
9:1-6   182
9:2   178
9:4-6   175
9:5-6   427
9:8-12   182
9:8-17   183
9:16   182
9:25-27 469
10   300
11   64, 300, 306
11:1-9   299
11:4   64
11:6   299
11:9   64
12   64, 300, 306
12-50   478
12:1   306
12:1-3   65, 441
12:7   105
14:1-4   300
15:7   105

15:18-19　110	4:22　120, 262	20:2　32
15:18-21　105	4:23　363	20:2-17　393
16:13-14　360	5:2　310, 643	20:3　32
17:1　608	6:2-8　107	20:8-11　409
17:8　105	6:4-8　215	20:10　466
18-19　307	6:5-8　31	20:11　219
18:18-19　359	6:6-8　362	20:22-23:33　394
18:19　65, 359, 369, 608	6:7　70	20:22-26　395
	7:5　310	21-23　398, 465, 511
18:19-20　44	7:17　310	21이하.　109
18:20　359	8:10　310	21:1　395
18:20-21　65, 306	8:22　310	21:1-6　219, 550
18:20-33　52, 332	9:15　310	21:2-6　467
18:25　360, 672	9:27　362	21:2-11　47
19　306	9:29　310	21:5-6　406
23　106	12　473, 475	21:7-11　460
23:4　116	12:43-49　475	21:11-13　467
26:4-5　392	12:44　466	21:15　475
26:5　510	12:49　429	21:16　424, 426
28:4　105	13　473	21:17　475
50:20　41	13:1-16　475	21:18-22:15　403
	14:18　310	21:20-21　47, 219, 239, 404, 427, 416
출애굽기	14:25　310	
1　235	14:31　344	21:26-27　47, 219, 240, 404, 466
1-15　80	15　127, 191	
1-18　86	15:13　127, 277	21:30　427
1-24　30	15:15　346	21:31　429, 511
1:6　68	15:17　120, 128, 277	22:1　97, 426
2:23-25　30, 215, 243, 362	15:18　312, 314	22:16-17　406
	16-19　30	22:18　457
2:24　30, 107	19-20　393	22:21　235, 465, 648
3-15　30	19-24　36	22:21-24　550
3:6-8　30	19:1-6　442	22:21-27　395, 415
3:7　243	19:3-6　81	22:22-23　222
3:7-8　215	19:4-5　32	22:22-24　372
3:7-10　362	19:4-6　44, 85, 86, 660	22:25　227, 234, 550
3:8　107, 254	19:6　314	22:26-27　227, 372, 550
3:17　107	20-23　30	23:1-3　420
4　612	20-24　86	23:1-9　395, 420

23:3 239, 550	10 397, 610	20:27 457
23:4 550	11-15 396	21-24 396
23:4-5 220, 420	16 396, 409	23:22 550
23:4-9 415	17-26 396, 651	25 74, 220, 225, 226,
23:6 550	18 396, 496	238, 276, 277, 278,
23:6-9 239, 421	18:1-3 78	279, 280, 396, 406,
23:8 550	18:5 391	550
23:9 47, 465, 648	18:6-18 476	25:1-7 279
23:10-11 239, 281,	18:21-30 457	25:3-7 409
409, 410	18:24-25 668	25:4 410
23:11 410	18:24-28 108	25:6 410
23:12 466	18:25 458	25:8-10 274
23:14-19 395	18:25-28 150	25:8-12 280
23:20-33 395	18:28 458, 699	25:8-55 409
23:24 457	19 48, 396, 398, 596	25:13-17 280
23:31 110	19:2 48, 49	25:14 225
24 30, 399	19:9-10 230, 415, 434,	25:14-17 225
24:7 653	550	25:17 225
25이하. 109	19:11 550	25:17-18 226
32-34 33, 34	19:13 219, 222, 550	25:18-22 133, 280
32:11-14 52	19:13-18 415	25:20 133
32:12 34, 346	19:15 239, 421, 550	25:23 116, 128, 225,
32:13 34, 120	19:18 422	238, 276, 278, 285,
33:3 34	19:19 413	410, 476
33:13 34	19:26-29 457	25:23-24 280
33:15-16 107	19:27-28 414	25:24-55 476
33:16 34	19:31 457	25:25 238, 280
34 34	19:33 235	25:25-28 280
34:6 517	19:33-34 415, 550	25:25-55 280
34:6-7 34, 645, 651	19:34 429	25:29-31 281
34:22-23 409	19:35-36 229, 550	25:29-34 280
34:28 393	19:36 354	25:32-34 281
40:34-38 107	20 396, 496	25:35 238, 279, 280
	20:2-6 457	25:35-38 281, 550
레위기	20:11-14 476	25:35-43 133
1:1 395	20:19-21 476	25:35-55 53
4 408	20:22-23 457	25:36 226
5:5-13 409	20:22-24 108, 668	25:36-37 227
8-9 395	20:24-26 413	25:38 53, 226

25:39   238, 280
25:39-40   219, 226
25:39-41   467
25:39-43   281
25:41   282
25:42   53, 279, 404
25:42-43   125, 226, 465
25:43   219
25:44-46   280, 282
25:46   465
25:47   238, 280
25:47-55   282
25:48-49   282
25:53   279, 465
25:53-55   125
25:54   282
25:55   53, 226, 279, 465
26   108, 111, 219, 274, 396, 397
26:3-6   183
26:12   255
26:13   53, 279
26:40-45   277
26:42-45   108
26:45   279
26:46   395
27   276, 396

민수기
5:5-7   550
12   478
12:3   344
12:7   501
13-14   108
14:13-16   346
15:16   429
16   479
23-24   108

23:9   69, 455
23:21   314
26   122, 275, 276
26:52-56   216, 238, 276
32   108
34   122
34:1-12   110
35:31   567
35:31-34   427

신명기
1-3   397
1-4   32
1-11   32, 108
1:5   398
1:10-18   374
1:17   374
2:9-12   70
2:16-23   70
4-11   397
4:1   390
4:2   36
4:5-8   71, 86, 649
4:5-9   49
4:6-8   44, 81, 83, 346, 660
4:7   322
4:9-10   420
4:9이하.   650
4:12   36
4:13   393
4:15-20   152
4:21   120
4:25-28   190
4:32-34   35, 69, 390
4:32-40   35, 69, 71, 650
4:35   27, 70, 367, 397, 642
4:36   36

4:38   120
4:39   27, 367, 397, 642, 651
4:39-40   70
4:40   71, 390
5   32, 36, 392
5:6-21   393
5:12-15   409
5:15   219
5:22   393
5:23-29   36
5:27-29   653
5:32-33   36
6   477
6:1-3   390
6:4   422, 651
6:4-5   28, 642, 651
6:6-9   36, 418, 473
6:7-9   406
6:8   418
6:9   418
6:20-25   33, 362, 391, 406, 439, 473, 648
6:24   390
7   458
7:1-4   479
7:1-10   457
7:6   458
7:6-7   121
7:7-8   48, 117
7:8   458
7:9   48, 651
7:9-10   458
8   55, 224, 241
8:2   56
8:5   121
8:7-9   209
8:7이하.   254
8:9   224

■ 성구 색인   715

8:10 *218*	15:1-2 *279, 412*	17:19 *321*
8:11 *56, 225*	15:1-3 *220, 227*	17:20 *321*
8:12-14 *56, 209, 224*	15:1-6 *409*	18:9-13 *457*
8:17-18 *117, 205, 229*	15:1-11 *133, 239*	19:1-13 *417*
9:4-6 *366*	15:1-18 *550*	19:3 *122*
9:5 *117, 668*	15:2 *410*	19:10 *120*
9:28 *346*	15:4 *81, 120, 285*	19:14 *226*
10:4 *393*	15:4-5 *247*	19:16-21 *425*
10:12-13 *422*	15:7-9 *235*	19:18-20 *429*
10:12-19 *50, 364*	15:7-11 *231, 410*	19:19-20 *567*
10:12이하. *81*	15:7-15 *415*	20:5-7 *415*
10:14 *142, 364*	15:9 *133*	20:5-8 *550*
10:14-15 *51*	15:9이하. *228*	20:19-20 *550*
10:14-19 *645*	15:11 *247*	21:1-9 *417*
10:16 *51, 474*	15:12-18 *133, 217,*	21:10-14 *415, 433, 460*
10:17 *364*	*239, 240, 467*	21:14 *463*
10:17-19 *51, 550*	15:13-14 *467*	21:15-16 *406*
10:18 *48*	15:14 *54, 231*	21:15-17 *476*
10:18-19 *372*	15:14-15 *648*	21:18-21 *406, 430,*
11 *241*	15:14-18 *218*	*476, 497*
11:12 *255*	15:15 *47, 54, 465*	22:1-3 *550*
11:18-21 *473*	15:16-17 *406, 468*	22:1-4 *220, 415*
12-26 *32, 108, 397,*	16:1-17 *409*	22:5 *457*
398	16:11 *57, 219, 411,*	22:13-21 *406*
12:9 *120*	*477*	22:13-30 *476*
12:29-31 *457, 668*	16:11-14 *466*	22:28-29 *406*
12:31 *457*	16:12 *466*	23:1 *457*
13 *423, 479*	16:14 *57, 219, 411,*	23:7 *116*
13:1-5 *423*	*477*	23:15-16 *404, 432, 468*
13:1-6 *479*	16:18-20 *374, 421, 567*	23:17-18 *457*
13:6-11 *423, 479*	16:19-20 *550*	23:19 *238*
13:8 *567*	16:20 *351*	23:19-20 *227, 550*
13:12-18 *423, 479*	17:8-13 *567*	23:24-25 *415*
14:1 *120*	17:14-15 *318*	24:1-4 *406, 462*
14:22-29 *409*	17:14-20 *326, 344, 380*	24:5-6 *415*
14:27-29 *411*	17:16-17 *228*	24:6 *227, 239, 433,*
14:28-29 *238, 240, 415*	17:17 *480*	*550*
14:29 *218*	17:18 *398*	24:7 *424, 426*
15 *54, 247, 285*	17:18-20 *375*	24:10-11 *227*

24:10-13　239, 433, 550
24:10-15　411, 415
24:14　239
24:14-15　219, 222,
　　230, 235, 550
24:16　429, 511, 513
24:17-18　235, 550
24:17-22　415
24:18　416
24:18-22　238
24:19-22　133, 230,
　　434, 550
25:1-3　429, 567
25:4　220, 230, 415,
　　438, 550
25:5-10　238, 406, 550
25:11-12　428
25:13-16　229, 550
25:15　354
26　44, 54, 277
26:1　120
26:1-11　54, 362
26:5　116
26:5-10　118
26:12-13　54
26:12-15　240
26:17　653
27　226
27-28　397
27:15　475
27:18-19　415
27:25　415
28　111
28-30　109
28:1-14　255, 390
28:25-68　669
28:64-68　190
29-31　397
29:1　397

29:10-12　477
29:22-28　649
29:24-28　346
30:1-10　190
30:11-14　37
30:11-20　653
30:15-20　391
30:19　149
31:10-13　37, 418
32　294, 397
32:1　149
32:4　365
32:5-6　121
32:6　121, 516
32:8　297
32:8-9　120
32:18　121, 516
32:18-19　121
32:43　128, 666
32:47　398
33　398
33:5　314
33:10　418
33:16　156
34　109, 398
34:4　109

여호수아
1:2　109
7　479
10:40-42　667
11:16-20　667
13-19　122, 216
13-21　276
13이하.　476
15:1　74
23-24　110
24　127
24:14-24　653

사사기
4:5　375
4:8-9　511
5:11　366, 375
6:15　274
6:27　275, 405
6:30-31　405
6:30이하.　275
8:20　275, 405
8:22-9:57　75
8:22-23　314, 480
8:23　320
9　480
9:7-15　314
21:24　275

룻기
2:11-12　52
3:10　52
4　419

사무엘상
1　461
2:5-8　241
2:12-3:18　497
7　110
7:15-17　374
8-12　318
8:1-3　497
8:1-5　52, 521
8:3　77
8:5　77
8:7　320
8:10-18　78, 110, 123,
　　173, 234, 314, 319,
　　320
8:11-17　129
8:19-20　78
8:20　110

12:2-5 *521*	8:12-13 *321*	8:1-6 *322*
12:3-4 *379*	8:15 *382*	11:17이하. *343*
14 *419*	8:41-43 *346*	14:19-21 *343*
15:22 *423*	9:20-23 *219*	18:3 *383*
15:22-23 *511*	10:9 *380*	18:5-6 *383*
24 *42*	11 *380*	22:2 *383*
24:4 *42*	11-12 *235*	23:25 *322, 381, 383*
24:6-7 *42*	11:1-6 *479*	
24:10 *42*	11:28 *219*	**역대상**
24:18 *42*	11:29-39 *324*	4-8 *275*
25:32-34 *53*	12 *110*	
26:19 *120*	12:1-14 *324*	**역대하**
29:3 *467*	12:3-4 *219*	17:3 *383*
31 *110*	12:7 *166, 324*	19 *383, 567*
	12:10-11 *219*	19:4-11 *75, 380, 421*
사무엘하	12:26-27 *325*	19:5 *418*
5-8 *382*	12:26이하. *325*	
6 *610*	12:31-33 *325*	**에스라**
7 *326, 480*	14:1-16 *324*	7:6 *436*
7:14 *321*	17:1 *334*	9-10 *479*
8 *110*	18-19 *79*	
9:3 *52*	18:3 *334*	**느헤미야**
10 *110*	18:4 *334*	5 *234, 569*
12:1-6 *426*	18:17-18 *244*	5:1-5 *286*
12:1-10 *97, 322, 512*	18:21 *211*	5:1-12 *404*
14:1-24 *322*	19:14 *326*	5:1-13 *228*
14:5-11 *417*	19:15 *328*	5:4-5 *497*
20:23-26 *382*	19:18 *326*	10:30 *479*
	20:31이하. *322*	13:23-27 *479*
열왕기상	21 *111, 235, 276*	
3:5-12 *169*	21:3 *122*	**욥기**
3:9 *379*	21:7-16 *236*	8:3 *361*
3:11 *379*	21:11-16 *123*	12:7-9 *144*
3:16-28 *169, 322*	21:17-22 *123*	24:1-12 *246*
3:28 *380*	21:17이하. *512*	24:2-3 *227*
4:1-6 *382*		29 *484*
4:20-23 *321*	**열왕기하**	29:5-6 *484*
5:13-17 *219*	2:23-25 *610*	29:7-17 *246, 419*
5:13-18 *321*	4:1-7 *234*	29:12-17 *234, 382*

29:16　356	19:7-9　365	36:5-8　368
30　484	19:7-10　389	36:6　186
31　519	19:8　37	36:10　358
31:1　520	19:10　37	44　648
31:4　521	19:11　37	45:4-6　375
31:5-6　520	22:3　642	47　346, 666
31:6　521	23:1　321	47:9　346
31:9-12　520	23:3　354	50:1-6　149
31:13-15　245, 520	24　51, 58, 371, 526	50:6　144
31:13-23　411	24:1　139, 156, 285, 651	50:12　156
31:14　467, 521		51:10　532
31:15　404, 470, 521	24:4　526	51:13　532
31:16-23　246, 520	25　51, 531	58　375
31:23　521	25:8-9　531	65　144
31:24-28　520	29　144	65:9-13　147
31:26-28　152	32　531	67　44, 346
31:28　521	32:5　531	72　169, 186, 245, 326, 375, 385
31:29-30　520	32:8　531	
31:31-32　520	33　353, 357, 359, 367, 386, 656	72:1　52, 321, 375
31:33-34　520		72:1-2　186
31:38-40　230, 520	33:1-2　657	72:4　52, 186, 322
34:12　361	33:4　357, 359	72:8-11　375
38-41　174	33:4-5　357, 656	72:12-14　52, 186, 375
41:11　143	33:5　353, 356, 359, 368	73:1-16　527
		73:17　527
시편	33:5-6　368	82　236, 245, 378
1　648, 653	33:5하.　357	82:8　378
1:1-3　391	33:6　357	85:10-12　185
2:7　321	33:6-9　147, 656	85:11　353
5　648	33:8-15　443	89　648
8:1　157	33:9　357	89:3　368
8:5-6　175	33:10-11　357, 656	89:6　368
15　51, 58-59, 411, 526	33:11　359	89:12　156
15:1-2　371, 526	33:12　120, 359	89:12-15　368
15:5　245	33:13-15　367, 657	89:14　352
19　37, 144, 149, 440, 653	33:16-17　657	93　165, 368
	33:18-22　657	94:20　451
19:1　157	33:22　358	95-100　165
19:7　37	34:15-16　374	95:4-5　229

■ 성구 색인   *719*

96 *367*
96:2-3 *648*
96:10 *368*
96:10-13 *156, 387*
96:11-13 *150*
97:1 *352*
97:1-6 *368*
97:2 *352*
97:10 *256*
98:7-9 *150, 156, 387*
104 *142, 145, 159, 160, 166, 171, 174, 186*
104:10-30 *160*
104:24 *156*
104:27-28 *155*
104:29-30 *160*
104:31 *157*
105:11 *120*
106 *648*
111 *52*
111:4-5 *231, 245*
112 *52*
112:3 *52*
112:4 *52*
112:4-5 *231, 245*
112:5 *52*
115:16 *140, 158*
119 *37, 53, 365, 440*
119:45 *390, 653*
119:47 *390*
119:89 *38*
119:97 *390*
119:105 *37*
119:127 *390*
119:160 *390*
127:1 *485*
136 *118*
137 *111*

145 *165, 166, 171, 244*
145:10 *155*
145:21 *155*
146 *241, 244*
146:7-9 *372*
147 *244*
147:19 *650*
147:19-20 *36, 70, 86, 390*
148 *144, 155*
150 *155*
150:6 *155*

잠언

1:1-7 *482*
1:7 *52*
1:8-9 *482*
2:16-19 *482*
2:16-22 *516*
3:5이하. *518*
3:9-10 *224*
5 *516*
5:1-23 *482*
5:9-14 *483*
5:15-19 *516*
5:15-20 *460*
6:20-35 *516*
6:32-35 *567*
7 *516*
7:1-27 *482*
8 *518*
9:10 *52, 515*
10:1 *516*
10:15 *246*
10:22 *224*
11:1 *229*
11:13 *517*
11:24-25 *517*
12:10 *170*

12:11 *233, 518*
12:19 *518*
12:22 *518*
13:1 *516*
13:3 *518*
13:18 *516*
13:23 *210, 234*
13:24 *516*
14:5 *518*
14:23 *233, 518*
14:29 *517*
14:31 *125, 144, 245, 372, 470, 517*
15:1 *517*
15:2 *518*
15:5 *516*
15:11 *521*
15:23 *518*
15:31-32 *517*
16:1-2 *518*
16:3 *518*
16:9 *518*
16:10 *517*
16:12-15 *517*
17:5 *125, 144, 245, 470, 517*
17:9 *517*
17:15 *517*
17:17 *517*
17:21 *516*
18:5 *517*
18:6-8 *518*
18:9 *518*
18:20-21 *518*
18:22 *460*
18:24 *517*
19:4 *246, 517*
19:7 *246*
19:17 *245, 411, 517*

19:18 *516*	30:8-9 *224*	1:2-4 *57*
19:21 *518*	31:1-9 *517*	1:9-10 *307*
19:26 *516*	31:4-5 *377*	1:10 *378*
20:8 *517*	31:8-9 *169, 247, 377*	1:10-17 *59, 79, 371,*
20:9 *529*	31:10-31 *460, 483,*	*411, 523*
20:13 *233*	*516, 519*	1:16-17 *523*
20:19 *517*	31:11-12 *519*	1:18 *533*
20:26 *517*	31:15 *519*	1:19-20 *533*
21:1-2 *518*	31:16-19 *519*	1:21-23 *378*
21:3 *425, 593*	31:20 *519*	2:1-5 *248, 649*
21:13 *517*	31:23 *484, 519*	2:2 *255*
21:17 *233*	31:26 *519*	2:2-5 *443*
21:30-31 *518*	31:30 *519*	2:5 *256*
22:2 *245*		5:1-7 *57, 369*
22:4 *242*	**전도서**	5:7 *66, 360, 369*
22:9 *517*	2:4-11 *208*	5:8 *124, 209, 243*
22:13 *518*	2:18-23 *208, 483*	5:8-10 *481*
22:15 *516*	2:24-25 *208*	5:22-23 *378*
22:16 *517*	4:1 *246*	6:3 *156*
22:22 *517*	4:4 *208*	7:1-13 *512*
22:22-23 *245, 372*	4:7-8 *483*	9:7 *384*
22:24-25 *517*	4:8 *208*	9:14-17 *372*
23:10 *227*	5:8 *377*	10:1-2 *236, 379, 451*
23:24-25 *516*	5:8-9 *246*	10:5이하. *328*
24:30-34 *518*	5:10-11 *210*	11:1-9 *186, 192, 223*
25:17 *517*	5:13-6:6 *246*	11:4-5 *384*
25:20 *517*	5:13-15 *483*	11:6-9 *255*
26:13-16 *518*	5:13-17 *210*	13-14 *228*
27:6 *517*	5:18 *208*	19:19-25 *346*
27:10 *517*	6:1-2 *210*	23 *228*
27:14 *517*	7:28 *484*	23:18 *348*
27:21 *517*	9:7-10 *483*	24:21 *302*
28:3 *517*	9:10 *208*	27:13 *289*
28:16 *517*		30:18 *358*
28:19 *518*	**아가**	32:15-17 *386*
29:4 *377*	1-8 *462, 518*	32:15-20 *186*
29:7 *170, 246*		34:1 *156*
29:13 *245*	**이사야**	35 *192, 290*
29:14 *377, 519*	1:2 *149*	35:1-10 *255*

35:10　*290*	60:5-11　*347*	23:1-4　*321*
40-55　*190, 192, 385*	61　*286, 290*	23:5-6　*384*
40:12-28　*152*	61:8　*351*	23:7-8　*113*
40:26　*149, 302*	65-66　*193*	23:9-40　*512*
42:1　*385*	65:17　*193*	25:9　*337*
42:1-7　*289*	65:17-25　*194, 248, 482*	27:1-11　*328*
42:1-9　*385*	66:19-21　*346*	27:5-7　*328*
42:4　*87*		27:6　*337*
42:6　*658*	**예레미야**	28　*512*
42:6-7　*68*	2:1-13　*57*	29　*335*
43:16-21　*113*	2:22　*530*	30-34　*190*
44:9-20　*152*	3:19　*120*	31-33　*228*
44:28　*337*	3:10이하.　*127*	31:1-14　*255*
45:1　*337*	7:1-11　*59, 79, 134,*	31:12　*190*
45:8　*353*	*371, 524*	31:31-34　*68*
45:19　*650*	7:1-15　*111*	31:33　*255, 440*
45:21-25　*367*	7:4-11　*411*	31:34　*531*
46　*336*	7:5-11　*220*	31:35-36　*183, 192*
46:1-11　*152*	7:9　*424*	32　*112*
47　*336*	7:11　*243*	32:6-12　*225*
49:6　*68, 658*	7:21-26　*57*	32:17-25　*648*
51:9-11　*192*	9:23-24　*45, 321, 370*	32:43-44　*113*
53:6　*534*	9:24　*158*	33:20-25　*183*
53:10　*534*	10:16　*120*	33:20-26　*192*
54:9-10　*183*	12:7　*501*	34　*404*
55:3-5　*385*	13:23　*530*	35　*329*
56:1　*354*	17:9　*529*	38:6-13　*334*
56:2-8　*346*	17:19-27　*220*	47:2　*156*
56:3-8　*263*	21:11-22:5　*169*	50-51　*335*
58　*289, 410, 525*	21:12　*356*	
58:1-7　*411*	22:1-5　*133, 321*	**예레미야애가**
58:2　*354*	22:2-5　*327, 377*	3:24　*120*
58:2-7　*371*	22:13　*219, 230, 235*	
58:3　*219, 230*	22:13-14　*379*	**에스겔**
58:3-14　*220*	22:13-17　*243*	1　*157*
58:6　*290, 356*	22:13-19　*512*	3:23　*157*
58:6-7　*525*	22:15-16　*45, 321, 327,*	8:4　*157*
58:7　*290*	*371*	10:4　*157*
60　*347*	22:17　*379*	16　*57*

16:49   134, 307, 487
16:51   134
18   370, 512, 522
18:2   513
18:4   512
18:5-9   370
18:6   522
18:7   522, 523
18:8   522
18:10   522
18:16   523
18:31   451
20   57
22:6   236
22:25   236
22:29   236
29:3   207
30:12   156
34   167
34:1-8   379
34:2-4   321
34:11-16   321
34:23   321
34:23-24   384
34:25-31   183
35:15   122
36-48   190
36:16-23   346, 649
36:25-27   531
36:26-27   451
37:1-14   112, 531
37:11   112
47:1-12   190
47:22-23   218, 263

다니엘
1-6   334
2:28   333
2:37-38   328

4:24   354
4:26   333
4:27   342
5   329

호세아
2   187
2:5   132
2:8   132
2:8이하.   149
2:11   132
2:14-23   184
2:18-23   223, 255
2:20-25   127
2:21-23   185
4   187
4:1-2   525
4:1-6   418
4:2   424
4:3   187
5:10   226
6:6   79, 423
8:1   501
9:15   501
10:12   358
13:4-6   56

아모스
2:6   235, 404
2:7   236, 487
2:9-16   648
2:10   56
2:10-12   127
3:2   70, 665
4:1   243
4:4-5   523
5:1-6   111
5:7   236
5:11-12   236

5:14-15   524
5:21-24   79, 371
5:21-27   523
5:22-24   59
6:4-6   243
6:7   111
7:10-17   111
7:12-13   325
8:4-6   410
8:5-6   220, 523
9:11-12   346
9:13   222
9:13-15   190

요나
4:1-3   332

미가
1:2   156
2:1   224
2:1-2   124, 209
2:1-3   481
2:8-9   125, 481
3:2-3   243, 487
4:2   501
4:3-4   223
4:4   218, 248
4:5   256
6:1-5   524
6:1-8   648
6:3-5   57
6:6-8   79
6:8   38, 50, 358, 368-369, 422, 524, 650
7:5-6   481
7:6   504

하박국
2   187

■ 성구 색인   723

2:17   187

스바냐
3:9   347

학개
2:6-8   347

스가랴
2:10-11   346
7:4-10   411
14:16이하.   347

말라기
2:6-7   418
2:13-16   463

신약

마태복음
5:17-20   85, 441
5:17이하.   547
5:21-24   403
5:26   166
5:27-28   403
5:31-32   498
5:44   332
5:48   49
6:1이하.   354
6:24   211
6:25-34   171
6:26   175
10:31   175
10:34-36   500
10:35이하.   504
10:37   500
11:2-6   284
12:12   175
12:46-50   480
15:3-6   498
18:15-17   269

18:21-35   270, 284
19:1-9   498
19:8   460, 487
19:16-30   500
19:29   504
20:25-28   174
25   256
25:35-37   171

마가복음
3:31-35   499
7:9-13   498
10:2-12   498
10:17-31   500
10:29-30   504
12:32-33   422
13:12-13   500

누가복음
1:33   502
2:49-51   498
4:16-30   284
9:59-60   500

10:27   98
10:30-39   98
10:37   98
12:7   175
12:24   175
12:49-53   500
12:53   504
14:12-24   284
14:25-26   500
14:25-27   424
18:18-30   500
18:29이하.   504

요한복음
1:1-3   297
2   498
4:20-26   260
15:12   33
19:26-27   498

사도행전
1:6   284
1:14   498
2:16   437

2:42　268
2:44　268
2:46　502
3:21　284
4:34　268, 285
5:42　502
10:9-15　413
11:14　502
14:15　152
14:17　144
15　346
15:12-18　264
15:16-18　346
16:3　260
16:15　502, 503
16:31　503
16:34　503
17:11　435
17:26　295
17:27　144
18:8　502
20:20　502

로마서
1:18-32　486
1:19-20　158
1:20　144
1:21-25　150
1:25　152
2:12-14　560
3:19　440
6:14　440
8:4　440
8:18이하.　194
8:19-21　146
8:20-21　206
9-11　259
9:4-5　259
10:4　259

12:1　33
12:13　268
13　329
13:8-10　440
13:11-14　257
15:7-12　666
15:7-16　347
15:26　268
15:27　268

고린도전서
1:16　502, 503
7:12-24　490
9:7-12　438
9:8-12　100
9:20　574
9:21　440
10:1-13　85
15:52　289
15:58　257

고린도후서
8:4　268
8:13-15　100, 270
9:13　268

갈라디아서
2:9-10　269
3:14　267
3:26-28　257
3:26-29　413
3:28　470
3:28-29　267
4　259
5:6　260
6:6　268
6:10　502, 503
6:15　260

에베소서
2　267, 413
2:11-3:6　264, 346
2:11-3:13　660
2:12　264
2:19　264, 504, 505
3:6　264
4-6　508
4:25이하.　270
4:28　523
5:1　166
5:2　98
5:11　562
5:22-33　173
6:12　211

빌립보서
1:5　269
2:1-4　270
2:5　47, 98
2:5-9　171
3:3-11　259
4:15이하.　269

골로새서
1:15-17　297
3:5　224, 424
3:8이하.　270

데살로니가후서
3:6-13　204

디모데전서
2:1-4　333
3:4-5　503
3:15　503
6:18　268

디모데후서
1:16   502
3:15-17   436
3:16   636
3:16-17   85
4:19   502

빌레몬서
2   502

히브리서
1:1-3   297
2   176
2:14   68
2:18-20   68
3:2-6   501
3:3-6   502
3:5   344
3:12-4:11   266
4:14   266
6:19-20   266
8:1   266
8:8-10   504
10:1   265
10:19   266
10:30   657, 660
11   308
11:31   668, 673
12:22   256, 266
12:28   266
13:10   266
13:14   266
13:16   268

야고보서
2:1-7   270
2:19   27
2:25   673
5:1-6   222

베드로전서
1:1   116
1:22   269
2:11-12   116
2:21이하.   98
5:1-4   173

베드로후서
3   213
3:3-13   105
3:10   194
3:10-13   194
3:11-14   257
3:13   256

요한일서
2:9-11   270
2:19   269
3:2-3   257
3:17   270
4:7이하.   270
4:19   33

요한계시록
7   666
7:9   297
7:9-10   660
11:15   348
18   229
21-22   214
21:1-3   256
21:1-4   195
21:4-5   255
21:8   256
21:24   348
21:24-26   297
21:27   256
22:11   256

옮긴이 김재영은 총신대학교 신학과를 졸업하고, 미국 카버넌트 신학교를 졸업한 후 컬럼비아 신학교와 에모리 대학교, 트리니티 복음주의 신학교, 칼빈 신학교 등에서 조직신학과 역사신학, 윤리학을 공부하였다. 역서로 「현대인을 위한 교회사」, 「신론」, 「그리스도의 위격」, 「이 텍스트에 의미가 있는가」(이상 IVP), 「성경신학적 설교 어떻게 할 것인가」(성서유니온선교회), 「세상의 포로 된 교회」(부흥과개혁사), 「미국제 영성에 속지 말라」(규장) 등이 있다.

현대를 위한 구약 윤리

초판 발행_ 2006년 11월 20일
초판 6쇄_ 2024년 3월 15일

지은이_ 크리스토퍼 라이트
옮긴이_ 김재영
펴낸이_ 정모세

펴낸곳_ 한국기독학생회출판부
등록번호_ 제2001-000198호(1978.6.1)
주소_ 04031 서울시 마포구 동교로 156-10
대표 전화_ (02)337-2257 팩스_ (02)337-2258
영업 전화_ (02)338-2282 팩스_ 080-915-1515
홈페이지_ http://www.ivp.co.kr 이메일_ ivp@ivp.co.kr
ISBN 978-89-328-1407-0

ⓒ 한국기독학생회출판부 2006

책값은 뒤표지에 있습니다.
무단 전재와 복제를 금합니다.